Polizei- und Ordnungsrecht

Polizei- und Ordnungsrecht

Polizei- und Ordnungsrecht
Verwaltungsvollstreckungsrecht
Versammlungsrecht

von

Prof. Dr. jur. Rolf Schmidt

Hochschule für Angewandte Wissenschaften
Hamburg

14. Auflage 2013

Schmidt, Rolf: Polizei- und Ordnungsrecht
14. völlig neu bearbeitete und aktualisierte Auflage – Grasberg bei Bremen 2013
ISBN 978-3-86651-110-1; Preis 21,50 EUR

Autor: Prof. Dr. Rolf Schmidt c/o Verlag Dr. Rolf Schmidt GmbH

Druck: Pinkvoss GmbH, 30519 Hannover

Verlag: Dr. Rolf Schmidt GmbH, Wörpedorfer Ring 40, 28879 Grasberg bei Bremen; Tel. (04208) 895299; Fax (04208) 895308; www.verlag-rolf-schmidt.de; E-Mail: info@verlag-rolf-schmidt.de

Für Verbraucher erfolgt der deutschlandweite Bezug über den Verlag versandkostenfrei.

Vorwort

Die vorliegende Bearbeitung führt das bisherige Buch *Besonderes Verwaltungsrecht II* fort. An der vom Autor vorgenommenen Kombination von deduktiver und induktiver Lernmethode wird indes festgehalten, weil sie sich bewährt hat und den Bedürfnissen der Studierenden gerecht wird. Zahlreiche Rückmeldungen aus dem Leserkreis haben dies bestätigt.

Gegenstand des Buches ist zunächst das **Polizei- und Ordnungsrecht** einschließlich des **Verwaltungsvollstreckungsrechts**. Wegen der damit verbundenen erhöhten Grundrechtsrelevanz gehören die beiden Materien zu Recht in allen Bundesländern zum engeren Kernbereich des Curriculums. Fundierte Kenntnisse sind daher unabdingbar.

Von nicht weniger großer Bedeutung ist das **Versammlungsrecht**, weil es für den Bürger oft das einzige Mittel ist, sich im Kollektiv an der öffentlichen Meinungsbildung zu beteiligen und sich insbesondere für andere wahrnehmbar zu politischen Themen zu äußern. Sich friedlich und ohne Waffen zu versammeln ist ein wesentliches Element einer demokratischen Gesellschaftsform. Die Bedeutung des Versammlungsrechts spiegelt sich folgerichtig in der Prüfungs- und Examensrelevanz wider, weswegen das Versammlungsrecht ebenfalls Gegenstand dieses Buches ist.

Allen Kapiteln ist gemeinsam, dass zur Konkretisierung und Veranschaulichung zahlreiche Beispielsfälle mit Lösungsvorschlägen aufgenommen wurden. Zudem werden durch Zusammenfassungen, Prüfungsschemata, hervorgehobene Lerndefinitionen und Klausurhinweise das Lernen und die Examensvorbereitung deutlich erleichtert.

Meine beiden Mitarbeiter, Herr Marc Bieber und Herr Franz Bühligen LL.M., haben zuverlässig Korrektur gelesen. Dafür danke ich ihnen sehr herzlich.

Kritik und Verbesserungsvorschläge sind weiterhin willkommen und werden unter *rs@jura-institut.de* erbeten.

Hamburg, im Januar 2013 *Prof. Dr. jur. Rolf Schmidt*

Inhaltsverzeichnis

Abkürzungsverzeichnis

a.A.	anderer Ansicht
a.a.O.	am angegebenen Ort
abl.	ablehnend (-e, -er)
Abl	Amtsblatt
Abs.	Absatz
AEUV	Vertrag über die Arbeitsweise der EU (davor: EG)
a.F.	alte(r) Fassung
AG	Aktiengesellschaft; Ausführungsgesetz
AGVwGO	Ausführungsgesetz zur Verwaltungsgerichtsordnung
allg.	allgemein (-e, -er)
Alt.	Alternative
Anm.	Anmerkung
AöR	Archiv des öffentlichen Rechts (zitiert nach Bänden und Jahrgang)
Art.	Artikel
ASOG	Allgemeines Sicherheits- und Ordnungsgesetz
AsylVfG	Asylverfahrensgesetz
Aufl.	Auflage
AufenthG	Aufenthaltsgesetz
BaWü	Baden-Württemberg, baden-württembergisch
BauGB	Baugesetzbuch
Bay	Bayern
BayObLG	Bayerisches Oberstes Landesgericht
BayPAG	Gesetz über die Aufgaben und Befugnisse der Bayerischen Staatlichen Polizei
BayVBl	Bayerische Verwaltungsblätter
BayVerfGH	Bayerischer Verfassungsgerichtshof
BayVGH	Bayerischer Verwaltungsgerichtshof
BB	Der Betriebs-Berater (Zeitschrift)
Bbg.	Brandenburg, brandenburgisch
BBodSchG	Bundesbodenschutzgesetz
BDSG	Bundesdatenschutzgesetz
BeamtStG	Beamtenstatusgesetz
BefBezG	Gesetz über befriedete Bezirke für Verfassungsorgane des Bundes
Berl.	Berlin
BerlASOG	Allg. Gesetz zum Schutze der öffentlichen Sicherheit oder Ordnung in Berlin
BFH	Bundesfinanzhof
BGB	Bürgerliches Gesetzbuch
BGBl	Bundesgesetzblatt Teil I-III
BGH	Bundesgerichtshof
BGHZ	Entscheidungen des Bundesgerichtshofes in Zivilsachen
BGSG	Bundesgrenzschutzgesetz (seit dem 1.7.2005: Bundespolizeigesetz)
BImSchG	Bundesimmissionsschutzgesetz
BImSchVO	Bundesimmissionsschutzverordnung
BJagdG	Bundesjagdgesetz
BKA	Bundeskriminalamt
BKAG	Gesetz über das Bundeskriminalamt
BNDG	Gesetz über den Bundesnachrichtendienst
BR	Bundesrat
Brand.	Brandenburg, brandenburgisch
Brem	Bremen, bremisch
BremDSG	Bremisches Datenschutzgesetz
BremFischG	Bremisches Fischereigesetz
BremGVG	Bremisches Gesetz über die Vollstreckung von Geldforderungen im Verwaltungswege
BremPolG	Bremisches Polizeigesetz
BSeuchenG	Bundesseuchengesetz (jetzt: Infektionsschutzgesetz)
bspw.	beispielsweise
BtMG	Betäubungsmittelgesetz
BundesPolG	Bundespolizeigesetz (vor dem 1.7.2005: BGSG)
BVerfG	Bundesverfassungsgericht
BVerfGE	Entscheidungssammlung des Bundesverfassungsgerichts
BVerfGG	Gesetz über das Bundesverfassungsgericht
BVerfSchG	Gesetz über den Bundesverfassungsschutz

BVerwG	Bundesverwaltungsgericht
BVerwGE	Entscheidungssammlung des Bundesverwaltungsgerichts
BW	Baden-Württemberg, baden-württembergisch
BWVBl	Baden-Württembergische Verwaltungsblätter
BZRG	Bundeszentralregistergesetz
CR	Computer und Recht (Zeitschrift)
DAR	Deutsches Autorecht (Zeitschrift)
DB	Der Betrieb (Zeitschrift)
ders.	derselbe
DÖV	Die Öffentliche Verwaltung (Zeitschrift)
DSG	Datenschutzgesetz
DV	Die Verwaltung (Zeitschrift)
DVBl	Deutsches Verwaltungsblatt (Zeitschrift)
EDV	Elektronische Datenverarbeitung
EG	Europäische Gemeinschaft(en)
EG	Vertrag zur Gründung der Europäischen Gemeinschaft in der seit dem 1.5.1999 vom EuGH benutzten Zitierweise (davor: EGV; nunmehr: AEUV)
EGGVG	Einführungsgesetz zum Gerichtsverfassungsgesetz
EGMR	Europäischer Gerichtshof für Menschenrechte
EGStGB	Einführungsgesetz zum Strafgesetzbuch
EGStPO	Einführungsgesetz zur Strafprozessordnung
EGV	siehe AEUV
EinlPrALR	Einleitung des Preußischen Allgemeinen Landrechts
EMRK	Europäische Menschenrechtskonvention
EU	Europäische Union
EuGH	Gerichtshof der Europäischen Gemeinschaften
f.	folgende(r/s)
FahrlehrerG	Fahrlehrergesetz
FamFG	Gesetz über das Verfahren in Familiensachen und in Angelegenheiten der freiwilligen Gerichtsbarkeit (früher: FGG)
FeV	Fahrerlaubnisverordnung
ff.	fortfolgende
Fn.	Fußnote
Fs/Fs.	Festschrift
FStrG	Bundesfernstraßengesetz
FZV	Fahrzeugzulassungsverordnung
G	Gesetz
G 10	Gesetz zur Beschränkung des Brief-, Post- und Fernmeldegeheimnisses
GastG	Gaststättengesetz des Bundes
GewArch	Gewerbearchiv
GewO	Gewerbeordnung
GewSchG	Gewaltschutzgesetz
GG	Grundgesetz
GmbH	Gesellschaft mit beschränkter Haftung
GPSG	Geräte- und Produktsicherheitsgesetz
GVG	Gerichtsverfassungsgesetz
Hamb.	Freie und Hansestadt Hamburg, hamburgisch
HambPolDVG	Hamburgisches Gesetz über die Datenverarbeitung der Polizei
HambSOG	Hamburgisches Gesetz zum Schutz der öffentlichen Sicherheit und Ordnung
Halbs.	Halbsatz
HandwO	Handwerksordnung
HdbStR	Handbuch des Staatsrechts, herausgegeben von Isensee/Kirchhof, 3. Auflage 2003 ff.
Hess.	Hessen, hessisch
HessSOG	Hessisches Gesetz über die öffentliche Sicherheit oder Ordnung
h.L.	herrschende Lehre
h.M.	herrschende Meinung
i.d.F.	in der Fassung
i.S.e.	im Sinne eine (r) oder (s)

i.V.m.	in Verbindung mit
InfSchG	Infektionsschutzgesetz
JA	Juristische Arbeitsblätter (Zeitschrift)
JöR	Jahrbuch des Öffentlichen Rechts der Gegenwart
JR	Juristische Rundschau (Zeitschrift)
JuSchG	Jugendschutzgesetz
Jura	Juristische Ausbildung (Zeitschrift)
JuS	Juristische Schulung (Zeitschrift)
JZ	Juristenzeitung (Zeitschrift)
KrWG	Kreislaufwirtschaftsgesetz
KUG	Kunsturhebergesetz
LadenschlussG	Gesetz über den Ladenschluss
LBO	Landesbauordnung
LDSG	Landesdatenschutzgesetz
LFGB	Lebensmittel-, Bedarfsgegenstände- und Futtermittelgesetzbuch
lit.	Buchstabe
Lit.	Literatur
LKRZ	Zeitschrift für Landes- und Kommunalrecht Hessen – Rheinland-Pfalz – Saarland
LS, Ls.	Leitsatz
LStrG	Landesstraßengesetz
LStVG	Landesstraf- und Verordnungsgesetz
LuftSiG	Luftsicherheitsgesetz
LuftVG	Luftverkehrsgesetz
LuftVO	Luftverkehrsordnung
LVwG	Landesverwaltungsgesetz
LVwVG	Landesverwaltungsvollstreckungsgesetz
MADG	Gesetz über den militärischen Abschirmdienst
MDR	Monatsschrift des Deutschen Rechts (Zeitschrift)
MeckVor	Mecklenburg-Vorpommern, mecklenburg-vorpommerisch
MEPolG	Musterentwurf eines einheitlichen Polizeigesetzes des Bundes und der Länder
m.w.N.	mit weiteren Nachweisen
Nds.	Niedersachsen, niedersächsisch
NdsSOG	Niedersächsisches Sicherheits- und Ordnungsgesetz
n.F.	neue Fassung, neue Folge
NJ	Neue Justiz (Zeitschrift)
NJW	Neue Juristische Wochenschrift (Zeitschrift)
NRW	Nordrhein-Westfalen, nordrhein-westfälisch
NRWPolG	Polizeigesetz des Landes Nordrhein-Westfalen
NuR	Natur und Recht (Zeitschrift)
NVwZ	Neue Zeitschrift für Verwaltungsrecht
NVwZ-RR	NVwZ-Rechtsprechungs-Report
NWVBl	Nordrhein-Westfälische Verwaltungsblätter (Zeitschrift)
NZV	Neue Zeitschrift für Verkehrsrecht
OBG	Ordnungsbehördengesetz
OLG	Oberlandesgericht
OVG	Oberverwaltungsgericht
OVGE	Rechtsprechungssammlung der Oberverwaltungsgerichte Münster und Lüneburg
OWiG	Gesetz über Ordnungswidrigkeiten
PAG	Polizeiaufgabengesetz
PassG	Passgesetz
PBefG	Personenbeförderungsgesetz
PersAuswG	Personalausweisgesetz
POG	Polizeiorganisationsgesetz
PolG	Polizeigesetz
PolKV	Polizeikostenverordnung
POR	allgemeines Polizei- und Ordnungsrecht
PreußPVG	Preußisches Polizeiverwaltungsgesetz
PsychKG	Gesetz über die Unterbringung psychisch Kranker
RhlPfl.	Rheinland-Pfalz, rheinland-pfälzisch
RhlPflPOG	Polizei- und Ordnungsbehördengesetz von Rheinland-Pfalz

Rn	Randnummer
Rspr.	Rechtsprechung
S.	Satz, Seite, siehe
Saarl.	Saarland, saarländisch
SaarlPolG	Saarländisches Polizeigesetz
Sachs.	Freistaat Sachsen
Sächs	sächsisch
SachsAnhSOG	Gesetz über die öffentliche Sicherheit oder Ordnung des Landes Sachsen-Anhalt
SächsDSG	Sächsisches Datenschutzgesetz
SächsPolG	Polizeigesetz des Freistaats Sachsen
SchlHolst.	Schleswig-Holstein, schleswig-holsteinisch
SchlHolstLVwG	Allgemeines Verwaltungsgesetz für das Land Schleswig-Holstein
SG	Sozialgericht
SGB	Sozialgesetzbuch
s.o./u.	siehe oben/unten
SOG	Gesetz über die öffentliche Sicherheit oder Ordnung
SprengstoffG	Sprengstoffgesetz
st. Rspr.	ständige Rechtsprechung
StGB	Strafgesetzbuch
StGH	Staatsgerichtshof
StPO	Strafprozessordnung
StrG	Straßengesetz
StVG	Straßenverkehrsgesetz
StVO	Straßenverkehrsordnung
StVollzG	Strafvollzugsgesetz
StVZO	Straßenverkehrs-Zulassungsordnung
Thür.	Thüringen
ThürOBG	Thüringer Gesetz über die Aufgaben und Befugnisse der Ordnungsbehörden
ThürPAG	Thüringer Gesetz über die Aufgaben und Befugnisse der Polizei
ThürVBl	Thüringische Verwaltungsblätter
TierSchG	Tierschutzgesetz
TierseuchenG	Tierseuchengesetz
TKG	Telekommunikationsgesetz
UWG	Gesetz gegen den unlauteren Wettbewerb
UZwG	Gesetz über den unmittelbaren Zwang bei Ausübung öffentlicher Gewalt durch Vollzugsbeamte des Bundes
UZwGBW	Gesetz über die Anwendung unmittelbaren Zwangs und die Ausübung besonderer Befugnisse durch Soldaten der Bundeswehr und zivile Wachpersonen
VereinsG	Gesetz zur Regelung des öffentlichen Vereinsrechts
VerfGH	Verfassungsgerichtshof
VersG	Versammlungsgesetz
VerwArch	Verwaltungsarchiv (zitiert nach Bänden und Jahrgang)
VerwR	Verwaltungsrecht
VG	Verwaltungsgericht
VGH	Verwaltungsgerichtshof
vgl.	vergleiche
VollstrKO	Kostenordnung zum Verwaltungsvollstreckungsgesetz
VR	Verwaltungsrundschau (Zeitschrift)
VwGO	Verwaltungsgerichtsordnung
VwVfG	Verwaltungsverfahrensgesetz
VwVG	Verwaltungsvollstreckungsgesetz
VwZG	Verwaltungszustellungsgesetz
VwZVG	Verwaltungszustellungs- und Vollstreckungsgesetz
WaffG	Waffengesetz
WaStrG	Bundeswasserstraßengesetz
WBO	Wehrbeschwerdeordnung
WHG	Wasserhaushaltsgesetz
WRV	Weimarer Reichsverfassung
ZPO	Zivilprozessordnung
ZRP	Zeitschrift für Rechtspolitik
zust.	zustimmend (-e, -er)

Lehrbücher, Grundrisse und Kommentare

Dietel, Alfred/Gintzel, Kurt/Kniesel, Michael: Demonstrations- und Versammlungsfreiheit, 16. Auflage 2010

Götz, Volkmar: Allgemeines Polizei- und Ordnungsrecht, 15. Auflage 2013

Gusy, Christoph: Polizeirecht, 8. Auflage 2011

Hartmann, Arthur/Schmidt, Rolf: Strafprozessrecht, 4. Auflage 2012

Knemeyer, Franz-Ludwig: Polizei- und Ordnungsrecht, 11. Auflage 2007

Kramer, Urs: Hessisches Polizei- und Ordnungsrecht, 2. Auflage 2010

Kugelmann, Dieter: Polizei- und Ordnungsrecht, 2. Auflage 2012

Lisken, Hans/Denninger, Erhard: Handbuch des Polizeirechts, 5. Auflage 2012

Mann, Thomas: Polizei- und Ordnungsrecht, in: Tettinger/Erbguth/Mann, Besonderes Verwaltungsrecht, 11. Auflage 2012

Maurer, Hartmut: Allgemeines Verwaltungsrecht, 18. Auflage 2011

Möller, Manfred/Warg, Gunter: Allgemeines Polizei- und Ordnungsrecht, 6. Auflage 2011

Muckel, Stefan: Klausurenkurs zum Besonderes Verwaltungsrecht (Polizei- und Ordnungsrecht/Kommunalrecht), 4. Auflage 2010

Pieroth, Bodo/Schlink, Bernhard/Kniesel, Michael: Polizei- und Ordnungsrecht, 7. Auflage 2012

Sachs, Michael: Grundgesetz. Kommentar, 6. Auflage 2011

Schenke, Wolf-Rüdiger: Polizei- und Ordnungsrecht, 7. Auflage 2011; Verwaltungsprozessrecht, 13. Auflage 2012

Schmidt, Rolf: Allgemeines Verwaltungsrecht, 16. Auflage 2013; Fälle zum Polizei- und Ordnungsrecht (Versammlungsrecht, Polizei- und Ordnungsrecht, Verwaltungsvollstreckungsrecht), 5. Auflage 2013; Grundrechte, 14. Auflage 2012; Öffentliches Baurecht, 14. Auflage 2013; Staatsorganisationsrecht, 13. Auflage 2012; Verwaltungsprozessrecht, 15. Auflage 2013

Schoch, Friedrich: Polizei- und Ordnungsrecht, in: Schmidt-Aßmann/Schoch, Besonderes Verwaltungsrecht, 14. Auflage 2008

Würtenberger, Thomas: Polizei- und Ordnungsrecht, in: Achterberg/Püttner/Würtenberger, Besonderes Verwaltungsrecht II, 2. Auflage 2000

Weitere Literatur, insbesondere Aufsatzliteratur, ist in den Fußnoten angegeben.

1. Kapitel
Einführung in das Gefahrenabwehrrecht

A. Gegenstand der Bearbeitung

Das Gefahrenabwehrrecht stellt die wohl schärfste Form der Eingriffsverwaltung dar. 1
Wegen der mit ihm verbundenen erhöhten Grundrechtsrelevanz gehört es in allen Bundesländern zum Kernbereich des Curriculums. Fundierte Kenntnisse sind daher unabdingbar. Die vorliegende Bearbeitung behandelt vornehmlich studien- und examensrelevante Inhalte. Sie orientiert sich dabei am Aufbau von Prüfungsarbeiten. Das Gefahrenabwehrrecht wird – nach einer kurzen Einführung – nach Möglichkeit also so dargestellt, wie es auch in der Fallbearbeitung anzuwenden ist.

Beispiel: Während einer Versammlung verhalten sich einige Versammlungsteilnehmer unfriedlich. Die Polizei stellt die Identität der betreffenden Personen fest und durchsucht sie nach Waffen bzw. gefährlichen Werkzeugen.

In derartigen Fällen dürfen die Maßnahmen *Identitätsfeststellung* und *Durchsuchung* nicht gleich am Maßstab des allgemeinen Polizei- und Ordnungsrechts (d.h. des Polizeigesetzes) geprüft werden. Vielmehr muss zunächst untersucht werden, ob sich die betreffenden Personen auf das Versammlungsgrundrecht stützen können und ob das Versammlungsgesetz spezialgesetzliche Rechtsgrundlagen enthält, die die Anwendbarkeit des allgemeinen Polizei- und Ordnungsrechts sperren.

Folgerichtig werden im vorliegenden Buch ab Rn 111 nach einer Einführung in das Polizei- und Ordnungsrecht (POR) zunächst die Rechtsgrundlagen dargestellt, und bei ihnen wiederum zunächst die speziellen vor den allgemeinen, wie das auch in der Fallbearbeitung zu tun ist. Lediglich das Verwaltungsvollstreckungsrecht und das Versammlungsrecht werden aus Gründen der Systematik und der Übersichtlichkeit im Anschluss an das allgemeine Polizei- und Ordnungsrecht behandelt.

Weiterhin erhebt das Buch den Anspruch, anschaulich und verständlich geschrieben zu 2
sein, und dabei sowohl den Ansprüchen der universitären Ausbildung als auch denjenigen der Polizeihochschulen des Bundes und der Länder gerecht zu werden. Dass das Polizei- und Ordnungsrecht Landesrecht ist, ändert daran nichts. Denn die Innenministerkonferenz ist stets bestrebt, die einheitliche Prägung des Polizei- und Ordnungsrechts zu wahren. Folglich sind die Polizeigesetze des Bundes und der Länder jedenfalls in Bezug auf die materiellrechtlichen Befugnisse weitestgehend vergleichbar, teilweise sogar identisch. Wenn dennoch Unterschiede im Detail vorliegen, wird diesem Umstand dadurch Rechnung getragen, dass – trotz des erheblichen redaktionellen Aufwands – durchgängig (und nicht nur sporadisch) die wichtigsten Vorschriften des Polizei- und Ordnungsrechts des Bundes und aller 16 Bundesländer in den Fußnoten zitiert werden.

B. Die geschichtliche Entwicklung des Polizeirechts[1]

3 Der Polizeibegriff hat seinen Ursprung in dem griechischen Wort „Politeia", das als „**Staat**" oder „**Gemeinwesen**" zu übersetzen ist. Es bezeichnet die Verfassung des städtischen Gemeinwesens und den bürgerschaftlichen Status und fand insbesondere über das römische Recht Eingang in die deutsche Rechtssprache des **Spätmittelalters** sowie der „Reichspolizeiordnungen" von 1530, 1548 und 1577. Entsprechend der Bedeutung des Wortes „Politeia" wurde der Begriff „Polizey" im Sinne eines Zustands der „guten Ordnung des Gemeinwesens" verstanden. Der „guten Ordnung" bedürftig erschienen nahezu alle Lebensbereiche der Untertanen, sodass insbesondere Vorschriften über Handel und Gewerbe, Erb-, Vertrags- und Liegenschaftsrecht, Religionsausübung, allgemeine Sittlichkeit sowie Kleiderordnungen usw. erlassen wurden. Hierauf basierend wurde im Zeitalter des **Absolutismus** des 18. Jahrhunderts die Polizeigewalt zum Inbegriff der den Fürsten zustehenden absoluten Staatsgewalt, des *ius politiae*, von dem allerdings im Laufe der Zeit einzelne Bereiche abgesondert wurden, nämlich die auswärtigen Angelegenheiten, das Heer- und Finanzwesen sowie die Justiz. Wo aber die absolute Staatsgewalt den Fürsten verblieb, unterlag auch die Polizeigewalt **keinen rechtlichen Beschränkungen**. Sie gab den Fürsten die Möglichkeit, in alle Lebensbereiche der Untertanen zur „**Förderung der allgemeinen Wohlfahrt**" reglementierend einzugreifen. Man bezeichnete die absolutistischen Staaten des 18. Jahrhunderts deshalb als **Polizeistaaten** und die Tätigkeit, welche durch die Polizeigewalt ausgeübt wurde, als **Polizei**. Sie umfasste sowohl die Gewährleistung der öffentlichen Sicherheit als auch die Förderung der umfassend verstandenen, durch den Monarchen zu definierenden allgemeinen Wohlfahrt. Die Polizei war damit zum Herrschaftsinstrument des absolut und willkürlich regierenden Landesherrn geworden.

4 Erst mit der Philosophie der „**Aufklärung**" waren eine Einschränkung der Staatsaufgaben und folglich eine **Beschränkung des Begriffs der Polizei** als innere Staatsverwaltung verbunden. Der Göttinger Staatsrechtslehrer Johann Stephan Pütter forderte 1770 in seinem Werk „Institutiones Juris Publici Germanici": „Politiae est cura avertendi mala futura; promovendae salutis cura non est proprie politiae" (**Aufgabe der Polizei ist die Sorge für die Abwendung bevorstehender Gefahren; die Förderung der Wohlfahrt ist nicht die eigentliche Aufgabe der Polizei**). Pütters Polizeibegriff gelangte durch Carl Gottlieb Svarez in das **Preußische Allgemeine Landrecht von 1794** (ALR). In § 10 Teil II Titel 17 (§ 10 II 17) hieß es: „Die nöthigen Anstalten zur Erhaltung der öffentlichen Ruhe, Sicherheit und Ordnung, und zur Abwendung der dem Publiko, oder einzelnen Mitgliedern desselben bevorstehenden Gefahr zu treffen, ist das Amt der Polizey."

5 In der Folgezeit geriet die im ALR vorgesehene Einschränkung der Polizeibefugnisse auf die Gefahrenabwehr jedoch wieder weitgehend in Vergessenheit. Ohne dass die Vorschrift des § 10 II 17 ALR formell aufgehoben wurde, war in der Praxis – begünstigt durch verschiedene königliche Verordnungen – aufgrund der restaurativen Bestrebungen konservativer Kreise eine Wiederbelebung des Polizeistaats und der „Wohlfahrtspolizei" feststellbar. So lag dem preußischen Gesetz über die Polizeiverwaltung vom 11.3.1850 wieder der Gedanke einer fast unbegrenzten Zuständigkeit zugrunde, die da begann, wo Kriegswesen, auswärtige Angelegenheiten, Finanzen und Rechtspflege aufhörten.

---

[1] Quellen: *H. Maier*, Die ältere deutsche Staats- und Verwaltungslehre (Polizeiwissenschaft), 2. Aufl. 1980; *Harnischmacher/Semerak*, Deutsche Polizeigeschichte, 1986; *Preu*, Polizeibegriff und Staatszwecklehre, 1983; *Schenke*, POR, § 1; *Knemeyer*, POR, § 1; *Götz*, POR, § 2; *Drews/Wacke/Vogel/Martens*, POR, 9. Aufl. 1986, S. 3 ff.; *Meixner/Fredrich*, HessSOG, 10. Aufl. 2005, Einführung; *Böhrenz/Unger/Siefken*, NdsSOG, 9. Aufl. 2008, Einführung.

Zu einer nachhaltigen Einengung des herrschenden weiten Polizeibegriffs und der Abkehr vom Polizeistaat kam es erst nach der Verfestigung des liberalen bürgerlichen Rechtsstaats. In Preußen setzte das Preußische Oberverwaltungsgericht die Beschränkung der polizeilichen Befugnisse durch. In seinem **Kreuzberg-Urteil** vom 14.6.1882 (PreußOVG 9, 353 ff.), in dem es um die Gültigkeit einer aus ästhetischen Gründen erlassenen Polizeiverordnung des Berliner Polizeipräsidenten zum Schutz des auf dem Kreuzberg zur Erinnerung an die Freiheitskriege errichteten Denkmals, und damit um Wohlfahrtspflege, ging, stellte das Gericht unter Berufung auf § 10 II 17 ALR fest, dass Aufgabe der Polizei die Aufrechterhaltung von öffentlicher Sicherheit oder Ordnung, nicht aber die Förderung des allgemeinen Wohls sei. Bei der Wohlfahrtspflege sei vielmehr „der Weg der Spezialgesetzgebung" zu beschreiten. Da die Polizeiverordnung des Berliner Polizeipräsidenten nicht der Gefahrenabwehr diene, sondern vielmehr eine Maßnahme der Wohlfahrtspflege darstelle, sei sie nicht mit § 10 II 17 ALR vereinbar und damit unwirksam.[2] Das Gericht setzte damit die **Begrenzung der Polizeibefugnisse auf die Gefahrenabwehr** durch. 6

In den folgenden Jahrzehnten hielt das PreußOVG an dieser Judikatur fest und entwickelte auf der Grundlage des § 10 II 17 ALR eine detaillierte Systematik des Polizeirechts. Diese Rechtsprechung und der im Kreuzberg-Urteil eingeschränkte Polizeibegriff fanden eine gewohnheitsrechtliche Anerkennung auch in anderen nord- und mitteldeutschen Staaten, z.B. in Oldenburg, Braunschweig und Sachsen. Demgegenüber erfolgte die rechtsstaatliche Beschränkung des Polizeibegriffs in den süddeutschen Staaten durch den **Gesetzgeber**. Die Polizeistrafgesetzbücher von Baden (1863/1871), Bayern (1861/1871), Hessen-Darmstadt (1847) und Württemberg (1839/1871) enthielten sowohl mit Strafsanktionen bewehrte Verbotstatbestände als auch Ermächtigungen zum Erlass von Polizeiverordnungen (sog. Landesstraf- und Verordnungsgesetze – LStVG). 7

An diesem liberal-rechtsstaatlichen Polizeibegriff hielten in der Zeit der **Weimarer Republik** (1919-1945) Gesetzgebung und Verwaltungsrechtslehre fest. Von der Ermächtigung zur Regelung des gesamten Polizeirechts in Art. 9 Nr. 2 der Weimarer Reichsverfassung (WRV) hat das Reich keinen Gebrauch gemacht, sodass das Polizeirecht, von Regelungen in Spezialmaterien (wie z.B. im Bereich des Verkehrsrechts, des Eisenbahn-, Strom-, Schifffahrts- und Luftverkehrsrechts) abgesehen, eine Domäne des Landesrechts blieb. 8

Während einige Länder von einer rechtsförmlichen Regelung ihres Polizeirechts absahen und sich demgemäß mit der Annahme gewohnheitsrechtlicher Ermächtigungen begnügten (z.B. Braunschweig, Mecklenburg-Schwerin, Sachsen), kodifizierten andere Länder ihr Polizeirecht erstmals (wie Thüringen mit seiner Landesverwaltungsordnung vom 10.6.1926). Die bedeutendste Kodifikation jener Zeit war das **Preußische Polizeiverwaltungsgesetz** (PreußPVG) vom 1.6.1931. Sein § 14 lautete: 9

(1) Die Polizeibehörden haben im Rahmen der geltenden Gesetze die nach pflichtgemäßem Ermessen notwendigen Maßnahmen zu treffen, um von der Allgemeinheit oder dem Einzelnen Gefahren abzuwehren, durch die die öffentliche Sicherheit oder Ordnung bedroht wird.

(2) Daneben haben die Polizeibehörden diejenigen Aufgaben zu erfüllen, die ihnen durch Gesetz besonders übertragen sind.

[2] PreußOVG 9, 353, 384; vgl. hierzu auch *Rott*, NVwZ 1983, 363 f.

10 Vergleicht man § 14 I PreußPVG mit dem Wortlaut der Befugnisgeneralklauseln der heutigen Polizeigesetze[3] und § 14 II PreußPVG mit dem Wortlaut der Aufgabenzuweisungsnormen[4], wird die Bedeutung des § 14 PreußPVG für das moderne Polizeirecht überaus deutlich.

11 Die Machtergreifung der **Nationalsozialisten** 1933 markierte den Beginn eines neuen totalitären Polizeistaates. Eines der wichtigsten Instrumente zur Beherrschung des Staates im Sinne der nationalsozialistischen Ideologie war die bereits 1933 für Preußen errichtete Geheime Staatspolizei (Gestapo), deren Aufgabe nicht nur die Erforschung „aller staatsgefährlichen Bestrebungen im gesamten Staatsgebiet", sondern auch die Verwaltung der Konzentrationslager war. Maßnahmen der Gestapo, z.B. die Verhängung der „Schutzhaft", hinter der sich regelmäßig die Einweisung in ein Konzentrationslager verbarg, waren verwaltungsgerichtlicher Kontrolle entzogen.[5] Durch „Führererlass" vom 17.6.1936 (RGBl I S. 487) wurde „zur einheitlichen Zusammenfassung der polizeilichen Aufgaben im Reich" ein „Chef der Deutschen Polizei" im Reichsministerium des Innern bestellt. Mit diesem Amt wurde der „Reichsführer SS" betraut. Ihm unterstanden das Reichssicherheitshauptamt, in dem als „Sicherheitspolizei" Kriminalpolizei und Gestapo sowie der Sicherheitsdienst (SD) zusammengefasst waren.

12 Eine ähnliche Deformierung des Polizeirechts ist auch für die **frühere DDR** feststellbar. Zwar galten bis zum Erlass des Gesetzes über die Aufgaben und Befugnisse der Volkspolizei vom 11.6.1968 (GBl I, S. 232) die überkommenen Rechtsgrundlagen, insbesondere das PreußPVG fort; die polizeiliche Praxis setzte sich jedoch über die Beachtung vieler rechtsstaatlicher Grundsätze hinweg und „interpretierte" die polizeirechtlichen Begriffe i.S.d. DDR-Regimes. So wurde insbesondere für die Beantwortung der Frage, ob ein bestimmtes Verhalten als eine Störung der öffentlichen Sicherheit oder Ordnung zu qualifizieren sei, als maßgeblich angesehen, ob ein Sachverhalt dem „gesellschaftlichen Fortschritt" im Wege stand. Im Gesetz über die Aufgaben und Befugnisse der Deutschen Volkspolizei vom 11.6.1968 (Volkspolizeigesetz) fand dann der Wandel des Polizeibegriffs hin zu einem „sozialistischen Polizeibegriff" seinen ausdrücklichen Niederschlag. Die Beschränkung auf Gefahrenabwehr entfiel; durch die Einbeziehung einer Art „sozialistischer Wohlfahrtspflege" (vgl. insbesondere die Präambel zum Volkspolizeigesetz) wurde nicht nur die formale Beschränkung auf Gefahrenabwehr aufgegeben, sondern es fand auch eine Rückkehr zum absolutistischen und zentralistischen Polizeirecht (Rn 3) statt.

13 Nach dem Zusammenbruch des Dritten Reichs 1945 wurden materielles Polizeirecht und die Polizeiorganisation wesentlich von den **Besatzungsmächten** beeinflusst. Ihr Ziel war neben der Entnazifizierung und Entmilitarisierung die Demokratisierung der Gesellschaft und die Dezentralisierung der Polizei. Dies führte insbesondere in den Ländern der britischen und amerikanischen Besatzungszone zur Entstaatlichung (Kommunalisierung) der Polizei, zur Beschränkung der polizeilichen Befugnisse (Beseitigung der Befugnis zum Erlass von Polizeiverordnungen) und zur Entpolizeilichung der Verwaltungsrechtsbereiche (z.B. des Gewerbe- und Baurechts). Demgegenüber verzichtete die französische Militärregierung auf eine einheitliche und umfassende Reorganisation des Polizeiwesens. Sie beschränkte sich im Wesentlichen auf die Beseitigung nationalsozialistischer Vorschriften. In der sowjetischen Zone ging man von einer teilweisen Fortgeltung des PreußPVG aus (Rn 9 f.).

---

[3] Vgl. Bund: § 14 BundesPolG; Bay: Art. 11 I PAG; BW: § 3 PolG; Berl: § 17 I ASOG; Brand: § 10 PolG; Brem: § 10 I PolG; Hamb: § 3 I SOG; Hess: § 11 SOG; MeckVor: § 13 SOG; Nds: § 11 SOG; NW: §§ 8 I PolG, 14 OBG; RhlPfl: § 9 I POG; Saar: § 8 I PolG; Sachs: § 3 I PolG; SachsAnh: § 13 SOG; SchlHolst: §§ 174, 176 LVwG; Thür: § 12 I PAG.

[4] Bay: Art. 2; Hamb: § 3; SchlHolst: § 162; Thür: § 2; alle übrigen Länder: § 1.

[5] Zur Aufgabenbeschreibung der Gestapo siehe BVerfGE 6, 132, 208.

C. Einheits- und Trennungssystem

Vor dem Hintergrund der aufgezeigten historischen Entwicklung des Polizeirechts und der in der früheren britischen und amerikanischen Besatzungszone nach Beendigung des Dritten Reichs vorgenommenen **Entpolizeilichung** lässt sich die heutige Rechtslage in den Ländern verstehen. Die eine Gruppe von Ländern, bestehend aus Bayern, Berlin, Hamburg, Hessen, Niedersachsen, Nordrhein-Westfalen, Rheinland-Pfalz und Schleswig-Holstein, hatte infolge der „Entpolizeilichung" das sog. **Trennungs- oder Ordnungsbehördensystem** eingeführt, in dem die Gefahrenabwehr auch heute noch grundsätzlich von den Behörden der **allgemeinen Ordnungsverwaltung** („Verwaltungsbehörden der Gefahrenabwehr"[6], z.B. Gewerbe-, Bau-, Umwelt und Ausländerbehörden) und nur subsidiär von der Polizei im engeren Sinne, d.h. von der **Vollzugspolizei** (Polizeivollzugsdienst), wahrgenommen wird. Deren Aufgabenbereich ist nach wie vor auf die Gefahrenabwehr in Eilfällen, die Mitwirkung bei der Verfolgung von Straftaten und Ordnungswidrigkeiten, die Vollzugshilfe bei der Durchsetzung der Verfügungen der allgemeinen Ordnungsverwaltung sowie die sonstigen gesetzlich genannten Aufgaben beschränkt. Man meinte, hierdurch einen Missbrauch der Polizeigewalt, wie er im Dritten Reich insbesondere für die Gestapo typisch war, verhindern zu können. Aus heutiger Sicht ist diese Überlegung jedoch gegenstandslos, weil seit Geltung des Grundgesetzes 1949 *alle* Staatsbehörden an Recht und Gesetz gebunden sind und grundrechtsbeschränkende Maßnahmen *stets* einer parlamentarischen Rechtsgrundlage bedürfen. Für eine Aufrechterhaltung der organisatorischen Trennung zwischen Ordnungsverwaltung und Vollzugspolizei ließe sich allenfalls anführen, dass insbesondere im Zeichen des sozialen Rechtsstaats die Aufgaben der Ordnungsbehörden vielfach durch andere staatliche Zielsetzungen überlagert werden. Dies führt dazu, dass einzelne Materien, die früher dem Polizeirecht zugeordnet wurden, nunmehr auch Normierungen anderer, über die Gefahrenabwehr hinausreichender Zwecke enthalten (so z.B. die Landesbauordnungen und das Bundesimmissionsschutzgesetz).[7] Dies mag auch die neuen Bundesländer Brandenburg, Mecklenburg-Vorpommern, Sachsen-Anhalt und Thüringen bewogen haben, nach der Wiedervereinigung 1990 diesem System beizutreten. 14

Die organisatorische Trennung von Ordnungs- und Polizeiverwaltung setzt sich in einigen Ländern auch bei den gesetzlichen Eingriffsermächtigungen fort. In Bayern, Brandenburg, Nordrhein-Westfalen und Thüringen stützen sich die Ordnungsbehörden, sofern Spezialgesetze fehlen, auf ein allgemeines Ordnungsbehördengesetz des Landes (OBG; LStVG). Davon getrennt gibt es für die Polizei jeweils ein eigenständiges Polizei(aufgaben)gesetz (PolG, PAG). Diese konsequente Trennung vermisst man in den übrigen Bundesländern des Trennungssystems: Diese haben zwar Ordnungsbehörden und Polizeibehörden institutionell getrennt, stellen aber für beide Behörden ein und dasselbe Eingriffsgesetz zur Verfügung, sofern Spezialgesetze nicht einschlägig sind, nämlich ein allgemeines (gemeinsames) Ordnungsbehörden- und Polizeigesetz. 15

Demgegenüber gehen die Länder Baden-Württemberg, Bremen, Saarland und Sachsen auch heute noch von einem **Einheitssystem** aus. In diesen Ländern umfasst der (einheitliche) Polizeibegriff („Polizei im institutionellen bzw. organisatorischen Sinn") nach wie vor sämtliche Behörden, die polizeiliche Aufgaben i.S.d. materiellen Polizeirechts wahrnehmen. Darum werden auch z.B. in der Freien Hansestadt Bremen sämtliche zur Gefahrenabwehr berufenen Behörden in §§ 65 ff. BremPolG genannt, die sich 16

[6] So die Bezeichnung in Hamburg, Niedersachsen und Sachsen-Anhalt. In Berlin, Brandenburg, Mecklenburg-Vorpommern, Nordrhein-Westfalen, Rheinland-Pfalz und Schleswig-Holstein werden sie Ordnungsbehörden, in Bayern Sicherheitsbehörden und in Hessen Gefahrenabwehrbehörden genannt.
[7] *Schenke*, POR, Rn 14.

alle auf die Eingriffsbefugnisse des BremPolG stützen können. Des Weiteren findet das Einheitssystem seinen Ausdruck in den entsprechenden Aufgabenzuweisungsnormen (vgl. die Bestimmungen der Polizeigesetze der Länder), die umfassend von „Polizei" sprechen. Sie weisen der Polizei die Aufgabe zu, Gefahren für die öffentliche Sicherheit (und Ordnung) abzuwehren, und stellt klar, dass zu dieser Aufgabe auch die Vorbereitung der Verhinderung künftiger Gefahren und die Verhütung von Straftaten zählen. Damit nehmen auch die Länder des Einheitssystems in Übereinstimmung mit der Doktrin der britischen Besatzungsmacht eine strikte **Trennung von Aufgaben und Befugnissen** vor (vgl. dazu näher Rn 14 ff.).

17 In den Ländern des Einheitssystems sind mit dem Begriff **Polizei** daher nicht nur der Polizeivollzugsdienst, sondern generell die Gefahrenabwehrbehörden gemeint. Der (einheitliche) Polizeibegriff umfasst sämtliche Behörden, die polizeiliche Aufgaben im Sinne des materiellen Polizeibegriffs wahrnehmen, also sowohl die (Sonder-)Ordnungsbehörden als auch den Polizeivollzugsdienst. Unter dem einheitlichen Begriff „Polizei" ist daher eine weitaus größere Anzahl von Behörden zusammengefasst als in den „entpolizeilichten" Ländern. In rechtstechnischer Hinsicht besteht der grundlegende Unterschied zum Trennungssystem darin, dass nur beim Einheitssystem das Polizeigesetz mit seinen Eingriffsbefugnissen umfassend sowohl für Ordnungs- als auch Vollzugspolizeibehörden anwendbar ist.

18 Unabhängig von der organisatorischen Trennung zwischen Ordnungsbehörden und Vollzugspolizei sind Gefahrenabwehrbehörden primär die **Ordnungsbehörden** (Ortspolizeibehörden). Die **Vollzugspolizei** ist nur dann zuständig, wenn eine Gefahrenabwehr unter Dringlichkeits- und Effektivitätsgesichtspunkten unaufschiebbar erscheint, also in Situationen, in denen die primär zuständigen, jedoch mit bürokratischen Mitteln arbeitenden Ordnungsbehörden nicht rechtzeitig einschreiten könnten. Um einen solchen sog. **Eilfall** festzustellen, ist eine Verlaufsprognose anzustellen: Gelangt ein objektiver Beobachter in der Rolle des handelnden Beamten zu dem Ergebnis, dass die mit bürokratischen Mitteln arbeitende Ordnungsbehörde nicht ebenso wirksam und rechtzeitig einschreiten könnte wie die Vollzugspolizei, sind deren Eilfallkompetenz und damit deren sachliche Zuständigkeit zu bejahen. Vgl. dazu Rn 52 ff.

D. Gesetzgebungs- und Verwaltungskompetenzen

19 Bevor eine Unterscheidung zwischen Sonderordnungsbehörden, allgemeinen Ordnungsbehörden und Vollzugspolizeibehörden vorgenommen werden kann, müssen zunächst die Gesetzgebungs- und Verwaltungskompetenzen geklärt werden. Nach der Grundregel des **Art. 30 GG** sind die Ausübung der staatlichen Befugnisse und die Erfüllung der staatlichen Aufgaben Sache der **Länder**, soweit das Grundgesetz keine andere Regelung trifft oder zulässt. Für die Gesetzgebung konkretisiert **Art. 70 I GG** diese Grundregel. Danach haben die Länder das Recht der Gesetzgebung, soweit das Grundgesetz nicht dem Bund Gesetzgebungsbefugnisse verleiht. Inwieweit das Grundgesetz dem **Bund** Gesetzgebungsbefugnisse verleiht, bemisst sich gem. Art. 70 II GG nach den Vorschriften des Grundgesetzes über die **ausschließliche** und die **konkurrierende** Gesetzgebung. Das sind insbesondere die Art. 71 bis 74 GG, aber auch zahlreiche andere Normen des Grundgesetzes, die ausdrücklich auf ein „Bundesgesetz" oder auf ein „Gesetz mit Zustimmung des Bundesrates" verweisen.

20 Gelegentlich wird in der Literatur von einer „Polizeihoheit der Länder" gesprochen. An anderer Stelle liest man, dass polizeiliche Gefahrenabwehr allein Sache der Länder sei. Solche pauschalen Behauptungen beruhen auf einem Irrtum, denn Gefahrenabwehrrecht ist kein „Sonderrecht" der Länder. Richtig ist vielmehr, dass auch in diesem Zusammenhang die für alle Materien geltenden grundgesetzlichen Bestimmungen über die Zuständigkeiten heranzuziehen sind. Danach hat der Bund nur dann eine Gesetzgebungskompetenz, wenn sie ihm zugewiesen ist. Das ist in vielen Spezialbereichen des Gefahrenabwehrrechts der Fall. So hat der Bund

- gestützt auf die **ausschließliche** Gesetzgebungskompetenz das **PassG** (Art. 73 I Nr. 3 GG), das **BundesPolG**, das **ZollG** (jeweils Art. 73 I Nr. 5 GG), das **LuftVG** (Art. 73 I Nr. 6 GG), das **BundeseisenbahnG** (Art. 73 I Nr. 6a GG), das **LuftSiG** (Art. 73 I Nr. 9a GG), das **BKA-Gesetz** (Art. 73 I Nr. 10a und c GG) und das **BVerfSchG** (Art. 73 I Nr. 10b und 10c GG)[8],
- und gestützt auf die **konkurrierende** Gesetzgebungskompetenz das **VersG** und das **VereinsG** (jeweils Art. 74 I Nr. 3 GG a.F.), das **AufenthG** (Art. 74 I Nr. 4 GG), die **GewO** und das **GastG** (jeweils Art. 74 I Nr. 11 GG a.F.), das **BBodSchG** (Art. 74 Abs. 1 Nr. 18 GG), das **GPSG** und das **LFGB** (jeweils Art. 74 I Nr. 20 GG), das **WaStrG** (Art. 74 I Nr. 21 GG), das **StVG** (mit den Rechtsverordnungen StVO, StVZO, FeV und FZV - jeweils Art. 74 I Nr. 22 GG) sowie das **BImSchG** und **KrWG** (jeweils Art. 74 I Nr. 24 GG) erlassen. Jedoch sind einige dieser Materien im Zuge der Föderalismusreform 2006 in die originäre Gesetzgebungskompetenz der Länder überführt worden. Das betrifft namentlich das **Versammlungsrecht**, das **Gaststättenrecht** und **Teile des allgemeinen Gewerberechts**.[9]
- Dagegen ist im Zuge der Föderalismusreform 2006 das früher auf die Rahmengesetzgebungskompetenz gestützte **WHG** (Art. 75 I S. 1 Nr. 4 GG a.F.) in die konkurrierende Gesetzgebungskompetenz des Bundes (Art. 74 I Nr. 32 GG n.F.) überführt worden und das **Melde- und Ausweiswesen** (Art. 75 I S. 1 Nr. 5 GG a.F.) ist nunmehr Bestandteil der ausschließlichen Gesetzgebungskompetenz des Bundes (Art. 73 I Nr. 3 GG n.F.). Das **WaffenG** und das **SprengstoffG**, die früher jeweils als Bestandteil der konkurrierenden Gesetzgebungskompetenz Art. 74 I Nr. 4a GG a.F. unterfielen, sind nunmehr ebenfalls der ausschließlichen Gesetzgebungskompetenz gem. Art. 73 I Nr. 12 GG n.F. unterstellt.

In **repressiv-polizeilicher** Hinsicht, d.h. hinsichtlich der **Verfolgung von Straftaten und Ordnungswidrigkeiten**, hat der Bund im Bereich der konkurrierenden Gesetzgebung gestützt auf Art. 74 I Nr. 1 GG (gerichtliches Verfahren) v.a. die **StPO** und das **OWiG** erlassen. **21**

Die Grenze zwischen präventiver und repressiver Ausrichtung polizeilichen Handelns makiert die sog. **Strafverfolgungsvorsorge**. Darunter versteht man Maßnahmen der Polizei, die der möglichen späteren Strafverfolgung bzw. der Verfolgung später bekannt werdender Straftaten dienen. Das betrifft namentlich Maßnahmen auf der Grundlage des **§ 81b StPO** (= Bundesgesetz). Diese Vorschrift enthält zwei Varianten: Die erste regelt das Strafverfahrensrecht. Für das Strafverfahrensrecht besteht **22-23**

---

[8] Im Zuge der am 1.9.2006 in Kraft getretenen Föderalismusreform (BGBl I S. 2034), in deren Rahmen insbesondere eine Neuverteilung der Gesetzgebungskompetenzen vorgenommen wurde, ist der Kompetenztitel *Abwehr von Gefahren des internationalen Terrorismus* in Art. 73 I GG aufgenommen worden (Nr. 9a). Eine Änderung des BKA-Gesetzes, in dem umfangreiche (auch präventivpolizeiliche) Befugnisse aufgenommen wurden, ist bereits erfolgt. Zur Föderalismusreform vgl. i.Ü. *R. Schmidt*, Staatsorganisationsrecht, Rn 788 ff.

[9] Zu beachten ist, dass im Zuge der Föderalismusreform 2006 der verfassungsändernde Gesetzgeber das früher unter Art. 74 I GG gefasste Versammlungsrecht, Ladenschlussrecht, Gaststättenrecht, Spielhallenrecht sowie das Recht der Schaustellung von Personen, der Messen, der Ausstellungen und der Märkte in die Gesetzgebungskompetenz der Länder überführt hat. Damit sind diese Materien des sog. besonderen Gefahrenabwehrrechts nicht mehr bundesgesetzlich regelbar. Allerdings ist hier wiederum zu beachten, dass bisherige Bundesgesetze in Ländern, die noch keine eigenen Regelungen erlassen haben, fortgelten (vgl. Art. 125a I GG). Das betrifft in erster Linie das Versammlungsgesetz, da erst einige Länder eigene Versammlungsgesetze erlassen haben. Wenn also in den folgenden Beispielen das VersG genannt wird, ist damit das des Bundes gemeint, das gem. Art. 125a I GG fortgilt. Auch hinsichtlich des Gaststättenrechts haben erst einige Bundesländer eigene Landesgaststättengesetze erlassen. Daher wird auch diesbezüglich diesem Buch das GastG des Bundes zugrunde gelegt.

unstreitig eine geschriebene Gesetzgebungskompetenz des Bundes gem. Art. 74 I Nr. 1 GG. Fraglich ist, ob auch eine Gesetzgebungskompetenz bezüglich der zweiten Variante des § 81b StPO besteht. Diese regelt nämlich erkennungsdienstliche Maßnahmen zur Prävention[10], für die der Bund wegen Art. 30, 70 I GG grundsätzlich keine Gesetzgebungskompetenz hat. Da die Beantwortung der damit verbundenen Fragen detaillierte Kenntnisse der Abgrenzung zwischen Gefahrenabwehrrecht und Strafverfolgung voraussetzt, wird insoweit auf die Darstellung bei Rn 93a ff. verwiesen.

24 Kann weder eine geschriebene noch ungeschriebene Gesetzgebungskompetenz des Bundes begründet werden, bleibt es bei der Grundregel der Art. 30, 70 I GG. Den **Ländern** verbleibt somit insbesondere das **allgemeine Polizei- und Ordnungsrecht**. Es wäre daher falsch, von einer „Polizeihoheit der Länder" zu sprechen.

25 Unabhängig von den Gesetzgebungskompetenzen gilt, dass – soweit das Grundgesetz nichts anderes bestimmt oder zulässt – gem. Art. 83 GG die Länder (neben ihren Gesetzen) auch die Bundesgesetze als eigene Angelegenheiten **ausführen**. Es besteht daher, wie in den Art. 30, 70 I GG bezüglich der Gesetzgebung, eine Zuständigkeitsvermutung zugunsten der Länder.

26 Muss ein Bundesgesetz ausgeführt (d.h. angewendet) werden, ist zu beachten, dass die Gesetze vielfach keine oder unvollständige Regelungen über das Verwaltungsverfahren beinhalten. Für die Frage, welches Recht dann ergänzend zur Anwendung kommt, ist entscheidend, ob das Bundesgesetz durch eine Bundesbehörde oder durch eine Landesbehörde ausgeführt wird:

- Für **Bundesbehörden** gilt ergänzend Bundesrecht, d.h. die das Bundesgesetz ausführende Bundesbehörde muss das Verwaltungsverfahren des VwVfG, VwVG und des UZwG des Bundes anwenden. Ein Rückgriff auf das Landesgesetz ist unzulässig.
- Bei **Landesbehörden** richtet sich das Verwaltungsverfahren nach Art. 83 GG: So kann es ein Ausführungsgesetz des Landes zum Bundesgesetz geben, das das Verwaltungsverfahren regelt (vgl. etwa die Ausführungsgesetze zum GastG oder zum LFBG). Subsidiär gilt das für alle Landesbehörden zur Gefahrenabwehr geltende allgemeine Ordnungsbehördengesetz bzw. das Polizeigesetz, das auch einzelne Materien des Verwaltungsverfahrens regelt. Im Übrigen kommen ergänzend das für sämtliche Verwaltungsbehörden des Landes geltende VwVfG, VwVG und das UZwG des Landes zur Anwendung.

27 Aus der bei Rn 26 genannten Verwaltungskompetenz der Länder auch für Bundesgesetze folgt, dass – sofern eine Landesbehörde handelt – das Landesverwaltungsverfahrens- bzw. Landesverwaltungsvollstreckungsgesetz anzuwenden sind, auch wenn die sich (inhaltlich) von dem entsprechenden Bundesgesetz nicht unterscheiden. Es wäre ein methodischer Fehler, bei der Ausführung eines Bundesgesetzes durch eine Bundesbehörde das LandesVwVfG oder bei der Ausführung eines (Bundes- oder auch Landes-)Gesetzes durch eine Landesbehörde das BundesVwVfG heranzuziehen.

E. Sonderordnungsbehörden, Ordnungsbehörden, Vollzugspolizei

28 Sind die terminologische Unterscheidung zwischen Trennungs- und Einheitssystem sowie die Gesetzgebungs- und Verwaltungskompetenzen geklärt, kann nunmehr die Unterscheidung zwischen Sonderordnungsbehörden, allgemeinen Ordnungsbehörden und Vollzugspolizeibehörden vorgenommen werden.

---

[10] So OVG Münster NJW 1999, 2689.

Sonderordnungsbehörden sind alle Behörden, denen im Rahmen ihres speziellen Aufgabenbereichs als „Annex" auch die Abwehr von bereichsspezifischen Gefahren (z.B. Gefahren durch schädliche Umwelteinwirkungen, durch unzuverlässige Gewerbetreibende, durch gefährliche Bauten etc.) zugeschrieben sind. Das Sonderordnungsrecht ist stets spezialgesetzlich geregelt und zwar in zahlreichen Bundes- und Landesgesetzen (z.B. StVG/StVO/StVZO/FeV/FZV, BImSchG, GewO, LBauO). Die Ausführung fällt i.d.R. in die Kompetenz besonderer Fachbehörden (Sonderordnungsbehörden). 29

Sonderordnungsbehörden des **Bundes** sind bspw. die Verwaltung der Bundeswasserstraßen durch Wasser- und Schifffahrtsämter und Direktionen (§§ 24 ff. WaStrG); die Luftaufsicht durch Bundesbehörden und die – ausdrücklich beliehene – FlugsicherungsGmbH (§§ 27a ff.; 31 II Nr. 18 LuftVG); das Kraftfahrtbundesamt (§§ 28-30 StVG) und der Bundestagspräsident nach Art. 40 II S. 1 GG. Die Sicherheitsdienste des Bundes (Bundesamt für Verfassungsschutz, MAD und BND) haben das in §§ 8 ff. BVerfSchG, 4 ff. MADG, 2 ff. BNDG geregelte Datenerhebungs- und Verarbeitungsrecht zum Schutz der freiheitlichen demokratischen Grundordnung in ihrem jeweiligen Zuständigkeitsbereich. 30

Behörden des **Landes** sind Sonderordnungsbehörden, wenn ihnen im Rahmen ihres fachgebietsbezogenen Aufgabenbereichs zugleich spezielle Kompetenzen zur Gefahrenabwehr zugewiesen sind, die sich i.d.R. als Teil ihrer Fachaufgaben darstellen. Es kann sich dabei um landeseigene Behörden handeln, die unter Umständen mehrinstanzlich gegliedert sind. Denkbar ist auch, dass nach den Bestimmungen der Ordnungsgesetze/Polizeigesetze die Behörden der Kreise und/oder der Gemeinden im Rahmen der ihnen zugewiesenen Fachkompetenzen spezifische Aufgaben der Gefahrenabwehr als Sonderordnungsbehörden wahrzunehmen haben. 31

> **Beispiele:** In den Flächenstaaten sind Sonderordnungsbehörden („Sonderpolizeibehörden") etwa das Landeseichamt/die Eichämter, das Oberbergamt/die Bergämter, die Gewerbeaufsichtsämter, die Gesundheitsämter und etwaige Immissionsschutzbehörden. Viele sonderordnungsrechtliche Kompetenzen sind der Kreisverwaltung zugewiesen - etwa die Bauaufsicht, das Straßenverkehrsamt, die Ausländerbehörde, vielfach auch die Versammlungsbehörde.

Immer dann, wenn eine Fachbehörde (Sonderordnungsbehörde) zur Gefahrenabwehr nicht vorhanden oder nicht zuständig ist, fällt die Gefahrenabwehr in den Zuständigkeitsbereich der **allgemeinen Ordnungsbehörden**. 32

Allgemeine Ordnungsbehörden in den **Ländern** („allgemeine Polizeibehörden") sind die Behörden, die „im Zweifel" alle Aufgaben der Gefahrenabwehr „auffangen", nämlich immer dann, wenn die Aufgabe nicht einer Sonderordnungsbehörde zugewiesen ist. 33

In den Flächenstaaten ist die allgemeine Ordnungsverwaltung stets **mehrinstanzlich** gegliedert. Während die oberste und die obere allgemeine Ordnungsbehörde durch landeseigene Organe gebildet werden (Minister, Regierungspräsident), werden auf der Kreis- und Gemeindeebene die kommunalen Körperschaften für das Land zur Wahrnehmung der Ordnungsaufgaben tätig. Dabei handelt es sich jedoch nicht um eigene (Selbstverwaltungs-) Aufgaben. Die Gefahrenabwehr ist eine **Landesaufgabe**, die von Kreisen und Gemeinden im Rahmen des übertragenen Wirkungskreises, also „im Auftrag des Landes", vollzogen wird. 34

Auf **Bundesebene** gibt es keine allgemeine Ordnungsbehörde. Denn der Bund hat nur in ganz bestimmten Fachbereichen Verwaltungskompetenzen mit der Folge, dass eine allgemeine Verwaltungsbehörde des Bundes nicht besteht. Beim Bund gibt es demgemäß nur Sonderordnungsbehörden. 35

Schließlich ist die **Vollzugspolizei** (der Polizeivollzugsdienst) organisatorisch von den Ordnungsbehörden zu unterscheiden. Ihre Aufgabe ist es, „unbenannte Gefahren" ab- 36 zuwehren. Die Vollzugspolizei ist zuständig, unaufschiebbare Maßnahmen zu treffen, und wird tätig, wenn die Gefahr so dringend ist, dass auf Entscheidungen der Ordnungsbehörden nicht gewartet werden kann.

37 ▪ Verwaltungsbehörden des **Bundes** mit vollzugspolizeilichen Kompetenzen sind das Bundeskriminalamt, die Zolldienste, die Bundeswehr und die Bundespolizei (früher: Bundesgrenzschutz). Das BundesPolG bezeichnet die Grenzschutzbehörden ausdrücklich als Polizei des Bundes (§ 1 I S. 2 i.V.m. § 57 BundesPolG).

38 ▪ Auf **Landesebene** ist die Vollzugspolizei eine eigenständige, landesunmittelbare Verwaltungsbehörde. In der Regel ist sie in ihrer Kompetenz auf den „ersten Zugriff" beschränkt (sog. „Eilfallkompetenz", s.o.). Sie kann - landesrechtlich unterschiedlich - horizontal und vertikal dekonzentriert gegliedert sein.

⇨ Horizontal (fachlich) kann es neben der Schutzpolizeibehörde die Bereitschaftspolizei, Wasserschutzpolizei und Kriminalpolizei geben.

⇨ Vertikal (hierarchisch) kann insb. die Schutzpolizei in zwei Instanzen (i.d.R. auf Bezirks- und Kreisebene) gegliedert sein. Die im Zweifel zuständige untere Instanz ist in vielen Bundesländern örtlich in Polizeidirektionen bzw. Polizeipräsidien aufgeteilt.

Zur Bedeutung dieser Unterscheidung für die Fallbearbeitung vgl. Rn 53 ff.

F. Musterentwurf eines einheitlichen Polizeigesetzes

39 Da das Polizeirecht als allgemeines Recht der Gefahrenabwehr nach Art. 30 und 70 I GG in die Gesetzgebungskompetenz der Länder fällt, haben die Länder – bedingt durch die erläuterten Einflüsse der Besatzungsmächte, geschichtliche Vorgaben, geographische Unterschiede und abweichende politische Verhältnisse – dieses Recht in den Jahren von 1951 bis 1970 mit erheblichen Unterschieden in der Organisation und nicht unwesentlichen Abweichungen in materiellrechtlicher Hinsicht erlassen. Infolge der zunehmenden Mobilität der Bevölkerung, des Anwachsens der Kriminalität, vermehrter Großdemonstrationen und anderer Massenveranstaltungen ergab sich dann jedoch verstärkt die Notwendigkeit, Polizeikräfte der Länder und des Bundes zur Unterstützung der Polizeien anderer Länder einzusetzen. Die so eingesetzten Polizeibeamten waren gezwungen, das höchst unterschiedliche Recht, das am Einsatzort gilt, zu kennen und anzuwenden. Hieraus ergab sich die Forderung nach einer Vereinheitlichung des Polizeirechts. Da eine Bundesgesetzgebungskompetenz jedoch nicht besteht, die zu einer deutschlandweiten einheitlichen Rechtslage hätte führen können, beschlossen die Innenminister der Länder im Jahre 1972, zumindest einen „Musterentwurf" als freilich unverbindliche „Vorlage" für die Landesparlamente erarbeiten zu lassen, damit diese ihre Polizeigesetze vereinheitlichen konnten.

40 Ein solcher „Musterentwurf eines einheitlichen Polizeigesetzes" (MEPolG) ist von mehreren Kommissionen unter Beteiligung der Polizeibehörden, der Justiz, der Berufsvertretungen der Polizeibeamten, der kommunalen Spitzenverbände sowie zahlreicher Wissenschaftler erstellt worden. Auch die Öffentlichkeit hatte Gelegenheit, sich zum MEPolG zu äußern. Dieser ist sodann erstmals am 11.6.1976 und – nach Harmonisierung mit den Vorschriften des Strafverfahrensrechts – abschließend am 25.11. 1977 beschlossen worden. Er sah einheitliche Regelungen für die Aufgaben und Befugnisse der Polizei, für die Vollzugshilfe, für die Zwangsanwendung, für die Entschädigung und für die Amtshandlungen von Polizeibeamten anderer Länder und des Bundes vor.

41 Im MEPolG **nicht** enthalten waren Regelungen über die Erhebung und Verarbeitung personenbezogener Daten. Denn zur damaligen Zeit wurden die Informationsbeschaf-

fung und -verwertung größtenteils noch nicht als Grundrechtseingriffe angesehen, sodass es trotz des verfassungsrechtlichen Grundsatzes vom Vorbehalt des Gesetzes nicht geboten schien, sie gesetzlich zu regeln und damit in den MEPolG aufzunehmen.

Dass die Verneinung der Grundrechtsrelevanz bei Maßnahmen der Datenerhebung und -verarbeitung – jedenfalls aus heutiger Sicht – kaum vertretbar war, wurde bereits im Jahre 1977 von einigen liberalen Rechtsprofessoren erkannt. Im Januar 1979 wurde der vom „Arbeitskreis Polizeirecht" (zu den Mitgliedern zählten: Denninger, Dürkop, Hoffmann-Riem, Klug, Podlech, Rittstieg, Schneider, Seebode) erarbeitete „Alternativentwurf einheitlicher Polizeigesetze des Bundes und der Länder" (AEPolG) vorgelegt. Absicht der Verfasser war es, ein „Gegenkonzept" zum MEPolG vorzustellen. Die Bedeutung des AEPolG lag insbesondere darin, dass er ein besonderes Kapitel „Informationsverarbeitung" (§§ 37 ff.) enthielt, die – wie gesehen – im MEPolG keiner – auch nicht ansatzweisen – Regelung zugeführt worden war. Besondere Beachtung verdienten darüber hinaus die vorgeschlagenen Regelungen hinsichtlich Beobachtung und Befragung (§ 11), Erstellung von Persönlichkeitsprofilen (§ 12), Ausforschung von Veranstaltungen (§ 13) und vor allem zum Schusswaffengebrauch gegen Personen (§ 64). Damit waren die Verfasser ihrer Zeit weit voraus, was sich mit der Bestätigung ihrer Rechtsauffassung durch das **Volkszählungsurteil** des BVerfG v. 15.12.1983[11] bestätigte. Mit diesem Urteil hat sich endgültig die Rechtsauffassung durchgesetzt, dass jede Erhebung von personenbezogenen Daten grundsätzlich einen **Eingriff in das Grundrecht auf informationelle Selbstbestimmung** (Art. 2 I i.V.m. 1 I GG) darstelle. Freie Entfaltung der Persönlichkeit setze nämlich gerade unter den modernen Bedingungen der Datenverarbeitung den Schutz des Einzelnen gegen unbegrenzte Erhebung, Speicherung, Verwendung und Weitergabe seiner persönlichen Daten voraus.[12] **42**

Trotz der Bedenken der „Alternativ-Professoren" wurde der MEPolG in einer ersten (bis Anfang 1983 dauernden) Phase in nahezu unveränderter Form von Bayern, Nordrhein-Westfalen, Rheinland-Pfalz und Niedersachsen übernommen. Im BremPolG v. 26.3.1983 haben Grundgedanken des AEPolG Aufnahme gefunden.[13] **43**

In einer zweiten Phase, die (wegen § 31 BVerfGG) maßgeblich von dem Volkszählungsurteil des BVerfG beeinflusst war, haben das Saarland, Hessen, Hamburg, Berlin und Schleswig-Holstein den MEPolG mit teilweise nicht unerheblichen Abweichungen in Landesrecht umgesetzt und hierbei auch datenschutzrechtliche Gesichtspunkte, die denen des BremPolG von 1983 glichen, berücksichtigt. **44**

Der Bund ist dieser Entwicklung, wenn auch mit großem zeitlichen Abstand, durch Änderung des Gesetzes über den Bundesgrenzschutz vom 18.8.1972 (BGBl I S. 1834) am 19.10. 1994 (BGBl I S. 2978) gefolgt. Für den kriminalpolizeilichen Kompetenzbereich des Bundes gilt das nach langer Vorbereitung und Beratung erlassene Gesetz über das Bundeskriminalamt und die Zusammenarbeit des Bundes und der Länder in kriminalpolizeilichen Angelegenheiten (BKAG) vom 7.7.1997 (BGBl I S. 1650). **45**

Im Hinblick auf die in den Bundesländern aufgrund des Volkszählungsurteils bestehende unterschiedliche Rechtslage sah sich die Innenministerkonferenz (IMK) erneut veranlasst, eine einheitliche Regelung zu erarbeiten. Am 23.6.1984 beschloss sie, sich wegen des notwendigen Datenverbunds der Polizeibehörden des Bundes und der Länder, um ein einheitliches Vorgehen bei der Informationsgewinnung und -verarbeitung zu bemühen. Der Arbeitskreis II der IMK hat daraufhin einen „Vorentwurf zur **46**

---

[11] BVerfGE 65, 1 ff.
[12] BVerfGE 65, 1, 44 ff.
[13] Vgl. näher *R. Schmidt*, BremPolG, Kommentar, 2006, Vor § 1 Rn 37.

Änderung des Musterentwurfs eines einheitlichen Polizeigesetzes des Bundes und der Länder" erarbeitet. Die IMK sah in diesem Vorentwurf eine „Grundlage" für möglichst einheitliche Vorschriften für die polizeiliche Datenerhebung und -verarbeitung in Bund und Ländern (Beschluss der IMK vom 18.4.1986).

47 Dieser Vorentwurf, der (ohne Alternativen) in den MEPolG v. 25.11.1977 eingefügt worden ist, hatte Auswirkungen auf entsprechende Gesetzesänderungen in Hessen, Nordrhein-Westfalen, Bayern und Baden-Württemberg. In den Folgejahren haben die Parlamente dieser Länder unter teilweiser Übernahme des Vorentwurfs zur Änderung des MEPolG ihre Polizeigesetze erneut unter datenschutzrechtlichen Gesichtspunkten novelliert. Diese Novellierungstendenz ist auch heute noch zu beobachten.

48 Im Zuge der Verwirklichung der **deutschen Einheit** ist in der ehemaligen DDR – für die damals noch handlungsunfähigen Länder Brandenburg, Mecklenburg-Vorpommern, Sachsen, Sachsen-Anhalt und Thüringen sowie Berlin (Ost) – auf der Grundlage des MEPolG das Gesetz über Aufgaben und Befugnisse der Polizei vom 13.9.1990 (BGBl I S. 1489) ergangen. In der Folgezeit haben die neuen Bundesländer eigenständige Polizeigesetze bzw. Gesetze über die öffentliche Sicherheit oder Ordnung erlassen.

49 Heute sind die Polizeigesetze der Länder so weit vom MEPolG entfernt, dass eine Heranziehung des MEPolG als Referenz für eine länderübergreifende Darstellung nicht empfehlenswert ist. Daher werden auch im Rahmen der vorliegenden Darstellung nach Möglichkeit alle polizeigesetzlichen Vorschriften in den Fußnoten zitiert.

G. Allgemeine Aufgaben der Polizei; Zuständigkeiten

50 Die ersten Paragraphen fast aller Polizeigesetze[14] enthalten (generalklauselartige) **Aufgabenzuweisungen**; sie weisen der Polizei[15] die Aufgabe zu, Gefahren für die öffentliche Sicherheit (oder Ordnung) abzuwehren, und stellt klar, dass zu dieser Aufgabe auch die Vorbereitung der Verhinderung künftiger Gefahren und die Verhütung von Straftaten zählen. Damit nehmen die Polizeigesetze in Übereinstimmung mit dem MEPolG eine strikte **Trennung von Aufgaben und Befugnissen** vor.

51 Primär zuständig für die Gefahrenabwehr sind die **(Sonder-)Ordnungsbehörden** (Ortspolizeibehörden), weil sie auf ihrem jeweiligen Sachgebiet über spezielle Kenntnisse und Ausrüstung verfügen, um Gefahren effektiv begegnen zu können. Zu beachten ist jedoch die in den allgemeinen Gefahrenabwehrgesetzen (Polizeigesetzen) enthaltene Aufgabenbegrenzung, wonach die (Sonder-)Ordnungsbehörden Aufgaben der Gefahrenabwehr nur ausüben, soweit diese ihnen übertragen worden sind. Diese Aufgabenbegrenzung hat ihren Grund darin, dass das besondere Gefahrenabwehrrecht nicht nur spezielle Aufgabenzuweisungsnormen, sondern auch spezielle Rechtsgrundlagen enthält (vgl. z.B. § 35 GewO, § 29 LuftVG, § 2 LuftSiG) und die (Sonder-)Ordnungsbehörden in erster Linie die speziellen Aufgaben wahrnehmen und sich dabei auf diese speziellen Rechtsgrundlagen stützen sollen.

Beispiel: Lässt der Gastronom G in den Hinterräumen seiner Gaststätte illegale Prostitution[16] zu, ist klar, dass die Rechtsgemeinschaft diesen Zustand nicht dulden darf. Da

[14] Lediglich in Bayern ist die Aufgabenzuweisung in Art. 2 PAG, Art. 6 LStVG geregelt. Auch Schleswig-Holstein regelt die polizeilichen Aufgaben in §§ 162 I, 163 I LVwG.

[15] Zur Unterscheidung zwischen (Sonder-)Ordnungsbehörden und Vollzugspolizei vgl. Rn 28 ff.

[16] Auch nach Inkrafttreten des Prostitutionsgesetzes ist die Prostitution selbstverständlich illegal, wenn die Prostituierten minderjährig sind und/oder zur Prostitution gezwungen werden und/oder (bei Ausländerrinnen) sich illegal in der Bundesrepublik aufhalten und der Prostitution nachgehen.

von dem Betrieb einer Gaststätte stets Gefahren ausgehen können (eine Gaststätte also „abstrakt" gefährlich ist, man denke auch an andere unhaltbare Zustände wie unhygienische Toiletten, verdorbene Speisen, den Ausschank von Alkohol an Minderjährige etc.), hat der (Bundes-)Gesetzgeber zur Abwehr „gaststättenspezifischer" Gefahren ein spezielles Gefahrenabwehrgesetz erlassen, das Gaststättengesetz (GastG). Dieses Gesetz sieht vor, dass dem Betreiber einer Gaststätte die Gaststättenerlaubnis (die Konzession) zu entziehen ist, wenn die Voraussetzungen des § 15 II i.V.m. § 4 I Nr. 1 GastG vorliegen. Da die Beurteilung der Frage, ob diese Voraussetzungen vorliegen, einen gewissen Sachverstand voraussetzt, haben die zum Erlass von Ausführungsgesetzen zum GastG berufenen Landesgesetzgeber zugleich die Gaststättenbehörden für zuständig erklärt. Rechtstechnisch ergibt sich für den vorliegenden Fall somit folgende Rechtslage:

- ⇨ Zuständig für die Beurteilung der Sach- und Rechtslage und damit für die Ausführung des GastG ist die Gaststättenbehörde.
- ⇨ Auch nur diese ist es, die eine auf § 15 II i.V.m. § 4 I Nr. 1 GastG gestützte gaststättenrechtliche Ordnungsverfügung erlassen kann.
- ⇨ Der Polizeivollzugsdienst ist nicht zuständig für Maßnahmen auf der Grundlage des GastG.

Dagegen ist der **Polizeivollzugsdienst** zuständig, wenn eine Gefahrenabwehr unter Dringlichkeits- und Effektivitätsgesichtspunkten unaufschiebbar erscheint, also in Situationen, in denen die primär zuständigen, jedoch mit bürokratischen Mitteln arbeitenden (Sonder-)Ordnungsbehörden nicht rechtzeitig einschreiten könnten. Um einen solchen sog. **Eilfall** festzustellen, ist eine Verlaufsprognose anzustellen: Gelangt ein objektiver Beobachter in der Rolle des handelnden Beamten zu dem Ergebnis, dass die mit bürokratischen Mitteln arbeitende (Sonder-)Ordnungsbehörde nicht ebenso wirksam und rechtzeitig einschreiten könnte wie die Vollzugspolizei, sind deren Eilfallkompetenz und damit deren sachliche Zuständigkeit zu bejahen. 52

Beispiel: Der Betreiber einer Gaststätte in Köln lässt in den Hinterräumen seiner Gaststätte den Handel mit Drogen zu. Als die Vollzugspolizei eines Nachts einen entsprechenden Hinweis erhält, begibt sie sich sofort in die Gaststätte und stellt eine erhebliche Menge Kokain sicher.

An sich wäre die Gaststättenbehörde als Sonderordnungsbehörde zuständig. Da eine Benachrichtigung der Bediensteten der Gaststättenbehörde jedoch nur während der üblichen Dienstzeiten möglich ist und vorliegend aufgrund der Dringlichkeit sofort gehandelt werden muss, ist die Vollzugspolizei aufgrund ihrer Eilfallkompetenz zuständig.

Gegenbeispiel: Rentner C glaubt, bei den ständigen Radarkontrollen an der zweispurigen Universitätsallee gehe es dem Staat nur um die Finanzierung des Haushalts. Täglich fährt er deshalb die Universitätsallee ab, um „Radarfallen" aufzuspüren. Immer wenn er eine entdeckt, platziert er sich einige 100 m davor am Straßenrand und warnt die heranfahrenden Autofahrer mit einem Schild, auf dem steht: „Vorsicht Radarfalle". Polizeibeamter P wird darauf aufmerksam und weist C an, derartige Warnungen sofort und auch in der Zukunft zu unterlassen.

Da das Verbot nicht nur für den betreffenden Tag, sondern auch für die Zukunft gelten soll, sind in der Verfügung zwei Regelungen und mithin zwei Verwaltungsakte enthalten: das tagbezogene Verbot, die Radarwarnung fortzusetzen, und das zukunftsbezogene Verbot, sie wieder aufzunehmen. Während das tagbezogene Verbot nur sofort ausgesprochen werden konnte[17], wäre bezüglich des zukunftsbezogenen Verbots durchaus

[17] Vgl. auch OVG Düsseldorf NJW 1997, 1596; VG Saarbrücken DAR 2004, 668 f. zur Rechtmäßigkeit einer Untersagungsverfügung wegen Verstoßes gegen die öffentliche Sicherheit und zur Sicherstellung des Schildes. Zur Rechtmäßigkeit der Vernichtung der sichergestellten Sache vgl. Rn 565 und 578. Zur Zulässigkeit von Radarwarnungen im Rundfunk als Teil eines Verkehrskonzepts vgl. wiederum VG Saarbrücken DAR 2004, 668 f. Zu den sog. Radarwarngeräten vgl. Rn 565 und 578.

Zeit gewesen, die zuständige Ordnungsbehörde (hier: die Straßenverkehrsbehörde) zu informieren. Diese hätte gleichsam wirksam zukünftige Radarwarnungen des C verhindern können.

53 Besteht ein sog. Eilfall, bedeutet das jedoch nicht, dass die Sonderordnungsbehörde automatisch ihre Zuständigkeit verliert. Vielmehr behält sie ihre Zuständigkeit und ist *neben* der Vollzugspolizei zuständig. Um in derartigen Fällen ein „Kompetenzgerangel vor Ort" auszuschließen, gilt das **„Recht des ersten Zugriffs"** (auch **Grundsatz der Erstbefassung** genannt). Es besagt, dass von mehreren zuständigen Behörden diejenige zur Gefahrenabwehr befugt ist, die zuerst vor Ort ist und aktiv wird. Das schließt freilich nicht aus, dass die andere Behörde gebeten wird, Amtshilfe zu leisten.

Beispiel: Im Gaststättenfall von Rn 51 könnten die Beamten des Polizeivollzugsdienstes zur Amtshilfe gem. den Vorschriften des Landespolizeigesetzes verpflichtet werden.

54 In der Regel ist der Polizeivollzugsdienst trotz Vorliegens eines Eilfalls **nicht zuständig**, Gefahrenabwehrmaßnahmen auf **spezielle Gefahrenabwehrgesetze** zu stützen. Denn diese Gesetze erklären meist nur die Sonderordnungsbehörden für zuständig. Das trifft jedenfalls auf die meisten Rechtsgrundlagen des GastG, der GewO, des GPSG, des StVG und der StVO zu. Steht also eine Maßnahme des Polizeivollzugsdienstes in Frage, muss bzgl. der Rechtsgrundlage stets der Grundsatz beachtet werden, dass das Spezialgesetz die Anwendung eines allgemeinen Gesetzes ausschließt (lex specialis derogat legi generali). Ist allerdings der Polizeivollzugsdienst nicht zuständig, das Spezialgesetz anzuwenden, kann dieses für das Handeln des Beamten keine Sperrwirkung zulasten des allgemeinen Gesetzes entfalten.

Beispiel: Die Ausführungsgesetze zum GastG bzw. Gaststättenzuständigkeitsverordnungen der Länder erklären die Gaststättenbehörden als zuständige Sonderordnungsbehörden. Der Polizeivollzugsdienst ist daher nicht zuständig zur Ausführung des GastG. Er kann gefahrenabwehrrechtliche Maßnahmen nur im Rahmen der Eilfallkompetenz auf das Polizeigesetz stützen.

55 Wenn aber das Spezialgesetz (ausnahmsweise) auch die Zuständigkeit des Polizeivollzugsdienstes begründet, bleibt es bei dem Grundsatz, dass der Polizeivollzugsdienst seine Maßnahme auf das Spezialgesetz stützen muss. In diesem Fall gehen Anwendbarkeit des Spezialgesetzes und sachliche Zuständigkeit der Behörde einher.

Beispiel: An einem kalten Sonntagabend im Januar ereignet sich ein schwerer Verkehrsunfall in der Augsburger Straße. Unmittelbar nach dem Ereignis erreichen die beiden Polizeivollzugsbeamten A und B den Unfallort, an dem sich bereits mehrere Kraftfahrzeuge gestaut haben und sich eine Menschenansammlung gebildet hat. Um zum Ort des Geschehens vordringen zu können, schalten die Beamten Martinshorn und Blaulicht ihres Dienstwagens kurz ein, sodass sich die Fahrzeuge und die Schaulustigen zur Seite bewegen. Ist diese Maßnahme formell rechtmäßig?

Der Einsatz des Martinshorns ist rechtstechnisch ein Platzverweis. Denn durch einen solchen wird eine Person vorübergehend eines Ortes verwiesen oder ihr wird vorübergehend das Betreten eines Ortes verboten. Die Platzverweisung greift in Art. 2 II S. 2 GG ein. Denn die Freiheit der Person schützt trotz ihres weiten Wortlauts („Freiheit") die *körperliche Bewegungsfreiheit*. Damit ist das Recht gemeint, jeden beliebigen Ort aufzusuchen oder bei ihm zu verweilen.[18] Ein Platzverweis stellt daher einen Eingriff in Art. 2 II S. 2 GG dar, weil der Betroffene verpflichtet wird, den Ort zu verlassen.[19]

---

[18] BVerfGE 94, 166, 198; *Kunig*, in: v. Münch/Kunig, GG, Art. 2 Rn 74.

[19] Vgl. bereits *R. Schmidt*, BesVerwR II, 4. Aufl. 2000, S. 89. Wie hier nun auch *Pieroth/Schlink/Kniesel*, POR, § 16 Rn 4; a.A. VGH München NVwZ 2000, 454, 455 f. (Eingriff nur in Art. 2 I GG). Nach *Hetzer*, JR 2000, 1, liegt sogar ein Eingriff in Art. 11 GG vor.

Daher ist eine *Rechtsgrundlage* erforderlich. Bevor jedoch auf die polizeigesetzliche Standardmaßnahme *Platzverweisung*[20] zurückgegriffen werden kann, ist zunächst zu untersuchen, ob eine Spezialvorschrift außerhalb des allgemeinen Polizei- und Ordnungsrechts greift. In Betracht kommt § 38 I StVO. Danach ist das Einschalten des Martinshorns und des Blaulichts im Fall von höchster Eile gestattet, wenn Menschenleben zu retten, schwere gesundheitliche Schäden oder eine Gefahr für die öffentliche Sicherheit oder Ordnung abzuwenden sind. § 38 I StVO ist auch eine gefahrenabwehrrechtliche Vorschrift, sofern auf die genannten Schutzgüter abgestellt wird.

Die *Zuständigkeit* ergibt sich aus § 44 StVO i.V.m. der Aufgabenzuweisungsnorm des Landespolizeigesetzes, wonach die (Vollzugs-)Polizei auch für Aufgaben zuständig ist, die ihr durch andere Rechtsvorschriften übertragen worden sind. Eine solche andere Rechtsvorschrift ist gerade § 44 I StVO.

Als allgemeine *Verfahrensvorschrift* ist zwar an § 28 I VwVfG zu denken, doch ist eine Anhörung ohnehin wegen § 28 II Nr. 1 VwVfG entbehrlich. Denn wegen des ausschließlichen Einschreitens aufgrund der Eilfallkompetenz ist das „öffentliche Interesse" zu bejahen. Zudem liegt „Gefahr im Verzug" vor. Darüber hinaus ergibt sich die Entbehrlichkeit der vorherigen Anhörung aus § 28 II Nr. 4 VwVfG, da sich die mit dem Einschalten des Martinshorns verbundene Aufforderung, zur Seite zu treten, an jeden richtet, der sich im Gefahrenbereich aufhält.

Des Weiteren besteht die Zuständigkeit der Polizei nur für die Abwehr von Gefahren für die **öffentliche Sicherheit** (oder Ordnung). Unter dem Aspekt der öffentlichen Sicherheit geschützt ist entsprechend der Legaldefinition einiger Polizeigesetze (vgl. dazu näher Rn 629) die Unverletzlichkeit **56**

(1) der *objektiven Rechtsordnung,*

(2) der *subjektiven Rechte und Rechtsgüter des Einzelnen*

(3) sowie der *Einrichtungen und Veranstaltungen des Staates oder sonstiger Träger der Hoheitsgewalt.*

Die Betroffenheit eines der genannten Schutzgüter hat eine Gefährdung der öffentlichen Sicherheit zur Folge und befugt grds. zum Einschreiten. Allerdings ist zu beachten, dass der Schutz privater Rechte primär den ordentlichen Gerichten obliegt (dazu Rn 68 ff.). **57**

Das anfänglich in allen Polizeigesetzen enthaltene alternative Schutzgut **öffentliche Ordnung** war aufgrund verfassungsrechtlicher Bedenken zwischenzeitlich aus den meisten Polizeigesetzen herausgenommen worden, ist in jüngerer Zeit jedoch wieder in die meisten Polizeigesetze eingefügt worden. Eine Betroffenheit dieses Schutzguts befugt daher in den betreffenden Ländern wieder zu gefahrenabwehrrechtlichen Maßnahmen (näher Rn 637 ff.). **58**

Schließlich muss eine **Gefahr** (für eines der geschützten Güter) bestehen. Die Polizeigesetze befugen zur Abwehr konkreter und abstrakter Gefahren. Auch eine **Störungsbeseitigung**, also die Beseitigung der Folgen einer bereits realisierten Gefahr, kann eine Maßnahme der Gefahrenabwehr sein, sofern die Störung Zukunftsbezug hat, von ihr also Gefahren (für die Zukunft) ausgehen. Vgl. dazu näher Rn 657 ff. **59**

Hinweis für die Fallbearbeitung: Ist also die Zuständigkeit der Polizei nur in Eilfällen (die Polizeigesetze sprechen von „Unaufschiebbarkeit") gegeben und liegt ein

[20] Vgl. zum vorübergehenden Platzverweis § 12 MEPolG; Bund: § 38 BundesPolG; Bay: Art. 16 PAG; BW: § 27a PolG; Berl: § 29 I ASOG; Brand: § 16 PolG; Brem: § 14 PolG; Hamb: § 12a SOG; Hess: § 31 SOG; MeckVor: § 52 SOG; Nds: § 17 I SOG; NRW: § 34 PolG, § 24 OBG; RhlPfl: § 13 POG; Saar: § 12 PolG; Sachs: § 21 I PolG; SachsAnh: § 36 I SOG; SchlHolst: § 201 LVwG; Thür: § 18 PAG, § 17 OBG.

Eilfall nur bei einer „Gefahr für die öffentliche Sicherheit (oder Ordnung)" vor, dürfte man die Zuständigkeit der Polizei streng genommen nur dann bejahen, wenn eine **Gefahr für die öffentliche Sicherheit** (oder Ordnung) durch eine entsprechende (inzidente) Prüfung bejaht wurde. Das Vorliegen einer Gefahr für die öffentliche Sicherheit (oder Ordnung) ist aber (trotz ihrer Nennung im Tatbestand der Zuständigkeitsnorm) eine Frage der materiellen Rechtmäßigkeit. Man umgeht das Problem einer inzidenten Prüfung, indem man die Gefahr unter Hinweis auf die Möglichkeit ihres Vorliegens als gegeben unterstellt (sog. abstrakte Prüfung).[21] Diese Vorgehensweise sollte zu keiner Beanstandung durch den Korrektor führen.

H. Trennung von Aufgaben und Befugnissen

60 Wie bereits bei Rn 14 ff. erwähnt, haben die Landesgesetzgeber seit Verabschiedung des Musterentwurfs eine strikte **Trennung von Aufgaben und Befugnissen** der Polizei vorgenommen. Damit haben sie der früher vorherrschenden traditionellen Vorstellung des Preußischen Polizeiverwaltungsrechts eine Absage erteilt. Diese Vorstellung beruhte darauf, dass wenn der Staat eine Behörde einrichtet und ihr eine bestimmte Aufgabe zuweist, er sie zugleich (stillschweigend) ermächtigt, Grundrechtseingriffe vorzunehmen. Man hat erkannt, dass dieses preußische Gedankengut mit einem modernen Rechtsstaat nicht (mehr) zu vereinbaren ist. Polizei- und ordnungsrechtliche Maßnahmen greifen mitunter nämlich in erheblichem Maße in die Rechtssphäre (**Freiheitsgrundrechte**) des betroffenen Bürgers ein und stellen damit eine der schärfsten Formen der **Eingriffsverwaltung** dar. Aufgrund der damit verbundenen außerordentlichen Grundrechtsrelevanz gilt die Gesetzmäßigkeit der Verwaltung – d.h. **Vorrang und Vorbehalt des Gesetzes** (Art. 20 III GG) – uneingeschränkt. Daraus folgt, dass die Verwaltung nur in einer bestimmten Weise tätig werden darf, wenn sie dazu durch **hinreichend bestimmtes** Gesetz ermächtigt ist. Gerade dies vermögen generalklauselartig formulierte Aufgabenzuweisungsnormen nicht zu leisten. Sie berechtigen die Polizei- und Ordnungsbehörden *nicht* zu Eingriffen in Freiheit und Eigentum des Individuums. Anderenfalls wären sie wegen Verstoßes gegen den verfassungsrechtlich gewährleisteten Bestimmtheitsgrundsatz und damit wegen Verstoßes gegen den Grundsatz der Gesetzmäßigkeit der Verwaltung verfassungswidrig.

61 Folgerichtig gehen heute alle Polizeigesetze von einer strikten Trennung von Aufgaben und Befugnissen aus. Greift ein polizeiliches Mittel in die Rechtssphäre des Einzelnen ein, muss hierfür eine ausdrückliche gesetzliche Ermächtigungsgrundlage (Rechtsgrundlage) in Form einer „Befugnis" vorliegen. Nur diese wird dem Grundsatz vom Vorbehalt des Gesetzes gerecht.

Beispiel: Aufgrund von Beißvorfällen, die sich immer wieder im Zusammenhang mit sog. Kampfhunden ergeben, erteilt Polizeiobermeister P dem Halter eines Rottweilers, der mit seinem Tier gerade auf dem Elbufer spazieren geht und es frei herumlaufen lässt, die Weisung, dass er den Hund an die Leine zu nehmen habe.

Eine Gefahr liegt vor; P ist auch zuständig, im Rahmen seiner sog. Eilfallkompetenz unaufschiebbare Maßnahmen der Gefahrenabwehr vorzunehmen. Allerdings befugt ihn die entsprechende Zuständigkeitsnorm des Landespolizeigesetzes nicht zu grundrechtsbeeinträchtigenden Maßnahmen; hierfür bedarf es wegen des Grundsatzes vom Vorbehalt des Gesetzes einer gesetzlichen Ermächtigung. Sofern weder in dem Hundegesetz noch in dem Polizeigesetz des Landes entsprechende spezielle Befugnisnormen enthalten sind, kann P sich auf die Befugnisgeneralklausel stützen, die bei Vorliegen einer Gefahr für die öffentliche Sicherheit zum Ergreifen der erforderlichen Maßnahmen befugt. Die öffentliche Sicherheit ist vorliegend unter dem Aspekt *Rechtsordnung* betroffen, so-

[21] *Muckel*, BesVerwR, S. 13.

fern nach dem Hundegesetz ein Leinenzwang für einen Rottweiler besteht; in jedem Fall ist das Schutzgut *subjektive Rechte und Rechtsgüter des Einzelnen* betroffen.[22]

Davon unbeschadet können die Aufgabenzuweisungsnormen der Polizeigesetze jedoch Rechtsgrundlage für gefahrenabwehrbehördliche und polizeiliche Tätigkeiten sein, die **nicht mit Eingriffen in die Rechtssphäre** der Bürger verbunden sind. Ob eine Handlung in Grundrechte eingreift oder nicht, sollte danach vorgenommen werden, ob die fragliche Maßnahme individualbezogen oder -beziehbar ist und dabei für den Betroffenen belastend wirkt. 62

Beispiele: Kontroll- und Streifengänge sowie Streifenfahrten, aber auch die Tätigkeit von Polizeibeamten in Jugendverkehrsschulen und die bloße Anwesenheit von Polizeibeamten bei Großveranstaltungen (Konzerten, Fußballspielen etc.) sind entweder nicht individualbezogen oder nicht belastend. Zwar mag im Einzelfall die bloße Anwesenheit von Polizeibeamten als Belästigung und Einschränkung der freien Entfaltung der Persönlichkeit empfunden werden, einen Grundrechtseingriff durch sie anzunehmen, ginge aber zu weit.

Ein Sonderproblem besteht in Bezug auf staatliche Informationstätigkeit, konkret wenn es um öffentliche Warnungen etwa vor gesundheitsschädlichen Produkten (Glykolwein, salmonellenverseuchte Nudeln etc.) oder vor jugendgefährdenden Sekten geht. Nach der Rspr. des BVerfG (E 105, 252 ff.; E 105, 279 ff.) sollen staatliche Warnungen keine Grundrechtseingriffe darstellen. Das ist abzulehnen. Denn wäre das der Fall, bräuchte die Exekutive keine formell-materielle Rechtsgrundlage für entsprechende Warnungen. Dann aber fragt sich, warum der Gesetzgeber z.B. ein Geräte- und Produktsicherheitsgesetz (GSPG) erlassen hat, das Rechtsgrundlagen für Produktwarnungen enthält (vgl. dazu im Einzelnen Rn 849 ff.).

Mit den Aufgabenzuweisungsnormen ist die Abwehr von Gefahren den Gefahrenabwehr- bzw. Polizeibehörden gesetzlich übertragen worden. Das schließt eine **Subdelegation** an andere Behörden, die nicht zur Gefahrenabwehr befugt sind, oder gar an Private, die nicht Beliehene sind und als solche Aufgaben der Gefahrenabwehr übertragen bekommen haben, **aus**. Daher dürfen z.B. ein Land oder eine Gemeinde (etwa um Kosten zu sparen) Streifengänge nicht vertraglich an einen privaten Sicherheitsdienst delegieren. 63

Hat sich die Aufgabenerfüllung **im Rahmen der geltenden Gesetze** (Grundsatz der Gesetzmäßigkeit der Verwaltung, s.o.) zu halten, bedeutet das zunächst, dass die Polizeibehörden insbesondere die Schranken zu beachten haben, die durch die Verfassung zum Schutz des Einzelnen in Form von Grundrechten errichtet worden sind. Da umgekehrt einzelne Grundrechte sich nur im Rahmen der „verfassungsmäßigen Ordnung" (vgl. Art. 2 I GG) oder der „allgemeinen Gesetze" (vgl. Art. 5 II GG), wozu auch die Polizeigesetze mit ihren Aufgaben- und Befugnisnormen gehören, ausgeübt werden dürfen, stellen die Polizeigesetze gerade in diesen Bereichen Eingriffsgrundlagen zur Verfügung. Demgegenüber dürfen z.B. Rundfunk, Presse und Fernsehen nicht unter Berufung auf die polizeigesetzlichen Befugnisnormen beschränkt werden. Die Landespressegesetze enthalten abschließende sondergesetzliche Regelungen, die Rundfunk, Presse und Fernsehen „polizeifest" machen.[23] Gleiches gilt für Kunst und Wissenschaft, Forschung und Lehre (Art. 5 III GG). Auch bei einer Vielzahl anderer Rechtsgebiete ist der Rückgriff auf die Befugnisnormen der Polizeigesetze grds. ausgeschlossen, weil in diesen Rechtsgebieten die Materie durch spezielle Normen geregelt ist. Zumeist ist gleich auch die Zuständigkleit einer Sonder(ordnungs)behörde angeordnet. 64

[22] Vgl. dazu auch BVerwGE 116, 347, 354.
[23] Vgl. dazu etwa VGH Mannheim DVBl 2010, 1569 ff.

Dies gilt etwa für das Bau-, Versammlungs-, Vereins-, Tierseuchen- und das Tierschutzrecht (vgl. etwa § 24 I WaStrG; § 29 I S. 2, III LuftVG; §§ 3 und 5 LuftSiG; §§ 17, 20, 24, 25 BImSchG; §§ 4 I, 5, 15-17, 19 GastG; § 3 VereinsG; §§ 24a, 25, 33a I S. 3, II, 33d I S. 2, III, IV, 33e, 51 GewO; § 16 InfSchG; § 4 StVG; §§ 38 I, 44 II, 45 I-III StVO; § 17 I, III StVZO; §§ 5, 12a, 19a, 13, 15 VersG).

65 Lediglich, wenn die Spezialregelungen die Materie nicht oder nicht abschließend regeln, wird der Rückgriff auf das allgemeine Polizei- und Ordnungsrecht diskutiert. Das betrifft Teilgebiete des Versammlungsrechts, vgl. dazu eingehend Rn 1077 ff.

66 Da Gefahrenabwehr gerade auf Vermeidung und Verhütung von Beeinträchtigungen abzielt und damit eine Daueraufgabe der Verwaltung darstellt, verlangt sie schließlich auch die Sammlung von Erfahrungswissen über Gefahrenlagen und -verläufe. Sie darf, soll sie effektiv sein, nicht zu spät einsetzen. Daher befugen die Polizeigesetze die Polizei auch zum Treffen von „**Vorbereitungen**, um künftige Gefahren abwehren zu können" (vgl. die ersten Paragraphen aller Polizeigesetze mit Ausnahme Art. 2 BayPAG, Art. 6 BayLStVG und §§ 162, 163 SchlHolstLVwG). Damit ist gemeint, dass sich die Polizeibehörden auf mögliche künftige Gefahrenquellen einzustellen und Vorsorge zu treffen haben (sog. **Gefahrenvorsorge**[24]). Sie müssen insbesondere organisatorische Maßnahmen treffen, z.B. Atemschutzgerät vorhalten, um bei einem Chemieunfall eingreifen zu können. Aber auch das „Sammeln" von personenbezogenen Daten gehört hierher, z.B. das Erstellen einer Liste mit Abschleppunternehmern, die für den Fall, dass falsch geparkte Fahrzeuge abgeschleppt werden sollen, beauftragt werden können, sowie die Videoüberwachung öffentlicher Flächen (dazu Rn 153 ff.). Aber auch bei Maßnahmen der Gefahrenvorsorge gilt, dass bei Grundrechtseingriffen Befugnisnormen erforderlich sind.

67 Schließlich gehört zur Abwehr der Gefahren für die öffentliche Sicherheit (und Ordnung) auch die **Verhütung** zu erwartender Straftaten (vgl. ebenfalls die ersten 1-3 Paragraphen der Polizeigesetze und Art. 2 BayPAG, Art. 6 BayLStVG, §§ 162, 163 SchlHolstLVwG). Inhaltlich unterscheidet sich diese Aufgabenzuweisung von den bisher genannten dadurch, dass sie sich nicht auf die Verhütung unmittelbar bevorstehender Straftaten bezieht, sondern auf die vorbeugende Verbrechensbekämpfung im Vorfeld konkreter Delikte. Die Polizei kann diese Aufgabe in vielfältiger Form erfüllen. Mögliche Maßnahmen sind z.B. die Beratung von Bürgern („Die Kriminalpolizei rät") oder die Beobachtung von Drogenszenen. Wie bei dem vorgenannten Punkt gilt aber auch hier, dass bei Grundrechtseingriffen Befugnisnormen erforderlich sind.

I. Subsidiarität polizeilichen Handelns/Privatrechtsklauseln

68 In den sog. Privatrechtsklauseln[25] bestimmen die Polizeigesetze, dass der **Schutz privater Rechte** grundsätzlich **keine** Aufgabe der Polizei ist.

69 Mit dieser Regelung tragen die Polizeigesetze dem Umstand Rechnung, dass alle Staatsorgane nur im Rahmen der Kompetenzordnung vorgehen dürfen (Art. 20 III GG, s.o.). Teil der Kompetenzordnung ist, dass der Schutz privater Rechte primär den ordentlichen Gerichten und den ihnen zugeteilten Vollstreckungsorganen obliegt. Die Polizei als ausführendes Organ des öffentlichen (Gefahrenabwehr-)Rechts hat sich daher

---

[24] Die Gefahrenvorsorge als Aufgabe der Gefahrenabwehr darf nicht verwechselt werden mit der Strafverfolgungsvorsorge, die dem Bereich der Strafverfolgung zuzuordnen ist (vgl. dazu Rn 22 und 93a).

[25] Bund: § 1 IV BundesPolG; BW: § 2 II PolG; Bay: Art. 2 II PAG; Berl: § 1 IV ASOG; Brand: § 1 II PolG; Brem: § 1 II PolG; Hamb: § 3 III SOG; Hess: § 1 III SOG; MeckVor: § 1 III SOG; Nds: § 1 III SOG; NRW: § 1 II PolG; RhlPfl: § 1 III POG; Saar: § 1 III PolG; Sachs: § 2 II PolG; SachsAnh: § 1 II SOG; SchlHolst: § 162 II LVwG; Thür: § 2 II PAG, § 2 II OBG.

auf das zum Schutz der öffentlichen Sicherheit unbedingt Erforderliche zu beschränken und sich grds. jedweden Einmischens in privatrechtliche Angelegenheiten zu enthalten. Von privatrechtlichen Streitigkeiten Betroffene müssen daher grundsätzlich zivilgerichtlich gegen die andere Privatperson vorgehen. Daran ändert auch das u.U. lange dauernde Hauptsacheverfahren nichts, denn in eiligen Angelegenheiten kann effektiver Rechtsschutz durch eine zivilgerichtliche einstweilige Verfügung, insb. den Arrest (vgl. §§ 935, 940, 916 ff. ZPO), gerichtet auf ein Unterlassen gem. §§ 823 I, 1004 BGB, erlangt werden. Eine derartige einstweilige Verfügung kann innerhalb kürzester Zeit erwirkt werden.

Das Subsidiaritätsprinzip gilt aber nicht, wenn gerichtlicher Schutz trotz der Möglichkeit einer einstweiligen Verfügung **nicht rechtzeitig** zu erlangen ist und wenn ohne polizeiliche Hilfe die Verwirklichung des Rechts **vereitelt** oder **wesentlich erschwert** würde. Dann obliegt auch der Schutz privater Rechte der Polizei. **70**

Beispiel: M ist seit 6 Monaten mit der Zahlung des Mietzinses im Rückstand. Um den angekündigten Konsequenzen aus dem Weg zu gehen, versucht er, nachts unter Mitnahme seiner Habe auszuziehen. Doch der Vermieter V wird von Nachbarn informiert; er ruft zum Schutz seines gesetzlichen Pfandrechts (§ 562 BGB) die Polizei. Diese verbringt die M gehörenden Gegenstände in einen leeren Raum innerhalb des Hauses des V und versiegelt den Raum.

In diesem Fall greift das Subsidiaritätsprinzip nicht, weil selbst gerichtlicher einstweiliger Rechtsschutz zu spät käme und das Vermieterpfandrecht vereitelt würde.

Für diesen Fall erforderlich ist aber ein **Antrag** des Rechtsinhabers auf Einschreiten der Polizei. Zwar ist dieses Erfordernis nur in einigen Polizeigesetzen normiert[26], es versteht sich in den übrigen Polizeigesetzen aber als ungeschriebenes Tatbestandsmerkmal. Denn wenn ein gerichtlicher Rechtsschutz nicht ohne Antrag möglich wäre, kann für ein polizeiliches Einschreiten zugunsten privater Rechte nichts anderes gelten. **70a**

Das Subsidiaritätsprinzip greift auch nicht, wenn das Polizeigesetz eine **Ausnahme** davon statuiert. **70b**

Beispiel: Ein gesetzlich geregelter Fall, der eine Ausnahme vom Subsidiaritätsprinzip vorsieht, ist z.B. die Sicherstellung von Sachen zum Schutz vor Verlust oder Beschädigung.[27]

Weiterhin greift das Subsidiaritätsprinzip nicht, wenn überhaupt kein zivilgerichtlicher Schutz zur Verfügung steht. Das ist der Fall, wenn die Gefahr durch ein Naturereignis verursacht wird. **70c**

Beispiel: Nach einem Sturm droht eine alte Eiche auf das Haus des E zu stürzen. Die zuständige Polizeibehörde (Ordnungsbehörde) erteilt E die Weisung, den Baum sofort fällen zu lassen. E ist der Meinung, dass ausschließlich sein Haus betroffen sei und daher die Privatrechtsklausel greife.

Die Auffassung des E geht schon deshalb fehl, weil die Gefahr von einem Naturereignis ausgeht und gegen Naturereignisse der Zivilrechtsweg nicht offensteht. Unbeschadet dieses Umstands besteht aber auch Öffentlichkeitsbezug, weil schwerwiegende Grund-

---

[26] Vgl. BW: § 2 II PolG; Sachs: § 2 II PolG.

[27] Vgl. Bund: § 47 BundesPolG; BW: § 32 PolG; Bay: Art. 25 PAG; Berl: § 38 ASOG; Brand: § 25 PolG; Brem: § 23 PolG; Hamb: § 14 SOG; Hess: § 40 SOG; MeckVor: § 61 SOG; Nds: § 26 SOG; NRW: § 43 PolG, § 24 OBG; RhlPfl: § 22 POG; Saar: § 21 PolG; Sachs: § 26 PolG; SachsAnh: § 45 SOG; SchlHolst: § 210 LVwG; Thür: § 27 PAG.

rechte betroffen sind (man denke an den Fall, dass der Baum auf das Haus stürzt und dadurch Personen zu Schaden kommen). Vgl. dazu Rn 71 und 73.

71 Das Subsidiaritätsprinzip gilt auch dann nicht, wenn neben dem Privatinteresse *auch* **Öffentlichkeitsbezug** besteht. Dies ist bereits im Tatbestand der Generalklausel durch die Betonung „öffentliche" Sicherheit zum Ausdruck gebracht. Öffentlichkeitsbezug besteht etwa dann, wenn Normen der Strafgesetze, der StPO, des OWiG sowie pönalisierte Privatrechtsnormen verletzt werden, was insbesondere bei einer Verletzung/Gefährdung der Rechtsgüter Leib, Leben, Freiheit, Ehre und Eigentum der Fall ist. Hier ist ein präventivpolizeiliches Einschreiten ohne weiteres möglich.

Beispiele des Nichteingreifens der Subsidiaritätsklausel:

(1) Die Verletzung der zivilrechtlichen **Unterhaltspflicht** nach §§ 1360, 1360a, 1569 ff. BGB wird strafrechtlich durch § 170 StGB sanktioniert.

(2) **Hausbesetzungen** werden privatrechtlich nach §§ 858 ff. BGB behandelt und strafrechtlich durch § 123 StGB sanktioniert.

(3) Auch das **Zuparken eines Pkw** wird privatrechtlich nach §§ 858 ff. BGB behandelt und strafrechtlich durch § 240 StGB sanktioniert.[28]

(4) Schließlich ist die **Exmittierung eines Obdachlosen** zu nennen (vgl. Rn 635).

In Fällen dieser Art kommen insbesondere eine Identitätsfeststellung, ein Platzverweis und eine Mitnahme zur Dienststelle (Gewahrsam) in Betracht. Dabei ist es unerheblich, ob ein Strafantrag oder eine Strafanzeige gestellt wurden. Ein fehlender, aber erforderlicher Strafantrag hindert zwar die Strafverfolgung, beseitigt jedoch nicht die Strafrechtswidrigkeit und damit nicht das öffentliche Interesse, gefahrenabwehrrechtlich einzuschreiten.

72 Öffentlichkeitsbezug bedeutet jedoch nicht, dass die Verletzung/Gefährdung des privaten Rechts im öffentlichen Raum (öffentliche Straßen, Wege, Plätze) stattfinden müsste, um den Öffentlichkeitsbezug herzustellen. Vielmehr kann Öffentlichkeitsbezug auch im sog. **semi-öffentlichen** Raum vorliegen. Zum semi-öffentlichen Raum gehören Einrichtungen oder Plätze, die zwar im Eigentum Privater stehen, jedoch dem Zutritt einer unbestimmten Zahl von Personen offenstehen.

Beispiele: Einkaufszentren (und deren Parkplätze); Sportstadien; Konzerträume; Bahnhöfe und Bahnhofsvorplätze, Messegelände etc. Vgl. auch das Beispiel bei Rn 212.

73 Öffentlichkeitsbezug (und damit eine Ausnahme vom Subsidiaritätsprinzip) besteht darüber hinaus auch dann, wenn eine **unbestimmte Zahl von Personen** betroffen ist. Denn in diesem Fall ist ein Belang der Allgemeinheit betroffen und es besteht ein öffentliches Interesse am Einschreiten.

Beispiel: A führt seinen Hund täglich im Bürgerpark aus und lässt ihn dabei dessen „Geschäfte" auf dem nahe gelegenen öffentlichen Kinderspielplatz verrichten. Polizist P weist A an, den Hundekot zu beseitigen.

Zwar droht durch die Hundeexkremente nicht notwendigerweise eine schwere Gesundheitsgefahr für die Kinder. Aufgrund des Einzugsgebiets des Spielplatzes sind aber eine unbestimmte Zahl von Kindern und damit die Öffentlichkeit betroffen. Das Subsidiaritätsprinzip steht daher der Verfügung des P nicht entgegen (diese wäre auch im Übrigen rechtmäßig).[29]

---

[28] Da in derartigen Fällen zivilgerichtlicher Schutz trotz der Möglichkeit einer einstweiligen Verfügung zu spät käme, wäre auch schon aus diesem Grund ein Einschreiten möglich.

[29] Würde P gegenüber A dagegen die Verpflichtung aussprechen, dass dieser in Zukunft den Hund vom Spielplatz fernhalten solle, wäre die Eilfallkompetenz des P nicht gegeben. Die Verfügung wäre dann formell rechtswidrig.

Schließlich greift das Subsidiaritätsprinzip nicht, wenn dem betroffenen privaten Recht in seiner Wertigkeit ein gesteigerter Rang zukommt und **schwere Schäden** drohen. So haben insbesondere die Grundrechte durch den ihnen innewohnenden **staatlichen Schutzauftrag** (was v.a. für Art. 2 II S. 1 GG zutrifft) maßgeblichen Einfluss. 74

Beispiel: Während einer Streifenfahrt an einem Samstagabend entdeckt die Polizei den Suizidenten S, der gerade im Begriff ist, sich von einer Brücke zu stürzen. Als er sich weigert, Hilfe entgegenzunehmen, und auch im Übrigen einen äußerst verwirrten Eindruck erweckt, nimmt ihn die Polizei unter Widerstand mit auf die Dienststelle (polizeiliche Ingewahrsamnahme).

Grundsätzlich darf die Polizei nur zur Abwehr einer Gefahr für die öffentliche Sicherheit eingreifen. Dazu gehören die Unverletzlichkeit der *objektiven Rechtsordnung*, die *subjektiven Rechte und Rechtsgüter des Einzelnen* sowie die *Einrichtungen und Veranstaltungen des Staates oder sonstiger Träger der Hoheitsgewalt.*

Vorliegend kommt allein ein Einschreiten unter dem Aspekt der *subjektiven Rechte und Rechtsgüter des Einzelnen* in Betracht; insbesondere stellt ein Suizid keinen Straftatbestand dar, der unter dem Aspekt der objektiven Rechtsordnung zum Einschreiten befugte.

Zu den subjektiven Rechten und Rechtsgütern des Einzelnen zählen insbesondere die Grundrechte. Daher kann auch bei drohender Selbstgefährdung oder -verletzung ein Handeln der Polizei erlaubt sein, weil das Grundrecht aus Art. 2 II S. 1 GG betroffen ist. Andererseits ist das Selbstbestimmungsrecht jedes Bürgers zu beachten, das zu achten und zu wahren ebenfalls Aufgabe des Staates ist. So darf z.B. gegen die Vorführung eines Dompteurs, gegen gefährliches Bergsteigen oder gegen übermäßiges Trinken nicht eingeschritten werden, solange die Allgemeinheit oder Dritte durch solches Verhalten nicht gefährdet werden.

Auch bei einem Suizid wird teilweise die Betroffenheit der öffentlichen Sicherheit, zumindest aber das öffentliche Interesse für ein behördliches Eingreifen, verneint. Überwiegend wird jedoch damit argumentiert, dass Art. 2 I GG zwar in gewissen Grenzen ein Recht auf Selbstgefährdung gebe, die Grenzen dieses Rechts aber dort zu ziehen seien, wo der sich selbst Gefährdende die Tragweite seines Handelns nicht mehr erkenne, was etwa bei Kindern sowie bei Erwachsenen, die sich in einem die freie Willensbestimmung ausschließenden Geisteszustand befänden, der Fall sei.

Diese Auffassung überzeugt nicht nur, sondern der staatliche Schutzauftrag aus Art. 2 II S. 1 GG gebietet sogar ein Eingreifen der Polizei. Die Festnahme zum Schutz des S vor einer Gefahr für sein Leben war daher erforderlich. Sie war auch angemessen, da der durch sie stattgefundene Eingriff in die Privatsphäre durch die Rettung des S vor dem Tod nicht etwa die Menschenwürde oder die freie Entfaltung der Persönlichkeit verletzt, sondern gerade deren Bewahrung dient.

Kommt ein Einschreiten zugunsten privater Interessen in Betracht, steht die Entscheidung, welche Maßnahmen zu ergreifen sind, im pflichtgemäßen **Ermessen** der Behörde. Um das Subsidiaritätsprinzip jedoch nicht zu unterlaufen, darf es sich grundsätzlich nur um vorläufige Maßnahmen handeln. Daher wird sich die Polizei i.d.R. auf die Identitätsfeststellung des Schädigers, die Ingewahrsamnahme bei zulässiger Festnahme und Vorführung einer Person nach Vorschriften des BGB oder die Ingewahrsamnahme entlaufener Minderjähriger, auf einen Platzverweis sowie auf die Sicherstellung zum Schutz des Eigentums beschränken. Selbstverständlich darf die Polizei diese Maßnahmen nur ergreifen, wenn auch die **Tatbestandsvoraussetzungen der jeweiligen Befugnisnorm** vorliegen. Insbesondere befugen die Aufgabenzuweisungsnormen nicht zu Maßnahmen, die mit (Grund-)Rechtseingriffen verbunden sind (Rn 60 ff.). 74a

75 Im Übrigen gelten die aufgezeigten Grundsätze auch für die Verfolgung von Straftaten und Ordnungswidrigkeiten. So hat ein geschädigter Verkehrsteilnehmer keinen Anspruch auf polizeiliche Hilfe bei seiner zivilrechtlichen Beweissicherung. Zwar haben die Polizeibehörden im öffentlichen Interesse liegende Straftaten und ahndungsbedürftige Ordnungswidrigkeiten zu verfolgen, zu ihrem Aufgabenbereich gehören jedoch nicht die Erhebung oder Sicherung von Beweisen, die (ausschließlich) der zivilrechtlichen Anspruchssicherung dienen.

Beispiel: O kollidiert mit seinem Wagen mit dem des T, weil dieser die Vorfahrt missachtet hat. Er ruft die Polizei, die den Unfall jedoch nur unzureichend aufnimmt. Später vor Gericht unterliegt O jedoch, weil er nicht beweisen kann, dass T den Unfall verursacht hat. Daher erhebt er Amtshaftungsklage gegen den Träger der Polizeibehörde und rügt, die Polizei habe keine Fotoaufnahmen gefertigt, nicht genügend nach Zeugen geforscht bzw. nicht alle Zeugen vernommen, nicht alle Unfallspuren ausreichend gesichert und die Unfallstelle nicht maßstabsgerecht vermessen.

In diesem Fall ist auch die Amtshaftungsklage unbegründet, weil durch die gegenteilige Annahme die Stellung der Polizeibehörde insbesondere bei der Aufklärung von Verkehrsordnungswidrigkeiten verkannt würde. Insbesondere bei Ordnungswidrigkeiten sind die Polizeibehörden nicht verpflichtet, außer Verhältnis stehenden Verwaltungsaufwand zu betreiben (Opportunitätsprinzip, vgl. § 47 I OwiG[30]). Bei der Beantwortung der Frage, wann der Verwaltungsaufwand außer Verhältnis steht, kommt es nicht auf die Schadenshöhe an. Denn auch Fälle mit großem Sachschaden können durchaus auf geringfügigen Verkehrsverstößen beruhen. Daraus folgt: Der Umfang der polizeilichen Unfallaufnahme kann nicht durch die Schadenshöhe, sondern nur durch Schwere und Bedeutung des zugrunde liegenden Verkehrsverstoßes bestimmt werden.

J. Vollzugshilfe

76 Gemäß den Bestimmungen der Polizeigesetze leistet der Polizeivollzugsdienst anderen Behörden **Vollzugshilfe.**[31] Mit Vollzugshilfe ist eine besondere Form der Amtshilfe gemeint, die bereits wegen Art. 35 I GG besteht. Hinsichtlich Art, Umfang und Ausmaß der zu leistenden Vollzugshilfe enthalten die Polizeigesetze eine Konkretisierung. Sie verstehen (in Übereinstimmung mit den §§ 25 ff. MEPolG) unter Vollzugshilfe den durch die Polizei anzuwendenden unmittelbaren Zwang auf Ersuchen anderer Behörden zur Durchsetzung der von diesen getroffenen Maßnahmen. Daraus folgt zugleich der prinzipielle Anwendungsbereich der Vollzugshilfe: Diese kommt auf Ersuchen einer anderen Behörde i.d.R. dann zustande, wenn die ersuchende Behörde nicht in der Lage ist, unmittelbaren Zwang bzw. eine Vollzugshandlung vorzunehmen, und die angerufene Vollzugspolizei um Durchführung bittet.

Beispiel: Die Gewerbeaufsichtsbehörde (hier: Gaststättenbehörde) sieht sich wegen wiederholten Verstoßes des Gastronomen G gegen lebensmittelrechtliche Vorschriften gehalten, die Gaststätte zu schließen. Sie erlässt eine entsprechende Schließungsverfü-

[30] Gem. § 47 I OWiG liegt die Verfolgung von Ordnungswidrigkeiten im pflichtgemäßen Ermessen der Verfolgungsbehörde. Solange das Verfahren bei ihr anhängig ist, kann sie es einstellen. Etwas anderes gilt für den Bereich der *Strafverfolgung*. Hier besteht ein Opportunitätsprinzip nur hinsichtlich Bagatelldelikte (vgl. §§ 153 ff. StPO) und stehen dem Gericht und der Staatsanwaltschaft, nicht auch der Polizei zu (vgl. § 163 I StPO, wonach die Polizei Straftaten zumindest dann zu erforschen *hat*, wenn Anhaltspunkte dafür vorliegen, dass die Staatsanwaltschaft ein öffentliches Interesse an der Strafverfolgung haben könnte). Vgl. dazu ausführlich *Hartmann/Schmidt*, StrafProzR, Rn 94 ff.

[31] Vgl. §§ 25-27 MEPOlG; Bund: § 63 BundesPolG; Bay: Art. 50-52 PAG; BW: § 60 IV PolG; Berl: §§ 52-54 ASOG; Brand: §§ 50-52 PolG; Brem: §§ 37-39 PolG; Hamb: §§ 30, 30a u. b SOG; Hess: §§ 44-46 SOG; Meck-Vor: § 7 II i.V.m. §§ 82a ff. SOG; Nds: §§ 51-53 SOG; NW: §§ 47-49 PolG, § 2 OBG; RhlPfl: §§ 96-98 POG; Saar: §§ 41-43 PolG; Sachs: §§ 61-63 PolG; SachsAnh: §§ 50-52 SOG; SchlHolst: § 168 II i.V.m. §§ 33 II, V, 34 II, 35 II LVwG; Thür: §§ 48-50 PAG, § 3 II OBG.

gung. Weil G die Schließungsverfügung jedoch nicht beachtet, bittet die Gaststättenbehörde die Vollzugspolizei, die Eingänge der Gaststätte zu versiegeln.

Hier liegt ein Fall von Vollzugshilfe vor, sofern man davon ausgeht, dass das Versiegeln einer Eingangstür unmittelbaren Zwang (und keine Ersatzvornahme) darstellt.

Die **Rechtsnatur** der Vollzugshilfe ist unklar. Zwar mag die Vollzugshilfe leistende Vollzugspolizei eigenständige Aufgaben übernehmen, damit ist jedoch noch nicht gesagt, dass sie *eigene* Aufgaben erfüllt. Geht man vom Wortlaut der polizeigesetzlichen Bestimmungen über die Vollzugshilfe aus, wonach die Vollzugspolizei nur für die Art und Weise der Durchführung der Vollzugshilfe verantwortlich ist, wird klar, dass sie letztlich *fremde* Aufgaben erfüllt. Wichtig ist diese Erkenntnis für die (staatshaftungsrechtliche) Verantwortlichkeit. Denn nach der (herrschenden) Anvertrauenstheorie (auch Amtsübertragungstheorie genannt)[32] haftet die Behörde, die dem Amtsträger die Aufgaben, bei deren Wahrnehmung die Amtspflichtverletzung begangen wurde, „anvertraut" bzw. „übertragen" hat. **77**

Beispiel: Polizeibeamte sind Landesbeamte, da das Gefahrenabwehrrecht Landesrecht ist. Erleidet also jemand in der Freien Hansestadt Bremen durch ein rechtswidriges Handeln der Polizei einen Schaden, ist Gegner eines Amtshaftungsprozesses das Land Bremen, da die Polizeibeamten im Dienst des Landes stehen (insoweit lediglich klarstellend §§ 65 ff. BremPolG). Leistet das Land Bremen dagegen dem Land Niedersachsen dadurch Amts- bzw. Vollzugshilfe, dass es Polizeibeamte nach Lüchow-Dannenberg schickt, um die dort eingesetzte Polizei bei einer Anti-Castor-Demonstration zu unterstützen, ist bei einem Fehlverhalten von Polizisten Klagegegner das Land Niedersachsen, auch wenn die rechtswidrigen Handlungen durch Polizisten des Landes Bremen begangen wurden.

Soweit sich der Betroffene also gegen die zu vollziehende bzw. vollzogene Maßnahme wendet, hat er gegen den Träger der ersuchenden Behörde vorzugehen; beanstandet er dagegen (lediglich) die Art und Weise der Durchführung der Maßnahme, haben sich seine Rechtsbehelfe gegen den Träger der Polizei zu richten, dessen Beamte das Unrecht begangen haben. **78**

Beispiel: Unterstellt, dass der im obigen Castor-Beispiel durchgeführte Zwang als solcher rechtmäßig wäre, die Beamten des Landes Bremen jedoch bei der Anwendung gegen zwingende Verfahrensvorschriften verstießen, wäre Klagegegner das Land Bremen. Hingegen könnten gegen das Land Bremen gerichtete Rechtsbehelfe nicht darauf gestützt werden, dass der Polizeieinsatz als solcher rechtswidrig gewesen sei. Eine solche Klage wäre an das Land Niedersachsen zu richten.

Die Vollzugshilfe weist enge Verwandtschaft mit der in §§ 4 ff. VwVfG geregelten **Amtshilfe** auf. Beiden gemeinsam ist, dass sie ausscheiden, wenn ohnehin schon Weisungsbefugnisse der ersuchenden Behörde gegenüber der sonst für die Vollzugs- oder Amtshilfe kompetenten Polizei bestehen (§ 4 II Nr. 1 VwVfG). Das ist z.B. beim Weisungsrecht des Innenministers gegenüber den Polizeidienststellen der Fall. Weiterhin liegen Vollzugs- und Amtshilfe nicht vor, wenn die Hilfeleistung in Handlungen besteht, die der ersuchten Behörde als eigene Aufgaben obliegen (§ 4 II Nr. 2 VwVfG). Das ist z.B. der Fall, wenn die polizeiliche Ermittlungstätigkeit auf Ersuchen der Staatsanwaltschaft im Rahmen der Strafverfolgung nach § 161 StPO erfolgt. **79**

Im Übrigen sind die Vorschriften der §§ 4 ff. VwVfG subsidiär. Sie greifen bei der Vollzugshilfe, soweit die Vorschriften des Polizeigesetzes keine Regelung enthalten. Da- **80**

[32] Vgl. *R. Schmidt*, AllgVerwR, Rn 1112; *Schlick/Rinne*, NVwZ 1997, 1065, 1067; BGHZ 53, 217, 218 f.; 99, 326, 330; BGH NVwZ 1994, 823; *Bull/Mehde*, AllgVerwR, § 21 Rn 1066; *Sandkühler*, JA 2001, 414, 425.

nach haben alle Verwaltungsbehörden die Pflicht, allgemeine Amtshilfe zu leisten. Diese kann in verwaltungsinternen Maßnahmen, aber auch in Handlungen und Realakten mit Außenwirkung bestehen.

81 Im Rahmen der von den Polizeibehörden zu leistenden **Justizhilfe** werden die allgemeinen Vorschriften der Polizeigesetze von folgenden speziellen Vorschriften verdrängt: § 51 I S. 3, § 134, § 161a II S. 1, § 163a III S. 1 StPO, § 372a II S. 2, § 380 II, § 758 III, § 759 ZPO, § 128 IV FamFG. Justizhilfe ist zu leisten, soweit nicht Bedienstete der Gerichte und Staats-(Amts-)anwaltschaften tätig werden.

Beispiel: T ist wegen 20-facher Vergewaltigung junger Mädchen angeklagt und sitzt in Untersuchungshaft in der Justizvollzugsanstalt (JVA). Am Tag der Hauptverhandlung hat sich eine große Zahl von Personen vor dem Gerichtsgebäude versammelt. Die Teilnehmer demonstrieren für die Einführung der Todesstrafe. Einige haben sogar Selbstjustiz angekündigt. Um T unbeschadet aus dem Gerichtsgebäude zurück in die JVA zu verbringen, bittet die Justizverwaltung daher um Vollzugs- bzw. Amtshilfe und fordert Beamte des Polizeivollzugsdienstes an. Diese sichern und begleiten den Transport.

Hier richtet sich die Vollzugs- bzw. Amtshilfe nach den Vorschriften des Polizeigesetzes, ggf. i.V.m. §§ 4 ff. VwVfG. Spezielle Vorschriften (aus der StPO) sind nicht ersichtlich.

82 Zu unterscheiden ist die Vollzugshilfe auch von polizeilichen Schutzgewährleistungen für Vollstreckungshandlungen anderer Behörden (Beispiel: Schutz des Gerichtsvollziehers bei der Vornahme einer Vollstreckungshandlung) und polizeilichen Maßnahmen des ersten Zugriffs, bei denen die Polizei im Eilfall für andere – eigentlich zuständige – Behörden handelt.

83 Kein Fall der Vollzugshilfe liegt auch vor, wenn die Polizei reine Hilfstätigkeiten für andere Verwaltungsbehörden vornimmt, z.B. Botendienste oder den Einzug von Gebühren.

K. Übertragung von Aufgaben durch andere Rechtsvorschriften

84 Schließlich erklären die Brückenvorschriften bzw. Aufgabenzuweisungsnormen der Polizeigesetze[33] die Polizei auch hinsichtlich Aufgaben außerhalb des Polizeigesetzes für zuständig. Sie beziehen sich sogar auf die Übernahme von Aufgaben außerhalb des Gefahrenabwehrrechts, denn der staatliche Schutzauftrag kann sich nicht auf Gefahrenabwehr beschränken, sondern muss sich auch auf Strafverfolgung und Ordnungswidrigkeitenahndung erstrecken. Maßgeblich ist allein, dass eine **Rechtsvorschrift** besteht, die der Polizei eine bestimmte Aufgabe überträgt. Dabei kommt es nicht darauf an, ob es sich um eine Bundes- oder Landesvorschrift, um ein formelles Gesetz, eine Rechtsverordnung oder eine Satzung handelt.

Beispiele: Rechtsvorschriften des Bundes, die der Polizei bestimmte Aufgaben übertragen, sind z.B. §§ 12, 13, 18, 19 VersG; § 131 II, § 158 I S. 1, § 159 I, §§ 161, 163 StPO; § 53 I S. 1 OWiG; § 167 GVG; § 152 GVG i.V.m. §§ 161 StPO und 53 II OWiG; § 758 II, § 759 ZPO; § 33 II, § 379 I FamFG; § 60a II S. 2 GewO, §§ 60c I, § 60d GewO i.V.m. den Zuständigkeitsbestimmungen des jeweiligen Landes; § 36, § 44 II StVO; §§ 38 ff. LFGB (i.V.m. den Ausführungsgesetzen der Länder) § 19 I, § 19 II i.V.m. § 16 sowie § 59 III Nr. 1 AsylVfG.

---

[33] Sollte es in einem Bundesland eine solche Brückenvorschrift bzw. Aufgabenzuweisungsnorm im Polizeigesetz nicht geben, wird die Aufgabenzuweisung in dem entsprechenden Ausführungsgesetz, das das Land hinsichtlich der Ausführung des Fachgesetzes erlassen hat, normiert sein. Sollte auch dies nicht der Fall sein, greifen allgemeine Rechtsgrundsätze.

I. Aufgabe der Strafverfolgung

Wichtige Aufgaben außerhalb der Gefahrenabwehr sind der Polizei zunächst im Rahmen der **Strafverfolgung**[34] zugewiesen, denn gem. **§ 163 I S. 1 StPO** haben die Behörden und Beamten des Polizeidienstes Straftaten zu erforschen und alle keinen Aufschub gestattenden Anordnungen zu treffen, um die Verdunkelung der Sache zu verhüten. **85**

§ 163 I **S. 1** StPO stellt allerdings keine Eingriffsgrundlage für die Polizei, sondern ausschließlich eine **Aufgabenzuweisungsnorm** dar. Möchte die Polizei in Grundrechte eingreifen, bedarf sie dazu separater Rechtsgrundlagen. Nur diese werden dem Gesetzesvorbehalt (Art. 20 III GG) gerecht. Beamte des Polizeidienstes, insbesondere diejenigen, die zu Ermittlungspersonen der Staatsanwaltschaft bestellt sind (§ 152 GVG – dazu sogleich Rn 86a), können nur nach den für sie geltenden Rechtsgrundlagen der StPO Beschlagnahmungen, Durchsuchungen, Untersuchungen und sonstige Maßnahmen treffen. Dabei ist – ähnlich den Polizeigesetzen – zwischen der (subsidiären) Befugnisgeneralklausel und den Standardmaßnahmen (im Strafprozessrecht spricht man allerdings von „Zwangsmaßnahmen") zu unterscheiden. Die (subsidiäre) Generalklausel bildet § 163 I **S. 2** StPO, wonach die Behörden und Beamten des Polizeidienstes im Rahmen des ihnen nach § 163 I S. 1 StPO eingeräumten Aufgabenbereichs befugt sind, alle Behörden um Auskunft zu ersuchen, bei Gefahr im Verzug auch die Auskunft zu verlangen, sowie **Ermittlungen jeder Art vorzunehmen, soweit nicht andere (also spezielle) gesetzliche Vorschriften ihre Befugnisse besonders regeln**. **86**

Solche anderen (und speziellen) besonderen Vorschriften sind die in der StPO geregelten (Zwangs-)Maßnahmen wie z.B. die körperliche Untersuchung nach § 81a, die DNA-Analyse nach § 81e, die akustische Wohnraumüberwachung („großer Lauschangriff") nach § 100c, die Überwachung der Telekommunikation nach §§ 100a, 100b, die Identitätsfeststellung nach § 163b, die vorläufige Festnahme nach § 127, die Durchsuchung von Personen oder Sachen nach § 102, die Sicherstellung von Sachen nach § 94 etc. Vgl. dazu im Einzelnen *Hartmann/Schmidt*, StrafProzR, Rn 305 ff.

Ob die genannten Befugnisse allen Polizeibeamten zustehen oder nur denjenigen, die zu Ermittlungspersonen der Staatsanwaltschaft bestimmt worden sind, lässt sich nicht generell sagen, sondern hängt von der konkreten Maßnahme ab: So stehen etwa die §§ 81b, 127 II StPO sämtlichen Polizeibeamten zur Verfügung, wohingegen Maßnahmen nach §§ 81a II, 81c V, 98 I S. 1 und 105 I S. 1 StPO nur von Ermittlungspersonen der Staatsanwaltschaft getroffen werden dürfen. Wer Ermittlungsperson der Staatsanwaltschaft ist, wird gem. § 152 II S. 1 GVG durch Rechtsverordnungen der Landesregierungen bestimmt. **86a**

1. Doppelfunktionalität der Polizei

Da die Polizei sowohl für die Gefahrenabwehr als auch für die Strafverfolgung, sozusagen „doppelfunktional", zuständig ist, spricht man folgerichtig von „Doppelfunktionalität der Polizei". Das kann im Einzelfall, in dem nicht klar ist, ob die Polizei Gefahrenabwehr oder Strafverfolgung betreibt, eine **Abgrenzung** erforderlich machen, zumal sich Strafverfolgung und Gefahrenabwehr in vielfacher Hinsicht unterscheiden: **87**

- Unterschiede bestehen zunächst aus rechtsdogmatischer und **kompetenzieller** Sicht: Während die Gefahrenabwehr gem. Art. 30, 70 I GG eine Aufgabe der Bundesländer darstellt, sind die Strafverfolgung und die Ahndung von Ordnungswidrigkeiten gem. Art. 72, 73 Nr. 10, 74 I Nr. 1 GG der Bundeskompetenz zugeordnet. Der Bundesgesetzgeber hat hiervon (abschließend) Gebrauch gemacht und neben dem StGB und der StPO das

[34] Hinsichtlich Ordnungswidrigkeiten vgl. Rn 97 ff.

OWiG erlassen. Eine Ergänzung der Befugnisse zur Strafverfolgung/Ordnungswidrigkeitenahndung durch den Landesgesetzgeber scheidet also grds. aus.

- Des Weiteren bestehen Unterschiede bei den **Eingriffsvoraussetzungen**, die den einzelnen Befugnisnormen zu entnehmen sind, sowie bei der **Rechtswegzuweisung**: Während sich der Rechtsschutz gegen Gefahrenabwehrmaßnahmen der Polizei nach den §§ 40 ff. VwGO richtet, sind gegen Maßnahmen der Strafverfolgung und der Ahndung von Ordnungswidrigkeiten grds. die §§ 23 ff. EGGVG bzw. § 98 II S. 2 StPO (analog) bzw. § 101 VII StPO maßgeblich; in diesem Fall ist der Verwaltungsrechtsweg gesperrt und es sind die ordentlichen Gerichte zuständig (§ 40 I S. 1 Halbs. 2 VwGO: anderweitige Rechtswegzuweisung). Bei der mit den Aufgaben der Strafverfolgung und der Ordnungswidrigkeitenahndung betrauten Polizei (vgl. in Bezug auf Straftaten: Kriminalpolizei) handelt es sich nämlich – obwohl sie organisatorisch den Innenministerien zugeordnet ist – um eine Justizbehörde i.S.d. § 23 EGGVG, da sie funktionell Justizaufgaben (Strafrechtspflege) wahrnimmt und der Begriff der Justizbehörde funktionell zu verstehen ist.[35]
- Zu beachten ist auch, dass sich das **Weisungsrecht der Staatsanwaltschaft** nur auf strafprozessuale Maßnahmen bezieht (vgl. § 161 I S. 2 StPO, § 152 GVG). Gäbe also z.B. ein Staatsanwalt im Rahmen einer Geiselnahme dem Sonderkommando der Polizei die Weisung, zur Befreiung der Geisel einen tödlichen Rettungsschuss abzugeben, wäre diese Weisung rechtswidrig, weil sich das Weisungsrecht nicht auf die Gefahrenabwehr erstreckt.
- Schließlich ist zu beachten, dass im Gefahrenabwehrrecht (aber auch im Ordnungswidrigkeitenrecht) das **Opportunitätsprinzip** gilt, wohingegen im Strafprozessrecht das **Legalitätsprinzip** (zumindest im Grundsatz) Anwendung findet.[36]

Die Notwendigkeit einer Abgrenzung stellt sich immer dann, wenn ein Sachverhalt zugleich eine Gefahrenlage *und* den Verdacht einer Straftat enthält. Denn dann ist unklar, ob die Maßnahme der Polizei, die auf diesen Sachverhalt reagiert, der Gefahrenabwehr oder der Strafverfolgung dient; sie (d.h. die Maßnahme) kann „doppelfunktional" sein.

2. Doppelfunktionale Maßnahmen der Polizei

88 Bisher wurde gesagt, dass die Polizei sowohl präventiv also auch repressiv, sozusagen „doppelfunktional" tätig sein könne. Auch wurde gesagt, dass in Zweifelsfällen eine Abgrenzung vorzunehmen und die polizeiliche Maßnahme entweder als Gefahrenabwehrmaßnahme oder als Strafverfolgungsmaßnahme einzustufen sei. Das betrifft namentlich den Fall, dass eine polizeiliche Maßnahme auf einem Lebenssachverhalt basiert, der zugleich eine Gefahrenlage *und* den Verdacht einer Straftat enthält. Reagiert eine polizeiliche Maßnahme auf diesen Sachverhalt und enthält folgerichtig präventive und repressive Komponenten, ist sie **doppelfunktional**.[37]

Es ist also terminologisch und sachlich strikt zu unterscheiden: Von „Doppelfunktionalität der Polizei" spricht man, weil die Polizei „doppelfunktional", d.h. sowohl für die Gefahrenabwehr als auch für die Strafverfolgung zuständig ist. Demgegenüber spricht man von einer „doppelfunktionalen Maßnahme" der Polizei, wenn diese auf einem Lebenssachverhalt reagiert, der zugleich eine Gefahrenlage *und* den Verdacht einer Straftat enthält und ihre Maßnahme folgerichtig präventive *und* repressive Komponenten beinhaltet.

---

[35] *Schenke*, POR, Rn 419; *ders*, NJW 2011, 2838, 2839 ff.
[36] Zu den Begriffen vgl. Rn 706, 707.
[37] Vgl. *Ehrenberg/Frohne*, Kriminalistik 2003, 737, 738. Unpräzise BayVGH BayVBl 2010, 220 f.

Beispiele doppelfunktionaler Maßnahmen:

(1) Installiert die Polizei vor dem Hintergrund einer fortlaufenden Brandstiftungsserie eine Videokamera vor einer bislang noch nicht in Brand gesetzten Lagerhalle, basiert diese Maßnahme auf einem Lebenssachverhalt, der zugleich eine Gefahrenlage (Möglichkeit weiterer Brandstiftungen) *und* den Verdacht einer Straftat enthält. Daher dient die Überwachungsmaßnahme sowohl der Gefahrenabwehr (= Verhinderung weiterer Brandstiftungen) als auch der Strafverfolgung (= Aufklärung der bisher verwirklichten Straftatbestände).

(2) Sucht die Polizei in zugangsgeschützten[38] Bereichen des Internet nach verbotenen Inhalten (Kinderpornographie, illegales Herunterladen von urheberrechtlich geschützten Inhalten, terroristische Aktivitäten etc.) und erfolgt dieses Suchen ohne hinreichenden Tatverdacht, basiert diese Maßnahme auf einem Lebenssachverhalt, der zugleich eine Gefahrenlage *und* den Verdacht einer Straftat enthält. Daher dient auch diese Maßnahme sowohl präventiven als auch repressiven Zwecken.

(3) Durchsucht die Polizei Personen, die sich auf der Anreise zu einer Demonstration befinden, nach Waffen, kann dies der Gewährleistung einer friedlichen Versammlung (dann präventiver Charakter der Maßnahme), aber auch der Beweissicherung bei der Aufklärung von Straftaten (dann repressiver Charakter der Maßnahme) dienen.

Da aus den genannten Gründen (Rn 87) trotz des Umstands, dass der Lebenssachverhalt zugleich eine Gefahrenlage *und* den Verdacht einer Straftat enthält, eine Zuordnung der Maßnahme entweder zur Gefahrenabwehr oder zur Strafverfolgung nicht offenbleiben kann, sind die Abgrenzungskriterien aufzuzeigen. Das BVerwG stellt für die Beurteilung der Rechtsnatur einer polizeilichen Maßnahme darauf ab, wo ihr **Schwerpunkt** (ihre **Dominanz**) liege.[39] In der Literatur wird dieser Gedanke aufgegriffen und vertreten, dass bei Zweifeln bei der Feststellung der Dominanz die Maßnahme dem Bereich der Gefahrenabwehr zuzuordnen sei[40], da Gefahrenabwehr wichtiger sei als Strafverfolgung[41]. **89**

Andere halten die Kriterien für die Bestimmung des Schwerpunkts zu vage und wollen sich auf den Wortlaut der gesetzlichen Aufgaben- und Befugnisnormen zurückbesinnen und die Abgrenzung zwischen präventivem und repressivem Charakter einer polizeilichen Maßnahme anhand der mit ihr verfolgten **Zielsetzung** vornehmen. Diese knüpfe an die **Finalität** des polizeilichen Handelns an. Ohne eine solche Ermittlung der mit einer polizeilichen Maßnahme verfolgten Absicht lasse sich die Rechtmäßigkeit des polizeilichen Handelns ohnehin nicht feststellen. Dann müsse es aber ebenso möglich sein, dieser Absicht bereits bei der Rechtswegbestimmung Rechnung zu tragen. Eine von der subjektiven Zielsetzung abstrahierende Betrachtungsweise, die demgegenüber darauf abstelle, ob objektiv die Voraussetzungen für ein Handeln auf dem Sektor der Strafverfolgung und/oder der Gefahrenabwehr gegeben seien, laufe auf eine Verwechslung der Frage, ob die Polizei auf einem bestimmten Sektor tätig sein dürfe, mit der hinaus, wie sie tatsächlich gehandelt habe. Damit werde verkannt, dass eine zum Zweck der Strafverfolgung getätigte Maßnahme selbst dann ein Akt der Strafverfolgung bleibe, wenn der durch sie Betroffene strafrechtlich nicht verantwortlich und nur die Möglichkeit eines polizeirechtlichen Vorgehens eröffnet sei. Vor allem scheitere die Schwerpunkttheorie aber daran, dass es der Polizei nicht verwehrt sein könne, sich bei bestimmten polizeilichen Akten sowohl auf das Polizeigesetz als auch auf die StPO zu **90**

[38] Anderenfalls läge schon kein Grundrechtseingriff (bzgl. des Rechts auf informationelle Selbstbestimmung gem. Art. 2 I i.V.m. Art. 1 I GG) vor, denn wer seine personenbezogenen Daten offen im Internet darstellt, verzichtet auf seinen Grundrechtsschutz aus Art. 2 I i.V.m. 1 I GG.

[39] So BVerwGE 47, 255, 264. Vgl. auch BayVGH BayVBl 2010, 220 f.

[40] *Knemeyer*, POR, Rn 522.

[41] So ausdrücklich *Pieroth/Schlink/Kniesel*, POR, § 2 Rn 12/15 unter Bezugnahme auf BVerfGE 39, 1, 44.

berufen. Die Schwerpunkttheorie schränke damit unter Verkennung der instrumentalen Funktion, die dem Prozessrecht im Verhältnis zum materiellen Recht zukomme, die materiellrechtlichen Handlungsbefugnisse der Polizei aus prozessrechtlichen Gründen ein, indem es dieser unmöglich gemacht werde, ihr Handeln (vorsichtshalber) auf zwei verschiedene Rechtsgrundlagen zu stützen.[42]

91 Der zuletzt genannten Auffassung ist zwar zuzugeben, dass sie sich auf die gesetzlichen Aufgaben- und Befugnisnormen „zurückbesinnen" will, allerdings ist den gesetzlichen Bestimmungen gerade nicht zu entnehmen, dass die Rechtsnatur einer polizeilichen Maßnahme nach der subjektiven Zielsetzung des handelnden Beamten bestimmt werden soll. Im Gegenteil widerspräche es geradezu dem Rechtsstaatsprinzip, wenn sich die Polizei (ggf. im Nachhinein) eine „passende" Rechtsgrundlage für ihr Handeln aussuchen und dann behaupten könnte, die Zielsetzung ihrer Maßnahme habe sich an dieser Rechtsgrundlage ausgerichtet. Nach der hier vertretenen Auffassung ist für die Bestimmung der Rechtsnatur der Maßnahme daher eine **gemischte objektiv-subjektive** Betrachtungsweise geboten. Danach ist Ausgangspunkt für die Ermittlung der Rechtsnatur der Maßnahme deren Schwerpunkt, allerdings wie er sich aus der Sicht eines durchschnittlichen Polizeibeamten darstellt. Danach gilt: Liegen Anhaltspunkte dafür vor, dass ein *Tatverdacht* besteht und führt die Polizei weitere Sachverhaltsaufklärungen durch bzw. ergreift Maßnahmen, um den staatlichen Strafanspruch zu gewährleisten, ist von einer repressiv-polizeilichen Tätigkeit auszugehen. Geht es dagegen primär um Schadensabwendung, ist die polizeiliche Maßnahme dem Bereich der Gefahrenabwehr zuzuordnen. Freilich ist die Bestimmung der Rechtsnatur der Maßnahme auf eine Tatsachenbasis zu stützen, bei der *auch* die Intention des handelnden Beamten zu berücksichtigen ist.[43]

92 Eine besondere Abgrenzungsproblematik ergibt sich, wenn der Charakter von Maßnahmen innerhalb eines Polizeieinsatzes wechselt (sog. **Gemengelage**). Lässt sich selbst nach der oben entwickelten Methode der Schwerpunkt nicht feststellen, muss für jede polizeiliche Einzelmaßnahme eine separate Schwerpunktbildung vorgenommen werden. So ist es denkbar, dass verschiedene Einzelmaßnahmen eines Polizeieinsatzes unterschiedlichen Aufgabenzuweisungsnormen und Befugnisnormen (Rechtsgrundlagen) zuzuordnen sind. Ist aufgrund des Gesamtcharakters des Einsatzes auch eine Trennung in Einzelmaßnahmen nicht möglich, muss die Rechtswegfrage zunächst offengelassen und bei der Begründetheit des Rechtsbehelfs geprüft werden, ob irgendeine Befugnisnorm, gleichgültig aus welchem Bereich, das Verhalten der Polizei rechtfertigt. Sodann ist der entsprechende Rechtszweig, dem die Befugnisnorm zuzuordnen ist, einzuschlagen.

93 Schließlich bestehen Abgrenzungsprobleme zwischen präventiver und repressiver Ausrichtung polizeilichen Handelns bei der sog. **Strafverfolgungsvorsorge** (vgl. bereits Rn 22). Darunter versteht man Maßnahmen der Polizei, die der möglichen späteren Strafverfolgung bzw. Verfolgung später bekannt werdender Straftaten dienen.[44]

> **Beispiel[45]:** K ist strafgerichtlich in erster Instanz wegen Geldwäsche verurteilt worden. Über die Berufung ist noch nicht entschieden worden. Um zu verhindern, dass K sich künftig erneut an derartigen Delikten beteiligt, zumal seine Beteiligung an ähnlichen Vorfällen noch nicht geklärt ist, hat der Polizeipräsident von B ihn aufgefordert, sich im

---

[42] *Schenke*, POR, Rn 423. Vgl. auch *Schenke*, NJW 2011, 2838, 2841 f.
[43] Ganz ähnlich nun auch VG Düsseldorf 21.4.2010 – 18 K 3033/09.
[44] Vgl. auch BVerwG NVwZ 2012, 757, 760.
[45] Vgl. BVerwG NJW 2006, 1225.

Polizeipräsidium einzufinden, damit Fingerabdrücke und Lichtbilder von ihm genommen werden können. ⇨ Vgl. Rn 93b.

Entnimmt man den Maßnahmen der Strafverfolgungsvorsorge den Charakter der Verhinderung von Straftaten, sind sie dem Gefahrenabwehrrecht zuzuordnen.[46] Dieses ist grundsätzlich Ländersache (Art. 30, 70 I GG). Betont man demgegenüber den Zusammenhang mit der Strafverfolgung, unterfällt die Strafverfolgungsvorsorge als Annex zu Art. 74 I Nr. 1 GG grds. der Gesetzgebungskompetenz des Bundes.[47] **93a**

Jedenfalls stünde einer strafprozessualen Zuordnung, wie das bei anderen straf- **93b**
prozessualen Maßnahmen der Polizei der Fall ist, nicht der Umstand entgegen, dass die der Strafverfolgungsvorsorge dienenden Akte oftmals zugleich präventivpolizeiliche Nebeneffekte mit sich bringen. Wie generell bei der Frage nach der Abgrenzung zwischen präventiver und repressiver polizeilicher Tätigkeit ist auch im vorliegenden Zusammenhang eine objektiv-subjektive Betrachtungsweise geboten.[48] Stehen nach dem objektivierten Willen der Polizei die Beweissicherung bzw. Zuführung des Täters zu den Strafverfolgungsbehörden im Vordergrund, ist von einem repressiv-polizeilichen Charakter der Strafverfolgungsvorsorge auszugehen. In diese Richtung geht auch die Entscheidung des BVerfG zur präventiven Telekommunikationsüberwachung.[49] Das Gericht hat entschieden, dass die Aufnahme der verdachtsunabhängigen vorbeugenden Telefonüberwachung zum Zweck der Strafverfolgungsvorsorge in das niedersächsische SOG u.a. gegen die Gesetzgebungskompetenzvorschriften des Grundgesetzes verstoßen habe, weil die Strafverfolgungsvorsorge dem Strafprozessrecht und damit der konkurrierenden Gesetzgebungskompetenz des Bundes unterfalle. Von dieser Gesetzgebungskompetenz habe der Bund mit dem Erlass der StPO abschließend Gebrauch gemacht.[50] Auch das BVerwG hat sich zu diesem Thema geäußert. Es hat entschieden, dass Maßnahmen der Strafverfolgungsvorsorge zwar gefahrenabwehrrechtlicher Natur seien, dies jedoch nicht bedeute, dass sie zwingend der Gesetzgebungskompetenz der Länder unterfielen. Vielmehr sei die Gesetzgebungskompetenz des Bundes zur Vorsorge für die Verfolgung von Straftaten unmittelbar der Befugnis für die konkurrierende Gesetzgebung in Art. 74 I Nr. 1 GG zu entnehmen. Denn die dortige Zuständigkeitsbeschreibung für das Strafrecht und das gerichtliche Verfahren enthalte keine Einschränkung dahin, dass Maßnahmen, die sich auf zukünftige Strafverfahren bezögen, von der Zuweisung der konkurrierenden Gesetzgebungskompetenz nicht erfasst sein sollten.[51]

Demnach gilt für das **Beispiel** von Rn 93: Auf der Basis des BVerwG ist Rechtsgrundlage für die Maßnahmen gegen K trotz deren gefahrenabwehrrechtlichen Charakters § 81b Var. 2 StPO, weil Art. 74 I Nr. 1 GG nicht zu entnehmen sei, dass er die Strafverfolgungsvorsorge nicht erfasse.

Sind demnach auch erkennungsdienstliche Maßnahmen der Strafverfolgungsvorsorge von der konkurrierenden Gesetzgebungskompetenz des Bundes gem. Art. 74 I Nr. 1 GG erfasst, stützen sich entsprechende Maßnahmen der Polizei auf § 81b Var. 2 StPO, sodass aus systematischer Sicht ein Rückgriff auf das allgemeine Gefahrenabwehrrecht der Länder ausgeschlossen ist. Folgerichtig hat z.B. der niedersächsische Gesetzgeber

[46] So BVerfG NJW 2001, 879; VGH Kassel NVwZ-RR 1994, 652, 653; *Waechter*, DÖV 1999, 138, 140; *Zöller*, RDV 1997, 163, 164. Vgl. nunmehr auch BVerwG NJW 2006, 1225, 1226 f.

[47] So BVerfGE 113, 348, 369; BVerwGE 26, 169, 171; 66, 192, 197; OVG Lüneburg NVwZ 2010, 69, 70 f.; BrandVerfG LKV 1999, 450, 451; BayVerfGH NVwZ 1996, 166; MeckVorVerfG LKV 2000, 345, 347; SächsVerfGH LKV 1996, 273, 275.

[48] Vgl. dazu ausführlich Rn 91 ff.

[49] BVerfGE 113, 348, 369 (zust. *Gusy*, NdsVBl 2006, 65).

[50] Das Vorgehen des niedersächsischen Gesetzgebers verwundert umso mehr, als bereits im Jahre 2000 das MeckVorVerfG (LKV 2000, 345 ff.; s.o.) eine derartige Regelung für verfassungswidrig erklärt hatte.

[51] BVerwG NJW 2006, 1225, 1226 f. Vgl. auch OVG Lüneburg NVwZ 2010, 69, 70 f.

mit Änderungsgesetz v. 25.11.2007 die Strafverfolgungsvorsorge aus § 15 NdsSOG herausgenommen. Seitdem ist dort lediglich die Verhütung von Gefahren genannt, für die erkennungsdienstliche Maßnahmen möglich sind.[52] Vgl. dazu auch die Darstellung zu den erkennungsdienstlichen Maßnahmen bei Rn 239 ff.

93c Hinsichtlich der **offenen Videoüberwachung** von öffentlichen Plätzen oder Straßenabschnitten, an denen vermehrt Straftaten begangen werden (Beispiele: Bahnhofsplätze, Hamburger Reeperbahn), hat das BVerwG zwar bestätigt, dass Maßnahmen der Strafverfolgungsvorsorge, also der Vorsorge für die Verfolgung künftiger Straftaten, dem gerichtlichen Verfahren i.S.d. Art. 74 I Nr. 1 GG zuzuordnen seien. Allerdings habe der Bundesgesetzgeber keine allgemeine abschließende Regelung hinsichtlich der Strafverfolgungsvorsorge getroffen, sodass die Landesgesetzgeber nicht generell gehindert seien, Befugnisse zum Zwecke der Gefahrenvorsorge zu treffen, selbst wenn der Bundesgesetzgeber parallel dazu Regelungen zur Strafverfolgungsvorsorge (vgl. etwa § 81b Var. 2 StPO) getroffen habe. Daher sei § 8 III hambPolDVG, der die offene Videoüberwachung bspw. der Reeperbahn zulasse, kompetenzmäßig zustande gekommen.[53]

94 Im Einzelfall kann es für den Betroffenen schwer feststellbar sein, ob eine ihm gegenüber vorgenommene polizeiliche Maßnahme der Gefahrenabwehr oder der Strafverfolgung zuzuordnen ist. Das erschwert ihm die rechtliche Überprüfung der Maßnahme sowie die Wahl des einzuschlagenden Rechtswegs. In diesem Fall wird man ihm einen aus dem Rechtsstaatsprinzip abzuleitenden Anspruch auf Mitteilung des Zwecks der polizeilichen Maßnahme einräumen müssen. Kommt die Polizei dieser Auskunftsverpflichtung nicht nach, bedingt dieses Unterlassen die (formelle) Rechtswidrigkeit der polizeilichen Maßnahme. Allerdings wird sich dieses Begründungsdefizit selten im Ergebnis auswirken, da die Begründung bis zum Abschluss der letzten Tatsacheninstanz des verwaltungsgerichtlichen Verfahrens nachgeholt und der Fehler damit geheilt werden kann (vgl. §§ 39, 45 I Nr. 2 und II VwVfG).[54]

95-96 Lassen die äußeren Umstände nicht ohne weiteres erkennen, ob die Polizei präventiv oder repressiv gehandelt hat, und kommt sie auch nicht ihrer Auskunftsverpflichtung nach, muss dem Betroffenen die Wahl gewährt werden, welchen der beiden Rechtswege er beschreiten möchte. Sollte sich das angerufene Gericht für unzuständig erklären, ist das unschädlich, da das Gericht in diesem Fall die Klage nicht als unzulässig abweisen kann, sondern sie gem. § 17a II S. 1 GVG durch Beschluss an das Gericht des zulässigen Rechtswegs verweisen muss. In einem solchen Fall ist die Klagefrist selbst dann gewahrt, wenn die Klageschrift nach Ablauf der Klagefrist beim zuständigen Gericht eingeht.[55] Auch für die Begründetheitsprüfung hat die Wahl des Rechtswegs i.d.R. keine Bedeutung, weil bei einem Vergleich des § 28 EGGVG mit §§ 113, 114 VwGO deutlich wird, dass die Rechtswegfrage für den Rechtsschutz des Bürgers keine Auswirkung hat.

II. Aufgabe der Ordnungswidrigkeitenahndung

97 Zwar ist für die Verfolgung von Ordnungswidrigkeiten die Verwaltungsbehörde (d.h. Ordnungsbehörde) vorrangig zuständig (vgl. §§ 35-39 OWiG).[56] Gemäß § 53 I S. 1

---

[52] Vgl. dazu OVG Lüneburg NdsVBl 2009, 202.
[53] BVerwG NVwZ 2012, 757, 760 f.
[54] Zum Problem des Nachholens einer Begründung vgl. *R. Schmidt*, AllgVerwR, Rn 584 f.
[55] BVerwG NJW 2002, 768. Vgl. auch BayVGH BayVBl 2010, 220 f., der zwar ein Wahlrecht des Rechtsschutzsuchenden ablehnt, dennoch mit der hier vertretenen Auffassung die Klage nicht als unzulässig abweist, sondern durch Beschluss an das Gericht des zulässigen Rechtszweigs verweist.
[56] Dabei verfügt die Verwaltungsbehörde grds. über dieselben Rechte und Pflichten wie die Staatsanwaltschaft bei der Verfolgung von Straftaten (§ 46 II OWiG). Ist aber ein **Strafverfahren** eingeleitet worden, werden

OWiG können jedoch auch die Polizeibehörden die zur Verfolgung und Ahndung von Ordnungswidrigkeiten berufene Verwaltungsbehörde sein. Ist dies der Fall, haben sie dieselben Rechte und Pflichten wie bei der Verfolgung von Straftaten, soweit das OWiG nichts anderes bestimmt (§ 53 I S. 2 OWiG; über § 46 I OwiG finden die Eingriffsbefugnisse der StPO Anwendung). Anders als bei der Strafverfolgung gilt jedoch nicht das Legalitätsprinzip, sondern das Opportunitätsprinzip. Denn gem. § 47 I S. 1 OWiG liegt die Verfolgung von Ordnungswidrigkeiten im pflichtgemäßen Ermessen der Verfolgungsbehörde. Solange das Verfahren bei ihr anhängig ist, kann sie es einstellen (§ 47 I S. 2 OWiG).

Im Übrigen gilt auch hier, dass § 53 I OWiG ebenso wenig wie § 163 I S. 1 StPO eine Eingriffsgrundlage für die Polizei, sondern ausschließlich eine Aufgabenzuweisungsnorm darstellt. Beamte des Polizeidienstes, die zu Ermittlungspersonen der Staatsanwaltschaft bestellt sind (§ 152 GVG), können daher nach den für sie geltenden Vorschriften der StPO Beschlagnahmungen, Durchsuchungen, Untersuchungen und sonstige Maßnahmen anordnen (§ 53 II OWiG). Eine Ergänzung des Befugniskatalogs der Polizei durch den Landesgesetzgeber scheidet auch hier aus. **98**

Ob ein Verhalten ordnungswidrig ist, muss sich durch gesetzliche Bestimmungen ermitteln lassen. Ordnungswidrigkeitentatbestände finden sich zunächst im OWiG selbst. So handelt gem. § 117 I OWiG ordnungswidrig, wer ohne berechtigten Anlass oder in einem unzulässigen oder nach den Umständen vermeidbaren Ausmaß Lärm erregt, der geeignet ist, die Allgemeinheit oder die Nachbarschaft erheblich zu belästigen oder die Gesundheit eines anderen zu schädigen. Diesbezüglich kommt etwa intensiver und anhaltender Partylärm in Betracht. Gemäß § 118 I OWiG handelt ordnungswidrig, wer eine grob ungehörige Handlung vornimmt, die geeignet ist, die Allgemeinheit zu belästigen oder zu gefährden und die öffentliche Ordnung zu beeinträchtigen. Zwar ist wegen der Unbestimmtheit des Begriffs „öffentliche Ordnung" eine restriktive Handhabung geboten, gleichwohl dürfte dieser Ordnungswidrigkeitentatbestand etwa erfüllt sein bei einem diskriminierenden Verhalten (Beispiel: Schwarzafrikanern wird aufgrund ihrer Hautfarbe der Einlass in eine Diskothek verwehrt). Schließlich sanktioniert § 119 OWiG grob anstößige und belästigende Handlungen, etwa das Anpreisen der Schaffung einer Gelegenheit zur Vornahme sexueller Handlungen. **99**

Auch und gerade außerhalb des OWiG sind zahlreiche Ordnungswidrigkeitentatbestände normiert. Das betrifft insbesondere das Umweltrecht (BImSchG, WHG, BBodSchG etc.), aber auch das Straßenverkehrsrecht. So finden sich Straf- und Bußgeldvorschriften in den §§ 21 ff. StVG. Die bekannteste Bußgeldvorschrift dürfte § 24a StVG darstellen (0,5-Promille-Grenze). Kardinalnorm hinsichtlich Verkehrsordnungswidrigkeiten ist aber § 24 StVG. Diese Vorschrift verweist auf die Rechtsverordnungen, die auf der Grundlage der §§ 6 und 6e StVG erlassen worden sind, namentlich auf die StVO, die StVZO, die FZV und die FeV. In diesen Regelwerken sind zahlreiche Ordnungswidrigkeitentatbestände normiert. Zuständig für die Verfolgung von Verkehrsordnungswidrigkeiten sind nicht nur die Straßenverkehrsbehörden; gem. § 26 I S. 1 StVG sind auch die Behörden oder Dienststellen der Polizei, die von der Landesregierung durch Rechtsverordnung näher bestimmt sind, für die Verfolgung und Ahndung von Ordnungswidrigkeiten nach den §§ 24, 24a StVG zuständig. **99a**

Letztlich finden sich Ordnungswidrigkeitentatbestände als Schlussbestimmungen in fast allen Ordnungsgesetzen. Sie dienen dazu, den Zwecken des jeweiligen Ordnungs- **99b**

---

gem. §§ 40 ff. OWiG von der Staatsanwaltschaft grds. auch die rechtlichen Gesichtspunkte einer Ordnungswidrigkeit mitbehandelt.

gesetzes zuwiderlaufende Verhaltensweisen zu sanktionieren. Der Rechtsschutz gegen im Bußgeldverfahren getroffene Maßnahmen richtet sich nach § 62 OWiG.

100 Ferner besteht bei der Bekämpfung von Ordnungswidrigkeiten die Befugnis der Polizei, bei geringfügigen Ordnungswidrigkeiten eine Verwarnung mit Verwarnungsgeld von 5 bis 35 € auszusprechen (§ 57 II OWiG i.V.m. § 56 II OWiG). Voraussetzungen für die Wirksamkeit einer Verwarnung mit Verwarnungsgeld sind nach § 56 II OWiG das nach erfolgter Belehrung über das Weigerungsrecht erklärte Einverständnis und die Zahlung des Verwarnungsgeldes durch den Betroffenen. Macht der Betroffene von seinem Weigerungsrecht Gebrauch, wird die Ordnungswidrigkeit möglicherweise mit einem Bußgeldbescheid geahndet (§ 65 OWiG). Andererseits schließt eine wirksame Verwarnung mit Verwarnungsgeld die weitere Verfolgung unter den tatsächlichen und rechtlichen Gesichtspunkten aus, unter denen die Verwarnung erteilt worden ist (§ 56 IV OWiG). Gleichzeitig ist der Betroffene präkludiert: Denn durch sein Einverständnis und die Zahlung des Verwarnungsgeldes findet eine gerichtliche Überprüfung des Vorliegens einer Ordnungswidrigkeit, wie sie etwa nach erfolgtem Einspruch gegen einen Bußgeldbescheid vorgesehen ist (§§ 67 ff. OWiG), nicht mehr statt. Gerichtlicher **Rechtsschutz** gegen die Verwarnung mit Verwarnungsgeld gem. § 62 OWiG kommt nur noch in Betracht, wenn der Betroffene rügt, er sei bei der Erteilung der gebührenpflichtigen Verwarnung nicht über sein Weigerungsrecht belehrt worden, sein Einverständnis habe nicht vorgelegen oder sei infolge Täuschung, Drohung oder Zwang erklärt worden. Unabhängig von der vorgenannten Vorgehensweise kann die Polizei aber auch eine Verwarnung ohne Verwarnungsgeld erteilen (vgl. § 57 II i.V.m. 56 I S. 2 OWiG).[57]

III. Aufgabe der Straßenverkehrsüberwachung

101 Schließlich gilt es die Aufgabe der Straßenverkehrsüberwachung zu erläutern. Während Verkehrsunterricht gemäß § 48 StVO von den Straßenverkehrsbehörden als allgemeine Ordnungsbehörden erteilt wird, ist die Straßenverkehrsüberwachung Aufgabe der Polizei(vollzugs)behörden. Das geht zunächst aus **§ 44 I StVO** hervor, wonach die Straßenverkehrsbehörden, soweit nichts anderes bestimmt ist, sachlich zuständig sind für die Ausführung der StVO; Straßenverkehrsbehörden sind wiederum die nach Landesrecht zuständigen unteren Verwaltungsbehörden oder die Behörden, denen durch Landesrecht die Aufgaben der Straßenverkehrsbehörden zugewiesen sind. Nach **§ 44 II StVO** ist sogar die (Vollzugs)Polizei befugt, den Verkehr durch Zeichen und Weisungen (§ 36 StVO) und durch Bedienung von Lichtzeichenanlagen zu regeln. Bei Gefahr im Verzug kann zur Aufrechterhaltung der Sicherheit oder Ordnung des Straßenverkehrs die (Vollzugs)Polizei anstelle der an sich zuständigen Behörden tätig werden und vorläufige Maßnahmen treffen; sie bestimmt dann die Mittel zur Sicherung und Lenkung des Verkehrs.

102 Wird die Polizei durch § 44 II StVO befugt, den Verkehr durch Zeichen und Weisungen nach **§ 36 V StVO** zu regeln, handelt es sich bei der zuletzt genannten Vorschrift um eine echte materiellrechtliche Eingriffsbefugnis. Nach dieser Vorschrift darf die Polizei Straßenverkehrsteilnehmer zur Verkehrskontrolle einschließlich der Kontrolle der Verkehrstüchtigkeit und zu Verkehrserhebungen anhalten. Das Zeichen zum Anhalten kann die Polizei auch durch geeignete technische Einrichtungen am Einsatzfahrzeug, eine Winkerkelle oder eine rote Leuchte geben. Die Verkehrsteilnehmer haben die Anweisungen der Polizei zu befolgen.

---

[57] Zu den Grundzügen des Ordnungswidrigkeitenrechts vgl. auch *Mitsch*, JA 2008, 241 ff. und 409 ff.

Klassisches **Beispiel** für eine Maßnahme auf der Grundlage des § 36 V StVO ist die **Überprüfung von Führerschein und Zulassungsbescheinigung I**. Zwar handelt es sich jedenfalls beim Führerschein um einen Berechtigungsschein, dessen Vorlage die Polizei gem. der polizeigesetzlichen Vorschrift über das Herausverlangen von Berechtigungsscheinen (z.B. § 11 V BremPolG oder § 4 V HambPolDVG) verlangen kann, § 36 V StVO stellt jedoch eine straßenverkehrsrechtliche Spezialbefugnis dar, die in ihrem Anwendungsbereich die Befugnisnormen des allgemeinen Polizeirechts ausschließt. Gleichwohl kann die Polizei auch auf der Grundlage des § 36 V StVO die Vorlage der genannten Papiere nur dann verlangen, wenn der Betroffene im Zeitpunkt des Herausgabeverlangens zum Mitführen gesetzlich verpflichtet ist. Das ist bei einem Fahrzeugführer, der im Rahmen einer Verkehrskontrolle angehalten wird, der Fall. Die Verpflichtung, den Führerschein mitzuführen und auf Verlangen auszuhändigen, ergibt sich dabei aus § 2 I S. 3 StVG, § 4 II FeV, die entsprechende Verpflichtung in Bezug auf die Zulassungsbescheinigung I aus § 11 V FZV. Vgl. dazu auch Rn 202 ff.

Dagegen ist für die automatisierte **Video-Verkehrsüberwachung** (noch) keine Rechtsgrundlage vorhanden, sodass eine entsprechende Maßnahme vom BVerfG für verfassungswidrig erklärt wurde.[58] Erfolgt die Videoüberwachung aber aufgrund des Einsatzes eines Messbeamten, der eine Messkamera bedient und dann individuell eine Identifizierungskamera auslöst, dient als Rechtsgrundlage § 100h I S. 1 Nr. 1 StPO, der über § 46 I OWiG auch im Ordnungswidrigkeitenverfahren Anwendung findet. Denn durch die Beobachtung des Messbeamten und die anschließende Informationsbewertung kann der Anfangsverdacht einer Ordnungswidrigkeit hergeleitet werden, sodass dann § 100h I S. 1 Nr. 1 StPO greift.[59]

L. Hoheitliche Aufgabenerfüllung und private Sicherheitsdienste

Das Sicherheitsbedürfnis vieler Unternehmen, aber auch einiger Privatpersonen, veranlasst diese zunehmend, zur Erfüllung ihrer Aufgaben bzw. zur Wahrung ihrer Sicherheitsinteressen private Sicherheitsdienste einzusetzen. Da die Rechtsordnung aber ein Gewaltmonopol des Staates vorsieht und die Ausübung von Gewalt ausschließlich den dafür vorgesehenen Organen der Exekutive überträgt, wäre die (vorbehaltlose) Durchsetzung von Sicherheitsinteressen, insbesondere mit Waffengewalt, durch private Sicherheitsdienste mit der Grundordnung des Grundgesetzes nicht vereinbar. In der Folge ergibt sich zwangsläufig das Erfordernis einer Abgrenzung zwischen den Befugnissen privater Sicherheitsdienste und Organen der staatlichen Exekutive. Aufgrund des genannten Gewaltmonopols des Staates stehen Befugnisse zum Schutz der öffentlichen Sicherheit oder Ordnung ausschließlich den staatlichen Organen zu; die Befugnisse der privaten Sicherheitsdienste sind – wenn überhaupt – auf solche Rechte begrenzt, die auch sonst Privatpersonen zustehen, die sog. Jedermanns- oder Notrechte wie das Hausrecht (§ 903 BGB), die Notwehr (§ 32 StGB, § 227 BGB), der Notstand (§§ 34, 35 StGB, §§ 228, 904 BGB), die Selbsthilfe (§§ 229, 859 BGB) und die vorläufige Festnahme (§ 127 I StPO). Geht es nicht unmittelbar um Individualschutz, sondern um den Schutz der öffentlichen Sicherheit oder Ordnung, bleibt den privaten Sicherheitsdiensten von vornherein nur das Recht der vorläufigen Festnahme. **102a**

Um die Qualität der Sicherheitsdienste (Bewachungsgewerbe) zu gewährleisten, macht der Staat deren Arbeit von einer gewerberechtlichen Genehmigung abhängig. So be- **102b**

[58] BVerfG NJW 2009, 3293 (mit Bespr. v. *Muckel*, JA 2010, 74); BVerfG NJW 2010, 2717 f. (mit Bespr. v. *Muckel*, JA 2010, 835); OLG Stuttgart DAR 2010, 148 f.; OLG Bamberg NJW 2010, 100 f.; OLG Jena NJW 2010, 1093; OLG Koblenz NStZ 2010, 589; ausf. *Arzt/Eier*, NZV 2010, 113 ff.; *Roggan*, NJW 2010, 1042 ff.

[59] OLG Bamberg NJW 2010, 100 f. Vgl. aber auch OLG Jena NJW 2010, 1093, 1094, OLG Koblenz NStZ 2010, 589 und BVerfG NJW 2010, 2717 f., die das Erfordernis eines durch eine menschliche Informationsbewertung festgestellten Anfangsverdachts ignorieren und so zur Anwendbarkeit des § 100h StPO gelangen, obwohl ein Anfangsverdacht nicht begründet werden konnte.

darf gem. § 34a I S. 1 GewO der Erlaubnis, wer gewerbsmäßig Leben oder Eigentum fremder Personen bewachen will. Ein umfangreicher Katalog an Versagungsgründen gewährleistet, dass keine ungeeigneten Personen zugelassen werden (vgl. § 34a I S. 3 GewO). Geht es um die Erlaubnis, Waffen zu tragen, stellt das WaffG noch strengere Anforderungen an die Zuverlässigkeit der Person und das Bedürfnis des Waffentragens (§§ 4, 8 WaffG). Im Übrigen stellt § 34a V GewO klar, dass den privaten Sicherheitsdiensten nur die Rechte zustehen, die Privaten auch sonst zustehen.

102c Daraus folgt: Polizei- oder Ordnungsbehörde und privater Sicherheitsdienst nehmen nur ihre jeweiligen Aufgaben wahr: Der private Sicherheitsdienst macht zum Schutz privater Rechte und Rechtsgüter vom Hausrecht und ggf. von den Jedermanns- oder Notrechten Gebrauch, freilich unter strenger Beachtung des staatlichen Gewaltmonopols. Demgegenüber ist die Polizei- oder Ordnungsbehörde als Inhaber des staatlichen Gewaltmonopols befugt, zum Schutz der öffentlichen Sicherheit oder Ordnung einzuschreiten und dabei auch Zwangsmittel einzusetzen.

102d Diese klare Aufgabentrennung schließt allerdings nicht aus, dass staatliche Stellen und private Sicherheitsdienste **zusammenarbeiten**. Diese Zusammenarbeit kann zunächst unverbindlich und rein tatsächlich erfolgen.

> **Beispiele**[60]**:** Informationsaustausch über beide betreffende Situationen und Ereignisse oder auch Informationsweitergabe von privaten Sicherheitsdiensten an die Polizei zur Ergänzung des Lagebilds bei polizeilichen Fahndungen („Düsseldorfer" oder „Frankfurter Modell"), gemeinsamer Streifengang von kommunalen Bediensteten und Angestellten privater Sicherheitsdienste (Public Private Partnership) oder auch von Polizei und privatem Sicherheitsdienst (Police Private Partnership) in Einkaufspassagen, U-Bahnhöfen und anderen semi-öffentlichen Räumen

102e Möchte die Behörde private Sicherheitsdienste rechtlich verbindlich in die hoheitliche Aufgabenerfüllung einbinden, kann sie dies nur in dem hierfür vorgesehenen rechtlichen Rahmen. So kann sie private Sicherheitsdienste zunächst als sog. **Verwaltungshelfer** heranziehen. Allerdings kann damit noch keine Übertragung von hoheitlichen Aufgaben erfolgen, weil es dazu einer gesetzlichen Ermächtigung bedarf. Eine echte Aufgabenübertragung kann daher – wenn überhaupt – nur über das Institut der **Beleihung** erfolgen. Beleihung ist eine Übertragung von hoheitlichen Aufgaben auf natürliche oder juristische Personen des Privatrechts.[61]

> **Beispiele:** Als Verwaltungshelfer werden private Sicherheitsdienste häufig bei kommunalen Verkehrsbetrieben, in S- und U-Bahnen und -Bahnhöfen und gelegentlich in Strafvollzugsanstalten sowie für Streifengänge eingesetzt, als Beliehene etwa bei der Untersuchung von Fluggästen und -gepäck (vgl. § 5 LuftSiG).[62]

102f Die Beleihung hat aber auch **Grenzen**. Denn das Demokratieprinzip (Art. 20 I, II GG) fordert, dass staatliches Handeln mit Entscheidungscharakter der **demokratischen Legitimation** bedarf. Um die demokratische Legitimation einer Beleihung zu wahren, bedarf sie zunächst einer **parlamentarischen Rechtsgrundlage**.[63] In dem Gesetz

---

[60] *Pieroth/Schlink/Kniesel*, POR, § 5 Rn 58.

[61] Vgl. BVerfG NJW 2012, 1563, 1564 ff.; BVerwG DVBl 1970, 735; NVwZ-RR 1991, 330; NVwZ 2011, 368, 369 f.; BremStGH NVwZ 2003, 81, 82 f.; BGHZ 161, 6, 11 ff.; *Waldhoff*, JuS 2011, 191 f.; *Muckel*, JA 2011, 559 und JA 2012, 396, 397; *R. Schmidt*, AllgVerwR, Rn 110 ff.

[62] *Pieroth/Schlink/Kniesel*, POR, § 5 Rn 60.

[63] So ausdrücklich BVerwG NVwZ 2011, 368, 370. Vgl. ferner *Kiefer*, NVwZ 2011, 1300 f.

müssen Art und Umfang der übertragenen Befugnisse geregelt sein.[64] Da Beliehene belastende Maßnahmen treffen dürfen, sind sie auch bei der Ausübung ihrer hoheitlichen Tätigkeit an die **Grundrechte** gebunden; Art. 1 III GG legt mit der Bezugnahme auf das Dreigewaltenprinzip eine lückenlose Grundrechtsbindung aller Staatsgewalten fest. Dieses Verfassungsgebot würde unterlaufen, wenn sich der Staat durch das Institut der Beleihung grundrechtsfreie Räume schaffen könnte.[65] Verletzt ein Beliehener in Ausübung seiner hoheitlichen Tätigkeit Grundrechte, ist die betreffende Maßnahme rechtswidrig. Zur Kontrolle der Einhaltung der eingeräumten Kompetenz besteht zudem die Pflicht zur umfassenden **Rechts-** und ggf. auch **Fachaufsicht** seitens der Aufsichtsbehörden.[66]

Bedenken an der Zulässigkeit einer Beleihung bestehen auch mit Blick auf den sog. **102g**
Funktionsvorbehalt aus Art. 33 IV GG. Diese Verfassungsbestimmung behält hoheitliche Befugnisse grundsätzlich Beamten vor. Zwar spricht Art. 33 IV GG von „in der Regel", lässt also durchaus Ausnahmen zu, allerdings ist stets darauf zu achten, dass die Ausnahme nicht zur Regel wird. Abweichungen vom Grundsatz des Funktionsvorbehalts bedürfen demgemäß (qualitativ) der Rechtfertigung durch einen besonderen sachlichen Grund; zudem sichert Art. 33 IV GG (qualitativ und quantitativ) dem Berufsbeamtentum einen Mindesteinsatzbereich institutionell zu.[67] Das gilt in besonderem Maße für das Polizei- und Ordnungsrecht, die schärfste Form der Eingriffsverwaltung. Es wäre mit dem Rechtsstaats- und Demokratieprinzip sowie dem Funktionsvorbehalt also nicht vereinbar, wenn der Staat die Aufgabe des Schutzes der öffentlichen Sicherheit weitgehend Privaten überließe, die nicht demokratisch legitimiert sind. Rechtsstaats- und Demokratieprinzip verlangen für die Beleihung privater Sicherheitsdienste daher eine besondere Rechtfertigung, die über die einfache gesetzliche Ermächtigung hinausgeht. Reduzierung der Personalkosten der öffentlichen Hand kann sicherlich kein Argument für die (ungezügelte) Übertragung von hoheitlichen Aufgaben auf Private sein.

---

[64] Vgl. BVerfG NJW 2012, 1563, 1564 ff.; BVerwG NVwZ 2011, 368, 370; BGH DVBl 1999, 918, 919; *Burgi*, FS Maurer, 2001, S. 588 f.; *Barthel/Lepczyk*, JA 2008, 436, 437; *Waldhoff*, JuS 2011, 191 f.; *Muckel*, JA 2012, 396, 397 f.

[65] *Schnapp/Kaltenborn*, JuS 2000, 937, 938.

[66] Vgl. dazu ausführlich BremStGH NVwZ 2003, 81, 82 f. und nun auch *Wolff*, JA 2006, 749, 750.

[67] Vgl. BVerfG NJW 2012, 1563, 1564 ff.

2. Kapitel

Prüfung einer Gefahrenabwehrmaßnahme

Das Polizei- und Ordnungsrecht kann in Übungs- und Examensklausuren auf verschiedenen Ebenen zu prüfen sein:

A. Problemkreise/Ebenen der Prüfung

103 Zunächst kann es um die Rechtmäßigkeit einer Gefahrenabwehrmaßnahme gehen. Erfüllt die Maßnahme die Merkmale des § 35 VwVfG, handelt es sich um einen Verwaltungsakt. Man spricht von einer **Gefahrenabwehrverfügung**.

Beispiel: Wegen lautstarker Partymusik aus der Nachbarwohnung ist die Polizei bereits dreimal in dieser Nacht herbeigerufen worden. Als sich Gastgeber und Gäste auch diesmal uneinsichtig zeigen und bei ihrer Auffassung bleiben, es sei ihr gutes Recht, „mal so richtig durchzufeiern", betreten die Beamten die Wohnung und stellen die Stereoanlage sicher. Dem Gastgeber teilen sie mit, dieser könne seine Anlage am nächsten Morgen bei der Polizeiwache wieder abholen.

Bei der Frage nach der Rechtmäßigkeit der polizeilichen Maßnahmen (im vorliegenden Beispiel der Wohnungsbetretung und der Sicherstellung der Stereoanlage) steht regelmäßig die Frage nach dem Primärrechtsschutz (= Abwehr) des Bürgers im Vordergrund. Es ist also eine **Rechtsgrundlage** erforderlich, die zudem rechtsfehlerfrei angewendet werden muss, d.h. die Polizei muss die **Tatbestandsvoraussetzungen** einhalten, **ermessensfehlerfrei** handeln und den Grundsatz der **Verhältnismäßigkeit** beachten (vgl. Rn 729 ff.).

In **prozessualer** Hinsicht kommt eine Anfechtungsklage (§ 42 I VwGO) in Betracht. Da die Rechtswirkungen der Maßnahme zum Zeitpunkt der Einlegung des Rechtsbehelfs in aller Regel jedoch bereits eingetreten sind, die Maßnahme sich also erledigt haben wird, bietet Primärrechtsschutz die ***erweiterte Fortsetzungsfeststellungsklage*** (§ 113 I S. 4 VwGO analog), wenn das Klägerbegehren auf die Feststellung gerichtet ist, dass die Verfügung rechtswidrig gewesen sei, etwa weil ein Rehabilitationsinteresse (ideelles Interesse), ein rechtliches Interesse (zur Vermeidung einer Wiederholung) oder ein wirtschaftliches Interesse (zur Vorbereitung eines zivilrechtlichen Schadensersatzprozesses) besteht (*R. Schmidt*, VerwProzR, Rn 415, 501).

Ferner kann auch eine **Gefahrenabwehrverordnung** (sog. Polizeiverordnung = Rechtsverordnung) zu prüfen sein. Prozessual ist zumeist die verwaltungsgerichtliche Normenkontrolle (§ 47 VwGO) einschlägig (vgl. Rn 873 sowie *R. Schmidt*, VerwProzR, Rn 512 ff.).

104 Auf einer zweiten Ebene können Maßnahmen in der **Verwaltungsvollstreckung** Gegenstand der Untersuchung sein.

Beispiel: Würde im obigen Beispiel sich der Gastgeber weigern, die Stereoanlage herauszugeben, könnte die Polizei Zwang anwenden und die Stereoanlage unter Überwindung von Widerstand an sich nehmen. Eine solche Maßnahme stellt sich rechtstechnisch als unmittelbarer Zwang dar, der aber – wegen der besonderen Grundrechtsrelevanz – zusätzlicher Rechtsgrundlagen bedarf (vgl. Rn 962 ff.).

105 Schließlich kann sich die Beantwortung der Frage nach der **Kostentragung** als problematisch erweisen. Geht es um einen Erstattungsanspruch der Behörde gegen den betroffenen Bürger, wird zumeist die Kostenerstattung nach einer rechtmäßigen Ersatzvornahme im Mittelpunkt stehen. Aber auch das umgekehrte Verhältnis, wenn der Bürger bspw. die Kosten einer (rechtmäßigen oder rechtswidrigen) Ersatzvornahme

zunächst begleicht, später aber aus Gründen der Unverhältnismäßigkeit erstattet verlangt, kann klausurrelevant werden.[68] Auch sind Klausurkonstellationen denkbar, in denen es um Ersatzansprüche des Bürgers gegen den Staat geht, wenn also auf der Primärebene (Gefahrenabwehr) eine Abhilfe nicht oder nicht mehr möglich ist. Die Polizeigesetze der meisten Bundesländer enthalten eine spezialgesetzliche Regelung über Ersatzansprüche, sei es, dass die Gefahrenabwehrmaßnahmen *rechtmäßig* waren (gegenüber einem Nichtverantwortlichen), oder sei es, dass jemand durch eine *rechtswidrige* Maßnahme der Polizei einen Schaden erleidet.[69] Bei der letzteren Variante handelt es sich somit um einen spezialgesetzlich geregelten Fall des enteignungsgleichen Eingriffs.[70] Für diese Art der Ersatzleistungen ist regelmäßig trotz ihres öffentlich-rechtlichen Charakters der ordentliche Rechtsweg gegeben (z.B. § 62 BremPolG, § 86 NdsSOG). Im Folgenden werden diese Problemkreise ausführlich erläutert.

Problemkreise des allgemeinen Polizei- und Ordnungsrechts 106

(1) Rechtmäßigkeit einer <u>Gefahrenabwehrmaßnahme</u> – Erste Ebene polizeilichen Handelns

- **Eingriffsermächtigung** (Rechtsgrundlage) für jede einzelne polizeiliche Maßnahme
- **Formelle Rechtmäßigkeit** jeder einzelnen polizeilichen Maßnahme: Aufgabe und Zuständigkeit der Polizei; Einhaltung von Verfahrens- und Formvorschriften, ggf. Anhörung und Schriftform der Verfügung
- **Materielle Rechtmäßigkeit** jeder einzelnen polizeilichen Maßnahme:
  - Rechtmäßigkeit der Rechtsgrundlage (nur zu prüfen, wenn Anhaltspunkte für eine Verfassungswidrigkeit bestehen)
  - *Voraussetzungen der Rechtsgrundlage* (insbesondere Gefahr für ein Schutzgut der öffentlichen Sicherheit)
  - Fehlerfreie *Ermessensbetätigung* (Einschreitermessen, Auswahlermessen, d.h. Ermessen bzgl. der Frage, ob eingeschritten werden soll bzw. muss, und Ermessen bzgl. der Festlegung des Mittels und – bei mehreren Verantwortlichen – der Auswahl des Verantwortlichen)
  - Verhältnismäßigkeit der Maßnahme

(2) Rechtmäßigkeit des <u>Verwaltungszwangs</u> (Verwaltungsvollstreckung) – Zweite Ebene polizeilichen Handelns

- Generelle Zulässigkeit des Verwaltungszwangs
- Richtige Auswahl des konkreten Zwangsmittels
- Im gestreckten Verfahren Androhung und ggf. Festsetzung des Zwangsmittels
- Rechtsfehlerfreie Anwendung des Zwangsmittels

(3) Fragen der <u>Kostentragung</u> – Dritte Ebene polizeilichen Handelns

- Erstattung, Entschädigung, Ersatz

[68] Vgl. dazu BVerwGE 102, 316 ff. sowie *R. Schmidt*, Fälle zum POR, Fall 12.
[69] Vgl. §§ 45 ff. MEPolG; BW: §§ 55 ff. PolG; Brand: § 70 PolG; Bay: Art. 70 ff. PAG; Berl: §§ 59 ff. ASOG; Brem: §§ 56 ff. PolG; Hamb: § 10 III-V SOG; Hess: §§ 64 ff. SOG; MeckVor: §§ 72 ff. SOG; Nds §§ 80 ff. SOG; NRW: § 67 PolG i.V.m. §§ 39 ff. OBG; RhlPfl: §§ 68 ff. POG; SchlHolst: §§ 221 ff. LVwG; Saar: §§ 68 ff. PolG; Sachs: §§ 52 ff. PolG; SachsAnh: §§ 69 ff. SOG; Thür: §§ 68 ff. PAG.
[70] Vgl. dazu ausführlich *R. Schmidt*, AllgVerwR, Rn 1204 ff.

B. Prüfungsschema in Bezug auf eine Gefahrenabwehrmaßnahme

Ist nach der Rechtmäßigkeit einer Maßnahme gefragt, empfiehlt sich folgendes dreigliedriges[71] Prüfungsschema:

107

Prüfung einer Gefahrenabwehrmaßnahme

Möglicher Obersatz:

Die Maßnahme der Polizei war rechtmäßig, wenn sie in formeller und materieller Hinsicht in rechtsfehlerfreier Anwendung einer Rechtsgrundlage erfolgte.

I. Rechtsgrundlage

1. Spezialbefugnis im Besonderen Gefahrenabwehrrecht (Rn 84 ff.) oder
2. Spezialbefugnis im Polizei- und Ordnungsrecht (Rn 115 ff.) oder
3. polizei- und ordnungsrechtliche Befugnisgeneralklausel (Rn 600 ff.) und
4. keine Subsidiarität des Gefahrenabwehrrechts (Rn 68 ff.)

II. Formelle Rechtmäßigkeit

1. **Zuständigkeit** der handelnden Behörde (Rn 608 ff.) und
2. Ordnungsgemäßes **Verfahren** (Rn 618 ff.) und
3. Einhaltung der **Form**vorschriften (Rn 621 ff.)

III. Materielle Rechtmäßigkeit

1. **Voraussetzungen der Rechtsgrundlage**
   a. Schutzgut der öffentlichen Sicherheit
   b. subsidiär Schutzgut der öffentlichen Ordnung (nicht in allen Bundesländern)
   c. Gefahr für das Schutzgut (je nach Tatbestand konkrete oder abstrakte oder sogar qualifizierte Gefahr)
   d. Pflichtigkeit des in Anspruch Genommenen (Störer, Nichtstörer oder Jedermann)
2. **Rechtsfolge**
   a. Einhaltung der **Ermessensgrenzen** (mögliche Fehler: Ermessensunterschreitung, Ermessensfehlgebrauch, Ermessensüberschreitung):
      aa. Einschreitermessen (Frage, *ob* eingeschritten werden durfte oder musste)
      bb. Auswahlermessen (Frage, ob *Auswahl* des Adressaten und des Mittels ermessensfehlerfrei war)
   b. Keine Verstöße gegen den Grundsatz der **Verhältnismäßigkeit** (soweit dieser nicht schon abschließend im Rahmen der Ermessensüberschreitung geprüft wurde) und (bei Verwaltungsakten) den **Bestimmtheitsgrundsatz**

Siehe im Übrigen das Schema bei Rn 627.

[71] Gelegentlich ist auch ein zweigliedriges Aufbauschema anzutreffen, das – traditionell begründet – lediglich die formelle und materielle Rechtmäßigkeit untergliedert. Die Rechtsgrundlage wird dabei lediglich bei der materiellen Rechtmäßigkeit genannt. Das zweigliedrige Schema leidet aber einer Schwäche: Oft kommen bestimmte formelle Rechtmäßigkeitsvoraussetzungen (insbesondere einschlägige Verfahrensvorschriften) erst dann in den Blick, wenn die Rechtsgrundlage, d.h. das Gesetz, auf das die Maßnahme gestützt wird, feststeht. Für die Fallbearbeitung ist daher anzuraten, zunächst die Rechtsgrundlage zu benennen, um in einem zweiten Schritt die formellen (rechtsgrundlagenbezogenen) Rechtmäßigkeitsvoraussetzungen und in einem dritten Schritt die materiellen Rechtmäßigkeitsvoraussetzungen zu prüfen (vgl. dazu auch Rn 113 ff.).

C. Rechtsschutz

Wie bei Rn 103 erwähnt, handelt es sich bei einer Gefahrenabwehrmaßnahme, die die Definitionsmerkmale des § 35 VwVfG erfüllt, um einen **Verwaltungsakt**, der für die Polizei- und Ordnungsbehörden das wichtigste Handlungsinstrument darstellt. Im Mittelpunkt steht der *befehlende* Verwaltungsakt (Rechtsbefehl zu einem Tun, Dulden oder Unterlassen). Es kommt damit zur (kumulativen) Anwendbarkeit des allgemeinen Verwaltungsverfahrens, wodurch sich die Rechtmäßigkeit der Einzelmaßnahme nicht nur nach dem Polizei- und Ordnungsrecht, sondern auch nach dem allgemeinen Verwaltungsrecht richtet. Auch die Art des Rechtsschutzes (Anfechtungsklage, Fortsetzungsfeststellungsklage, Eilverfahren) wird durch das Vorliegen eines Verwaltungsakts bestimmt. Da sich der gefahrenabwehrrechtliche Verwaltungsakt aber in der Regel bereits vor Klageerhebung **erledigt** haben wird[72], ist verwaltungsprozessual nicht die Anfechtungsklage, sondern die **Fortsetzungsfeststellungsklage** statthaft. Der Prüfungsaufbau orientiert sich dabei grds. an dem allgemein anerkannten Schema: 108

109

Erweiterte Fortsetzungsfeststellungsklage in Bezug auf eine Gefahrenabwehrverfügung

A. Sachentscheidungsvoraussetzungen

I. Verwaltungsrechtsweg, §§ 40 I S. 1, 173 VwGO i.V.m. §§ 17a, b GVG[73]

II. Zuständigkeit des Gerichts, §§ 45 ff., 52, 83 VwGO/§§ 17a, b GVG

III. Statthafte Klageart: erweiterte Fortsetzungsfeststellungsklage

⇨ „Vorherige" Erledigung des Verwaltungsakts, d.h. Erledigung ist i.d.R. bereits vor Klageerhebung eingetreten

IV. Klagebefugnis, § 42 II VwGO analog

V. Widerspruchsverfahren, §§ 68 ff. VwGO

Nach der hier vertretenen Auffassung ist die vorherige Durchführung eines Widerspruchsverfahrens nicht erforderlich (und auch nicht statthaft).

VI. Frist

Wenn man die erweiterte (nicht die „normale"!) Fortsetzungsfeststellungsklage dem Bereich der Feststellungsklagen zuordnet, ist das Erfordernis der Einhaltung einer Klagefrist analog den Vorschriften über die Anfechtungsklage weder terminologisch noch dogmatisch überzeugend. Daher lässt sich sagen: Die für die Anfechtungs- und Verpflichtungsklagen geltenden Widerspruchs- bzw. Klagefristen laufen zwar bis zum Zeitpunkt der Erledigung und sind insoweit vom Rechtsschutzsuchenden zu beachten. *Diese* Fristen dürfen im Erledigungszeitpunkt noch nicht – mit der Folge der Bestandskraft – abgelaufen sein. Die erweiterte Fortsetzungsfeststellungsklage analog § 113 I S. 4 VwGO unterliegt dagegen, bis auf den Verwirkungsgedanken, keiner Klagefrist.

VII. Klagegegner

Gem. § 78 I Nr. 1 VwGO (und ggf. ergänzend den Ausführungsgesetzen) ist regelmäßig der Staat (das Land) Träger der Polizei. Die Klage ist daher gegen das betreffende Land zu richten.

VIII. Besonderes Feststellungsinteresse, § 113 I S. 4 VwGO analog

1. Schutzwürdiges Interesse rechtlicher Art (Wiederholungsgefahr)
2. Schutzwürdiges Interesse ideeller Art (Rehabilitationsinteresse)
3. Schutzwürdiges Interesse wirtschaftlicher Art (Vorbereitung eines Amtshaftungs- oder Entschädigungsprozesses)

---

[72] Vgl. bereits die 1. Aufl. 2005; wie hier nun auch *Frenz*, JA 2007, 334 und *Durner*, JA 2010, 398.

[73] Aufgrund der Regelung des § 173 VwGO i.V.m. § 17a II S. 1 u. III GVG wird entweder der Verwaltungsrechtsweg vor der Zulässigkeit der Klage geprüft oder man spricht nicht von Zulässigkeits-, sondern von Sachentscheidungsvoraussetzungen, denn hierzu gehört der Verwaltungsrechtsweg in jedem Fall (vgl. dazu ausführlich *R. Schmidt*, VerwProzR, Rn 25 ff.).

IX. Weitere Sachentscheidungsvoraussetzungen

Des Weiteren sind insbesondere Beteiligungsfähigkeit, Prozessfähigkeit, ordnungsgemäße Klageerhebung und allgemeines Rechtsschutzbedürfnis zu prüfen.

B. Begründetheit

I. Ermächtigungsnorm (Rechtsgrundlage)

⇒ **Spezialgesetz, Standardmaßnahme** oder **Befugnisgeneralklausel**

II. Formelle Rechtmäßigkeit

1. Zuständigkeit: sachlich, örtlich, instanziell
2. Verfahren, insb. **Anhörung** und ggf. deren Entbehrlichkeit
3. Form (ggf. **Schriftform**, bei Polizeivollzugsdienst i.d.R. jedoch **formlos**)

III. Materielle Rechtmäßigkeit

1. *Voraussetzungen der Ermächtigungsnorm* (insbesondere **Gefahr für die öffentliche Sicherheit**)
2. Auf Rechtsfolgeseite fehlerfreie **Ermessensbetätigung** (Einschreitermessen, Auswahlermessen) und **Verhältnismäßigkeit** der Maßnahme. Hinsichtlich der **Störerauswahl** gilt, dass wenn nur eine Person existiert, die als Adressat einer Polizeiverfügung in Betracht kommt, die Störereigenschaft dieser Person i.d.R. bereits auf der Tatbestandsebene zu prüfen ist. Bei mehreren Verantwortlichen ist die Auswahl zwischen ihnen hingegen eine Frage des Auswahlermessens, mithin eine Problematik der Rechtsfolgeseite.

110 **Hinweis für die Fallbearbeitung:** In der Fallbearbeitung kann es im Rahmen des allgemeinen POR – in Abweichung zur allgemeinen verwaltungsrechtlichen Klausur – durchaus vorkommen, dass vom Bearbeiter verlangt wird, zunächst die materielle Rechtmäßigkeit der polizeilichen Maßnahme (Gefahrenabwehrverfügung) zu prüfen. Erst in einem zweiten Schritt ist dann, je nach Fallfrage, zum prozessualen Rechtsschutz Stellung zu nehmen. Das gilt insbesondere für einige süddeutsche Bundesländer. Da aber in der Mehrheit der Bundesländer der übliche Prüfungsaufbau zugrunde gelegt wird, wurde auch vorliegend diesem Aufbau gefolgt.

Im Übrigen muss wie bei allen Aufbauschemata vor einer unreflektierten Einhaltung der vorgeschlagenen Prüfungsreihenfolge eindringlich gewarnt werden. Denn die Probleme des Einzelfalls müssen insbesondere im Polizeirecht i.d.R. aufbauschemaübergreifend behandelt werden. So ist beispielsweise die Störerauswahl rechtsdogmatisch ein Bestandteil des Auswahlermessens, gleichzeitig kann sie aber auch bei der Feststellung der Störereigenschaft des Adressaten auf der Tatbestandsseite geprüft werden. Aus diesem Grund bietet es sich bei komplexen Sachlagen an, lediglich die Voraussetzungen i.e.S. der Rechtsgrundlage auf der Tatbestandsseite und die übrigen Prüfungspunkte einschließlich der Störerauswahl auf der Rechtsfolgeseite zu prüfen. Des Weiteren wird im Folgenden nicht auf die verwaltungsprozessualen Voraussetzungen der Überprüfung polizeilichen Handelns im präventiven Bereich eingegangen, da diese im Rahmen der Anfechtungsklage und der erweiterten Fortsetzungsfeststellungsklage bei *R. Schmidt*, VerwProzR, Rn 111 ff./445 ff. erläutert werden. Hingewiesen sei lediglich auf die Besonderheit des § 40 I S. 2 VwGO. Diese Vorschrift bestimmt, dass öffentlich-rechtliche Streitigkeiten auf dem Gebiet des Landesrechts auch durch **Landesgesetz** einem anderen Gericht (= i.d.R. **Amtsgericht**) zugewiesen werden können.

Beispiel[74]: Anlässlich einer Castor-Demonstration ist K – zusammen mit anderen Demonstranten – von der Vollzugspolizei über Nacht in Gewahrsam genommen worden. Später möchte er gerichtlich klären lassen, dass diese Maßnahme rechtswidrig war.

[74] Nach OVG Lüneburg NVwZ 2004, 760, 761.

Die polizeiliche **Ingewahrsamnahme** ist eine Standardmaßnahme zur Gefahrenabwehr und in den Polizeigesetzen der Länder geregelt.[75] Daher liegt an sich ein typischer Fall einer gem. § 40 I S. 1 VwGO vor dem zuständigen Verwaltungsgericht zu erhebenden erweiterten Fortsetzungsfeststellungsklage vor, bei dem es um die Überprüfung der Rechtmäßigkeit eines bereits vor Klageerhebung erledigten Verwaltungsakts geht. § 40 I S. 2 VwGO lässt jedoch die Zuweisung von Streitigkeiten in Bezug auf freiheitsentziehende Maßnahmen an ein anderes Gericht (= i.d.R. Amtsgericht) durch Landesrecht zu. Von dieser Möglichkeit haben die meisten Landesgesetzgeber Gebrauch gemacht (bspw. Niedersachsen[76], Baden-Württemberg[77] und Bayern[78]), weil die Amtsgerichte im Allgemeinen ortsnäher als die Verwaltungsgerichte seien und auch sonst über Freiheitsentziehungen (FamFG) entscheiden würden. Ob die Übertragung der Zuständigkeit auf die Amtsgerichte angesichts der unterschiedlichen Struktur von präventivem und repressivem Polizeirecht rechtspolitisch sinnvoll ist, mag dahingestellt bleiben, sie ist jedoch verfassungsrechtlich nicht zu beanstanden. Insbesondere wird der Rechtsschutz des Betroffenen nicht unzumutbar erschwert oder verkürzt, da auch § 26 FamFG einen Amtsermittlungsgrundsatz vorsieht und das überprüfende Gericht die Sach- und Rechtslage auch an einem Maßstab vergleichbar mit dem des § 113 I S. 4 VwGO prüft.[79]

[75] Zur präventivpolizeilichen Standardmaßnahme *Ingewahrsamnahme* vgl. Rn 449 ff.
[76] Vgl. § 19 III NdsSOG.
[77] § 28 IV BaWüPolG.
[78] Art. 18 III BayPAG.
[79] Vgl. OVG Lüneburg NVwZ 2004, 760, 761 (zur alten Rechtslage nach FGG). Vgl. dazu auch Rn 484 f.

3. Kapitel

Polizeiliche Befugnisse nach den Polizeigesetzen

A. Eingriff in Grundrechte/Erfordernis einer Rechtsgrundlage

111 Polizei- und ordnungsrechtliche Maßnahmen greifen in erheblichem Maße in die Rechtssphäre (**Freiheitsgrundrechte**) des betroffenen Bürgers ein und stellen damit die wohl schärfste Form der **Eingriffsverwaltung** dar. Aufgrund der damit verbundenen außerordentlichen Grundrechtsrelevanz gilt für diesen Bereich des administrativen Handelns die Gesetzmäßigkeit der Verwaltung – d.h. **Vorrang und Vorbehalt des Gesetzes** (Art. 20 III GG) – **uneingeschränkt**. Die Verwaltung darf nur in einer bestimmten Weise tätig werden, wenn sie dazu durch Gesetz ermächtigt ist. Die polizeilichen Vorschriften zur Gefahrenabwehraufgabe – sog. Aufgabenzuweisungsnormen[80] – stellen *keine* derartigen Rechtsgrundlagen dar. Sie berechtigen die Polizei- und Ordnungsbehörden *nicht* zu Eingriffen in Freiheit und Eigentum des Individuums. Dafür sind sog. **Befugnisnormen**, d.h. Eingriffsermächtigungen erforderlich. Nur sie werden dem Gesetzesvorbehalt gerecht.

> **Beispiel:** Landwirt L ist u.a. Halter mehrerer Gänse. Als bei einem Tier Vogelgrippe festgestellt wird, ordnet die zuständige Veterinärbehörde durch Verfügung die Tötung aller Tiere an. Aufgrund des vermehrten Auftretens der Vogelgrippe könne nicht ausgeschlossen werden, dass auch andere Tiere des Hofes infiziert seien. Ebenso wenig könne eine Übertragung des Virus auf den Menschen ausgeschlossen werden.
>
> Da vorliegend durch die Tötungsanordnung in das durch Art. 14 GG geschützte Rechtsgut *Eigentum* des L eingegriffen wird, bedarf es nach dem zu oben Gesagten einer Eingriffsermächtigung (Rechtsgrundlage).

Vor allem im Gefahrenabwehrrecht leitet sich die Zuständigkeit der handelnden Behörde aus (dem Normengefüge) der einschlägigen Rechtsgrundlage ab. Darüber hinaus sind an die spezialgesetzlichen Rechtsgrundlagen i.d.R. **besondere Eingriffsvoraussetzungen** geknüpft. Daher entfalten Spezialermächtigungen oftmals eine **Sperrwirkung** gegenüber allgemeinen Rechtsgrundlagen. Bevor also Fragen der (formellen und materiellen) Rechtmäßigkeit der zu untersuchenden Maßnahme behandelt werden können, muss zunächst die **Rechtsgrundlage** (Eingriffsermächtigung) ermittelt und in der Falllösung benannt werden.

112 **Hinweis für die Fallbearbeitung:** Bei der Frage nach der einschlägigen Rechtsgrundlage ist also auch im Gefahrenabwehrrecht der (allgemeine) Grundsatz zu beachten, dass die speziellen Rechtsgrundlagen den allgemeinen vorgehen. Bei der Bestimmung der einschlägigen Rechtsgrundlage kann ein Klausurschwerpunkt darin liegen, von mehreren in Frage kommenden Normen die speziellen zunächst exakt zu subsumieren, um dann im Ergebnis – entweder weil das **Spezialgesetz** in **sachlicher Hinsicht nicht anwendbar** ist oder weil der handelnde **Polizeibeamte nicht zuständig** ist, das Spezialgesetz anzuwenden (vgl. dazu bereits Rn 54) – die betreffende Maßnahme entweder als Standardmaßnahme zu qualifizieren oder sie auf die allgemeine **Befugnisgeneralklausel** zu stützen.

---

[80] Vgl. § 1 MEPolG; Bund: § 1 BundesPolG; BW: § 1 PolG; Bay: Art. 2 PAG, Art. 6 LStVG; Berl: § 1 ASOG; Brand: § 1 PolG; Brem: § 1 PolG; Hamb: § 3 I SOG; Hess: § 1 SOG; Nds: § 1 SOG; MeckVor: §§ 2, 1 SOG; NRW: § 1 PolG; RhlPfl: § 1 POG; Saar: § 1 PolG; Sachs: § 1 PolG; SachsAnh: § 1 SOG; SchlHolst: §§ 162, 163 LVwG; Thür: § 2 PAG.

In der Regel findet im Gefahrenabwehrrecht – gem. dem Grundsatz *lex specialis derogat legi generali* – eine Dreiteilung der Eingriffsermächtigung statt: 113

1. **Spezialgesetzliche** Eingriffsermächtigung (etwa nach dem Versammlungsgesetz – vgl. dazu Rn 114, 1035 ff.)
2. Polizeigesetzliche **Standardmaßnahme** (etwa Ingewahrsamnahme oder Platzverweis) – vgl. dazu Rn 115 ff.
3. Polizeigesetzliche **Befugnisgeneralklausel** (Ermächtigung für eine von der Polizei festzulegende Maßnahme, um eine im einzelnen Fall bestehende konkrete Gefahr für die öffentliche Sicherheit oder Ordnung abzuwehren) – vgl. dazu Rn 600 ff.

> **Hinweis für die Fallbearbeitung:** Da nicht selten bestimmte Zuständigkeits-, Verfahrens- und Formvorschriften erst dann in den Blick geraten, wenn die Rechtsgrundlage feststeht, empfiehlt es sich, auch in der Fallbearbeitung
>
> - zunächst die **Rechtsgrundlage** zu benennen,
> - dann im Rahmen der **formellen Rechtmäßigkeit** der Maßnahme die Zuständigkeit der handelnden Behörde sowie die Einhaltung von Verfahrens- und Formschriften zu prüfen,
> - um schließlich der Frage nach der **materiellen Rechtmäßigkeit** der Maßnahme nachzugehen.[81]

I. Spezialgesetzliche Eingriffsermächtigung

Die einschlägige Rechtsgrundlage kann sich aus einem förmlichen Gesetz, aber auch aus einer Rechtsverordnung (des Bundes oder eines Landes) ergeben. Sie ist nach dem **betroffenen Personenkreis** und/oder dem **betroffenen Sachgebiet** zu bestimmen. 114

Im **Beispiel** von Rn 111 stützt sich die Tötungsanordnung auf § 18 i.V.m. § 24 I TierseuchenG. Dieses Gesetz ist anwendbar, da Gänse vom Anwendungsbereich des Gesetzes umfasst sind, § 1 II Nr. 3f TierseuchenG. Ob die Voraussetzungen der Rechtsgrundlage vorliegen, ist eine Frage der (materiellen) Rechtmäßigkeitsprüfung (dazu später). Ein Rückgriff auf das allgemeine POR ist grds. ausgeschlossen.

Weitere Beispiele spezialgesetzlicher Rechtsgrundlagen sind: § 24 I **WaStrG**; § 29 I S. 2, III **LuftVG**; §§ 3, 5 **LuftSiG**; §§ 17, 20, 24, 25 **BImSchG**; §§ 4 I, 5, 15-17, 19 **GastG**; § 3 **VereinsG**; §§ 33a I S. 3, II, 33d I S. 2, III, IV, 33e, 51 **GewO**; § 16 **InfSchG**; § 4 **StVG**; §§ 38 I, 44 II, 45 I-III **StVO**; § 17 I, III **StVZO**; §§ 5, 12a, 19a, 13, 15, 18 III, 19 I **VersG**

Zu beachten ist allerdings, dass sich der **Polizeivollzugsdienst** in den meisten Fällen (vgl. aber Rn 55!) nicht auf eine Spezialregelung stützen kann. Für den Polizeivollzugsbeamten ist dann die entsprechende Vorschrift des allgemeinen POR anwendbar, weil die Spezialregelung nur dann eine Sperrwirkung entfaltet, wenn sie der Amtswalter auch anwenden darf. Vgl. dazu ausführlich Rn 615 f.

Die in der Praxis und im Studium wohl wichtigste spezialgesetzliche Materie des Gefahrenabwehrrechts stellt das **Versammlungsrecht** dar. Aufgrund seiner Komplexität ist dieses Teilgebiet jedoch in einem separaten Kapitel dargestellt. Vgl. Rn 1035 ff.

---

[81] Dieser sog. dreigliedrige Aufbau wurde schon immer vom Verfasser vertreten; vgl. nun auch *Pieroth/Schlink/Kniesel*, POR, § 27 Rn 2. Zum alternativen zweigliedrigen Aufbau vgl. bereits Rn 107.

II. Präventivpolizeiliche Standardmaßnahmen

1. Anwendungsvorrang vor der Befugnisgeneralklausel

115 Geht es um Eingriffe in besonders grundrechtssensible Bereiche wie das **Durchsuchen** von **Personen**, **Wohnungen** oder **Sachen**, die **Ingewahrsamnahme**, die **Platzverweisung**, die **Sicherstellung**, die **Identitätsfeststellung** oder **erkennungsdienstliche Maßnahmen**, aber auch um **Datenerhebung, -speicherung und -verwertung**, stellt der im Rechtsstaats- und Demokratieprinzip verankerte Grundsatz vom Vorbehalt des Gesetzes strenge Anforderungen an das zu Grundrechtseingriffen ermächtigende Gesetz. Die Polizeigesetze der Länder haben Eingriffe in diesen Bereichen daher nicht über eine Befugnisgeneralklausel zu legitimieren versucht, sondern über spezielle, inhaltlich sowohl auf Tatbestandsseite als auch auf Rechtsfolgeseite differenzierte Befugnisnormen, die ihren Anwendungsbereich abschließend regeln und folgerichtig der Anwendung der Generalklausel als Eingriffsermächtigung vorgehen. Soweit die Polizeigesetze also bestimmte typisierte polizeiliche Maßnahmen spezialgesetzlich normiert haben, sind die hierzu getroffenen Regelungen abschließend. Das hat zur Folge, dass insoweit **nicht mehr auf die Befugnisgeneralklausel zurückgegriffen werden kann**. Die Standardmaßnahmen stehen nach dem einschlägigen Landesrecht der *(Vollzugs-)Polizei* zur Verfügung. Die *Ordnungsbehörden* dürfen nur in einigen Bundesländern von ihnen Gebrauch machen, und auch nur dann, wenn die Rechtsgrundlage es ihnen gestattet.

116 **Standardmaßnahmen** sind gesetzlich geregelte Gefahrenabwehrmaßnahmen, die in bestimmten Erscheinungsformen immer wiederkehren, die sich also typologisch erfassen lassen (*typische* Polizeimaßnahmen).

117 Im Vergleich zur Befugnisgeneralklausel ist dabei der Befugnisrahmen für die Behörde **verengt**. Man kann sagen, dass die Standardmaßnahmen jeweils einen Teilausschnitt der Befugnisgeneralklausel darstellen. Die genannten Verengungen betreffen insbesondere die Tatbestandsvoraussetzungen und setzen bei der Intensität und der zeitlichen Nähe einer möglichen Schädigung des Rechtsguts an. So ist insbesondere oft von **„gegenwärtiger"**, **„drohender"** oder **„erheblicher" Gefahr** (für die öffentliche Sicherheit) die Rede.

> **Hinweis für die Fallbearbeitung:** Auch wenn die Vorschriften der Polizeigesetze, die die Standardmaßnahmen betreffen, ihrem Wortlaut nach nicht durchgängig das Vorliegen einer Gefahr (für die öffentliche Sicherheit) voraussetzen, muss in den meisten Fällen das Erfordernis einer Gefahr aufgrund des Charakters der Standardmaßnahmen als Gefahrenabwehrmaßnahmen doch stets angenommen werden. Zu den verschiedenen Gefahrenbegriffen vgl. ausführlich Rn 657 ff.

118 Hinsichtlich der Darstellung der Standardmaßnahmen in diesem Buch sei vorweggenommen, dass durchweg eine **prüfungsorientierte Darstellung** zugrunde gelegt wird. Dabei wird bereits in der Gliederung zwischen **formeller** und **materieller Rechtmäßigkeit** unterschieden, sowie ein Prüfungsschema eingebunden, um eine „prüfungsnahe" Darstellung zu gewährleisten. Dennoch ist es zwingend geboten, hinsichtlich des allgemeinen Prüfungsaufbaus und der allgemeinen Rechtmäßigkeitsvoraussetzungen (rechtsfehlerfreie Auslegung von Tatbestandsmerkmalen, Einhaltung der Ermessensgrenzen, Beachtung des Verhältnismäßigkeitsgrundsatzes) zusätzlich die Ausführungen bei Rn 607 ff. und 625 ff. heranzuziehen.

2. Rechtsnatur und Einteilung der Standardmaßnahmen

Hinsichtlich der **Rechtsnatur** kommt den meisten Standardmaßnahmen nach richtiger Auffassung[82] ein **Doppelcharakter** zu: 119

Zum einen sind sie in fast allen Fällen[83] **Verwaltungsakte**, die - nicht anders als die auf die Befugnisgeneralklausel gestützten Maßnahmen - auf ein Gebot (z.B. Vorladung), ein Verbot (z.B. Platzverweis) oder auf eine Duldung (z.B. Gewahrsam) gerichtet sind. Das für die Annahme eines Verwaltungsakts konstitutive Element der Regelung liegt in der **Anordnung** derartiger Maßnahmen gegenüber dem Betroffenen, der hierdurch zu einem **Handeln oder Dulden verpflichtet** wird. 120

Zum anderen liegt in den meisten Standardmaßnahmen ein tatsächliches Element (ein **Realakt**), nämlich **die tatsächliche Durchführung (Vollziehung)** der Maßnahme.[84] Diese tatsächliche Durchführung (Vollziehung) der Maßnahme darf nicht mit einer Maßnahme der Verwaltungsvollstreckung (etwa mit dem unmittelbaren Zwang) verwechselt werden. **Durchführung der Standardmaßnahme und Verwaltungsvollstreckung sind verschiedene Maßnahmen!** Diese Erkenntnis ist wichtig für den Rechtsschutz und unabdingbar für den richtigen Klausuraufbau. 121

Beispiel: Bei der *Anordnung* der **Durchsuchung**, mit welcher der Betroffene zur Duldung der Durchsuchungshandlung verpflichtet wird, handelt es sich um einen Verwaltungsakt. Davon zu unterscheiden ist die tatsächliche Vornahme der *Durchsuchungshandlung*. Diese stellt das tatsächliche Element der Standardmaßnahme dar, die im Übrigen nicht mit einer Maßnahme der Verwaltungsvollstreckung gleichgesetzt werden darf. Für den Rechtsschutz gilt daher Folgendes: Obwohl dogmatisch zwischen der *Anordnung* der Durchsuchung und deren *Durchführung* zu unterscheiden ist, handelt es sich bei der Durchsuchung um einen einheitlichen Vorgang (die Durchführung der Maßnahme ist nur Mittel zum Zweck). Bei der Frage des Rechtsschutzes ist auf das regelnde Element abzustellen. Daher sind eine **Anfechtungsklage** bzw., da sich die Durchsuchung bereits vor Klageerhebung erledigt haben wird, eine **Anfechtungsfortsetzungsfeststellungsklage** analog § 113 I S. 4 VwGO statthaft.

Gegenbeispiel: Werden bei einer Durchsuchung Sachen gefunden, von denen eine Gefahr für die öffentliche Sicherheit ausgeht, muss die Polizei die Möglichkeit haben, diese Sachen sicherzustellen und zu verwahren. Die Standardmaßnahme **Sicherstellung** erfolgt durch *Anordnung* (regelndes Element) und deren Vollzug durch *Ansichnahme* der Sache (reales Element). Musste die Polizei dagegen die Sache dem Betroffenen (gewaltsam) wegnehmen, um sie sicherstellen zu können, ist das nicht als Ausführungshandlung der Anordnung zu werten, sondern als Zwangsmaßnahme (**unmittelbarer Zwang**). Das hat den Grund, dass die Standardmaßnahme Sicherstellung zwar das Ansichnehmen der Sache umfasst, nicht aber das gewaltsame Besitzergreifen.

Da der Verwaltungszwang jedoch keinen Selbstzweck darstellt, sondern der Durchsetzung von Anordnungen und Verfügungen dient, ist klar, dass nur Verwaltungsakte, nicht auch Realakte, mit Mitteln des Zwangs durchgesetzt werden können. Die Qualifikation der Standardmaßnahmen als Verwaltungsakte hat also den Vorteil, dass sie als Grundverfügungen für spätere Vollstreckungsmaßnahmen fungieren können. Die Ge- 122

[82] So auch OVG Bremen Nord ÖR 2003, 457, 458; *Schenke*, POR, Rn 115; *Kopp/Schenke*, VwGO, Anh § 42 Rn 35; *Frenz*, JA 2011, 433, 435; *Ronellenfitsch/Glemser*, JuS 2008, 888, 889 (Sicherstellung). Dem sich anschließend *Kugelmann*, POR, 9. Kap. Rn 10.

[83] Außer im Fall der Videoüberwachung und der heimlichen Überwachungsmaßnahmen, weil bei diesen keine Rechtsfolgeanordnung stattfinden. Zudem soll die heimliche Überwachung dem Betroffenen gerade verborgen bleiben. Würde man bei ihr einen Verwaltungsakt annehmen, wäre dieser unwirksam, weil ein Verwaltungsakt zu seiner Wirksamkeit zumindest bekannt gegeben werden muss (vgl. §§ 41, 43 VwVfG).

[84] Etwas anderes gilt für die Vorladung. Diese besteht nur aus der Anordnung, dass der Betroffene auf der Dienststelle zu erscheinen habe.

genauffassung[85], die bei Standardmaßnahmen ausschließlich von **Realakten** ausgeht, überzeugt daher nicht. Folgte man ihr, müsste die Polizei für den Fall, dass der Betroffene sich weigerte, der Aufforderung nachzukommen bzw. die Maßnahme zu dulden, zur Vollstreckung systemwidrig eine unausgesprochene „Begleitverfügung" konstruieren[86] und dabei auf die Befugnisgeneralklausel mit ihren häufig abweichenden Tatbestandsvoraussetzungen zurückgreifen, auf deren Grundlage dann eine vollstreckbare Grundverfügung erginge. Dieser Konstruktion steht aber schon das vom BVerfG postulierte Gebot, dass eine Verfügung **eindeutig und unmissverständlich** formuliert sein und für den Betroffenen erkennbar zum Ausdruck bringen müsse, welche Rechtsfolge gelte (vgl. BVerfG NVwZ 2005, 80 zur Auflösung einer Versammlung). Das systemwidrige Zurückgreifen auf die Befugnisgeneralklausel wird diesem Postulat nicht gerecht und ist abzulehnen. Man vermeidet das Problem, indem mit der hier vertretenen Auffassung in den Standardmaßnahmen nicht nur einen Realakt, sondern gleichzeitig **auch einen Verwaltungsakt, gerichtet auf Duldung der Maßnahme** sieht.

123 Dagegen ist auch nach h.M. die Anwendung unmittelbaren Zwangs im **gestreckten Verwaltungsvollstreckungsverfahren** ein **Realakt**, weil sie lediglich ein tatsächliches Moment aufweise.[87] Nach regelmäßig erfolgtem Vollzug („Erledigung") wäre insofern ein in einer **allgemeinen Leistungsklage** eingebetteter Folgenbeseitigungsanspruch zu prüfen. Geht man dagegen davon aus, dass mit der Anwendung des Zwangsmittels zugleich die konkludente Verfügung, das Zwangsmittel zu dulden, einhergeht[88], sind die **Anfechtungsklage** bzw. die **Anfechtungsfortsetzungsfeststellungsklage** statthaft. Vgl. dazu ausführlich Rn 928 ff.

124 Schwierig ist schließlich die Beurteilung der Rechtsnatur von Zwangsmitteln im **Sofortvollzug**. Während sie bisher überwiegend als **Verwaltungsakte** angesehen wurden, stellen sie nach einer im Vordringen befindlichen Auffassung (wie die Zwangsmittel im gestreckten Verfahren) **Realakte** dar. Eine Entscheidung kann aber letztlich aufgrund der Regelung des § 18 II BundesVwVG (der einen allgemeinen Rechtsgedanken enthält, der auch auf Landesebene zu beachten ist) dahinstehen. Diese Vorschrift bestimmt nämlich, dass gegen Zwangsmittel, die ohne vorausgehenden Verwaltungsakt, also im Sofortvollzug, angewendet werden, *die* Rechtsmittel zulässig sind, die gegen Verwaltungsakte allgemein gegeben sind. Zwangsmittel im Sofortvollzug müssen daher grundsätzlich mit **Anfechtungswiderspruch** oder **Anfechtungsklage** angegriffen werden. Ist jedoch bereits eine Erledigung i.S.d. § 113 I S. 4 VwGO eingetreten, ist die **Anfechtungsfortsetzungsfeststellungsklage** analog § 113 I S. 4 VwGO i.V.m. dem Annexantrag gemäß § 113 I S. 2 VwGO einschlägig. Vgl. dazu die Ausführungen zur Rechtmäßigkeit des Verwaltungszwangs im gekürzten Verfahren bei Rn 952 ff.

125 Schließlich gewinnen Verwaltungsvollstreckungsmaßnahmen bei den Standardmaßnahmen besondere Bedeutung, wenn bspw. in Abwesenheit des Rechtsinhabers eine Sache durchsucht oder sichergestellt wird. Hier liegt, weil der Verwaltungsakt mangels Bekanntgabe an den Betroffenen nicht wirksam werden kann (§§ 41, 43 VwVfG), im Zeitpunkt des Vollzugs

---

[85] *Schoch*, POR, in: Schmidt-Aßmann/Schoch, BesVerwR, Rn 193; *Schwabe*, NJW 1983, 369 ff.; dem folgend *Finger*, JuS 2005, 116, 117 f., der noch dazu unzutreffend annimmt, die Qualifikation der Standardmaßnahmen als Verwaltungsakte berge Wertungswidersprüche in sich.
[86] Davon gehen offenbar *Pieroth/Schlink/Kniesel*, POR, § 12 Rn 10 aus, indem sie von „begleitendem anordnenden Verwaltungsakt" sprechen.
[87] *Kopp/Schenke*, VwGO, Anh § 42 Rn 33; *Kopp/Ramsauer*, VwVfG, § 35 Rn 67; *Schenke*, POR, Rn 572; *Erichsen/Rauschenberg*, Jura 1998, 31, 40; *Schoch*, JuS 1995, 307, 311; *Ronellenfitsch/Glemser*, JuS 2008, 888, 889.
[88] So BVerwGE 26, 161, 164 (Schwabinger Krawalle); *Hufen*, VerwProzR, § 14 Rn 23.

noch kein Verwaltungsakt vor. Gleichwohl ist der Vollzug möglich. Es handelt sich dann um eine unmittelbare Ausführung bzw. um einen Sofortvollzug.[89]

Nach ihrem **Regelungsbereich** lassen sich die Standardmaßnahmen in drei Kategorien gliedern: **126**

- **Maßnahmen der Informationsbeschaffung** und **-verwertung:** Hierzu zählen die Maßnahmen der Datenbeschaffung (Befragung, Identitätsfeststellung, Datenerhebung etc.), Datenspeicherung, Datenübermittlung sowie die Rasterfahndung. Vgl. dazu sogleich Rn 127 ff.
- **Einschränkungen der räumlichen Bewegungsfreiheit:** Hierzu zählen z.B. die Platzverweisung, das Aufenthaltsverbot, die Wohnungsverweisung und die Ingewahrsamnahme. Vgl. dazu Rn 401 ff.
- **Durchsuchung von Personen und Sachen** einschließlich der **Sicherstellung**. Vgl. dazu Rn 486 ff.

[89] *Götz*, POR, § 12 Rn 13 ff.; a.A. *Würtenberger*, POR, Rn 114, und *Robbers*, DÖV 1987, 272, 275, bei denen die Standardmaßnahme in diesem Fall zu einem „Realakt eigener Art" wird. Zum Sofortvollzug vgl. Rn 952 ff.

3. Maßnahmen der Informationsbeschaffung und -verwertung

a. Eingriff in das allgemeine Persönlichkeitsrecht

127 **Begriff der Datenerhebung:** Die Gefahrenabwehrbehörden, insbesondere die Polizei im Bereich der Gefahrenvorsorge, sind in erheblichem Maße darauf angewiesen, für ihre Arbeit personenbezogene Daten zu erheben, zu speichern und zu verarbeiten. Denn es steht außer Frage, dass der Erfolg jeder polizeilichen Arbeit maßgeblich durch die verfügbaren Informationen bestimmt wird. Informationsbeschaffung ist ein integraler Bestandteil der polizeilichen Arbeit. Alle Polizeigesetze enthielten demgemäß schon immer Bestimmungen über die Informationsbeschaffung, die heute zumeist unter der Überschrift „**Datenerhebung und -verarbeitung**" zusammengefasst sind.[90] Diese Bestimmungen beziehen sich ihrem Wortlaut nach auf **personenbezogene Daten**. Zwar enthalten die Polizeigesetze i.d.R. keine Erläuterung, was unter „personenbezogenen Daten" zu verstehen ist, zur Begriffsbestimmung kann aber auf die Legaldefinition des Bundes- bzw. Landes-Datenschutzgesetzes zurückgegriffen werden, wonach unter personenbezogenen Daten „**Einzelangaben über persönliche und sachliche Verhältnisse einer bestimmten oder bestimmbaren natürlichen Person**" zu verstehen sind (vgl. § 3 I BDSG oder z.B. § 2 I BremDSG).

Beispiele: Name, Vorname, Geburtsort, Geburtsdatum, Anschrift, Telefonnummer, Beruf, Familienstand, körperliche Merkmale, gesundheitliche und finanzielle Verhältnisse, Hobbys, Neigung zu Gewalttätigkeit, Drogenkonsum, Zugehörigkeit zu einer extremistischen Gruppe, Vorstrafen etc. sind Einzelangaben über persönliche und sachliche Verhältnisse bestimmter natürlicher Personen. Mit der Angabe, dass eine Person jeden Samstag an einem bestimmten Gewässer beim Angeln anzutreffen sei, ist die Person zwar nicht bestimmt, sie ist aber bestimmbar bezeichnet.

128 Die Datenerhebung erfasst **alle Arten des Beschaffens**. Daten können **offen oder verdeckt**, **unmittelbar oder mittelbar** erhoben werden. Dabei beziehen sich Offenheit und Verdecktheit des Beschaffens auf das Verhältnis sowohl zum Betroffenen als auch zum Dritten. **Adressat** der Datenerhebung ist also sowohl derjenige, über den die Daten erhoben werden und dem gegenüber die Polizei- oder Ordnungsbehörde aufgrund der erhobenen Daten tätig wird oder zu werden erwägt, als auch derjenige, bei dem die Daten erhoben werden. **Verdeckt** ist die Datenerhebung, wenn sie sowohl für den Betroffenen als auch für den Dritten nicht als polizeiliche Maßnahme erkennbar ist oder wenn sie unter einem Vorwand erfolgt, der Betroffene oder Dritte also getäuscht, oder wenn sie ohne Täuschung so verschleiert wird, dass sie dem Betroffenen und Dritten verborgen bleibt. **Unmittelbarkeit** und **Mittelbarkeit** beziehen sich allein auf das Verhältnis zum Betroffenen.

Beispiele: Zur Datenerhebung gehören bspw. Befragung des Betroffenen oder eines Dritten, Beobachtung, Einsicht in und Kopieren von Unterlagen, Inbesitznahme von Akten und Dateien, Auswertung allgemein zugänglicher Quellen von der Zeitung bis zum Internet. Zugeordnet in die jeweilige Kategorie ergibt sich:

- ⇨ Die durch Befragung des Betroffenen erhobenen Daten sind offen und unmittelbar, die durch das Abhören des Betroffenen erhobenen Daten sind verdeckt und unmittelbar erhoben.
- ⇨ Die durch Befragung eines Dritten erhobenen Daten sind mittelbar und offen, die durch sein Abhören erhobenen Daten mittelbar und verdeckt erhoben. Zu beachten

[90] Vgl. Bund: §§ 21 ff. BundesPolG; BW: §§ 19 ff. PolG; Bay: Art. 30 ff. PAG; Berl: §§ 18 ff. ASOG; Brand: §§ 29 ff. PolG; Brem: §§ 27 ff. PolG; Hamb: §§ 2 ff. PolDVG; Hess: §§ 11 ff. SOG; MeckVor: §§ 26 ff. SOG; Nds: §§ 30 ff. SOG; NRW: §§ 9 ff. PolG; RhlPfl: §§ 26 ff. POG; Saar: §§ 26 ff. PolG; Sachs: §§ 37 ff. PolG; Sachs-Anh: §§ 14 ff. SOG; SchlHolst: §§ 178 ff. LVwG; Thür: §§ 31 ff. PAG.

ist, dass die durch Befragung eines Dritten erhobenen Daten auch dann offen erhoben sind, wenn die Datenerhebung dem Betroffenen verborgen bleibt.

⇨ Die Einsicht in und das Kopieren von Unterlagen, die Inbesitznahme von Akten und Dateien und die Auswertung allgemein zugänglicher Quellen sind je nach dem offen, verdeckt, unmittelbar oder mittelbar erhoben.

Gemäß dem Grundsatz der Verhältnismäßigkeit bestimmen die Polizeigesetze, dass die Datenerhebung vorrangig beim **Betroffenen** (also unmittelbar) sowie mit seiner **Kenntnis** (also offen) erfolgt. Möchte die Polizei Daten bei **Dritten** erheben, muss sie zusätzliche Voraussetzungen beachten. Das Gleiche gilt, wenn die Daten **verdeckt** erhoben werden sollen, gleichgültig, ob beim Betroffenen oder bei Dritten. 129

Da dem Beschaffen der Daten der Zweck ihrer Verarbeitung immanent ist, liegt für den Fall, dass der Polizei unaufgefordert Daten zugehen (sog. **aufgedrängte Daten**), eine Datenerhebung immer nur dann vor, wenn die Polizei zur Kenntnisnahme verpflichtet ist, wenn die Daten also ein polizeiliches Tätigwerden erforderlich machen oder machen könnten. 130

Beispiele:

(1) Keine Datenerhebung liegt demnach vor, wenn ein auf einem Streifengang befindlicher Polizeibeamter von einem Mann angesprochen wird, der sich über den verschwenderischen Lebenswandel seines Nachbarn aufregt. Solange derartige Informationen für die Polizei irrelevant sind, liegt eine Datenerhebung nicht vor.

(2) Würde der Mann allerdings berichten, der Nachbar habe von einem bevorstehenden Banküberfall erzählt, liegt in der Entgegennahme der Information durch die Polizei eine Datenerhebung.

(3) Gleiches gilt bspw. für das Ablesen und das Merken des Kennzeichens eines verdächtig erscheinenden Kfz, um eine Überprüfung vorzunehmen. Eine Datenerhebung liegt auch in der Entgegennahme von Alarmen und Notrufen.[91]

Auch **Angaben zu Sachen** können personenbezogene Daten sein. Zwar haben Sachangaben grundsätzlich keinen Personenbezug, wenn sich aus ihnen jedoch persönliche Informationen gewinnen lassen, sind sie personenbezogene Daten. 131

Beispiele: Kriminalstatistiken, Wetterkarten oder Angaben über die Leistung eines Kfz enthalten i.d.R. ausschließlich sachbezogene Daten. Demgegenüber stellt das polizeiliche Kennzeichen eines Kfz ein personenbezogenes Datum dar, weil es ermöglicht, den Halter des Kraftfahrzeugs zu identifizieren.

Wege der Datenerhebung: Daten können mit Hilfe von **elektronischen Datenverarbeitungsanlagen** (EDV), aber auch auf **jede andere Art** wie bspw. mit Hilfe von **Bild- und Tonträgern**, aber auch schlichten **Notizblöcken erhoben**, **verwertet** und **gespeichert** werden. Daher kommt es letztlich auf die Art des Datenträgers nicht an. 132

Gesetzliche Rechtsgrundlage: Soweit die Informationsbeschaffung nicht schon auf „klassischen" Standardbefugnissen wie Identitätsfeststellung, erkennungsdienstlichen Maßnahmen oder Vorladung beruht, wurde lange Zeit hierfür die Befugnisgeneralklausel als ausreichende Ermächtigung angesehen. Zum Teil wurden die Informationsbeschaffung und -verwertung noch nicht einmal als Grundrechtseingriff angesehen, sodass es auch nach dem Grundsatz vom Vorbehalt des Gesetzes nicht geboten schien, sie gesetzlich zu regeln. Gestützt wurden sie deshalb häufig nur auf interne Dienstvor- 133

[91] Vgl. *Pieroth/Schlink/Kniesel*, POR, § 13 Rn 3 f.

schriften. Seit dem **Volkszählungsurteil** des BVerfG v. 15.12.1983[92] hat sich jedoch die Rechtsauffassung durchgesetzt, dass jede Erhebung von personenbezogenen Daten grundsätzlich einen Eingriff in das allgemeine Persönlichkeitsrecht (Art. 2 I i.V.m. 1 I GG) in seiner Ausprägung als Grundrecht auf **informationelle Selbstbestimmung** darstelle. Freie Entfaltung der Persönlichkeit setzt nämlich gerade unter den modernen Bedingungen der Datenverarbeitung den Schutz des Einzelnen vor unbegrenzter Erhebung, Speicherung, Verwendung und Weitergabe seiner persönlichen Daten voraus. Zwar muss der Bürger Einschränkungen dieses Grundrechts aus Gründen des überwiegenden Allgemeininteresses hinnehmen, diese Beschränkungen bedürfen aber einer **gesetzlichen Grundlage**, aus der sich die **Voraussetzungen** und der **Umfang** der Beschränkungen klar und für den Bürger erkennbar ergeben und die damit dem rechtsstaatlichen Gebot der **Normklarheit** und **Bestimmtheit** entspricht. Darüber hinaus hat der Gesetzgeber bei der Normierung der Eingriffsvoraussetzungen den Grundsatz der **Verhältnismäßigkeit** zu beachten. Des Weiteren hat er angesichts der Gefährdung der informationellen Selbstbestimmung durch die Nutzung der EDV auch **organisatorische** und **verfahrensrechtliche** Vorkehrungen zu treffen, welche der Gefahr einer Verletzung des Persönlichkeitsrechts entgegenwirken.[93]

134 Vor diesem Hintergrund haben die Landesparlamente den gesetzlichen Katalog der materiellrechtlichen und verfahrenstechnischen Regelungen zur Informationsbeschaffung und -verwertung erheblich erweitert und nicht mehr die Befugnisgeneralklausel als ausreichend angesehen. Daher umfassen die Gefahrenabwehrgesetze nun Handlungen, bei denen die Verfasser des Musterentwurfs noch nicht erwogen hatten, für sie eine gesetzliche Ermächtigungsgrundlage zu schaffen, wie z.B. die **Befragung** eines Passanten, ob er wisse, wem ein falsch geparktes Fahrzeug gehöre. Auch andere, sehr einschneidend in die Persönlichkeitssphäre des Betroffenen eingreifende, in der Polizeipraxis schon längere Zeit übliche Fahndungsmethoden (z.B. **Rasterfahndung** oder gezielte Ausforschung durch langfristige **Observation**) sind seit einiger Zeit gesetzlich normiert. Der Einsatz **automatisierter Kennzeichenlesesysteme** und die **Onlinedurchsuchung** von Computern (nur um zwei aktuelle Beispiele zu nennen) stehen im Fokus der jüngsten verfassungsrechtlichen Debatte. Damit ein diesbezüglicher Grundrechtseingriff gerechtfertigt sein kann, hat das BVerfG dem Gesetzgeber strenge Vorgaben gemacht. Dabei hat es (in Bezug auf die Onlinedurchsuchung von Computern) dem allgemeinen Persönlichkeitsrecht aus Art. 2 I i.V.m. 1 I GG ein weiteres Grundrecht entnommen, das Grundrecht auf Gewährleistung der **Vertraulichkeit und Integrität informationstechnischer Systeme**.[94]

134a Zu beachten ist jedoch, dass die – in ihrem Anwendungsbereich nicht immer auf den ersten Blick überschaubaren – Neuregelungen der einzelnen Polizeigesetze inhaltlich nicht selten divergieren und auch in ihren Strukturen nur teilweise übereinstimmen. Deshalb müssen die jeweiligen Bestimmungen der Bundesländer unabhängig von dem Studium dieses Buches – das sich in diesem Zusammenhang nur auf allgemeine Ausführungen beschränken kann – eingehend durchgearbeitet werden.

135 Auch ist zu beachten, dass es eine Reihe **bereichsspezifischer Fachgesetze** gibt, die für ihren Bereich die Voraussetzungen für die Datenerhebung normieren. Denn es leuchtet ein, dass die Erhebung personenbezogener Daten etwa im Gewerberecht anders zu beurteilen ist als im Ausländerrecht. Daher ist stets das Zusammenspiel verschiedener Gesetze zu beachten, was die Rechtsanwendung nicht unbedingt einfacher macht. Hinzu kommt, dass sowohl der Bund als auch die Länder **Datenschutzgeset-**

---

[92] BVerfGE 65, 1 ff.
[93] BVerfGE 65, 1, 44.
[94] BVerfGE 120, 274, 302 ff. Vgl. dazu näher Rn 309a ff.

ze für ihre Behörden erlassen haben. Das BDSG und das jeweilige LDSG sind notwendigerweise allgemeine Gesetze. Sie regeln nicht bereichsspezifisch Erhebung und Verarbeitung personenbezogener Daten durch die öffentliche Hand. Sie enthalten lediglich Begriffsbestimmungen sowie Schutznormen für den Fall, dass es nach anderen Gesetzen zu unzulässigen Eingriffen in die informationelle Selbstbestimmung kommt. So regelt z.B. das BDSG in §§ 2 f. die für das Datenschutzrecht wesentlichen Begriffe und in §§ 19 ff. die Schutzansprüche des Betroffenen. Die Abgrenzung, ob das BDSG oder das LDSG zur Anwendung kommt, hängt - vergleichbar dem Anwendungsbereich des VwVfG - allein davon ab, welche Behörden gehandelt haben: Für Bundesbehörden gilt das BDSG, für Landesbehörden das LDSG. Bedeutsam für das Verständnis dieser Gesetze ist jedoch, dass sie wegen ihrer notwendigerweise allgemeinen Fassung niemals befugnisbegründend zur Datenerhebung und Datenverarbeitung sein können.[95] Dazu sind stets Befugnisnormen erforderlich. Zu diesen zählen insbesondere Datenerhebungsspezialbefugnisse und Datenerhebungsgeneralklauseln nach den Polizeigesetzen. In diesen finden sich Bestimmungen über die allgemeine und besondere Datenerhebung ebenso wie über die weitere Datenverarbeitung. Sofern diese Befugnisnormen auch zugleich besondere Aussagen über Begriffe und Schutzansprüche ausweisen, gehen sie sogar diesbezüglich dem LDSG vor.

Hinweis für die Fallbearbeitung: Für die Falllösung folgt aus dem Grundsatz der Spezialität als Prüfungsfolge: **136**

- Bei der Frage nach der Rechtsgrundlage ist stets das bereichsspezifische Gesetz heranzuziehen. Im Gefahrenabwehrrecht bedeutet dies auch die Berücksichtigung von Sonderordnungsgesetzen vor den Vorschriften über die Datenerhebung und Datenverarbeitung in den allgemeinen Polizei- bzw. Gefahrenabwehrgesetzen der Länder. Das bereichsspezifische Gesetz muss die Befugnis aufweisen, damit ein Eingriff überhaupt vorgenommen werden kann. Es kann darüber hinaus auch die Schutzansprüche regeln mit der Folge, dass ein Rückgriff auf allgemeine Gesetze (z.B. LDSG) dann überhaupt nicht in Betracht kommt.
- Denkbar ist auch, dass das bereichsspezifische Gesetz zwar den Eingriff, nicht aber den Schutzanspruch im Fall eines unzulässigen Eingriffs regelt. In einem solchen Fall ist ein Rückgriff auf das „nächstallgemeinere" Gesetz zulässig, damit die Lücke gefüllt werden kann. Rechtstechnisch muss so vorgegangen werden, dass der Schutzanspruch aus einem allgemeinen Gesetz abgeleitet wird, während der Tatbestand - die Eingriffsrechtfertigung - sich nach dem bereichsspezifischen Gesetz richtet. Für die Ermittlung, welches das jeweils „nächstallgemeinere" Gesetz ist, gilt bei Landesbehörden im Gefahrenabwehrrecht die Reihenfolge: Sonderordnungsgesetz, allgemeines Polizei- und/oder Ordnungsbehördengesetz, LDSG[96].

Beispiel: Die §§ 12a, 19a VersG[97] regeln die Datenerhebung bei öffentlichen Versammlungen. Ist danach eine Datenerhebung rechtswidrig erfolgt, richtet sich der Anspruch auf Löschung nach dem allgemeinen Gefahrenabwehrgesetz des Landes, weil das VersG insoweit eine Lücke aufweist. Sofern der Anspruch auf Löschung rechtswidrig erlangter Daten im allgemeinen Gefahrenabwehrgesetz (Polizeigesetz) geregelt ist, ist ein Rückgriff auf das LDSG nicht zulässig.

---

95 Wie hier nun auch BVerfG NVwZ 2007, 688, 689 f.

96 Wobei – soweit ersichtlich – keines der Landesdatenschutzgesetze Befugnisnormen i.S.d. Grundsatzes vom Vorbehalt des Gesetzes (Art. 20 III GG) enthält, also auch nicht zu grundrechtseingreifenden Maßnahmen befugt. Kann sich die Behörde demnach nicht auf das Landespolizeigesetz stützen (etwa weil sie keine Polizeibehörde ist), ist die Datenerhebung (z.B. Videoüberwachung) rechtswidrig. Vgl. dazu auch BVerfG NVwZ 2007, 688, 691 f.

97 Zur Föderalismusreform vgl. Rn 20 Fußnoten 8 und 9.

b. Allgemeine Regeln der Datenerhebung; Ausweispflicht von Bediensteten

137 Alle Polizeigesetze enthalten allgemeine **Verfahrensregelungen** der Datenerhebung (in einigen Polizeigesetzen auch als „Grundsätze der Datenerhebung" genannt). Diese Bestimmungen enthalten bestimmte **Vorrangregeln**, wonach eine Datenerhebung zunächst grundsätzlich **offen** zu erfolgen hat. Das bedeutet, dass die Datenerhebung für denjenigen, bei dem und über den sie erfolgt, erkennbar durchzuführen ist, damit der Betroffene weiß, über welche Daten die Behörde verfügt.[98] Denn nur so wird er in die Lage versetzt, eventuelle rechtswidrige Eingriffe in sein Grundrecht auf informationelle Selbstbestimmung mit Rechtsschritten abzuwehren. Zur offenen Datenerhebung gehört daher die grundsätzliche **Information des Betroffenen** über deren Rechtsgrundlage und das Ausmaß der Auskunftspflicht oder deren Freiwilligkeit, soweit dies nicht unangemessen ist oder der Zweck der Erhebung dadurch erheblich erschwert oder gefährdet würde.[99] Eine **Ausweispflicht** (Legitimationspflicht) von Polizeibeamten ist nur in einigen Polizeigesetzen ausdrücklich vorgesehen.

138 Die **verdeckte** Datenerhebung, also die Datenerhebung unter Verschleierung der Zugehörigkeit des handelnden Bediensteten zur Polizei oder Ordnungsbehörde bis zum Abschluss der Maßnahme („verdeckter Ermittler"), ist demgegenüber nur ausnahmsweise zulässig. Denn hier ist der Eingriff in das Grundrecht der informationellen Selbstbestimmung besonders deutlich und die rechtliche Abwehr des Eingriffs für den Betroffenen erheblich erschwert, i.d.R. sogar unmöglich. Vielmehr ist dieser auf repressiven Rechtsschutz (Fortsetzungsfeststellungsklage) angewiesen. Daher versteht es sich von selbst, dass die gesetzlichen Bestimmungen, die zur verdeckten Datenerhebung ermächtigen, die Eingriffsvoraussetzungen enger umschreiben müssen, um nicht mit Art. 1 I i.V.m. 2 I GG zu kollidieren.

139 Besonders problematisch ist die Erhebung personenbezogener Daten **„auf Vorrat"**, insbesondere, wenn die Zwecke der späteren Verwendung noch nicht feststehen. Denn hier ist kaum ein Allgemeininteresse ersichtlich, das den Eingriff in das Grundrecht auf informationelle Selbstbestimmung rechtfertigen könnte.[100]

140 Personenbezogene Daten sind grundsätzlich **unmittelbar**, d.h. **beim Betroffenen zu erheben**. Nachrangig können sie nach den einschlägigen Bestimmungen der Polizeigesetze auch **mittelbar**, d.h. bei Behörden, öffentlichen Stellen oder bei Dritten („anderen") erhoben werden, wenn die Datenerhebung beim Betroffenen nicht oder nur mit unverhältnismäßig hohem Aufwand möglich ist oder wenn die Erfüllung der polizeilichen Aufgaben gefährdet würde. Diese Formulierung erinnert an die Voraussetzungen, die seit jeher für die Inanspruchnahme eines Nichtstörers einzuhalten sind.[101]

---

[98] Vgl. BW: § 19 II PolG; Bay: Art. 30 III PAG; Berl: § 18 II S. 1 ASOG; Brand: § 29 III PolG; Brem: § 27 II S. 1 PolG; Hamb: § 2 III PolDVG; Hess: § 13 VII SOG; MeckVor: § 26 II SOG; Nds: § 30 SOG; NRW: § 24 OBG i.V.m. § 9 IV PolG; RhlPfl: § 26 V POG; Saar: § 25 III PolG; Sachs: § 37 V S. 1 PolG; SachsAnh: § 15 VI SOG; SchlHolst: § 178 II LVwG; Thür: § 31 III PAG.

[99] Vgl. BW: § 19 III PolG; Bay: Art. 30 IV PAG; Berl: § 18 V ASOG; Brand: § 29 IV S. 1 PolG; Brem: § 27 I PolG; Hamb: § 2 IV PolDVG; Hess: § 13 VIII SOG; MeckVor: § 26 III SOG; Nds: § 30 I SOG; NRW: § 24 OBG i.V.m. § 9 VI PolG; Saar: § 25 V PolG; Sachs: § 37 II S. 3 PolG; SachsAnh: § 15 VII SOG; SchlHolst: § 178 III LVwG; Thür: § 31 IV S. 1 PAG.

[100] BVerfGE 109, 279, 308 ff. Zur Vorratsdatenspeicherung i.S.v. § 100g StPO und § 113a TKG vgl. *Hartmann/ Schmidt*, StrafProzR, Rn 633 ff.

[101] Vgl. § 6 MEPolG; Bund: § 20 BundesPolG; Bay: Art. 10 PAG, Art. 9 III LStVG; Berl: § 16 ASOG; BW: § 9 PolG; Brand: § 7 PolG, § 18 OBG; Brem: § 7 PolG; Hamb: § 10 SOG; Hess: § 9 SOG; MeckVor: § 71 SOG; Nds: § 8 SOG; NRW: § 6 PolG, § 19 OBG; RhlPfl: § 7 POG; Saar: § 6 PolG; Sachs: § 7 PolG; SachsAnh: § 10 SOG; SchlHolst: § 220 LVwG; Thür: § 10 PAG, § 13 OBG.

Schließlich sollen Betroffene und Dritte auf die Rechtsgrundlage sowie (jedenfalls nach einigen Polizeigesetzen) auf die beabsichtigte Verwendung der erhobenen Daten hingewiesen werden. **141**

142 **Hinweis für die Fallbearbeitung:** Sofern die genannten allgemeinen Regeln der Datenerhebung keine Eingriffsvoraussetzungen normieren, stellen sie entweder eine Präzision des **Grundsatzes der Verhältnismäßigkeit** dar oder sie sind (lediglich) **Verfahrensvorschriften**, nicht jedoch Rechtsgrundlagen für den Grundrechtseingriff in Art. 2 I i.V.m. 1 I GG. Das bedeutet, dass es zur Datenerhebung einer separaten Befugnisnorm bedarf, freilich unter Beachtung der „Grundsätze der Datenerhebung". In der Falllösung könnte wie folgt formuliert werden: „Die Befragung des X greift in dessen Grundrecht auf informationelle Selbstbestimmung ein. Daher ist eine gesetzliche Rechtsgrundlage erforderlich. Eine solche könnte § ... darstellen, freilich unter Beachtung der Verfahrensnorm des § ... ." Vgl. dazu (und zum Prüfungsaufbau) auch die Ausführungen zur Datenerhebungsgeneralklausel bei Rn 334 ff.

c. Einzelne Befugnisse

143 Zu den speziellen Befugnissen hinsichtlich der Datenerhebung und -verarbeitung gehören vor allem **Videoüberwachung**, **Befragung**, **Beobachtung**, **Observation**, der **verdeckte Einsatz technischer Mittel**, die Kooperation mit **Vertrauenspersonen** sowie der Einsatz **verdeckt ermittelnder Personen**.[102] Die parlamentarische Überwachung derartiger Maßnahmen sowie datenschutzrechtliche Regularien sind durch entsprechende Vorschriften gewährleistet.[103] Die Beantwortung der Frage nach dem **Rechtsschutz** gegen Maßnahmen, die der Datenerhebung dienen, richtet sich nach deren Rechtsnatur. Werden durch solche Maßnahmen Rechte und Pflichten für den Betroffenen begründet, enthalten sie rechtsverbindliche Regelungen und sind daher als **Verwaltungsakte** zu qualifizieren. Rechtsschutz bieten die Anfechtungsklage bzw. bei Erledigung die Fortsetzungsfeststellungsklage analog § 113 I S. 4 VwGO. Fehlt jedoch eine Rechtsfolgeanordnung, weil die Maßnahme nur auf Herbeiführung eines tatsächlichen Erfolgs gerichtet ist, oder fehlt die für die Bejahung eines Verwaltungsakts erforderliche Bekanntgabe, liegt ein **Realakt** vor. Daher sind z.B. Datenerhebungsmaßnahmen, die zunächst ohne Kenntnis des Betroffenen durchgeführt werden (etwa heimliche Überwachungsmaßnahmen, insb. Observation und Lauschangriff[104]), mit der allgemeinen Leistungsklage bzw. Feststellungsklage anzugreifen. Auch wenn in diesen Fällen der Betroffene nachträglich informiert wird, wird aus der Maßnahme nicht im Nachhinein ein Verwaltungsakt.

aa. Offene Bild- und Tonaufzeichnung; Videoüberwachung

a.) Videoüberwachung öffentlicher Veranstaltungen und Ansammlungen

144 Gemäß den Bestimmungen der Polizeigesetze[105] darf der Polizeivollzugsdienst bei öffentlichen Veranstaltungen oder Ansammlungen offene Bildaufnahmen sowie Bild- und

---

[102] Einzelheiten sind den zitierten Befugnisnormen zu entnehmen. Diese sind (aus rechtsstaatlichen) Gründen derart detailliert formuliert, dass sich nähere Erläuterungen lediglich auf die Wiedergabe des Gesetzestextes beschränken würden. Darauf ist vorliegend verzichtet worden.

[103] Das BVerfG konnte mit Kammerbeschluss v. 25.4.2001 die Frage nach der Verfassungsmäßigkeit der Datenerhebung zur vorbeugenden Verbrechensbekämpfung offenlassen, da es eine diesbezügliche Verfassungsbeschwerde wegen angeblich nicht genügender Begründung nicht zur Entscheidung annahm (vgl. BVerfG NVwZ 2001, 1261, 1262). Zu den Anforderungen an Verfahrensregeln hinsichtlich des großen Lauschangriffs vgl. BVerfGE 109, 279, 308 ff.

[104] Zum Lauschangriff vgl. ausführlich Rn 268 ff.

[105] Vgl. Bund: § 21 BundesPolG; BW: § 21 PolG; Bay: Art. 32 PAG; Berl: § 24 ASOG; Brand: § 31 PolG; Brem: § 29 PolG; Hamb: § 8 PolDVG; Hess: § 14 SOG; MeckVor: § 32 SOG; Nds: § 32 SOG; NRW: §§ 15, 15a, 15b

Tonaufzeichnungen über solche Personen anfertigen, bei denen Tatsachen die Annahme rechtfertigen, dass sie nicht geringfügige Ordnungswidrigkeiten oder Straftaten begehen werden, und zu erwarten ist, dass ohne diese Maßnahme die Erfüllung polizeilicher Aufgaben nicht möglich wäre oder wesentlich erschwert würde.

Der Begriff der **Straftat** ist in den Polizeigesetzen legaldefiniert (vgl. nur § 2 Nr. 4 BremPolG). Als nicht nur **geringfügige Ordnungswidrigkeiten** sollten solche Ordnungswidrigkeiten angesehen werden, bei denen der Betroffene nicht verwarnt und kein Verwarnungsgeld (5,- bis 35,- €) erhoben werden kann (vgl. §§ 17 III und 56 I OWiG).

145 Die genannten **öffentlichen Veranstaltungen** und **Ansammlungen** unterscheiden sich von einer **Versammlung** i.S.v. Art. 8 I GG dadurch, dass die Teilnehmer zwar denselben, nicht aber einen gemeinsamen Zweck verfolgen und damit **weder dem Schutz des Art. 8 I GG noch dem vorrangigen und abschließenden VersG** unterliegen.

> **Beispiele:** Bei den öffentlichen Veranstaltungen im dargelegten Sinn handelt es sich bspw. um Volksfeste, Jahrmärkte, Schützenfeste, Sportveranstaltungen, Zirkusveranstaltungen, Messen usw. Eine öffentliche Ansammlung ist hingegen das eher zufällige Zusammentreffen von Personen, die z.B. als Neugierige einen Unfall oder eine Schlägerei umlagern. Auch das mehr oder weniger spontane Zusammenkommen einer Gruppe von Skinheads vor einem Asylbewerberwohnheim ist eine Ansammlung.

146 Die Unterscheidung zwischen öffentlichen Veranstaltungen bzw. Ansammlungen einerseits und Versammlungen i.S.v. Art. 8 I GG andererseits ist deshalb wichtig, weil zum einen die Polizeigesetze der Länder gesetzessystematisch keine Gesetze i.S.v. Art. 8 II GG sind und zum anderen die Länder Art. 8 I GG auch nicht in ihren Polizeigesetzen als einschränkbares Grundrecht zitieren. Im Übrigen wird zur Abgrenzung zwischen Ansammlung und Versammlung auf die Ausführungen bei Rn 1041 ff. verwiesen.

147 Läge also eine Versammlung i.S.v. Art. 8 I GG statt einer (bloßen) Ansammlung vor und stellte die Bild- und Tonaufzeichnung auf der Grundlage der Polizeigesetze einen Eingriff in den Schutzbereich des Grundrechts dar, wäre sie verfassungswidrig. Ob jedoch Bild- und Tonaufzeichnungen von Versammlungsteilnehmern einen Eingriff in Art. 8 I GG darstellen, lässt sich nicht zweifelsfrei beantworten. Das BVerfG hat entschieden, dass das Grundrecht aus Art. 8 I GG auch durch faktische Maßnahmen beeinträchtigt werden könne, wenn sie in ihrer Intensität imperativen Maßnahmen gleichstünden. So könnten staatliche Überwachungsmaßnahmen (etwa Dokumentation oder Videoüberwachung) dazu führen, dass die innere Entschlussfreiheit, an einer Versammlung teilzunehmen, beeinträchtigt werde. Führe eine Überwachungsmaßnahme dazu, dass der Betroffene lieber auf die Grundrechtsausübung verzichte, sei von einem Eingriff auszugehen.[106] Das Gleiche gelte, wenn exzessive Observationen und Registrierungen vorgenommen würden.[107]

148 Würden somit auf der Grundlage der polizeigesetzlichen Bestimmungen in exzessiver Weise Bild- und Tonaufnahmen angefertigt und handelte es sich um eine von Art. 8 I GG geschützte Versammlung, wäre die Datenerhebung verfassungswidrig. Anders als z.B. § 14 II HessSOG, der Videoaufnahmen auch bei Versammlungen i.S.v. Art. 8 I GG zulässt und damit zumindest verfassungsrechtlich bedenklich ist, sind andere Polizei-

---

PolG; RhlPfl: 27 POG; Saar: § 27 PolG; Sachs: § 38 PolG; SachsAnh: § 16 SOG; SchlHolst: § 184 LVwG; Thür: § 33 PAG und § 38 PolG.

[106] BVerfGE 65, 1, 43 (Volkszählung).

[107] BVerfGE 69, 315, 359 (Brokdorf).

gesetze, wie z.B. das BremPolG, diesem schmalen Grad nicht gefolgt und haben von vornherein Bild- und Tonaufnahmen nur bei öffentlichen Veranstaltungen und Ansammlungen zugelassen, die zweifelsfrei *nicht* dem Schutzbereich des Art. 8 I GG unterfallen. Die Frage, ab welcher Intensität Bild- und Tonaufnahmen exzessiv sind, stellt sich in diesen Ländern dadurch gar nicht. Auf der Grundlage dieses überzeugenden Konzepts sind in diesen Ländern Bild- und Tonaufzeichnungen von Personen, die sich auf Art. 8 I GG berufen können, daher nicht nach den Bestimmungen des Polizeigesetzes, sondern – wegen des nicht auszuschließenden Eingriffs in Art. 8 I GG – ausschließlich nach §§ 12a, 19a VersG durchzuführen (vgl. Rn 136).

Ist die polizeigesetzliche offene Bild- und Tonaufzeichnung zwar grundsätzlich zulässig, darf sie nur **bei oder unmittelbar im Zusammenhang** mit öffentlichen Veranstaltungen oder Ansammlungen durchgeführt werden. Sie kann daher sowohl *während* der öffentlichen Veranstaltung oder Ansammlung als auch *vorher oder nachher* erfolgen (insbesondere bei der An- und Abreise teilnehmender Personen). Erforderlich ist jedoch stets ein zeitlicher und räumlicher sowie innerer Zusammenhang mit der Veranstaltung oder Ansammlung. **149**

Die Formulierung „**Tatsachen die Annahme rechtfertigen, dass**..." bedeutet, dass keine konkrete Gefahr vorliegen muss, sondern dass eine **abstrakte Gefahr** bzw. ein **Gefahrenverdacht** genügt, um eine Datenerhebung zu den o.g. Zwecken durchzuführen.[108] Voraussetzung für die Bild- und Tonaufzeichnung ist also eine auf tatsächlichen Anhaltspunkten beruhende Prognose, dass Straftaten oder nicht geringfügige Ordnungswidrigkeiten mit hinreichender Wahrscheinlichkeit zu erwarten sind und dass ohne die Bild- und Tonaufzeichnung die Erfüllung polizeilicher Aufgaben nicht möglich wäre oder wesentlich erschwert würde. **150**

Die Aufzeichnungen dürfen grundsätzlich nur über **diejenigen Personen** angefertigt werden, gegen die sich der soeben genannte **Verdacht richtet**, ohne dass die Voraussetzungen der Vorschriften über die polizeirechtlich Verantwortlichen vorliegen müssten. Das Erfordernis des Verdachts schließt es z.B. aus, Bildaufnahmen von allen Zuschauern eines Rockkonzerts anzufertigen, wenn die erkennbar gewalttätigen Fans und Hooligans sich ausschließlich in einem bestimmten räumlichen Bereich aufhalten. Nur in diesem Rahmen darf die Maßnahme nach den Bestimmungen der Polizeigesetze dann auch zwangsläufig unbeteiligte Personen erfassen. **151**

Die verfassungsrechtliche Rechtfertigung für die Datenerhebung im Zusammenhang mit öffentlichen Veranstaltungen oder Ansammlungen besteht darin, dass von Veranstaltungen und Ansammlungen unter Umständen ein großes Gefahrenpotential ausgeht, weil größere Menschenmengen aufgrund der ihnen innewohnenden Eigendynamik relativ leicht aufgewiegelt werden und Straftäter sich leicht in solchen Menschenmengen verstecken können. Bestehen Anhaltspunkte, dass von Teilnehmern Straftaten oder Ordnungswidrigkeiten begangen werden könnten, ist es zur Gefahrenabwehr sinnvoll, solche Menschenmengen genau, insbesondere mit Hilfe der Videotechnik, zu beobachten, um frühzeitig gefährliche Entwicklungen erkennen und ihre Verursacher identifizieren zu können, damit ein gezieltes Eingreifen möglich wird, das die friedlichen Teilnehmer möglichst unbehelligt lässt. So vorteilhaft diese Beobachtung auch sein mag, darf doch nicht verkannt werden, dass damit auch in das Grundrecht der informationellen Selbstbestimmung eingegriffen wird. Diesen Konflikt zwischen den Bedürfnissen einer effektiven Gefahrenvorsorge und dem Datenschutz lösen die Polizeigesetze, indem sie grundsätzlich eine **Vernichtung** oder **Löschung** sämtlicher ge- **152**

[108] Zu den Begriffen *abstrakte Gefahr* und *Gefahrenverdacht* vgl. Rn 666 und 689.

sammelter Daten i.d.R. innerhalb einer Frist von **zwei Monaten** nach ihrer Erhebung vorschreiben, sofern diese nicht zur Verfolgung von Straftaten oder Ordnungswidrigkeiten zwingend benötigt werden.

b.) Videoüberwachung öffentlicher Flächen

153 Seit einiger Zeit ermöglichen die Polizeigesetze[109] der Polizei, öffentlich zugängliche Orte, an denen vermehrt Straftaten begangen werden oder bei denen aufgrund der örtlichen Verhältnisse die Begehung von Straftaten besonders zu erwarten ist (etwa Bahnhofsvorplätze, U-Bahnhöfe, Parks, Fußgängerunterführungen etc.), mittels Bildübertragung und -aufzeichnung offen und erkennbar zu beobachten. Diese Befugnis ist problematisch, weil sie nicht notwendigerweise an eine Gefahr anknüpft, sondern (wegen des Verweises in den Befugnisnormen auf die Aufgabenzuweisungsnormen, die vorbereitende Maßnahmen und sogar die Verhütung von Straftaten zulassen) auch lediglich der allgemeinen (Gefahren-)Vorsorge dienen kann. Zwar wird mit dem Argument, dass derjenige, der sich der Öffentlichkeit aussetze und andere beobachte, auch mit der Beobachtung durch andere rechnen müsse – teilweise die Grundrechtsrelevanz derartiger Maßnahmen in Frage gestellt.[110] Dagegen spricht aber schon der Umstand, dass man als Privatperson allenfalls mit der Beobachtung durch private Dritte rechnen muss, nicht aber mit der (ständigen) Beobachtung durch die Obrigkeit, die sich noch dazu technischer und elektronischer Mittel bedient, mit deren Hilfe Informationen erlangt werden können, deren Verarbeitung für den Bürger nicht ersichtlich ist. Darüber hinaus besteht die latente Gefahr der Aushöhlung des Rechts auf informationelle Selbstbestimmung (Art. 2 I GG i.V.m. Art. 1 I GG) der Bürger, sofern eine flächendeckende Überwachung stattfindet.[111] Daher ist ein Eingriff in das Grundrecht auf informationelle Selbstbestimmung selbst bei bloßer Beobachtung mittels Bildübertragung ohne Bildaufzeichnung (sog. Kamera-Monitor-Prinzip) zu bejahen.[112] Es besteht also die Notwendigkeit der verfassungsrechtlichen Rechtfertigung durch ein verfassungsmäßiges Gesetz, das in verfassungskonformer Weise angewendet wird. Ob die Zwecktauglichkeit einer offen durchgeführten Videoüberwachung zur **Terrorismusbekämpfung** gegeben ist, kann nicht ohne weiteres beantwortet werden. Denn der betreffende Personenkreis wird nach Möglichkeit vermeiden, sich in den Kamerabereich zu begeben bzw. sich dort auffällig zu verhalten.

154 Problematisch ist auch die **Zuständigkeit der Länder** für derartige Maßnahmen. Zwar sind die Länder in Ermangelung einer Gesetzgebungskompetenz des Bundes für das allgemeine Gefahrenabwehrrecht zuständig. Problematisch wird das Ganze aber dann, wenn die Videoüberwachung an keine konkrete Gefahr anknüpft und die erlangten Informationen *aufgezeichnet* und später mehr oder weniger zur Aufklärung von Straftaten eingesetzt werden. Denn für die Aufklärung von Straftaten ist der Bund zuständig (Art. 74 I Nr. 1 GG), der

---

[109] Bund: § 27 I BundesPolG; BW: § 21 II, III PolG; Bay: Art. 32 II, III PAG; Berl: § 24a ASOG; Brand: § 31 III PolG; Brem: § 29 III PolG; Hamb: § 8 III PolDVG; Hess: § 14 III, IV SOG; MeckVor: § 32 III SOG; Nds: § 32 III SOG; NRW: § 15a I PolG; RhlPfl: § 27 III POG; Saar: § 27 II PolG; Sachs: § 38 II PolG; SachsAnh: § 16 II, III SOG; SchlHolst: § 184 III LVwG; Thür: § 33 II PAG. Dagegen enthält – soweit ersichtlich – keines der Landesdatenschutzgesetze Befugnisnormen i.S.d. Grundsatzes vom Vorbehalt des Gesetzes (Art. 20 III GG), befugen also auch nicht zu grundrechtseingreifenden Maßnahmen. Kann sich die Behörde demnach nicht auf das Landespolizeigesetz stützen (etwa weil sie keine Polizeibehörde ist), ist die Videoüberwachung, sofern sie einen Grundrechtseingriff darstellt, rechtswidrig. Vgl. dazu sogleich.

[110] VG Karlsruhe NVwZ 2002, 117.

[111] Vgl. zur Kritik *Zöller*, NVwZ 2005, 1235 ff.; *Göddeke*, NVwZ 2002, 181, 182; *Roggan*, NVwZ 2001, 134 ff.; *Vahle*, NVwZ 2001, 165 f.; *Dolderer*, NVwZ 2001, 130 ff.; *Maske*, NVwZ 2001, 1248 ff. Das VG Karlsruhe NVwZ 2002, 117, 118 (aufgehoben von VGH Mannheim NVwZ 2004, 498 ff.) erhebt keine Bedenken gegenüber der Verfassungsmäßigkeit des § 21 III BWPolG.

[112] Erfreulicherweise auch VGH Mannheim NVwZ 2004, 498, 499 ff. Das BVerfG hat hingegen offengelassen, ob die bloße (offene) Beobachtung (per Videokamera) einen Eingriff in die informationelle Selbstbestimmung darstellt, im betreffenden Fall den Grundrechtseingriff aber darauf gestützt, dass die Daten auch aufgezeichnet wurden (vgl. BVerfG NVwZ 2007, 688, 690).

in Bezug auf die Bildaufzeichnung mit § 100h I Nr. 1 StPO auch von seiner Gesetzgebungskompetenz abschließend Gebrauch gemacht hat.[113] Eine Verwendung auf präventiv-polizeilicher Basis gewonnener Erkenntnisse für ein Strafverfahren ist aufgrund der erwähnten Bundesgesetzgebungskompetenz nur auf der Grundlage des § 484 IV StPO zulässig. Die gelegentlich vertretene Ansicht, die Verwendung personenbezogener Daten, die für Zwecke künftiger Strafverfahren (also im Rahmen der sog. **Strafverfolgungsvorsorge**) in Dateien der Polizei gespeichert seien, richte sich demgegenüber nach den Polizeigesetzen[114], dürfte aufgrund der Rspr. des BVerfG zur präventiven Telekommunikationsüberwachung[115] zu relativieren sein. Das Gericht hat entschieden, dass die Aufnahme der verdachtsunabhängigen vorbeugenden Telefonüberwachung zum Zweck der Strafverfolgungsvorsorge in das niedersächsische SOG u.a. gegen die Gesetzgebungskompetenzvorschriften des Grundgesetzes verstoßen habe, weil die Strafverfolgungsvorsorge dem Strafprozessrecht und damit der konkurrierenden Gesetzgebungskompetenz des Bundes unterfalle. Von dieser Gesetzgebungskompetenz habe der Bund mit dem Erlass der StPO abschließend Gebrauch gemacht.[116] Überträgt man diese Rechtsprechung auf die (verdachtsunabhängige) Videoüberwachung, dürfte die Zuständigkeit der Länder für die Videoüberwachung jedenfalls unter dem Aspekt *Aufzeichnung der Beobachtung* zu verneinen sein.[117] Demgegenüber kann man die reine *Beobachtung* (also die Datenerhebung ohne Aufzeichnung – sog. Kamera-Monitor-Prinzip) als Teil der sog. **Gefahrenvorsorge**[118] der Gesetzgebungskompetenz der Länder unterstellen.

Die Videoüberwachung muss **„offen und erkennbar"** erfolgen. Das ist der Fall, wenn 155
Hinweisschilder existieren, die auf die Überwachung hinweisen. Dabei ist jedoch zu beachten, dass auch ein Kamerasymbol auf dem Schild angebracht sein muss, damit der Zweck nicht dadurch unterlaufen wird, dass der Adressat die Schrift nicht lesen kann. Des Weiteren muss die Videoüberwachungsmaßnahme i.d.R. durch die Behördenleitung **angeordnet** werden.[119]

In **materieller** Hinsicht ist die Befugnis mit Blick auf den permanenten Eingriff in das 156-159
Grundrecht auf informationelle Selbstbestimmung nicht ganz unproblematisch. So ist zunächst nicht ausgeschlossen, dass die Videoüberwachung hintergründig nicht der vorbeugenden Bekämpfung von Straftaten bzw. der Gefahrenabwehr dient, sondern lediglich zu einer **Verdrängung der Kriminalität** in bislang nicht oder nur gering betroffenen Bereichen führen könnte. In jedem Fall steht die Videoüberwachung unter dem Vorbehalt einer **strengen Verhältnismäßigkeitsprüfung**, wollte man sie nicht für **verfassungswidrig** erklären.

Zunächst müsste die Befugnisnorm des LandesPolG einen legitimen Zweck verfolgen. 160
Die Vorschrift verweist insoweit auf die Aufgabenerfüllung nach § 1 des LandesPolG (bzw. Art. 2 BayPAG). Dieses weite Ziel des Polizeirechts gilt nach gefestigter Rspr. auch im Sinne der Normenklarheit und Rechtsstaatlichkeit als bestimmt genug und damit als verfassungskonform, weil sich der Inhalt der polizeilichen Aufgaben zum Schutz des Bestands an Rechtsgütern hinreichend verdichtet habe. Das Ziel der Videoüberwachung würde daher nur dann verfehlt, wenn dadurch Rechtsgüter anderen Orts

---

[113] Nahezu wörtlich nunmehr auch *Zöller*, NJW-Aktuell Heft 32/2010, 11, 12.

[114] So *Schenke*, POR, Rn 185 a.E.

[115] BVerfG NJW 2005, 2603, 2606.

[116] Das Vorgehen des niedersächsischen Gesetzgebers verwundert umso mehr, als bereits im Jahre 2000 das MeckVorVerfG (LKV 2000, 345 ff.; s.o.) eine derartige Regelung für verfassungswidrig erklärt hatte.

[117] A.A. OVG Hamburg MMR 2011, 128 ff., das der Ansicht ist, der Bund habe die Thematik nicht abschließend geregelt mit der Konsequenz, dass eine Landesgesetzgebungskompetenz für Videoüberwachung bestehe.

[118] Nicht zu verwechseln mit der soeben genannten Strafverfolgungsvorsorge!

[119] Vgl. etwa BW: § 22 VI PolG; Brand: § 32 II S. 1, 34 II, 35 IV PolG; Brem: § 30 PolG; Hess: §§ 16 V, 17 IV SOG; NRW: §§ 16 II, 17 III, 18 III, 19 II, 20 IV PolG; RhlPfl: § 28 V S. 1 POG; § 27 II PolG; Sachs: § 39 IV PolG.

stärker gefährdet würden. Das kann mangels empirischer Grundlage jedoch nicht angenommen werden.

161 Dass die Videoüberwachung der Reduzierung der Kriminalitätsrate an dem überwachten Ort und damit der Gefahrenabwehr jedenfalls dienlich ist, dürfte keinem vernünftigen Zweifel unterliegen.

162 Um die Frage zu beantworten, ob die gesetzliche Befugnis zur Videoüberwachung öffentlicher Orte wegen anderer, aber weniger in die Grundrechte eingreifender Maßnahmen unverhältnismäßig oder deswegen verfassungswidrig ist, weil sie in ihrer Intensität übermäßig das Recht auf informationelle Selbstbestimmung einschränken könnte, ist eine Definition des „Ortes" der Videoüberwachung erforderlich. Die Befugnisnormen der Polizeigesetze statuieren i.d.R. dazu zwei Beschränkungen. Erstens setzt die Vorschrift **öffentliche Zugänglichkeit** voraus, die besteht, wenn der Zutritt einer unbestimmten Vielzahl von Personen ohne weiteres erlaubt ist und deren Zutritt kein wesentliches Hindernis entgegensteht. Erfasst sind daher öffentliche Plätze, Viertel oder ganze Stadtteile. Nicht zu den zulässigen Orten gehören jedenfalls geschlossene oder private Räume. Zweitens muss es sich um Orte handeln, an denen **vermehrt Straftaten** begangen werden oder bei denen aufgrund der örtlichen Verhältnisse die Begehung von Straftaten besonders zu erwarten ist.[120] Das ist bei Orten der Fall, an denen sich erfahrungsgemäß Straftäter verbergen, Personen Straftaten verabreden, vorbereiten oder verüben, sich ohne erforderliche Aufenthaltserlaubnis treffen oder der illegalen Prostitution nachgehen, also bei Orten, die sich für eine planmäßig vorbereitete, überraschende Absperrung mit anschließender Identitätsfeststellung („Razzia") eignen. Sofern der Befugnisnorm eine Beschränkung der Videoüberwachung auf diese Orte nicht zu entnehmen ist, ist sie verfassungskonform dergestalt auszulegen, dass sie nur jene Orte erfasst, die öffentlich zugänglich und aufgrund ihrer Kriminalitätspotentiale besonders gefährlich sind.[121] Nähme man eine derartige Einschränkung nicht vor, wäre die Verfassungsmäßigkeit der Befugnisnorm erst recht in Frage zu stellen. Das betrifft in erster Linie Bahnhofsvorplätze, bei denen die erforderliche abstrakte Gefährlichkeit nicht ohne weiteres angenommen werden kann. Jedenfalls **unzulässig** ist die öffentliche Videoüberwachung, wenn sie zu einer **allgemeinen Lebensüberwachung** führt. So hat das VG Sigmaringen zu Recht entschieden, dass bei **Volksfesten**, auch wenn dort Straftaten (Taschendiebstähle, Körperverletzungen, Beleidigungen etc.) und Ordnungswidrigkeiten (Verrichten der Notdurft an nicht erlaubten Stellen) begangen werden, eine konkrete Gefahr nicht vorliege und dass eine abstrakte Gefahr nicht genüge, um eine öffentliche Videoüberwachung nach dem Landespolizeirecht zu rechtfertigen.[122] Ob die Videoüberwachung an **öffentlichen Schulen** zulässig wäre, ist gerichtlich noch nicht entschieden worden. Berücksichtigt man aber die gestiegene Gewaltbereitschaft einiger Jugendlicher und das damit verbundene erhöhte Schutzbedürfnis der Mitschüler, sollte jedenfalls die Videoüberwachung der Schulhöfe innerhalb und außerhalb der Schulzeit als zulässig erachtet werden. Zu weit ginge lediglich die Videoüberwachung des Unterrichts.

163 Im Übrigen ist die Befugnisnorm nur verfassungsgemäß, wenn die offene Videoüberwachung effektivstes Mittel der polizeilichen Aufgabenerfüllung bei gleichzeitiger Schonung der Grundrechte der Betroffenen ist. Offene Videoüberwachung als visuelles Hilfsmittel konkurriert nur mit dem Augenschein und der verdeckten Videoüberwachung. Gegenüber der verdeckten gilt die offene Videoüberwachung gemeinhin als

[120] Dieses Erfordernis ist zwar nicht in allen Polizeigesetzen explizit genannt (so etwa nicht in § 32 III MeckVor, § 32 III Nds, § 184 III SchlHolst), ergibt sich aus den genannten Gründen aber auch dort.
[121] Vgl. auch VGH Mannheim NVwZ 2004, 498, 499 ff. in Bezug auf § 21 III BWPolG.
[122] VG Sigmaringen v. 2.7.2004 – 3 K 1344/04; vgl. auch *Huff*, JuS 2005, 896; *Zöller*, NVwZ 2005, 1235 ff.

milderes Mittel, da die Betroffenen von der Überwachung Kenntnis nehmen und sich darauf einstellen können. Gegenüber Augenschein ist Videoüberwachung effektiver, wenn dadurch Erkenntnisse gewonnen werden, die mit bloßem Auge nicht (sicher) erzielt werden. Dies ist vor allem möglich durch Vergrößerung eines Bildausschnitts, Bildwiederholung und Standbilder. Sind Videoüberwachung und Augenschein gleich effizient, wird bei entsprechender Dauer und Intensität des Augenscheins nicht stärker in Grundrechte eingegriffen.[123] Die Befugnisnorm könnte aber unverhältnismäßig sein, weil ihr Wortlaut i.d.R. die flächendeckende Videoüberwachung vieler Orte zulässt. Es widerspricht dem Volkszählungsurteil[124], einen Menschen ohne weiteres kilometerweit mit Videokameras verfolgen zu können. Denn das Urteil fordert einen bestimmten Zweck für die Verwendung von Daten und bindet daran deren Erhebung.[125] Verhältnismäßig ist eine dauerhafte und intensive Observation daher nur bei **Verdacht einer konkreten Gefahr für oder durch einen bestimmten Menschen**. Entsprechend sind die Befugnisnormen auch diesbezüglich teleologisch zu reduzieren: Sie dürfen nur zu Bildübertragungen und -aufzeichnungen an wenigen einzelnen „Orten" ermächtigen; die Bestimmung der „Orte" ist von derjenigen der besonders gefährdeten Rechtsgüter abhängig. Gerade diese (und nur diese) Rechtsgüter müssen sich durch Videoüberwachung schützen lassen.[126] Immerhin schreiben die Polizeigesetze vor, dass in regelmäßigen Zeitabständen zu prüfen ist, ob die Voraussetzungen für die Anordnung einer Videoüberwachungsmaßnahme weiter vorliegen.

Ist die Befugnisnorm demnach der verfassungskonformen Auslegung zugänglich, verlagert sich die Rechtmäßigkeit der öffentlichen Videoüberwachung auf die konkrete Einzelmaßnahme. Die zur Durchführung der Überwachungsmaßnahme berufene Polizei muss stets offenlegen, welchen Rechtsgutsgefährdungen durch die Videoüberwachung begegnet werden soll. Unterstellt man eine solche Offenlegung, ist weiter danach zu fragen, ob der konkrete Überwachungsort tatsächlich Kriminalitätsschwerpunkt ist. Dazu ist von den empirisch ermittelten absoluten Zahlen auszugehen, die vor Inbetriebnahme des Videosystems bzw. der Anordnung über die Verlängerung der Maßnahme für die später zu überwachenden Bereiche vorlagen. Bejaht man auch diese Frage sowie das Vorliegen der weiteren Tatbestandsvoraussetzungen der Befugnisnorm, konzentriert sich die Frage nach der Rechtmäßigkeit der Videoüberwachung auf deren Verhältnismäßigkeit im Einzelfall.[127] **164**

Definitiv **rechtswidrig** dürfte die polizeiliche Videoüberwachung in Einkaufszentren sein. Nähme man die Rechtmäßigkeit der Videoüberwachung an, müsste man die Einkaufszentren als Kriminalitätsschwerpunkte, also als Orte qualifizieren, an denen vermehrt Straftaten begangen werden oder aufgrund der örtlichen Verhältnisse zumindest besonders zu erwarten sind. Zwar kann nicht bestritten werden, dass in den Verkaufsräumen gelegentlich Laden- oder Taschendiebstähle begangen werden, diese Art von Straftaten ist jedoch kaum geeignet, eine permanente polizeiliche Videoüberwachung zu rechtfertigen. Zudem wären bereits eindeutige Hinweisschilder, das polizeilich videoüberwacht wird, erforderlich, um das in den Befugnisnormen ebenfalls aufgestellte Kriterium der Offenheit und Erkennbarkeit zu erfüllen. **165**

---

[123] VGH Mannheim NVwZ 2004, 498, 499 ff.; *Gusy*, NWVBl 2004, 1, 5; *Anderheiden*, JuS 2003, 438, 440. Vgl. auch *Collin*, JuS 2006, 494, 495.
[124] BVerfGE 65, 1 ff.
[125] BVerfGE 65, 1, 45 f.
[126] *Anderheiden*, JuS 2003, 438, 440.
[127] So hat der VGH Mannheim (NVwZ 2004, 498, 499 ff.) die Einzelmaßnahme für rechtmäßig erachtet. Erforderlich sei aber eine verfahrensrechtliche Absicherung des Grundrechtseingriffs in Form einer Dokumentation der Maßnahme, damit die überprüfenden Gerichte die Verwaltungsentscheidung nachvollziehen könnten.

166 Ebenfalls problematisch ist es, wenn der (eilige) Landesgesetzgeber **eine präventivpolizeiliche Überwachung der Telekommunikation** gesetzlich ermöglicht (die bislang in den Polizeigesetzen enthaltenen Befugnisnormen zur Überwachung und Aufzeichnung des in der Wohnung nichtöffentlich gesprochenen Wortes – sog. großer Lauschangriff – eröffnen insoweit nicht die Befugnis zu präventiven Telefonabhörmaßnahmen, sondern nur zur Datenerhebung mittels Wanze, Richtmikrofon etc.). **Bedenken an der Verfassungsmäßigkeit** einer solchen (hypothetischen) Befugnisnorm bestünden allein schon angesichts der (ausschließlichen) Gesetzgebungszuständigkeit des Bundes (vgl. Art. 73 I Nr. 7 GG; insbesondere umfasst Art. 13 IV GG nicht die Telekommunikationsüberwachung; hier ist Art. 10 GG einschlägig). Auch in materieller Hinsicht wäre der Eingriff in das bereits genannte Recht auf informationelle Selbstbestimmung kaum zu rechtfertigen. Zum Problem der präventiven Telekommunikationsüberwachung vgl. Rn 22 sowie Rn 240 f. Wieder anders stellt sich der Fall dar, in dem der Staat eine Videoüberwachung durch ein von ihr beherrschtes Privatunternehmen (z.B. Straßenbahn-AG) durchführen lässt; vgl. dazu *R. Schmidt*, AllgVerwR, Rn 121.

167 **Videoüberwachung öffentlicher Plätze versus Versammlungsfreiheit:** Ganz anders stellt sich die Rechtslage dar, wenn auf öffentlich videoüberwachten Flächen (etwa einem Bahnhofsvorplatz) eine Versammlung stattfindet bzw. ein Aufzug vorbeiführt. Nähme man hier einen Eingriff in Art. 8 I GG an, wäre dieser Eingriff nicht zu rechtfertigen. Zwar sind Videoüberwachungen von Versammlungen nicht a priori ausgeschlossen, jedoch nur auf Grundlage der §§ 19a, 12a VersG[128] zulässig. Aus diesem Grund sprechen auch die polizeigesetzlichen Bestimmungen, die den offenen Einsatz optisch-technischer Mittel regeln, keinesfalls von Versammlungen; zudem ist Art. 8 GG in den Polizeigesetzen nicht als einschränkbares Grundrecht zitiert.

168 Die Frage, ob im Rahmen einer offenen Videoüberwachung öffentlicher Plätze (unbeabsichtigte) Bild- und Tonaufzeichnungen von Versammlungsteilnehmern, die mehr oder weniger zufällig in den Erfassungsbereich der Kamera geraten, einen Eingriff in Art. 8 I GG darstellen, lässt sich nicht zweifelsfrei beantworten. Bei Rn 147 wurde gesagt, dass nach der Rspr. des BVerfG das Grundrecht aus Art. 8 I GG auch durch faktische Maßnahmen beeinträchtigt werden könne, wenn sie in ihrer Intensität imperativen Maßnahmen gleichstünden. So könnten staatliche Überwachungsmaßnahmen (etwa Dokumentation oder Videoüberwachung) dazu führen, dass die innere Entschlussfreiheit, an einer Versammlung (weiterhin) teilzunehmen, beeinträchtigt werde. Auch wurde gesagt, dass jedenfalls dann, wenn eine Überwachungsmaßnahme dazu führe, dass der Betroffene lieber auf die Grundrechtsausübung verzichte, von einem Eingriff auszugehen sei.[129] Das Gleiche gelte, wenn exzessive Observationen und Registrierungen vorgenommen würden.[130]

169 Ob diese Rspr. auf Videoüberwachungen öffentlicher Flächen übertragbar ist, scheint zweifelhaft. Zwar können auch unbeabsichtigte Grundrechtsbeeinträchtigungen Grundrechtseingriffe darstellen, wenn sie in ihrer Intensität zielgerichteten Maßnahmen gleichkommen, allerdings ist die Zielrichtung der offenen Videoüberwachung öffentlicher Plätze eine andere als bei §§ 19a bzw. 12a VersG. Dem Polizeivollzugsdienst geht es bei der Überwachung öffentlicher Plätze nicht um die Beobachtung von Versammlungsteilnehmern, sondern ganz allgemein um die Überwachung des öffentlichen Verkehrsraums, in dem die Videoüberwachung durchgeführt wird. Gelangen mehr oder weniger zufällig Versammlungsteilnehmer in den Überwachungsbereich, ist ein Grundrechtseingriff in Art. 8 I GG jedenfalls nicht beabsichtigt und auch die Intensität der

---

[128] Zur Föderalismusreform vgl. Fußnoten 8 und 9.
[129] BVerfGE 65, 1, 43 (Volkszählung).
[130] BVerfGE 69, 315, 359 (Brokdorf).

Grundrechtsbeeinträchtigung ist nicht so groß, dass zwingend von einem Grundrechtseingriff gesprochen werden muss. Etwas anderes mag freilich gelten, wenn die Versammlung gerade auf oder an der videoüberwachten öffentlichen Fläche angemeldet wurde (vgl. § 14 VersG). Denn dann kann nicht mehr von einem zufälligen Eintreten der Versammlungsteilnehmer in den Überwachungsbereich der Kamera gesprochen werden. In diesem Fall muss die Überwachung unterbleiben; die Kameras sind für die Dauer der Versammlung abzuschalten.

Rechtsschutzfragen: Da mit der Videoüberwachung keine Rechtsfolgeanordnung getroffen wird, handelt es sich um **schlicht-hoheitliches Verwaltungshandeln**. Der Betroffene kann sein Unterlassungs- bzw. Feststellungsbegehren in Bezug auf die von ihm geltend gemachte Verletzung seines allgemeinen Persönlichkeitsrechts daher mit der **Unterlassungs- bzw. allgemeinen Feststellungsklage** verfolgen.[131] Das gilt auch für den Fall, dass sich die Maßnahme im Zeitpunkt der Klageerhebung „erledigt" hat.[132] Die Klagebefugnis ist regelmäßig gegeben, da zumindest nicht ausgeschlossen werden kann, dass die geltend gemachte Rechtsverletzung vorliegt. Dabei kommt es richtigerweise nicht darauf an, dass der Kläger Einwohner der betreffenden Gemeinde ist, in der die Videoüberwachung stattfindet.[133] Will der Rechtsschutzsuchende im Eilverfahren vorgehen (d.h. die Videoüberwachung vorläufig unterbinden lassen), steht ihm der Antrag auf Erlass einer einstweiligen Anordnung gem. § 123 I VwGO zur Verfügung.[134] 169a

Anwendungsfall: Die Polizei lässt in der Fußgängerzone der Stadt Mannheim Kameras zwecks offener Videoüberwachung installieren. Die Bilder von acht Kameras sollen in das nahe Polizeipräsidium übertragen und dort 48 Stunden gespeichert werden. Die Polizei begründet die Maßnahme mit der hohen Kriminalitätsbelastung der Innenstadt. Nach Erkenntnissen des Polizeipräsidiums kam es im vergangenen Jahr am Marktplatz zu 682, am Paradeplatz zu 838 und am Neckartor zu 656 Einsätzen. Eine weitere Statistik ergab, dass in demselben Jahr am Paradeplatz 88, am Marktplatz 77 und am Neckartor 54 Straftaten, vornehmlich Angriffe gegen die körperliche Unversehrtheit und das Eigentum, begangen worden sind. 170

K fühlt sich durch die unmittelbar bevorstehende Maßnahme in seinem Persönlichkeitsrecht verletzt und beantragt vor dem Verwaltungsgericht daher schon vor Inbetriebnahme der Kameras, dem Land diese Maßnahme zu untersagen. Die Fußgängerzone sei kein „gefährlicher Ort" i.S. der polizeigesetzlichen Befugnisnorm bzgl. der Videoüberwachung an öffentlichen Orten. Zudem sei die offene Videoüberwachung unverhältnismäßig und diene nur der Verdrängung unerwünschter Randgruppen. Ist die Klage erfolgreich?

Die Lösung ist abrufbar unter www.verlag-rolf-schmidt.de Rubrik Studienbücher/POR/Falllösungen und Ergänzungen.

c.) Offene Bildaufzeichnung zur Eigensicherung

Vor dem Hintergrund der hohen Zahl von Gewalttaten gegen Polizeibeamte haben einige Landesgesetzgeber Regelungen in Bezug auf Bildaufzeichnungen zur Eigensicherung in ihre Polizeigesetze aufgenommen. 171

> **Beispiel:** In einer verrufenen Gegend der Stadt führt die Polizei Verkehrskontrollen durch. Um potenziellen Angriffen zuvorzukommen, nimmt einer der Beamten mit Kenntnis der jeweilig betroffenen Autofahrer das Geschehen mit einer Videokamera auf.

---

[131] Vgl. zu diesen beiden Klagearten *R. Schmidt*, VerwProzR, Rn 365 ff. und 462 ff.
[132] Zum Streit, ob für diesen Fall § 113 I S. 4 VwGO analog anzuwenden ist, vgl. *R. Schmidt*, VerwProzR, Rn 398.
[133] Zu eng daher VGH Mannheim NVwZ 2004, 498 f.
[134] Vgl. dazu näher *R. Schmidt*, VerwProzR, Rn 999 ff.

172 Die Videoaufzeichnung muss offen und darf ausschließlich zur Eigensicherung der Polizei bei ihrer Aufgabenerfüllung erfolgen. Das Kriterium der Offenheit wird dadurch erfüllt, dass der im Einzelfall in der Anhalte- und Kontrollsituation zu startende Betrieb der Kamera durch ein optisches Signal angezeigt wird, das für die angehaltene Person sichtbar ist.

173 Der Einsatz der Videotechnik soll zu einer Verminderung der Aggressivität der Betroffenen führen und bei Polizeibeamten gleichzeitig das Bewusstsein für das Eigensicherungsverhalten schärfen. In den Befugnisnormen wird festgelegt, dass die erhobenen Daten im Regelfall spätestens nach 48 Stunden zu löschen sind. Nur soweit die mit der Videotechnik erfassten Verhaltensweisen oder Vorgänge zur Verfolgung von solchen Straftaten oder Ordnungswidrigkeiten erforderlich sind, die sich gegen die eingesetzten Vollzugskräfte gerichtet haben, ist eine weitere Speicherung zulässig. Im Übrigen gilt auch hier, dass die genannte Frist von 48 Stunden nicht stets „ausgereizt" werden darf. Ergibt sich schon zu einem früheren Zeitpunkt, dass die Daten nicht mehr erforderlich sind, sind sie selbstverständlich sofort zu löschen. Die gegenteilige Annahme wäre mit dem allgemeinen Verhältnismäßigkeitsgrundsatz unvereinbar.

d.) Einsatz von Kennzeichenlesesystemen bei Verkehrskontrollen

174 Ebenfalls in jüngerer Zeit wurden in einigen Polizeigesetzen ausdrückliche Rechtsgrundlagen für den präventivpolizeilichen Einsatz automatischer Kennzeichenlesesysteme im Rahmen von Verkehrskontrollen geschaffen.[135] Danach darf die Polizei bei Kontrollen im öffentlichen Verkehrsraum personenbezogene Daten durch den offenen Einsatz technischer Mittel zur elektronischen Erkennung von Kraftfahrzeugkennzeichen zum Zwecke des **automatisierten Abgleichs mit dem Fahndungsbestand** erheben. Der Einsatz von Systemen zur automatisierten Erfassung und Auswertung von Kfz-Kennzeichen soll der Suche nach Fahrzeugen oder Kennzeichen dienen, die als gestohlen gemeldet sind oder nach denen aus sonstigen Gründen gefahndet wird. Rechtspolitischer Hintergrund ist die gewünschte Effektivitätssteigerung der Gefahrenabwehr und die Bekämpfung der grenzüberschreitenden Kriminalität. Dazu werden die Fahrzeuge durch eine Videokamera optisch erfasst. Die erfassten Kennzeichen werden im Bruchteil einer Sekunde automatisch mit dem Fahndungsbestand der Polizei abgeglichen. Ist ein Kennzeichen im Fahndungsbestand enthalten (sog. Trefferfall), werden die betreffenden Informationen gespeichert und an die Polizei vor Ort weitergeleitet, damit diese ggf. weitere Maßnahmen ergreifen kann. Ist das Kennzeichen nicht im Fahndungsbestand enthalten (sog. Nichttrefferfall), werden die Daten unverzüglich gelöscht.

175 Ein weiterer Sinn der automatisierten Kennzeichenerfassung besteht darin, dass Kennzeichenlesegeräte **auch zur Eigensicherung von Polizeivollzugsbeamten** bei Kontrollen eingesetzt werden können, indem etwa ein vor einer Kontrolle eingesetztes Kennzeichenlesegerät einen Alarm auslöst, wenn sich Beamter und ausgeschriebenes Fahrzeug nähern.

176 Da mit der automatisierten Erfassung von Kraftfahrzeugkennzeichen zwecks Abgleichs mit dem Fahndungsbestand Einzelangaben über persönliche oder sachliche Verhältnisse einer Person unbegrenzt speicherbar und jederzeit und ohne Rücksicht auf Entfernungen in Sekundenschnelle abrufbar sind, liegt grds. ein Eingriff in das Grundrecht auf informationelle Selbstbestimmung (Art. 2 I GG i.V.m. Art. 1 I GG) vor. Das gilt nach Auffassung des BVerfG auch dann, wenn das geschützte Rechtsgut nicht konkret

[135] Vgl. etwa Bay: Art. 33 II PAG; Brand: § 36a PolG; Brem: § 29 V PolG; MeckVor: § 43a SOG; Thür: § 33 VII PAG.

beeinträchtigt ist. Denn eine Beeinträchtigung dieses Grundrechts könne auch im Vorfeld konkreter Bedrohung der informationellen Selbstbestimmung entstehen.[136] Allein mit dem Bestehen vielfältiger Nutzungs- und Verknüpfungsmöglichkeiten sei eine solche abstrakte Gefährdung des Art. 2 I GG i.V.m. Art. 1 I GG geben. Zu einem Eingriff in das Grundrecht auf informationelle Selbstbestimmung komme es nur dann nicht, wenn der Abgleich mit dem Fahndungsbestand unverzüglich vorgenommen werde und negativ ausfalle (also im sog. Nichttrefferfall) und zusätzlich rechtlich und technisch gewährleistet sei, dass die Daten anonym blieben und sofort gelöscht würden, ohne dass die Möglichkeit bestehe, einen Personenbezug herzustellen. Denn in diesen Fällen begründe die Datenerfassung keinen Gefährdungstatbestand.[137] Werde aber ein erfasstes Kennzeichen im Speicher festgehalten und könne ggf. Grundlage weiterer Maßnahmen werden (sog. Trefferfall), liege ein Eingriff in Art. 2 I GG i.V.m. Art. 1 I GG vor. Dann bedürfe die Datenerhebung einer verfassungsrechtlichen Rechtfertigung.

Gerade die Befugnis, verdachtsunabhängig und automatisiert personenbezogene Daten abzugleichen, ist verfassungsrechtlichen Bedenken ausgesetzt, die auch vom BVerfG aufgegriffen wurden. Liege ein Grundrechtseingriff vor, fordere das Rechtsstaats- und Demokratieprinzip, dass die zu grundrechtsbeschränkenden Maßnahmen ermächtigenden Gesetzesvorschriften hinreichend bestimmt seien. Die bloße Benennung des Zwecks, das Kraftfahrzeugkennzeichen mit einem gesetzlich nicht näher definierten Fahndungsbestand abzugleichen, genüge den Anforderungen an die Normenbestimmtheit nicht.[138] **176a**

Aber auch hinsichtlich des Grundsatzes der Verhältnismäßigkeit stellt das BVerfG fest, dass die automatisierte Erfassung von Kraftfahrzeugkennzeichen nicht anlasslos erfolgen oder flächendeckend durchgeführt werden dürften. Der Grundsatz der Verhältnismäßigkeit sei im Übrigen nicht gewahrt, wenn die gesetzliche Ermächtigung die automatisierte Erfassung und Auswertung von Kraftfahrzeugkennzeichen ermögliche, ohne dass konkrete Gefahrenlagen oder allgemein gesteigerte Risiken von Rechtsgutgefährdungen oder -verletzungen einen Anlass zur Einrichtung der Kennzeichenerfassung gäben. Ermögliche eine Norm eine Kennzeichenerfassung „ins Blaue hinein", sei sie nicht nur zu unbestimmt, sondern auch unverhältnismäßig und daher verfassungswidrig.[139] **177**

Soweit also landesgesetzliche Befugnisnormen diese Vorgaben nicht beachten, sind sie verfassungswidrig. Das BVerfG hat dies für § 14 V HessSOG und § 184 V SchlHolst-LVwG in den Fassungen von 2009 entschieden. Um eine hinreichend bestimmte und auch angemessene Eingriffsermächtigung zu schaffen, stehen den Landesgesetzgebern nach Auffassung des BVerfG verschiedene Möglichkeiten zur Verfügung: **177a**

- So würden einengende Regelungen
  - ⇨ für die Aufnahme in die zulässigen Abgleichsdatenbestände, etwa über den Fahndungsbestand,
  - ⇨ im Hinblick auf die Erfassung der Kennzeichen selbst und
  - ⇨ betreffend die weitere Verwertung der gewonnenen Informationen den verfassungsrechtlichen Vorgaben gerecht.
- Für eine die Verhältnismäßigkeit wahrende Regelung der Voraussetzungen der auto-

---

[136] BVerfG NJW 2008, 1505, 1506 ff.; vgl. auch *Roßnagel*, NJW 2008, 2547 ff.; *Breyer*, NVwZ 2008, 824 ff.; *Sachs*, JuS 2008, 825 ff.; *Muckel*, JA 2009, 77 ff.; *Bodenbrenner/Heinemann*, NVwZ 2010, 679 ff.
[137] BVerfG NJW 2008, 1505, 1506 ff.
[138] BVerfG NJW 2008, 1505, 1506 ff.
[139] BVerfG NJW 2008, 1505, 1506 ff.

matisierten Kennzeichenerfassung scheide auch ein weit gefasster Verwendungszweck beispielsweise dann nicht aus, wenn er mit engen Begrenzungen der Eingriffsvoraussetzungen kombiniert sei, wie es die derzeitige brandenburgische Regelung vorsehe.

- Möglich seien ferner Kombinationen von enger gefassten Zweckbestimmungen, die die Kennzeichenerfassung auf nicht eingriffsintensive Verwendungszwecke begrenzten, mit entsprechend geringeren Voraussetzungen für die Aufnahme in den Fahndungsbestand und die Voraussetzungen für den Erhebungsanlass.

177b **Hinweis für die Fallbearbeitung:** Ist der Einsatz eines Kennzeichenlesesystems Gegenstand einer polizeirechtlichen Fallbearbeitung, empfiehlt sich folgende Prüfung:

- Zunächst ist der Obersatz zu formulieren, dass die Maßnahme – sofern sie in Grundrechte eingreife – einer Rechtsgrundlage bedürfe und formell und materiell rechtmäßig sein müsse.
- Sodann sollte – in Abweichung zum allgemeinen Prüfungsschema – geprüft werden, ob die Maßnahme in den Schutzbereich des allgemeinen Persönlichkeitsrechts eingreift. Zwar handelt es sich um keine Grundrechtsprüfung, bei der zunächst stets die Eröffnung des Schutzbereichs und dann der Eingriff zu prüfen wäre, allerdings kann es auch bei einer polizeirechtlichen Klausur nicht schaden, zunächst den Schutzbereich des fraglichen Grundrechts zu prüfen, wenn – wie vorliegend – nicht klar ist, ob die Maßnahme überhaupt in den Schutzbereich des fraglichen Grundrechts eingreift.
- Ist der Schutzbereich eröffnet, muss der Eingriff geprüft werden. Das ist der Einsatz des Kennzeichenlesegeräts vor Ort, wenn von ihm zumindest eine abstrakte Gefahr für die informationelle Selbstbestimmung ausgeht.
- Liegt ein Eingriff vor, muss bei der dann folgenden Prüfung der verfassungsrechtlichen Rechtfertigung die Rechtsgrundlage benannt werden, auf die sich der Einzelakt stützen könnte.
- Ist die (mögliche) Rechtsgrundlage benannt, muss die Feststellung getroffen werden, dass sich der Einzelakt nur dann auf die Rechtsgrundlage stützen lässt, wenn diese wiederum verfassungsgemäß ist.
- Sodann erfolgt die formelle und materielle Prüfung der Verfassungsmäßigkeit der Rechtsgrundlage.
- In formeller Hinsicht ist v.a. die Gesetzgebungskompetenz der Länder zu erwähnen. Sollte die Rechtsgrundlage primär repressiv (also strafprozessual) ausgestaltet sein, unterfiele die Gesetzgebungskompetenz wegen Art. 74 I Nr. 1 GG dem Bund. Sofern repressive Zwecke jedoch nur sekundären Charakter haben, also Gefahrenabwehr im Vordergrund steht, ist die Gesetzgebungskompetenz des Landes gegeben.[140]
- In materieller Hinsicht sind die o.g. Vorgaben des BVerfG zu beachten: Insbesondere muss die Rechtsgrundlage hinreichend bestimmt genug sein, die Zweckbestimmung beschreiben und den Grundsatz der Verhältnismäßigkeit wahren.
- Genügt die Rechtsgrundlage diesen Vorgaben, erfolgt die formelle und materielle Prüfung der Rechtmäßigkeit der Einzelmaßnahme.

177c Mittlerweile hat der hessische Landtag die verfassungswidrige Regelung in § 14 V HessSOG durch eine Neufassung in § 14a HessSOG ersetzt (Gesetz v. 14.12.2009). Aber auch die Neufassung ist mit Blick auf den Verwendungszweck der erhobenen Kennzeichendaten fraglich. Denn nach dem Wortlaut der Verwendungsregelung ist nicht ausgeschlossen, dass die Daten zu anderen Zwecken verwendet werden, als vom Zweck der Datenerhebung umfasst ist.[141]

---

[140] Vgl. dazu auch *Guckelberger*, NVwZ 2009, 352 ff.
[141] Kritisch auch *Bodenbrenner/Heinemann*, NVwZ 2010, 679 ff.

Dagegen ist fraglich, ob für die **Video-Verkehrsüberwachung** eine Rechtsgrundlage vorhanden ist. Jedenfalls kann als Rechtsgrundlage § 100h I S. 1 Nr. 1 StPO, der über § 46 I OWiG auch im Ordnungswidrigkeitenverfahren Anwendung findet, herangezogen werden, wenn die Erstellung von Beweisfotos nicht automatisch, sondern aufgrund des Einsatzes eines Messbeamten erfolgt, der eine Messeinrichtung bedient und dann individuell eine Identifizierungskamera auslöst. Denn durch die Beobachtung des Messbeamten und die anschließende Informationsbewertung kann der Anfangsverdacht einer Ordnungswidrigkeit hergeleitet werden, sodass dann § 100h I S. 1 Nr. 1 StPO i.V.m. § 46 I OWiG greift.[142] Ob § 100h I S. 1 Nr. 1 StPO i.V.m. § 46 I OWiG aber auch bei einer *automatischen* Erfassung des Verkehrsteilnehmers als Rechtsgrundlage greift, ist fraglich. Zunächst war das BVerfG der Auffassung, dass dies nicht der Fall sei, sodass es eine entsprechende Maßnahme für verfassungswidrig erklärt hat.[143] Nunmehr hat das Gericht aber entschieden, dass auch bei einer automatischen Video-Verkehrsüberwachung § 100h I S. 1 Nr. 1 StPO i.V.m. § 46 I OWiG als Rechtsgrundlage greife, solange nur ein Anfangsverdacht bestehe. Wenn z.B. das Messgerät bei einer erlaubten Geschwindigkeit von 80 km/h auf einen Grenzwert von 92 km/h eingestellt sei und daher nur solche Fahrzeuge erfasse, die diese Geschwindigkeit erreicht oder überschritten hätten, liege eine verdachtsabhängige Anfertigung von Bildaufnahmen vor, da nicht von allen Verkehrsteilnehmern Bildaufnahmen gemacht würden, sondern nur von solchen, die die zulässige Höchstgeschwindigkeit überschritten haben.[144]
Das BVerfG bejaht also den für § 100h I S. 1 StPO i.V.m. § 46 I OWiG erforderlichen konkreten Anfangsverdacht allein damit, dass nur solche Autofahrer „geblitzt" werden, bei denen aufgrund einer elektronischen Messung zuvor eine Geschwindigkeitsübertretung festgestellt wurde. Damit verzichtet das Gericht auf das Erfordernis eines durch eine menschliche Informationsbewertung festgestellten Anfangsverdachts und gelangt so zur Anwendbarkeit des § 100h I S. 1 StPO.

e.) Rechtsschutz

Da mit der Videoüberwachung bzw. der Kennzeichenerfassung keine Rechtsfolgeanordnung getroffen werden, handelt es sich um **Realakte**. Rechtsschutz bietet daher die **allgemeine Feststellungsklage** gem. § 43 VwGO. 178

bb. Befragung

Eine geradezu klassische Form der polizeilichen Informationsgewinnung stellt die Befragung von Personen dar. Wegen des mit ihr verbundenen Eingriffs in das **allgemeine Persönlichkeitsrecht** (Art. 2 I i.V.m. Art. 1 I GG) bedarf sie einer parlamentarischen Rechtsgrundlage, die in den Polizeigesetzen zu finden ist. 179

Die Befugnisnormen über die **Befragung**[145] gewähren den Polizei- und Ordnungsbehörden die ausdrückliche Befugnis, zu präventiven Zwecken **jede Person** zu „befragen, wenn Tatsachen die Annahme rechtfertigen, dass sie sachdienliche Angaben machen kann, die für die Erfüllung einer bestimmten polizeilichen Aufgabe erforderlich sind".

Die Befragung ist ein **Verwaltungsakt**, weil sie das Gebot enthält, der Befragte habe zu antworten. Zwar geht die Antwortpflicht nicht ohne weiteres aus dem Wortlaut des 180

---

[142] Vgl. dazu auch OLG Bamberg NJW 2010, 100 f.
[143] BVerfG NJW 2009, 3293 f. (Video-Verkehrsüberwachung); vgl. dazu auch *Bull*, NJW 2009, 3279 ff.; *Muckel*, JA 2010, 74 f.; OLG Düsseldorf DAR 2010, 213 ff.; OLG Bamberg NJW 2010, 100 f.
[144] BVerfG NJW 2010, 2717 f.
[145] Vgl. Bund: § 22 BundesPolG; BW: § 20 I PolG; Bay: Art. 12 PAG; Berl: § 18 III ASOG; Brand: § 11 PolG; Brem: § 13 PolG; Hamb: § 3 PolDVG; Hess: § 12 SOG; MeckVor: § 28 SOG; Nds: § 12 SOG; NRW: § 9 PolG

jeweiligen Abs. 1 der Befugnisnormen hervor, weil diese Vorschriften nur ein Fragerecht der Polizei formulieren. Das Fragerecht liefe aber ad absurdum, wenn diesem nicht eine Antwortpflicht gegenüberstünde. Daher ist das Merkmal „zur Regelung" in § 35 S. 1 VwVfG erfüllt.

181 Im Einzelfall schwierig kann die Abgrenzung zur **strafprozessualen Vernehmung des Beschuldigten** nach §§ 163 I i.V.m. 163a I, IV und V StPO sein. Letztere setzt (in Abgrenzung zur präventivpolizeilichen Befragung) den **Anfangsverdacht** einer verfolgbaren Straftat (§ 152 II StPO) voraus und darf von jedem Polizeibeamten angeordnet und vorgenommen werden. Vernommen werden können Verdächtige bzw. Beschuldigte, Zeugen und Sachverständige. Allerdings besteht vor der *Polizei* außer in den Fällen des § 138 StGB (Nichtanzeige geplanter Straftaten) keine Aussagepflicht, sondern nur die Pflicht zur Angabe der eigenen Personalien. Von großer rechtsstaatlicher und praktischer Bedeutung sind die **Belehrungs- und Hinweispflichten** der §§ 136 und 163a IV StPO, deren Nichtbeachtung zu Verwertungsverboten führt.

a.) Formelle Rechtmäßigkeit

182 Hinsichtlich der formellen Rechtmäßigkeit gelten zunächst die allgemeinen Voraussetzungen (Zuständigkeit, Verfahren, Form, siehe Rn 607 ff.), wobei eine vorherige Anhörung (§ 28 I VwVfG) nicht nur wegen § 28 II Nr. 1 Var. 2. VwVfG entbehrlich ist, sondern von vornherein nicht in Betracht kommt, da sie sich inhaltlich in der Befragung erschöpft.

183 Unklar ist, ob die in den Polizeigesetzen normierte allgemeine Verfahrensvorschrift über die Datenerhebung („Grundsätze der Datenerhebeung")[146] auch für die Befragung gilt. Die Polizeigesetze enthalten keine einheitlichen Regelungen. Während z.B. § 12 HessSOG auf die allgemeine Verfahrensvorschrift über die Datenerhebung verweist, enthält z.B. § 13 BremPolG keine derartige Geltungsanordnung. Aus rechtsstaatlichen Gründen wird man allerdings für den Fall, dass personenbezogene Daten erfragt werden, praeter legem nicht nur allgemeine Verfahrensvorschrift über die Datenerhebung, sondern sämtliche Verfahrensbestimmungen in Bezug auf Erhebung, Speicherung, Weiterverarbeitung und Löschung von Daten[147] (dazu näher Rn 334 ff.) anwenden müssen. Die Frage kann aber dahinstehen, sofern die Voraussetzungen der Verfahrensvorschrift vorliegen. Das wird regelmäßig der Fall sein.

b.) Materielle Rechtmäßigkeit

aa.) Befragung i.e.S.

184 In materieller Hinsicht muss die Erwartung berechtigt sein, dass die zu befragende Person **sachdienliche Angaben zur Aufklärung des Sachverhalts** in einer **bestimmten polizeilichen Angelegenheit** machen kann. Es muss sich also um eine Angelegenheit innerhalb des der Polizei obliegenden Aufgabenbereichs handeln. Dazu

und § 24 Nr. 1 OBG; RhlPfl: § 9a POG; Saar: § 11 PolG; Sachs: § 18 PolG; SachsAnh: § 14 SOG; SchlHolst: § 180 LVwG; Saar: § 11 PolG; Thür: § 13 PAG und § 16 OBG.

[146] Vgl. BW: § 19 III PolG; Bay: Art. 30 IV PAG; Berl: § 18 V ASOG; Brand: § 29 IV S. 1 PolG; Brem: § 27 I PolG; Hamb: § 2 IV PolDVG; Hess: § 13 VIII SOG; MeckVor: § 26 III SOG; Nds: § 30 V SOG; NRW: § 24 OBG i.V.m. § 9 VI PolG; Saar: § 25 V PolG; Sachs: § 37 II S. 3 PolG; SachsAnh: § 15 VII SOG; SchlHolst: § 178 III LVwG; Thür: § 31 IV S. 1 PAG.

[147] Vgl. BW: §§ 37 ff. PolG; Bay: Art. 37 ff. PAG; Berl: §§ 42 f. ASOG; Brand: §§ 37 ff. PolG; Brem: §§ 36a ff. PolG; Hamb: §§ 14 ff. PolDVG; Hess: § 20 SOG; MeckVor: §§ 36 ff. SOG; Nds: §§ 38 ff. SOG; NRW: § 24 OBG i.V.m. §§ 22 ff. PolG; RhlPfl: §§ 33 ff. POG; Saar: §§ 30 ff. PolG; Sachs: §§ 43 ff. PolG; SachsAnh: §§ 22 ff. SOG; SchlHolst: §§ 188 ff. LVwG; Thür: §§ 38 ff. PAG.

können – entgegen dem ersten Eindruck – nicht nur rein **sachbezogene**, sondern auch **personenbezogene** Angelegenheiten gehören.[148]

Zwar ist nach der – sehr weit gefassten – Formulierung des Tatbestands als Eingriffsvoraussetzung nicht zwingend das Vorliegen einer Gefahr (für die öffentliche Sicherheit) gefordert, allerdings muss aufgrund des Charakters der Befragung als Gefahrenabwehrmaßnahme doch zumindest das Vorliegen einer **abstrakten Gefahr** bzw. eines **Gefahrenverdachts** angenommen werden.[149] Der die Befragung durchführende Polizeibeamte soll durch die Befragung gerade in die Lage versetzt werden, festzustellen, ob eine konkrete Gefahr vorliegt oder nicht. Gelangt er aufgrund der Befragung zu dem Ergebnis, dass eine konkrete Gefahr vorliegt, hat er anschließend zu prüfen, welche Folgemaßnahmen in Betracht kommen. **185**

Adressat einer Befragung kann **jede Person** sein. Eine Störereigenschaft des Befragten ist also nicht erforderlich. Allerdings erfordert auch die Befragung eine rechtsfehlerfreie Adressatenauswahl, dass also die Befragung in erster Linie gegen Verantwortliche zu richten ist. Freilich setzt dies voraus, dass eine verantwortliche Person anwesend ist. Bei einer Befragung wird dies jedoch oft nicht der Fall sein. **186**

> **Beispiel:** Die Lebensgefährtin L des S rief die Polizei telefonisch zu Hilfe, da S sie körperlich misshandelt hatte. Der Beamte am Telefon (P) nahm die Personalien der L auf, fragte nach dem Ort des Geschehens und nach den Handlungen, die von S begangen worden seien sollen.
>
> In diesem Fall lag nicht etwa eine Datenerhebung nach der Datenerhebungsgeneralklausel[150], sondern eine Befragung vor. Nach dieser Vorschrift darf die Polizei *jede* Person befragen, von der Angaben zur Aufklärung eines Sachverhalts in einer bestimmten polizeilichen Angelegenheit erwartet werden können. Auf eine Störereigenschaft des Befragten kommt es also nach dem Wortlaut der Befugnisnorm hinsichtlich der Befragung nicht an. Geht man davon aus, dass eine (vorrangige) Befragung des S, der als Verhaltensstörer in Betracht kommt, nicht möglich war oder für eine Gefahrenabwehr zu spät gekommen wäre, war die Befragung der L rechtmäßig.

Das bei Rn 185 erörterte weit reichende Fragerecht wird allerdings dadurch relativiert, dass der Befragte nur eine sehr eingeschränkte **Beantwortungspflicht** *in Bezug auf seine Person* hat. Diese ebenfalls in der Befugnisnorm hinsichtlich der Befragung statuierte Pflicht stellt jedoch keine Rechtsgrundlage in Bezug auf die Erhebung personenbezogener Daten dar, sondern nur eine materielle Einschränkung des weiten Befragungsrechts. Das ergibt sich schon deshalb, weil dem Wortlaut der Vorschriften keine Befugnis der Polizei zu entnehmen ist. Die Vorschriften sprechen *nicht* von „die Polizei kann (oder darf) ... ", sondern nur von einer Pflicht des Befragten. Zudem spricht die amtliche Überschrift von „Befragung *und* Auskunftspflicht". Damit haben die Gesetzgeber selbst klargestellt, dass zwischen dem Recht zur Befragung und der Pflicht zur Beantwortung ein rechtsdogmatischer Unterschied besteht. **187**

---

[148] Für den Fall, das jedoch die Identitätsfeststellung im Vordergrund steht, vgl. sogleich Rn 189.

[149] Zur abstrakten Gefahr vgl. Rn 666, zum Gefahrenverdacht Rn 689.

[150] Bund: § 21 I u. II BundesPolG; BW: § 20 II-V PolG; Bay: Art. 31 I u. II PAG; Berl: § 18 I S. 2 u. 3 ASOG; Brand: § 30 I u. II PolG; Brem: § 28 I-VI PolG; Hamb: § 6 PolDVG; Hess: § 13 I u. II SOG; MeckVor: § 27 I-III SOG; Nds: § 31 I-III SOG; RhlPfl: § 26 I POG; Saar: § 26 I-III PolG; Sachs: § 37 I PolG; SachsAnh: § 15 I u. II SOG; SchlHolst: § 179 I u. II LVwG; Thür: § 32 I u. II PAG. In NRW ist die Generalermächtigung nur der Zusammenschau mehrerer Bestimmungen zu entnehmen: so enthält § 9 I S. 1 PolG zunächst nur eine Generalklausel zur Befragung, die aber zusammen mit der Ermächtigung von § 9 III S. 2 PolG, die Daten bei Schwierigkeiten der Befragung auch ohne Kenntnis des Betroffenen zu erheben, die Generalklausel zur Datenerhebung ergibt und zugleich den in anderen Gesetzen oft getrennt geregelten Vorrang der unmittelbaren vor der mittelbaren Datenerhebung enthält.

188 Der Befragte braucht grundsätzlich nur **bestimmte Angaben zur Person** zu machen (Name, Geburtsdatum und -ort, Wohnanschrift, Staatsangehörigkeit). Eine weitere Auskunftspflicht besteht nur für die polizeirechtlich Verantwortlichen[151] sowie für Personen, für die gesetzliche Handlungspflichten bestehen. Verweigert die befragte Person die von ihr geschuldete Auskunft oder gibt sie ihre Personalien unrichtig an, ist i.d.R. der Tatbestand einer **Ordnungswidrigkeit** nach § 111 OWiG erfüllt. Erforderlichenfalls kann deshalb – die polizeigesetzliche Befugnisnorm hinsichtlich der Befragung ermächtigt hierzu nicht – die Identität dieser Person nach § 46 OWiG i.V.m. § 163 b StPO festgestellt werden. Im Übrigen bleibt es dabei, dass eine Identitätsfeststellung nach allgemeinem Gefahrenabwehrrecht nur unter den Voraussetzungen der einschlägigen Befugnisnorm[152] zulässig ist.

189 Im Zentrum der Befragung stehen also die sachdienlichen Angaben, die für die Erfüllung einer bestimmten polizeilichen Aufgabe erforderlich sind. Das bedeutet, dass nur dann eine Auskunftspflicht besteht, wenn es eigentlich um andere Angaben als um die Personalien geht und diese nur *zusätzlich* sachdienlich sind. Eine Auskunftspflicht aufgrund der Befragung besteht daher nicht, wenn Ziel der „Befragung" **allein** die Feststellung der **Identität** ist. Ist dies der Fall, ist die „Befragung" keine Befragung im dargelegten Sinn, sondern nur unter der Voraussetzung der **Identitätsfeststellung** zulässig. Es ist also regelmäßig eine Abgrenzung vorzunehmen zwischen der Befragung und der Identitätsfeststellung.

Beispiele:

(1) Die bloße **Identitätsfeststellung** ist zum einen nur zur Abwehr einer konkreten Gefahr, an einem gefährlichen Ort, einem gefährdeten Ort und an einer Kontrollstelle zulässig und zum anderen, um herauszufinden, ob die Person mit jemandem identisch ist, der einer polizeibekannten und -beobachteten kriminellen Szene zugehört. Trifft also die Polizei eine Person weder an einem der fraglichen Orte noch an einer Kontrollstelle an, kann sie die Personalien nicht verlangen und die Identität nicht feststellen, nur um herauszufinden, ob die Person mit jemandem identisch ist, der einer polizeibekannten und -beobachteten kriminellen Szene zugehört.

(2) Dagegen kann die Polizei jemanden an beliebigem Ort **befragen**, ob er sachdienliche Angaben zur Suche nach einer vermissten Person machen kann, und ihn dabei, weil sie sich später noch einmal an ihn wenden will, auch nach seinen Personalien fragen. Anders als das Verlangen der Personalien im ersten Beispiel ist das im zweiten durch die Befugnis zur Befragung mit beschränkter korrespondierender Auskunftspflicht gedeckt.[153]

190 Des Weiteren unterscheidet sich die Befragung von der Identitätsfeststellung hinsichtlich der Mittel zur Durchsetzung: Während bei einer Befragung nur das **Anhalten** (also das Untersagen der Fortbewegung für kurze Zeit) zulässig ist, was lediglich eine **Freiheitsbeschränkung** darstellt, schließt die Befugnis zur Identitätsfeststellung auch das Recht ein, eine Person **festzuhalten**, sie nach Gegenständen, die der Identitätsfeststellung dienen, zu **durchsuchen** und ultimativ (d.h. unter Wahrung des

---

[151] Vgl. §§ 4-6 MEPolG; BW: §§ 6-9 PolG; Bay: Art. 7-10 PAG; Berl: §§ 13-16 ASOG; Brand: §§ 5-7 PolG; Brem: §§ 5-8 PolG; Hamb: §§ 7-10 SOG; Hess: §§ 6-9 SOG; MeckVor: §§ 68-71 SOG; Nds: §§ 6-9 SOG; NRW: §§ 4-6 PolG; RhlPfl: §§ 4-7 POG; Saar: §§ 4-6 PolG; Sachs: §§ 4-7 PolG; SachsAnh: §§ 7-10 SOG; SchlHolst: §§ 217-220 LVwG; Thür: §§ 7-10 PAG.

[152] Vgl. § 9 MEPolG; Bund: § 23 BundesPolG; BW: § 26 PolG; Bay: Art. 13 PAG; Berl: §§ 21 f. ASOG; Brand: §§ 12, 14 PolG; Brem: § 11 PolG; Hamb: § 12 SOG, § 4 PolDVG; Hess: § 18 I SOG; MeckVor: §§ 29 f. SOG; Nds: § 13 SOG; NRW: §§ 12 f. PolG; RhlPfl: § 10 POG; Saar: § 9 PolG; Sachs: § 19 PolG; SachsAnh: § 20 SOG; SchlHolst: §§ 181 f. LVwG; Thür: § 14 PAG.

[153] Vgl. *Pieroth/Schlink/Kniesel*, POR, § 14 Rn 3.

Verhältnismäßigkeitsprinzips) **zur Polizeiwache zu verbringen**, was das Recht der Fortbewegungsfreiheit gem. Art. 2 II S. 2, 104 II GG einschränkt.[154]

Obwohl die Befugnisnorm hinsichtlich der Befragung der Polizei ein sehr weit reichendes Befragungsrecht einräumt und dem Befragten eine (wenn auch nur beschränkte) Beantwortungspflicht auferlegt, ist – soweit in den Polizeigesetzen nicht explizit geregelt – unter Heranziehung der Rechtsgedanken der §§ 52 I, 53, 53a und 55 StPO dem Befragten ein **Auskunftsverweigerungsrecht** einzuräumen, soweit er durch die Auskunft sich selbst oder einen Angehörigen der Gefahr aussetzen würde, wegen einer Straftat oder Ordnungswidrigkeit verfolgt zu werden, oder ihm aufgrund seines Berufs ein Zeugnisverweigerungsrecht zusteht. **191**

Zwar erschließt sich die Heranziehung der Rechtsgedanken der strafprozessualen Vorschriften der §§ 52 I, 53, 53a und 55 StPO auf die gefahrenabwehrrechtliche Befragung nicht ohne weiteres, allerdings besteht eine vergleichbare Interessenlage, die es gebietet, die Lücke im Sinne der vorhandenen Regelung zu schließen. Denn für den betroffenen Bürger kann es keinen Unterschied machen, ob er aus Gründen der Strafverfolgung oder der Gefahrenabwehr befragt wird und sich dabei der Gefahr der eigenen Strafverfolgung aussetzt.

Über das Recht zur Auskunftsverweigerung ist vor der Befragung zu belehren. Dabei ist im Einzelnen auf die Voraussetzungen der Auskunftsverweigerung hinzuweisen. Von der Belehrung darf nur abgesehen werden, wenn die Auskunft zur Abwehr einer Gefahr für Leib, Leben oder Freiheit einer Person erforderlich ist. Ist dies der Fall, wird aber ohnehin die Berechtigung zur Auskunftsverweigerung entfallen. Als Fazit lässt sich daher festhalten: Angaben zur Sache müssen regelmäßig nur dann gemacht werden, wenn dies zur Abwehr einer Gefahr für Leben, Gesundheit oder Freiheit einer Person oder für bedeutende fremde Sach- oder Vermögenswerte erforderlich ist.

Beispiel: Die Polizei erhält einen anonymen Anruf. Der Anrufer meint, ein Bekannter wisse, wo Sprengstoff versteckt sei. Als die Polizei den Bekannten befragt, gibt dieser zwar zu, dass er das Sprengstoffversteck kenne, lehnt jedoch weitere Auskünfte ab, weil er sich sonst möglicherweise dem Verdacht strafbaren Umgangs mit Sprengstoff (§ 40 SprengstoffG) aussetze.

Wegen § 52 I StPO ist die Auskunftsverweigerung grundsätzlich berechtigt. Hat die Polizei jedoch Grund zu der Annahme, dass eine (konkrete) Gefahr für Leib oder Leben auch nur einer Person bestehe, ist der Befragte zur Auskunft verpflichtet.

Weigert sich der zur Auskunft Verpflichtete, die erforderlichen Angaben zu machen, kommen zur Durchsetzung des Auskunftsbegehrens von den möglichen Zwangsmitteln des Verwaltungszwangs nur das **Zwangsgeld** und **Zwangshaft** (Beugehaft) in Betracht. Eine Ersatzvornahme scheidet aus, weil es sich bei der Auskunft um eine nicht vertretbare Handlung handelt. Unmittelbarer Zwang scheidet aus, da es sich bei dem Verlangten wohl um eine Erklärung handelt und nach den einschlägigen Bestimmungen der Polizeigesetze unmittelbarer Zwang zur Durchsetzung des Gebots, eine Erklärung abzugeben, unzulässig ist. Zudem bestimmen die Befugnisnormen hinsichtlich der Befragung, dass die Polizei bei der Befragung einer Person keinen Zwang anwenden darf, um eine Aussage herbeizuführen. Im Übrigen ordnen diese Vorschriften i.d.R. an, dass die §§ 68a und 136a StPO entsprechend gelten. Methoden bei der Vernehmung Beschuldigter, die im Rahmen des strafrechtlichen Ermittlungsverfahrens nach § 136a StPO verboten sind (Beeinträchtigung der Freiheit der Willensentschließung und der Willensbetätigung durch Misshandlung, Ermüdung, körperliche Eingriffe, Verabreichung von Mitteln, Quälerei, Täuschung oder Hypnose), **192**

[154] Zur Relevanz der Unterscheidung von Freiheitsbeschränkung und Freiheitsentziehung vgl. Rn 190/220/404.

weil sie gegen die Menschenwürde (Art. 1 I GG) verstoßen, dürfen daher auch bei der präventivpolizeilichen Befragung nicht angewendet werden.

bb.) Personenkontrollen im öffentlichen Verkehrsraum

193 Eine besondere Brisanz bergen die jüngst in die Polizeigesetze eingefügten Regelungen, die **verdachtslose Personenkontrollen ohne Vorliegen einer Störung oder einer konkreten Gefahr** zulassen (vgl. z.B. § 13 V BremPolG; § 12 VI NdsSOG). Die Vorschriften erteilen der Polizei die Befugnis, (sogar) außerhalb von Gefahrenorten oder Kontrollstellen nach **zur Verhütung von Straftaten von erheblicher Bedeutung mit internationalem Bezug** Personen anzuhalten, zu befragen und mitgeführte Ausweispapiere zu prüfen und Sachen in Augenschein zu nehmen, **ohne** dass auf die Person bezogene Anhaltspunkte für die Begehung der Straftat vorliegen müssen. Die Reformgesetzgeber meinen, es sei für die Polizei erforderlich, auch außerhalb eines räumlich eng begrenzten Bereichs Personenkontrollen nach bestimmten Spezifikationen (z.B. aufgrund eines bestimmten Täterprofils) durchführen zu können. Diese Befugnis ist nicht ganz unbedenklich. Sie lässt nicht nur eine abstrakte Gefahr bzw. einen Gefahrenverdacht genügen, sondern sie erfordert noch nicht einmal eine Verantwortlicheneigenschaft des Adressaten. Jedermann, der zufällig an der Kontrollstelle vorbeikommt, kann angehalten, befragt und überprüft werden. Das legt eine **Kollision** der Befugnisnormen mit dem **verfassungsrechtlichen Bestimmtheitsgebot** nahe. Auf der anderen Seite fordern die Regelungen wenigstens eine abstrakte Gefahr bzw. einen Gefahrenverdacht *für Rechtsgüter von erheblicher Bedeutung und mit internationalem Bezug*, sodass bei strenger Anwendung des **Differenzierungsverbots** und des **Grundsatzes der Verhältnismäßigkeit** das Verdikt der Verfassungswidrigkeit vermieden werden kann. Dazu gehört zunächst, dass die Kontrollmaßnahmen nicht willkürlich erfolgen; zu fordern ist auch, dass ein für den Betroffenen, aber auch in einer gerichtlichen Überprüfung nachvollziehbares polizeiliches Lagebild angefertigt wird, das die Kontrollen im Rahmen der gesetzlichen Zielsetzung als geeignetes und erforderliches Mittel rechtfertigt. Der Begriff des Lagebildes ist nach polizeilichen Einsatz- und Führungsgrundsätzen definiert. Es beruht auf der Auswertung und Analyse aller für einen bestimmten Deliktstyp wichtigen Erkenntnisse und macht, losgelöst vom Einzelfall, relevante Zusammenhänge und Entwicklungen deutlich. Derartige Lagebilder können internationalen Bezug haben (z.B. über internationale Transportrouten für illegale Drogen, Schleuser oder aus Osteuropa einreisende Einbrecher- oder Menschenhändlerbanden) oder sich auf eine Region beschränken (Beispiel: Eine internationale Zuhälter- und Menschenhändlerbande aus Hamburg unternimmt den Versuch, in Bremen die Herrschaft im „Milieu" an sich zu reißen).

194 Nach den Gesetzesmaterialien zu den landesrechtlichen Bestimmungen sind Straftaten mit internationalem Bezug z.B. solche Taten, bei denen Anhaltspunkte bestehen, dass

- die Straftat im Ausland vorbereitet worden ist und sie in Deutschland oder im Ausland ausgeführt werden soll,
- Tatbeteiligte im Ausland wohnen und zur Tatbegehung nach Deutschland einreisen oder von Deutschland aus an der Tatbegehung im Ausland mitwirken
- oder deliktisch erlangte Sachen illegal nach Deutschland eingeführt oder ins Ausland verbracht werden sollen.

195 In der Regel wird von einer organisierten Kriminalitätsform auszugehen sein. Straftaten von erheblicher Bedeutung mit internationalem Bezug sind z.B. Kfz-Verschiebung, Waffen- und Rauschgifthandel, illegale Einfuhr und Ausfuhr von nuklearem Material,

Falschgeld-, Dokumenten-, Arzneimittel-, Kunstschmuggel, Abfallverschiebung, Schleusungskriminalität und Menschenhandel.

Die Kontrollbefugnis erlaubt schließlich nur Maßnahmen im **öffentlichen Verkehrsraum**. Darunter fallen nicht nur die dem allgemeinen Straßenverkehr gewidmeten Straßen, Bürgersteige, Wege, Plätze sowie Wasserstraßen, sondern auch private Verkehrsflächen, die jedermann oder allgemein bestimmten Gruppen von Verkehrsteilnehmern dauernd oder auch nur vorübergehend zur Benutzung offenstehen. Denn mit Blick auf die geschützten Rechtsgüter kann es weder auf die Eigentumsverhältnisse noch auf die öffentlich-rechtliche Widmung des Verkehrsraums ankommen. Entscheidend ist allein, dass der Verfügungsberechtigte die Benutzung durch einen nicht näher bestimmten Personenkreis ausdrücklich oder stillschweigend duldet. Als Beispiel sei der unbefriedete Parkplatz eines Einkaufszentrums genannt. 196

cc.) Rechtsschutz

Die Befragung ist ein **Verwaltungsakt**. Die Rechtmäßigkeit kann daher – wegen regelmäßig vorliegender Erledigung – mit Hilfe der **Fortsetzungsfeststellungsklage**, ggf. analog § 113 I S. 4 VwGO, überprüft werden. Sollte die Maßnahme mit Mitteln des Verwaltungszwangs durchgesetzt worden sein (dazu zählt insbesondere die zwangsweise Mitnahme zur Wache, nicht aber die Aussageerzwingung), sind gegen die **Anwendung der Zwangsmaßnahme** (bei Eintritt der Erledigung) die **Fortsetzungsfeststellungsklage** analog § 113 I S. 4 VwGO oder die **allgemeine Leistungsklage** statthaft, je nachdem, ob man in der Anwendung des Zwangsmittels einen Verwaltungsakt oder lediglich einen Realakt sieht. 197

198

Prüfungsschema der Befragung

I. Rechtsgrundlage für die Befragung

Die Befragung ist regelmäßig einerseits von der Generalklausel zur Datenerhebung und andererseits von der Identitätsfeststellung abzugrenzen. Als Spezialbefugnis zur Befragung als Anordnungsbefugnis geht sie über die **Generalklausel zur Datenerhebung** dann hinaus, wenn sie der Befragung, die dann gelegentlich auch Vernehmung genannt wird, eine unbeschränkte oder eine beschränkte Auskunftspflicht des Befragten korrespondieren lässt. Demgegenüber ist die Befugnisnorm zur **Identitätsfeststellung** einschlägig, wenn die Person festgehalten, durchsucht und/oder zur Dienststelle verbracht wird. In der Fallbearbeitung sind diese Abgrenzungsfragen bei der Bestimmung der Rechtsgrundlage jedoch nicht auszuformulieren, sondern nur gedanklich zu beantworten, um die Rechtsgrundlage überhaupt bestimmen zu können.

II. Formelle Rechtmäßigkeit der Befragung

1. **Zuständigkeit** der handelnden Behörde (Rn 607 ff.)
2. Ordnungsgemäßes **Verfahren** (neben den allgemeinen Verfahrensvorschriften (Rn 618) sind nach strittiger Auffassung die besonderen Verfahrensvorschriften über die Datenerhebung (Rn 339) sowie die Hinweispflicht auf die Auskunftspflicht zu beachten)
3. Einhaltung der **Form**vorschriften (Rn 621)

III. Materielle Rechtmäßigkeit der Befragung

1. Vereinbarkeit der Befragung mit der Rechtsgrundlage
   a. Schutzgüter sind die gleichen wie bei der Datenerhebungsgeneralklausel (Rn 334), also alle Gegenstände polizeilicher Aufgaben (insbesondere öffentliche Sicherheit)
   b. abstrakte Gefahr/Gefahrenverdacht (zum Begriff vgl. Rn 666 und 689)
2. Rechtsfolge
   a. Einhaltung der Ermessensgrenzen
      aa. Einschreitermessen
      bb. Auswahlermessen (hinsichtlich Störerauswahl und Mittelauswahl)
      Da die Polizei- und Ordnungsgesetze *jede* Person verpflichten, sich auf sachdienliche

Angaben befragen zu lassen und als Teil der sachdienlichen Angaben zumindest die Personalien anzugeben, bestehen keine Anforderungen an den Pflichtigen. Die Vorschriften über die Störer gelten nicht. Hinsichtlich der Mittelauswahl gilt, dass ein milderes Mittel i.d.R. nicht ersichtlich ist.

b. Kein Verstoß gegen den Grundsatz der Verhältnismäßigkeit (soweit nicht schon abschließend im Rahmen der Mittelauswahl geprüft)

cc. Prüfung von Berechtigungsscheinen

199 Die Prüfung von Berechtigungsscheinen ist begrifflich und systematisch von der Identitätsfeststellung zu trennen und stellt eine **eigenständige Standardmaßnahme** dar. Die Verortung innerhalb der Befugnisnorm über die Identitätsfeststellung ist daher unglücklich.[155]

Bei den in der Vorschrift angesprochenen **Berechtigungsscheinen** handelt es sich um **Nachweise für die Berechtigung der Ausübung bestimmter und besonders geregelter Tätigkeiten**.

Klassisches **Beispiel** ist der Führerschein, der den Nachweis der Berechtigung zum Führen von Fahrzeugen bestimmter, im Führerschein beschriebener Kraftfahrzeugklassen dokumentiert. Auch Waffenschein, Fischereischein, Jagdschein, Reisegewerbekarte etc. sind Berechtigungsscheine.

200 In **formeller** Hinsicht gelten die allgemeinen Voraussetzungen (Zuständigkeit, Verfahren Form, siehe dazu Rn 607 ff.). Lediglich die Hinweispflicht, die bei Anwendung der Datenerhebungsgeneralklausel gilt, ist bei der Prüfung von Berechtigungsscheinen nicht zu beachten.

201 In **materieller** Hinsicht befugen die Vorschriften der Polizeigesetze den Polizeivollzugsdienst, sich den Berechtigungsschein aushändigen zu lassen, weil die Tätigkeit, für die ein Berechtigungsschein ausgestellt wird, erlaubnispflichtig ist. Übt jemand eine erlaubnispflichtige Tätigkeit ohne Erlaubnis aus, verstößt er regelmäßig gegen eine Verbotsnorm und erfüllt ggf. auch einen Straf- oder zumindest einen Bußgeldtatbestand. Damit ist die objektive Rechtsordnung betroffen, ein Bestandteil der öffentlichen Sicherheit. Hinsichtlich der erforderlichen Gefahr genügt das Vorliegen einer abstrakten Gefahr bzw. eines Gefahrenverdachts. Das hat seinen Grund darin, dass niemals ausgeschlossen werden kann, dass eine erlaubnispflichtige Tätigkeit ohne Berechtigung ausgeübt wird. Zur Herausgabe verpflichtet ist dementsprechend jeder, der in Ausübung einer erlaubnispflichtigen Tätigkeit angetroffen wird und damit für das Vorliegen einer abstrakten Gefahr bzw. eines Gefahrenverdachts verantwortlich ist. Daher ermächtigt die Befugnisnorm die Polizei, vom Inhaber eines Berechtigungsscheins, der zum Mitführen desselben gesetzlich verpflichtet ist, zu verlangen, dass dieser den Schein zur Prüfung aushändigt. Die Vorschrift statuiert damit keine Mitführungspflicht, sondern setzt diese voraus. Sie befugt lediglich zum Aushändigenlassen eines Berechtigungsscheins, dessen Mitführungspflicht sich aus anderen Vorschriften ergibt. Zu betonen ist aber, dass das Recht, sich den Berechtigungsschein aushändigen zu lassen, nur dann besteht, wenn der Betroffene die Tätigkeit, für die er der Berechtigung bedarf, gerade im Zeitpunkt des Herausgabeverlangens ausübt.

[155] Vgl. Bund: § 23 IV BundesPolG; BW: § 26 III PolG; Bay: Art. 13 III PAG; Brem: § 11 V PolG; Hamb: § 4 V PolDVG; Hess: § 18 VII SOG; MeckVor: § 30 SOG; Nds: § 13 III SOG; RhlPfl: § 10 III POG; Saar: § 9 III PolG; Sachs: § 19 III PolG; SachsAnh: § 20 VII SOG. In folgenden Ländern existiert eine eigene Vorschrift: Berl: § 22 ASOG; Brand: § 14 S. 1 PolG; Hamb: § 4 I HafenSG; NRW: § 13 PolG; SchlHolst: § 182 LVwG; Thür: § 15 PAG.

Voraussetzung für das Herausgabeverlangen ist also zweierlei: Zum einen muss eine Rechtsvorschrift außerhalb der polizeilichen Befugnisnorm bestehen, die das Mitführen des Berechtigungsscheins vorschreibt, und zum anderen muss der Betroffene die Tätigkeit, für die er der Berechtigung bedarf, gerade im Zeitpunkt des Herausgabeverlangens ausüben. 202

Beispiele: Beim Führen eines Kfz muss der Führerschein (§ 2 I S. 3 StVG, § 4 II FeV), bei der Ausübung des Fahrlehrerberufs der Fahrlehrerschein (§ 5 FahrlehrerG), beim Hochseefischen der Erlaubnisschein zum Fischfang (z.B. § 34 I BremFischG), bei der Ausübung eines Reisegewerbes die Reisegewerbekarte (§§ 55, 60c GewO), bei der Jagd der Jagdschein (§§ 15, 16 BJagdG), beim Besitz einer Waffe die Waffenbesitzkarte (§ 10 I WaffG), beim Tragen einer Waffe der Waffenschein (§ 10 IV WaffG) und beim Führen eines Taxis der Personenbeförderungsschein (§ 17 IV S. 1 PBefG) mitgeführt werden.

Besteht nach diesen Vorschriften eine Mitführungs- oder Vorzeigepflicht, kann die Polizei die Aushändigung gem. den polizeilichen Vorschriften über die Prüfung von Berechtigungsscheinen verlangen (bestehen jedoch Sondervorschriften wie z.B. § 60c GewO für die Vorlage der Reisegewerbekarte oder § 36 V StVO für die Vorlage des Führerscheins, sperren diese die Anwendung der entsprechenden Befugnisnormen der Polizeigesetze). Die Befugnis, sich den Berechtigungsschein aushändigen zu lassen, und diesen zu überprüfen, umfasst das Recht, den Betroffenen für die Dauer der Überprüfung **anzuhalten**. Einer separaten diesbezüglichen Rechtsgrundlage bedarf es also nicht. 203

Nicht um Berechtigungsscheine i.S.d. polizeilichen Bestimmungen handelt es sich bei den Personalausweispapieren; denn diese berechtigen nicht zur Ausübung besonderer Tätigkeiten, sondern dienen lediglich der Feststellung der Identität. Die diesbezügliche Pflicht, das Papier an die Polizei auszuhändigen, besteht im Übrigen gem. den Vorschriften über die Identitätsfeststellung. Das Gleiche gilt hinsichtlich der Vorlage- und Aushändigungspflicht für Ausländer in Bezug auf Pass, Aufenthaltstitel und Bescheinigung über die Aussetzung der Abschiebung (vgl. § 48 AufenthG). 204

Auch bei sonstigen Bescheinigungen (z.B. Zulassungsbescheinigung I gem. § 11 V FZV), Nachweisen (z.B. Prüfbücher nach § 29 XI-XII StVZO) oder Urkunden (z.B. Fahrtschreiber-Schaublätter nach § 57 a II StVZO, soweit diese noch nicht durch das digitale Kontrollgerät ersetzt worden sind) handelt es sich **nicht** um Berechtigungsscheine, da sie zu keiner Tätigkeit berechtigen, sondern Nachweise über bestimmte sachbezogene Eigenschaften erbringen. Deren Aushändigung kann die Polizei daher ebenfalls **nicht** nach den polizeigesetzlichen Bestimmungen über die Herausgabe von Berechtigungsscheinen verlangen. Hierfür bedarf sie anderer Rechtsgrundlagen wie z.B. § 36 V StVO in Bezug auf die Zulassungsbescheinigung I. Diese Vorschrift ist zudem im Verhältnis zum allgemeinen Polizei- und Ordnungsrecht speziell und geht diesem vor. Daher richtet sich auch die Aushändigung des Führerscheins nach § 36 V StVO, obwohl es sich bei diesem um einen Berechtigungsschein handelt (s.o.). Die Zuständigkeit des Polizeivollzugsdienstes ergibt sich dabei aus § 44 II 2 StVO. Zwar wird in § 44 II S. 2 StVO lediglich von der Zuständigkeit in Bezug auf vorläufige Maßnahmen gesprochen, allerdings spricht § 36 V S. 1 StVO von Polizeibeamten, die die Kontrollen durchführen. Damit kann ausschließlich der Polizeivollzugsdienst gemeint sein. Daher kann der Polizeivollzugsdienst die Überprüfung von Führerschein und Zulassungsbescheinigung I auf Grundlage des § 36 V StVO vornehmen.[156] 205

---

[156] Zur Prüfung des Herausgabeverlangens in Bezug auf Führerschein, Zulassungsbescheinigung I und Personalausweis im Rahmen einer allgemeinen Verkehrskontrolle vgl. *R. Schmidt*, Fälle zum POR, Fall 7.

206 Trifft die Polizei eine Person in Ausübung einer erlaubnispflichtigen Tätigkeit an und kann diese ihre Berechtigung nicht durch Aushändigung eines Berechtigungsscheins nachweisen, liegen sodann eine konkrete Gefahr einer Straftat oder Ordnungswidrigkeit und damit eine Gefahr für die öffentliche Sicherheit vor. Als Folgemaßnahmen kommen ein auf die Befugnisgeneralklausel gestütztes vorläufiges Verbot, die Tätigkeit fortzusetzen, in Betracht sowie eine Identitätsfeststellung.

dd. Identitätsfeststellung (IDF)

207 Die Identitätsfeststellung hat den Zweck, entweder Personalien einer unbekannten Person festzustellen oder zu prüfen, ob eine Person diejenige ist, für die sie sich ausgibt. Kurz gesagt möchte die Polizei klären, **mit wem sie es zu tun hat**. Die Identitätsfeststellung umfasst daher die Ermittlung und Erhebung aller individuellen Merkmale einer Person, die es ermöglichen, sie von einer anderen Person zu unterscheiden und Verwechslungen auszuschließen. Wegen des mit der Identitätsfeststellung verbundenen Eingriffs in das Recht auf informationelle Selbstbestimmung (Art. 2 I i.V.m. 1 I GG), möglicherweise aber auch in die Freiheit der Person (Art. 2 II S. 2, 104 I, II GG), bedarf die Polizei einer Rechtsgrundlage. Diese liefern die Polizeigesetze.

208 Die **Identitätsfeststellung**[157] dient der Feststellung der Personalien einer unbekannten Person oder der Prüfung, ob eine bestimmte Person mit einer gesuchten identisch ist.[158]

209 Die Identitätsfeststellung setzt zwar eine konkrete Gefahr bzw. eine Anscheinsgefahr voraus, sie muss jedoch nicht zwingend geeignet sein, unmittelbar eine konkrete Gefahr abzuwehren, ihrem Entstehen vorzubeugen oder eine Straftat zu verhüten. Das wäre nur dann der Fall, wenn ein Verantwortlicher oder potentiell Verantwortlicher oder Straftäter sich durch die Identitätsfeststellung davon abhalten ließe, die geplante Handlung oder Tat zu begehen, oder wenn ein Ort, an dem des Öfteren Identitätsfeststellungen im Rahmen von Razzien, also der planmäßigen Überprüfung eines größeren Personenkreises, vorgenommen werden, künftig von potentiell Verantwortlichen oder Straftätern gemieden werden würde. Die Identitätsfeststellung kann jedoch Klarheit darüber verschaffen, gegen welche Person ggf. erforderliche gefahrenabwehrende Maßnahmen zu richten sind oder welche Person als Täter einer später begangenen Straftat in Frage kommt (Vorsorge für die Strafverfolgung, vgl. die ersten 1-3 Paragraphen der Polizeigesetze).

210 Als Personalien einer Person, die nach der polizeigesetzlichen Bestimmung über die IDF festgestellt oder geprüft werden können, kommen Vor- und Familien-, ggf. Geburtsname, Ordens- oder Künstlername, Doktorgrad, Tag und Ort der Geburt, Geschlecht, Größe, Farbe der Augen und andere biometrische Daten, Familienstand, Beruf, Wohnort und Wohnung, Staatsangehörigkeit (vgl. dazu § 111 OWiG, § 4 I PassG, § 1 II PersAuswG) in Frage. Dabei hängt vom Zweck der Maßnahme ab, welche Personalien jeweils zur Feststellung der Identität erforderlich sind. Wird eine hiernach erforderliche Angabe verweigert, liegt eine Ordnungswidrigkeit nach § 111 OWiG vor, was wiederum eine konkrete Gefahr für die öffentliche Sicherheit bedeutet und zu weiteren gefahrenabwehrrechtlichen Maßnahmen befugt. Steht die Identität fest, sind weitere identitätsfeststellende Maßnahmen unzulässig.

---

[157] Vgl. Bund: § 23 BundesPolG; BW: § 26 PolG; Bay: Art. 13 PAG; Berl: § 21 ASOG; Brand: § 12 PolG; Brem: § 11 PolG; Hamb: § 12 SOG, § 4 PolDVG; Hess: § 18 SOG; MeckVor: § 29 SOG; Nds: § 13 SOG; NRW: § 12 PolG; RhlPfl: § 10 POG; Saar: § 9 PolG; Sachs: § 19 PolG; SachsAnh: § 20 SOG; SchlHolst: § 181 LVwG; Thür: § 14 PAG und § 15 OBG.

[158] Zum Begriff der Identität vgl. § 111 OWiG.

Dagegen dient die Prüfung durch Abfrage der polizeilichen Fahndungssysteme (Informationssystem der Polizei, **INPOL**)[159], ob eine bestimmte Person gesucht wird, nicht der Identitätsfeststellung; daher ist diese auch speziell in anderen Vorschriften (z.B. § 36h BremPolG, § 25 HessSOG, § 45 NdsSOG) besonders geregelt. 211

Lässt die Befugnisnorm (anders als z.B. § 18 I HessSOG) die Identitätsfeststellung zum „**Schutz privater Rechte**" nicht ausdrücklich zu, obliegt der Schutz privater Rechte der Polizei nur nach Maßgabe der Aufgabenzuweisungsnorm (z.B. § 1 II BremPolG, § 1 III HessSOG, § 1 III NdsSOG – dazu Rn 68 ff.), allerdings i.V.m. mit einer Befugnisnorm. Diese wiederum kann durchaus die Befugnisnorm hinsichtlich der IDF sein. Voraussetzung ist aber das Vorliegen von deren Tatbestandsvoraussetzungen. 212

Beispiel: Bei einer Großveranstaltung im Sportstadion brennt T im engen Gedrängel mit einer Zigarette ein Loch in die Lederjacke des O. Gegenüber der herbeigerufenen Polizei, die die Personalien des T aufnehmen möchte, behauptet dieser, dies sei aus Versehen geschehen. T will sich allen polizeilichen Maßnahmen entziehen.

In repressivpolizeilicher Hinsicht hat T den objektiven Tatbestand der Sachbeschädigung (§ 303 I StGB) verwirklicht. Unklar ist lediglich der subjektive Tatbestand, also ob T vorsätzlich gehandelt hat. Sollte dies nach den äußeren Umständen bzw. nach einer entsprechenden Eruierung des Sachverhalts wahrscheinlich sein, darf (und muss) die Polizei eine Identitätsfeststellung nach § 163 b StPO vornehmen. Die Zuständigkeit ergibt sich insoweit aus § 1 IV BremPolG (vgl. auch § 1 II HessSOG, § 1 V NdsSOG) i.V.m. § 163 I StPO.

Hält die Polizei dagegen einen Vorsatz für ausgeschlossen, besteht der Verdacht einer Straftat nicht. Eine Identitätsfeststellung nach § 163 b StPO ist dann nicht zulässig.

Möglicherweise kommt in diesem Fall aber eine Identitätsfeststellung aus präventivpolizeilichen Gründen in Betracht. Allerdings obliegt gem. § 1 II BremPolG (vgl. auch § 1 III HessSOG, § 1 III NdsSOG) der Schutz privater Rechte der Polizei nur, wenn gerichtlicher Schutz nicht oder nicht rechtzeitig zu erlangen ist und ohne polizeiliche Hilfe die Verwirklichung des Rechts vereitelt oder wesentlich erschwert werden würde (sog. Subsidiarität polizeilichen Handelns – vgl. dazu Rn 68 ff.).

Ein zivilrechtlicher Anspruch des O gegen T gem. § 823 I BGB besteht, da insoweit (vgl. § 276 BGB) Fahrlässigkeit genügt und jedenfalls diese nicht ausgeschlossen werden kann. Auch wird O dadurch, dass T seine Mitwirkung verweigert, ohne die Identitätsfeststellung durch die Polizei kaum in der Lage sein, seine gegenüber T zustehenden zivilrechtlichen Ansprüche durchzusetzen. § 1 II BremPolG (vgl. auch § 1 III HessSOG, § 1 III NdsSOG) hindert die Polizei somit nicht, eine Identitätsfeststellung zulasten des T vorzunehmen.

Allerdings genügt allein die Überwindung des Subsidiaritätsgrundsatzes nicht. Denn wegen des Grundsatzes vom Vorbehalt des Gesetzes bedarf die Polizei bei grundrechtsbeeinträchtigenden Maßnahmen einer Befugnisnorm. T ist durch die (intendierte) Feststellung seiner Identität in seinem Grundrecht auf informationelle Selbstbestimmung betroffen; die der Polizei für diesen Fall zur Verfügung stehende Rechtsgrundlage ist die polizeigesetzliche Befugnisnorm hinsichtlich der IDF (z.B. § 11 BremPolG). Es müssten aber auch deren Tatbestandsvoraussetzungen vorliegen. In Betracht kommt die Variante „Abwehr einer Gefahr". Dies setzt eine konkrete Gefahr voraus, an der es jedoch fehlt, wenn man auf das *Sengen der Jacke* abstellt. Denn dieser Lebensvorgang ist abgeschlossen. Zwar kann auch eine Störungsbeseitigung eine Form der Gefahrenabwehr sein, dies jedoch nur dann, wenn von der Störung weiterhin Gefahren ausgehen. Das ist vorliegend aber nicht der Fall, weil keine weiteren Gefahren von der Zigarette des T erwartet werden können.

---

[159] Vgl. dazu sogleich Rn 219, aber auch Rn 350 und 362.

Fraglich ist, ob die erforderliche Gefahr angenommen werden kann, wenn man nicht auf den abgeschlossenen Vorgang *Sengen der Jacke* abstellt, sondern auf die Vereitelung der Rechtsverfolgung. Denn auch und gerade die subjektiven Rechte sind polizeiliche Schutzgüter der öffentlichen Sicherheit. Dem könnte allerdings der Zweck der Gefahrenabwehr entgegenstehen. Denn Gefahrenabwehr steht ausschließlich im öffentlichen Interesse. Sofern auch subjektive Rechte geschützt sind, sind sie es nur, sofern eine Rechtsvereitelung droht oder Öffentlichkeitsbezug besteht. Öffentlichkeitsbezug besteht bei solchen subjektiven Rechten, deren Verletzung straf- oder ordnungswidrigkeitenrechtlich sanktioniert ist und im konkreten Fall auch sanktioniert werden kann. Vorliegend ist das jedoch nicht der Fall, da die fahrlässige Sachbeschädigung nicht strafbewehrt ist. In Übereinstimmung mit dem zur Subsidiaritätsklausel Gesagten genügt es für die Annahme eines öffentlichen Interesses aber, wenn eine Rechtsvereitelung droht. Das ist vorliegend der Fall.

Teilt man diesen Standpunkt, bleibt im Ergebnis festzustellen, dass die Polizei die Identität des T präventivpolizeilich feststellen darf, auch wenn der „Schutz privater Rechte" nicht explizit in der Befugnisnorm genannt ist. Liegt sogar der Anfangsverdacht einer Straftat vor, darf die Polizei im Rahmen der Strafverfolgung gem. §§ 163 I, 163b StPO die Personalien des T aufnehmen.

Im Einzelnen gilt:

a.) Formelle Rechtmäßigkeit

213 Hinsichtlich der formellen Rechtmäßigkeit gelten zunächst die allgemeinen Voraussetzungen (Zuständigkeit, Verfahren, Form, siehe Rn 607 ff.), wobei eine vorherige Anhörung (§ 28 II VwVfG) wegen § 28 II Nr. 1 Var. 2 VwVfG regelmäßig entbehrlich ist. Als besondere (und zusätzlich zu prüfende) Verfahrensvorschrift normieren einige Polizeigesetze, dass dem Betroffenen der Grund bzw. die Rechtsgrundlage für die Identitätsfeststellung genannt werden soll.[160] In den anderen Polizeigesetzen geht diese Soll-Bestimmung aus der allgemeinen Verfahrensvorschrift über die Datenerhebung, die auch für die Identitätsfeststellung gilt, hervor.[161] Bei der Durchsuchung nach Ausweispapieren zwecks Feststellung der Identität ist die in den Polizeigesetzen hinsichtlich der Durchsuchung von Personen enthaltene Verfahrensvorschrift, wonach grds. Männer nur von Männern und Frauen nur von Frauen durchsucht werden dürfen (z.B. § 19 IV BremPolG, § 36 IV HessSOG, § 22 III NdsSOG) analog anzuwenden, weil es für den Betroffenen keinen Unterschied machen kann, ob er aus Gründen der IDF oder aus anderen Gründen durchsucht wird. Ein **Verstoß** gegen Verfahrensbestimmungen führt grundsätzlich zur (formellen) Rechtswidrigkeit; allerdings ist in jedem Einzelfall zu prüfen, inwieweit eine Heilung gem. § 45 VwVfG bzw. eine Unbeachtlichkeit gem. § 46 VwVfG in Betracht kommen. Schließlich ist zu beachten, dass eine Freiheitsbeschränkung zum Zweck der IDF keinesfalls die in den Polizeigesetzen festgesetzte **Dauer** überschreiten darf (vgl. z.B. § 18 II BremPolG, § 35 II HessSOG, § 21 S. 3 NdsSOG).

b.) Materielle Rechtmäßigkeit

214 Als Gefahrenabwehrmaßnahme eignet sich die Identitätsfeststellung, weil durch die **Aufhebung der Anonymität** Gefahren abgewendet bzw. bevorstehende Straftaten verhindert werden sollen. Die Polizeigesetze enthalten eine Ermächtigung zur Personalienfeststellung für verschiedenartige, alternativ angelegte Tatbestände:

---

[160] Hamb: § 13b I SOG, § 2 IV S. 1 Nr. 1 PolDVG; Hess: § 34 I SOG; Nds: § 20 I S. 1 SOG.

[161] Vgl. BW: § 19 III PolG; Bay: Art. 30 IV PAG; Berl: § 18 V ASOG; Brand: § 29 IV S. 1 PolG; Brem: § 27 I PolG; Hamb: § 2 IV PolDVG; Hess: § 13 VIII SOG; MeckVor: § 26 III SOG; Nds: § 30 I S. 3 SOG; NRW: § 24

(1) zur Abwehr einer Gefahr
(2) für die sog. verrufenen oder gefährlichen Orte
(3) an einer Kontrollstelle
(4) für gefährdete Objekte

Der in Nr. 1 genannte Tatbestand „**Abwehr einer Gefahr**" setzt grundsätzlich eine **konkrete Gefahr** und die **Störereigenschaft** des Adressaten bzw. einen **polizeilichen Notstand** voraus. Die anderen drei Tatbestände „**verrufene oder gefährliche Orte**" (Nr. 2), „**an einer Kontrollstelle**" (Nr. 3) und „**gefährdete Objekte**" (Nr. 4) setzen **keine konkrete Gefahr** und keinen konkreten Verdacht gegen eine zu überprüfende Person voraus. Die Gesetze verlangen i.d.R. lediglich „die durch Tatsachen gerechtfertigte Annahme, dass in oder an den Objekten Straftaten begangen werden sollen oder sich Straftäter verbergen bzw. dort angetroffen werden". Damit sind eine **abstrakte Gefahr** bzw. ein **Gefahrenverdacht** gemeint (vgl. Rn 666 und 689). Nr. 4 fordert zusätzlich, dass durch die drohenden Straftaten Personen in oder an den Objekten oder die Objekte selbst gefährdet werden. In allen Fällen der Nrn. 1-4 gilt jedoch, dass der Adressat der Identitätsfeststellung weder polizei- noch notstandspflichtig zu sein braucht. So genügt schon der Aufenthalt der Person an einem Ort, an dem tatsächliche Anhaltspunkte einen Gefahrenverdacht rechtfertigen, wie das gerade an sog. **verrufenen oder gefährlichen Orten** i.S.v. Nr. 2 der Fall ist. 215

Zu den verrufenen oder gefährlichen Orten zählen zum **Beispiel** Treffpunkte für Kriminelle, Drogenumschlagplätze, Bahnhöfe, Lokale im Rotlichtmilieu, Bordelle, Orte, an denen illegale Glücksspiele stattfinden, usw. Selbst Wohnungen können verrufen oder gefährlich sein, wenn in ihnen z.B. illegale Wohnungsprostitution ausgeübt oder wenn mit illegalen Drogen gehandelt wird. Jedoch dürfen sie i.d.R. nur unter den strengen Voraussetzungen der Bestimmungen über das Betreten von Wohnungen betreten werden.

Hinsichtlich der Nr. 2 ist in einigen Polizeigesetzen die frühere Formulierung „sich an einem Ort aufhält" durch die Formulierung „an einem Ort angetroffen wird" ersetzt worden (vgl. z.B. § 11 I Nr. 2 BremPolG, § 13 I Nr. 2 NdsSOG). Damit griffen die Landesgesetzgeber die Rechtsprechung des OVG Hamburg v. 23.8.2002[162] auf, wonach ein „Sich-Aufhalten" an einem Ort mehr bedeute als sich lediglich dort zu „befinden". Begrifflich sei das „Sich-Aufhalten" mit einem „Verweilen" gleichzusetzen. Es sei insofern von der Ermächtigungsgrundlage nicht gedeckt, wenn jemand einer Identitätskontrolle unterzogen werde, der zielgerichtet ohne Anzeichen eines verzögerten Gangs den betreffenden Ort lediglich passiere.[163] Vor diesem Hintergrund hätten Verwaltungsbehörden und Polizei nach der früheren Rechtslage darlegen müssen, dass z.B. Drogendealer an dem betreffenden Ort tatsächlich „verweilt" haben. Um daher möglichen zukünftigen Problemen in der Praxis zu begegnen, ob jemand einen gefährlichen Ort lediglich nur passiert oder aber – mit einem nach außen deutlich werdenden verharrenden Element – über die Straße schlendert und demzufolge überprüft werden darf, habe der Begriff „aufhält" durch „angetroffen wird" ersetzt werden müssen. 216
Zur Frage, ob diese Neuregelungen noch mit dem verfassungsrechtlich verankerten Bestimmtheitsgebot vereinbar sind, vgl. Rn 227.

Als **gefährdete Objekte** i.S.d. Nr. 4 gelten besonders anschlagsgefährdete und schutzbedürftige Orte; exemplarisch sind Verkehrs- und Versorgungsanlagen und -einrichtungen, öffentliche Verkehrsmittel und Amtsgebäude genannt. Auch wird die unmittelbare Umgebung eingeschlossen. 217

OBG i.V.m. § 9 VI PolG; Saar: § 25 V PolG; Sachs: § 37 II S. 3 PolG; SachsAnh: § 15 VII SOG; SchlHolst: § 178 III LVwG; Thür: § 31 IV S. 1 PAG.
[162] OVG Hamburg NVwZ-RR 2003, 276 f.
[163] So auch schon *R. Schmidt*, BesVerwR II, 8. Aufl. 2004, S. 56.

Beispiele[164]**:** Flughäfen, Bahnhöfe, Elektrizitäts-, Wasser- und Gaswerke, Raffinerien und Pipelines, Flugzeuge, Eisenbahnen, öffentliche Verkehrsmittel (S- und U-Bahnen etc.), Parlaments-, Gerichts- und Behördengebäude, militärische Anlagen, Rundfunksender, Zeitungsverlage, Parteizentralen, türkische Reisebüros, jüdische Gemeindehäuser, Privatwohnungen von Politikern, Sportgroßveranstaltungen wie Fußballweltmeisterschaft[165] usw.

218 An den verrufenen, gefährlichen oder gefährdeten Orten kann die Polizei eine **Razzia**, also eine planmäßige Überprüfung der Identität eines größeren Personenkreises, vornehmen. Bei den gefährdeten Objekten besteht die Befugnis zur Identitätsfeststellung, wenn Tatsachen die Annahme rechtfertigen, dass an diesen Objekten Straftaten verübt werden sollen, durch die diese Objekte selbst oder Personen, die sich darin oder in unmittelbarer Nähe befinden, gefährdet sind.

219 Soll die Identität einer Person z.B. als Hooligan, politisch motivierter Gewalttäter oder Anhänger einer rechtsextremistischen Vereinigung festgestellt werden, werden die Personalien nicht nur erhoben, sondern mit den entsprechenden Dateien des polizeilichen Informationssystems (**INPOL**) abgeglichen. Dieser **Datenabgleich** stellt eine typische Begleitmaßnahme zur IDF dar, ist aufgrund des mit ihm verbundenen weiteren Grundrechtseingriffs in der Fallbearbeitung jedoch separat zu prüfen (dazu Rn 355).

220 Auch auf der **Rechtsfolgeseite** enthalten die Bestimmungen der Polizeigesetze einen differenzierten Befugniskatalog. Sie beinhalten nicht nur das Recht, eine Person **anzuhalten**, zu **befragen** und sich mitgeführte **Ausweispapiere** vorlegen zu lassen, sondern bei Verweigerung sie auch **festzuhalten**, sie nach Gegenständen, die der Identitätsfeststellung dienen, zu **durchsuchen** und ultimativ (d.h. unter Wahrung des Verhältnismäßigkeitsprinzips) **zur Polizeidienststelle zu verbringen** (**Sistierung**), was das Recht der Fortbewegungsfreiheit gem. Art. 2 II S. 2, 104 I GG (kurzfristige **Freiheitsbeschränkung**) einschränkt.[166] Ein Rückgriff auf die Befugnisnorm „Ingewahrsamnahme" (dazu Rn 449 ff.) ist insoweit nicht erforderlich. Verbringt die Polizei den Betroffenen zwecks Identitätsfeststellung zur Polizeiwache, muss sie diese ohne zeitliche Verzögerung und ohne Umwege durchführen.[167] Außerdem muss sie schon gewichtige Gründe vorbringen, um nicht gegen den Grundsatz der Verhältnismäßigkeit zu verstoßen.

Beispiel[168]**:** A hat in der Buchhandlung B ein Buch gekauft und bar bezahlt. Unglücklicherweise fällt ihr von dem Wechselgeld, das ihr der Verkäufer ausgehändigt hat, ein Zweieurostück in eine Ritze zwischen Ladentheke und Glasscheibe. Auf ihre Frage, wie sie an das Zweieurostück kommen könne, sagt ihr der Verkäufer V, dies sei unmöglich. Auch könne er ihr nicht nochmals 2,- € aushändigen, da dann die Kasse nicht mehr stimme. Daraufhin holt A 2 Polizisten herbei, die V um Angabe der Personalien bitten. V weigert sich und wird zur Wache gebracht.

Unabhängig davon, ob die Polizei überhaupt zur Sicherung zivilrechtlicher Ansprüche zuständig war (zur Subsidiaritätsklausel vgl. Rn 68 ff. und 212), war das Verbringen zur Dienststelle zwecks IDF unverhältnismäßig und damit rechtswidrig. A hätte es ohne wei-

[164] Vgl. *Pieroth/Schlink/Kniesel*, POR, § 14 Rn 36.
[165] Vgl. dazu *Nolte*, NVwZ 2001, 147, 151 f.
[166] Bei einer Sistierung zwecks Identitätsfeststellung ist richtigerweise von einer bloßen Freiheitsbeschränkung, statt von einer Freiheitsentziehung auszugehen. Eine Freiheitsentziehung bedürfte zudem grds. einer vorherigen richterlichen Entscheidung (vgl. Art. 104 II S. 1 GG).
[167] Vgl. OLG Schleswig NVwZ 2003, 1412 ff.
[168] Nach OLG Düsseldorf NJW 1990, 998 (allerdings mit anderem Ergebnis); *Götz*, POR, § 8 Rn 15.

teres offengestanden, vom Inhaber des Buchhandels die Herausgabe zu verlangen. Die Mitnahme zur Wache stand zudem völlig außer Verhältnis zum Wert des Wechselgelds.

Zur Abgrenzung zur Befragung vgl. Rn 189.

Im Übrigen ist zu beachten, dass der in den Befugnisnormen aufgelistete Katalog an zulässigen Maßnahmen **nicht abschließend** ist. Das folgt zum einen aus der generalklauselartigen Ermächtigung in den Befugnisnormen und zum anderen aus der Formulierung „insbesondere". Neben den explizit in den Befugnisnormen genannten Maßnahmen sind daher auch andere Maßnahmen möglich. Dazu zählen z.B. die Erkundigung bei Dritten, das Anfragen bei Meldebehörden und anderen Register führenden Stellen wie etwa bei Kfz-Zulassungsstellen und dem Kraftfahrt-Bundesamt (KBA). Zu beachten ist jedoch, dass in diesen Fällen oftmals andere, spezielle Befugnisnormen greifen. 221

In der polizeilichen Praxis wird zur Identitätsfeststellung insbesondere die **Aushändigung** mitgeführter **Ausweispapiere** verlangt. Da aber eine Mitführungspflicht weder durch die Befugnisnorm bzgl. der IDF noch durch andere Vorschriften begründet wird, kann ein Nichtmitführen auch nicht sanktioniert werden. Es besteht aber eine (sich aus anderen Vorschriften ergebende) Pflicht, ein Ausweispapier zu besitzen und auf Verlangen einer berechtigten Person oder Stelle vorzuzeigen. In diesem Zusammenhang sind insbesondere zu beachten: 222

- § 1 I **PersAuswG**, wonach zwar keine Mitführungs-, dafür aber eine Besitz- und Vorzeigepflicht in Bezug auf den Personalausweis besteht,
- § 1 **PassG** i.V.m. § 1 I S. 1 Halbs. 2 PersAuswG, wonach ein gültiger Pass den Personalausweis ersetzt,
- § 3 **AufenthG**, wonach Ausländer zum Besitz (nicht zum Mitführen) eines Passes oder zugelassenen Passersatzes verpflichtet sind (vgl. auch § 48 AufenthG),
- § 64 I **AsylVfG**, wonach Asylbewerber für die Dauer des Asylverfahrens ihrer Ausweispflicht mit der Bescheinigung über die Aufenthaltsgestattung genügen.

Es kommen auch andere Ausweispapiere in Betracht (z.B. Führerschein und Zulassungsbescheinigung I), wobei sich aber eine Überschneidung mit den „Berechtigungsscheinen" und sonstigen Urkunden i.S.d. Bestimmung über die Herausgabe von Berechtigungsscheinen (Rn 199 ff.) ergeben kann. Die Verpflichtung, den Führerschein mitzuführen und auf Verlangen auszuhändigen, ergibt sich aus § 2 I S. 3 StVG, § 4 II FeV, die entsprechende Verpflichtung in Bezug auf die Zulassungsbescheinigung I aus § 11 V FZV. Ein Verstoß gegen Mitführ- oder Vorzeigepflichten stellt i.d.R. eine bußgeldbewährte Ordnungswidrigkeit dar (vgl. etwa § 5 I Nr. 2 i.V.m. § 1 I S. 1 PersAuswG oder § 75 Nr. 4 FeV i.V.m. § 24 StVG). 223

Die Vielzahl der möglichen Maßnahmen zur Feststellung der Identität wirft die Frage nach dem Rechtsschutz auf, die wiederum nur dann beantwortet werden kann, wenn die **Rechtsnatur** der Maßnahmen feststeht. 224

- Bezüglich des **Anhaltens** gilt, dass dieses nur Mittel zum Zweck und demzufolge keine Maßnahme des Verwaltungszwangs darstellt. Der Betroffene kann daher unproblematisch (bei eingetretener Erledigung vor Klageerhebung) Fortsetzungsfeststellungsklage analog § 113 I S. 4 VwGO gegen die Identitätsfeststellung erheben.
- Dasselbe gilt im Prinzip für das **Durchsuchen** der Person nach Gegenständen, die der Identitätsfeststellung dienen. Auch diese Maßnahme stellt lediglich den Durchführungsakt der Standardmaßnahme *Identitätsfeststellung* dar (insbesondere ist sie nicht mit der

eigenständigen Standardmaßnahme *Durchsuchung von Personen* zu verwechseln). Der Betroffene kann hier ebenfalls (bei eingetretener Erledigung vor Klageerhebung) Fortsetzungsfeststellungsklage analog § 113 I S. 4 VwGO gegen die Identitätsfeststellung erheben.

- Problematisch ist dagegen das **Verbringen auf die Dienststelle**. Grundsätzlich ist auch das Verbringen auf die Dienststelle die Ausführungshandlung (das reale Element) der *Identitätsfeststellung* und demzufolge keine Maßnahme des Verwaltungszwangs.[169] Etwas anderes gilt aber, wenn der Betroffene sich weigert, mit der Polizei mitzukommen, und die Polizei den Betroffenen unter Anwendung körperlichen Zwangs mit auf die Dienststelle nehmen muss. Hier ist von einem unmittelbaren Zwang auszugehen, was dazu führt, dass (in der Fallbearbeitung je nach Fallfrage) sowohl die Rechtmäßigkeit der Zwangsmaßnahme als auch die Rechtmäßigkeit bzw. Wirksamkeit der Grundverfügung geprüft werden müssen. Zur Begründung dieser Vorgehensweise vgl. im Einzelnen die Ausführungen zur Verwaltungsvollstreckung bei Rn 902 ff.

225 **Beispiel:** Um die bei einer Demonstration befürchteten Ausschreitungen und Straftaten i.S.v. § 27 VersG zu verhindern, richtet die Polizei auf einer Ausfallstraße eine **Kontrollstelle** (Fahndungsstelle, dazu Rn 215) ein, um Vorbeifahrende zu kontrollieren. K, der mit der Demonstration nichts zu tun hat, passiert mit seinem Kfz die Stelle und wird kontrolliert. Als er sich nach entsprechender Aufforderung weigert, seine Personalien offenzulegen, wird er von Polizeikommissar X durchsucht. Nachdem keine Hinweise auf die Identität gefunden werden, fordert X den K auf, mit auf die Polizeidienststelle zu kommen. Als K sich weigert mitzukommen, wird er nach ordnungsgemäßer Androhung eines Zwangsmittels zwangsweise zur Dienststelle verbracht. Sind die Maßnahmen rechtmäßig?[170]

226 Hinsichtlich des **Adressaten** der IDF ist zu unterscheiden: Die IDF zur Abwehr einer **konkreten Gefahr** kann nur beim Störer und unter den entsprechenden besonderen Voraussetzungen beim Nichtstörer vorgenommen werden. Bei der Abwehr **abstrakter Gefahren** bzw. beim **Gefahrenverdacht** hingegen ist wiederum zu unterscheiden:

227
- Bei den **verrufenen** oder **gefährlichen** Orten ist insbesondere nach dem Wortlaut der novellierten Polizeigesetze (Rn 216) der Kreis von Personen, deren Identität festgestellt werden kann, derart unbestimmt, dass jeder erfasst zu sein scheint, der an den entsprechenden Orten angetroffen wird (nach der früheren Fassung musste er sich wenigstens dort aufhalten). Daher liegt die Annahme nahe, die Vorschrift sei zu unbestimmt und damit **verfassungswidrig**. Bevor eine Gesetzesbestimmung jedoch dem Verdikt der Verfassungswidrigkeit unterfällt, ist zu versuchen, sie verfassungskonform auszulegen. So könnten von vornherein diejenigen aus dem Kreis der Pflichtigen ausgeschlossen werden, bei denen der Verdacht, Störer zu sein, offensichtlich ausscheidet.[171] Eine andere Möglichkeit der Restriktion besteht darin, von einer IDF abzusehen, wenn die Frage, ob der Angetroffene als Störer in Betracht kommt, einer Aufklärung bedarf.[172] Schließlich ist es möglich, eine Beschränkung des Adressatenkreises durch Heranziehung der Aufgabenzuweisungsnorm des § 1 der Polizeigesetze zu erzielen: Da die IDF der Person einen Ertrag für die vorbeugende Bekämpfung von Straftaten versprechen muss, muss auch die Person für eine abstrakte Gefahr bzw. den Gefahrenverdacht verantwortlich sein.[173] Die genannten Einschränkungsmöglichkeiten obliegen aber dem Rechtsanwender, mithin der Polizei. Die durch die genannten Gesetzesnovellen erfolgte Ausweitung der Eingriffsbefugnisse zulasten von Personen, die lediglich an dem Ort an-

---

[169] Vgl. dazu *Schenke*, POR, Rn 119 ff. Unklar *Knemeyer*, POR, Rn 165 i.V.m. Rn 173.
[170] Die Lösung des Falls wurde aus Gründen der Übersichtlichkeit herausgenommen und auf die Internetseite des Verlags Rubrik Verlagsprogramm/Falllösungen und Ergänzungen gestellt.
[171] So *Schenke*, POR, Rn 228.
[172] *Gusy*, POR, Rn 228.
[173] *Pieroth/Schlink/Kniesel*, POR, § 14 Rn 45.

getroffen werden und sich nicht mehr dort aufhalten müssen, hat das Problem noch verschärft und beruht im Übrigen auf einer falsch verstandenen Aussage des OVG Hamburg. Dieses hatte nämlich gerade eine einengende Auslegung der Befugnis zur Identitätsfeststellung an verrufenen bzw. gefährlichen Orten gefordert, indem es entschied, dass die Identität nur bei Personen festgestellt werden dürfe, die an dem gefährlichen Ort verweilten, sich also dort aufhielten, nicht bei Personen, die ihn lediglich passierten.[174]

- Die genannten verfassungsrechtlichen Bedenken gelten letztlich auch hinsichtlich der IDF bei **gefährdeten Objekten**, da es nach den Bestimmungen der novellierten Polizeigesetze auch hier genügt, wenn die Person angetroffen wird. Immerhin haben die Landesgesetzgeber angeordnet, dass die Identität einer Person nur festgestellt werden darf, wenn es für die Verhütung der befürchteten Straftat erforderlich ist. **228**

Die meisten Polizeigesetze (und selbstverständlich das Bundespolizeigesetz) lassen Polizeikontrollen, Identitätsfeststellungen und ggf. das Verbringen auf die Polizeidienststelle auch **ohne Vorliegen einer Gefahr**, ja sogar **verdachts- und ereignisunabhängig** zu[175], insbesondere bei Polizeikontrollen im **Grenzgebiet**[176], auf **Autobahnen** und anderen **Durchgangsstraßen von erheblicher Bedeutung** für die **grenzüberschreitende Kriminalität** sowie in den Verkehrsmitteln und -einrichtungen des **internationalen Verkehrs**. Mit dieser Erweiterung der Befugnisse sollen die Gefahren von Menschenhandel, Drogen- und Waffenhandel, Autoschieberei und sonstiger grenzüberschreitender Kriminalität, denen seit dem Schengener Abkommen nicht mehr durch Grenzkontrollen begegnet werden kann, abgewehrt werden, indem über die grenzverkehrsrelevanten Örtlichkeiten ein Schleier engmaschiger Kontrollen geworfen wird. Daher spricht man auch von **Schleierfahndung**.[177] **229**

Teilweise wird an diesen Regelungen Kritik geäußert. Insbesondere seien sie hinsichtlich des Tatbestandsmerkmals „andere Durchgangsstraßen von erheblicher Bedeutung für die grenzüberschreitende Kriminalität" zu unbestimmt und damit bezüglich des Rechtsstaatsprinzips fragwürdig.[178] Im Einzelnen wird vorgebracht, dass es nicht bestimmte, sondern in seiner umfassenden Unbestimmtheit alle Straßen erfasse, dass es sowohl in seiner räumlichen Erstreckung als auch in seiner Erfassung von Nichtstörern wie Störern, Unverdächtigen wie Verdächtigen zu weit gehe und mit der Ermächtigung zu allen Stufen der Durchsetzung einer Identitätsfeststellung zu intensiv eingreife. Zumindest das Landesverfassungsgericht Mecklenburg-Vorpommern ist dieser Kritik gefolgt und hat § 29 I S. 2 Nr. 5 MeckVorSOG im Wesentlichen für nichtig erklärt.[179] **230**

Einige Polizeigesetze haben das allgemeine Befragungsrecht daher nur dann um die Befugnis, mitgeführte Ausweispapiere zur Prüfung herauszuverlangen und mitgeführte Sachen in Augenschein zu nehmen, erweitert, wenn es um die vorbeugende Bekämpfung von Straftaten von *erheblicher* Bedeutung und mit internationalem Bezug geht und die Person im öffentlichen Verkehrsraum angetroffen wird (vgl. z.B. § 12 VI NdsSOG). **231**

---

[174] OVG Hamburg NVwZ-RR 2003, 276 f.

[175] Vgl. Bund: §§ 22 Ia, 23 I Nrn. 2-4 BundesPolG; Bay: Art. 13 I Nr. 5 PAG; BW: § 26 I Nr. 6 PolG; Berl: § 18 VI S. 1 ASOG; MeckVor: § 27a Nr. 5 POG; Sachs: § 19 I S. 1 Nr. 5 PolG; Thür: § 14 I Nr. 5 PolG.

[176] Teilweise bis zu einer Tiefe von 30 Kilometern.

[177] Vgl. dazu SachsAnhVerfG NVwZ 2002, 1370 ff.

[178] Vgl. *Möllers*, NVwZ 2000, 382, 384 ff.; *Herrnkind*, KJ 2000, 188; *Götz*, NVwZ 1998, 679, 683 f.; *Schmid*, LKV 1998, 477 ff.; *Schwabe*, NVwZ 1998, 709.

[179] MeckVorVerfG LKV 2000, 149. Demgegenüber hat das VerfG SachsAnh eine gegen § 14 III SachsAnhSOG gerichtete Verfassungsbeschwerde wegen fehlender unmittelbarer Grundrechtsbetroffenheit für unzulässig erachtet (NVwZ 2002, 1370 ff.).

232 Von der niedersächsischen Regelung inspiriert hat auch der Bremische Reformgesetzgeber im Rahmen der Gesetzesnovelle vom 23.2.2006 die **grenzverkehrsrelevante Identitätsfeststellung** in das BremPolG aufgenommen (vgl. § 13 V BremPolG).

233 Allerdings ist hinsichtlich der fraglichen Polizeigesetze die Annahme der Nichtigkeit wegen Unbestimmtheit nicht zwingend. Durch verfassungskonforme Auslegung und strenge Anwendung des Grundsatzes der Verhältnismäßigkeit kann der Schleierfahndung das Verdikt der Verfassungswidrigkeit erspart werden.[180]

Beispiel: Die Bundespolizei hat neben ihren Befugnissen zur Identitätsfeststellung, die denen der Länderpolizeien entsprechen, in Zügen, auf Eisenbahnanlagen oder auf internationalen Flughäfen die erweiterte Befragungsbefugnis zur Verhinderung und Unterbindung unerlaubter Einreise.[181] Vom Vorliegen von Verdachtsmomenten ist nicht die Rede. Man könnte daher die Auffassung vertreten, dass die Befugnisnorm zu unbestimmt und daher verfassungswidrig sei. Wendet man die Vorschrift allerdings restriktiv an und verlangt zumindest eine abstrakte Gefahr bzw. einen Gefahrenverdacht für Rechtsgüter von erheblicher Bedeutung und mit internationalem Bezug, besteht kein Grund für die Annahme der Verfassungswidrigkeit (verfassungskonforme Auslegung, s.o).

c.) Rechtsschutz

234 Die Identitätsfeststellung ist ein **Verwaltungsakt**. Die Rechtmäßigkeit einer solchen Maßnahme kann daher – wegen regelmäßig vorliegender Erledigung – mit Hilfe der **Fortsetzungsfeststellungsklage**, ggf. analog § 113 I S. 4 VwGO, überprüft werden. Sollte die Identitätsfeststellung mit Mitteln des Verwaltungszwangs durchgesetzt worden sein (dazu zählt insbesondere die zwangsweise Mitnahme zur Wache), sind gegen die **Anwendung der Zwangsmaßnahme** (bei Eintritt der Erledigung) die **Fortsetzungsfeststellungsklage** analog § 113 I S. 4 VwGO oder die **allgemeine Leistungsklage** statthaft, je nachdem, ob man in der Anwendung des Zwangsmittels einen Verwaltungsakt oder lediglich einen Realakt sieht.

235

Prüfungsschema der Identitätsfeststellung

I. Rechtsgrundlage für die Identitätsfeststellung

II. Formelle Rechtmäßigkeit der Identitätsfeststellung

1. **Zuständigkeit** der handelnden Behörde (Rn 607)
2. Ordnungsgemäßes **Verfahren** (Einhaltung der allg. Verfahrensvorschriften (Rn 621). Als besondere (und zusätzlich zu prüfende) Verfahrensvorschrift normieren einige Polizeigesetze, dass dem Betroffenen der Grund bzw. die Rechtsgrundlage für die Identitätsfeststellung genannt werden soll.
3. Einhaltung der **Form**vorschriften (Rn 621)

III. Materielle Rechtmäßigkeit der Identitätsfeststellung

1. Tatbestand

Schutzgut der IDF ist die **öffentliche Sicherheit** (Rn 629 ff.). Für diese muss grds. eine **konkrete Gefahr** (Rn 665) bestehen. Eine **abstrakte Gefahr** (Rn 666) ist ausreichend an gefährlichen und gefährdeten Orten, an Kontrollstellen oder in Kontrollbereichen und in Grenznähe, da diese als neuralgische Örtlichkeiten gelten, bei denen eine IDF ohne Vorliegen einer konkreten Gefahr eine gewisse Abschreckung und eine Verunsicherung des kriminellen Milieus bewirkt.

[180] Wie hier BayVerfGH DVBl 2003, 863 ff.; *Horn*, BayVBl 2003, 545.
[181] § 22 I a BundesPolG.

2. Rechtsfolge

Rechtsfolge ist die **Feststellung der Identität**, ggf. mit Hilfe der in der Befugnisnorm beschriebenen Maßnahmen (**Anhalten**, **Durchsuchen**, **Verbringen auf die Dienstelle** etc.).

Pflichtig sind bei Vorliegen einer **konkreten Gefahr** der **Störer** und unter bestimmten Voraussetzungen auch der **Nichtstörer**. Bei der Abwehr **abstrakter Gefahren** hingegen ist wiederum zu unterscheiden:

- ⇨ Bei **gefährlichen Orten** ist nach dem Wortlaut der Polizeigesetze der Kreis von Personen, deren Identität festgestellt werden kann, derart weit gefasst, dass jeder erfasst zu sein scheint, der sich an den entsprechenden Orten aufhält oder dort angetroffen wird. Daher ist eine verfassungskonforme Auslegung geboten. So können von vornherein diejenigen aus dem Kreis der Pflichtigen ausgeschlossen werden, bei denen der Verdacht, Störer zu sein, offensichtlich ausscheidet. Eine andere Möglichkeit der Restriktion besteht darin, von einer IDF abzusehen, wenn die Frage, ob der Angetroffene als Störer in Betracht kommt, einer Aufklärung bedarf. Auch ist es möglich, eine Beschränkung des Adressatenkreises durch Heranziehung der Aufgabennorm zu erzielen: Da die Identitätsfeststellung der Person einen Ertrag für die vorbeugende Bekämpfung von Straftaten versprechen muss, muss auch die Person für eine abstrakte Gefahr verantwortlich sein. Schließlich kann dem Begriff des Aufenthalts entnommen werden, dass die Identität nur bei Personen festgestellt werden darf, die an dem gefährdeten Ort verweilen, nicht bei Personen, die ihn lediglich passieren.
- ⇨ Bei **gefährdeten Orten** darf nach dem Wortlaut der meisten Polizeigesetze die Identität einer Person nur festgestellt werden, wenn es für die Verhütung der befürchteten Straftat erforderlich ist. Das gilt letztlich auch für die IDF bei den **Kontrollstellen**, auch wenn es dem Wortlaut nicht immer deutlich zu entnehmen ist.
- ⇨ Ein besonderes Problem stellt auch die **grenzverkehrsrelevante Identitätsfeststellung** dar, da hier nicht nur eine abstrakte Gefahr genügt, sondern auch die Gefährlichkeit der Örtlichkeit nicht ohne weiteres besteht. Wendet man die Vorschrift allerdings restriktiv an und verlangt zumindest eine abstrakte Gefahr für Rechtsgüter von erheblicher Bedeutung und mit internationalem Bezug, besteht kein Grund für die Annahme der Verfassungswidrigkeit.

Im Übrigen sind die **Ermessengrenzen** und der Grundsatz der **Verhältnismäßigkeit** zu beachten.

ee. Erkennungsdienstliche Maßnahmen

Erkennungsdienstliche Maßnahmen[182] sind Erhebungen personenbezogener Daten und dienen der Feststellung der Identität, aber auch der Feststellung von Eigenschaften, die die Person nicht nur identifizieren, sondern auch charakterisieren. 236

Stellen erkennungsdienstliche Maßnahmen somit eine Erhebung personenbezogener Daten dar, greifen sie in das Grundrecht auf **informationelle Selbstbestimmung** (Art. 2 I i.V.m. Art. 1 I GG), ggf. aber auch in das Grundrecht der **Freiheit der Person** (Art. 2 II S. 2 GG i.V.m. Art. 104 I GG) ein. 237

Erkennungsdienstliche Maßnahmen müssen nicht nur durch Wahrnehmung des Körpers und körperlichen Verhaltens, sondern können auch durch Eingriffe in die körperliche Integrität erhoben werden, wegen des Grundsatzes der Verhältnismäßigkeit allerdings nur durch geringfügige Eingriffe.[183] 238

---

[182] Vgl. Bund: § 24 BundesPolG; BW: § 36 PolG; Bay: Art. 14 PAG; Berl: § 23 ASOG; Brand: § 13 PolG; Brem: § 11b PolG; Hamb: § 7 PolDVG; Hess: § 19 SOG; MeckVor: § 31 SOG; Nds: § 15 SOG; NRW: § 14 PolG; RhlPfl: § 11 POG; Saar: § 10 PolG; Sachs: § 20 PolG; SachsAnh: § 21 SOG; SchlHolst: § 183 LVwG; Thür: § 16 PAG.

[183] *Pieroth/Schlink/Kniesel*, POR, § 14 Rn 55.

Beispiele: Gesetzlich genannte erkennungsdienstliche Maßnahmen sind die Abnahme von Finger- und Handflächenabdrücken, die Aufnahme von Lichtbildern, die Feststellung äußerer körperlicher Merkmale und Messungen sowie andere vergleichbare Maßnahmen (vgl. nur § 11b III BremPolG). Das schließt die Feststellung von Narben und Tätowierungen, Augen- und Haarfarbe, Messungen von Körpergewicht und -größe, Puls- und Atemfrequenz ein. Die Aufnahme von Lichtbildern umfasst auch das Verändern von Haar- und/oder Barttracht, sodass das gewonnene Bildmaterial mit schon vorhandenem vergleichbar wird.[184] Weitere Beispiele sind Stimm- und Schriftproben. Einige Polizeigesetze enthalten auch Befugnisse zur körperlichen Untersuchung, in deren Rahmen auch Körperzellen zur erkennungsdienstlichen DNA-Feststellung entnommen werden dürfen.[185]

239 Wegen des genannten Grundrechtseingriffs bedürfen erkennungsdienstliche Maßnahmen einer parlamentarischen Rechtsgrundlage, die durchweg in den **Polizeigesetzen** zu finden ist (s.o.). Da aber auch **§ 81b Var. 2 StPO** zu erkennungsdienstlichen Maßnahmen ermächtigt, stellt sich aus systematischer Sicht die Frage, ob die landes- und bundesrechtlichen Bestimmungen nebeneinander Bestand haben bzw. welchen Anwendungsbereich sie einander lassen. Geht es um erkennungsdienstliche Maßnahmen im Rahmen der Strafverfolgung, ist die StPO abschließend und lässt keinen Raum für die Anwendung der Befugnisnormen des allgemeinen Polizei- und Ordnungsrechts. Geht es indes um Gefahrenabwehr, sind die Bestimmungen der Polizeigesetze einschlägig, da die Länder hierfür die Gesetzgebungskompetenz haben (Art. 30, 70 I GG).

240 Problematisch ist es aber dann, wenn es um die sog. **vorbeugende Verbrechensbekämpfung** bzw. die **Strafverfolgungsvorsorge** geht. Wird mit der erkennungsdienstlichen Maßnahme also nicht die Überführung des Beschuldigten in einem bestimmten Strafverfahren bezweckt, sondern geht es um die *vorsorgliche* Bereitstellung von sächlichen Hilfsmitteln für die Erforschung und Aufklärung von Straftaten, gelangen die auf diese Weise gewonnenen Informationen und Unterlagen nicht in Ermittlungsakten, sondern werden in örtliche und zentrale Materialsammlungen aufgenommen und liefern die Grundlage für Observationen und für die Ermittlung unbekannter und künftiger Straftäter. Mithin geht es (auch) um **Prävention**, was die Frage aufwirft, ob der Bund überhaupt eine Gesetzgebungskompetenz hat. Art. 74 I Nr. 1 GG kann eine Befugnis für die Regelung derartiger präventivpolizeilicher Maßnahmen nicht ohne weiteres entnommen werden, was mit Blick auf Art. 30, 70 I GG die **Verfassungswidrigkeit** des § 81b Var. 2 StPO zur Folge hätte.[186] Stellt man sich allerdings auf den Standpunkt, dass § 81b Var. 2 StPO keinen eindeutig präventiven Charakter habe und begründet dies damit, dass er nicht unmittelbar den Zweck verfolge, künftig Straftaten zu verhindern, sondern in erster Linie dazu diene, künftig Straftaten besser ermitteln zu können, handelt es sich bei § 81b Var. 2 StPO weder um eine Ermittlungsmaßnahme noch um eine präventive Maßnahme, sondern um eine Maßnahme der Vorsorge für spätere repressive Ermittlungen, die sachlich näher zur Strafverfolgung steht und damit als Annex zu Art. 74 I Nr. 1 GG grds. der Gesetzgebungskompetenz des Bundes untersteht.[187]

240a Sind demnach auch erkennungsdienstliche Maßnahmen der Strafverfolgungsvorsorge von der konkurrierenden Gesetzgebungskompetenz des Bundes gem. Art. 74 I Nr. 1 GG erfasst,

---

[184] BVerfGE 47, 239, 246 ff.; a.A. *Alberts/Merten*, Gesetz über die Datenverarbeitung der Polizei, § 7 Rn 11.

[185] Vgl. Berl: § 21a ASOG; Nds: § 15a SOG; NRW: § 14a PolG; RhlPfl: § 12a POG; Sachs: § 10a PolG; Schl-Holst: § 183a LVwG.

[186] Davon gehen OVG Münster NJW 1999, 2690, OVG Schleswig NJW 1999, 1418, OVG Koblenz NVwZ-RR 2001, 238 und *Meyer-Goßner*, StPO, § 81 Rn 4 und 7 aus.

[187] So BVerfGE 113, 348, 369; BVerwGE 26, 169, 171; 66, 192, 197; OVG Lüneburg NVwZ 2010, 69, 70 f.; BrandVerfG LKV 1999, 450, 451; BayVerfGH NVwZ 1996, 166; MeckVorVerfG LKV 2000, 345, 347; SächsVerfGH LKV 1996, 273, 275. Vgl. auch BVerfG NJW 2005, 2603, 2606 (zust. *Gusy*, NdsVBl 2006, 65).

stützen sich entsprechende Maßnahmen der Polizei auf § 81b Var. 2 StPO, sodass aus systematischer Sicht ein Rückgriff auf das allgemeine Gefahrenabwehrrecht der Länder ausgeschlossen ist. Folgerichtig hat z.B. der niedersächsische Gesetzgeber mit Änderungsgesetz v. 25.11.2007 die Strafverfolgungsvorsorge aus § 15 NdsSOG herausgenommen. Seitdem ist dort lediglich die Verhütung von Gefahren genannt, für die erkennungsdienstliche Maßnahmen möglich sind.[188]

Zu beachten ist jedoch, dass sich die Streitfrage nicht stellt, sofern es eindeutig um repressivpolizeiliche erkennungsdienstliche Maßnahmen geht, etwa nach §§ 81b Var. 1, 163b, 163c StPO oder nach den Strafvollzugsgesetzen der Länder. **240b**

a.) Formelle Rechtmäßigkeit

Zunächst gelten die allgemeinen Voraussetzungen, die an die formelle Rechtmäßigkeit einer polizeilichen Maßnahme zu stellen sind, nämlich die Beachtung von Zuständigkeits-, Verfahrens- und Formschriften (dazu Rn 607 ff.). Zuständig ist die Polizei; hinsichtlich der erkennungsdienstlichen Maßnahmen von Ausländerbehörden sind jedoch § 71 IV AufenthG und § 19 II AsylVfG zu beachten. Hinsichtlich des Verfahrens gilt, dass die Anordnung erkennungsdienstlicher Maßnahmen einen **Verwaltungsakt** i.S.v. § 35 VwVfG darstellt, sodass die Anhörungspflicht gem. § 28 I VwVfG zu beachten ist. I.d.R. wird aber der Entbehrlichkeitsgrund des § 28 II Nr. 1 VwVfG in der Variante „öffentliches Interesse" vorliegen; jedenfalls sind eine Heilung gem. § 45 I Nr. 3 VwVfG bzw. eine Unbeachtlichkeit gem. § 46 VwVfG möglich. Da erkennungsdienstliche Maßnahmen eine Form von Datenerhebung sind, gelten für sie darüber hinaus die **Hinweispflichten**, die bei der Datenerhebung unter der Datenerhebungsgeneralklausel und auch allgemein gelten. **241**

Zusätzlich statuieren die polizeigesetzlichen Befugnisnormen hinsichtlich erkennungsdienstlicher Maßnahmen, dass, nachdem die Identität festgestellt und die weitere Aufbewahrung der im Zusammenhang mit der Feststellung angefallenen erkennungsdienstlichen Unterlagen nicht erforderlich oder die Voraussetzungen für die Aufbewahrung der Daten entfallen sind, die erkennungsdienstlichen Unterlagen grundsätzlich zu **vernichten** und die personenbezogenen Daten zu **löschen** sind. Diese Regelungen statuieren also eine Vernichtungs- und Löschungspflicht, die von Amts wegen besteht; ein Antrag des Betroffenen ist somit nicht erforderlich, aber auch nicht ausgeschlossen. Die Verpflichtung zu vernichten oder zu löschen besteht jedoch nicht, wenn die Unterlagen oder Daten nach anderen Rechtsvorschriften aufbewahrt bzw. gespeichert werden dürfen. Derartige andere Rechtsvorschriften können sich aus der StPO (wenn die Unterlagen oder Daten zur Durchführung eines Strafverfahrens erforderlich sind) oder speziellen Gesetzen wie z.B. dem Asylverfahrensgesetz (§ 16 AsylVfG) und dort, wo es noch an bereichsspezifischen Regelungen zum Datenschutz fehlt, auch aus dem Landesdatenschutzgesetz ergeben. **242**

Des Weiteren legen die Polizeigesetze für den Fall, dass die personenbezogenen Daten oder Unterlagen an andere Stellen übermittelt wurden, fest, dass diese über die Löschung oder Vernichtung zu **unterrichten** sind. Zwar haben diese anderen Stellen allein nach den für sie geltenden Rechtsvorschriften zu entscheiden, wann die ihnen übermittelten Unterlagen zu vernichten und Daten zu löschen sind. Aber auch für die Prüfung dieser Frage kann es wesentlich sein, ob aus der Sicht der Stelle, die die erkennungsdienstliche Behandlung vorgenommen hat, noch Gründe für die weitere Aufbewahrung der Unterlagen oder Daten bestehen. **243**

---

188 Vgl. dazu OVG Lüneburg NdsVBl 2009, 202.

244 **Verstöße** gegen Hinweis-, Unterrichtungs- und Mitteilungspflichten führen nicht zur Rechtswidrigkeit der erkennungsdienstlichen Maßnahme, da sie diese nicht bedingen, sondern lediglich begleiten und damit nachgeholt werden können.

b.) Materielle Rechtmäßigkeit

245 Materielle Voraussetzung für die Vornahme erkennungsdienstlicher Maßnahmen ist, dass die betroffene Person **verdächtig** ist, eine Tat begangen zu haben, die mit Strafe bedroht ist, oder wegen einer Straftat **verurteilt** worden ist und wegen der Art und Ausführung der Tat die **Gefahr der Wiederholung** besteht.[189]

246 Der Tatbegehung verdächtig ist eine Person, wenn ein **Anfangsverdacht** besteht; dieser muss sich auf tatsächliche Anhaltspunkte stützen (insoweit besteht eine Parallele zum für die Einleitung eines Strafverfahrens erforderlichen Anfangsverdacht gem. § 152 II StPO). Zum Begriff der **Straftat** vgl. die (identischen) Legaldefinitionen in den Polizeigesetzen.

247 Im Zuge der Reformbestrebungen der Länderparlamente ist der Eingriffsbereich erweitert worden, sodass erkennungsdienstliche Maßnahmen nunmehr auch retrograd – wenn eine Verurteilung wegen einer Straftat bereits erfolgt ist – bei einer entsprechenden Gefahrenprognose, insbesondere bei einer **Wiederholungsgefahr** (s.o.), durchgeführt werden dürfen. Die Möglichkeiten der erkennungsdienstlichen Behandlung beschränkten sich bislang auf den Personenkreis der Tatverdächtigen. Wurde etwa – was durchaus häufiger vorkommt – während des Ermittlungsverfahrens auf eine erkennungsdienstliche Behandlung verzichtet, traten aber im Zuge des Hauptverfahrens oder nach dessen Abschluss weitere Tatsachen hinzu, die eine Datenspeicherung zur Vorsorge oder Verhütung von Straftaten erforderlich machen, war nach der früheren Rechtslage eine erkennungsdienstliche Behandlung weder nach der Strafprozessordnung noch nach dem Landespolizeirecht möglich. Für die Beantwortung der Frage, ob wegen der Art und Ausführung der Tat Wiederholungsgefahr besteht, kann auf kriminologische Erkenntnisse bzw. Erfahrungssätze zurückgegriffen werden. Bei Anwendung dieser Erfahrungssätze auf den konkreten Fall müssen begründete Anhaltspunkte dafür bestehen, dass der Betroffene künftig strafrechtlich in Erscheinung treten wird. Soweit es in den Befugnisnormen zudem „soweit dies ... erforderlich ist“, heißt, muss schließlich auch eine Abwägung zwischen den öffentlichen und privaten Interessen getroffen werden. Dabei müssen bei Strafunmündigen auch das jugendliche Alter und die möglichen negativen Wirkungen für die weitere Entwicklung des Kindes Beachtung finden.

> **Beispiel:** Aufgrund verschiedener Zeugenaussagen ist der Polizei bekannt, dass eine aus Kindern bestehende Einbrecherbande von ausländischen Kriminellen angeleitet und geführt wird. Nachdem Ermittlungen zur Aufklärung von Einbrüchen zunächst erfolglos geblieben waren, werden bei einem weiteren Einbruch mehrere Kinder gestellt. Sie werden, da Wiederholungsgefahr besteht, erkennungsdienstlich behandelt.

248 Welche Maßnahmen als erkennungsdienstliche Maßnahmen in Betracht kommen, legen die Befugnisnormen im Einzelnen fest. Diese sind die Abnahme von **Finger- und Handflächenabdrücken**, die Aufnahme von **Lichtbildern** (was auch das Verändern von Haar- und/oder Barttracht umfasst, sodass das gewonnene Bildmaterial mit schon

---

[189] Alternativ enthalten einige Polizeigesetze die Befugnis zu erkennungsdienstlichen Maßnahmen, wenn die Identitätsfeststellung auf andere Weise nicht oder nur unter erheblichen Schwierigkeiten möglich wäre (vgl. § 10 MEPolG und z.B. § 15 I Nr. 1 NdsSOG).

vorhandenem vergleichbar wird[190]), die Feststellung **äußerer körperlicher Merkmale**, **Messungen** und **andere vergleichbare Maßnahmen**. Die Formulierung „andere vergleichbare Maßnahmen" bedeutet, dass der Maßnahmenkatalog zwar nicht abschließend ist, die anderen Maßnahmen aber *inhaltlich* mit den genannten vergleichbar sein müssen. Als andere vergleichbare Maßnahmen kommen (weitere) Feststellungen über das äußere Erscheinungsbild einer Person, die ihre Wiedererkennung ermöglichen, wie z.B. die Abnahme von Fußabdrücken oder die Aufnahme des gesprochenen Wortes zwecks Anfertigung einer Stimmanalyse in Betracht. Auch die Feststellung von Narben und Tätowierungen, Augen- und Haarfarbe, Messungen von Körpergewicht und -größe, Puls- und Atemfrequenz sind „andere Maßnahmen". **Zu weit** ginge es aber, Maßnahmen, die mit größeren Eingriffen in die körperliche Unversehrtheit verbunden sind (z.B. Blutentnahmen, Entnahmen von Gewebematerial), noch als von der Befugnisnorm umfasst anzusehen. Das Gleiche gilt für die Anfertigung einer sog. Genom-Analyse (**DNA-Analyse**) unter Benutzung vorhandenen genetischen Materials.[191] Möchte der Gesetzgeber derartige Maßnahmen zulassen, muss er diese explizit in der Vorschrift benennen. Kriminalpolitisch wünschenswerte Maßnahmen dürfen nicht unter Missachtung des Vorbehalts des Gesetzes (Art. 20 III GG) durchgeführt werden.[192] Jüngst sind allerdings einige Bundesländer dazu übergegangen, die DNA-Analyse aus Gründen der **vorbeugenden Bekämpfung von Straftaten** als erkennungsdienstliche Maßnahme in ihre Polizeigesetze aufzunehmen (vgl. etwa § 19 III HessSOG). Mit Blick auf das Urteil des BVerfG zur präventiven Telekommunikationsüberwachung, bei der das Gericht entschieden hat, dass die Länder keine Gesetzgebungskompetenz zur vorbeugenden Bekämpfung von Straftaten hätten[193], dürfte die verfassungsrechtliche Zulässigkeit derartiger Befugnisse in den Polizeigesetzen der Länder in Frage zu stellen sein.

Dient die erkennungsdienstliche Maßnahme der **Identitätsfeststellung**, ist sie folgerichtig auf die **Gefahr** bezogen, die durch die Identitätsfeststellung abgewehrt werden soll. Würde sie nicht vorgenommen, wären die Identitätsfeststellung und damit die Gefahrenabwehr nicht oder nur unter erheblichen Schwierigkeiten möglich.[194] Dient die erkennungsdienstliche Maßnahme hingegen der **vorbeugenden Bekämpfung** von Straftaten, will sie dazu beitragen, dass eine Wiederholungstat verhindert wird. Sie dient mithin der Abwehr einer – wenn auch nur abstrakten – Wiederholungsgefahr. Diese Gefahr ist besonders bei Straftaten der organisierten Kriminalität, des politischen Extremismus und der gewalttätigen Hooligan-Szene gegeben. **249**

> **Beispiel:** Bei Ausschreitungen von gewalttätigen Hooligans werden diese von der Polizei in Gewahrsam genommen und erkennungsdienstlich u.a. durch Anfertigung von Lichtbildern erfasst. Zweck der Datenerhebung ist es, künftig per Videoüberwachung anreisende Besucher von bestimmten Großveranstaltungen zu beobachten und gewalttätige Hooligans zu erkennen und in Gewahrsam zu nehmen, bevor diese erneut Gewalttätigkeiten verüben können.

Pflichtig ist zum einen jeder, bei dem die Maßnahme der Identitätsfeststellung durchgeführt werden darf, und zum anderen, wer wegen einer Straftat verurteilt oder verdächtig ist, eine Straftat begangen zu haben. **250**

---

190 BVerfGE 47, 239, 246 ff.
191 Wie hier VGH Mannheim NVwZ-RR 1998, 496.
192 Mit Blick auf den Grundsatz vom Vorbehalt des Gesetzes nicht überzeugend daher *Pieroth/Schlink/Kniesel*, POR, § 14 Rn 57, die die Feststellung äußerer körperlicher Merkmale nicht als Oberbegriff, sondern als nur eines von mehreren Beispielen ansehen und so auch die Genomanalyse als zulässige erkennungsdienstliche Maßnahme zulassen wollen.
193 Vgl. dazu ausführlich Rn 510.
194 *Pieroth/Schlink/Kniesel*, POR, § 14 Rn 63.

251 Schließlich ist auch bei den erkennungsdienstlichen Maßnahmen der Grundsatz der **Verhältnismäßigkeit** zu beachten. Gemäß den Bestimmungen der Polizeigesetze sind erkennungsdienstliche Maßnahmen zulässig zur Identitätsfeststellung, soweit die Identität nicht auf andere Weise festgestellt werden kann. „**Auf andere Weise**" kann die Identität z.B. durch Einholung von Auskünften vertrauenswürdiger Gewährspersonen festgestellt werden. Damit tragen die Vorschriften dem Verhältnismäßigkeitsgrundsatz bereits auf Tatbestandsebene Rechnung. Erkennungsdienstliche Maßnahmen sind daher nur dann zulässig, wenn die Identitätsfeststellung „auf andere Weise" keinen Erfolg haben, ausnahmsweise von vornherein nicht zum Erfolg führen würde oder wegen der mit ihr verbundenen erheblichen Schwierigkeiten ausscheiden müsste (z.B. wenn der Aufenthaltsort einer genannten Gewährsperson erst umständlich ermittelt werden müsste).

252 Weiteres Kennzeichen des Verhältnismäßigkeitsgrundsatzes ist insbesondere der Vorrang der offenen vor der verdeckten Datenerhebung. Verdeckte erkennungsdienstliche Maßnahmen können aber dann erforderlich und/oder angemessen sein, wenn der Betroffene sich gegen offene erkennungsdienstliche Maßnahmen sperrt.

Beispiel: Möchte die Polizei Fingerabdrücke nehmen und sperrt sich der Betroffene durch Ballen der Hand zu einer Faust, ist das gewaltsame Öffnen der geballten Faust unverhältnismäßig, wenn sich die Fingerabdrücke unbemerkt von Gegenständen (Trinkglas, Zigarettenstummel etc.) abnehmen lassen, die der Betroffene angefasst hat.

253 Zur **Durchsetzung** einer erkennungsdienstlichen Maßnahme darf die Polizei die betreffende Person **vorladen**. Insoweit handelt es sich bei der Vorladung um eine Vorbereitungsmaßnahme, die wegen ihres eigenständigen Grundrechtseingriffs jedoch separat zu prüfen ist. Kommt der Betroffene der Vorladung, die der Vorbereitung erkennungsdienstlicher Maßnahmen dient, nicht nach, ist zu beachten, dass die Polizei die Vorladung nicht mit Zwangsmittel durchsetzen darf (dies darf sie nach den einschlägigen Bestimmungen der Polizeigesetze nur dann, wenn die Vorladung der Identitätsfeststellung dient).

254 Durch die Befugnis zur erkennungsdienstlichen Maßnahme gedeckt sind geringfügige körperliche Einwirkungen, mit denen Polizeibeamte erreichen, dass der nicht widerstrebende Betroffene so kooperiert, dass die erkennungsdienstliche Maßnahme gelingt. Jede darüber hinausgehende Zwangseinwirkung darf nur unter den Voraussetzungen des **unmittelbaren Zwangs** erfolgen.

Beispiel: Möchte die Polizei Fingerabdrücke nehmen, darf sie auf der Grundlage der Befugnisnorm über die erkennungsdienstlichen Maßnahmen die Hand des kooperationsbereiten Betroffenen anfassen und die Finger sowohl auf das Farbkissen als auch auf das Papier führen. Sperrt sich der Betroffene jedoch, ist das gewaltsame Führen nur unter den zusätzlichen Voraussetzungen des unmittelbaren Zwangs zulässig.

c.) Rechtsschutz

255 Eine erkennungsdienstliche Maßnahme ist ein **Verwaltungsakt**. Die Rechtmäßigkeit einer solchen Maßnahme kann daher – wegen regelmäßig vorliegender Erledigung – mit Hilfe der **Fortsetzungsfeststellungsklage**, ggf. analog § 113 I S. 4 VwGO, überprüft werden. Sollte die erkennungsdienstliche Maßnahme mit Mitteln des Verwaltungszwangs durchgesetzt worden sein, sind gegen die **Anwendung der Zwangsmaßnahme** (bei Eintritt der Erledigung) die **Fortsetzungsfeststellungsklage** analog § 113 I S. 4 VwGO oder die **allgemeine Leistungsklage** statthaft, je nachdem,

ob man in der Anwendung des Zwangsmittels einen Verwaltungsakt oder lediglich einen Realakt sieht.

ff. Verdeckte Datenerhebung durch besondere Mittel

256 Neben den bisher dargestellten Mitteln der Datenerhebung sind in den novellierten Polizeigesetzen vielfach **besondere Mittel** der **Datenerhebung** geregelt, die typischerweise **heimlich** bzw. **verdeckt** erfolgen. Darunter fallen die **längerfristige Observation**, der **verdeckte Einsatz technischer Mittel** zur Anfertigung von **Bildaufnahmen** und **Bildaufzeichnungen** sowie zum **Abhören** und **Aufzeichnen des gesprochenen Wortes**, insbesondere **in und aus Wohnungen**, oder der Einsatz **verdeckter Ermittler** und von Vertrauenspersonen (sog. **V-Leute**). Geplant ist die Aufnahme der sog. **Onlinedurchsuchung**, d.h. die heimliche Infiltration informationstechnischer Systeme, um die Systeme zu überwachen und Daten auszulesen.

257 Wegen der hohen Eingriffsintensität dieser Maßnahmen, aber auch wegen der Hochwertigkeit der betroffenen Grundrechte (insbesondere des **Fernmeldegeheimnisses** nach Art. 10 I GG und des **Wohnungsgrundrechts** nach Art. 13 I GG, aber auch des **allgemeinen Persönlichkeitsrechts** nach Art. 2 I i.V.m. 1 I GG) ist die Datenerhebung mit besonderen Mitteln an das Vorliegen spezieller Voraussetzungen geknüpft. So besteht in materiellrechtlicher Hinsicht vielfach etwa das Erfordernis der Abwehr einer **gegenwärtigen Gefahr für Leib, Leben oder Freiheit einer Person oder einer Straftat von erheblicher Bedeutung**. Noch schärfere Anforderungen an die Datenerhebung in und aus **Wohnungen** stellt Art. 13 III-VII GG. Denn die Unverletzlichkeit der Wohnung hat einen engen Bezug zur **Menschenwürde** und zu dem verfassungsrechtlichen Gebot unbedingter Achtung einer Sphäre der ausschließlich privaten – „höchstpersönlichen" – Entfaltung. Die vertrauliche Kommunikation benötigt einen räumlichen Schutz, auf den die Bürger vertrauen können. Dem Einzelnen soll das Recht, in Ruhe gelassen zu werden, gerade in seinen privaten Wohnräumen gesichert sein, und zwar ohne Angst, dass staatliche Stellen die Entfaltung seiner Persönlichkeit im **Kernbereich privater Lebensgestaltung** überwachen. In diesen Kernbereich darf die heimliche (akustische und/oder optische) Überwachung von Wohnraum nicht eingreifen, und zwar auch nicht im Interesse der Effektivität der Prävention oder der Strafrechtspflege oder der Erforschung der Wahrheit. Eine Abwägung nach Maßgabe des Verhältnismäßigkeitsgrundsatzes zwischen der Unverletzlichkeit der Wohnung und dem Strafverfolgungsinteresse bzw. der Gefahrenabwehr findet insoweit nicht statt. Selbst überwiegende Interessen der Allgemeinheit können einen Eingriff in diese Freiheit zur Entfaltung in den höchstpersönlichen Angelegenheiten nicht rechtfertigen. Allerdings verletzt nicht jede akustische bzw. optische Überwachung die Menschenwürde. So gehören Gespräche über begangene Straftaten ihrem Inhalt nach nicht zum absolut geschützten Kernbereich privater Lebensgestaltung (dazu näher Rn 273). Im Einzelnen gilt:

a.) Längerfristige Observation

258 **Längerfristige Observation**[195] ist eine planmäßig angelegte Beobachtung, die länger als 24 Stunden oder an mehreren Tagen/Wochen[196] vorgesehen ist oder tatsächlich durchgeführt wird.

---

[195] Vgl. Bund: § 28 II Nr. 1 BundesPolG, § 23 II Nr. 1 BKAG; BW: § 22 I Nr. 1 PolG; Bay: Art. 33 I Nr. 1 PAG; Berl: § 25 I Nr. 1 ASOG; Brand: § 32 PolG; Brem: § 32 PolG; Hamb: § 9 I PolG; Hess: § 15 I SOG; MeckVor: § 33 I Nr. 1 SOG; Nds: § 34 I SOG; NRW: § 24 OBG und § 16 I PolG; RhlPfl.: 28 II Nr. 1 POG; Saar: § 28 II Nr. 1 PolG; Sachs: § 36 II Nr. 1 PolG; SachsAnh: § 17 I Nr. 1 SOG; SchlHolst: § 185 I Nr. 2a LVwG; Thür: § 34 I Nr. 1 PAG.

[196] Hinsichtlich des Zeitraums unterscheiden sich die einzelnen Bestimmungen.

Die längerfristige Observation kann nach den meisten polizeigesetzlichen Bestimmungen ausschließlich **verdeckt** erfolgen. Ist unter den in diesen Vorschriften genannten Voraussetzungen die verdeckte Datenerhebung zulässig, kommen alle Tarnmaßnahmen in Betracht, die erforderlich sind, damit die verdeckte Datenerhebung nicht als solche erkennbar ist. Dazu gehört der getarnte Einsatz eines Observationsfahrzeugs als Firmenwagen („Sanitär Meier GbR") ebenso wie die Vortäuschung einer falschen Identität des ermittelnden Beamten („verdeckter Ermittler"). Erfolgt die Observation **offen**, kann sie lediglich auf die diesbezüglichen polizeigesetzlichen Bestimmungen gestützt werden. Dagegen kann der verdeckte Einsatz **technischer Mittel** (z.B. heimliche Bild- oder Tonaufnahmen) von vornherein nicht auf die Befugnisnorm zur längerfristigen Observation gestützt werden. Zum einen sind technische Mittel nicht in den Vorschriften erwähnt und zum anderen machten ansonsten die Vorschriften über den verdeckten Einsatz technischer Mittel keinen Sinn.

259 Für den Bereich der **Strafverfolgung** regelt die StPO in § 163f die längerfristige Observation. Kurzfristige Observationen zur Strafverfolgung können auf die Generalklausel des § 163 I StPO gestützt werden.

aa.) Formelle Rechtmäßigkeit

260 Hinsichtlich der formellen Rechtmäßigkeit gelten zunächst die allgemeinen Voraussetzungen (Zuständigkeit, Verfahren und Form, siehe Rn 607 ff.). Eine besondere (und zusätzlich zu prüfende) Verfahrensvorschrift stellt die bereits mehrfach erwähnte Vorschrift über die **„Grundsätze der Datenerhebung"** dar. Diese Vorschrift stellt besondere Anforderungen an die Rechtmäßigkeit der Datenerhebung, die zugleich für alle Maßnahmen der Erhebung personenbezogener Daten gelten. Da die längerfristige Observation aber gerade verdeckt erfolgen muss, sind stets die Ausnahmeregelungen der Verfahrensvorschrift für die verdeckte Datenerhebung heranzuziehen. Im Übrigen ist der in den Befugnisnormen einiger Polizeigesetze hinsichtlich der Observation statuierte **Richtervorbehalt** zu beachten.

bb.) Materielle Rechtmäßigkeit

261 In materieller Hinsicht normieren die Polizeigesetze verschiedene Voraussetzungen für die Zulässigkeit der längerfristigen Observation.

(1) I.d.R. ist die Personenbeobachtung zulässig zur **Abwehr einer gegenwärtigen Gefahr für Leib, Leben oder Freiheit**. In diesem Fall kann Objekt der Observation nur ein polizeirechtlich **Verantwortlicher** sein. Zudem darf die Abwehr der Gefahr auf andere Weise nicht möglich erscheinen.

(2) Auch lassen die Polizeigesetze oftmals die Observation von Personen zu, bei denen **Tatsachen die Annahme rechtfertigen**, dass sie **Straftaten von erheblicher Bedeutung**[197] begehen werden, wenn die Verhütung der Straftaten auf andere Weise nicht möglich erscheint.

(3) Schließlich ist die Beobachtung von **Kontakt- oder Begleitpersonen** zulässig, wenn aufgrund bestimmter Tatsachen anzunehmen ist, dass sie mit einer Person nach Nr. (1) oder (2) in Verbindung stehen oder eine solche Verbindung hergestellt wird, dass die Maßnahme zur Erforschung des Sachverhalts oder zur Ermittlung des Aufenthalts der Person führen wird und auf andere Weise weniger Erfolg versprechend oder wesentlich erschwert wäre.

262 **Zweck** der längerfristigen Observation ist also im Wesentlichen die Abwehr von Schäden (nicht die Aufklärung von Straftaten) in Fällen schwerster Kriminalität (z.B. Entfüh-

---

[197] Vgl. dazu die Legaldefinitionen einige Polizeigesetze (z.B. § 2 Nr. 5 BremPolG oder § 2 Nr. 10 NdsSOG).

rungen und Geiselnahmen) und in Fällen fortgesetzter banden- und gewerbsmäßiger sowie Organisierter Kriminalität. Dabei kommt die Einbeziehung nichtverantwortlicher bzw. unverdächtiger Personen in die Maßnahme z.B. dann in Betracht, wenn nur so der Aufenthaltsort einer entführten Person (etwa durch die längerfristige Observation eines Angehörigen des Täters) festzustellen ist oder nur so die erforderlichen Erkenntnisse über die Arbeitsweise einer Verbrecherbande gewonnen werden können. Die Polizeigesetze setzen jedoch nicht voraus, dass die observierte Person gerade innerhalb des Beobachtungszeitraums die erwartete Straftat begehen oder vorbereiten wird.

Die sinngemäße Formulierung **„wenn nicht in anderer Weise"** in allen drei Nummern stellt eine besondere Ausprägung des Verhältnismäßigkeitsgrundsatzes dar. Unzulässig wäre also eine „lückenlose" Erhebung und Dokumentation aller erkennbaren Daten über die beobachtete Person. Das betrifft insbesondere die Datenerhebung über (unverdächtige) Kontakt- oder Begleitpersonen im Rahmen der Observation nach Nr. 3. Erforderlich ist immer nur die Erhebung derjenigen Daten, die für die Aufgabenerfüllung relevant sein können. Etwas anderes gilt für den Fall, dass Dritte von der Datenerhebung unvermeidbar betroffen werden, z.B. weil sie sich in der Nähe der observierten Person aufhalten. **263**

> **Beispiel:** Die Polizei observiert aus präventiven Gründen Angehörige einer Personengruppe, die als Rauschgifthändler in Betracht kommen. In diesem Zusammenhang werden auch unbeteiligte Passanten abgelichtet.
>
> Diese Maßnahme ist rechtmäßig, weil sich die unbeteiligten Passanten in der Nähe der observierten Personen aufhalten. Außerdem kann niemand ausschließen, dass ein als „harmlos" vermuteter Passant nicht doch im Zusammenhang mit dem erwarteten Rauschgifthandel steht.

Die längerfristige Observation enthält **keine** Befugnis für die Erhebung von Daten in oder aus einer **Wohnung**. Das heimliche Eindringen in eine Wohnung, um dort eine Observation durchzuführen, ist unzulässig. Allerdings enthalten die Polizeigesetze in den Bestimmungen über den verdeckten Einsatz technischer Mittel eine entsprechende Befugnis. **264**

Eine Observation, die die Voraussetzungen der längerfristigen Observation nicht erfüllt (sog. **kurzfristige** Observation), ist gem. den polizeigesetzlichen Bestimmungen bereits dann zulässig, wenn „dies zum Zweck der Gefahrenabwehr erforderlich ist" und wenn ohne diese Maßnahme die Erfüllung der polizeilichen Aufgabe gefährdet würde. Der Aussagegehalt dieser Formulierung ist fraglich, da hier lediglich auf die Aufgabenzuweisungsnorm verwiesen wird. Zudem ist die Polizei ohnehin (und zwar bei allen Maßnahmen) nur dann zu Eingriffen befugt, wenn dies zum Zweck der Gefahrenabwehr erforderlich ist. **265**

> Aufgrund des soeben genannten fraglichen Aussagegehalts der Vorschriften über die kurzfristige Observation ist deren Verfassungsmäßigkeit zweifelhaft, weil sie die Observation gerade ohne die für die längerfristige Observation geltenden Voraussetzungen (Rn 261) zulassen.

cc.) Rechtsschutz

Zumindest bei der heimlichen Observation handelt es sich um schlicht hoheitliches Handeln. Denn wäre sie ein Verwaltungsakt, müsste man die Unwirksamkeit annehmen, weil ein Verwaltungsakt zu seiner Wirksamkeit zumindest bekannt gegeben werden muss (vgl. § 43 I S. 1 VwVfG); Zweck der heimlichen Observation ist aber gerade, dass sie ohne Kenntnis des Betroffenen erfolgt. **266**

267 Rechtsschutz bietet v.a. die **allgemeine Feststellungsklage** gem. § 43 VwGO, gerichtet auf die Feststellung, dass die Maßnahme rechtswidrig gewesen sei. Auch wenn der Betroffene nachträglich über die Maßnahme informiert wird, wird aus ihr nicht im Nachhinein ein Verwaltungsakt. Zur grundsätzlichen Notwendigkeit eines gerichtlichen Rechtsschutzes trotz ergangener richterlicher Anordnung vgl. Rn 287.

b.) Großer Lauschangriff

268 Bei dem sog. **großen Lauschangriff**[198] handelt es sich um den **verdeckten Einsatz** technischer Mittel zum gezielten **Abhören und Aufzeichnen des nichtöffentlich gesprochenen Wortes** in und aus einer durch Art. 13 I GG geschützten Räumlichkeit („Wohnung") bspw. mit Hilfe von Tonbandgeräten, Richtmikrofonen oder „Wanzen".

269 Hinsichtlich des Begriffs der „**Wohnung**" kann auf die Ausführungen zur Standardmaßnahme *Betreten und Durchsuchen von Wohnungen* (Rn 510 ff.) verwiesen werden.[199] Wie der Definition im Übrigen zu entnehmen ist, bezieht sich der Lauschangriff nur auf das **Abhören und Aufzeichnen** des „an Ort und Stelle" **innerhalb der Wohnung gesprochenen Wortes**. Dabei ist zu unterscheiden zwischen dem „**kleinen**" Lauschangriff außerhalb von Wohnungen (vgl. auch § 100f StPO) und dem „**großen**" Lauschangriff, der das **innerhalb einer Wohnung** (vgl. auch § 100c StPO) nichtöffentlich gesprochene Wort betrifft. Nur dieser ist in Art. 13 III und IV GG geregelt und Gegenstand der nachfolgenden Ausführungen.[200]

Im Gegensatz zu Art. 13 **III** GG, der lediglich akustische Überwachungsmaßnahmen zu Zwecken der Strafverfolgung zulässt, bezieht sich Art. 13 **IV** GG zum einen auf den Einsatz beliebiger technischer Mittel (also auch optische Mittel wie Video- und Infrarotkameras, Nachtsichtgeräte und Bewegungsmelder und sonstige Mittel wie Peilsender oder Global Positioning System - GPS) und zum anderen ausschließlich auf **präventivpolizeiliche** Zwecke, also auf Zwecke der **Gefahrenabwehr**.

270 **Kein** Fall des großen Lauschangriffs liegt vor, wenn mit Hilfe der technischen Mittel nur solche Vorgänge in einer Wohnung erfasst werden, die auch auf natürliche Weise von außerhalb des durch Art. 13 I GG geschützten Bereichs wahrgenommen werden können (z.B. Filmen oder Fotografieren durch ein geöffnetes Fenster).

271 Ebenfalls liegt **kein** Fall des großen Lauschangriffs vor, wenn es um die **akustische Überwachung des Fernmeldeverkehrs** geht. Denn die Telefonüberwachung greift nicht in das Wohnungsgrundrecht ein, sondern in das Grundrecht aus **Art. 10 I GG** und bedarf daher einer Rechtfertigung, die sich aus dem Gesetzesvorbehalt des **Art. 10 II GG** ergeben muss. Die polizeigesetzliche Befugnisnorm hinsichtlich des großen Lauschangriffs begründet **keine** diesbezügliche Rechtfertigung. Möchte die Polizei also Fernmeldeanlagen anzapfen und Gespräche mithören und aufzeichnen, bedarf sie separater Rechtsgrundlagen. Befugnisnormen hinsichtlich präventivpolizeilicher Telekommunikationsüberwachung haben bislang nur einige Bundesländer in ihre Polizeigesetze aufgenommen (vgl. etwa Art. 34a-c BayPAG, §§ 10a-d HambPolDVG, § 15a

---

[198] Vgl. BW: § 23 I PolG; Bay: Art. 34 I PAG; Berl: § 25 IV ASOG; Brand: § 33a PolG; Brem: § 33 II PolG; Hamb: § 10 II PolDVG; Hess: § 15 IV SOG; MeckVor: § 34b SOG; Nds: § 35a SOG; NRW: § 24 OBG i.V.m. §§ 17 II, 18 II PolG; RhlPfl: 29 POG; Saar: § 28a PolG; Sachs: § 40 I PolG; SachsAnh: § 17 IV SOG; SchlHolst: § 185 III LVwG; Thür: § 35 I PAG.

[199] Vgl. im Übrigen ausführlich zum Wohnungsbegriff *R. Schmidt*, Grundrechte, Rn 819 ff.

[200] Von einem anderen Verständnis des kleinen Lauschangriffs gegen *Pieroth/Schlink/Kniesel*, POR, § 14 Rn 122, aus. Nach deren Auffassung dient auch der kleine Lauschangriff der Informationsgewinnung aus einer Wohnung heraus, der sich vom großen Lauschangriff nur darin unterscheide, dass er den Schutz des eingesetzten Polizisten bezwecke. Mit Blick auf die klare Unterscheidung, die der Gesetzgeber in §§ 100c und 100f StPO vorgenommen hat, ist diese Auffassung aber abzulehnen.

HessSOG, §§ 33a-c NdsSOG, § 31 RhlPfPOG, § 34a ThürPAG). Andere Länder (wie z.B. Bremen) haben – aus gutem Grund, wie die Entscheidung des BVerfG hinsichtlich der Verfassungswidrigkeit des § 33a I Nr. 2 und 3 NdsSOG gezeigt hat[201] – bislang darauf verzichtet, eine entsprechende Befugnisnorm in ihre Polizeigesetze aufzunehmen. Eine heimliche Überwachung der Telekommunikation zum Zweck der Gefahrenabwehr wäre daher bereits in Ermangelung einer Rechtsgrundlage rechtswidrig. Diese ließe sich aus systematischen Gründen auch nicht aus der Befugnisgeneralklausel entnehmen; versuchte man dies, verstieße man gegen den verfassungsrechtlichen Bestimmtheitsgrundsatz, da Inhalt und Grenzen der Abhörmaßnahme für den Bürger kaum ersichtlich wären. Außerdem stünde dieser Konstruktion auch das Zitiergebot entgegen, da Art. 10 GG in den betreffenden Polizeigesetzen nicht als einschränkbares Grundrecht genannt (also zitiert) ist. Abzulehnen ist jedenfalls der Versuch, solche Eingriffsbefugnisse durch eine weite Auslegung der Vorschriften über den Einsatz technischer Mittel bzw. über die Datenerhebung in oder aus Wohnungen herzuleiten. Dem stehen nicht nur die tatbestandlichen Unterschiede, die zwischen Art. 13 GG und Art. 10 GG bestehen, entgegen, sondern auch der grundgesetzliche Gesetzesvorbehalt und das Bestimmtheitsgebot, die eine solche Vorgehensweise – zumal bei derart schwerwiegenden Eingriffen – verbieten.[202]

aa.) Formelle Rechtmäßigkeit

Hinsichtlich der formellen Rechtmäßigkeit des großen Lauschangriffs gelten zunächst 272
die allgemeinen Voraussetzungen (Zuständigkeit, Verfahren und Form, siehe Rn 398 ff.). Eine besondere (und zusätzlich zu prüfende) Verfahrensvorschrift stellt die Vorschrift über die „**Grundsätze der Datenerhebung**" dar. Diese stellt besondere Anforderungen an die Rechtmäßigkeit der Datenerhebung, die zugleich für alle Maßnahmen der Erhebung personenbezogener Daten gelten. Da der große Lauschangriff aber gerade verdeckt erfolgen muss, sind stets die in der Vorschrift enthaltenen Ausnahmeregelungen heranzuziehen. Keinesfalls übersehen werden dürfen der **Richtervorbehalt** (dazu Rn 282), die in den Polizeigesetzen vorgesehene **Befristung** der Maßnahme und die nachträgliche **Unterrichtungspflicht** (dazu Rn 302).

bb.) Materielle Rechtmäßigkeit

Die **Rechtmäßigkeitsvoraussetzungen** für den großen Lauschangriff sind von der 273
Verfassung **sehr eng** gezogen. Auch das BVerfG fordert in seiner Entscheidung vom 3.3.2004[203] zum strafprozessualen großen Lauschangriff zu Recht, dass durch eine akustische Wohnraumüberwachung nicht in den (durch Art. 1 I GG) **absolut geschützten Kernbereich privater Lebensgestaltung** eingegriffen werden dürfe. Die Privatwohnung sei als „letztes Refugium" ein Mittel zur Wahrung der Menschenwürde. Dies verlange zwar keinen absoluten Schutz vor dem Abhören der Räume der Privatwohnung, wohl aber absoluten Schutz des Verhaltens in diesen Räumen, soweit es sich als individuelle Entfaltung im Kernbereich privater Lebensgestaltung dar-

---

[201] BVerfGE 109, 279, 314ff.; SächsVerfGH NVwZ 2005, 1310, 1311; vgl. auch *Kutscha*, NVwZ 2005, 1231 ff.; *ders.*, NJW 2005, 20 ff.; *Lepsius*, Jura 2005, 433 ff., 586 ff.; *Gusy*, JuS 2004, 457 ff.; *Geis*, CR 2004, 338 ff.; *Haas*, NJW 2004, 3082 ff.; *Denninger*, ZRP 2004, 101 ff.; *Ruthig*, GA 2004, 587 ff.; *Weichert*, MMR 2004, 209; *Sachs*, JuS 2004, 522 ff. Die Aufnahme der verdachtsunabhängigen vorbeugenden Telefonüberwachung zum Zweck der Strafverfolgungsvorsorge in das niedersächsische SOG verwundert umso mehr, als bereits im Jahre 2000 das MeckVorVerfG (LKV 2000, 345 LS 6) eine derartige Regelung für verfassungswidrig erklärt hat. Vgl. dazu ausführlich Rn 300 ff.

[202] Wie hier nun auch *Pieroth/Schlink/Kniesel*, POR, § 14 Rn 130 ff.

[203] BVerfGE 109, 279 ff.; vgl. auch SächsVerfGH NVwZ 2005, 1310, 1311.

stelle.[204] Ob der Schrankenvorbehalt des Art. 13 III GG diesen Abwehranspruch gewährleistet, ist zweifelhaft.[205] Nach der mit 5:3 Stimmen ergangenen Mehrheitsentscheidung des BVerfG ist diese Verfassungsbestimmung jedoch verfassungskonform auszulegen.[206] Folge ist, dass sich das Augenmerk auf die einfachgesetzlichen Normen, die die Gesetzesvorbehalte des Art. 13 III und IV GG ausfüllen, konzentriert. So erklärte das BVerfG in dem besagten Urteil einige der Art. 13 III GG ausgestaltenden einfachgesetzlichen Bestimmungen der StPO für mit Art. 13 I GG unvereinbar.

274 Das Gericht verpflichtete den (Bundes-)Gesetzgeber, einen verfassungsgemäßen Rechtszustand bis spätestens zum 30.6.2005 herzustellen. Bis zu diesem Termin könnten die beanstandeten Normen nach Maßgabe der Gründe weiterhin angewendet werden, wenn gesichert sei, dass bei der Durchführung der Überwachung der Schutz der Menschenwürde gewahrt und der Grundsatz der Verhältnismäßigkeit eingehalten würden.[207]

275 Am 1.7.2005 ist das Gesetz zur Umsetzung des Urteils in Kraft getreten (BGBl I, 1841). Damit trägt der Gesetzgeber den Vorgaben des BVerfG, die auf die Erforderlichkeit eines gesetzlich geregelten vorbeugenden Schutzes des Kernbereichs zielen, insbesondere durch die Vorschriften der §§ 100c IV und V, 100 d VIII und IX StPO Rechnung.[208]

Bei der Umsetzung der verfassungsrechtlichen Vorgaben hat sich der Gesetzgeber in § 100c IV S. 1 StPO für eine negative Kernbereichsprognose entschieden. Danach darf die Überwachungsmaßnahme nur angeordnet werden, wenn aufgrund tatsächlicher Anhaltspunkte anzunehmen ist, dass durch die Überwachung kernbereichsrelevante Äußerungen nicht erfasst werden. Dass der Gesetzgeber den absolut geschützten Kernbereich privater Lebensgestaltung nur negativ und nicht positiv formuliert hat, ist nach Auffassung des BVerfG verfassungsrechtlich nicht zu beanstanden. Denn eine abstrakte, alle denkbaren Sachverhaltskonstellationen konkret umschreibende Definition des Kernbereichs privater Lebensgestaltung sei nur schwer möglich. Auch der Verzicht auf eine gesetzliche Normierung des Personenkreises, für den eine Vermutung für kernbereichsrelevante Gespräche bestehe, sei verfassungsrechtlich nicht zu beanstanden, weil der betroffene Personenkreis der Auslegung zugänglich sei.[209] Schließlich sei es auch nicht zu beanstanden, dass der Gesetzgeber nicht explizit eine Rundumüberwachung ausgeschlossen habe. Denn durch die Aufnahme zahlreicher verfahrenssichernder Maßnahmen (Richtervorbehalt, Benachrichtigungs- und Löschungspflicht und sowie das absolute Verwertungsverbot bei rechtswidriger Datenerhebung) habe der Gesetzgeber hinreichend zum Ausdruck gebracht, dass er die Erstellung eines umfassenden Persönlichkeitsprofils nicht zulasse.[210]

276 Fraglich ist, inwieweit die vom BVerfG aufgestellten Maßstäbe auch auf die **präventivpolizeiliche** Wohnraumüberwachung Anwendung finden. Hinsichtlich der materiellen Voraussetzungen eines Grundrechtseingriffs in **Art. 13 I GG** ist für präventivpolizeiliche Abhörmaßnahmen der qualifizierte Gesetzesvorbehalt des **Art. 13 IV GG** richtungweisend. Erforderlich ist danach eine **dringende Gefahr** für die öffentliche Si-

---

[204] BVerfGE 109, 279, 314. Zur Unverwertbarkeit von personenbezogenen Daten, die im Rahmen eines Eingriffs in den durch Art. 13 I GG i.V.m. Art. 1 I und 2 I GG geschützten Kernbereichs privater Lebensführung erhoben wurden, vgl. Rn 396 sowie BGH NJW 2005, 3285 ff.

[205] Für die Verfassungswidrigkeit des Art. 13 III GG spricht sich das Minderheitsvotum BVerfGE 109, 279 ff. aus.

[206] So die Senatsmehrheit BVerfGE 109, 279 ff.

[207] Die Entscheidung des BVerfG ist als Klausur aufb[illegible] unter *www.verlag-rolf-schmidt.de* abrufbar.

[208] Vgl. zur Vereinbarkeit der Neuregelung mit Art. [illegible], III GG BVerfG NJW 2007, 2753, 2754 ff; *Hartmann/Schmidt*, StrafprozR, Rn 596 ff.

[209] BVerfG NJW 2007, 2753, 2754 ff.

[210] BVerfGE 112, 304, 319.

cherheit, insbesondere eine **gemeine Gefahr oder eine Lebensgefahr**. In Anbetracht der Bedeutung des Wohnungsgrundrechts als besondere Ausprägung des allgemeinen Persönlichkeitsrechts und der Menschenwürde ist in Anlehnung an die Rspr. des BVerfG zum großen Lauschangriff[211], auch wenn diese Entscheidung zu den strafprozessualen Abhörmaßnahmen i.S.v. Art. Art. 13 III GG ergangen ist, darüber hinaus zu fordern, dass trotz Vorliegens der Voraussetzungen des Art. 13 IV GG der **absolute Kernbereich privater Lebensgestaltung** unberührt bleibt.[212] In diesen darf wegen der nicht relativierbaren Menschenwürde selbst bei Vorliegen der in Art. 13 IV GG ausdrücklich genannten tatbestandlichen Anforderungen nicht eingegriffen werden. Dieser Kernbereich lässt sich nach Auffassung des BVerfG allerdings nicht dahin konkretisieren, dass er bestimmte Räume innerhalb einer Privatwohnung generell von einer Überwachung ausnimmt. Er wird vielmehr so umschrieben, dass ein Lauschangriff dann zu unterbleiben hat, „wenn sich jemand allein oder ausschließlich mit Personen in einer Wohnung aufhält, zu denen er in einem besonderen, den Kernbereich betreffenden Vertrauensverhältnis steht - etwa mit Familienangehörigen oder sonstigen engsten Vertrauten - und es keine konkreten Anhaltspunkte dafür gibt, dass die zu erwartenden Gespräche nach ihrem Inhalt einen unmittelbaren Bezug zu Straftaten aufweisen. Zwar gehören nicht sämtliche Gespräche, die ein Einzelner mit seinen engsten Vertrauten in der Wohnung führt, zum Kernbereich privater Lebensgestaltung. Im Interesse der Effektivität des Schutzes der Menschenwürde spricht aber eine Vermutung dafür. Abhörmaßnahmen sind ausgeschlossen, wenn es wahrscheinlich ist, dass mit ihnen absolut geschützte Gespräche erfasst werden."[213]

Verfassungsrechtlicher Hintergrund: Art. 13 IV GG wurde im Zuge der Verfassungsänderung v. 26.3.1998 eingeführt.[214] Zwar war der Einsatz beliebiger technischer Mittel zu präventivpolizeilichen Zwecken bereits zuvor nach den Polizeigesetzen der Länder zulässig, Art. 13 IV GG legt aber nunmehr fest, dass die gefahrenabwehrrechtliche Wohnungsüberwachung grundsätzlich nur aufgrund **richterlicher Anordnung** stattfinden darf. Seither ist eine präventivpolizeiliche Überwachung ausdrücklich an eine richterliche Anordnung gebunden. Eine Ausnahme besteht nur bei **Gefahr im Verzug**. Dann können auch andere gesetzlich bestimmte Stellen, etwa der Polizeipräsident, das Abhören anordnen, wobei eine richterliche Anordnung unverzüglich nachzuholen ist (vgl. Art. 13 IV S. 2 GG). Der Begriff der „Unverzüglichkeit" ist wie in Art. 104 II S. 2 GG (und z.B. § 16 BremPolG, § 33 HessSOG, § 19 NdsSOG) zu verstehen. Danach ist jede Verzögerung unzulässig, die sich nicht aus sachlichen Gründen rechtfertigen lässt, mögen diese rechtlicher oder tatsächlicher Natur sein.[215] Materielle Voraussetzung für die Überwachungsmaßnahme ist, dass eine **dringende Gefahr** für die öffentliche Sicherheit, insbesondere eine **gemeine Gefahr** oder eine **Lebensgefahr**, besteht und dass die Maßnahme dem Grundsatz der Verhältnismäßigkeit entspricht. Freilich ist der soeben genannte **unantastbare Kernbereich privater Lebensgestaltung** als nicht relativierbare Eingriffsschranke zu beachten. 277

Ist danach jede verdeckte akustische Wohnraumüberwachung am Maßstab des Art. 13 IV GG i.V.m. Art. 13 I GG zu messen, berührt dies nicht die Anwendbarkeit der polizeigesetzlichen Regelungen in Bezug auf den großen Lauschangriff. Es sind aber die gleichen Restriktionen zu beachten, die auch Art. 13 IV GG i.V.m. Art. 13 I GG aufstellt 278

---

[211] BVerfGE 109, 279 ff.

[212] Für eine Übertragung des vom BVerfG in Bezug auf die repressive Wohnraumüberwachung i.S.v. Art. 13 III GG aufgestellten Grundsatzes vom nicht einschränkbaren absolut geschützten Kernbereich privater Lebensgestaltung plädieren auch *Denninger*, ZRP 2004, 101, 104; *Kötter*, DÖV 2005, 225, 228; *Kutscha*, NJW 2005, 20 ff.; *Lepsius*, Jura 2006, 586, 591 f.; *Ruthig*, GA 2004, 587, 606 ff.; *Schenke*, POR, Rn 194. Anders wohl nur *Haas*, NJW 2004, 3082, 3084.

[213] BVerfGE 109, 279, 313 f.

[214] Zur Verfassungsmäßigkeit der Gesetzesvorbehalte des Art. 13 GG vgl. BVerfGE 109, 279, 309 ff.

[215] Vgl. bereits die 1. Auflage 1996; wie hier nun auch BVerfG NVwZ 2006, 579, 580.

(**verfassungskonforme Auslegung**). Unter dieser Prämisse ist auch die akustische Wohnraumüberwachung nach den Polizeigesetzen zulässig.

279 Eine **dringende Gefahr** liegt vor, wenn ein besonders wichtiges Rechtsgut (etwa die menschliche Gesundheit) gefährdet ist. Einen Unterfall der dringenden Gefahr bildet die „**gemeine Gefahr**". Darunter fallen solche Gefahren für die Allgemeinheit, die lebensbedrohend sein können, wie das z.B. bei Lawinenunglücken, Überschwemmungen und Erdbeben der Fall ist. Aber auch eine Feuer- und Einsturzgefahr, Explosionsgefahr, die Freisetzung radioaktiver Strahlung und eine Seuchengefahr können diese Qualität haben. Da es bei einer präventivpolizeilichen akustischen Wohnraumüberwachung jedoch zumeist um die Verhütung von Straftaten gehen wird, sollte man – wiederum in Anlehnung an die Rspr. des BVerfG zur strafprozessualen Wohnraumüberwachung – erst recht die präventivpolizeiliche akustische Wohnraumüberwachung zur Verhinderung **besonders schwerer Straftaten** für zulässig erklären. Es kann nicht sein, dass die Eingriffsvoraussetzungen für Maßnahmen der Strafverfolgung geringer sind als die der Verhütung von Straftaten. Hinzu kommt, dass der Staat seinem Schutzauftrag nachkommen und sich schützend und fördernd vor das Leben stellen muss. Aus diesem Grund sollte man die präventivpolizeiliche Wohnraumüberwachung sogar zur Verhinderung von Straftaten zulassen, für die das StGB ein geringeres Strafmaß als fünf Jahre Freiheitsentziehung festgesetzt hat.[216] Die in den Polizeigesetzen genannte Möglichkeit des großen Lauschangriffs zur Abwehr einer gegenwärtigen Gefahr für Leib, Leben oder Freiheit einer Person ist daher unbedenklich. Freilich entbindet dies die Polizei nicht von ihrer Pflicht, im jeweiligen Einzelfall nach strengen Maßstäben den Verhältnismäßigkeitsgrundsatz anzuwenden und dabei die bei Rn 251 sowie Rn 257 genannten Restriktionen zu beachten.

280 Hinsichtlich der Wahrung des durch Art. 13 I GG **absolut geschützten** und damit **unantastbaren Kernbereichs privater Lebensgestaltung** sollen sich nach Auffassung des BVerfG Anhaltspunkte zur Einschätzung der Situation aus der Art der zu überwachenden Räumlichkeiten (Gespräche in Betriebs- und Geschäftsräumen gehörten anders als Gespräche in Privatwohnungen regelmäßig nicht zum Kernbereich privater Lebensgestaltung), aber auch aus der Beziehung des Abgehörten zu seinen Kommunikationspartnern ergeben. So seien zum Kernbereich privater Lebensgestaltung grundsätzlich **Gespräche mit dem Ehegatten oder engsten Familienangehörigen** zu rechnen, aber auch die Kommunikation mit anderen Personen des besonderen Vertrauens wie seelsorgerische Gespräche mit **Geistlichen** und dem **Strafverteidiger**, u.U. auch mit dem Arzt. Eine zeitliche und räumliche Rundumüberwachung sei regelmäßig schon deshalb unzulässig, weil die Wahrscheinlichkeit groß sei, dass dabei höchstpersönliche Gespräche abgehört werden; das könne es erforderlich machen, auf eine nur automatisch erfolgte Aufzeichnung der Gespräche zu verzichten, um jederzeit die Ermittlungsmaßnahme unterbinden zu können.[217] Soweit im Rahmen einer Wohnraumüberwachung nach Art. 13 IV GG dennoch unvorhersehbar der unantastbare Kernbereich privater Lebensgestaltung betroffen wird, muss in Übereinstimmung mit der Rspr. des BVerfG zu Art. 13 III GG[218] die Überwachung sofort reduziert bzw. abgebrochen werden. Erfolgte Aufzeichnungen sind zu vernichten und unterliegen einem absoluten Verwertungsverbot; sie dürfen nicht einmal als Spurenansätze verwendet werden.[219]

---

[216] Diese Grenze wurde vom BVerfG (E 109, 279, 309 ff.) für die Zulässigkeit der *strafprozessualen* Wohnraumüberwachung genannt.
[217] BVerfGE 109, 279, 309 ff.; SächsVerfGH NVwZ 2005, 1310, 1311.
[218] BVerfGE 109, 279, 319 f. Vgl. dazu ausführlich *R. Schmidt*, Grundrechte, Rn 860 ff.
[219] Richtig *Schenke*, POR, Rn 194.

Im Zusammenhang mit heimlichen bzw. verdeckten Datenerhebungen enthielten einige Polizeigesetze bereits *vor* dem soeben erläuterten Urteil (vgl. etwa §§ 29 VI, 31 IV RhlPfPOG) entsprechende Regelungen. Andere Landesgesetzgeber haben auf das Urteil reagiert und teilweise mittlerweile entsprechende Regelungen in ihre Polizeigesetze aufgenommen (vgl. etwa § 33 IV-VI BremPolG). Die Aufnahme solcher Regelungen in die Polizeigesetze ist von Verfassungs wegen allerdings nicht zwingend erforderlich. Es obliegt vielmehr in weitem Umfang der politischen Entscheidung des einfachen Gesetzgebers, ob er im Rahmen einer Abwägung zwischen dem Aspekt der Gefahrenabwehr und dem Schutz von Vertrauensverhältnissen diese vor Datenerhebungen schützt. Fehlen gesetzliche Regelungen, obliegt es der Einzelfallentscheidung, entweder der Gefahrenabwehr oder dem Vertrauensverhältnis, d.h. den Grundrechten der Betroffenen, den Vorrang einzuräumen. Im Zweifel ist den Grundrechten der Vorrang einzuräumen und der Lauschangriff, der in Vertrauensverhältnisse eingreift, für rechtswidrig zu erklären. Soweit aber Vorschriften in den Polizeigesetzen enthalten sind, sehen sie entweder ausdrücklich vor, dass mittels eines großen Lauschangriffs bzw. einer Telekommunikationsüberwachung nicht in Vertrauensverhältnisse gem. §§ 53, 53a StPO eingegriffen werden darf oder sie lassen Eingriffe nur in bestimmte Vertrauensverhältnisse zu. Jedenfalls sehen alle Polizeigesetze hinsichtlich der Rasterfahndung vor, dass Daten, die einem Berufs- oder Amtsgeheimnis unterliegen, von ihr ausgenommen werden.

Schließlich verlangen die Polizeigesetze durchweg Tatsachen, die die Annahme recht- **281** fertigen, dass sich die Person, der die Gefahr droht oder von der die Gefahr ausgeht, in der Wohnung aufhält und die Gefahr auf andere Weise nicht abgewehrt werden kann. Die Formulierung „**Tatsachen die Annahme rechtfertigen, dass**..." bedeutet, dass (anders als bei der soeben behandelten Gefahr für das gewichtige Schutzgut) keine konkrete Gefahr vorliegen muss, sondern dass eine **abstrakte Gefahr** bzw. ein **Gefahrenverdacht** genügen, um eine Datenerhebung zu den o.g. Zwecken durchzuführen.[220] Voraussetzung für die präventivpolizeiliche akustische Wohnraumüberwachung ist also eine auf tatsächlichen Anhaltspunkten beruhende Prognose, dass sich der beschriebene Personenkreis mit hinreichender Wahrscheinlichkeit in der Wohnung aufhält. Dass die akustische Wohnraumüberwachung schließlich nur dann rechtmäßig ist, wenn die Gefahr auf andere Weise nicht abgewehrt werden kann, sollte – in Anbetracht der Schwere des Eingriffs und der Bedeutung des Wohnungsgrundrechts – an sich eine Selbstverständlichkeit sein. Die Formulierung in den Polizeigesetzen kann daher nur so verstanden werden, dass dem Rechtsanwender nochmals vor Augen geführt werden soll, dass die akustische Wohnraumüberwachung nur als äußerstes Mittel der Gefahrenabwehr in Betracht kommt, wenn kein anderes geeignetes Mittel zur Verhinderung der genannten Tatbestände zur Verfügung steht.

Um der **verfahrensrechtlichen Dimension der Grundrechte**[221] gerecht zu werden **282** und das Grundrecht der Unverletzlichkeit der Wohnung auch diesbezüglich zu sichern, haben die Landesgesetzgeber umfassende Regularien normiert. Zu nennen ist insbesondere die **vorherige richterliche Entscheidung**[222], die nach der zum großen Lauschangriff ergangenen Rspr. des BVerfG[223] zudem den zeitlichen und inhaltlichen Rahmen, die Grenzen und das Ziel der Durchsuchung definieren muss, damit der Eingriff in das Wohnungsgrundrecht messbar und kontrollierbar ist, kurz, rechtsstaatlichen Mindestanforderungen genügt. Lediglich bei **Gefahr im Verzug** kann die Polizei

---

[220] Zu den Begriffen *abstrakte Gefahr* und *Gefahrenverdacht* vgl. Rn 666 und 689.
[221] Vgl. dazu ausführlich *R. Schmidt*, Grundrechte, Rn 36 ff.
[222] Vgl. BW: § 23 III PolG; Bay: Art. 34 IV PAG; Berl: § 25 V ASOG; Brand: § 33a IV PolG; Brem: § 33 III S. 1 PolG; Hamb: § 10 III PolDVG; Hess: § 15 V S. 1 SOG; MeckVor: § 34b V SOG; Nds: § 35a IV SOG; NRW: § 24 OBG i.V.m. §§ 17 III, 18 III PolG; RhlPfl: 29 VII POG; Saar: § 28 IV PolG; Sachs: § 39 IV S. 2 PolG; SachsAnh: § 17 V SOG; SchlHolst: § 186 I S. 1 LVwG; Thür: § 35 IV PAG.
[223] BVerfGE 109, 279, 325 ff.

(zumeist aber nur die Behördenleitung) die akustische Wohnraumüberwachung anordnen, muss aber die richterliche Entscheidung unverzüglich herbeiführen. Wird die polizeiliche Anordnung nicht binnen einer bestimmten Frist (zumeist drei Tage) – für die Fristberechnung gilt § 31 I VwVfG i.V.m. § 187 I BGB – richterlich bestätigt, tritt sie außer Kraft.

Beispiel: Vor einem Haus, in dem die Polizei Terroristen vermutet, werden im Gebüsch Richtmikrofone installiert. Ist die Abhörmaßnahme wegen Gefahr im Verzug ohne richterliche Anordnung erfolgt und wird diese nicht binnen der im Polizeigesetz festgelegten Frist erlangt, ist sie sofort abzubrechen.

283 Wird die Anordnung zwar innerhalb der Frist beantragt, jedoch nicht bestätigt, sind die durch den Einsatz technischer Mittel gewonnenen Unterlagen unverzüglich zu **vernichten** (vgl. z.B. § 33 III S. 10 BremPolG).

284 Da die akustische Wohnraumüberwachung (wie alle heimlichen Überwachungsmaßnahmen) ohne Kenntnis des Betroffenen erfolgt, kommt der gesetzlich vorgeschriebenen **nachträglichen Unterrichtung** des Belauschten, wie sie einige Polizeigesetze vorschreiben, eine besondere Bedeutung zu. Denn erst durch sie wird der Betroffene in die Lage versetzt, gerichtlichen Rechtsschutz, der zwar nicht auf Kassation, aber auf Feststellung der Rechtswidrigkeit, gerichtet ist, einzulegen.

285 **Fazit:** Während die repressivpolizeiliche akustische Wohnraumüberwachung (Art. 13 III GG i.V.m. § 100c StPO) nur zur Aufklärung von Straftaten von erheblicher Bedeutung (d.h. solcher, für die der Gesetzgeber eine Mindestfreiheitsstrafe von 5 Jahren vorgesehen hat) zulässig ist, kann die präventivpolizeiliche akustische Wohnraumüberwachung zur Abwehr einer gegenwärtigen Gefahr für Leib, Leben oder Freiheit einer Person angeordnet werden. Hier wie dort ist aber der absolut geschützte und damit unantastbare Kernbereich privater Lebensgestaltung zu beachten. Im Rahmen der präventivpolizeilichen akustischen Wohnraumüberwachung kann aber die Schwelle zum unantastbaren Kernbereich herabgesetzt sein, um den staatlichen Schutzauftrag und damit die Abwehr von Gefahren für besonders gewichtige Schutzgüter nicht wesentlich zu erschweren bzw. unmöglich zu machen. Verfahrensrechtliche Sicherungen stellen der Richtervorbehalt, die Benachrichtigungs- und Löschungspflicht und sowie das absolute Verwertungsverbot bei rechtswidriger Datenerhebung dar.

cc.) Rechtsschutz

286 Da der große Lauschangriff heimlich erfolgt, handelt es sich um schlicht hoheitliches Handeln. Denn wäre er ein Verwaltungsakt, müsste man die Unwirksamkeit annehmen, weil ein Verwaltungsakt zu seiner Wirksamkeit zumindest bekannt gegeben werden muss (vgl. § 43 I S. 1 VwVfG); Zweck des Lauschangriffs ist aber gerade, dass er ohne Kenntnis des Betroffenen erfolgt. Auch die nachträgliche Unterrichtung des Betroffenen macht die Maßnahme nicht zu einem Verwaltungsakt.

287 Rechtsschutz bietet v.a. die **allgemeine Feststellungsklage** gem. § 43 VwGO, gerichtet auf die Feststellung, dass die Maßnahme rechtswidrig gewesen sei. Auch wenn der Betroffene nachträglich über die Maßnahme informiert wird, wird aus ihr nicht im Nachhinein ein Verwaltungsakt.

Fraglich ist, warum ob es überhaupt noch eines gerichtlichen Rechtsschutzes bedarf, wenn die Überwachungsmaßnahme richterlich angeordnet bzw. genehmigt wurde. Denn in diesem Fall hat ja bereits ein Richter über die Rechtmäßigkeit der Maßnahme entschieden. Wäre er zu dem Ergebnis gekommen, dass die Maßnahme rechtswidrig (gewesen) sei, hätte er sie nicht angeordnet bzw. genehmigt. Wenn man jedoch bedenkt, dass die richterliche

Anordnung gem. Art. 13 III oder IV GG i.V.m. den entsprechenden Bestimmungen der StPO bzw. den Polizeigesetzen nicht den Erfordernissen eines gerichtlichen Rechtsschutzes i.S.d. Art. 19 IV GG entspricht (ihr fehlen wesentliche Verfahrensgarantien, insbesondere das Recht auf rechtliches Gehör), wird die verfassungsrechtliche Notwendigkeit einer gerichtlichen Prüfung im Rahmen eines ordentlichen Verfahrens nach den Vorschriften der VwGO überaus deutlich. Selbst wenn man das Argument der Rechtsschutzgarantie aus Art. 19 IV GG nicht teilte, verbliebe die Notwendigkeit des rechtlichen Gehörs jedenfalls wegen Art. 103 I GG; und da der Betroffene nicht im Rahmen der richterlichen Anordnung der Überwachungsmaßnahme gehört wird, bleibt das zwingende Erfordernis, wenigstens nachträglichen Rechtsschutz zu gewähren. Ein anderes Ergebnis wäre mit dem Rechtsstaatsprinzip nicht vereinbar.

Entsprechend der in § 40 I S. 2 VwGO eingeräumten Ausnahmemöglichkeit wurde gemäß den Bestimmungen der meisten Polizeigesetze zum sachlich zuständigen Gericht nicht das Verwaltungsgericht, sondern das **Amtsgericht** bestimmt. Für das Verfahren gelten die Vorschriften des FamFG entsprechend (vgl. z.B. § 33 III 2 S. 3 BremPolG). Diese Rechtswegzuweisung erfasst allerdings nicht die Gewährung nachträglichen Rechtsschutzes nach Beendigung der Maßnahme. Vielmehr verbleibt es insoweit bei der allgemeinen Rechtswegregelung des § 40 I S. 1 VwGO. Der nachträgliche Rechtsschutz schließt auch die Überprüfung ein, ob die Voraussetzungen einer Gefahr im Verzug vorgelegen haben.[224] 288

Prüfungsschema für den großen Lauschangriff 289

Positivdefinition: Bei dem sog. großen Lauschangriff handelt es sich um den verdeckten Einsatz technischer Mittel zum gezielten Abhören und Aufzeichnen des nichtöffentlich gesprochenen Wortes in und aus einer durch Art. 13 I GG geschützten Räumlichkeit („Wohnung") bspw. mit Hilfe von Tonbandgeräten, Richtmikrofonen oder „Wanzen".

Negativdefinition: Kein Fall des großen Lauschangriffs liegt demgemäß vor, wenn

- ⇨ das *außerhalb der Wohnung* gesprochene Wort abgehört wird,
- ⇨ es um die *akustische Überwachung des Fernmeldeverkehrs* (innerhalb oder außerhalb der Wohnung) geht. Denn die Telefonüberwachung greift nicht in das Wohnungsgrundrecht ein, sondern in das Grundrecht aus Art. 10 I GG und bedarf daher einer Rechtfertigung, die sich aus dem Gesetzesvorbehalt des Art. 10 II GG ergeben muss.
- ⇨ es dem verdeckten Einsatz technischer Mittel zur Anfertigung von Bildaufnahmen, also um das *optische* Erfassen von Daten geht.

I. Rechtsgrundlage

II. Formelle Rechtmäßigkeit

1. **Zuständigkeit** der handelnden Behörde (Rn 607)
2. Ordnungsgemäßes **Verfahren** (Einhaltung der allg. Verfahrensvorschriften (Rn 618). Eine besondere (und zusätzlich zu prüfende) Verfahrensvorschrift stellt die Vorschrift über die „Grundsätze der Datenerhebung" dar. Diese stellt besondere Anforderungen an die Rechtmäßigkeit der Datenerhebung, die zugleich für alle Maßnahmen der Erhebung personenbezogener Daten gelten. Da der große Lauschangriff aber gerade verdeckt erfolgen muss, sind stets die in der Vorschrift enthaltenen Ausnahmeregelungen heranzuziehen. Davon unabhängig zu beachten sind der **Richtervorbehalt**, die **Befristung** der Maßnahme und die nachträgliche **Unterrichtung** des Betroffenen.
3. Einhaltung der **Form**vorschriften (Rn 621)

III. Materielle Rechtmäßigkeit

Mit Blick auf die Bedeutung des Wohnungsgrundrechts sind die Rechtmäßigkeitsvoraussetzungen für den großen Lauschangriff sehr eng. Richtungweisend für präventivpolizeiliche Abhörmaßnahmen ist der qualifizierte Gesetzesvorbehalt des Art. 13 IV GG, der

[224] BVerfGE 103, 142, 150 ff.

wiederum eng auszulegen ist. Erforderlich ist danach eine dringende Gefahr für die öffentliche Sicherheit, insbesondere eine gemeine Gefahr oder eine Lebensgefahr. Darüber hinaus ist zu fordern, dass trotz Vorliegens der Voraussetzungen des Art. 13 IV GG der **absolute Kernbereich privater Lebensgestaltung unberührt bleibt**. In diesen darf wegen der nicht relativierbaren Menschenwürde selbst bei Vorliegen der in Art. 13 IV GG ausdrücklich genannten tatbestandlichen Anforderungen nicht eingegriffen werden. Zum Kernbereich privater Lebensgestaltung sind grds. Gespräche mit dem Ehegatten oder engsten Familienangehörigen zu rechnen, aber auch die Kommunikation mit anderen Personen des besonderen Vertrauens wie seelsorgerische Gespräche mit Geistlichen und dem Strafverteidiger, u.U. auch mit dem Arzt. Ergeben sich im Laufe der heimlichen Überwachungsmaßnahme Anhaltspunkte dafür, dass der absolut geschützte Kernbereich privater Lebensführung betroffen wird, ist die Überwachung sofort einzuschränken bzw. abzubrechen.
Hinsichtlich des Grades der erforderlichen Gefahr ist zu unterscheiden: Für das zu schützende Rechtsgut muss eine konkrete Gefahr bestehen. Hinsichtlich der Frage, ob sich die zu belauschende Person in der Wohnung befindet, fordern die Polizeigesetze „Tatsachen, die die Annahme rechtfertigen, dass sich die Person, der die Gefahr droht oder von der die Gefahr ausgeht, in der Wohnung aufhält und die Gefahr auf andere Weise nicht abgewehrt werden kann". Diese Formulierung bedeutet, dass (anders als bei der soeben behandelten Gefahr für das gewichtige Schutzgut) keine konkrete Gefahr vorliegen muss, sondern dass eine abstrakte Gefahr bzw. ein Gefahrenverdacht genügen, um eine Datenerhebung zu den o.g. Zwecken durchzuführen.

Im Übrigen sind die **Ermessensgrenzen** und der Grundsatz der **Verhältnismäßigkeit** zu beachten, wobei die Grenzen der Zulässigkeit hoch anzusiedeln sind.

c.) Verdeckter Einsatz technischer Mittel zur Anfertigung von Bildaufnahmen und -aufzeichnungen

290 Während der sog. Lauschangriff die akustische Erfassung des nichtöffentlich gesprochenen Wortes darstellt, geht es bei dem verdeckten Einsatz technischer Mittel zur Anfertigung von **Bildaufnahmen** um das optische Erfassen von Daten. Entgegen dem allgemeinen Sprachgebrauch liegt eine Bild*aufnahme* nur dann vor, wenn im selben Moment aufgenommene Bilder an eine andere Stelle überspielt werden (z.B. auf die Leinwand einer Einsatzzentrale), ohne jedoch später reproduzierbar zu sein. Wird das Bild aber gespeichert und ist jederzeit reproduzierbar, kann also ausgewertet und aufbewahrt werden (bei Fotos, Filmen und Videoaufnahmen), handelt es sich um eine **Bildaufzeichnung**. Der Einsatz von Fernrohren oder Ferngläsern fällt nicht unter diese Vorschriften, da mit ihnen keine Aufnahmen oder Aufzeichnungen im vorgenannten Sinne möglich sind.

290a Soweit nach der Gesetzeslage eine **Kombination von Lauschangriff und Bildaufnahmen/-aufzeichnungen** zugelassen ist (vgl. etwa § 38 II SächsPolG, wonach an Kriminalitätsbrennpunkten personenbezogene Daten durch Anfertigung von Bild- und Tonaufnahmen oder -aufzeichnungen von Personen erhoben werden dürfen, soweit tatsächliche Anhaltspunkte die Annahme rechtfertigen, dass an diesen Orten Straftaten begangen werden sollen, durch die Personen, Sach- oder Vermögenswerte gefährdet werden), hat der SächsVerfGH in seinem Urteil vom 10.7.2003 (Az.: Vf. 43-II-00) darauf hingewiesen, dass sich etwa auf die Anzeige einer Straftat hin, die der Polizeibeamte am Monitor nicht wahrgenommen habe, nur im Falle kontinuierlicher Aufzeichnung nachträglich das Geschehen verifizieren lasse und diese Möglichkeit einen wesentlichen Teil der angestrebten Abschreckungswirkung ausmachen könne.

Auch wenn der SächsVerfGH die Regelung des § 38 II SächsPolG nicht für verfassungswidrig erklärt hat, darf dennoch nicht unberücksichtigt bleiben, dass die Bildaufzeichnung einen gegenüber der Bildaufnahme schwerer wiegenden Eingriff darstellt. Das gilt umso mehr, als sie in Kombination zum Lauschangriff steht. Daher kann sie nur unter strenger Beachtung des **Grundsatzes der Verhältnismäßigkeit** rechtmäßig sein.

So sind etwa an die Darlegung der Erforderlichkeit der Bildaufzeichnung besondere Anforderungen zu stellen. Allein die Tatsache, dass der erfasste Bereich einen Kriminalitätsschwerpunkt bildet, wird regelmäßig nicht ausreichen, die Erforderlichkeit zu begründen. Hier wird die Struktur der vor Ort anfallenden Straftaten zu berücksichtigen sein und der vorrangige Einsatz des milderen Mittels der Bildaufnahme und einer (manuellen) Aufzeichnung im Einzelfall in Betracht kommen. Zeigt hingegen die Kriminalitätsentwicklung in einem bereits durch Bildaufnahmen überwachten Bereich, dass Fallzahlen bestimmter Delikte durch die Überwachung nicht spürbar rückläufig sind, weil die Begehung dieser Delikte mittels Übersichtsaufnahmen nur schwer zu erkennen ist und potentielle Täter dies wissen, kann der Einsatz der permanenten Bildaufzeichnung durchaus erforderlich sein, um die angestrebte Abschreckungswirkung zu erzielen. Keinesfalls dürfen hoch auflösende Kameras Eingänge zu Wohnhäusern oder Eingangsbereiche von Arzt- oder Rechtsanwaltspraxen sowie von Presseräumlichkeiten erfassen. Gegebenenfalls muss eine Verkleinerung des überwachten Bereichs im Vergleich zu dem von - Identifizierungen nicht ermöglichenden – Übersichtsaufnahmen erfassten Areal hingenommen werden.
Schließlich sind Maßnahmen zu ergreifen, die den Eingriff in das Recht auf informationelle Selbstbestimmung der Betroffenen möglichst gering halten. Hierbei bietet es sich an, das Verfahren technisch so auszugestalten, dass keine Zugriffsmöglichkeit auf die Daten (Aufzeichnungen) besteht, es sei denn, dass sich im Nachhinein für den fraglichen Zeitraum ein polizeilich relevanter Sachverhalt herausstellt.

Fazit: Die Datenerhebung durch den verdeckten Einsatz technischer Mittel gehört zu den besonderen Mitteln oder Methoden der Datenerhebung. Sie ist wegen des besonders intensiven Eingriffs in das Grundrecht auf informationelle Selbstbestimmung nur unter besonders engen Voraussetzungen gegen bestimmte Personen zulässig. 291

Schließlich ist zu erwähnen, dass die in den Polizeigesetzen normierten engen Tatbestandsvoraussetzungen nur für die **verdeckte** Datenerfassung gelten, sie sich also nicht auf die offene Observation (Aufnahmen aus fest und sichtbar installierten Kameras zur Verkehrslenkung oder ähnlichem) beziehen. 292

d.) Telekommunikationsüberwachung und „Handy-Ortung"

Der verdeckte Einsatz technischer Mittel zum Abhören und Aufzeichnen des nichtöffentlich gesprochenen Wortes kann auch den **Fernsprech- und Funkverkehr** betreffen. Da damit der technische Vorgang des Aussendens, Übermittelns und Empfangens von Nachrichten jeglicher Art in der Form von Zeichen, Sprache, Bildern oder Tönen mittels Telekommunikationsanlagen (Legaldefinition des § 3 Nr. 22 TKG) gemeint ist, liegt in einem solchen Fall ein Eingriff in das durch **Art. 10 I GG** geschützte **Fernmeldegeheimnis** (Telekommunikationsgeheimnis) vor, das sowohl den Kommunikationsinhalt als auch den Kommunikationsvorgang als solchen schützt.[225] Dazu zählen der Telegramm-, Telefon- und Fernschreibverkehr, aber auch die Datenübertragung über Standleitungen zwischen Computern, Teletext und Telefax, Mobilfunk, Satellitenübertragungen und der E-Mail-Verkehr. 293

Bei der Telekommunikationsüberwachung werden zum einen **Telefongespräche** entweder von der Polizei selbst unmittelbar **mitgehört** und regelmäßig auch **aufgezeichnet** oder es werden von der jeweiligen Betreiberfirma die Aufzeichnung und Auskunft über Inhalt und Umstände der Telekommunikation verlangt. Ist der Telekommunikationsvorgang jedoch 294

[225] Vgl. dazu etwa BVerfG NJW 2007, 2752 ff.

abgeschlossen, greift das Telekommunikationsgrundrecht **nicht** mehr; Grundrechtsschutz entfaltet dann (nur noch) das Grundrecht auf informationelle Selbstbestimmung.

Beispiel[226]**:** Richterin R wird verdächtigt, Dienstgeheimnisse verraten zu haben. Daher durchsucht die Polizei die Wohnung der R und stellt einen Computer und ein Mobiltelefon sicher. Nach Auswertung der auf diesen Geräten gespeicherten Daten wird der Verdacht jedoch nicht bestätigt.

Hier ist zunächst eindeutig, dass das Grundrecht auf informationelle Selbstbestimmung und das **Wohnungsgrundrecht** selbstständig nebeneinander stehen (sog. Idealkonkurrenz). Das gilt insbesondere dann, wenn die Daten in einer Wohnung oder aus einer Wohnung heraus erhoben werden (etwa durch Wanzen, Richtmikrofone etc. im Rahmen sog. „Lauschangriffe"). Unklar ist jedoch das Verhältnis zwischen dem Grundrecht auf informationelle Selbstbestimmung und dem **Fernmeldegeheimnis** (Telekommunikationsgrundrecht). Es stellt sich die Frage, ob die Durchsuchung der Polizei, die zielgerichtet und ausdrücklich die Sicherstellung von Datenträgern (PC, Mobiltelefon etc.), auf denen Telekommunikationsverbindungsdaten gespeichert sein sollen, bezweckt, nur in das Recht auf informationelle Selbstbestimmung oder auch bzw. ausschließlich in das Telekommunikationsgrundrecht eingreift.

Das BVerfG hat entschieden, dass die nach Abschluss des Übertragungsvorgangs im Herrschaftsbereich des Kommunikationsteilnehmers gespeicherten Verbindungsdaten nicht durch das Fernmeldegeheimnis, sondern durch das Recht auf informationelle Selbstbestimmung und gegebenenfalls durch das Recht auf Unverletzlichkeit der Wohnung geschützt seien. Der Schutz des Fernmeldegeheimnisses ende in dem Moment, in dem die Nachricht bei dem Empfänger angekommen und der Übertragungsvorgang beendet sei. Während für den Kommunikationsteilnehmer keine technischen Möglichkeiten vorhanden seien, das Entstehen und die Speicherung von Verbindungsdaten durch den Nachrichtenmittler zu verhindern oder auch nur zu beeinflussen, änderten sich die Einflussmöglichkeiten, wenn sich die Daten in der Sphäre des Teilnehmers befänden. Der Nutzer könne sich bei den seiner Verfügungsmacht unterliegenden Geräten gegen den unerwünschten Zugriff Dritter durch vielfältige technische Vorkehrungen schützen. Insoweit bestehe eine Vergleichbarkeit mit den sonst in der Privatsphäre des Nutzers gespeicherten Daten. Die spezifischen Risiken eines der Kontroll- und Einwirkungsmöglichkeit des Teilnehmers entzogenen Übertragungsvorgangs, denen Art. 10 I GG begegnen wolle, bestünden im Herrschaftsbereich des Kommunikationsteilnehmers nicht mehr.[227]

294a Daraus folgt:

- Der **Übertragungsvorgang** (also das Gespräch oder die gesendete Nachricht via SMS o.ä.) ist durch das **Fernmeldegeheimnis** geschützt. Akustische Überwachungsmaßnahmen haben sich am strengen Maßstab des Art. 10 GG zu orientieren. Damit wird der besonderen Schutzwürdigkeit der Telekommunikationsumstände hinreichend Rechnung getragen und die Vertraulichkeit räumlich distanzierter Kommunikation wird gewahrt.
- Nach **Beendigung des Übertragungsvorgangs** greift Art. 10 GG dagegen nicht mehr. In diesem Fall werden die in der Herrschaftssphäre des Betroffenen gespeicherten personenbezogenen Verbindungsdaten (nur noch) durch das Recht auf **informationelle Selbstbestimmung** geschützt.

294b Auch bei einer sog. **Onlinedurchsuchung eines heimischen Computers** durch die Strafverfolgungsbehörde oder den Verfassungsschutz liegt **kein** Eingriff in das Telekommunikationsgrundrecht vor, weil auch hier nicht auf den Kommunikationsvorgang eingewirkt wird, sondern via Internet bestimmte Programme (Trojaner; Spyware) in einen Computer

---

[226] Vgl. BVerfGE 115, 166, 183 ff.

[227] BVerfGE 115, 166, 183 ff.

eingeschleust werden, deren Aufgabe darin besteht, Daten auszuforschen.[228] Eingegriffen wird aber in das Grundrecht der informationellen Selbstbestimmung (nach BVerfG: in das Grundrecht auf Gewährleistung der Vertraulichkeit und Integrität informationstechnischer Systeme)[229] und ggf. in das Wohnungsgrundrecht[230].

Kein Eingriff in das Telekommunikationsgrundrecht liegt auch vor, wenn Aktivmeldungen, d.h. die Signale, mit denen ein eingeschaltetes Mobiltelefon („Handy") in regelmäßigen Abständen seine Kennung an die nächste Funkvermittlungsstation sendet[231], mittels IMSI-Catchers abgefragt werden, um den **Standort des Mobiltelefons** (und damit i.d.R. auch der Aufenthaltsort des Besitzers) zu ermitteln. Denn eine reine Standortermittlung erfasst lediglich die technische Kommunikation zwischen Geräten, nicht den durch Art. 10 I GG geschützten Austausch von vertraulichen, persönlichen und individuellen Informationen.[232] Betroffen ist allein das Grundrecht der informationellen Selbstbestimmung. Das gilt auch, wenn mittels **IMSI-Catcher** die Geräte- und Kartennummern eingeschalteter Mobiltelefone und damit die **Identität der Anschlussinhaber** ermittelt werden. Schließlich ist das Grundrecht auf informationelle Selbstbestimmung betroffen, wenn mit **Fangschaltungen** festgestellt wird, **wann zwischen wem ein** Fernmeldeverkehr stattgefunden hat, ohne dass dabei auf den Gesprächsinhalt zugegriffen wird.

Hinweis: Die Frage, ob in der jeweiligen Maßnahme ein Eingriff in das Wohnungsgrundrecht, in das Telekommunikationsgrundrecht oder (nur) in das Grundrecht der informationellen Selbstbestimmung vorliegt, ist nicht nur akademischer Natur, sondern übt Einfluss auf die verfassungsrechtliche Rechtfertigung der Maßnahme aus. Denn zum einen enthalten die genannten Grundrechte unterschiedliche Grundrechtsschranken und zum anderen sind die Prüfungsmaßstäbe unterschiedlich ausgeprägt. Daher kann es für die Frage, ob eine Maßnahme gerechtfertigt ist, entscheidend sein, welches Grundrecht man als betroffen ansieht. Vgl. dazu auch *R. Schmidt*, Grundrechte, Rn 269 ff. 294c

aa.) Formelle Rechtmäßigkeit

Hinsichtlich der formellen Rechtmäßigkeit der Telekommunikationsüberwachung gelten zunächst die allgemeinen Voraussetzungen (Zuständigkeit, Verfahren und Form, siehe Rn 607 ff.). Eine besondere (und zusätzlich zu prüfende) Verfahrensvorschrift stellt die Vorschrift über die „**Grundsätze der Datenerhebung**" dar. Diese stellt besondere Anforderungen an die Rechtmäßigkeit der Datenerhebung, die zugleich für alle Maßnahmen der Erhebung personenbezogener Daten gelten. Da die Telekommunikationsüberwachung aber gerade heimlich erfolgen muss, sind stets die in der Vorschrift enthaltenen Ausnahmeregelungen heranzuziehen. Keinesfalls übersehen werden dürfen der **Richtervorbehalt** (dazu Rn 282), die in den Polizeigesetzen vorgesehene **Befristung** der Maßnahme und die nachträgliche **Unterrichtungspflicht** (dazu Rn 284). 295

[228] BVerfGE 120, 274, 302 ff.
[229] BVerfGE 120, 274, 302 ff. – vgl. dazu ausführlich Rn 309a ff.
[230] Ob in Art. 13 I GG eingegriffen wird, ist Gegenstand der Darstellung bei Rn 309c.
[231] Zu den technischen Grundlagen: Die über Funk übermittelte Kommunikation wird durch eine sog. IMEI-Gerätenummer (International Mobile Equipment Identity) und eine sog. IMSI-Kartennummer (International Mobile Subscriber Identity) einzelnen Mobiltelefonen bzw. Teilnehmern zugeordnet. Die IMSI- (auch SIM-)Nummer wird weltweit nur einmal vergeben und einer bestimmten Person, die sich bei Erwerb des Mobiltelefons ausweisen muss, zugewiesen. Sobald das Mobiltelefon eingeschaltet ist, tauscht es mit der Sende- und Empfangsstation (Basisstation) der jeweiligen Funkzelle automatisch diese Identifizierungsmerkmale aus. Der „IMSI-Catcher" simuliert eine Basisstation, sodass sich alle Mobilfunkgeräte im Sendebereich einer Funkzelle in den IMSI-Catcher einbuchen und die Mobiltelefone auf diese Weise geortet und ihre Inhaber bestimmt werden können. Vgl. nunmehr auch *Jochum*, JuS 2010, 719 ff.
[232] BVerfG NJW 2007, 351, 353 f., das der bisher h.M. (vgl. etwa BGH NJW 2001, 1587; NJW 2003, 2034, 2035; VG Darmstadt NJW 2001, 2273, 2274; *Gercke*, MMR 2003, 453, 455; *ders.*, StraFo 2003, 76, 78; *Schenke*, AöR 125 (2000), 1, 20; *v. Denkowski*, Kriminalistik 2002, 117, 119; *Dix*, Kriminalistik 2004, 81, 83) eine Absage erteilt hat. Vgl. auch *Jochum*, JuS 2010, 719, 721 f.

bb.) Materielle Rechtmäßigkeit

296 Da das Grundrecht aus Art. 10 GG – ähnlich wie Art. 13 I GG – die enge Privat- und Persönlichkeitssphäre schützt, müssen schon besondere Gründe vorliegen, damit Abhörmaßnahmen gerechtfertigt sind (vgl. den Wortlaut des Art. 10 GG: „... sind unverletzlich"). Daher regelt Art. 10 II GG selbst die Voraussetzungen, die an die Rechtmäßigkeit eines Eingriffs zu stellen sind.

297 So dürfen nach Art. 10 II S. 1 GG Beschränkungen des Fernmeldegeheimnisses nur **durch Gesetz** oder **aufgrund eines Gesetzes** erfolgen.

298 **Beispiele:** Gesetze i.S. dieses Vorbehalts sind das **Gesetz zur Beschränkung des Brief-, Post- und Fernmeldegeheimnisses** (sog. **G 10**) und die **nachrichtendienstlichen Gesetze** (insbesondere das **BNDG**), die Eingriffe in den Schutzbereich des Art. 10 GG nicht nur aus Gründen der **Strafverfolgung**, sondern auch zu **präventiven** Zwecken zulassen.[233] Auch die **Strafprozessordnung** lässt (aus Gründen der Strafverfolgung) unter bestimmten Voraussetzungen Eingriffe in das Fernmeldegeheimnis zu. Nach §§ 100a und b StPO[234] muss jeder, der geschäftsmäßig Telekommunikationsdienste erbringt oder daran mitwirkt, dem Richter, der Staatsanwaltschaft oder ihren Ermittlungspersonen (§ 152 GVG) die Überwachung und Aufzeichnung der Telekommunikation ermöglichen. Voraussetzung ist, dass der Verdacht einer der Katalogstraftaten des Art. 100a StPO oder des strafbaren Versuchs einer solchen Straftat oder einer Vorbereitungshandlung dazu vorliegt und dass die Erforschung des Sachverhalts oder die Ermittlung des Aufenthalts des Beschuldigten ohne diesen Eingriff aussichtslos oder wesentlich erschwert wären (die Eingriffsvoraussetzungen sind also restriktiv auszulegen). Zielpersonen der Maßnahme sind neben dem Beschuldigten selbst „Personen, von denen aufgrund bestimmter Tatsachen anzunehmen ist, dass sie für den Beschuldigten bestimmte oder von ihm herrührende Mitteilungen entgegennehmen oder weitergeben oder dass der Beschuldigte ihren Anschluss benutzt". Anordnungsbefugt sind nur Richter und Staatsanwaltschaft. Die Anordnung ist nach § 100 b II StPO auf höchstens drei Monate zu befristen (mit Verlängerungsmöglichkeit). § 101 I StPO verlangt die Benachrichtigung des Betroffenen nach Abschluss der Maßnahme.

Eine weitere Eingriffsgrundlage bilden die §§ 111 ff. TKG zur Auskunftserteilung gegenüber den Sicherheitsbehörden.

299 Auch wenn die **Polizeien der Länder** aus Gründen der Gefahrenabwehr Fernmeldeanlagen anzapfen und Gespräche mithören und aufzeichnen wollen, bedürfen sie separater Rechtsgrundlagen. Befugnisnormen hinsichtlich präventivpolizeilicher Telekommunikationsüberwachung haben bislang nur einige Bundesländer in ihre Polizeigesetze aufgenommen (vgl. etwa Art. 34a-c BayPAG, §§ 10a-d HambPolDVG, § 15a HessSOG, §§ 33a-c NdsSOG, § 31 RhlPfPOG, § 34a ThürPAG). Andere Länder (wie z.B. Bremen) haben – aus gutem Grund, wie die Entscheidung des BVerfG hinsichtlich der Verfassungswidrigkeit des § 33a I Nr. 2 und 3 NdsSOG gezeigt hat[235] – bislang darauf verzichtet, eine entsprechende Befugnisnorm in ihre Polizeigesetze aufzunehmen. Eine heimliche Überwachung der Telekommunikation zum Zweck der Gefahrenabwehr wäre daher bereits in Ermangelung einer Rechtsgrundlage rechtswidrig. Diese ließe sich aus systematischen Gründen auch nicht aus der Befugnisgeneralklausel entnehmen; ver-

---

[233] Vgl. BVerfG NJW 2000, 55 ff. (dazu *Huber*, NVwZ 2000, 393 ff.).

[234] Vgl. dazu BVerfG NJW 2007, 2752 ff. sowie *Hartmann/Schmidt*, StrafprozR, Rn 576 ff.

[235] BVerfG NJW 2005, 2603 ff.; SächsVerfGH NVwZ 2005, 1310, 1311; vgl. auch *Kutscha*, NVwZ 2005, 1231 ff.; *ders.*, NJW 2005, 20 ff.; *Lepsius*, Jura 2005, 433 ff., 586 ff.; *Gusy*, JuS 2004, 457 ff.; *Geis*, CR 2004, 338 ff.; *Haas*, NJW 2004, 3082 ff.; *Denninger*, ZRP 2004, 101 ff.; *Ruthig*, GA 2004, 587 ff.; *Weichert*, MMR 2004, 209; *Sachs*, JuS 2004, 522 ff. Die Aufnahme der verdachtsunabhängigen vorbeugenden Telefonüberwachung zum Zweck der Strafverfolgungsvorsorge in das niedersächsische SOG verwundert umso mehr, als bereits im Jahre 2000 das MeckVorVerfG (LKV 2000, 345 LS 6) eine derartige Regelung für verfassungswidrig erklärt hat. Vgl. dazu ausführlich Rn 300 ff.

suchte man dies, verstieße man gegen den verfassungsrechtlichen Bestimmtheitsgrundsatz, da Inhalt und Grenzen der Abhörmaßnahme für den Bürger kaum ersichtlich wären. Außerdem stünde dieser Konstruktion auch das Zitiergebot entgegen, da Art. 10 GG in den betreffenden Polizeigesetzen nicht als einschränkbares Grundrecht genannt (also zitiert) ist. Abzulehnen ist jedenfalls der Versuch, solche Eingriffsbefugnisse durch eine weite Auslegung der Vorschriften über den Einsatz technischer Mittel bzw. über die Datenerhebung in oder aus Wohnungen herzuleiten. Dem stehen nicht nur die tatbestandlichen Unterschiede, die zwischen Art. 13 GG und Art. 10 GG bestehen, entgegen, sondern auch der grundgesetzliche Gesetzesvorbehalt und das Bestimmtheitsgebot, die eine solche Vorgehensweise – zumal bei derart schwerwiegenden Eingriffen – verbieten.[236]

Die nicht vorhandene Zitierung des Art. 10 GG in den betreffenden Polizeigesetzen und die damit verbundene Unzulässigkeit präventivpolizeilicher Telekommunikationsüberwachung dürfen auch nicht dadurch umgangen werden, dass die Behörden ihr Vorgehen auf die strafprozessuale Überwachung der Telekommunikation (insbesondere nach §§ 100 a, 100 b StPO) stützen und die so gewonnenen Daten für Zwecke der Gefahrenabwehr nutzen. Eine solche Vorgehensweise verbietet sich – unter Zugrundelegung der neueren Rspr. des BVerfG zur präventivpolizeilichen Telekommunikationsüberwachung[237] – schon deshalb, weil die Verwendung der aus einer strafprozessualen Überwachung der Telekommunikation gewonnenen Daten zu einem anderen als dem strafprozessualen Überwachungszweck ebenfalls einen Eingriff in Art. 10 I GG beinhaltet und dieses Grundrecht – wie gesehen – gerade nicht in den betreffenden Polizeigesetzen zitiert wird. **300**

Freilich führt dieser Befund zu Problemen, wenn aufgrund einer – erlaubten – strafprozessualen Telekommunikationsüberwachung Erkenntnisse über drohendende schwerwiegende Verletzungen der öffentlichen Sicherheit (insbesondere durch Begehung von Straftaten mit erheblicher Bedeutung) gewonnen werden, ein strafprozessuales Einschreiten (etwa weil noch nicht das Versuchsstadium erreicht ist) ausscheidet und die Polizei wegen der Nichtzitierung des Art. 10 GG auch keine Eingriffe zum Zweck der Gefahrenabwehr vornehmen kann. In diesem Fall ist die Polizei u.U. trotz Kenntnis drohender Gefahren zum Nichteingreifen verpflichtet und daran gehindert, drohende Straftaten abzuwehren. Aus rechtssystematischen Gesichtspunkten kommt auch ein Rückgriff auf allgemeine Rechtfertigungsgründe (insb. §§ 32, 34 StGB) nicht in Betracht.[238] Daher ist den Gesetzgebern der Bundesländer, die die präventivpolizeiliche Telekommunikationsüberwachung (noch) nicht in ihre Polizeigesetze aufgenommen haben – nicht zuletzt unter dem Gesichtspunkt der dem Staat obliegenden grundrechtlichen Schutzpflichten – dringend empfohlen, nicht nur Art. 10 GG als einschränkbares Grundrecht zu zitieren, sondern auch eine gesetzliche Rechtsgrundlage für Datenerhebungen durch Eingriffe in die Telekommunikation sowie die Verwertung von auf diese Weise gewonnenen Daten zu anderen Zwecken zu schaffen. Als Vorlage könnte § 34a I ThürPAG dienen, wonach es der Polizei gestattet ist, **301**

1. von einem Betreiber, der geschäftsmäßig Telekommunikationsdienste erbringt, Auskunft über den Inhalt einschließlich der innerhalb des Telekommunikationsnetzes in Datenspeichern abgelegten Inhalte und über die näheren Umstände der Telekommunikation einschließlich der Daten über den Standort nicht ortsfester Telekommunikationsanlagen zu verlangen, wenn Tatsachen die Annahme rechtfertigen, dass Personen Straftaten i.S.d. § 100a StPO begehen wollen, und
2. eine entsprechende Auskunft über die für eine Gefahr Verantwortlichen zu verlangen, wenn dies zur Abwehr einer Gefahr für den Bestand oder die Sicherheit des Bundes

[236] Wie hier nun auch *Pieroth/Schlink/Kniesel*, POR, § 14 Rn 130 ff.
[237] BVerfG NJW 2005, 2603, 2604; NJW 2000, 55.
[238] *Schenke*, JZ 2001, 997, 1003; *ders*, POR, Rn 197 b.

oder eines Landes oder für Leben, Gesundheit oder Freiheit einer Person erforderlich ist.

302 Selbstverständlich dürfte der Eingriff in die Telekommunikation immer nur letztes Mittel und nur unter strenger Beachtung des Verhältnismäßigkeitsgrundsatzes zulässig sein (vgl. insoweit auch § 34a I S. 3 ThürPAG). Eine absolute Grenze würde der unantastbare Kernbereich privater Lebensgestaltung bilden. Zur verfahrensrechtlichen Absicherung wäre eine jährliche Unterrichtungspflicht gegenüber den Landtagen sowie eine Unterrichtungspflicht gegenüber Betroffenen über einen zuvor heimlich erfolgten Eingriff in Art. 10 I GG erforderlich; vgl. dazu die bereits in Thüringen bestehende Rechtslage gem. §§ 34 III i.V.m. 34 VII ThürPAG. Ähnlich sind die Regelungen in §§ 10 a-d HambPolDVG, § 15 a HessSOG, §§ 33 a - 33c NdsSOG und § 31 RhPfPolG, die eine Überwachung der Telekommunikation zur Abwehr gegenwärtiger Gefahren für Leib, Leben oder Freiheit einer Person zulassen. Zu weit ging jedoch § 33a I Nr. 2 und 3 NdsSOG, die eine entsprechende Datenerhebung auch über Personen vorsahen, bei denen Tatsachen die Annahme rechtfertigten, dass sie Straftaten von erheblicher Bedeutung begehen würden und bei denen die *Vorsorge für die Verfolgung oder die Verhütung dieser Straftaten* auf andere Weise nicht möglich erschien. Wegen Verstoßes gegen die Bundesgesetzgebungskompetenz für die Strafverfolgungsvorsoge sowie gegen den rechtsstaatlichen Bestimmtheitsgrundsatz und das Verhältnismäßigkeitsprinzip hatte das BVerfG[239] die Regelungen für verfassungswidrig und nichtig erklärt.[240]

303 Besteht also keine landesrechtliche Rechtsgrundlage für die präventiv-polizeiliche Datenerhebung durch Telekommunikation, ist eine entsprechende Datenerhebung unzulässig.

304 Trotz der Nichterwähnung des Art. 10 GG als einschränkbares Grundrecht ist von der soeben behandelten Konstellation diejenige zu unterscheiden, bei der es um die **Aufzeichnung von Notrufen** („110" bzw. „112") geht. Zwar ist auch in diesem Zusammenhang eine Zitierung des Art. 10 GG in den betreffenden Polizeigesetzen nicht gegeben, allerdings wird man in Fällen dieser Art von einem Einverständnis des Anrufers mit der Aufzeichnung des Anrufs ausgehen können, wodurch konsequenterweise auch ein Eingriff in Art. 10 I GG zu verneinen ist. Im Übrigen ist über die bundesrechtliche Norm des § 101 TKG eine Installation von Fangschaltungen mit Einwilligung des Inhabers zulässig.

305 Von dem bei Rn 297-303 behandelten Problemkreis ebenfalls zu unterscheiden ist die reine **Standortermittlung** aus Gründen der Gefahrenabwehr. Da hier der Grundrechtseingriff weniger intensiv ist als das Mithören des Gesprächsinhalts, kommt eine Rechtfertigung auf der Grundlage der Befugnisgeneralklauseln der Polizeigesetze eher in Betracht.

Beispiel: S ist im Begriff, sich das Leben zu nehmen. Mittels seines Mobiltelefons („Handy") ruft er seine Lebensgefährtin an, um sich von ihr zu verabschieden. Doch diese informiert sofort die Polizei und schildert ihr den Sachverhalt. Die Polizei wiederum wendet sich zur Verhinderung des Suizids an den Netzbetreiber N, um sich den Standort des Mobiltelefons geben zu lassen. Ist N verpflichtet, die Standortdaten zu übermitteln?

Eine Standortermittlung ist zumindest technisch möglich, weil der Standort eines eingeschalteten Handys über die „Funkzelle", den örtlich begrenzten Sendebereich, in der sich das Handy befindet, relativ eng eingegrenzt werden kann (siehe Rn 294b). Recht-

---

[239] BVerfG NJW 2005, 2603, 2606.
[240] Vgl. dazu bereits Rn 299.

lich verpflichtet ist ein Netzbetreiber zur Herausgabe der Standortdaten, wenn das polizeiliche Ersuchen rechtmäßig ist. Das VG Darmstadt[241] hat in einem vergleichbaren Fall in Ermangelung einer gesetzlichen Eingriffsgrundlage die Rechtmäßigkeit eines entsprechenden polizeilichen Ersuchens verneint. Insbesondere stellten die Vorschriften des Landespolizeigesetzes keine taugliche Grundlage zur Beschränkung des Art. 10 GG[242] dar, da in diesen das Grundrecht nicht zitiert werde.[243] Schließt man sich dieser Auffassung an, folgt sogar eine Strafbarkeit des Netzbetreibers aus § 206 I StGB (vgl. § 148 TKG).

Bewertung: Streng genommen vermengt das VG Darmstadt formelle (Zitiergebot) und materielle (Nichtbestehen einer Rechtsgrundlage) Aspekte. Vielmehr ist streng zu trennen zwischen der Beachtung des Zitiergebots und dem Vorhandensein einer materiellen Rechtsgrundlage. Nach der hier vertretenen Auffassung lässt sich im obigen Fall zumindest die Hürde des Zitiergebots überwinden. Denn wenn dieses schon bei Grundrechten ohne Gesetzesvorbehalt nicht gilt, sofern der Eingriff zugunsten anderer wichtiger Verfassungsgüter eingeschränkt wird (sog. verfassungsimmanente Einschränkung), kann nichts anderes gelten, wenn Grundrechte mit Gesetzesvorbehalt zugunsten überragender Grundrechtsgüter wie Leib und Leben eingeschränkt werden. Auf jeden Fall muss aber eine materiell-rechtliche Befugnisnorm bestehen. Sofern das jeweilige Polizeigesetz keine spezielle Rechtsgrundlage enthält, ist zu diskutieren, ob auf die **Befugnisgeneralklausel** zurückgegriffen werden kann (verneinden das VG Darmstadt). Voraussetzung ist aber (wie im vorliegenden Fall) das Bestehen einer Gefahr für ein überragendes Grundrechtsgut wie Leib und Leben. Zudem ist grds. eine vorherige richterliche Entscheidung herbeizuholen, die lediglich bei Gefahr im Verzug entbehrlich ist.

Die Rechtmäßigkeit der Mitteilung des Standorts eines Mobiltelefons an die Polizei 306
durch den Netzbetreiber zu Zwecken der **Strafverfolgung** bestimmt sich gem. § 100i StPO, der insgesamt eine verfassungsmäßige Einschränkung des Art. 2 I i.V.m. 1 I GG darstellt.[244]

Eine Erweiterung des Gesetzesvorbehalts findet sich in Art. 10 II S. 2 GG. Danach 307
kann das einschränkende Gesetz auch bestimmen, dass die Beschränkung des Brief-, Post- und Fernmeldegeheimnisses dem Betroffenen nicht mitgeteilt wird und dass an die Stelle des Rechtswegs die Nachprüfung durch von der Volksvertretung bestellte Organe oder Hilfsorgane tritt, sofern die Beschränkung dem Staats- und Verfassungsschutz, also dem Schutz der freiheitlichen demokratischen Grundordnung oder des Bestandes oder der Sicherung des Bundes oder eines Landes, dient (sog. Staatsschutzklausel, s.o.). Von dieser Ermächtigung hat der Gesetzgeber durch den Erlass des bereits genannten G 10 Gebrauch gemacht. Dadurch besteht eine besondere Eingriffsintensität: Der Betroffene kann den Eingriff in das Brief-, Post- und Fernmeldegeheimnis nicht bemerken und ihn gerichtlich nicht abwehren. Eine gerichtliche Überprüfung kann nur nach Abschluss des Verfahrens stattfinden, da die Überwachungs- und Abhörmaßnahmen grundsätzlich erst nach ihrer Einstellung dem Betroffenen mitgeteilt werden müssen.[245] Der gerichtliche Rechtsschutz beschränkt sich dann auf die Feststellung, dass die fragliche(n) Maßnahme(n) rechtswidrig war(en) und der Kläger dadurch in seinen Rechten verletzt wurde, § 113 I S. 4 VwGO analog.[246]

Die **Verfassungsmäßigkeit** des erweiterten Gesetzesvorbehalts des Art. 10 II S. 2 GG 308
war und ist aus rechtsstaatlichen Gründen umstritten. Dennoch hat das BVerfG (allerdings

[241] VG Darmstadt NJW 2001, 2273.
[242] Wie bei Rn 294b dargestellt, verneint das BVerfG einen Eingriff in Art. 10 I GG.
[243] Zum Zitiergebot vgl. Art. 19 I S. 2 GG sowie *R. Schmidt*, Staatsorganisationsrecht, Rn 186.
[244] Vgl. BVerfG NJW 2007, 351, 353 f. Vgl. nunmehr auch *Jochum*, JuS 2010, 719 ff.
[245] Selbst eine Mitteilung von Kontrollmaßnahmen an den Betroffenen ist entbehrlich, wenn die G10-Kommission festgestellt hat, dass die in § 12 I Nr. 1-3 G 10 n.F. genannten Voraussetzungen vorliegen.
[246] Vgl. dazu BVerwGE 87, 23, 25 ff.

nur mit 5:3 Stimmen) die Vorschrift im sog. ersten Abhörurteil für mit dem Grundgesetz vereinbar erklärt.[247] Verfassungsrechtliche Bedenken hat es auch hinsichtlich der Fassung des § 3 G 10 angemeldet, die aufgrund des Verbrechensbekämpfungsgesetzes vom 28.10.1994 beschlossen wurde, weil sie dem BND die Befugnis einräumte, ohne konkrete Verdachtsmomente den internationalen, nicht leitungsgebundenen Telekommunikationsverkehr abzuhören. Bedenken hatte es auch hinsichtlich der gesetzgeberischen Ausgestaltung der Verarbeitung personenbezogener Daten geäußert. Ermächtige der Gesetzgeber den BND zu Eingriffen in das Fernmeldegeheimnis, verpflichte ihn Art. 10 GG, Vorsorge gegen diejenigen Gefahren zu treffen, die sich aus der Erhebung und Verwertung personenbezogener Daten ergäben. Dazu gehöre insbesondere die Bindung der Verwendung erlangter Kenntnisse an den Zweck, der die Erfassung rechtfertige. Diese Bindung müsse bereits im einschränkenden Gesetz beschrieben sein.[248] Unter diesem Gesichtspunkt verwarf das Gericht die Regelungen in § 3 IV und § 3 II S. 2 G 10 (a.F.) i.V.m. § 12 BNDG. Diese Entscheidung hatte gem. § 31 II BVerfGG Gesetzeskraft. Das Gericht hatte dem Gesetzgeber eine Nachbesserungsfrist bis zum 30.6.2001 eingeräumt.[249]
Der Gesetzgeber ist diesem Postulat inzwischen nachgekommen und hat das Gesetz zur Neuregelung von Beschränkungen des Brief-, Post- und Fernmeldegeheimnisses beschlossen. Dieses Gesetz v. 26.6.2001 hat das bisherige G 10 komplett abgelöst und trägt nicht nur den genannten bundesverfassungsgerichtlichen Beanstandungen Rechnung, sondern schließt darüber hinaus auch Lücken des bisherigen Gesetzes. Im Bereich der strategischen Fernmeldekontrolle, die die Auswertung einer Fülle verschiedener Sachverhalte nach bestimmten Kriterien betrifft, wird die Kontrolle auf internationale Telekommunikation, die durch Lichtwellenleiter gebündelt übertragen wird, ausgedehnt (§ 5 I G 10 n.F.). Im Bereich der Individualkontrolle wurde vor allem der Tatbestand der Volksverhetzung (§ 130 StGB) in den Katalog der Straftatbestände aufgenommen, zu deren Aufklärung und Verhinderung die Nachrichtendienste eine Einzelüberwachung vornehmen dürfen (§ 3 I S. 1 Nr. 6 G 10 n.F.). Außerdem wurden die Pflichten der beteiligten Behörden beim Umgang mit personenbezogenen Daten verschärft: §§ 4 und 6 G 10 n.F. regeln die Löschung, Protokollierung und Sperrung personenbezogener Daten. Danach muss unverzüglich geprüft werden, ob die erhobenen Daten für die Aufgabenerfüllung erforderlich sind. Ist dies nicht der Fall, müssen die Daten sofort gelöscht werden. Die verbleibenden Daten sind zu kennzeichnen.
Im Bereich der Individualkontrolle dürfen die Daten unter den Voraussetzungen des § 4 IV G 10 n.F. weitergeleitet werden. Dort ist jetzt auch klargestellt, dass im Rahmen des G 10 gewonnene Erkenntnisse auch für Verbotsverfahren bei verfassungswidrigen Parteien genutzt werden können (§ 4 IV Nr. 3 G 10 n.F.).
§ 12 G 10 n.F. fasst die Bestimmungen zur Mitteilung von Kontrollmaßnahmen an die Betroffenen zusammen. Im Bereich der Individualkontrolle ist eine Mitteilung entbehrlich, wenn die erhobenen Daten sogleich gelöscht werden. Darüber hinaus werden die Kontrollmöglichkeiten der G10-Kommission erweitert, die den gesamten Prozess der Erhebung, Verarbeitung und Nutzung personenbezogener Daten erfassen (§§ 1 II, 14, 15 G 10 n.F.).

cc.) Rechtsschutz

309 Da die Telekommunikationsüberwachung heimlich durchgeführt wird, kommt ihr zum einen keine Verwaltungsaktqualität zu und zum anderen kann sie nicht mit Rechtsbehelfen angegriffen werden, die zur Aufhebung der Datenerhebung führen; vielmehr beschränkt sich der Rechtsschutz auf die nachträgliche Feststellung, dass die Maßnahme rechtswidrig gewesen sei. Statthafte Klageart ist die verwaltungsgerichtliche **allgemeine Feststellungsklage** (§ 43 VwGO).

---

[247] So BVerfGE 30, 1, 26 f.; *Schenke*, in: Bonner Kommentar, Art. 19 Abs. 4 Rn 79.
[248] BVerfGE 100, 313, 359 f.
[249] BVerfG a.a.O. S. 402.

e.) Onlinedurchsuchung von Computern

Der Begriff „Onlinedurchsuchung von Computern" ist missverständlich, da es nicht um eine Durchsuchung einer Sache geht, sondern um eine Maßnahme der Polizei (oder eines Nachrichtendienstes), mit der via Internet bestimmte Programme (Trojaner; Spyware) heimlich in einen Computer eingeschleust werden, um dort gespeicherte Daten sowie Anwendungen (Internetnutzung, Versendung von E-Mails etc.) auszuforschen. Unbeschadet der missglückten Terminologie gilt aber, dass die Maßnahme ohne Wissen des Betroffenen erfolgt und (daher) einen schwerwiegenden Eingriff jedenfalls in das Grundrecht auf **informationelle Selbstbestimmung** darstellt. Das BVerfG hat in seiner Entscheidung vom 27.2.2008[250] jedoch den Schutz, den das Grundrecht auf informationelle Selbstbestimmung entfaltet, nicht für ausreichend erachtet, um dem Eingriff in die Persönlichkeitssphäre, der mit der heimlichen Onlinedurchsuchung verbunden ist, zu begegnen. Soweit kein hinreichender Schutz vor Persönlichkeitsgefährdungen bestehe, die sich daraus ergäben, dass der Einzelne zu seiner Persönlichkeitsentfaltung auf die Nutzung informationstechnischer Systeme angewiesen sei, trage das allgemeine Persönlichkeitsrecht dem Schutzbedarf in seiner lückenfüllenden Funktion über seine bisher anerkannten Ausprägungen hinaus dadurch Rechnung, dass es die **Vertraulichkeit und Integrität informationstechnischer Systeme** gewährleiste. Dieses Recht fuße gleich dem Recht auf informationelle Selbstbestimmung auf Art. 2 I i.V.m. 1 I GG; es bewahre den persönlichen und privaten Lebensbereich der Grundrechtsträger vor staatlichem Zugriff im Bereich der Informationstechnik auch insoweit, als auf das informationstechnische System insgesamt zugegriffen werde und nicht nur auf einzelne Kommunikationsvorgänge oder gespeicherte Daten.[251] **309a**

Warum das BVerfG ein neues Grundrecht „kreiert" hat, erschließt sich nicht ohne weiteres; insbesondere wäre das Grundrecht auf informationelle Selbstbestimmung den Anforderungen durchaus gerecht geworden, hätte man seinen Schutz nur weit genug gefasst. Insbesondere ist es nicht überzeugend, von der Intensität des Grundrechtseingriffs auf eine (noch dazu in Wirklichkeit nicht bestehende) Schutzlücke im Schutzbereich zu schließen. Die Vorgehensweise des BVerfG kann nur so verstanden werden, dass es der besonderen Bedeutung des Grundrechtseingriffs, der mit der heimlichen Infiltration von Computersystemen verbunden ist, schlicht terminologisch Rechnung tragen wollte. **309b**

Teilweise wird auch ein Eingriff in das **Wohnungsgrundrecht** aus Art. 13 I GG bejaht. Zur Begründung wird angeführt, es sei nach der Rechtsprechung des BVerfG auch sonst anerkannt, dass Art. 13 I GG nicht nur vor dem körperlichen Eindringen in die Wohnung schütze, sondern vor jeder Maßnahme, die den durch Art. 13 I GG geschützten Intimbereich beeinträchtige. Anderenfalls laufe der Gewährleistungsbereich leer. Schütze Art. 13 I GG demnach etwa auch vor dem Überwachen der Wohnung durch technische Hilfsmittel wie Richtmikrofone („großer Lauschangriff", s.o.) oder vor dem gezielten Ausspähen der Vorgänge in einem Garten durch Luftbildaufnahmen, könne in Bezug auf die Onlinedurchsuchung nichts anderes gelten.[252] Hinzu komme, dass in vielen Privathaushalten der Computer immer mehr an die Stelle des klassischen Aktenordners trete, in dem persönliche Aufzeichnungen und andere Schriftstücke aufbewahrt würden. Zahlreiche sensible Daten – etwa über die Behandlung von Krankheiten, über die persönlichen Finanzen oder das Sexualleben, aber auch digitale Fotos etc. – fänden sich inzwischen auf Festplatten mit hohem Speichervolumen und stünden dort nur dem jeweils berechtigten Nutzer zur Verfü- **309c**

[250] BVerfGE 120, 274, 302 ff.
[251] BVerfGE 120, 274, 302 ff.
[252] Davon gehen etwa *Kutscha*, NJW 2007, 1169, 1170 f., *Rux*, JZ 2007, 285, 287 f. und *Kudlich*, JA 2007, 391, 394 aus.

gung (abgesehen von den Fällen, in denen jemand seine persönlichen Bilder und Daten aus Gründen der Selbstdarstellung absichtlich „ins Netz stellt"). Angesichts dieser Entwicklung sei es wenig überzeugend, den Schutz durch das Grundrecht der Unverletzlichkeit der Wohnung nur den in der Wohnung abgestellten Dokumentenordnern, Fotoalben oder Tagebüchern zuzubilligen, nicht dagegen der Festplatte des in derselben Wohnung stehenden Computers mit gleichartigem hochsensiblen Informationsgehalt. Das heimliche Ausspähen dieser Daten mittels einer „Onlinedurchsuchung" sei sogar durch eine noch höhere Eingriffsintensität gegenüber der offenen Durchsuchung der Räume nach §§ 102 ff. StPO gekennzeichnet, wie der BGH richtig bemerke.[253]

309d In der Tat spricht einiges für die Richtigkeit dieser Annahme. Denn sowohl beim Lauschangriff als auch bei der Onlinedurchsuchung eines Computers geht es um die Ausforschung personenbezogener Daten, die sich nicht in der Öffentlichkeit abspielt, sondern in durch Art. 13 I GG geschützten Räumen. Das gilt auch dann, wenn es sich bei dem Raum, in dem sich der Computer befindet, um einen Arbeits-, Betriebs- oder Geschäftsraum handelt, da das BVerfG den Schutzbereich des Art. 13 I GG großzügig auslegt und auch derartige Räume einbezieht. Gegen die Eröffnung des Schutzbereichs des Art. 13 I GG spricht allerdings, dass sich der Computer, auf dem sich die Daten befinden, im Zeitpunkt der Onlinedurchsuchung auch außerhalb eines durch Art. 13 I GG geschützten Raums befinden kann. Man denke an ein Notebook, das der Benutzer in einem Straßencafé in Betrieb hat und das über WLAN an das Internet angeschlossen ist. Hier von einem Eingriff in Art. 13 I GG auszugehen, wenn die Behörden in diesem Zeitpunkt eine Onlinedurchsuchung vornehmen, kann ersichtlich keinen Bestand haben.

309e Richtigerweise wird man daher eine pauschale Eröffnung des Schutzbereichs des Art. 13 I GG ablehnen müssen.[254] Da sich der Computer allerdings im Regelfall in einem durch Art. 13 I GG geschützten Raum befindet und für diesen Fall die Onlinedurchsuchung des Computers einen Eingriff in den Schutzbereich des Art. 13 II GG darstellt, trägt die Behörde das Risiko, dass sie im Zeitpunkt ihrer Maßnahme in den Schutzbereich des Wohnungsgrundrechts eingreift.

309f Klar dürfte indes sein, dass eine Onlinedurchsuchung eines Computers **keinen** Eingriff in das **Telekommunikationsgrundrecht** aus Art. 10 I GG darstellt, weil nicht auf den Kommunikationsvorgang eingewirkt wird, sondern Daten „ausspioniert" werden, bei denen der Kommunikationsvorgang bereits abgeschlossen ist.[255]

309g Unabhängig von der Frage, ob bei einer Onlinedurchsuchung ein Eingriff in das Wohnungsgrundrecht oder ausschließlich in das Grundrecht auf Vertraulichkeit und Integrität informationstechnischer Systeme vorliegt, bedarf die Behörde wegen des Grundsatzes vom Vorbehalt des Gesetzes (Art. 20 III GG) einer **gesetzlichen Grundlage**. Eine solche war bislang nicht vorhanden. Insbesondere waren weder die Vorschriften über die Wohnungsdurchsuchung noch diejenigen über die Durchsuchung von Sachen anzuwenden, da es bei einer Onlinedurchsuchung eines Computers eben nicht um eine „Durchsuchung" geht, sondern um eine elektronische Ausforschung von Daten mittels Installation von „Trojanischen Pferden" bzw. von Spionageprogrammen. Das ist qualitativ etwas anderes als eine „Durchsuchung" i.S.d. Vorschriften über die Durchsuchung von Wohnungen oder Sachen. Hinzu kommt, dass die Onlinedurchsuchung von Computern gerade heimlich erfolgt, wohingegen nach den gesetzlichen Bestimmungen die Durchsuchung von Wohnungen oder Sachen grundsätzlich mit Kenntnis und in körperlicher Anwesenheit des Berechtigten vorgenommen wird.

---

[253] Vgl. *Kutscha*, NJW 2007, 1169, 1170 f. unter Bezugnahme auf BGH NJW 2007, 930, 931.
[254] Vgl. bereits die 11. Auflage 2007; wie hier nun auch BVerfGE 120, 274, 302 ff.; vgl. auch *Hinz*, Jura 2009, 141 ff.
[255] Vgl. auch BVerfGE 120, 274, 302 ff.; 115, 166, 183 ff. sowie *R. Schmidt*, Grundrechte, Rn 734d. Anders *Huber* (NVwZ 2007, 880, 882 f.), der jedoch BVerfGE 115, 166 ff. nicht berücksichtigt. Vgl. auch *Hinz*, Jura 2009, 141 ff.

Gerade aus diesen Gründen hat das BVerfG für den Bereich der Strafverfolgung die Anwendung des § 102 StPO, der im repressivpolizeilichen Bereich die Durchsuchung der Wohnung legitimiert, abgelehnt und die Onlinedurchsuchung eines Computers (wegen fehlender Rechtsgrundlage) für verfassungswidrig erklärt.[256] **309h**

Daher war der Gesetzgeber gefordert, entsprechende Rechtsgrundlagen und Verfahrensregelungen zu schaffen, die den (absoluten und damit unantastbaren) **Kernbereich privater Lebensgestaltung**[257] sowie den **Grundsatz der Verhältnismäßigkeit** beachten. Denn diese Grenzen sind bei allen heimlichen Informationseingriffen, also bei sog. Lauschangriffen, bei der Überwachung der Telekommunikation und bei der Onlinedurchsuchung, zu beachten. Insbesondere die Onlinedurchsuchung stellt einen Zugriff auf den gesamten Datenbestand des Betroffenen dar, der auch detaillierte Informationen über die persönlichen Verhältnisse und die Lebensführung des Betroffenen umfasst. Die hierbei erhobenen Daten ermöglichen weit reichende Rückschlüsse auf die Persönlichkeit des Betroffenen bis hin zu einer Bildung von Verhaltens- und Kommunikationsprofilen. Daher muss die gesetzliche Grundlage, die zu Onlinedurchsuchungen ermächtigt, einen **Katalog von Anlasstatbeständen** enthalten, die dem Schutz von überragend wichtigen Rechtsgütern dienen, sowie **tatsächliche Anhaltspunkte** für das Vorliegen eines solchen Anlasstatbestands fordern, um dem **Bestimmtheitsgrundsatz** und dem **Grundsatz der Verhältnismäßigkeit** bereits auf Tatbestandsseite Konturen zu verleihen. Des Weiteren muss die Tat **auch im Einzelfall schwer wiegen** und die entsprechende Ermächtigung muss Vorkehrungen enthalten, um den **Kernbereich privater Lebensgestaltung** zu schützen. Schließlich sind angesichts der Schwere und Heimlichkeit der Maßnahme ein grundsätzlicher **Richtervorbehalt** sowie eine **nachträgliche Unterrichtung des Betroffenen** erforderlich. **309i**

Diese Anforderungen, die bereits im Wesentlichen in der Vorauflage dieses Buches formuliert waren, hat nunmehr das BVerfG bestätigt. Es hat entschieden, dass die gesetzliche Bestimmung, die zu Onlinedurchsuchungen ermächtige, hinreichend bestimmt genug sein müsse. Pauschale Verweisungen z.B. auf Voraussetzungen des G-10-Gesetzes genügten den Anforderungen des Bestimmtheitsgrundsatzes nicht.[258] **309j**

Hinsichtlich der strikten Einhaltung des Grundsatzes der Verhältnismäßigkeit stellt sich die Frage nach der Geeignetheit und der Erforderlichkeit. Sicherlich besteht aus der Sicht eines Praktikers bei der Bekämpfung der Schwerkriminalität und des Terrorismus ein „unabweisbares Bedürfnis" für eine Onlinedurchsuchung.[259] Als milderes Mittel kommt in den Fällen eines hinreichenden Tatverdachts allerdings auch die Durchsuchung gem. §§ 102 ff. StPO in Betracht, in deren Verlauf der betreffende Computer beschlagnahmt und anschließend untersucht werden kann. Auch aus präventivpolizeilicher Sicht kommt eine Wohnungsdurchsuchung mit anschließender Sicherstellung und Durchsuchung des Computers in Betracht. Milder scheinen diese Maßnahmen zu sein, weil sie grds. offen und mit Kenntnis des Betroffenen erfolgen. Gerade wegen der Offenheit erfährt der davon Betroffene allerdings, dass gegen ihn ermittelt bzw. dass gefahrenabwehrrechtlich gegen ihn vorgegangen wird, womit möglicherweise der Fahndungserfolg bzw. die Gefahrenabwehr vereitelt werden. Die „offenen" Maßnahmen sind also tatsächlich keine Alternative zur heimlichen Datenerhebung. Allerdings ist wiederum bei der heimlichen Onlinedurchsuchung zu bedenken, dass der Personenkreis, dem gegenüber eine solche Maßnahme vorrangig in Betracht kommt (in erster Linie Terroristen, Mitglieder der Organisierten Kriminalität), kaum **309k**

---

[256] Es gilt also: Keine analoge Anwendung von Rechtsgrundlagen (BVerfG NJW 2007, 930 f.). Die gegenteilige Annahme verstößt gegen den Grundsatz vom Vorbehalt des Gesetzes und damit letztlich gegen das Rechtsstaats- und Demokratieprinzip (Art. 20 III GG).
[257] Vgl. dazu oben Rn 276 ff.
[258] BVerfGE 120, 274, 302 ff. mit Bespr. v. *Kutscha*, NJW 2008, 1042 ff.; vgl. auch *Gusy*, DuD 2009, 33.
[259] So *Hofmann*, NStZ 2005, 121, 125; vgl. auch *Kutscha*, NJW 2007, 1169, 1171.

seine Daten auf der Festplatte desjenigen Computers gespeichert haben wird, mit dem er ins Internet geht. Die relevanten Daten werden daher i.d.R. einer Onlinedurchsuchung ohnehin entzogen sein. Die entsprechenden Speichermedien (externe Festplatte, USB-Stick etc.) können dann nur bei einer klassischen Durchsuchung der Wohnung aufgefunden und sichergestellt werden.

309l Erfolgreich werden Onlinedurchsuchungen deshalb nur bei solchen Computernutzern sein, die ihre Daten nicht „verstecken", sondern die ihre Daten vor dem unbefugten Zugriff lediglich durch Abwehrprogramme zu schützen versuchen. Das betrifft – wie gesehen – nicht den Adressatenkreis, dem gegenüber eine Onlinedurchsuchung Sinn macht und auch gerechtfertigt sein würde, sondern allenfalls eine Vielzahl von „normalen" Straftätern bzw. Kleinkriminellen. Vor allem aber besteht die Gefahr, dass mit dem Instrument der Onlinedurchsuchung die Daten der Computer einer Vielzahl unbescholtener Bürger den verschiedenen Sicherheitsbehörden zur Kenntnis gelangen.[260]

309m Im Ergebnis dürfte die Zwecktauglichkeit der Onlinedurchsuchung daher trotz Schaffung einer Rechtsgrundlage fraglich sein. Das gilt jedenfalls dann, wenn die Wahrscheinlichkeit, durch die Onlinedurchsuchung eines Computers geeignete Hinweise zur Abwehr einer Gefahr bzw. zur Ergreifung des Täters zu erhalten, als äußerst gering zu bewerten ist.[261]

309n Das BVerfG hat die Zweck(un)tauglichkeit gänzlich unerwähnt gelassen, sondern allein die Angemessenheit diskutiert. Es hat entschieden, dass ein mit der heimlichen Onlinedurchsuchung verbundener schwerwiegender Eingriff in Art. 2 I GG i.V.m. 1 I GG nur dann angemessen sei, wenn die Rechtsgrundlage den Eingriff davon abhängig mache, dass im Einzelfall bestimmte Tatsachen vorlägen, dass eine drohende Gefahr für ein überragend wichtiges Rechtsgut bestünde. Überragend wichtig seien zunächst Leib, Leben und Freiheit der Person. Ferner seien solche Güter der Allgemeinheit überragend wichtig, deren Bedrohung die Grundlagen oder den Bestand des Staates oder die Grundlagen der Existenz der Menschen berühre. Hierzu zählten etwa auch die Funktionsfähigkeit wesentlicher Teile existenzsichernder öffentlicher Versorgungseinrichtungen.[262]

309o Demnach bestehen folgende Anforderungen an die Verfassungsmäßigkeit einer gesetzlichen Befugnis zur Onlinedurchsuchung:

- Die Regelung muss bestimmt genug sein, d.h. sie muss **detailliert die Eingriffsvoraussetzungen** beschreiben.
- Die Regelung darf Onlinedurchsuchungen nur zulassen zugunsten **überragend wichtiger Rechtsgüter** wie Leib, Leben und Freiheit der Person sowie Güter der Allgemeinheit, deren Bedrohung die Grundlagen oder den Bestand des Staates oder die Grundlagen der Existenz der Menschen berührt.
- Die Regelung muss Vorkehrungen enthalten, um den **Kernbereich privater Lebensgestaltung** zu schützen.
- Bei strafprozessualer Onlinedurchsuchung muss die Rechtsgrundlage die Anlasstatbestände (die schweren Straftaten) **katalogartig** auflisten und die Einschränkung enthalten, dass die Tat auch im **Einzelfall** schwer wiegen muss.
- Bei gefahrenabwehrrechtlicher Onlinedurchsuchung muss die Regelung eine **konkrete Gefahr** für eine der genannten Rechtsgüter verlangen.
- Die Regelung muss schließlich zur vorbeugenden Kontrolle einen grundsätzlichen **Richtervorbehalt** statuieren und eine nachträgliche **Benachrichtigungspflicht** enthalten.

Inzwischen ist das BKA-Gesetz durch Gesetz v. 25.12.2008 geändert worden. **§ 20k BKAG** („verdeckter Eingriff in informationstechnische Systeme") erlaubt sowohl präventive als

[260] Vgl. *Kutscha*, NJW 2007, 1169, 1172.
[261] So ausdrücklich BVerfG NJW 2007, 2752 ff. zur Telekommunikationsüberwachung.
[262] BVerfGE 120, 274, 302 ff.

auch repressive Onlinedurchsuchungen durch das BKA. Allerdings beschränkt sich der Anwendungsbereich der Vorschrift auf die Bekämpfung des internationalen Terrorismus. Denn darauf bezieht sich die Gesetzgebungskompetenz des Bundes gem. Art. 73 I Nr. 9a GG. Besondere Verfahrensregelungen sowie Regelungen, die den unantastbaren Kernbereich des Persönlichkeitsrechts schützen sollen, finden sich in den §§ 16 Ia, 20h V, 20k VII, 20l VI und 20u I BKAG.[263] Ob diese neu geschaffenen Rechtsgrundlagen und Verfahrensregelungen den (absoluten und damit unantastbaren) **Kernbereich privater Lebensgestaltung** sowie den **Grundsatz der Verhältnismäßigkeit** beachten, ist nicht ganz zweifelsfrei. Gerade der Kernbereichsschutz scheint vernachlässigt, weil die Feststellung, ob in den Kernbereich eingegriffen worden ist, i.d.R. erst nach der Onlinedurchsuchung getroffen werden kann. Dann aber ist die Kenntniserlangung irreversibel. Immerhin ordnet § 20k VII BKAG hinsichtlich solcher Daten, die dem absolut geschützten Kernbereich zuzuordnen sind, ein Verwertungsverbot an. Es bleibt also abzuwarten, ob die Neuregelungen Gegenstand eines verfassungsrechtlichen Verfahrens sein werden.[264] Neuregelungen in der StPO sind bislang noch nicht verabschiedet.

f.) Vorratsdatenspeicherung und Erhebung von Verkehrsdaten

Unter **Vorratsdatenspeicherung** versteht man die Pflicht von Telekommunikationsdienstleistern (z.B. Dt. Telekom, Vodafon u.a.; vgl. § 3 Nr. 6, § 10, § 24 TKG), Verkehrsdaten der Telekommunikation (Informationen, wer, wann, mit wem, von welchem Ort aus per Telefon, Mobiltelefon, Internet oder E-Mail kommuniziert hat, § 3 Nr. 30, § 96, § 113a TKG) über einen bestimmten Zeitraum zu speichern, selbst wenn die Speicherung aus betrieblichen Gründen nicht erforderlich wäre (z.B. bei sog. „Flatrateverträgen; vgl. § 97 III TKG), damit Ermittlungs- und Gefahrenabwehrbehörden bei Bedarf darauf zurückgreifen können. 309p

§ 113a TKG ordnete eine Vorratsspeicherung von Verkehrsdaten in erheblichem Umfang für die Dauer von 6 Monaten an. § 113b TKG erlaubte die Übermittlung der gespeicherten Daten an die zuständigen Behörden.

Die Verwendungsmöglichkeiten von Verkehrsdaten sind vielfältig und aufgrund des modernen Kommunikationsverhaltens weit reichend, da private und geschäftliche Beziehungen rekonstruiert werden können, grobe Bewegungsbilder erstellt und Rückschlüsse auf Lebenssituation, Gesundheit, Freizeitverhalten etc. gezogen werden können. Der Eingriff in die Grundrechte (Art. 2 I i.V.m. 1 I GG und v.a. Art. 10 I GG) durch die Speicherung und Auswertung auf Vorrat gespeicherter Verkehrsdaten ist deshalb schwerwiegend und hat nicht nur zu einer heftigen Kritik, sondern auch (im Rahmen eines Verfassungsbeschwerdeverfahrens) zu einer einstweiligen Anordnung durch das BVerfG geführt.[265] 309q

Mit Urteil vom 2.3.2010 hat das BVerfG §§ 113a und 113b TKG sowie § 100g I S. 1 StPO, soweit dieser den Abruf von Verkehrsdaten erlaubt, die allein aufgrund der Verpflichtung nach § 113a TKG gespeichert wurden, für verfassungswidrig und nichtig erklärt.[266] Entgegen sonstiger vielfacher Übung hat das BVerfG dem Gesetzgeber nicht eine Frist zur Schaffung einer verfassungskonformen Regelung unter vorläufiger Aufrechterhaltung des derzeitigen Rechtsstandes eingeräumt, sondern die Nichtigkeit der einschlägigen Normen ausgesprochen. Die anlasslose Speicherung von Verkehrsdaten 309r

---

[263] Vgl. zum neuen BKAG ausführlich *Roggan*, NJW 2009, 257 ff.; vgl. auch *Nazari-Khanachayi*, JA 2010, 761, 763 f.

[264] Kritisch teilweise auch *Roggan*, NJW 2009, 257, 261.

[265] BVerfG NVwZ 2008, 543 (mit Bespr. v. *Graulich* NVwZ 2008, 485 ff.).

[266] BVerfG NJW 2010, 833, 834 ff. (mit Bespr. v. *Durner*, JA 2010, 391 ff. und *Sachs*, JuS 2010, 747 ff.). Zur diesbezüglichen Gesetzgebungskompetenz des Bundes vgl. *R. Schmidt*, Staatsorganisationsrecht, Rn 843.

war daher unverzüglich einzustellen und bereits auf Vorrat gespeicherte Verkehrsdaten waren unverzüglich zu löschen.

309s Nach Auffassung des BVerfG ist eine sechsmonatige vorsorgliche Speicherung von Telekommunikationsverkehrsdaten, die ohne konkreten Anlass durch die privaten Diensteanbieter zu erfolgen hat, allerdings nicht schlechthin mit Art. 10 I GG unvereinbar. Auf einen etwaigen Vorrang der Richtlinie 2006/24/EG vom 15.03.2006 (ABl L 105 vom 13. April 2006, S. 54) komme es daher nicht an. Der Grundsatz der Verhältnismäßigkeit verlange aber, dass die gesetzliche Ausgestaltung einer solchen Datenspeicherung dem besonderen Gewicht des mit der Speicherung verbundenen Grundrechtseingriffs angemessen Rechnung trägt. Die einschlägigen Regelungen des TKG genügten den Anforderungen an eine hinreichend anspruchsvolle und normenklare Gewährleistung der Datensicherheit, der Begrenzung der Datenverwendung, der Transparenz und des Rechtsschutzes nicht.

309t Der Abruf und die unmittelbare Nutzung dieser Daten seien nur verhältnismäßig, wenn sie überragend wichtigen Aufgaben des Rechtsgüterschutzes dienten. Im Bereich der Strafverfolgung setze dies einen durch bestimmte Tatsachen begründeten Verdacht einer schweren Straftat voraus. Für die Gefahrenabwehr und die Erfüllung der Aufgaben der Nachrichtendienste dürften sie nur bei Vorliegen tatsächlicher Anhaltspunkte für eine konkrete Gefahr für Leib, Leben oder Freiheit einer Person, für den Bestand oder die Sicherheit des Bundes oder eines Landes oder für eine gemeine Gefahr zugelassen werden.

309u Derzeit existiert also keine strafprozessuale Rechtsgrundlage für die Vorratsdatenspeicherung. Bezüglich des Gefahrenabwehrrechts enthält zwar § 113b S. 1 Nr. 2 TKG eine „Freigabe" auch für präventivpolizeiliche Zwecke, allerdings sind zur Datenerhebung spezialgesetzliche Rechtsgrundlagen in den Polizeigesetzen erforderlich. In den Ländern, die bereits über entsprechende Rechtsgrundlagen verfügen (z.B. Bayern[267], Baden-Württemberg, Schleswig-Holstein) laufen gegenwärtig Beratungen über eine Änderung der Bestimmungen, die den Vorgaben des BVerfG gerecht werden.

g.) Einsatz von Vertrauenspersonen (V-Leuten)

310 Der Einsatz von Vertrauenspersonen (V-Leuten) ist heute in fast allen Polizeigesetzen vorgesehen.[268]

311 Unter **Vertrauenspersonen** versteht man in Anlehnung an die Legaldefinitionen der Polizeigesetze solche „Privatpersonen, die die Polizei bei der vorbeugenden Bekämpfung von Straftaten auf längere Zeit vertraulich unterstützen und deren Zusammenarbeit mit der Polizei Dritten nicht bekannt ist".

312 Aufgrund der Unkenntnis von der polizeilichen Zusammenarbeit werden V-Leute weitläufig auch als „Polizeispitzel" bezeichnet. Unerheblich ist, ob die Initiative zur Zusammenarbeit von der Polizei oder von den V-Leuten selbst ausging.

313 Da der Einsatz von V-Leuten als besonderes Mittel der Datenerhebung gerade heimlich gegenüber dem Betroffenen erfolgt und damit für diesen einen (faktischen) Eingriff in das Grundrecht auf **informationelle Selbstbestimmung** bedeutet, ist eine **besondere** gesetzliche Bestimmung erforderlich, die dezidiert regelt, unter welchen Voraus-

[267] Vgl. dazu BVerfG NVwZ 2009, 96 ff.

[268] Vgl. Bund: §§ 28 BundesPolG, 23 BKAG; Berl: § 26 ASOG; Brand: § 34 PolG; Brem: § 34 PolG; Hamb: § 11 PolDVG; Hess: § 16 SOG; MeckVor: § 33 SOG; Nds: § 36 SOG; NRW: § 24 OBG und § 19 PolG; RhlPfl: § 28 POG; Saar: § 28 PolG; SachsAnh: § 18 SOG; SchlHolst: § 185 LVwG; Thür: § 34 PAG.

setzungen V-Leute eingesetzt werden dürfen, die gezielt Daten über bestimmte oder bestimmbare Personen beschaffen sollen. Das gilt umso mehr, als durch den Einsatz von V-Leuten auch verfassungsrechtlich geschützte, §§ 52, 53 StPO unterfallende, Vertrauensverhältnisse betroffen sein können. Beim Einsatz von V-Leuten handelt es sich um einen rechtsstaatlich und grundrechtlich wesentlichen Vorgang, der dem **Parlamentsvorbehalt** unterfällt. Fehlt es (wie in Bayern, Baden-Württemberg und Sachsen) an gesetzlichen Regelungen für den Einsatz von „V-Leuten", ist deren Einsatz **rechtswidrig**. Insbesondere genügt nicht das Abstellen auf die allgemeine Ermächtigung zur Datenerhebung. Diese Vorgehensweise trägt den Besonderheiten des Einsatzes von V-Leuten nicht in ausreichender Weise Rechnung.
Schließlich ist zu beachten, dass obwohl die V-Person nicht verdeckt, sondern offen vorgeht, es sich gegenüber dem Betroffenen um eine verdeckte Maßnahme der Polizei handelt, denn diesem ist ja gerade *nicht* bekannt, dass die V-Person mit der Polizei zusammenarbeitet. In diesem heimlichen und zugleich bewusst täuschenden Vorgehen liegt die besondere Schwere dieser Form des Datenerhebungseingriffs, die nicht nur enge gesetzliche Tatbestandsvoraussetzungen, sondern darüber hinaus eine sorgfältige **Verhältnismäßigkeitsprüfung** erfordert. Zur Funktion von V-Leuten bei der **Strafverfolgung** vgl. *Hartmann/Schmidt*, StrafprozR, Rn 225, 660, 754, 891.

h.) Einsatz von verdeckten Ermittlern

Von den V-Leuten, die nicht der Polizei angehören, sind die **verdeckten Ermittler** zu unterscheiden.[269] **314**

Verdeckte Ermittler sind (getarnte) **Polizeibeamte**, die unter **Geheimhaltung ihrer wahren Identität** polizeiliche Aufgaben wahrnehmen. **315**

Der Zweck des Einsatzes verdeckter Ermittler besteht darin, unter einer **falschen Identität** (sog. **Legende**) Kontakt zur kriminellen Szene aufzunehmen, um Anhaltspunkte für Maßnahmen zur vorbeugenden Bekämpfung von Straftaten zu gewinnen, wobei die wahre Identität des verdeckten Ermittlers auch im Strafverfahren geheim gehalten werden soll. Der verdeckte Ermittler wird straff geführt und nur mit einem konkreten Ermittlungsauftrag zeitlich beschränkt operativ eingesetzt. **316**

Zu unterscheiden ist der zum Zweck der Gefahrenabwehr nach Maßgabe der Polizeigesetze durchgeführte Einsatz von verdeckten Ermittlern von demjenigen, der im Rahmen der **Strafverfolgung** in der StPO normiert ist (§ 110 a StPO). Beide Einsatzarten stehen mit ihrer jeweils unterschiedlichen Zielsetzung selbstständig nebeneinander und schließen sich grundsätzlich nicht aus (zur Problematik sog. doppelfunktionaler Handlungen und den sich hier stellenden Rechtsschutzproblemen vgl. Rn 93). **317**

> **Beispiel** zur Datenerhebung durch besondere Mittel[270]: Die Polizei erhält anonyme Hinweise, dass der hoch verschuldete Barbesitzer B illegale Drogengeschäfte plant. Daraufhin wird dieser tagelang von Polizeibeamten einer Sondereinheit beobachtet (= Observation i.S.v. Rn 258 ff.). Dabei wird festgestellt, dass B sich recht konspirativ verhält und sich mit mehreren verdächtigen Männern auf verschiedenen öffentlichen Plätzen trifft. Um deren Identität festzustellen, fotografieren die Beamten diese Personen (= verdeckter Einsatz technischer Mittel zur Anfertigung einer Bildaufzeichnung i.S.v. Rn 290 ff.). Bei einem dieser Treffen gelingt es den Beamten, in einem Park ein Abhörgerät zu platzieren, um das Gespräch zu belauschen und aufzuzeichnen (= ver-

---

[269] Vgl. BW: §§ 22 PolG; Bay: Art. 33 PAG; Berl: § 26 ASOG; Brand: § 35 PolG; Brem: § 35 PolG; Hamb: § 12 PolDVG; Hess: § 16 SOG; MeckVor: § 33 SOG; Nds: § 36a SOG; NRW: § 24 OBG i.V.m. § 20 PolG; RhlPfl: § 28 POG; Saar: § 28 PolG; Sachs: §§ 39, 36 PolG; SachsAnh: § 18 SOG; Thür: §§ 34 PAG.
[270] Vgl. *Möller/Warg*, POR, Rn 321.

deckter Einsatz technischer Mittel zum Abhören und Aufzeichnen des gesprochenen Wortes i.S.v. Rn 293 ff.). Sodann wird der Polizeibeamte P unter einer „Legende" als Barkeeper in den Betrieb des B eingeschleust. Er hat den dienstlichen Auftrag, die vermuteten Verstrickungen des B in den illegalen Drogenhandel aufzudecken und künftige Straftaten des B zu verhindern (= verdeckter Ermittler i.S.v. Rn 314 ff.).

318 Die Legende wird auf längere Zeit eingerichtet. Sie soll dem verdeckten Ermittler ermöglichen, eine bestimmte „Rolle" zu spielen, z.B. sich als Chauffeur bei einer Organisation einstellen zu lassen, von der nach den Erkenntnissen der Polizei Waffenschmuggel oder Drogenhandel betrieben wird. Dazu gehört, dass er zur Erfüllung seines Auftrags unter seiner Legende am **Rechtsverkehr** teilnimmt (z.B. einen Arbeitsvertrag schließt, einen Pkw kauft etc.) und mit Einverständnis des Betroffenen dessen Wohnung betritt. Das Einverständnis darf jedoch nicht durch ein über die Nutzung der Legende hinausgehendes Vortäuschen eines Zutrittsrechts herbeigeführt werden. Anders als der im angloamerikanischen Rechtskreis bekannte „undercover agent" darf er in Wahrnehmung seiner „Rolle" auch keine Straftaten begehen.[271] Auch hat er besonders geschützte Vertrauensverhältnisse (vgl. §§ 52, 53, 53a StPO) zu beachten.

319 Zur Stützung der Legende des verdeckten Ermittlers darf die Polizei auch **Urkunden** (echte und unechte, öffentliche und nicht öffentliche Urkunden) herstellen oder verändern. Die polizeigesetzlichen Bestimmungen über verdeckte Ermittler sind nicht nur Befugnisnormen, sondern auch Rechtfertigungsgründe (i.S.d. §§ 267 ff. StGB), vgl. Rn 323.

320 **Urkunde** ist die verkörperte (d.h. mit einer Sache fest verbundene) menschliche Gedankenerklärung, die geeignet und bestimmt ist, im Rechtsverkehr Beweis zu erbringen, und ihren Aussteller (den Erklärenden) erkennen lässt.[272] Eine Urkunde ist **unecht**, wenn ihre Erklärung nicht von demjenigen stammt (natürliche wie juristische Person), der in ihr als Aussteller bezeichnet ist. **Hergestellt** ist eine unechte Urkunde in dem Moment, in dem erstmals sämtliche Merkmale einer Urkunde vorliegen, die auf einen anderen als ihren *geistigen* Aussteller hinweist.[273] Bei der Herstellung einer unechten Urkunde geht es somit im Kern um die **Identitätstäuschung** bezüglich des Ausstellers, denn der erkennbare Aussteller ist ein anderer als der tatsächliche.

Beispiel: Die Polizei erhält konkrete Hinweise darauf, dass in Kürze ein Bombenattentat verübt werden soll. Polizeibeamter V soll als Hausmeister in das Milieu eingeschleust werden und verdeckte Ermittlungen durchführen. Zur Unterstützung stellt die Polizei verschiedene Arbeitszeugnisse (= Urkunden) her und täuscht über den Urheber.

321 **Verfälschung** ist jede nachträgliche Änderung des gedanklichen Inhalts einer echten Urkunde, durch die der Eindruck erweckt wird, der Aussteller habe die Erklärung in *der* Form abgegeben, die sie durch die Verfälschung erlangt hat.[274]

Beispiel: Würde die Polizei im obigen Beispiel keine (unechten) Arbeitszeugnisse herstellen, sondern einzelne Inhalte (echter Arbeitszeugnisse) verändern, läge ein Verfälschen echter Urkunden vor.

---

[271] Vgl. aber Rn 323.

[272] BGHSt 13, 235, 239; *Kargl*, JA 2003, 604, 606; *Schmidt/Priebe*, StrafR BT I, 11. Aufl. 2012, Rn 1237; *Lackner/Kühl*, StGB, § 267 Rn 2; *Otto*, JuS 1987, 761.

[273] LG Bremen StV 1999, 322; BGH StV 1989, 304; BGHSt 1, 117, 121. Vgl. auch *Hecker*, JuS 2002, 224, 225; *Kargl*, JA 2003, 604, 606 f.; BGH NStZ 2003, 543, 544.

[274] OLG Köln NJW 1983, 769; OLG Hamm NJW 1969, 625; *Schmidt/Priebe*, StrafR BT I, 11. Aufl. 2012, Rn 1292; Sch/Sch-*Cramer/Heine*, StGB, § 267 Rn 64; *Kargl*, JA 2003, 604, 607.

Öffentliche Urkunden sind durch eine Behörde oder sonstige öffentliche Stelle oder eine mit öffentlichem Glauben versehene Person in der vorgeschriebenen Form ausgestellte Urkunden mit Beweiskraft für oder gegen jedermann (vgl. § 415 I ZPO). 322

Beispiel: Die Polizeibehörde veranlasst die zuständigen Behörden zur Ausstellung von Reisepässen und Führungszeugnissen unter Verwendung von Falschnamen, fingiertem Geburtstag und Geburtsort.

Werden auf die o.g. Art und Weise Urkunden gefälscht, verwirklichen die Beteiligten die Tatbestände der §§ 267 ff. StGB. Damit eine Strafbarkeit nicht in Betracht kommt, werden den polizeigesetzlichen Bestimmungen über verdeckte Ermittler **Rechtfertigungsgründe** entnommen.[275] Das gilt auch für die dritte Person, derer sich die die verdeckt ermittelnde Person einsetzende Behörde bei der Herstellung von Urkunden bei der Tatbestandsverwirklichung des § 348 StGB bedient. 323

Da die Datenerhebung durch verdeckte Ermittler nicht offen erfolgt, wird wegen des damit verbundenen besonderen Eingriffs in die Persönlichkeitsrechte ihr Einsatz durch die Polizeigesetze **nur bei Vorliegen besonderer Voraussetzungen (insbesondere qualifizierter Gefahrenlagen)** erlaubt. So ist nach den Bestimmungen der meisten Polizeigesetze die Erhebung personenbezogener Daten durch den Einsatz Verdeckter Ermittler nur zur Abwehr einer Gefahr für den Bestand oder die Sicherheit des Bundes oder eines Landes oder für Leben, Gesundheit und Freiheit einer Person oder für bedeutende fremde Sach- und Vermögenswerte oder von potentiellen Straftätern und ihren Kontakt- und Begleitpersonen zur vorbeugenden Bekämpfung von Straftaten mit erheblicher Bedeutung zulässig, wenn anderenfalls die Wahrnehmung von Aufgaben des Polizeivollzugsdienstes gefährdet oder erheblich erschwert würde. Zusätzlich wird der Einsatz an **besondere verfahrensrechtliche Voraussetzungen** gebunden, indem er grundsätzlich der Anordnung des Leiters des Landeskriminalamts, der Wasserschutzpolizeidirektion, einer Landespolizeidirektion, eines Polizeipräsidiums, einer Polizeidirektion oder eines Abschnitts bedarf. 324

i.) Polizeiliche Beobachtung („PB")

Mit der (nachträglichen) Aufnahme von Bestimmungen über die Beobachtung in die Polizeigesetze[276] wurde ein polizeiliches Vorgehen, das früher (d.h. vor den 1970er Jahren) nur in Polizeidienstvorschriften geregelt war und auf die allgemeine polizeiliche Aufgabe der Gefahrenabwehr gestützt wurde, auf eine gesetzliche Grundlage gestellt. Dies war erforderlich, da auch diese Art der verdeckten Datenerhebung und -übermittlung das Grundrecht auf **informationelle Selbstbestimmung** einschränkt.[277] 325

Bei der **Polizeilichen Beobachtung** („PB") handelt es sich um das Erstellen von sog. **Bewegungsbildern** von gefährlichen Intensivtätern, die bei der Planung und Ausführung bisheriger Straftaten durch besondere kriminelle Energie in Erscheinung getreten sind und bei denen eine auf Erfahrung gestützte Vermutung besteht, dass sie in der Zukunft Straftaten von erheblicher Bedeutung begehen werden. 326

[275] Der Unterschied zu dem bei Rn 319 Gesagten liegt darin, dass es sich bei der Urkundenfälschung um eine vorbereitende Maßnahme handelt, die den Einsatz des VD erst ermöglicht. Daher bedurfte es eines Rechtfertigungsgrundes, um eine Strafbarkeit auszuschließen. Sofern für dieses Stadium und auch im Übrigen während des Einsatzes keine Rechtfertigungsgründe existieren, folgt daraus die Strafbarkeit des VD für den Fall, dass er Straftatbestände verwirklicht.

[276] BW: § 25 PolG; Bay: Art. 36 PAG; Berl: § 27 ASOG; Brand: § 36 PolG; Brem: § 31 PolG; Hamb: § 13 PolDVG; Hess: § 17 SOG; MeckVor: § 35 SOG; Nds: § 37 SOG; NRW: § 24 OBG i.V.m. § 21 PolG; RhlPfl: § 32 POG; Saar: § 29 PolG; Sachs: § 42 PolG; SachsAnh: § 19 SOG; SchlHolst: § 187 LVwG; Thür: § 37 PAG.

[277] Vgl. dazu *Möller/Warg*, POR, Rn 323; *Schenke*, POR, Rn 203.

327 **Zweck** der Ausschreibung zur Polizeilichen Beobachtung ist es, andere Polizeibehörden (des Landes, der anderen Länder oder des Bundes) sowie der Zollbehörden, soweit sie Aufgaben der Grenzkontrolle nach § 62 BundesPolG wahrnehmen, zu befähigen, das Antreffen der ausgeschriebenen Person oder des ausgeschriebenen Kraftfahrzeugs der ausschreibenden Stelle zu melden, wenn dies „anlässlich von polizeilichen Kontrollen, die die Feststellung der Personalien zulassen" (z.B. bei einer Identitätsfeststellung oder der Prüfung von Berechtigungsscheinen) erfolgt. Die Vorschrift ist auch insoweit Rechtsgrundlage; siehe ferner § 17 PassG und § 3 a PersAuswG.

328 Zur Erstellung von Bewegungsbildern können personenbezogene Daten von Verdächtigen, insbesondere deren Personalien und Kennzeichen ihrer Kraftfahrzeuge (aber auch andere Angaben wie „trägt mit Vorliebe Blackjeans" oder „isst vornehmlich in Schnellrestaurants"), **ausgeschrieben**[278] werden. Dies hat zur Folge, dass die „im Falle eines Antreffens" dieser Person oder ihres Kfz, also die **zufällig und aufgrund anderer Ermächtigungen rechtmäßig erlangten Daten** (z.B. im Rahmen einer Verkehrsunfallaufnahme oder Verkehrskontrolle) an die ausschreibende Stelle übermittelt werden können, und zwar auch über Kontakt- oder Begleitpersonen und über mitgeführte Sachen. Demnach stellen die Vorschriften zur Polizeilichen Beobachtung selbst keine Ermächtigungsgrundlage für die gegebenenfalls erforderlichen Identitätsfeststellungen, Verkehrskontrollen etc. (also die Datenerhebung selbst) dar, sondern sind nur **Rechtsgrundlage für den Übermittlungsvorgang.**[279]

Als „Personalien einer Person" sind anzusehen: Vor-, Familien-, ggf. Geburtsname, Ordensname oder Künstlername, Doktorgrad, Tag und Ort der Geburt, Geschlecht, Größe, Farbe der Augen, Familienstand, Beruf, Wohnort und Wohnung, Staatsangehörigkeit (vgl. hierzu § 111 I OWiG, § 4 I PassG, § 1 II PersAuswG).

329 **Tatbestandsvoraussetzung** ist nach den Bestimmungen der meisten Polizeigesetze, dass entweder aufgrund der Gesamtwürdigung der ausgeschriebenen Person und der von ihr bisher schon begangenen Straftaten oder aufgrund von Tatsachen erwartet werden kann, dass sie **Straftaten von erheblicher Bedeutung** begehen wird und dass die Ausschreibung zur vorbeugenden Bekämpfung dieser Straftaten erforderlich ist.

330 Zur **Verfahrenssicherung** darf die Polizeiliche Beobachtung i.d.R. nur durch den **Richter** (bei Gefahr im Verzug durch die Staatsanwaltschaft oder den Polizeivollzugsdienst) auf Antrag der Polizeidienststelle angeordnet werden. Hat der Polizeivollzugsdienst die Anordnung getroffen, hat er unverzüglich die richterliche Bestätigung der Anordnung zu beantragen. Der Begriff „unverzüglich" sollte nicht in Anlehnung an § 121 I BGB („ohne schuldhaftes Verzögern") verstanden werden, sondern in Anlehnung an den Richtervorbehalt, der in den verschiedenen polizeigesetzlichen Bestimmungen genannt ist. Danach muss die Verzögerung sachlich zwingend geboten sein.[280] Die richterliche Entscheidung ist also zu beantragen, sobald und soweit die Polizei hierzu nach dem jeweiligen Stand der Ermittlungen in der Lage ist. Wird die Anordnung jedoch nicht innerhalb einer bestimmten Frist (i.d.R. nennen die Polizeigesetze 3 Tage) gerichtlich bestätigt, tritt sie außer Kraft. Aber auch mit richterlicher Entscheidung beträgt die **Höchstdauer** der Polizeilichen Beobachtung i.d.R. 12 Mona-

[278] Die Ausschreibung erfolgt regelmäßig in einer Fahndungsdatei (z.B. INPOL-Datei Sach- oder Personenfahndung – dazu Rn 362 ff.) und hat zur Folge, dass dann, wenn eine Person zufällig in eine Polizeikontrolle gerät, die entsprechenden Daten mit der Fahndungsdatei abgeglichen werden und die anlässlich der Kontrolle gewonnenen Erkenntnisse an die ausschreibende Polizeidienststelle übermittelbar sind.
[279] *Möller/Warg*, POR, Rn 323.
[280] VGH Mannheim NVwZ-RR 1998, 429; BVerwGE 45, 51, 63; vgl. auch BVerfGE 105, 239, 249; BVerfG NVwZ 2006, 579, 580; EGMR NJW 2001, 51, 53, jeweils zum Richtervorbehalt in Bezug auf die Ingewahrsamnahme.

te. Eine Verlängerung (nach erneuter richterlicher Entscheidung) um nicht mehr als jeweils 3 Monate ist zulässig, soweit die Voraussetzungen weiter vorliegen. Liegen die Voraussetzungen für die Ausschreibung nicht mehr vor, ist ihr Zweck erreicht oder zeigt sich, dass er nicht erreicht werden kann, ist die Ausschreibung selbstverständlich unverzüglich (dazu oben) zu **beenden**. Schließlich verlangen die Polizeigesetze, dass die erhobenen personenbezogenen Daten zu **löschen** sind, soweit sie nicht zur Verfolgung einer Straftat oder Ordnungswidrigkeit erforderlich sind.

Das **strafprozessuale** Gegenstück bildet § 163e StPO. Auch diese Norm ist selbst keine **331** Eingriffsgrundlage für die im Rahmen der Polizeilichen Beobachtung ggf. erforderlichen Identitätsfeststellungen, Verkehrskontrollen etc. (also die Datenerhebung selbst), sondern nur Rechtsgrundlage für den Übermittlungsvorgang. Tatbestandsvoraussetzung für die Ausschreibung ist das Vorliegen zureichender tatsächlicher Anhaltspunkte für eine begangene Straftat von erheblicher Bedeutung, d.h. zumindest ein Anfangsverdacht. Die Ausschreibung darf nach § 163e IV StPO nur durch einen Richter, bei Gefahr im Verzug auch durch die Staatsanwaltschaft angeordnet werden und ist auf höchstens ein Jahr zu befristen.

Die Beantwortung der Frage nach dem **Rechtsschutz** gegen die Ausschreibung zur **332** Beobachtung richtet sich nach deren Rechtsnatur. Handelte es sich bei der Ausschreibung um einen **Verwaltungsakt**, wäre sie unwirksam, weil ein Verwaltungsakt zu seiner Wirksamkeit zumindest bekannt gegeben werden muss (vgl. § 43 I S. 1 VwVfG); die Ausschreibung zur Beobachtung erfolgt gerade ohne Kenntnis des Betroffenen. Um diese Folge zu vermeiden, wird man sie wohl als Realakt qualifizieren müssen.

Rechtsschutz bietet daher die **allgemeine Feststellungsklage** gem. § 43 VwGO. Zur **333** grundsätzlichen Notwendigkeit eines gerichtlichen Rechtsschutzes trotz ergangener richterlicher Anordnung vgl. Rn 287.

gg. Generalklausel zur Datenerhebung

Die Polizeigesetze enthalten allgemeine und spezielle Befugnisse über die Datenerhe- **334** bung und -verarbeitung. Zu den speziellen – und bisher behandelten – Befugnissen gehören vor allem **Videoüberwachung** (Rn 144 ff.), **Befragung (**Rn 179 ff.), **Beobachtung** (Rn 325 ff.), **Observation** (Rn 258 ff.), der **verdeckte Einsatz technischer Mittel** (Rn 256 ff.), die Kooperation mit **Vertrauenspersonen** (Rn 310 ff.) sowie der Einsatz **verdeckt ermittelnder Personen** (Rn 314 ff.). Die parlamentarische Überwachung derartiger Maßnahmen sowie datenschutzrechtliche Regularien sind durch die entsprechenden Bestimmungen der Polizeigesetze gewährleistet.[281] Lediglich, wenn sich die Datenerhebung auf keine Spezialnorm stützen lässt, kommt als Eingriffsermächtigung die **Datenerhebungsgeneralklausel** in Betracht. Alle Polizei- und Ordnungsgesetze enthalten derartige Befugnisnormen.[282] Sie enthalten

---

[281] Das BVerfG konnte mit Kammerbeschluss v. 25.4.2001 die Frage nach der Verfassungsmäßigkeit der Datenerhebung zur vorbeugenden Verbrechensbekämpfung offenlassen, da es eine diesbezügliche Verfassungsbeschwerde wegen angeblich nicht genügender Begründung nicht zur Entscheidung annahm (vgl. BVerfG NVwZ 2001, 1261, 1262). Zu den Anforderungen an Verfahrensregeln hinsichtlich des großen Lauschangriffs vgl. BVerfGE 109, 279, 325 ff.

[282] Bund: § 21 I u. II BundesPolG, § 22 S. 1 BKAG; BW: § 20 II-V PolG; Bay: Art. 31 I u. II PAG; Berl: § 18 I S. 2 u. 3 ASOG; Brand: § 30 I u. II PolG; Brem: § 28 I-IV PolG; Hamb: § 6 PolDVG; Hess: § 13 I u. II SOG; MeckVor: § 27 I-III SOG; Nds: § 31 I-III SOG; RhlPfl: § 26 I-III POG; Saar: § 26 I-III PolG; Sachs: § 37 I PolG; SachsAnh: § 15 I u. II SOG; SchlHolst: § 179 I u. II LVwG; Thür: § 32 I u. II PAG. In NRW ist die Generalermächtigung nur der Zusammenschau mehrerer Bestimmungen zu entnehmen: so enthält § 9 I S. 1 PolG zunächst nur eine Generalklausel zur Befragung, die aber zusammen mit der Ermächtigung von § 9 III S. 2 PolG, die Daten bei Schwierigkeiten der Befragung auch ohne Kenntnis des Betroffenen zu erheben, die Generalklausel zur Datenerhebung ergibt und zugleich den in anderen Gesetzen oft getrennt geregelten Vorrang der unmittelbaren vor der mittelbaren Datenerhebung enthält.

die Ermächtigung, die zur Erfüllung der Aufgaben erforderlichen personenbezogenen Daten zu erheben.

Hinweis für die Fallbearbeitung: Bei dem Verhältnis von Datenerhebungsgeneralklausel und Datenerhebungsspezialbefugnissen verhält es sich genauso wie bei dem Verhältnis von Befugnisgeneralklausel und Standardmaßnahmen. Der Rückgriff auf die Datenerhebungsgeneralklausel ist dann verschlossen, wenn Spezialbefugnisse bestehen, die bestimmte Datenerhebungen, etwa bei öffentlichen Versammlungen, von Verkehrsteilnehmern oder von Ausländern, abschließend regeln. Im Übrigen ermächtigt die Datenerhebungsgeneralklausel wegen ihrer Unbestimmtheit (Beachtung des Parlamentsvorbehalts) grundsätzlich nur zu Datenerhebungen minderer Eingriffsintensität; zu Datenerhebungen von gleicher oder höherer Intensität, als sie den durch die Spezialbefugnisse ermächtigten Erhebungen eigen ist, ermächtigt sie nur dann, wenn sie unerwartet und ausnahmsweise anstehen.

Typisches **Beispiel** für Datenerhebungsmaßnahmen, die von keiner speziellen Befugnisnorm erfasst werden, ist das Ablesen von Kfz-Kennzeichen oder Hausnummern.

a.) Formelle Rechtmäßigkeit der Datenerhebung

335 Hinsichtlich der formellen Rechtmäßigkeit gelten zunächst die allgemeinen Voraussetzungen (Zuständigkeit, Verfahren und Form, siehe Rn 607 ff.). Eine besondere (und zusätzlich zu prüfende) Verfahrensvorschrift stellt die bereits ausführlich behandelte polizeigesetzliche Vorschrift über die „**Grundsätze der Datenerhebung**" dar. Diese Bestimmung stellt besondere Anforderungen an die Rechtmäßigkeit der Datenerhebung, die zugleich für alle Maßnahmen der Erhebung personenbezogener Daten gelten. Sie verlangt, dass die Datenerhebung vorrangig beim **Betroffenen** (also unmittelbar) sowie mit seiner **Kenntnis** (also offen) erfolgt. Möchte die Polizei nachrangig Daten bei **Dritten** erheben, muss sie zusätzliche Voraussetzungen beachten (vgl. dazu Rn 140). Das Gleiche gilt, wenn die Daten **verdeckt** erhoben werden sollen, gleichgültig, ob beim Betroffenen oder bei Dritten. Des Weiteren ordnen die Polizeigesetze an, dass Betroffene und Dritte auf die Rechtsgrundlage hingewiesen werden sollen.

336 **Hinweis für die Fallbearbeitung:** Die systematische Stellung der Vorschrift über die „Grundsätze der Datenerhebung" spricht dafür, dass es sich bei den genannten Grundsätzen um besondere **verfahrensrechtliche** Bestimmungen handelt mit der Folge, dass die Vorschrift im Rahmen der formellen Rechtmäßigkeit der Datenerhebung zu prüfen wäre. Andererseits muss man wohl annehmen, die Grundsätze seien dadurch, dass sie den Vorrang der **unmittelbaren vor der mittelbaren**[283] und den Vorrang der **offenen vor der verdeckten** Datenerhebung[284] statuieren, besonderer Ausdruck der **Verhältnismäßigkeit** und damit Bestandteil der Prüfung der materiellen Rechtmäßigkeit. Immerhin sollen sie offenbar dafür Sorge tragen, dass der Betroffene nach Möglichkeit mitbekommt, wann und wie oft die Polizei- oder Ordnungsbehörde über ihn Daten erhebt, damit er seine informationelle Selbstbestimmung wahren und u.U. gerichtlich verteidigen kann. Da der Betroffene oft die bessere Auskunftsperson ist, als dies bei Nachbarn, Kollegen oder anderen Dritten der Fall wäre, sollen die Vorrangregeln neben der Wahrung des Verhältnismäßig-

---

[283] Bund: § 21 III S. 1 BundesPolG; BW: § 19 I S. 1 PolG; Bay: Art. 30 II S. 1 PAG; Berl: § 18 IV ASOG; Brand: § 29 II S. 1 PolG; Brem: § 27 I S. 1 PolG; Hamb: § 2 II S. 1 PolDVG; Hess: § 13 VI S. 1 SOG; MeckVor: § 26 I S. 1 SOG; Nds: § 30 I S. 1 SOG; NRW: § 9 III S. 1 PolG; RhlPfl: § 26 V POG; Saar: § 25 II S. 1 PolG; Sachs: § 37 II S. 1 PolG; SachsAnh: § 15 V S. 1 SOG; SchlHolst: § 178 I S. 1 LVwG; Thür: § 31 II S. 1 PAG.

[284] Bund: § 21 III S. 1 BundesPolG; BW: § 19 II S. 1 PolG; Bay: Art. 30 III S. 1 PAG; Berl: § 18 II S. 1 ASOG; Brand: § 29 III S. 1 PolG; Brem: § 27 II S. 1 PolG; Hamb: § 2 III S. 1 PolDVG; Hess: § 13 VII S. 1 SOG; MeckVor: § 26 II S. 1 SOG; Nds: § 30 II S. 1 SOG; NRW: § 9 IV PolG; Nds: § 30 II S. 1 SOG; RhlPfl: § 26 V POG; Saar: § 25 III S. 1 PolG; Sachs: § 37 V S. 1 PolG; SachsAnh: § 15 VI S. 1 SOG; SchlHolst: § 178 II S. 1 LVwG; Thür: § 31 III S. 1 PAG.

keitsgrundsatzes schließlich auch die Verlässlichkeit der Datenerhebung im Interesse des Staats gewährleisten. Rechtsdogmatisch gut vertretbar ist es daher, die Vorschriften über das Rangverhältnis nicht als Verfahrensvorschrift im Rahmen der formellen Rechtmäßigkeit zu prüfen, sondern als speziellen Ausdruck der Verhältnismäßigkeit im Rahmen der materiellen Rechtmäßigkeit. Da die Vorrangregeln aber üblicherweise in den Lehrbüchern im Rahmen der formellen Rechtmäßigkeit geprüft werden, irritiert man zumindest nicht den Korrektor, wenn man dem Aufbau der h.M. folgt.

In jedem Fall handelt es sich bei der Formulierung, dass Betroffene und Dritte auf die Rechtsgrundlage sowie (jedenfalls nach einigen Polizeigesetzen) auf die beabsichtigte Verwendung der erhobenen Daten hingewiesen werden sollen, um eine Verfahrensvorschrift. **337**

Ein **Verstoß** gegen die Verfahrensbestimmungen führt grundsätzlich (nur) zur formellen Rechtswidrigkeit der Maßnahme; allerdings ist in jedem Einzelfall zu prüfen, inwieweit eine Heilung gem. § 45 VwVfG bzw. eine Unbeachtlichkeit gem. § 46 VwVfG in Betracht kommen. Nach der hier vertretenen Auffassung kann ein Verstoß aber zu einem Verbot der Verwertung der erhobenen Daten führen. Kein Verwertungsverbot gilt jedenfalls bei den Auskünften, vor deren Erhebung nur der Hinweis auf die Rechtsgrundlage der Datenerhebung unterblieben war. Das folgt aus der Formulierung „soll" in den gesetzlichen Bestimmungen. **338**

b.) Materielle Rechtmäßigkeit der Datenerhebung

aa.) Gefahr für ein Schutzgut

Nach den Datenerhebungsgeneralklauseln der Polizeigesetze darf die Polizei personenbezogene Daten erheben, wenn dies **zur Abwehr einer Gefahr** (für die **öffentliche Sicherheit** und, soweit geregelt, auch für die öffentliche Ordnung) erforderlich ist. Mit dieser Formulierung ist zunächst einmal klar, dass die Schutzgüter der Datenerhebungsgeneralklausel grundsätzlich diejenigen der allgemeinen polizei- und ordnungsrechtlichen Befugnisgeneralklauseln sind. Einige Polizeigesetze erlauben es der Polizei darüber hinaus, personenbezogene Daten zu erheben, wenn dies zur **Vollzugshilfe** erforderlich ist. **339**

Da die Datenerhebungsgeneralklausel somit zur Erfüllung *aller* polizeilichen Aufgaben dient, setzt die durch die Datenerhebungsgeneralklausel ermächtigte Datenerhebung je nach Aufgabe und Schutzgut eine **konkrete**, eine **abstrakte** oder **keine** Gefahr voraus. Die abstrakte Gefahr reicht bei der vorbeugenden Verbrechensbekämpfung und auch bei der Vorbereitung auf das Handeln in Gefahrenfällen, wozu auch die manchmal eigens aufgeführte Vorbereitung von Einsätzen gehört, bei denen erfahrungsgemäß besondere Gefährdungslagen bestehen. Wenn es um die Aufgabe der Vollzugshilfe und die durch andere Rechtsvorschriften übertragenen Aufgaben geht, bedarf es überhaupt keiner Gefahr. Das geht unproblematisch aus der Formulierung „oder" in den Datenerhebungsgeneralklauseln hervor. **340**

bb.) Pflichtigkeit

Da die Datenerhebungen nicht nur der Abwehr konkreter, sondern auch und gerade der Abwehr abstrakter Gefahren dienen, ist folgerichtig auch der Kreis der Pflichtigen weit. Er reicht von den Verantwortlichen für konkrete bis hin zu denen für abstrakte Gefahren, d.h. besonders zu den Akteuren in den abstrakt gefährlichen Milieus, die zur vorbeugenden Bekämpfung von Straftaten beobachtet werden, und von den Nichtstö- **341** rern zu allen, die bei der Beobachtung notwendig mit in den Blick kommen oder deren Kenntnisse für die Abwehr der abstrakten Gefahren erforderlich sind.

342 Daten dürfen *über* Verhaltensverantwortliche, Zustandsverantwortliche und Nichtstörer erhoben werden. Das bedeutet nicht, dass die Daten notwendigerweise *bei* dem genannten Personenkreis erhoben werden müssen. Daten können nachrangig auch bei Dritten erhoben werden. Hierbei ist jedoch zu beachten, dass Dritte keine Auskünfte schulden; eine Auskunftspflicht Dritter folgt nicht aus der Datenerhebungsgeneralklausel, sondern nur aus Spezialbefugnissen der Datenerhebung. Erst recht wird keine Auskunftspflicht Dritter begründet, wenn die Beschaffung von Daten bei Dritten nicht einzelne Dritte, sondern die Öffentlichkeit anspricht.

cc.) Grundsätze der Datenerhebung; Verhältnismäßigkeit

343 Um dem Grundrecht der informationellen Selbstbestimmung Rechnung zu tragen, beherrschen die beiden bereits genannten Vorrangregeln die Datenerhebung sowohl unter speziellen Datenerhebungsnormen als auch unter der Datenerhebungsgeneralklausel: der Vorrang der **unmittelbaren vor der mittelbaren**[285] und der Vorrang der **offenen vor der verdeckten** Datenerhebung[286]. Beide Vorrangregeln sind besonderer Ausdruck der Verhältnismäßigkeit und sollen dafür sorgen, dass der Betroffene nach Möglichkeit mitbekommt, was die Polizei- oder Ordnungsbehörde wann und oft auch warum über ihn Daten erhebt, damit er dadurch seine informationelle Selbstbestimmung wahren und u.U. gerichtlich verteidigen kann. Neben der Verhältnismäßigkeit der Datenerhebung im Interesse der Bürger verfolgen die Vorrangregeln auch die Verlässlichkeit der Datenerhebung im Interesse des Staats; der Betroffene ist oft die bessere Auskunftsperson als Nachbarn, Kollegen oder andere Dritte.[287]

344 Unter welchen Voraussetzungen die mittelbare Datenerhebung zulässig ist, ist den Vorschriften über die Grundsätze der Datenerhebung zu entnehmen.

dd.) Rechtsschutz

345 Die Beantwortung der Frage nach dem Rechtsschutz gegen Maßnahmen, die der Datenerhebung dienen, richtet sich nach deren Rechtsnatur. Werden durch solche Maßnahmen Rechte und Pflichten für den Betroffenen begründet, enthalten sie rechtsverbindliche Regelungen und sind daher als **Verwaltungsakte** zu qualifizieren. Rechtsschutz bieten der Widerspruch bzw. die Anfechtungsklage bzw. bei Erledigung die Fortsetzungsfeststellungsklage analog § 113 I S. 4 VwGO. Fehlt jedoch eine Rechtsfolgeanordnung, weil die Maßnahme nur auf Herbeiführung eines tatsächlichen Erfolgs gerichtet ist, oder fehlt die für die Bejahung eines Verwaltungsakts erforderliche Bekanntgabe, liegt ein **Realakt** vor. Daher sind z.B. Datenerhebungsmaßnahmen, die zunächst ohne Kenntnis des Betroffenen durchgeführt werden mit der allgemeinen Leistungsklage bzw. Feststellungsklage anzugreifen. Auch wenn in diesen Fällen der Betroffene nachträglich informiert wird, wird aus der Maßnahme nicht im Nachhinein ein Verwaltungsakt.

---

[285] Bund: § 21 III S. 1 BundesPolG; BW: § 19 I S. 1 PolG; Bay: Art. 30 II S. 1 PAG; Berl: § 18 IV ASOG; Brand: § 29 II S. 1 PolG; Brem: § 27 I S. 1 PolG; Hamb: § 2 II S. 1 PolDVG; Hess: § 13 VI S. 1 SOG; MeckVor: § 26 I S. 1 SOG; Nds: § 30 I S. 1 SOG; NRW: § 9 III S. 1 PolG; RhlPfl: § 26 V POG; Saar: § 25 II S. 1 PolG; Sachs: § 37 II S. 1 PolG; SachsAnh: § 15 V S. 1 SOG; SchlHolst: § 178 I S. 1 LVwG; Thür: § 31 II S. 1 PAG.

[286] Bund: § 21 III S. 1 BundesPolG; BW: § 19 II S. 1 PolG; Bay: Art. 30 III S. 1 PAG; Berl: § 18 II S. 1 ASOG; Brand: § 29 III S. 1 PolG; Brem: § 27 II S. 1 PolG; Hamb: § 2 III S. 1 PolDVG; Hess: § 13 VII S. 1 SOG; MeckVor: § 26 II S. 1 SOG; NRW: § 9 IV PolG; Nds: § 30 II S. 1 SOG; RhlPfl: § 26 V POG; Saar: § 25 III S. 1 PolG; Sachs: § 37 V S. 1 PolG; SachsAnh: § 15 VI S. 1 SOG; SchlHolst: § 178 II S. 1 LVwG; Thür: § 31 III S. 1 PAG.

[287] *Pieroth/Schlink/Kniesel*, POR, § 13 Rn 18.

d. Umgang mit Daten

aa. Speicherung, Übermittlung, Kennzeichnung, Löschung

Während die bisher erörterten Vorschriften der Polizeigesetze die Datenerhebung betreffen, ist nunmehr eine Auseinandersetzung mit der Frage erforderlich, wie mit den gewonnenen Daten zu verfahren ist. Hierzu sind die Regelungen der Polizeigesetze über die **Datenverarbeitung** heranzuziehen.[288] Diese ergänzen sozusagen die Vorschriften über die Datenerhebung und sollen gewährleisten, dass der mit der Datenerhebung verbundene **Eingriff** in das Grundrecht der **informationellen Selbstbestimmung** in verfahrensrechtlicher Hinsicht gerechtfertigt ist. Denn spätestens seit dem genannten Volkszählungsurteil des BVerfG[289] hat sich die gesicherte Rechtsauffassung durchgesetzt, dass der Grundrechtsschutz auch eine **verfahrensrechtliche Dimension** beinhaltet, wonach insbesondere das Verwaltungsverfahren so ausgestaltet sein muss, dass **nicht die Gefahr für eine Entwertung der materiellrechtlichen Grundrechtsposition besteht**.[290] Hinsichtlich des Umgangs mit personenbezogenen Daten konkretisiert sich dieser Verfassungsgrundsatz darin, dass Umfang und Dauer der Speicherung personenbezogener Daten auf das **zur Erreichung des Zwecks erforderliche Maß zu beschränken sind**. Die Datenverarbeitung unterliegt damit (wie die Datenerhebung) zugleich dem **Übermaßverbot**. Die Regelungen der Polizeigesetze tragen den genannten Umständen Rechnung, indem die Polizei personenbezogene Daten nur dann **speichern**, **verändern** und **nutzen** darf, soweit und solange dies zur Wahrnehmung ihrer Aufgaben erforderlich ist.[291] In einigen Polizeigesetzen werden die Verarbeitung und Nutzung sogar **ausdrücklich an die Rechtmäßigkeit der Datenerhebung** gebunden (sog. Rechtmäßigkeitszusammenhang oder Konnexitätsprinzip).[292] In Ländern, in denen die Rechtmäßigkeit der Datenerhebung nicht ausdrücklich als Voraussetzung für die weitere Verarbeitung und sonstige Nutzung der Daten gefordert wird, steht die Rechtswidrigkeit der Erlangung personenbezogener Daten deren Speicherung, Veränderung und Nutzung zwar nicht von vornherein entgegen, wird aber vielfach zur Einschränkung des der Polizei bei der Verwertung von Daten eingeräumten Ermessensspielraums führen.[293] 346

Zentraler Begriff ist die **Datenverarbeitung**. Darunter sind gem. den Legaldefinitionen in den Landesdatenschutzgesetzen, an denen die Polizeigesetze anknüpfen, nicht nur die Erhebung, sondern auch die Speicherung, Veränderung, Übermittlung, Sperrung, Löschung und Nutzung personenbezogener Daten zu verstehen. 347

Die **Verarbeitung** kann automatisiert, also selbstständig in Form eines gesteuerten Verfahrens, oder durch Aktenvermerke erfolgen. **Speichern** ist nicht notwendigerweise das Erfassen in einer elektronischen Datei. Denn die Datenschutzgesetze sprechen von einem Datenträger. Der Begriff „Datenträger" ist keine Errungenschaft des Elektronikzeitalters, sondern bezieht sich auf jedes Material, auf dem personenbezo- 348

---

288 Vgl. BW: §§ 37 ff. PolG; Bay: Art. 37 f. PAG; Berl: § 42 f. ASOG; Brand: §§ 37 ff. PolG; Brem: § 36a ff. PolG; Hamb: §§ 14 ff. PolDVG; Hess: § 20 SOG; MeckVor: §§ 36 ff. SOG; Nds: §§ 38 ff. SOG; NRW: § 24 OBG i.V.m. §§ 22 PolG; RhlPfl: § 33 ff. POG; Saar: §§ 30 ff. PolG; Sachs: §§ 43 ff. PolG; SachsAnh: §§ 22 SOG; SchlHolst: §§ 188 ff. LVwG; Thür: §§ 38 ff. PAG.

289 BVerfGE 65, 1 ff.

290 BVerfGE 63, 131, 143 (Gegendarstellung); BVerfGE 53, 30, 65 ff. (Mülheim Kärlich); BVerfG NJW 2004, 999, 1004 ff. (großer Lauschangriff).

291 Vgl. § 10a I MEPolG; BW: § 37 I S. 1 PolG; Bay: Art. 37 PAG; Berl: § 42 ASOG; Brand: § 39 PolG; Brem: § 36a I PolG; Hamb: § 16 PolDVG; Hess: § 20 SOG; MeckVor: § 36 SOG; Nds: § 38 SOG; NRW: § 24 OBG i.V.m. § 24 PolG; RhlPfl: § 33 POG; Saar: § 30 PolG; Sachs: § 43 PolG; SachsAnh: § 22 SOG; SchlHolst: §§ 188 LVwG; Thür: § 40 PAG.

292 Vgl. Berl: § 42 I ASOG; Brand: § 39 I PolG; Brem: § 36a I PolG; Nds: § 38 I S. 1 SOG; NRW: § 24 OBG i.V.m. § 24 I PolG; Thür: § 40 PAG.

293 *Schenke*, POR, Rn 206.

gene Daten festgehalten werden können. Dazu zählen Papier, Filme, Ton- und Magnetbänder, digitale Aufnahmegeräte etc. Daher stellen auch das Notizenmachen auf einem Papierblock, das hand- oder maschinenschriftliche Schreiben eines Berichts, das Aufnehmen (Aufzeichnen mit Hilfe von Tonbandgeräten, Film- oder Videokameras) oder Aufbewahren (bereits von anderen erfasster oder aufgenommener) personenbezogener Daten auf einem beliebigen Medium ein Speichern dar. **Verändern** ist die inhaltliche Umgestaltung gespeicherter Daten. Hierunter fallen insbesondere die Aktualisierung und die Berichtigung.

Beispiel: Im Rahmen einer Identitätsfeststellung wurden zwar Name, Geburtsort und Wohnort des T aufgenommen, die Beamten haben aber vergessen, den akademischen Grad des Doktors mit in die EDV einzugeben. Hier kann T Berichtigung verlangen.

349 Unter **Übermittlung** verstehen die Landesdatenschutzgesetze die Weitergabe gespeicherter oder durch Datenverarbeitung gewonnener Daten an einen Dritten. **Nutzung** ist jede sonstige Verwendung gespeicherter oder zur Speicherung vorgesehener personenbezogener Daten. Im Einzelfall schwierig ist die Abgrenzung zur Datenübermittlung innerhalb der Polizei nach den polizeigesetzlichen Bestimmungen (z.B. § 36 d BremPolG), wonach die Behörden und Dienststellen der Polizei untereinander personenbezogene Daten übermitteln dürfen, wenn die Übermittlung zur Erfüllung einer Aufgabe der Gefahrenabwehr erforderlich ist.

350 Werden personenbezogene Daten gespeichert, müssen diese in besonderer Weise **gekennzeichnet** sein. So muss erkennbar sein, von welcher Personengruppe sie herrühren (z.B. von einem Störer oder Nichtstörer, einem potentiellen Straftäter, seinen Kontakt- und Begleitpersonen, möglichen Opfern oder Gefährdeten einer Straftat, Fachleuten für die Bekämpfung bestimmter Gefahren). Darüber hinaus muss die Speicherung die Information enthalten, bei welcher Stelle die der Speicherung zugrunde liegenden Unterlagen geführt werden. Soweit die Daten aus einem Eingriff in ein Grundrecht herrühren, das nur unter qualifizierten Voraussetzungen beschränkbar ist, wie dies insbesondere bei einem Eingriff gem. Art. 13 III und IV GG, aber auch bei einer heimlichen Überwachung der Telekommunikation (Art. 10 II S. 2 GG) der Fall ist, ergibt sich aus verfassungsrechtlichen Gründen die Notwendigkeit, personenbezogene Daten entsprechend zu kennzeichnen, da sonst die bezüglich solcher Daten bestehenden grundrechtlichen Verwendungsbeschränkungen nicht sichergestellt werden könnten.[294] Die polizeigesetzlichen Bestimmungen (z.B. § 36 a II BremPolG) stellen dies klar. Zur Speicherung in dem von Bund und Ländern gemeinsam betriebenen elektronischen Informationssystem der Polizei **INPOL** siehe Rn 362 ff.

bb. Zweckbindung der erlangten Daten

351 Vor dem Hintergrund der Menschenwürde, des Grundrechts auf informationelle Selbstbestimmung und der verfahrensrechtlichen Dimension der Grundrechte ist von erheblicher rechtsstaatlicher und grundrechtlicher Bedeutung, zu welchen Zwecken die Speicherung, Veränderung oder Nutzung von Daten erfolgen darf. Nach den Bestimmungen der Polizeigesetze sind Speicherung, Veränderung oder Nutzung personenbezogener Daten grundsätzlich **nur zu dem polizeilichen Zweck zulässig, zu dem die Daten erlangt worden sind**. Zu einem anderen polizeilichen Zweck sind Speicherung, Veränderung oder Nutzung nur erlaubt, soweit die Polizei die Daten zu diesem Zweck erheben darf.[295] Das betrifft in erster Linie sog. **Zufallsfunde**, die sich im

[294] BVerfGE 109, 279, 325 ff.
[295] Vgl. § 10 II MEPolG; Bund: § 29 III S. 3 u. 4 BundesPolG; BW: § 37 II PolG; Bay: Art. 37 II PAG; Berl: § 42 II ASOG; Brand: § 38 I PolG; Brem: § 36b PolG; Hamb: § 14 I, II PolDVG; Hess: § 20 III SOG; MeckVor: § 36

Rahmen einer (auf andere Ziele gerichteten) Datenerhebung ergeben. Hier bestimmen die Polizeigesetze, dass sie nur dann (zum Zweck der Gefahrenabwehr) gespeichert, verändert oder genutzt werden dürfen, wenn sie auch hätten **erhoben** werden können („Rechtmäßigkeit eines hypothetischen Ersatzeingriffs"). Damit wird letztlich ebenfalls dem Umstand Rechnung getragen, dass die weitere Verwendung personenbezogener Daten genauso einen Grundrechtseingriff darstellt wie die ihr zugrunde liegende Datenerhebung und deshalb an denselben grundrechtlichen Erfordernissen zu messen ist wie diese. Folglich können Daten, die bspw. bei einem „großen Lauschangriff" i.S.d. Art. 13 IV GG gewonnen wurden, nur zur Abwehr der dort normierten Gründe gespeichert, verändert oder genutzt werden. Daher ist es verfassungsrechtlich nicht zu beanstanden, wenn die Bestimmungen der Polizeigesetze für die anderweitige Speicherung, Veränderung und Nutzung von Daten, die aus einem „Großen Lauschangriff" stammen, es genügen lassen, wenn zuvor die Rechtmäßigkeit der Maßnahme festgestellt, und nur, wenn es hieran fehlt, bei Gefahr im Verzug die richterliche Entscheidung unverzüglich nachzuholen ist.[296]

Unproblematisch ist auch die in den Polizeigesetzen enthaltene Ausnahme, personenbezogene Daten **zu Ausbildungs- und statistischen Zwecken** zu nutzen, wenn die Daten zuvor anonymisiert wurden. 352

Die Frage nach dem Zweckbindungsgebot stellt sich auch, wenn die Gefahrenabwehrbehörde personenbezogene Daten, die im Rahmen der **Gefahrenabwehr** erhoben wurden, **zum Zweck der Strafverfolgung** an die Strafverfolgungsbehörde **weiterleiten** möchte. Im Rahmen seiner Gesetzgebungskompetenz (Gefahrenabwehrrecht ist Landesrecht) ist der Landesgesetzgeber in der Lage, die Verwendung solcher Daten zum Zweck der Strafverfolgung von vorneherein auszuschließen bzw. zu beschränken.[297] Sollte er dennoch die Weitergabe zulassen, stellt dies noch keine Rechtsgrundlage für die tatsächliche Speicherung, Veränderung oder Nutzung dar. Denn die Verfolgung von Straftaten und die Ahndung von Ordnungswidrigkeiten stehen nach der Kompetenzordnung des Grundgesetzes nur dem **Bundesgesetzgeber** zu (vgl. Art. 74 I Nr. 1 GG). *Dieser* muss also Regelungen über die Nutzung der von der Gefahrenabwehrbehörde freigegebenen personenbezogenen Informationen zum Zweck der Strafverfolgung schaffen, was er bspw. mit den §§ 161, 163 I S. 2, 483 StPO getan hat. Die Speicherung, Veränderung oder Nutzung von im Rahmen der Gefahrenabwehr erhobenen Daten zu strafprozessualen Gründen setzen somit sowohl eine Ermächtigung durch den Landesgesetzgeber als auch eine Regelung des Bundesgesetzgebers voraus. 353

> **Beispiel:** Gehen Vorschriften des Landespolizeigesetzes davon aus, dass Bild- und Tonaufzeichnungen auch zur Verfolgung von Straftaten oder zur Ahndung von Ordnungswidrigkeiten genutzt werden können[298], enthalten sie zwar eine „Freigabe", stellen aber noch keine Rechtsgrundlage für die tatsächliche Speicherung, Veränderung oder Nutzung dar, weil die Verfolgung von Straftaten und die Ahndung von Ordnungswidrigkeiten nach der Kompetenzordnung des Grundgesetzes nur dem Bundesgesetzgeber

---

I S. 3 SOG; Nds: § 38 I SOG; NRW: § 24 OBG i.V.m. § 23 I PolG; RhlPfl: § 33 II POG; Saar: § 30 I PolG; Sachs: § 43 I S. 2 u. 3 PolG; SachsAnh: § 22 II SOG; SchlHolst: § 188 I LVwG; Thür: § 39 PAG.

[296] *Schenke*, POR, Rn 207.

[297] MeckVorVerfG LKV 2000, 345, 347.

[298] Vgl. BW: §§ 21 IV, 22 VII, 23 III S. 2 PolG; Bay: Art. 32 IV, 33 III S. 4, IV PAG; Berl: §§ 24 II, 25 VI S. 3 VIII S. 1, 25 IX ASOG; Brand: §§ 31 II S. 1, III S. 4, 33 VI S. 3, VIII PolG; Hamb: §§ 8 I S. 4, 10 III S. 3 i.V.m. IV S. 4, 10 V PolDVG; Hess: §§ 14 IV i.V.m. I S. 2, 15 VI S. 3, VIII S. 1 SOG; MeckVor: §§ 32 II S. 2, 34 II, IV S. 3 SOG; Nds: §§ 32 IV i.V.m. 39 VI SOG; NRW: § 15 I S. 3, 17 IV S. 2 PolG; RhlPfl: §§ 27 VI S., 2, 28 VI S. 1, 38 I, IV POG; Saar: §§ 27 III, 28 IV S. 7 PolG; Sachs: §§ 38 III, 39 V S. 2, VII S. 2 PolG; SachsAnh: §§ 16 IV S. 3, VIII S. 1 SOG; SchlHolst: §§ 184 II S. 2, 186 I a S. 3 LVwG; Thür: §§ 33 III S. 13, 35 III S. 4, IV PAG.

zustehen (vgl. Art. 74 I Nr. 1 GG). Dieser muss also über die Nutzung personenbezogener Informationen zum Zweck der Strafverfolgung entscheiden.

354 Umgekehrt darf (ebenfalls aus kompetenzrechtlichen Gründen) über die Verwendung von im Rahmen **strafrechtlicher Ermittlungsverfahren** gewonnener Daten **zu Zwecken der Gefahrenabwehr** nur der Landesgesetzgeber bestimmen.[299] Selbstverständlich setzt auch dies eine Freigabe (diesmal von der Strafverfolgungsbehörde aufgrund einer bundesgesetzlichen Regelung) voraus. So lässt § 481 StPO die Übermittlung personenbezogener Daten aus Strafverfahren an die Polizeibehörde zu Zwecken der Gefahrenabwehr zu.[300] Zu beachten ist jedoch, dass eine solche Verwendung grundsätzlich **ausscheidet**, wenn es sich um Erkenntnisse aus einer strafprozessualen Überwachung der **Telekommunikation** (vgl. § 100 a und b StPO) handelt. Denn die Polizei- und Ordnungsgesetze der Länder, mit Ausnahme von Hessen (§ 10 HessSOG), Mecklenburg-Vorpommern (§ 78 MeckVorSOG), Niedersachsen (§ 10 NdsSOG) und Thüringen (§ 11 ThürPAG), benennen das Fernmeldegeheimnis nicht als ein zum Zweck der Gefahrenabwehr einschränkbares Grundrecht (es steht außer Frage, dass auch eine Verwendung der aus einem strafprozessualen Eingriff in das Fernmeldegeheimnis herrührenden personenbezogenen Daten für andere Zwecke ebenfalls einen Eingriff in Art. 10 GG darstellt). Soweit also eine Verwendung der bei einer strafprozessualen Überwachung der Telekommunikation gewonnenen personenbezogenen Daten für die Zwecke der Gefahrenabwehr in den Polizei- und Ordnungsgesetzen nicht vorgesehen ist, könnte man meinen, eine Verwendung sei ausgeschlossen. Da aber nach Auffassung des BVerfG eine Verwendung der aus einer Überwachung der Telekommunikation stammenden Daten zum Zweck der Gefahrenabwehr (trotz landesrechtlicher Regelung) nur bei Vorliegen **qualifizierter Gefahrenlagen** zulässig ist[301] und der Staat sich im Übrigen auch schützend und fördernd vor die Grundrechte stellen muss[302], besteht für den zuständigen Landesgesetzgeber die grundrechtliche Schutzpflicht, eine Verwendung von im Rahmen der Strafverfolgung gewonnener Daten in Fällen zu gestatten, in denen es um den Schutz vor drohenden Verletzungen besonders hochrangiger, verfassungsrechtlich geschützter Rechtsgüter wie Leben und Gesundheit geht. So kann es bspw. nicht angehen, dass die Polizei, die bei einer repressivpolizeilichen Überwachung der Telekommunikation von einem bevorstehenden schweren Verbrechen erfährt, hier nicht zur Gefahrenabwehr tätig werden darf, weil es an einer polizeigesetzlichen Rechtsgrundlage für entsprechende Gefahrenabwehrmaßnahmen fehlt.[303]

---

[299] Vgl. BW: § 38 I S. 1, IV S. 1 PolG; Bay: Art. 38 II PAG; Berl: § 42 III ASOG; Hess: § 20 IV SOG; Sachs: § 43 II PolG; SachsAnh: § 23 SOG. Nach Brand: § 39 II PolG; Hamb: §§ 16 II PolDVG; MeckVor: § 37 I SOG; NRW: § 24 II PolG und Thür: § 40 II PAG wird gefordert, dass die weitere Verarbeitung der Gefahrenabwehr dient. Besondere Anforderungen werden nach Nds: § 39 III SOG; RhlPfl: § 37 II POG; Saar: § 30 II PolG und SchlHolst: § 189 II LVwG gestellt. Vgl. dazu auch VGH Kassel DÖV 2005, 523 ff.
[300] Vgl. auch VGH Mannheim NJW 2005, 234, 235
[301] BVerfG NJW 2000, 55, 66.
[302] Zur staatlichen Schutzpflicht vgl. BVerfGE 39, 1, 41 f.; *R. Schmidt*, Grundrechte, Rn 229/301; *v. Münch*, in: v. Münch/Kunig, GG, Vorb. Art. 1-19 Rn 22. Vgl. auch BVerwG NVwZ 1999, 1234 ff.
[303] *Schenke*, POR, Rn 209; *Schenke*, JZ 2001, 997, 1003 f.

cc. Datenabgleich und Rasterfahndung

a.) Datenabgleich

Von der Datenerhebung zu unterscheiden ist der **Datenabgleich**.

Unter **Datenabgleich** versteht man den gezielten Vergleich von rechtmäßig erhobenen personenbezogenen Daten mit Dateien, die der Suche nach Personen oder Sachen dienen (sog. **Fahndungsdateien**).[304] 355

In dem Datenabgleich liegt eine besondere Form der Datenverarbeitung. Im Gegensatz zur Rasterfahndung (Rn 376 ff.) können in den Datenabgleich nur Dateien der Polizeibehörden, nicht aber fremde Dateien (z.B. von Elektrizitätswerken, Banken usw.) einbezogen werden.

Durch den Datenabgleich lassen sich sowohl für die Gefahrenabwehr als auch für die 356
Strafverfolgung neue bedeutsame Erkenntnisse gewinnen. Der – i.d.R. automatisierte – Abgleich mit dem Fahndungsbestand ist nach den Bestimmungen der Polizeigesetze ohne besondere Voraussetzungen zulässig. Dem liegt die Überlegung zugrunde, dass es dem Polizeivollzugsdienst – häufig schon zum Zweck der Eigensicherung – grundsätzlich möglich sein muss, hinsichtlich aller Personen (z.B. eine solche in Begleitung einer verdächtigen Person) und Sachen (z.B. eine aufgefundene Waffe), mit denen sie in Kontakt kommt, zu prüfen, ob nach ihnen gesucht wird. Allerdings darf die Ausübung dieser Befugnis nicht willkürlich erfolgen und muss aus einem konkreten Anlass heraus gerechtfertigt sein. Das gilt insbesondere, wenn es um unverdächtige Personen wie z.B. Zeugen, Anzeigeerstatter, Auskunftspersonen oder Finder geht. Ein genereller Abgleich der Daten aller Anzeigeerstatter mit dem Fahndungsbestand ist mit den Bestimmungen der Polizeigesetze daher nicht vereinbar. Andererseits wird sich die Polizei in Fällen einer Identitätsfeststellung, die ja ihrerseits an bestimmte Voraussetzungen geknüpft ist, i.d.R. auch vergewissern dürfen, ob gegen diese Person ein Haftbefehl vorliegt oder z.B. das von ihr mitgeführte Kraftfahrzeug als gestohlen gemeldet ist.

Die Bestimmungen der Polizeigesetze über den Datenabgleich erlauben grds. lediglich 357
den Vorgang des Abgleichens selbst. Sie ermächtigen grds. nicht zur Erhebung, Speicherung oder sonstigen Verarbeitung der abzugleichenden Daten. Darüber hinaus dürfen nur **„rechtmäßig erlangte"**[305] Daten **abgeglichen** werden. Diese Einschränkung gilt selbstverständlich in allen Fällen eines Datenabgleichs.

Jedoch ist es der Polizei erlaubt, jedes amtliche **Kennzeichen** (auch Versicherungs- 358
kennzeichen) **von Kraftfahrzeugen** mit den Fahndungsdateien abzugleichen, wenn dies zur Gefahrenabwehr erforderlich ist. Damit ist die Polizei befugt, etwa auf Automärkten oder Großparkplätzen, aber auch bei allgemeinen Verkehrskontrollen, Kfz-Kennzeichen abzulesen und diese mit dem **Fahndungsbestand abzugleichen**. Diesbezüglich enthalten die gesetzlichen Bestimmungen der Polizeigesetze also nicht nur die Ermächtigung zum Datenabgleich, sondern auch die Befugnis, die entsprechenden Daten zu erheben. Zu beachten ist jedoch, dass es sich bei den Dateien des Zentralen Verkehrsinformationssystems **ZEVIS**, ein beim Kraftfahrtbundesamt (KBA) in Flensburg geführtes Zentralregister, *nicht* um Fahndungsdateien im vorliegenden Zusammenhang handelt. Ein Abgleich mit solchen Dateien, der über das INPOL statt-

[304] Vgl. § 10e I S. 1 MEPolG; Bund: § 34 BundesPolG; § 28 BKAG; BW: §§ 39 f. PolG; Bay: Art. 43 PAG; Berl: § 28 ASOG; Brand: § 40 PolG; Brem: § 36h PolG; Hamb: § 22 PolDVG; Hess: § 25 SOG; MeckVor: § 43 SOG; Nds: § 45 SOG; NRW: § 24 OBG i.V.m. § 25 PolG; RhlPfl: § 37 POG; Saar: § 36 PolG; Sachs: § 46 PolG; SachsAnh: § 30 SOG; SchlHolst: §§ 195 LVwG; Thür: § 43 PAG.

[305] Bei der Lösung eines Falls muss also die Datenerhebung als „Vormaßnahme" geprüft werden. Ist diese demnach rechtswidrig, kann der Datenabgleich keinesfalls rechtmäßig sein.

findet (dazu Rn 362 ff.), kann sich nicht auf die Befugnisnormen der Polizeigesetze stützen, sondern nur auf spezielle Befugnisnormen außerhalb der Polizeigesetze.

359 Mit dem gem. §§ 31 ff. StVG eingerichteten **ZEVIS** unterstützt, vereinfacht und beschleunigt das KBA die Arbeit der Polizei, Zolldienststellen und der Bundespolizei sowie der Fahrerlaubnis-, Zulassungs- und Bußgeldbehörden. Rund 70.000 Halter- und Fahrerlaubnisabfragen werden täglich (online) über das ZEVIS abgewickelt. Die Informationen werden von berechtigten Stellen sowohl online abgerufen als auch zunehmend online an die zentralen Register mitgeteilt. ZEVIS-Abrufe beim KBA dienen der Verfolgung von Straftaten und Straßenverkehrsordnungswidrigkeiten, bei Verkehrskontrollen, zur Abwehr von Gefahren für die öffentliche Sicherheit und Verwaltungsmaßnahmen auf dem Gebiet des Fahrzeugzulassungs- und des Fahrerlaubniswesens. Mit dem ZEVIS lassen sich insbesondere Fahrzeug- und Halterdaten aus dem **Zentralen Fahrzeugregister** abrufen. In diesem Register sind zurzeit ca. 51,7 Millionen Kraftfahrzeuge und ca. 6,2 Millionen Kfz-Anhänger registriert. Auskünfte aus diesem Register erhalten nur berechtigte Stellen, insbesondere Polizeibehörden, etwa um Halterfeststellungen durchzuführen. Das Zentrale Fahrzeugregister erfasst, speichert und verarbeitet die von den regionalen Zulassungsbehörden und den Versicherern (online) übermittelten Fahrzeug- und Halterdaten zu Fahrzeugen mit amtlichem Kennzeichen, Ausfuhrkennzeichen (früher Zollkennzeichen), Oldtimer-Kennzeichen, Saison-Kennzeichen, Versicherungskennzeichen (Leichtmofa, Mofa 25, Mokick, Krankenfahrstühle) sowie Daten über Inhaber von Überführungskennzeichen (sog. rote Kennzeichen). Datenmeldungen an das KBA erfolgen bei Neuzulassungen, Umschreibungen, Löschungen, vorübergehenden Stilllegungen und technischen Veränderungen an Kraftfahrzeugen und Anhängern.[306]

360 Geht es also um eine Halterabfrage, ist genau darauf zu achten, mit welchen Dateien abgeglichen wird. Liegen Verdachtsmomente vor, dass das Fahrzeug oder die Kfz-Kennzeichen gestohlen sein könnten oder dass eine Straftat geplant ist, und erfolgt der Datenabgleich mit Dateien, in denen begangene oder geplante Straftaten registriert sind bzw. die der Suche nach Personen oder Sachen dienen (Fahndungsdateien), lässt sich der Datenabgleich auf die polizeigesetzlichen Bestimmungen über den Datenabgleich stützen. Erfolgt der Datenabgleich indes allein, um den Halter festzustellen, ohne dass ein Verdacht einer Straftat oder Ordnungswidrigkeit vorliegt, sind die polizeigesetzlichen Bestimmungen über den Datenabgleich nicht einschlägig.

Beispiel: Im Rahmen einer allgemeinen Straßenverkehrskontrolle wird auch Autofahrer A angehalten. Der Polizeibeamte P verlangt die Vorlage von Führerschein und Zulassungsbescheinigung I. A wendet ein, er habe sämtliche Unterlagen zu Hause vergessen. Daraufhin führt P eine Halterabfrage durch.

Die **Vorlageberechtigung** stützt sich auf § 36 V StVO. Zwar handelt es sich jedenfalls beim Führerschein um einen Berechtigungsschein, dessen Vorlage die Polizei gem. den polizeigesetzlichen Bestimmungen über die Aushändigung von Berechtigungsscheinen verlangen kann, § 36 V StVO stellt jedoch eine straßenverkehrsrechtliche Spezialbefugnis dar, die in ihrem Anwendungsbereich die Befugnisnormen des allgemeinen Polizeirechts ausschließt. Für P gilt dies allerdings nur dann, wenn er auch für Maßnahmen nach der StVO zuständig war. Dies war der Fall. Die Zuständigkeit des P bestand gem. § 44 II S. 2 StVO. Zwar wird in dieser Vorschrift lediglich von vorläufigen Maßnahmen gesprochen, allerdings spricht § 36 V S. 1 StVO von Polizeibeamten, die die Kontrollen durchführen. Damit kann ausschließlich der Polizeivollzugsdienst gemeint sein. Daher konnte auch P in formeller Hinsicht die Überprüfung von Führerschein und Zulassungsbescheinigung I auf Grundlage des § 36 V StVO vornehmen.

[306] Quelle: www.kba.de, Download am 3.9.2012.

Materiellrechtlich kann die Polizei auch auf der Grundlage des § 36 V StVO die Vorlage der genannten Papiere jedoch nur dann verlangen, wenn der Betroffene im Zeitpunkt des Herausgabeverlangens zum Mitführen gesetzlich verpflichtet ist. Das ist bei einem Fahrzeugführer, der im Rahmen einer Verkehrskontrolle angehalten wird, der Fall. Die Verpflichtung, den Führerschein mitzuführen und auf Verlangen auszuhändigen, ergibt sich dabei aus § 2 I S. 3 StVG, § 4 II FeV, die entsprechende Verpflichtung in Bezug auf die Zulassungsbescheinigung I aus § 11 V FZV.[307]

Ließe sich die **Halterabfrage** auf keine Spezialnorm stützen, käme als Eingriffsermächtigung die polizeigesetzliche **Datenerhebungsgeneralklausel** in Betracht. Sie enthält die Ermächtigung, die zur Erfüllung der Aufgaben erforderlichen personenbezogenen Daten zu erheben. Denkbar ist jedoch auch, die Halterabfrage unter den Begriff des **Datenabgleichs** zu subsumieren. Darunter versteht man den gezielten Vergleich von rechtmäßig erhobenen personenbezogenen Daten mit Dateien, die der Suche nach Personen oder Sachen dienen (sog. Fahndungsdateien). Speziell in Bezug auf die Halterabfrage erlaubt die polizeigesetzliche Vorschrift über den Datenabgleich sogar ausdrücklich den Abgleich von amtlichen Kfz-Kennzeichen mit den Fahndungsdateien, um z.B. festzustellen, ob das Fahrzeug als gestohlen gemeldet wurde. Geht es der Polizei jedoch lediglich um die Überprüfung der gemachten Angaben, also um Feststellung des Halters, erfolgt der diesbezügliche Datenabgleich nicht mit Fahndungsdateien, sondern mit dem Zentralen Verkehrsinformationssystem (ZEVIS).

Geht man davon aus, dass P keine Anhaltspunkte dafür vorlagen, dass der von A gefahrene Wagen gestohlen gewesen sein könnte, konnte und musste er die Halterabfrage daher lediglich auf die Datenerhebungsgeneralklausel stützen (a.A. mit entsprechender Begründung vertretbar).

In formeller Hinsicht ist zu beachten, dass die polizeigesetzliche Vorschrift über die „Grundsätze der Datenerhebung" besondere Anforderungen an die Rechtmäßigkeit der auf die Datenerhebungsgeneralklausel gestützten Datenerhebung stellt, die zugleich für alle Maßnahmen der Datenerhebung gelten. Die Vorschrift verlangt, dass die Datenerhebung vorrangig beim Betroffenen (also unmittelbar) sowie mit seiner Kenntnis (also offen) erfolgt. Möchte die Polizei nachrangig Daten bei Dritten erheben, muss sie zusätzliche Voraussetzungen beachten. Das Gleiche gilt, wenn die Daten verdeckt erhoben werden sollen, gleichgültig, ob beim Betroffenen oder bei Dritten. Des Weiteren sollen Betroffene und Dritte auf die Rechtsgrundlage hingewiesen werden.

Da die erforderlichen Daten nicht in zuverlässiger Weise bei A selbst erhoben werden konnten, blieb P keine andere Möglichkeit, als eine Halterabfrage durchzuführen. Andere Mittel, wie etwa eine Identitätsfeststellung durch Mitnahme des A auf die Dienststelle, hätten in stärkerem Maße in die Grundrechte des A eingegriffen. Daher war die Halterabfrage das mildeste Mittel und damit rechtmäßig.

Sofern die mit der Halterabfrage gewonnenen Informationen notiert, also **gespeichert** worden sind, bedurfte es einer separaten Rechtsgrundlage, die vorliegend z.B. in § 36a BremPolG zu finden ist. Ermessensfehler oder Verstöße gegen den Grundsatz der Verhältnismäßigkeit sind insgesamt nicht ersichtlich.

<u>Ergebnis:</u> Die Halterabfrage und die Datenspeicherung waren rechtmäßig.

Auf der Grundlage der polizeigesetzlichen Bestimmungen über den Datenabgleich kommt grundsätzlich auch der Einsatz eines sog. „**Kennzeichenlesegeräts**" in Betracht, das automatisch die Kfz-Kennzeichen vorbeifahrender Fahrzeuge erfassen, mit einer Datei abgleichen und im Trefferfall ein Bild speichern kann. Vgl. dazu bereits Rn 174 f. **361**

[307] Zur Prüfung des Herausgabeverlangens in Bezug auf Führerschein, Zulassungsbescheinigung I und Personalausweis im Rahmen einer allgemeinen Verkehrskontrolle vgl. *R. Schmidt*, Fälle zum POR, Fall 7.

362 Wichtiges Instrument des Datenabgleichs ist das von Bund und Ländern seit 1972 gemeinsam geschaffene und betriebene, 2003 neu aufgebaute elektronische **Informationssystem der Polizei INPOL**, das beim **Bundeskriminalamt als Zentralstelle für den elektronischen Datenverbund** (§§ 2 III, 11 I BKAG) eingesetzt ist. Im INPOL werden polizeilich relevante Angaben über Straftäter, Beschuldigte, Verdächtige, potenzielle Strafttäter, aber auch von Kontakt- und Begleitpersonen, Zeugen, Hinweisgebern, Opfern und vermissten Personen gespeichert. Abgerufen werden können auch Fallgrunddaten, z.B. zum Tatort, zur Tatzeit und zum Delikt, und so Beziehungsgeflechte zwischen verschiedenen Straftaten besser erkannt werden. Zudem können digitale Lichtbilder betroffener Personen in INPOL gespeichert werden. Angeschlossen an das INPOL sind das Bundeskriminalamt (BKA), die Landespolizeien mit ihren Polizeidienststellen, die Bundespolizei und die Zollbehörden. Aufgebaut ist das INPOL als Verbundsystem. Es besteht aus den beiden Bereichen INPOL-Zentral beim Bundeskriminalamt und dem bei der jeweiligen Landespolizei betriebenen System INPOL-Land, das von den Ländern auch als POLAS (Polizeiliches Auskunftssystem) oder POLIS (Polizeiliches Informationssystem) bezeichnet wird. Über INPOL existiert der Zugriff auf nationale und internationale, polizeiinterne und polizeiexterne Datenbestände. So besteht einerseits die Möglichkeit, über das INPOL auf Datenbestände wie das Schengener Informationssystem (SIS) und das Europäische Informationssystem (EIS) bei Europol zurückzugreifen. Andererseits kann über das INPOL auf polizeiexterne Datenquellen wie das Zentrale Verkehrsinformationssystem (ZEVIS) beim Kraftfahrt-Bundesamt (KBA) in Flensburg (Rn 359 f.) und das Ausländerzentralregister (AZR) beim Bundesverwaltungsamt (BVA) in Köln zurückgegriffen werden. Das INPOL ermöglicht somit Anfragen beispielsweise für eine Funkstreife vor Ort oder bei einer Grenzkontrolle an einem deutschen Flughafen über gesuchte Personen, über Personen oder Sachen, nach denen (auch international) gefahndet wird, über das Vorliegen von Haftbefehlen, Kfz-Diebstählen etc.[308]

Intern umfasst das INPOL u.a. die Personen- und Sachfahndung, den Kriminalaktennachweis, die Haftdatei, Zentrale Aktenerschließungssysteme, Spurendokumentationssysteme und zentrale Tatmittelnachweise für bestimmte Kriminalitätsnachweise.[309]

1. Personenfahndung

363 Kernstück des INPOL und für die polizeiliche Tätigkeit wohl wichtigste Datei ist die Datei „Personenfahndung". In ihr sind die Daten zur

- strafprozessualen Festnahme aufgrund eines Haftbefehls,
- Ingewahrsamnahme zur Gefahrenabwehr,
- Aufenthaltsermittlung,
- Ausweisung, Abschiebung oder Zurückweisung als Ausländer und
- polizeilichen Beobachtung zur vorbeugenden Bekämpfung von Straftaten gesuchter Personen gespeichert.

364 Darüber hinaus können weitere personengebundene Informationen gespeichert werden. Sie dienen

- der Eigensicherung der eingesetzten Beamten (z.B. Person ist bewaffnet, gewalttätig, Konsument von BtM),
- der Unterstützung der Fahndung (z.B. Prostitution, Ausbrecher, BTM-Konsument) oder
- dem Schutz des Betroffenen, damit nach seiner Festnahme unverzüglich ein Arzt hinzugezogen werden kann (z.B. psychisch krank, Konsument von BtM).

[308] Vgl. www.bfdi.bund.de, download am 3.11.2012.

[309] Vgl. *Pieroth/Schlink/Kniesel*, POR, § 15 Rn 23 ff. und *Schenke*, POR, Rn 211 auch zur folgenden Auflistung.

2. Sachfahndung

365 In der INPOL-Sachfahndungsdatei werden Gegenstände erfasst, die wegen eines möglichen Zusammenhangs mit Straftaten zum Zwecke der Beweissicherung, der Einziehung oder der Eigentumssicherung gesucht werden (z.B. gestohlene Pkw, Fahrräder, Ausweispapiere, Führerscheine oder Kfz-Kennzeichen, aber auch Waffen).

3. Kriminalaktennachweis (KAN)

366 Alle wesentlichen Informationen über Strafverfahren bezüglich einer Person werden bei der Polizei in Kriminalakten gespeichert. Um die sachbearbeitenden Beamten dabei zu unterstützen, die jeweilige Kriminalakte zu finden und anzufordern, um (weitere) Erkenntnisse über den Verdächtigen zu erhalten, ist der elektronische Kriminalaktennachweis geschaffen worden. Dabei handelt es sich um ein reines elektronisches Fundstellenverzeichnis; Einzelheiten aus einer Kriminalakte sind nicht abfragbar. Möchte der Sachbearbeiter die Kriminalakte einsehen, muss er diese anfordern. Auf Bundesebene wird beim KBA ein Kriminalaktennachweis über alle schweren und überregional bedeutsamen Straftaten geführt. Schwere Straftaten sind Verbrechen und die in § 100a StPO aufgeführten Straftaten.

367 Das KAN-System stellt darüber hinaus auch personengebundene Hinweise zur Verfügung und gibt Auskunft insbesondere über Namen, Staatsangehörigkeit, Familienstand und enthält Hinweise auf Fahndungsausschreibungen, gegenwärtige Inhaftierungen und vorhandene erkennungsdienstliche Unterlagen (ed-Unterlagen).

4. Haftdatei

368 Gemäß § 9 II S. 1 BKAG kann das BKA personenbezogene Daten in Dateien speichern, verändern und nutzen, soweit dies erforderlich ist, zum Zwecke des Nachweises von Personen, die wegen des Verdachts oder des Nachweises einer rechtswidrigen Tat einer richterlich angeordneten Freiheitsentziehung unterliegen. Das BKA hat von dieser Befugnis Gebrauch gemacht und die sog. Haftdatei eingerichtet, in der also Personen gespeichert sind, die sich entweder in Haft (Strafhaft; Untersuchungshaft) befinden oder sich in Haft befunden haben. Zweck dieser Datei ist es, dass im Rahmen von Alibiüberprüfungen inhaftierte Personen als Tatverdächtige ausgeschlossen werden können. Die Löschung der Daten erfolgt zwei Jahre nach Haftentlassung.

5. Erkennungsdienstdatei

369 Von den Personen, die erkennungsdienstlich (ed) behandelt wurden, werden in elektronischen Dateien die bei Rn 238 genannten Informationen gespeichert, wenn dies zu präventiven Zwecken erforderlich ist. Um länderübergreifend den Polizeien den Zugang zu diesen Informationen zu erleichtern, ist die Erkennungsdienstdatei geschaffen worden. Ähnlich dem KAN handelt es sich um ein elektronisches Fundstellenverzeichnis, das Auskunft gibt über die Person sowie Art, Grund, Ort und Zeit der ed-Behandlung; es enthält das Aktenzeichen und benennt die aufbewahrende Stelle. Dadurch wird der jeweilige Sachbearbeiter in die Lage versetzt, die ed-Akte anzufordern.

6. Automatisches Fingerabdrucksystem AFIS und DNA-Datenbank

370 Bei dem vom BKA geführten AFIS handelt es sich um eine Datenbank von Fingerabdrücken, d.h. von Abdrücken, die aus den Linienmustern an der Spitze eines menschlichen Fingers (oder Daumens) entstehen. Mittels Spezialkameras werden „traditionell" genommene Fingerabdrücke eingelesen, digitalisieren und automatisch verformeln. Denkbar ist auch, dass Fingerabdrücke von vornherein digital erzeugt werden. In der DNA-Datenbank sind genetische Identifizierungsmerkmale („genetischer Fingerabdruck") gespeichert.

7. Datei Vermisste und Tote

371 Diese Datei dient der Ermittlung und Identifizierung unbekannter Toter und unbekannter hilfloser Personen. Gespeichert werden Daten zur Personenbeschreibung und die Gründe des Verschwindens (Unglück, Familienzwistigkeit, Trunksucht, Abenteurer, Furcht bzw. Flucht vor Strafe).

8. PIOS-Dateien

372 Unterteilt in Datengruppen Personen, Institutionen, Objekte und Sachen (PIOS) werden z.B. aus Ermittlungsakten, dem Einsatz eines verdeckten Ermittlers oder aus einer polizeilichen Beobachtung gewonnene Daten zur Erstellung eines Lagebilds aus einem bestimmten Kriminalitätsbereich und zur vorbeugenden Bekämpfung von Straftaten gespeichert. Zugriff auf diese Dateien haben nur spezielle Sachbearbeiter beim BKA oder den Landeskriminalämtern. In der Datei PIOS-Landfriedensbruch werden die Daten von Personen gespeichert, die verdächtig sind, Straftaten in örtlichem, zeitlichem und sachlichem Zusammenhang mit einer politisch motivierten Versammlung bzw. Demonstration begangen zu haben (Landfriedensbruch, Mitsichführen von Waffen). Im Vorfeld einer anstehenden Demonstration kann der Datenbestand bundesweit oder unter regionaler Beschränkung in die Datei Personenfahndung überspielt werden, sodass an eingerichteten Kontrollstellen überprüfte Personen, bei denen eine Speicherung vorliegt, einer besonderen Kontrolle zum Zweck der Verhütung von Straftaten unterzogen werden können.

9. SPUDOK-Dateien

373 Bei einer Spurendokumentations-Datei handelt es sich um eine elektronisch geführte Ermittlungsakte, in der etwa Angaben zum Tatort, zu Zeugen, zu deren Aussagen, zu Asservaten zum Tatverdächtigen etc. enthalten sind. Zugriff hat lediglich die Ermittlungen führende Dienststelle.

10. Falldateien

374 In eine Falldatei werden zu einem bestimmten Deliktsbereich Informationen über alle der Polizei bekannt gewordenen Straftaten gespeichert. So sollen nicht aufgeklärte Straftaten durch Vergleich des modus operandi bereits einschlägig in Erscheinung getretenen Straftätern zugeordnet werden. Wohl die wichtigste ist die Falldatei Rauschgift. In ihr werden alle bekannt gewordenen Rauschgiftdelikte einschließlich Personenbeschreibung, näherer Umstände der Tat und Rauschgiftmenge gespeichert.[310]

11. Datei Gewalttäter Sport

374a Die Datei „Gewalttäter Sport" ist eine vom BKA geführte Verbunddatei gem. §§ 11, 12 BKAG. Die Verbundteilnehmer geben unmittelbar Daten ein und können Daten im automatisierten Verfahren aus den Dateien abrufen. Erhoben, gespeichert und abgerufen werden können Daten über Personen, die im Zusammenhang mit Sportveranstaltungen als Täter oder Adressaten polizeilicher Maßnahmen (Identitätsfeststellungen, Platzverweise) auffällig geworden sind („Hooligans") und von denen Tatsachen die Annahme rechtfertigen, dass sie auch künftig auffallen werden. Zweck der Datei ist die Verhinderung gewalttätiger Auseinandersetzungen und sonstiger Straftaten im Zusammenhang mit Sportveranstaltungen, insbesondere von Fußballspielen, durch recherchefähige Erfassung von Anlässen, soweit diese im Zusammenhang mit Sportveranstaltungen festgestellt wurden (Kapitel 2.2 der Errichtungsanordnung der Datei „Gewalttäter Sport").

374b Unabhängig vom INPOL-System steht die **Anti-Terror-Datei**, die im ATDG ihre gesetzliche Grundlage hat. Das Gesetz verfolgt den Zweck, durch Sammlung bestimmter personenbezogener Informationen den Staat und seine Einrichtungen und die Rechtsgüter des Einzelnen vor terroristischen und rechtsradikalen Anschlägen zu schützen. Gespeichert werden sämtliche Angaben über Personen, über die sich durch Querverweise ein Verdacht auf geplante terroristische oder rechtsradikale Anschläge erhärten könnte. Dazu zählen Zugehörigkeit zu terroristischen Vereinigungen, Waffenbesitz, Telekommunikations- und Internetdaten, Bankverbindungen und Schließfächer, Schul- und Berufsausbildung, Arbeitsstelle, Familienstand, Religionszugehörigkeit, Verlust von Ausweispapieren, Reisebewegungen und bekannte Aufenthalte an Orten mit terroristischem Hintergrund (bspw. Ausbildungslagern). Die ATD ist als Verbunddatei angelegt. Zugriff haben die Inlands- und Auslandsgeheimdienste (Bundesamt für Verfassungs-

---

[310] *Pieroth/Schlink/Kniesel*, POR, § 15 Rn 33.

schutz, Landesämter für Verfassungsschutz, Bundesnachrichtendienst, Militärischer Abschirmdienst), Staatsanwaltschaften, Bundeskriminalamt, Landeskriminalämter, Bundespolizei.

Parallelnorm zum INPOL ist zur Aufklärung einer Straftat oder zur Ermittlung des Aufenthaltsorts einer Person, nach der für Zwecke eines **Strafverfahrens** gefahndet wird, § 98c StPO. Allerdings ist hier der Datenabgleich nicht auf polizeiliche Dateien beschränkt, sondern umfasst auch Daten aus Melderegistern, von Umweltschutzbehörden u.a. **375**

b.) Rasterfahndung

Eine besondere (und weitergehende) Form des Datenabgleichs stellt die **Rasterfahndung** dar. **376**

Unter **Rasterfahndung** versteht man den gezielten Vergleich von Datenbeständen von öffentlichen Stellen und von Stellen außerhalb des öffentlichen Bereichs im Hinblick auf bestimmte Merkmale der gespeicherten Personen oder Tatsachen, um bestimmte Personendaten und/oder Zusammenhänge in Erfahrung zu bringen.[311] **377**

Konkret bedeutet das, dass ein Katalog von Merkmalen (Geschlecht, Religion, Nationalität, Alter, Beruf, Aufenthaltsort etc.) erstellt wird und durch den Abgleich mit den von anderen öffentlichen oder nichtöffentlichen Stellen zentral zusammengefassten Daten die Personen herausgefiltert werden, auf die die definierten Merkmale zutreffen. Der auf diese Weise eingegrenzte Personenkreis wird anschließend weiteren „konventionellen" Aufklärungsmaßnahmen (etwa Observation, Vernehmung, Durchsuchung) unterzogen.[312] **378**

Der Rasterfahndung kommt vor allem in Verbindung mit der Fahndung nach Straftätern, die durch besondere Gewohnheiten charakterisiert sind (etwa bei Terroristen durch häufigen Wohnungswechsel und einen dementsprechend nur sporadischen Strom- und Wasserverbrauch), Bedeutung zu. Die besondere rechtliche Problematik einer Rasterfahndung resultiert daraus, dass unter das Raster vielfach auch unbescholtene Bürger (Nichtstörer) fallen können, bei denen zufällig die für ein Raster erforderliche Kombination von Merkmalen vorliegt und die dadurch zum Objekt polizeilicher Ermittlungsmaßnahmen werden[313] (vgl. dazu näher Rn 385, 386). **379**

Die Rasterfahndung stellt einen erheblichen **Eingriff in das Recht auf informationelle Selbstbestimmung** als Element des allgemeinen Persönlichkeitsrechts (Art. 2 I i.V.m. 1 I GG, s.o.) dar. Daher versteht es sich von selbst, dass nach den meisten landespolizeigesetzlichen Befugnisnormen[314] – dem **Grundsatz der Verhältnismäßigkeit** entsprechend – die Rasterfahndung nur dann angeordnet werden darf, wenn sie „zur Abwehr einer (gegenwärtigen) Gefahr für den Bestand oder die Sicherheit des Bundes oder eines Landes, für Leib, Leben oder Freiheit einer Person oder zur Verhütung einer Straftat von erheblicher Bedeutung erforderlich ist". Es muss also eine ge- **380**

---

[311] BW: § 40 PolG; Bay: Art. 44 PAG; Berl: § 47 ASOG; Brand: § 46 PolG; Brem: § 36 i PolG; Hamb: § 23 PolDVG; Hess: § 26 SOG; MeckVor: § 44 SOG; Nds: § 45a SOG; NRW: § 24 OBG i.V.m. § 31 PolG; RhlPfl: § 38 POG; Saar: § 37 PolG; Sachs: § 47 PolG; SachsAnh: § 31 SOG; SchlHolst: §§ 195a LVwG; Thür: § 44 PAG. Vgl. dazu auch *Lisken*, NVwZ 2002, 513; OLG Düsseldorf NVwZ 2002, 629; OLG Frankfurt NVwZ 2002, 626 sowie jüngst BVerfG NJW 2006, 1939 (Verfassungswidrigkeit des § 31 NRW PolG).

[312] *Meister*, JA 2003, 83, 84; *Lisken*, NVwZ 2002, 513, 514.

[313] *Schenke*, POR, Rn 213 b.

[314] BW: § 40 PolG; Bay: Art. 44 PAG; Berl: § 47 ASOG; Brand: § 46 PolG; Brem: § 36i PolG; Hamb: § 23 PolDVG; Hess: § 26 SOG; MeckVor: § 44 SOG; Nds: § 45a SOG; NRW: § 31 PolG; RhlPfl: § 38 POG; Saar: § 37 PolG; Sachs: § 47 PolG; SachsAnh: § 31 SOG; SchlHolst: § 195a LVwG; Thür: § 44 PAG.

genwärtige Gefahr bestehen und ihre Abwehr darf auf andere Weise nicht oder weniger Erfolg versprechend abwendbar sein. Problematisch ist es allerdings, wenn nur vage Verdachtsmomente bestehen, die Rasterfahndung sozusagen zur Gefahrenvorsorge durchgeführt wird (vgl. auch dazu Rn 385, 386).

381 Neben der Gefahrenabwehr zum Schutz der genannten Schutzgüter (*Bestand oder Sicherheit des Bundes oder eines Landes, Leib, Leben oder Freiheit einer Person, Verhütung einer Straftat von erheblicher Bedeutung*[315] - dazu später) existiert in einigen Bundesländern *zusätzlich* die Möglichkeit, die Rasterfahndung auch zur Verhinderung bestimmter Straftaten einzusetzen[316], während wiederum andere Bundesländer die Rasterfahndung ausschließlich zu diesem Zweck zulassen[317]. Alle landesrechtlichen Befugnisnormen stimmen jedoch dahingehend überein, dass die Rasterfahndung den Grundsatz der Verhältnismäßigkeit beachten muss. Zur verfahrensrechtlichen Sicherung sehen die Polizeigesetze entweder einen Behördenleiter-, Ministeriums- oder sogar einen Richtervorbehalt vor.

382 Die Befugnisnormen der Länder, die u.a. die Abwehr einer *Gefahr* für bestimmte Rechtsgüter fordern, unterscheiden sich wiederum zum einen im Hinblick auf den **Grad der Gefahr**, zum anderen in Bezug auf die jeweiligen **Schutzgüter**.

- Unter einer **Gefahr** versteht man nach den Legaldefinitionen der meisten Polizeigesetze (vgl. nur § 2 Nr. 3a BremPolG) eine Lage, in der bei ungehindertem Ablauf des Geschehens mit hinreichender Wahrscheinlichkeit ein Schaden für die geschützten Rechtsgüter eintreten würde. Dabei gilt, dass je größer der zu erwartende Schaden und je ranghöher das geschützte Rechtsgut sind, desto geringere Anforderungen an die Wahrscheinlichkeit des Schadenseintritts zu stellen sind.
- Bindet der Gesetzgeber den Eingriff an besondere Voraussetzungen hinsichtlich der Wahrscheinlichkeit der Gefahr oder des Gewichts oder Ausmaßes des drohenden Schadens, spricht man von einer qualifizierten Gefahr. So fordern die meisten landesgesetzlichen Befugnisnormen in Bezug auf die Rasterfahndung eine **gegenwärtige Gefahr**. Diese umfasst die bereits eingetretene und fortwirkende Störung sowie die unmittelbar bevorstehende Gefahr[318], bei der der Schadenseintritt in allernächster Zeit mit an Sicherheit grenzender Wahrscheinlichkeit zu erwarten ist.
- Neben diesen Qualifizierungen des Gefahrengrades im Hinblick auf die zeitliche Nähe und Wahrscheinlichkeit des Schadenseintritts existieren auch solche mit Bezug zum geschützten Rechtsgut. Im Gesetz wird in diesen Fällen i.d.R. die Formulierung **erhebliche Gefahr** verwandt.[319] Damit wird darauf abgestellt, dass ein Schaden für ein *bedeutsames* Rechtsgut zu befürchten ist.
- Schließlich werden in einigen Bundesländern beide Möglichkeiten der Qualifizierung des Gefahrenbegriffs kombiniert, indem eine **gegenwärtige erhebliche Gefahr** verlangt wird.[320]

383 Neben den unterschiedlichen Anforderungen an die Gefahr nennen die einzelnen Polizeigesetze auch unterschiedliche **Schutzgüter**. Bis auf Rheinland-Pfalz existiert in jedem Bundesland ein mehr oder weniger ausführlicher Katalog von Rechtsgütern, von denen mittels der Rasterfahndung Schaden abgewendet werden darf. So werden in fast allen Bundesländern, die die Rasterfahndung zur Abwehr einer Gefahr für ein bestimmtes Rechtsgut zulassen, der **„Bestand oder die Sicherheit des Bundes oder**

---

[315] Berl: § 47 I S. 1 ASOG; Brand: § 46 I PolG; Hamb: § 23 I PolDVG; MeckVor: § 44 I S. 1 SOG; NRW: § 31 I PolG; RhlPfl: § 38 I POG; Saar: § 37 I PolG; SachsAnh: § 31 I S. 1 SOG; Thür: § 44 I S. 1 PAG.
[316] Brem: § 36i I S. 1 PolG; Sachs: § 47 I S. 1 PolG; SchlHolst: § 195a I LVwG.
[317] BW: § 40 I S. 1 PolG; Bay: Art. 44 I S. 1 PAG; Hess: § 26 I SOG; Nds: § 45a I S. 1 SOG.
[318] So etwa ausdrücklich § 2 Nr. 3b BremPolG oder § 23 I HambPolDVG.
[319] Vgl. § 195a I SchlHolstLVwG.
[320] Vgl. § 25d I RhlPflPOG.

eines Landes" sowie „**Leib, Leben oder Freiheit einer Person**" genannt. Lediglich in den Polizeigesetzen der Länder Mecklenburg-Vorpommern und Schleswig-Holstein wurden bloß eine der beiden Komponenten aufgenommen. In einigen Bundesländern ist die Rasterfahndung auch zur **Verhinderung bestimmter Straftaten** zulässig. Um jedoch dem Grundsatz der Verhältnismäßigkeit Rechnung zu tragen, ist ausnahmslos erforderlich, dass Straftaten von *erheblicher Bedeutung* verhindert werden sollen. Dabei handelt es sich nach den Legaldefinitionen der betreffenden Polizeigesetze um solche Taten, die den Rechtsfrieden empfindlich stören oder geeignet sind, das Gefühl der Rechtssicherheit der Bevölkerung erheblich zu beeinträchtigen.[321] Verbrechen (i.S.d. § 12 I StGB) sind immer Straftaten von erheblicher Bedeutung. Vergehen (i.S.d. § 12 II StGB) zählen dazu, soweit sie aufgrund ihrer Begehungsweise (banden-, gewerbs-, gewohnheits-, serienmäßig) oder ihrer Dauer eine Gefahr für die Allgemeinheit darstellen und geeignet sind, das Sicherheitsgefühl der Bevölkerung erheblich zu beeinträchtigen.[322]

Schließlich muss – wie bereits mehrfach angesprochen – die Rasterfahndung auch **384** **verhältnismäßig** sein. Sie muss also einen legitimen Zweck verfolgen, zur Erreichung des mit ihr verfolgten Zwecks geeignet, zur Erreichung dieses Zwecks erforderlich und letztlich auch angemessen sein. Besonderes Augenmerk verdient dabei die Fahndungshypothese, d.h. der Katalog von Merkmalen, die zentral erfasst und abgeglichen werden.[323] Die Erfassung und der Abgleich der Daten sind nur dann sinnvoll, wenn dem jeweiligen Persönlichkeitsprofil besondere Prüfmerkmale sächlicher Art aus den Umständen oder Anzeichen einer Störung in einem sachlogischen Zusammenhang zugeordnet werden können. Im Zusammenhang mit der Fahndung nach sog. Schläfern, also nach Personen mit völlig unauffälliger Lebensführung, die auf „Abruf" aktiviert werden und einen bestimmten Auftrag ausführen sollen, erscheint es zweifelhaft, ob sich überhaupt vernünftige Prüfmerkmale finden lassen.[324]

Die meisten genannten gesetzlichen Bestimmungen (etwa § 36i BremPolG) wurden als Re- **385** aktion auf die Terroranschläge vom 11. September 2001 eilig in die Polizeigesetze aufgenommen. Da die Bestimmungen zumeist aber keine Anforderungen an den Wahrscheinlichkeitsgrad der Gefahr und die Tatsachenbasis der Gefahrenprognose stellen und schließlich auch keine hinreichende Einschränkung hinsichtlich des Verdächtigenkreises enthalten, somit also auch den Datenabgleich von völlig unbeteiligten (und unverdächtigen) Personengruppen zulassen, stellt sich die Frage, ob die betreffenden Bestimmungen nicht zu weit gefasst sind und sich damit als **verfassungswidrig** erweisen. Nach der hier bereits in der Vorauflage vertretenen Auffassung, die jüngst auch vom BVerfG bestätigt wurde[325], sind die Befugnisnormen aber der **verfassungskonformen Auslegung** zugänglich mit dem Ergebnis, dass sich die Frage nach der Rechtmäßigkeit der Rasterfahndung auf die konkrete Einzelmaßnahme konzentriert. Das soll anhand des folgenden Beispiels veranschaulicht werden.

Beispiel[326]: Um weitere terroristische Anschläge zu verhindern, sucht die Polizei nach **386** sog. „Schläfern" islamistischer Terrororganisationen. Dabei führt sie – unter Berufung auf den Wortlaut der einschlägigen Befugnisnorm – einen Datenabgleich aller in deutschen Hochschulen immatrikulierten Studenten durch. K ist marokkanischer Staatsbürger nichtmuslimischen Glaubens. Er fühlt sich durch die mit der Rasterfahndung ver-

---

321 Vgl. z.B. § 22 V BWPolG; § 36 I SachsPolG.
322 Vgl. *Meister*, JA 2003, 83, 86; *Lisken*, NVwZ 2002, 513, 514 f.
323 *Meister*, JA 2003, 83, 87; *Lisken*, NVwZ 2002, 513, 514.
324 *Meister*, JA 2003, 83, 86.
325 BVerfG NJW 2006, 1939, 1941 ff. (Rasterfahndung nach § 31 NRWPolG).
326 Vgl. BVerfG NJW 2006, 1939; OVG Bremen NVwZ 2002, 1530; OVG Koblenz NVwZ 2002, 1528; OLG Düsseldorf NVwZ 2002, 629; KG NVwZ 2002, 1537; OLG Frankfurt a.M. NVwZ 2002, 626, 623.

bundenen Erfassung seiner Daten in seinem Recht auf informationelle Selbstbestimmung verletzt und beabsichtigt, Klage zu erheben.

Auszug aus dem Landespolizeigesetz:
§ 36i I:
[1]Der Polizeivollzugsdienst darf von öffentlichen und nichtöffentlichen Stellen die Übermittlung personenbezogener Daten von Personen, die bestimmte Prüfungsmerkmale erfüllen, zum Zweck des Abgleichs mit anderen Datenbeständen verlangen, soweit dies zur Abwehr einer Gefahr für den Bestand oder die Sicherheit des Bundes oder eines Landes, für Leib, Leben oder Freiheit einer Person oder zur Verhütung einer Straftat von erheblicher Bedeutung erforderlich ist. [2]Die Maßnahme darf nur angeordnet werden, wenn die Abwehr der Gefahr auf andere Weise weniger Erfolg versprechend oder nicht möglich wäre.

Lösungsgesichtspunkte: Sofern die Anordnung der Rasterfahndung dem **Richter** vorbehalten ist (vgl. den Wortlaut der betreffenden Befugnisnorm), richten sich das Verfahren insgesamt und damit auch der Rechtsschutz nach dem FamFG.[327] In diesem Fall ist der Rechtsstreit vor den *ordentlichen Gerichten* auszutragen. Gem. §§ 58 ff. FamFG findet gegen Verfügungen des Gerichts erster Instanz – hier also gegen die die Rasterfahndung anordnenden Amtsgerichte – die Beschwerde statt. Über die Beschwerde entscheidet das Landgericht. In den übrigen Fällen, in denen die **Verwaltung** (also die Polizeibehörde) die Rasterfahndung anordnet, ist der Rechtsweg zu den *Verwaltungsgerichten* nach § 40 I S. 1 VwGO gegeben, da es um Gefahrenabwehr und nicht um Strafverfolgung geht.
Statthafte Verfahrensart ist die **Unterlassungsklage** (bzw. der **einstweilige Rechtsschutz** nach **§ 123 I VwGO**), da nicht die Anfechtung eines Verwaltungsakts in Rede steht, sondern die schlichte Unterlassung einer auf einen tatsächlichen Erfolg gerichteten hoheitlichen Maßnahme.
K ist auch **klagebefugt**, da eine Verletzung des Rechts auf informationelle Selbstbestimmung nicht ausgeschlossen werden kann.

Begründet ist die Klage, wenn der Datenabgleich in Form der Rasterfahndung rechtswidrig ist und den K in seinen Rechten verletzt.

Ob die Rasterfahndung einer Rechtfertigung bedarf, hängt von der Grundrechtsbelastung ab. Es könnte das Grundrecht auf **informationelle Selbstbestimmung** als Teil des allgemeinen Persönlichkeitsrechts aus Art. 2 I i.V.m. 1 I GG betroffen sein, da dieses Grundrecht dem Einzelnen das Recht gewährt, grundsätzlich selbst zu entscheiden, wann und innerhalb welcher Grenzen persönliche Lebenssachverhalte offenbart werden. Wer nicht mit hinreichender Sicherheit überschauen kann, welche ihn betreffenden Informationen in bestimmten Bereichen seiner sozialen Umwelt bekannt sind, kann in seiner Freiheit wesentlich gehemmt werden, aus eigener Selbstbestimmung zu planen oder zu entscheiden. Das eröffnet den Schutzbereich des Art. 2 I i.V.m. 1 I GG.
In diesem Grundrecht wurde auch K durch die Rasterfahndung beeinträchtigt.

Als **Rechtsgrundlage** für diesen Eingriff kommt § 36i I PolG in Betracht. Diese Vorschrift müsste jedoch verfassungsgemäß sein, um den o.g. Grundrechtseingriff zu rechtfertigen. An der formellen Rechtmäßigkeit bestehen keine Bedenken. Solche bestehen aber hinsichtlich der materiellen Seite, weil § 36i I PolG keine Anforderungen an den Wahrscheinlichkeitsgrad der Gefahr und die Tatsachenbasis der Gefahrenprognose stellt und schließlich auch keine hinreichende Einschränkung hinsichtlich des Verdächtigenkreises enthält, somit also auch den Datenabgleich von völlig unbeteiligten (und unverdächtigen) Personengruppen zulässt; der Verstoß könnte somit an den Bestimmtheitsgrundsatz anknüpfen.

Zwar enthält das Grundgesetz einen Schutzauftrag zur Abwehr von Beeinträchtigungen der freiheitlichen demokratischen Ordnung und scheint daher auch die Rasterfahndung zur Abwehr terroristischer Anschläge nicht nur zuzulassen, sondern auch zu fordern,

[327] *Meister*, JA 2003, 83, 87; *Lisken*, NVwZ 2002, 513, 517.

jedoch nur unter Einhaltung der Regeln des Rechtsstaats. In dem Verbot unangemessener Eingriffe finden auch die Schutzpflichten des Staates ihre Grenze. Für die Rasterfahndung folgt nach Auffassung des BVerfG aus dem Verhältnismäßigkeitsgrundsatz jedoch kein Verbot, das Grundrechtseingriffe zu persönlichkeitsbezogenen Ermittlungszwecken ausnahmslos ausschließt. Das Gewicht der mit der Durchführung einer Rasterfahndung einhergehenden Grundrechtseingriffe sei so hoch, dass der Gesetzgeber die Maßnahme zum Schutz der in der Befugnisnorm genannten hochrangigen Rechtsgüter (Bestand oder Sicherheit des Bundes oder eines Landes, Leib, Leben oder Freiheit einer Person, Straftat von erheblicher Bedeutung) bei Vorliegen einer konkreten Gefahr vorsehen dürfe.[328] Die Anforderungen an den Wahrscheinlichkeitsgrad und die Tatsachenbasis der Prognose dürften jedoch nicht beliebig vom Gesetzgeber herabgesenkt werden. Selbst bei höchstem Gewicht der drohenden Rechtsgutbeeinträchtigung könne auf das Erfordernis einer hinreichenden Wahrscheinlichkeit nicht verzichtet werden. Auch müsse als Voraussetzung eines schweren Grundrechtseingriffs gewährleistet bleiben, dass Annahmen und Schlussfolgerungen einen konkret umrissenen Ausgangspunkt im Tatsächlichen besitzen. Insbesondere lasse die Verfassung grundrechtseingreifende Ermittlungen bei bloßen Verdachtsmomenten nicht zu. Verzichte der Gesetzgeber auf begrenzende Anforderungen an die Wahrscheinlichkeit des Gefahreneintritts sowie an die Nähe der Betroffenen zur abzuwehrenden Bedrohung und sehe gleichwohl eine Befugnis zu Eingriffen von erheblichem Gewicht vor, genüge dies dem Verfassungsrecht nicht.[329]

§ 36i I PolG enthält diese Vorgaben nicht ausdrücklich. Viemehr dient er offenbar der (Gefahren-)Vorsorge, weil er es der Polizei ermöglichen soll, im Vorfeld von Straftaten zu deren Verhinderung und damit zur Risikovorsorge tätig zu werden. Dennoch ist eine solche gesetzliche Bestimmung nicht zwingend verfassungswidrig. Verfassungswidrig ist eine gesetzliche Bestimmung nur dann, wenn sie nicht verfassungskonform ausgelegt werden kann. So kann § 36i I PolG dahin interpretiert werden, dass nicht eine allgemeine Verdachtslage, sondern eine konkrete Gefahr für das Rechtsgut drohen muss. Es bedarf Tatsachen, aus denen sich eine konkrete Gefahr ergibt, etwa weil tatsächliche Anhaltspunkte für die Vorbereitung terroristischer Anschläge oder dafür bestehen, dass sich in Deutschland Personen für Terroranschläge bereithalten, die in absehbarer Zeit in Deutschland selbst oder andernorts verübt werden sollen. In Bezug auf die von der Rasterfahndung betroffenen Personen sind darüber hinaus hinreichend fundierte konkrete Tatsachen erforderlich, die auf das Vorliegen eines „Trefferfalls" bei dem Datenabgleich schließen lassen. Ist das nicht der Fall, ist die Rasterfahndung im Einzelfall rechtswidrig.

Fazit: Die Rasterfahndung greift in das Grundrecht der informationellen Selbstbestimmung der von ihr betroffenen Bürger ein und bedarf daher einer Rechtsgrundlage, die ihrerseits verfassungsmäßig sein muss und auch im Einzelfall einer verfassungskonformen Auslegung bedarf. Sofern die polizeigesetzlichen Befugnisnormen eine allgemeine Bedrohungslage genügen lassen, sozusagen an einen Gefahrenverdacht anknüpfen und auch keine Begrenzung des Adressatenkreises enthalten, stellt sich die Frage nach deren Vereinbarkeit mit der informationellen Selbstbestimmung. Jedoch lassen sie sich dergestalt verfassungskonform auslegen, das im konkreten Einzelfall Tatsachen gefordert werden, die die Annahme rechtfertigen, dass die in der Befugnisnorm genannten Rechtsgüter konkret gefährdet sind und von dem Adressaten der Rasterfahndung vermutet wird, dass dieser in Verbindung mit dem Geschehen steht.

Die **strafprozessuale** Rasterfahndung ist in § 98 a und b StPO geregelt. Liegen ausreichende tatsächliche Anhaltspunkte für bestimmte, in § 98 a I StPO aufgeführte Straftaten von erheblicher Bedeutung vor und wären die Erforschung des Sachverhalts oder die Er- 387

[328] So BVerfG NJW 2006, 1939, 1946 zu § 31 I NRWPolG.
[329] BVerfG NJW 2006, 1939, 1946 zu § 31 I NRWPolG.

mittlung des Aufenthaltsorts des Täters auf andere Weise erheblich weniger Erfolg versprechend oder wesentlich erschwert, können nach § 98b StPO der Richter, bei Gefahr im Verzug auch die Staatsanwaltschaft, eine Rasterfahndung zu Zwecken der Strafverfolgung anordnen. Wie bei der Rasterfahndung zu präventiven Zwecken bestehen strenge Rückgabe-, Lösch- und Benachrichtigungspflichten (§ 98b III, IV StPO).

dd. Übermittlung von Daten

388 Es steht außer Frage, dass auch die *Übermittlung* von Daten an andere staatliche Stellen einen Eingriff in das Grundrecht auf **informationelle Selbstbestimmung** darstellt und daher eine **gesetzliche Regelung** erforderlich macht. Entgegen der früher weit verbreiteten Auffassung hat sich heute die Erkenntnis durchgesetzt, dass die Vorschriften über die **Amtshilfe** (Art. 35 GG und die §§ 4 ff. VwVfG) sowie §§ 10 und 11 BDSG und die mit diesen korrespondierenden landesrechtlichen Regelungen keine solchen Rechtsgrundlagen darstellen. Die Landesgesetzgeber haben darauf reagiert und Vorschriften über die **Datenübermittlung** in ihre Polizei- und Ordnungsgesetze aufgenommen.[330] Danach können personenbezogene Daten zwischen Polizeibehörden/Dienststellen des Polizeivollzugsdienstes (auch anderer Länder) übermittelt werden, soweit dies zur Erfüllung polizeilicher Aufgaben erforderlich ist; ebenso kann die Polizei an andere Behörden oder Stellen, die für die Gefahrenabwehr zuständig sind, personenbezogene Daten übermitteln, soweit die Kenntnis dieser Daten zur Erfüllung von Aufgaben des Empfängers bzw. Dritten, an den übermittelt wird, erforderlich ist. Sogar an Private (die Gesetze sprechen von *„Personen oder Stellen außerhalb der öffentlichen Verwaltung"* oder von *„nichtöffentlichen Stellen"*) kann die Datenübermittlung zulässig sein.

389 Um die grundrechtlichen Vorgaben und Grenzen zu beachten, ist eine Übermittlung grds. nur zu dem Zweck zulässig, zu dem die Polizei die Daten erlangt hat (**Grundsatz der Zweckidentität**). Aber abgesehen davon, dass die Einhaltung dieses Grundsatzes bei einer Datenweitergabe schwer zu überprüfen ist, lassen die – im Übrigen sehr unterschiedlich formulierten – landesgesetzlichen Regeln auch eine Reihe von Ausnahmen zu, insbesondere wenn ein Gesetz die Weitergabe zulässt.

> **Beispiel**[331]**:** Die Polizei wird gerufen, weil sich X (der Jäger ist) umbringen will. Die Beamten treffen ihn in seiner Wohnung an. Er ist geistig verwirrt und versucht, einen Abschiedsbrief zu schreiben. Auf dem Tisch liegt eine Jagdwaffe. Die Beamten stellen die Waffe sicher (zur Standardmaßnahme *Sicherstellung* vgl. Rn 560 ff.) und unterrichten die zuständige Ordnungsbehörde, damit die nötigen Hilfsmaßnahmen nach dem PsychKG getroffen werden. Zugleich verständigen sie die untere Jagdbehörde, um die Zuverlässigkeit des Jagdscheininhabers und die aus der Jagdausübung des X resultierende Gefahr (vgl. § 18 BJagdG) prüfen zu lassen.

390 Auch wenn die sehr unterschiedlich formulierten und strukturierten landespolizeigesetzlichen Regelungen über die Übermittlung personenbezogener Daten durch die Polizei an andere staatliche Stellen eine Vergleichbarkeit der jeweiligen Regelungen außerordentlich erschweren, kann doch unterstellt werden, dass im Grundsatz überwiegend Gleiches gemeint ist. Das gilt auch hinsichtlich des Initiators der übermittelten Daten. Dieser kann auch die Empfangsstelle sein.

---

[330] §§ BW: §§ 41 ff. PolG; Bay: Art. 39 ff. PAG; Berl: §§ 44 f. ASOG; Brand: §§ 41 ff. PolG; Brem: §§ 36c ff. PolG; Hamb: §§ 18 ff. PolDVG; Hess: §§ 21 ff. SOG; MeckVor: §§ 39 ff. SOG; Nds: §§ 40 ff. SOG; NRW: § 24 OBG i.V.m. §§ 27 ff. PolG; RhlPfl: §§ 34 ff. POG; Saar: §§ 32 ff. PolG; Sachs: § 45 PolG; SachsAnh: §§ 26 ff. SOG; SchlHolst: §§ 191 ff. LVwG; Thür: § 41 PAG.

[331] Vgl. *Möller/Warg*, POR, Rn 339.

Beispiel[332]**:** Die Ordnungsbehörde O hat über einen Konzessionsantrag des A für eine Diskothek zu entscheiden (vgl. §§ 2 ff. GastG). Aufgrund verschiedener Anhaltspunkte besteht der Verdacht, dass A in den Drogenhandel verstrickt ist und die Diskothek für diese Zwecke missbrauchen wird. O bittet die Polizei um Auskunft, ob und gegebenenfalls welche Erkenntnisse über A vorliegen, die einer Konzessionserteilung an A wegen fehlender Zuverlässigkeit i.S.d. § 4 I Nr. 1 GastG entgegenstehen könnten.

Nach allen Landesgesetzen „kann" die Polizei die ihr zur Verfügung stehenden Daten auf Anforderung übermitteln, sofern dies erforderlich ist. Vorliegend könnte sich die Erforderlichkeit daraus ergeben, dass der Empfangsstelle das Zurückgreifen auf andere sachnahe Informationsquellen (z.B. Gewerbezentralregister) nicht weiterhilft.

Hervorzuheben bleibt, dass eine mit einem Grundrechtseingriff verbundene und deshalb eine gesetzliche Rechtsgrundlage erfordernde Übermittlung zwischen öffentlichen Stellen sogar dann vorliegen kann, wenn diese innerhalb einer in ihren Untergliederungen mit verschiedenen Aufgaben betrauten Behörde erfolgt (Beispiel: Datenübermittlung zwischen Schutzpolizei und Kriminalpolizei derselben Einheit). Nach den Bestimmungen der Polizeigesetze ist hier eine Übermittlung zulässig, wenn die Übermittlung zur Erfüllung einer gefahrenabwehrrechtlichen Aufgabe erforderlich ist. **391**

Unterliegen die von der Polizei zu übermittelnden Daten einem Berufs- oder besonderen Amtsgeheimnis (vgl. § 203 StGB, §§ 53, 53a StPO), ist für die Zulässigkeit der Übermittlung durch die Polizei insbesondere erforderlich, dass der Empfänger die Daten zur Erfüllung des gleichen Zwecks benötigt, zu dem sie die Polizei erhoben hat oder hätte erheben können (§ 10 VI MEPolG). Zur Datenübermittlung im Zusammenhang mit dem Datenabgleich und der Rasterfahndung vgl. Rn 355. **392**

Entspricht die Übermittlung von Daten den genannten Voraussetzungen, verstößt sie auch nicht gegen die insoweit „allgemeineren" Vorschriften des Datenschutzgesetzes. Auch ist sie nicht „unbefugt" i.S.v. § 30 VwVfG, sodass der Betroffene auch keine Verletzung der behördlichen Geheimhaltungspflicht nach allgemeinem Verwaltungsverfahrensrecht geltend machen kann.[333] **393**

ee. Verwertbarkeit rechtswidrig erhobener Daten

Wurden Daten rechtswidrig erhoben, stellt sich die Frage nach deren Verwertbarkeit. Besteht eine gefahrenabwehrrechtliche Bestimmung, wonach die Speicherung, Veränderung oder Nutzung von Daten ausdrücklich an die Rechtmäßigkeit der Datenerhebung gebunden sind (vgl. etwa § 36a I S. 1 BremPolG[334]), kann man daraus den Umkehrschluss ziehen, dass die Verwertung *rechtswidrig* erhobener Daten grundsätzlich ausgeschlossen ist, zumal es für sie an einer rechtlichen Grundlage fehlt. Wenn es aber auf der anderen Seite um den Schutz überragend wichtiger Gemeinschaftsgüter (insbesondere das Leben) geht, für den der Staat besondere, aus Art. 2 II i.V.m. Art. 1 I GG abzuleitende, **Schutzpflichten** hat, könnte der Staat diesen Pflichten nicht nachkommen, wenn er rechtswidrig gewonnene Daten nicht verwerten dürfte.[335] Erlangt die Polizei etwa aufgrund rechtswidrig erlangter Daten Kenntnis davon, dass ein Gastronom in von ihm vertriebenen Speisen hochgiftige Substanzen beimischt, trifft die Gefahrenabwehrbehörde eine Verpflichtung zum Einschreiten. Eine gesetzliche Vorschrift, die undifferenziert von einem Verwertungsverbot rechtswidrig erlangter Daten ausginge (und damit einem Einschreiten entgegenstünde), würde diese verfas- **394**

332 Vgl. *Möller/Warg*, POR, Rn 339.
333 Vgl. dazu VGH Kassel NVwZ 2003, 755.
334 Vgl. ebenso § 42 I BerlASOG; § 39 I BrandPolG; § 24 I NRWPolG; § 38 I S. 1 NdsSOG; § 40 I ThürPAG.
335 *Schenke*, POR, Rn 215.

sungsrechtlich gebotene Schutzpflicht verkennen und noch nicht einmal einer verfassungskonformen Auslegung zugänglich sein; sie wäre schlichtweg (teil-)nichtig. Allerdings würde umgekehrt eine aus der staatlichen Schutzpflicht abgeleitete uneingeschränkt zulässige Verwertung rechtswidrig erlangter Daten zu einer Aushöhlung des Verbots rechtswidriger Datenerhebung führen und hätte eine Schwächung des Prinzips der Gesetzmäßigkeit der Verwaltung (Art. 20 III GG) zur Folge. In Übereinstimmung mit dem Strafprozessrecht sollte daher auch im Gefahrenabwehrrecht die Regel aufgestellt werden, dass die Rechtswidrigkeit einer Datenerhebung weder zwingend zu einem Verwertungsverbot noch zwingend zu einer erlaubten Verwertung führt, sondern Gegenstand einer **Abwägung** zwischen dem öffentlichen Interesse an einer Verwertbarkeit und dem Interesse des Betroffenen an einer Unverwertbarkeit ist:

395 Grundsätzlich gebietet es das Rechtstaatsprinzip, dass **rechtswidrig** erhobene Daten **nicht verwertet** werden dürfen. Überwiegt allerdings das öffentliche Interesse der Gefahrenabwehr das private Interesse an einem Verwertungsverbot, dürfen rechtswidrig erhobene Daten verwertet werden.

396 Allerdings besteht bei einem **großen Lauschangriff**, bei dem in rechtswidriger Weise in den Kernbereich privater Lebensführung eingegriffen wurde (dazu oben Rn 268), nach der Rspr. des BVerfG ein absolutes Verwertungsverbot hinsichtlich der aus einem solchen Eingriff gewonnenen personenbezogenen Daten.[336] Dem ist zuzustimmen, da hierdurch eine (von subjektiven Erwägungen durchsetzte) Abwägung nicht stattfindet und so der höchstpersönliche (Kern-)Bereich privater Lebensführung der richterlichen Disposition entzogen ist.

397 Davon unabhängig muss es der Gefahrenabwehrbehörde zumindest möglich sein, die ihr aufgrund einer rechtswidrigen Erhebung bekannt gewordenen Daten zum Anlass einer neuen Datenerhebung zu nehmen.[337] Dieser neuen Datenerhebung steht auch nicht entgegen, dass die Beamten „vorbelastet“ herangehen und auf der Grundlage von **Spurenansätzen**, d.h. mittelbarer Folgen einer vorangegangenen rechtswidrigen Datenerhebung, Daten nunmehr rechtmäßig erheben. Denn die bereits erläuterte verfassungsrechtliche Schutzpflicht gebietet den Gefahrenabwehrbehörden gerade, Daten zu erheben, um auf deren Grundlage Gefahren abwehren zu können.

ff. Löschung, Berichtigung und Sperrung von Daten

398 Ergänzt durch Datenschutzgesetze enthalten die Bestimmungen der Polizeigesetze auch Regelungen über die Löschung, Berichtigung und Sperrung von Daten.[338] Grundsätzlich sind **rechtswidrig gespeicherte Daten zu löschen und die dazu gehörigen Unterlagen zu vernichten**. Der Löschungs- und Vernichtungspflicht korrespondiert ein entsprechender **Anspruch** der Person, deren Daten gespeichert wurden. Dieser Anspruch stellt letztlich nichts anderes dar als die einfachgesetzliche Umsetzung des verfassungsrechtlich gewährleisteten **öffentlich-rechtlichen Beseitigungsanspruchs**, der mit Hilfe der **allgemeinen Leistungsklage** durchgesetzt werden kann. Zugleich hat der Betroffene einen Auskunftsanspruch.

---

[336] BVerfGE 109, 279, 313 f. Zur Unverwertbarkeit von personenbezogenen Daten, die im Rahmen eines Eingriffs in den durch Art. 13 I GG i.V.m. Art. 1 I und 2 I GG geschützten Kernbereichs privater Lebensführung erhoben wurden, vgl. auch BGH NJW 2005, 3285 ff.

[337] *Schenke*, POR, Rn 215; *Hufen*, Fehler im Verwaltungsverfahren, Rn 152.

[338] BW: § 46 PolG; Bay: Art. 45 PAG; Berl: § 48 ASOG; Brand: § 47 PolG; Brem: § 36k PolG; Hamb: § 24 PolDVG; Hess: § 27 SOG; MeckVor: § 45 SOG; Nds: § 39a SOG; NRW: § 24 OBG i.V.m. § 32 PolG; RhlPfl: § 39 POG; Saar: § 38 PolG; Sachs: § 49 PolG; SachsAnh: § 32 SOG; SchlHolst: § 196 LVwG; Thür: § 45 PAG.

Die Löschungs- und Vernichtungspflicht besteht auch dann, wenn es gespeicherter Daten zur Erfüllung der der Polizei gesetzlich zugewiesenen Aufgaben **nicht mehr bedarf**.[339] Denn dann besteht kein sachlicher Grund mehr für die Aufrechterhaltung des Grundrechtseingriffs. Der Effektuierung entsprechender Pflichten dient die Festlegung von Terminen (Prüfungsterminen), bei denen spätestens überprüft werden muss, ob die Speicherung von Daten weiterhin erforderlich ist. 399

Sind personenbezogene Daten **unrichtig**, bestehen eine Pflicht zur **Berichtigung** und ein damit korrespondierender Anspruch. Ein Anspruch auf **Sperrung von personenbezogenen Daten** ist dann gegeben, wenn ihre Richtigkeit vom Betroffenen bestritten wird und sich weder die Richtigkeit noch die Unrichtigkeit feststellen lassen oder die Löschung deshalb unterbleibt, weil durch sie schutzwürdige Interessen des Betroffenen beeinträchtigt würden oder wenn eine Löschung wegen der besonderen Form der Speicherung nicht oder nur mit unverhältnismäßigem Aufwand möglich ist. 400

339 BW: § 46 I Nr. 2 PolG; Bay: Art. 45 II PAG; Berl: § 48 II Nr. 2 ASOG; Brand: § 47 II Nr. 3 PolG; Brem: § 36k II Nr. 2 PolG; Hamb: § 24 II Nr. 3 PolDVG; Hess: § 27 II Nr. 2 SOG; MeckVor: § 45 II S. 2 Nr. 2 SOG; Nds: § 39a SOG; NRW: § 24 OBG i.V.m. § 32 II S. 1 Nr. 3 PolG; RhlPfl: § 39 II Nr. 3 POG; Saar: § 38 II S. 1 Nr. 2 PolG; Sachs: §§ 19-21 SächsDSG i.V.m. § 49 PolG; SachsAnh: § 32 II S. 1 Nr. 2 SOG; SchlHolst: § 196 II S. 1 LVwG; Thür: § 45 II Nr. 2 PAG.

4. Einschränkungen der räumlichen Bewegungsfreiheit

401 Die zweite Gruppe der Standardmaßnahmen beschreibt Einschränkungen der persönlichen Bewegungsfreiheit, wodurch stets ein Eingriff in Art. 2 II S. 2 GG, Art. 104 I oder II GG anzunehmen ist. Deshalb beschränken sich die entsprechenden Befugnisnormen der Polizeigesetze auf bestimmte, gravierende Anwendungsfälle. Dazu zählen die **Vorladung**, die **Platzverweisung**, das **Aufenthaltsverbot**, die **Wohnungsverweisung**, das **Rückkehrverbot** sowie die **Ingewahrsamnahme**.

a. Vorladung

402 **Vorladung**[340] ist das (schriftliche oder mündliche) *verbindliche* Gebot, auf der Dienststelle zu erscheinen (und zu bleiben), um sachdienliche Angaben zu machen oder um erkennungsdienstliche Maßnahmen zu unterstützen.

Die Vorladung im genannten Sinn darf nur präventivpolizeilichen Zwecken dienen; sie kommt daher nicht in Betracht im Zusammenhang mit der Verfolgung von Straftaten und Ordnungswidrigkeiten, weil die Ladung zu Strafverfolgungszwecken in der StPO (vgl. §§ 163, 161a, 163a StPO; für das Bußgeldverfahren vgl. § 46 I OWiG, der auf die Vorschriften der StPO verweist) abschließend geregelt ist. Allerdings darf die Polizeibehörde Personen im Rahmen ihres Strafverfolgungsauftrags (vgl. z.B. § 1 IV BremPolG i.V.m. § 163 I StPO) vorladen; sie muss die Vorladung dann aber auf die Rechtsgrundlagen der StPO stützen.

403 Aber auch im Rahmen der Gefahrenabwehr kann die Anwendbarkeit der polizeigesetzlichen Vorschrift über die Vorladung ausgeschlossen sein. Gemäß dem Grundsatz *lex specialis derogat legi generali* gehen *besondere* gesetzliche Vorschriften, die eine Vorladung, verbunden mit Erscheinungspflichten der betroffenen Person, zulassen, vor. Als solche Vorschriften kommen insbesondere § 26 II InfSchG, § 6 III PassG, § 15 II Nr. 3 AsylVfG, § 2a II StVG sowie die landesrechtlichen Bestimmungen der Meldegesetze in Betracht.

404 Die Vorladung ist **keine Freiheitsentziehung** i.S.v. Art. 104 II GG und bedarf daher (im Gegensatz zur Vorführung – dazu sogleich Rn 413) **keiner richterlichen Entscheidung.**[341] Vielmehr handelt es sich um eine (bloße) Beschränkung der **Freiheit der Person** (Art. 2 II S. 2 i.V.m. Art. 104 I GG). Zwar wird unter Freiheit der Person die „körperliche Bewegungsfreiheit, jeden beliebigen Ort aufzusuchen oder ihn zu verlassen“[342], verstanden, allerdings wird man auch bei der Vorladung von einer Einschränkung der körperlichen Bewegungsfreiheit ausgehen müssen. Immerhin handelt es sich bei der Vorladung nicht um eine unverbindliche „Einladung“, sondern um die Verpflichtung, auf der Dienststelle zu erscheinen.

405 Aufgrund der mit der Maßnahme verbundenen Regelung ist die Vorladung ein **Verwaltungsakt**. Sie kann daher mit den Rechtsbehelfen der VwGO, die allgemein gegen Verwaltungsakte zulässig sind, angefochten sowie mit Mitteln des Zwangs durchgesetzt werden. Vgl. dazu Rn 108 und 119.

---

[340] Vgl. § 11 MEPolG; Bund: § 25 BundesPolG; BW: § 27 PolG; Bay: Art. 15 PAG; Berl: § 20 ASOG; Brand: § 15 PolG; Brem: § 12 PolG; Hamb: § 11 SOG; Hess: § 30 SOG; MeckVor: § 50 SOG; Nds: § 16 SOG; NRW: § 10 PolG, § 24 OBG; RhlPfl: § 12 POG; § Saar: 11 II-IV PolG; Sachs: § 18 PolG; SachsAnh: § 35 SOG; SchlHolst: § 199 LVwG; Thür: § 17 PAG, § 16 IV-VI OBG.

[341] Vgl. aber NRW: § 10 III S. 2 PolG; SachsAnh: § 35 IV SOG.

[342] BVerfGE 94, 166, 198; *Kunig*, in: v. Münch/Kunig, GG, Art. 2 Rn 74.

aa. Formelle Rechtmäßigkeit

Hinsichtlich der formellen Rechtmäßigkeit gelten zunächst die allgemeinen Voraussetzungen (Zuständigkeit, Verfahren, Form, siehe Rn 607 ff.). Als besondere (und zusätzlich zu prüfende) Verfahrensvorschrift normieren die meisten Polizeigesetze, dass der **Grund** für die Vorladung **angegeben** werden soll. „Soll" bedeutet grundsätzlich „muss", und dass nur in atypischen Fällen von der Pflicht abgesehen werden kann. Im Übrigen muss die Begründung so präzise sein, dass der Vorgeladene weiß, aus welchem Grund er vorgeladen wird. Eine Floskel wie „Sie müssen erscheinen, um sachdienliche Angaben zu machen" würde lediglich den Gesetzestext wiedergeben und dem Begründungserfordernis nicht gerecht werden. 406

bb. Materielle Rechtmäßigkeit

Tatbestandlich setzt die Vorladung nach den meisten Polizeigesetzen alternativ voraus, dass (1) Tatsachen die Annahme rechtfertigen, dass von der vorgeladenen Person sachdienliche Angaben zur Aufklärung des Sachverhalts in einer bestimmten polizeilichen Angelegenheit gemacht werden können oder (2) wenn sie zur Durchführung einer erkennungsdienstlichen Maßnahme erforderlich ist. 407

Die Formulierung „wenn **Tatsachen die Annahme rechtfertigen, dass** ..." in Nr. 1 bedeutet, dass lediglich eine **abstrakte Gefahr** bzw. ein **Gefahrenverdacht** vorliegen müssen. Gefordert wird also die Prognose, dass die Angaben der vorzuladenden Person geeignet sind, der Polizei die Erfüllung einer bestimmten Aufgabe zu ermöglichen, die ihr im Rahmen der Aufgabenzuweisung nach § 1 des jeweiligen Polizeigesetzes übertragen ist. Als „sachdienliche Angaben" sind alle Angaben persönlicher und sachlicher Natur zu verstehen, die der Aufklärung einer polizeilichen Angelegenheit dienlich sind.

Fraglich ist, warum die Gesetzgeber in Nr. 2 die „**Erforderlichkeit**" auf Tatbestandsebene genannt haben. Dass nämlich eine Maßnahme erforderlich sein muss, ist eine rechtsstaatliche Selbstverständlichkeit und kennzeichnet im Übrigen gerade den Grundsatz der Verhältnismäßigkeit, der bei der Rechtsfolge einer Maßnahme zu prüfen ist. Der Begriff der „Erforderlichkeit" ist daher anders zu verstehen: Da die Vorladung gem. Nr. 2 der Durchführung einer erkennungsdienstlichen Maßnahme dient und diese eine abstrakte oder konkrete Gefahr voraussetzt, will die Nennung der „Erforderlichkeit" zum Ausdruck bringen, dass diese Voraussetzung auch für die 2. Variante der Vorladung gilt. Voraussetzung dieser Variante sind also auch eine **abstrakte** oder **konkrete Gefahr**. Daran wird es jedoch fehlen, wenn die Behörde den Sachverhalt durch Einsichtnahme in eigene Dateien oder Akten, öffentliche Register oder Unterlagen öffentlicher Stellen oder durch Auskünfte dieser Stellen selbst aufklären kann. 408

Pflichtiger nach Nr. 1 ist jedermann, der sachdienliche Angaben zur Aufklärung des Sachverhalts in einer bestimmten polizeilichen Angelegenheit machen kann, Pflichtiger nach Nr. 2 ist derjenige, der auch Pflichtiger einer erkennungsdienstlichen Maßnahme bzw. einer zu diesem Zweck durchgeführten Befragung ist. Inwieweit eine Pflicht zur Auskunft besteht, ist nach Maßgabe der polizeigesetzlichen Vorschriften über erkennungsdienstliche Maßnahmen bzw. die Befragung zu beantworten. 409

Als besondere (tatbestandliche) Ausprägung des Verhältnismäßigkeitsgrundsatzes normieren die Polizeigesetze, dass bei der Festsetzung des Zeitpunkts der Vorladung **auf den Beruf** und die **sonstigen Lebensverhältnisse** des Betroffenen **Rücksicht** genommen werden soll. Zur Bedeutung des Modalverbs „soll" vgl. Rn 406. Als „Beruf" gelten auch der Nebenberuf, nicht aber Hobbys; unter „sonstigen Lebensver- 410 hältnissen" fallen z.B. familiäre Verpflichtungen, Verkehrsverhältnisse, Behörden-, Gerichts- oder Prüfungstermine. Eine Nichtbeachtung dieses gesetzlich normierten Übermaßverbots führt zur Rechtswidrigkeit der Vorladung.

cc. Rechtsschutz

411 Da die Vorladung einen **Verwaltungsakt** darstellt, kann sie mit den Rechtsbehelfen der VwGO, die allgemein gegen Verwaltungsakte zulässig sind, angefochten werden. Hinsichtlich des Suspensiveffekts des Widerspruchs ist § 80 VwGO zu beachten. In der Regel ist die aufschiebende Wirkung gem. § 80 II S. 1 Nr. 2 VwGO ausgeschlossen, sodass ein gleichwohl erhobener Widerspruch nicht die Vollziehung suspendiert. Sollte ausnahmsweise kein Fall des § 80 II S. 1 Nr. 2 VwGO vorliegen, kann die Polizei dem Suspensiveffekt nur dadurch entgehen, dass sie die sofortige Vollziehung nach § 80 II S. 1 Nr. 4 VwGO anordnet und diese Anordnung, falls nicht ausnahmsweise die Voraussetzungen des § 80 III S. 2 VwGO gegeben sind, nach § 80 III S. 1 VwGO schriftlich begründet.[343] Auch kann die Vorladung mit Hilfe der Anfechtungsklage bzw. – bei deren Erledigung – der **Fortsetzungsfeststellungsklage** analog § 113 I S. 4 VwGO überprüft werden.

412 Sollte die Vorladung zwangsweise durchgesetzt worden sein (dazu sogleich), wird der Rechtsschutzsuchende regelmäßig auch die Zwangsmaßnahme überprüfen lassen wollen. Gegen die **Anwendung der Zwangsmaßnahme** sind entweder die Anfechtungsklage bzw. (bei deren Erledigung) die **Fortsetzungsfeststellungsklage** analog § 113 I S. 4 VwGO oder die **allgemeine Leistungsklage** bzw. allgemeine **Feststellungsklage** gem. § 43 VwGO statthaft, je nachdem, ob man in der Anwendung des Zwangsmittels einen Verwaltungsakt oder lediglich einen Realakt sieht.

dd. Zwangsweise Durchsetzung (sog. Vorführung)

413 Kommt der Betreffende der Vorladung nicht nach, kann diese unter den in der polizeilichen Vorschrift über die Vorladung beschriebenen Voraussetzungen (vgl. etwa § 12 III BremPolG) zwangsweise, d.h. auf der Ebene der Verwaltungsvollstreckung, mit **unmittelbarem Zwang**, der sog. **Vorführung**, durchgesetzt werden. Bei dieser Vorführung, bei welcher der Betroffene von Polizeibeamten abgeholt und (zwangsweise) zur Dienststelle verbracht wird, handelt es sich nach der Rspr. lediglich um eine **Freiheitsbeschränkung** i.S.v. Art. 104 I GG.[344] Diese Auffassung ist im Ergebnis zutreffend, steht freilich aber in gewissem Widerspruch zur Definition des BVerfG hinsichtlich der Freiheitsentziehung i.S.v. Art. 104 II GG, die dadurch gekennzeichnet sei, dass die körperliche Bewegungsfreiheit für eine gewisse Mindestdauer aufgehoben werde.[345] Die Einstufung entweder als Freiheitsbeschränkung oder als Freiheitsentziehung hat Auswirkungen auf den Richtervorbehalt, da dieser nur für Art. 104 II GG gilt (vgl. dazu Rn 404). Kommt es also im Zusammenhang mit der Vorführung zu einer Freiheitsentziehung, ist unverzüglich eine richterliche Entscheidung über die Zulässigkeit und Fortdauer der Freiheitsentziehung herbeizuführen (vgl. z.B. § 16 I BremPolG). Eine richterliche Entscheidung braucht jedoch nicht herbeigeführt zu werden, wenn anzunehmen ist, dass sie erst nach Wegfall des Grundes der polizeilichen Maßnahme ergehen wird (vgl. z.B. § 16 II BremPolG). Allerdings ist auch in diesem Fall die absolute Obergrenze des Art. 104 II S. 3 GG zu beachten.

---

[343] Vgl. zur Regelungstechnik des § 80 VwGO *R. Schmidt*, VerwProzR, Rn 883 ff.
[344] BGHZ 82, 261; BVerwG NVwZ 1990, 69; BayObLG DVBl 1983, 1069 ff.
[345] BVerfGE 105, 239, 248; 94, 166, 198.

Beispiel: In der Stadt S wurde erneut ein Mädchen sexuell missbraucht. Aus Gründen der Strafverfolgung, aber auch weil eine Wiederholung droht, lädt die Polizei den K zur Durchführung erkennungsdienstlicher Maßnahmen (Anfertigung von Fingerabdrücken) vor, da er verdächtig ist, einen Hang zu Sexualstraftaten zu haben. In der Vorladung wird K darauf hingewiesen, dass er im Fall des Nichterscheinens mit einer Vorführung zu rechnen habe. K wendet ein, dass er sich mitten in der Urlaubsvorbereitung befinde und keine Zeit habe. Als K zum festgesetzten Termin nicht erscheint, wird er (zwangsweise) vorgeführt und drei Stunden später wieder entlassen.

Die Primärmaßnahme, die Vorladung, dient der vorbeugenden Verbrechensbekämpfung und somit der Gefahrenabwehr. Damit ist der präventivpolizeiliche Aufgabenbereich der Polizei eröffnet. Auch sind die Voraussetzungen der Befugnisnorm *Vorladung* (z.B. § 12 I BremPolG) erfüllt. Die Vorladung war auch geeignet und erforderlich. Fraglich ist allenfalls die Angemessenheit. Jedenfalls gehört der Urlaub nicht zum Beruf i.e.S. Zu „sonstigen" Lebensverhältnissen gehören wichtige Verpflichtungen gegenüber Angehörigen, behördliche Termine u.ä., aber wohl nicht Urlaubsvorbereitungen (es sei denn, die Urlaubsvorbereitungen sind unumgänglich und die Polizei kann den Termin problemlos verschieben). Die Vorladung war daher auch verhältnismäßig.
Die Zulässigkeit der Vollstreckungsmaßnahme, die zwangsweise Durchsetzung der Vorführungsanordnung, bestimmt sich ebenfalls nach der Befugnisnorm über die Vorladung. So darf die Polizei (z.B. gem. § 12 III Halbs. 2 Var. 2 BremPolG) die Vorladung zwangsweise durchsetzen, soweit dies zur Durchführung erkennungsdienstlicher Maßnahmen erforderlich ist. Da vorliegend keine anderen Zwangsmittel Erfolg versprachen, kam lediglich unmittelbarer Zwang in Betracht. Dieser wurde auch angedroht. Schließlich wurde der Richtervorbehalt nicht verletzt. Beide Maßnahmen waren rechtmäßig.

Ist die Vorladung rechtswidrig, hat dies nicht zwingend zur Folge, dass auch die Vorführung rechtswidrig ist. Denn nach der Rechtsprechung des BVerfG kommt es bei der Frage nach der Rechtmäßigkeit einer Vollstreckungsmaßnahme nicht (mehr) auf die Rechtmäßigkeit ihrer Grundverfügung an (keine Konnexität zwischen Primär- und Vollstreckungsmaßnahme).[346] Freilich eine andere Frage ist, ob in einem solchen Fall der Zwang nicht unverhältnismäßig ist. Das gilt zumindest dann, wenn die Rechtswidrigkeit der Grundverfügung für die Polizei erkennbar ist. Vgl. dazu Rn 346, 906. **414**

b. Kurzfristige Platzverweisung

Durch eine „einfache" oder „kurzfristige" **Platzverweisung**[347] wird eine Person **vorübergehend eines Ortes verwiesen** oder ihr wird **vorübergehend das Betreten eines Ortes verboten**. **415**

Aufgrund der beschriebenen Rechtsfolge greift die Maßnahme in Art. 2 II S. 2, Art. 104 I GG ein.[348] Denn die Freiheit der Person schützt trotz ihres weiten Wortlauts („Freiheit") die *körperliche Bewegungsfreiheit*. Damit ist das Recht gemeint, **jeden beliebigen Ort aufzusuchen oder ihn zu verlassen**.[349] Eine Platzverweisung stellt daher in doppelter Hinsicht einen Eingriff dar; zum einen, weil der Betroffene zunächst verpflichtet wird, den Ort – wenn auch nur vorübergehend – zu verlassen, und zum **416**

---

[346] Die Grundverfügung muss nur wirksam sein; vgl. BVerfG NVwZ 1999, 290, 292; OVG Münster NVwZ 2001, 231; *Schenke*, POR, Rn 540; *Werner*, JA 2000, 902, 904; a.A. *Knemeyer*, POR, Rn 358.

[347] Vgl. zum vorübergehenden Platzverweis § 12 MEPolG; Bund: § 38 BundesPolG; BW: § 27a PolG; Bay: Art. 16 PAG; Berl: § 29 I ASOG; Brand: § 16 I PolG; Brem: § 14 I PolG; Hamb: § 12a SOG; Hess: § 31 I SOG; MeckVor: § 52 I SOG; Nds: § 17 I SOG; NRW: § 34 I PolG; RhlPfl: § 13 I POG; Saar: § 12 I PolG; Sachs: § 21 I PolG; SachsAnh: § 36 I SOG; SchlHolst: § 201 I LVwG; Thür: Art. 18 I PAG.

[348] Die gelegentlich genannte Freizügigkeit aus Art. 11 I GG ist nach der hier vertretenen Auffassung nicht einschlägig (dazu *R. Schmidt*, Grundrechte, Rn 754). Sie kommt aber bei längerfristigen Maßnahmen in Betracht, dazu sogleich, Rn 417, 429 ff. und 435 ff.

[349] BVerfGE 94, 166, 198; *Kunig*, in: v. Münch/Kunig, GG, Art. 2 Rn 74.

anderen, weil er daran gehindert wird, (vorläufig) den Ort aufzusuchen bzw. an ihn zurückzukehren.[350]

417 Nach den Bestimmungen der Polizeigesetze darf die „einfache" Platzverweisung nur ergehen, um die betreffende(n) Person(en) **vorübergehend** vom Ort fernzuhalten.[351] Abzugrenzen ist die Platzverweisung daher zunächst vom **längerfristigen Betretungs- und Aufenthaltsverbot** (auch „erweiterte" Platzverweisung genannt), das aufgrund seiner Längerfristigkeit die Freiheit beschränkt, an jedem Ort Wohnsitz oder Aufenthalt zu nehmen, und damit in die **Freizügigkeit des Art. 11 GG** eingreift. Vgl. dazu Rn 429 ff. und 435 ff.

418 Des Weiteren ist die Platzverweisung von anderen Vorschriften mit derselben Zielrichtung abzugrenzen, insbesondere von denen des VersG. Platzverweisung und **Aufforderung, den Ort nach der Auflösung einer Versammlung zu verlassen** (§§ 13 II, 18 I VersG), sind verschiedene Maßnahmen; ein Konkurrenzverhältnis besteht insoweit nicht. Eine Spezialvorschrift stellt auch § 8 S. 2 Nr. 1 JuSchG dar.

419 Abzugrenzen ist die Platzverweisung auch von der **Wohnungsverweisung** und vom diesbezüglichen **Rückkehrverbot zum Schutz vor häuslicher Gewalt**. Vgl. dazu Rn 432 ff.[352]

420 Geht es um die Sicherung von **Rettungseinsätzen** und stützt sich die Platzverweisung auf **§ 38 I StVO** (Martinshorn und Blaulicht, um Verkehrsteilnehmer zu bewegen, Platz zu machen[353]), ist für die polizeigesetzliche Vorschrift über die Platzverweisung kein Raum (vgl. dazu das Beispiel bei Rn 55). Geht es aber um Sicherung von Rettungseinsätzen außerhalb des Anwendungsbereichs des § 38 I StVO, ist wiederum die polizeigesetzliche Befugnisnorm anwendbar.

aa. Formelle Rechtmäßigkeit

421 Da die **Platzverweisung** (aber auch das **längerfristige Betretungs- und Aufenthaltsverbot**) die verbindliche Anordnung treffen, sich zu entfernen bzw. dem Ort fernzubleiben, stellen sie **Verwaltungsakte** dar. Hinsichtlich der formellen Rechtmäßigkeit gelten daher die allgemeinen Voraussetzungen, die für alle Verwaltungsakte gelten (Zuständigkeit, Verfahren und Form, siehe Rn 607 ff.). Insbesondere können sie grundsätzlich auch **mündlich** ergehen. Für diesen Fall wird man aber jedenfalls beim längerfristigen Betretungs- und Aufenthaltsverbot eine schriftliche Bestätigung oder zumindest eine polizeiinterne Dokumentationspflicht fordern müssen, um eine spätere gerichtliche Nachvollziehbarkeit zu ermöglichen. Sofern Hinweis- und Informationspflichten gegenüber der gefährdeten Person bestehen, berühren Verstöße nicht die Rechtmäßigkeit der Maßnahme (§ 45 VwVfG) bzw. lassen den (gerichtlichen) Aufhebungsanspruch entfallen (§ 46 VwVfG).

---

[350] Vgl. bereits *R. Schmidt*, BesVerwR, 4. Aufl. 2000, S. 89. Wie hier nun auch *Pieroth/Schlink/Kniesel*, POR, § 16 Rn 4; a.A. VGH München NVwZ 2000, 454, 455 f. (Eingriff nur in Art. 2 I GG). Nach *Hetzer*, JR 2000, 1, liegt trotz der Kurzfristigkeit ein Eingriff in Art. 11 GG vor.

[351] Vgl. dazu auch VGH Kassel NVwZ 2003, 1392; VGH München NVwZ 2001, 1291; OVG Münster NVwZ 2001, 459; *Nolte*, NVwZ 2001, 147, 152; *Cremer*, NVwZ 2001, 1218, 1219 f.; *Hecker*, NVwZ 2003, 1334 ff.

[352] Dass *„einfache" Platzverweisung, Betretungs- und Aufenthaltsverbot* sowie *Wohnungsverweisung* unterschiedliche Maßnahmen sind, ist aufgrund der höchst unterschiedlichen Rechtfertigungsvoraussetzungen selbsterklärlich. Überflüssig sind daher die Ausführungen von *Wuttke*, JuS 2005, 779, 780.

[353] Nach § 38 I StVO ist das Einschalten von Blaulicht und Martinshorn im Fall von höchster Eile gestattet, wenn Menschenleben zu retten, schwere gesundheitliche Schäden oder eine Gefahr für die öffentliche Sicherheit oder Ordnung abzuwenden sind. § 38 I StVO dient auch der Gefahrenabwehr (und nicht der Strafverfolgung), sofern auf die genannten Schutzgüter abgestellt wird. Die Zuständigkeit des Polizeivollzugsdienstes für Maßnahmen nach § 38 I StVO ergibt sich wegen Vorliegens einer Gefahr im Verzug aus § 44 II StVO.

bb. Materielle Rechtmäßigkeit

Eine Platzverweisung setzt zwar eine **konkrete Gefahr für die öffentliche Sicherheit** (und Ordnung) voraus, nach den meisten reformierten Polizeigesetzen ist es aber **nicht** mehr erforderlich, dass der Adressat für die Gefahr **verantwortlich** ist. *Jeder* kann demnach Adressat einer Platzverweisung sein. Die Voraussetzungen über die Verantwortlichen brauchen in diesen Fällen nicht vorzuliegen. Daher ist z.B. eine Platzverweisung gegen einen Journalisten möglich, der ein Gebäude nicht verlassen will, obwohl eine Bombendrohung vorliegt und die Polizei das Gebäude räumen möchte. In der Praxis wichtig sind auch Fälle, in denen sich die Platzverweisung gegen eine Menschenmenge richtet, aus der die konkrete Gefahr lediglich von einzelnen Personen ausgeht. 422

Beispiel: Die Polizei bekommt an einem Samstagabend um 22 Uhr eine anonyme telefonische Bombendrohung bezüglich einer in der Innenstadt gelegenen Diskothek. Da in der jüngsten Vergangenheit bereits des Öfteren Bombenanschläge verübt wurden, die offenbar terroristisch motiviert waren, lässt der Einsatzleiter der Polizei die Diskothek räumen und von Spezialisten durchsuchen. Eine Bombe wird jedoch nicht gefunden. Nach der Durchsuchung können die Gäste die Diskothek wieder betreten. War die Räumung rechtmäßig?

Zunächst müsste eine Rechtsgrundlage vorgelegen haben. In Betracht kommt die präventivpolizeiliche Standardmaßnahme *Platzverweisung* (etwa gem. § 12a HambSOG). Auch die Räumung eines Lokals oder einer Diskothek bei einer Bombendrohung ist eine Platzverweisung i.S.d. allgemeinen Polizeirechts, da weder im GastG noch im VersG noch in den Katastrophenschutzgesetzen der Länder spezialgesetzliche Rechtsgrundlagen zu finden sind. Bezüglich der formellen Rechtmäßigkeit der Räumung bestehen keine Bedenken. Der Polizeivollzugsdienst ist zuständig bei Gefahr im Verzug. Form und Verfahrensfehler liegen ebenfalls nicht vor. Insbesondere war eine vorherige Anhörung gem. § 28 II Nr. 1 VwVfG entbehrlich.
Fraglich ist aber die materielle Rechtmäßigkeit. Zunächst muss eine Gefahr für die öffentliche Sicherheit vorgelegen haben. Zur öffentlichen Sicherheit gehören insbesondere Leben und Gesundheit aller sich in der Nähe aufhaltenden Personen. Gefahr ist eine Sachlage, bei der im einzelnen Fall die hinreichende Wahrscheinlichkeit des Eintritts eines Schadens besteht (vgl. nur die Legaldefinition bspw. in § 2 Nr. 3a BremPolG). Vorliegend bestand jedoch objektiv keine Gefahrenlage, da keine Bombe vorhanden war. Da bei der Beurteilung der Gefahrenlage aber auf die objektive Ex-ante-Sicht des handelnden Polizeibeamten abzustellen ist und vorliegend wegen der Hochwertigkeit des zu schützenden Rechtsguts keine allzu hohen Anforderungen an die Wahrscheinlichkeit des Schadenseintritts zu stellen sind, ist von einer der objektiven Gefahrenlage gleichzustellenden *Anscheinsgefahr* [354] auszugehen. Fraglich ist allerdings, wie es sich auswirkt, dass die Gäste nicht verantwortlich waren für die Gefahrensituation. Grundsätzlich sind Maßnahmen nur gegen Verantwortliche zu richten; anderenfalls ist der Grundrechtseingriff grundsätzlich nicht rechtfertigungsfähig. Allerdings setzen die meisten polizeigesetzlichen Vorschriften über die Platzverweisung als Adressaten keine Störer voraus. Nach diesen Vorschriften darf die Polizei *jede* Person des Platzes verweisen, soweit dies zur Abwehr einer Gefahr erforderlich ist. Da die Bombendrohung auch ernst zu nehmen war, war die Räumung auch erforderlich und damit insgesamt rechtmäßig.

Anmerkung: Wie das Beispiel gezeigt hat, waren einzige (Tatbestands-)Voraussetzungen der Platzverweisung das Vorliegen einer (Anscheins-)Gefahr für ein Schutzgut der öffentlichen Sicherheit sowie die Erforderlichkeit der Maßnahme. Selbstverständlich müssen aber auch die (übrigen) Aspekte des Verhältnismäßigkeitsgrundsatzes sowie die Ermessensgrenzen beachtet werden. Sollte sich der Fall in einem Bundesland

[354] Zur Anscheinsgefahr vgl. Rn 681 ff.

abspielen, dessen Polizeigesetz die Störereigenschaft des oder der Adressaten fordert, ist auf die Figur des Nichtstörers (dazu Rn 826 ff.) einzugehen.

cc. Durchsetzung mit Mitteln des Zwangs

423 In der Praxis häufig ergänzt wird die Platzverweisung durch die Vorschrift über die Ingewahrsamnahme, welche die Ingewahrsamnahme „zur Durchsetzung einer Platzverweisung" zulässt (sog. **Durchsetzungsgewahrsam** – vgl. dazu ausführlich Rn 468 ff.). Muss die Polizei hierfür jedoch körperliche Gewalt anwenden, ist dies juristisch als **unmittelbarer Zwang** zu bezeichnen und nicht mehr von der Befugnisnorm über die Ingewahrsamnahme gedeckt. Vielmehr sind die besonderen Eingriffsvoraussetzungen des LandesVwVG und der Zwangsvorschriften des Polizeigesetzes zu beachten. Das betrifft insbesondere die zwangsweise Räumung eines Veranstaltungsortes. Auch wenn die zwangsweise Durchsetzung des Platzverweises in dem kurzfristigen **Verbringen** von Personen zur polizeilichen **Dienststelle** liegt, handelt es sich *nicht* etwa um eine Ingewahrsamnahme, sondern ebenfalls um eine Maßnahme des unmittelbaren Zwangs zur Durchsetzung des Platzverweises. **Rechtsgrundlage** ist in beiden Fällen daher die Vorschrift über den unmittelbaren Zwang, nicht die über den Platzverweis oder die Ingewahrsamnahme.

424 Bei der kurzfristigen zwangsweisen Verbringung zur Dienststelle handelt es sich lediglich um eine **Freiheitsbeschränkung** i.S.v. Art. 104 I GG.[355] Folge ist, dass es keiner vorherigen richterlichen Entscheidung bedarf, da der Richtervorbehalt nur für Art. 104 II GG gilt (vgl. dazu Rn 404 und 413).

dd. Rechtsschutz

425 Hinsichtlich des **Rechtsschutzes** ist zwischen der Platzverweisung und der Vollstreckungsmaßnahme zu unterscheiden:

426 Da die Platzverweisung eine verbindliche Anordnung trifft, stellt sie einen **Verwaltungsakt** dar. Der von der Platzverweisung Betroffene kann daher **Anfechtungsklage** bzw. (da sich der Platzverweis regelmäßig bereits erledigt haben wird) **Fortsetzungsfeststellungsklage** analog § 113 I S. 4 VwGO erheben.

427 Sollte die Konstellation vorliegen, dass der Eigentümer eines widerrechtlich besetzten Platzes die Ordnungsbehörde auffordert, einen Platzverweis auszusprechen, und sollte diese sich weigern, der Aufforderung nachzukommen, wäre die **Verpflichtungsklage** bzw. der Antrag auf Erlass einer **einstweiligen Anordnung** statthaft. Die Behörde wäre allerdings nur dann zum Einschreiten verpflichtet, wenn ein Platzverweis rechtmäßig wäre und eine Ermessensreduzierung auf Null vorläge. Das wiederum wäre nur dann der Fall, wenn eine Gefahr für ein bedeutendes Rechtsgut bestünde und sich der Eigentümer nicht mit zivilrechtlichen Mitteln zu helfen vermag.

428 Die Anwendung unmittelbaren Zwangs im gestreckten Verwaltungsvollstreckungsverfahren ist (wie die Ersatzvornahme) nach wohl h.M. ein **Realakt**, weil sie ein tatsächliches Moment aufweise.[356] Nach regelmäßig erfolgtem Vollzug („Erledigung") wäre insofern ein in einer **allgemeinen Leistungsklage** eingebetteter Folgenbeseitigungsanspruch zu prüfen. Aber auch eine allgemeine Feststellungsklage kommt in Betracht. Geht man dagegen davon aus, dass die Zwangsmaßnahme zugleich die kon-

---

355 BGHZ 82, 261; BVerwG NVwZ 1990, 69; BayObLG DVBl 1983, 1069 ff.

356 *Kopp/Schenke*, VwGO, Anh § 42 Rn 33; *Kopp/Ramsauer*, VwVfG, § 35 Rn 67; *Schenke*, POR, Rn 572 ff.; *Erichsen/Rauschenberg*, Jura 1998, 31, 40; *Schoch*, JuS 1995, 307, 311; unklar, aber wohl ebenfalls von einem Realakt ausgehend *Knemeyer*, POR, Rn 364.

kludente Verfügung enthält, die Maßnahme zu dulden[357], liegt ein **Verwaltungsakt** vor, der (bei eingetretener Erledigung) mit der **Fortsetzungsfeststellungsklage** analog § 113 I S. 4 VwGO anzugreifen ist.

Zur **gutachtlichen Prüfung** der zwangsweisen Durchsetzung der Platzverweisung (separate Anfechtung von Grundverfügung und Vollstreckungsmaßnahme) vgl. die Ausführungen zur Verwaltungsvollstreckung (Rn 902 ff.). Im Prinzip gilt dasselbe wie für die Sicherstellung und die Identitätsfeststellung.

c. Betretungs- und Aufenthaltsverbote

Da die „einfache" Platzverweisung nur ergehen darf, um die betreffende(n) Person(en) **vorübergehend** vom Ort fernzuhalten, kommt sie insbesondere in Betracht, wenn Amtshandlungen, Feuerwehr- oder (sonstige) Rettungseinsätze gesichert werden sollen. Auch im obigen Beispiel von Rn 422 wurden die Gäste nur vorübergehend des Platzes verwiesen, denn nach der Feststellung, dass keine Bombe vorhanden war, konnten sie die Diskothek wieder betreten. Geht es jedoch darum, den oder die Betroffenen **längerfristig** (u.U. für **mehrere Monate**) des Ortes zu verweisen bzw. von dem Ort fernzuhalten (**„Betretungs- und Aufenthaltsverbot"**)[358], ist die Standardmaßnahme *vorübergehende Platzverweisung* sowohl in zeitlicher als auch räumlicher Hinsicht unzulänglich. Um den Begriff „vorübergehend" nicht überzustrapazieren, wird man bei Beschränkungen, die **länger als 24 Stunden** dauern, wohl nicht mehr von einem *vorübergehenden Platzverweis* sprechen können, sondern bereits ein *Aufenthaltsverbot* annehmen müssen. Bis 1996 blieb deshalb in sämtlichen Bundesländern mangels einschlägiger Spezialermächtigung allein der Rückgriff auf die **Befugnisgeneralklausel**, wonach die Ordnungsbehörden die notwendigen Maßnahmen treffen, um Gefahren für die öffentliche Sicherheit (und Ordnung) abzuwenden. Auch das OVG Bremen teilte diese Auffassung. Das Aufkommen der Drogenszene habe eine komplexe Gefahrenlage geschaffen, deren Bekämpfung neue Maßnahmen erfordere. Dazu gehöre auch ein längerfristiges Betretungs- und Aufenthaltsverbot. Allerdings könnten bei längerfristigen Gefahrenlagen die zu treffenden Maßnahmen nicht mehr auf § 14 BremPolG (= § 14 I BremPolG n.F.) gestützt werden, da diese Vorschrift von einer *vorübergehenden* Platzverweisung spreche. Daher sei die **Befugnisgeneralklausel** heranzuziehen, der eine Auffangfunktion zukomme. Die herkömmliche Platzverweisung stelle auch keine abschließende Regelung dar, da es sich bei dem Aufenthaltsverbot um eine qualitativ andere Maßnahme handele. Deshalb sei der Rückgriff auf die Befugnisgeneralklausel auch nicht gesperrt.[359] **429**

Fraglich ist, ob dieser Auffassung gefolgt werden kann. Zunächst ist zuzugeben, dass die Standardmaßnahme *vorübergehende Platzverweisung* längerfristige Aufenthaltsverbote nicht abdeckt. Ob damit aber ein Rückgriff auf die Befugnisgeneralklausel zulässig ist, muss bezweifelt werden. Nach der hier vertretenen Auffassung genügt der allgemeine Vorbehalt der öffentlichen Sicherheit, wie er in der Befugnisgeneralklausel vorausgesetzt wird, dem qualifizierten Gesetzesvorbehalt des Art. 11 II GG nicht. Mit **430**

---

[357] So BVerwGE 26, 161, 164 (Schwabinger Krawalle); *Hufen*, VerwProzR, § 14 Rn 23.

[358] Betretungs- und Aufenthaltsverbote können erforderlich werden, um im Rahmen der Bekämpfung des illegalen Drogenhandels und der „offenen Drogenszene" Personen, die bereits mehrfach als Drogenhändler in Erscheinung getreten sind, das Betreten bestimmter Örtlichkeiten zu verbieten, um sie damit von den bekannten Umschlagplätzen und potentiellen Kunden fernzuhalten (vgl. VGH Mannheim NVwZ-RR 1998, 428; OVG Münster NVwZ 2001, 459 u. NVwZ-RR 1998, 155). Gleiches gilt hinsichtlich gewalttätiger Teilnehmer von „Chaostagen" und der „Punk-Szene", um Ausschreitungen zu vermeiden (vgl. OVG Bremen NVwZ 1999, 314 und *Göddeke*, NVwZ 2001, 1232, 1233) oder von „Hütchenspielern", die den Tatbestand des Betrugs verwirklichten (vgl. VGH Kassel NVwZ 2003, 1392).

[359] OVG Bremen NVwZ 1999, 314, 315 f. (anders noch VG Bremen, Beschl. v. 2.8.1996 – 2 V 86/96 (kurzfristiger Platzverweis auch bei 4 Tagen); vgl. auch OVG Münster NVwZ 2001, 459.

der besonderen tatbestandlichen Ausdifferenzierung des qualifizierten Gesetzesvorbehalts in Art. 11 II GG soll gerade vermieden werden, dass eine generalklauselartige Ermächtigung zur Beschränkung der Freizügigkeit erfolgt.[360] Auch aus systematischen Gründen ist es wenig überzeugend, in dem Fall, in dem die Tatbestandsvoraussetzungen einer gesetzlich vorgesehenen speziellen Eingriffsermächtigung nicht vorliegen, auf die weitergehende Befugnisgeneralklausel zurückzugreifen. Verneint man daher die Möglichkeit eines solchen Rückgriffs, liegt bei einem längerfristigen Aufenthaltsverbot ein **Verstoß gegen den Vorrang des Gesetzes** (der Verstoß liegt dann in der Missachtung des abschließenden Charakters der Standardmaßnahme *vorübergehende Platzverweisung*) und **gegen den Parlamentsvorbehalt/Vorbehalt des Gesetzes** (der Verstoß liegt dann in der fehlenden Rechtsgrundlage für den Eingriff in Art. 11 GG) vor. Zudem darf bezweifelt werden, ob die Befugnisgeneralklausel hinsichtlich längerfristiger Aufenthaltsverbote überhaupt dem **Bestimmtheitsgrundsatz** genügt. Deshalb kommt nach der hier vertretenen Auffassung auch eine einschränkende Auslegung der Befugnisgeneralklausel nicht in Betracht.[361] In Übereinstimmung mit der Rechtsauffassung des VG Bremen fehlte es zum damaligen Zeitpunkt bei längerfristigen Aufenthaltsverboten mithin an einer Eingriffsermächtigung. Längerfristige Aufenthaltsverbote waren daher rechtswidrig.

431 Diese Problematik haben denn auch einige Reformgesetzgeber erkannt und im Zuge der Novellierungen ihre Polizeigesetze jeweils eine Ergänzung eingefügt, welche (längerfristige) **„Betretungs- und Aufenthaltsverbote"** ermöglicht.[362] Mit einer entsprechenden Ergänzung der Vorschriften über die einschränkbaren Grundrechte wurde noch dazu das Zitiergebot des Art. 19 I S. 2 GG beachtet. Dies ist – auch wenn **Art. 73 I Nr. 3 GG** bestimmt, dass ausschließlich der *Bund* die Freizügigkeit regelt[363] – aus rechtsstaatlicher Sicht zu begrüßen; immerhin machen die Länder dem Bund ja nicht dessen Kompetenz zur Regelung der Freizügigkeit (dazu Rn 435) streitig, sondern verfolgen ausschließlich gefahrenabwehrrechtliche Ziele.

431a **Materiellrechtlich** verlangen die Befugnisnormen **Tatsachen, die die Annahme rechtfertigen, dass eine Person in einem bestimmten örtlichen Bereich eine Straftat begehen wird**. Ist das der Fall, kann ihr für eine bestimmte Zeit verboten werden, diesen Bereich **zu betreten** oder sich dort **aufzuhalten**. Voraussetzungen für dieses sog. Betretungs- und Aufenthaltsverbot (auch **„erweiterter" Platzverweis** genannt, siehe Rn 417) sind also zum einen die gesicherte Feststellung bestimmter Tatsachen und zum anderen die hieraus ableitbare, hinreichend wahrscheinliche Schlussfolgerung, dass eine Person in einem bestimmten örtlichen Bereich eine Straftat begehen wird. Die Annahme, dass eine Person eine Straftat begehen wird, darf sich allerdings nicht lediglich auf allgemeine Erfahrungssätze, vage Vermutungen oder unzureichende Anhaltspunkte begründen. Erforderlich ist vielmehr eine auf eine ganz konkrete und auf tatsächliche Anhaltspunkte beruhende Prognose, dass von der Person mit hinreichender Wahrscheinlichkeit die Begehung einer Straftat in einem bestimmten örtlichen Bereich zu erwarten ist und mit einem längerfristigen Betretungs- und Aufenthaltsverbot verhindert werden kann. Dabei ist grundsätzlich auf die konkrete Person und ihr (bisheriges) Verhalten abzustellen. Anhaltspunkte für die Begehung einer Straftat liegen z.B. vor, wenn

---

[360] So das dem Urteil des OVG vorangegangene Urteil des VG Bremen v. 29.5.1997 – 2 A 149/96. Dem sich anschließend VGH Kassel NVwZ 2003, 1392 (mit Bespr. von *Hecker*, NVwZ 2003, 1334 ff.).
[361] Wie hier VGH Kassel NVwZ 2003, 1392; *Hecker*, NVwZ 2003, 1334, 1335 f.; *ders.*, NVwZ 1999, 261, 262; *Cremer*, NVwZ 2001, 1218, 1219 f.; *Schenke*, POR, Rn 134.
[362] Vgl. Berl: § 29 II ASOG; Brand: § 16 II PolG; Brem: § 14 II PolG; Hamb: § 12b II SOG; Hess: § 31 III SOG; MeckVor: § 52 III SOG; Nds: § 17 IV SOG; NRW: § 34 II PolG; RhlPfl: § 13 III POG; Saar: § 12 III PolG; Sachs: § 21 II PolG; SachsAnh: § 36 II SOG; SchlHolst: § 201 II LVwG; Thür: Art. 18 II PAG.
[363] Vgl. dazu auch Rn 435.

- die fragliche Person die Begehung der Tat angekündigt oder dazu aufgefordert hat oder Transparente oder sonstige Gegenstände mit einer solchen Aufforderung mit sich führt (dies gilt auch für Flugblätter solchen Inhalts, soweit sie in einer Menge mitgeführt werden, die zur Verteilung geeignet sind),
- bei ihr Waffen, Werkzeuge oder sonstige Gegenstände aufgefunden werden, die ersichtlich zur Tatbegehung bestimmt sind oder erfahrungsgemäß bei derartigen Taten verwendet werden, oder ihre Begleitperson solche Gegenstände mit sich führt und sie den Umständen nach hiervon Kenntnis haben musste, oder
- sie bereits in der Vergangenheit mehrfach aus vergleichbarem Anlass bei der Begehung von Straftaten als Störer betroffen worden ist und nach den Umständen eine Wiederholung dieser Verhaltensweise zu erwarten ist (vgl. dazu das Beispiel bei Rn 431d).

Darüber hinaus ist die Gesamtsituation, wenn z.B. andere Personen in dem örtlichen Bereich bereits Straftaten begangen haben oder dies unmittelbar bevorsteht, bei der Prognose zu berücksichtigen, da in solchen Fällen die Wahrscheinlichkeit groß ist, dass auch die einzelne, hinzutretende Person eine Straftat begehen wird. Dies entspricht dem Grundsatz, dass mit zunehmender Gefährdungsintensität und zunächst ungeklärter Gefahrensituation an die Prognosegenauigkeit geringere Anforderungen zu stellen sind. **431b**

Der in den Befugnisnormen genannte örtliche Bereich bezieht – anders als der beim vorübergehenden Platzverweis genannte Ort – auch das **gesamte Gemeindegebiet** mit ein. Zu beachten ist jedoch, dass ein Aufenthaltsverbot in keinem Fall für einen örtlichen Bereich ausgesprochen werden darf, in dem die betroffene Person ihre **Wohnung** hat. Dasselbe gilt, wenn die Person aus einem **vergleichbar wichtigen Grund auf das Betreten des Bereichs angewiesen ist**, was z.B. angenommen werden sollte, wenn sie dort ihre berufliche Tätigkeit ausüben oder einen Familienangehörigen pflegen muss. Die gegenteilige Annahme wäre unverhältnismäßig. Daher muss als „Wohnung" auch die Nebenwohnung nach dem Landesmeldegesetz gelten. Auf die Erfassung der Wohnung im Melderegister kann es dabei nicht ankommen. Denn der Nachweis der Wohnung kann auch auf andere Weise erbracht werden. **431c**

Positive Voraussetzung für ein Betretungs- und Aufenthaltsverbot ist, dass Tatsachen die Annahme rechtfertigen, dass die erwartete Straftat ***gerade*** **und** ***nur*** **in dem örtlichen Bereich begangen wird**, für den das Betretungs- und Aufenthaltsverbot erteilt wird. Dies ist nicht der Fall, wenn sich diese Person nur „bei Gelegenheit" ihres Aufenthalts strafbar machen würde. Insoweit ist ein Betretungs- und Aufenthaltsverbot z.B. nicht zulässig in Bezug auf Nichtsesshafte, denen unterstellt wird, sie würden Ladendiebstähle begehen, weil dies auch an jedem anderen Ort geschehen könnte. Anders ist die Situation bei Drogendealern bzw. einer Drogenszene zu beurteilen, die sich in bestimmten Gemeindebereichen etabliert haben. **431d**

Beispiel: Die Polizei verfügt über gesicherte Erkenntnisse, dass eine bestimmte Person als Drogendealer in einer offenen Rauschgiftszene in einem bestimmten Stadtgebiet in Erscheinung getreten ist. Nachdem sich die Polizei versichert hat, dass die Person weder in dem betreffenden Stadtgebiet wohnt noch dort einer beruflichen Tätigkeit nachgeht (der Drogenhandel ist selbstverständlich kein Beruf i.S.d. Art. 12 I S. 1 GG, auch wenn er der Schaffung und Erhaltung der Lebensgrundlage dient), erteilt sie ihr daher für 6 Monate ein Betretungsverbot für das betreffende Stadtgebiet.

Stützt sich die Polizei auf die Erfahrungen mit der Drogenszene, die zeigen, dass (weitere) strafbare Handlungen im selben örtlichen Bereich hinreichend wahrscheinlich sind, ist das Betretungsverbot nicht zu beanstanden. Denn auch nach der Rspr. des VG und des OVG Bremen stellt eine offene Drogenszene als kollektives Geschehen eine Störung der öffentlichen Sicherheit dar, sodass ein Aufenthaltsverbot gegenüber Personen, die in zurechenbarer Weise nachhaltig zur Verfestigung dieser Drogenszene beitragen, gerechtfertigt ist.[364] Ob allerdings die Dauer von 6 Monaten erforderlich ist, ist eine Frage des Einzelfalls (dazu sogleich Rn 431a).

431e Das Betretungs- bzw. Aufenthaltsverbot ist nicht nur räumlich, sondern auch **zeitlich** zu **beschränken**. Hierbei bestehen gewisse Unterschiede zwischen den Polizeigesetzen. Anders als z.B. der hessische Gesetzgeber (vgl. § 31 III S. 3 HessSOG: max. 3 Monate) hat es z.B. der bremische Gesetzgeber unterlassen, eine höchstzulässige Dauer vorzugeben. Er hat lediglich formuliert, dass das Betretungs- bzw. Aufenthaltsverbot „auf den zur Verhütung der Straftat erforderlichen Umfang zu beschränken" sei. Wann der zur Verhütung der Straftat erforderliche Zeitrahmen im Einzelfall erschöpft ist, muss im Streitfall daher der Richter entscheiden. Immerhin hat dieser sich an der Erforderlichkeit zu orientieren. Hierin liegt eine spezifische Ausprägung des allgemein geltenden Grundsatzes der Verhältnismäßigkeit, der bei einer so schwerwiegenden Maßnahme wie dem Betretungs- und Aufenthaltsverbot in besonderer Weise zu beachten ist. Danach dürften zwar mehrmonatige Betretungs- und Aufenthaltsverbote für Angehörige der „Drogenszene" nicht von vornherein unzulässig sein, aber auch hier ist die räumliche und zeitliche Reichweite der Maßnahme im Einzelfall (Wiederholungsfall, Gewichtigkeit des Verstoßes gegen das BtMG, Notwendigkeit des Aufsuchens von sozialen Einrichtungen in diesem örtlichen Bereich) zu prüfen. Nach der Rspr.[365] sollen Betretungs- und Aufenthaltsverbote für ein gesamtes Stadtgebiet für einen Zeitraum von 6 Monaten, bei bestimmten näher umrissenen Stadtteilen von bis zu 12 Monaten zulässig sein, was nach der hier vertretenen Auffassung den Grundsatz der Verhältnismäßigkeit überstrapaziert. Nicht ohne Grund hat der hessische Gesetzgeber in § 31 III S. 3 HessSOG das Aufenthaltsverbot auf maximal 3 Monate begrenzt.

431f Sofern das Polizeigesetz formuliert, dass „die Vorschriften des Versammlungsrechts unberührt bleiben", ist dieser Hinweis lediglich deklaratorisch, weil die Polizeigesetze ohnehin nicht die Spezialvorschriften des Versammlungsgesetzes tangieren können.[366] Daher wäre z.B. ein Betretungsverbot auf der Grundlage des Polizeigesetzes rechtswidrig, wenn es sich gegen Personen richtete, die sich auf der Anreise zu einer von Art. 8 I GG geschützten Versammlung befänden.[367]

d. Wohnungsverweisung und Rückkehrverbot zum Schutz vor häuslicher Gewalt

432 In den meisten Polizeigesetzen ist die Standardmaßnahme Platzverweisung um die Variante **Wohnungsverweisung und Rückkehrverbot zum Schutz vor häuslicher Gewalt** erweitert worden. Danach ist der Polizei die Möglichkeit eröffnet, eine gewalttätige Person zur Abwehr einer von ihr ausgehenden gegenwärtigen Gefahr für Leib, Leben oder Freiheit einer anderen Person aus einer Wohnung, in der die gefährdete Person wohnt, sowie aus deren unmittelbarer Umgebung **zu verweisen** und ihr (mit zeitlich begrenzter Wirkung) **die Rückkehr in diesen Bereich zu untersagen**.[368] Der Störer und Adressat der polizeilichen Anordnung darf (lediglich) dringend benötig-

---

[364] VG Bremen 29.5.1997 - 2 A 149/96; OVG Bremen NVwZ 1999, 314, 315 f.

[365] VGH Kassel NVwZ 2003, 1392; VGH München NVwZ 2001, 1291; OVG Münster NVwZ 2001, 459.

[366] Zur „Polizeifestigkeit" des Versammlungsrechts vgl. Rn 1035 ff. und 1102 f.

[367] Zum Problem der „Vorfeldmaßnahmen" vgl. Rn 1038 f. und 1101 ff.

[368] Vgl. z.B. BW: § 27a III PolG; Berl: § 29a ASOG; Brand: § 16a PolG; Brem: § 14a PolG; Hamb: § 12b II SOG; Hess: § 31 II SOG; MeckVor: § 52 II SOG; Nds: § 17 II SOG; NRW: § 34a PolG; RhlPfl: § 13 II POG; Saarl: § 12 II PolG; Sachs: § 21 III PolG; SachsAnh: § 36 III SOG; SchlHolst: § 201a LVwG; Thür: § 18 II PAG. In Bayern wird die Wohnungsverweisung entweder auf die Standardmaßnahme *Platzverweisung* oder auf die Befugnisgeneralklausel gestützt.

te Gegenstände des persönlichen Bedarfs mitnehmen. Er ist verpflichtet, der Polizei unverzüglich eine Anschrift oder eine zustellungsbevollmächtigte Person zu benennen. Oft geht auch ein (auf die Befugnisgeneralklausel gestütztes) Kontaktverbot einher.

433 Zwar sieht bereits das **Gewaltschutzgesetz** des Bundes v. 11.12.2001 ein Betretungs- bzw. Rückkehrverbot bzgl. der gemeinsamen Wohnung vor (vgl. § 1 I S. 1 GewSchG), es macht allerdings die behördliche Maßnahme von einer **richterlichen Entscheidung** abhängig (§ 1 I S. 3 GewSchG). Der landespolizeigesetzlichen Wohnungsverweisung und dem Rückkehrverbot verbleiben daher immer dann ein Anwendungsbereich, wenn eine gerichtliche Anordnung nach § 1 I S. 3 GewSchG noch nicht getroffen wurde bzw. (noch) nicht getroffen werden kann, was in **akuten Gefahrsituationen**, insbesondere in den späten Abend- und Nachtstunden am Wochenende, der Fall sein dürfte.

> **Beispiel:** Es ist Sonntagmorgen 1.45 Uhr, als bei der Polizeiwache ein Anruf eingeht, in dem die Anruferin körperliche Übergriffe ihres wieder einmal angetrunkenen Ehemanns meldet. Dieser ist der Polizei als gewalttätig bekannt und auch schon einschlägig vorbestraft. Nachdem die Polizei vor Ort eingetroffen ist und den Mann befragt, gewinnt sie den Eindruck, dass es in der Nacht zu weiteren körperlichen Übergriffen gegenüber der Ehefrau kommen werde. Daher verweist sie den Mann aus der Wohnung und erteilt ihm ein Rückkehrverbot bis zum Montagmorgen 9.00 Uhr.

434 Mit der Wohnungsverweisung und dem damit verbundenen Rückkehrverbot sind **erhebliche Grundrechtseingriffe** verbunden. Betroffen sind insbesondere das Grundrecht der Freizügigkeit nach Art. 11 I GG, die Gewährleistung des Eigentums nach Art. 14 I S. 1 GG und möglicherweise die Unverletzlichkeit der Wohnung nach Art. 13 I GG sowie die Berufsfreiheit nach Art. 12 I S. 1 GG.

435 Das **Grundrecht der Freizügigkeit** ist betroffen, weil der aus der Wohnung Verwiesene daran gehindert wird, seinen Aufenthalt frei zu bestimmen. Insbesondere schützt Art. 11 I GG auch das Recht, seinen Aufenthalt *innerhalb* des Gemeindegebiets frei zu bestimmen. Das ist mittlerweile nahezu unbestrittene Auffassung.[369] Fraglich ist jedoch, ob die Länder mit Blick auf Art. 73 I Nr. 3 GG überhaupt die Gesetzgebungskompetenz haben, die Freizügigkeit zu regeln. Denn diese Verfassungsbestimmung räumt i.V.m. Art. 71 GG dem Bund die ausschließliche Gesetzkompetenz zur Regelung der Freizügigkeit ein. Die landesrechtlichen Bestimmungen hinsichtlich der Wohnungsverweisung könnten somit kompetenzwidrig und damit verfassungswidrig sein.[370] Dem ist jedoch entgegenzuhalten, dass es den Ländern bei den Wohnungsverweisungen nicht um die Regelung der Freizügigkeit geht, sondern um Gefahrenabwehr, die nach der Konzeption des Grundgesetzes grundsätzlich in die Gesetzgebungskompetenz der Länder fällt. Die Wahrnehmung dieser Kompetenz erführe erhebliche sachliche Friktionen, wenn es den Ländern bspw. durch die Kompetenz des Bundes nach Art. 73 I Nr. 3 GG verwehrt wäre, ein geschlossenes gesetzliches Konzept der Gefahrenabwehr zu etablieren. Der Begriff der Freizügigkeit in Art. 73 I Nr. 3 GG ist daher enger auszulegen als jener in Art. 11 I GG. Getragen wird dieser Standpunkt auch von der Regelung in Art. 11 II GG (sog. Kriminalvorbehalt), der, „um Straftaten vorzubeugen", ausdrücklich von einer Länderkompetenz ausgeht. Folgerichtig hat sich dieser Auffassung,

---

[369] Vgl. nur VGH Mannheim NJW 2005, 88 f.; OVG Münster NJW 2002, 2195; OVG Bremen NVwZ 1999, 314, 315 f.; VG Gelsenkirchen, NWVBl 2002, 361, 362; VG Stuttgart VBlBW 2002, 43; *R. Schmidt*, Grundrechte, Rn 730; *Guckelberger*, JA 2011, 1 f.; *Pieroth/Schlink*, Grundrechte, Rn 794; *Kunig*, in: v. Münch/Kunig, GG, Art. 11 Rn 12; *Schenke*, POR, Rn 135 f.; *Alberts*, NVwZ 1997, 45 ff.; a.A. *Wuttke*, JuS 2005, 779, 781.

[370] So vertreten z.B. von *Pernice*, in: Dreier, GG, Art. 11 Rn 24; *Hecker*, NVwZ 1997, 261, 263; *ders.*, JuS 1998, 575, 576; *Waechter*, NdsVBl 1996, 197, 200 f.

die bereits vom OVG Bremen im Jahre 1998 vertreten wurde[371], nunmehr auch der VGH Mannheim angeschlossen[372].

436 Das **Grundrecht auf Eigentum** (Art. 14 I S. 1 GG) ist betroffen, weil der aus der Wohnung Verwiesene nicht mehr frei über sein Eigentum bzw. sein Besitzrecht verfügen kann. Da die Wohnungsverweisung aber nur vorübergehend wirkt, liegt keine Enteignung (Art. 14 III GG), sondern lediglich eine Inhalts- und Schrankenbestimmung (Art. 14 I S. 2 GG) vor.

437 Ein Eingriff in das **Wohnungsgrundrecht** liegt jedenfalls dann vor, wenn die Polizei die Wohnung *betritt*, weil hierdurch die durch Art. 13 I GG geschützte Privatsphäre beeinträchtigt wird. Da Art. 13 I GG aber weder ein Recht auf Wohnung noch ein Recht auf eine bestimmte Wohnungsnutzung gewährleistet[373], wird man bei der Wohnungsverweisung wohl keinen Eingriff erblicken können.[374]

438 Ob schließlich ein Eingriff in das **Grundrecht der Berufsfreiheit** (Art. 12 I S. 1 GG) vorliegt, hängt davon ab, ob der von der Wohnungsverweisung Betroffene seine **berufliche Tätigkeit** in der Wohnung ausübt. Möglicherweise liegt auch ein Eingriff in das Grundrecht der **Ehe und Familie** (Art. 6 I GG) vor.[375]

Allein die Aufzählung der betroffenen Grundrechte hat gezeigt, dass die Bundesländer gut beraten waren, spezielle „Wohnungsverweisungsrechte" in ihre Polizeigesetze aufzunehmen. Lediglich drei Länder haben bisher keinen Handlungsbedarf gesehen: Bayern, Baden-Württemberg und Thüringen. Sofern vertreten wird, hier die Wohnungsverweisung auf die Befugnisnorm bzgl. der einfachen Platzverweisung – oder, wo sogar diese fehlt wie in Baden-Württemberg – auf die Befugnisgeneralklausel zu stützen[376], ist dies weder mit der **Wesentlichkeitsrechtsprechung** des BVerfG noch mit dem im Demokratieprinzip wurzelnden **Parlamentsvorbehalt** vereinbar.[377] Derart schwerwiegende Grundrechtseingriffe bedürfen einer ausdrücklichen und detaillierten Rechtsgrundlage, die die Reichweite der Befugnis, deren Grenzen sowie verfahrensrechtliche Sicherheitsmechanismen regelt.

aa. Formelle Rechtmäßigkeit

439 Da die **Wohnungsverweisung** und das **Rückkehrverbot** die verbindliche Anordnung treffen, sich zu entfernen bzw. der Wohnung fernzubleiben, stellen sie **Verwaltungsakte** dar. Hinsichtlich der formellen Rechtmäßigkeit gelten daher die allgemeinen Voraussetzungen, die für alle Verwaltungsakte gelten (Zuständigkeit, Verfahren und Form; siehe Rn 607 ff.). Insbesondere können sie grundsätzlich auch **mündlich** ergehen. Für diesen Fall wird man aber eine schriftliche Bestätigung fordern müssen. Jedenfalls besteht eine polizeiinterne Dokumentationspflicht, um eine spätere gerichtliche Nachvollziehbarkeit zu ermöglichen. Die Dokumentation stellt gleichzeitig eine wichtige Grundlage für die richterliche Entscheidungsfindung im Rahmen der Eilentscheidung über die zivilrechtliche Schutzanordnung nach § 2 GewSchG dar.

---

371 OVG Bremen NVwZ 1999, 314, 315 f.
372 VGH Mannheim NVwZ 2005, 88, 89.
373 So ausdrücklich BVerfGE 7, 230, 238; *Jarass*, in: Jarass/Pieroth, GG, Art. 13 Rn 8.
374 A.A. *Guckelberger*, JA 2011, 1, 2.
375 Vgl. dazu *Petersen-Thrö*, SächsVBl 2004, 173, 175 f.; *Storr*, ThürVBl 2005, 97, 99.
376 So *Seiler*, VBlBW 2004, 93 ff.; *Traulsen*, JuS 2004, 414, 416 f.
377 Wie hier *Proske*, VBlBW 2005, 140, 141; *Storr*, ThürVBl 2005, 97, 99; *Wuttke*, JuS 2005, 779, 782. Auch der VGH Mannheim hat sich dieser Auffassung angeschlossen, jedoch für eine Übergangszeit den Rückgriff auf die Befugnisgeneralklausel zugelassen (NVwZ 2005, 88, 89).

bb. Materielle Rechtmäßigkeit

In materieller Hinsicht ist im Rahmen der Krisenintervention vor Ort von den Beamten des Polizeivollzugsdienstes zu fordern, dass sie eine **Gefahrenprognose** für die Zukunft treffen, die die Voraussetzung einer gegenwärtigen Gefahr für eines der in der Befugnisnorm über die Wohnungsverweisung genannten Schutzgüter begründet. Wesentliche Kriterien für die Gefahrenprognose sind insbesondere die gegenwärtige Gefahrensituation, weitere Gewaltandrohungen, wiederholte Gewaltanwendungen in der Vergangenheit, die akuten und ggf. auch früher zugefügten Verletzungen, Aussagen der betroffenen Personen und von Zeugen (Nachbarn, Verwandten, Kindern) sowie Alkoholisierung und damit verbundene wiederholte Gewaltanwendung. In der Regel stellt häusliche Gewalt nicht ein einmaliges Ereignis dar, sondern hat eine lange Vorgeschichte; sie ist ein Seriendelikt mit zunehmender Intensität und kurzfristigen Wiederholungen. Oft ist auch eine Gewaltspirale festzustellen. Dies lässt den Schluss zu, dass sich aktuelle Gewalt mit entsprechender Vorgeschichte auch zukünftig wiederholen wird und dass jederzeit mit neuen gewalttätigen Übergriffen zu rechnen ist. Kommen danach die Beamten zu dem Schluss, den Aggressor aus der Wohnung zu verweisen, ist diese Entscheidung nicht zu beanstanden. **440**

Weitere Ausprägung des Verhältnismäßigkeitsgrundsatzes ist die maximale Frist der Wohnungsverweisung. Sie reicht je nach Bundesland **7** bis **14 Tage**, jeweils mit Verlängerungsmöglichkeit.[378] Auf der einen Seite ist diese Frist lang genug, um das Interesse des Opfers zu gewährleisten, bis zur Erwirkung der zivilgerichtlichen Anordnung vor weiteren Gewaltanwendungen im häuslichen Bereich polizeilich geschützt zu sein. Auf der anderen Seite trägt sie dem Umstand Rechnung, dass die von der Wegweisung betroffene Person in ihren Grundrechten der Freizügigkeit nach Art. 11 I GG und der Gewährleistung des Eigentums nach Art. 14 I S. 1 GG unmittelbar eingeschränkt wird. **441**

Konsequenterweise haben die Gesetzgeber mit der Aufnahme des Wohnungsverweisungsrechts in ihre Polizeigesetze zugleich die Standardmaßnahme *Ingewahrsamnahme* um die Befugnis erweitert, den Gewalttäter in Gewahrsam zu nehmen, „wenn dies zur Durchsetzung der Wohnungsverweisung oder des Rückkehrverbots unerlässlich ist". **442**

Stellt die gefährdete Person innerhalb der o.g. Frist einen Antrag auf zivilrechtlichen Schutz vor Gewalt oder Nachstellungen mit dem Ziel des Erlasses einer einstweiligen Anordnung und wird diesem Antrag stattgegeben (vgl. §§ 49 ff. FamFG), enden die auf Grundlage des Polizeigesetzes erlassenen polizeilichen Maßnahmen mit dem Tag der gerichtlichen Entscheidung. Denn in diesem Fall ist für eine polizeiliche Wohnungsverweisung kein Raum mehr. Etwas anderes kann freilich dann gelten, wenn dem Antrag auf Erlass einer einstweiligen Anordnung nicht stattgegeben wird. Ob dann aber die Gründe für eine polizeiliche Wohnungsverweisung aufrechterhalten werden können, ist zweifelhaft; nicht ohne Grund wurde der Antrag auf Erlass einer einstweiligen Anordnung abgelehnt. Etwas anderes gilt nur dann, wenn man von einer Fehlentscheidung des Gerichts ausgeht. In jedem Fall endet die auf Grundlage des Polizeigesetzes durchgeführte Maßnahme nach Ablauf der im Polizeigesetz genannten Frist. **443**

Nicht geregelt ist der Fall, wenn der von der Wohnungsverweisung Betroffene seine **berufliche Tätigkeit** in der Wohnung ausübt. Der hiermit verbundene Eingriff in Art. **444**

[378] 7 Tage: Sachs: § 21 III PolG; 10 Tage: Brem: § 14a PolG; 14 Tage: Berl: § 29a III ASOG; Hess: § 31 II S. 3 und 4 SOG; MeckVor: § 52 II SOG; RhlPfl: 13 II POG.

12 I S. 1 GG ist jedenfalls nicht deshalb rechtswidrig, weil Art. 12 GG nicht in den Polizeigesetzen zitiert ist, denn Grundrechte mit Ausgestaltungs- bzw. Regelungsvorbehalt sind von der Zitierpflicht ausgenommen. In materieller Hinsicht ist eine Abwägung zu treffen zwischen der körperlichen Integrität des Gewaltopfers und der Berufsfreiheit des Aggressors, die im Ergebnis – zumindest bei kurzfristiger Wohnungsverweisung – wohl zugunsten des Gewaltopfers ausfallen dürfte.

445 Zum Schutz der bedrohten Person wird es regelmäßig auch erforderlich sein, die sog. Wegweisung auf die unmittelbare Umgebung der Wohnung auszudehnen, da anderenfalls die gewalttätige Person nicht wirkungsvoll von der Wohnung ferngehalten werden kann (vgl. § 1 I S. 3 Nr. 2 GewSchG). Hierbei muss jedoch – soweit einschlägig – etwa die Berufstätigkeit der betroffenen Person im selben Haus oder im unmittelbaren Umfeld berücksichtigt werden und zu einer individuell ausgestalteten Wohnungsverweisung führen.

446 Die Polizeigesetze enthalten auch keine Aussage über den zu schützenden Personenkreis; es wird lediglich von „der anderen Person" gesprochen. In Anlehnung an die (wenn auch zeitlich später erlassene) Regelung im Gewaltschutzgesetz ist es nicht erforderlich, dass die zu schützende Person ein eigenes Recht zum Besitz der Wohnung hat, sie insbesondere selbst Mieter oder Eigentümer ist. Die Wohnungsverweisung kann also auch zugunsten einer Person erfolgen, die in einer Wohnung wohnt, ohne ein eigenes Recht daran zu haben (vgl. § 2 II S. 2 GewSchG).

> **Beispiel:** T ist Eigentümer einer selbst genutzten Wohnung; seit einigen Wochen lässt er seine Partnerin O, deren Mietverhältnis gekündigt wurde, bei sich wohnen. Eine mündliche oder gar schriftliche Vereinbarung wird nicht getroffen. Nachdem T die O nun mehrmals körperlich misshandelt hatte und dies auch wieder an einem Sonntagmorgen um 2.30 Uhr der Fall ist, ruft O unter der Notrufnummer 110 um Hilfe. Die eingetroffenen Polizeibeamten verweisen T für 3 Tage aus der Wohnung.
>
> In diesem Fall ist die Wohnungsverweisung gerechtfertigt. Dass die Wohnung ausschließlich im Eigentum des T steht und O ein Besitzrecht auch nicht aus einem Mietvertrag ableiten kann, steht dem nicht entgegen. Die polizeigesetzlichen Befugnisnormen über die Wohnungsverweisung stellen eine rechtmäßige Inhalts- und Schrankenbestimmung des Eigentums dar.

446a Es ist auch nicht erforderlich, dass der Verwiesene in der Wohnung wohnt. Es kommt allein darauf an, dass die zu schützende Person dort wohnt.

> **Beispiel:** T und O sind zwar (noch) verheiratet, leben aber in getrennten Wohnungen. T hatte die O mehrmals in ihrer Wohnung aufgesucht und sie des Öfteren dort körperlich misshandelt. Als dies auch wieder an einem Sonntagmorgen um 2.30 Uhr der Fall ist, ruft O unter der Notrufnummer 110 um Hilfe. Die eingetroffenen Polizeibeamten verweisen T für 3 Tage aus der Wohnung.
>
> Auch in diesem Fall ist die Wohnungsverweisung gerechtfertigt. Dass T nicht in der Wohnung wohnt, ist ausweislich des eindeutigen Wortlauts der Befugnisnorm („aus einer Wohnung, in der die *gefährdete* Person wohnt") unschädlich.

447 Die Regelung, dass der Störer und Adressat der polizeilichen Anordnung **dringend benötigte Gegenstände des persönlichen Bedarfs** mitnehmen darf, trägt ebenfalls der Grundrechtsbeeinträchtigung auf Seiten des von der Maßnahme Betroffenen Rechnung. Während unter „dringend benötigte Gegenstände des persönlichen Bedarfs" z.B. Kleidungsstücke, Utensilien, die der Körperpflege dienen, etc. fallen, bedeutet „Mitnahme", dass die betroffene Person, um weitere Konfrontationen während der Dauer der Wegweisung zu vermeiden, diese Gegenstände unmittelbar im Zusammenhang mit der polizeilichen Verfügung an sich nehmen muss. Da der Pflicht, die Wohnung zu verlassen, i.d.R. rasch Folge zu leisten ist, können in begründeten Ausnahmefällen in Begleitung der Polizei auch nachträglich noch persönliche Gegenstände aus der Wohnung geholt werden.

Sollte sich der Gewalttäter weigern, der Verweisungsanordnung Folge zu leisten, kann die Polizei zur Durchsetzung der Verfügung konsequenterweise **unmittelbaren Zwang** anwenden. In Betracht kommt auch eine **Ingewahrsamnahme.** **448**

e. Ingewahrsamnahme (Festnahme) von Personen

Ingewahrsamnahme[379] ist eine Einschränkung der Bewegungsfreiheit, d.h. die **Hinderung einer Person, sich in jede Richtung bewegen zu können.** **449**

Wie aus der Definition zu entnehmen ist, handelt es sich bei der Ingewahrsamnahme um einen Eingriff in das Grundrecht auf **Freiheit der Person** (Art. 2 II S. 2 GG, Art. 104 I GG), wodurch rechtstechnisch jedenfalls eine **Freiheitsbeschränkung** vorliegt. Besteht der Gewahrsam sogar für eine gewisse Mindestdauer, kann sogar eine **Freiheitsentziehung** i.S.v. Art. 104 II GG (und Art. 5 EMRK) vorliegen.[380] **450**

Der Unterschied zwischen Freiheitsbeschränkung und Freiheitsentziehung besteht darin, dass die **Freiheitsbeschränkung** den Oberbegriff darstellt und bereits bei einer kurzfristigen Behinderung der Fortbewegungsfreiheit vorliegt, bspw. wenn eine betrunkene Person von der Polizei auf eine Parkbank gesetzt und am Weitergehen gehindert wird. Demgegenüber handelt es sich um eine **Freiheitsentziehung**, wenn die körperliche Bewegungsfreiheit für eine gewisse Mindestdauer aufgehoben wird.[381] Freilich ist diese Definition nicht ganz widerspruchsfrei, denn auch beim Verbringen einer Person zur polizeilichen Dienststelle (Sistierung) zwecks Identitätsfeststellung wird deren Bewegungsfreiheit nach jeder Richtung hin und für eine gewisse Mindestdauer auch dann aufgehoben, wenn die Maßnahme nur eine halbe Stunde dauert. Dennoch wird in diesem Fall richtigerweise von einer bloßen Freiheitsbeschränkung ausgegangen.[382] Der Grund hierfür besteht darin, dass lediglich die Freiheitsentziehung, nicht auch die Freiheitsbeschränkung, grundsätzlich einer vorherigen richterlichen Entscheidung bedarf (vgl. Art. 104 II S. 1 GG – siehe dazu Rn 456). Würde man also in einer kurzfristigen Sistierung eine Freiheitsentziehung sehen, wäre stets an die grundsätzlich erforderliche richterliche Entscheidung zu denken.

Hinweis für die Fallbearbeitung: Insbesondere wenn es um eine polizeiliche Ingewahrsamnahme einer Person geht, ist fraglich, ob in der Fallbearbeitung eine Unterscheidung zwischen Freiheitsbeschränkung und Freiheitsentziehung vorgenommen werden muss. Denn wie aufgezeigt, ist die Grenzziehung zwischen Freiheitsentziehung und Freiheitsbeschränkung alles andere als klar. Da Art. 104 II GG aber nur die Freiheitsentziehung (nicht auch die Freiheitsbeschränkung) unter Richtervorbehalt stellt und eine Freiheitsentziehung ohne vorherige richterliche Entscheidung

⇨ nur bis zum Ablauf des der Ingewahrsamnahme folgenden Tages,
⇨ und nur dann zulässt, wenn der mit der Freiheitsentziehung verfolgte verfassungsrechtlich zulässige Zweck nicht anders erreicht werden kann[383],

---

[379] Vgl. § 13 MEPolG; Bund: § 39 BundesPolG; BW: § 28 PolG; Bay: Art. 17 PAG; Berl: § 30 ASOG; Brand: § 17 PolG; Brem: § 15 PolG; Hamb: § 13 SOG; Hess: § 32 SOG; MeckVor: § 55 SOG; Nds: § 18 SOG; NRW: § 35 PolG; RhlPfl: § 14 POG; Saar: § 13 PolG; Sachs: § 22 PolG; SachsAnh: § 37 SOG; SchlHolst: § 204 LVwG; Thür: § 19 PAG.
[380] BVerfGE 105, 239, 248; 94, 166, 198. Vgl. auch BVerfG NVwZ 2011, 743 ff.
[381] BVerfGE 105, 239, 248; 94, 166, 198.
[382] BVerwGE 62, 325, 327 f.; 82, 243, 245; a.A. *Pieroth/Schlink/Kniesel*, POR, § 17 Rn 3.
[383] Vgl. BVerfGE 22, 311, 317 f.

muss in der Fallbearbeitung eine Abgrenzung erfolgen. Sollte hinsichtlich der zu prüfenden Maßnahme eine Freiheitsentziehung angenommen werden, müssen deren Voraussetzungen („Unverzüglichkeit"; zeitliche Höchstgrenzen) zusätzlich zu den Voraussetzungen der polizeilichen Befugnisnorm geprüft werden.

451 Die Sistierung zur Wache ist zwar der Regelfall des Polizeigewahrsams; dieser liegt aber auch bei anderen freiheitsverkürzenden Maßnahmen wie z.B. beim Verbringen zu einer Gefangenensammelstelle, bei Festhalten in einem Polizeifahrzeug oder einem sonst anderen Zwecken dienenden Raum. Das Gleiche gilt im Einzelfall u.U. für die Einschließung von Demonstranten im Freien in Form eines „Polizeikessels".

452 Eine freiheitsentziehende Maßnahme zum Zweck der Gefahrenabwehr kann nicht nur auf die polizeigesetzlichen Befugnisnormen gestützt werden, sondern auch auf **spezialgesetzliche** Rechtsgrundlagen. In Betracht kommen insbesondere § 8 S. 2 Nr. 2 JuSchG, § 30 II InfSchG und die landesrechtlichen Vorschriften über psychisch Kranke (z.B. §§ 8 ff. BremPsychKG). Zu beachten ist jedoch, dass diese Spezialgesetze die Ingewahrsamnahme durch die Polizei nicht abschließend oder nicht bestimmt genug regeln, sodass die Anwendbarkeit der polizeigesetzlichen Befugnisnormen i.d.R. nicht ausgeschlossen ist. Keinesfalls darf aber auf die Befugnisgeneralklausel zurückgegriffen werden.

453 Die Inhaftnahme nach § 62 AufenthG ist nur nach vorheriger Entscheidung des Amtsgerichts zulässig. Allerdings kann die Ingewahrsamnahme von Ausländern vor einer richterlichen Entscheidung nach § 62 AufenthG aufgrund der polizeigesetzlichen Befugnisnorm zulässig sein.

Beispiel: Ein in Niedersachsen untergebrachter Asylbewerber hat bereits zweimal einer Aufenthaltsbeschränkung nach § 56 I S. 1 AsylVfG zuwidergehandelt und sich in Bremen niedergelassen, sich also in den Bezirk einer anderen Ausländerbehörde begeben (Vergehen nach § 85 Nr. 2 AsylVfG). Die Polizei Bremen nimmt den Ausländer daher in Gewahrsam, um ihn an der Fortsetzung einer Straftat zu hindern, und übergibt ihn an die niedersächsische Polizei zwecks Rückführung in den Bezirk derjenigen Ausländerbehörde, in dem sein Aufenthalt gestattet ist.

454 Ist die Polizei **repressiv** tätig, stützt sich die Ingewahrsamnahme nicht auf das Polizeigesetz, sondern z.B. auf § 112 StPO (Untersuchungshaft) oder § 127 StPO (vorläufige Festnahme). Ob im konkreten Fall eine präventivpolizeiliche oder repressivpolizeiliche Ingewahrsamnahme bzw. Festnahme vorliegt, ist nach dem Schwergewicht des polizeilichen Handelns zu beurteilen.

Beispiel: Während einer Streifenfahrt bemerkt die Polizei, wie ein Mann auf seine Frau einschlägt. Diese fällt sofort zu Boden. Als der Mann gerade dazu ansetzt, auf die Frau einzutreten, überwältigt die Polizei den Mann und verbringt ihn zur Wache.

Hier kommt eine Ingewahrsamnahme sowohl aus Gründen der Gefahrenabwehr (Verhinderung weiterer körperlicher Misshandlungen) als auch der Strafverfolgung (vorläufige Festnahme zur Sicherung des staatlichen Strafanspruchs) in Betracht. Rechtsgrundlage für die Ingewahrsamnahme wäre somit entweder die entsprechende Vorschrift des Polizeigesetzes oder der StPO.

Vorliegend muss bei einer verständigen Würdigung des Sachverhalts davon ausgegangen werden, dass es der Polizei weniger um eine vorläufige Festnahme zur Sicherung des staatlichen Strafanspruchs, sondern primär darum ging, weiteren Schaden von der Frau abzuwenden. Die Rechtmäßigkeit der Ingewahrsamnahme richtet sich daher nach dem Polizeigesetz.

aa. Formelle Rechtmäßigkeit

Hinsichtlich der formellen Rechtmäßigkeit der Ingewahrsamnahme gelten zunächst die allgemeinen Voraussetzungen (Zuständigkeit, Verfahren und Form; siehe Rn 607 ff.). Wird die in Gewahrsam genommene Person auf der Dienststelle in einer Gewahrsamszelle oder in einer anderen Gewahrsamseinrichtung untergebracht, ist sie gem. den Bestimmungen der Polizeigesetze, soweit möglich, von anderen gesondert und nicht in demselben Raum mit Straf- oder Untersuchungsgefangenen unterzubringen. Die Vorschriften ähnlich § 119 StPO aufgebaut. Darüber hinaus dürfen der festgehaltenen Person nur solche Beschränkungen auferlegt werden, die der Zwecke der Freiheitsentziehung oder die Ordnung im Gewahrsam erfordern. 455

Als besondere (und zusätzlich zu prüfende) Verfahrensvorschrift normieren die Polizeigesetze einen **Richtervorbehalt** für freiheitsentziehende Maßnahmen. Zwar ist dieser bereits in Art. 104 II GG enthalten, sodass eine Wiederholung in den Polizeigesetzen an sich überflüssig wäre, allerdings normieren die Polizeigesetze z.T. strengere Voraussetzungen und geben nicht nur die in Art. 104 II GG genannte Höchstdauer der Freiheitsentziehung wieder. Auch enthalten die Gesetze einen Ausnahmetatbestand für den Fall, dass eine richterliche Entscheidung erst nach Wegfall des Grundes für die freiheitsentziehende Ingewahrsamnahme ergehen würde. 456

Hinweis für die Fallbearbeitung: Zwar handelt es sich bei dem Richtervorbehalt um eine besondere Verfahrensvorschrift und damit um eine formelle Rechtmäßigkeitsvoraussetzung. Da zum Richtervorbehalt sinnvollerweise aber erst dann etwas gesagt werden kann, wenn die materielle Rechtmäßigkeit der Ingewahrsamnahme feststeht, sollte der Richtervorbehalt erst im Anschluss an die materielle Rechtmäßigkeit geprüft werden. Dasselbe gilt für die Verpflichtung, dem Betroffenen den Grund für die Freiheitsentziehung anzugeben. Vgl. daher auch Rn 478 ff. 457

Weiterhin ist dem in Gewahrsam Genommenen unverzüglich der **Grund** der Freiheitsentziehung **bekannt zu geben**. Auch ist er darüber zu **belehren**, dass er sich nicht zur Sache zu äußern braucht. Zur **Dauer** der Freiheitsentziehung enthalten die Polizeigesetze ebenfalls Besonderheiten. 458

bb. Materielle Rechtmäßigkeit

Gemäß den polizeilichen Bestimmungen kann die Polizei eine Person in Gewahrsam nehmen, wenn dies unerlässlich ist, 459

- zum **Schutz** der Person gegen eine ihr drohende Gefahr für Leib und Leben, weil die Person sich erkennbar in einem die freie Willensbestimmung ausschließenden Zustand oder sonst in hilfloser Lage befindet oder sich töten will,
- zur **Verhinderung** der unmittelbar bevorstehenden Begehung oder Fortsetzung einer Straftat oder einer Ordnungswidrigkeit von erheblicher Gefahr,
- zur **Durchsetzung** einer Platzverweisung,
- zur **Durchsetzung** einer Wohnungsverweisung oder eines Rückkehrverbots und
- zum Zweck der **Vorführung** gem. §§ 229, 230 III BGB.

a.) Schutzgewahrsam

Die polizeigesetzlichen Bestimmungen über den Gewahrsam regeln zunächst den sog. Schutzgewahrsam, der zur Abwehr einer **konkreten Gefahr** für Leib und/oder Leben des in Gewahrsam Genommenen unerlässlich ist. Dabei wird i.d.R. die Gefahr von der zu schützenden Person selbst ausgehen. Die diesbezüglichen Hauptfälle der Selbstgefährdung werden in den Vorschriften (zumeist als Nr. 1 Var. 1) beispielhaft genannt. 460

In einem „die freie Willensbestimmung ausschließenden Zustand" können sich insbesondere Menschen mit Selbsttötungsabsicht befinden (Pflicht des Staates, Menschenleben zu schützen, Art. 2 II S. 1 GG). Gleiches gilt etwa im Fall einer Ohnmacht, bei einem epileptischen Anfall oder schweren Nervenschock. Eine „sonstige hilflose Lage" (zumeist als Var. 2 formuliert) kann insbesondere bei Volltrunkenen, verunglückten Personen, alten Menschen oder Kindern vorliegen, wobei sich gewisse Überschneidungen mit der Var. 2 ergeben können. So befindet sich insbesondere der Volltrunkene, der hilflos ist, wohl auch in einem „die freie Willensbestimmung ausschließenden Zustand".

Beispiel: Während einer Streifenfahrt durch die Innenstadt bemerkt die Polizei plötzlich einen Mann (M), der stark torkelnd über den Gehweg läuft und dabei hin und wieder so dicht an die Fahrbahn gerät, dass einige Autofahrer gefährliche Ausweichmanöver durchführen müssen. Die Beamten halten an und stellen fest, dass M stark nach Alkohol riecht und nicht mehr ansprechbar ist. Sie setzen ihn zunächst auf eine Parkbank, aber M will sofort wieder auf die Straße zulaufen. Daraufhin nehmen sie M mit zur Dienststelle.

Das Setzen auf die Parkbank und die anschließende Verbringung zur Dienststelle waren eine Beschränkung der Bewegungsfreiheit und griffen in Art. 2 II S. 2, 104 I bzw. II GG ein. Denn durch die genannten Maßnahmen war es M verwehrt, sich frei zu bewegen. Als Rechtsgrundlage fungiert die polizeigesetzliche Befugnisnorm über den Gewahrsam. Diese Befugnisnorm enthält auf Tatbestandsseite einen differenzierten Katalog von Anlässen, bei deren Vorliegen eine Person in Gewahrsam genommen werden kann. So kann die Polizei eine Person in Gewahrsam nehmen, um sie vor Gefahren für Leib und Leben zu schützen, weil die Person erkennbar hilflos ist oder sich in einem die freie Willensbildung ausschließenden Zustand befindet (sog. Schutzgewahrsam, um der Schutzpflicht des Staates gem. Art. 2 II S. 1 GG nachzukommen). M lief stark alkoholisiert und torkelnd über den Gehweg und geriet dabei hin und wieder so dicht an die Fahrbahn, dass einige Autofahrer gefährliche Ausweichmanöver durchführen mussten. Dadurch hat er sich und andere Straßenverkehrsteilnehmer gefährdet. Zudem war er aufgrund der Blutalkoholkonzentration nicht mehr ansprechbar. Somit lagen die Voraussetzungen für den Schutzgewahrsam vor. Ermessensfehler und Verstöße gegen den Grundsatz der Verhältnismäßigkeit sind nicht ersichtlich. Mithin waren das Setzen auf die Parkbank und die spätere Mitnahme auf die Dienststelle rechtmäßig.

461 „Klassischer" Anwendungsfall in der Praxis ist aber der Gewahrsam zur Verhinderung eines **Suizids**. Vgl. dazu auch das Beispiel bei Rn 74.

b.) Verhinderungsgewahrsam

462 Weiterhin regeln die Polizeigesetze den sog. Verhinderungsgewahrsam (auch Unterbindungsgewahrsam genannt), der zulässig ist, um eine unmittelbar bevorstehende Begehung oder Fortsetzung einer Straftat oder einer Ordnungswidrigkeit von erheblicher Gefahr zu verhindern. Der Zusatz „von erheblicher Gefahr" bezieht sich dabei nur auf die Ordnungswidrigkeit; anderenfalls wäre der Gewahrsam zur Verhinderung einer weniger erheblichen Straftat nicht zulässig.[384]

463 Straftaten und Ordnungswidrigkeiten sind tatbestandsmäßige und rechtswidrige, nicht unbedingt auch schuldhafte Handlungen. Eine **Straftat** ist dabei jede rechtswidrige Tat, die den objektiven Tatbestand eines Strafgesetzes (auch Antragsdelikte) erfüllt. Eine „**Ordnungswidrigkeit von erheblicher Gefahr**" liegt vor, wenn ein bedeutsames Rechtsgut betroffen ist (also z.B. Bestand des Staates, Leben, Gesundheit, Freiheit von Personen und erhebliche Vermögenswerte). Da die Polizeigesetze (vgl.

[384] Wie hier auch BayObLG NVwZ 1999, 106.

z.B. § 2 Nr. 3 c BremPolG) die betroffenen Schutzgüter, für die eine „erhebliche" Gefahr bestehen kann, jedoch nicht abschließend aufzählen und sogar erhebliche Vermögenswerte ausreichen lassen, müssen als Schutzgüter, zu deren Gunsten ein Verhinderungsgewahrsam ergehen kann, auch andere in Betracht kommen, an deren Schutz die Allgemeinheit ein besonderes Interesse hat. Dies kann insbesondere bei Ordnungswidrigkeiten im Bereich des Straßenverkehrs oder Umweltschutzes der Fall sein. Wegen der Schwere des Eingriffs muss jedoch in einem solchen Fall stets sorgfältig geprüft werden, ob das Gewicht des geschützten Interesses eine Freiheitsentziehung rechtfertigt (was insbesondere am Tatbestandsmerkmal „unerlässlich" festgemacht werden kann; vgl. dazu Rn 473).

In der Praxis kommt der Verhinderungsgewahrsam insbesondere zur Verhinderung der **464** Teilnahme an einer (wegen vermuteter Gewalttätigkeiten) verbotenen Versammlung (z.B. islamistischer Vereinigungen oder der rechtsextremistischen Szene, aber auch sog. G-8-Gegner) in Betracht, wenn davon auszugehen ist, dass die Person eine spezifische Straftat (u.a. §§ 86a, 125, 130 StGB, § 20 VereinsG, § 27 VersG) begehen wird, oder zur Unterbindung von Ausschreitungen durch Hooligans oder gewalttätige Fans bei Fußballspielen.

Schließlich bestimmen die Polizeigesetze, dass die Begehung oder Fortsetzung einer **465** Straftat oder Ordnungswidrigkeit von erheblicher Gefahr **unmittelbar bevorstehen** muss. Der Anlasstatbestand für die Ingewahrsamnahme muss also in allernächster Zeit zu erwarten sein. Bloße Vermutungen reichen dabei nicht aus, vielmehr müssen aufgrund bestimmter Tatsachen oder der auf Erfahrung gestützten Prognose die Begehung der Straftat oder Ordnungswidrigkeit mit an Sicherheit grenzender Wahrscheinlichkeit feststehen.[385] Dies entspricht im Wesentlichen der „gegenwärtigen Gefahr" (z.B. i.S.v. § 2 Nr. 3b BremPolG).[386]

Beispiele:

(1) Ein der Polizei als gewalttätig bekannter Mann verprügelt Frau und Kinder; auch droht er, sie umzubringen. Die von Nachbarn alarmierten Polizeibeamten nehmen den Mann in Gewahrsam, um weitere Gewalttätigkeiten zu verhindern.

(2) Bei einer Identitätsfeststellung im Rahmen einer Kontrollstelle werden bei einigen anreisenden Demonstrationsteilnehmern Waffen und andere gefährliche Gegenstände sichergestellt. Die Polizei nimmt die betreffenden Personen in Gewahrsam, um Straftaten nach § 27 VersG zu verhindern.[387]

In beiden Fällen ist die Ingewahrsamnahme zulässig, sofern sie unerlässlich ist, um die Begehung (weiterer) unmittelbar bevorstehender Straftaten zu verhindern. Das trifft letztlich auch für das zum Schutzgewahrsam angeführte Beispiel von Rn 460 zu. M hat gegen § 1 II StVO verstoßen. Ein solcher Verstoß stellt eine Ordnungswidrigkeit dar (vgl. § 49 I Nr. 1 StVO) und ist wegen des konkreten Verhaltens des M auch von erheblicher Bedeutung für die Allgemeinheit.[388] Da es der Polizei gerade darum ging, M zu schützen und andere Verkehrsteilnehmer vor dem unbesonnenen Verhalten des M zu bewahren, lagen die materiellen Voraussetzungen für eine Ingewahrsamnahme auch unter dem Aspekt des Verhinderungsgewahrsams vor.

Im Einzelfall kann die Möglichkeit der Ingewahrsamnahme zur Verhinderung unmittel- **466** bar bevorstehender Straftaten von Bedeutung sein, wenn noch kein strafbarer Versuch

[385] Vgl. BVerwG NJW 1974, 807.
[386] OVG Bremen NVwZ 2001, 221.
[387] Zum Problem des Rückgriffs auf das allgemeine POR im Vorfeld einer Versammlung vgl. Rn 1087 ff.
[388] Dagegen liegt die Annahme des § 315b StGB eher fern; auf keinen Fall liegt § 315c StGB vor, da dieser Tatbestand einen Fahrzeugführer als Täter verlangt.

(§§ 22, 23 StGB) vorliegt oder wenn die Voraussetzungen einer Festnahme nach § 127 II StPO nicht vorliegen.[389] Denn in diesem Fall ist die Polizei präventiv, also zur Gefahrenabwehr tätig und nach dem BremPolG ermächtigt. Schließlich ist zu beachten, dass der Verhinderungsgewahrsam nur gegenüber Personen erfolgen kann, von **denen die Gefahr ausgeht**. Das geht zwar aus dem Wortlaut der Polizeigesetze nicht explizit hervor, ergibt sich aber zum einen aus dem Vergleich zum Schutzgewahrsam und zum anderen aus der Tatsache, dass Gefahrenabwehrmaßnahmen grundsätzlich nur gegen den Störer zu richten sind.[390]

467 Die Gesetzgebung, die den Schutz- und Verhinderungsgewahrsam betrifft, und die diesbezügliche Gesetzesanwendung sind nicht nur am Maßstab des Grundgesetzes zu messen, sondern auch an dem des Art. 5 EMRK.[391] Der Verhinderungsgewahrsam ist nach Art. 5 I S. 2 c EMRK zulässig.

c.) Durchsetzungsgewahrsam

468 Weiterhin darf die Polizei eine Person in Gewahrsam nehmen, wenn dies unerlässlich ist zur Durchsetzung einer Platzverweisung, deren Nichtbefolgung eine erhebliche Gefahr zur Folge hätte, oder soweit die Person, gegen die sich die Platzverweisung richtet, die Gefahr verursacht.

469 Die Ingewahrsamnahme zur Durchsetzung einer Platzverweisung – auch eines Betretungs- und Aufenthaltsverbots[392] – ist ihrer Rechtsnatur nach nicht etwa die (zwangsweise) Vollstreckung der Platzverweisung, sondern – trotz einer gewissen Nachdrücklichkeit – eine Standardmaßnahme. Im Einzelfall kann jedoch fraglich sein, ob die Befugnisnorm über den Durchsetzungsgewahrsam noch ausreicht, um den damit verbundenen Eingriff in die Freiheit der Person zu rechtfertigen, oder ob die Maßnahme nur unter den Voraussetzungen der Vorschriften über den **unmittelbaren Zwang** zulässig ist. Die Beantwortung dieser Frage hängt davon ab, ob die Polizei körperliche Gewalt anwenden muss. Ist dies der Fall, liegt unmittelbarer Zwang vor und es sind die besonderen Eingriffsvoraussetzungen zu beachten.

470 Eine besondere Form des Durchsetzungsgewahrsams ist der sog. **Verbringungsgewahrsam**, dessen Zulässigkeit nicht ganz unproblematisch ist. Hierbei handelt es sich um die Verbringung einer Person von einem Gefahrenort zu einem anderen, weiter entfernten Ort, etwa zu anderen Stadtteilen, zum Stadtrand oder zu einer Gewahrsamseinrichtung. Zweck dieser Maßnahme ist es, in erster Linie Störer durch Schaffung einer räumlichen Distanz an ihren störenden Handlungen zu hindern.[393]

> **Beispiele:** Die Polizei verbringt Fußballrowdies oder von einer Versammlung zuvor ausgeschlossene Randalierer zur Verhinderung weiterer Ausschreitungen zu einer polizeilichen Gewahrsamseinrichtung (sog. Gefangenensammelstelle); die Polizei entfernt Obdachlose aus einem Stadtgebiet; im Rahmen eines *Rückführungsgewahrsams* werden anlässlich der „Chaostage" in Hannover die angereisten Punks zu ihren Heimatorten verbracht.

---

[389] Vgl. VG Frankfurt NVwZ 1994, 720: Gewahrsam zur Verhinderung der Fortsetzung verbotenen Glücksspiels.
[390] Vgl. OVG Bremen NVwZ 2001, 221 (allerdings mit unnötigem „Umweg" über Art. 5 I S. 2 lit. c EMRK) und *Haase*, NVwZ 2001, 164.
[391] Vgl. EGMR NJW 1999, 775 zum repressiv-polizeilichen Gewahrsam mit Anm. *Eiffler*, NJW 1999, 762 und *Dörr*, JuS 1999, 696 f. Vgl. dazu auch EGMR NJW 2001, 51, 53.
[392] Das geht unproblematisch aus dem Wortlaut der Befugnisnormen hervor, die undifferenziert von einer „Platzverweisung" sprechen, worunter letztlich auch das Betretungs- und Aufenthaltsverbot fallen.
[393] *Leggereit*, NVwZ 1999, 263; *Götz*, NVwZ 1998, 679, 682; OVG Bremen NVwZ 1987, 235, 236.

Wegen des mit der Verbringung verbundenen Eingriffs in die Rechtssphäre des Betroffenen (Nötigung, Freiheitsberaubung) ist zunächst eine Rechtsgrundlage erforderlich. Bezüglich der kurzfristigen Freiheitsbeschränkung während des Transports ist der Verbringungsgewahrsam als **Verhinderungs-** oder **Platzverweisungsgewahrsam** (s.o.) rechtfertigungsbedürftig und -fähig. Die Umsetzung an den weiter entfernten Ort ist eine Freiheitsbeschränkung bzw. -entziehung, die sich juristisch als eine durch unmittelbaren Zwang vollzogene Duldungsverfügung darstellt. Als Rechtsgrundlage für die vollstreckungsfähige Duldungsverfügung kommen nach h.M. die **Befugnisgeneralklausel**, für die Vollzugsmaßnahme die Vorschrift über den **unmittelbaren Zwang** in Betracht.[394] Nach der hier vertretenen Auffassung ist die Konstruktion des Verbringungsgewahrsams als Duldungsverfügung auf Grundlage der Befugnisgeneralklausel nicht erforderlich, weil der Verbringungsgewahrsam unproblematisch von den Tatbestandsvoraussetzungen der Befugnisnorm bzgl. des Gewahrsams erfasst ist. Insbesondere können auch Standardmaßnahmen mit Mitteln des Zwangs durchgesetzt werden, da sie ihrer Rechtsnatur nach (auch) Verwaltungsakte sind.[395] Außerdem ist nicht einzusehen, warum der Verbringungsgewahrsam nicht auch eine Freiheitsentziehung ist mit dem dann zu beachtenden Richtervorbehalt. Das Abstellen auf die Befugnisgeneralklausel umgeht diese Anforderung und überzeugt daher nicht. Fraglich ist lediglich die Verhältnismäßigkeit. Nach dem LG Hamburg ist der Verbringungsgewahrsam gegenüber dem Gewahrsam in einer polizeilichen Gewahrsamseinrichtung *vor Ort* kein milderes Mittel und somit generell unzulässig.[396] Das Gericht stellt auf einen Zeitvergleich zwischen beiden Maßnahmen ab und kommt zu dem Ergebnis, dass die Ingewahrsamnahme in einer vor Ort befindlichen Gewahrsamseinrichtung eine geringere Zeit in Anspruch nehme und daher gegenüber dem Verbringungsgewahrsam (stets) das mildere Mittel sei. Dem kann so pauschal nicht gefolgt werden. Denn die mit dem Eingesperrtsein verbundenen Begleitumstände (enge Räume, viele Personen, Ungewissheit über die Dauer der Freiheitsentziehung und fehlende Kontaktmöglichkeiten zu Angehörigen) sind ebenfalls in die Prüfung der Verhältnismäßigkeit einzubeziehen. Diese Aspekte sind ebenso wenig in die Abwägung des LG Hamburg eingeflossen wie eine fallbezogene Prüfung des Anschlusses an den ÖPNV (Öffentlicher Personennahverkehr), der Möglichkeit zum Erwerb von Verpflegung, der Übernachtungsmöglichkeiten, der Tages- und Jahreszeit, der konkreten Witterungsverhältnisse sowie des Alters- und Gesundheitszustands des Betroffenen im Fall des Verbringungsgewahrsams.[397] Die Annahme einer generellen Unzulässigkeit des Verbringungsgewahrsams, wie sie vom LG Hamburg konstatiert wird, ist somit nicht überzeugend. Vielmehr ist stets eine Einzelfallprüfung anzustellen, bei der sämtliche oben aufgezeigte Argumente gegeneinander abgewogen werden müssen. 471

Beispiel: Die *Anti-Atom-Liga* e.V. (AAL), deren Mitglieder für eine radikale Durchsetzung ihrer politischen Linie bekannt und teilweise wegen Nötigung und Landfriedensbruchs vorbestraft sind, demonstrierte erneut in der Stadt S vor dem Technologiezentrum. Unter den Demonstranten befand sich M, der sich mit einem Stahlseil und mit Handschellen an das Haupttor ankettete, um die mit Reaktorteilen beladenen Lkw an der Einfahrt zu hindern. Der Einsatzleiter der Polizei ordnete daher die Durchtrennung des Stahlseiles und die Verbringung des M zur im Nachbarort befindlichen Gefangenensammelstelle an. M wurde mitgeteilt, dass für ihn die Veranstaltung zu Ende sei und dass er nunmehr zur Gefangenensammelstelle verbracht werden müsse. Da M mit dem Abtransport seiner Person jedoch nicht einverstanden war und sich heftig wehrte, wurde er schließlich unter Überwindung von Widerstand zur Gefangenensammelstelle ver-

394 So *Schenke*, POR, Rn 142; *Leggereit*, NVwZ 1999, 263 ff.; a.A. *Pieroth/Schlink/Kniesel*, POR, § 17 Rn 4.
395 Zur Qualifikation der Standardmaßnahmen als Verwaltungsakte vgl. Rn 108 sowie Rn 119 ff.
396 LG Hamburg NVwZ 1997, 537.
397 Diese Aspekte berücksichtigt aber OVG Bremen NVwZ 1987, 235, 237.

bracht und von dort drei Stunden später, nachdem die Reaktorteile sicher ihr Ziel erreicht hatten, wieder entlassen.

Als Rechtsgrundlage für die Verbringung dient die polizeigesetzliche Befugnisnorm bzgl. des Gewahrsams (z.B. § 15 I S. 1 Nr. 2 und 3 BremPolG). Insbesondere ist die Anwendbarkeit des Polizeigesetzes nicht dadurch gesperrt, dass es sich um eine Versammlung handelte, denn M wurde vor seiner Verbringung gem. § 18 III VersG wirksam ausgeschlossen.[398] Fraglich ist lediglich die Verhältnismäßigkeit. M wurde drei Stunden in der Gefangenensammelstelle festgehalten. Ob ein dreistündiges Festhalten gegen das Übermaßverbot verstößt, ist eine Tatfrage. Jedenfalls macht bei einer solch kurzen Dauer eventuell fehlende Verpflegung die Maßnahme nicht unverhältnismäßig, jedenfalls sofern Getränke bereitstehen und bei den Festgehaltenen ein normaler Gesundheitszustand besteht. Auch bei M konnte von einem normalen Gesundheitszustand ausgegangen werden, sodass sich das Verbringen zur Gefangenensammelstelle insgesamt, aber ohne Berücksichtigung des Zwangselements, als verhältnismäßig erwies. Das Gleiche würde im Übrigen gelten, wenn man den Verbringungsgewahrsam nicht auf die Befugnisnorm zur Ingewahrsamnahme, sondern auf die Befugnisgeneralklausel gestützt hätte. Zur Rechtmäßigkeit des Zwangs vgl. die Darstellung bei Rn 928 ff.

472 **Fazit:** Grundsätzlich ist der Durchsetzungsgewahrsam von der Befugnisnorm der Standardmaßnahme *Ingewahrsamnahme* gedeckt. Sobald aber die Polizei zur Durchsetzung eines Platzverweises körperliche Gewalt anwenden muss, ist das juristisch als unmittelbarer Zwang zu bewerten, für den es gesonderter Rechtsgrundlagen bedarf. Dies sind die Vorschriften über den unmittelbaren Zwang, nicht die über den Platzverweis oder die Ingewahrsamnahme.

d.) Einschränkendes Erfordernis „unerlässlich"

473 Die Polizei darf eine Person nur dann in Gewahrsam nehmen, wenn dies zur Erreichung der o.g. Gründe „unerlässlich" ist. Auf den ersten Blick scheint dieses Tatbestandsmerkmal überflüssig zu sein, weil ohnehin jedes polizeiliche Handeln zu seiner Rechtmäßigkeit unerlässlich sein muss. Ist eine Maßnahme nicht unerlässlich, ist sie nicht erforderlich und damit unverhältnismäßig. Die „Aufwertung" zum Tatbestandsmerkmal kann also nur so verstanden werden, dass dem Rechtsanwender nochmals vor Augen geführt werden soll, dass die Ingewahrsamnahme nur als äußerstes Mittel der Gefahrenabwehr in Betracht kommt, wenn kein anderes geeignetes Mittel zur Verhinderung der genannten Tatbestände zur Verfügung steht.

Beispiel: Werden bei einer Identitätsfeststellung im Rahmen einer Vorfeldkontrolle bei einigen anreisenden Demonstrationsteilnehmern Waffen und andere gefährliche Gegenstände sichergestellt, ist fraglich, ob die Polizei zusätzlich die betreffenden Personen in Gewahrsam nehmen darf, um Straftaten nach § 27 VersG zu verhindern. Als Rechtsgrundlage für die Ingewahrsamnahme kommt die polizeigesetzliche Befugnisnorm bzgl. des Gewahrsams in Betracht. Die Ingewahrsamnahme müsste aber auch „unerlässlich" sein. Das ist nicht der Fall, wenn ein anderes geeignetes Mittel zur Verfügung steht. In Fällen der vorliegenden Art wird i.d.R. die Sicherstellung der Waffen und gefährlichen Gegenstände genügen, um Straftaten nach § 27 VersG zu verhindern. Nur wenn weitere Tatsachen die Annahme rechtfertigen, die Person werde trotz der Sicherstellung im Zusammenhang mit der Demonstration Straftaten oder Ordnungswidrigkeiten von erheblicher Gefahr begehen (etwa weil sie aufgrund eines Datenabgleichs als „reisender Gewalttäter" einzustufen ist), kann ihre Ingewahrsamnahme erforderlich sein. Der Umstand allein, dass die Person in polizeilichen Dateien gespeichert, also „einschlägig bekannt" ist, reicht wiederum für eine Ingewahrsamnahme i.d.R. nicht aus.

[398] Zum Versammlungsausschluss vgl. auch BVerfG NVwZ 2005, 80, 81; VGH Mannheim VBlBW 2008, 60 ff.

e.) Vorführungsgewahrsam

474 Die gesetzlichen Befugnisnormen lassen ferner die Ingewahrsamnahme zum Zweck der Vorführung gem. §§ 229, 230 III BGB zu. Die Befugnis statuiert somit eine Ausnahme vom Subsidiaritätsprinzip, indem sie die Ingewahrsamnahme einer Person zum Schutz privater Rechte dritter Personen zulässt. Voraussetzung ist, dass die Festnahme und Vorführung der betroffenen Person nach den Selbsthilfevorschriften des BGB zulässig ist, ohne dass es auf die mangelnde Erlangbarkeit „obrigkeitlicher Hilfe" ankommt.

f.) Zuführungsgewahrsam

475 Weiterhin darf die Polizei Minderjährige, die sich der Obhut von Sorgeberechtigten entzogen haben, in Gewahrsam nehmen, um sie den Sorgeberechtigten oder dem Jugendamt zuzuführen. Mit dieser Vorschrift hat der Gesetzgeber der Polizei die Möglichkeit eröffnet, einen Minderjährigen (d.h. noch nicht 18-Jährigen, vgl. § 2 BGB) den Sorgeberechtigten oder dem Jugendamt zuzuführen, sofern eine Gewahrsamnahme gem. den bisher behandelten Varianten der Befugnisnormen nicht in Betracht kommt. Zwar sind primär die Jugendämter zuständig, können diese jedoch nicht oder nicht rechtzeitig tätig werden, eröffnet die polizeigesetzliche Befugnis zur Ingewahrsamnahme i.V.m. der Eilfallkompetenz der Polizei die Möglichkeit des Zuführungsgewahrsams. Das Gleiche gilt, wenn sich Kinder oder Jugendliche an einem Ort aufhalten, an dem ihnen eine unmittelbare Gefahr für das körperliche, geistige oder seelische Wohl droht (jugendgefährdender Ort). Auch hier sind primär die nach § 8 JuSchG zuständigen Stellen berufen, die Kinder oder Jugendlichen einer erziehungsberechtigten Person zuzuführen oder sie, wenn keine erziehungsberechtigte Person erreichbar ist, in die Obhut des Jugendamtes zu bringen (§ 8 S. 2 Nr. 2 JuSchG). Insofern steht der Polizei auch in diesem Zusammenhang lediglich die Eilkompetenz zu. In materieller Hinsicht ist zu beachten, dass auch der Minderjährige sich auf Art. 11 I GG berufen kann, der mit der Zuführung zum Erziehungsberechtigten verbundene Eingriff in dieses Grundrecht ist aber durch kollidierendes Verfassungsrecht (hier: das elterliche Erziehungsrecht aus Art. 6 II GG, das durch die Vorschriften des BGB-Familienrechts konkretisiert ist[399]) gerechtfertigt.

g.) Ingewahrsamnahme Entwichener

476 Schließlich erlauben die Polizeigesetze die Ingewahrsamnahme Entwichener. Nach den entsprechenden Bestimmungen darf die Polizei Personen, die aus einer richterlich angeordneten Freiheitsentziehung entwichen sind oder sich sonst ohne Erlaubnis außerhalb der Einrichtung aufhalten, in Gewahrsam nehmen und in die Einrichtung zurückbringen.

Als „richterlich angeordnete Freiheitsentziehung" kommen nicht nur die Haftstrafe nach rechtskräftiger Verurteilung, sondern auch die Untersuchungshaft und die freiheitsentziehenden Maßregeln zur Besserung und Sicherung in Betracht. Eine Person ist „entwichen", wenn sie mit Hilfe von Gewalt oder List aus der Haftanstalt oder einer sonstigen Einrichtung entflohen ist. „Sonst ohne Erlaubnis" hält sich eine Person außerhalb einer Vollzugsanstalt oder sonstigen Einrichtung insbesondere auf, wenn sie als Freigänger, nach einem Urlaub, Ausgang usw. nicht rechtzeitig in die Anstalt zurückgekehrt ist.

---

[399] Das Sorgerecht (Personensorgerecht) umfasst nach § 1631 I BGB auch das Recht, den Aufenthalt des Kindes zu bestimmen. Es ist Teil der elterlichen Sorge (§ 1626 I S. 1 BGB). Das Sorgerecht steht den Eltern (§§ 1626, 1626a I BGB), bei nicht verheirateten Eltern und fehlenden Sorgeerklärungen der Mutter (§ 1626a II BGB) und bei Mündeln dem Vormund (§ 1793 BGB) zu.

477 Allerdings ist der Anwendungsbereich dieser Variante des polizeilichen Gewahrsams äußerst gering. Denn nach § 87 StVollzG kann ein Gefangener, der entwichen ist oder sich sonst ohne Erlaubnis außerhalb der Anstalt aufhält, durch die Vollzugsbehörde oder auf ihre Veranlassung hin im Rahmen der sog. Nacheile auch von der Polizei festgenommen und in die Anstalt zurückgebracht werden. Auf § 87 I StVollzG, und nicht auf die polizeigesetzliche Befugnisnorm, muss daher eine Festnahme eines aus einer Vollzugsanstalt (einschließlich eines psychiatrischen Krankenhauses oder einer Entziehungsanstalt, in die eine Person gemäß §§ 63, 64 StGB eingewiesen ist) entwichenen Gefangenen gestützt werden, wenn die Vollzugsbehörde hierzu die Veranlassung gegeben hat. Ist der zeitliche Bezug zum Vollzug nicht mehr gegeben, erlischt das Festnahmerecht nach § 87 StVollzG und es bedarf eines Vollstreckungshaftbefehls nach § 457 II StPO.

cc. Richtervorbehalt und Begründungsgebot

478 Dass nach der (nicht richterlichen angeordneten) Ingewahrsamnahme „unverzüglich" die **richterliche Entscheidung** über Zulässigkeit und Fortdauer der Freiheitsentziehung herbeizuführen (i.S.v. nachzuholen) ist, versteht sich aus rechtsstaatlichen Gesichtspunkten, insbesondere wegen des Grundsatzes der Verhältnismäßigkeit und der Menschenwürde, von selbst. Die meisten Polizeigesetze haben diese Selbstverständlichkeit positivrechtlich geregelt.[400] **„Unverzüglich"** heißt nicht etwa (wie bei § 121 BGB) „ohne schuldhaftes Verzögern", sondern bedeutet, dass jede Verzögerung sachlich zwingend geboten sein muss.[401] Insbesondere müssen organisatorische Voraussetzungen für eine zeit- und sachangemessene Wahrnehmung des Richtervorbehalts getroffen werden.[402] Dazu gehört auch die Einrichtung eines **richterlichen Bereitschaftsdienstes**. Allerdings ist das verfahrensrechtliche Gebot der unverzüglichen Einschaltung eines Richters nicht zwingend dadurch verletzt, dass dieser zur „Unzeit" (etwa an einem Sonntagmorgen um 2.30 Uhr) nicht erreichbar war; die Einrichtung eines durchgängigen richterlichen Bereitschaftsdienstes ist aus Zumutbarkeitsgründen nicht stets erforderlich. Ab den Morgenstunden ist dann aber die Erreichbarkeit eines Richters zu gewährleisten.

478a Freilich gilt etwas anderes, wenn aufgrund der Vielzahl von erwarteten Ingewahrsamnahmen (Beispiel: Castor-Demonstration) mit einem erhöhten Bedarf an richterlichen Entscheidungen zu rechnen ist. Dann ist ein richterlicher Bereitschaftsdienst auch nachts am Wochenende zwingend einzurichten.[403]

478b Jedenfalls muss die ohne richterliche Entscheidung durchgeführte Ingewahrsamnahme spätestens bei Erreichen der **zeitlichen Höchstgrenzen** des Art. 104 III S. 1 GG (bei Freiheitsentziehung zu Zwecken der Strafverfolgung) oder des Art. 104 II S. 3 GG (bei Freiheitsentziehung zu Zwecken der Gefahrenabwehr) enden. Liegt mit Ablauf der jeweiligen Frist nicht die richterliche Entscheidung vor, ist der Betroffene sofort freizulassen. Anderenfalls liegt eine Freiheitsberaubung (§ 239 StGB) vor.

478c Der präventivpolizeiliche Gewahrsam endet also spätestens am **Ende des nächsten Tages** (Art. 104 II S. 3 GG). Das darüber hinausgehende Festhalten bedarf einer richterlichen Entscheidung, die sich aus anderen Gesetzen als den (gefahrenabwehrrechtlichen) Polizeigesetzen legitimieren muss. So kommt repressivpolizeilich die StPO in Betracht: Untersuchungshaft (§§ 112 ff.), psychiatrisches Krankenhaus (§ 81). Auch auf § 62 AufenthG

[400] Vgl. nur § 16 I BremPolG.
[401] VGH Mannheim NVwZ-RR 1998, 429; BVerwGE 45, 51, 63; vgl. auch BVerfGE 105, 239, 249; BVerfG NVwZ 2006, 579, 580; EGMR NJW 2001, 51, 53.
[402] Vgl. BVerfGE 105, 239, 248.
[403] BVerfG NVwZ 2006, 579, 580.

kann eine richterliche Entscheidung gestützt werden. Um aber derartige Restriktion zu umgehen, haben einige Bundesländer einen richterlich angeordneten Polizeigewahrsam bis zu 2 Wochen vorgesehen.[404] Ob ein mit richterlicher Entscheidung ergangener Polizeigewahrsam, der die in Art. 104 II S. 3 GG genannte Höchstdauer überschreitet und seine Grundlage im Polizeirecht hat, verfassungsrechtlich gerechtfertigt werden kann, ist zweifelhaft. Jedenfalls folgt die Verfassungswidrigkeit nicht aus Art. 104 II S. 3 GG, da diese Verfassungsbestimmung die in ihr genannte Höchstdauer nur für Freiheitsentziehungen festlegt, die die Polizei „aus eigener Machtvollkommenheit", also *ohne* richterliche Entscheidung vornimmt. In den genannten polizeigesetzlichen Vorschriften geht es aber um Freiheitsentziehungen *aufgrund* richterlicher Entscheidung. Die Verfassungswidrigkeit der polizeigesetzlichen Vorschriften über einen längerfristigen Polizeigewahrsam lässt sich aber mit Blick auf den Verhältnismäßigkeitsgrundsatz annehmen, weil er für keines der Schutzgüter des Gewahrsams erforderlich ist. Weder für die Beseitigung einer hilflosen Lage noch für die Durchsetzung einer Identitätsfeststellung und einer Platzverweisung oder für die Vor-, Zu- oder Rückführung einer Person sind für die Polizei mehr Tage nötig, als die in Art. 104 II S. 3 GG genannte Höchstdauer. Eine verfassungskonforme Auslegung der betreffenden Bestimmungen scheidet aus, weil sie in eindeutiger und beabsichtigter Weise die in Art. 104 II S. 3 GG genannte Höchstdauer überschreiten.

Sofern man entgegen der hier vertretenen Ansicht nicht von einer Verfassungswidrigkeit **478d** der Vorschriften über einen über wenige Tage hinausgehenden polizeilichen Gewahrsam ausgeht, kann die Anordnung eines Gewahrsams, der die in Art. 104 II S. 3 GG genannte Maximaldauer nicht überschreitet, auch im *Einzelfall* gegen den Grundsatz der Verhältnismäßigkeit verstoßen[405]; auch die Rechtsprechung verlangt eine strenge Prüfung der Verhältnismäßigkeit der Anordnung des Gewahrsams zur Gefahrenabwehr.[406] Der EGMR hat einen neunzehnstündigen polizeilichen Gewahrsam, den das BVerfG für verfassungsmäßig gehalten hat, für unverhältnismäßig und damit rechtswidrig erklärt.[407]

Fraglich ist, ob eine Freiheitsberaubung auch dann vorliegt, wenn der Richter erreich- **479** bar sein müsste, aber nicht erreicht werden kann und die Polizei den in Gewahrsam Genommenen nicht sofort freilässt. Dieser Fall ist – soweit ersichtlich – bislang weder gerichtlich entschieden noch in der Literatur behandelt. Richtigerweise wird man das Grundrecht des Betroffenen auf Freiheit der Person mit den Schutzinteressen der Allgemeinheit abwägen müssen. Dabei wird man den Schutzinteressen der Allgemeinheit nur dann den Vorrang einräumen dürfen, wenn anderenfalls die akute Gefahr bestünde, dass ein irreparabler Schaden für bedeutende Schutzgüter wie Leib, Leben oder Gesundheit einträte. Ist diese Abwägung fehlerhaft (wobei – wie stets – die Ex-ante-Sicht entscheidet) liegt eine Freiheitsberaubung vor, wenn der Betroffene nicht sofort entlassen wird.

Nach den Bestimmungen der Polizeigesetze braucht eine richterliche Entscheidung je- **480** doch nicht herbeigeführt zu werden, wenn anzunehmen ist, dass sie erst **nach Wegfall des Grundes der polizeilichen Maßnahme** ergehen würde. Freilich ist auch hier die absolute Obergrenze des Art. 104 II S. 3 GG zu beachten.

Aufgrund der Formulierung: „wenn anzunehmen ist ..." in den Polizeigesetzen steht **481** der Polizei ein Prognosespielraum zu. Sie hat im Rahmen der Prüfung, ob eine richterliche Entscheidung ergehen muss, einen geschätzten Zeitvergleich vorzunehmen. Hierbei ist die voraussichtliche Dauer der polizeilichen Maßnahme mit der Zeitspanne

---

[404] Vgl. exemplarisch: § 20 I Nr. 3 S. 3 BrandPolG; § 40 I Nr. 3 SachsAnhSOG; § 42 I S. 3 BundesPolG; § 21 VII S. 2 BKAG: 4 Tage; § 17 II S. 2 RhlPflPOG: 7 Tage; § 16 I Nr. 3 SaarlPolG: 8 Tage; § 22 Nr. 3 ThürPAG; 10 Tage; Art. 20 Nr. 3 S. 2 BayPAG; § 28 III S. 4 BWPolG; 14 Tage.

[405] *Gusy*, POR, Rn 309; *Würtenberger/Heckmann*, POR, Rn 363; *Pieroth/Schlink/Kniesel*, POR, § 18 Rn 31.

[406] BVerfGE 83, 24, 35; BVerwGE 45, 51, 56.

[407] EGMR NVwZ 2006, 797, 799. Vgl. auch *Pieroth/Schlink/Kniesel*, POR, § 18 Rn 31.

zu vergleichen, die für die richterliche Entscheidung erforderlich ist. Zu berücksichtigen sind dabei alle Umstände des Einzelfalls, insbesondere die Erreichbarkeit des Richters (s.o.) und in diesem Zusammenhang die Tageszeit, ob es ein Sonn- oder Feiertag ist, die Fahrtdauer des Richters sowie die Vorführbarkeit der in Gewahrsam genommenen Person.

Beispiel: S randaliert auf einem Straßenfest. Die Polizei ermahnt ihn daher zunächst und erteilt ihm schließlich einen Platzverweis. Da S sich auch nicht gehalten sieht, der Platzverweisung Folge zu leisten, wird er zur Durchsetzung des Platzverweises auf die Dienststelle verbracht. Drei Stunden später, nachdem das Straßenfest sein Ende gefunden hat, wird er wieder entlassen.

In diesem Fall bedurfte es keiner richterlichen Entscheidung, sofern angenommen werden konnte, dass sie erst nach Wegfall des Grundes für den Durchsetzungsgewahrsam ergangen wäre. Die Obergrenze des Art. 104 II S. 3 GG wurde ohnehin nicht tangiert.

482 Auf keinen Fall darf der Polizeigewahrsam verlängert werden, nur um eine richterliche Entscheidung einzuholen. Die gegenteilige Annahme entspräche nicht dem Sinn des Richtervorbehalts.

Beispiel: Würde S im obigen Beispiel nur deswegen über die Dauer des Straßenfestes hinaus in Polizeigewahrsam gehalten, weil die Polizei noch auf das Eintreffen des Bereitschaftsrichters wartet, ist dieser Freiheitsentzug rechtswidrig. Die Beamten machen sich zudem wegen Freiheitsberaubung gem. § 239 StGB strafbar.

483 Eine weitere, in den Polizeigesetzen normierte Verfahrensvorschrift ist die Verpflichtung zur unverzüglichen **Bekanntgabe des Grundes** für die Freiheitsentziehung. Die entsprechenden Vorschriften der Polizeigesetze stellen Spezialvorschriften zu § 39 VwVfG dar und dienen dem rechtsstaatlichen Begründungsgebot. Ein Unterbleiben der Begründung kann gem. § 45 I Nr. 2 VwVfG geheilt werden.

dd. Rechtsschutz und zulässiger Rechtsweg

484 Geht es um die Überprüfung der Ingewahrsamnahme, ist hinsichtlich des Rechtswegs danach zu unterscheiden, ob es sich bei der Maßnahme um eine bloße Freiheitsbeschränkung oder gar um eine Freiheitsentziehung handelt.

- Bei **bloßer Freiheitsbeschränkung** ist § 40 I S. 1 VwGO einschlägig: Es handelt sich um eine öffentlich-rechtliche Streitigkeit, für die der Verwaltungsrechtsweg eröffnet ist. Hinsichtlich der statthaften Klage gilt: Die Ingewahrsamnahme ist zum einen ein **Realakt**, weil sie ein tatsächliches Moment aufweist. Zum anderen ist sie ein **Verwaltungsakt**, da sie nicht nur das tatsächliche Element in sich schließt, sondern auch zugleich den Betroffenen verpflichtet, den tatsächlichen Vorgang zu dulden (konkludente Duldungsverfügung). Maßgeblich für den Rechtsschutz ist also die dem Betroffenen gegenüber erlassene Regelung. Zu denken ist daher an Widerspruch und die Anfechtungsklage. Da sich die Ingewahrsamnahme aber regelmäßig erledigt hat, bevor Klage eingereicht wird, ist die **Fortsetzungsfeststellungsklage** gem. § 113 I S. 4 VwGO analog statthaft.

- Bei **Freiheitsentziehung** gilt eine Besonderheit: Obwohl hier ebenfalls eine **öffentlich-rechtliche** Streitigkeit vorliegt, ist die Regelung des § 40 I S. 2 VwGO zu beachten, wonach öffentlich-rechtliche Streitigkeiten auf dem Gebiet des Landesrechts durch Landesgesetz einem anderen Gericht zugewiesen werden können. Von dieser Möglichkeit haben die meisten Landesgesetzgeber Gebrauch gemacht (vgl. etwa § 19 III NdsSOG, § 28 IV BaWüPolG oder Art. 18 III BayPAG), wenn es um die gerichtliche Überprüfung präventivpolizeilicher Freiheitsentziehungen geht. Zur Begründung wird angeführt, dass die Amtsgerichte im Allgemeinen ortsnäher als die Verwaltungsgerichte seien und auch sonst über Freiheitsentziehungen (FamFG) entscheiden würden. Ob die Übertragung der Zuständigkeit auf die Amtsgerichte angesichts der unterschiedlichen Struktur von präventivem und repressivem Polizeirecht rechtspolitisch sinnvoll ist, mag dahingestellt bleiben, sie ist jedoch (verfassungs-)rechtlich nicht zu beanstanden.

Für das gerichtliche **Verfahren** gelten in diesen Fällen die Vorschriften des **FamFG**. Insbesondere wird der Rechtsschutz des Betroffenen nicht unzumutbar erschwert oder verkürzt, da auch in diesem Verfahren der Amtsermittlungsgrundsatz gilt (§ 26 FamFG) und das überprüfende Gericht die Sach- und Rechtslage an einem Maßstab überprüft, der dem des § 113 I S. 4 VwGO (analog) entspricht.[408] Bezüglich einer Freiheitsentziehung kann die betroffene Person also nicht Widerspruch und Anfechtungsklage erheben, wie ihr das sonst generell gegen polizeiliche Verwaltungsakte möglich ist. Vielmehr enthalten allein das Polizeigesetz bzw. das FamFG Regelungen über die Rechtsmittel. Fraglich ist allein, ob die Zuweisung zu den Amtsgerichten nur den Fall betrifft, dass die Freiheitsentziehung richterlich angeordnet wurde, oder generell bei Freiheitsentziehungen gilt. Die Regelungen der Landespolizeigesetze sind unterschiedlich. § 28 IV S. 1 BaWüPolG bestimmt, dass für die richterliche Entscheidung über die Freiheitsentziehung nach § 28 III S. 3 BaWüPolG das Amtsgericht zuständig ist. Daraus folgt, dass die Amtsgerichte lediglich für die Überprüfung der richterlichen Entscheidung über die Freiheitsentziehung zuständig sind und ansonsten die Verwaltungsgerichte. Demgegenüber geht das NdsSOG offenbar davon aus, dass generell Freiheitsentziehungen durch die Amtsgerichte überprüft werden sollen. Denn nach § 19 II, III NdsSOG kann der Betroffene auch nach Beendigung der Freiheitsentziehung innerhalb eines Monats die Prüfung der Rechtmäßigkeit der Freiheitsentziehung beim Amtsgericht beantragen. Dass die Freiheitsentziehung richterlich angeordnet sein musste, fordert die Vorschrift nicht.

Beispiel: Anlässlich einer Demonstration im Technologiepark des niedersächsischen 485
Landkreises L wurden K und andere randalierende Demonstranten von der Vollzugspolizei über Nacht in Gewahrsam genommen, nachdem sie aus der Versammlung ausgeschlossen worden waren (§ 18 III VersG). Später möchte K gerichtlich klären lassen, dass die *Ingewahrsamnahme* als solche sowie die Nichtherbeiholung einer richterlichen Entscheidung rechtswidrig waren.

Die Ingewahrsamnahme ist eine Standardmaßnahme zur Gefahrenabwehr und in den Polizeigesetzen der Länder geregelt (s.o.). Daher liegt ein typischer Fall einer gem. § 40 I S. 1 VwGO vor dem zuständigen Verwaltungsgericht zu erhebenden Fortsetzungsfeststellungsklage vor, bei dem es um die Überprüfung der Rechtmäßigkeit eines erledigten Verwaltungsakts geht. Im Ausgangsfall greift K jedoch nicht nur die Ingewahrsamnahme als solche an, sondern moniert auch, dass keine richterliche Entscheidung eingeholt worden sei. Auch für diesen Fall greift grundsätzlich § 40 I S. 1 VwGO. § 40 I S. 2 VwGO lässt es jedoch zu, dass öffentlich-rechtliche Streitigkeiten auf dem Gebiet des Landesrechts durch Landesgesetz einem anderen Gericht zugewiesen werden können. Von dieser Möglichkeit haben die meisten Landesgesetzgeber Gebrauch gemacht (vgl. etwa § 19 III NdsSOG, § 28 IV BaWüPolG oder Art. 18 III BayPAG), jedenfalls wenn es um die gerichtliche Überprüfung richterlicher Entscheidungen bei präventivpolizeilichen Freiheitsentziehungen geht. Zur Begründung wird vorgebracht, dass die Amtsgerichte im Allgemeinen ortsnäher als die Verwaltungsgerichte seien und auch sonst über Freiheitsentziehungen entscheiden würden.

Vorliegend geht es um eine Freiheitsentziehung, da die zeitlichen Grenzen einer bloßen Freiheitsbeschränkung überschritten waren. Zwar wendet sich K nicht gegen eine richterliche Entscheidung, weil eine solche ja gerade nicht erging. Die Regelung des § 19 II, III NdsSOG ist aber so zu verstehen, dass sie generell in Bezug auf freiheitsentziehende Maßnahmen die Amtsgerichte für zuständig erklärt. Für das gerichtliche **Verfahren** gel-

[408] OVG Lüneburg NVwZ 2004, 760, 761 (zur alten Rechtslage nach FGG).

ten in diesen Fällen die Vorschriften des **FamFG**. Der Prüfungsmaßstab ist indes mit dem des § 113 I S. 4 VwGO vergleichbar.

Materiell zu prüfen ist also die Rechtmäßigkeit der Ingewahrsamnahme. Es liegt ein Fall des sog. Verhinderungsgewahrsams vor (vgl. dazu Rn 462). Sofern man keinen Verstoß gegen das Übermaßverbot bejaht, war die Ingewahrsamnahme rechtmäßig.

Weiterführender Hinweis: Sollte sich der Betroffene weigern, sich in Gewahrsam nehmen zu lassen, muss die Polizei zur Durchsetzung der Ingewahrsamnahme unmittelbaren Zwang anwenden. In diesem Fall besteht die Möglichkeit des Betroffenen, (auch) gegen den unmittelbaren Zwang vorzugehen. Sofern man in der Anwendung eines Zwangsmittels einen Verwaltungsakt sieht, ist (aufgrund der bereits eingetretenen Erledigung) die Fortsetzungsfeststellungsklage analog § 113 I S. 4 VwGO statthaft. Vgl. dazu die Ausführungen zur Verwaltungsvollstreckung bei Rn 928 ff.

5. Durchsuchungen und Sicherstellungen

Schließlich gilt es, die dritte Gruppe von Standardmaßnahmen zu untersuchen, die Durchsuchungen und die Sicherstellungen. Die Durchsuchung ist in den meisten Polizeigesetzen legaldefiniert: 486

Durchsuchung ist das Suchen nach Sachen oder Spuren in oder an der Kleidung[409] des Betroffenen, an seiner Körperoberfläche oder in den ohne Hilfsmittel einsehbaren Körperöffnungen oder Körperhöhlen.[410] 487

Es geht also um das Suchen nach etwas, was bei äußerlicher Betrachtung zunächst nicht wahrnehmbar ist. Im Übrigen ist bei den Durchsuchungen – da verschiedene Grundrechte betroffen sind – wiederum die Durchsuchung von Personen, von Sachen und von Wohnungen zu unterscheiden.

a. Durchsuchung von Personen

Die präventivpolizeiliche Durchsuchung von Personen[411] verfolgt den Zweck, Gegenstände aufzufinden, die jemand bei sich trägt und von denen Gefahren für die öffentliche Sicherheit ausgehen. Damit liegt ein Grundrechtseingriff jedenfalls in Art. 2 I GG (allgemeine Handlungsfreiheit) vor. In den meisten Fällen ist wegen des tangierten Intimbereichs aber auch das allgemeine Persönlichkeitsrecht (Art. 2 I i.V.m. Art. 1 I GG) betroffen. 488

Objekt kann nur der lebende Mensch sein. Wird eine Leiche durchsucht, handelt es sich rechtlich um eine Durchsuchung von Sachen (vgl. dazu Rn 502 ff.). 489

Die präventivpolizeiliche Durchsuchung darf nicht mit der körperlichen **Untersuchung** nach den §§ 81a, 81c StPO verwechselt werden. Der wesentliche Unterschied zwischen der Durchsuchung i.S.d. präventiven Polizeirechts und der Untersuchung i.S.d. Strafprozessrechts besteht darin, dass die präventivpolizeiliche Durchsuchung die ohne Hilfsmittel einsehbaren Körperöffnungen oder Körperhöhlen (Nase, Mund, Ohr) betrifft. Das folgt aus dem Definitionsbestandteil „...ohne Hilfsmittel einsehbaren Körperöffnungen oder Körperhöhlen". Auch die Anordnung, sich völlig zu entkleiden und in diesem Zustand eine Körperdrehung vorzunehmen, stellt eine Durchsuchung dar.[412] Demgegenüber dient die körperliche Untersuchung dem Zweck, die vom Willen des Beschuldigten unabhängige Beschaffenheit seines Körpers, auch das Vorhandensein von Fremdkörpern in sämtlichen natürlichen Körperöffnungen (und damit auch im Anal- und Genitalbereich), durch sinnliche Wahrnehmung ohne körperliche Eingriffe festzustellen.[413] Eine präventivpolizeiliche Maßnahme, die sich auf die Nachschau des Anal- und/oder Genitalbereichs erstreckt, ist somit rechtswidrig. 490

Beispiel[414]: Die X wurde anlässlich eines Rockfestivals im Rahmen einer präventivpolizeilich angeordneten Betäubungsmittelkontrolle von Bediensteten der Polizei kontrolliert. Dabei wurde vom Einsatzleiter vage vermutet, dass X im Genitalbereich ein Päckchen Kokain versteckt haben könnte. Um den angenommenen Drogenkonsum zu verhindern, ordnete er daher eine Visitation der X dergestalt an, dass diese eine Nachschau im Ge-

---

409 Zur Durchsuchung von Kleidungsstücken vgl. auch Rn 504.

410 Vgl. z.B. § 19 II S. 1 BremPolG; dem sich anschließend VGH München NVwZ-RR 1999, 310.

411 Vgl. § 17 MEPolG; Bund: § 43 BundesPolG; BW: § 29 PolG; Bay: Art. 21 PAG; Berl: § 34 ASOG; Brand: § 21 PolG; Brem: § 19 PolG; Hamb: § 15 SOG; Hess: § 36 SOG; MeckVor: § 53 SOG; Nds: § 22 SOG; NRW: § 39 PolG; RhlPfl: § 18 POG; Saar: § 17 PolG; Sachs: § 23 PolG; SachsAnh: § 41 SOG; SchlHolst: § 202 LVwG; Thür: § 23 PAG.

412 OVG Saarlouis LKRZ 2008, 102, 103 ff.

413 Vgl. OVG Saarlouis LKRZ 2008, 102, 103 ff.; VG Regensburg BayVBl 1999, 347 ff.

414 Nachgebildet VGH München NVwZ-RR 1999, 310. Vgl. auch OVG Saarlouis LKRZ 2008, 102, 103 ff.

nitalbereich dulden musste. X ist der Meinung, dass diese Maßnahme rechtswidrig gewesen sei.

Da die Polizei präventivpolizeilich tätig war, gilt es zu klären, ob eine Nachschau im Genitalbereich vom Begriff der Durchsuchung umfasst ist. Die Suche nach Fremdkörpern (hier: Betäubungsmittel) im Genitalbereich durch sinnliche Wahrnehmung ist dem Begriff der körperlichen Untersuchung zuzuordnen und nicht dem Begriff der Durchsuchung von Personen. Die Nachschau im Genitalbereich diente gerade der Suche nach Gegenständen in einer Körperöffnung bzw. Körperhöhle, die ohne Hilfsmittel nicht ohne weiteres einsehbar ist. Sie war daher kein Instrument der präventivpolizeilichen Durchsuchung, sondern eines der strafprozessualen Untersuchung. Da deren Voraussetzungen (dringender Tatverdacht; Anordnung des Richters oder Staatsanwalts; präventivpolizeilicher Zweck der Durchsuchung) nicht vorlagen, war die Untersuchung des Genitalbereichs der X schon deshalb rechtswidrig. Die Auffassung der X ist zutreffend.

Weiterführender Hinweis: Wäre X aus repressivpolizeilichen Gründen in Anspruch genommen worden (etwa weil man sie des Drogenhandels konkret verdächtigte), hätte es sich um eine **Untersuchung** auf der Grundlage des **§ 81 a StPO** (unter Beachtung des § 81 d StPO) gehandelt. Denn auf diese Rechtsgrundlage können zum Zweck der Strafverfolgung körperliche Untersuchungen durch Blutabnahme, durch Röntgen, die Verabreichung von Brech- oder Abführmitteln, das Auspumpen des Magens oder das Suchen im After oder (bei Frauen) im Genitalbereich gestützt werden. Mangels entsprechender Rechtsgrundlagen in den Polizeigesetzen können derartige Maßnahmen grundsätzlich nicht zu präventiven Zwecken erfolgen. Etwas anderes gilt nur für atypische Situationen, etwa wenn ein Polizeibeamter von einem Menschen gebissen wird, wobei der „Beißer" verdächtig ist, HIV-positiv zu sein und den Beamten infiziert zu haben. Hier helfen eine Abnahme und Untersuchung des Blutes, den Sachverhalt zu erforschen. Ob eine Untersuchung des nicht ohne weiteres einsehbaren Genitalbereichs (einer Frau) auf die polizeigesetzliche Befugnisnorm, die es der Polizei aus Gründen des Eigenschutzes erlaubt, eine Person nach Waffen zu durchsuchen, gestützt werden kann, ist eine andere Frage (vgl. dazu Rn 603).

Aber auch im Rahmen der Strafverfolgung ist wegen des Grundsatzes der Verhältnismäßigkeit stets eine restriktive Handhabung der Untersuchung des Genitalbereichs gefordert.

491 Eine Durchsuchung wird zumeist bei **Razzien** und beim **Objektschutz** angeordnet. Typischer Anwendungsfall ist die Durchsuchung von Besuchern von Großveranstaltungen, bei denen Ausschreitungen zu befürchten sind, nach Waffen und anderen gefährlichen Werkzeugen (*Ratio*: Gefahrenabwehr). Entsprechendes gilt für die Teilnehmer von Demonstrationen, da das VersG diese Art von Gefahrenabwehrmaßnahmen nicht regelt. Zu beachten ist allerdings die Sperrwirkung des Versammlungsrechts.[415]

aa. Formelle Rechtmäßigkeit

492 Hinsichtlich der formellen Rechtmäßigkeit gelten zunächst die allgemeinen Voraussetzungen (Zuständigkeit, Verfahren und Form; siehe Rn 607 ff.). Als besondere (und zusätzlich zu prüfende) Verfahrensvorschrift normieren die Polizeigesetze, dass Betroffene grundsätzlich nur von Beamten desselben Geschlechts durchsucht werden dürfen.[416] Nur ausnahmsweise, wenn die Durchsuchung von einem Arzt oder zur Abwehr einer Gefahr für Leib oder Leben vorgenommen wird, gilt dies nicht. Die Regelung dient damit dem Schutz des Schamgefühls, nicht jedoch der Menschenwürde (Art. 1 I

[415] Vgl. dazu Rn 1035 ff.

[416] Vgl. Bund: § 43 IV BundesPolG; BW: § 29 III PolG; Bay: Art. 21 III PAG; Berl: § 34 IV ASOG; Brand: § 21 III PolG; Brem: § 19 IV PolG; Hamb: § 15 III SOG; Hess: § 36 IV SOG; MeckVor: § 54 II SOG; Nds: § 22 III SOG; NRW: § 39 III PolG; RhlPfl: § 18 III POG; Saar: § 17 III PolG; Sachs: § 23 III PolG; SachsAnh: § 41 IV SOG; SchlHolst: § 203 II LVwG; Thür: § 23 III PAG.

S. 1 GG). Diente sie der Menschenwürde, wäre die Durchsuchung einer Person durch eine geschlechtsverschiedene Person ausnahmslos (und nicht nur im Grundsatz) verboten, weil die Menschenwürde ausnahmslos zu beachten ist.

Liegt ein Verstoß gegen die Verfahrensvorschrift vor, führt dies zur (formellen) Rechtswidrigkeit der Durchsuchung. Eine Heilung gem. § 45 VwVfG oder eine Unbeachtlichkeit gem. § 46 VwVfG kommen nicht in Betracht; ließe man dies zu, missachtete man die Ratio der Verfahrensvorschrift. **492a**

bb. Materielle Rechtmäßigkeit

Auf Tatbestandsebene setzt die Durchsuchung das Vorliegen eines Durchsuchungsgrundes voraus. So ist die Durchsuchung nach den Polizeigesetzen zunächst zulässig, wenn die Person nach den Vorschriften des Polizeigesetzes **in Gewahrsam genommen** bzw. festgehalten werden kann. In diesen Fällen bedarf die Durchsuchung einer **konkreten Gefahr**, die allerdings zumeist identisch ist mit der, die zur Ingewahrsamnahme als Anlasstatbestand der Durchsuchung befugt. Dabei ist es gleichgültig, ob die Ingewahrsamnahme nach dem Polizeigesetz, nach der StPO oder nach anderen Gesetzen erfolgt. **493**

Beispiel: Die auf Streife befindliche Polizei wird in einer dunklen Seitengasse auf einen Mann aufmerksam, der offenbar gerade dabei ist, ein Auto aufzubrechen. Die Polizei nimmt den Mann vorläufig in Gewahrsam und durchsucht ihn nach Einbruchwerkzeugen.

Hier ist die Durchsuchung ohne weiteres zulässig, weil sie zum einen im zeitlichen Zusammenhang mit der Ingewahrsamnahme (gleichgültig, ob sich diese auf das Polizeigesetz oder z.B. in Form einer Festnahme auf § 127 II StPO stützen lässt) steht und sich zum anderen die Gefahr aufgrund der Tatsache, dass der Mann das Versuchsstadium einer Straftat nach §§ 242, 243 I S. 2 Nr. 1 und 2 StGB überschritten hat, auch bereits realisiert hat.

Darüber hinaus darf eine präventivpolizeiliche Durchsuchung vorgenommen werden, wenn **Tatsachen die Annahme rechtfertigen, dass Gegenstände vorgefunden werden, die** (nach den Vorschriften des Polizeigesetzes) **sichergestellt** werden dürfen. „Vorgefunden werden" bedeutet, dass die betroffene Person die Gegenstände mit sich führt oder zumindest unmittelbar und sofort darauf zugreifen kann. Insoweit besteht eine Parallele zu § 244 Nr. 2 und § 250 I Nr. 2 StGB.[417] Die Formulierung „Tatsachen die Annahme rechtfertigen" bedeutet, dass zwar keine konkrete Gefahr, sondern lediglich eine **abstrakte Gefahr** bzw. ein **Gefahrenverdacht** vorliegen müssen, allerdings muss konkretes Tatsachenmaterial vorhanden sein, das den Schluss zulässt, dass Gegenstände vorgefunden werden, die sichergestellt werden dürfen. **494**

Beispiel: Polizeibeamte, die den Zugang zu einem Rockfestival kontrollieren, bekommen einen glaubhaften Hinweis, dass ein bestimmter Zuhörer ein Messer, das dem Waffenbegriff des WaffG unterfällt, mit sich führt. Sie durchsuchen die betreffende Person und stellen das bei ihr gefundene Messer sicher.

In diesem Fall stellte der glaubhafte Hinweis auf das Mitführen eines Messers eine Tatsache dar, die die Annahme rechtfertigte, dass die angegebene Person ein Messer mit sich führte. Die Durchsuchung der Person war somit rechtmäßig. Das hätte selbst dann gegolten, wenn bei der Durchsuchung kein Messer gefunden worden wäre. Denn maßgeblicher Zeitpunkt für die Beurteilung ist die Ex-ante-Sicht, also der Zeitpunkt, in dem der Beamte über die Maßnahme entscheiden muss.

---

[417] Vgl. dazu ausführlich *Schmidt/Priebe*, StrafR BT II, 11. Aufl. 2012, Rn 207 ff. und 391 ff.

495 **Hinweis für die Fallbearbeitung:** Aus den genannten Anlasstatbeständen folgt, dass die Durchsuchung von Personen i.d.R. mit anderen Maßnahmen einhergeht. Insbesondere ist die Durchsuchung Begleitmaßnahme zur Ingewahrsamnahme und dient dabei verschiedenen Gründen, etwa der Eigensicherung des Beamten oder der Verhinderung der Selbstgefährdung des in Gewahrsam Genommenen. Auch wird sie häufig als Begleitmaßnahme zur Identitätsfeststellung durchgeführt. Sie ist aber auch häufig eine Vorbereitungsmaßnahme zu einer Sicherstellung. Denn werden bei einer Durchsuchung Sachen gefunden, von denen eine Gefahr für die öffentliche Sicherheit ausgeht, muss die Polizei die Möglichkeit haben, diese Sachen sicherzustellen und zu verwahren. Für die Klausurbearbeitung folgt daraus aber, dass alle Maßnahmen eigenständig geprüft werden müssen.

Beispiel: S wird im Vorfeld einer Demonstration von Polizeibeamten durchsucht, weil Tatsachen die Annahme rechtfertigen, dass er Waffen bei sich führt.

⇨ Da zur Gefahrenabwehr, insbesondere bei Demonstrationen, Waffen sichergestellt werden dürfen (vgl. etwa § 23 Nr. 2 und 3 BremPolG), ist ein Anlasstatbestand für eine Durchsuchung gegeben (etwa nach § 19 I Nr. 2 oder nach § 19 III BremPolG). Die Beamten durften S also durchsuchen. Prüfungstechnisch ist die Rechtmäßigkeit einer (hypothetischen) Sicherstellung im Rahmen des Tatbestands der Durchsuchung zu prüfen. Sollten die Beamten tatsächlich Waffen finden und diese sicherstellen, ist die Sicherstellung später als Folgemaßnahme separat zu prüfen. Allerdings kann hinsichtlich der Rechtmäßigkeit i.d.R. auf die Prüfung der Durchsuchung verwiesen werden.

496 Auch lassen die Polizeigesetze die Durchsuchung einer Person zu, die sich in einem **die freie Willensbestimmung ausschließenden Zustand** oder sonst **in hilfloser Lage** befindet. In einem „die freie Willensbestimmung ausschließenden Zustand" können sich insbesondere Menschen mit Selbsttötungsabsicht befinden (Pflicht des Staates, Menschenleben zu schützen, Art. 2 II S. 1 GG). Gleiches gilt etwa im Fall einer Ohnmacht, bei einem epileptischen Anfall oder schweren Nervenschock.

Beispiel: Die Polizei erhält einen Anruf von einer Frau, in dem diese ihr mittels Mobiltelefons mitteilt, dass sie sich das Leben nehmen wolle. Mit Hilfe einer Standortbestimmung (sog. Handyortung) gelingt es der Polizei, den Aufenthaltsort der Frau zu ermitteln. Vor Ort durchsucht sie die Frau und stellt ein Teppichmesser sicher, mit dem die Frau sich offenbar die Pulsadern aufschlitzen wollte.

In diesem Fall ist die Durchsuchung gerechtfertigt. Rechtmäßig ist auch die Sicherstellung.

497 Eine „sonstige hilflose Lage" kann insbesondere bei Volltrunkenen, verunglückten Personen, alten Menschen oder Kindern vorliegen, wobei sich gewisse Überschneidungen mit der Variante *die freie Willensbestimmung ausschließenden Zustand* ergeben können. So befindet sich insbesondere der Volltrunkene, der hilflos ist, wohl auch in einem „die freie Willensbestimmung ausschließenden Zustand".

497a Neuerdings ermächtigen die Polizeigesetze auch zur Durchsuchung von Personen, die sich an **gefährlichen** oder **gefährdeten** Orten oder an **Kontrollstellen** aufhalten oder dort angetroffen werden.[418] Damit soll der Polizei die Möglichkeit gegeben werden, neben der Durchsuchung zur Durchsetzung einer Identitätsfeststellung und zur Vorbereitung einer Sicherstellung eine besonders intensive Durchsuchung von Perso-

[418] Vgl. Bund: § 43 I Nr. 4, II Nr. 1 u. 2 BundesPolG; BW: § 29 I Nr. 4 u. 5 PolG; Bay: Art. 21 I Nr. 3 u. 4 PAG; Berl: § 34 II Nr. 2-4 ASOG; Brand: § 21 I Nr. 4 u. 5 PolG; Brem: § 19 I Nr. 4 u. 5 PolG; Hamb: § 15 II SOG; Hess: § 36 II Nr. 2 u. 3 SOG; MeckVor: § 53 I Nr. 3 iVm 29 I S. 2 Nr. 1-3 SOG; Nds: § 22 I Nr. 4 u. 5, II Var. 2 SOG; NRW: § 39 I Nr. 4 u. 5 PolG; RhlPfl: § 18 I Nr. 4-6 POG; Sachs: § 23 I Nr. 4 u. 5 PolG; SachsAnh: § 41 II Nr. 2 u. 3 SOG; SchlHolst: § 20 I iVm 181 I Nr. 1-3 LVwG; Thür: § 23 I Nr. 4 u. 5 PAG.

nen an besonders neuralgischen Orten vorzunehmen, um so eine Verunsicherung krimineller Milieus hervorzurufen. Vgl. dazu bereits Rn 216 und 227 f.

Schließlich lassen die Polizeigesetze – im Rahmen einer Identitätsfeststellung – die Durchsuchung einer Person zur **Eigensicherung** zu. Danach darf die **Polizei** eine Person, deren Identität nach dem BremPolG oder anderen Rechtsvorschriften festgestellt werden soll, nach Waffen, anderen gefährlichen Werkzeugen und Explosivmitteln durchsuchen, wenn dies nach den Umständen zum Schutz des Beamten oder eines Dritten gegen eine Gefahr für Leib oder Leben erforderlich ist. Bei den **Waffen** handelt es sich um sog. Waffen im technischen Sinn, die sich mittels objektiver, im WaffG i.V.m. den in dessen Anlage 1 definierten Kriterien bestimmen lassen. Innerhalb dieser Kategorie stellen die Schusswaffen eine Untergruppe dar, zu denen im Übrigen nicht nur geladene und einsatzbereite Feuerwaffen, sondern auch Schreckschuss-, Reizstoff- und Signalwaffen und Gaspistolen zählen.[419] Zu den Waffen zählen schließlich die in § 1 II Nr. 2 WaffG genannten tragbaren Gegenstände. Zu den Gegenständen, die ihrem Wesen nach dazu bestimmt sind, die Angriffs- oder Abwehrfähigkeit von Menschen zu beseitigen oder herabzusetzen, zählen insbesondere Hieb- und Stoßwaffen, Gegenstände, die unter Ausnutzung einer anderen als mechanischen Energie Verletzungen beibringen (z.B. Elektroimpulsgeräte), und Reizstoffsprühgeräte (vgl. § 1 II Nr. 2a WaffG i.V.m. Ziff. 1 des Unterabschnitts 2 des Abschnitts 1 der Anlage 1 zum WaffG jeweils mit Legaldefinitionen). Zu den Gegenständen, die, ohne dazu bestimmt zu sein, insbesondere wegen ihrer Beschaffenheit, Handhabung oder Wirkungsweise geeignet sind, die Angriffs- oder Abwehrfähigkeit von Menschen zu beseitigen oder herabzusetzen, zählen insbesondere Spring-, Fall-, Faust- und Butterflymesser (vgl. § 1 II Nr. 2 b WaffG i.V.m. Ziff. 2 des Unterabschnitts 2 des Abschnitts 1 der Anlage 1 zum WaffG jeweils mit Legaldefinitionen), aber auch Dolche, Stilette, Säbel, Degen, Schlagringe, Schlagstöcke, Gummiknüppel, Handgranaten und Molotow-Cocktails. Keine Waffen im technischen Sinn sind hingegen Äxte, Beile, Sensen, Schlachtmesser, „Schweizer Offiziersmesser", Fahrten- und Taschenmesser, Schraubenzieher. Auch der ungeladenen Schreckschusswaffe fehlt die generelle Gefährlichkeit. Sie unterfällt daher – wie auch die ungeladene „echte" Schusswaffe – nicht dem rechtlichen Waffenbegriff.[420] Das Gleiche gilt hinsichtlich Scheinwaffen (Spielzeugpistolen etc.), da Waffen objektiv gefährlich sein müssen. Selbstverständlich bleibt stets die Möglichkeit unberührt, die genannten Gegenstände als „andere gefährliche Werkzeuge" einzustufen. Bei den in der polizeigesetzlichen Befugnisnorm ebenfalls genannten **Explosivmitteln** muss es sich nicht um Sprengmittel, also zum Sprengen bestimmte explosionsfähige Stoffe, handeln, sondern es genügt, dass die Stoffe explosionsfähig sind, wie das z.B. bei Molotow-Cocktails der Fall ist. 498

Aufgrund der Formulierung „deren Identität ... festgestellt werden *soll*" ist die Durchsuchung zur Eigensicherung gerade im Vorfeld der Identitätsfeststellung zulässig. Dabei ist es gleichgültig, ob die Identitätsfeststellung nach dem Polizeigesetz, nach der StPO oder nach anderen Gesetzen erfolgt. Einschränkend gilt jedoch, dass die Durchsuchung nicht routinemäßig vor jeder Identitätsfeststellung vorgenommen werden darf, sondern nur, wenn es „nach den Umständen ... erforderlich ist". Es müssen also bestimmte Anhaltspunkte vorliegen, die für diese Schutzmaßnahme sprechen. Das können Anhaltspunkte sein, die in der Person des Betroffenen liegen (z.B. sein Aussehen ähnelt dem einer gesuchten, als gewalttätig bekannten Person oder sein Verhalten ist aggressiv), es können aber auch allgemeine, auf den Ort der Identitätsfeststel- 499

[419] Vgl. Abschnitt 1, Unterabschnitt 1, Ziff. 2 der Anlage 1 zum WaffG.
[420] BGH StV 2004, 380.

lung bezogene Anhaltspunkte sein (z.B. in der Gegend halten sich häufig gewalttätige Personen auf).

Beispiel: An einem Samstagmittag wird die Polizei in die Innenstadt gerufen, weil dort vor einem Café in der Fußgängerzone ein Mann (M) Passanten anbettelt, wodurch sich nicht nur die Passanten, sondern auch die Gäste des Cafés gestört fühlen. M spricht die vorbeigehenden Leute zunächst ruhig an, um nach Geld zu fragen, reagiert aber bei Ablehnung äußerst aggressiv, indem er die Leute anbrüllt. Die Schwelle zur Beleidigung wird dabei aber von M nicht überschritten. Als die Polizeivollzugsbeamten A und B vor Ort eintreffen, ist M gerade wieder dabei, hinter einem Passanten herzulaufen und ihn anzubrüllen. Die Beamten halten M an, wollen von ihm wissen, was er da mache, und fragen ihn nach seinen Personalien. Da M jedoch seine Mitwirkung verweigert, durchsuchen ihn die Beamten nach Ausweispapieren, aber auch nach gefährlichen Gegenständen, um eine mögliche Gefahr von sich selbst abzuwehren, werden aber nicht fündig. M ist der Meinung, dass die Durchsuchung rechtswidrig gewesen sei.

Gemäß den polizeigesetzlichen Vorschriften darf die Polizei eine Person, deren Identität festgestellt werden soll, durchsuchen, wenn dies nach den Umständen zum Schutz des Beamten oder Dritten vor einer Gefahr für Leib oder Leben erforderlich ist. Geht man aufgrund des aggressiven Verhaltens des M davon aus, dass dieser Gegenstände mit sich führen könnte, die zu einem Angriff genutzt werden könnten, liegen die Tatbestandsvoraussetzungen vor. Insbesondere ist die Prognoseentscheidung der Polizei, zum Eigenschutz eine Person nach Waffen oder anderen gefährlichen Gegenständen zu durchsuchen, im Zweifel großzügig zu überprüfen (a.A. vertretbar).

500 Auf der Rechtsfolgeseite gelten die allgemeinen Rechtmäßigkeitsvoraussetzungen (rechtsfehlerfreie **Ermessensausübung**; Beachtung des **Verhältnismäßigkeitsgrundsatzes**).

cc. Rechtsschutz

501 Da die Durchsuchung nicht nur den (einen Realakt darstellenden) tatsächlichen Vorgang der Durchsuchung in sich birgt, sondern zugleich den Betroffenen verpflichtet, die tatsächliche Durchsuchung zu dulden (die Duldungsverfügung ist ein Verwaltungsakt), kommt der Durchsuchung eine Doppelnatur zu. Aufgrund der gleichzeitigen konkludenten Duldungsverfügung sind daher solche Rechtsbehelfe zulässig, die allgemein gegen Verwaltungsakte zulässig sind. In Betracht kommt daher stets die **Anfechtungsklage**. Da sich die Maßnahme in aller Regel jedoch bereits vor Klageerhebung erledigt haben wird, ist in diesen Fällen die **Fortsetzungsfeststellungsklage** analog § 113 I S. 4 VwGO statthaft.

b. Durchsuchung von Sachen

502 Eine Durchsuchung von Sachen[421] wird zumeist nicht isoliert durchgeführt, sondern von der Polizei i.d.R. im Zusammenhang mit anderen Maßnahmen in Betracht gezogen. Analysiert man die in der Befugnisnorm normierten Anlasstatbestände, wird deutlich, dass die Durchsuchung von Sachen regelmäßig

- als **Vorbereitungsmaßnahme** zur Ingewahrsamnahme und zur Sicherstellung,
- als **Begleitmaßnahme** zur Durchsuchung von Personen sowie
- als **Durchsetzungsmaßnahme** zur Identitätsfeststellung ergehen kann.

---

[421] Vgl. § 18 MEPolG; Bund: § 44 BundesPolG; BW: § 30 PolG; Bay: Art. 22 PAG; Berl: § 35 ASOG; Brand: § 22 PolG; Brem: § 20 PolG; Hamb: § 15a SOG, § 3 HafenSG; Hess: § 37 SOG; MeckVor: § 57 SOG; Nds: § 23 SOG; NRW: § 40 PolG; RhlPfl: § 19 POG; Saar: § 18 PolG; Sachs: § 24 PolG; SachsAnh: § 42 SOG; SchlHolst: § 206 LVwG; Thür: § 24 PAG, § 19 OBG.

Fraglich ist, ob die Durchsuchung von Sachen als eigenständige Maßnahme neben den genannten „Hauptmaßnahmen" geprüft werden muss oder ob sie von diesen umfasst ist. Sofern die Befugnisnorm über die Durchsuchung von Sachen eigene Rechtmäßigkeitsvoraussetzungen enthält, die nicht gewürdigt werden könnten, wenn man die Durchsuchung von Sachen als uneigenständige Vorbereitungs-, Begleit- oder Durchsetzungsmaßnahme zur „Hauptmaßnahme" betrachtete, ist sie separat zu prüfen. Das ist regelmäßig der Fall, wenn sie als Vorbereitungsmaßnahme zur Ingewahrsamnahme und zur Sicherstellung sowie als Begleitmaßnahme zur Durchsuchung von Personen ergeht. In diesen Fällen ist sie eigenständig neben der „Hauptmaßnahme" zu prüfen. Ergeht sie dagegen als Durchsetzungsmaßnahme zur Identitätsfeststellung, kann sie zusammen mit dieser geprüft werden. 503

Beispiel: Die Polizei möchte die Identität einer verdächtigen Person feststellen. Da diese sich weigert, ihre Identität preiszugeben, durchsucht die Polizei den Rucksack der Person nach Gegenständen, die Aufschluss über die Identität geben.

Die Vorschrift über die Identitätsfeststellung (IDF) sieht auf der Rechtsfolgeseite u.a. vor, dass die Polizei zur Feststellung der Identität die Sachen des Pflichtigen nach Gegenständen durchsuchen darf, die zur IDF dienen. Da die Befugnisnorm über die Durchsuchung von Sachen keine Rechtmäßigkeitsvoraussetzungen enthält, die im Rahmen der IDF zu beachten wären, müssen in der Klausur auch nicht die Voraussetzungen der Durchsuchung von Sachen geprüft werden. Etwas anderes gilt nur dann, wenn die Polizei die Sachen nicht nur zur IDF durchsucht, sondern auch zu anderen Zwecken. Dann ist eine separate Prüfung erforderlich.

Zentraler Begriff der Standardmaßnahme ist die **Sache**. Darunter sind alle körperlichen Gegenstände i.S.v. § 90 BGB zu verstehen, insbesondere bewegliche Sachen wie mitgeführte Gepäckstücke oder Fahrzeuge. Auch am Körper befindliche **Kleidungsstücke** (Hose, Jacke, Hemd etc.) unterfallen eigentlich dem Begriff der Sache, allerdings richtet sich deren Durchsuchung wegen des Eingriffs in den Intimbereich nicht nach der Standardmaßnahme *Durchsuchung von Sachen*, sondern nach der Standardmaßnahme *Durchsuchung von Personen*. Wichtig ist diese Erkenntnis etwa für die Anwendbarkeit der Verfahrensvorschrift, dass Durchsuchungen von Personen grundsätzlich nur von Beamten desselben Geschlechts vorgenommen werden dürfen. 504

Freilich wird man wiederum von der Anwendbarkeit der Standardmaßnahme *Durchsuchung von Sachen* ausgehen müssen, wenn ein Kleidungsstück durchsucht wird, das der Adressat zuvor ausgezogen hat/ausziehen musste. Auch die Verfahrensvorschrift, dass Durchsuchungen von Personen grundsätzlich nur von Beamten desselben Geschlechts vorgenommen werden dürfen, ist in diesem Fall nicht – auch nicht analog – anwendbar, weil der Schutzzweck (Wahrung der Intimsphäre) dann nicht in dem Maße greift, dass die genannte Verfahrensvorschrift beachtet werden müsste.

Der Begriff der Sache umfasst ferner auch ein **Grundstück**, das nicht befriedetes Besitztum und damit **keine Wohnung** im Sinne der Standardmaßnahme *Durchsuchen von Wohnungen* ist. Die Durchsuchung z.B. eines eingezäunten Hausgartens ist daher nur zulässig, wenn die besonderen Voraussetzungen einer Wohnungsdurchsuchung vorliegen. **Kraftfahrzeuge** sind Sachen und können grundsätzlich auf der Grundlage der Standardmaßnahme *Durchsuchen von Sachen* durchsucht werden. Problematisch ist es aber dann, wenn das Fahrzeug, das durchsucht werden soll, ganz oder teilweise auch Wohnzwecken dient. Das kann z.B. bei Lastkraftwagen mit Schlafkojen, zum Schlafen eingerichtete Kombiwagen, Wohnmobilen oder Wohnwagen der Fall sein. Sieht man diese Fahrzeuge als Wohnung i.S.d. Art. 13 I GG an, dürfen sie nur unter den strengen Voraussetzungen der Standardmaßnahme *Durchsuchen von*

Wohnungen durchsucht werden. Im Einzelfall kann es für die Rechtmäßigkeit der Durchsuchung also entscheidend sein, eine Sache oder eine Wohnung anzunehmen. Entsprechend dem Schutzzweck des Art. 13 I GG, die Intimsphäre des Menschen zu wahren, wird man darauf abstellen müssen, ob das Fahrzeug zum Zeitpunkt der Durchsuchung tatsächlich Wohnzwecken dient und im Hinblick darauf mit persönlichen Gegenständen ausgestattet ist. Dieses wird z.B. für ständig bewohnte Wohnwagen oder für Wohnfahrzeuge während eines vorübergehenden Aufenthalts auf einem Campingplatz ohne weiteres anzunehmen sein. Das Gleiche dürfte auch für Wohnmobile gelten, die nicht nur „leer stehen", überführt oder gar nur als Pkw eingesetzt werden, sondern am Tag der Durchsuchung tatsächlich als Übernachtungsgelegenheit gedient haben oder noch dienen werden. Vor diesem Hintergrund wird man auch die Frage, inwieweit **Hausboote** oder **Zelte** auf der Grundlage der Standardmaßnahme *Durchsuchen von Sachen* oder *Durchsuchen von Wohnungen* durchsucht werden dürfen, beantworten müssen.

aa. Formelle Rechtmäßigkeit

505 Hinsichtlich der formellen Rechtmäßigkeit gelten zunächst die allgemeinen Voraussetzungen (Zuständigkeit, Verfahren und Form, siehe Rn 609 ff.). Als besondere (und zusätzlich zu prüfende) Verfahrensvorschriften normieren fast alle Polizeigesetze, dass der Inhaber der tatsächlichen Gewalt das Recht hat, **anwesend** zu sein; bei Abwesenheit soll die Polizei seinen Vertreter, einen erwachsenen Angehörigen, eine Person seines Vertrauens oder eine andere (neutrale) Person heranziehen. Der Zweck des Anwesenheitsrechts besteht darin, dass die Besitz- und Eigentumsposition des Berechtigten gewahrt wird. Daher besteht gem. § 25 S. 2 VwVfG auch eine Hinweispflicht der Beamten auf dieses Recht. Weitere Verfahrensvorschrift ist, dass dem Inhaber der tatsächlichen Gewalt bzw. der statt seiner anwesenden Person auf Verlangen unverzüglich (also i.d.R. noch während des Einsatzes) eine **Bescheinigung** über die Durchsuchung und ihren Grund auszustellen ist. Welchen Inhalt die Bescheinigung vorweisen muss, bleibt jedoch unbeantwortet. Bei einem Vergleich zu der Standardmaßnahme *Sicherstellung* wird man aber auch bei der Durchsuchung fordern müssen, dass die Bescheinigung Ort und Zeit der Durchsuchung, die Namen der beteiligten Bediensteten sowie Angaben enthalten muss, auf welchen Sachverhalt und auf welche Rechtsgrundlage die Maßnahme konkret gestützt wurde. Wegen der Vergleichbarkeit mit dem Anwesenheitsrecht besteht auch hier eine entsprechende Hinweispflicht der Polizei gem. § 25 S. 2 VwVfG auf das Bestehen des Antragsrechts.

506 Ein Verstoß gegen eine der genannten Verfahrensvorschriften führt zur **formellen Rechtswidrigkeit** der Durchsuchung. Eine **Heilung** kommt nur hinsichtlich einer fehlenden Begründung in Betracht, vgl. § 45 I Nr. 2 VwVfG; eine **Unbeachtlichkeit** gem. § 46 VwVfG (auch) bei fehlender Bescheinigung.

bb. Materielle Rechtmäßigkeit

507 Die materiellen Tatbestandsvoraussetzungen sind in der Befugnisnorm beschrieben und in der Fallbearbeitung i.d.R. durch Sachverhaltssubsumtion zu prüfen. Was den Grad der erforderlichen Gefahr betrifft, ist eine **konkrete Gefahr** nur für den Fall gefordert, dass die Sache einer Person durchsucht wird, die ihrerseits durchsucht werden darf. Bei den übrigen Tatbestandsvarianten genügt eine **abstrakte Gefahr**. Pflichtig ist regelmäßig der Verhaltens- oder Zustandsstörer. Sofern eine Tatbestandsvariante keine Störereigenschaft voraussetzt, müssen selbstverständlich auch nicht die Voraussetzungen für die Inanspruchnahme eines Nichtstörers vorliegen.

Näherer Betrachtung bedarf die Variante, der zufolge die Polizei ein Fahrzeug durchsuchen darf, in dem sich eine Person befindet, deren Identität bei einer Kontrollstelle festgestellt werden darf; die Durchsuchung darf sich auch auf die in dem Fahrzeug enthaltenen Sachen erstrecken. Diese Bestimmung wird man allerdings einengend dergestalt auslegen bzw. anwenden müssen, dass die Durchsuchung von Fahrzeugen an einer Kontrollstelle zur Identitätsfeststellung einer Person nur zulässig ist, wenn auch die Person und die von ihr sonst noch mitgeführten Sachen zu dem gleichen Zweck durchsucht werden dürfen, wenn die Person also festgehalten werden darf. Durch diese Auslegung lassen sich ungerechtfertigte Unterschiede in der Reichweite der jeweiligen Eingriffsbefugnisse vermeiden. Dient die Durchsuchung eines Kraftfahrzeugs an einer Kontrollstelle demgegenüber dem Auffinden von Waffen, anderen gefährlichen Werkzeugen und Explosivmitteln, reicht es aus, wenn diese Maßnahme den Umständen nach zum Schutz gegen eine Gefahr für Leib oder Leben erforderlich ist. Dieser Zweck der Kontrollstelle dürfte sogar der Regelfall sein. 508

Beispiel: Der Verfassungsschutz gelangt aufgrund von Abhörmaßnahmen zu der Erkenntnis, dass Terroristen einen Selbstmordanschlag in der Innenstadt planen. Daher hat die Polizei mehrere Kontrollstellen eingerichtet. In deren Rahmen wird auch T angehalten. Weil dieser sich zudem verdächtig verhält, entschließt sich die Polizei, das Fahrzeuginnere zu durchsuchen.

In diesem Fall durfte die Polizei das Fahrzeug durchsuchen, weil es sich um ein Fahrzeug handelte, in dem sich eine Person befand, deren Identität sie feststellen durfte. Zudem konnte die Polizei die Durchsuchung des Fahrzeugs vornehmen, weil T aus Gründen der Eigensicherung durchsucht werden durfte.

cc. Rechtsschutz

Zum Rechtsschutz gegen die Durchsuchung von Sachen gilt dasselbe wie bei der Durchsuchung von Personen. 509

c. Betreten und Durchsuchen von Wohnungen

Eine mit Blick auf die Bedeutung des Wohnungsgrundrechts äußerst praxis- und studienrelevante Standardmaßnahme stellt das Betreten und Durchsuchen von Wohnungen zu präventivpolizeilichen Zwecken dar.[422] Eingriffsobjekt ist **Art. 13 I GG**. Dieses Grundrecht dient dem besonderen **Schutz des persönlichen Lebensbereichs**. Der Wohnungsinhaber soll das Recht haben, in seinem „elementaren Lebensraum in Ruhe gelassen zu werden".[423] Eingriffe in dieses Grundrecht sind daher nur unter besonderen Voraussetzungen zulässig. So unterscheidet Art. 13 GG in den Absätzen II und VII **Durchsuchungen** von **sonstigen Maßnahmen**, für die nach dem Wortlaut unterschiedliche Schranken gelten. Die Absätze III bis VI enthalten Spezialregelungen für die **akustische** und **optische** Wohnraumüberwachung (z.B. Abhören mittels Wanze oder Richtmikrofon; Beobachtung mittels Kamera), die zwar in besonders gravierender Weise in das Wohnungsgrundrecht eingreifen, wegen ihres klar umrissenen Anwendungsbereichs jedoch keine Rolle in Bezug auf die Standardmaßnahme *Betreten und Durchsuchen von Wohnungen* spielen. Diese Maßnahmen wurden bereits bei Rn 268 ff. dargestellt. Ob eine **Onlinedurchsuchung** von Computern eine Durchsuchung i.S.d. Art. 13 II GG darstellt, ist Gegenstand der Darstellung bei Rn 309a ff. Keinen Fall 510

[422] Vgl. §§ 19 f. MEPolG; Bund: §§ 45 f. BundesPolG; BW: § 31 PolG; Bay: Art. 23 f. PAG; Berl: §§ 36 f. ASOG; Brand: §§ 23 f. PolG; Brem: §§ 21 f. PolG; Hamb: §§ 16 f. SOG; Hess: §§ 38 f. SOG; MeckVor: §§ 59 f. SOG; Nds: §§ 24 f. SOG; NRW: §§ 41 f. PolG; RhlPfl: §§ 20 f. POG; Saar: §§ 19 f. PolG; Sachs: § 25 PolG; Sachs-Anh: §§ 43 f. SOG; SchlHolst: §§ 208 f. LVwG; Thür: §§ 25 f. PAG.

[423] Vgl. BVerfGE 42, 212, 219; 51, 97, 110; 89, 1, 12; 103, 142, 150 ff.; BVerfG NJW 2002, 1333; BVerfG NJW 2004, 1517; BVerfG DÖV 2007, 607, 608 ff.

der Durchsuchung von Wohnungen stellt jedenfalls die heimliche **Überwachung der Telekommunikation** dar. Zwar wird auch mit dieser Maßnahme in besonderem Maße in die Persönlichkeitssphäre eingegriffen, Prüfungsmaßstab ist aber nicht das Wohnungsgrundrecht, sondern das Grundrecht auf Wahrung des Fernmeldegeheimnisses (Art. 10 I GG), vgl. dazu Rn 293 ff.

511 Zentraler Begriff ist die Wohnung. Wegen der Bedeutung des Wohnungsgrundrechts ist der Wohnungsbegriff aus Gründen der Rechtssicherheit und Rechtsklarheit in den meisten Polizeigesetzen in Anlehnung an die Rechtsprechung des BVerfG[424] legaldefiniert.

512 Danach umfasst die **Wohnung** nicht nur Wohn- und Nebenräume, sondern auch Arbeits-, Betriebs- und Geschäftsräume sowie anderes befriedetes Besitztum.[425]

513 Zu den Wohnungen zählen demzufolge insbesondere Wohnhäuser, aber auch Etagenwohnungen. Auf die Eigentumsverhältnisse (Wohneigentum; Mietnutzung) kommt es nicht an; entscheidend ist allein die tatsächliche Wohnnutzung. Auch Wohnmobile, Campingwagen, Zelte, Hausboote (nicht jedoch ein gewöhnlicher Pkw, siehe Rn 504 f.), gelten i.d.R. als Wohnung i.S.v. Art. 13 I GG, **soweit sie (auch) als Medium zur Entfaltung von Privatheit dienen.**[426] Sammelunterkünfte (Polizei- oder Bundeswehrkasernen, Haftanstalten, Internate) genießen nur dann den Schutz des Art. 13 I GG, wenn dem Einzelnen eine Privatsphäre eingeräumt wird. Das ist i.d.R. aber nicht der Fall.[427]

Problematisch ist auch, ob **Spinde** (in Sammelunterkünften oder Aufenthaltsräumen von Betrieben) der Privatsphäre und damit dem Wohnungsbegriff unterfallen. Grundsätzlich wird man Spinde der Privatsphäre zuordnen müssen mit der Folge, dass deren Durchsuchung nur unter den Voraussetzungen der Wohnungsdurchsuchung rechtmäßig ist (wobei allerdings die Einschränkungen, die für die Nachtzeit gelten, nicht zu beachten sind). Bei Bundeswehrsoldaten gilt die Besonderheit, dass das Leben in Gemeinschaftsunterkünften nur eine sehr eingeschränkte Privatsphäre genießt, vgl. dazu die auf § 18 SoldatenG ergangene Verwaltungsvorschrift des Bundesverteidigungsministers. Immerhin ist in Spinden von Soldaten ein kleines Privatfach vorhanden.

Ein ähnliches Problem besteht bei **dienstlich genutzten Computern** im Hinblick auf den Grundrechtsschutz aus Art. 2 I i.V.m. Art. 1 I GG. Man wird unterscheiden müssen: Wurde der Computer ausschließlich zu dienstlichen Zwecken bereitgestellt, wird man eine schützenswerte Privatsphäre verneinen müssen.

514 Zu den **Nebenräumen** zählen z.B. Keller, Wirtschaftsräume, Dachböden, aber auch Garagen. Unter den Begriff **Arbeits-, Betriebs- und Geschäftsräume**, die ebenfalls vom polizeirechtlichen Wohnungsbegriff erfasst sind, fallen z.B. Werkstätten, Lagerhallen, Verkaufsräume, ärztliche Behandlungszimmer, Kanzleiräume von Rechtsanwälten etc. Nach der aktuellen Rechtsprechung des BVerfG kommt es für die Einbeziehung von Arbeits-, Betriebs- und Geschäftsräumen in den Schutzbereich des Art. 13 I GG auch nicht darauf an, ob der Zutritt von einer Entscheidung des Hausrechtsinhabers abhängig gemacht wird oder generell der Öffentlichkeit preisgegeben ist.[428] Zwar hat

---

[424] BVerfGE 32, 54, 68 f.; 65, 1, 40; 76, 83, 88; 89, 1, 12. Vgl. auch BVerwG NJW 2005, 454 f. und nunmehr BVerfG DÖV 2007, 607, 608 ff.
[425] Vgl. z.B. § 21 I S. 2 BremPolG; § 16 I HambSOG; § 38 I HessSOG; § 24 I NdsSOG.
[426] Vgl. BVerfG NJW 2004, 1517 (Durchsuchung und Beschlagnahme bei einem Rechtsanwalt); VGH Mannheim DVBl 1998, 96; *Schenke*, POR, Rn 154; *Ruthig*, JuS 1998, 506, 508 ff.
[427] Vgl. BVerfG NJW 1996, 2643; BGH NJW 1998, 3284.
[428] BVerfG DÖV 2007, 607, 608 ff.

dieses weite Verständnis mit dem Begriff der „Wohnung" kaum etwas zu tun, ist aber aufgrund der eindeutigen Position des BVerfG zumindest für die Praxis verbindlich.

Freilich begrenzt das BVerfG den Grundrechtsschutz aus Art. 13 I GG für den Fall, dass ein fachgesetzlich hinreichend bestimmtes Betretungsrecht besteht, deren Befugnisnorm dezidiert die Betretungsvoraussetzungen normiert (so etwa gem. § 17 II HandwO); für diesen Fall bestehe lediglich ein Grundrechtsschutz aus Art. 2 I GG (vgl. dazu Rn 550). **515**

Zu dem im Zusammenhang mit der Wohnung genannten **befriedeten Besitztum** gehört das durch Zäune, Hecken, Gräben oder in anderer Weise eingefriedete, nicht nur landwirtschaftlich genutzte Grundstück. Das Grundstück wird jedoch nur dann vom Begriff des befriedeten Besitztums erfasst, wenn es gegenüber der Öffentlichkeit real abgeschirmt ist oder sich in unmittelbarer Nähe eines vom Wohnungsbegriff erfassten Gebäudes befindet.[429] Es muss stets ein Zusammenhang mit der Wohnung bestehen und der Zugang muss durch ein Hindernis zumindest erschwert werden. **516**

Die Unterscheidung zwischen Wohn- und Nebenräumen einerseits und Arbeits-, Betriebs- und Geschäftsräumen sowie sonstigem befriedeten Besitztum andererseits ist unter dem Aspekt der (v.a. zeitlichen) Begrenzung des Betretungsrechts relevant. **517**

- So bestimmen die meisten Polizeigesetze, dass **Arbeits-, Betriebs- oder Geschäftsräume** (sowie andere Räume und Grundstücke), die **öffentlich zugänglich** sind oder waren und den Anwesenden zum weiteren Aufenthalt zur Verfügung stehen, zum Zweck der Gefahrenabwehr (damit ist die Aufgabenerfüllung gemäß den Aufgabenzuweisungsnormen der Polizeigesetze gemeint) **während der Arbeits-, Geschäfts- oder Aufenthaltszeit** betreten (nicht auch durchsucht!) werden dürfen. Außerhalb dieser Zeiten scheidet also ein Betreten (und erst recht ein Durchsuchen) bei Vorliegen lediglich einer „Aufgabe der Gefahrenabwehr" aus (vgl. Rn 543 ff.). **518**
- Dagegen dürfen die **Wohn- und Nebenräume** i.e.S. sowie Arbeits-, Betriebs- und Geschäftsräume, die (im Umkehrschluss zu oben Gesagtem) **nicht öffentlich zugänglich** sind, grundsätzlich auch in den sonstigen Zeiten betreten (und auch durchsucht) werden, sofern die allgemein für Wohnungsbetretungen und -durchsuchungen geltenden Rechtfertigungsvoraussetzungen vorliegen. Für die Nachtzeit (vgl. dazu § 104 III StPO) gelten jedoch strengere Voraussetzungen an die Rechtmäßigkeit („gegenwärtige Gefahr für Leib, Leben oder Freiheit einer Person" oder „Sachen von bedeutendem Wert"). Besteht aber eine von der Wohnung ausgehende erhebliche, die Nachtruhe Dritter beeinträchtigende Störung, sehen die meisten Polizeigesetze vor, dass die Polizei eine Wohnung auch während der Nachtzeit und ohne diese strengen Voraussetzungen betreten darf. Freilich steht dies in Konflikt zum Gesetzesvorbehalt des Art. 13 VII GG, der die Betretung nur zur Abwehr einer gemeinen Gefahr oder einer Lebensgefahr für einzelne Personen zulässt (vgl. dazu Rn 537 ff.). **519**

Zu beachten ist aber, dass selbst wenn eine Wohnung i.S.d. Polizeirechts vorliegt, das **GastG** und die **GewO** die Anwendbarkeit des allgemeinen Polizei- und Ordnungsrechts im gewerbespezifischen Gefahrenbereich sperren (vgl. § 1 GewO). Liegen also die Voraussetzungen eines Grundrechtseingriffs nach dem GastG oder der GewO vor, kommen von vornherein ein Betreten und Durchsuchen nach dem Polizeigesetz nicht in Betracht. Die Sperrwirkung des GastG und der GewO gilt jedoch **nicht** (1.) für die Polizei im Rahmen ihrer **Eilzuständigkeit** und (2.) für Gefahren, die nicht den Gewerbetreibenden betreffen.[430] Des Weiteren gehen fachgesetzliche Bestimmungen wie z.B. § 17 II **HandwO**, § 16 I **InfSchG**, § 16 III **TierSchG** und § 73 III **TierSeu-** **520**

[429] BGH NJW 1997, 2189 zum Vorgarten.
[430] Vgl. dazu näher Rn 1129 ff.

chenG den polizeigesetzlichen Bestimmungen über das Betreten und Durchsuchen von Wohnungen vor.

521 Auch ist zu beachten, dass einige Polizeigesetze die Eingriffsvoraussetzungen für das Betreten teilweise weniger streng formulieren, als es der Schrankenvorbehalt des **Art. 13 VII GG** zulässt. In einem solchen Fall ist die betreffende polizeigesetzliche Rechtsgrundlage **verfassungskonform** auszulegen, d.h. ein Eingriff ist nur unter den Voraussetzungen des Art. 13 VII GG, der wiederum eng auszulegen ist, zulässig. Vgl. dazu Rn 537 ff.

522 Da die Polizeigesetze zum Betreten (und Durchsuchen) von Wohnungen ohne Einwilligung des Berechtigten ermächtigen, heißt dies, dass ein Grundrechtseingriff nicht vorliegt und es keiner Rechtfertigung bedarf, wenn der Wohnungsinhaber in das Betreten und Durchsuchen einwilligt (sog. **Grundrechtsverzicht**), wobei die Einwilligung freiwillig sein muss. Sie kann auch konkludent erfolgen.

> **Beispiel:** Auf einer nächtlichen Streifenfahrt beobachtet die Polizei durch ein Wohnzimmerfenster, wie eine Person eine andere mit einer Schusswaffe bedroht. Unbemerkt verschafft sie sich Zugang in die Wohnung, um die Schussabgabe abzuwenden.
>
> Unterstellt, dass nur die bedrohte Person Wohnungsinhaberin ist, darf davon ausgegangen werden, dass sie mit dem Betreten ihrer Wohnung durch die Polizei einverstanden ist. Es liegt ein Grundrechtsverzicht vor, der eine weitere Prüfung der Rechtmäßigkeit der Wohnungsbetretung mit Art. 13 I GG als Prüfungsmaßstab überflüssig macht. Denn wo kein Grundrechtseingriff vorliegt, besteht auch kein Rechtfertigungsbedürfnis. Lässt sich die Frage nach dem Grundrechtsverzicht nicht klären, ist dies unschädlich, sofern die Voraussetzungen des Art. 13 II-VII GG i.V.m. der polizeigesetzlichen Befugnisnorm vorliegen. Zum Grundrechtsverzicht vgl. auch das Beispiel bei Rn 531.

523 Willigt der Wohnungsinhaber jedoch nur unter dem Druck der Obrigkeit ein (Beispiel: die Polizei droht mit der gewaltsamen Öffnung der Tür, falls diese nicht „freiwillig" geöffnet werde), ist die Freiwilligkeit selbstverständlich zu verneinen. Einen Grundrechtsverzicht wird man ebenfalls verneinen müssen, wenn der Betroffene die Tragweite eines Grundrechtsverzichts nicht überblickt. Bei der Annahme eines Grundrechtsverzichts ist also Zurückhaltung geboten.

524 Das Betreten und Durchsuchen von Räumen kann sowohl zum Zweck der **Strafverfolgung** (§§ 102 ff. StPO) als auch zum Zweck der **Gefahrenabwehr** erfolgen. Das kann im Einzelfall die Frage aufwerfen, ob die Polizei repressiv oder präventiv tätig ist bzw. war.

> **Beispiel:** In einem mehrere Wohnungen umfassenden Mietshaus hört ein Mieter lautstarkes Geschrei in der über ihm gelegenen Wohnung. In der Annahme, dass dort körperliche Misshandlungen vorgenommen werden, ruft er die Polizei. Diese erscheint sofort und fordert die in der fraglichen Wohnung befindlichen Personen auf, die Tür zu öffnen. Als diese nicht geöffnet wird und sich im Übrigen das Geschrei noch verstärkt, geht die Polizei von einer Gefahr im Verzug aus und bricht die Tür auf.
>
> Das Aufbrechen der Tür war zum Betreten der Wohnung und zu deren Durchsuchung unerlässlich. Daher ist das Verhalten der Polizei einheitlich zu bewerten. Wie bereits dargestellt, kann die Polizei sowohl präventiv (also zur Gefahrenabwehr) als auch repressiv (also zur Verbrechensbekämpfung) tätig sein. Da hier aber unterschiedliche Rechtmäßigkeitsanforderungen bestehen, kann eine Unterscheidung nicht dahinstehen. Abzustellen ist auf das **Schwergewicht des polizeilichen Handelns**. Bei der Ermittlung des Schwergewichts ist ein objektiver Maßstab anzulegen. Liegen Anhaltspunkte dafür vor, dass ein *Verdacht einer Straftat* besteht und die Polizei weitere Sachver-

haltsaufklärungen durchführt, ist von einer repressivpolizeilichen Tätigkeit auszugehen. Steht demgegenüber die *Verhütung von (weiteren) Straftaten* im Vordergrund, ist von einer präventivpolizeilichen Maßnahme auszugehen (vgl. dazu im Einzelnen Rn 88 ff.). Vorliegend wusste die Polizei im Zeitpunkt des Aufbrechens der Tür noch nicht, was sie erwarten würde. Ihr konnte es daher lediglich darum gehen, eine mögliche Gefährdung des Rechtsguts Leib und Leben abzuwenden. Der Zweck des Einschreitens lag also in der Gefahrenabwehr. Die Rechtsgrundlage für das Einschreiten ist somit im Gefahrenabwehrrecht zu suchen. Vorliegend einschlägig sind daher die Normen über das Betreten und Durchsuchen von Wohnungen sowie die über den unmittelbaren Zwang.

Anmerkung: Rechtskonstruktiv ist es möglich (und m.E. auch geboten), zunächst das Aufbrechen der Tür als Maßnahme des unmittelbaren Zwangs zu werten und sodann das Betreten der Wohnung zu prüfen. Es ist aber auch vertretbar, das Aufbrechen der Tür als „Begleitmaßnahme" zum Betreten zu werten. Dann aber kommt der eigenständige Grundrechtseingriff in Art. 14 I S. 1 GG (Eigentumsbeeinträchtigung wegen der Beschädigung der Tür) nicht hinreichend zur Geltung.

aa. Formelle Rechtmäßigkeit

Hinsichtlich der formellen Rechtmäßigkeit der präventivpolizeilichen Wohnungsbetretung und -durchsuchung gelten zunächst die allgemeinen Voraussetzungen (Zuständigkeit, Verfahren und Form, siehe Rn 607 ff.). Als besondere (und zusätzlich zu prüfende) Verfahrensvorschrift normieren die Polizeigesetze in Ausprägung des Art. 13 II GG einen **Richtervorbehalt**, der jedoch **nur für die Durchsuchung**, nicht auch für das Betreten gilt. Durchsuchungen ohne richterliche Anordnung sind nur bei **Gefahr im Verzug** zulässig (vgl. dazu näher Rn 553 ff.). Des Weiteren gewähren die Polizeigesetze das Recht des Wohnungsinhabers, bei der Durchsuchung oder der Betretung **anwesend** zu sein. Auch ist ihm der **Grund** für das Betreten bekannt zu geben, sofern dadurch nicht der Zweck der Maßnahme gefährdet wird. Ferner ist eine **Niederschrift** hinsichtlich der Durchführung der Maßnahme anzufertigen. Der zwingende Inhalt der Niederschrift ist den Polizeigesetzen zu entnehmen. 525

Ein Verstoß gegen eine dieser Verfahrensvorschriften führt zur **formellen Rechtswidrigkeit** der Durchsuchung. Eine **Heilung** kommt nur hinsichtlich der Vorschriften über die Bekanntgabe und die Niederschrift bzw. die schriftliche Bestätigung in Betracht, vgl. § 45 I Nr. 2 VwVfG. Auch nur diesbezüglich ist an eine **Unbeachtlichkeit** gem. § 46 VwVfG zu denken. 526

bb. Materielle Rechtmäßigkeit

Zwar dienen das Betreten und Durchsuchen einer Wohnung zumeist (nur) der Vorbereitung einer anderen gefahrenabwehrrechtlichen Maßnahme wie z.B. der Vorführung, der Ingewahrsamnahme oder der Sicherstellung, wegen des hohen Schutzniveaus des Art. 13 I GG sind das Betreten und Durchsuchen aber stets separat zu prüfen und an den Maßstäben der Gesetzesvorbehalte der Art. 13 II GG (Durchsuchen) und Art. 13 VII GG (Betreten)[431] zu messen. 527

Die Anlasstatbestände, die zum Betreten und Durchsuchen von Wohnungen ermächtigen, sind in den Befugnisnormen der Polizeigesetze beschrieben. Zentrale Begriffe sind nicht nur die Wohnung, sondern auch das Betreten und die Durchsuchung. 528

[431] Zwar spricht Art. 13 VII GG von Eingriffen und Beschränkungen, die „im Übrigen ... vorgenommen werden" dürfen, man muss diese Formulierung aber so verstehen, dass sich der Gesetzesvorbehalt des Art. 13 VII GG auf *alle* Eingriffe und Beeinträchtigungen bezieht, somit auch auf die Durchsuchung i.S.d. Art. 13 II GG. Ande-

a.) Begriffe des Betretens und der Durchsuchung

529 Während unter **Betreten** das Eintreten, Verweilen und Besichtigen der Wohnung zu verstehen ist, liegt in einer **Durchsuchung** das ziel- und zweckgerichtete Suchen nach Personen oder Sachen oder zur Ermittlung eines Sachverhalts, um etwas aufzuspüren, was der Inhaber des Raums von sich aus nicht offenlegen oder herausgeben will.[432]

530 Das Durchsuchen des Raums erlaubt nicht nur das systematische Durchkämmen, sondern auch das Öffnen von Schränken und das Aufreißen von Wandverkleidungen und das Hochreißen von Fußböden.[433] Ob eine Durchsuchung vorliegt, wenn Personen, die sich offen (also nicht versteckt) in der Wohnung aufhalten, kontrolliert werden, wird uneinheitlich gesehen.[434] Dagegen spricht die o.g. Definition, wo von „ziel- und zweckgerichtetem" Suchen die Rede ist. Dafür spricht aber die Bedeutung des Grundrechtsschutzes aus Art. 13 I GG, der dazu zwingt, wegen des nur für Durchsuchungen geltenden Richtervorbehalts (Art. 13 II GG) im Zweifel eine Durchsuchung anzunehmen.

531 **Beispiel:** Weil die Nachbarin einen heftigen Streit zwischen den Eheleuten M und F und offenbar auch körperliche Übergriffe wahrnimmt, ruft sie die Polizei. Nachdem die beiden Beamten A und B erscheinen und an der Wohnungstür klingeln, öffnet F, die eine erhebliche und blutende Platzwunde an der Stirn aufweist, die Tür. Sie teilt den Beamten mit, dass sie von ihrem Ehemann (wieder einmal) geschlagen worden sei und bittet die Polizei herein. In der Wohnung begibt sich B in das Wohnzimmer, wo er M antrifft.

Bezüglich Art. 13 I GG kann bei F von einem Grundrechtsverzicht ausgegangen werden, da sie obrigkeitliche Hilfe in Anspruch nehmen möchte und dazu die Beamten frei von Zwang oder Willensmängel in die Wohnung bittet. Anders verhält es sich bei M, der mit Sicherheit nicht mit dem Betreten der Wohnung einverstanden sein wird (insbesondere erstreckt sich der Grundrechtsverzicht bei F nicht auf M). Die Rechtfertigung dieses Grundrechtseingriffs bemisst sich am Maßstab der polizeigesetzlichen Befugnisnorm sowie an dem des Art. 13 I, II bzw. VII GG. Ob eine Durchsuchung vorliegt, die grds. eine vorherige richterliche Entscheidung erfordert, ist fraglich.

Nach der o.g. Definition müsste B ziel- und zweckgerichtet nach M oder zur Ermittlung eines Sachverhalts gesucht haben, um etwas aufzuspüren, was M von sich aus nicht offenlegen oder herausgeben will.

Betrachtet man diese Defintion unabhängig vom vorliegenden Fall, würde unter den Begriff der Durchsuchung auch die Besichtigung einer Hotelküche durch einen Bediensteten der Gewerbeaufsicht fallen, der durch Suche nach Schmutz, Schimmel und Schaben ermitteln will, ob die hygienischen Verhältnisse ausreichend oder, was der Hotelier natürlich nicht offenlegen will, ungenügend sind. Dass derartige Besichtigungen und Überprüfungen keine Durchsuchungen sind, ist aber seit jeher unstreitig. Die h.M. nimmt daher eine Präzisierung der Definition des BVerfG vor: Das, was aufgespürt werden soll, dürfe sich nicht, wie bei der Besichtigung der Hotelküche, der äußerlichen Betrachtung darbieten. Durchsuchung sei also das Suchen staatlicher Organe nach Personen oder Sachen, die sich in einer Wohnung befänden oder sogar in ihr versteckt seien, um dem Augenschein oder Zugriff entzogen zu sein; es sei durch Handlungen gekennzeichnet, die Verborgenes zu Tage fördern sollen.[435]

---

renfalls ergäbe sich das widersinnige Ergebnis, dass die Durchsuchung unter weniger strengen Voraussetzungen zulässig wäre als das bloße Betreten.

[432] BVerfGE 76, 83, 89; vgl. auch BVerfGE 103, 142, 150 ff.; BVerwG NJW 2005, 454; OVG Bremen Nord ÖR 2003, 457.

[433] Vgl. ausdrücklich § 47 V S. 2 HessSOG sowie *Schenke*, POR, Rn 153 und BVerfG DÖV 2007, 607, 608 ff.

[434] Dafür *Mittag*, NVwZ 2005, 649, 650; dagegen BVerwG NJW 2005, 454, 455; *Hermes*, JZ 2005, 461 ff.

[435] Vgl. *Pieroth/Schlink/Kniesel*, POR, § 18 Rn 23; OVG Hamburg DVBl 1997, 665, 666.

Vorliegend kann davon ausgegangen werden, dass B sich in der Wohnung auch nach M umschaut. Damit läge eine Durchsuchung vor, ohne dass auf es die Ziel- und Zweckgerichtetheit ankäme. Die Frage, ob eine Durchsuchung oder ein bloßes Betreten vorliegt, kann aber dahinstehen, wenn es auf die Unterscheidung nicht ankommt. Für eine Durchsuchung wäre der grds. geltende Richtervorbehalt zu beachten, wobei im vorliegenden Fall allerdings Gefahr im Verzug angenommen werden kann, was eine vorherige richterliche Entscheidung entbehrlich macht. Daher sind das Betreten der Wohnung und das „Nachschauen" nach B im Wohnzimmer gerechtfertigt, wenn die Voraussetzungen der Eingriffsnorm und des Art. 13 VII GG vorliegen (dazu sogleich).

b.) Eingriffsvoraussetzungen

aa.) Wohnungsbetretung und -durchsuchung

Die Eingriffsvoraussetzungen sind den polizeigesetzlichen Befugnisnormen zu entnehmen. In der Regel stimmen die (novellierten) Polizeigesetze hierin im Wesentlichen überein und ermächtigen die Polizei, eine Wohnung ohne Einwilligung des Inhabers zu betreten und zu durchsuchen, wenn 532

(1.) Tatsachen die Annahme rechtfertigen, dass sich in ihr eine Person befindet, die (gemäß den entsprechenden Bestimmungen des Polizeigesetzes) **vorgeführt** oder (nach beliebigen Bestimmungen) in **Gewahrsam** genommen werden darf,

(2.) Tatsachen die Annahme rechtfertigen, dass sich in ihr eine Sache befindet, die (gemäß den entsprechenden Bestimmungen des Polizeigesetzes) **sichergestellt** werden darf,

(3.) dies zur Abwehr einer **gegenwärtigen erheblichen Gefahr** erforderlich ist oder

(4.) von der Wohnung **Emissionen** ausgehen, der nach Art, Ausmaß oder Dauer zu einer erheblichen Beeinträchtigung der Nachbarschaft führen bzw. nach Art, Ausmaß oder Dauer geeignet sind, die Gesundheit in der Nachbarschaft wohnender Personen zu beschädigen.

Die Formulierung „Tatsachen die Annahme rechtfertigen, dass ..." in Nr. 1 bedeutet, dass keine konkrete Gefahr vorliegen muss, sondern dass eine **abstrakte Gefahr** bzw. ein **Gefahrenverdacht** genügen, um eine Durchsuchung zu den o.g. Zwecken vorzunehmen.[436] Voraussetzung für die Durchsuchung ist jedoch eine auf tatsächlichen Anhaltspunkten beruhende Prognose, dass sich in der geschützten Räumlichkeit eine Person befindet, die vorgeführt oder die in Gewahrsam genommen werden darf. Dabei kommt es (nach den novellierten Polizeigesetzen) nicht darauf an, auf welcher Grundlage die Person in Gewahrsam genommen werden darf. Die (intendierte) Ingewahrsamnahme, aufgrund derer die Wohnung betreten werden soll, kann sich daher auch auf andere Rechtsgrundlagen als die in den polizeigesetzlichen Befugnisnormen bzgl. des Gewahrsams genannten stützen lassen (etwa auf § 82 IV AufenthG). Selbst Rechtsgrundlagen außerhalb des Gefahrenabwehrrechts kommen in Betracht. Die Gesetzgeber wollten damit auf verschiedene gesellschaftliche Phänomene reagieren, insbesondere auf den Umstand, dass sich die Straßenprostitution hin zur Wohnungsprostitution verlagert hat und ein Betreten der Wohnung auch dann erforderlich sein kann, wenn die in der Wohnung befindliche Person nicht gemäß den polizeigesetzlichen Befugnisnormen in Gewahrsam genommen werden dürfte und das Betreten aus einem anderen Grund nicht in Betracht kommt. Freilich wird dabei übersehen, dass die Wohnungsbetretung und -durchsuchung bereits zur Abwehr einer gegenwärtigen erheblichen Gefahr (Nr. 3) möglich ist. Die Auswirkungen der Neuregelung 533

[436] Zu den Begriffen *abstrakte Gefahr* und *Gefahrenverdacht* vgl. 666 und 689.

der Nr. 1 sind also bei weitem nicht so groß, wie es der erste Anschein vermuten lässt.

Beispiel: Nach Hinweisen aus dem „Milieu" nimmt die Polizei an, dass in einer Privatwohnung sich illegal in Deutschland aufhaltende Ausländerinnen zur Prostitution gezwungen werden. Nachdem die Polizei trotz energischen Klopfens an die Wohnungstür und Aufforderns, die Tür zu öffnen, keine Reaktion erfährt, dringt sie aus gefahrenabwehrrechtlichen Gründen gewaltsam in die Wohnung ein.

Hier soll nach Auffassung der Reformgesetzgeber auf der Basis des § 19 I (des veralteten) MEPolG ein Betreten der Wohnung unzulässig gewesen sein, weil kein Betretensgrund vorgelegen habe. Daher habe man die Wohnungsbetretungsrechte erweitern und in Nr. 1 die Befugnis aufnehmen müssen, auch dann in die Wohnung eindringen zu dürfen, wenn Tatsachen die Annahme rechtfertigen, dass sich in ihr eine Person befindet, die nach beliebigen Bestimmungen (insbesondere aber nach § 82 IV AufenthG) in Gewahrsam genommen werden darf.

Diese Auffassung verkennt jedoch, dass in Fällen der vorliegenden Art bereits Nr. 3 greift: Die Gefahr ist gegenwärtig und besteht auch für die Gesundheit und die Freiheit der Prostituierten; sie ist mithin erheblich. Dass das Betreten der Wohnung auch „erforderlich" sein muss, ist dagegen nicht etwa eine Besonderheit der Nr. 3, sondern als Ausdruck des allgemein geltenden Grundsatzes der Verhältnismäßigkeit eine rechtsstaatliche Selbstverständlichkeit: Jede Gefahrenabwehrmaßnahme muss erforderlich sein.

Nach den Neufassungen der meisten Polizeigesetze darf die Polizei also (gem. Nr. 1, s.o.) eine Wohnung betreten, wenn Tatsachen die Annahme rechtfertigen, dass sich in ihr eine Person befindet, die (u.a.) in Gewahrsam genommen werden darf. Vorliegend geht die Polizei davon aus, dass sich in der Wohnung junge Frauen befinden, die gezwungenermaßen der Prostitution nachgehen. Da diese nicht im Besitz eines Aufenthaltstitels sind (vgl. § 4 AufenthG), liegen die Voraussetzungen für die Ausweisung vor. Zu deren Durchführung darf die Polizei die auszuweisende Person in Gewahrsam nehmen (vgl. § 62 II AufenthG). Somit liegt ein Betretungs- und Durchsuchungsgrund vor.

Ein solcher liegt allerdings auch gemäß der genannten Nr. 3 vor (s.o.), sodass der vorliegende Fall auch nach der bisherigen Rechtslage i.S.d. Rechtmäßigkeit der Betretung und Durchsuchung zu lösen war.

534 Weiterhin erlauben die Polizeigesetze in unterschiedlicher Ausprägung das Betreten und Durchsuchen einer Wohnung, wenn von ihr **Emissionen** ausgehen, die nach Art, Ausmaß oder Dauer zu einer **erheblichen Beeinträchtigung der Nachbarschaft** führen, bzw. **nach Art, Ausmaß oder Dauer geeignet sind, die Gesundheit in der Nachbarschaft wohnender Personen zu beschädigen** (oben Nr. 4). Das wird insbesondere bei überlauter Musik, Partylärm oder Baulärm (Renovierungslärm) der Fall sein. Eine Beeinträchtigung bzw. Gesundheitsschädigung der Nachbarschaft ist jedoch nur dann anzunehmen, wenn in absehbarer Zeit (einfache) Körperverletzungen i.S.v. § 223 StGB drohen. Anderenfalls wäre der Eingriff in das Wohnungsrecht kaum zu rechtfertigen. Insgesamt ist bei der Ausübung des Wohnungsbetretungsrechts zu beachten, ob und welche spezialgesetzlichen Vorschriften über die Verursachung, Zumutbarkeit und Abwehr der von der Wohnung ausgehenden Emissionen bestehen. Von den Nachbarn danach erkennbar hinzunehmende Beeinträchtigungen (z.B. durch Kinderlärm oder das gelegentliche Feiern) können von vornherein nicht Grundlage einer Wohnungsbetretung sein. Das Gleiche gilt ganz Allgemein für Lärmimmissionen, die ein im Rahmen des nachbarlichen Zusammenlebens normales Maß nicht überschreiten, also insbesondere durch übliche und sozialadäquate Verhaltensweisen verursacht werden. Zur Beurteilung können die zivilrechtlichen Kriterien über das Nachbarschaftsverhältnis, die in Bezug auf § 906 BGB entwickelt wurden, herangezogen werden.[437] Jedenfalls ist ein objektiver Beurteilungsmaßstab geboten. Subjektive Empfindlichkeiten der Polizeibeamten oder der betroffenen Nachbarn müssen außer Betracht bleiben.

Insgesamt ist dieser Betretungsgrund mit Blick auf Art. 13 I, II, VII GG restriktiv anzuwenden. Streng genommen ist er aber überflüssig, weil die denkbaren Fälle, die den Eingriff in das Wohnungsgrundrecht rechtfertigen, bereits erschöpfend auf die anderen Betretungsgründe gestützt werden können. Das trifft insbesondere auf die Bei Rn 532 genannte Nr. 3 zu. Beeinträchtigt die Lärmimmission die Nachbarschaft erheblich bzw. schädigt ihre Gesundheit (Nr. 4), liegt zugleich eine gegenwärtige erhebliche Gefahr vor (Nr. 3). Hinzu kommt, dass Lärm, der zum Einschreiten der Polizei befugen könnte, i.d.R. während der Nachtzeit verbreitet wird. Für das Betreten von Wohnungen während der Nachtzeit gelten ohnehin strengere Regeln (vgl. dazu Rn 537 ff.). 535

Welche Maßnahmen erforderlichenfalls in der Wohnung getroffen werden dürfen (z.B. Sicherstellung einer Musikanlage), richtet sich nicht nach der Befugnisnorm hinsichtlich der Wohnungsbetretung, sondern nach anderen Vorschriften des Polizeigesetzes (insbesondere nach der Befugnisnorm hinsichtlich der Sicherstellung von Sachen) oder nach speziellen Gesetzen. 536

Als materiellrechtliche Beschränkung des Wohnungsbetretungs- und -durchsuchungsrechts normieren die Polizeigesetze, dass während der **Nachtzeit** eine Wohnung nur zur Abwehr einer gegenwärtigen Gefahr für Leib, Leben oder Freiheit einer Person oder für Sachen von bedeutendem Wert betreten und durchsucht werden darf (vgl. z.B. § 21 II 2 S. 1 BremPolG, § 38 V i.V.m. II Nr. 2 HessSOG, § 24 IV i.V.m. II Nr. 3 NdsSOG). „Nachtzeit" umfasst zwischen dem 1. April und dem 30. September die Stunden von 21.00 bis 4.00 Uhr und zwischen dem 1. Oktober und dem 31. März die Stunden von 21.00 bis 6.00 Uhr (§ 104 III StPO). Die soeben genannte Einschränkung des Betretungs- und Durchsuchungsrechts gilt nach einigen Polizeigesetzen wiederum nicht, wenn bestimmte, in den Befugnisnormen beschriebene Voraussetzungen vorliegen. So lassen z.B. § 24 IV i.V.m. II Nr. 4 NdsSOG und § 21 II S. 2 BremPolG das Betreten einer Wohnung auch während der Nachtzeit zu, wenn von der Wohnung eine erhebliche, die Gesundheit Dritter beeinträchtigende Störung ausgeht. In diesem Fall darf die Polizei also auch während der Nachtzeit die Wohnung betreten (und durchsuchen), ohne dass eine gegenwärtige Gefahr für Leib, Leben oder Freiheit einer Person oder für Sachen von bedeutendem Wert vorliegen müsste. Voraussetzung ist allein, dass von der Wohnung eine erhebliche, die Gesundheit Dritter beeinträchtigende Störung ausgeht. Das wiederum bedeutet nichts anderes, als die Polizei unter den Voraussetzungen der bei Rn 532/535 genannten Nr. 4 die Wohnung betreten darf.[438] 537

Ist damit also eine gegenwärtige erhebliche Gefahr erforderlich, entspricht dies der strengen Regelung des **Art. 13 VII GG**, wonach Eingriffe und Beschränkungen nur unter strengen Voraussetzungen zulässig sind. 538

Die beiden Halbsätze des Art. 13 VII GG unterscheiden sich erheblich voneinander. Während zur Abwehr einer gemeinen Gefahr oder einer Lebensgefahr für eine einzelne Person eine gesonderte gesetzliche Grundlage nicht erforderlich ist (die Befugnis zu Eingriffen und Beschränkungen ergibt sich hier unmittelbar aus Art. 13 VII Halbs. 1 GG), bedarf das Einschreiten zur Verhütung (d.h. Verhinderung) dringender Gefahren für die öffentliche Sicher- 539

---

[437] Vgl. hierzu *R. Schmidt*, SachenR II, 5. Aufl. 2011, Rn 94 ff.

[438] Damit folgen die Gesetze (wenn auch nicht beabsichtigt) der von *Hegel* (1770-1831) entwickelten Dialektik vom *Grundsatz*, der *Ausnahme* und der *Gegenausnahme*: Liegen die Voraussetzungen der Gegenausnahme vor, wird die Ausnahme verdrängt, sodass der Grundsatz wieder auflebt. Vgl. dazu auch das Bsp. bei Rn 541.

heit oder Ordnung gerade eines solchen Gesetzes.[439] Ein solches Gesetz stellen die **Polizeigesetze** dar. Hier sind u.U. sogar die Befugnisgeneralklauseln ausreichend, sofern sie **verfassungskonform** ausgelegt werden, d.h. wenn trotz der tatbestandlichen Weite der polizeigesetzlichen Eingriffsnormen nur solche Gefahrenabwehrmaßnahmen zugelassen werden, die der Abwehr einer konkreten **dringenden** Gefahr dienen.

540 Im Übrigen bestehen bezüglich Art. 13 VII GG folgende Definitionen: Mit „**gemeiner Gefahr**" i.S.d. Art. 13 VII Halbs. 1 GG sind Gefahren für die Allgemeinheit gemeint, aber nur solche, die lebensbedrohend sein können wie z.B. Lawinenunglücke, Überschwemmungen und Erdbeben, Feuer- und Einsturzgefahr, Explosionsgefahr, die Freisetzung radioaktiver Strahlung. Auch Seuchengefahren können diese Qualität haben, obwohl sie erst in Art. 13 VII Halbs. 2 GG genannt sind. Im Übrigen muss eine *konkrete* Gefahr vorliegen. Eine „**dringende Gefahr**" i.S.d. Art. 13 VII Halbs. 2 GG liegt vor, wenn ein **besonders wichtiges Rechtsgut** (etwa die menschliche Gesundheit) gefährdet ist. Die in der Vorschrift genannte Raumnot, Seuchengefahr und der Jugendschutz sind nur exemplarisch angeführt.

541 Da die bei Rn 537 genannte Befugnis zum Betreten von Wohnungen zur Nachtzeit eine gegenwärtige erhebliche Gefahr der Gesundheitsschädigung voraussetzt und damit keine schwächeren Eingriffsvoraussetzungen normiert als **Art. 13 VII GG**, ist sie mit dieser Verfassungsbestimmung vereinbar.

Beispiel: Wegen lautstarker Partymusik aus der Nachbarwohnung ist die Polizei bereits dreimal in der Nacht von Nachbarn herbeigerufen worden. Als sich Gastgeber und Gäste auch diesmal uneinsichtig zeigen und bei ihrer Auffassung bleiben, sie hätten das Recht, „mal so richtig durchzufeiern", betreten die Beamten die Wohnung und stellen die Stereoanlage sicher. Dem Gastgeber teilen sie mit, dieser könne die Anlage am nächsten Morgen bei der Polizeiwache wieder abholen.

Mit dem Betreten der Wohnung greift die Polizei in das Grundrecht aus Art. 13 I GG ein. Daher benötigt sie eine gesetzliche Rechtsgrundlage. Eine solche könnte die polizeigesetzliche Befugnisnorm hinsichtlich der Standardmaßnahme Betreten und Durchsuchen von Wohnungen sein.

Auszug aus dem (fiktiven) Polizeigesetz (§ 21)

(1) [1]Die Polizei darf eine Wohnung ohne Einwilligung des Inhabers betreten und durchsuchen, wenn

1. Tatsachen die Annahme rechtfertigen, dass sich in ihr eine Person befindet, die nach § 12 III vorgeführt oder die in Gewahrsam genommen werden darf,
2. Tatsachen die Annahme rechtfertigen, dass sich in ihr eine Sache befindet, die nach § 23 Nr. 2 sichergestellt werden darf,
3. dies zur Abwehr einer gegenwärtigen erheblichen Gefahr erforderlich ist oder
4. von der Wohnung Emissionen ausgehen, die nach Art, Ausmaß oder Dauer geeignet sind, die Gesundheit in der Nachbarschaft wohnender Personen zu beschädigen.

[2]Die Wohnung umfasst die Wohn- und Nebenräume, Arbeits-, Betriebs- und Geschäftsräume sowie anderes befriedetes Besitztum.

(2) [1]Während der Nachtzeit (§ 104 III StPO) darf eine Wohnung nur zur Abwehr einer gegenwärtigen Gefahr für Leib, Leben oder Freiheit einer Person oder für Sachen von bedeutendem Wert betreten und durchsucht werden. [2]Dies gilt nicht, wenn von der Wohnung eine erhebliche, die Gesundheit Dritter beeinträchtigende Störung ausgeht.

Als Rechtsgrundlage kommen § 21 I S. 1 Nr. 2, 3 und 4 sowie § 21 II in Betracht.

Zunächst scheint **§ 21 I S. 1 Nr. 2** einschlägig zu sein, weil die Polizei bereits mehrmals erfolglos versucht hat, durch entsprechende Aufforderungen die Störung zu unterbinden. Daher war sie berechtigt, die Musikanlage gem. § 23 Nr. 2 sicherzustellen,

---

[439] *Kunig*, in: v. Münch/Kunig, GG, Art. 13 Rn 57.

wenn dies zur Abwehr einer gegenwärtigen Gefahr erforderlich war. An der Gegenwärtigkeit der Gefahr bestehen keine Bedenken, weil die Störung bereits eingetreten war (§ 2 Nr. 3 b).

Auch scheint **§ 21 I S. 1 Nr. 3** einschlägig zu sein. Demnach müsste die Lärmbelästigung eine gegenwärtige erhebliche Gefahr bedeutet haben. An der Gegenwärtigkeit bestehen keine Zweifel (s.o.). Auch war die Gefahr erheblich, weil dies nach der Legaldefinition des § 2 Nr. 3 c der Fall ist, wenn sie für ein bedeutsames Rechtsgut wie die menschliche Gesundheit besteht. Die Verursachung von Lärm in einem Maße, dass die Nachbarn in ihrer Nachtruhe gestört sind, stellt eine Beeinträchtigung der körperlichen Unversehrtheit und damit der menschlichen Gesundheit dar, auch wenn die Schwelle zur Verwirklichung der Gesundheitsschädigung i.S.v. § 223 StGB noch nicht überschritten sein sollte. Ein Verstoß gegen § 117 OWiG genügt jedenfalls nicht, um eine erhebliche Gefahr bejahen zu können.

Die Geeignetheit der Lärmimmission zur Verursachung einer Gesundheitsschädigung verlangt aber **§ 21 I S. 1 Nr. 4** n.F. Nimmt man im vorliegenden Fall die Gefahr einer Gesundheitsschädigung – trotz des Umstands, dass der Lärm nicht bereits mehrere Nächte verursacht wurde – an, kann sich die Polizei auch auf § 21 I S. 1 Nr. 4 stützen. Insbesondere ist keine (zivil-)rechtliche Vorschrift ersichtlich, die eine Duldungspflicht der Nachbarn begründen würde.

Fraglich ist jedoch, wie es sich auswirkt, dass die Polizei eine Wohnung während der **Nachtzeit** (§ 104 III StPO) betrat. Gem. **§ 21 II S. 1** darf während der Nachtzeit eine Wohnung nämlich nur zur Abwehr einer gegenwärtigen Gefahr für Leib, Leben oder Freiheit von Personen oder von Sachen von bedeutendem Wert betreten bzw. durchsucht werden. Vorliegend kommt allein das Schutzgut Leib in Betracht. Jedoch wird man „Leib" anders verstehen müssen als „Gesundheit"; anderenfalls machte die Regelung des § 21 II S. 1 im Vergleich zu § 21 I S. 1 Nr. 3 bzw. 4 keinen Sinn. Mit „Leib" wird man lediglich die unmittelbare physische Beschaffenheit des menschlichen Körpers beschreiben können. An dieser sind die Nachbarn jedoch nicht beeinträchtigt worden, was im Ergebnis zum Nichtvorliegen der Eingriffsvoraussetzungen des § 21 II S. 1 führt.

Allerdings gilt die Einschränkung des § 21 II S. 1 gem. **§ 21 II S. 2** wiederum nicht, wenn von der Wohnung Emissionen ausgehen, die nach Art, Ausmaß oder Dauer geeignet sind, die Gesundheit in der Nachbarschaft wohnender Personen zu beschädigen. Nimmt man dies im vorliegenden Fall an (insbesondere genügt die *Geeignetheit*; eine tatsächliche Gesundheitsschädigung braucht noch nicht eingetreten zu sein), gilt die soeben geprüfte Einschränkung des § 21 II S. 1 nicht, sodass es bei den Voraussetzungen des § 21 I S. 1 bleibt.[440]

Aber auch unter den Voraussetzungen des § 21 I S. 1 ist Art. 13 VII Halbs. 2 GG zu beachten, der einen qualifizierten Gesetzesvorbehalt enthält, d.h. Eingriffe (hier: das Betreten) nur unter den dort genannten strengen Voraussetzungen (hier: **dringende** Gefahr, d.h. Gefahr für ein **besonders wichtiges Rechtsgut** wie etwa die **menschliche Gesundheit**) zulässt. Demnach genügt das Vorliegen des § 21 I S. 1 Nr. 2 nicht, wenn zwar die Gegenwärtigkeit der Gefahr, nicht aber die Betroffenheit der menschlichen Gesundheit vorliegt. Doch gerade diese wurde für den vorliegenden Fall bejaht, sodass im Ergebnis das Betreten (und Durchsuchen) der Wohnung sowohl auf der Grundlage des § 21 I S. 1 Nr. 2 als auch auf Nr. 3 und 4 rechtmäßig war. Insbesondere sind keine Gründe ersichtlich, die gegen die Einhaltung der Ermessensgrenzen bzw. des Grundsatzes der Verhältnismäßigkeit sprechen.

Aus demselben Grund war auch die Sicherstellung der Musikanlage gem. § 23 Nr. 2 rechtmäßig.

---

[440] Dass die Voraussetzungen des § 21 I S. 1 wieder „aufleben", versteht sich von selbst; anderenfalls wären die Betretungsvoraussetzungen während der Nachtzeit geringer als bei Tage.

542 Unabhängig von dem soeben behandelten Problem enthalten die Polizeigesetze Befugnisnormen, wonach die Polizei eine Wohnung zur Verhütung **dringender Gefahren** (Art. 13 VII GG) jederzeit **betreten** (nicht auch durchsuchen!) darf, wenn Tatsachen die Annahme rechtfertigen, dass dort bestimmte Personen oder Personengruppen Straftaten von erheblicher Bedeutung oder die in § 180 I und § 180b StGB genannten Straftaten verabreden, vorbereiten, verüben oder sich zu Freiheitsentzug verurteilte Straftäter aufhalten, die sich der Strafvollstreckung entziehen.[441] Diese Regelung dient der Bekämpfung bzw. Verhinderung von Straftaten, die nach allgemeinen polizeilichen Erkenntnissen im unmittelbaren Zusammenhang mit der (Wohnungs-) **Prostitution** begangen werden.

bb.) Öffentlich zugängliche Räume

543 In Abstufung des Schutzbedürfnisses nach Art. 13 GG erlauben die Polizeigesetze schließlich das **Betreten** (nicht auch das Durchsuchen!) bestimmter Objekte aus jedem im Rahmen der polizeilichen Aufgabenerfüllung sachlich gebotenen Grund.[442] Voraussetzung ist lediglich, dass die Polizei im Rahmen ihrer **Aufgabenerfüllung** handelt, die Räume als **Arbeits-, Betriebs- und Geschäftsräume** gelten oder sonst **öffentlich zugänglich** sind oder zugänglich waren und den Anwesenden zum **weiteren Aufenthalt zur Verfügung stehen.**[443]

544 ▪ Diese Befugnis setzt also zunächst eine **einfache Gefahr** voraus, da die gesetzlichen Regelungen das Betreten „**zum Zweck der Gefahrenabwehr**" zulassen.

545 ▪ Des Weiteren bezieht sich das Betretungsrecht ausschließlich auf „**öffentlich zugängliche**" Räume (und Grundstücke). Das sind Objekte, deren Besuch im Grundsatz jeder Person aufgrund einer tatsächlichen oder vermuteten Einwilligung des Inhabers freisteht wie z.B. bei Gaststätten, Kinos, Badeanstalten, Museen, Ausstellungen, Jugendheimen oder (sonstigen) Gemeinschaftshäusern mit Publikumsverkehr. Der Öffentlichkeit zugänglich sind auch Räume, deren Betreten bestimmten Personengruppen untersagt ist (z.B. Kindern, Jugendlichen, Personen in nicht erwünschter Kleidung) oder deren Betreten vom Verlangen eines Eintrittsgeldes oder vom Erwerb einer Eintrittskarte abhängig gemacht wird. *Nicht* öffentlich zugänglich sind dagegen Clubräume, Vereinslokale, Betriebskantinen u.ä., zu denen nur Mitglieder oder sonst besonders berechtigte Personen Zutritt haben.

546 ▪ Die „öffentlich zugänglichen" Räume dürfen während der Arbeits-, Geschäfts- oder Aufenthaltszeit **betreten** werden. Mit der Ausdehnung des Betretungsrechts auf die „Aufenthaltszeit" möchte der Gesetzgeber auch dann ein Betretungsrecht einräumen, wenn die Räume offenbar trotz Schließung weiterhin den Arbeitnehmern, Kunden oder anderen Personen des Publikums über die übliche Arbeits-, Betriebs- oder Öffnungszeit hinaus zur Verfügung stehen. Ein Betretungsrecht nur für die übliche Arbeits-, Betriebs-, Geschäfts- oder Öffnungszeit hätte nicht ausgereicht, weil nach allgemeiner Lebenserfahrung häufig Gefahren gerade nach dieser Zeit entstehen (z.B. Sperrstundenübertre-

---

441 Vgl. Bund: § 45 IV BundesPolG; Bay: Art. 23 III PAG; Berl: § 36 IV ASOG; Brand: § 23 III PolG; Brem: § 21 III PolG; Hamb: § 16 IV SOG; Hess: § 38 VI SOG; MeckVor: § 59 IV SOG; Nds: § 24 V SOG; NRW: § 41 III PolG; RhlPfl: § 20 III POG; Saar: § 19 III PolG; Sachs: § 25 I S. 1 PolG; SachsAnh: § 43 VI SOG; SchlHolst: § 208 I LVwG; Thür: § 25 III PAG.

442 Vgl. Bund: § 45 V BundesPolG; BW: § 31 VI PolG; Bay: Art. 23 IV PAG; Berl: § 36 V ASOG; Brand: § 23 IV PolG; Brem: § 21 IV PolG; Hamb: § 16 V SOG; Hess: § 38 VII SOG; MeckVor: § 59 II SOG; Nds: § 24 VI SOG; NRW: § 41 IV PolG; RhlPfl: § 20 IV POG; Saar: § 19 IV PolG; Sachs: § 25 I S. 3 PolG; SachsAnh: § 43 VII SOG; SchlHolst: § 208 II LVwG; Thür: § 25 IV PAG

443 Zu beachten ist jedoch, dass sich das Betretungsrecht nicht abschließend aus gewerberechtlichen Gründen ergeben darf. Denn wie bereits gesagt, sperren das GastG und die GewO grds. die Anwendbarkeit des allgemeinen Polizeirechts im gewerbespezifischen Gefahrenbereich (vgl. § 1 GewO). Die Sperrwirkung gilt jedoch nicht (1.) für die Polizei im Rahmen ihrer Eilzuständigkeit und (2.) für Gefahren, die nicht den Gewerbetreibenden betreffen.

tungen, Verstöße gegen Jugendschutzbestimmungen, Drogengeschäfte, illegale Prostitution etc.).

Aus diesem Grund sind (aus präventivpolizeilicher Sicht) sog. „Swingerclubs" oder „Saunaclubs" besonders praxisrelevant, weil sie trotz des Wortbestandteils „Club" letztlich jedermann offenstehen, der sich an dem Partnertausch beteiligen bzw. die angebotenen Dienste in Anspruch nehmen möchte.[444] Geht man in diesen Fällen von **öffentlich zugänglichen** (Arbeits-, Betriebs- oder Geschäfts-)Räumen aus, ist die Polizei **nur zum Betreten** (nicht auch zum Durchsuchen!) befugt und das auch nur **während der Aufenthaltszeit**. 547

Ein Betretungsrecht außerhalb der Arbeits-, Geschäfts- bzw. Aufenthaltszeit ist somit ausgeschlossen, wenn die Polizei lediglich im Rahmen ihrer Aufgabenerfüllung handelt, wenn also lediglich eine einfache Gefahr vorliegt. Möchte die Polizei die betreffenden Räume außerhalb der Arbeits-, Geschäfts oder Aufenthaltszeit betreten (oder auch durchsuchen), darf sie dies nur unter den Voraussetzungen, unter denen sie Wohnungen betreten bzw. durchsuchen dürfte. 548

- Geht man bei den Räumlichkeiten indes von **nicht öffentlich zugänglichen** Räumen aus, kommt es von vornherein nicht auf die Arbeits-, Geschäfts oder Aufenthaltszeit an. Auch dann kommen lediglich ein Betreten und Durchsuchen nach anderen Bestimmungen der Befugnisnorm – freilich unter Beachtung der dort genannten Voraussetzungen – in Betracht. 549

Vor nicht allzu langer Zeit musste sich das BVerfG erneut mit dem Betreten von Geschäftsräumen beschäftigen. Dabei hat es zunächst seine bisherige Auffassung bestätigt, dass (der Öffentlichkeit nicht gänzlich preisgegebene) Arbeits-, Betriebs- und Geschäftsräume vom Schutzbereich des Art. 13 I GG umfasst seien. Sodann hat es aber festgestellt, dass in Bezug auf Geschäftsräume Betretungsrechte, die zu Kontrollzwecken bestünden und dezidiert gesetzlich geregelt seien, nicht als „Eingriffe und Beschränkungen i.S.d. Art. 13 VII GG und damit nicht als Eingriffe in den Schutzbereich des Art. 13 I GG zu verstehen seien".[445] Vielmehr gelte als Prüfungsmaßstab Art. 2 I GG. Daraus folgt: 550

- Es muss eine gesetzliche Befugnisnorm vorliegen, die dezidiert die Voraussetzungen für ein Betreten der Geschäftsräume regelt. Eine solche Vorschrift ist z.B. **§ 17 II HandwO**, die die Handwerkskammer befugt, bei den der Eintragung in die Handwerksrolle unterfallenden Handwerkern (§ 17 I S. 1 HandwO) nach Maßgabe des § 29 II GewO Grundstücke und Geschäftsräume zu betreten, um dort Prüfungen und Besichtigungen vorzunehmen.
- Liegen die Voraussetzungen des § 17 II HandwO vor, richtet sich – nach Auffassung des BVerfG – der Schutz nicht nach Art. 13 I, VII GG, sondern nach Art. 2 I GG (mit den im Vergleich zu Art. 13 I, VII GG sehr geringen Rechtfertigungsvoraussetzungen). Um aber eine übermäßige Einengung des Begriffs „Eingriffe und Beschränkungen" i.S.d. Art. 13 VII GG und damit eine Aushöhlung des durch Art. 13 I GG gewährleisteten Schutzes zu vermeiden, fordert auch das BVerfG, dass die in BVerfGE 32, 54 ff. definierten Kriterien (dazu Rn 1214) im Allgemeinen und die vorliegend einschlägige Vorschrift des § 17 II i.V.m. I S. 1 HandwO im Besonderen eng ausgelegt werden. Sobald auch nur eine Tatbestandsvoraussetzung (etwa die Eintragungsfähigkeit einer bestimmten Tätigkeit) erkennbar nicht gegeben sei, scheide ein Betretungsrecht der Handwerkskammern nach § 17 II HandwO aus.
- Liegen aber die Voraussetzungen der Spezialnorm (etwa § 17 II HandwO) nicht vor, lebt Art. 13 I GG mit den strengen Rechtfertigungsvoraussetzungen wieder auf.

---

[444] Insbesondere wird die Bezeichnung „Club" gewählt, um eine Gaststättenerlaubnispflichtigkeit zu umgehen.
[445] BVerfG DÖV 2007, 607, 608 ff.

551 Zur Bewertung dieser Rechtsprechung vgl. Rn 1213.

c.) Adressat der Maßnahme

552 **Adressat** einer Wohnungsbetretung bzw. Wohnungsdurchsuchung ist der Träger des Grundrechts aus Art. 13 I GG, also jedermann, der berechtigterweise eine Wohnung bewohnt, unabhängig von den Eigentumsverhältnissen. Dazu zählen auch Mieter, Untermieter, Pächter und Hotelgäste. Dies gilt auch für juristische Personen des Privatrechts und andere privatrechtliche Personenvereinigungen.[446] Juristische Personen des öffentlichen Rechts können sich dagegen grundsätzlich nicht auf das Wohnungsgrundrecht berufen. Eine Ausnahme besteht lediglich hinsichtlich Religions- und Weltanschauungsgemeinschaften, sofern sie keine staatliche Hoheitsgewalt ausüben.[447] Bei den genannten Gemeinschaftsunterkünften ist i.d.R. nur der Leiter der Organisationseinheit Inhaber. Bei Wohngemeinschaften sind alle Bewohner berechtigt, sofern nicht nur ein Raum von der polizeilichen Maßnahme betroffen ist.

d.) Richtervorbehalt

553 Gem. Art. 13 II GG und den insoweit lediglich klarstellenden Bestimmungen der Polizeigesetze[448] dürfen **Durchsuchungen** (nicht das bloße Betreten, das ausschließlich unter Art. 13 VII GG subsumiert werden kann) grundsätzlich nur durch den **Richter** angeordnet werden. Der Richtervorbehalt zielt auf eine vorbeugende Kontrolle der Maßnahme in ihren konkreten gegenwärtigen Voraussetzungen durch eine unabhängige und neutrale Instanz. Der Richter darf die Durchsuchung nur anordnen, wenn er sich aufgrund eigenverantwortlicher Prüfung der Ermittlungen überzeugt hat, dass die Maßnahme verhältnismäßig ist. Er muss zudem den zeitlichen und inhaltlichen Rahmen, die Grenzen und das Ziel der Durchsuchung definieren. Dabei macht es Art. 13 II GG i.V.m. Art. 1 I, III und Art. 20 III GG dem Richter zur Pflicht, durch eine geeignete Formulierung des Durchsuchungsbeschlusses im Rahmen des Möglichen und Zumutbaren zu gewährleisten, dass der Eingriff in die Grundrechte (insbesondere Art. 13 I GG) messbar und kontrollierbar ist. d.h. rechtsstaatlichen Mindestanforderungen genügt.[449]

554 Zuständig für die Erteilung der Durchsuchungsanordnung ist das **Amtsgericht**. Denn entsprechend der in § 40 I S. 2 VwGO eingeräumten Ausnahmemöglichkeit wurde gemäß den polizeilichen Bestimmungen (vgl. etwa §§ 22 I S. 2 BremPolG, 39 I HessSOG, 25 I NdsSOG) zum sachlich zuständigen Gericht nicht das Verwaltungsgericht, sondern das Amtsgericht bestimmt. Für das Verfahren gelten die Vorschriften des FamFG entsprechend (vgl. etwa §§ 22 I S. 3 BremPolG, 39 I S. 3 HessSOG, 25 I S. 1 NdsSOG). Diese Rechtswegzuweisung erfasst allerdings nicht die Gewährung nachträglichen Rechtsschutzes nach Beendigung der Durchsuchung. Vielmehr verbleibt es insoweit bei der allgemeinen Rechtswegregelung des § 40 I S. 1 VwGO. Der nachträgliche Rechtsschutz schließt auch die Überprüfung ein, ob die Voraussetzungen einer Gefahr im Verzug vorgelegen haben.[450] Vgl. dazu Rn 288.

---

[446] BVerfGE 42, 212, 219 f. (Quick-Entscheidung; Durchsuchung).
[447] *Kunig*, in: v. Münch/Kunig, GG, Art. 13 Rn 9.
[448] Vgl. §§ 20 I S. 1 MEPolG; Bund: § 46 I S. 1 BundesPolG; BW: § 31 V S. 1 PolG; Bay: Art. 24 I S. 1 PAG; Berl: § 37 I S. 1 ASOG; Brand: § 24 I S. 1 PolG; Brem: § 22 I S. 1 PolG; Hamb: § 16a I S. 1 SOG; Hess: § 39 I S. 1 SOG; MeckVor: § 59 V S. 1 SOG; Nds: § 25 I S. 1 SOG; NRW: § 42 I S. 1 PolG; RhlPfl: § 21 I S. 1 POG; Saar: § 20 I S. 1 PolG; Sachs: § 25 V S. 1 PolG; SachsAnh: § 44 I S. 1 SOG; SchlHolst: § 208 V S. 1 LVwG; Thür: § 26 I S. 1 PAG.
[449] BVerfGE 96, 44, 51; 103, 142, 151. Vgl. auch BVerfG NJW 2007, 1345, 1346.
[450] BVerfGE 103, 142, 150 ff.

Bei Gefahr im Verzug kann die Durchsuchung gem. Art. 13 II GG auch durch die in den Gesetzen vorgesehenen anderen Organe angeordnet werden. Das sind im Bereich der Strafverfolgung gem. § 105 StPO die Staatsanwaltschaft und ihre Ermittlungspersonen (§ 152 GVG), im Bereich der Gefahrenabwehr die Polizei[451]. 555

Gefahr im Verzug liegt vor, wenn die Einholung der richterlichen Anordnung den Erfolg der Durchsuchung gefährden würde.[452] 556

Da aber die Anordnungskompetenz ausnahmsweise vom Richter auf die Strafverfolgungsbehörden übergeht und somit ein sehr wichtiges rechtsstaatliches Kontrollinstrumentarium suspendiert wird, hat das BVerfG hinsichtlich einer strafprozessualen Durchsuchung entschieden, dass die Gründe, die zur Annahme von „Gefahr im Verzug" führten, schon sehr gewichtig sein müssten. Immerhin könne durch eine nachträgliche richterliche Kontrolle der vorgenommene Grundrechtseingriff nicht mehr rückgängig gemacht werden. Das Vorliegen von „Gefahr im Verzug" könne daher jedenfalls nicht durch Spekulationen begründet werden; es müssten vielmehr auf den Einzelfall bezogene Tatsachen vorliegen, die sofortiges Handeln geböten. Auf jeden Fall müssten stets alle Versuche unternommen werden, eine richterliche Entscheidung herbeizuführen; die Justiz habe alle möglichen und zumutbaren organisatorischen Vorkehrungen zu treffen, dass ein Richter **jedenfalls bei Tage und in den Abendstunden erreichbar ist.**[453] Daher sei es mit dem Richtervorbehalt des Art. 13 II GG nicht vereinbar, wenn in einer Großstadt am frühen Abend gegen 18:00 Uhr eine Wohnung allein aufgrund der Anordnung der handelnden Polizeibeamten ohne den Versuch, einen richterlichen Durchsuchungsbeschluss zu erwirken, durchsucht wird.[454] Selbst bei einer (beabsichtigten) Wohnungsdurchsuchung um 23.45 Uhr muss zunächst versucht werden, eine richterliche Entscheidung herbeizuführen. Ist dies nicht möglich, muss (sofern es um Strafverfolgung geht) zumindest die Anordnung der Staatsanwaltschaft herbeigeführt werden.[455] Ein richterlicher Bereitschaftsdienst „rund um die Uhr" ist dagegen nur dann erforderlich, wenn hierfür ein praktisches Bedürfnis besteht. Kommt es also in einem Bundesland nur vereinzelt zu nächtlichen Durchsuchungsanordnungen, gefährdet das Fehlen eines richterlichen Nachtdienstes die Regelzuständigkeit des Art. 13 II GG nicht.[456] Bevor die Polizeibeamten aber eigenmächtig Gefahr im Verzug annehmen, müssen sie wenigstens versuchen, vor der strafprozessualen Wohnungsdurchsuchung die Anordnung des Staatsanwalts herbeizuführen. 557

---

[451] Vgl. §§ 20 I S. 1 MEPolG; Bund: § 46 I S. 1 BundesPolG; BW: § 31 V S. 1 PolG; Bay: Art. 24 I S. 1 PAG; Berl: § 37 I S. 1 ASOG; Brand: §§ 24 I S. 1 PolG; Brem: § 22 I S. 1 PolG; Hamb: § 16a I S. 1 SOG; Hess: § 39 I S. 1 SOG; MeckVor: § 59 V S. 1 SOG; Nds: § 25 I S. 1 SOG; NRW: § 42 I S. 1 PolG; RhlPfl: § 21 I S. 1 POG; Saar: § 20 I S. 1 PolG; Sachs: § 25 V S. 1 PolG; SachsAnh: § 44 I S. 1 SOG; SchlHolst: § 208 V S. 1 LVwG; Thür: § 26 I S. 1 PAG.

[452] BVerfGE 103, 142, 150 ff. unter Bezugnahme auf BVerfGE 57, 91, 111; BVerwGE 28, 285, 291.

[453] BVerfGE 103, 142, 156; BVerfG NJW 2007, 1345 f.

[454] BVerfG NJW 2007, 1345. Im Übrigen ist zu beachten, dass eine Missachtung des Richtervorbehalts im Rahmen einer Verfassungsbeschwerde gerügt werden kann, etwa wenn der Betroffene einen Verstoß gegen den Richtervorbehalt vor den Gerichten geltend macht und diese die Anordnung der Behörde, es habe Gefahr im Verzug vorgelegen, bestätigen. Gegenstand der Verfassungsbeschwerde ist dann zwar nicht die behördliche Entscheidung, es habe Gefahr im Verzug vorgelegen, sondern das gerichtliche Urteil, das die behördliche Anordnung bestätigt, dennoch kommt es letztlich auf die streitgegenständliche Frage nach dem Erfordernis einer richterlichen Durchsuchungsanordnung an. Dabei ist hervorzuheben: Auch wenn der Richtervorbehalt zur Sicherung eines Grundrechtseingriffs nicht kraft Verfassung, sondern (nur) durch einfaches Gesetz (etwa § 105 I StPO) konstituiert ist, ist er im Grundsatz wie ein verfassungsrechtlicher Vorbehalt zu handhaben. Daher verletzen die Gerichte die Rechtsschutzgarantie des Art. 19 IV GG, wenn bei Inanspruchnahme nachträglichen Rechtsschutzes die Voraussetzungen der behördlichen Eilkompetenz nicht überprüft werden (BVerfG NJW 2007, 1444).

[455] Vgl. AG München NJW-Spezial 2008, 121 f., das jedoch in bedenklicher Weise allein auf die Anordnung der Staatsanwaltschaft abstellt und die an sich vorrangige Anordnung des Richters kaum erwähnt.

[456] BVerfG NJW 2004, 1442.

557a Da sich die erwähnten Urteile aber auf eine *repressivpolizeiliche* Durchsuchung beziehen, ist fraglich, ob die dabei aufgestellten Grundsätze auch auf eine *präventivpolizeiliche* Durchsuchung übertragbar sind. Nach der hier vertretenen Auffassung ist die restriktive Auslegung des Begriffs „Gefahr im Verzug" zwar grundsätzlich auf das Gefahrenabwehrrecht übertragbar. Zu beachten ist aber die hier bestehende engere zeitliche Nähe zum möglichen Schadenseintritt: Während bei der Strafverfolgung nach Auffassung des BVerfG i.d.R. genügend Zeit bleibt, die vorherige richterliche Durchsuchungsanordnung einzuholen, kennzeichnet sich das Gefahrenabwehrrecht gerade durch das Erfordernis des raschen Handelns. Die vorherige Einholung einer richterlichen Durchsuchungsanordnung würde in vielen Fällen die Effektivität der Gefahrenabwehr in Frage stellen.[457] Daher müssen in jedem Einzelfall eine Prognose des handelnden Polizeibeamten über den möglichen Verlauf des Geschehens und eine Abwägung zwischen dem Rechtsgut „Unverletzlichkeit der Wohnung" und dem gefährdeten Rechtsgut, das es im konkreten Fall zu schützen gilt, angestellt werden. Zutreffend ist daher die Auffassung des BVerfG, dass zwar tagsüber (auch außerhalb der gewöhnlichen Dienstzeit) ein Richter stets erreichbar sein müsse, während der Nachtzeit jedoch nur dann, wenn ein praktisches Bedürfnis bestehe.[458] Inwieweit dies auch für das Wochenende gilt, sollte davon abhängig werden, wie viel Zeit der Polizei verbleibt, die Gefahr abzuwenden.

Beispiel: Die Polizei erhielt an einem Sonntag um 11.55 Uhr einen anonymen Anruf, dass in einer Wohnung in der Martinistraße eine Zeitbombe platziert worden sei, deren Zeitzünder auf 14.30 Uhr eingestellt sei. Da die Polizei den Anruf aufgrund einschlägiger Erfahrungen ernst nahm, durchsuchte sie ohne Zögern sämtliche Wohnungen der in der Martinistraße gelegenen Häuser. Verschlossene Wohnungen wurden aufgebrochen.

Hier bestand eine zuverlässige Prognose über das Vorliegen einer gegenwärtigen erheblichen Gefahr für Leib und Leben, sodass jede Zeitverzögerung nicht zu rechtfertigen gewesen wäre. Die vorherige Einholung einer (schriftlichen) richterlichen Durchsuchungsanordnung war somit entbehrlich. Das Aufbrechen und Durchsuchen der Wohnungen waren rechtmäßig.

557b Nach Beendigung der Durchsuchung bedarf es – anders als bei der Ingewahrsamnahme – keiner richterlichen Entscheidung mehr. Rechtsschutz erhält der Betroffene dadurch, dass er nachträgliche Rechtsmittel einlegen kann.

e.) Rechtsschutz

558 Da die Durchsuchung der geschützten Räume nicht nur den (einen Realakt darstellenden) tatsächlichen Vorgang der Durchsuchung in sich schließt, sondern zugleich den Betroffenen verpflichtet, die tatsächliche Durchsuchung zu dulden (die Duldungsverfügung ist ein Verwaltungsakt), kommt der Durchsuchung eine Doppelnatur zu. Aufgrund der gleichzeitigen konkludenten Duldungsverfügung sind daher solche Rechtsbehelfe zulässig, die allgemein gegen Verwaltungsakte zulässig sind. In Betracht kommt daher – da sich die Maßnahme im Zeitpunkt der Klageerhebung erledigt haben wird – die **Fortsetzungsfeststellungsklage** analog § 113 I S. 4 VwGO.

---

[457] Diesen entscheidenden Aspekt verkennen *Pieroth/Schlink/Kniesel*, POR, § 18 Rn 29, indem sie die Polizeipraxis als „befremdliche Umkehrung des von der Verfassung gewollten Regel-Ausnahme-Verhältnisses" ansehen.
[458] BVerfG NJW 2005, 1637, 1638.

Prüfungsschema für das Betreten und Durchsuchen von Wohnungen 559

I. Rechtsgrundlage für das Durchsuchen von Wohnungen

Sofern mit dem Betreten und Durchsuchen einer Wohnung ein Eingriff in Art. 13 I GG vorliegt, bedarf die Behörde einer Rechtsgrundlage. Diese ist als Standardmaßnahme dem Polizeigesetz zu entnehmen. Zu beachten ist jedoch, dass ein Grundrechtseingriff nicht vorliegt, wenn der Wohnungsinhaber in das Betreten einwilligt, wobei die Einwilligung freiwillig sein muss. Willigt der Wohnungsinhaber unter dem Druck der Obrigkeit ein oder ist sich der Bedeutung des Grundrechtsverzichts nicht bewusst, ist ein Grundrechtsverzicht zu verneinen.

II. Formelle Rechtmäßigkeit

1. **Zuständigkeit** der handelnden Behörde (Rn 607 ff.)
2. Ordnungsgemäßes **Verfahren** (Einhaltung der allg. Verfahrensvorschriften (Rn 618 ff.). Als besondere (und zusätzlich zu prüfende) Verfahrensvorschrift normieren die Polizeigesetze in Ausprägung des Art. 13 II GG für Durchsuchungen einen **Richtervorbehalt.** Durchsuchungen ohne richterliche Anordnung sind nur bei **Gefahr im Verzug** zulässig. Des Weiteren enthalten die Polizeigesetze das Recht des Wohnungsinhabers, bei der Durchsuchung **anwesend** zu sein. Auch ist ihm der **Grund** für die Durchsuchung bekannt zu geben, sofern dadurch nicht der Zweck der Maßnahme gefährdet wird. Ferner ist eine **Niederschrift** hinsichtlich der Durchführung der Maßnahme anzufertigen. Der Inhalt der Niederschrift ist dem Polizeigesetz zu entnehmen.
3. **Form**vorschriften (Rn 621 ff.) sind regelmäßig nicht zu beachten

III. Materielle Rechtmäßigkeit

1. Tatbestand

Tatbestandlich muss die Durchsuchung dem Schutz eines polizeilichen **Rechtsguts** dienen. Da die Wohnungsdurchsuchung zumeist als Vorbereitungsmaßnahme für eine Vorführung, Ingewahrsamnahme oder Sicherstellung in Betracht kommt, gelten für sie die gleichen Schutzgüter wie für diese Maßnahmen. Sofern die Wohnung durchsucht wird, um Immissionen abzuwehren, die von der Wohnung ausgehen und die nach Art, Ausmaß oder Dauer geeignet sind, die Nachbarschaft erheblich zu belästigen, sind Schutzgüter die Unverletzlichkeit der Rechtsordnung und die subjektiven Rechte und Rechtsgüter. Schließlich dient sie der Abwehr von Gefahren für Leib, Leben oder Freiheit von Personen oder von Sachen von bedeutendem Wert.

Hinsichtlich der Gefahr gilt, dass wenn die Durchsuchung der Vorbereitung einer anderen Maßnahme dient, eine Gefahr für ein Rechtsgut vorliegen muss, das durch die andere Maßnahme geschützt wird. Insofern ermächtigt die Befugnisnorm zu einer Gefahrerforschung. Erfolgt die Durchsuchung aber als eigenständige Maßnahme, um Immissionen oder Gefahren für Leib, Leben oder Freiheit von Personen oder von Sachen von bedeutendem Wert abzuwehren, muss eine **konkrete Gefahr** bestehen.

Als besondere Ausprägung des Persönlichkeitsrechts und des Verhältnismäßigkeitsgrundsatzes stellen die Polizeigesetze strenge Anforderungen an das Durchsuchen während der **Nachtzeit** (zur Definition vgl. § 104 III StPO). Hier darf die Polizei die Wohnung grds. nur zur Abwehr einer gegenwärtigen Gefahr für Leib, Leben oder Freiheit von Personen oder von Sachen von bedeutendem Wert betreten bzw. durchsuchen. Diese Einschränkung gilt nach den meisten Bestimmungen allerdings nicht, wenn von der Wohnung eine erhebliche, die Nachtruhe Dritter beeinträchtigende Störung ausgeht. Zur Vereinbarkeit dieser Regelung mit Art. 13 VII GG vgl. Rn 537 ff.

Eine Besonderheit besteht hinsichtlich des Betretens von öffentlich zugänglichen Arbeits-, Betriebs- und Geschäftsräumen, die ebenfalls dem Schutzbereich des Art. 13 I GG unterfallen. Allerdings dürfen diese während der gewöhnlichen Geschäfts- oder Aufenthaltszeit nur betreten, nicht auch durchsucht werden. Außerhalb dieser Zeiten sowie für Arbeits-, Betriebs- und Geschäftsräume, die nicht öffentlich zugänglich sind, gelten die Eingriffsrechte (Betretungen und Durchsuchungen), die allgemein für Wohnungen gelten.

2. Rechtsfolge

Auf der Rechtsfolgeseite ist der Polizei (wie stets) ein Ermessen eingeräumt. Wegen der großen Bedeutung des Wohnungsgrundrechts sind die Einhaltung der Ermessensgrenzen und des Verhältnismäßigkeitsgrundsatzes besonders wichtig.

d. Sicherstellung (bzw. Beschlagnahme) von Sachen

560 Die Standardmaßnahme *Sicherstellung von Sachen* kommt insbesondere nach einer *Durchsuchung von Personen, Sachen* oder *Wohnungen* in Betracht. Denn werden bei einer Durchsuchung Sachen gefunden, von denen eine Gefahr für die öffentliche Sicherheit ausgeht, muss die Polizei die Möglichkeit haben, diese Sachen sicherzustellen und zu verwahren.

561 **Sicherstellung (Beschlagnahme)**[459] ist die **Begründung amtlichen Gewahrsams** (sog. **Verstrickung**) über eine bewegliche oder unbewegliche Sache ohne Einwilligung des Berechtigten.

562 Eingriffsobjekt ist **Art. 14 I S. 1 GG**, da dieses Grundrecht nicht nur vor Eigentumsbeeinträchtigungen im engeren Sinne, sondern auch vor Besitzentziehungen schützt. Rechtmäßige Sicherstellungen halten sich im Rahmen des Art. 14 I S. 2 GG, wonach Inhalt und Schranken des Eigentums durch die Gesetze bestimmt werden.

563 Sichergestellt werden können **alle Arten von Sachen**, auch unbewegliche und flüssige. Auch Tiere können sichergestellt werden.[460] Bei beweglichen Sachen erfolgt die Begründung amtlichen Gewahrsams i.d.R. durch körperliche Entgegennahme oder durch Einschließen in einen Raum oder in ein Behältnis, bei unbeweglichen Sachen meist durch Anbringen eines Siegels. Eine Wohnung bzw. ein Haus können auch durch Einbau eines neuen Schließzylinders und Aufbewahrung der neuen Schlüssel in der Polizeidienststelle sichergestellt werden.[461]

564 Eine Sicherstellung von **Presseerzeugnissen** wegen Gefahren, die von Inhalt oder Form dieser Erzeugnisse ausgehen, ist auf der Grundlage der polizeigesetzlichen Befugnisnorm ausgeschlossen, sofern das LandesPresseG Spezialvorschriften bereitstellt, die die Beschlagnahme nur unter bestimmten, in den presserechtlichen Vorschriften aufgelisteten Voraussetzungen (insbesondere Richtervorbehalt oder Verwirklichung bestimmter Straftaten) zulassen (sog. **Polizeifestigkeit des Presserechts**), vgl. dazu ausführlich Rn 580.

565 Die Polizeigesetze befugen zur Sicherstellung von Sachen zu Zwecken der **Gefahrenabwehr**. Die Sicherstellung von Sachen, die als Beweismittel in **Straf- oder Ordnungswidrigkeiten**verfahren von Bedeutung sein können, richtet sich nach den §§ 94 ff. StPO bzw. § 46 OWiG i.V.m. §§ 94 ff. StPO. Für die Sicherstellung von Sachen, die der Einziehung oder dem Verfall unterliegen, gelten die §§ 111b ff. StPO i.V.m. §§ 73 ff. StGB (ggf. i.V.m. § 46 OWiG, sofern der Sicherstellung eine Ordnungswidrigkeit zugrunde liegt). Abgrenzungsprobleme entstehen im Einzelfall dann, wenn eine Sache verbotswidrig gebraucht wird und einerseits die Voraussetzungen für

---

[459] Die meisten Polizeigesetze unterscheiden nicht zwischen Sicherstellung und Beschlagnahme. Wo aber vereinzelt eine Unterscheidung getroffen wird (namentlich in §§ 32, 33 PolG BW und §§ 26, 27 PolG Sachs), ist dies in Anlehnung an die Regelung der §§ 94 und 98 StPO geschehen. Danach ist Sicherstellung die Inverwahrungnahme eines Gegenstandes, d.h. die schlichte Begründung amtlichen Gewahrsams. Hingegen liegt eine Beschlagnahme vor, wenn die Sache nicht freiwillig herausgegeben wird und die Sicherstellung daher aufgrund einer ausdrücklichen Anordnung erfolgt. Im Folgenden wird aber in Anlehnung an die meisten Polizeigesetze von einem einheitlichen (Ober-)Begriff der *Sicherstellung* gesprochen, vgl. §§ 21 f. MEPolG; Bund: § 47 BundesPolG; BW: §§ 32, 33 PolG; Bay: Art. 25, 26, 28 PAG; Berl: §§ 38, 39, 41 ASOG; Brand: §§ 25, 26, 28 PolG; Brem: §§ 23, 24, 26 PolG; Hamb: § 14 SOG; Hess: §§ 40, 41, 43 SOG; MeckVor: §§ 61 ff. SOG; Nds: §§ 26, 27, 29 SOG; NRW: §§ 43, 44, 46 PolG, 24 OBG; RhlPfl: §§ 22, 23, 25 POG; Saar: §§ 21, 22, 24 PolG; Sachs: §§ 26, 27 PolG; SachsAnh: §§ 45, 46, 48 SOG; SchlHolst: §§ 210-212 LVwG; Thür: §§ 27, 28, 30 PAG. Spezialvorschriften für die Sicherstellung, die wegen ihres abschließenden Charakters einen Rückgriff auf das allgemeine POR ausschließen, finden sich in den Landespressegesetzen.

[460] So kann z.B. ein bissiger Kampfhund sichergestellt werden, damit weitere Beißvorfälle verhindert werden (OVG Münster NVwZ 2001, 2227).

[461] Vgl. VGH Kassel, Beschl. v. 29.2.2000 – 11 UE 4487/98.

die Einziehung und den Verfall vorliegen, andererseits wegen des Gebrauchs eine Gefahr für die öffentliche Sicherheit besteht. In dieser Gemengelage präventiver und repressiver Aufgabenerfüllung ist eine Abgrenzung zwischen präventivem und repressivem polizeilichen Handeln vorzunehmen.

Beispiel: Im Rahmen einer allgemeinen Verkehrskontrolle erblickt die Polizei bei einem herausgewunkenen Pkw ein sog. Radarwarngerät (siehe dazu Rn 578), das mit Saugnäpfen an der Innenseite der Frontscheibe befestigt ist. Polizeibeamter P greift sofort in das Wageninnere, zieht das Gerät von der Scheibe und nimmt es in Gewahrsam.

In diesem Fall könnte die Sicherstellung auf § 161 I StPO i.V.m. §§ 111b, 111c StPO i.V.m. §§ 46, 53 OWiG i.V.m. § 74 StGB basieren, sofern es der Polizei um die Ahndung einer Ordnungswidrigkeit geht. Denn der Autofahrer hat den Tatbestand des § 6 I Nr. 3 StVG i.V.m. § 23 I b StVO und damit zugleich die Ordnungswidrigkeitsnorm des § 24 StVG i.V.m. § 49 I Nr. 22 StVO verwirklicht. Das Gerät kann somit eingezogen werden.

Da auf der anderen Seite der Rechtsverstoß im Zeitpunkt des Erblickens des Geräts durch P noch andauerte und damit gleichzeitig eine Gefahr für die öffentliche Sicherheit bestand (es kann davon ausgegangen werden, dass der Fahrer das Gerät auch weiterhin benutzen würde), könnte sich die Sicherstellung auch auf die entsprechende polizeigesetzliche Befugnisnorm (vgl. z.B. Art. 25 Nr. 1 BayPAG, § 14 Nr. 1a HambSOG, § 26 Nr. 1 NdsSOG) stützen lassen.

Die Abgrenzung zwischen präventivem und repressivem polizeilichen Handeln vollzieht die wohl h.M., indem sie auf den **Schwerpunkt der Maßnahme** abstellt.[462] Andere halten die Kriterien für die Bestimmung des Schwerpunkts für zu vage und beziehen sich auf den Wortlaut der gesetzlichen Aufgaben- und Befugnisnormen und nehmen die Abgrenzung zwischen präventivem und repressivem Charakter einer polizeilichen Maßnahme anhand der mit ihr verfolgten **Zielsetzung** vor. Diese knüpfe an die **Finalität** des polizeilichen Handelns und damit an das subjektive Element des handelnden Polizeibeamten an. Nach der hier vertretenen Auffassung ist für die Bestimmung der Rechtsnatur der Maßnahme daher eine gemischt objektiv-subjektive Betrachtungsweise geboten. Danach ist Ausgangspunkt für die Ermittlung der Rechtsnatur der Maßnahme deren Schwerpunkt, wie er sich für einen unbeteiligten Dritten darstellt. Liegen danach Anhaltspunkte dafür vor, dass ein *dringender Tatverdacht* besteht und die Polizei weitere Sachverhaltsaufklärungen durchführt bzw. Maßnahmen ergreift, um den staatlichen Strafanspruch zu gewährleisten, ist von einer repressiv-polizeilichen Tätigkeit auszugehen. Geht es dagegen primär um Schadensabwendung und die Verhinderung weiterer Rechtsverstöße, ist die polizeiliche Maßnahme dem Bereich der Gefahrenabwehr zuzuordnen. Freilich ist die Bestimmung der Rechtsnatur der Maßnahme auf eine Tatsachenbasis zu stützen, bei der *auch* die Intention der handelnden Beamten zu berücksichtigen ist.

Stellt man sich demgemäß auf den Standpunkt, dass es der Polizei im vorliegenden Fall primär um die Verhinderung weiterer Rechtsverstöße ging, liegt präventivpolizeiliches Handeln vor und als Rechtsgrundlage dient die entsprechende Vorschrift des Polizeigesetzes. Die Gefahr ist gegenwärtig, weil das schädigende Ereignis bereits stattfand und auch in die allernächste Zukunft wirken wird. Ermessensfehler und eine Missachtung des Grundsatzes der Verhältnismäßigkeit sind nicht ersichtlich. Die Sicherstellung war mithin rechtmäßig.[463]

Unklar ist auch die **Rechtsnatur** der Sicherstellung. Sieht man in ihr ausschließlich **566**
das tatsächliche Ansichnehmen der sicherzustellenden Sache, handelt es sich um einen **Realakt**.[464] Stellt man sich demgegenüber auf den Standpunkt, dass die An-

---

[462] Zum Meinungsstand und zu den jeweiligen Nachweisen vgl. Rn 89 ff.
[463] Vgl. dazu Rn 578, *R. Schmidt*, Fälle zum POR, Fall 7 und nunmehr auch VGH München NJW 2008, 1549 f.
[464] Davon gehen *Drews/Wacke/Vogel/Martens*, § 12 Rn 12c und *Schwabe*, NJW 1983, 369 ff. aus.

sichnahme der Sache zugleich die konkludente Verfügung in sich birgt, der Betroffene habe die Maßnahme zu dulden (sog. **Duldungsverfügung**), stellt sie einen **Verwaltungsakt** dar.[465] Relevant wird diese Unterscheidung immer dann, wenn der Betroffene sich weigert, die Sache herauszugeben bzw. von der Polizei herausnehmen zu lassen, und die Polizei Zwang anwenden muss. Denn eine Zwangsmaßnahme hat nur dienende Funktion und bedarf grundsätzlich einer zu vollstreckenden Grundverfügung. Sieht man in der Sicherstellung also lediglich einen Realakt, kann sie nicht mit Mitteln des Zwangs durchgesetzt werden, weil ein Realakt nicht vollstreckt werden kann. Weigert sich in diesem Fall der Betroffene, der Aufforderung Folge zu leisten und die Sache herauszugeben, bzw. verhindert er das Herausnehmen durch die Polizei, muss diese eine hypothetische Begleitverfügung auf der Grundlage der Befugnisgeneralklausel konstruieren, um an eine vollstreckungsfähige Grundverfügung zu gelangen. Eine derartige Konstruktion ist nicht nur überflüssig, sondern auch systemwidrig (vgl. dazu Rn 122). Denn die Vertreter dieser Konstruktion übersehen die Sperrwirkung der Standardmaßnahmen gegenüber der Befugnisgeneralklausel mit ihren weniger stringenten Tatbestandsvoraussetzungen. Das systemwidrige Zurückgreifen auf die Befugnisgeneralklausel vermeidet man aber, indem man in den Standardmaßnahmen nicht nur einen Realakt, sondern gleichzeitig auch einen Verwaltungsakt auf Duldung der Maßnahme sieht.

Daher stellt im obigen **Beispiel** das Ergreifen des Radarwarngeräts durch P einen Verwaltungsakt dar, der auf Duldung der Sicherstellung gerichtet ist. Sollte sich der Betroffene weigern, der Duldungsverfügung Folge zu leisten, bzw. die Sicherstellung durch Festhalten des Geräts zu verhindern versuchen und muss P Zwang anwenden, um das Gerät in Gewahrsam zu nehmen, liegt **unmittelbarer Zwang** vor.[466]

567 Unabhängig von der gerade behandelten Problematik erfolgt die Sicherstellung in den meisten Fällen durch **Anordnung** („Geben Sie die Sache heraus") und deren **Vollzug** (die Ansichnahme der Sache). Spricht die Polizei die Anordnung aus, der Inhaber der tatsächlichen Gewalt habe die sicherzustellende Sache herauszugeben, liegt definitiv ein **Verwaltungsakt** vor. Denn diese Anordnung ist auf eine ganz bestimmte Rechtsfolge gerichtet, nämlich auf die Herausgabe der Sache. Sollte sich der Betroffene weigern, die Sache herauszugeben, und nimmt die Polizei die Sache gewaltsam entgegen, liegt unmittelbarer Zwang vor (s.o.). Vollstreckbare Grundverfügung ist in diesem Fall nicht etwa eine konkludente Duldungsverfügung, sondern die tatsächlich ausgesprochene Anordnung, die Sache herauszugeben.

Würde im obigen **Beispiel** P den Autofahrer also auffordern, das Radarwarngerät herauszugeben, läge in dieser Aufforderung bereits eine Sicherstellung (sog. Sicherstellungsverfügung). Würde sich der Autofahrer dann weigern, das Gerät herauszugeben, und müsste P das Gerät selbst von der Windschutzscheibe abziehen und an sich nehmen, läge hierin (lediglich) der Ausführungsakt der Sicherstellung. Zusätzlicher unmittelbarer Zwang läge nur dann vor, wenn der Autofahrer das Gerät z.B. festhielte und P das Gerät nur unter Überwindung von Widerstand an sich nehmen könnte.

568 Abweichend von der hier favorisierten Vorgehensweise ist es konstruktiv auch möglich, in der von der Polizei ausgesprochenen **Anordnung**, die sicherzustellende Sache herauszugeben, nicht eine Sicherstellungsverfügung zu sehen, sondern eine Maßnahme auf der Grundlage der **Befugnisgeneralklausel**. Diese Konstruktion basiert auf der Vorstellung, dass eine Sicherstellung stets das tatsächliche Element der Begründung

---

[465] So OVG Bremen Nord ÖR 2003, 457, 458; *Schenke*, POR, Rn 115 f.; *Kopp/Schenke*, VwGO, Anh § 42 Rn 35; *Nolte*, NVwZ 2001, 147, 152; *Habler*, JuS 2001, 691, 692.

[466] Eine Ersatzvornahme in Form der Selbstvornahme scheidet aus, weil die Herausgabepflicht unvertretbar ist, eine Ersatzvornahme aber eine vertretbare Handlung verlangt.

amtlichen Gewahrsams in sich berge. Schließt man sich dieser Konstruktionsmöglichkeit an, ist die Anordnung, die Sache herauszugeben, zunächst am Maßstab der *Befugnisgeneralklausel* zu prüfen. Sodann ist das tatsächliche Ansichnehmen als Standardmaßnahme *Sicherstellung* zu prüfen. Schließlich muss, sofern die Polizei zur Begründung amtlichen Gewahrsams Zwang anwendet, dieses Verhalten als *unmittelbarer Zwang* geprüft werden. Im Vergleich zu der hier favorisierten, bei Rn 566 erläuterten, Vorgehensweise ist also eine Maßnahme mehr zu prüfen.

Im Übrigen muss die Sicherstellung **auf die Begründung einer behördlichen Verwahrung gerichtet sein**. Ob dies beim **Abschleppen verbotswidrig abgestellter Fahrzeuge** der Fall ist, muss bezweifelt werden. Denn die Gefahrenabwehr- bzw. Polizeibehörde verfolgt mit dem Abschleppen von Fahrzeugen im Allgemeinen nicht den Zweck, das Fahrzeug in Verwahrung zu nehmen bzw. den Eigentümer, den Inhaber der tatsächlichen Gewalt oder Dritte von der Sachherrschaft auszuschließen. Regelmäßig wird es ihr nur darum gehen, das Fahrzeug von seinem gegenwärtigen Standort zu entfernen, um eine dort bestehende Gefahr zu beseitigen. In diesen Fällen liegt keine Sicherstellung, sondern eine **Ersatzvornahme** vor, auch wenn die Polizei das Fahrzeug auf einen amtlichen Verwahrplatz verbringen lässt.[467] Als vollstreckbare Grundverfügung für dieses Zwangsmittel fungiert das Halteverbotszeichen, dem die h.M. das Gebot entnimmt, den Wagen weiterzufahren.[468] **569**

Eine Sicherstellung des Kfz kommt aber z.B. dann in Betracht, wenn das Fahren eines fahruntüchtigen Verkehrsteilnehmers nicht auf andere Weise (Sicherstellung des Zündschlüssels o.ä.) verhindert werden kann oder wenn das Kfz nicht verkehrstüchtig oder nicht zugelassen ist und die Gefahr für die Allgemeinheit nicht anders abgewendet werden kann. Zu beachten ist dann aber die gegenüber der polizeigesetzlichen Sicherstellung vorrangige Regelung des § 17 I StVZO. **570**

Der Streit über die Rechtsnatur der Abschleppmaßnahme ist nicht nur akademischer Natur, sondern hat einen ganz konkreten praktischen Bezug: In den meisten Bundesländern sind nämlich die Kosten der Gefahrenabwehr (wozu auch die Sicherstellung gehört) von der Körperschaft zu tragen, deren Aufgaben die handelnde Behörde übernommen hat (vgl. etwa § 83 I BremPolG). Dagegen sind die Kosten der Ersatzvornahme stets von dem Pflichtigen zu übernehmen (vgl. etwa § 19 III BremVwVG). **571**

Aus den genannten Gründen ist auch die **„Beschlagnahme" von Wohnraum**, etwa um einen **Obdachlosen** einzuweisen, *keine* Sicherstellung, sondern sie ergeht auf der Grundlage der Befugnisgeneralklausel.[469] **572**

aa. Formelle Rechtmäßigkeit

Hinsichtlich der formellen Rechtmäßigkeit gelten zunächst die allgemeinen Voraussetzungen (Zuständigkeit, Verfahren, Form, siehe Rn 607 ff.). Als besondere (und zusätz- **573**

[467] Freilich ist auch diese Qualifikation nicht zweifelsfrei (vgl. dazu Rn 927/1031), aber immer noch der Sicherstellungslösung vorzuziehen. Für Ersatzvornahme BVerwGE 102, 316, 318 f.; VGH Mannheim NJW 2007, 2058, 2059; VGH Kassel NVwZ-RR 1999, 23 und NVwZ 1987, 904, 909; OVG Münster NJW 1998, 2465; OVG Greifswald NordÖR 2005, 328; VG Weimar LKV 2001, 574; *Schenke*, POR, Rn 164/717; *Friauf*, POR, Rn 145; *Muckel*, BesVerwR, S. 141; *Martini*, JA 2002, 955, 960. Für Sicherstellung VGH München NVwZ 1990, 180 und NJW 2001, 1960; *Pieroth/Schlink/Kniesel*, POR, § 19 Rn 4; *Gusy*, POR, 290; *Götz*, POR, § 8 Rn 60 und § 14 Rn 26. Ist eine Sicherstellung indes gesetzlich angeordnet (wie in Hamburg, vgl. § 14 I SOG), ist dies einwandfrei.

[468] Auf die hiermit verbundenen zahlreichen Probleme (Wirksamwerden nachträglich aufgestellter Verkehrsschilder; Überwindung der fehlenden Androhung etc.) wird bei Rn 1025 ff. eingegangen.

[469] So auch *Volkmann*, JuS 2001, 888, 890; *Muckel*, BesVerwR, S. 127 und *Erichsen/Biermann*, JuS 1998, 371, 376; dagegen für Sicherstellung *Schenke*, POR, Rn 322; *Götz*, POR, § 10 Rn 8. Unklar, aber wohl die Befugnisgeneralklausel als einschlägig betrachtend *Knemeyer*, POR, Rn 444. Vgl. im Übrigen zu dieser Konstellation *R. Schmidt*, Fälle zum POR, Fall 11.

lich zu prüfende) Verfahrensvorschrift normieren die Polizeigesetze, dass dem Betroffenen auf Verlangen eine **Bescheinigung** über die sichergestellten Sachen und den Grund für die Sicherstellung auszustellen ist.[470] An die Stelle der Bescheinigung tritt eine **Niederschrift**, wenn eine Bescheinigung „nach den Umständen des Falls" nicht ausgestellt werden kann. Dies trifft insbesondere dann zu, wenn der Inhaber der tatsächlichen Gewalt nicht ermittelt werden kann oder wenn es sich um Kinder oder um Geisteskranke handelt. Die Niederschrift muss erkennen lassen, warum eine Bescheinigung nicht ausgestellt worden ist. Der Eigentümer oder der Inhaber der tatsächlichen Gewalt sind unverzüglich zu unterrichten. Der Begriff „unverzüglich" sollte nicht in Anlehnung an § 121 I BGB („ohne schuldhaftes Verzögern") verstanden werden, sondern in Anlehnung an den in den Polizeigesetzen normierten Richtervorbehalt. Danach muss die Verzögerung sachlich zwingend geboten sein.[471] Die Unterrichtung hat also zu erfolgen, sobald und soweit die Polizei hierzu nach dem jeweiligen Stand der Dinge in der Lage ist.

574 Ein Verstoß gegen diese Verfahrensvorschriften führt grds. zur **formellen Rechtswidrigkeit** der Sicherstellung. In Betracht kommen aber eine **Heilung** gem. § 45 I Nr. 2 VwVfG bzw. eine Unbeachtlichkeit gem. § 46 VwVfG. Vgl. dazu auch Rn 607 ff.

bb. Materielle Rechtmäßigkeit

575 Die materiellen Tatbestandsvoraussetzungen sind in der Befugnisnorm beschrieben. Danach kommt die Sicherstellung i.d.R. in folgenden Fällen in Betracht:

(1) zum Schutz des Eigentümers oder rechtmäßigen Inhabers der tatsächlichen Gewalt vor Verlust oder Beschädigung,

(2) zur Abwehr einer *gegenwärtigen Gefahr*[472] für die *öffentliche Sicherheit*[473] (unerheblich ist, ob die *Gefahr* von der Sache selbst ausgeht oder von ihrem Besitzer bzw. einem Dritten) und

(3) zur Verhinderung einer missbräuchlichen Verwendung, wenn die Sache von einer rechtmäßig festgehaltenen Person mitgeführt wird.

576 Zu beachten ist, dass der in der polizeigesetzlichen Befugnisnorm genannte Kanon abschließend ist. Liegen die Voraussetzungen nicht vor, hat eine (präventivpolizeiliche) Sicherstellung zu unterbleiben. Ein Rückgriff auf die Befugnisgeneralklausel kommt aus systematischen Gründen nicht in Betracht.

577 Die Sicherstellung nach **Nr. 1** ermöglicht zur Erfüllung der polizeilichen Aufgabe *Schutz privater Rechte* die Sicherstellung von Sachen, um den Eigentümer oder den Inhaber der tatsächlichen Gewalt vor Verlust oder Beschädigung der Sache zu schützen. Dabei ist – im Umkehrschluss zu Nr. 2 – keine gegenwärtige Gefahr erforderlich. Es genügt eine „einfache" Gefahr, also die Wahrscheinlichkeit des Verlusts oder der Beeinträchtigung der Sache bei Nichteingreifen. Die Anwendung dieser Vorschrift kommt insbesondere in Betracht, wenn eine **Hausbesetzung** droht, eine wertvolle Sache **dem Zugriff Dritter** ungeschützt **ausgesetzt** oder ein **Tier entlaufen** ist. In

[470] Vgl. Bund: § 48 II BundesPolG; BW: § 33 III S. 2 PolG; Bay: Art. 26 II PAG; Berl: § 39 II ASOG; Brand: § 26 II PolG; Brem: § 24 II PolG; Hamb: § 14 II SOG; Hess: § 41 II SOG; MeckVor: § 62 II SOG; Nds: § 27 II SOG; NRW: § 44 II PolG; RhlPfl: § 23 II POG; Saar: § 22 II PolG; Sachs: § 27 II PolG; SachsAnh: § 46 II SOG; SchlHolst: § 211 II LVwG; Thür: §§ 28 II PAG und 23 II OBG.

[471] VGH Mannheim NVwZ-RR 1998, 429; BVerwGE 45, 51, 63; vgl. auch BVerfGE 105, 239, 249; EGMR NJW 2001, 51, 53, jeweils zum Richtervorbehalt.

[472] Vgl. nur die Legaldefinition in § 2 Nr. 3 a u. b BremPolG und § 3 SachsAnhSOG.

[473] Das Bezugsobjekt „öffentliche Sicherheit" ist in den meisten polizeigesetzlichen Vorschriften über die Sicherstellung bzw. Beschlagnahme zwar nicht genannt. Wegen der Grundaussage der polizeilichen Befugnisgeneralklausel ist die „öffentliche Sicherheit" aber Bezugsobjekt der Gefahr bei allen Standardmaßnahmen.

jedem Fall muss die Sicherstellung dem wirklichen oder mutmaßlichen Willen des Berechtigten entsprechen; anderenfalls wäre der Eingriff in die Privatautonomie, die durch das in den Polizeigesetzen niedergelegte Subsidiaritätsprinzip gerade gewahrt werden soll, nicht zu rechtfertigen.

Beispiel: Polizeibeamte stellen einen entwendeten und aufgebrochenen Pkw, dessen Wert die Sicherstellungskosten erheblich übersteigt, sicher, um ihn vor dem „Ausschlachten" durch Unberechtigte zu bewahren.

In diesem Fall handelt die Polizei gerade im Interesse des Berechtigten, um ihn vor Verlust oder Beschädigung des Autos zu schützen.

Die Sicherstellung nach **Nr. 2** setzt eine gegenwärtige Gefahr voraus, also eine Sach- **578**
lage, bei der die Einwirkung des schädigenden Ereignisses bereits begonnen hat oder in allernächster Zeit mit an Sicherheit grenzender Wahrscheinlichkeit bevorsteht. Typischer Anwendungsfall ist das Sicherstellen eines **Radarwarngeräts** im Rahmen einer Verkehrskontrolle, weil in diesem Fall der Rechtsverstoß gegen § 6 I Nr. 3 StVG i.V.m. § 23 I b StVO nicht nur bereits vorliegt, sondern ohne die Sicherstellung fortdauern würde (vgl. bereits Rn 565). Das gilt auch dann, wenn das Gerät im Zeitpunkt der Verkehrskontrolle nicht eingeschaltet war. Denn § 23 I b StVO lässt es genügen, wenn das Gerät betriebsbereit mitgeführt wird. Das wiederum ist dann der Fall, wenn das Gerät während der Fahrt jederzeit und ohne größeren technischen Aufwand eingesetzt werden kann (es z.B. nur noch eingeschaltet werden muss).[474]

Die Gerichte gehen sogar so weit und billigen die präventivpolizeiliche Sicherstellung auch von Radarwarngeräten, die nicht in einem betriebsbereiten Zustand mitgeführt werden. Zwar könne in derartigen Fällen weder ein Ordnungswidrigkeitenverfahren nach § 47 II OWiG eingeleitet werden, noch die Einziehung oder der Verfall des Geräts als Nebenfolge der Ordnungswidrigkeit nach §§ 22 ff., 87 OWiG angeordnet werden, weil (noch) kein Verstoß gegen § 23 I b StVO vorliege (Zur Erinnerung: § 23 I b StVO verbietet das Beisichführen eines *betriebsbereiten* Geräts). Allerdings stünden der Polizei präventivpolizeiliche Eingriffsbefugnisse zur Verfügung, weil derjenige, der ein Radarwarngerät im Auto bei sich führe, auch die Absicht verfolge, es einzusetzen. Insofern sei objektiv zu erwarten, dass bei ungehindertem Geschehensablauf alsbald ein Verstoß gegen des § 23 I b StVO begangen werde. Dies rechtfertige eine Sicherstellung und eine Unbrauchbarmachung des Geräts nach dem Polizeirecht.[475]

Diese Rechtsauffassung ist sehr bedenklich. Denn sie nivelliert den Umstand, dass Erwerb und Besitz eines Radarwarngeräts gerade nicht verboten sind. Auf der Basis der Rspr. könnte es also auch vorkommen, dass die Polizei während einer Wohnungsdurchsuchung nebenbei ein Radarwarngerät entdeckt, dieses sicherstellt und vernichtet mit dem Argument, dass derjenige, der ein solches Gerät besitze, auch die Absicht verfolge, es einzusetzen.

Eine gegenwärtige Gefahr besteht auch dann, wenn **Fahrzeugschlüssel** sichergestellt werden sollen, um einen fahruntüchtigen Autofahrer an der (Weiter-)Fahrt zu hindern. Verspricht die Sicherstellung der Schlüssel keinen Erfolg, kann sogar das **Fahrzeug** sichergestellt werden. Dagegen ist die Sicherstellung des **Führerscheins** i.d.R. **nicht** geeignet, eine Maßnahme auf der Grundlage der polizeigesetzlichen Befugnisnorm zu rechtfertigen.

---

[474] *König*, in: Hentschel/König/Dauer, StVG, § 23 Rn 38; VGH München NJW 2008, 1549 f. An der Betriebsbereitschaft fehlt es z.B., wenn sich das erforderliche Stromkabel nicht im Wagen befindet (VGH München NJW 2008, 1549 f.; AG Lüdinghausen NJW 2008, 2134, 2135). Gleiches dürfte gelten, wenn sich das Gerät im von der Fahrgastzelle nicht erreichbaren Kofferraum befindet.

[475] VGH München NJW 2008, 1549 f.

579 **Übungsfall:** Während einer nächtlichen Streifenfahrt durch ein Kneipenviertel erblickt Polizist P den offenbar alkoholisierten Mann M, als dieser im Begriff ist, seinen Wagen zu starten. P spricht M darauf an, ob dieser alkoholisiert sei und vorhabe, das Fahrzeug zu führen. Als M sich weigert, irgendwelche Auskünfte zu geben, und auch mit einem Alkohol-Schnelltest nicht einverstanden ist, nimmt P ihm nach vorheriger Androhung, aber unter Widerstand die Fahrzeugzulassungsbescheinigung I und die Wagenschlüssel ab. Dabei entdeckt P ganz nebenbei ein an der Innenseite der Windschutzscheibe mit Saugnäpfen befestigtes Radarwarngerät. Auch dieses nimmt er an sich, allerdings ohne dass er diesmal einen Widerstand bei M brechen müsste. Drei Tage später wird M schriftlich mitgeteilt, dass das Radarwarngerät vernichtet worden sei. M möchte sofort alle Maßnahmen des P rechtlich überprüft haben.

Die Lösung ist abrufbar unter www.verlag-rolf-schmidt.de Rubrik Falllösungen und Ergänzungen.

580 Besonders problematisch ist die **Sicherstellung von Presseerzeugnissen**, weil damit in das Grundrecht der Pressefreiheit (Art. 5 I S. 2 Var. 1 GG) eingegriffen wird, welche einen hohen Verfassungsrang genießt.[476] Eingriffe in die Pressefreiheit sind nur unter den Voraussetzungen des Art. 5 II GG (allgemeine Gesetze, Jugend- und Ehrschutzgesetz) sowie den verfassungsimmanenten Schranken einschränkbar. Demnach scheint die Sicherstellung von durch Art. 5 I S. 2 Var. 1 GG geschützte Presseerzeugnisse nach den Vorschriften der Polizeigesetze möglich, da insbesondere diese „allgemeine Gesetze" i.S.v. Art. 5 II GG sind. Da die Landesgesetzgeber die Voraussetzungen für Eingriffe in die Pressefreiheit aber in den **Pressegesetzen** geregelt haben (Presserecht ist Landesrecht), stellt sich die Frage, inwieweit überhaupt auf das allgemeine Polizei- und Ordnungsrecht zurückgegriffen werden kann. Insbesondere enthalten die Landespressegesetze Bestimmungen, wonach die Beschlagnahme von Presseerzeugnissen nur aufgrund einer richterlichen Verfügung zulässig ist. Ein Rückgriff auf das allgemeine Polizei- und Ordnungsrecht könnte diese Wertung unterlaufen. Insoweit stellt sich ein ähnliches Problem wie beim Versammlungsrecht, wonach im Anwendungsbereich des VersG der Rückgriff auf das allgemeine Polizei- und Ordnungsrecht (ebenfalls) ausgeschlossen ist (Polizeifestigkeit des Versammlungsrechts). Bezüglich des Presserechts lassen sich folgende Überlegungen anstellen:

- Eine Sicherstellung von Presseerzeugnissen wegen Gefahren, die von **Inhalt** oder **Form** dieser Erzeugnisse ausgehen, ist auf der Grundlage der polizeigesetzlichen Befugnisnorm ausgeschlossen, sofern das **LandesPresseG** Spezialvorschriften bereitstellt, die die Beschlagnahme nur unter bestimmten, in den presserechtlichen Vorschriften aufgelisteten Voraussetzungen (insbesondere Richtervorbehalt oder Verwirklichung bestimmter Straftaten) zulassen (sog. **Polizeifestigkeit des Presserechts**).

- Auf der Grundlage des Polizeigesetzes zulässig ist dagegen die Sicherstellung von Presseerzeugnissen, wenn es um die Abwehr von Gefahren geht, vor deren Verwirklichung die landespresserechtlichen Bestimmungen nicht schützen, bzw. wenn es nicht zielgerichtet um Eingriffe in die Pressefreiheit geht.

Beispiele:

(1) Ein mit Presseerzeugnissen beladener Kleintransporter verunglückt. Die Polizei stellt die auf der Fahrbahn liegenden Presseerzeugnisse auf der Grundlage des Polizeigesetzes sicher, um die Gefahr zu beseitigen.

(2) Die Polizei erhält telefonisch eine Bombendrohung; der Anrufer teilt mit, die Pressekonferenz der Bundesregierung werde „in die Luft fliegen". Daraufhin räumt die Polizei auf der Grundlage des Polizeigesetzes das Gebäude und stellt in diesem Zu-

[476] Vgl. dazu BVerfG NJW 2007, 1117, 1118 ff. (Cicero) sowie ausf. *R. Schmidt*, Grundrechte, Rn 461.

sammenhang auch einige Unterlagen der Presse sicher (um diese vor Verlust bzw. Beschädigung zu schützen).

In Fällen dieser Art geht die Gefahr nicht vom Inhalt der Presseerzeugnisse aus. Daher können die Landespressegesetze auch keine abschließende Regelung entfalten. Der Rückgriff auf das allgemeine Polizei- und Ordnungsrecht ist zulässig.

- Besonders problematisch ist die **Sicherstellung von Film- oder Fotomaterial** eines Angehörigen der Presse durch Beamte des Polizeivollzugsdienstes, wenn der Presseangehörige zuvor etwa einen **polizeilichen Einsatz gefilmt** oder **fotografiert** hat. In diesem Fall geht die Gefahr vom **Inhalt** des Presseerzeugnisses aus, sodass der Eingriff in die Pressefreiheit ausschließlich auf der Grundlage des Landespressegesetzes erfolgen könnte. Das ist aber nur dann der Fall, wenn das Pressegesetz abschließende Regelungen enthält, die einen Rückgriff auf das allgemeine Polizei- und Ordnungsrecht ausschließen. Jedenfalls könnten die Regelungen der §§ 111b, c, m, n StPO i.V.m. §§ 74, 74d StGB unterlaufen werden, griffe man auf das allgemeine Polizei- und Ordnungsrecht zurück. Auch ist der Polizeivollzugsdienst nicht zuständig für Maßnahmen nach dem Pressegesetz. Schließlich ist eine Beschlagnahme von Presseerzeugnissen nach den Pressegesetzen nur auf Grundlage einer richterlichen Verfügung zulässig. Daher könnte – um diese Wertungen nicht zu unterlaufen – eine Sicherstellung nach den Befugnisnormen des Polizeigesetzes ausgeschlossen sein. Dadurch könnten allerdings irreparable Schäden für bestimmte Rechtsgüter eintreten, insbesondere weil eine richterliche Entscheidung so kurzfristig nicht eingeholt werden kann. Daher bietet sich folgende Lösung an: Wegen Art. 5 I GG sind das Filmen und Fotografieren auch polizeilicher Einsätze nicht verboten. Andererseits darf nicht verkannt werden, dass durch das Fotografieren Persönlichkeitsrechte der gefilmten bzw. fotografierten Personen (Art. 2 I i.V.m. 1 I GG, die durch § 23 I Nr. 3 KUG einfachgesetzlich konkretisiert sind) verletzt werden können. Auch kann die Funktionsfähigkeit der Polizei beeinträchtigt werden, etwa wenn durch das Fotografieren Zivilfahnder der Polizei enttarnt würden. Bei gegenwärtiger Gefahr für diese Schutzgüter kann daher die Sicherstellung auf der Grundlage des Polizeigesetzes mit der Begründung bejaht werden, die Aufnahmen würden unter Verstoß gegen das Recht am eigenen Bild (als Teil des allgemeinen Persönlichkeitsrechts) bzw. gegen das Kunsturhebergesetz später verbreitet. Wegen Art. 5 I GG müssen aber konkrete Anhaltspunkte dafür bestehen, dass diese Aufnahmen entgegen den Vorschriften des Kunsturhebergesetzes unter Missachtung des Rechts der gefilmten bzw. fotografierten Polizeibeamten am eigenen Bild auch veröffentlicht werden.[477]

  Zumindest optimistisch ist die Auffassung des VGH Mannheim, der der Auffassung ist, dass – soweit nicht im konkreten Fall gegenteilige Anhaltspunkte vorliegen – davon auszugehen sei, dass ein Pressefotograf unzulässige Lichtbilder nicht veröffentlicht (Vermutung der Rechtstreue). Ein generelles Fotografierverbot sei daher grds. gegenüber einem Pressefotografen unzulässig. Dies gelte grds. auch dann, wenn es um einen Einsatz besonders gefährderter SEK-Beamter gehe und im Falle der Enttarnung der eingesetzten Beamten die Funktionsfähigkeit des SEK bedroht sei.[478]

Die Sicherstellung von Presseerzeugnissen geht in der Praxis zumeist mit einer Untersagungsverfügung einher, sodass bei der Prüfung der Rechtmäßigkeit zu differenzieren ist. **580a**

Beispiel: S ist Mitglied eines sektiererischen „Feministischen Kampfbundes". Sie verkauft in der Fußgängerzone regelmäßig das Presseorgan des Bundes. Als S eines Tages von dem auf Streife befindlichen Polizeibeamten P gefragt wird, ob sie eine Erlaubnis für

---

[477] Vgl. OVG Saarlouis 11.4.2002 - 9 R 3/01. Zur Verletzung des allgemeinen Persönlichkeitsrechts, das auch Polizeibeamten im Dienst zusteht, und zur erlaubten Sicherstellung von Lichtbildfilmen (bei Digitalkameras: Speicherchip) vgl. auch VGH Mannheim NVwZ-RR 1995, 527 und NVwZ 2001, 1292. Vgl. auch BVerfGE 115, 166, 183 ff. (oben Rn 294).

[478] VGH Mannheim DVBl 2010, 1569 ff.

den Zeitungsverkauf vorweisen könne, muss sie dies verneinen. P fordert sie daraufhin auf, den Verkauf der Zeitungen einzustellen. Als S sich dazu nicht bereitfindet, ordnet P die Sicherstellung der restlichen Exemplare an. S gibt diese heraus, ist aber der Auffassung, dass das Vorgehen des P rechtswidrig gewesen sei.

Unterstellt, der Zeitungsverkauf in der Fußgängerzone sei genehmigungspflichtig (d.h. sondererlaubnispflichtig)[479], lag ein Verstoß gegen die landesrechtliche Bestimmung über den zulassungspflichtigen Sondergebrauch (vgl. etwa § 18 BremLStrG) und damit gegen die öffentliche Sicherheit vor. P konnte daher auf der Grundlage des Polizeigesetzes (der Befugnisgeneralklausel) die Unterlassungsaufforderung aussprechen.

Etwas anderes könnte hinsichtlich der Sicherstellung der restlichen Zeitungen gelten, da das Landespressegesetz abschließende Regelungen über die Beschlagnahme von Presseerzeugnissen enthält und daher einen Rückgriff auf das allgemeine Polizei- und Ordnungsrecht ausschließt (Polizeifestigkeit des Presserechts). Jedoch verfolgte P nicht das Ziel der Abwehr von Gefahren, die möglicherweise von Inhalt oder Form der Presseerzeugnisse ausgingen, sondern er wollte weitere Verstöße gegen die landesstraßenrechtliche Genehmigungspflicht verhindern. In derartigen Fällen entfalten die presserechtlichen Vorschriften keine Sperrwirkung, sodass P die Sicherstellung auf die entsprechende polizeigesetzliche Befugnisnorm stützen konnte.

581 Eine gegenwärtige Gefahr i.S.d. Sicherstellung nach **Nr. 2** liegt dagegen unstreitig vor, wenn sich **Schusswaffen** oder **Explosivmittel** im Besitz nicht **sachkundiger oder unberechtigter Personen** befinden, **Giftmüll** unsachgemäß gelagert wird oder jemand eine Sache besitzt, mit der eine **Straftat oder Ordnungswidrigkeit** begangen werden soll (Farbspraydose, Einbruchwerkzeug, nicht zugelassenes Funkgerät). Der Aspekt der Verhinderung von Straftaten oder Ordnungswidrigkeiten erlaubt insbesondere auch die Sicherstellung von Waffen, die eine Person entgegen § 2 III VersG bei oder auf dem Weg zu einer Versammlung[480] oder entgegen § 42 I WaffG bei einer öffentlichen Veranstaltung mit sich führt, auch solchen, die keine Waffen im technischen Sinne sind. Ferner hat die Rechtsprechung die Sicherstellung von Traktoren auf der Grundlage der Nr. 2 für zulässig angesehen, weil diese für rechtswidrige Blockadeaktionen genutzt werden sollten.

581a Die Sicherstellung nach **Nr. 3** dient der Verhinderung einer missbräuchlichen Verwendung, wenn die Sache von einer rechtmäßig festgehaltenen Person mitgeführt wird. Aus welchem Grund die Person festgehalten werden darf, ist gleichgültig. Daher kommen als Rechtsgrundlage für das Festhalten die polizeigesetzliche Standardmaßnahme *Gewahrsam* ebenso in Betracht wie die *Identitätsfeststellung* oder (repressivpolizeilich) §§ 127 oder 163 b I S. 2 StPO. Unter missbräuchlicher Verwendung versteht das Gesetz den Einsatz der Sache, um Personen anzugreifen, Selbstverletzungen herbeizuführen, eine Flucht zu ermöglichen und Sachen zu beschädigen.

582 Für alle drei Nummern gilt, dass aufgrund der Formulierung „um" in den Befugnisnormen die mitgeführten Sachen nicht tatsächlich in gefährlicher Weise verwendet werden müssen; vielmehr genügt es, dass die Sachen zu den genannten Zwecken **verwendet werden könnten**, sie also zu den in den Nrn. 1-3 beschriebenen Zwecken geeignet sind.

---

479 Ob das Verkaufen von Presseerzeugnissen in Fußgängerzonen überhaupt genehmigungspflichtig ist (sog. Sondernutzung) oder mit Blick auf die Bedeutung des Art. 5 I GG nicht als genehmigungsfreier Gemeingebrauch eingestuft werden muss, ist äußerst problematisch, im vorliegenden Zusammenhang aber nicht weiter zu verfolgen; vgl. dazu *R. Schmidt*, AllgVerwR, Rn 1022 ff.

480 Die im Grundsatz geltende Polizeifestigkeit des Versammlungsrechts greift hier nicht unter dem Aspekt der „Minusmaßnahme"; vgl. dazu Rn 1035 ff.

Beispiel: Die Lebensgefährtin L des S ruft die Polizei telefonisch zu Hilfe, da S sie körperlich misshandelt hatte. Beim Eintreffen der Polizeibeamten A und B verließ S mit einem Strick in der Hand das Haus und kündigte seine Selbsttötung wegen der Trennungsabsichten seiner Lebensgefährtin an. Daraufhin erklärten A und B dem S, dass sie ihn in Gewahrsam nehmen müssten, was S auch ohne Widerstand geschehen ließ. Bevor sie ihn in Gewahrsam nahmen, durchsuchten sie ihn nach Gegenständen, mit denen er seine Suizidabsichten hätte verwirklichen können. Die Beamten stellten ein Taschenmesser, eine Krawattennadel ein Feuerzeug und den Strick sicher. Schließlich nahmen sie ihm noch seinen Hosengürtel ab.

Alle genannten Maßnahmen waren rechtmäßig und stützten sich jeweils auf die entsprechende Befugnisnorm des Polizeigesetzes.

Schließlich ist zu beachten, dass eine präventivpolizeiliche Sicherstellung nur dann in Betracht kommt, wenn sie auch „**erforderlich**" ist. Auf den ersten Blick scheint dieses Tatbestandsmerkmal überflüssig zu sein, weil ohnehin jedes polizeiliche Handeln zu seiner Rechtmäßigkeit erforderlich sein muss. Ist eine Maßnahme nicht erforderlich, ist sie unverhältnismäßig. Die „Aufwertung" zum Tatbestandsmerkmal kann also nur so verstanden werden, dass dem Rechtsanwender nochmals vor Augen geführt werden soll, dass die Sicherstellung nur dann als Mittel der Gefahrenabwehr in Betracht kommt, wenn kein anderes geeignetes Mittel zur Verhinderung der genannten Tatbestände zur Verfügung steht. **583**

cc. Folge einer Sicherstellung

Mit der Sicherstellung wird ein **öffentlich-rechtliches Verwahrungsverhältnis** begründet, das der sicherstellenden Behörde bestimmte Pflichten auferlegt.[481] Diese richten sich nach den zivilrechtlichen Vorschriften über die Verwahrung (§§ 688 ff. BGB). So ist die verwahrte Sache in erster Linie sorgfältig zu behandeln. Auch ist möglichen Wertminderungen im Rahmen eines vertretbaren Aufwands vorzubeugen. Die Werterhaltungspflicht beinhaltet insbesondere die Pflicht zur sachgerechten Lagerung, Wartung und Pflege der Sache sowie zu ihrem Schutz gegen Beeinträchtigungen durch Dritte. Bei Pflichtverletzungen kommen **584**

- Schadensersatzansprüche nach den Polizeigesetzen,
- ein Amtshaftungsanspruch gem. § 839 BGB i.V.m. Art. 34 GG,
- eine Ersatzpflicht nach den Grundsätzen über die Haftung in vertragsähnlichen verwaltungsrechtlichen Schuldverhältnissen (§§ 688 ff. BGB analog) und
- ein Schadensersatzanspruch aus §§ 241 II i.V.m. 280 I ggf. i.V.m. §§ 281, 282 BGB n.F. (früher ungeschriebene pVV) des öffentlich-rechtlichen Verwahrungsvertrags

in Betracht. Da die Verwahrung jedoch nicht aufgrund einer freiwilligen Vertragserklärung, sondern durch die Sicherstellung der Polizei erfolgt, ist der abgeschwächte Verschuldensmaßstab des § 690 BGB nicht angemessen. Bei Verschlechterung oder Untergang der Sache ist daher der normale Fahrlässigkeitsmaßstab des § 276 BGB heranzuziehen.

Verwahrungsort ist i.d.R. die Dienststelle. Lässt die Beschaffenheit der sichergestellten Sache (z.B. wegen ihres Gewichts, ihres Umfangs oder ihrer leichten Verderblichkeit) die Verwahrung in den Diensträumen jedoch nicht zu oder ist die Verwahrung in den Diensträumen aus anderen Gründen unzweckmäßig, ist die Sache auf geeignete andere Weise aufzubewahren oder zu sichern. Dies ist etwa der Fall, wenn die Behörde nicht über Einrichtungen verfügt, die eine sachgerechte Verwahrung gewährleisten. In **585**

[481] Vgl. OLG Schleswig NVwZ 2000, 234, 235.

solchen Fällen ist die Verwahrung einer dritten (natürlichen oder juristischen) Person zu übertragen.

Beispiel: Die Polizei hat einen Kampfhund sichergestellt. Das Tier wird im städtischen Tierheim untergebracht, bis der Halter die erforderliche Unbedenklichkeitsbescheinigung nachweisen kann.

586 Insbesondere bei großen oder unbeweglichen Sachen können die Sicherstellung und die Aufbewahrung bzw. Sicherung beispielsweise durch Anbringen eines Siegels, Absperren eines Grundstücks oder (bei Gebäuden) durch Austausch des Schließzylinders (um das Betreten der Wohnung oder des Hauses zu verhindern) erfolgen.

587 Im Übrigen geht es der Behörde bei der Sicherstellung um die Begründung amtlichen Gewahrsams, um andere von der Einwirkungsmöglichkeit auszuschließen. Daher ist z.B. die **„Beschlagnahme" von Wohnraum**, etwa um einen **Obdachlosen** einzuweisen, *keine* Sicherstellung, sondern ergeht auf der Grundlage der Befugnisgeneralklausel.[482] Vgl. dazu das Beispiel „Obdachlosenexmittierung" bei Rn 635. Auch das **Abschleppen eines verbotswidrig abgestellten Fahrzeugs** ist grundsätzlich *keine* Sicherstellung, sondern eine Ersatzvornahme in Form einer unmittelbaren Ausführung bzw. eines Sofortvollzugs. Denn der Behörde wird es kaum darum gehen, ein amtliches Gewahrsamsverhältnis zu begründen, sondern lediglich darum, den Gefahrzustand zu beseitigen (siehe Rn 569). Der der Ersatzvornahme zugrunde liegende hypothetische Grundverwaltungsakt stützt sich dabei auf das dem Verkehrsschild entnommenen Wegfahrgebot. Vgl. dazu insgesamt Rn 1025 ff.

Eine Sicherstellung des Kfz kommt aber **beispielsweise** in Betracht, wenn das Fahren eines fahruntüchtigen Verkehrsteilnehmers nicht auf andere Weise (Sicherstellung des Zündschlüssels o.ä.) verhindert werden kann, oder wenn das Kfz nicht verkehrstüchtig oder nicht zugelassen ist und die Gefahr für die Allgemeinheit nicht anders abgewendet werden kann. Zu beachten ist aber die gegenüber der Sicherstellung vorrangige Regelung des § 17 I StVZO.

588 Ungeachtet der Problematik, ob das Abschleppen eines verbotswidrig abgestellten Kfz eine Sicherstellung oder eine Ersatzvornahme darstellt, besteht hinsichtlich des abgeschleppten Kfz ein Verwahrungsverhältnis. Fraglich ist lediglich, zwischen welchen Parteien es besteht. Wird der Wagen von der Polizei selbst abgeschleppt und auf einen behördeneigenen Verwahrungsplatz verbracht, besteht unstreitig ein Verwahrungsverhältnis zwischen dem Eigentümer des Kfz und der Behörde. In der Regel wird das Kfz aber durch einen von der Polizei beauftragten privaten Abschleppunternehmer (der weder Beliehener noch Verwaltungshelfer ist) abgeschleppt. Relevant wird die Frage bei Beschädigungen. Es ist zu unterscheiden:

589
- Beschädigungen, die während des Abschleppvorgangs entstehen, sind der Polizei zuzurechnen, da der private Abschleppunternehmer in diesem Fall als Verwaltungshelfer bzw. Erfüllungsgehilfe der Polizei tätig wird. Bei ihm handelt es sich trotz des privatrechtlichen Werk- oder Dienstvertrags mit der Behörde lediglich um einen Beauftragten oder Bevollmächtigten der Vollzugsbehörde. Es liegt also kein privatrechtliches Rechtsverhältnis zwischen dem Eigentümer des abgeschleppten Kfz und dem Abschleppunternehmer vor, sondern ein öffentlich-rechtliches zwischen dem Eigentümer und der Behörde. Ersatzansprüche (z.B. gem. § 56 I S. 2 BremPolG bzw. § 839 BGB i.V.m. Art. 34 GG) sind daher gegen den Träger der Polizeibehörde (also gegen das Land) geltend zu

---

[482] So auch *Volkmann*, JuS 2001, 888, 890; *Muckel*, BesVerwR, S. 127; *Erichsen/Biermann*, JuS 1998, 371, 376; dagegen für Sicherstellung *Schenke*, POR, Rn 322; *Götz*, POR, § 10 Rn 8; *Pieroth/Schlink/Kniesel*, POR, § 19 Rn 5. Unklar, aber wohl die Befugnisgeneralklausel als einschlägig betrachtend *Knemeyer*, POR, Rn 444.

machen. Auch liegt aufgrund der Sperrwirkung des § 839 BGB i.V.m. Art. 34 GG kein gesetzliches Schuldverhältnis vor, sodass ein Anspruch des Geschädigten gegen den Abschleppunternehmer nicht aus § 823 BGB in Betracht kommt.

- Anders verhält es sich nach Auffassung des OLG Hamm, wenn der Schaden erst später, **590** d.h. im Zeitraum der Verwahrung auf dem Betriebshof des Abschleppunternehmers entsteht. In diesem Fall habe der Abschleppunternehmer nicht (mehr) als Erfüllungsgehilfe der Behörde gehandelt. Während dieser Zeit hätten die Beamten der Polizeibehörde nämlich keinen Einfluss mehr auf die Verwahrung. In solchen Fällen sei regelmäßig auch nicht davon auszugehen, dass die Beamten es pflichtwidrig unterlassen hätten, Überwachungsmaßnahmen durchzuführen. Denn sie treffe keine Verpflichtung, Aufsicht über die bei einem beauftragten Abschleppunternehmer abgestellten Fahrzeuge zu führen. Daher sei es auch angebracht, ein Verwahrungsverhältnis zwischen dem Eigentümer des Kfz und dem Abschleppunternehmer anzunehmen. Schäden am Fahrzeug, die auf dem Gelände des Abschleppunternehmers entstanden seien, müsse der Geschädigte beim Abschleppunternehmer zivilrechtlich geltend machen.[483]

Diese Rechtsauffassung ist abzulehnen. Sie verkennt, dass die *Polizei* es ist, die mit Mit- **591** teln des Verwaltungszwangs den Abschleppvorgang einleitet und einen privaten Abschleppunternehmer beauftragt. Beschädigt dieser fahrlässig oder vorsätzlich das Kfz, kann sich die Polizeibehörde nicht ihrer Verantwortung entziehen, indem sie auf die mangelnden Einflussmöglichkeiten verweist. Auch sonst werden ausnahmslos Rechtsbeziehungen nur im Innenverhältnis zwischen dem Unternehmer und der Behörde, nicht aber zwischen der betroffenen Person und dem von der Behörde beauftragten Unternehmer begründet. Nach der hier vertretenen Auffassung sind daher Ansprüche aus dem Verwahrungsverhältnis (z.B. wegen unsachgemäßer Behandlung des Kfz) stets gegen den Rechtsträger der Polizei, nicht gegen den von der Polizei beauftragten Unternehmer zu richten. Vgl. im Übrigen die Ausführungen bei Rn 902 ff.

Die praktische Bedeutung dieser Streitfrage ist enorm, weil nach der Konstruktion des OLG Hamm der *Eigentümer des beschädigten Kfz* es ist, der das Risiko der Insolvenz des Abschleppunternehmers trägt. Demgegenüber trägt er ein solches Risiko nicht, wenn er seinen materiell-rechtlichen Anspruch gegen den Rechtsträger der Polizei geltend machen kann.

dd. Rechtsschutz

Die Sicherstellung erfolgt nach der auch hier vertretenen h.M. durch **Verwaltungs-** **592** **akt**, obwohl mit der Sicherstellung eine tatsächliche Ingewahrsamnahme („Ansichnahme") der Sache einhergeht.[484] Kommt der Inhaber der tatsächlichen Gewalt der Anordnung nicht nach, d.h. weigert er sich, die Sache herauszugeben, bedarf die Sicherstellung der Vollstreckung, d.h. der gewaltsamen Besitzergreifung durch **unmittelbaren Zwang** (s.o.). Fraglich ist der Rechtsschutz gegen die Sicherstellung. Hier ist nach den in Betracht kommenden Klagebegehren zu unterscheiden:

- Zunächst ist denkbar, dass es dem Betroffenen (lediglich) um die **Feststellung der** **593** **Rechtswidrigkeit der Sicherstellung** geht. Sofern der Betroffene die Sache freiwillig an die Polizei übergeben hatte, ist lediglich die Rechtmäßigkeit der Anordnung („Sicherstellungsverfügung") zu überprüfen. Diese Überprüfung erfolgt grundsätzlich nicht im Rahmen einer Fortsetzungsfeststellungsklage, sondern im Rahmen einer **Anfechtungsklage**. Das folgt daraus, dass die Sicherstellungsverfügung einen Verwaltungsakt mit Dauerwirkung darstellt und dieser Verwaltungsakt sich aufgrund der noch bestehenden Rechtswirkung noch nicht erledigt hat. Sollte die Behörde die sichergestellte Sache nach Klageerhebung wieder herausgeben, kann der Kläger den Prozess dann als

[483] So OLG Hamm NJW 2001, 375, 376.
[484] Vgl. nun auch *Ronellenfitsch/Glemser*, JuS 2008, 888, 889.

Fortsetzungsfeststellungsklage weiterführen. Sollte die Behörde die sichergestellte Sache aber bereits vor Klageerhebung wieder zurückgegeben haben, kann der Betroffene eine **Fortsetzungsfeststellungsklage** analog § 113 I S. 4 VwGO erheben (analog wegen der Erledigung *vor* Klageerhebung).

594 ▪ Etwas anderes gilt, wenn die Polizei die Sache dem Betroffenen wegnehmen musste, um sie sicherstellen zu können. Hier ist es möglich, dass der Betroffene ausschließlich die mit der Sicherstellung verbundene gewaltsame Besitzergreifung der Sache überprüfen lassen möchte. Da die gewaltsame Ansichnahme juristisch als Zwangsmaßnahme zu werten ist (**unmittelbarer Zwang**) und eine Zwangsmaßnahme *nicht* zur Voraussetzung hat, dass ihre Grundverfügung rechtmäßig ist (keine Konnexität zwischen Primärmaßnahme und Vollstreckungsmaßnahme, s.o.), muss die Rechtmäßigkeit der Zwangsmaßnahme ausschließlich vollstreckungsrechtlich geprüft werden (Bestehen einer Rechtsgrundlage für das Zwangsmittel, Einhaltung des formalisierten Vollstreckungsverfahrens, Beachtung des Verhältnismäßigkeitsgrundsatzes). Die Rechtmäßigkeit der Grundverfügung muss dann (sofern das vom Klausurbearbeiter verlangt wird) separat geprüft werden. Richtige Klageart ist bezüglich der Grundverfügung die **Anfechtungsklage** (sofern sich die angegriffene Maßnahme noch nicht erledigt hat, anderenfalls die **Fortsetzungsfeststellungsklage**) und bezüglich der Anwendung des Zwangsmittels die **allgemeine Leistungsklage** bzw. die **Feststellungsklage**, wenn man eine Zwangsmaßnahme (zumindest im gestreckten Verfahren) ausschließlich als Realakt behandelt. Nimmt man bei den Zwangsmaßnahmen dagegen zugleich eine konkludente Duldungsverfügung an, sind die **Anfechtungsklage** bzw. (bei Erledigung) die **Fortsetzungsfeststellungsklage** statthaft. Alle Klagen können aber zusammen erhoben werden (Fall der kumulativen Klagehäufung nach § 44 VwGO).

595 ▪ Schließlich ist es möglich, dass der Betroffene schlicht die **Herausgabe der sichergestellten Sache** begehrt. Sollte sich die Sicherstellungsverfügung (wie regelmäßig) noch nicht erledigt haben, gilt Folgendes: Da die dem Betroffenen gegenüber vorgenommene tatsächliche Ansichnahme der Sache nur eine unvollständige Vollziehungsmaßnahme zum Verwaltungsakt darstellt, kann sie nur im Zusammenhang mit diesem erfolgreich angegriffen werden. Eine **allgemeine Leistungsklage** auf Herausgabe einer beschlagnahmten Sache (die Herausgabe ist kein Verwaltungsakt) kann somit schon von daher **keinen Erfolg** haben. Hinzu kommt, dass die Sicherstellungsverfügung einen Verwaltungsakt mit Dauerwirkung darstellt und somit noch Rechtswirkungen (namentlich den Rechtsgrund für den Gewahrsam) entfaltet. Der Betroffene muss also zunächst den Rechtsgrund für den Gewahrsam beseitigen. Dies kann er nur mit der **Anfechtungsklage**, verbunden mit dem **Annexantrag** auf Herausgabe der Sache erreichen (§ 113 I S. 1 i.V.m. S. 2 VwGO).[485] Sollte die Anfechtungsklage erfolgreich sein, ergeht als Annexentscheidung die Verpflichtung der Behörde, die beschlagnahmte Sache herauszugeben.[486]

Nur für den Fall, dass sich die Sicherstellungsverfügung bereits erledigt haben sollte, kann der Betroffene sein Rechtsschutzziel über die Fortsetzungsfeststellungsklage (analog) § 113 I S. 4 VwGO erreichen. Aber auch hier gilt, dass er über einen Annexantrag gem. § 113 I S. 2 VwGO (hier allerdings analog) die Herausgabe der Sache erreichen kann.

---

[485] Zu beachten ist aber, dass § 113 I S. 2 VwGO keine Rechtsgrundlage für den Folgenbeseitigungsanspruch (FBA) darstellt, sondern eine solche voraussetzt. Die Basis für den FBA wird im Rechtsstaatsprinzip i.V.m. mit den Freiheitsgrundrechten gesehen. Sofern die polizeigesetzlichen Normen über die Sicherstellung die Regelung enthalten, dass die sichergestellten Sachen nach Entfallen der Voraussetzungen für die Sicherstellung herauszugeben sind (vgl. etwa § 26 BremPolG), stellt diese Regelung (nicht der FBA!) die Anspruchsgrundlage für die Herausgabe dar.

[486] Dies verkennt *Knemeyer* (POR, Rn 264), der undifferenziert die allgemeine Leistungsklage auf Herausgabe der Sache annimmt, gleichzeitig dem Leser aber schuldig bleibt, wie er den Rechtsgrund für den Gewahrsam beseitigen möchte, zumal er selbst (in Rn 256) bezüglich der Sicherstellungsverfügung von einem Dauerverwaltungsakt ausgeht.

Beispiel: Im Rahmen einer polizeilichen Vorfeldkontrolle wird der anreisende Demonstrationsteilnehmer D durchsucht, wobei die Polizei einen Schlagstock und ein Klappmesser findet. Diese Gegenstände werden sofort sichergestellt und in Gewahrsam genommen. Nach Beendigung der Demonstration verlangt D die Gegenstände heraus.
Bei der Maßnahme Sicherstellung handelt es sich um einen Dauerverwaltungsakt. Dieser hat sich trotz seiner Vollziehung noch nicht erledigt, stellt also weiterhin den Rechtsgrund für die Verwahrung dar. D kann daher nicht schlicht eine allgemeine Leistungsklage auf Herausgabe der Sachen erheben, sondern muss zunächst den Rechtsgrund beseitigen. Er muss daher **Anfechtungsklage gegen die Sicherstellung** erheben, verbunden mit dem **Annexantrag** auf Herausgabe der Sachen (§ 113 I S. 1 i.V.m. S. 2 VwGO). Anspruchsgrundlage für die Herausgabe ist die polizeigesetzliche Norm über die Herausgabe von sichergestellten Sachen (etwa § 26 BremPolG[487]). Sollte die Anfechtungsklage erfolgreich sein, ergeht als Annexentscheidung die Verpflichtung der Behörde, die beschlagnahmte Sache herauszugeben.

Geht es dem Betroffenen primär um Entschädigung aus dem Verwahrungsverhältnis, **596** ist hinsichtlich des Rechtswegs die Regelung des § 40 II S. 1 VwGO zu beachten, wonach für vermögensrechtliche Ansprüche aus öffentlich-rechtlicher Verwahrung der **ordentliche Rechtsweg** gegeben ist. Das in diesem Zusammenhang angerufene Zivilgericht prüft den Rechtsstreit unter allen in Betracht kommenden rechtlichen Gesichtspunkten (§ 17 II S. 1 GVG).

597

Prüfungsschema für eine Sicherstellung von Sachen

I. Rechtsgrundlage für die Sicherstellung

Da mit der Sicherstellung zumindest eine vorübergehende Besitzentziehung verbunden ist, liegt ein Eingriff in Art. 14 I S. 1 GG vor. Daher bedarf die Behörde einer Rechtsgrundlage. Diese ist als Standardmaßnahme dem Polizeigesetz zu entnehmen.

II. Formelle Rechtmäßigkeit

1. **Zuständigkeit** der handelnden Behörde (Rn 607 ff.)
2. Ordnungsgemäßes **Verfahren** (Einhaltung der allg. Verfahrensvorschriften (Rn 608 ff.). Als besondere (und zusätzlich zu prüfende) Verfahrensvorschrift normieren die Polizeigesetze, dass dem Betroffenen eine Bescheinigung auszustellen ist, die den Grund der Sicherstellung und die sichergestellten Sachen bezeichnet. Ein Verstoß gegen diese Verfahrensvorschriften führt grds. zur formellen Rechtswidrigkeit der Sicherstellung. In Betracht kommt aber eine Heilung gem. § 45 I Nr. 2 VwVfG bzw. eine Unbeachtlichkeit gem. § 46 VwVfG. Schließlich sind die Vorschriften des Polizeigesetzes über die Durchführung der Sicherstellung, der Verwertung, Einziehung und Vernichtung sowie über die Herausgabe sichergestellter Sachen zu beachten. Allerdings ist es zweckmäßig, diese Vorschrift erst nach der Prüfung der materiellen Rechtmäßigkeit zu prüfen.
3. **Form**vorschriften (Rn 621 ff.) sind regelmäßig nicht zu beachten.

III. Materielle Rechtmäßigkeit

1. Tatbestand

Die materiellen Tatbestandsvoraussetzungen sind in der Befugnisnorm beschrieben. Danach kommt die Sicherstellung in drei Fällen in Betracht:

(1) zum Schutz des Eigentümers oder rechtmäßigen Inhabers der tatsächlichen Gewalt vor Verlust oder Beschädigung,
(2) zur Abwehr einer *gegenwärtigen Gefahr* für die *öffentliche Sicherheit*. Unerheblich ist, ob die *Gefahr* von der Sache selbst ausgeht oder von ihrem Besitzer bzw. einem Dritten und
(3) zur Verhinderung einer missbräuchlichen Verwendung, wenn die Sache von einer

[487] Vgl. auch § 24 MEPolG; Bay: § 28 PAG; Berl: § 41 ASOG; Brand: § 28 PolG; Hamb: § 14 SOG; Hess: § 43 SOG; Nds: § 29 SOG; NRW: § 46 PolG; RhlPfl: § 25 POG; Saar: § 24 PolG; Sachs: § 27 III PolG; SachsAnh: § 48 SOG; SchlHolst: § 210 II, III LVwG; Thür: § 30 PAG.

rechtmäßig festgehaltenen Person mitgeführt wird.

2. Rechtsfolge

Auf der Rechtsfolgeseite ist der Polizei (wie stets) ein Ermessen eingeräumt. Zu prüfen sind die Einhaltung der Ermessensgrenzen und des Verhältnismäßigkeitsgrundsatzes.

6. Gefährderansprachen/Gefährderanschreiben und Meldeauflagen

Relativ neue Phänomene stellen die sog. Gefährderansprachen/Gefährderanschreiben und die Meldeauflagen dar. **597a**

Unter einer **Gefährderansprache** ist eine Maßnahme zu verstehen, bei der Beamte der Polizei szenebekannte oder in polizeilichen Ermittlungs- bzw. Fahndungsdateien (z.B. „Gewalttäter Sport") gespeicherte Personen (etwa Fans oder Hooligans) im privaten oder beruflichen Umfeld aufsuchen und diese darüber in Kenntnis setzen, dass sie identifiziert seien und ihnen im Falle der Begehung einer Straftat Strafverfolgungsmaßnahmen drohten. Das **Gefährderanschreiben** unterscheidet sich von der Gefährderansprache dadurch, dass der Inhalt in Briefform übermittelt wird. **597b**

Auf den ersten Blick scheinen Gefährderansprachen rechtlich unproblematisch zu sein, da sie nur auf eine spätere Rechtsfolge hinweisen, die ohnehin vom Gesetz vorgesehen ist und deren Eintritt allein vom Fehlverhalten des Betroffenen abhängt. Mithin könnte es bereits am Grundrechtseingriff fehlen, was jede weitere Diskussion (Erfordernis einer Rechtsgrundlage; Vorliegen einer konkreten Gefahr; Verantwortlichkeit des Adressaten etc.) entbehrlich machte. **597c**

Jedoch kann der Grundrechtseingriff nicht ohne weiteres verneint werden. Im Gegenteil. Gerade nach dem modernen Eingriffsverständnis liegt ein Grundrechtseingriff auch dann vor, wenn eine staatliche Maßnahme für den Betroffenen eine Wirkung entfaltet, die einer imperativen Maßnahme in Form eines Verbots oder Gebots gleichkommt.[488] Im vorliegenden Zusammenhang wird man dies annehmen müssen, wenn der Betroffene (z.B. ein Hooligan) von der Polizei zu Hause oder am Arbeitsplatz aufgesucht und somit vor den Nachbarn bzw. vor Vorgesetzten und Kollegen „bloßgestellt" wird. Von etwaigen beruflichen Konsequenzen einmal abgesehen, ist damit zumindest ein Grundrechtseingriff in Art. 2 I GG i.V.m. Art. 1 I GG (allgemeines Persönlichkeitsrecht) gegeben. Für diesen Fall bedarf die Polizei einer Rechtsgrundlage. Da es um Gefahrenabwehr geht (die Polizei möchte mit dem „sanften" Mittel des Hinweises auf die strafrechtlichen Konsequenzen die Begehung von Gewalttätigkeiten verhindern) und spezialgesetzliche Befugnisse nicht ersichtlich sind, kommt ausschließlich die **polizeigesetzliche Befugnisgeneralklausel** in Betracht.[489] Diese setzt allerdings das Bestehen einer **konkreten Gefahr** voraus. Ob es für deren Annahme allerdings genügt, dass die betroffene Person in der Szene bekannt oder in der Datei „Gewalttäter Sport" gespeichert ist, darf zu Recht bezweifelt werden. Vielmehr wird man lediglich von einem **Gefahrenverdacht** ausgehen können, der zwar zu Gefahrerforschungseingriffen[490], nicht aber zu Maßnahmen befugt, die gerade die Gefährderansprachen ausmachen. Daher wird man wohl von einer Rechtswidrigkeit ausgehen müssen, sofern keine konkrete Gefahr besteht.[491] **597d**

Liegt ausnahmsweise ein Eingriff in die Grundrechte des Betroffenen *nicht* vor, etwa weil es bei einem bloßen allgemeinen Hinweis auf die Rechtslage verbleibt und der Betroffene weder vor Nachbarn noch vor Vorgesetzten oder Kollegen bloßgestellt wird, reicht jedenfalls die polizeiliche Aufgabennorm zur Rechtfertigung aus.[492] **597e**

---

[488] Vgl. *R. Schmidt*, Grundrechte, Rn 151.
[489] Wie hier *Deutsch*, Die Polizei 2006, 145 ff.; *Breucker*, NJW 2006, 1233, 1234. Diese Auffassung wurde auch schon vom OVG Lüneburg (NJW 2006, 391, 392 f.) in Bezug auf das Gefährderanschreiben vertreten.
[490] Zum Gefahrenverdacht und zu den Gefahrerforschungseingriffen vgl. Rn 689 ff.
[491] Unklar *Hebeler*, NVwZ 2011, 1364, 1366, der lediglich konstatiert, die Gefährderansprache sei rechtlich nicht zu beanstanden, wenn sie sachgerecht eingesetzt werde.
[492] *Franz/Günther*, NWVBl 2006, 201, 206.

597f Da man hinsichtlich der Gefährderansprache eine Regelungswirkung i.S.d. § 35 VwVfG verneinen muss, handelt es sich um einen Realakt. Rechtsschutz bieten daher die Leistungsunterlassungsklage bzw. die Feststellungsklage sowie im vorläufigen Rechtsschutz der Antrag auf Erlass einer einstweiligen Anordnung.

597g Bei den **Meldeauflagen** handelt es sich um ein (noch) effektiveres Mittel, jemanden daran zu hindern, einen bestimmten Ort aufzusuchen. Hauptanwendungsfeld von Meldeauflagen ist die Eindämmung der Gewalt im Umfeld von Sportveranstaltungen, insbesondere von Fußballspielen. Sie kommen aber auch im Vorfeld von Versammlungen in Betracht. Gewaltbereite Fans, Ultras, Hooligans, Autonome etc. werden angewiesen, sich innerhalb eines bestimmten Zeitraums unter Vorlage eines gültigen Ausweisdokuments auf einer Polizeidienststelle (in der Nähe ihres Heimatortes) zu melden.[493] Dadurch werden sie daran gehindert, dass sie bei den Veranstaltungen an Ausschreitungen teilnehmen bzw. dort Gewalttaten verüben können.

597h Mit der Meldeauflage greift die Polizei bzw. die Ordnungsbehörde in das Grundrecht der Freiheit der Person ein.[494] Denn mit ihr wird das von Art. 2 II S. 2 GG geschützte Recht, jeden beliebigen Ort aufzusuchen[495], zumindest mittelbar beeinträchtigt.[496] Fraglich ist, ob darüber hinaus auch das Recht auf Freizügigkeit (Art. 11 I GG) betroffen ist. Das BVerwG nimmt dies an, wenn Meldeauflagen wiederholt erfolgen.[497] Die überwiegende Literatur verneint einen Eingriff in Art. 11 I GG jedenfalls dann, wenn sich der Betroffene auf einer beliebigen Polizeidienststelle im Bundesgebiet melden darf.[498] Nach der hier vertretenen Auffassung ist auch das Recht auf Freizügigkeit (Art. 11 I GG) betroffen, weil davon ausgegangen werden darf, dass die mit einer Meldeauflage verbundene Hinderung, die Veranstaltung aufzusuchen, für den Betroffenen von erheblicher Bedeutung ist, dass dem nur durch die Eröffnung des Schutzbereichs des Art. 11 I GG Rechnung getragen werden kann.[499]

597i Folgt man der hier vertretenen Auffassung und hält Art. 11 I GG für einschlägig, stellt sich die Frage, ob Meldeauflagen – in Ermangelung einer speziellen Rechtsgrundlage[500] – auf der Grundlage der Befugnisgeneralklausel ergehen können. Das BVerwG hält die Befugnisgeneralklausel für ausreichend. Die Grundrechtsrelevanz von Meldeauflagen sei nicht so groß, dass eine spezielle Befugnisnorm erforderlich wäre.[501] Diese Rechtsauffassung ist jedenfalls hinsichtlich der Fälle bedenklich, in denen auch das BVerwG Art. 11 I GG für einschlägig erachtet, denn Eingriffe in dieses Grundrecht dürfen nur unter den Voraussetzungen des qualifizierten Gesetzesvorbehalts des Art. 11 II GG ergehen. Dies wirft wiederum zwei Probleme auf, die fehlende Gesetzgebungskompetenz der Länder für Beschränkungen des Art. 11 I GG und die Unbestimmtheit der Befugnisgenerelklausel (dazu Rn 600 ff.).

---

[493] Vgl. auch *Schucht*, NVwZ 2011, 709.

[494] Wie hier *Brenneisen*, Kriminalistik 1999, 483, 485; a.A. *Schucht*, NVwZ 2011, 709, 711, allerdings ohne Begründung, sondern nur mit Verweis auf BVerfGE 22, 21, 26, wonach ein staatliches Gebot, sich zu einem bestimmten Zeitraum an einem bestimmten Ort einzufinden, kein Eingriff in das Grundrecht der Freiheit der Person darstelle. Doch liest man die Entscheidung, lassen sich keine (zwingenden) Gründe finden, sie auf Meldeauflagen zu übertragen.

[495] Vgl. BVerfGE 94, 166, 198; 105, 239, 248; BVerfG NJW 2006, 2093, 2094 (Jugendstrafvollzug); *Kunig*, in: v. Münch/Kunig, GG, Art. 2 Rn 74.

[496] Lässt man bei Art. 2 II S. 2 GG mittelbare Eingriffe nicht genügen, verbleibt nur der Rückgriff auf die allgemeine Handlungsfreiheit aus Art. 2 I GG (so BVerwGE 129, 142, 150).

[497] BVerwGE 127, 142, 149

[498] *Breucker*, NJW 2004, 1631, 1632 f.; *Arzt*, Die Polizei 2006, 156, 159.

[499] Vgl. auch *Jarass*, in: Jarass/Pieroth, GG, Art. 11 Rn 7; *Hetzer*, JR 2000, 1 ff. (jeweils zu polizeilichen Aufenthaltsverboten). Mit Einschränkung auch *Schucht*, NVwZ 2011, 709, 711.

[500] Soweit ersichtlich, hat gegenwärtig lediglich Rheinland-Pfalz eine Standardmaßnahme „Meldeauflage" normiert (vgl. § 12a POG). Die polizeigesetzliche Standardmaßnahme „Vorladung" erfüllt einen anderen Zweck und passt nicht auf die Meldeauflage.

[501] BVerwGE 129, 142, 149.

Die Gesetzgebungskompetenz zur Regelung der Freizügigkeit unterfällt ausschließlich dem Bund (Art. 73 I Nr. 3 GG). Da aber der Kriminalvorbehalt des Art. 11 II GG einen Aspekt des allgemeinen Gefahrenabwehrrechts bezeichnet, das wiederum in die Gesetzgebungskompetenz der Länder fällt (Art. 30, 70 I GG), folgt daraus, dass die Gesetzgebungskompetenz des Bundes für die Regelung der Freizügigkeit sich nicht auf das allgemeine Gefahrenabwehrrecht bezieht. Da das Grundgesetz die Voraussetzungen für eine Einschränkung des Art. 11 I GG unter dem Aspekt der Vorbeugung strafbarer Handlungen aber in Art. 11 II GG geregelt hat, müssen sich auch die Befugnisnormen der Polizeigesetze am Maßstab des Art. 11 II GG messen lassen. Die landesrechtlichen Befugnisgeneralklauseln haben in Bezug auf Meldeauflagen also nur dann Bestand, wenn sie verfassungskonform dahingehend interpretiert werden, dass sie zu Eingriffen in Art. 11 I GG nur unter den Voraussetzungen des Art. 11 II GG ermächtigen. Damit wäre zugleich das Problem der Unbestimmtheit überwunden. Erfolgt eine Meldeauflage also zur Verhinderung von Straftaten, knüpft dabei an ganz konkrete Tatsachen, die den Schluss zulassen, dass die von der Meldeauflage betroffene Person anderenfalls eine Straftat verüben würde, und ist sie im Übrigen unter Beachtung der Bedeutung des Art. 11 I GG verhältnismäßig, kann sie auf der Grundlage der polizeilichen Befugnisgeneralklausel ergehen. Freilich sind die Landesgesetzgeber aufgefordert, aus Gründen der Rechtsklarheit spezielle Befugnisnormen zu schaffen, etwa systematisch verortet in der Nähe der Aufenthalts- bzw. Betretungsverbote. **597j**

Da man – anders als bei der Gefährderansprache – bei der Meldeauflage eine Regelungswirkung i.S.d. § 35 VwVfG annehmen muss, handelt es sich um einen **Verwaltungsakt**, der entsprechend mit Zwangsmitteln durchgesetzt werden kann. Rechtsschutz bieten die allgemein gegen Verwaltungsakte und deren Vollstreckungsakte zulässigen Rechtsbehelfe. **597k**

Sofern (sowohl hinsichtlich der Gefährderansprache als auch hinsichtlich der Meldeauflage) ein Bezug zur **Versammlungsfreiheit** besteht (etwa wenn die Anreise zu einer Versammlung verhindert werden soll), sind die versammlungsrechtlichen Besonderheiten zu beachten, vgl. dazu Rn 1101 ff. **597l**

7. Zusammenfassung und Abgrenzung zur Befugnisgeneralklausel

598 Präventivpolizeiliche Standardmaßnahmen stellen eine *abschließende* Regelung dar, sodass ein Rückgriff auf die Befugnisgeneralklausel auch dann ausscheidet, wenn die (vielfach engeren) Eingriffsvoraussetzungen für ein Eingreifen nach den Standardmaßnahmen nicht vorliegen. Nur wenn der Sachverhalt nicht abschließend mit Hilfe der Standardmaßnahmen gewürdigt werden kann, ist subsidiär auf die Befugnisgeneralklausel zurückzugreifen. Schließlich ist zu beachten, dass die präventivpolizeilichen Standardmaßnahmen oftmals denen der repressivpolizeilichen Normen sehr ähnlich und in Zweifelsfällen von diesen abzugrenzen sind.
Bei den (repressivpolizeilichen) Standardmaßnahmen der StPO handelt es sich um abschließende Normierungen (vgl. § 6 EGStPO), die einen anderen Regelungsbereich umfassen und einen Rückgriff auf die (präventivpolizeilichen) Standardbefugnisse des allgemeinen Polizei- und Ordnungsrechts grundsätzlich ausschließen. Nur wenn der Sachverhalt *außerhalb* von Strafverfolgungsmaßnahmen auch ein (präventives) Vorgehen zum Zweck der Gefahrenabwehr erfordert, ist für diesen Bereich auf das allgemeine Polizei- und Ordnungsrecht zurückzugreifen.

599 **Hinweis für die Fallbearbeitung:** Bei der Frage nach dem Rechtsschutz muss in einer Klausur daher zuerst geprüft werden, ob die Polizei präventiv oder repressiv tätig ist. Nur bei präventivem Handeln ist der Verwaltungsrechtsweg eröffnet. Vgl. dazu ausführlich Rn 87 sowie *R. Schmidt*, VerwProzR, Rn 25 ff.

Beispiel[502]**:** F war wegen Fahrens ohne Fahrerlaubnis (§ 21 I Nr. 1 Var. 2 StVG) strafgerichtlich verurteilt worden. Ferner hatte man ihm die Fahrerlaubnis entzogen (§ 3 StVG i.V.m. §§ 3, 11 ff. FeV[503]) und bislang nicht wieder erteilt. Gleichwohl hielt F sich für berechtigt, aufgrund seiner – hier nicht gültigen – isländischen Fahrerlaubnis ein Kfz zu führen. Im Rahmen einer allgemeinen Verkehrskontrolle beschlagnahmte der Polizeibeamte P daraufhin das von F gefahrene Kfz, weil F nicht im Besitz einer gültigen Fahrerlaubnis war, sich gleichwohl zum Führen eines Kfz berechtigt hielt und bereits wegen Fahrens ohne Fahrerlaubnis verurteilt worden war. Zum eigenen Schutz und zum Schutz anderer Verkehrsteilnehmer sei die Beschlagnahme (Sicherstellung) des Kfz angezeigt.
Die Beschlagnahme stellt eine Gefahrenabwehrmaßnahme dar. Es ging P nicht um die Beschlagnahme des Kfz, etwa um es als Beweismittel sicherzustellen, sondern vielmehr darum, (andere) Verkehrsteilnehmer zu schützen. Daher kann er die Beschlagnahme auch nicht auf die §§ 94 ff. StPO stützen. Es besteht jedoch eine Standardbefugnis nach anwendbarem Landesgefahrenabwehrrecht (z.B. nach § 23 Nr. 2 BremPolG). Danach kann die Polizei eine Sache beschlagnahmen, wenn dies zum Schutz eines Einzelnen oder des Gemeinwesens gegen eine unmittelbar bevorstehende Störung der öffentlichen Sicherheit erforderlich ist. Da diese Voraussetzungen vorlagen, konnte P das Kfz des F rechtmäßig beschlagnahmen. Ein Rückgriff auf die Befugnisgeneralklausel kommt daher nicht in Frage.

---

[502] Vgl. VGH Mannheim NVwZ-RR 1992, 184.
[503] Vgl. dazu auch OVG Lüneburg NJW 2001, 459.

III. Befugnisgeneralklausel

1. Erfordernis einer generalklauselartigen Ermächtigung

600 Da der Gesetzgeber auf der einen Seite nicht alle erdenklichen Lebenssachverhalte und Gefahrentatbestände antizipiert spezialgesetzlich normieren kann, auf der anderen Seite jedoch den Grundsatz vom Vorbehalt des Gesetzes beachten muss, der besagt, dass die mit einem Rechtseingriff verbundenen Gefahrenabwehrmaßnahmen stets einer gesetzlichen Rechtsgrundlage bedürfen, ermächtigt er die Polizei- und Ordnungsbehörden zumindest auch generalklauselartig.[504] Danach darf die Polizei die erforderlichen Maßnahmen treffen, um eine im konkreten Fall bestehende Gefahr für die öffentliche Sicherheit (oder Ordnung[505]) abzuwehren.

601 Zu beachten bleibt aber, dass **spezialgesetzliche** Befugnisnormen und polizeigesetzliche Standardmaßnahmen weitestgehend **Anwendungsvorrang** vor der Generalklausel genießen. Daraus folgt, dass die Befugnisgeneralklausel im Anwendungsbereich einer Spezialnorm grundsätzlich verdrängt ist (Subsidiarität der Generalklausel). Lediglich wenn die Spezialnorm den Sachverhalt nicht oder nicht abschließend regelt, kann also auf die Befugnisgeneralklausel zurückgegriffen werden.

> **Beispiel:** Nimmt die Polizei eine Person in Gewahrsam, obwohl die Tatbestandsvoraussetzungen der Standardmaßnahme *Ingewahrsamnahme* nicht vorliegen, kann sie ihr Vorgehen nicht damit rechtfertigen, dass die Ingewahrsamnahme eine erforderliche Maßnahme gemäß der Befugnisgeneralklausel gewesen sei.

602 Ein Rückgriff auf die Befugnisgeneralklausel ist nur dann zulässig, wenn der Sachverhalt nicht oder nicht abschließend mit Hilfe der Standardmaßnahmen einer Lösung zugeführt werden kann.

> **Beispiel:** Die Polizei wird während eines Streifengangs am Weserufer auf einen Mann aufmerksam, der seinen Hund frei herumlaufen lässt. Sie weist ihn auf die bestehende Satzung der Gemeinde hin, wonach ein Leinenzwang am Weserufer besteht, und fordert ihn auf, seinen Hund sofort an die Leine zu nehmen.
>
> Da in diesem Fall keine spezielle Rechtsgrundlage existiert, konnte die Polizei ihre Anordnung auf die Befugnisgeneralklausel stützen.

603 Im Übrigen ist zu beachten, dass in Fällen, in denen im Polizeigesetz bestimmte Standardbefugnisse geregelt werden, hierin regelmäßig zugleich ein konkludenter Ausschluss anderer ähnlicher oder sogar noch schwerwiegenderer Maßnahmen liegt und diese sich deshalb auch nicht unter Rückgriff auf die Befugnisgeneralklausel rechtfertigen lassen.

> **Beispiele:**
>
> **(1)** Im Polizeigesetz ist als Standardmaßnahme zwar die „Durchsuchung" von Personen, nicht aber auch die „Untersuchung" geregelt. Daraus lässt sich ableiten, dass eine „Untersuchung" auch nicht auf die Befugnisgeneralklausel gestützt werden kann.

---

[504] Vgl. Bund: § 14 BundesPolG; Bay: Art. 11 PAG; BW: § 3 PolG; Berl: § 17 I ASOG; Brand: §§ 10 I PolG, 13 I OBG; Brem: § 10 I PolG; Hamb: § 3 SOG; Hess: § 11 SOG; MeckVor: § 13 SOG; Nds: § 11 SOG; NW: §§ 8 I PolG, 14 OBG; RhlPfl: § 9 I POG; Saar: § 8 I PolG; Sachs: § 3 I PolG; SachsAnh: § 13 SOG; SchlHolst: §§ 174, 176 LVwG; Thür: §§ 12 I PAG, 5 I OBG.

[505] Die öffentliche Ordnung als 2. Schutzgut ist nicht in allen Polizeigesetzen enthalten.

(2) Ebenso kann aus der Formulierung „vorübergehend" in der Befugnisnorm hinsichtlich der *Platzverweisung* geschlossen werden, dass ein (längerfristiges) Aufenthaltsverbot auch nicht auf die Generalklausel gestützt werden kann.[506]

604 Ein wichtiger Anwendungsbereich der Befugnisgeneralklausel besteht bei Verstößen gegen Gesetze, die zwar ein **Verbot** aussprechen, aber **keine materielle Rechtsgrundlage** zum behördlichen Einschreiten zwecks Durchsetzung der Regelung vorsehen und somit keine Befugnisnorm bereitstellen (sog. *leges imperfecta*). Hier liegt eine wesentliche Funktion der Befugnisgeneralklausel als Rechtsgrundlage.

Beispiel[507]**:** A betreibt in der Stadt S einige Bräunungsstudios mit Münzautomaten. Vornehmlich an den Wochenenden und an den Feiertagen ist der stärkste Kundenandrang zu verzeichnen. S sieht darin einen Verstoß gegen das Landesfeiertagsgesetz und beabsichtigt, mit einer Verbotsverfügung zu reagieren.

Für die Frage, ob eine solche Verbotsverfügung rechtmäßig wäre, müsste wegen des Eingriffs in Art. 12 I GG zunächst eine Rechtsgrundlage bestimmt werden. Das Feiertagsgesetz verbietet zwar grundsätzlich öffentlich bemerkbare Arbeiten an Sonn- und Feiertagen, die geeignet sind, die Ruhe des Tages zu beeinträchtigen. Bei Zuwiderhandlungen gegen die Verbotsnorm ist dem Gesetz jedoch keine Rechtsgrundlage zum behördlichen Einschreiten zu entnehmen. Die Gesetzesverletzung ist lediglich über das OWiG bußgeldbewehrt. Daher stellt die Befugnisgeneralklausel des allgemeinen Gefahrenabwehrrechts eine geeignete Rechtsgrundlage dar. Es müssten aber auch ihre Voraussetzungen vorliegen. Läge ein Verstoß gegen das Feiertagsgesetz vor, wäre das Schutzgut „öffentliche Sicherheit" verletzt. Vor dem Hintergrund des Art. 140 GG i.V.m. Art. 139 WRV sollen nach der Rechtsprechung des BVerwG nur solche Tätigkeiten durch das Feiertagsgesetz sanktioniert werden, die *typischerweise* werktägliche Lebensvorgänge darstellen. Unter Berücksichtigung der Freiheit zur persönlichen Lebensgestaltung seien aber auch gewerbliche Tätigkeiten mit der Zweckbestimmung der Sonn- und Feiertage vereinbar, sofern sie der Befriedigung sonn- und feiertäglicher Bedürfnisse dienten. Das sei bei einem Bräunungsstudio der Fall. Eine Verbotsverfügung wäre somit rechtswidrig.

605 **Fazit:** Verbotsnormen, d.h. Gesetze, die zwar ein Verbot aussprechen oder ein bestimmtes Verhalten unter Strafe stellen oder mit Bußgeld belegen, erteilen der Verwaltung i.d.R. keine Befugnis, zum Zweck der Unterbindung einzuschreiten. Da sie jedoch Bestandteil der objektiven Rechtsordnung und damit der öffentlichen Sicherheit sind, und diese wiederum Schutzgut der polizeigesetzlichen Befugnisgeneralklausel ist, können Verstöße gegen Verbotsnormen letztlich mit der Generalklausel unterbunden werden. Vgl. dazu auch Rn 629 ff.

2. Vereinbarkeit der Generalklausel mit dem Bestimmtheitsgrundsatz

606 Obwohl eine generalklauselartige Ermächtigung seit vielen Jahrzehnten in den Polizei- und Ordnungsgesetzen aller Länder enthalten ist, werden nach wie vor verfassungsrechtliche Bedenken, insbesondere unter dem Aspekt des **Bestimmtheitsgebots**, geäußert. Das Bestimmtheitsgebot ist Ausdruck des Rechtsstaatsprinzips. Es besagt, dass eine Rechtsvorschrift klar zum Ausdruck bringen muss, welche Auswirkungen die gesetzliche Regelung für den Bürger hat.[508] Ist das Gesetz zu unklar und zu unbe-

[506] Wie hier VGH Kassel NVwZ 2003, 1392; *Hecker*, NVwZ 2003, 1334, 1335 f.; *ders.*, NVwZ 1999, 261, 262; *Cremer*, NVwZ 2001, 1218, 1219 f.; *Schenke*, POR, Rn 134; anders aber OVG Bremen NVwZ 1999, 314, 315 f. unter Missachtung der genannten juristischen Grundsätze (richtig dagegen das dem Urteil des OVG vorangegangene Urteil des VG Bremen v. 29.5.1997 – 2 A 149/96). Immerhin hat der bremische Gesetzgeber darauf reagiert und vor einiger Zeit einen Abs. 2 in die Befugnisnorm eingefügt.

[507] Nachgebildet BVerwGE 90, 337 ff.

[508] Vgl. BVerfGE 49, 168, 181 (Aufenthaltserlaubnis); 59, 104, 114 (Betriebsverfassungsgesetz); 62, 169, 182 f. (Gesperrtes Guthaben); 80, 103, 107 f. (Gerichtskostengesetz).

stimmt, ist es verfassungswidrig. Es ist jedoch herrschende Rechtsauffassung, dass unbestimmte Rechtsbegriffe und Generalklauseln dem Bestimmtheitsgrundsatz nicht entgegenstehen, wenn die äußeren Grenzen des Spielraums der Verwaltung abgesteckt und damit die Möglichkeit richterlicher Überprüfung der Einhaltung der Grenzen gegeben sind. Das ist bei der ordnungsbehördlichen bzw. polizeigesetzlichen Befugnisgeneralklausel jedenfalls in der Modalität *öffentliche Sicherheit* der Fall.[509] Bei dieser sind das zulässige Maß an Abstraktheit nicht überschritten und das Bestimmtheitsgebot nicht verletzt, da sich die Bedeutung der öffentlichen Sicherheit entweder aus den Legaldefinitionen der Ordnungsbehörden- bzw. Polizeigesetze ergibt bzw. durch Rechtsprechung und Literatur hinreichende Konkretisierung erfahren hat. Wenn daher in der Literatur auch heute noch ausführlich die Verfassungsmäßigkeit der Generalklausel (jedenfalls unter dem Aspekt der öffentlichen Sicherheit) diskutiert oder ernsthaft in Frage gestellt wird, ist dies nicht praxisnah und gibt im Übrigen auch ein falsches Bild von dem tatsächlichen Anwendungsbereich der Generalklausel. Denn gerade in der neueren Gesetzgebung hat sich die Tendenz durchgesetzt, zur Bekämpfung einzelner polizeilicher Gefahren nicht nur neue Spezialgesetze zu schaffen, sondern auch den Anwendungsbereich der Standardmaßnahmen durch Schaffung neuer Anwendungsfelder zu erweitern.[510] Das betrifft nicht nur solche Maßnahmen, die beim Betroffenen zu schwerwiegenden Grundrechtseingriffen oder zu Eingriffen in bedeutende Grundrechte führen, sondern insbesondere – in Konsequenz der bundesverfassungsgerichtlichen Rechtsprechung zum Grundrecht auf informationelle Selbstbestimmung, die bereichsspezifische Regelungen verlangt[511], – auch die Erhebung und Verarbeitung personenbezogener Daten.[512] Die Länder haben auf diese Rechtsprechung reagiert und zahlreiche detailliert ausformulierte Standardmaßnahmen in Bezug auf die Erhebung und Verarbeitung personenbezogener Daten in die Polizeigesetze aufgenommen. Die Darstellung zu den Datenerhebungsmaßnahmen, aber auch zu den traditionellen Standardmaßnahmen, sollte dies verdeutlicht haben. Einer Diskussion bezüglich der Vereinbarkeit mit dem Bestimmtheitsgrundsatz bedarf es lediglich hinsichtlich solcher Befugnisgeneralklauseln, die zusätzlich das Schutzgut *öffentliche Ordnung* beinhalten, vgl. dazu Rn 637 ff.

---

509 Einer Diskussion bezüglich der Vereinbarkeit mit dem Bestimmtheitsgrundsatz bedarf es lediglich hinsichtlich solcher Befugnisgeneralklauseln, die zusätzlich das Schutzgut *öffentliche Ordnung* beinhalten. Das trifft bspw. auf § 11 HessSOG und neuerdings auch wieder auf § 11 NdSSOG zu, nicht aber auf § 10 BremPolG. Erfreulicherweise hat die Bremische Bürgerschaft – entgegen der allgemeinen Tendenz der Bundesländer – auch bei der jüngsten Gesetzesnovelle im Juli 2007 das Schutzgut *öffentliche Ordnung* nicht wieder in die Befugnisgeneralklausel aufgenommen.

510 Aus diesem Grund wird auch in Klausuren und Hausarbeiten – jedenfalls in Bezug auf das Schutzgut *öffentliche Sicherheit* – keine Diskussion darüber erwartet, ob die Generalklausel zu unbestimmt und damit verfassungswidrig sein könnte. Vielmehr wird erwartet, dass der Bearbeiter die unbestimmten Rechtsbegriffe *öffentliche Sicherheit* und *erforderliche Maßnahmen* entsprechend der Bedeutung des zu schützenden Rechtsguts einerseits und der Intensität des Grundrechtseingriffs auf Seiten des in Anspruch Genommenen andererseits auslegt. Denn nur auf diese Weise lassen sich Interessenkonflikte adäquat lösen, was sich letztlich auch in der Bewertung der Arbeit niederschlägt.

511 BVerfGE 65, 1 ff. Vgl. auch BVerfGE 109, 279, 325 ff. (Teilweise Verfassungswidrigkeit des sog. großen Lauschangriffs); BVerfG NJW 2005, 2603 ff. (Verfassungswidrigkeit der vorbeugenden Telekommunikationsüberwachung); BVerfGE 115, 166, 183 ff. (Eingriff in das allgemeine Persönlichkeitsrecht durch Beschlagnahme von Handy und Computer mit gespeicherten persönlichen Daten).

512 *Schenke*, POR, Rn 49.

B. Formelle Rechtmäßigkeit einer Gefahrenabwehrmaßnahme

607 Wie alle staatlichen Maßnahmen müssen auch Gefahrenabwehrmaßnahmen formelle und materielle Rechtmäßigkeitsvoraussetzungen erfüllen. Zur Prüffolge vgl. das Aufbauschema bei Rn 107, auf dem die nachfolgenden Ausführungen fußen. Zu den zunächst zu erörternden formellen Voraussetzungen zählen daher die Beachtung von Zuständigkeits-, Verfahrens-, Form- und (ggf.) Begründungsvorschriften.

I. Zuständigkeit der Gefahrenabwehrbehörde

608 Die Zuständigkeit der handelnden Gefahrenabwehrbehörde ergibt sich aus der einschlägigen Rechtsgrundlage bzw. deren Normengefüge. Besonders zu beachten ist die **vorrangige sachliche Zuständigkeit** (Primärkompetenz) der **Sonderordnungsbehörden**. Das sind i.d.R. die örtlichen Sicherheitsbehörden, Ordnungsbehörden, Ortspolizeibehörden, Magistrate etc. (z.B. Wasserbehörden, Gewerbebehörden, Umweltbehörden, Ausländerbehörden etc.), wobei unerheblich ist, ob diese Sonderordnungsbehörden ihre Maßnahmen auf eine **spezielle Eingriffsbefugnis** (z.B. nach WassG, GastG, GewO, AufenthG etc.) oder auf die ordnungsbehördliche bzw. polizeiliche **Befugnisgeneralklausel** stützen.

609 Zur Gefahrenabwehr ist aber gerade (auch) die **Vollzugspolizei** berufen, wobei diese in den überwiegenden Fällen ihre Maßnahmen jedoch ausschließlich nach dem **Polizeigesetz** treffen kann.

610 Hieraus kann sich eine Konkurrenzsituation in Bezug auf die Zuständigkeit ergeben, die über die sog. **Eilfallkompetenz** gelöst wird: Die **Vollzugspolizei** ist nur dann zuständig, wenn eine **Gefahrenabwehr unter Dringlichkeits- und Effektivitätsgesichtspunkten unaufschiebbar** erscheint; anderenfalls fällt die Aufgabe der Gefahrenabwehr in den Zuständigkeitsbereich der fachlich einschlägigen (Sonder-)Ordnungsbehörde.[513]

611 Um einen Eilfall festzustellen, ist eine **Verlaufsprognose** anzustellen: Gelangt ein objektiver Beobachter in der Rolle des handelnden Beamten zu dem Ergebnis, dass die mit bürokratischen Mitteln arbeitende (Sonder-)Ordnungsbehörde nicht ebenso wirksam und rechtzeitig einschreiten könnte wie die Vollzugspolizei, sind deren Eilfallkompetenz und damit deren sachliche Zuständigkeit zu bejahen.

> **Beispiel:** Der Betreiber einer Gaststätte lässt in den Hinterräumen den **Handel mit Drogen** zu. Als die Vollzugspolizei eines Nachts einen entsprechenden Hinweis erhält, begibt sie sich sofort in die Gaststätte und stellt eine erhebliche Menge Kokain sicher.
>
> Hier wäre an sich die Gewerbebehörde als Sonderordnungsbehörde zuständig. Da eine Benachrichtigung der Gewerbebehörde jedoch nur während der üblichen Dienstzeiten möglich ist und vorliegend aufgrund der Dringlichkeit sofort gehandelt werden musste, war die Vollzugspolizei aufgrund ihrer Eilfallkompetenz zuständig.
>
> **Gegenbeispiel:** Rentner R glaubt, bei den ständigen **Radarkontrollen** gehe es dem Staat nur um die Finanzierung des Haushalts. Täglich fährt er deshalb die nahe gelegenen Straßen ab, um mobile „Radarfallen" aufzuspüren. Immer wenn er eine entdeckt, platziert er sich einige 100 m vorher am Straßenrand und warnt die heranfahrenden Autofahrer mit einem Schild, auf dem „Vorsicht Radarfalle" steht. Polizeibeamter P wird

---

[513] Vgl. dazu den Wortlaut der meisten Polizeigesetze: „Die Polizei wird außer den in den Gesetzen vorgesehenen Fällen nur tätig, soweit die Abwehr der Gefahr durch eine andere Behörde (das ist also die (Sonder-)Ordnungsbehörde) nicht oder nicht rechtzeitig möglich erscheint." Freilich verliert die (Sonder-)Ordnungs-behörde bei Vorliegen eines Eilfalls ihre Zuständigkeit nicht.

darauf aufmerksam und weist R an, derartige Warnungen sofort und auch in der Zukunft zu unterlassen.

Da das Verbot nicht nur für den betreffenden Tag, sondern auch für die Zukunft gelten soll, sind in der Verfügung zwei Regelungen und mithin zwei Verwaltungsakte enthalten: das tagbezogene Verbot, die Radarwarnung fortzusetzen, und das zukunftsbezogene Verbot, sie wieder aufzunehmen. Während das tagbezogene Verbot nur sofort ausgesprochen werden konnte[514], wäre bezüglich des zukunftsbezogenen Verbots durchaus Zeit gewesen, die zuständige Ordnungsbehörde zu informieren. Diese hätte gleichsam wirksam zukünftige Radarwarnungen des R verhindern können. Zur Warnung vor „Radarfallen" vgl. weiterhin Rn 636.

Besteht ein sog. Eilfall, bedeutet das nicht, dass die (Sonder-)Ordnungsbehörde automatisch ihre Zuständigkeit verliert. Vielmehr behält sie ihre Zuständigkeit und ist *neben* der Vollzugspolizei zuständig. Um in derartigen Fällen ein „Kompetenzgerangel vor Ort" auszuschließen, gilt das **„Recht des ersten Zugriffs"** (auch **Grundsatz der Erstbefassung** genannt). Es besagt, dass von mehreren zuständigen Behörden diejenige zur Gefahrenabwehr befugt ist, die zuerst vor Ort ist und aktiv wird. Das schließt freilich nicht aus, dass die andere Behörde gebeten wird, Amtshilfe zu leisten. 612

Zusammenfassung: 613

- Besteht **kein Eilfall**, ist ausschließlich die **(Sonder-)Ordnungsbehörde** zuständig. Diese kann sich dabei nicht nur auf Sonderordnungsrecht (Spezialgesetze) stützen, sondern i.d.R. auch auf das Polizeigesetz (oder Ordnungsbehördengesetz).
- Ist hingegen ein **Eilfall** gegeben, greift die Zuständigkeit der **Vollzugspolizei**, die i.d.R. jedoch nur Maßnahmen nach dem Polizeigesetz treffen kann (die Spezialgesetze erklären in erster Linie nur die Sonderordnungsbehörden für zuständig; Ausnahmen bestehen nur dort, wo das Spezialgesetz von „Polizei" spricht). Durch die Zuständigkeit der Vollzugspolizei verliert die Sonderordnungsbehörde jedoch nicht ihre Zuständigkeit. Es besteht eine parallele Zuständigkeit. Um in derartigen Fällen ein „Kompetenzgerangel vor Ort" auszuschließen, gilt das **„Recht des ersten Zugriffs"**. Es besagt, dass von mehreren zuständigen Behörden diejenige zur Gefahrenabwehr befugt ist, die zuerst vor Ort ist und aktiv wird. In der Praxis wird dies die Vollzugspolizei sein, was jedoch nicht ausschließt, dass diese die Zuständigkeit an die (fachlich ausgebildete und ausgestattete) Fachbehörde abgibt und sich auf Vollzugshilfe beschränkt.

Hinweis für die Fallbearbeitung: Die **Eilfallkompetenz** (d.h. die sachliche Zuständigkeit) der Polizei ist immer eine Frage der **formellen Rechtmäßigkeit** einer Maßnahme. Dies wirft aber folgendes Aufbauproblem auf: Da die Zuständigkeit der Polizei nur in Eilfällen (die Polizeigesetze sprechen von „Unaufschiebbarkeit") gegeben ist und ein Eilfall nur bei einer „Gefahr für die öffentliche Sicherheit" vorliegt, dürfte man die Zuständigkeit der Polizei streng genommen nur dann bejahen, wenn eine **Gefahr für die öffentliche Sicherheit** durch eine entsprechende (inzidente) Prüfung bejaht wurde. Das Vorliegen einer Gefahr für die öffentliche Sicherheit ist aber (trotz ihrer Nennung im Tatbestand der Zuständigkeitsnorm) eine Frage der materiellen Rechtmäßigkeit. Man umgeht das Problem einer inzidenten Prüfung, indem man die Gefahr unter Hinweis auf die Möglichkeit ihres Vorliegens als gegeben unterstellt (sog. abstrakte Prüfung).[515] Diese Vorge- 614

[514] Vgl. auch OVG Düsseldorf NJW 1997, 1596; VG Saarbrücken DAR 2004, 668 f. zur Rechtmäßigkeit einer Untersagungsverfügung wegen Verstoßes gegen die öffentliche Sicherheit und zur Sicherstellung des Schildes. Zur Rechtmäßigkeit der Vernichtung der sichergestellten Sache vgl. Rn 579. Zur Zulässigkeit von Radarwarnungen im Rundfunk als Teil eines Verkehrskonzepts vgl. wiederum VG Saarbrücken DAR 2004, 668 f. Zu den sog. Radarwarngeräten vgl. Rn 565 und 578.

[515] *Muckel*, BesVerwR, S. 13.

hensweise ist deswegen möglich, weil der Ausgang des Gutachtens (zumindest gedanklich) bereits feststeht.

615 In der Regel ist der **Polizeivollzugsdienst** trotz Vorliegens eines Eilfalls **nicht zuständig**, Gefahrenabwehrmaßnahmen auf **spezielle Gefahrenabwehrgesetze** zu stützen (s.o.). Denn diese Gesetze erklären meist nur die Sonderordnungsbehörden für zuständig. Das trifft jedenfalls auf die meisten Rechtsgrundlagen des GastG, der GewO, des GPSG, des StVG und der StVO zu. Ist also eine Maßnahme des Polizeivollzugsdienstes zu prüfen, muss bei der Frage nach der Rechtsgrundlage zwar stets der Grundsatz beachtet werden, dass das Spezialgesetz die Anwendung eines allgemeinen Gesetzes ausschließt (lex specialis derogat legi generali), wenn aber der Polizeivollzugsdienst schon nicht zuständig ist, das Spezialgesetz anzuwenden, kann dieses für das Handeln des Beamten keine Sperrwirkung zulasten des allgemeinen Gesetzes entfalten. Wenn aber das Spezialgesetz (ausnahmsweise) auch die Zuständigkeit des Polizeivollzugsdienstes begründet, bleibt es bei dem Grundsatz, dass der Polizeivollzugsdienst seine Maßnahme auf das Spezialgesetz stützen muss. In diesem Fall gehen Anwendbarkeit des Spezialgesetzes und sachliche Zuständigkeit der Behörde einher.

616 **Beispiel:** An einem kalten Sonntagabend im Januar 2012 ereignet sich ein schwerer Verkehrsunfall in der Innenstadt. Unmittelbar nach dem Ereignis erreichen die beiden Polizeivollzugsbeamten A und B den Unfallort, an dem sich bereits mehrere Kraftfahrzeuge gestaut haben und sich eine Menschentraube gebildet hat. Um zum Ort des Geschehens vordringen zu können, schalten die Beamten Martinshorn und Blaulicht ihres Dienstwagens kurz ein, sodass sich die Fahrzeuge und die Schaulustigen tatsächlich zur Seite bewegen. Ist diese Maßnahme rechtmäßig?

Der Einsatz des Martinshorns ist ein **Platzverweis**. Denn durch einen solchen wird eine Person vorübergehend eines Ortes verwiesen oder ihr wird vorübergehend das Betreten eines Ortes verboten.

Die Platzverweisung greift in **Art. 2 II S. 2 GG** ein. Denn die Freiheit der Person schützt trotz ihres weiten Wortlauts („Freiheit") die *körperliche Bewegungsfreiheit*. Damit ist das Recht gemeint, jeden beliebigen Ort aufzusuchen oder ihn zu verlassen.[516] Eine Platzverweisung stellt daher einen Eingriff dar, weil der Betroffene, auch wenn er zunächst nur verpflichtet wird, den Ort zu verlassen, daran gehindert wird, an den Ort zurückzukehren, ihn also aufzusuchen.[517]

Daher ist eine **Rechtsgrundlage** erforderlich. Bevor jedoch auf die polizeigesetzliche Standardmaßnahme *Platzverweisung*[518] zurückgegriffen werden kann, ist zunächst zu untersuchen, ob eine Spezialvorschrift außerhalb des allgemeinen POR greift. In Betracht kommt **§ 38 I StVO**. Danach ist das Einschalten des Martinshorns und des Blaulichts im Fall von höchster Eile gestattet, wenn Menschenleben zu retten, schwere gesundheitliche Schäden oder eine Gefahr für die öffentliche Sicherheit oder Ordnung abzuwenden sind. § 38 I StVO ist auch eine gefahrenabwehrrechtliche Vorschrift, sofern auf die genannten Schutzgüter abgestellt wird.

Die **Zuständigkeit** ergibt sich aus § 44 StVO i.V.m. der Vorschrift des Polizeigesetzes, die die Polizei auch dann für zuständig erklärt, wenn andere Rechtsvorschriften dies zulassen (vgl. z.B. § 1 IV BremPolG). Eine solche andere Rechtsvorschrift ist gerade § 38 I StVO.

---

[516] BVerfGE 94, 166, 198; *Kunig*, in: v. Münch/Kunig, GG, Art. 2 Rn 74.

[517] Wie hier nun auch *Pieroth/Schlink/Kniesel*, POR, § 16 Rn 4; a.A. VGH München NVwZ 2000, 454, 455 f. (Eingriff nur in Art. 2 I GG). Nach *Hetzer*, JR 2000, 1, liegt sogar ein Eingriff in Art. 11 GG vor.

[518] Vgl. zum vorübergehenden Platzverweis § 12 MEPolG; Bund: § 38 BundesPolG; BW: § 27a PolG; Bay: Art. 16 PAG; Berl: § 29 I ASOG; Brand: § 16 PolG; Brem: § 14 PolG; Hamb: § 12a SOG; Hess: § 31 SOG; MeckVor: § 52 SOG; Nds: § 17 I SOG; NRW: § 34 PolG, § 24 OBG; RhlPfl: § 13 POG; Saar: § 12 PolG; Sachs: § 21 I PolG; SachsAnh: § 36 I SOG; SchlHolst: § 201 LVwG; Thür: Art. 18 PAG, § 17 OBG.

Als allgemeine **Verfahrensvorschrift** ist zwar an § 28 I VwVfG zu denken, doch eine Anhörung ist ohnehin wegen § 28 II Nr. 1 VwVfG entbehrlich. Denn wegen des ausschließlichen Einschreitens aufgrund der Eilfallkompetenz ist das „öffentliche Interesse" zu bejahen. Zudem liegt „Gefahr im Verzug" vor. Darüber hinaus ergibt sich die Entbehrlichkeit der vorherigen Anhörung aus § 28 II Nr. 4 VwVfG, da sich die mit dem Einschalten des Martinshorns verbundene Aufforderung, zur Seite zu treten, an jeden richtet, der sich im Gefahrenbereich aufhält.

Auch die **materiellen Voraussetzungen** sind erfüllt. Das Martinshorn enthält die technisierte Aufforderung, zur Seite zu treten; auf die Voraussetzungen eines „normalen" Platzverweises nach dem Polizeigesetz kommt es nicht an, daher ist nicht entscheidend, dass die vom Martinshorn zum „Zurseitetreten" Aufgeforderten keine Störer i.S. PolG sind. Zudem lassen auch die meisten Polizeigesetze den Platzverweis gegenüber jedermann zu.

Da auch an der Einhaltung der Ermessensgrenzen und des Grundsatzes der Verhältnismäßigkeit keine Bedenken bestehen, ist das Einschalten von Martinshorn und Blaulicht rechtmäßig.

II. Verfahren/Form/Begründung

Da eine exakte Unterscheidung zwischen Verfahren und Form i.d.R. nicht zweifelsfrei vorgenommen werden kann, ist es gut vertretbar, (im Rahmen einer Falllösung) diese beiden Prüfungspunkte zusammenzufassen. 617

1. Allgemeine Verfahrensvorschriften, insbesondere Anhörung

Die wichtigsten Verfahrensregeln des (allgemeinen) Verwaltungsverfahrens enthalten die §§ 9-30 VwVfG mit dem überaus bedeutsamen § 28 VwVfG. Nach § 28 I VwVfG ist dem Betroffenen, in dessen Rechtssphäre durch einen Verwaltungsakt eingegriffen werden soll, zuvor Gelegenheit zur Äußerung zu geben. Diese Regelung trägt insbesondere bei Ermessensverwaltungsakten dem Rechtsstaatsprinzip und der Menschenwürde Rechnung, da der Bürger nicht zum Objekt staatlichen Handelns gemacht werden darf. Außerdem erfordert eine fehlerfreie Ermessensausübung die vollständige Aufklärung des Sachverhalts (vgl. § 24 VwVfG), dem insbesondere die Anhörung des Betroffenen dient. Daraus folgt, dass die grundsätzliche Anhörungspflicht analog § 28 I VwVfG auch für Realakte gilt.[519] Von dem Grundsatz der vorherigen Anhörung *kann* bzw. *muss* unter bestimmten Voraussetzungen abgewichen werden, vgl. § 28 II/III VwVfG. Im Gefahrenabwehrrecht ist insbesondere **§ 28 II Nr. 1 VwVfG** von Bedeutung, da eine vorherige Anhörung des Polizeipflichtigen dem eigentlichen Zweck der Gefahrenabwehr – rasches Handeln zur effektiven Abwehr einer Gefahr – oft zuwiderlaufen würde. Ist demnach die vorherige Anhörung entbehrlich, kann auch aus diesem Grund die Frage, ob es sich bei der zu prüfenden Maßnahme um einen Verwaltungsakt handelt (zur Erinnerung: § 28 I VwVfG setzt nach seinem Wortlaut einen Verwaltungsakt voraus, ist aber analog auch auf Realakte anwendbar), dahinstehen. Auch auf die Heilungsmöglichkeit nach § 45 I Nr. 3 VwVfG bzw. auf die Unbeachtlichkeitsregelung des § 46 VwVfG kommt es dann nicht an. 618

2. Besondere Verfahrensvorschriften

Zusätzlich zu den soeben behandelten allgemeinen Verfahrensvorschriften sind die besonderen Verfahrensvorschriften zu beachten. Das sind solche, die sich aus dem bereichsspezifischen Normengefüge, dem die Rechtsgrundlage entnommen wurde, ergeben. So sind etwa im Rahmen einer freiheitsentziehenden Maßnahme (Polizeigewahr- 619

[519] Vgl. BVerwGE 82, 76, 96; VG Köln NVwZ 1999, 912.

sam) der Richtervorbehalt und die zeitliche Höchstdauer zu beachten; im Rahmen einer Datenerhebungsmaßnahme sind die „Grundsätze der Datenerhebung" zu beachten; bei einer Wohnungsdurchsuchung besteht neben dem Richtervorbehalt ein grundsätzliches Anwesenheitsrecht des Betroffenen. Ferner sind bei einigen Maßnahmen Begründungserfordernisse und Dokumentationspflichten einzuhalten.

620 **Hinweis für die Fallbearbeitung:** Ob und inwieweit solche besonderen Verfahrensbestimmungen für die Fallbearbeitung eine Rolle spielen, ist dem Sachverhalt zu entnehmen. Stets von Bedeutung dürfte jedenfalls das Anhörungserfordernis sein. In einer Klausur ist daher kurz festzustellen, dass der Betroffene grundsätzlich nach § 28 I VwVfG anzuhören ist, die Anhörung aber wegen § 28 II Nr. 1 VwVfG entbehrlich gewesen sein könnte. Sodann sind die dort normierten Voraussetzungen zu prüfen. In den meisten Polizeirechtsklausuren kann festgestellt werden, dass eine Anhörung (jedenfalls unter dem Aspekt des „öffentlichen Interesses") **entbehrlich** war, weshalb (unter diesem Aspekt) auch die Frage, ob die zu prüfende Maßnahme einen Verwaltungsakt darstellt, dahinstehen konnte. Sollte sich in überaus seltenen Fällen das Gegenteil herausstellen, bleibt immer noch die Möglichkeit der **Unbeachtlichkeit** nach § 46 VwVfG oder der **Heilung** nach § 45 VwVfG. Vgl. dazu auch die eingehenden Erläuterungen bei *R. Schmidt*, AllgVerwR, Rn 559 ff. Für das obligatorische Unterbleiben der Anhörung (§ 28 III VwVfG) gilt Entsprechendes.

3. Form und Begründung

621 Es gilt grundsätzlich die **Formfreiheit** der Verfügung (§ 37 II S. 1 VwVfG). **Schriftform** bzw. **elektronische Form** sind nur dann erforderlich, wenn das materielle Recht dies fordert. Im allgemeinen POR ist das i.d.R. jedoch kaum der Fall.

622 Das **Begründungserfordernis** (§ 39 I VwVfG) kommt nur bei schriftlichen (und elektronischen) oder schriftlich (oder elektronisch) bestätigten Verwaltungsakten in Betracht (§ 37 II S. 2, § 39 I VwVfG). Im Gefahrenabwehrrecht ergehen aufgrund der regelmäßig vorliegenden Gefahr im Verzug und der damit verbundenen Eilbedürftigkeit zumeist nur mündliche Verfügungen, sodass ein Begründungserfordernis zumindest dort nicht gegeben ist.

623 Handelt es sich bei der Gefahrenabwehrmaßnahme um einen Verwaltungsakt, kommt dem **Bestimmtheitsgrundsatz** (§ 37 I VwVfG) eine gewisse Bedeutung zu. Das notwendige Maß der Konkretisierung hängt von den konkreten Umständen des Einzelfalls ab. Dies ist erfüllt, wenn der Adressat u.U. auch durch Auslegung erkennen kann, was von ihm gefordert wird. Die Verfügung muss auch deshalb verständlich sein, weil sie den Vollstreckungstitel zur zwangsweisen Durchsetzung des Verbots/Gebots darstellt und auch Grundlage für die spätere Geltendmachung eines behördlichen Kostenersatzanspruchs sein kann (dazu später). Der Bestimmtheitsgrundsatz ist aber ein materiellrechtliches Erfordernis und daher eine Frage der **materiellen**, nicht der formellen Rechtmäßigkeit.

Zusammenfassender Hinweis für die Fallbearbeitung: In aller Regel ergeben sich bei der **formellen** Rechtmäßigkeit einer Gefahrenabwehrmaßnahme keine allzu großen Probleme. 624

- Die **sachliche Zuständigkeit** ist eine Frage der Gefahr für die öffentliche Sicherheit (oder Ordnung) und bei Vorliegen einer solchen gegeben (vgl. nur die Aufgabenzuweisungs- bzw. Kompetenznorm des jeweiligen Polizeigesetzes). Das Problem ist, dass man den Prüfungspunkt „Gefahr für die öffentliche Sicherheit oder Ordnung" bzw. „Gefahrenabwehr" aufgrund seines materiell-rechtlichen Charakters nicht vorziehen sollte, obwohl dieser Begriff in den Kompetenznormen verwendet wird, also eigentlich schon hier Tatbestandsmerkmal ist. Man umgeht dieses Problem im Regelfall damit, dass man die Gefahr unter Hinweis auf die Möglichkeit ihres Vorliegens als gegeben unterstellt oder gar nicht erst erwähnt (zur gutachtlichen Prüfung vgl. den Klausurhinweis bei Rn 614). Handelt die Vollzugspolizei, ist zudem zu beachten, dass diese nur für unaufschiebbare Maßnahmen, also im sog. Eilfall, zuständig ist.
- Die **örtliche Zuständigkeit** ist deshalb unerheblich, weil die Vollzugsbeamten der Polizei im gesamten Gebiet des jeweiligen Bundeslandes befugt sind (über das Gebiet hinaus nur aufgrund eines entsprechenden Staatsvertrags bzw. aufgrund einer „Freigabeerklärung" des entsprechenden Bundeslandes, die sich in dessen Landespolizeigesetz befindet).
- Auch die Prüfung des **Verfahrens** und der **Form** bereiten nur selten Schwierigkeiten: Die **Anhörung** des Betroffenen ist möglicherweise wegen vorliegender Gefahr im Verzug entbehrlich (§ 28 II Nr. 1 Var. 1 VwVfG), regelmäßig aber wegen Vorliegens des öffentlichen Interesses (§ 28 II Nr. 1 Var. 2 VwVfG). Sonstige Verfahrensverstöße sind nur dann zu prüfen, wenn der Sachverhalt Anlass dazu bietet. Hinsichtlich der Form gilt, dass vollzugspolizeiliche Verwaltungsakte insbesondere **mündlich** erlassen werden können (vgl. § 37 II S. 1 VwVfG) und sie dann **keiner Begründung** bedürfen (vgl. § 39 I S. 1 VwVfG). Ist die **Rechtsbehelfsbelehrung** unterblieben oder fehlerhaft (etwa weil es entgegen § 58 I VwGO an der Schriftlichkeit der Rechtsbehelfsbelehrung fehlt), hat dies nur die Verlängerung der Rechtsbehelfsfristen auf **ein Jahr** zur Folge (§ 58 II VwGO).

Aus diesen Überlegungen folgt, dass längere Ausführungen zur formellen Rechtmäßigkeit einer Gefahrenabwehrmaßnahme meist fehl am Platz sind. Vielmehr genügt i.d.R. eine kurze Darstellung der obigen Ausführungen.

C. Materielle Rechtmäßigkeit der Gefahrenabwehrmaßnahme

625 Damit eine Gefahrenabwehrverfügung materiell gerechtfertigt ist, müssen zunächst die Voraussetzungen der Rechtsgrundlage vorliegen.

I. Voraussetzungen der Rechtsgrundlage

1. Gefahr für ein Schutzgut der öffentlichen Sicherheit (oder Ordnung)

626 Nach den Befugnisgeneralklauseln (und den meisten klassischen Standardmaßnahmen[520]) muss im **einzelnen Fall** die **Gefahr** bestehen, dass am Schutzgut „**öffentliche Sicherheit**" (oder „öffentliche **Ordnung**") ein **Schaden** eintritt.

> **Hinweis für die Fallbearbeitung:** Auch die polizeigesetzlichen Spezialermächtigungen (Standardmaßnahmen) stehen in vielen Fällen *innerhalb* des Schutzguts „öffentliche Sicherheit": Wenn beispielsweise die Identitätsfeststellung *zur Abwehr einer Gefahr* erfolgt (vgl. § 11 I Nr. 1 BremPolG) und eine Gefahr durch „eine Sachlage, bei der im einzelnen Falle die hinreichende Wahrscheinlichkeit besteht, dass in absehbarer Zeit ein Schaden für die *öffentliche Sicherheit* eintreten wird" definiert wird (vgl. § 2 Nr. 3a BremPolG), hat auch in Fällen, in denen die Befugnisgeneralklausel zugunsten einer entsprechenden Standardmaßnahme subsidiär zurücktritt, die Voraussetzung *öffentliche Sicherheit* vorzuliegen.

627 In Ergänzung zum Aufbauschema, das bei Rn 107 vorgestellt wurde, empfiehlt sich am Beispiel der Generalklausel folgendes Aufbauschema, wobei in der Prüffolge durchaus Abweichungen angebracht sein können (etwa, wenn keine Verantwortlichenauswahl getroffen werden muss, weil es nur einen Verantwortlichen gibt):

Materielle Voraussetzungen der Befugnisgeneralklausel

1. Voraussetzungen der Rechtsgrundlage

⇨ eine im einzelnen Fall bestehende Gefahr für die öffentliche Sicherheit (oder Ordnung):

a. Schutzgut „**öffentliche Sicherheit**"
- Unverletzlichkeit der Rechtsordnung
- Unverletzlichkeit der subjektiven Rechte und Rechtsgüter des Einzelnen
- Bestand des Staates und der Einrichtungen und Veranstaltungen des Staates oder sonstiger Träger der Hoheitsgewalt

b. subsidiär Schutzgut „**öffentliche Ordnung**" (nicht in allen Bundesländern)
- Gesamtheit der ungeschriebenen Regeln, deren Befolgung nach den jeweils herrschenden und mit dem Wertgehalt des Grundgesetzes zu vereinbarenden sozialen und ethischen Anschauungen als unerlässliche Voraussetzung eines geordneten menschlichen Zusammenlebens innerhalb eines bestimmten Gebiets angesehen wird

c. **Gefahr** eines Schadenseintritts (bzw. Störung als realisierte Gefahr)
- Sachlage, bei der im einzelnen Fall die hinreichende Wahrscheinlichkeit besteht, dass in absehbarer Zeit ein Schaden für eines der Schutzgüter eintreten wird. „Hinreichende Wahrscheinlichkeit" meint eine Gefahrenprognose. Dabei gilt: Je hochwertiger das bedrohte Rechtsgut ist, desto geringere Anforderungen sind an die Wahrscheinlichkeit zu stellen. Zu den speziellen Gefahren (gegenwärtige Gefahr, erhebliche Gefahr, Gefahr für Leib und Leben, gemeine Gefahr, dringende Gefahr, Gefahr

[520] Zu beachten ist, dass die Landesgesetzgeber zunehmend dazu übergehen, neue Tatbestände (insbesondere im Bereich der Datenerhebung; aber auch zur Bekämpfung der internationalen Terrorismusgefahr) zu schaffen und dabei lediglich eine abstrakte Gefahr zu fordern. Ob diese Aufweichung der Eingriffsvoraussetzungen verfassungsgemäß ist, wurde bei den betreffenden Standardmaßnahmen erläutert.

im Verzug, latente Gefahr) vgl. Rn 669 ff. Zur abstrakten Gefahr, die bei bestimmten Eingriffsbefugnissen genügt, vgl. Rn 666.

Im Übrigen sind folgende **Gefahrenlagen** möglich:

⇨ Objektive Gefahrensituation
⇨ Anscheinsgefahr
⇨ Putativgefahr (Scheingefahr)
⇨ Gefahrenverdacht (Verdachtsgefahr)

d. Pflichtigkeit des in Anspruch Genommenen (Störer, Nichtstörer oder Jedermann)
Es kommen folgende Verantwortlichkeiten/Problemkreise in Betracht:

⇨ Verhaltensverantwortlichkeit
⇨ Zustandsverantwortlichkeit
⇨ Inanspruchnahme eines Nichtverantwortlichen
⇨ Rechtsnachfolge in die Polizei- und Ordnungspflicht
⇨ Sonderproblem objektiv nicht gegebene Störereigenschaft (Anscheinsstörer, Scheinstörer (Putativstörer), Verdachtsstörer)

2. Rechtsfolge: Ermessen/Verhältnismäßigkeit

a. Entschließungsermessen (Frage, ob eingeschritten werden soll)
b. Auswahlermessen (Frage, welches Mittel das Richtige ist; Frage, gegen wen eingeschritten werden muss)

Bei beiden Ermessensarten sind folgende **Ermessensfehler** möglich:

⇨ Ermessensunterschreitung (Ermessensnichtgebrauch)
Der Beamte stellt keinerlei Ermessenserwägungen an, obwohl das Gesetz ihm ein Ermessen einräumt.

⇨ Ermessensfehlgebrauch
Zwar wählt der Beamte eine abstrakt zulässige Rechtsfolge, diese Rechtsfolge ist jedoch nicht vom Zweck der Ermächtigung gedeckt.

⇨ Ermessensüberschreitung
Der Beamte wählt eine andere Rechtsfolge, als vom Gesetz vorgesehen. Dasselbe gilt, wenn die Maßnahme den Grundsatz des Vertrauensschutzes oder den Grundsatz der Verhältnismäßigkeit missachtet oder gegen Grundrechte verstößt. Die Ermessensüberschreitung beinhaltet aus folgendem Grund die Verhältnismäßigkeit: Handelt ein Polizeibeamter unverhältnismäßig, überschreitet er auch das ihm eingeräumte Ermessen (vgl. zum Ermessen und zur Verhältnismäßigkeit Rn 705 ff., 729 ff.). Komponenten des Verhältnismäßigkeitsgrundsatzes sind:

⇨ legitimer Zweck
Der Zweck der Maßnahme ist legitim, wenn er in der Abwehr einer Gefahr für ein polizeirechtlich geschütztes Rechtsgut besteht.

⇨ Geeignetheit
Die Gefahrenabwehrmaßnahme ist geeignet, wenn sie zur Gefahrenbekämpfung bzw. Störungsbeseitigung beiträgt, den Zweck also wenigstens fördert („Schritt in die richtige Richtung").

⇨ Erforderlichkeit
Die Gefahrenabwehrmaßnahme ist erforderlich, wenn sie von mehreren möglichen und gleich geeigneten Mitteln dasjenige ist, das den Einzelnen und die Allgemeinheit am wenigsten beeinträchtigt (Gebot des Interventionsminimums).

⇨ Angemessenheit
Angemessen ist eine Gefahrenabwehrmaßnahme, wenn das mit ihr verfolgte Ziel in seiner Wertigkeit nicht außer Verhältnis zur Intensität des Eingriffs steht (Zumutbarkeit der Maßnahme = Verhältnismäßigkeit i.e.S.).

Bei mehreren polizei- und ordnungsrechtlich Verantwortlichen ist die **Auswahl des richtigen Adressaten** zu überprüfen.

Sieht man die Verhältnismäßigkeit nicht als einen Fall der Ermessensüberschreitung an, ist sie folgerichtig neben dem Ermessen zu prüfen.

a. Schutzgut „öffentliche Sicherheit"

628 Nach den Legaldefinitionen einiger novellierter Polizeigesetze, die sich an der hergebrachten Rechtsprechung orientieren, umfasst das Schutzgut öffentliche Sicherheit drei Teilschutzgüter:

- die Unverletzlichkeit der Rechtsordnung,
- die Unverletzlichkeit der subjektiven Rechte und Rechtsgüter des Einzelnen
- sowie den Bestand des Staates und der Einrichtungen und Veranstaltungen des Staates oder sonstiger Träger der Hoheitsgewalt.[521]

629 Die Teilschutzgüter überschneiden sich in vielen Fällen. Findet z.B. ein körperlicher Übergriff statt, sind sowohl die Unverletzlichkeit der Rechtsordnung als auch die subjektiven Rechte und Rechtsgüter des Einzelnen betroffen. Denn verwirklicht der Täter den Straftatbestand der §§ 223 ff. StGB, verletzt er nicht nur die Rechtsordnung (Strafrechtsnormen sind Bestandteil der Rechtsordnung), sondern auch subjektive Rechte bzw. Rechtsgüter des Opfers (das Recht auf körperliche Unversehrtheit ist ein subjektives Recht).

> **Hinweis für die Fallbearbeitung:** Kommt eine Verletzung bzw. Gefährdung der öffentlichen Sicherheit unter mehreren Aspekten in Betracht, sind sämtliche Teilschutzgüter, die betroffen sind oder zumindest betroffen sein könnten, zu prüfen.

Eine inhaltliche Ausgestaltung der drei Fallgruppen haben die Gesetze hingegen nicht vorgenommen. Dies ist weiterhin Rechtsprechung und Literatur überlassen.

aa. Unverletzlichkeit der Rechtsordnung

630 Nach allgemeiner Auffassung besteht das Schutzgut „Unverletzlichkeit der Rechtsordnung" aus der Gesamtheit des geschriebenen Rechts, also letztlich aus der objektiven Rechtsordnung.[522] Diese reicht von der Verfassung über die einfachen formellen Gesetze bis hin zu Rechtsverordnungen und Satzungen. Da aber vom Schutzgut der öffentlichen Sicherheit nur die „Unverletzlichkeit" der Rechtsordnung erfasst ist, sind aus der unüberschaubaren Vielzahl von Rechtsvorschriften nur solche polizeirechtlich relevant, die dem Bürger eine bestimmte Verhaltenspflicht auferlegen. Nur wenn der Bürger gegen eine gesetzlich normierte Verhaltenspflicht verstößt, ist die Rechtsordnung verletzt und die Polizei zum Einschreiten befugt. Denn Gegenstand des Schutzguts ist nicht die Rechtsordnung, sondern deren Unverletzlichkeit. Als Rechtsvorschriften, deren Verletzung polizeilich relevant werden kann, kommen insbesondere in Betracht:

631
- **Strafrechtsnormen** und Normen des **Ordnungswidrigkeitenrechts**. Verwirklicht jemand den Tatbestand einer Strafrechtsnorm (z.B. §§ 223 ff. StGB, s.o.) oder begeht eine Ordnungswidrigkeit (indem er etwa einen der Tatbestände der §§ 116 ff. OWiG verwirklicht), liegt eine Verletzung und damit Störung der öffentlichen Sicherheit vor. Da es jedoch stets um Gefahrenabwehr geht, braucht die Behörde keinen Rechtsverstoß abzuwarten, um einzuschreiten. Es genügt die „Gefahr" für ein Schutzgut (zum Begriff der „Gefahr" vgl. Rn 657 ff.).

  a.) Über das Schutzgut öffentliche Sicherheit ist also die Verbindung zu Vorschriften außerhalb des Polizeigesetzes herzustellen. Bei der gutachtlichen Prüfung eines Falls ist aufbautechnisch die betreffende Vorschrift, gegen die der Pflichtige verstoßen hat oder haben könnte, inzident zu prüfen, d.h. im Rahmen der Prüfung, ob die Polizei auf der

---

[521] Vgl. auch die Legaldefinition bspw. in § 2 Nr. 2 BremPolG (allerdings ohne den „Bestand des Staates", was jedoch unschädlich ist, sofern man die „Einrichtungen und Veranstaltungen des Staates" dementsprechend weit auslegt), in § 3 Nr. 1 SachsAnhSOG und in § 54 ThürOBG.
[522] Vgl. etwa BVerfG NJW 2010, 2193 f.

Grundlage der Befugnisgeneralklausel einschreiten und ein Ge- oder Verbot aussprechen durfte.

Beispiel: Die Polizei wird zu einem Straßenfest gerufen, weil ein Angetrunkener randaliert, lautstark herumpöbelt und einige Leute aggressiv beschimpft. Nachdem die Polizei vor Ort eingetroffen ist und den Mann nicht zur Vernunft hat bringen können, erteilt sie ihm einen Platzverweis.

Ein Platzverweis in der vorliegenden Form stellt eine polizeiliche Standardmaßnahme dar. Freilich setzt ein Einschreiten eine Gefahr für ein Schutzgut der öffentlichen Sicherheit voraus. Zum Schutzgut der öffentlichen Sicherheit gehört u.a. die Unverletzlichkeit der Rechtsordnung. Zur Rechtsordnung, deren Verletzung zum polizeilichen Einschreiten befugt, zählen insbesondere Normen des Straf- und Ordnungswidrigkeitenrechts. Ob der Randalierer gegen ein Strafgesetz verstoßen und damit die Rechtsordnung verletzt hat, ist unklar. Auf jeden Fall hat er eine grob ungehörige Handlung vorgenommen, die geeignet ist, die Allgemeinheit zu belästigen und die öffentliche Ordnung zu beeinträchtigen. Damit hat er den Tatbestand des § 118 I OWiG verwirklicht und unter diesem Gesichtspunkt die Rechtsordnung verletzt. Weil auch weder ein Ermessensfehler noch ein Verstoß gegen den Verhältnismäßigkeitsgrundsatz ersichtlich sind, durfte die Polizei den Platzverweis erteilen.

b.) Damit jedoch überhaupt der Anwendungsbereich des allgemeinen Polizeirechts eröffnet ist, darf es sich im konkreten Fall nicht um eine Straf*verfolgung* oder Ordnungswidrigkeiten*ahndung* handeln, sondern es muss um eine *Abwehr* oder *Verhinderung* der Straftat oder der Ordnungswidrigkeit bzw. der daraus entstandenen Gefahren gehen. Anderenfalls handelt es sich um eine repressivpolizeiliche Aufgabe i.S.d. §§ 163 StPO und 53 OWiG, für die sich die Einschreitbefugnis aus der StPO bzw. dem OWiG ergibt und für die gem. § 23 EGGVG bzw. § 98 II S. 2 StPO analog der ordentliche Rechtsweg offensteht (vgl. Rn 598 sowie *R. Schmidt*, VerwProzR, Rn 23 ff.).

- **Verwaltungsrechtliche Verbotsnormen**, die selbst keine Ermächtigung zum präventiven Einschreiten gegen bevorstehende oder andauernde Normverstöße enthalten (*leges imperfectae*). Voraussetzung ist aber, dass sie ein Gebot oder Verbot enthalten, weil die Rechtsordnung nur vor Verstößen gegen Gebots- oder Verbotsvorschriften, nicht vor Verstößen gegen Verfahrens- oder Formvorschriften schützt. Missachtet also jemand eine verwaltungsrechtliche Gebots- oder Verbotsnorm, liegt eine Störung der öffentlichen Sicherheit vor, die zum Einschreiten auf der Grundlage des Polizeigesetzes ermächtigt. Vgl. dazu das bei Rn 604 dargestellte **Beispiel** zu den Bräunungsstudios. 632

- **Polizeiverordnungen** (= Rechtsverordnungen) und kommunale **Satzungen**. Da diese Regelwerke Gebote und Verbote beinhalten, liegt bei einer Missachtung eine Störung der öffentlichen Sicherheit unter dem Aspekt der Unverletzlichkeit der Rechtsordnung vor, die durch Polizeiverfügung auf der Grundlage der Befugnisgeneralklausel beseitigt werden kann. 633

Beispiel: Der Gemeinderat der Wesergemeinde hat auf der Grundlage eines Parlamentsgesetzes eine Satzung über die öffentliche Ordnung erlassen, die u.a. in § 6 eine Leinenpflicht für Hunde auf dem Weserdeich vorsieht.[523] Die beiden Polizeibeamten A und B befinden sich auf einem Streifengang auf dem Weserdeich, als sie einen Mann (M) erblicken, der seinen Hund auf dem Deich frei herumlaufen lässt. Sie fordern ihn auf, das Tier anzuleinen.

Die Aufforderung, den Hund anzuleinen, greift in das Grundrecht der allgemeinen Handlungsfreiheit (Art. 2 I GG) auf Seiten des Mannes ein und bedarf einer Rechtsgrundlage. Diese ist in der polizeigesetzlichen Befugnisgeneralklausel zu sehen. Materielle Voraus-

---

[523] Vgl. auch VGH Mannheim NVwZ 1999, 560 zu einer Polizeiverordnung, die das Betteln auf öffentlichen Straßen und in öffentlichen Anlagen schlechthin untersagt.

setzung für die Verfügung ist eine Gefahr für ein Schutzgut der öffentlichen Sicherheit. In Betracht kommt ein Verstoß des Mannes gegen die geschriebene Rechtsordnung. Zu dieser zählen nicht nur Vorschriften des Straf- und Ordnungswidrigkeitenrechts, sondern auch solche des Verwaltungsrechts inklusive Polizeiverordnungen und Satzungen.
M hat die in § 6 der genannten Satzung genannte Leinenpflicht missachtet; er hat damit gegen eine Vorschrift der objektiven Rechtsordnung verstoßen und somit ein polizeiliches Schutzgut verletzt. Zur Beseitigung dieser Störung konnten A und B daher die Aufforderung aussprechen.

bb. Unverletzlichkeit der subjektiven Rechte und Rechtsgüter des Einzelnen

634 Weiteres Teilschutzgut der öffentlichen Sicherheit ist die Unverletzlichkeit der subjektiven Rechte und Rechtsgüter des Einzelnen. Dazu zählen insbesondere Leib, Leben und Gesundheit von Personen. Aber auch Ehre, Eigentum und Freiheit sind erfasst. Überhaupt sind durch die öffentliche Sicherheit **Grundrechte** geschützt. Diesbezüglich ist aber zu beachten, dass nur staatliche Stellen grundrechtsverpflichtet sind; zwischen Privaten gelten die Grundrechte i.d.R. nur mittelbar. Daher können Private jedenfalls unmittelbar keine Grundrechte verletzen, was zum Anlass polizeilichen Einschreitens genommen werden könnte. Allerdings ist eine *mittelbare* Grundrechtsverletzung möglich, nämlich bei Missachtung von Strafrechts- und/oder Privatrechtsnormen. In diesen Fällen ist eine Betroffenheit der öffentlichen Sicherheit unter dem Aspekt *subjektive Rechte und Rechtsgüter des Einzelnen* denkbar. Dann jedoch ist wiederum die bereits Rn 68 ff. erläuterte **Subsidiarität** des staatlichen Schutzes zu beachten: **Privatrechtsnormen** bzw. **private Rechte** sind nur dann geschützt und berechtigen die Polizei nur dann zum Einschreiten, wenn insbesondere gerichtlicher Schutz nicht rechtzeitig zu erlangen ist und ohne polizeiliche Hilfe die Verwirklichung des Rechts vereitelt oder wesentlich erschwert würde.

635 Ein typischer Anwendungsfall der Variante *subjektive Rechte und Rechtsgüter des Einzelnen* ist die **Obdachlosenunterbringung**. Jedenfalls die unfreiwillige Obdachlosigkeit in der Winterzeit stellt eine Gefahr für die öffentliche Sicherheit dar, weil die Rechtsgüter *Leben*, *Gesundheit* und *Vermögen* dessen, der ohne Obdach „auf der Straße steht", gefährdet sind. Als Eingriffsmaßnahme kommt zwar zunächst die Standardmaßnahme Sicherstellung (Beschlagnahme) von Wohnraum zugunsten des Obdachlosen in Betracht, wobei der Eigentümer regelmäßig als Nichtstörer in Anspruch genommen wird. Da es bei der Standardmaßnahme Sicherstellung aber um die Begründung amtlichen Gewahrsams an der Sache geht (die Polizei will andere von der Einwirkungsmöglichkeit auf die Sache ausschließen), kann sie letztlich nicht als Eingriffsgrundlage herangezogen werden.[524] In Ermangelung auch sonstiger Standardbefugnisse kann hier nur die Befugnisgeneralklausel taugliche Rechtsgrundlage sein, aufgrund derer eine entsprechende „Beschlagnahmeverfügung" (Einweisungsverfügung) erlassen wird.[525]

cc. Bestand des Staates und der Einrichtungen und Veranstaltungen des Staates oder sonstiger Träger der Hoheitsgewalt

636 Drittes und letztes Teilschutzgut der öffentlichen Sicherheit sind der Bestand des Staates[526] und der Einrichtungen und Veranstaltungen des Staates oder sonstiger Träger der Hoheitsgewalt. **„Bestand des Staates"** ist die territoriale Unversehrtheit und poli-

---

[524] Wie hier *Volkmann*, JuS 2001, 888, 890; *Muckel*, BesVerwR, S. 121, und *Erichsen/Biermann*, JuS 1998, 371, 376. Dagegen für Sicherstellung (Beschlagnahme) *Schenke*, POR, Rn 322, mit dem Argument, dass der Befugnisgeneralklausel der Grundsatz der Subsidiarität entgegenstehe. Vgl. zur Unterbringung von Obdachlosen auch *Ruder*, NVwZ 2001, 1223 ff. sowie ausführlich *R. Schmidt*, Fälle zum POR, Fall 11.
[525] Vgl. dazu auch OVG Bremen DÖV 1994, 221; VG Bremen NVwZ 1991, 706; OVG Greifswald NJW 2010, 1096 f.; OVG Lüneburg NJW 2010, 1094, 1095 f.
[526] Nicht in allen Bundesländern, vgl. Rn 628.

tische Unabhängigkeit der Bundesrepublik Deutschland. Unter „**Einrichtungen**" sind räumliche Gebilde zu verstehen; bei „**Veranstaltungen**" steht die menschliche Teilnahme im Vordergrund. Da es bei den genannten Begriffen aber letztlich um den Schutz der staatlichen Organisationshoheit geht, ist im Zweifel eine großzügige Auslegung geboten. So kann bspw. auch die Gewährung eines sicheren und reibungslosen Straßenverkehrs als *staatliche Veranstaltung* gesehen werden. Werden Anlagen, die der Sicherung der Verkehrsführung oder ganz allgemein der Verkehrssicherheit dienen, beschädigt oder in ihrer Funktion beeinträchtigt, liegt eine Störung der öffentlichen Sicherheit unter dem Aspekt *Einrichtungen des Staates* vor.

Beispiele[527]**:**

(1) Der 13-jährige Kevin (K) macht sich einen Spaß und drückt an einem Fußgängerüberweg ununterbrochen den **Ampelknopf**, sodass die Ampel stets auf Rot umspringt. Dadurch hat sich bereits ein langer Stau gebildet. Der vorbeikommende Polizist P untersagt K die weitere Betätigung des Ampelknopfs.

Hier liegt eine Gefahr für die öffentliche Sicherheit vor, weil auch die Gewährung eines sicheren und reibungslosen Straßenverkehrs, wozu der störungsfreie Betrieb einer Ampelanlage gehört, als staatliche Veranstaltung gesehen werden kann. Dass das Schutzgut bereits verletzt und nicht erst gefährdet wurde, ist unschädlich, denn auch eine bereits eingetretene Störung ist die Gefahr der nächsten Sekunde. K muss daher der Verbotsverfügung des P Folge leisten.

(2) Möglicherweise liegt auch im Beispiel von Rn 611 (**Radarkontrolle**) in dem Hochhalten des Schildes „Vorsicht Radarfalle" eine Gefahr für die öffentliche Sicherheit unter dem Aspekt „Einrichtung des Staates"[528]. Eine radargestützte Geschwindigkeitsmessanlage lässt sich ohne weiteres als *staatliche Einrichtung* ansehen. Durch die Warnungen des R wurde die Straßenverkehrsbehörde sowohl bei der Durchführung ihrer präventiv-ordnungsrechtlichen Aufgaben auf dem Gebiet der Verkehrsüberwachung gemäß § 44 I StVO behindert als auch der Möglichkeit beraubt, begangene Verkehrsverstöße zu erforschen und zu verfolgen. Dadurch ist die öffentliche Sicherheit mit ihrem Schutzgut *staatliche Einrichtungen* betroffen.

Fraglich ist indes, ob auch eine *Gefahr* für das genannte Schutzgut besteht. Sie kann angenommen werden, wenn der Zweck der Radarkontrolle vereitelt oder zumindest beeinträchtigt wird. Welche Aufgaben polizeiliche Geschwindigkeitskontrollen erfüllen, ist fraglich. Es könnte zunächst daran gedacht werden, dass es dem Staat in erster Linie darum gehe, „abzukassieren". Dieser Gedanke drängt sich deshalb auf, weil die Einnahmen aus Bußgeld- oder Verwarnungssachen fest in die öffentlichen Haushalte eingeplant werden. Offiziell dienen Geschwindigkeitskontrollen indes der Reduzierung der Hauptunfallursache *überhöhte Geschwindigkeit* und damit der Steigerung der Verkehrssicherheit. Es wird argumentiert, Radarkontrollen bezweckten, die Verkehrsteilnehmer im Kontrollbereich zur Einhaltung der zulässigen Höchstgeschwindigkeit anzuhalten, um die Sicherheit des Straßenverkehrs zu wahren. Dann aber scheint fraglich, ob R den Zweck vereitelt bzw. beeinträchtigt hat. Denn seine Warnungen führten ja gerade dazu, dass sich die Autofahrer im Kontrollbereich an die Geschwindigkeitsbegrenzung hielten und dadurch die Sicherheit des Straßenverkehrs gewahrt wurde. Dieses Argument versucht die h.M. zu entkräften, indem sie sich auf den Standpunkt stellt, Geschwindigkeitsmessungen wirkten über den örtlichen und zeitlichen Bereich der Kontrolle hinaus. Sie dienten auch der künftigen Abschreckung der Fahrer, die Geschwindigkeitsbeschränkungen

---

[527] *Muckel*, BesVerwR, S. 23 ff. und 28 ff.

[528] Möglicherweise liegt auch eine Beeinträchtigung der öffentlichen Sicherheit unter dem Aspekt „Unverletzlichkeit der Rechtsordnung" vor, wenn man einen Verstoß gegen § 118 OWiG (Verbot einer grob ungehörigen Handlung, die geeignet ist, die Allgemeinheit zu belästigen oder zu gefährden und die öffentliche Ordnung zu beeinträchtigen) in Erwägung zieht. Denn das OWiG ist Bestandteil der Rechtsordnung. Vgl. dazu *R. Schmidt*, Fälle zum POR, Fall 8 Rn 25 ff.

nicht beachteten. Durch die jederzeitige Möglichkeit verdeckt durchgeführter Radarkontrollen sollen die Autofahrer überall und jederzeit zur Einhaltung der vorgeschriebenen Geschwindigkeit angehalten werden, insbesondere dann, wenn sie sich unkontrolliert glauben.[529]

Soll die Radarkontrolle demnach (auch) zukünftig wirken, wird sie durch Warnungen, wie sie von R vorgenommen wurden, tatsächlich beeinträchtigt. Jedoch gerät die h.M. in Erklärungsnot, wenn man ihr entgegenhält, dass ja auch die Straßenverkehrsbehörden selbst gelegentlich an einigen Streckenabschnitten Warnschilder des Inhalts „Radarüberwachung" aufstellen, was auf der Basis der h.M. dann auch verboten sein müsste. Verbietet man das Hochhalten eines Warnschildes, dürfte weiterhin auch nicht die Polizei im Rundfunk oder im Internet auf Radarkontrollen hinweisen. Denn mit all diesen Maßnahmen würde sie (auf der Basis der Argumentation der h.M.) ebenfalls die Funktionstüchtigkeit der radargestützten Geschwindigkeitsmessanlagen vereiteln. Diesen Einwand versucht die h.M. wiederum mit dem Hinweis zu entkräften, dass die Warnungen der Behörden den Zweck mobiler Radarkontrollen nicht unterliefen, sondern in ihrer Wirkung verstärkten, indem sie gezielt Unfallschwerpunkte bekämpften oder allgemein die Existenz mobiler Radarkontrollen in Erinnerung riefen, was die Einhaltung der Geschwindigkeitsbegrenzung fördere. Freilich ist dieser Versuch der Entkräftung untauglich. Denn die Warnung des R ruft die Existenz mobiler Radarkontrollen gleichermaßen in Erinnerung, und wenn die Polizei die Radarkontrolle an einem Unfallschwerpunkt aufgebaut hat, verhindert die Warnung des R dort Unfälle ebenso.[530]

Hinweis für die Fallbearbeitung: Mit guter Begründung ist eine a.A. ebenso vertretbar, zumal sie der h.M. entspräche; jedenfalls wird vom Bearbeiter eine Diskussion erwartet.

b. Schutzgut „öffentliche Ordnung"

637 Neben dem Schutzgut öffentliche Sicherheit nennen die meisten Ordnungsbehörden- und Polizeigesetze (wieder) das Schutzgut *öffentliche Ordnung*. Dieses ist aber gegenüber dem Schutzgut *öffentliche Sicherheit* subsidiär, darf in der Fallbearbeitung also erst dann geprüft werden, wenn eine Gefahr für die öffentliche Sicherheit nicht vorliegt.

Im Anschluss an die amtliche Begründung zu § 14 PreußPVG wird die öffentliche Ordnung wie folgt verstanden:

638 Unter **öffentlicher Ordnung** wird die Gesamtheit der ungeschriebenen Regeln verstanden, deren Befolgung nach den jeweils herrschenden und mit dem Wertgehalt des Grundgesetzes zu vereinbarenden sozialen und ethischen Anschauungen als unerlässliche Voraussetzung eines geordneten menschlichen Zusammenlebens innerhalb eines bestimmten Gebiets angesehen wird.[531]

639 Wie dieser Definition zu entnehmen ist, kommt es weniger auf ein rechtliches als auf ein gesellschaftliches, d.h. soziologisches und ideologisches Verständnis an. Da die die öffentliche Ordnung konstituierenden herrschenden sozialen und ethischen Wertvor-

---

[529] OVG Münster NZV 1997, 326, 327; VGH München NZV 1998, 520; VGH Mannheim NVwZ-RR 2003, 117; OLG Düsseldorf VRS 17, 354; OVG Greifswald NordÖR 2002, 469; VG Aachen NVwZ-RR 2003, 684; VG Saarlouis DAR 2004, 668; *Bertrams*, NWVBl 2003, 289, 292; *Götz*, POR, § 4 Rn 39; *Muckel*, BesVerwR, S. 34 f.

[530] Vgl. auch *Gusy*, POR, Rn 85; *Schenke*, POR, Rn 60; *Pieroth/Schlink/Kniesel*, POR, § 8 Rn 42; *B. Hartmann*, JuS 2008, 984, 987.

[531] BVerfGE 111, 147, 152 ff.; BVerfG NVwZ 2004, 90, 91; *Szczekalla*, JA 2002, 992, 994; *Tölle*, NVwZ 2001, 153, 154; *Schenke*, POR, Rn 63; *Heckmann*, JuS 1999, 986, 992. Vgl. dazu auch BVerfG-K NJW 2001, 1409 und die Legaldefinitionen in § 3 Nr. 2 SachsAnhSOG und § 54 Nr. 2 ThürOBG.

stellungen oft aber nur **schwer feststellbar** sind, ist fraglich, ob die Einbeziehung der öffentlichen Ordnung in den Schutzbereich der polizeigesetzlichen Befugnisnormen der betreffenden Polizeigesetze unter dem Aspekt des **Bestimmtheitsgrundsatzes** nicht zu einer partiellen **Verfassungswidrigkeit** derselben führt.[532] Es kann nicht Aufgabe des Staates sein, die Beachtung ungeschriebener Wertvorstellungen mit den Mitteln hoheitlicher Gewalt zu erzwingen. Darüber hinaus sind die für ein geordnetes Zusammenleben wirklich relevanten Störungen aufgrund der enorm gestiegenen Regelungsdichte (nahezu jeder erdenkliche Sachverhalt ist gesetzlich ausnormiert) bereits vom Begriff der öffentlichen Sicherheit erfasst, sodass auch unter diesem Aspekt keine Notwendigkeit besteht, am Begriff der öffentlichen Ordnung festzuhalten.

Gleichwohl ist die öffentliche Ordnung in den Bundesländern, die sie zwischenzeitlich herausgenommen hatten, als „Auffangnorm" wieder aufgenommen worden, angeblich, um „Störungen des Gemeinschaftslebens" bei Fehlen einer spezialgesetzlichen Regelung begegnen zu können (so z.B. § 2 Nr. 1a NdsSOG). Nach den Gesetzesbegründungen soll damit das Einschreiten auch gegen sog. „Unordnungszustände" als eine wichtige Aufgabe der Gefahrenabwehrbehörde hervorgehoben und damit gleichzeitig auch eingefordert werden. Es sei erforderlich, der Entwicklung von Kriminalitätsformen entgegenzuwirken, die auf „Unordnungszuständen" ggf. aufbauten oder durch diese gefördert würden. Zwar stünden den Gefahrenabwehrbehörden zur Gewährleistung ihrer Aufgabe insbesondere zahlreiche spezialgesetzliche Regelungen zur Verfügung, mit der Aufnahme der öffentlichen Ordnung solle zusätzlich ein als „sozialwidrig" bewertetes Verhalten, das (noch) nicht der Sanktion durch das Straf- oder Ordnungswidrigkeitenrecht unterfalle und somit auch keine Gefährdung der öffentlichen Sicherheit darstelle, wieder als Verstoß gegen die öffentliche Ordnung geahndet werden können.[533] **640**

Diese Annahme ist antiquiert; sie knüpft an die Wertvorstellungen des preußischen Obrigkeitsstaates an, in dem im Übrigen nicht nur Homosexualität, sondern sogar ehewidriges Verhalten unter Strafe gestellt war. Zudem verkennt sie die bereits erwähnte enorme Regelungsdichte des geschriebenen Rechts, das nahezu lückenlos jeden erdenklichen Lebenssachverhalt erfasst und die Polizei in die Lage versetzt, wegen Verstoßes gegen Normen der objektiven Rechtsordnung bereits über die Variante der öffentlichen Sicherheit gefahrenabwehrrechtlich tätig zu werden. Auch aus diesem Grund stellt sich die (Wieder-)Aufnahme der öffentlichen Ordnung in die Polizeigesetze als überflüssig dar, von den genannten verfassungsrechtlichen Bedenken einmal abgesehen. **641**

Da die öffentliche Ordnung jedoch im Versammlungsrecht (§ 15 I VersG), aber auch im Ordnungswidrigkeitenrecht (§ 118 I OWiG) eine gewisse Rolle spielt und so mittelbar auch in den Ländern, die das Schutzgut öffentliche Ordnung aus dem Polizeigesetz herausgenommen haben, noch zu einem polizeilichen Einschreiten wegen Verstoßes gegen die objektive Rechtsordnung und damit gegen die öffentliche Sicherheit veranlasst, ist die öffentliche Ordnung nicht ganz bedeutungslos geworden. Das gilt umso mehr, als das BVerfG noch im Jahre 2004 (in Bezug auf § 15 I VersG) die Verfassungsmäßigkeit der öffentlichen Ordnung als Tatbestandsmerkmal einer gesetzlichen Eingriffsgrundlage, wenn auch mit dem Diktum der restriktiven Handhabung, bejaht **641a**

---

[532] Entsprechendes gilt mit Blick auf § 118 I OWiG. Nach dieser Vorschrift handelt ordnungswidrig, „wer eine grob ungehörige Handlung vornimmt, die geeignet ist, die Allgemeinheit zu belästigen oder zu gefährden und die öffentliche Ordnung zu beeinträchtigen". Ein paralleles Problem ergibt sich hinsichtlich Art. 2 I GG („Sittengesetz") und § 15 I VersG (Versammlungsverbot oder Auflagen u.a. bei Gefahr für die öffentliche Ordnung).

[533] So die stereotype Begründung der Landesgesetzgeber; vgl. exemplarisch nur das Änderungsgesetz v. 11.12.2003 hinsichtlich des NdsGefAG, welches seither auch als NdsSOG bezeichnet wird.

hat.[534] Daher sind die Argumente, die für und gegen die Verfassungsmäßigkeit sprechen, nicht obsolet geworden.

642 ▪ Als Argument gegen die Verfassungsmäßigkeit wird vorgebracht, dass eine pauschale Verweisung auf ungeschriebene, unbestimmte gesellschaftliche Vorstellungen die demokratischen und rechtsstaatlichen Grenzen der Verwaltung überschreite. Nur das Parlament könne – mit der rechtsstaatlich notwendigen Bestimmtheit – den Kreis der schützenswerten Gemeinschaftsgüter verbindlich festlegen.[535]

643 ▪ Die Gegenposition führt an, dass die ordnungsbehördliche bzw. polizeiliche Generalklausel in jahrzehntelanger Entwicklung durch Rechtsprechung und Lehre nach Inhalt, Zweck und Ausmaß hinreichend präzisiert, in ihrer Bedeutung geklärt und im juristischen Sprachgebrauch verfestigt sei.[536] Selbst das Grundgesetz setze den Schutz der öffentlichen Ordnung in Art. 13 VII, 35 II GG voraus und verlange dabei erkennbar nicht, dass die Parlamente den Kreis der hiervon erfassten Güter abschließend festlegten. Schließlich könne es mit Blick auf das Demokratieprinzip nicht zu beanstanden sein, an die Vorstellungen der Mehrheit anzuknüpfen.[537]

644 ▪ Auch das BVerfG ist (in Bezug auf § 15 I VersG) der Auffassung, dass der Rückgriff auf diesen unbestimmten Rechtsbegriff erforderlich bleiben könne, allerdings durch verfassungskonforme Auslegung zu gewährleisten sei, dass es bei der Rechtsanwendung nicht zu unverhältnismäßigen Grundrechtseingriffen komme. So seien Beschränkungen der Versammlungsfreiheit, darunter auch zur Abwehr von Gefahren für die öffentliche Ordnung, verfassungsrechtlich unbedenklich, wenn sie ein aggressives oder provokatives, die Bürger einschüchterndes Verhalten der Versammlungsteilnehmer verhindern sollten, durch das ein Klima der Gewaltdemonstration und potentieller Gewaltbereitschaft erzeugt werde. Die öffentliche Ordnung könne auch verletzt sein, wenn Rechtsextremisten einen Aufzug an einem speziell der Erinnerung an das durch den Nationalsozialismus begangene Unrecht und an den Holocaust dienenden Feiertag so durchführten, dass von seiner Art und Weise Provokationen ausgingen, die das sittliche Empfinden der Bürger erheblich beeinträchtigten. Gleiches gelte, wenn ein Aufzug sich durch sein Gesamtgepräge mit den Riten und Symbolen der nationalsozialistischen Gewaltherrschaft identifiziere. In solchen Fällen sei unter Berücksichtigung des Grundsatzes der Verhältnismäßigkeit zu klären, durch welche Maßnahmen die Gefahr abgewehrt werden könne. Dafür kämen in erster Linie Auflagen in Betracht. Reichten sie zur Gefahrenabwehr nicht aus, könne die Versammlung verboten werden.[538]

645 ▪ Stellungnahme: Da der Gesetzgeber auch in anderen Bereichen (siehe z.B. §§ 138, 242 BGB, § 3 UWG) bei von ihm getroffenen Regelungen an gesellschaftliche Anschauungen anknüpft, ohne dass dagegen bisher grundsätzliche Bedenken geäußert wurden, sollte mit Blick auf die Verbindlichkeit der Rechtsprechung des BVerfG für Gerichte und Behörden (vgl. § 31 I BVerfGG) zumindest in der Praxis auch bezüglich der öffentlichen Ordnung von der Verfassungsmäßigkeit ausgegangen werden. Aufgrund der **schweren Bestimmbarkeit der sozialen und ethischen Wertvorstellungen ist aber eine restriktive Praxis bezüglich der Annahme einer Gefahr für die öffentliche Ordnung** angezeigt. Hinzu kommt, dass sich die sozialen und ethischen Wertvorstellungen im Laufe der Zeit „liberalisieren". Das wird besonders am Beispiel des „Obenohne-Badens" deutlich. Während dies in den 1950er Jahren noch als verwerflich galt und somit wegen Verstoßes gegen die öffentliche Ordnung untersagt werden konnte,

---

[534] BVerfGE 111, 147, 152 ff.

[535] *Götz*, POR, § 5 Rn 9 ff.; *Pieroth/Schlink/Kniesel*, POR, § 8 Rn 48; *Hebeler*, JA 2002, 521 ff.; *Störmer*, DV 1997, 233 ff.

[536] BVerfGE 54, 143, 144 ff. Vgl. auch BVerwGE 115, 189, 195 ff.

[537] *Muckel*, BesVerwR, S. 40 f.; *Schenke*, POR, Rn 65 f.; *Friauf*, POR, Rn 39 ff.; *Fechner*, JuS 2003, 734 ff.; *Schoch*, Jura 2003, 177, 180.

[538] BVerfGE 111, 147, 152 ff. unter Berufung auf BVerfG NJW 2001, 1409 als Beleg für die Richtigkeit seiner Auffassung.

besteht heute keine Möglichkeit des polizeilichen Einschreitens mehr, was zur Folge hat, dass diesbezüglich nicht mehr danach gefragt werden muss, ob die Aufnahme der öffentlichen Ordnung in die Befugnisgeneralklausel zu deren partiellen Nichtigkeit führt. Als Verstoß gegen die öffentliche Ordnung wurden aber noch angesehen:

(1) Hissen der Reichskriegsflagge[539]
(2) Nacktes Auftreten in der Öffentlichkeit[540]
(3) Veranstaltung einer Peepshow[541]
(4) Aggressives Betteln
(5) Verrichtung menschlicher Bedürfnisse in der Öffentlichkeit
(6) Verspotten alter oder hilfloser Personen

Insbesondere das **nackte Auftreten in der Öffentlichkeit** ist der stetige Beweis für die Irrelevanz der Aufnahme der öffentlichen Ordnung in die polizeirechtlichen Befugnisnormen. Denn wer in der Öffentlichkeit (außerhalb designierter Bereiche wie z.B. FKK-Strände) nackt auftritt, nimmt nach den sozialen und ethischen Wertvorstellungen der Rechtsgemeinschaft eine grob ungehörige Handlung vor, die geeignet ist, die Allgemeinheit zu belästigen bzw. die öffentliche Ordnung zu beeinträchtigen. Damit verwirklicht der Betreffende den Ordnungswidrigkeitentatbestand des § 118 I OWiG und verstößt damit gegen die objektive Rechtsordnung als Bestandteil der öffentlichen Sicherheit, deren Verletzung oder Gefährdung zum Einschreiten auf der Grundlage der Befugnisgeneralklausel ermächtigt. **646**

Freilich ist davon der Fall zu unterscheiden, dass das nackte Auftreten Gegenstand einer **Versammlung** ist und damit dem Schutzbereich des Art. 8 I GG unterfällt. Soll z.B. eine unter dem Motto: „Für Nacktheit als zweckdienliche und gesellschaftsfähige Kleidung und gegen das Verstecken von Körper in blickdichten Ghettos" stehende Nacktradel-Aktion wegen Verstoßes gegen § 118 I OWiG („Beeinträchtigung der öffentlichen Ordnung durch grob ungehörige Handlung") verboten werden, ist bei der Auslegung des Begriffs „öffentliche Ordnung" stets die Bedeutung des Art. 8 I GG zu berücksichtigen. Allein die Verwirklichung einer Verbotsnorm (wie § 118 I OWiG) kann einen Eingriff in Art. 8 I GG nicht rechtfertigen. Denn nach der Brokdorf-Entscheidung des BVerfG[542] können nur solche Eingriffe in die Versammlungsfreiheit gerechtfertigt sein, die zum Schutz von Rechtsgütern ergehen, die bei einer Abwägung mit Art. 8 I GG gleich- oder höherrangig sind. Das sind im Wesentlichen Leib, Leben, Gesundheit, Staatsschutz und bedeutsame Vermögensgüter, nicht jedoch die Verwirklichung von Ordnungswidrigkeitentatbeständen.[543] **647**

Beispiel: Da der Gesetzgeber auf der einen Seite nicht alle erdenklichen Lebenssachverhalte und Gefahrentatbestände antizipiert spezialgesetzlich normieren kann, auf der anderen Seite jedoch beachten muss, dass die mit einem Rechtseingriff verbundenen Gefahrenabwehrmaßnahmen wegen des Vorbehalts des Gesetzes stets einer Rechtsgrundlage bedürfen, ermächtigt er die Polizei- und Ordnungsbehörden generalklauselartig.[544] Danach darf die Polizei die erforderlichen Maßnahmen treffen, um im konkreten

[539] OVG Münster NJW 1994, 2909.
[540] OVG Münster NJW 1997, 1180.
[541] BVerwGE 64, 274; BVerwG NVwZ 1987, 411; 1990, 668.
[542] BVerfGE 69, 315, 343 ff.
[543] Unvertretbar daher VG Karlsruhe NJW 2005, 3658, das zwar den Schutzbereich des Art. 8 I GG bejaht, dann aber auf der Ebene der Rechtfertigung des Verbots nicht mehr auf Art. 8 I GG eingeht und das Verbot allein mit der Verwirklichung des § 118 I OWiG begründet. Zwar wäre es durchaus möglich gewesen, bei verfassungskonformer Auslegung des Tatbestandsmerkmals „öffentliche Ordnung" die Nacktradel-Aktion in rechtmäßiger Weise zu verbieten, dies hätte jedoch eine gründliche Abwägung mit dem Grundrecht aus Art. 8 I GG vorausgesetzt. Eine solche Abwägung wurde vom VG jedoch nicht ansatzweise vorgenommen.
[544] Vgl. Bund: § 14 BundesPolG; Bay: Art. 11 I PAG; BW: § 3 PolG; Berl: § 17 I ASOG; Brand: § 10 PolG; Brem: § 10 I PolG; Hamb: § 3 I SOG; Hess: § 11 SOG; MeckVor: § 13 SOG; Nds: § 11 SOG; NW: §§ 8 I PolG, 14

Fall eine Gefahr für die öffentliche Sicherheit (oder Ordnung[545]) abzuwehren. Sofern das Polizeigesetz neben dem Schutzgut *öffentliche Sicherheit* auch das Schutzgut *öffentliche Ordnung* nennt, stellt sich die Frage, ob dieser Begriff mit dem verfassungsrechtlich garantierten Bestimmtheitsgrundsatz vereinbar ist.[546]

Die h.M. versteht unter *öffentlicher Ordnung* die Gesamtheit der ungeschriebenen Regeln, deren Befolgung nach den jeweils herrschenden und mit dem Wertgehalt des Grundgesetzes zu vereinbarenden sozialen und ethischen Anschauungen als unerlässliche Voraussetzung eines geordneten menschlichen Zusammenlebens innerhalb eines bestimmten Gebiets angesehen wird.[547]

Diese Formel hilft jedoch nicht wirklich weiter. Denn wie ihr zu entnehmen ist, kommt es weniger auf ein rechtliches als auf ein gesellschaftliches, also soziologisches Verständnis an. Da die die öffentliche Ordnung konstituierenden, herrschenden sozialen und ethischen Wertvorstellungen oft aber nur schwer feststellbar sind, ist fraglich, ob die Einbeziehung der öffentlichen Ordnung in den Schutzbereich der Generalklausel unter dem Aspekt des Bestimmtheitsgrundsatzes nicht zu einer partiellen Verfassungswidrigkeit derselben führt. Wenn man jedoch bedenkt, dass der Gesetzgeber auch in anderen Bereichen (siehe z.B. §§ 138, 242 BGB, § 3 UWG) bei von ihm getroffenen Regelungen an gesellschaftliche Anschauungen anknüpft, ohne dass hieran bisher grundsätzliche Bedenken geäußert wurden, sollte auch bezüglich der öffentlichen Ordnung von der Verfassungsmäßigkeit ausgegangen werden. Aufgrund der schweren Bestimmbarkeit der sozialen und ethischen Wertvorstellungen ist aber eine restriktive Praxis bezüglich der Annahme einer Gefahr für die öffentliche Ordnung angezeigt, d.h. bei einer Würdigung der Folgen des Grundrechtseingriffs muss die Bedeutung des Grundrechts für den Betroffenen stets besonders berücksichtigt werden (**verfassungskonforme Auslegung**). Hinzu kommt, dass sich die sozialen und ethischen Wertvorstellungen im Laufe der Zeit „liberalisieren". Das wird besonders am Beispiel des „Oben-ohne-Badens" deutlich. Während dies in den 50er Jahren noch als verwerflich galt und somit wegen Verstoßes gegen die öffentliche Ordnung untersagt werden konnte, besteht heute keine Möglichkeit des polizeilichen Einschreitens mehr, was zur Folge hat, dass diesbezüglich nicht mehr danach gefragt werden muss, ob die Aufnahme der öffentlichen Ordnung in die Befugnisgeneralklausel zu deren partieller Nichtigkeit führt.

648 Bei der gewerblichen Veranstaltung des Spiels „Quasar", bei dem mit **Laserpistolen Angriffs- und Tötungshandlungen an Menschen simuliert werden**, ist zu differenzieren: Zwar ist das Laserspiel im Land Nordrhein-Westfalen, in dem das Schutzgut öffentliche Ordnung nach wie vor in der ordnungsbehördlichen Befugnisgeneralklausel (§ 14 I OBG) enthalten ist, als Verstoß gegen die öffentliche Ordnung (Verstoß gegen die Menschenwürde – dazu Rn 653) angesehen worden[548], allerdings reicht nach Auffassung des BVerwG die Befugnisgeneralklausel nicht *schlechthin* aus, ein entsprechendes Verbot, das in Art. 12 I GG auf Seiten des Veranstalters eingreift, zu erlassen. Dem Gesetzesvorbehalt des Art. 12 I S. 2 GG gerecht werde grds. nur eine Spezialermächtigung, etwa aus dem Gewerberecht. Soweit eine solche nicht greife (insbesondere, wenn sich der Veranstalter gewerberechtlich ordnungsgemäß verhält), könne das Laserspiel nur *im Einzelfall* auf der Grundlage der Befugnisgeneralklausel wegen Verstoßes gegen die Menschenwürde untersagt wer-

---

OBG; RhlPfl: § 9 I POG; Saarl: § 8 I PolG; Sachs: § 3 I PolG; SachsAnh: § 13 SOG; SchlHolst: §§ 174, 176 LVwG; Thür: § 12 I PAG.

[545] Die öffentliche Ordnung als 2. Schutzgut ist nur in einigen Polizeigesetzen enthalten.

[546] Beim Schutzgut *öffentliche Sicherheit* wird die Verfassungsmäßigkeit nicht ernsthaft bezweifelt.

[547] BVerfG NJW 2004, 2814, 2815; BVerfG NVwZ 2004, 90, 91; *Szczekalla*, JA 2002, 992, 994; *Tölle*, NVwZ 2001, 153, 154; *Schenke*, POR, Rn 63; *Friauf*, POR, Rn 39; *Heckmann*, JuS 1999, 986, 992. Vgl. dazu auch BVerfG-K NJW 2001, 1409 und die Legaldefinitionen in § 3 Nr. 2 SachsAnhSOG und § 54 Nr. 2 ThürOBG.

[548] OVG Koblenz NVwZ-RR 1995, 30 f.; OVG Münster NVwZ-RR 1996, 39; i.E. ebenso, ohne jedoch zwischen der öffentlichen Sicherheit und der öffentlichen Ordnung zu unterscheiden, BVerwGE 115, 189, 195 ff. Vgl. dazu auch *Heckmann*, JuS 1999, 986 ff.; *Szczekalla*, JA 2002, 992 ff.

den. Komme demzufolge eine Untersagungsverfügung in Betracht, müsse aber – wenn wie im zu entscheidenden Fall der deutsche Veranstalter mit einem britischen Ausrüster von Laserpistolen einen Franchisevertrag geschlossen hatte – deren Vereinbarkeit mit dem Recht auf freien Dienstleistungs- und Warenverkehr des EU-Rechts beachtet werden. Daher setzte das BVerwG das Verfahren aus und legte die Frage gem. Art. 267 AEUV (Vorabentscheidungsverfahren) dem EuGH vor.

Dieser entschied[549], dass die Untersagung des Betriebs eine Einschränkung der **Dienstleistungsfreiheit** gem. Art. 56 AEUV und der **Warenverkehrsfreiheit** gem. Art. 34 AEUV bedeute und daher der Rechtfertigung bedürfe.[550] Als Rechtfertigung kämen die ausdrücklich in Art. 52 I AEUV i.V.m. Art. 62 AEUV genannten „Gründe der öffentlichen Ordnung, Sicherheit oder Gesundheit" in Betracht, wobei zu beachten sei, dass eine Einschränkung grundsätzlich nur bei **unterschiedslos** angewendeten nationalen Maßnahmen gerechtfertigt werden könne, die aus zwingenden Gründen des Allgemeininteresses geboten seien. Die Behörde im Ausgangsverfahren habe in der Begründung der Untersagungsverfügung ausdrücklich ausgeführt, dass die betroffene Betätigung des Veranstalters eine Gefahr für die öffentliche Ordnung darstelle. Die Bezugnahme auf eine Gefahr für die öffentliche Ordnung finde sich auch in der Befugnisgeneralklausel (im Originalfall war dies § 14 I OBG NRW), die die Ordnungsbehörde ermächtigte, die notwendigen Maßnahmen zur Abwehr einer solchen Gefahr zu treffen. Diese Untersagungsverfügung habe die Behörde auch gerade ohne Ansehung der Staatszugehörigkeit der Erbringer oder Empfänger der von der Beschränkung betroffenen Dienstleistungen erlassen, mithin unterschiedslos angewendet. Da aber die Maßnahmen zum Schutz der öffentlichen Ordnung unter eine in Art. 52 AEUV aufgezählte Ausnahme vom freien Dienstleistungsverkehr fielen, könne die Frage, ob diese Maßnahme unterschiedslos sowohl auf im Inland ansässige Dienstleistungserbringer als auch auf in anderen Mitgliedstaaten ansässige Dienstleistungserbringer ergangen sei, letztlich aber auch dahinstehen. **649**

Im Übrigen sei der Begriff der öffentlichen Ordnung in Art. 52 I AEUV für unterschiedliche Beurteilungen von Land zu Land offen. So sei es aus europarechtlicher Sicht nicht zu beanstanden, wenn eine nationale Behörde zu dem Ergebnis gelange, dass ein Verhalten eines Bürgers rechtswidrig sei, und dieses Ergebnis – gemessen am Maßstab der Verfassung ihres Landes – zutreffe. Insoweit sei den zuständigen innerstaatlichen Behörden ein Beurteilungsspielraum innerhalb der durch das Europäische Primärrecht gesetzten Grenzen zuzubilligen.[551] **650**

Ist also die nationale Behörde der Ansicht, dass die von der Untersagungsverfügung betroffene Betätigung eine Gefahr für die öffentliche Ordnung darstelle, weil die gewerbliche Veranstaltung von Unterhaltungsspielen mit simulierten Tötungshandlungen an Menschen nach der in der öffentlichen Meinung vorherrschenden Auffassung gegen eine in der nationalen Verfassung verankerte grundlegende Wertvorstellung verstoße, nämlich gegen die Menschenwürde, und steht diese Rechtsauffassung im Einklang mit dem Grundgesetz, verstößt das Verbot auch nicht gegen Art. 52 I AEUV. **651**

Nach dem Urteil des EuGH bleibt es also bei der nationalen Betrachtungsweise mit dem Grundgesetz als Prüfungsmaßstab. Diesbezüglich hat das BVerwG – wie oben angeführt – entschieden, dass die Untersagungsverfügung rechtmäßig gewesen sei. **652**

---

[549] EuGH NVwZ 2004, 1471, 1472 f.

[550] Zur Notwendigkeit der Vereinbarkeit einer staatlichen Maßnahme nicht nur mit nationalem Verfassungsrecht, sondern auch mit EU-Recht vgl. *R. Schmidt*, Staatsorganisationsrecht, Rn 327 ff.

[551] So ausdrücklich EuGH NVwZ 2004, 1471, 1472 f.

653 Ob bei dem Spiel „Quasar" ein Verstoß gegen die **Menschenwürde** (Art. 1 I GG) wirklich vorliegt, ist mehr als fraglich. Zwar kann die Menschenwürde auch von Privaten verletzt werden, jedoch spielen alle Teilnehmer freiwillig an dem Geschehen mit, was einen Grundrechtsverzicht bedeuten könnte. Andererseits ist fraglich, ob die Menschenwürde disponibel ist. Überzeugend scheint es, in Übereinstimmung mit dem vom Verfasser vertretenen positivistischen Verständnis von der Menschenwürde[552] nur den in Extremfällen berührten objektiven Kern der Menschenwürde für indisponibel zu erachten, was wiederum nur dann angenommen werden sollte, wenn dem Betroffenen (im Vergleich zu anderen) in menschenverachtender Weise seine Menschqualität abgesprochen und er zum Objekt eines beliebigen Verhaltens erniedrigt wird. Ob das im vorliegenden Fall angenommen werden muss, darf bezweifelt werden. Denn bei dem „Kampf" im Laserdome bestehen prinzipiell die gleichen Chancen für alle, sodass kein Mitspieler im Vergleich zu anderen in irgendeiner Weise zum Objekt erniedrigt wird. Dennoch hat das BVerwG – ohne einen Hinweis zu geben, ob es den Fall am Maßstab des Schutzguts öffentliche Sicherheit oder an dem der öffentlichen Ordnung prüft – entschieden, dass sich die Teilnehmer mit der Gewaltanwendung gegen andere identifizierten, die dadurch bagatellisiert werde. Sie verspürten ein Vergnügen an simulierten Tötungshandlungen, wenn sie mit ihren an Maschinenpistolen erinnernden Waffen im Nahkampf auf den „Gegner" zielten und nur durch gezielte Schüsse die nötigen Punkte erreichten. Es gehe mithin um das „spielerische Töten" von Menschen, nicht nur um sportlichen Wettkampf, sodass die menschliche Individualität, Identität und Integrität banalisiert und damit die Wertvorstellungen des Grundgesetzes konterkariert würden.[553] Mit Blick auf die Verbrechen des nationalsozialistischen Regimes verstießen daher auch lediglich simulierte Tötungshandlungen generell gegen die Menschenwürde. Auch sei eine Einwilligung der betroffenen Spieler unbeachtlich, denn die aus Art. 1 I und Art. 2 II S. 1 GG herzuleitende Wertordnung der Verfassung stehe nicht im Rahmen eines Unterhaltungsspiels zur Disposition.[554]

654 Verneint man mit der hier vertretenen Auffassung eine Verletzung des nur in Extremfällen berührten objektiven Kerns der Menschenwürde, liegt keine Beeinträchtigung des Schutzguts der öffentlichen Ordnung vor. In diese Richtung geht auch ein Beschluss des VGH Mannheim, wonach zumindest bei einer summarischen Prüfung Paintball-Spiele nicht mit Tötungshandlungen gleichgesetzt werden können.[555]

655 Im Übrigen liegt ein Verstoß gegen die objektive Rechtsordnung als Teilbereich der öffentlichen Sicherheit von vornherein nicht vor. Zwar gehören zur objektiven Rechtsordnung insbesondere Strafrechtsnormen und Normen des Ordnungswidrigkeitenrechts, vorliegend hat der Veranstalter aber weder gegen das Gewaltdarstellungsverbot des § 131 StGB noch gegen § 118 I OWiG verstoßen. Denn das Spiel „Quasar" steht in keinem Zusammenhang mit einer Schrift oder einem Rundfunk und ist daher kein taugliches Tatobjekt i.S.v. § 131 StGB. Auch ein Verstoß gegen § 118 I OWiG, wonach ordnungswidrig handelt, „wer eine grob ungehörige Handlung vornimmt, die geeignet ist, die Allgemeinheit zu belästigen oder zu gefährden und die öffentliche Ordnung zu beeinträchtigen", muss verneint werden. Denn das Geschehen fand in einer (alten) Fabrikhalle statt und war von außen nicht einsehbar; nur die (einwilligenden) Mitspieler erkannten es, sodass die Allgemeinheit nicht belästigt wurde. Damit war das Schutzgut öffentliche Sicherheit unter dem Aspekt der objektiven Rechtsordnung nicht betroffen.[556]

---

[552] Vgl. dazu *R. Schmidt*, Grundrechte, Rn 306.
[553] BVerwGE 115, 189, 201 f.
[554] BVerwGE 115, 189, 202.
[555] VGH Mannheim NVwZ-RR 2005, 472.
[556] Eine gutachterlich aufbereitete Darstellung des Falls findet sich bei *R. Schmidt*, Fälle zum POR, Fall 12.

656

Hinweis für die Fallbearbeitung: Sofern es um die Vereinbarkeit einer auf die Befugnisgeneralklausel gestützten Polizeiverfügung mit nationalem Recht geht, muss der Klausurbearbeiter eines Bundeslandes, dessen Polizeigesetz lediglich das Schutzgut *öffentliche Sicherheit* kennt, das zu untersuchende Verhalten auch nur am Maßstab dieses Schutzguts prüfen. Insofern ergeben sich keine Probleme bei der Handhabung des Schutzguts *öffentliche Ordnung*, denn es existiert nicht. Auch in Bundesländern, bei denen das Schutzgut *öffentliche Ordnung* (wieder) Bestandteil der Generalklausel ist, muss der Bearbeiter zunächst untersuchen, ob das fragliche Verhalten eine Gefahr für die *öffentliche Sicherheit* darstellt.

- Ist das der Fall, kann eine entsprechende Gefahrenabwehrverfügung (bei unterstelltem fehlerfreien Ermessensgebrauch bzw. unterstellter Einhaltung des Grundsatzes der Verhältnismäßigkeit) in rechtmäßiger Weise ergehen. Zur *öffentlichen Ordnung* ist dann wegen ihrer Subsidiarität zur *öffentlichen Sicherheit* auf keinen Fall mehr etwas zu sagen.[557]
- Sollte eine Gefahr für die öffentliche Sicherheit aber zu verneinen sein, ist zu prüfen, ob das fragliche Verhalten eine Gefahr für die *öffentliche Ordnung* darstellt. Dazu muss zunächst die Verfassungsmäßigkeit der Bestimmung in Frage gestellt werden. Hier ist der o.g. Meinungsstreit darzustellen. Folgt man der hier vertretenen Auffassung, ist die Befugnisgeneralklausel, soweit sie die *öffentliche Ordnung* umfasst, nicht verfassungswidrig, muss aber restriktiv gehandhabt werden. Sodann ist danach zu fragen, ob das zu prüfende Verhalten unter den Begriff der *öffentlichen Ordnung* subsumiert werden kann. Dabei kann es vorkommen, dass ein und dieselbe Handlung zwar keine Gefahr für die *öffentliche Sicherheit* darstellt, wohl aber eine Gefahr für die öffentliche Ordnung. Das ist kein Widerspruch, da die beiden Begriffe nicht identisch sind.[558]
- Verhaltensweisen, die zwar keine Gefahr für die *öffentliche Sicherheit* darstellen, wohl aber eine Gefahr für die *öffentliche Ordnung*, werden besonders problematisch, wenn der Fall in einem Bundesland spielt, das die *öffentliche Ordnung* nicht in der Befugnisgeneralklausel aufgenommen bzw. aus dieser gestrichen hat. Das wird bei dem Spiel „Quasar" besonders deutlich, denn die Vertreter, die das Spiel „Quasar" als Verstoß gegen die *öffentliche Ordnung* ansehen, verneinen ausdrücklich einen Verstoß gegen die *öffentliche Sicherheit*.[559] Stellt das Spiel also keinen Verstoß gegen die *öffentliche Sicherheit* dar und enthält die Befugnisgeneralklausel nicht das Tatbestandsmerkmal *öffentliche Ordnung*, muss man konsequenterweise zu dem Ergebnis kommen, dass eine Gefahrenabwehrmaßnahme nicht ergehen kann, auch wenn eine Gefahr für die *öffentliche Ordnung* vorläge, wenn sie im Tatbestand der Generalklausel aufgenommen wäre. Es kann also vorkommen, dass ein Verhalten, das zwar keine Gefahr für die *öffentliche Sicherheit* darstellt, wohl aber eine Gefahr für die *öffentliche Ordnung*, in einem Bundesland untersagt werden kann, in einem anderen Bundesland wiederum nicht. Das ist eine Konsequenz des Föderalismus. Gleichwohl können zumindest dann einheitliche Ergebnisse erzielt werden, wenn man einen Verstoß gegen § 118 OWiG annimmt und diesen Verstoß als Störung der *öffentlichen Sicherheit* qualifiziert. Im Fall „Quasar" war dies jedoch nicht möglich.

---

[557] Folgt man dagegen der nicht überzeugenden Auffassung *Knemeyers* (POR, Rn 102), der die öffentliche Ordnung als selbstständiges Schutzgut neben der öffentlichen Sicherheit betrachtet, müsste man beide Schutzgüter nebeneinander prüfen.

[558] So hat das BVerwG (NJW 1980, 1640 ff.) bestimmt, dass die öffentliche Ordnung durch Lärm gestört werde, der zwar noch keine Gesundheitsgefahr darstelle (und deshalb nicht die öffentliche Sicherheit beeinträchtige), gleichwohl aber das nach allgemeiner Anschauung zumutbare Maß überschreite.

[559] Das können sie deshalb, weil bei ihnen das Spiel, das verboten werden soll, in einem Bundesland ausgetragen wird, in dem die öffentliche Ordnung noch Bestandteil der Befugnisgeneralklausel ist.

c. Gefahr eines Schadenseintritts

657 Kernstück jeder Prüfung polizeilichen Handelns ist der Gefahrenbegriff, der wiederum den zentralen Begriff des Polizei- und Ordnungsrechts ausmacht. Grundsätzlich dürfen die Polizei- und Ordnungsbehörden nur bei Vorliegen einer Gefahr handeln und die Freiheit des in Anspruch Genommenen beschränken. Grundsätzlich dürfen sie nur bei Vorliegen einer Gefahr den Einzelnen als Verantwortlichen in die Pflicht des Handelns oder Duldens nehmen. Nur wenn sie ihn als Verantwortlichen in die Pflicht nehmen durften, dürfen sie ihm, wenn er die Pflicht nicht erfüllt hat, Kosten auferlegen, und sie müssen ihn umgekehrt entschädigen, wenn sie ihn als Verantwortlichen in die Pflicht genommen haben, ohne dass eine Gefahr vorgelegen hatte.

aa. Gefahrenbegriffe

658 Die Polizeigesetze fordern für ein Einschreiten grundsätzlich das Bestehen einer Gefahr. Für bestimmte Situationen (etwa wenn die Polizei gegen sog. Nichtverantwortliche einschreiten möchte) oder im Bereich der Standardmaßnahmen (etwa im Rahmen einer Sicherstellung oder Ingewahrsamnahme) fordern sie sogar das Vorliegen einer besonderen Gefahr. Zu nennen sind die *gegenwärtige Gefahr*, die *erhebliche Gefahr*, die *Gefahr für Leib und Leben*, die *dringende Gefahr* und die *Gefahr im Verzug*. Des Weiteren unterscheiden die Polizeigesetze die abstrakte von der konkreten Gefahr. Um eine gleichmäßige Rechtsanwendung – jedenfalls im Ansatz – zu ermöglichen, haben einige Gesetzgeber daher die meisten Gefahrbegriffe in den Polizeigesetzen legaldefiniert.

a.) „Einfache" Gefahr

659 Unter einer **Gefahr** versteht man eine Sachlage, bei der im einzelnen Fall die hinreichende Wahrscheinlichkeit besteht, dass in absehbarer Zeit ein *Schaden* für eines der Schutzgüter der öffentlichen Sicherheit eintreten wird.[560]

660 Wenn dabei von „Gefahr im einzelnen Fall" gesprochen wird, ist damit die **konkrete** und objektiv bestehende Gefahr gemeint. Handelt es sich hingegen um eine allgemeine Sachlage oder ein allgemeines Verhalten, liegt **abstrakte Gefahr** vor.

661 Der einzelne Fall ist ein räumlich-zeitlich bestimmter Fall. Um eine allgemeine Sachlage oder ein allgemeines Verhalten handelt es sich, wenn eine Vielzahl räumlich-zeitlich bestimmter Fälle besteht.[561]

Beispiele[562]:

(1) Hat ein bestimmter Hund Tollwut, gefährden seine tödlichen Bisse eine bestimmte Person oder auch jeden, der in der nächsten Zeit an dem bestimmten Ort, an dem der Hund sich aufhält, vorbeikommt. In diesem Fall liegt eine **konkrete Gefahr** vor, denn die statistische Wahrscheinlichkeit, dass von einem infizierten Hund gebissene Hunde oder auch Menschen keine Tollwut bekommen, ist so gering, dass von einer lediglich abstrakten Gefahr nicht die Rede sein kann.

(2) In einer bestimmten Gegend kann in einem bestimmten Jahr der Sommer so heiß und trocken sein, dass nicht erst die weggeworfene Zigarette oder das weggeworfene Streichholz, sondern schon die weggeworfene Glasscherbe die **konkrete Gefahr** eines Waldbrands bewirken können. Denn die statistische Wahrscheinlichkeit

---

560 Vgl. nur die Legaldefinition in § 2 Nr. 3 a BremPolG, § 2 Nr. 1 a NdsSOG, § 3 Nr. 3a SachsAnhSOG und § 54 Nr. 3 a ThürOBG. Vgl. auch *Meister*, JA 2003, 83, 85.

561 Vgl. dazu BVerwGE 116, 347, 351; *Gusy*, POR, Rn 126; *Pieroth/Schlink/Kniesel*, POR, § 4 Rn 9; *Schenke*, POR, Rn 70.

562 Vgl. *Pieroth/Schlink/Kniesel*, POR, § 4 Rn 10.

sommerlicher Waldbrände und die bei Waldbränden drohenden Schädigungen sind hinreichend genug, um das Wegwerfen von Zigaretten im sommerlichen Wald als konkret gefährlich anzusehen, obwohl es im Sommer neben heißen und trockenen auch verregnete Tage geben kann.

(3) Werden einem bestimmten Pächter eines bestimmten Restaurants für den Fall, dass er kein Schutzgeld zahlt, von einer bestimmten Bande für die nächste Zeit Körperverletzungen oder das Verwüsten des Restaurants in Aussicht gestellt, liegt ebenfalls eine **konkrete Gefahr** vor.

(4) Dagegen begründen Veränderungen im kriminellen Milieu einer Stadt mit neuen Gesichtern und Gerüchten und der Zunahme von Prostitution und Glücksspiel die **abstrakte Gefahr**, dass organisierte Kriminalität sich einnisten wird und dass künftig Straftaten begangen und Strafverfolgungen erforderlich werden.

(5) Der Ort in den Bergen, der manchmal tagelang eingeschneit ist, impliziert die **abstrakte Gefahr**, dass Hilfe in Krankheitsfällen und bei Geburten zu spät kommen wird, wenn für die Erreichbarkeit der Hilfe nicht rechtzeitig durch die Vorbereitung von Funkverbindungen, Hubschraubertransporten etc. vorgesorgt wird.

Die Unterscheidung zwischen konkreter und abstrakter Gefahr richtet sich **nicht nach der Intensität** des drohenden oder möglichen Schadenseintritts. Denn die vorstehenden Beispiele haben gezeigt, dass es möglich ist, dass ein und dieselbe Sachlage oder ein und dasselbe Verhalten eine konkrete und eine abstrakte Gefahr, aber auch entweder nur eine konkrete oder nur eine abstrakte Gefahr in sich bergen können. Die Unterscheidung zwischen konkreter und abstrakter Gefahr richtet sich vielmehr nach der **unterschiedlichen Qualität**. **662**

Beispiele:

(1) Der nicht korrosionssichere Heizöltank des Hauseigentümers E ist konkret gefährlich. Nicht korrosionssichere Heizöltanks sind abstrakt gefährlich.

(2) Der Aufzug in der B-Halle ist, weil er keinen Fahrkorb hat, konkret gefährlich. Fahrkorblose Aufzüge sind abstrakt gefährlich.

Die Beispiele zeigen deutlich, dass konkrete und abstrakte Gefahr keine unterschiedlichen Steigerungsformen der Gefährlichkeit darstellen, sondern dass der Unterschied vielmehr im Sachverhalt und in der zu treffenden Maßnahme liegt. Zusammenfassend lässt sich feststellen: **663**

- ⇨ Eine konkrete Gefahr besteht im Einzelfall.
- ⇨ Eine abstrakte Gefahr besteht im typischen, gedanklich vorstellbaren Fall.

Damit wird die Parallele zu den Kriterien deutlich, die zur Abgrenzung zwischen dem Vorliegen eines Verwaltungsakts und einer Rechtsverordnung entwickelt wurden. **664**

Die **Unterscheidung** zwischen konkreter und abstrakter Gefahr ist deshalb wichtig, weil die konkrete und die abstrakte Gefahr unterschiedliche Rechtmäßigkeitsvoraussetzungen für unterschiedliches polizei- und ordnungsbehördliches Tätigwerden sind: Traditionell dürfen polizei- und ordnungsbehördliche Einzelmaßnahmen auch nur bei Gefahren im Einzelfall, d.h. bei **konkreten Gefahren**, ergriffen werden, während abstrakten Gefahren grundsätzlich nur mit Polizeiverordnungen begegnet werden darf. **665**

Bei bestimmten modernen Eingriffsbefugnissen ist der Polizei aber auch die Abwehr **abstrakter Gefahren** durch Einzelmaßnahmen möglich; diese Maßnahmen sind Maßnahmen der Verhütung künftiger Straftaten, der Vorbereitung auf künftige Strafverfolgung und der Vorbereitung künftiger Abwehr konkreter Gefahren. Man spricht von Maßnahmen der Gefahrenvorbeugung und -vorsorge oder auch von Vorfeldmaß- **666** nahmen oder Maßnahmen der Informationsgewinnung; die Maßnahmen wehren vorsorglich die abstrakte Gefahr von Straftaten und sonstige abstrakte Gefahren ab und sie liegen im heutigen Vorfeld zukünftiger konkreter Straftatenbekämpfung und sonstiger konkreter Gefahrenabwehr. Dabei beschränken die modernen Befugnisnormen die Vorsorge- oder Vorfeldmaßnahmen in der Weise, dass zur Vorbereitung auf künftige Straftatenverfolgung und auf künftige Gefahrenabwehr allein informationelle Maßnahmen und nur zur Verhütung von Straftaten auch aktionelle Maßnahmen getroffen werden dürfen.[563]

> **Beispiele:** Zu den modernen informationellen Vorfeld- oder Vorsorgemaßnahmen gehören einige Anlasstatbestände der Identitätsfeststellung, die Kontrollstelle, die Befragung, die Videoüberwachung, die Schleierfahndung, die planmäßige Beobachtung und der Einsatz technischer Mittel und verdeckter Ermittler; zu den modernen aktionellen Maßnahmen gehören das Aufenthaltsverbot und die Wohnungsverweisung.
>
> Ob und inwieweit für die genannten Maßnahmen eine konkrete Gefahr erforderlich ist oder eine abstrakte Gefahr bzw. ein Gefahrenverdacht ausreicht, ist den Ausführungen zu den jeweiligen Maßnahmen zu entnehmen.

667 Schließlich muss die Gefahr (i.S.d. Befugnisnormen) „**bestehen**". Eine Gefahr besteht nur dann, wenn der Eintritt eines Schadens **hinreichend wahrscheinlich** ist. Welcher Wahrscheinlichkeitsgrad im Einzelfall gefordert werden muss, hängt von der Größe des Schadens und der Wertigkeit des zu schützenden Rechtsguts ab. Je bedeutsamer das betreffende Rechtsgut ist, desto geringere Anforderungen sind an die Wahrscheinlichkeit des Schadenseintritts zu stellen. Die Rechtsprechung[564] lässt folgerichtig bei Maßnahmen zum Schutz von Leben oder Gesundheit wegen der überragenden Bedeutung dieser Schutzgüter bereits eine *entfernte* Wahrscheinlichkeit des Schadenseintritts genügen.

> **Beispiel:** Anschaulich wird diese Relation bei Demonstrationen bzw. Gegendemonstrationen, wenn in der Vergangenheit bereits die öffentliche Sicherheit verletzt wurde, sei es durch Sachbeschädigungen, Körperverletzungen oder durch schlichte Krawalle. Bei einer *Ex-ante*-Beurteilung ist daher in Fällen dieser Art regelmäßig die hinreichende Wahrscheinlichkeit eines erneuten Schadenseintritts gegeben.

668 Anders als viele Standardmaßnahmen stellt die Befugnisgeneralklausel keine besonderen Anforderungen an die zeitliche Nähe des Schadenseintritts. Der Schadenseintritt muss nur bereits im Zeitpunkt der Polizeiverfügung *hinreichend wahrscheinlich* sein. Demgegenüber erfordert z.B. die Ermächtigung zur Inanspruchnahme eines Nichtverantwortlichen eine *gegenwärtige erhebliche* Gefahr und der Sofortvollzug erfordert eine *drohende* Gefahr (vgl. z.B. § 6 II BundesVwVG).

b.) Gegenwärtige Gefahr

669 Im Vergleich zur „einfachen" Gefahr stellt die *gegenwärtige Gefahr* höhere Anforderungen an die zeitliche Nähe und den Grad der Wahrscheinlichkeit des Schadenseintritts.

In Anlehnung an die Legaldefinitionen einiger Polizeigesetze ist **gegenwärtige Gefahr** „eine Sachlage, bei der die Einwirkung des schädigenden Ereignisses bereits be-

[563] *Pieroth/Schlink/Kniesel*, POR, § 4 Rn 13, 13a.

[564] Stellvertretend KG NVwZ 2000, 468.

gonnen hat oder bei der diese Einwirkung unmittelbar oder in allernächster Zeit mit an Sicherheit grenzender Wahrscheinlichkeit bevorsteht".[565]

Eine gegenwärtige Gefahr wird z.B. bei den Standardmaßnahmen *Betreten und Durchsuchung von Wohnungen* oder *Sicherstellung* gefordert.

c.) Erhebliche Gefahr

Demgegenüber stellt die *erhebliche Gefahr* höhere Anforderungen an die Qualität der betroffenen Rechtsgüter. Auch sie ist in den meisten Polizeigesetzen legaldefiniert. 670

Erhebliche Gefahr bedeutet eine Gefahr für ein bedeutsames Rechtsgut wie der Bestand des Staates, das Leben, die Gesundheit, die Freiheit oder ein nicht unwesentlicher Vermögenswert.[566]

Eine erhebliche (und auch gegenwärtige) Gefahr wird wiederum bei der Standardmaßnahme *Betreten und Durchsuchung von Wohnungen* gefordert. Im Übrigen lässt die Formulierung „wie" erkennen, dass die Aufzählung der Schutzgüter nicht abschließend ist. Daher kommen auch andere Rechtsgüter wie z.B. die Ehre (siehe insb. die Tatbestände der Beleidigung und Nötigung), die sexuelle Selbstbestimmung und überhaupt die Willensentschließungsfreiheit jedenfalls insoweit als bedeutsames Rechtsgut in Betracht, wie sie strafrechtlich geschützt werden und den in den Polizeigesetzen genannten Rechtsgütern in ihrer Wertigkeit nicht wesentlich nachstehen. Freilich ist der Anwendungsbereich der Standardmaßnahme *Durchsuchung von Wohnungen* über die explizit genannten Schutzgüter gering, da i.d.R. bereits der Betretungs- bzw. Durchsuchungsgrund, so wie er in den Polizeigesetzen formuliert ist, greift.

d.) Gefahr für Leib oder Leben

Unter **Gefahr für Leib oder Leben** verstehen die Polizeigesetze eine Sachlage, bei der eine nicht nur leichte Körperverletzung oder der Tod einzutreten drohen. 671

Eine Gefahr für Leib oder Leben wird z.B. bei der Standardmaßnahme *Gewahrsam* gefordert. Eine (drohende) Körperverletzung ist nicht nur leicht, wenn eine schwere Beschädigung der Gesundheit oder eine schwere körperliche Misshandlung drohen. Die (bloße) Verwirklichung des § 223 StGB genügt daher nicht stets, um gefahrenabwehrrechtlich einzuschreiten. Auf der anderen Seite befugt eine (drohende) Verwirklichung des § 226 StGB wegen der gewichtigen Folgen, die die Tatbestandsverwirklichung fordert (insb. Verlust eines wichtigen Körpergliedes, des Sehvermögens auf einem oder beiden Augen, des Gehörs, der Sprache oder der Zeugungsfähigkeit; dauernde Entstellung in erheblicher Weise; Verfallen in Siechtum, Lähmung oder Geisteskrankheit), stets zum Einschreiten. Ob die (drohende) Verwirklichung des § 224 StGB zum Einschreiten befugt, ist demnach auf den ersten Blick zwar fraglich, sollte i.E. aber bejaht werden, weil die menschliche Gesundheit ein hohes Schutzgut darstellt, das bei einer Abwägung mit materiellen Rechtsgütern oder der persönlichen Freiheit stets den Vorrang genießt, es sei denn, es handelt sich lediglich um ein paar „blaue Flecken", eine „normale" Ohrfeige, das Ausreißen eines Büschels Haare oder vergleichbare Beeinträchtigungen. Hier ist die Güterabwägung kritischer durchzuführen.

---

[565] Vgl. nur die Legaldefinition in § 2 Nr. 3b BremPolG, § 2 Nr. 1 b NdsSOG, § 3 Nr. 3b SachsAnhSOG und § 54 Nr. 3b ThürOBG. Vgl. auch OVG Koblenz DVBl 1998, 101; *Meister*, JA 2003, 83, 86.

[566] Vgl. nur die Legaldefinition in § 2 Nr. 3 c BremPolG, § 2 Nr. 1c NdsSOG, § 3 Nr. 3c SachsAnhSOG und § 54 Nr. 3c ThürOBG. Vgl. auch *Meister*, JA 2003, 83, 85.

e.) Gemeine Gefahr

672 Der Begriff der *gemeinen Gefahr* ist vom Katalog der polizeigesetzlichen Legaldefinitionen nicht erfasst. Das braucht er auch nicht, weil die Polizeigesetze die gemeine Gefahr nicht in den Befugnisnormen verwenden. Eine gemeine Gefahr wird aber in Art. 13 VII Halbs. 1 GG für das Betreten von Wohnungen vorausgesetzt. Und weil diese Verfassungsbestimmung enger ist als die in den Polizeigesetzen formulierte Standardmaßnahme *Betreten und Durchsuchen von Wohnungen*, ist sie bei der Prüfung der Rechtmäßigkeit der Wohnungsbetretung stets zu berücksichtigen.

Nach allgemeiner Auffassung liegt eine **gemeine Gefahr** vor, wenn ein Schaden für eine unbestimmte Zahl von Personen oder erhebliche Sachwerte droht.[567]

f.) Dringende Gefahr

Auch die dringende Gefahr ist in den Polizeigesetzen nicht legaldefiniert.

673 Eine **dringende Gefahr** liegt vor, wenn ein besonders wichtiges Rechtsgut (z.B. ein Menschenleben) gefährdet ist.[568]

Eine dringende Gefahr ist etwa in Art. 13 VII Halbs. 2 GG genannt und muss daher vorliegen, um eine Wohnung betreten (und durchsuchen) zu dürfen. Als Faustformel lässt sich sagen:

dringend = gegenwärtig + erheblich

g.) Gefahr im Verzug

674 **Gefahr im Verzug** liegt (bei Wohnungsdurchsuchungen) vor, wenn die vorherige Einholung der richterlichen Anordnung den Erfolg der Durchsuchung gefährden würde.[569]

Das Vorliegen einer Gefahr im Verzug macht z.B. bei der Durchsuchung einer Wohnung die an sich erforderliche vorherige Einholung eines richterlichen Durchsuchungsbeschlusses entbehrlich (vgl. Art. 13 II GG). Nach der aktuellen Rspr. des BVerfG muss aber im Rahmen des Möglichen gewährleistet sein, dass die Regelzuständigkeit des Richters für die Durchsuchungsanordnung bestehen bleibt. Das Vorliegen von „Gefahr im Verzug" könne nicht durch Spekulationen begründet werden; es müssten vielmehr auf den Einzelfall bezogene Tatsachen vorliegen. Auch reiche die bloße Möglichkeit eines Beweismittelverlustes nicht aus. Die Voraussetzungen für die Eilzuständigkeit dürften nicht durch ein Abwarten seitens der Strafverfolgungsbehörde selbst herbeigeführt werden. Diese müsste regelmäßig zunächst versuchen, einen Richter zu erreichen. Die Gerichte wiederum müssten die Erreichbarkeit des diensthabenden Ermittlungsrichters gewährleisten.[570] Zu beachten ist allerdings, dass die Rspr. zur strafprozessualen Wohnungsdurchsuchung ergangen ist und nicht ohne weiteres auf das präventivpolizeiliche Betreten und Durchsuchen übertragen werden kann. Im Rahmen einer effektiven Gefahrenwehr muss die Annahme von Gefahr im Verzug eher möglich sein als im Rahmen der Strafverfolgung. Außerdem ergeben sich akute Gefahrensituationen zumeist gerade erst vor Ort und erfordern sofortiges Handeln. Außerhalb von

---

[567] *R. Schmidt*, BremPolG. Kommentar, 2006, § 2 Rn 48; *Schenke*, POR, Rn 78.

[568] BVerwGE 47, 31, 40; *R. Schmidt*, BremPolG. Kommentar, 2006, § 2 Rn 49; *Kunig*, in: v. Münch/Kunig, GG, Art. 13 Rn 67; dem sich anschließend *Harnisch/Pohlmann*, NVwZ 2009, 1328, 1329.

[569] So BVerfGE 103, 142, 150 ff. unter Bezugnahme auf BVerfGE 57, 91, 111; BVerwGE 28, 285, 291; vgl. auch *Kunig*, in: v. Münch/Kunig, GG, Art. 13 Rn 32.

[570] Vgl. BVerfGE 103, 142, 150 ff. (Durchsuchung der Wohnung eines Polizisten wegen Verdachts der Bestechlichkeit ohne vorherige richterliche Durchsuchungsanordnung). Vgl. dazu auch Rn 282/552/674.

Wohnungsdurchsuchungen sollte Gefahr im Verzug angenommen werden, wenn bei Unterlassung des sofortigen Einschreitens ein Schaden eintreten würde. Damit besteht eine nicht zu leugnende inhaltliche Nähe zur gegenwärtigen Gefahr.

h.) Latente Gefahr

In den Polizeigesetzen nicht genannt ist schließlich die sog. latente Gefahr.

Nach allgemeiner Auffassung liegt eine **latente Gefahr** vor, wenn zu der Beschaffenheit einer Sache selbst oder ihrer Lage im Raum noch weitere Umstände hinzutreten müssen, damit sie zur Gefahrenquelle wird.[571] 675

Beispiel: Seit Jahren betreibt S eine ordnungsgemäß genehmigte und errichtete Schweinemästerei kurz hinter der Grenze des unbeplanten Innenbereichs (§ 34 BauGB) zum Außenbereich (§ 35 BauGB). Da sich bislang in der Nähe keine Wohnbebauung befand, hat sich auch noch niemand über etwaige Geruchsbelästigungen beschwert. Im Zuge einer Ausdehnung der Wohnbebauung werden nun in der Nachbarschaft (aber noch innerhalb des unbeplanten Innenbereichs) Wohnhäuser errichtet, deren Bewohner durch die von der Schweinemästerei ausgehende Geruchsbelästigung in erheblichem Maße in ihrem körperlichen Wohlbefinden beeinträchtigt werden.

In Fällen dieser Art soll sich nach der h.M. der zunächst nur latent bestehende Gefahrzustand durch das Heranrücken der Wohnbebauung aktualisiert haben, sodass nunmehr gegenüber dem Schweinemäster – soweit es sich nicht um eine nach § 4 BImSchG i.V.m. § 2 I S. 1 Nr. 1a der 4. BImSchVO (Anhang 7.1) genehmigungspflichtige Anlage handelt[572] – gem. § 17 BImSchG nachträgliche Anordnungen erlassen werden können, um die Erfüllung umweltrechtlicher Vorgaben zu gewährleisten. Auch kann der weitere Betrieb der Schweinemästerei gem. § 25 II BImSchG entschädigungslos untersagt werden. Eine entschädigungspflichtige Enteignung gem. Art. 14 III GG liege deshalb nicht vor, weil der Schweinemäster hier nur in die ohnehin gemäß der Sozialbindung des Eigentums bestehende Grenze seines Rechts verwiesen werde. Diese Auffassung ist nicht haltbar. Zwar dürfte es zu weit gehen, die Untersagung des weiteren Betriebs als (entschädigungspflichtige) Enteignung anzusehen. Soweit der Schweinemäster aber durch Zusagen oder andere Äußerungen darauf vertrauen durfte, dass sich in absehbarer Zeit die Rahmenbedingungen für seinen Betrieb nicht verändern würde, besteht ein gewisser, auf Art. 14 I S. 1 GG basierender Vertrauensschutz. Sofern dies anzunehmen ist, darf der Schweinemäster nicht als Störer in Anspruch genommen werden. In den überwiegenden Fällen wird der Inhaber eines immittierenden Betriebs aufgrund der Situationsgebundenheit des Eigentumsschutzes aber nicht auf Dauer mit der Freihaltung der näheren Umgebung von der Wohnbebauung rechnen können, sodass er auf Beseitigung der Störung (das BImSchG spricht von „schädlichen Umwelteinwirkungen") in Anspruch genommen werden kann. Jedoch wird hier häufig in analoger Anwendung des § 21 IV BImSchG[573] ein auf den Ersatz des Vertrauensschadens gerichteter (nicht aus Art. 14 III GG ableitbarer) Anspruch bestehen. Der Schweinemäster durfte daher zwar nicht auf den Fortbestand seines Betriebs vertrauen, wohl aber darauf, nicht entschädigungslos der Wohnbebauung weichen zu müssen.[574]

---

[571] *R. Schmidt*, BremPolG. Kommentar, 2006, § 2 Rn 51; *Schenke*, POR, Rn 79 i.V.m. 249.

[572] Hier ist § 21 BImSchG einschlägig, der allerdings bei einem ausnahmsweise enteignenden Widerruf wegen der dort vorgesehenen Begrenzung des Entschädigungsanspruchs auf den Vertrauensschaden im Hinblick auf Art. 14 III GG Bedenken hervorruft (vgl. *Schenke*, POR, Rn 249).

[573] Dagegen kommt ein Entschädigungsanspruch aus § 42 BauGB nicht in Betracht, da diese Vorschrift lediglich die aus einer Nutzungsaufhebung oder -änderung eines Grundstücks resultierende Nutzungsminderung dieses Grundstücks zum Gegenstand hat, nicht hingegen die Wertminderung eines Nachbargrundstücks (*Schenke*, POR, Rn 249 f.).

[574] *Schenke*, POR, Rn 249. Ähnlich dürfte der Fall zu entscheiden sein, in dem eine Person seit Jahrzehnten an einer Bundesstraße eine ordnungsgemäß genehmigte und errichtete Tankstelle betreibt. Sollte sich aufgrund des extrem gesteigerten Verkehrsaufkommens auf der Bundesstraße durch das Ein- und Ausfahren im Bereich der Tankstelle eine Gefahr für die Sicherheit und Leichtigkeit des Straßenverkehrs ergeben, wird der Tankstel-

676 Zu beachten ist jedoch, dass die Fälle der latenten Gefahr aufgrund ihrer „Aufschiebbarkeit" nur im Zuständigkeitsbereich der Ordnungsbehörden (insbesondere der Umweltbehörden) relevant werden können, denn der Polizeivollzugsdienst ist – wie gezeigt – nur in „unaufschiebbaren" Fällen zuständig (sog. Eilfallkompetenz). Daraus folgt: Der Polizeivollzugsdienst kann terminologisch nicht zur Abwehr einer latenten Gefahr zuständig sein. Die Veränderung der Umwelt kann nicht so schnell erfolgen, dass es den anderen Ordnungs- und Fachplanungsbehörden nicht möglich gewesen wäre, die Gefahr abzuwehren.

bb. Störung und Schaden

a.) Störung als realisierte Gefahr

677 Abzugrenzen ist die Gefahr von der **Störung**. Bei ihrem Vorliegen hat sich die Gefahr bereits realisiert. Im Grundsatz lässt sich daher sagen: Die Gefahrenabwehr tritt *präventiv* einem möglichen Schaden entgegen. Eine eingetretene Störung wird *repressiv* beseitigt. Dennoch gehört auch die *Störungs*beseitigung zur Gefahrenabwehr, soweit von der eingetretenen Sachlage weiterhin eine in die *Zukunft wirkende Gefährdung* ausgeht.[575]

> **Beispiel:** A parkt seinen Wagen vor einer Feuerwehrausfahrt. Der gerade vorbeikommende Polizist fordert A auf, das Fahrzeug sofort umzusetzen.
>
> In diesem Fall hat A bereits gegen eine Vorschrift der objektiven Rechtsordnung verstoßen, namentlich gegen § 12 I Nr. 8 StVO. Die mit dem Zuparken einer Feuerwehrausfahrt verbundene Gefahr hat sich damit realisiert. Soweit die Rechtsgutverletzung aber noch andauert und mit (weiteren) Gefahren zu rechnen ist (etwa dergestalt, dass die Feuerwehr nicht rechtzeitig zum Einsatzort gelangen kann), ermächtigt das Polizeirecht auch dann zur Abwehr von Störungen, wenn in der einschlägigen Befugnisnorm ausdrücklich nur die Gefahr erwähnt ist. A muss das Umsetzungsgebot beachten.

b.) Schaden

678 **Schaden** bedeutet die objektive Minderung des vorhandenen Bestands an den durch die Generalklausel geschützten Gütern.

Von einer Minderung im dargelegten Sinn kann aber erst gesprochen werden, wenn die (zu erwartende) Beeinträchtigung einen bestimmten Intensitätsgrad erreicht. Eine bloße Belästigung, Unbequemlichkeit oder Geschmacklosigkeit reicht für einen polizeilichen Eingriff nach der Generalklausel nicht aus.[576]

cc. Gefahrenlagen

a.) Objektive Gefahrenlage

679 Das Einschreiten zur Gefahrenabwehr setzt grundsätzlich eine **objektiv bestehende Gefahrensituation** voraus (siehe bereits Rn 657). Bei objektiver Betrachtung *ex ante* muss i.S.d. Begriffsbestimmung einer Gefahr die Wahrscheinlichkeit des Schadensein-

---

lenbetreiber zum „Störer" (so *Schenke*, POR, Rn 250; *Knemeyer*, POR, Rn 327; anders OVG Lüneburg OVGE 12, 396: kein Störer; *Götz*, POR, § 9 Rn 37: Zweckveranlasser), sodass ihm der weitere Betrieb der Tankstelle untersagt werden kann. Aber auch hier dürfte ein Entschädigungsanspruch – diesmal in analoger Anwendung der Vorschriften über die Entschädigung beim Widerruf von Baugenehmigungen – in Frage kommen.

[575] Vgl. in diesem Sinn auch die Begründung zu § 8 Abs. 1 MEPolG (Befugnisgeneralklausel), wonach zur Abwehr einer Gefahr auch die Beseitigung einer bereits eingetretenen Störung gehört. Eine Störung sei nämlich unter dem Gesichtspunkt präventiven Handelns der Polizei nur dann relevant, wenn von ihr eine in die Zukunft wirkende Gefährdung ausgehe. Dann aber liege eine Gefahr vor, sodass die Beseitigung einer bereits eingetretenen Störung nicht besonders erwähnt werden müsse.

[576] Demgegenüber schützt z.B. § 3 I BImSchG auch vor „erheblichen Belästigungen".

tritts bejaht werden können. Dabei braucht die Polizei nicht zu warten, bis sich die Gefahrenlage bis zum Äußersten zuspitzt, bevor sie eingreift. Denn soll Gefahrenabwehr effektiv sein, darf sie nicht zu spät einsetzen. Der vorgefundene Sachverhalt muss aber fehlerfrei gewürdigt werden und zu einer zutreffenden Einschätzung führen.

Beispiel: S ist Halter eines Rottweilers. Der Hund hat bereits mehrfach andere Hunde gebissen und auch Menschen angegriffen. Als sich die zuständige Behörde einschaltet, beruft S sich auf die Aussagen von Zeugen, die dem Tier im Umgang mit ihnen ein friedliches Wesen bescheinigen. Gleichwohl verfügt die zuständige Ordnungsbehörde einen Maulkorb- und Leinenzwang für das Tier.

Hatte die Behörde die begründete Befürchtung einer Schadensverwirklichung, ist dies rechtlich nicht zu beanstanden. Denn ausgehend von der Faktenlage aus der Vergangenheit konnte nach der Lebenserfahrung mit einem entsprechenden Verhalten des Hundes gerechnet werden. Da es außerdem um das Schutzgut *körperliche Unversehrtheit* (Art. 2 II S. 1 GG) ging, durfte die Behörde im Rahmen ihrer Prognose sogar eine entfernte Wahrscheinlichkeit des Schadenseintritts ausreichen lassen.

b.) Subjektive Gefahrenlage (Anscheinsgefahr; Scheingefahr)

In der Praxis und in Prüfungen kommen nicht selten Fälle vor, in denen die Umstände auf eine Gefahrsituation hindeuten, sodass eine Gefahr für ein Schutzgut angenommen wird, obgleich die Lage **objektiv ungefährlich** ist. Das Tatsachenbild des entscheidenden Amtswalters bzw. Polizeibeamten ist also objektiv unzutreffend. Dies ist ihm allerdings nicht bewusst. Von dieser Prämisse ausgehend ergeben sich folgende Gefahrenlagen: 680

aa.) Anscheinsgefahr

Das Einschreiten zur Gefahrenabwehr setzt grundsätzlich eine **objektiv bestehende Gefahrensituation** voraus. Da eine solche definitiv erst nach dem Einschreiten bzw. bei Gefahrverwirklichung (d.h. bei Störungseintritt) festgestellt werden kann, die Polizei jedoch zur Verhinderung einer Störung tätig werden muss, braucht sie folgerichtig nicht zu warten, bis sich die Gefahrenlage bis zum Äußersten zuspitzt, bevor sie eingreift. Der Sachverhalt muss lediglich fehlerfrei gewürdigt werden und zu einer zutreffenden Einschätzung führen. Maßgeblich ist somit eine objektive Betrachtung eines **gewissenhaften, besonnenen und sachkundigen** Polizeibeamten *ex ante*: Stellt sich aus dieser Perspektive nachträglich heraus, dass eine Gefahrensituation nicht bestand, ändert dies nichts an der Rechtmäßigkeit des Einsatzes. Man spricht in diesem Zusammenhang von einer Anscheinsgefahr. 681

Unter einer **Anscheinsgefahr** versteht man eine Sachlage, bei der die Gefahrenabwehrbehörde im Zeitpunkt ihres Handelns bei verständiger Würdigung der objektiven Anhaltspunkte eine Gefahrenlage annehmen durfte, obgleich sich nachträglich herausstellt, dass eine Gefahr in Wirklichkeit nicht vorlag.[577] 682

Obwohl letztlich keine wirkliche Gefahr besteht, ist nach h.M. die Anscheinsgefahr gefahrenabwehrrechtlich (d.h. auf der Primärebene) der **objektiven Gefahrenlage gleichgestellt**. Der maßgebliche Rechtsgrund für die Gleichstellung mit der objektiven Gefahrenlage liege in der genannten *Ex-ante*-Sicht der Gefahrenbeurteilung und in der Funktion des Gefahrenabwehrrechts, das eine wirksame Unterbindung des Geschehensablaufs verlange und die Behörden nicht etwa zu tatenlosem Zusehen verpflichte, bis es zur Vermeidung des Schadens zu spät sei. Daher ergäben sich auch 683

[577] VGH Mannheim BWVBl 2005, 231, 232; *R. Schmidt*, BremPolG. Kommentar, 2006, § 2 Rn 57 f. Vgl. nun auch *Durner*, JA 2009, 911, 912.

keine Einschränkungen. Aufgrund der Gleichstellung mit der objektiven Gefahrenlage seien die Behörden *nicht* darauf beschränkt, bspw. lediglich Maßnahmen zur Aufklärung des Sachverhalts (sog. Gefahrerforschungseingriffe wie beim Vorliegen eines Gefahrenverdachts, s.u.) zu ergreifen. Sie könnten wie bei der objektiven Gefahrenlage Gefahrenabwehrmaßnahmen ergreifen.[578]

Beispiel: Über Funk bekamen die Polizeivollzugsbeamten A und B die Information, ein Mieter eines mehrere Wohnungen umfassenden Mietshauses in der Hamburger Straße habe bei der Wache angerufen und lautstarkes Geschrei sowie Gepolter in der über ihm gelegenen Wohnung gemeldet. Er sei der Auffassung, dass dort wieder einmal körperliche Übergriffe des stets betrunkenen Ehemanns auf seine Frau stattfänden. Daraufhin begaben sich A und B zu der Wohnung. Sie klopften mehrmals an die Tür und forderten die in der Wohnung vermuteten Personen auf, die Tür zu öffnen. Als diese nicht geöffnet wurde und sich im Übrigen das Geschrei noch verstärkte, waren A und B der Auffassung, keine Sekunde länger warten zu dürfen, um ein Unglück noch verhindern zu können. Sie traten die Tür ein und gingen in die Wohnung. Dort trafen sie auf den Mann M, der offenbar völlig betrunken vor dem laufenden Fernseher eingeschlafen war. Im Fernsehen lief gerade ein Milieudrama. Die Lautstärke des Fernsehgeräts hatte M zuvor hochgedreht, da die Batterien seines Hörgeräts leer waren. M´s Frau war nicht zu Hause; sie hatte gerade Dienst an der Kasse im nahe gelegenen Supermarkt. Das vom Nachbarn gemeldete Gepolter rührte offenbar vom Lampenständer, den M im Delirium umgestoßen hatte.

Die Aufforderung, die Tür zu öffnen, könnte sich auf die polizeiliche Befugnisgeneralklausel gestützt haben. Jedoch bedarf es einer Rechtfertigung nur dann, wenn ein (Grund-) Rechtseingriff vorliegt. Daran fehlt es vorliegend. M schlief. Er bekam das Klopfen an der Tür und die Aufforderung, diese zu öffnen, nicht mit. Er war nicht beschwert und konnte diesbezüglich daher auch nicht in seinen Grundrechten beeinträchtigt sein.

Die Aufforderung, die Tür zu öffnen, könnte aber beim Eintreten der Tür relevant werden. Diese Art der Gewalteinwirkung war eine Form des unmittelbaren Zwangs und griff in Art. 14 I GG ein. Als Rechtsgrundlage kommen die Vorschriften des unmittelbaren Zwangs im sog. gestreckten Verwaltungszwangsverfahren in Betracht.

Der Zwang im gestreckten Verfahren (auf Bundesebene vgl. § 6 I VwVG) setzt eine vollstreckbare Grundverfügung voraus. Daran könnte es vorliegend fehlen, weil die Aufforderung der Beamten, die Tür zu öffnen, von M nicht wahrgenommen wurde, ein Verwaltungsakt zu seiner Wirksamkeit jedoch der Bekanntgabe bedarf (§ 43 I S. 1 VwVfG). Der Begriff der Bekanntgabe ist gesetzlich nicht bestimmt. Es ist jedoch gesicherte Rechtsauffassung, dass die Bekanntgabe eines Verwaltungsakts Zugang desselben voraussetzt. Der Begriff des Zugangs von Verwaltungsakten orientiert sich wiederum an dem Begriff des Zugangs von Willenserklärungen nach bürgerlichem Recht.[579] Danach wird eine empfangsbedürftige Willenserklärung nicht bereits mit ihrer Abgabe, sondern gem. § 130 I S. 1 BGB erst dann wirksam, wenn sie dem (abwesenden) Erklärungsempfänger zugeht. Eine Erläuterung, was unter „Zugang" zu verstehen ist, enthält aber auch das BGB nicht. Aus seiner Entstehungsgeschichte wird nur so viel deutlich, dass für das Wirksamwerden der Erklärung weder die bloße Entäußerung seitens des Erklärenden ausreicht noch die tatsächliche Kenntnisnahme durch den Adressaten erforderlich sein soll. Daher wird man einen Mittelweg gehen und fordern müssen, dass die Verantwortlichkeiten und Risiken bei der Übermittlung von Willenserklärungen sachgerecht zwischen Absender und Empfänger verteilt werden müssen: Der *Absender* muss die Erklärung dem Empfänger derart nahebringen, dass dieser sie unter normalen Umständen

[578] Vgl. VGH Mannheim BWVBl 2005, 231, 232; *Puttler*, JA 2001, 669, 674; *Poscher*, NVwZ 2001, 141, 143; *Jahn*, JA 2000, 79, 83; *Schlink*, Jura 1999, 169; *Schenke*, POR, Rn 80 ff.
[579] *Kopp/Ramsauer*, VwVfG, § 41 Rn 7 c; *Maurer*, AllgVerwR, § 9 Rn 69.

zur Kenntnis nehmen kann. Es ist dann Sache des *Empfängers*, die ihm gebotene Möglichkeit der Kenntnisnahme auch zu nutzen. Dementsprechend ist eine Erklärung zugegangen, wenn sie derart in den Machtbereich (Herrschaftsbereich) des Adressaten gelangt ist, dass dieser unter normalen Umständen die Möglichkeit hat, von ihr Kenntnis zu nehmen.[580] Auf eine tatsächliche Kenntnisnahme kommt es nicht an.

Das Klopfen an die Tür und die Aufforderung, diese zu öffnen, waren in den Machtbereich des M gelangt. Unter normalen Umständen hatte er auch die Möglichkeit, von der Aufforderung Kenntnis zu nehmen. Dass M in der konkreten Situation nicht in der Lage war, die Aufforderung zur Kenntnis zu nehmen, lag außerhalb der „normalen" Umstände.

Dieser Befund entspricht auch der Rspr. des BVerwG zu den Verkehrszeichen. Das Gericht hat entschieden, dass die Bekanntgabe von Verkehrszeichen allein durch deren Aufstellung dergestalt erfolge, dass ein durchschnittlicher Verkehrsteilnehmer Kenntnis nehmen könne. Auf die tatsächliche Kenntnisnahme komme es nicht an.[581]

Dass es sich bei M um eine anwesende, nicht um eine abwesende Person handelte, ändert an diesem Ergebnis nichts. Denn entsprechend dem Gedanken des Zugangs von Willenserklärungen unter Abwesenden genügt es auch für das Wirksamwerden von Willenserklärungen unter Anwesenden, wenn für den Erklärenden vernünftigerweise keine Zweifel bestehen konnten, dass seine Erklärung richtig und vollständig vernommen wurde. Im Interesse einer effektiven – und objektiv erforderlichen – Gefahrenabwehr muss demjenigen, der besondere, dem Erklärenden nicht erkennbare, Schwierigkeiten mit der Vernehmung hat, im Rahmen des Übermittlungskontakts eine gewisse Mitverantwortung für den Verständigungsvorgang zugemutet werden. Nach dieser im Zivilrecht ganz herrschenden und auf den Zugang von Verwaltungsakten übertragbaren sog. eingeschränkten Vernehmungstheorie ist der Zugang einer mündlichen Erklärung daher dann anzunehmen, wenn der Erklärende nach den für ihn erkennbaren Umständen davon ausgehen durfte, dass der Empfänger die Erklärung richtig und vollständig verstanden hat, auch wenn dies tatsächlich nicht der Fall war.

Wurde demnach die Aufforderung, die Tür zu öffnen, bekannt gegeben, konnte sie als vollstreckbare Grundverfügung für den unmittelbaren Zwang fungieren.[582]

Fraglich ist jedoch, ob eine Gefahr vorlag. Immerhin hat sich im Nachhinein herausgestellt, dass eine objektive Gefahrenlage nicht vorlag und dass die Annahme einer Gefahr damit objektiv unzutreffend war. Dies war A und B allerdings nicht bewusst. Bei verständiger Würdigung der objektiven Anhaltspunkte durften sie allerdings im Zeitpunkt ihres Handelns eine Gefahrenlage annehmen.[583] Gefahrenabwehrrechtlich (d.h. auf der Primärebene) ist diese sog. Anscheinsgefahr der objektiven Gefahrenlage gleichgestellt, denn obwohl ein Wahrscheinlichkeitsurteil subjektive Elemente aufweist, ist die Prognose dahingehend objektiviert, dass es auf die Einschätzung eines gewissenhaften, besonnenen und sachkundigen Amtswalters ankommt.[584] Der maßgebliche Rechtsgrund für die Gleichstellung mit der objektiven Gefahrenlage liegt in der Ex-ante-Sicht der Gefahrenbeurteilung und in der Funktion des Gefahrenabwehrrechts, das eine wirksame Unterbindung des Geschehensablaufs verlangt und die Behörden nicht etwa auf tatenloses Zusehen verpflichtet, bis es zur Vermeidung des Schadens zu spät ist. Daher ergibt sich auch keine begrenzte Befugnis: Aufgrund dieser gefahrenabwehrrechtlichen Zuordnung sind die Behörden nicht darauf beschränkt, bspw. lediglich Maßnahmen zur

---

[580] *Kopp/Ramsauer*, VwVfG, § 41 Rn 7c; *Maurer*, AllgVerwR, § 9 Rn 69. Aus dem Zivilrecht vgl. BGH NJW 2004, 1320 f.; BGHZ 137, 205, 208; *Lettl*, JA 2003, 948, 950; *Köhler*, BGB AT, § 6 Rn 13; *Medicus*, BGB AT, Rn 274; *R. Schmidt*, BGB AT, 8. Aufl. 2012, Rn 333.

[581] BVerwGE 112, 316, 318 ff.

[582] Dasselbe hätte gegolten, wenn M überhaupt nicht zu Hause gewesen wäre. Auch hier wäre der Zugang fingiert worden, weil zugunsten einer effektiven Gefahrenabwehr ein objektiver Maßstab zugrunde zu legen ist.

[583] Vgl. *Puttler*, JA 2001, 669, 674; *Poscher*, NVwZ 2001, 141, 143; *Jahn*, JA 2000, 79, 83.

[584] Vgl. *Schlink*, Jura 1999, 169; *Jahn*, JA 2000, 79, 83; *Schenke*, POR, Rn 80 ff.

Aufklärung des Sachverhalts (sog. Gefahrerforschungseingriffe wie beim Vorliegen eines Gefahrenverdachts) zu ergreifen. Sie können wie bei der objektiven Gefahrenlage Gefahrenabwehrmaßnahmen ergreifen.[585] M war danach als Anscheinsstörer richtiger Adressat der Maßnahmen.[586]

684 Die Unterscheidung der Anscheinsgefahr von der objektiven Gefahrenlage (und schließlich auch vom Gefahrenverdacht, vgl. dazu sogleich Rn 685) ist nicht zwingend. *Götz*[587] will auf die Figur der Anscheinsgefahr vollständig verzichten. Fallanalysen ergäben, dass die jeweilige Situation befriedigend entweder als Gefahrenverdacht oder als „echte" Gefahr qualifiziert werden könne. Bei isolierter Betrachtung der Primärebene (Gefahrenabwehr) kann dem sicherlich zugestimmt werden. Allerdings steht der Terminus „Anscheinsgefahr" nicht allein dafür, dass die Verwaltung eine bestimmte Situation *ex ante* als gefährlich einstufen durfte, sondern er beinhaltet darüber hinaus die Information, dass - im Unterschied zur objektiven Gefahr - *ex post* feststeht, dass in Wirklichkeit keine Gefahr vorhanden war. Diesen Umstand übersieht *Götz*. Er ist aber wichtig für die Beurteilung entschädigungsrechtlicher Fragen, die nicht notwendigerweise mit der gefahrenabwehrrechtlichen Einschätzung identisch ist. Daher ist die Anscheinsgefahr rechtsdogmatisch sehr wohl von der objektiven Gefahrenlage zu unterscheiden, auch wenn Anscheinsgefahr und objektive Gefahrenlage gefahrenabwehrrechtlich gleichgestellt sind.

685 Die gefahrenabwehrrechtliche Gleichstellung der Anscheinsgefahr mit der objektiven Gefahrenlage ist mit Blick auf eine effektive Gefahrenabwehr zumindest dann nachvollziehbar, wenn der in Anspruch Genommene selbst den vermeintlichen Gefahrenzustand hervorgerufen hat. Beruht der Anschein einer Gefahr aber auf Fehlern in der behördlichen Informationsgewinnung, stellt sich die Frage, ob dieser Fehler noch zulasten des Bürgers gehen kann.

Beispiel[588]: O wurde wegen verschiedener Delikte (u.a. wegen illegalen Sprengstoffbesitzes) in die zentrale Fahndungsdatei INPOL (dazu Rn 362 ff.) eingetragen. Später stellte ein Gericht die Rechtswidrigkeit der Eintragung fest. Doch die Polizeidienststelle, die für die Datenpflege zuständig war, löschte die Daten des O nicht aus der Datei. Einige Monate später wurde O von der Polizei gefahrenabwehrrechtlich in Anspruch genommen, indem man seine Wohnung durchsuchte. Dabei stützte die Polizei ihre Maßnahmen maßgeblich auf Erkenntnisse, die sie aus dem INPOL gewonnen hatte.

In diesem Fall ist klar, dass O die Gefahr nicht verursacht hat. Stellt man auf die Sicht der konkret handelnden Beamten ab, war die Wohnungsdurchsuchung gleichwohl rechtmäßig. Denn diese durften aufgrund der ihnen vorliegenden Anhaltspunkte vom Vorliegen einer objektiven Gefahrensituation ausgehen (Fall der Anscheinsgefahr). Stellt man aber auf die Sicht der Polizei als Gesamtheit ab, ist die Annahme einer Anscheinsgefahr fraglich. Denn dann hat die Polizei durch die Nichtlöschung fehlerhafter Daten selbst den Anschein einer Gefahr gesetzt. Dann handelte es sich um eine irrige Annahme einer Gefahr, wobei die Fehleinschätzung auf einer unvertretbaren und damit pflichtwidrigen Einschätzung der Situation beruhte (sog. Schein- oder Putativgefahr, da-

---

[585] Die Gefahrenabwehrmaßnahme wird also nicht dadurch rechtswidrig, dass sich später (gerichtlich) herausstellt, dass objektiv keine Gefahr vorgelegen hat. Vgl. dazu auch BVerfGE 103, 142, 150 ff. (Durchsuchung der Wohnung eines Polizisten wegen Verdachts der Bestechlichkeit ohne vorherige richterliche Durchsuchungsanordnung).

[586] In der Fallbearbeitung müssen die genannten Maßnahmen selbstverständlich ausführlich geprüft werden. Insbesondere wegen des hohen Schutzguts *Unverletzlichkeit der Wohnung* (Art. 13 I GG) bedarf die Polizei beim Betreten einer Wohnung besonderer Rechtfertigungsgründe, die vorliegend jedoch gegeben waren. Vgl. dazu im Einzelnen Rn 510 ff.

[587] *Götz*, POR, § 7 Rn 39.

[588] In Anlehnung an VGH Mannheim BWVBl 2005, 231 f.

zu sogleich Rn 687 ff.) mit dem Ergebnis, dass die Wohnungsdurchsuchung rechtswidrig war.

Der VGH Mannheim hat auf die Sicht der handelnden Beamten abgestellt und eine Anscheinsgefahr angenommen, die zum Einschreiten berechtigt habe. Dass eine andere Polizeieinheit es pflichtwidrig versäumt habe, die fehlerhaften Daten zu löschen, könne nicht den handelnden Beamten zur Last gelegt werden.[589]

Bewertung: Die Auffassung des VGH ist bedenklich. Denn die Entscheidung bedeutet, dass der Bürger das Risiko eines fehlerhaften Informationsprozesses zwischen den Polizeibehörden zu tragen hat. Eine solche Annahme kann vor dem Rechtsstaatsprinzip keinen Bestand haben.

Sofern Polizeimaßnahmen in Grundrechte eingreifen, kann der betroffene Bürger vom Staat verlangen, nicht in Anspruch genommen zu werden, wenn *die Polizei selbst* den Anschein einer Gefahr verursacht hat. Die entgegenstehende Entscheidung des VGH Mannheim ist mit dem Rechtsstaatsprinzip nicht vereinbar.

Unabhängig von dieser Problematik stellt sich die Frage, ob derjenige, der rechtmäßig als Anscheinsstörer in Anspruch genommen wurde, wenigstens einen **Entschädigungsanspruch** hat. Die Vorschriften der Polizeigesetze kennen nur eine Entschädigung für den sog. Nichtstörer bzw. für jemanden, der durch eine rechtswidrige Maßnahme der Polizei einen Schaden erleidet, nicht aber für den Anscheinsstörer (vgl. Rn 776 ff.). Da aber auch bei der Anscheinsgefahr in Wirklichkeit keine Gefahr besteht und auch der Anscheinsstörer daher (zumindest kostenrechtlich) kein Störer sein kann, ist anerkannt, die Vorschriften über die Entschädigung eines Nichtstörers analog auf den Anscheinsstörer anzuwenden.[590] Ein Entschädigungsanspruch ist aber eingeschränkt, wenn der Anscheinsstörer den Anschein einer Gefahr schuldhaft und zurechenbar (mit-)verursacht hat. Je nach Umfang der Schwere der Mitverursachung kann es sogar zu einem völligen **Ausschluss der Entschädigung** kommen. **686**

bb.) Putativgefahr (Scheingefahr)

Wie bereits dargestellt, zweifelt die Behörde bei der *Anscheinsgefahr* aufgrund der objektiven Anhaltspunkte nicht an einer Gefahr, obwohl diese objektiv nicht besteht; **man hält das Vorhandensein einer Gefahr in vertretbarer Weise also für sicher**. Damit ist die Anscheinsgefahr von der sog. *Putativgefahr* abzugrenzen, bei der zwar ebenfalls keine objektive Gefahrenlage besteht, der handelnde Beamte aber eine Gefahrsituation annimmt, **ohne dass dafür hinreichende Anhaltspunkte vorhanden sind**. Gemeinsam ist Anscheinsgefahr und Putativgefahr somit die objektiv nicht vorhandene Gefahrenlage. Während die Anscheinsgefahr aber die sachgerechte und sorgfältige Sachverhaltswürdigung zur Grundlage hat, beruht die Putativgefahr auf einer **irrigen, nicht vertretbaren und damit pflichtwidrigen** Einschätzung der Situation. Die bloße Scheingefahr kann daher der echten Gefahrenlage **nicht** gleichgestellt werden und berechtigt somit **nicht** zu Gefahrenabwehrmaßnahmen.[591] Gleichwohl getroffene Gefahrenabwehrmaßnahmen sind rechtswidrig. Dem Betroffenen stehen Entschädigungsansprüche zu (vgl. Rn 1013 ff.). Für die Fallbearbeitung bietet sich folgende Subsumtionsgrundlage an: **687**

Unter **Putativgefahr (Scheingefahr)** versteht man die irrige Annahme einer Gefahr, wobei die Fehleinschätzung auf einer unvertretbaren und damit pflichtwidrigen Einschätzung der Situation beruht. **688**

---

[589] VGH Mannheim BWVBl 2005, 231, 232 ff.
[590] Vgl. etwa *Schlink*, Jura 1999, 169; *Wernsmann*, JuS 2002, 582, 584.
[591] Vgl. *R. Schmidt*, BremPolG. Kommentar, 2006, § 2 Rn 62; *Jahn*, JA 2000, 79, 83.

cc.) Gefahrenverdacht (Verdachtsgefahr)

689 Bei der *Anscheinsgefahr* wurde gesagt, dass diese vorliege, wenn der Beamte irrig, aber bei verständiger Würdigung der Sachlage und damit in vertretbarer Weise davon ausgeht, es liege eine objektive Gefahrenlage vor. Daher konnte bei Rn 681 ff. die Feststellung getroffen werden, dass die Anscheinsgefahr der objektiven Gefahrenlage gleichzusetzen sei und die Polizei die Befugnis habe, Gefahrenabwehrmaßnahmen zu ergreifen. Demgegenüber ist im Fall des *Gefahrenverdachts* aufgrund einer unklaren Diagnose des Sachverhalts und/oder aufgrund einer unsicheren Prognose des weiteren Geschehensablaufs unklar, ob überhaupt eine Gefahr gegeben ist. Es liegen lediglich **Anhaltspunkte vor, die den *Verdacht* einer Gefahr** begründen. Diese Anhaltspunkte genügen jedoch noch nicht, um bei verständiger Würdigung der Sachlage von einer konkreten Gefahr auszugehen; der Beamte hat lediglich den *Verdacht einer Gefahr* (daher auch der Begriff „Gefahrenverdacht").

> **Beispiel**[592]: Polizeibeamter P sieht Kinder in der Nähe der ehemaligen Scharnhorst-Kaserne im Garten des elterlichen Wohnhauses mit einem Gegenstand spielen. Er ist sich nicht sicher, ob es sich um eine Handgranate oder einen Tennisball handelt.
>
> In Ermangelung der genauen Kenntnis kann er nicht von einer Gefahr überzeugt sein. Denn handelte es sich bei dem Gegenstand um einen Tennisball, läge keine Gefahr vor. Von Kindern, die mit einem Tennisball spielen, würde niemand sagen, dass sie sich in großer Gefahr befänden oder dass sie noch einmal Glück gehabt hätten, dass ihnen nichts zugestoßen ist. Solange P nicht überzeugt ist, dass es sich bei dem fraglichen Gegenstand um eine Handgranate handelt, fehlt ihm die erforderliche, an Sicherheit grenzende Überzeugung von dem Vorliegen einer Gefahr.

690 Gerade aufgrund der unklaren Sachlage ist fraglich, ob der Gefahrenverdacht der objektiven Gefahr gleichgestellt werden kann. Nach der hier vertretenen Auffassung ist das nicht der Fall. Setzte man den Gefahrenverdacht einer konkreten Gefahr gleich[593], läge unabhängig davon, ob tatsächlich ein Schaden droht, immer eine Gefahr vor. Zwar ist dies auch bei der Anscheinsgefahr der Fall, dort aber geht der Beamte vom Vorliegen einer Gefahr aus, wohingegen er beim Gefahrenverdacht nicht weiß, ob eine Gefahr vorliegt. Bei einem Gefahrenverdacht kann daher bereits per definitionem keine Gefahr vorliegen. Wohl aus diesem Grund hat denn auch das BVerwG nunmehr entschieden, dass es unter einem Gefahrenverdacht eine Sachlage ansehe, in denen es aus polizeilicher Sicht trotz Anhaltspunkten für das Bestehen einer Gefahr noch an der hinreichenden Wahrscheinlichkeit eines Schadenseintritts mangele.[594]

691 Daraus folgt, dass der Gefahrenverdacht sowohl terminologisch als auch rechtlich nicht der objektiven Gefahrenlage gleichgesetzt werden kann. Er ist kein minus zur Gefahr, sondern ein aliud. Daher können auch keine Gefahrenabwehrmaßnahmen zulässig sein. Zulässig sind aber **Maßnahmen zur Aufklärung des Sachverhalts**, etwa um den Verdacht erhärten (und *dann* von einer Gefahr auszugehen und Gefahrenabwehrmaßnahmen zu treffen) oder widerlegen zu können (und dann von Gefahrenabwehrmaßnahmen abzusehen). Man spricht von **Gefahrerforschungseingriffen**.[595]

---

592 Nach *Poscher*, NVwZ 2001, 141, 142.

593 So die frühere Rspr. des BVerwG (DÖV 1982, 521, 522); unklar *Pieroth/Schlink/Kniesel*, POR, § 4 Rn 59, die den Anschein erwecken, als würden sie auch heute noch dieser (überholten) Rspr. folgen.

594 BVerwG DVBl 2002, 1562.

595 Vgl. OVG Münster NVwZ 1982, 46; *R. Schmidt*, Kommentar zum BremPolG, 2006, § 2 Rn 63; *Jahn*, JA 2000, 79, 83; *Schlink*, Jura 1999, 169; *Schenke*, POR, Rn 86. Vgl. nunmehr auch *Pieroth/Schlink/Kniesel*, POR, § 4 Rn 59 ff. und *Durner*, JA 2010, 398, 400.

Als Gefahrerforschungseingriffe kommen aber aufgrund der unsicheren Sachlage grundsätzlich nur *vorläufige* bzw. *vorsorgliche* Maßnahmen in Betracht.[596]

Beispiel: Das Hausgrundstück des A grenzt u.a. an eine Bundesstraße. An der straßengeneigten Grenze hat A vor vielen Jahren zehn Eichen gepflanzt. Eines Nachts kommt der Lkw des B von der Fahrbahn ab und rammt sechs von den Eichen. Diese ragen nun infolge des Unfalls über einen Teil der Straße. Die zuständige Ordnungsbehörde gibt A auf, ein Sachverständigengutachten einzuholen, um die Standfestigkeit der Eichen beurteilen zu können.

Hier besteht eine Unsicherheit darüber, ob die gerammten Eichen eine Gefahr für die öffentliche Sicherheit (hier: Sicherheit und Leichtigkeit des Straßenverkehrs) darstellen oder nicht. Dies aufzuklären ist Inhalt der ordnungsbehördlichen Verfügung. Eine andere Frage ist es, ob die Behörde diese Maßnahme dem A auferlegen durfte oder aber (ggf. auf dessen Kosten) selbst durchführen musste.

Nicht als vorläufige Maßnahme zur Aufklärung des Sachverhalts kommt aber z.B. eine Ingewahrsamnahme in Betracht. Denn die damit verbundene Freiheitsentziehung unterscheidet sich nicht von derjenigen, die mit der entsprechenden Standardmaßnahme, für die eine Gefahr Voraussetzung ist, verbunden wäre.[597]

Für die Fallbearbeitung bietet sich nach alledem folgende Subsumtionsgrundlage an:

Ein **Gefahrenverdacht** ist anzunehmen, wenn tatsächliche Anhaltspunkte vorliegen, die lediglich den *Verdacht* einer Gefahr begründen. Da diese Situation gerade nicht einer objektiven Gefahrenlage gleichgesetzt werden kann, ist die Behörde darauf beschränkt, Maßnahmen zur Sachverhaltsaufklärung, sog. Gefahrerforschungseingriffe, durchzuführen. **692**

Obwohl eine konkrete Gefahr, die von den Befugnisnormen (Standardmaßnahmen; Befugnisgeneralklausel) gefordert wird, gerade nicht vorliegt und beim Gefahrenverdacht daher lediglich Gefahrerforschungseingriffe zulässig sind, bedarf die Polizei hierfür Rechtsgrundlagen. Diese sind wiederum die Befugnisnormen, die allerdings auf ihrer Rechtsfolgeseite auf Gefahrerforschung beschränkt sind. Anderenfalls ist es kaum vertretbar, eine Handlungsermächtigung aus der spezialgesetzlichen Gefahrenabwehrmaßnahme bzw. der Befugnisgeneralklausel herzuleiten. **693**

Hinweis für die Fallbearbeitung: Ist im konkreten Fall unklar, ob eine objektive Gefahrenlage oder lediglich ein Gefahrenverdacht vorliegt, ist nicht zuletzt aufgrund der unterschiedlichen Handlungsermächtigung der Behörde bzw. Verpflichtung des Adressaten eine Abgrenzung vorzunehmen. Dabei kann man nach der „Je-desto-Formel" vorgehen: Je höher der zu erwartende Schaden ist, desto geringer sind die Anforderungen an die Wahrscheinlichkeit des Schadenseintritts. Steht demnach fest, dass eine objektive Gefahrenlage gegeben ist, sind Gefahrenabwehrmaßnahmen zulässig. Anderenfalls sind nur Gefahrerforschungseingriffe zulässig.

In einigen Fällen ist die Gefahrenverdachtssituation **ausdrücklich geregelt** (so etwa in § 39 I Nr. 2, § 40 I Nr. 2, 3 PolG NRW). Zu **Durchsuchungen** von Personen, Sachen und Wohnungen ermächtigen die Polizeigesetze u.U. auch dann, wenn **Tatsachen die Annahme rechtfertigen**, dass bei der Durchsuchung eine gefährliche oder gefährdete Person oder Sache gefunden werden, sodass dann die Gefahr abgewendet **694**

[596] *Di Fabio*, Jura 1996, 566, 568 f. *Endgültige* Maßnahmen kommen ausnahmsweise in Betracht, wenn es um den Schutz besonders wichtiger Rechtsgüter (Leben, Gesundheit, Sachwerte von hohem Wert) geht (so bereits *R. Schmidt*, BesVerwR, 4. Aufl. 2000, S. 329; nun auch *Pieroth/Schlink/Kniesel*, POR, § 4 Rn 59).
[597] Vgl. OLG München BayVBl 2008, 219.

werden kann[598]; Entsprechendes gilt für das **Aufenthaltsverbot**. Auch **Informations- und Datenerhebungsermächtigungen** verlangen oft nur, dass **tatsächliche Anhaltspunkte** bestehen oder **Tatsachen die Annahme** der Begehung von Straftaten rechtfertigen, d.h. sie verlangen nur einen, wenn auch konkreten Verdacht. Dabei kann die Gefahr, die durch Datenerhebung erforscht wird, eine konkrete oder abstrakte sein.

695 Umstritten ist die Frage, von **wem** Gefahrerforschungsmaßnahmen durchzuführen sind. Denkbar ist, Gefahrerforschungsmaßnahmen dem potentiellen Störer aufzuerlegen, oder aber, ihm lediglich aufzugeben, von der Behörde vorzunehmende Aufklärungsmaßnahmen zu dulden.[599]

696
- Nach einer Auffassung sind wegen des Untersuchungsgrundsatzes (§ 24 VwVfG) Gefahrerforschungseingriffe von der Verwaltung **selbst durchzuführen**. Der potentiell Verantwortliche (z.B. der Eigentümer einer potentiell gefahrträchtigen Sache) sei lediglich zur **Duldung** behördlicher Aufklärungsmaßnahmen verpflichtet.[600] Der Gefahrerforschungseingriff liegt nach dieser Auffassung also in der Auferlegung der Duldungspflicht.

697
- Nach der Gegenauffassung kann die Durchführung der Aufklärungsmaßnahmen (z.B. Probebohrungen, Messungen, Begutachtungen) auch dem **vermeintlich Verantwortlichen aufgegeben** werden.[601]

698
- **Stellungnahme:** Die zuerst genannte Auffassung macht geltend, dass es der Behörde kaum darum gehen werde, festzustellen, wer Störer sei, sondern darum, ob überhaupt eine Gefahr vorliege. Damit bewege sich die Behörde nicht im Bereich der Gefahrenabwehr, sondern im Bereich der Sachverhaltsermittlung. Demgemäß werde der Rahmen des zulässigen Handelns der Behörde maßgeblich durch § 24 VwVfG bestimmt, der die Aufgabe der Ermittlung des Sachverhalts ausschließlich der Behörde zuweise. Dem ist jedoch entgegenzuhalten, dass die Gefahrerforschung eine Vorstufe und damit ein Teil der Gefahrenabwehr ist. Dies wird selbst von den Vertretern der zuerst genannten Auffassung eingeräumt, indem sie den Gefahrenverdacht lediglich als eine Gefahr geringeren Wahrscheinlichkeitsgrades ansehen und so der objektiven Gefahrenlage gleichstellen und daher die Befugnisgeneralklausel für unmittelbar anwendbar erklären.[602] Wenn aber für die Gefahrenabwehr selbst unstreitig der Verantwortliche heranzuziehen ist und der Gefahrenverdacht der objektiven Gefahrenlage gleichzustellen ist, muss es auch möglich sein, Maßnahmen zur Gefahrerforschung vom vermeintlich Verantwortlichen zu verlangen. Sollte sich ex post die Ungefährlichkeit des Verhaltens bzw. des Zustandes herausstellen, ist der Betroffene zu entschädigen.

699 Zu beachten ist, dass im Bereich des **Bodenschutzes** (insbesondere für **Altlasten**) seit dem Inkrafttreten des BBodSchG am 1.3.1999 nicht nur ein bundeseinheitliches Regelwerk zum Bodenschutz, sondern in Gestalt des § 9 BBodSchG auch eine bundeseinheitliche Normierung einer Gefährdungsabschätzung und einer Untersuchungsanordnung bestehen.[603]

700 **Beispiel:** Infolge von Abbrucharbeiten auf dem Betriebsgelände einer alten Produktionsstätte ergeben sich Hinweise auf Bodenkontaminationen. Art und Umfang sowie

---

[598] Nahezu wörtlich nun auch *Durner*, JA 2010, 398, 400.
[599] Diese Frage sollte in der Fallbearbeitung erst im Rahmen des Auswahlermessens behandelt werden. Wegen des sachlichen Zusammenhangs wird sie vorliegend aber bereits an dieser Stelle erörtert.
[600] So OVG Koblenz NVwZ 1992, 499, 501; VGH Kassel NVwZ 1991, 498, 500 f.; OVG Münster NWVBl 1990, 159.
[601] VGH Mannheim NVwZ 1991, 491; VBlBW 1993, 298; *Würtenberger*, POR, Rn 352; *Götz*, POR, § 6 Rn 29; *Schenke*, POR, Rn 90.
[602] *Muckel*, BesVerwR, S. 62 f.
[603] Vgl. dazu OVG Berlin NVwZ 2001, 582 ff.; *Buchholz*, NVwZ 2002, 563.

Toxizität der Belastung sind noch nicht bekannt. Es bedarf weiterer Aufklärungsmaßnahmen. Nachdem Verhandlungen zwischen der zuständigen Gefahrenabwehrbehörde und dem Eigentümer U zu keinem annehmbaren Ergebnis führen, erlässt die Behörde gegenüber U die Verfügung, Bodenproben zu entnehmen und untersuchen zu lassen. Ist die Verfügung rechtmäßig?

Als Rechtsgrundlage für den Erlass der Verfügung kommt die polizei- und ordnungsrechtliche Befugnisgeneralklausel nur dann in Betracht, wenn keine spezialgesetzliche Vorschrift greift. In Betracht kommen vorliegend die Vorschriften des Kreislaufwirtschaftsgesetzes (KrWG) und die der landesrechtlichen Ausführungsgesetze. Der vorliegende Sachverhalt ist aber nicht vom Anwendungsbereich (§ 2) und der Begriffsbestimmung des Abfalls (§ 3)[604] des KrWG erfasst. Es greift aber die Vorschrift des **§ 9 BBodSchG**. Gemäß Abs. 1 dieser Vorschrift soll die zuständige Behörde die geeigneten Maßnahmen treffen, wenn ihr Anhaltspunkte dafür vorliegen, dass eine schädliche Bodenveränderung oder Altlast bestehen. Abs. 2 dieser Vorschrift ermächtigt die Behörde, eine in § 4 III, V und VI BBodSchG[605] genannte Person zu verpflichten, die notwendigen Untersuchungen zur Gefährdungsabschätzung durchzuführen, sofern aufgrund konkreter Anhaltspunkte der hinreichende Verdacht einer schädlichen Bodenveränderung oder einer Altlast besteht.
Da U unter den in § 4 III BBodSchG genannten Personenkreis fällt, kann er grundsätzlich entsprechend in Anspruch genommen werden.[606] Zu beachten ist aber die Regelung des § 4 V und VI BBodSchG. Sind danach (wie vorliegend) schädliche Bodenveränderungen oder Altlasten nach dem 1.3.1999 bekannt geworden, sind Schadstoffe zu beseitigen, soweit dies im Hinblick auf die Vorbelastung des Bodens verhältnismäßig ist. Vorliegend ist also eine Verhältnismäßigkeitsprüfung vorzunehmen. Je höher der zu erwartende Schaden ist, desto geringer sind die Anforderungen an eine Inanspruchnahme des U. Vorliegend sind konkrete Verdachtsmomente vorhanden. Hinreichend wahrscheinliche Anhaltspunkte liegen daher vor. Die Heranziehung des U zu Maßnahmen der Sachverhaltsaufklärung war somit rechtmäßig.

Weitergehender Hinweis: Bestätigt sich im Nachhinein die Nichtverantwortlichkeit **701**
des Herangezogenen, stellt sich die Frage nach dem Ausgleichs- und Entschädigungsanspruch. Sofern keine spezialgesetzliche Regelung greift, stellt das OVG Münster[607] auf die entsprechende Anwendung der Entschädigung im polizeilichen Notstand ab, der VGH München[608] auf einen allgemeinen öffentlich-rechtlichen Erstattungsanspruch. Ist der Gefahrenverdacht jedoch von dem in Anspruch Genommenen zu verantworten, kann der Entschädigungsanspruch ganz oder teilweise entfallen.[609] Vorliegend würde die Regelung des § 24 I S. 2 BBodSchG greifen.

Weiteres zum BBodSchG findet sich bei Rn 801 ff. Zur Rechtsnachfolge in öffentlich-rechtliche Pflichten vgl. ausführlich Rn 875 ff.

2. Konsequenzen einer nicht vorliegenden Gefahrenlage für die Falllösung

Die mit der nicht vorhandenen objektiven Gefahrenlage verbundene Problematik darf **702**
auf keinen Fall isoliert behandelt werden. So wirkt sie auf die Qualifikation des Polizeipflichtigen als Anscheinsstörer, Verdachtsstörer oder Nichtstörer (vgl. Rn 776 ff.) so-

[604] Zur (europarechtlichen) Definition des Begriffs „Abfall" vgl. EuGH NVwZ 2000, 1156 ff.
[605] Zur Störerhaftung nach § 4 BBodSchG vgl. BVerfG-K NVwZ 2001, 65 f.; OVG Berlin NVwZ 2001, 582; *Buchholz*, NVwZ 2002, 563 ff.; *Grzeszick*, NVwZ 2001, 721 ff.; *Pützenbacher/Görgen*, NJW 2001, 490 ff.; *Fluck*, NVwZ 2001, 9 ff.; *Frenz*, NVwZ 2001, 13 ff. und *Buck*, NVwZ 2001, 51 f. Zur Eingrenzung der Zustandsverantwortlichkeit unter dem Aspekt der Verhältnismäßigkeit vgl. BVerfG-K NVwZ 2001, 65, 66; BVerfGE 102, 1, 18 ff.; *Grzeszick*, NVwZ 2001, 721 ff. und *Müggenborg*, NVwZ 2001, 39 ff.
[606] Zur Störerauswahl nach dem BBodSchG vgl. *Buck*, NVwZ 2001, 51; *Tiedemann*, NVwZ 2003, 1477.
[607] OVG Münster DÖV 1996, 1049.
[608] VGH München NVwZ-RR 1996, 645.
[609] *Götz*, NVwZ 1998, 679, 687.

wie auf die Kostentragungspflicht (vgl. Rn 992 ff.) fort. Ebenfalls bringt sie Konsequenzen für die Verhältnismäßigkeitsprüfung mit sich, insbesondere bei der Frage des noch angemessenen Mittels gegen den in eine der jeweiligen Kategorien zugeordneten in Anspruch Genommenen. So sind beispielsweise gegen einen bloßen Verdachtsstörer lediglich Gefahrerforschungseingriffe verhältnismäßig (s.o.).

703 **Zusammenfassung:**

Gefahr:

- Es liegt objektiv eine Gefahrenlage vor
- Der konkrete Polizeibeamte erkennt sie auch als solche
- Der gewissenhafte, besonnene und sachkundige Polizeibeamte würde sie ebenfalls erkennen

Anscheinsgefahr:

- Es liegt objektiv keine Gefahrenlage vor
- Der konkrete Polizeibeamte glaubt jedoch, es würde eine solche vorliegen
- Der gewissenhafte, besonnene und sachkundige Polizeibeamte würde ebenfalls von einer objektiven Gefahrensituation ausgehen

Scheingefahr (Putativgefahr):

- Es liegt objektiv keine Gefahrenlage vor
- Der konkrete Polizeibeamte glaubt jedoch, es würde eine solche vorliegen
- Der gewissenhafte, besonnene und sachkundige Polizeibeamte würde jedoch erkennen, dass eine objektive Gefahrensituation nicht vorliegt

Gefahrenverdacht (Verdachtsgefahr):

- Es ist unklar, ob eine Gefahr vorliegt
- Sowohl der konkrete Polizeibeamte als auch der gewissenhafte, besonnene und sachkundige Polizeibeamte gehen auch davon aus, dass lediglich der Verdacht einer Gefahr vorliegt

Übersicht über die Gefahrenlagen und den Rechtsfolgen

704

	Objektive Gefahrenlage	Anscheinsgefahr	Putativgefahr (Scheingefahr)	Gefahrenverdacht (Verdachtsgefahr)
Sachlage	Objektiv bestehende Gefahr	Objektiv nicht bestehende Gefahr, die Behörde durfte aber in vertretbarer Weise von einer solchen ausgehen	Ebenfalls objektiv nicht bestehende Gefahrenlage, die Behörde nimmt aber in einer irrigen und nicht vertretbaren Weise eine Gefahrsituation an	Unklarer Sachverhalt, aber begründeter Gefahrenverdacht
Zulässige Maßnahmen	Maßnahmen zur Gefahrenabwehr	Wegen der gefahrenabwehrrechtlichen Gleichstellung mit der objektiven Gefahrenlage sind die gleichen Maßnahmen zulässig	Die bloße Scheingefahr ist der objektiven Gefahrenlage **nicht** gleichgestellt und berechtigt daher **nicht** zu Gefahrenabwehrmaßnahmen; dennoch getroffene Gefahrenabwehrmaßnahmen sind rechtswidrig	Maßnahmen zur Sachverhaltsaufklärung, etwa um den Verdacht erhärten oder widerlegen zu können (sog. Gefahrerforschungseingriffe). Ein Gefahrenverdacht berechtigt aber grundsätzlich nur zu *vorläufigen / vorsorglichen* Maßnahmen.
Kostentragung	Grds. der polizeirechtlich Verantwortliche; Ausnahmen: §§ 66 ff. TierseuchenG, §§ 56 ff. InfSchG	Nach umstrittener Auffassung der Anscheinsstörer, wenn sich bei einer Ex-post-Betrachtung herausstellt, dass er pflichtwidrig den Anschein einer Gefahr gesetzt hat	Die Verwaltung. Zudem bestehen Ersatzansprüche des Betroffenen, vgl. nur § 56 I S. 2 BremPolG (gesetzlich geregelter Fall des enteignungsgleichen Eingriffs) sowie wegen Amtshaftung	Nach h.M. die Verwaltung, da es sich um behördliche Sachverhaltsaufklärungsmaßnahmen handelt. Bei nachträglich festgestellter Verantwortlichkeit des in Anspruch Genommenen dieser selbst.

II. Einhaltung des Ermessensspielraums

1. Rechtsnatur des Ermessens; Opportunitätsprinzip

705 Um es der Polizei jederzeit zu ermöglichen, der Vielgestaltigkeit und Dynamik der Lebenssachverhalte gerecht zu werden und auch auf unbekannte Fälle vor Ort angemessen reagieren und Gefahrenabwehrmaßnahmen ergreifen zu können, haben ihr die Gesetzgeber Handlungsspielräume nicht nur auf der Tatbestandsseite in Form von unbestimmten Rechtsbegriffen, sondern auch auf der Rechtsfolgeseite in Form eines Verwaltungsermessens[610] eingeräumt.

> **Beispiel:** Nach der Befugnisgeneralklausel darf die Polizei die erforderlichen Maßnahmen treffen, um eine im einzelnen Fall bestehende Gefahr für die öffentliche Sicherheit abzuwehren.
>
> Hier sind auf der **Tatbestandsseite** die unbestimmten Rechtsbegriffe *Gefahr* und *öffentliche Sicherheit* formuliert (die die Gesetzgeber, um eine gleichmäßige Gesetzesanwendung durch die Polizei zu gewährleisten und eine gerichtliche Verwerfung wegen zu hoher Unbestimmtheit zu vermeiden, i.d.R. jedoch legaldefiniert haben).
>
> Auf der **Rechtsfolgeseite** haben die Gesetzgeber dem Normadressaten, d.h. der Polizei, ein Ermessen eingeräumt, indem die Polizeigesetze von *erforderlichen Maßnahmen* sprechen, die die Polizei (bei Vorliegen der Tatbestandsvoraussetzungen) treffen *darf*.
>
> Diese konditionale Fassung ist sämtlichen Befugnisnormen der Polizeigesetze zu entnehmen. Damit folgen die Polizeigesetze dem sog. „Wenn-dann-Schema": Wenn ein konkreter Sachverhalt den Tatbestand einer Norm erfüllt, darf oder soll die im Tatbestand genannte Rechtsfolge eintreten.

706 Mit der Einräumung von Ermessensspielräumen folgen die Polizeigesetze dem im Gefahrenabwehrrecht allgemein geltenden **Opportunitätsprinzip**[611], wonach es den Gefahrenabwehrbehörden bei Vorliegen der Tatbestandsvoraussetzungen der Befugnisnorm erlaubt ist, nach ihrem Ermessen, wenn auch im Rahmen bestimmter Grenzen, darüber zu entscheiden, ob, wie und gegen wen Maßnahmen getroffen werden sollen. Die *Ratio* des Ermessens liegt in der Freistellung der Wahl der Rechtsfolge eines gesetzlichen Tatbestands, um die Verwaltung in die Lage zu versetzen, von **unnötigen Eingriffen abzusehen** und somit dem **Übermaßverbot Rechnung zu tragen**. Darüber hinaus würde eine ständige Pflicht zum Einschreiten zu einem permanenten Vollzugsdefizit führen.

707 Die Gefahrenabwehrmaßnahmen sind somit in das behördliche Ermessen gestellt.[612] Die gesetzliche Einräumung von Handlungsermessen bedeutet aber nicht, dass die Gefahrenabwehrbehörden „frei", d.h. allein nach Zweckmäßigkeitsgesichtspunkten entscheiden können, sondern dass sie ein *pflichtgemäßes* Ermessen ausüben müssen. Die strukturellen Vorgaben setzt dabei das allgemeine Verwaltungsrecht (vgl. § 40 VwVfG). Danach muss die Behörde, um pflichtgemäß zu handeln,

- erkennen, dass ihr ein Ermessen zusteht,
- das Ermessen ausüben,
- von zutreffenden tatsächlichen Umständen ausgehen (vgl. §§ 24, 26 VwVfG) und
- die inneren und äußeren Ermessensgrenzen beachten.

---

[610] Vgl. Allgemein zum Ermessen *R. Schmidt*, AllgVerwR, Rn 295 ff.

[611] Opportun kann mit nützlich, tunlich oder zweckmäßig umschrieben werden.

[612] Vgl. insoweit klarstellend § 3 I MEPolG; BW: § 3 PolG; Bay: Art. 5 I PAG; Berl: § 12 I ASOG; Brand: § 4 I PolG; Brem: § 4 I PolG; Hamb: § 3 I SOG; Hess: § 5 I SOG; MeckVor: § 14 I SOG; Nds: § 5 SOG; NRW: § 3 I PolG; RhlPfl: § 3 I POG; SchlHolst: § 174 LVwG; Saar: § 3 I PolG; Sachs: § 3 II PolG; SachsAnh: § 6 I SOG; Thür: § 5 I PAG. Zur Rechtsnatur des Ermessens vgl. grundlegend *R. Schmidt*, AllgVerwR, Rn 295 ff. und 601 ff.

Diese Ermessensgrenzen werden materiell-rechtlich vor allem durch den Grundsatz der Verhältnismäßigkeit vorgezeichnet (Rn 718).

Damit steht das Gefahrenabwehrrecht im Gegensatz zur Strafverfolgung, bei der das **Legalitätsprinzip**[613] gilt, das die Polizei zur Erforschung und Aufklärung von Straftaten verpflichtet (§ 163 I S. 1 StPO; vgl. dazu Rn 86 ff. und 727). Das im Rahmen des Opportunitätsprinzips erwähnte Vollzugsdefizit besteht hier nicht, da das Legalitätsprinzip zum Einschreiten nur dann verpflichtet, wenn ein Anfangsverdacht einer Straftat vorliegt (vgl. § 152 II StPO für die Staatsanwaltschaft, deren Ermittlungspersonen Polizeibeamte sind, sofern es um Strafverfolgung geht).[614] **708**

2. Entschließungsermessen; Auswahlermessen

Das den Polizei- und Ordnungsbehörden im Rahmen der Gefahrenabwehr eingeräumte Ermessen ist **zweistufig**. Es bezieht sich auf die Entscheidung der Polizei, *ob* sie eine zulässige Maßnahme überhaupt treffen will (Entschließungs- oder Einschreitermessen), und darauf, *welche* von mehreren zulässigen Maßnahmen sie im Fall des Tätigwerdens ergreifen will (Auswahlermessen). Beide Ermessensarten unterliegen denselben rechtlichen Bindungen (§ 40 VwVfG), deren Einhaltung gerichtlich – im Unterschied zur Auslegung von unbestimmten Rechtsbegriffen – jedoch nur beschränkt kontrolliert werden kann (§ 114 S. 1 VwGO). **709**

Damit unterscheidet sich das Ermessen auch in dieser Hinsicht von den unbestimmten Rechtsbegriffen. Deren Auslegung muss gerichtlich voll überprüfbar sein.[615] Entweder *ist* der Tatbestand einer Befugnisnorm erfüllt oder er ist es *nicht*. Dazwischen gibt es kein Auslegungsergebnis. Anders sieht es beim Ermessen aus. Räumt der Gesetzgeber der Verwaltung Handlungsspielräume, insbesondere bei der Wahl der Mittel, ein, kann der Richter nicht anschließend seine Ermessenserwägungen an die Stelle der der handelnden Behörde setzen. Seine Überprüfung hat sich vielmehr auf die Einhaltung der Ermessensgrenzen zu beschränken. § 114 S. 1 VwGO stellt dies klar. **710**

In der Regel enthalten die Befugnisnormen des Gefahrenabwehrrechts sowohl auf ihrer Tatbestandsseite unbestimmte Rechtsbegriffe als auch auf ihrer Rechtsfolgeseite ein Ermessen (sog. **Koppelungsvorschriften** oder **Mischtatbestände**, siehe bereits Rn 705).[616] In diesem Fall ist jede Seite grundsätzlich nach ihren Regeln zu beurteilen. Schwierig wird es, wenn bei der Ermessensbetätigung *dieselben* Erwägungen herangezogen werden müssen, die schon der Auslegung der unbestimmten Rechtsbegriffe zugrunde gelegen haben (Identität des Argumentationshaushaltes). In einem solchen Fall soll nur noch eine einzige rechtsfehlerfreie Ermessensentscheidung möglich sein. Die Ermessensreduzierung auf Null macht im Einzelfall aus der Kann-Vorschrift *faktisch* (nicht rechtsdogmatisch!) eine Muss-Vorschrift. **711**

Beispiel: Die Polizei wird nachts zur einer Gaststätte gerufen, weil dort eine Schlägerei stattfinden soll. Nachdem sie eingetroffen ist und den Sachverhalt aufgeklärt hat, nimmt sie den stadtbekannten Schläger S, von dem die Schlägerei ausging, in Polizeigewahrsam. Dieser macht später gerichtlich geltend, dass die Voraussetzungen für den Gewahrsam nicht vorgelegen hätten.

Als Rechtsgrundlage für die Ingewahrsamnahme kam die Standardmaßnahme *Gewahrsam* in Betracht. Die Polizei musste vor Ort den Sachverhalt aufklären und entscheiden,

---

[613] Legalität kann als „von Gesetzes wegen" verstanden werden.

[614] Zu beachten ist, dass für die *Staatsanwaltschaft* wiederum in gewissen Grenzen das Opportunitätsprinzip gilt (vgl. §§ 153 ff. StPO).

[615] *R. Schmidt*, AllgVerwR, Rn 142 ff.

[616] Vgl. auch dazu ausführlich *R. Schmidt*, AllgVerwR, Rn 308 m.w.Nachw.

ob die Ingewahrsamnahme des S zur Verhinderung der unmittelbaren Begehung oder Fortsetzung einer Straftat oder einer Ordnungswidrigkeit von erheblicher Bedeutung unerlässlich sein würde.

Geht man davon aus, dass S jedenfalls den Straftatbestand des § 223 I StGB verwirklicht hat, konnte die Polizei durch die Ingewahrsamnahme weitere Körperverletzungen verhindern. Insbesondere bezieht sich die Beschränkung „von erheblicher Bedeutung" in der Befugnisnorm nur auf Ordnungswidrigkeiten. Anderenfalls wäre dem Schutzbedürfnis der betroffenen Rechtsgüter nicht hinreichend Rechnung getragen, weil § 223 StGB wohl nicht als Straftat von erheblicher Bedeutung angesehen werden kann (etwas anderes mag für die Qualifikationstatbestände des § 223 StGB gelten).

Die Ingewahrsamnahme des S müsste auch „unerlässlich" gewesen sein. Das war der Fall, sofern man davon ausgeht, dass mildere Maßnahmen wie z.B. eine Unterlassungsverfügung oder ein Platzverweis nicht in gleicher Weise weitere körperliche Übergriffe des S verhindert hätten. Genau hier setzt jedoch die Beschwer des D ein, indem dieser geltend macht, die Voraussetzungen für den Gewahrsam hätten nicht vorgelegen.

Aufgabe des Richters (und somit auch des Klausurbearbeiters) ist es nun zu überprüfen, wessen Rechtsauffassung zutrifft. Dabei ist klar, dass nur *ein* Ergebnis möglich ist: Entweder war die Ingewahrsamnahme unerlässlich oder sie war es nicht. War sie es nicht, hat die Polizei den Grundsatz der Verhältnismäßigkeit missachtet, der rechtstechnisch nicht nur bei der Rechtsfolge ansetzt, sondern auch im Rahmen der Auslegung der unbestimmten Rechtsbegriffe zu berücksichtigen ist.

Gelangt man zu dem Ergebnis, dass der Polizeigewahrsam nicht unerlässlich war, etwa mit dem Argument, dass insbesondere das in Betracht kommende mildere Mittel *Platzverweis* mit hinreichender Sicherheit weitere Körperverletzungen durch S verhindert hätte, war der Polizeigewahrsam wegen Verstoßes gegen das Übermaßverbot rechtswidrig.

Ist man jedoch der Auffassung, dass auch ein Platzverweis weitere körperliche Übergriffe durch S nicht mit der erforderlichen Sicherheit ausgeschlossen hätte, etwa mit dem Argument, dass S, nachdem die Polizei den Ort des Geschehens wieder verlassen hatte, hätte zurückkehren und erneut auf andere einschlagen können, war der Polizeigewahrsam jedenfalls auf Tatbestandsebene rechtmäßig.

Dann, und nur dann, bleibt Raum für die Überprüfung, ob die Polizei ermessensfehlerhaft gehandelt hat. Dass die Polizei überhaupt einschreiten musste, steht außer Frage. Zweifelhaft ist nur die Mittelauswahl, ob die Polizei nicht ein anderes, ebenfalls in Betracht kommendes Mittel, das die Rechtssphäre des S jedoch weniger intensiv beeinträchtigt hätte, hätte auswählen müssen. Hier ist die Argumentation allerdings mit der zur Auslegung des unbestimmten Rechtsbegriffs *unerlässlich* kongruent. War der Gewahrsam unerlässlich, liegt auch kein Ermessensfehler vor; war er es nicht, wird man auch eine Ermessensüberschreitung annehmen müssen (zu den Ermessensfehlern vgl. Rn 714 ff.). Die im Rahmen des Ermessens nur eingeschränkt vorhandene Überprüfungsmöglichkeit durch das Gericht (und damit durch den Klausurbearbeiter) spielt im vorliegenden Fall also keine Rolle.

a. Entschließungsermessen (Einschreitermessen)

712 Im Rahmen des Entschließungsermessens muss die Polizei darüber befinden, **ob** sie überhaupt tätig werden will. Um diese Entscheidung treffen zu können, muss sie aber häufig erst den Sachverhalt aufklären und prüfen, ob Gründe für ein Einschreiten vorliegen. Möglicherweise eruriert sie sogar Gründe, die ein Einschreiten dringend gebieten. Gerade aus dem Grundsatz der Verhältnismäßigkeit kann abgeleitet werden, dass es Gefahrensituationen gibt, die ein Einschreiten der Polizei nicht nur ermöglichen, sondern sogar erfordern (sog. Ermessensreduzierung auf Null), weil es dem staatlichen Schutzauftrag nicht entspräche, wenn die Polizei – obwohl sie einschreiten könnte – untätig bliebe und subjektive Rechte bzw. Rechtsgüter des Einzelnen oder hochwertige materielle Rechtsgüter den Angriffen anderer oder den Naturgewalten preisgäbe. Folgerichtig entscheidet auch die Rechtsprechung, dass die Polizei zwar ein Einschreitermessen habe, grundsätzlich aber zum Einschreiten verpflichtet sei, wenn „unmittelbare Gefahren für wesentliche Rechtsgüter" bestünden und andere zuständige Behörden oder die Gerichte nicht oder nicht rechtzeitig tätig werden könnten (vgl. dazu näher Rn 671).[617] „Unmittelbare Gefahren für wesentliche Rechtsgüter" dürften in Anlehnung an die Begriffsbestimmungen der Polizeigesetze vorliegen, wenn eine Gefahr für den Staat, für Leib, Leben oder Freiheit einer Person oder für Sachen von bedeutendem Wert besteht und diese Gefahr gegenwärtig ist. Im Fall einer Ermessensreduzierung auf Null hat der betroffene Bürger sogar einen Anspruch darauf, dass die Polizei tätig wird (zu den Folgen der Verletzung der Handlungspflicht vgl. Rn 726).

b. Auswahlermessen

Steht fest, dass die Polizei einschreiten will oder muss, obliegt ihr weiterhin die Wahl, **713** von verschiedenen in Betracht kommenden Maßnahmen die letztlich rechtmäßige sowie sachgerechte und zweckmäßige zu bestimmen (vgl. bereits das Beispiel bei Rn 711). Weiterhin bezieht sich das Auswahlermessen auf die richtige Auswahl des Verantwortlichen (Störer), dies jedoch nur dann, wenn mehrere Pflichtige vorhanden sind.

3. Ermessensgrenzen und Ermessensfehler

Die allgemeinen Anforderungen an das Ermessen ergeben sich aus **§ 40 VwVfG**. Die- **714** se Vorschrift bestimmt, dass die Behörde ihr Ermessen entsprechend dem Zweck der Ermächtigung auszuüben und die **gesetzlichen Grenzen des Ermessens einzuhalten hat. § 114 S. 1 VwGO** greift diese Regelung auf und beschränkt die **Kontrollbefugnis der Gerichte** auf die Überprüfung, ob die Behörde die Vorgaben des § 40 VwVfG beachtet hat. Damit ist klar, dass eine Überschreitung der gesetzlichen Grenzen des Ermessens die Rechtswidrigkeit jedes Ermessensverwaltungsakts bedingt. Jedoch enthält § 40 VwVfG keine Aussage darüber, worin die gesetzlichen Grenzen bestehen könnten. Der Vorschrift lässt sich lediglich entnehmen, dass es **kein freies oder beliebiges Ermessen** gibt. Daher waren Rechtsprechung und Literatur schon frühzeitig bemüht, Fallgruppen zu bilden. Als mögliche **Ermessensfehler** kommen danach in Betracht:

a. Ermessensmangel (-nichtgebrauch; -unterschreitung)

Das Recht zur Ermessensausübung beinhaltet die Pflicht zur Ermessensbetätigung. **715** Das geht zwar nicht unmittelbar aus § 40 VwVfG hervor (dort ist wie gesagt nur von „Ermessensgrenzen" die Rede), ist aber rechtslogisch, denn anderenfalls wäre im Gesetz eine rechtlich gebundene Verwaltungsentscheidung angeordnet. Verkennt die Behörde die Pflicht zur Ermessensbetätigung, spricht man von Ermessensmangel. Allgemein anerkannt ist folgende Definition:

Stellt die Behörde keinerlei Ermessenserwägungen an, obwohl ihr das Gesetz ein Er- **716** messen einräumt, liegt ein **Ermessensmangel** vor.[618]

Ein Ermessensmangel kann in zwei Konstellationen vorkommen: Die Behörde bleibt **717** untätig, weil sie meint, nicht einschreiten zu dürfen, obwohl dies nach der gesetzlichen Lage möglich wäre, oder sie schreitet ein, weil sie rechtsirrig meint, Einschreiten zu müssen, obwohl ihr das Gesetz tatsächlich eine Entscheidungsfreiheit einräumt.

---

[617] Mit dem Wortlaut der Befugnisnormen dagegen nicht vereinbar ist die Auffassung *Knemeyers*, (POR, Rn 129 f.), der der Behörde von vornherein das Entschließungsermessen abspricht.
[618] St. Rspr. seit BVerwGE 15, 196, 199.

Beispiel: Im Landesgesetz zur Bekämpfung gefährlicher Hunde ist für bestimmte, im Gesetz näher bezeichnete, Hunderassen ein Maulkorb- und Leinenzwang vorgeschrieben. Polizeibeamter P, der sich auf einem Streifengang in einer verrufenen Gegend der Stadt befindet, bemerkt, wie ein offenbar dem Rotlichtmilieu zuzuordnender Mann seinen Hund frei herumlaufen lässt. Dennoch schreitet P nicht ein, weil er sich über die Rasse des Hundes irrt bzw. nicht weiß, dass sich das Gesetz zur Bekämpfung gefährlicher Hunde auch auf diese Hunderasse erstreckt. Tatsächlich handelt es sich bei dem Hund um einen Mastino Espanol, der auf der Liste gefährlicher Hunde weit oben steht.

Hier liegt ein Fall des Ermessensnichtgebrauchs bzw. der Ermessensunterschreitung vor, weil P fälschlicherweise davon ausgegangen ist, dass der Tatbestand des Gesetzes zur Bekämpfung gefährlicher Hunde nicht erfüllt sei und er deshalb nicht einschreiten dürfe.

Auch im umgekehrten Fall, wenn es sich bei dem Hund um einen Golden Retriever gehandelt hätte, P aber der Meinung gewesen wäre, bei dem Tier habe es sich um einen Kampfhund gehandelt, hätte ein Ermessensnichtgebrauch bzw. eine Ermessensunterschreitung vorgelegen, wenn P dem Hundehalter aufgegeben hätte, dem Tier einen Maulkorb anzulegen. Denn ein Ermessensfehler der beschriebenen Art liegt auch dann vor, wenn der Beamte glaubt, zum Einschreiten verpflichtet zu sein, obwohl ihm ein Ermessensspielraum zusteht. Freilich liegt in dieser Konstellation bereits ein Verstoß gegen den Vorbehalt des Gesetzes.

Ein Ermessensmangel liegt auch dann vor, wenn die Behörde zwar erkennt, dass sie hinsichtlich der Frage, *ob* sie einschreitet, ein Ermessen hat, dann aber hinsichtlich der Frage, *wie* sie einschreitet, nicht alle Aspekte des Falls berücksichtigt

717a Ferner ist zu beachten, dass die Pflicht zur Ermessensausübung eine Bindung durch Verwaltungsvorschrift nicht ausschließt. Die Behörde hat dann ihr Ermessen gleichsam generalisierend betätigt. Die Ermessensausübung ist in die Erarbeitung der Verwaltungsvorschriften eingeflossen (**antizipiertes Ermessen durch Verwaltungsvorschrift**).[619]

> **Hinweis für die Fallbearbeitung:** Ist im Sachverhalt nicht ausgeführt, dass die Behörde Pro und Contra abgewogen hat (§ 40 VwVfG), spricht dies für einen Ermessensausfall. Dann ist zu erörtern, ob die Ermessenshandhabung zulässigerweise später (im Widerspruchsverfahren) nachgeholt wurde (§ 114 S. 2 VwGO). Denn zum einen prüft auch die Widerspruchsbehörde die Zweckmäßigkeit (§ 68 I S. 1 VwGO)[620], und zum anderen kommt es grds. bei der Beurteilung der Sach- und Rechtslage auf die letzte Behördenentscheidung an. Und dies ist i.d.R. die Entscheidung der Widerspruchsbehörde.

b. Ermessensüberschreitung

718 Steht der Polizei (wie im Regelfall) ein Ermessen zu, muss sie bei der Ausübung des Ermessens dessen gesetzliche **Grenzen** einhalten (§ 40 VwVfG). Diese ergeben sich

[619] Vgl. BVerwGE 31, 212; BVerwG NVwZ 1998, 273 ff. vgl. dazu auch *R. Schmidt*, AllgVerwR, Rn 142/864. Im Gefahrenabwehrrecht kann wegen der dort gebotenen Einzelfallentscheidung aber anders zu entscheiden sein, vgl. Rn 721a.

[620] Sie darf bei Ermessensausfall der Ausgangsbehörde im Widerspruchsbescheid zum ersten Mal das Ermessen ausüben. Denn Streitgegenstand der Klage ist der Ausgangsbescheid in der Gestalt des Widerspruchsbescheids (§ 79 I Nr. 1 VwGO). Hat die Widerspruchsbehörde das Ermessen ordnungsgemäß ausgeübt, ist der Verwaltungsakt bzgl. der Ermessensausübung rechtmäßig. Etwas anderes gilt aber für den Bereich der Rechtsaufsicht, wenn die Rechtsaufsichtsbehörde den Widerspruchsbescheid im *eigenen* Wirkungskreis der Körperschaft, der die Ausgangsbehörde angehört (i.d.R. die Gemeinde) erlässt. Abwägung von Pro und Contra stehen hier nicht der Rechtsaufsichtsbehörde, sondern ausschließlich der Gemeinde zu (vgl. die einschlägigen Bestimmungen der Gemeindeordnungen, etwa Art. 119 Nr. 1 BayGO). In diesem Fall kann die erforderliche Ermessensausübung nur im ersten Teil des Widerspruchsverfahrens, dem Abhilfeverfahren (§ 72 VwGO), nachgeholt werden. Im *übertragenen* Wirkungskreis gilt diese Beschränkung nicht; hier darf die (Widerspruchsbehörde (die i.d.R. auch die Fachaufsichtsbehörde ist) also anstelle der Gemeinde zum ersten Mal Pro und Contra abwägen.

aus der Verfassung (Freiheitsgrundrechte, Gleichheitsgrundrechte, Beachtung des Vertrauensschutzes und der Verhältnismäßigkeit als Elemente des Rechtsstaatsprinzips sowie Beachtung des Sozialstaatsprinzips) und den sog. einfachen Gesetzen (Fachgesetze, aber auch BremPolG). Im Fall der Missachtung dieser Vorgaben ist das gesetzlich erlaubte Ermessen überschritten, es liegt eine Verletzung der sog. **äußeren Ermessensgrenzen** vor, d.h., die gesetzte Rechtsfolge ist von der Norm nicht gedeckt bzw. ist unverhältnismäßig (§ 114 S. 1 Var. 1 VwGO). Die Ermessensüberschreitung ist nach *außen* hin (durch den Verwaltungsakt bzw. durch die Gefahrenabwehrmaßnahme) erkennbar.

Beispiel: Eine Gebührenordnung sieht vor, dass die Behörde eine Verwaltungsgebühr von bis zu 40,- € verlangen kann. Setzt die Verwaltung eine Gebühr von 50,- € fest, überschreitet sie das ihr eingeräumte Ermessen.

Eine Überschreitung des Ermessens muss aber auch dann angenommen werden, wenn die Behörde den **Grundsatz des Vertrauensschutzes** oder den **Grundsatz der Verhältnismäßigkeit** missachtet oder gegen **Grundrechte** verstößt.[621] Daraus ergibt sich folgende Definition der Ermessensüberschreitung:

Eine **Ermessensüberschreitung** liegt vor, wenn die Behörde eine andere Rechtsfolge wählt, als vom Gesetz vorgesehen, oder wenn sie den Grundsatz des Vertrauensschutzes oder den Grundsatz der Verhältnismäßigkeit missachtet oder gegen Grundrechte verstößt.

Hinweis für die Fallbearbeitung: Daraus folgt auch für die Bearbeitung von Fällen, dass, um dogmatisch korrekt vorzugehen, die bei Rn 729 ff. beschriebene **Verhältnismäßigkeitsprüfung** hinsichtlich einer angefochtenen Gefahrenabwehrmaßnahme **im Rahmen der Ermessensüberschreitung** erfolgen muss (vgl. Rn 743).

c. Ermessensfehlgebrauch (Ermessensmissbrauch)

719 Schließlich muss die Behörde das Ermessen entsprechend dem Zweck der Ermächtigung ausüben. Anderenfalls liegt ein Ermessensfehler unter dem Gesichtspunkt des Ermessensfehlgebrauchs/-missbrauchs vor.

720 Ein **Ermessensfehlgebrauch** liegt vor, wenn zwar eine abstrakt zulässige Rechtsfolge gewählt wurde, diese Rechtsfolge jedoch „vom Zweck der Ermächtigung" nicht gedeckt ist (§ 40 Var. 2 VwVfG, § 114 S. 1 Var. 2 VwGO).

721 Das ist insbesondere der Fall, wenn sich die Polizei bei ihrer Entscheidung von sachfremden, durch den Gesichtspunkt der Gefahrenabwehr nicht mehr gedeckten Erwägungen leiten lässt (Fall des Ermessensmissbrauchs), bspw. wenn sie unzutreffende Sachverhaltsfeststellungen macht, wesentliche bekannte Umstände nicht berücksichtigt, sachfremde Erwägungen anstellt, aus persönlichen Gründen (vgl. dazu das Beispiel bei Rn 731) oder aus politischem Opportunismus handelt. Der Fehler beruht hier also auf der *Art und Weise*, wie die Behörde zu ihrer Entscheidung gekommen ist. Es handelt sich um eine Verletzung der sog. **inneren Ermessensgrenzen**.[622]

---

[621] Das ist die vom Verfasser seit der 1. Aufl. 1997 vertretene Auffassung; wie hier nun auch *Hufen*, VerwProzR, § 25 Rn 25 a.E.; *Schenke*, POR, Rn 97; *Voßkuhle*, JuS 2008, 117, 118; *Jötten/Tams*, JuS 2008, 436, 441.
[622] *R. Schmidt*, AllgVerwR, Rn 328 f.

d. Antizipiertes Ermessen auch im Gefahrenabwehrrecht?

721a In diesem Zusammenhang stellt sich weiterhin die Frage, ob ein Ermessensfehlgebrauch (bzw. -nichtgebrauch) auch dann vorliegt, wenn die Exekutivspitze (bzw. das Polizeipräsidium) eine Verwaltungsvorschrift erlässt, die konkrete Handlungsanweisungen enthält und damit dem Amtswalter die Entscheidung abnimmt. Zwar ist es im Allgemeinen Verwaltungsrecht grundsätzlich anerkannt, dass die Verwaltungsspitze durch Verwaltungsvorschrift das Ermessen antizipiert ausüben kann, jedoch ist das Gefahrenabwehrrecht von dem Grundsatz geprägt, sachadäquat auf Einzelfälle zu reagieren. Das gilt jedenfalls für solche Situationen, für deren Begegnung das Polizeigesetz eine konkrete (und damit eine im Einzelfall bestehende) Gefahr fordert. Eine vorweggenommene Ermessensausübung widerspricht diesem Prinzip.

Beispiel[623]: Nach einer „Grundsatzweisung" des Polizeipräsidiums Oberbayern sollten Motorräder von sog. „Hardcore-Rasern" bei einer Geschwindigkeitsüberschreitung von mehr als 40 km/h am Unfallschwerpunkt „Kesselberg" sichergestellt, abgeschleppt und mindestens bis zum nächsten Morgen verwahrt werden. K befuhr die Landstraße im betreffenden Bereich und überschritt die zulässige Höchstgeschwindigkeit um 42 km/h. Er wurde „geblitzt" und einige 100 m weiter angehalten. K beteuerte, künftig nicht mehr die zulässige Höchstgeschwindigkeit zu überschreiten. Dennoch stellte die Polizei eine Ordnungswidrigkeitenanzeige, stellte das Motorrad gem. der o.g. Grundsatzweisung sicher und ließ es zu einer Verwahrstelle bringen, wo K es zwei Tage später gegen Begleichung der mit Leistungsbescheid festgesetzten Kosten von 280,- € abholen konnte.

K begehrt die Feststellung der Rechtswidrigkeit der polizeilichen Sicherstellung seines Motorrads.

Zwar hätte K den Kostenbescheid anfechten können und das Verwaltungsgericht hätte dabei inzident die Rechtmäßigkeit der dem Kostenbescheid zugrunde liegenden Sicherstellungsanordnung geprüft. Allerdings findet in einem solchen Verfahren eine ausdrückliche Feststellung der Rechtswidrigkeit nicht statt. Dem Genugtuungsinteresse des Klägers wird also nicht ausreichend Rechnung getragen. Daher wird dem Kläger die Möglichkeit eröffnet, die Rechtswidrigkeit des polizei- und ordnungsbehördlichen Handelns durch ein Feststellungsurteil feststellen zu lassen. Da sich die Maßnahme bereits vor Klageerhebung erledigt hat, ist die erweiterte Fortsetzungsfeststellungsklage gem. § 113 I S. 4 VwGO analog statthaft (zur Begründung vgl. Rn 445 ff.).

K müsste auch ein berechtigtes Interesse an der Feststellung der Rechtswidrigkeit haben. Als berechtigtes Interesse genügt nach ständiger Rechtsprechung jedes vernünftigerweise nach Lage des Falles anzuerkennende schutzwürdige Interesse rechtlicher, ideeller oder auch wirtschaftlicher Art.

Vorliegend kommt zunächst ein Fortsetzungsfeststellungsinteresse rechtlicher Art (**Wiederholungsgefahr**) in Betracht. Jedoch ist zu beachten, dass diese Art des Fortsetzungsfeststellungsinteresses nicht schon deswegen besteht, weil K eine Wiederholung des polizeilichen Vorgehens bei anderen Motorradfahrern befürchtet. Vielmehr muss eine Wiederholungsgefahr *ihm* gegenüber bestehen. Dies kann jedoch ausgeschlossen werden, da er ja selbst beteuerte, nicht wiederholt gegen die Geschwindigkeitsbeschränkung zu verstoßen.

Allerdings kann ein **Rehabilitationsinteresse** des K bestehen, wenn die Sicherstellung des Motorrads eine diskriminierende Wirkung entfaltet hat. Der VGH München hat diese bejaht. Mit der Sicherstellung des Motorrads sei K von der Polizei der Gruppe der besonders gefährlichen „Hardcore-Raser" zugerechnet worden und habe im Unterschied zu sonstigen Verkehrsteilnehmern mit der Wegnahme des Fahrzeugs eine besonders einschneidende und diskriminierende Behandlung erfahren. Es komme auch

[623] Nach VGH München DAR 2009, 218 ff.

nicht darauf an, ob die mit dem Fahrzeugentzug verbundene Diskriminierung noch fortwirke. Im Hinblick auf das Gebot effektiven Rechtsschutzes bestehe bei sich regelmäßig kurzfristig erledigenden Polizeimaßnahmen ein Rehabilitationsinteresse schon im Falle besonders schwerwiegender Grundrechtseingriffe. Hier liege in der Wegnahme des Fahrzeugs ein erheblicher und schwerer Eingriff in das Eigentumsrecht aus Art. 14 I GG, sodass ein berechtigtes Interesse an der nachträglichen verwaltungsgerichtlichen Kontrolle der Sicherstellung bestehe.

Mithin ist die erweiterte Fortsetzungsfeststellungsklage gem. § 113 I S. 4 VwGO analog statthaft.

Zur **Begründetheit** der Klage: Als Rechtsgrundlage für die Sicherstellung kommt die polizeigesetzliche Befugnisnorm über die Sicherstellung in Betracht, wenn die Sicherstellung schwerpunktmäßig präventiven und nicht repressiven Charakter hatte.[624] Allerdings fehlt es wohl an der erforderlichen konkreten und gegenwärtigen Gefahr, da im Regelfall nicht davon auszugehen ist, dass ein Verkehrssünder von dem straßenverkehrsrechtlichen System von Bußgeldern, Fahrverboten und Punkten[625] unbeeindruckt bleibt, zumal diese Sanktionen seit Anfang 2009 erheblich verschärft worden sind.

Die Sicherstellung des Motorrads war also wegen Fehlens einer konkreten und gegenwärtigen Gefahr rechtswidrig. Darüber hinaus könnte die Sicherstellung auch wegen Ermessensnichtgebrauchs rechtswidrig sein. Denn das Gefahrenabwehrrecht ist von dem Opportunitätsprinzip geprägt, das dem Amtswalter ein Ermessen bei der Frage nach dem Einschreiten und der Wahl der Mittel einräumt. Wenn aber die Exekutivspitze (bzw. das Polizeipräsidium) dieses Ermessen in Form einer „Grundsatzweisung" vorwegnimmt, mag dies im Rahmen des im Allgemeinen Verwaltungsrecht anerkannten antizipierten Ermessens[626] liegen. Jedoch ist das Gefahrenabwehrrecht von dem Grundsatz geprägt, sachadäquat auf Einzelfälle zu reagieren. Das gilt jedenfalls für solche Situationen, für deren Begegnung – wie vorliegend – das Polizeigesetz eine konkrete (und damit eine im Einzelfall bestehende) Gefahr fordert. Eine vorweggenommene Ermessensausübung widerspricht diesem Prinzip.

4. Ermessensreduzierung auf Null

Aufgrund der bereits beschriebenen Funktion der Grundrechte als Vorgabe für die Wirksamkeit bzw. für die Auslegung und Anwendung einfachen Rechts haben die Grundrechte für die Exekutive, und damit auch für die Polizei, nicht nur im Rahmen der Verhältnismäßigkeit besondere Bedeutung, sondern auch bei der Ermessensausübung. Dies kann im Einzelfall dazu führen, dass nur *eine* Entscheidung der Verwaltung nicht gegen Grundrechte verstößt. Aus der Ermessensentscheidung wird *faktisch* (nicht rechtsdogmatisch!) eine gebundene Entscheidung. Das ist der Fall, wenn **722**

- keine Gesichtspunkte ersichtlich sind, die gegen die konkrete Maßnahme bzw. gegen das konkrete Mittel der Gefahrenabwehr sprechen oder
- Gegengründe so geringes Gewicht haben, dass es mit Blick auf den Verhältnismäßigkeitsgrundsatz offensichtlich verfehlt wäre, auf sie abzustellen.
- Im Übrigen kann eine Ermessensreduzierung nur dann vorliegen, wenn die Behörde eine Zusage (i.S.d. § 36 VwVfG) gemacht hat oder

[624] §§ 21 f. MEPolG; Bund: § 47 BundesPolG; BW: §§ 32 f. PolG; Bay: Art. 25 ff. PAG; Berl: §§ 38 ff. ASOG; Brand: §§ 25 ff. PolG; Brem: §§ 23 ff. PolG; Hamb: § 14 SOG; Hess: §§ 40 ff. SOG; MeckVor: §§ 61 ff. SOG; Nds: §§ 26 ff. SOG; NRW: §§ 43 ff. PolG, 24 OBG; RhlPfl: §§ 22 ff. POG; Saar: §§ 21 ff. PolG; Sachs: §§ 26 f. PolG; SachsAnh: §§ 45 ff. SOG; SchlHolst: §§ 210 ff. LVwG; Thür: §§ 27 ff. PAG.

[625] Zur Ahndung von Verkehrsordnungswidrigkeiten hält das Ordnungswidrigkeitenrecht sachadäquate Sanktionen bereit. So muss der Verkehrssünder bei einer Geschwindigkeitsüberschreitung von 40 km/h mit einem Bußgeld i.H.v. 160,- € zzgl. Verwaltungsgebühren i.H.v. 23,50 €, der Eintragung von 3 Punkten im VZR und einem einmonatigen Fahrverbot rechnen (vgl. den aktuellen Bußgeldkatalog).

[626] Zur Rechtsnatur des durch Verwaltungsvorschrift vorweggenommenen Ermessens vgl. *R. Schmidt*, AllgVerwR, Rn 145.

- sie durch ihre Verwaltungspraxis (oder über ermessenslenkende Verwaltungsvorschriften = antizipierte Ermessensausübung) über Art. 3 I GG festgelegt ist (sog. **Selbstbindung der Verwaltung**).

723 In der polizeilichen Praxis kommt eine Ermessensreduzierung auf Null insbesondere dann in Betracht, wenn es um den Schutz **besonders hochwertiger Rechtsgüter** wie **Leben und Gesundheit** von Menschen geht. In diesen Fällen wird regelmäßig eine **Pflicht zum Einschreiten** bestehen. Folgerichtig hat es die Rechtsprechung[627] zu Recht als rechtswidrig angesehen, dass die Ordnungsbehörde es unterließ, in der winterlichen Jahreszeit einem unfreiwillig Obdachlosen unter dem Aspekt des Gesundheitsschutzes eine Unterkunft zur Verfügung zu stellen (vgl. dazu das Beispiel bei Rn 727).

724 Ferner kann eine Verpflichtung zum Tätigwerden auch bei der Beeinträchtigung **bedeutender Vermögenswerte** bestehen. Jedoch wird man bei einem Vergleich mit der Wertigkeit der Schutzgüter Leben und Gesundheit nicht stets eine Handlungspflicht annehmen können, zumal gemäß den Bestimmungen der Polizeigesetze der Schutz privater Rechte der Polizei nur dann obliegt, wenn gerichtlicher Schutz nicht oder nicht rechtzeitig zu erlangen ist und ohne polizeiliche Hilfe die Verwirklichung des Rechts vereitelt oder wesentlich erschwert würde. Hier ist in jedem Fall genau zu prüfen, ob es ermessensfehlerhaft ist, wenn es die Polizei unter Abwägung der betroffenen Rechtsgüter unterlässt, einzuschreiten bzw. eine bestimmte Maßnahme zu ergreifen.

725 Zu weit ginge es auch, trotz Vorliegens einer Gefahr oder Störung für die öffentliche Sicherheit eine Polizeistrategie, die in Anlehnung an das in den 1990er Jahren in New York entwickelte Konzept des „High Performance Policing" nach dem „**Nulltoleranzprinzip**" ein Einschreiten bei jedem auch noch so unbedeuenden Rechtsverstoß fordert[628], zu billigen. Ansätze zu einer solchen Strategie finden sich in der „Aktion Sicherheitsnetz" (ASN), die man als die deutsche Kopie und Variante des amerikanischen „Community Policing" (CP) bezeichnet hat[629] und das auf der experimentalpsychologischen Erkenntnis beruht, dass „broken windows", die nicht sofort erneuert werden, Menschen einen Anreiz zu weiteren Zerstörungen geben.[630] Die Forderung, gegen jeden Rechtsverstoß vorzugehen, läuft der Sache nach auf eine Preisgabe des Opportunitätsprinzips hinaus und ist im Übrigen auch mit den bereits erwähnten verfassungsrechtlichen Grenzen, die das Übermaßverbot dem polizeilichen Handeln setzt, unvereinbar.[631] Das schließt freilich nicht aus, in rechtsdogmatisch korrekter Weise unter Beachtung oben aufgezeigter Kriterien eine Reduzierung des Ermessensspielraums (auf Null) anzunehmen.

726 Liegt eine Ermessensreduzierung vor und ist die Polizei zum Einschreiten verpflichtet, hat der von der Gefahr betroffene Bürger ein **subjektives öffentliches Recht**, dass die Polizei ihrer Handlungspflicht nachkommt und zu seinen Gunsten einschreitet (**Recht auf Einschreiten**). Gemäß den allgemeinen Rechtsgrundsätzen ist unter subjektivem öffentlichem Recht die dem Einzelnen kraft öffentlichen Rechts verliehene Rechtsmacht zu verstehen, vom Staat zur Verfolgung eigener Interessen ein bestimm-

---

[627] OVG Lüneburg NVwZ 1992, 502 f.; VGH Kassel NVwZ 1992, 503 f.; OVG Münster NVwZ 1993, 202 f.; VGH Mannheim NVwZ-RR 1996, 439, 440.
[628] *Schenke*, POR, Rn 99.
[629] *Erbel*, DVBl 2001, 1714, 1722.
[630] *Schenke*, POR, Rn 99.
[631] *Schenke*, POR, Rn 99.

tes Verhalten verlangen zu können.[632] Weigert sich die Polizei, ihrer Pflicht nachzukommen, kann der Anspruchsinhaber das gewünschte Einschreiten gerichtlich einklagen bzw. nachträglich die Rechtswidrigkeit des Untätigbleibens der Polizei gerichtlich feststellen lassen und Schadensersatz wegen Amtspflichtverletzung (§ 839 I BGB, Art. 34 GG) verlangen.

Davon zu unterscheiden ist die Frage, ob und inwieweit ein **Dritter** einen Anspruch **727**
auf polizeiliches Einschreiten hat. Allein aus der Pflicht zur ermessensfehlerfreien Entscheidung bzw. bei Vorliegen einer Ermessensreduzierung auf Null lässt sich noch kein Anspruch ableiten. Vielmehr ist auch hier ein subjektives öffentliches Recht erforderlich. Bei Ansprüchen Dritter ist das subjektive öffentliche Recht allerdings dadurch konkretisiert, dass eine Rechtsnorm bestehen muss, die nicht nur die Interessen der Allgemeinheit schützen soll, sondern - zumindest auch - den Individualinteressen des Klägers (hier: des Dritten) zu dienen bestimmt ist (sog. **Schutznormtheorie**).[633] Ob das bei den polizeilichen Befugnisnormen der Fall ist, ist unklar und mit abstrakten Erklärungen kaum darzulegen.[634] Zum Verständnis, aber auch um die Verankerung der bisherigen Ausführungen in der Fallbearbeitung zu veranschaulichen, sei folgender Beispielsfall angeführt, dessen Lösung der Internetseite des Verlags der Rubrik Verlagsprogramm/Falllösungen entnommen werden kann:

> **Beispiel:** Trotz intensiver Bemühungen ist es dem obdachlosen O nicht gelungen, sich für die winterliche Jahreszeit eine Unterkunft zu besorgen. Insbesondere kommt wegen Überfüllung die Unterbringung im städtischen Obdachlosenheim nicht in Betracht. Dies wiederum veranlasst O, die zuständige Polizeibehörde zu verpflichten, ihn vorläufig in die leer stehende Wohnung des E einzuweisen.

Im Übrigen ist anzumerken, dass eine Ermessensreduzierung auf Null vornehmlich **728**
beim **Entschließungsermessen** in Betracht kommt. Denn steht fest, dass eingeschritten werden muss, stehen der Polizei oftmals immer noch mehrere Handlungsmöglichkeiten zur Verfügung.

---

[632] *R. Schmidt*, AllgVerwR, Rn 229; *Maurer*, AllgVerwR, § 8 Rn 2. Vgl. auch OLG Karlsruhe NVwZ 2001, 712 ff.; *Konrad*, JA 2002, 967 ff.; *Spiegels*, NVwZ 2003, 1091 ff.

[633] BVerwGE 107, 215, 220; VGH Kassel NVwZ 2001, 112; *R. Schmidt*, JuS 1999, 1107, 1110.

[634] Vgl. dazu etwa VG Hamburg NJW 2012, 2536 f. (kein Anspruch eines Privaten gegen die Polizei- und Ordnungsbehörde auf Untersagung einer aus seiner Sicht blasphemischen Theateraufführung).

III. Beachtung des Grundsatzes der Verhältnismäßigkeit

1. Verfassungsrechtliche Grundlagen

729 Der in den Polizeigesetzen deklaratorisch nachgezeichnete[635] Grundsatz der Verhältnismäßigkeit ist Ausdruck des allgemeinen verfassungsrechtlich garantierten Übermaßverbots. Er gilt für alle staatlichen Akte von Verfassungs wegen und wurzelt letztlich im Demokratie- und Rechtsstaatsprinzip. Aufgrund seiner besonderen Bedeutung gerade für die Gefahrenabwehr ist er jedoch, wenn auch lediglich deklaratorisch, in die Polizeigesetze aufgenommen worden. Er begrenzt das polizeiliche Entschließungs- und Auswahlermessen. Inhaltlich besagt er, dass die Freiheit des Einzelnen nur so weit eingeschränkt werden darf, wie es im Interesse des Gemeinwohls unabdingbar ist („nicht mit Kanonen auf Spatzen schießen").[636] Eine Gefahrenabwehrmaßnahme, die in Grundrechte eingreift, ist demnach nur dann verhältnismäßig, wenn

- der von ihr verfolgte **Zweck legitim** ist, also als solcher verfolgt werden darf,
- der Einsatz des Mittels zur Erreichung des Ziels **geeignet**,
- **erforderlich**
- und **angemessen** ist.

2. Komponenten des Verhältnismäßigkeitsgrundsatzes

a. Der legitime Zweck der Gefahrenabwehrmaßnahme

730 Die **Legitimität** einer Gefahrenabwehrmaßnahme ist in aller Regel gegeben, wenn deren Zweck in der Abwehr einer Gefahr für ein polizeirechtlich geschütztes Rechtsgut, d.h. für ein Schutzgut der öffentlichen Sicherheit, besteht.

731 Zweifel an der Legitimität werden bei einer Fallbearbeitung eher selten in Betracht kommen, etwa wenn der Beamte aus sachwidrigen Gründen handelt, z.B. aus persönlich motivierter Animosität. Jedoch wird in einem solchen Fall zumeist auch ein Befangenheitsgrund i.S.v. § 21 VwVfG vorliegen, sodass die Maßnahme bereits formell rechtswidrig ist. Eine Heilung dieses formellen Fehlers ist nicht möglich, da er vom abschließenden Kanon des § 45 VwVfG nicht erfasst ist. Auch eine Unbeachtlichkeit nach § 46 VwVfG, der zufolge es zwar bei der (formellen) Rechtswidrigkeit der Maßnahme bleibt, jedoch der (gerichtliche) Aufhebungsanspruch entfällt, wird kaum anzunehmen sein. Denn § 46 VwVfG greift nicht, wenn eine andere Entscheidung hätte ergehen können. Kommen mehrere Maßnahmen in Betracht und verstößt der Beamte bei der Mittelauswahl gegen den Grundsatz der Verhältnismäßigkeit, ist die Maßnahme rechtswidrig. Gleichzeitig hat die Verletzung der Verfahrensvorschrift des § 21 VwVfG auch die Entscheidung in der Sache beeinflusst.

Beispiel: Weil es in einem Wohngebiet erneut zu einer nächtlichen Ruhestörung durch alkoholisierte Jugendliche kommt, wendet sich die aufgebrachte Nachbarin N gegen 0.45 Uhr an die Polizei. Nachdem Polizeihauptwachtmeister P vor Ort eingetroffen ist, schildert N ihm ihre Beobachtungen. P ist hocherfreut, denn er erkennt in einem der Jugendlichen D, von dem sein Sohn ständig in der Schule und in der Freizeit drangsaliert wird. Er entschließt sich daher, es D mal so richtig „heimzuzahlen" und verspricht der N, sich der Sache persönlich anzunehmen. So geschieht es. P nimmt D umgehend über Nacht in Polizeigewahrsam.

---

[635] Bund: § 15 BundesPolG; BW: § 5 PolG; Bay: Art. 4 PAG; Berl: § 11 ASOG; Brand: § 3 PolG; Brem: § 3 PolG; Hamb: § 4 SOG; Hess: § 4 SOG; MeckVor: § 15 SOG; Nds: § 4 SOG; NRW: § 2 PolG; RhlPfl: § 2 POG; Saar: § 2 PolG; Sachs: § 3 II-IV PolG; SachsAnh: § 5 SOG; SchlHolst: § 73 LVwG; Thür: § 4 PAG.

[636] BVerfGE 19, 343, 348; 69, 135; *Michael*, JuS 2001, 148 ff.

In diesem Fall ist die Maßnahme formell rechtswidrig. P handelte aus persönlichen Gründen und war befangen i.S.v. § 21 I S. 1 VwVfG. Eine Heilung gem. § 45 VwVfG kommt nicht in Betracht, weil ein Verstoß gegen § 21 VwVfG nicht vom Katalog des § 45 VwVfG erfasst ist. Ob eine Unbeachtlichkeit gem. § 46 VwVfG in Betracht kommt, hängt davon ab, ob in der Sache (k)eine andere Entscheidung hätte ergehen können (tatsächliche Alternativlosigkeit). Das wiederum hängt von der materiellen Rechtmäßigkeit der Maßnahme ab. Stehen dem handelnden Beamten mehrere (gleichermaßen zur Gefahrenabwehr geeignete) Mittel zur Verfügung, wählt er aber dasjenige, das den Betroffenen in größerem Maße in den (Grund-)Rechten beeinträchtigt, ist die Mittelauswahl wegen Verstoßes gegen den Verhältnismäßigkeitsgrundsatz materiell rechtswidrig.

Demzufolge war der Polizeigewahrsam über Nacht unverhältnismäßig. Es war schon kein legitimer Zweck erkennbar, D überhaupt in Gewahrsam zu nehmen. Eine Ingewahrsamnahme wäre lediglich dann in Betracht gekommen, wenn D sich trotz entsprechender Aufforderung, die Lärmbelästigung zu unterlassen und nach Hause zu gehen, nicht einsichtig gezeigt hätte und auch ein Nachhausebringen des D durch P nicht möglich gewesen wäre. Doch dazu enthält der Sachverhalt keine Angaben.

Da der Polizeigewahrsam offensichtlich unverhältnismäßig war, hätte eine andere Entscheidung nicht nur ergehen können, sondern auch ergehen müssen. Er war daher materiell und auch formell rechtswidrig.

b. Geeignetheit der Gefahrenabwehrmaßnahme

Geeignet ist eine Gefahrenabwehrmaßnahme, wenn sie zur Gefahrenabwehr objektiv zwecktauglich ist, wenn die Maßnahme zur Gefahrenbekämpfung bzw. Störungsbeseitigung beiträgt, der Zweck also wenigstens gefördert wird („Schritt in die richtige Richtung"). 732

Als untauglich sind daher lediglich solche Mittel anzusehen, die schon im Ansatz den Zweck verfehlen. Das ist insbesondere der Fall, wenn sie auf etwas tatsächlich oder rechtlich Unmögliches gerichtet sind, so z.B. die Auflage für die Teilnehmer einer Demonstration in der Innenstadt, „jede Beeinträchtigung des Fußgänger- und Fahrzeugverkehrs zu vermeiden". In diesem Fall liegt außerdem ein Verstoß gegen den Bestimmtheitsgrundsatz nahe. 733

Maßgeblich für die Beurteilung ist die *Ex-ante*-Sicht des handelnden Beamten. Insoweit ergibt sich eine Parallele zur Anscheinsgefahr: Durfte der Beamte bei verständiger Würdigung der Sachlage von der Tauglichkeit des gewählten Mittels ausgehen, ändert sich an der Rechtmäßigkeit auch dann nichts, wenn sich im Nachhinein herausstellt, dass der Beamte das falsche Mittel gewählt hat, zumal zu berücksichtigen ist, dass ihm im Hinblick auf die Effizienz der Gefahrenbekämpfung oft nur wenig Zeit zur Prüfung bleibt. 734

Sollte sich dennoch die Rechtswidrigkeit ergeben, steht dem Betroffenen zunächst die Fortsetzungsfeststellungsklage analog § 113 I S. 4 VwGO zur Verfügung, die auf die Feststellung der Rechtswidrigkeit der Maßnahme gerichtet ist, sofern es sich bei der angegriffenen Maßnahme um einen erledigten Verwaltungsakt handelt.[637] Begehrt der Betroffene die Beseitigung des durch die Handlung herbeigeführten rechtswidrigen Zustands, steht ihm der Folgenbeseitigungsanspruch zu, sofern die Beseitigung des rechtswidrigen Zustands tatsächlich und rechtlich möglich, und im Übrigen der Behörde auch zumutbar ist.[638] Darüber hinaus kommen Entschädigungsansprüche gemäß 735

[637] Zur Fortsetzungsfeststellungsklage vgl. ausführlich *R. Schmidt*, VerwProzR, Rn 395 ff.
[638] Zum Folgenbeseitigungsanspruch vgl. ausführlich *R. Schmidt*, AllgVerwR, Rn 1274 ff.

den Bestimmungen der Polizeigesetze sowie Amtshaftungsansprüche gem. § 839 I BGB, Art. 34 GG in Betracht.[639]

c. Erforderlichkeit der Gefahrenabwehrmaßnahme

736 **Erforderlich** ist eine Gefahrenabwehrmaßnahme, wenn sie – bei objektiver Betrachtung – von mehreren möglichen und gleich geeigneten Mitteln dasjenige ist, das den Einzelnen und die Allgemeinheit am wenigsten beeinträchtigt.

737 Dieses Prinzip des sog. Interventionsminimums fragt danach, ob im konkreten Fall nicht eine zur Gefahrenabwehr gleich wirksame Maßnahme in Betracht kommt, die für den Betroffenen weniger belastend wirkt (Grundsatz des geringsten Eingriffs).

Beispiel: K stellt seinen Wagen in der Nähe der Fußgängerzone verkehrswidrig und verkehrsbehindernd ab und begibt sich auf einen Stadtbummel. Die Polizei sieht sich veranlasst, den Wagen sofort abschleppen zu lassen, weil sich mittlerweile schon ein Verkehrsstau gebildet hat. Der von der Polizei beauftragte Abschleppunternehmer verbringt den Wagen auf seinen Betriebshof außerhalb des Stadtzentrums, wo K ihn gegen Zahlung von 180,- € in Empfang nehmen kann.

In diesem Fall gebietet die Dringlichkeit, die Gefahr sofort zu beseitigen und das Wegfahrgebot, das bei Anwesenheit des Fahrers diesem gegenüber auszusprechen gewesen wäre, mit Mitteln des Zwangs unverzüglich durchzusetzen. Die Verwaltungsvollstreckungsgesetze der Länder sehen diesen sog. Sofortvollzug ausdrücklich vor (vgl. Rn 569/1025 ff.). Fraglich ist lediglich, ob das Verbringen auf den weiter entfernten Betriebshof des Abschleppunternehmers erforderlich war. Das war insbesondere dann nicht der Fall, wenn der Wagen ohne weiteres auf einen öffentlichen, in der Nähe befindlichen Parkplatz hätte versetzt werden können.

738 Zu beachten ist schließlich, dass ein Verstoß gegen den Grundsatz des geringsten Eingriffs nicht vorliegt, wenn zwar zur Gefahrenbekämpfung ein anderer Eingriff in Betracht gekommen wäre, der den Betroffenen weniger belastet, dieser aber zu einer gravierenden Beeinträchtigung der Allgemeinheit geführt hätte.[640]

739 Eng verwandt mit dem zuletzt genannten Punkt ist das **Angebot des Austauschmittels**: Kommen zur Abwehr einer Gefahr mehrere Mittel in Betracht, genügt es, wenn eines davon bestimmt wird. Dem Betroffenen ist jedoch auf Antrag zu gestatten, ein anderes ebenso wirksames Mittel anzuwenden, sofern die Allgemeinheit dadurch nicht stärker beeinträchtigt wird. Besteht also die in Anspruch genommene Person auf den Einsatz eines bestimmten (gleichermaßen geeigneten) Mittels, ist nur dessen Anwendung rechtmäßig, selbst wenn es bei objektiver Betrachtung einen **gravierenderen Eingriff** in die Rechtssphäre des Betroffenen bedeutet.[641]

Beispiel: E ist Eigentümer eines alten, im Außenbereich gelegenen Bauernhauses. Schon mehrmals hat ihm die Bauordnungsbehörde aufgegeben, er müsse sein Haus instand setzen, um die Einsturzgefahr zu beseitigen. Nachdem die Behörde nunmehr eine Ersatzvornahme ankündigt, macht E geltend, er wolle das Haus abreißen.

In diesem Fall wäre die Durchführung der Ersatzvornahme rechtswidrig, weil E ein Austauschmittel angeboten hat. Dass für E der Abriss u.U. eine gravierendere Beeinträchtigung bedeutet, ist irrelevant, weil er auf einer freien Entscheidung des E beruht und diese im Übrigen von der Behörde auch zu respektieren ist (vgl. die polizeigesetzlichen Bestimmungen über das Ermessen: „*ist* zu gestatten"). Etwas anderes würde nur dann

---

[639] Zum Amtshaftungsanspruch vgl. ausführlich *R. Schmidt*, AllgVerwR, Rn 1062 ff.
[640] *Schenke*, POR, Rn 335; *Pieroth/Schlink/Kniesel*, POR, § 10 Rn 25.
[641] Wie hier OVG Bremen, Urt. v. 16.6.1995 – 1 BA 11/95.

gelten, wenn dadurch die Allgemeinheit stärker belastet würde. Das wäre z.B. der Fall, wenn es sich um ein denkmalgeschütztes Haus handelte, an dessen Erhalt die Allgemeinheit ein Interesse hätte, welches der Gesetzgeber spezialgesetzlich durch das LandesDenkmalSchutzG normiert hat. Doch darüber erhält der vorliegende Sachverhalt keine Angaben.

Da die Polizeigesetze die Zeit zum Angebot des Austauschmittels nicht befristet haben, **740** stellt sich die Frage, ob es der Rechtsfriede und der Verwirkungsgedanke gebieten, das Austauschmittel bis zum Eintritt der Bestandskraft des (vollstreckungsfähigen) Verwaltungsakts zu befristen. Das OVG Bremen hat jedoch entschieden, dass das Austauschangebot unbefristet angeboten werden könne.[642] Das ist bedenklich. Folgte man dieser Rechtsprechung, hätte es der Betroffene in der Hand, durch Anbieten eines Austauschmittels die Bestandskraft des Verwaltungsakts zu beseitigen. Damit könnte er die Voraussetzungen der sonst für die Aufhebung eines bestandskräftigen Verwaltungsakts vorgesehenen Möglichkeiten nach §§ 48, 49 oder 51 VwVfG umgehen. Gerade mit diesen Vorschriften wollten die Landesgesetzgeber abschließend regeln, unter welchen Voraussetzungen ein unanfechtbar gewordener Verwaltungsakt aufgehoben werden kann.

Hiervon unberührt kann der Betroffene selbstverständlich die Gefahr durch Anwen- **741** dung eines anderen als im Verwaltungsakt vorgesehenen Mittels beseitigen. Denn Zweck des PolG ist die Gefahrenabwehr. Gelingt diese dem Pflichtigen, ist der Zweck erreicht. Voraussetzung ist aber, dass die Gefahrbeseitigung effektiv ist und die Allgemeinheit nicht stärker belastet als dies durch die im Verwaltungsakt genannte Maßnahme der Fall wäre. Nach Beseitigung der Gefahr unter Anwendung des Austauschmittels hat der Pflichtige dann einen Aufhebungsanspruch in Bezug auf den Verwaltungsakt, den er wegen eingetretener Erledigung im Rahmen einer Fortsetzungsfeststellungsklage analog § 113 I S. 4 VwGO geltend machen kann.

Im Übrigen zeigen die Ausführungen zum Austauschmittel, dass eine scharfe Tren- **742** nung des Ermessens vom Grundsatz der Verhältnismäßigkeit nicht möglich ist. Hinzu kommt, dass für den Fall, in dem die Behörde unverhältnismäßig handelt, sie gleichzeitig eine andere Rechtsfolge setzt als von der Befugnisnorm vorgesehen. Damit begeht sie einen Ermessensfehler, und zwar in Form der Ermessensüberschreitung.

Hinweis für die Fallbearbeitung: Hieraus wird noch einmal deutlich, dass in ei- **743** ner Klausur, damit dogmatisch korrekt vorgegangen wird, die komplette **Verhältnismäßigkeitsprüfung** hinsichtlich der angefochtenen Gefahrenabwehrmaßnahme im Rahmen der Ermessens*überschreitung* erfolgen muss.[643] Bei der Ermessensüberprüfung ist also zu untersuchen, ob die Maßnahme noch in verhältnismäßiger Weise in geschützte Grundrechtspositionen eingegriffen hat. Ist dies nicht der Fall, war sie wegen Ermessensüberschreitung rechtswidrig. Teilweise wird auch vertreten, den Grundsatz der Verhältnismäßigkeit aufbautechnisch *nach* dem Ermessen zu prüfen. Diese Vorgehensweise ist abzulehnen, denn überschreitet die Verwaltung das ihr eingeräumte Ermessen, verstößt sie zugleich gegen Grundrechte, gegen allgemeine Grundsätze des Verwaltungsrechts und/oder gegen den Grundsatz der Verhältnismäßigkeit. Für eine separate Prüfung der Verhältnismäßigkeit ist somit kein Raum mehr. Insbesondere ist eine „freischwebende" Verhältnismäßigkeitsprüfung abzulehnen.[644]

---

[642] OVG Bremen DÖV 1986, 704, 705.
[643] So auch *Hufen*, VerwProzR, § 25 Rn 30 a.E.; *Schenke*, POR, Rn 97.
[644] Etwas anderes gilt freilich für die gebundene Verwaltungsentscheidung. Hier kann die Verhältnismäßigkeitsprüfung selbstverständlich nicht im Rahmen der Ermessensüberschreitung erfolgen. Die Verhältnismäßigkeit ist bei der Auslegung der unbestimmten Rechtsbegriffe zu beachten.

d. Die Angemessenheit der Gefahrenabwehrmaßnahme

Schließlich muss die Gefahrenabwehrmaßnahme angemessen sein.

744 **Angemessen** ist eine Gefahrenabwehrmaßnahme, wenn das mit ihr verfolgte Ziel in seiner Wertigkeit nicht außer Verhältnis zur Intensität des Eingriffs steht (Zumutbarkeit der Maßnahme = Verhältnismäßigkeit i.e.S.).

745 Es muss eine Abwägung stattfinden zwischen der Intensität des Eingriffs in das grundrechtlich geschützte Rechtsgut und der Wertigkeit des verfolgten Zwecks der Maßnahme. Zu beachten ist aber, dass die Entscheidung hinsichtlich der Gefahrenabwehr i.d.R. rasch getroffen werden muss und dass dem Beamten oftmals nicht viel Zeit bleibt, Für und Wider abzuwägen, was die Schwierigkeit des gebotenen Abwägungsprozesses ausmacht. Daher wird man den Grundsatz der Verhältnismäßigkeit **nicht schon bei einem geringen Übergewicht des Nachteils** gegenüber dem Erfolg der Maßnahme als verletzt ansehen können. Auf der anderen Seite führt ein **erkennbares Missverhältnis von einigem Gewicht** stets zur Unverhältnismäßigkeit. Im Übrigen sind bei der Abwägung einerseits das bedrohte Schutzgut, andererseits aber auch die Schwere des drohenden Schadens (Umfang, Gewicht, Ausmaß des Nachteils für den Betroffenen, finanzielle Folgen, Zerstörung von Werten) sowie die Wahrscheinlichkeit des Schadenseintritts zu berücksichtigen.

Beispiele: Es ist allgemeine Praxis, dass Kommunen aus generalpräventiven Gründen auch dann straßenverkehrswidrig abgestellte Fahrzeuge abschleppen (lassen), wenn von diesen weder eine Behinderung noch eine Gefährdung ausgehen. Das ist sehr bedenklich und verstößt m.E. eindeutig gegen den Grundsatz der Verhältnismäßigkeit. Gleichwohl wird diese Praxis von den (Verwaltungs-)Gerichten durchweg gebilligt.[645]

Die Anordnung über die Erhöhung des Abgaskamins verstößt nur dann nicht gegen das Übermaßverbot, wenn der Kostenaufwand nicht in einem groben Missverhältnis zum Erfolg, nämlich zur Verringerung der Geruchsbelästigung steht. Freilich ist die Wertigkeit der Geruchsbelästigung (Art. 2 II S. 1 GG) nicht unterzubewerten.

746 Im Übrigen ist auch die Angemessenheit der Maßnahme in vollem Umfang justiziabel; ein gerichtlich nicht weiter überprüfbarer Beurteilungsspielraum steht dem handelnden Polizeibeamten nicht zu, auch wenn er letztlich eine Prognoseentscheidung trifft. Maßgeblicher Zeitpunkt für die Beurteilung der Rechtmäßigkeit ist wiederum der Zeitpunkt, in dem der Beamte über die Frage des Einschreitens und der Auswahl des Mittels entscheiden muss (also die Ex-ante-Sicht).

3. Zeitliche Grenzen des Verhältnismäßigkeitsgrundsatzes

747 Die polizeigesetzlichen Vorschriften über die Verhältnismäßigkeit normieren eine Ausprägung des Verhältnismäßigkeitsgrundsatzes auch in zeitlicher Hinsicht. Ist der Zweck erreicht oder kann er nicht mehr erreicht werden, muss die Maßnahme eingestellt werden. Das schließt freilich nicht aus, eine erneute Maßnahme zu erlassen. Allerdings wird diese kaum rechtmäßig sein, sofern sie sich nicht auf andere Gründe stützen lässt.

[645] Vgl. dazu die zahlreichen Nachweise bei *R. Schmidt*, Fälle zum POR, Fall 12.

IV. Polizeirechtlich Verantwortliche (Störer)

Existiert nur eine Person, die als Adressat einer Polizeiverfügung in Betracht kommt, ist die Störereigenschaft dieser Person i.d.R. bereits auf der Tatbestandsebene zu prüfen (Rn 107, 627). Bei mehreren Verantwortlichen ist die Auswahl zwischen ihnen hingegen eine Frage des Auswahlermessens, mithin eine Problematik der Rechtsfolgeseite.[646] Daher soll im Rahmen dieser Bearbeitung die Störereigenschaft des Adressaten zusammenhängend auf der Ebene des Auswahlermessens dargestellt werden. 748

1. Übersicht über die Polizeipflichtigkeit

Greift die Polizei zur Abwehr von Gefahren für die öffentliche Sicherheit in die Rechte von Personen ein, bedarf sie dazu nicht nur einer Rechtsgrundlage, sondern sie muss sich auch grundsätzlich an denjenigen halten, der für den Gefahrenzustand polizeirechtlich verantwortlich ist, den sog. **Verantwortlichen.**[647] Sofern die gefahrenabwehrrechtlichen Spezialgesetze (vgl. etwa §§ 24 ff. InfSchG, § 4 BBodSchG) und die polizeigesetzlichen Vorschriften über die Standardmaßnahmen den Kreis der Pflichtigen festlegen, dürfen entsprechende Verfügungen nur gegen die dort genannten Adressaten ergehen. Das ergibt sich zum einen aus den Subsidiaritätsregelungen der Polizeigesetze[648] und zum anderen aus dem Grundsatz *lex specialis derogat legi generali*. Allerdings enthalten viele gefahrenabwehrrechtliche Befugnisnormen (insbesondere die Befugnisgeneralklauseln) keine Aussage, gegen wen entsprechende Maßnahmen zu richten sind. In diesen Fällen findet sich eine begrenzende Regelung in den Normen über die Verhaltens- und die Zustandsverantwortlichkeit.[649] Danach kennt das Polizeirecht folgende Polizeipflichtigkeiten (Verantwortlichkeiten) von Personen: 749

(1) die **Verhaltensverantwortlichkeit**, d.h. die Verantwortlichkeit für eigenes Verhalten

(2) die **Zusatzverantwortlichkeit** in der Variante, in der das Verhalten von Personen zugerechnet wird, denen gegenüber eine Aufsichtspflicht besteht

(3) die **Zusatzverantwortlichkeit** in der Variante, in der das Verhalten von Personen zugerechnet wird, die zu einer Verrichtung bestellt sind und die die Gefahr in Ausübung der Verrichtung verursacht haben[650]

(4) die **Zustandsverantwortlichkeit** in der Variante, in der eine Verantwortlichkeit für eine gefahrverursachende Sache begründet wird, der gegenüber die tatsächliche Sachherrschaft besteht

(5) die **Zustandsverantwortlichkeit** in der Variante, in der eine Verantwortlichkeit für eine eigene gefahrverursachende Sache begründet wird

(6) die **Verantwortung für derelinquierte Sachen**

(7) die **Nichtverantwortlichkeit** nach besonderer Inpflichtnahme

---

[646] Vgl. bereits sämtliche Vorauflagen; wie hier nun auch *B. Hartmann*, JuS 2008, 593, 594.

[647] Weit verbreitet ist auch der Begriff **Störer**. Dieser ist jedoch zu eng, weil er vermuten lassen könnte, dass eine Störung bereits eingetreten sei und nur derjenige in Anspruch genommen werden dürfe, der die Störung zu verantworten habe. Zwar kann auch die Störungsbeseitigung zur Gefahrenabwehr gehören, allerdings setzen Gefahrenabwehrmaßnahmen gerade im Vorfeld von Störungen an, um deren Eintritt zu verhindern. Der Begriff Störer trägt diesem Umstand nicht genügend Rechnung und sollte vermieden werden. Terminologisch korrekt ist allein der Begriff Verantwortlicher. Gleichwohl wird auch im Rahmen der vorliegenden Bearbeitung gelegentlich der Begriff Störer verwendet, soweit dies der üblichen Terminologie entspricht.

[648] Vgl. Bay: Art. 7 IV PAG; Berl: §§ 13 IV, 14 V, 16 IV ASOG; Brand: §§ 5 IV, 6 IV, 7 III PolG; Brem: § 8 PolG; MeckVor: § 68 SOG; Nds: § 9 SOG; NRW: §§ 4 IV, 5 IV, 6 III PolG; SchlHolst: § 217 LVwG; Thür: §§ 7 IV, 8 IV, 10 III PAG.

[649] Vgl. §§ 4-6 MEPolG; BW: §§ 6-9 PolG; Bay: Art. 7-10 PAG; Berl: §§ 13-16 ASOG; Brand: §§ 5-7 PolG; Brem: §§ 5-8 PolG; Hamb: §§ 7-10 SOG; Hess: §§ 6-9 SOG; MeckVor: §§ 68-71 SOG; Nds: §§ 6-9 SOG; NRW: §§ 4-6 PolG; RhlPfl: §§ 4-7 POG; SchlHolst: §§ 217-220 LVwG; Saar: §§ 4-6 PolG; Sachs: §§ 4-7 PolG; SachsAnh: §§ 7-10 SOG; Thür: §§ 7-10 PAG.

[650] Zu beachten ist, dass diese Haftung kumulativ neben die Haftung des unmittelbaren Verursachers tritt.

750 **Hinweis für die Fallbearbeitung:** Stützt sich die konkret zu untersuchende Gefahrenabwehrmaßnahme auf eine spezialgesetzliche Befugnisnorm oder auf eine Vorschrift des Polizeigesetzes über eine Standardmaßnahme, muss in der Fallbearbeitung diese als einschlägig befundene Eingriffsermächtigung darauf hin untersucht werden, ob sie eine Aussage über den Adressaten der Regelung trifft. Ist das der Fall, durfte die Verfügung auch nur gegen eine Person des dort genannten Personenkreises ergehen. Ist der Adressatenkreis dagegen nicht festgelegt, gelten die allgemeinen polizeigesetzlichen Vorschriften über die Verhaltens- und Zustandsverantwortlichkeit.

Beispiele:

(1) Nach §§ 24 ff. InfSchG sind die Ermittlungen gegen den dort genannten Personenkreis oder dessen Umfeld zu richten.

(2) Die Standardmaßnahme „Betreten und Durchsuchung von Wohnungen" richtet sich an den „Inhaber". Andere Personen kommen als Adressaten nicht in Betracht.

(3) Entsprechendes gilt, wenn eine Standardmaßnahme ausdrückt, dass eine Gefahrenabwehrmaßnahme gegen die Person getroffen werden darf, die sich „dort" aufhält. Hier ist der Adressatenkreis der Verfügung auf die vor Ort anwesenden Personen beschränkt. Spricht eine Standardbefugnis dagegen lediglich von „einer Person", gelten die allgemeinen Bestimmungen über die Verhaltens- und Zustandsverantwortlichkeit.

Die allgemeinen Vorschriften über die Verhaltens- und Zustandsverantwortlichkeit gelten jedoch uneingeschränkt bei der Anwendung der Befugnisgeneralklausel, weil diese keine Richtungsbestimmung enthält.

Die Vorschriften über die Verantwortlichkeit stellen keine Rechtsgrundlagen dar; sie geben lediglich die Richtung vor, gegen wen sich Gefahrenabwehrmaßnahmen zu richten haben. Auch spielen sie eine Rolle bei der Kostenfrage. Prinzipiell stehen dem polizeirechtlich Verantwortlichen keine Kostenerstattungs- bzw. Schadensersatzansprüche zu. Schließlich war *er* es, der die Gefahr verursacht hat und durch die Gefahrenabwehrmaßnahme lediglich in die Schranken seiner Grundrechte verwiesen wurde. Folgerichtig kann er jedenfalls dann, wenn der Polizeieinsatz rechtmäßig war, keinen Ausgleich für die entstandenen Schäden verlangen. Der Träger der Gefahrenabwehrbehörde hat gegen den Verantwortlichen hingegen einen Anspruch auf Kostenerstattung.

2. Verhaltensverantwortlichkeit - Zustandsverantwortlichkeit

751 Gefahrenabwehrmaßnahmen gegen Personen sind regelmäßig mit Rechtseingriffen verbunden. Daher muss der in Anspruch Genommene i.d.R. für den zu bekämpfenden Gefahrenzustand verantwortlich sein. Die Verantwortlichkeit ist ein wesentliches Element des rechtsstaatlich motivierten Polizei- und Ordnungsrechts.

752 Grundsätzlich ist daher nur die Inanspruchnahme **verantwortlicher** Personen vorgesehen. Nur unter strengen Voraussetzungen dürfen auch **nichtverantwortliche** Personen in Anspruch genommen werden[651] (dazu später). Im Übrigen kennt das allgemeine Polizei- und Ordnungsrecht zwei Anknüpfungspunkte für die gesetzliche Bestimmung der Verantwortlichkeit:

---

[651] Vgl. BW: § 9 PolG; Bay: Art. 10 PAG; Berl: § 16 ASOG; Brand: § 7 PolG; Brem: § 7 PolG; Hamb: § 10 SOG; Hess: § 9 SOG; MeckVor: § 71 SOG; Nds: § 8 SOG; NRW: § 6 PolG; RhlPfl: § 7 POG; Saar: § 6 PolG; Sachs: § 7 PolG; SachsAnh: § 10 SOG; SchlHolst: § 220 LVwG; Thür: § 10 PAG.

- das Verhalten von Personen (**Verhaltensverantwortlichkeit** für eigenes Verhalten und die Zusatzverantwortlichkeit für das gefahrenverursachende Verhalten anderer)[652]
- und den Zustand von Sachen (**Zustandsverantwortlichkeit**)[653].

So trifft nach der Legaldefinition der meisten Polizeigesetze die **Verhaltensverantwortlichkeit** in erster Linie denjenigen, der die Gefahr selbst verursacht. Hinzu tritt für Aufsichtspflichtige und Geschäftsherren von Verrichtungsgehilfen die sog. **Zusatzverantwortlichkeit** für das gefahrenverursachende Verhalten anderer, wobei wegen der verschuldensunabhängigen polizei- und ordnungsrechtlichen Verantwortlichkeit eine Exkulpationsmöglichkeit bzw. Haftungsprivilegierung - wie nach den §§ 831, 1664 BGB - *nicht* besteht. 753

Die **Zustandsverantwortlichkeit** erfasst Fälle, in denen die Gefahr von einer Sache (oder einem Tier) ausgeht, und trifft verschuldensunabhängig den Inhaber der tatsächlichen Gewalt bzw. den Eigentümer (oder einen anderen Berechtigten). 754

Bei der Bestimmung der Störereigenschaft ergeben sich im Wesentlichen **drei Problemfelder**, die im Folgenden nacheinander behandelt werden: 755

- Die Störereigenschaft des Adressaten liegt *objektiv* nicht vor (Figur des **Anscheinsstörers**, **Putativstörers** oder **Verdachtsstörers**).
- *Mehrere* Ursachen führen zu einer Gefahr (Unmittelbarkeitstheorie, Figur des sog. **Zweckveranlassers**).
- Inanspruchnahme eines *Nichtstörers* (**polizeilicher Notstand**).

3. Als Störer in Betracht kommende Personen/Personengruppen

Als Polizeipflichtige kommen zunächst **natürliche Personen** in Betracht. Aufgrund der Zielsetzung des Gefahrenabwehrrechts – effektive Gefahrenabwehr; keine Sanktionierung für persönliches Fehlverhalten – spielt es dabei keine Rolle, ob die in Anspruch genommene Person volljährig bzw. geschäfts- oder deliktsfähig ist oder ob sie den Gefahrenzustand schuldhaft herbeigeführt hat. Fehlt der betreffenden Person allerdings die verwaltungsverfahrensrechtliche Handlungsfähigkeit (vgl. § 12 VwVfG, wonach nicht geschäftsfähige Personen grundsätzlich nicht – auch nicht passiv – handlungsfähig sind), stellt sich die Frage, ob Gefahrenabwehrmaßnahmen, sofern sie Verwaltungsakte darstellen, überhaupt gegen sie gerichtet werden können; nach der Systematik des Verwaltungsverfahrensrechts müssten sie vielmehr zu ihrer Wirksamkeit grundsätzlich dem gesetzlichen Vertreter zugestellt werden. 756

> **Beispiel:** Während des Streifengangs erblickt Polizist P ein Kind, das gerade dabei ist, ein Wirtschaftsgebäude in Brand zu setzen. Er geht auf das Kind zu und gibt diesem auf, das gefährliche Verhalten sofort einzustellen. Auch verlangt er das Zündmaterial heraus.
>
> Da mit den beiden Aufforderungen jeweils eine bestimmte Rechtsfolge angeordnet wird, handelt es sich um Verwaltungsakte, was zur Anwendbarkeit des VwVfG führt. Das Kind müsste also verfahrensrechtlich handlungsfähig sein. Anderenfalls würden die Verwaltungsakte erst dann wirksam, wenn sie den gesetzlichen Vertretern zugestellt würden.

---

[652] Vgl. § 4 MEPolG; Bund: § 17 BundesPolG; Bay: Art. 7 PAG, Art. 9 I BayLStVG; Berl: § 13 ASOG; BW: § 6 PolG; Brand: § 5 PolG, § 16 OBG; Brem: § 5 PolG; Hamb: § 8 SOG; Hess: § 6 SOG; MeckVor: § 69 SOG; Nds: § 6 SOG; NRW: § 4 PolG, § 17 OBG; RhlPfl: § 4 POG; Saar: § 4 PolG; Sachs: § 4 PolG; SachsAnh: § 7 SOG; SchlHolst: § 218 LVwG; Thür: § 7 PAG, § 10 OBG.

[653] Vgl. § 5 I, II S. 1 MEPolG; Bund: § 18 BundesPolG,; Bay: Art. 8 PAG; Berl: § 14 ASOG; BW: § 7 PolG; Brand: § 6 PolG, § 17 OBG; Brem: § 6 PolG; Hamb: § 9 I SOG; Hess: § 7 SOG; MeckVor: § 70 SOG; Nds: § 7 SOG; NRW: § 5 PolG, § 18 OBG; RhlPfl: § 5 POG; Saar: § 5 PolG; Sachs: § 5 PolG; SachsAnh: § 8 SOG; SchlHolst: § 219 LVwG; Thür: § 8 PAG, § 11 OBG.

Da diese nicht vor Ort sind, würden die Verfügungen somit zunächst nicht wirksam sein; das Kind bräuchte den Anordnungen nicht Folge zu leisten.

757 Dass dieses Ergebnis nicht richtig sein kann, liegt auf der Hand. Fraglich ist nur der juristisch gangbare Weg, die sofortige Wirksamkeit der Verfügungen bzw. eine rechtmäßige Gefahrenabwehr herbeizuführen. Teilweise will man die Vorschriften über den **Sofortvollzug** (vgl. auf Bundesebene § 6 II VwVG) analog heranziehen.[654] Ist danach schon kein Verwaltungsakt erforderlich, kann ein tatsächlich ausgesprochener, jedoch (noch) nicht wirksamer Verwaltungsakt nicht schaden. Danach wäre P z.B. befugt, das Zündmaterial zwangsweise sicherzustellen. Dieser „Umweg" über den Sofortvollzug ist m.E. jedoch nicht nötig, weil § 12 I Nr. 2 VwVfG die Handlungsfähigkeit Geschäftsunfähiger bejaht, wenn sie durch Vorschriften des öffentlichen Rechts als handlungsfähig anerkannt sind. Ob das öffentliche Recht einem Geschäftsunfähigen für einen bestimmten Bereich Handlungs- und damit Verfahrenshandlungsfähigkeit zuspricht, ist durch Auslegung zu ermitteln.[655] Geht es um die Erfüllung übergeordneter öffentlicher Aufgaben, insb. um die Erfüllung wichtiger und unverzichtbarer staatsbürgerlicher oder ordnungsrechtlicher Pflichten bei Not- und Eilfällen, gebietet es das verfassungsrechtliche Gebot der Effizienz staatlicher Gefahrenabwehr, die Verfahrenshandlungsfähigkeit Minderjähriger, Geisteskranker usw. auch bei Fehlen gesetzlicher Regelungen anzuerkennen und **unaufschiebbare polizeiliche Maßnahmen auch gegen minderjährige Verantwortliche zuzulassen**. Der Minderjährigenschutz kann nicht so weit gehen, dass andere wichtige Schutzgüter Schaden nehmen.

758 Weiterhin können **juristische Personen des Privatrechts** wie AG, GmbH, eGen, e.V., für die der Vorstand verantwortlich ist, aber auch OHG, KG, GbR und nichtrechtsfähige Vereine, sofern die als **Personenvereinigungen** ein Mindestmaß an Organisation aufweisen und für eine gewisse Dauer angelegt sind, Adressaten von Gefahrenabwehrverfügungen sein. Fehlt es an dem erforderlichen Maß an Organisation, ist eine an die Personenvereinigung gerichtete Verfügung so auszulegen, dass sie sich an die einzelnen natürlichen Personen wendet.

759 Schließlich können **juristische Personen des öffentlichen Rechts** (Bund, Länder, Gemeinden, Gemeindeverbände, sonstige Körperschaften sowie Anstalten und Stiftungen des öffentlichen Rechts) polizeipflichtig sein. Denn auch Hoheitsträger dürfen die öffentliche Sicherheit (und Ordnung) nicht gefährden. Dennoch wird teilweise die Polizeipflichtigkeit in Frage gestellt mit dem Argument, dass das Grundgesetz eine klare Kompetenzordnung vorgebe und die Gefahrenabwehrbehörde nicht in den Kompetenzbereich einer anderen Behörde eingreifen dürfe. Aus der gesetzlichen Kompetenzordnung ergebe sich, dass jeder Hoheitsträger in seinem Aufgabenbereich Gefahren für die öffentliche Sicherheit selbst zu bekämpfen habe. Den Polizei- und Ordnungsbehörden mangele es an der *Zuständigkeit*, im Zuständigkeitsbereich anderer Behörden Gefahrenabwehrmaßnahmen durchzuführen. Notfalls müsse die Aufsichtsbehörde eingeschaltet werden.[656] Zwingend ist diese Argumentation nicht. Insbesondere geht der Hinweis auf die fehlende sachliche Zuständigkeit fehl, denn die Gefahrenabwehrbehörde macht den Fachbehörden ja nicht deren Zuständigkeit streitig, sondern vollzieht lediglich das Gefahrenabwehrrecht; und dafür ist gerade *sie* zuständig. Die Gefahrenabwehrbehörde muss daher Maßnahmen zur Gefahrenabwehr auch gegen den anderen Hoheitsträger ergreifen können.[657]

---

[654] So *Schenke*, POR, Rn 492.
[655] Das ist unbestrittene Rechtsauffassung; vgl. nur *Kopp/Ramsauer*, VwVfG, § 12 Rn 7.
[656] Vgl. OVG Lüneburg OVGE 12, 340.
[657] Vgl. dazu näher *Boroswki*, VerwArch 102 (2011) 58 ff.

Beispiel[658]**:** Auf der Weser wird in der Nähe Bremens ein Ölfilm entdeckt. Der Verursacher dieser Flussverunreinigung lässt sich nicht feststellen. Als das Öl sich auszubreiten droht, wird es unter einem massiven Einsatz der Bremer Feuerwehren beseitigt. Die Stadtgemeinde Bremen als Trägerin der öffentlichen Feuerwehr möchte nun die Kosten der Beseitigung von der Bundesrepublik Deutschland erstattet bekommen.

Als Eigentümerin der Bundeswasserstraße trifft den Bund die polizei- und ordnungsrechtliche Zustandsverantwortlichkeit. Die dazu bestehenden landesrechtlichen Vorschriften (vgl. z.B. § 6 BremPolG) werden auch nicht durch die bundesrechtlichen Regelungen zur Unterhaltungslast des Bundes (§§ 7, 8 WaStrG, §§ 39, 40 WHG) verdrängt. Die Bejahung der polizei- und ordnungsrechtlichen Verantwortlichkeit des Bundes für die in seinem Eigentum stehenden Gewässer bedeutet auch keinen unzulässigen Eingriff in einen fremden Kompetenzbereich. Die Gesetzgebungs- und Verwaltungskompetenz des Bundes, welche die Wasserstraßen als Verkehrswege betrifft, bleibt unberührt. Vorkehrungen zur Wasserreinhaltung und zur Regenerierung von verseuchtem Wasser haben wasserwirtschaftlichen Charakter und insoweit ist die Materie „Wasser" durch das WHG und das Landeswassergesetz den Ländern zur Ausführung zugewiesen. Zu diesem Regelungsbereich gehört die Zustandsverantwortlichkeit des Gewässereigentümers.

War es demnach eine Aufgabe des Bundes, die Gefahr abzuwehren, ist dieser auch polizei- und ordnungsrechtlich pflichtig. Daher kann die Stadtgemeinde Bremen im Zuge der Ersatzvornahme die Kosten für den Einsatz erstattet verlangen.

Allerdings sind mit Blick auf die genannte verfassungsrechtliche Kompetenzordnung solche Maßnahmen, durch die die andere Behörde in ihrer verfassungsrechtlich eingeräumten hoheitlichen Tätigkeit behindert wird, aus Kompetenzgründen untersagt.[659] **760**

Beispiel: Die Nachtruhe störende Hubschrauberflüge der Bundeswehr dürfen nicht durch gefahrenabwehrbehördliche oder polizeiliche Verfügung untersagt werden.

Diese Grundsätze gelten selbst im Bereich des **Verwaltungsprivatrechts**, nicht aber bei der erwerbswirtschaftlichen Tätigkeit und bei fiskalischen Hilfsgeschäften.[660] Dort ist die Verwaltung mit jedermann vergleichbar, genießt also keine Sonderrechtsposition aufgrund ihrer hoheitlichen Stellung. **761**

In jedem Fall ist der Einsatz von **Zwangsmitteln** gegen Behörden und juristische Personen des öffentlichen Rechts ausgeschlossen. Ein Fachgesetz, das dies zulassen könnte, ist in den meisten Ländern nicht vorhanden. **762**

a. Verhaltensverantwortlichkeit

aa. Das Verhalten als Anknüpfungspunkt für die Inanspruchnahme

Den sog. Verhaltensverantwortlichen[661] trifft die polizei- und ordnungsrechtliche Verantwortlichkeit als Folge eines Gefahrenzustands, der durch sein eigenes Verhalten verursacht worden ist. **763**

Beispiel: H ist Halter eines Rottweilers. Jeden Nachmittag bei schönem Wetter lässt er den Hund auf dem nahe gelegenen Kinderspielplatz frei herumlaufen. Als aufgebrachte

---

[658] In Anlehnung an VGH Kassel NVwZ-RR 1992, 624.
[659] BVerwGE 29, 52, 59; *Knemeyer*, POR, Rn 352.
[660] Anders *Schenke*, POR, Rn 236, der jedoch nicht zwischen Verwaltungsprivatrecht und Fiskalverwaltung unterscheidet (zur Unterscheidung vgl. *R. Schmidt*, AllgVerwR, Rn 1008 ff.).
[661] Vgl. Bund: § 17 BundesPolG; BW: § 6 PolG; Bay: Art. 7 PAG und Art. 9 I BayLStVG; Berl: § 13 ASOG; Brand: § 5 PolG und § 16 OBG; Brem: § 5 PolG; Hamb: § 8 SOG; Hess: § 6 SOG; MeckVor: § 69 SOG; Nds: § 6 SOG; NRW: § 4 PolG und § 17 OBG; RhlPfl: § 4 POG; Saar: § 4 PolG; Sachs: § 4 PolG; SachsAnh: § 7 SOG; SchlHolst: § 218 LVwG; Thür: § 7 PAG und § 10 OBG.

Eltern die Polizei herbeirufen, fordert diese H auf, den Hund sofort an die Leine zu nehmen und einen sicheren Abstand zu den Kindern einzuhalten.

Hier hat H durch sein Verhalten eine Gefahr für die öffentliche Sicherheit (Leben und Gesundheit der Kinder) verursacht. Die Polizei konnte ihn daher als Verhaltensstörer in Anspruch nehmen.

764 Das die Polizeipflichtigkeit auslösende Verhalten kann in einem **Tun** oder **Unterlassen**[662], aber auch in einer bloßen **Reflexbewegung** (etwa bei Betrunkenen oder Ohnmächtigen) bestehen. Das Unterlassen ist gefahrenabwehrrechtlich allerdings nur dann erheblich, wenn eine Rechtspflicht zur Gefahrvermeidung besteht, die sich, da die sog. Polizeipflicht eine verwaltungsrechtliche Pflicht ist, aus **öffentlich-rechtlichen Vorschriften** ergeben muss.[663] Dabei kommen nur Normen außerhalb des allgemeinen Polizei- und Ordnungsrechts in Betracht wie bspw. solche des Bauordnungsrechts.

Beispiel[664]: B ist Inhaber eines Lebensmittelgeschäfts im Geltungsbereich eines Bebauungsplans. Die Baugenehmigung, die ihm hierfür erteilt wurde, enthält die Nebenbestimmung, dass aus Gründen des Lärmschutzes keine Warenanlieferungen zwischen 22.00 Uhr und 06.00 Uhr stattfinden dürfen. Unbeachtet dieser Regelung hat B den Warenlieferanten Schlüssel für die Anlieferungsschleuse überlassen, damit diese selbstständig nachts Waren anliefern können. Nachdem sich einige Nachbarn über den nächtlichen Lärm beim Ordnungsamt beschwert hatten, erlässt diese eine Ordnungsverfügung, in der es B unter Androhung von Zwangsgeld untersagt wird, zwischen 22.00 Uhr und 06.00 Uhr Waren anzunehmen oder liefern zu lassen.

Die nächtlichen Lärmimmissionen stellen eine Gefahr für die Gesundheit der Nachbarn dar. Die Pflicht, diese Gefahr zu vermeiden, ergibt sich aus der Baugenehmigung, die wiederum auf Vorschriften des öffentlichen Baurechts und des Immissionsschutzrechts basiert. Zur Frage, ob B aber auch Verhaltensverantwortlicher ist, vgl. Rn 766-770.

764a Keinesfalls darf zur Begründung der Verhaltensverantwortlichkeit auf die Vorschriften über die Zustandsverantwortlichkeit zurückgegriffen werden, da ansonsten jeder Zustandsverantwortliche immer auch Verhaltensverantwortlicher wäre. Ebenso ist der direkte Rückgriff auf Art. 14 II GG nicht möglich. Die Auffassung, die dies dennoch mit der Begründung annimmt, der Eigentümer habe sein Eigentum in einem polizei- und ordnungsgemäßen Zustand zu halten[665], überzeugt nicht. Dadurch würde nicht nur die Zustandshaftung des Eigentümers weitgehend gegenstandslos, sondern auch rechtsdogmatisch bedarf die Sozialbindung ausweislich des Art. 14 I S. 2 GG vielmehr der Konkretisierung des unterverfassungsrechtlichen Gesetzgebers.

Beispiel[666]: E kaufte im vorigen Jahr von der Gemeinde G ein Grundstück, auf dem sich eine von G vor 50 Jahren errichtete Stützmauer befand. Im Kaufvertrag verpflichtete sich G gegenüber E zur Sanierung der damals einsturzgefährdeten Stützmauer. Dieser Verpflichtung ist sie bisher noch nicht nachgekommen. Durch Anordnung der zuständigen Bauordnungsbehörde wird nun gegenüber E verfügt, die nicht bereits herabgestürzten Teile der Stützmauer zu entfernen. E wendet sich gegen diese Verfügung mit dem Argument, er habe doch gar nichts getan. Darüber hinaus habe G sich im Kaufvertrag verpflichtet, selbst die Mauer zu sanieren.

In diesem Fall ist E nicht nur Zustandsstörer, sondern auch **Verhaltensstörer durch Unterlassen**. Ihn trifft die bauordnungsrechtliche Pflicht, bauliche Anlagen, wozu eine

---

[662] Vgl. OVG Münster NVwZ-RR 1988, 20.
[663] Anders *Schenke*, POR, Rn 239: auch privatrechtliche Normen.
[664] In Anlehnung an OVG Münster NVwZ-RR 2008, 12 f.
[665] So OVG Münster DVBl 1971, 828 ff.; OVG Münster NVwZ-RR 1988, 20.
[666] In Anlehnung an OVG Münster NVwZ-RR 1988, 20.

Mauer gehört, dauerhaft standsicher zu halten, damit die öffentliche Sicherheit, insbesondere Leben und Gesundheit, nicht bedroht wird (vgl. die entsprechenden Bestimmungen der Landesbauordnung). E hat die Gefahrenlage durch Unterlassen herbeigeführt, da er die Standsicherheit der Mauer nicht gewährleistete. Seiner Verantwortlichkeit kann E sich auch nicht mit Hinweis auf die Sanierungspflicht von G entziehen. Die öffentlich-rechtliche Polizei- und Ordnungspflicht unterliegt nicht der zivilrechtlichen Disposition. Zudem ist E als Rechtsnachfolger der G in die polizei- und ordnungsrechtliche Pflicht getreten.[667]

Auch **Vorbereitungshandlungen**, die strafrechtlich unerheblich sind, können sich als polizeirechtlich relevantes Verhalten darstellen. **765**

Beispiel: Jugendliche wollen ihrem Vorbild *Prinz Harry* folgen und auf dem Schulabschlussball mit einer Hakenkreuz-Binde am Arm auftreten. Dazu haben sie sich entsprechende Stoffe besorgt und wollen daraus die Hakenkreuz-Binden erstellen.

Hier ist bereits ein polizeiliches Einschreiten geboten, obwohl noch keiner der Straftatbestände des § 130 StGB verwirklicht ist und es sich lediglich um straffreie Vorbereitungshandlungen handelt. Diese sind jedoch polizeirechtlich von Bedeutung, weil eine Störung der öffentlichen Sicherheit (Begehung einer Straftat) droht.

bb. Der polizeirechtliche Verursacherbegriff

Besondere Probleme bei der Feststellung der Verantwortlichkeit ergeben sich insbesondere dann, wenn der Gefahrzustand nur eine mittelbare Folge eines zudem unter Umständen nicht vorhersehbaren Kausalverlaufs darstellt. Um hier die Verantwortlichkeit in einer rechtlich zuverlässigen Weise bestimmen zu können, bedient man sich der **Theorie der unmittelbaren Verursachung**: Nach dieser Theorie ist darauf abzustellen, ob ein **Verhalten (oder eine Sache) die Gefahrengrenze überschreitet und damit die unmittelbare Ursache für den Eintritt der Gefahr setzt**. Dabei soll ein Verhalten dann die Gefahrengrenze überschreiten, wenn es in einem engen **Wirkungs- und Verantwortungszusammenhang** mit dem Gefahrzustand steht.[668] Dass diese Auffassung aber ein Wertungsproblem mit sich bringt, zeigen folgende Beispiele: **766**

Beispiele: **767**

(1) Die als rechtsradikal bezeichnete Gruppe „Nationales Deutschland" meldet durch ihren Vorsitzenden V einen Aufmarsch durch die Innenstadt an. Gegen diesen geplanten Aufmarsch will das linksgerichtete Bündnis „Gegen Ausländerfeindlichkeit und Fremdenhass" gleichzeitig und an gleicher Stelle demonstrieren.

Würde man die Theorie der unmittelbaren Verursachung zugrunde legen, wäre darauf abzustellen, wer im Sinne eines engen Wirkungs- und Verantwortungszusammenhangs die letzte unmittelbare Ursache für die Gefahr setzen würde. Das wäre wohl das linksgerichtete Bündnis, nicht die als rechtsradikal bezeichnete Gruppe, gegen die sich die Gegendemonstration richten würde.

(2) Ab sofort werden Formel-1-Rennen nur noch über Pay-TV übertragen. Als das letzte Rennen der Saison beginnt, stellt der findige Fernsehhändler H einen Großbildschirm in das Schaufenster seines Geschäfts und stellt draußen auf dem Bürgersteig Bänke und Tische auf. Auch an dem leiblichen Wohl soll es nicht fehlen. Daher schenkt H Bier vom Fass aus und bietet Grillwürstchen an. Bereits wenige Minuten nach dem Start haben sich viele Menschen angesammelt, die auch einen Teil der

[667] Zur Rechtsnachfolge in öffentlich-rechtliche Pflichten vgl. Rn 875 ff.

[668] Vgl. *R. Schmidt*, BremPolG, Kommentar, 2006, § 5 Rn 16 ff., *Schenke*, POR, Rn 241 ff. und nunmehr auch *Pieroth/Schlink/ Kniesel*, POR, § 9 Rn 9 ff. sowie OVG Münster NVwZ-RR 2008, 12 f.

Fahrbahn einnehmen. Der vorbeikommende Polizist P sieht darin eine Gefahr für die öffentliche Sicherheit und untersagt H die Fortsetzung der Aktion.

Auch hier ist zu bedenken, dass in dem Aufstellen eines Fernsehgeräts letztlich nur ein Anreiz, eine lediglich mittelbare Ursache für die Entstehung der Gefahr liegt. Unter dem Gesichtspunkt der unmittelbaren Verursachung würde man also die Menschen auf der Straße als Verhaltensverantwortliche bezeichnen müssen, nicht aber H.

(3) Auch im Beispiel von Rn 764 waren es die Warenlieferanten, die unmittelbar die Gefahr für die Gesundheit der Nachbarn gesetzt haben. B hat nur eine mittelbare Ursache gesetzt, indem er den Warenlieferanten einen Schlüssel zum Wareneingangstor gegeben hat.

768 Will man in derartigen Fällen zugunsten einer effektiven Gefahrenabwehr den Initiator einer Gefahr (d.h. den mittelbaren Verursacher) zur Verantwortung ziehen, ist daher nach einem Korrektiv zur Theorie der unmittelbaren Verursachung zu suchen. Rspr. und h.L. bedienen sich in Fällen, in denen die Gefahrengrenze nach dem äußeren Geschehensablauf erst durch eine andere, später handelnde Person überschritten wird, bei wertender Betrachtung jedoch das vorherige Verhalten einer anderen Person bereits in einem unmittelbaren Wirkungs- und Verantwortungszusammenhang mit der Gefahr steht, der Figur des sog. **Zweckveranlassers.**[669] Danach sind solche Personen für die Gefahr verantwortlich, die beabsichtigen oder zumindest billigend in Kauf nehmen, dass ein anderer die Gefahr unmittelbar verursacht. Voraussetzung ist nur, dass das Handeln des als „Veranlasser" auftretenden Hintermanns mit der durch den Vordermann unmittelbar herbeigeführten Gefahr oder Störung bei wertender Betrachtung eine natürliche Einheit bildet, die die Einbeziehung des Hintermanns in die Polizeipflicht rechtfertigt.

769 Auf dieser Basis kann etwa der Omnibusunternehmer, der durch eine Sonderfahrt eine Gruppe von Demonstranten zu einer (wie er weiß) verbotenen Demonstration befördert, als Zweckveranlasser gesehen werden. Als Zweckveranlasser eingestuft wurden auch ein kommerzieller Repetitor, der eine im Rahmen einer universitären Übung anzufertigende Hausarbeit vor dem Abgabetermin mit seinen Kursteilnehmern besprach[670], und ein Geschäftsinhaber, der mit seiner marktschreierischen Schaufensterreklame einen Massenauflauf vor dem Schaufenster seines Geschäfts veranlasste und damit Verkehrsbehinderungen herbeiführte[671].

770 Auch für die **Beispiele** von Rn 767 gilt: Liegt es auf der Hand, dass sich die jeweilige Störung als Folge des Verhaltens des mittelbaren Verursachers zwangsläufig einstellt, ist die jeweilige Gefahrverursachung objektiv bezweckt oder zumindest billigend in Kauf genommen worden. V, H und B wären damit Zweckveranlasser und könnten zur Verantwortung gezogen werden.

771 Die Figur des Zweckveranlassers stößt aber auch auf Kritik.[672] Es wird geltend gemacht, dass sich der Hintermann letztlich im Rahmen seines Rechtskreises bewege. Als selbstverantwortliche Persönlichkeit sei allein derjenige verantwortlich, der letztlich die Gefahrenschwelle überschreite. Nötigenfalls müsse die Störungsbeseitigung über

---

[669] Vgl. *Beaucamp*, JA 2009, 279, 283; *Jahn*, JA 2000, 79, 84; *Zilkens*, JuS 1999, 672, 673; *Götz*, POR, § 9 Rn 18 ff.; *Knemeyer*, POR, Rn 328 ff.; *Schenke*, POR, Rn 244 ff.; *Zeitler*, DÖV 1997, 371 ff.; BVerfG NVwZ 2000, 1406 f.; VGH Mannheim DVBl 1996, 564; VGH Kassel, NVwZ 1992, 1111, 1113; OVG Weimar NVwZ-RR 1997, 287; OVG Lüneburg NVwZ 1988, 638, 639; OVG Münster NVwZ-RR 2008, 12 f.

[670] Vgl. *Gromitsarius*, JuS 1997, 49, 51.

[671] *Schenke*, POR, Rn 246, bezugnehmend auf den sog. Schaufensterpuppenfall (PrOVGE 85, 270).

[672] *Tölle*, NVwZ 2001, 153, 154; *Muckel*, DÖV 1998, 18 ff.; *Gusy*, POR, Rn 336; *Pieroth/Schlink/Kniesel*, POR, § 9 Rn 27 ff.; *Beaucamp*, JuS 2007, 577 ff. Offengelassen in BVerfG NVwZ 2000, 1406, 1407.

die sog. Notstandspflicht (Inanspruchnahme als Nichtstörer)[673] erfolgen. Insbesondere bei Demonstrationen und ähnlichen Veranstaltungen sei die Figur des Zweckveranlassers problematisch. So könne nicht ohne weiteres angenommen werden, dass den Veranstalter die Verhaltensverantwortlichkeit für Ausschreitungen von Teilnehmern oder Dritten treffe. Schließlich bestehe ein grundrechtlicher Schutz des Veranstalters aus Art. 14 I S. 1, 12 I, 8 I, 2 I GG. Der Grundrechtsschutz könne nicht ohne weiteres durch das Polizei- und Ordnungsrecht beiseitegeschoben werden. Diese Kritik ist berechtigt, findet ihre Grenze aber dort, wo die Veranstaltung mit den durch sie heraufbeschworenen Gefahren in einem engen Wirkungs- und Verantwortungszusammenhang steht. Letztlich ist eine Abwägung zwischen dem (zu schützenden) Polizeigut einerseits und dem (gefährdenden) Individualgut andererseits erforderlich. Nur wenn das Individualgut in einem engen Wirkungs- und Wertungszusammenhang mit dem Gefahrzustand steht und eine Güterabwägung zugunsten des Polizeiguts ausfällt, kann auch ein rechtmäßiges Verhalten des Handelnden diesen zu einem Zweckveranlasser und damit zum Verantwortlichen werden lassen.

In diesem Zusammenhang sehr instruktiv ist auch das Schreibenlassen von **Dissertationen** oder **Seminararbeiten** bzw. juristischen **Examenshausarbeiten**. Die für ein ordnungsbehördliches Einschreiten erforderliche Gefahr für die öffentliche Sicherheit liegt darin, dass das Abfassen von Dissertationen durch Dritte die wissenschaftliche Ausbildung tangiert, den ordnungsgemäßen Hochschulbetrieb stört und gegen die jeweilige Promotionsordnung verstößt, in der das Abfassen der Schrift durch Dritte ausdrücklich untersagt ist. Damit ist die öffentliche Sicherheit beeinträchtigt. Bietet etwa ein kommerziell handelnder Repetitor o.g. „Dienstleistungen" in Form eines Inserats an, das er in einer Wochenzeitschrift eines großen juristischen Fachverlags schaltet, besteht die Gefahr darin, dass der Eintritt eines Schadens für die öffentliche Sicherheit durch die mögliche Beantwortung der Anzeige durch die Promoventen hinreichend wahrscheinlich ist. Problematisch ist es lediglich, wenn die Ordnungsbehörde gegen den Verlag vorgeht und von diesem verlangt, er möge den Urheber des Inserats offenlegen. Das kann sie grds. nur, wenn der Verlag Verantwortlicher i.S.d. Polizeirechts ist. In Betracht kommt eine Verhaltensverantwortlichkeit. Vorliegend wird aber die Gefahr unmittelbar nur durch den Repetitor verursacht, der als Helfer der Promoventen auftritt. Ob auch der Verlag die Gefahr unmittelbar verursacht hat, kann dahinstehen, wenn seine Verantwortlichkeit über die Figur des Zweckveranlassers begründet werden kann. Wie aufgezeigt, ist Zweckveranlasser derjenige, der eine an sich nicht gefahrverursachende (neutrale) Handlung vornimmt und dabei objektiv bezweckt oder zumindest billigend in Kauf nimmt, dass andere eine gefahrverursachende Handlung begehen. Vorliegend ist, wenn die Anzeige Erfolg haben soll, das rechtswidrige Handeln anderer erforderlich. Man kann unterstellen, dass diese notwendige Folge der Veröffentlichung vom Verlag einkalkuliert wird. Dieser ist somit Zweckveranlasser und Verhaltensverantwortlicher i.S.d. Polizei- und Ordnungsrechts.[674] 772

Übungsfall: A schaltet in einem Tagesblatt der betreffenden Universitätsstadt eine Chiffreanzeige mit dem Inhalt, dass er juristische Dissertationen verfasse. Daraufhin erlässt der Oberbürgermeister der Stadt gegenüber dem Zeitungsverlag unter vorheriger Anhörung eine Verfügung, in der er ihn auffordert, es künftig zu unterlassen, derartige Anzeigen zu veröffentlichen. Nach erfolglosem Widerspruchsverfahren erhebt der Zeitungsverlag Anfechtungsklage. Diese ist begründet, wenn die Untersagungsverfügung rechtswidrig ist und den Kläger in seinen Rechten verletzt (§ 113 I S. 1 VwGO). 773

[673] Vgl. dazu Rn 826 ff.
[674] Vgl. nunmehr auch die Klausur von *Gerke*, JuS 2009, 940 ff.

Rechtsgrundlage
Rechtsgrundlage für die Verfügung ist in Ermangelung einer spezialgesetzlichen Norm die polizeiliche Befugnisgeneralklausel.

Rechtmäßigkeit der Verfügung
Gegen die formelle Rechtmäßigkeit der Verfügung bestehen keine Bedenken. Der Oberbürgermeister war zuständig (vgl. die entsprechenden Normen der landesrechtlichen Polizeigesetze), eine Anhörung (§ 28 I VwVfG) hat laut Sachverhalt stattgefunden.
Die Verfügung ist materiell rechtmäßig, wenn die Rechtsgrundlage richtig angewendet wurde, d.h. ihre Voraussetzungen vorlagen und kein Verstoß gegen höherrangiges Recht vorliegt. Zunächst müsste eine Gefahr für die öffentliche Sicherheit vorliegen. Unter dem Begriff der öffentlichen Sicherheit versteht man u.a. die Unverletzlichkeit der objektiven Rechtsordnung. Das Abfassen von Dissertationen durch Dritte tangiert die wissenschaftliche Ausbildung, stört den ordnungsgemäßen Hochschulbetrieb und verstößt gegen die jeweilige Promotionsordnung, in der das Abfassen der Schrift durch Dritte ausdrücklich untersagt ist. Damit ist die öffentliche Sicherheit beeinträchtigt. Es besteht auch eine Gefahr, da der Eintritt eines Schadens durch die mögliche Beantwortung der Anzeige durch die Promoventen hinreichend wahrscheinlich ist. Der Zeitungsverlag müsste aber auch richtiger Adressat der Verfügung gewesen sein. In Betracht kommt eine Verhaltensverantwortlichkeit nach den Vorschriften des Polizeigesetzes. Nach der Theorie der unmittelbaren Verursachung ist derjenige Störer, der durch sein Verhalten die Gefahrengrenze überschreitet und damit die unmittelbare Ursache für den Eintritt der Gefahr setzt. Vorliegend wird die Gefahr unmittelbar nur durch A verursacht, der als Helfer der Promoventen auftritt. Ob auch der Verlag die Gefahr unmittelbar verursacht hat, kann dahinstehen, wenn seine Verantwortlichkeit über die Figur des Zweckveranlassers begründet werden kann. Zweckveranlasser ist derjenige, der eine an sich nicht gefahrverursachende (neutrale) Handlung vornimmt und dabei objektiv bezweckt oder zumindest billigend in Kauf nimmt, dass andere eine Gefahr verursachende Handlung begehen. Vorliegend ist, wenn die Anzeige Erfolg haben soll, das rechtswidrige Handeln anderer erforderlich. Diese notwendige Folge der Veröffentlichung wird von der Zeitung einkalkuliert. Der Verlag ist somit Zweckveranlasser und Störer i.S.d. Verhaltensverantwortlichkeit.
Die Verfügung müsste auch ermessensfehlerfrei ergangen sein. Eine Ermessensunterschreitung oder ein Ermessensfehlgebrauch sind nicht erkennbar. Möglicherweise liegt aber eine Ermessensüberschreitung vor. Das ist nicht nur dann der Fall, wenn eine andere Rechtsfolge gewählt wurde, als gesetzlich vorgesehen, sondern auch dann, wenn die Behörde gegen den Grundsatz der Verhältnismäßigkeit verstößt. Zweck der Maßnahme ist die Unterbindung der Hilfeleistung bei einer Dissertation. Sie ist auch geeignet, da mit ihr die drohende Gefahr für die öffentliche Sicherheit in erheblichem Umfang eingeschränkt werden kann, auch wenn das Verbot auf weitere Aktivitäten des A keinen Einfluss hat. Die Verfügung ist auch erforderlich, da kein anderes Mittel existiert, das den gleichen Erfolg mit gleicher Sicherheit und vergleichbarem Aufwand herbeiführen könnte. Schließlich ist das Verbot auch angemessen, da es nicht außer Verhältnis zu dem angestrebten Erfolg steht.
Weiterhin ist zu prüfen, ob das Verbot mit Art. 5 I S. 2 GG (Pressefreiheit) vereinbar ist. Dies setzt zunächst voraus, dass der Schutzbereich dieses Grundrechts eröffnet ist. Geschützt sind alle wesensmäßig mit der Pressefreiheit zusammenhängenden Tätigkeiten von der Informationsbeschaffung bis zum Vertrieb. Darunter fällt auch das Anzeigengeschäft.[675] Durch das Verbot, Anzeigen mit dem beanstandeten Inhalt zu veröffentlichen, werden jedoch weder das Anzeigengeschäft allgemein noch eine bestimmte Gattung von Anzeigen verboten, sondern nur der rechtswidrige Inhalt einer konkreten Anzeige untersagt. Mithin liegt kein Eingriff in die Pressefreiheit vor.[676] Auch fällt das Verbot nicht in den Schutzbe-

[675] BVerfGE 64, 108, 114 f.
[676] A.A. vertretbar. Allerdings muss dann beachtet werden, dass die Pressefreiheit gem. Art. 5 II GG unter einem qualifizierten Gesetzesvorbehalt steht („allgemeine Gesetze"). Die Befugnisgeneralklausel ist ein solches allgemeines Gesetz, da sie sich nicht gegen die Äußerung einer Meinung als solche richtet, sondern vielmehr dem Schutz eines schlechthin, ohne Rücksicht auf eine bestimmte Meinung, zu schützenden Rechtsguts dient.

reich des Art. 5 I S. 1 GG (allgemeine Meinungsfreiheit), da mit der Veröffentlichung der Anzeige lediglich eine geschäftliche Mitteilung ohne wertenden Charakter i.S. eines Beitrags zur Meinungsbildung verbreitet wird.[677]
Schließlich dürfte das Verbot auch nicht aus anderen Gründen ermessensfehlerhaft sein. Das wäre der Fall, wenn der Oberbürgermeister nicht den richtigen Störer ausgewählt hätte. Bei einer Mehrheit von Verhaltensstörern kann die Behörde grundsätzlich auswählen, gegen wen sie vorgeht. Ausschlaggebend ist aber, wie die Gefahr bzw. die Störung als realisierte Gefahr am schnellsten, nachhaltigsten und mit dem geringstmöglichen Eingriff beseitigt werden kann („Grundsatz der Effektivität der Gefahrenabwehr"). Da vorliegend der Name des A der Behörde noch nicht bekannt war, konnte sie auch diesem gegenüber keine Verfügung erlassen. Es kam also nur der Verlag in Betracht. Das Verbot war somit rechtmäßig.

cc. Mehrheit von Verantwortlichen

774 Es ist nicht nur möglich, dass eine Person gleichzeitig Verhaltens- und Zustandsverantwortlicher ist (sog. **Doppelstörer**), sondern auch, dass *mehrere* Personen für *einen* Gefahrenzustand verantwortlich sind: Die eine Person ist Verhaltensverantwortlicher, die andere Zustandsverantwortlicher. Des Weiteren ist denkbar, dass mehrere Verhaltensstörer oder mehrere Zustandsstörer vorhanden sind. Fraglich ist, gegen wen die Polizei hier vorgehen kann oder muss. Da die Beantwortung dieser Frage aber nur sinnvoll ist, wenn die Voraussetzungen nicht nur für die Inanspruchnahme des Verhaltensstörers, sondern auch des Zustandsstörers bekannt sind, kann insoweit auf die zusammenhängende Darstellung bei Rn 816 ff. verwiesen werden.

b. Objektiv nicht gegebene Verantwortlichkeit

775 Wie bei Rn 680 ff. dargelegt, führt die Prognose einer objektiv nicht gegebenen Gefahr zu den Figuren der Anscheins-, Verdachts- und Scheingefahr. Die damit verbundenen Konsequenzen üben Einfluss auf die rechtliche Einordnung der Verantwortlicheneigenschaft und der (bei Rn 992 behandelten) Kostentragung und Entschädigung aus.

aa. Anscheinsstörer

776 Gefahrenabwehrrechtlich ist die **Anscheinsgefahr** der objektiven Gefahrenlage gleichgestellt (siehe Rn 681 ff). Wer eine Anscheinsgefahr pflichtwidrig hervorruft, ist daher dem „echten" Störer gleichgestellt. Gegenüber einem Anscheinsstörer sind also genauso Gefahrenabwehrmaßnahmen möglich wie gegenüber einem „echten" Störer, weil es bei Ergreifung dieser Maßnahmen auf die *Ex-ante*-Sicht des handelnden Beamten ankommt und dieser im Zeitpunkt seines Handelns bei verständiger Würdigung der objektiven Anhaltspunkte eine Gefahrenlage annehmen durfte, obgleich sich nachträglich herausstellt, dass eine Gefahr in Wirklichkeit nicht vorlag. Das ist zwar mit Blick auf den verfassungsrechtlich verankerten Grundsatz vom **Vorrang des Gesetzes** nicht ganz unproblematisch, da letztlich eine Person in ihren (Grund-)Rechten beeinträchtigt wird, obwohl die gesetzlichen Vorschriften über die Verantwortlichkeit das Bestehen einer tatsächlichen Gefahr voraussetzen. Würde man aber die Rechtmäßigkeit eines polizeilichen Einschreitens von einer nachträglich bestätigten tatsächlichen Störereigenschaft abhängig machen, verkehrte man den Sinn der Gefahrenabwehr, der darin besteht, Gefahren abzuwehren, bevor es zum Schadenseintritt kommt. Das impliziert die Rechtmäßigkeit polizeilichen Einschreitens, wenn der handelnde Beamte im Zeitpunkt seines Einschreitens bei verständiger Würdigung der objektiven Anhalts-

Auch unter Berücksichtigung der Wechselwirkungstheorie ist das Verbot nicht zu beanstanden. Presse- und Meinungsfreiheit berechtigen nicht dazu, Angebote zum rechtswidrigen Handeln zu verbreiten.
[677] Andere Auffassung vertretbar. Vgl. zur verfassungsrechtlichen Rechtfertigung vorige Fußnote.

punkte eine Gefahrenlage annehmen durfte.[678] Zudem hat auch die Gefahrenabwehr Verfassungsrang. Die Pflicht des Staates, das Leben und die Gesundheit der Bürger zu schützen und zu fördern, ist in Art. 2 II S. 1 GG verankert.[679]

777 Eine Unterscheidung zwischen objektiver Gefahrenlage und Anscheinsgefahr ist aber für das Verwaltungskostenrecht von Bedeutung (vgl. dazu Rn 992): Die Kosten für die Maßnahmen trägt der vermeintliche Störer nur dann, wenn sich *ex post* herausstellt, dass er den Anschein einer Gefahr tatsächlich veranlasst und dafür einzustehen hat.[680] Die objektive Beweislast trägt die Verwaltung.

778 Einige Befugnisnormen enthalten eine gesetzliche Ausgestaltung der Verantwortlichkeit für eine Anscheinsgefahr, wenn sie es für ein Einschreiten bereits genügen lassen, dass „Tatsachen die Annahme rechtfertigen", dass eine Gefahr tatsächlich vorliegt. Solche Regelungen sind z.T. in den Vorschriften über die Datenerhebung enthalten, bei denen der Gesetzgeber bei der Bestimmung der Adressaten z.T. gerade nicht an die sonst für das polizeirechtliche Handeln maßgebliche Differenzierung zwischen Störern und Nichtstörern anknüpft, sondern es z.B. genügen lässt, wenn bei der Person, über die Daten erhoben werden sollen, tatsächliche Anhaltspunkte dafür vorliegen, dass sie künftig Straftaten begehen oder zumindest eine Störung der öffentlichen Sicherheit verursachen wird.

bb. Scheinstörer (Putativstörer)

779 Würde demgegenüber ein besonnener und sachkundiger Amtswalter die Ungefährlichkeit der Situation erkennen und daher nicht einschreiten, handelt derjenige, der dennoch einschreitet, aufgrund einer **irrigen, nicht vertretbaren und damit pflichtwidrigen** Einschätzung der Situation und folglich **rechtswidrig**. Man spricht diesbezüglich von einer **Scheingefahr** (auch **Putativgefahr** genannt). Anders als die Anscheinsgefahr kann die bloße Scheingefahr der echten Gefahrenlage **nicht** gleichgestellt werden und berechtigt daher **nicht** zu Gefahrenabwehrmaßnahmen, die mit Grundrechtsbeeinträchtigungen verbunden sind. Der Scheinstörer ist kein Störer. Sollte dennoch eine Rechtsbeeinträchtigung vorliegen, hat der Betroffene einen Amtshaftungsanspruch bzw. einen Anspruch wegen enteignungsgleichen Eingriffs, sofern die polizeigesetzliche Spezialregelung hinsichtlich der Entschädigung nicht greift.[681]

cc. Verdachtsstörer

780 Von Anscheinsgefahr und Scheingefahr wiederum zu unterscheiden ist der **Gefahrenverdacht** (auch Verdachtsgefahr genannt). Ein solcher ist anzunehmen, wenn aufgrund einer unklaren Diagnose des Sachverhalts und/oder aufgrund einer unsicheren Prognose des weiteren Geschehensablaufs eine Gefahr lediglich für möglich gehalten wird. Gleichwohl ist unter bestimmten Voraussetzungen ein gefahrenabwehrrechtliches Einschreiten geboten, um zu ermitteln, ob tatsächlich eine Gefahr vorliegt. Gefahrenabwehrrechtlich befugt die Verdachtsgefahr nach der hier vertretenen Auffassung die Behörde so zu einem **Gefahrerforschungseingriff** auf der Grundlage der **Befugnisgeneralklausel**. Dieser Gefahrerforschungseingriff ergeht grundsätzlich als vorläufige bzw. vorsorgliche Maßnahme. Durch ihn wird derjenige, der im Gefahrenfall der Verantwortliche wäre, vorläufig als Verantwortlicher in Anspruch genommen (vgl. dazu

---

[678] Nicht geteilt wird daher die Kritik von *Schenke*, POR, Rn 256 f.
[679] Zur staatlichen Schutzverpflichtung vgl. *R. Schmidt*, Grundrechte, Rn 301 ff.
[680] Vgl. *Schlink*, Jura 1999, 169 ff.; *Wernsmann*, JuS 2002, 582, 584; *Erichsen/Wernsmann*, Jura 1995, 219, 221; *Musil*, JA 2003, 781, 784; *Pieroth/Schlink/Kniesel*, POR, § 9 Rn 21; *Martensen*, DVBl 1996, 286 ff.; *Petri*, DÖV 1996, 443, 447; BGHZ 117, 303, 307 f.; BGH NJW 1996, 3151 f.; JZ 1998, 515 f.; OVG Berlin NVwZ-RR 2002, 632; OVG Hamburg DVBl 1986, 734 f.
[681] Zum enteignungsgleichen Eingriff vgl. ausführlich *R. Schmidt*, AllgVerwR, Rn 1061 ff.

ausführlich Rn 689 ff.). Problematisch ist in diesem Zusammenhang zum einen vor allem, ob dem Verdachtsstörer nur die Duldung der Gefahrerforschungseingriffe aufgebürdet werden kann oder ob er selbst zur Vornahme der Ermittlungshandlungen und praktisch zu deren Vorfinanzierung verpflichtet werden kann, und zum anderen, ob die Behörde selbst die Ermittlungsmaßnahmen durchführt und vom Verursacher die Kosten verlangen kann. Wenn es pflichtgemäßer Ermessensausübung und dem Grundsatz der Verhältnismäßigkeit entspricht, ist es vertretbar, dem Verursacher die Duldungspflicht darüber aufzuerlegen, dass die Behörde selbst die erforderlichen Ermittlungsmaßnahmen durchführt und die damit verbundenen Kosten erhebt. Stellt sich (*ex post*) heraus, dass er Nichtverantwortlicher ist, kann er Entschädigung verlangen und hat auch einen Kostenersatzanspruch, falls er in Vorlage getreten ist. In Ermangelung einer gesetzlichen Anspruchsgrundlage kommt nach der hier vertretenen Auffassung der allgemeine **öffentlich-rechtliche Erstattungsanspruch** in Betracht.[682]

c. Minderjährige Verantwortliche

In der Regel ergehen Gefahrenabwehrmaßnahmen – jedenfalls sofern sie nicht heimlich erfolgen – als Verwaltungsakte. Heimliche Gefahrenabwehrmaßnahmen ergehen deshalb nicht als Verwaltungsakte, weil es an der erforderlichen Regelungswirkung (vgl. § 35 S. 1 VwVfG) fehlt. Aber auch wenn die Voraussetzungen des § 35 S. 1 VwVfG vorliegen, kann es an der für die Wirksamkeit eines Verwaltungsakts konstitutiven Bekanntgabe (vgl. §§ 41 I, 43 I VwVfG) fehlen. Bedenken an der Bekanntgabe können bestehen, wenn die Verfügung dem Adressaten zwar mitgeteilt worden ist, dieser aber wahrnehmungsunfähig ist (vgl. dazu Rn 683). Auch bei den Verkehrszeichen ist die Bekanntgabe rechtsdogmatisch nicht einwandfrei, wird von der Rspr. aber fingiert (vgl. dazu Rn 1026). Bedenken an der Bekanntgabe bestehen schließlich, wenn der Adressat minderjährig ist. In diesem Fall ist der Verwaltungsakt unter Zugrundelegung des Rechtsgedankens des § 131 BGB grds. dem gesetzlichen Vertreter bekanntzugeben; anderenfalls ist die Bekanngabe nicht erfolgt.[683] Soweit Minderjährige gem. § 12 Nr. 2 VwVfG jedoch verfahrenshandlungsfähig sind, kann auch die Bekanntgabe an sie selbst erfolgen. Problematisch sind indes Maßnahmen gegenüber Verfahrenshandlungsunfähigen, etwa der Vollzugspolizei zur Gefahrenabwehr beim Vorgehen gegen minderjährige Störer in Fällen unmittelbar bevorstehender Gefahr (vgl. Rn 757). In diesen Fällen wird entweder im Wege der unmittelbaren Ausführung bzw. des Sofortvollzugs vorzugehen sein[684] oder man wird die Bekanntgabe an den Minderjährigen trotz fehlender Handlungsfähigkeit annehmen müssen[685]. Vgl. dazu auch Rn 952 ff. **780a**

4. Zusatzverantwortlichkeit gegenüber Aufsichtsbedürftigen

Die polizeigesetzlichen Vorschriften über die Verhaltensverantwortlichkeit dehnen die polizeirechtliche Verantwortlichkeit auf Personen aus, die zur Aufsicht über **Kinder unter 14 Jahren** oder über Personen, für die ein **Betreuer** bestellt ist, verpflichtet sind. Da die Verantwortlichkeit aber nicht anstelle der der genannten aufsichtsbedürftigen Personen, sondern zusätzlich zu deren Verantwortlichkeit tritt, spricht man auch von Zusatzverantwortlichkeit. Grundsätzlich können sich also Gefahrenabwehrmaßnahmen sowohl an die aufsichtspflichtige als auch die aufsichtsbedürftige Person richten. Welche Störerbestimmung letztlich rechtmäßig ist, richtet sich nach denselben Kri- **781**

682 Vgl. dazu ausführlich *R. Schmidt*, AllgVerwR, Rn 1321 ff.
683 BVerwGE 23, 15, 17; BGH NJW 1992, 2633; *Kopp/Ramsauer*, VwVfG, § 41 Rn 31.
684 Vgl. auch *Schenke*, POR, Rn 412; *Kopp/Ramsauer*, VwVfG, § 41 Rn 31.
685 VGH München DOV 1984, 433.

terien, die die allgemeine Störerauswahl bei Störermehrheit prädeterminieren (dazu oben Rn 774).

782 Aufsichtspflichtige Personen sind bei Minderjährigen, und damit bei unter 14 Jahre alten Personen i.S.d. Vorschriften über die Verhaltensverantwortlichkeit, diejenigen, denen die elterliche Sorge (§§ 1626 ff. BGB) zusteht, oder der Vormund, wenn der Minderjährige nicht unter elterlicher Sorge steht (§§ 1723 ff. BGB). Als Aufsichtspflichtige in Betracht kommen aber auch Nachbarn, Verwandte oder Freunde, die die Aufsicht übernommen haben. Bei Kindermädchen etc. besteht eine Aufsichtspflicht kraft vertraglicher Übernahme.

783 Die **Betreuung** ist in §§ 1896 ff. BGB geregelt. Ist für eine Person ein Betreuer aufgrund einer psychischen Krankheit oder einer körperlichen, geistigen oder seelischen Behinderung bestellt, können gefahrenabwehrrechtliche Maßnahmen auch gegen den Betreuer gerichtet werden. Voraussetzung ist aber, dass das pflichtwidrige Verhalten dem Aufgabenkreis des Betreuers zuzurechnen ist. Anders als in Polizeigesetzen anderer Länder (vgl. z.B. § 6 II S. 2 NdsSOG oder § 6 II S. 2 HessSOG) ist diese Beschränkung zwar nicht in § 5 II BremPolG enthalten, sie ergibt sich aber aus dem rechtsstaatlichen Postulat der Haftungsbegrenzung. Die gegenteilige Annahme würde den Verantwortungsbereich des Betreuers unzulässig ausdehnen und unüberschaubar machen und wäre im Übrigen auch nicht mit den bei Rn 766 beschriebenen Verursachertheorien vereinbar.

Als **Beispiel** für die Inanspruchnahme des Betreuers kommt eine Platzverweisung in Betracht, wenn dem Betreuer die Bestimmung des Aufenthalts des Betreuten obliegt.

5. Zusatzverantwortlichkeit gegenüber Verrichtungsgehilfen

784 Schließlich normieren die polizeigesetzlichen Bestimmungen über die Verhaltensverantwortlichkeit eine weitere Ausdehnung. Danach ist nicht nur diejenige Person polizeipflichtig, die zu einer Verrichtung bestellt ist und die Gefahr in Ausübung dieser Verrichtung verursacht, sondern auch diejenige, die die andere Person zu der Verrichtung bestellt hat. Ob jemand zu einer Verrichtung bestellt worden ist, richtet sich nach denselben Kriterien, die im Zivilrecht für die sog. **Verrichtungsgehilfenhaftung** gem. § 831 BGB maßgeblich sind. Danach ist Verrichtungsgehilfe, wer vom Geschäftsherrn in dessen Interesse eine Tätigkeit übertragen bekommen hat und von Weisungen des Geschäftsherrn abhängig ist.[686]

784a Als Verrichtung kommt jede Tätigkeit für einen anderen in Betracht. Die Tätigkeit kann tatsächlicher oder rechtlicher Natur sein, sie kann entgeltlich oder unentgeltlich erfolgen, auf Dauer (als Arbeitnehmer) oder vorübergehend (einmalige Besorgung) angelegt, niederer (Umgraben eines Gartens) oder höherer (Operation durch einen Arzt; Prozessvertretung durch einen Rechtsanwalt) Art sein.[687]

785 Da die Verantwortlichkeit des Geschäftsherrn darauf beruht, dass er den Gehilfen nicht sorgfältig ausgesucht bzw. überwacht hat, muss der Geschäftsherr auf die Handlungsweise des Gehilfen Einfluss nehmen können. Das ist vor allem bei Arbeitsverhältnissen gegeben. Bei Werkverträgen mit selbstständigen Handwerkern und Unternehmern so-

---

[686] OLG Köln NJW 2000, 2905; *R. Schmidt*, SchuldR BT II, 7. Aufl. 2012, Rn 855; *Sprau*, in: Palandt, BGB, § 831 Rn 6.

[687] Vgl. aus jüngerer Zeit etwa BGH NJW 2000, 2737, 2738 (Haftung des Krankenhausträgers für Hebammen); BGH NJW 1988, 2298, 2299 (Haftung des Krankenhausträgers für Ärzte); BGH WM 1998, 257, 259 (Haftung des Verlegers für einen Testesser in einem Restaurant); OLG Köln NJW 2000, 2905 (Haftung der abwesenden Eltern für die mit der Beaufsichtigung des Hauses betraute 18-jährige Tochter).

wie bei Generalvertretern ist in jedem Einzelfall zu prüfen, ob diese weisungsunterworfen sind.[688]

Beispiele:

(1) Ein bei einer Speditionsfirma für den Transport brennbarer Flüssigkeiten angestellter Kraftfahrer verursacht einen Unfall, bei dem das Fahrzeug umstürzt und seine gefährliche Ladung ins Grundwasser zu geraten droht.

Ein in die hierarchische Organisation eines Unternehmens eingebundener Arbeitnehmer mit begrenzter Entscheidungsbefugnis stellt das Paradebeispiel für einen Verrichtungsgehilfen dar. Im Beispiel sind daher sowohl der Fahrer als auch der Unternehmer verantwortlich.

(2) Bei Bauarbeiten wird durch einen Bagger eines Subunternehmers die Hauptgasleitung in der Nähe der Innenstadt beschädigt. Es besteht Explosionsgefahr.

In diesem Fall dürfen Gefahrenabwehrmaßnahmen nicht nur gegen den Subunternehmer, sondern auch gegen den Generalunternehmer, nicht jedoch gegen den Bauherrn gerichtet werden, da dieser keine Einwirkungsmöglichkeit auf den Subunternehmer hat. Maßnahmen gegen Letzteren können sich aber auch auf die Bestimmung hinsichtlich der Zustandsverantwortlichkeit stützen.

Weitere Haftungsvoraussetzung ist, dass der Gehilfe den Schaden *in Ausführung der Verrichtung* verursacht hat. Der Gehilfe verursacht den Schaden bzw. die Gefahr, wenn er bei einer *im inneren Zusammenhang* mit seinem Aufgabenbereich stehenden Tätigkeit handelt.[689] Zwischen der aufgetragenen Verrichtung und der Schadenszufügung muss also ein innerer Zusammenhang bestehen. Dabei ist nicht erforderlich, dass gerade die Handlung, die den Schaden verursacht hat, dem Gehilfen aufgetragen war; es genügt, dass die schädigende Handlung in den Kreis der Maßnahmen fällt, welche die Ausführung der Verrichtung darstellen.[690] Selbst bewusstes und eigenmächtiges Zuwiderhandeln gegen Weisungen des Geschäftsherrn stellt das Handeln des Gehilfen nicht ohne weiteres außerhalb des Kreises der ihm aufgetragenen Verrichtung.[691] Auszuscheiden haben jedoch solche Schäden, die lediglich *bei Gelegenheit der Ausführung* zugefügt werden. Solche sog. *ultra-vires-Handlungen* sind insbesondere Diebstähle und Spritztouren, soweit nicht eine besondere Pflicht zu ihrer Verhinderung besteht. **786**

In den obigen **Beispielen** ergeben sich in diesem Zusammenhang keine Probleme.

Nach § 831 I S. 2 Var. 1 BGB tritt die Ersatzpflicht nicht ein, wenn der Geschäftsherr bei der Auswahl des Verrichtungsgehilfen, bei der Beschaffung von Vorrichtungen und Gerätschaften und bei der Leitung der Ausführung der Verrichtung die im Verkehr erforderliche Sorgfalt beobachtet hat. Im Gefahrenabwehrrecht ist diese sog. Exkulpationsmöglichkeit jedoch nicht anzuerkennen, da anderenfalls eine effektive Gefahrenabwehr wesentlich erschwert oder unmöglich gemacht würde. **787**

In den obigen **Beispielen** können sich der Geschäftsherr bzw. der Generalunternehmer also nicht damit entlasten, sie hätten bei der Auswahl der Verrichtungsgehilfen die erforderliche Sorgfalt angewendet oder hätten den Verrichtungsgehilfen die erforderlichen Weisungen erteilt.

Schließlich gilt auch in dieser Variante der Zusatzverantwortlichkeit, dass die Verantwortlichkeit des Geschäftsherrn nicht anstelle der des Verrichtungsgehilfen, sondern **788**

---

[688] Vgl. dazu BGHZ 34, 310, 311.
[689] BGHZ 11, 151, 152 ff.; BGH NJW-RR 1989, 723 ff.; *Sprau*, in: Palandt, BGB, § 831 Rn 10.
[690] BGH MDR 1955, 282; WM 1977, 1169; *R. Schmidt*, SchuldR BT II, 7. Aufl. 2012, Rn 863.
[691] BGHZ 49, 12, 22.

zusätzlich zu dessen Verantwortlichkeit tritt. Daher können sich Gefahrenabwehrmaßnahmen zwar grundsätzlich sowohl an die eine als auch an die andere Person richten, welche Störerbestimmung aber letztlich rechtmäßig ist, richtet sich nach denselben Kriterien, die die allgemeine Störerauswahl bei Störermehrheit prädeterminieren (dazu oben Rn 774).

788a In allen bisher behandelten Varianten der Verhaltensverantwortlichkeit erlischt die Polizeipflichtigkeit bei natürlichen Personen mit dem Tod, bei juristischen Personen mit deren Auflösung. Eine andere Frage ist es, unter welchen Voraussetzungen der Rechtsnachfolger eines Pflichtigen in dessen Pflichtenstellung einrücken muss. Da sich diese Frage sinnvoll aber nur dann beantworten lässt, wenn auch die Voraussetzungen für eine Zustandsverantwortlichkeit bekannt sind, wird insoweit auf die Darstellung bei Rn 789 ff. verwiesen.

6. Zustandsverantwortlichkeit

a. Allgemeines

789 Anders als die Bestimmungen über die Verhaltensverantwortlichkeit knüpfen die Vorschriften über die Zustandsverantwortlichkeit[692] die Verantwortlichkeit nicht an das Verhalten von Personen, sondern an den **Zustand von Sachen** an (Zustandshaftung). Daher kommt es bei dieser Verantwortlichkeit auch nicht auf die Verursachung einer Gefährdung der öffentlichen Sicherheit durch das Verhalten von Personen an, sondern auf die tatsächliche und/oder rechtliche Beziehung von Personen zu Sachen, die als solche aufgrund ihrer **Beschaffenheit** oder **ihrer Lage im Raum** die öffentliche Sicherheit oder Ordnung gefährden. Die Zustandshaftung ist verfassungsgemäß; sie stellt lediglich eine Inhalts- und Schrankenbestimmung gem. Art. 14 I S. 2 GG dar und ist im Übrigen Ausdruck der Gemeinwohlbindung gem. Art. 14 II GG.

790 Zur Begründung der Zustandsverantwortlichkeit kennen die polizeigesetzlichen Bestimmungen zwei Anknüpfungspunkte,

- die **tatsächliche Sachherrschaft** (Inhaber der tatsächlichen Gewalt)
- und das **Eigentum** über eine Sache.

b. Inhaber der tatsächlichen Gewalt

791 In erster Linie sind Maßnahmen gegen den **Inhaber der tatsächlichen Sachherrschaft** zu richten (die polizeigesetzlichen Vorschriften sprechen inkorrekt von „tatsächlicher Gewalt"). In zweiter Linie dürfen Maßnahmen auch gegen den Eigentümer oder einen anderen Berechtigten gerichtet werden. Der Vergleich des Absatzes 1 mit Absatz 2 der jeweiligen Vorschrift über die Zustandshaftung stellt dies klar. Dies hat für die Verwaltung den Vorteil, dass sie nicht lange die Eigentumsverhältnisse klären muss. Eine Ausnahme hiervon liegt aber vor, wenn der Inhaber der tatsächlichen Gewalt diese ohne den Willen des Eigentümers oder des Berechtigten ausübt. Das ist z.B. bei einer gestohlenen Sache der Fall.[693]

792 Unter **Sachen** sind nach der Legaldefinition in § 90 BGB alle **körperlichen Gegenstände** zu verstehen, und zwar unabhängig von deren Aggregatzustand, solange sie von der Außenwelt (räumlich) abgrenzbar sind. Maßgebend ist die Verkehrsanschau-

---

[692] Vgl. Bund: § 18 BundesPolG; BW: § 7 PolG; Bay: Art. 8 PAG und Art. 9 II LStVG; Berl: § 14 ASOG; Brand: § 6 PolG und § 17 OBG; Brem: § 6 PolG; Hamb: § 9 SOG; Hess: § 7 SOG; MeckVor: § 70 SOG; Nds: § 7 SOG; NRW: § 5 PolG und § 18 OBG; RhlPfl: § 5 POG; Saar: § 5 PolG; Sachs: § 5 PolG; SachsAnh: § 8 SOG; SchlHolst: § 219 LVwG; Thür: § 8 PAG und § 11 OBG.

[693] Vgl. dazu OLG Dresden LKV 2003, 582 (gestohlenes Kfz).

ung; Beurteilungskriterium ist die Möglichkeit der Besitzverschaffung. Die Abgrenzung zu den „Nichtsachen" ist notwendig, weil nur an Sachen Eigentum und beschränkt dingliche Rechte möglich sind. Formelartig lässt sich sagen: Sache ist, was greifbar ist. Bei einem Grundstück, Auto, Moped oder Fahrrad ist das unproblematisch der Fall. Fehlt es an der **räumlichen Abgrenzbarkeit** des Objekts (Wasser, Luft etc.), scheidet die Sacheigenschaft aus.

Tiere sind nach § 90 a BGB keine Sachen und auch von den Vorschriften über die Zustandshaftung nicht erfasst. Sie stehen aber im Ergebnis den Sachen weitgehend gleich, da auf das Rechtsobjekt *Tier* die für Sachen geltenden Vorschriften entsprechend anzuwenden sind (vgl. § 90 a S. 3 BGB). Diese Regelung verstößt auch nicht gegen die im Jahre 2002 in das Grundgesetz (vgl. Art. 20 a GG) aufgenommene Staatszielbestimmung *Tierschutz*, weil anderenfalls eine Gefahrenabwehrmaßnahme, die sich gegen ein Tier richten müsste, ggf. nicht möglich bzw. rechtswidrig wäre. In einigen Polizeigesetzen wurde daher eine entsprechende Klarstellung in den Bestimmungen über die Zustandsverantwortlichkeit vorgenommen.[694] **793**

Inhaber der tatsächlichen Gewalt ist, wer nach der Verkehrsauffassung die tatsächliche (rechtmäßige oder unrechtmäßige) **Sachherrschaft** ausübt. In Anlehnung an die zivilrechtlichen Vorschriften der §§ 854 und 855 BGB sind das z.B. Mieter, Pächter, Verwahrer, Besitzer[695], Besitzdiener, Dieb usw. Ob der Inhaber der tatsächlichen Gewalt den Zustand eines Tieres oder einer Sache, von der eine Gefahr für Personen oder für (andere) Sachen ausgeht, herbeigeführt hat oder ob diese von einem Dritten, durch Zufall oder höhere Gewalt herbeigeführt worden ist, ist ohne Bedeutung. Auf ein **Verschulden** kommt es – wie bei der Verhaltensverantwortlichkeit – **nicht** an. **794**

> **Beispiel:** Autofahrer A bleibt mit seinem erst wenige Monate alten Wagen im Baustellenbereich einer Autobahn liegen. Die vorbeikommende Polizei ruft über Funk sofort ein Abschleppunternehmen. A ist damit nicht einverstanden, weil er bereits zuvor seinen Freund F angerufen hatte, der mit seinem Wagen vorbeikommen und A´s Wagen abschleppen solle.
>
> Es steht außer Frage, dass von einem im Baustellenbereich einer Autobahn liegen gebliebenen Fahrzeug eine unmittelbare Gefahr für die öffentliche Sicherheit ausgeht. Ein sofortiges Einschreiten der Polizei war daher geboten. Dass A die Gefahrensituation nicht schuldhaft herbeigeführt hat, ist ohne Bedeutung, weil es im Gefahrenabwehrrecht – anders als im Strafrecht – nicht um die Sanktionierung des persönlichen Dafürkönnens, sondern um schnelle und effektive Gefahrenabwehr geht.
>
> Zu weit ginge es jedoch, den Eigentümer eines Waldgrundstücks, das rechtlich und tatsächlich frei zugänglich ist, als Zustandsstörer verantwortlich zu machen, wenn z.B. unbekannte Dritte Abfälle deponieren, von denen eine Gefahr ausgeht.[696]

Maßgeblicher Zeitpunkt für die Polizei- und Ordnungspflicht ist ausschließlich der Zeitpunkt des behördlichen Einschreitens, nicht etwa der Zeitpunkt des Eintritts der Gefahr. Infolgedessen endet die Zustandsverantwortlichkeit nicht notwendigerweise mit der Aufgabe der tatsächlichen Gewalt. **795**

Bei **Kraftfahrzeugen** ist darüber hinaus fraglich, wer Inhaber der tatsächlichen Gewalt ist. Nach Auffassung des BGH ist dies der **Fahrzeughalter**. Halter sei, wer die **796**

---

[694] Vgl. z.B. § 6 II BrandPolG; § 7 I NdSSOG; § 5 I NRWPolG; § 7 I HessSOG.

[695] Hinsichtlich des Erbenbesitzers i.S.d. § 857 BGB gilt, dass dieser nur fiktiver Besitzer und daher nicht notwendigerweise Inhaber der tatsächlichen Gewalt ist.

[696] Vgl. OVG Münster NWVBl 2007, 26.

tatsächliche Verfügungsgewalt über das Fahrzeug besitze und es für eigene Rechnung gebrauche.[697]

797 Verfügungsgewalt besteht darin, dass der Fahrzeugbenutzer Anlass, Ziel und Zeit seiner Fahrten selbst bestimmt. Wer in diesem Sinne verfügungsberechtigt ist, ist auch dann Halter, wenn das Fahrzeug auf eine andere Person zugelassen ist.[698] Eintragung in den Fahrzeugpapieren (Zulassungsbescheinigung I und II) und Haltereigenschaft können also auseinanderfallen. Allerdings besteht ein starkes Indiz dafür, dass der in den Fahrzeugpapieren Eingetragene auch Halter des Fahrzeugs ist.

797a Eigentum am Fahrzeug ist nach allgemeiner Auffassung von vornherein nicht entscheidend. Daher ist z.B. die Bank, die das Fahrzeug finanziert und sich zur Sicherung des Darlehens das Fahrzeug sicherungsübereignen lässt (§§ 930 BGB), zwar Eigentümer, nicht aber Halter. Umgekehrt ist es aufgrund der genannten Rspr. auch möglich, dass der Eigentümer Halter ist, obwohl er nicht in den Fahrzeugpapieren eingetragen ist.[699]

> **Beispiel:** Großvater G verfügt über einen sehr hohen Schadensfreiheitsrabatt und meldet daher das Fahrzeug seiner Enkelin E auf seinen Namen an.
>
> Hier ist E Eigentümerin; auch ist sie Halterin, wenn sie die laufenden Kosten übernimmt und allein die Verfügungsgewalt innehat, obwohl das Fahrzeug auf den Großvater zugelassen ist.

797b Es ist also stets zu unterscheiden zwischen dem Eigentümer, dem Halter und dem in den Fahrzeugpapieren Eingetragenen. Diese Eigenschaften können in einer Person vereint sein. Es kann aber auch vorkommen, dass von drei Personen jede nur eine dieser Eigenschaften erfüllt. Da die Haltereigenschaft u.a. für die Straßenverkehrshaftung (Haftung gem. § 7 I StVG), die Steuerpflicht und die Versicherungspflicht (§ 1 PflVG: obligatorische Haftpflichtversicherung) ausschlaggebend ist, ist das oben dargestellte, von der Rspr. als möglich erachtete Drei-Personen-Verhältnis in der Praxis aber insofern entschärft, als der Steuerbescheid an denjenigen adressiert ist, der in der Zulassungsbescheinigung I und II eingetragen ist, auf den das Fahrzeug also zugelassen ist. Auch als Versicherungsnehmer der Kfz-Haftpflichtversicherung wird von der Versicherungsgesellschaft nur akzeptiert, wer in den Fahrzeugpapieren eingetragen ist. Daher kann es in der Praxis zwar vorkommen, dass Eigentümer und Halter personenverschieden sind, nicht aber Halter und in den Papieren Eingetragener.

797c Da die formale Eintragung in der Zulassungsbescheinigung I und II nach st. Rspr. für die Haltereigenschaft nicht entscheidend ist, können auch Mieter, Nießbraucher und Entleiher Halter eines Fahrzeugs sein, obwohl jemand anderes in den Fahrzeugpapieren eingetragen ist. Voraussetzung hierfür ist eine Überlassung auf längere Zeit[700] (wenige Stunden oder nur ein Tag reichen hierfür regelmäßig nicht aus), sodass das Fahrzeug dem Einflussbereich des Überlassenden entzogen ist und der Mieter/Entleiher alle mit der Fahrzeughaltung anfallenden Kosten trägt.

797d Auch der Leasingnehmer ist i.d.R. Halter, wenn sich der Leasinggeber nicht Weisungsbefugnisse hinsichtlich des Einsatzes des Fahrzeugs während der Vertragsdauer vorbehalten hat.[701]

---

[697] Vgl. BGHZ 13, 351, 354; 116, 200, 205 f.
[698] OLG Hamm NZV 1990, 363; KG VRS 113, 209.
[699] Ganz ähnlich nunmehr auch *Wille*, JA 2008, 210, 212.
[700] BGHZ 32, 331, 333.
[701] BGH VersR 1983, 656 ff.; *Deutsch/Ahrens*, Deliktsrecht, Rn 381.

Vor diesem Hintergrund sind die in der Praxis gelegentlich anzutreffenden Fälle, in denen der Herangezogene behauptet, das Fahrzeug vor dem Eintritt der Störung an einen Unbekannten verliehen zu haben, und dass dieser das Fahrzeug verkehrswidrig abgestellt habe, unproblematisch zu lösen. Fehlt der Nachweis der Gebrauchsüberlassung, spricht eine widerlegbare Vermutung dafür, dass der der Behörde bekannte Halter weiterhin Zustandsverantwortlicher ist.[702] Dies kann als eine Beweislastumkehr gedeutet werden. **797e**

Voraussetzung für die Zustandshaftung ist, dass von einer Sache eine Gefahr für die öffentliche Sicherheit ausgeht. Dabei kann der Zustand einer Sache in zweierlei Hinsicht gefährlich sein: **798**

- Die **Beschaffenheit der Sache selbst** kann den Gefahrenherd bilden (Beispiel: kontaminiertes Grundstück).
- Die an sich ungefährliche Sache kann wegen ihrer **Lage im Raum** gefährlich wirken (Beispiel: verkehrswidrig abgestelltes Fahrzeug).

Auch die Zustandshaftung folgt dem **Verursacherprinzip**, sodass hier ebenfalls die Kausalitätstheorien (insbesondere die **Theorie von der unmittelbaren Verursachung**)[703] zur Anwendung gelangen. Nach der herrschenden Unmittelbarkeitstheorie muss demzufolge danach gefragt werden, ob die Befindlichkeit einer Sache die Gefahrenschwelle überschritten hat oder nicht. **799**

Bei der sog. **latenten Gefahr** (vgl. dazu bereits Rn 675 f.) geht es darum, dass zu der Beschaffenheit der Sache selbst oder ihrer Lage im Raum noch weitere Umstände hinzutreten müssen, damit sie zur Gefahrenquelle wird. In diesem Fall trifft die Zustandshaftung ausnahmsweise nicht den letzten Verursacher, wenn bereits vorher eine *latente* Gefahr vom Zustand einer (anderen) Sache ausging. **800**

> **Beispiel:** Seit Jahren steht im unbeplanten Innenbereich (§ 34 BauGB) ein altes Reetdachhaus. Infolge der später näher gerückten Bebauung wird ein Ziegelhaus mit bauordnungsrechtlich zulässiger Feuerstelle neben dem alten Reetdachhaus errichtet. Ohne die Veränderung der Umwelt hätte das Reetdachhaus keine Gefahr dargestellt. Infolge des in Reichweite befindlichen Ziegelhauses mit zulässiger Feuerstelle stellt es nunmehr eine neue Gefahr dar. Man spricht – quasi rückschließend – davon, dass das Reetdachhaus schon immer aufgrund der leichten Entzündbarkeit – latent – gefährlich gewesen sei, um so gegen den Eigentümer vorgehen zu können.

Prinzipiell nichts anderes gilt hinsichtlich der sog. **Altlastenfälle**. Die h.M. löst diese Probleme im Rahmen der Ermessensentscheidung, insbesondere im Rahmen des Auswahlermessens, ob sie gegen den Handlungsstörer vorgeht, statt den Zustandsstörer in Anspruch zu nehmen. Im Anwendungsbereich des **BBodSchG**[704] (siehe dessen § 3) sind der Grundstückseigentümer und der Inhaber der tatsächlichen Gewalt (Mieter, Pächter oder der selbstständige Nießbraucher[705]) über ein Grundstück gem. § 4 II BBodSchG verpflichtet, Maßnahmen zur Abwehr der von ihrem Grundstück drohenden schädlichen Bodenveränderungen zu ergreifen.[706] Darüber hinaus sind der Verursacher einer schädlichen Bodenveränderung oder Altlast sowie dessen Gesamtrechtsnachfolger, der Grundstückseigentümer und der Inhaber der tatsächlichen Gewalt über ein **801**

---

[702] VG Göttingen NuR 1995, 571 zur Heranziehung der Kosten für das im Rahmen einer Ersatzvornahme durchgeführte Abschleppen und Entsorgen eines Schrottfahrzeugs.
[703] Wie hier *Schenke*, POR, Rn 268; a.A. *Friauf*, POR, Rn 83, nach dessen Meinung die Kausalitätstheorien hier keine Rolle spielen.
[704] Der Bund besitzt hierfür die Gesetzgebungskompetenz aus Art. 72 i.V.m. 74 I Nr. 18 („Bodenrecht").
[705] Vgl. dazu *Müggenborg*, NVwZ 2001, 39.
[706] Zur Störerauswahl nach dem BBodSchG vgl. *Tiedemann*, NVwZ 2003, 1477 ff.

Grundstück gem. § 4 III S. 1 BBodSchG verpflichtet, den Boden und Altlasten so zu sanieren, dass dauerhaft keine Gefahren, erhebliche Nachteile oder erhebliche Belästigungen für den Einzelnen oder die Allgemeinheit entstehen.[707] Zu den neuen, bislang ungeklärten Rechtsfragen, die das BBodSchG mit sich gebracht hat, vgl. Rn 821 ff.

Beispiel: Das Betriebsgelände der Straßenbaufirma A wird nachts unerlaubt von einem Unbekannten betreten, der ein Dieselölfass umkippt, sodass sich der Inhalt auf das benachbarte Gelände der Gemeinde G ergießt. Wegen der drohenden Boden- und Grundwasserverunreinigung wird der kontaminierte Boden auf Anordnung der zuständigen Ordnungs- bzw. Polizeibehörde abgetragen. G erhebt nun gegenüber A einen Kostenerstattungsbescheid (Leistungsbescheid) wegen einer Ersatzvornahme, die im Wege einer unmittelbaren Ausführung bzw. eines Sofortvollzugs durchgeführt worden sei (vgl. dazu ausführlich Rn 925 ff.).

Eine schädliche Bodenveränderung liegt vor (vgl. § 4 BBodSchG). Die Rechtmäßigkeit des Leistungsbescheids setzt aber auch die Verantwortlichkeit der A voraus. Zu denken wäre in erster Linie an eine Verhaltensverantwortlichkeit. Allerdings ist unmittelbarer Verursacher und damit Verhaltensstörer nur der unbekannte Dritte, der das Fass umgekippt hat. Die A als Zweckveranlasser zu sehen scheidet aus. Es ist aber erwähnenswert und vertretbar, A wegen der Unterlassung der gebotenen Sicherung des Betriebsgeländes als verhaltensverantwortlich anzusehen, da derartige (Verkehrs-)Sicherungspflichten üblicherweise bestehen und hier verletzt wurden. Es greift aber die Zustandsverantwortlichkeit gem. § 4 II BBodSchG. Danach sind der Grundstückseigentümer und der Inhaber der tatsächlichen Gewalt über ein Grundstück gem. § 4 II BBodSchG verpflichtet, Maßnahmen zur Abwehr der von ihrem Grundstück drohenden schädlichen Bodenveränderungen zu ergreifen. Daher konnte G die Erstattung der Kosten für die Ersatzvornahme verlangen.[708]

802 Eine Zustandsverantwortlichkeit kann auch in den Fällen einer **Anscheinsgefahr** bestehen, wenn der Anschein einer Gefahr also durch den Zustand einer Sache verursacht wurde.

Beispiel: E ist Eigentümer einer Villa am Stadtrand. Aufgrund eines Defekts an der Alarmanlage wird bei der Polizei Alarm ausgelöst. Die vor Ort eingetroffenen Beamten werden auf dem befriedeten Grundstück des E von dessen Rottweiler angegriffen. Einer der Beamten kann den Angriff nur durch einen tödlichen Schuss auf den Hund abwenden. E macht Schadensersatz geltend.

Der von E geltend gemachte Schadensersatzanspruch könnte sich auf die polizeigesetzliche Vorschrift über die Entschädigung rechtswidrig in Anspruch Genommener stützen, flankiert durch den Amtshaftungsanspruch gem. § 839 I BGB, Art. 34 GG, dessen Anwendbarkeit in den Polizeigesetzen klargestellt wird („... bleibt unberührt"). Dazu hätten die Beamten aber rechtswidrig gehandelt haben müssen. Das war jedoch nicht der Fall; vielmehr war E verantwortlich für den Fehlalarm, und zwar unabhängig davon, ob er den Defekt bspw. durch Unterlassen der erforderlichen Wartung verschuldet hat. Seine defekte Alarmanlage hat den Anschein einer Gefahr gesetzt.

Da E somit als Zustandsstörer verantwortlich war und daher rechtmäßig in Anspruch genommen werden konnte, ist der von ihm geltend gemachte Schadensersatzanspruch unbegründet.

803 Eine andere Frage ist es, ob eine Verantwortlichkeit auch dann besteht, wenn nur der Anschein besteht, von einer Sache gehe eine Gefahr aus. Man kann in diesem Zu-

---

[707] Vgl. dazu insb. VG Trier NJW 2001, 531 mit Bespr. von *Pützenbacher/Görgen*, NJW 2001, 490 ff. sowie BVerwG NVwZ 2000, 1179, 1181; *Fluck*, NVwZ 2001, 9 ff. und *Frenz*, NVwZ 2001, 13 ff.

[708] Zur Eingrenzung der Zustandsverantwortlichkeit unter dem Aspekt der Verhältnismäßigkeit vgl. BVerfGE 102, 1, 18 ff. und *Müggenborg*, NVwZ 2001, 39 ff.

sammenhang bei der als Pflichtiger in Betracht kommenden Person als **„Anscheinszustandsstörer"** sprechen.

Beispiel: Es ist Jahrmarkt in der Stadt. Die Polizei erhält einen anonymen Anruf, bei dem der Anrufer glaubhaft angibt, er habe die bei einem bestimmten Stand erhältlichen Bratwürste vergiftet. Sofort stellt die Polizei die betreffenden Würste sicher. Die labortechnische Untersuchung ergibt aber, dass es sich um einwandfreie Ware handelt. Der Inhaber des Standes verlangt von der Polizei Ersatz des entgangenen Gewinns.

Abweichende Regelungen können sich jedoch aus spezialgesetzlichen Regelungen ergeben. So sieht insbesondere § 9 II BBodSchG vor, dass bei einem aufgrund konkreter Anhaltspunkte bestehenden hinreichenden Verdacht einer schädlichen Bodenveränderung oder einer Altlast die Durchführung der notwendigen Untersuchungen zur Gefahrenabschätzung durch die in § 4 III, V und VI BBodSchG genannten Personen behördlicherseits angeordnet werden kann. Adressat einer solchen Verfügung können damit, wie sich aus der Verweisung aus § 4 III BBodSchG ergibt, auch der Grundstückseigentümer und der Inhaber der tatsächlichen Gewalt über ein Grundstück sein, ohne dass es darauf ankommt, ob die Gefahr tatsächlich von der Sache ausgeht. Allerdings normiert § 24 I S. 2 BBodSchG für den Herangezogenen einen Kostenerstattungsanspruch, wenn sich die Verdachtsmomente nicht bestätigt haben und dieser die den Verdacht begründenden Umstände nicht selbst zu vertreten hat. **804**

Die Haftung des Inhabers der tatsächlichen Gewalt kann **nicht durch Vertrag** mit befreiender Wirkung **auf einen Dritten übertragen werden**. Sie erlischt ausschließlich mit dem Verlust der tatsächlichen Gewalt. Hinsichtlich der Rechtsnachfolge in die Zustandshaftung des Eigentümers vgl. Rn 896. **805**

c. Eigentümer oder anderer Berechtigter

Weiterhin darf die Polizei den Eigentümer oder einen anderen Berechtigten in Anspruch nehmen. Beide Personengruppen haften grundsätzlich gleichrangig (beachte jedoch die Ausnahmeregelung in den polizeigesetzlichen Bestimmungen) neben dem Zustandsverantwortlichen. Für die Verantwortlichkeit ist es unerheblich, ob der Eigentümer oder der andere Berechtigte die tatsächliche Gewalt über das Tier oder die Sache ausübt. Die Verantwortlichkeit besteht auch für von Grundstücken ausgehende Gefahren, die auf Naturereignissen beruhen. **806**

Bei der Frage nach der Zustandsverantwortlichkeit aufgrund der **Eigentümerstellung** wird an den zivilrechtlichen Eigentumsbegriff (vgl. §§ 903 ff. BGB) angeknüpft.[709] Bei einer rechtsgeschäftlichen Eigentumsübertragung von Grundstücken endet die Zustandshaftung des bisherigen Eigentümers erst mit der Eintragung des neuen Eigentümers im Grundbuch.[710] Steht das Grundstück im Eigentum mehrerer Personen (sog. Miteigentum), sind grundsätzlich alle Miteigentümer verantwortlich, gleichgültig, ob sie Miteigentümer nach Bruchteilen (§§ 1008 ff. BGB) oder Miteigentümer zur gesamten Hand sind (vgl. z.B. §§ 2032 ff. BGB). Bei Miteigentum darf allerdings vom einzelnen Miteigentümer nichts verlangt werden, was nur die Gesamtheit der Miteigentümer leisten kann; anderenfalls ist die Verfügung wegen rechtlicher Unmöglichkeit rechtswidrig bzw. nichtig. **807**

Andere Berechtigte sind insbesondere die Inhaber beschränkt-dinglicher Rechte. Dies sind außer den Eigentümern Erbbauberechtigte (ErbbaurechtsVO), Grunddienst- **808**

---

[709] OVG Koblenz NJW 1998, 625, 626. Vgl. auch OVG Münster NJW 2010, 1988 f.

[710] VGH Mannheim DÖV 1996, 1057; zur Zustandshaftung von Grundstückseigentümern vgl. auch VGH München BayVBl 1997, 502.

barkeitsberechtigte (§§ 1018 ff. BGB), Inhaber einer beschränkten persönlichen Dienstbarkeit (§§ 1090 ff. BGB), Nießbraucher (§§ 1085 ff. BGB) und Pfandgläubiger (§§ 1205 ff. BGB), aber auch lediglich obligatorisch Berechtigte wie z.B. Mieter, Pächter, Entleiher und Verwahrer.[711]

809 Maßgeblicher **Zeitpunkt der Haftung** ist auch hier der Zeitpunkt der behördlichen Maßnahme. Übt der Inhaber der tatsächlichen Gewalt diese ohne den Willen des Eigentümers aus, ist der Eigentümer – wie bereits festgestellt – nur begrenzt zustandsverantwortlich (dem Eigentümer kann nichts Unmögliches abverlangt werden).[712] Die Zustandsverantwortlichkeit des Eigentümers lebt aber sofort wieder auf, wenn der Dritte die Sachherrschaft verliert oder aufgibt, wenn z.B. ein Dieb das gestohlene Auto stehen lässt. Diese Konsequenz ergibt sich sowohl aus dem einschlägigen Gesetzestext als auch aus dem Zweck der an das Eigentum anknüpfenden Zustandshaftung, eine Verantwortlichkeit desjenigen zu begründen, der entweder einen wirtschaftlichen Vorteil besitzt, die Sache in einem gefahrfreien Zustand halten kann oder der sich willentlich seiner Berechtigung und Sachherrschaft begeben hat.

810 Auf ein **Verschulden** kommt es – wie bei der Verhaltensverantwortlichkeit und der Zustandshaftung in den bisher behandelten Varianten – **nicht** an. Die Verantwortlichkeit ist also ebenfalls unabhängig von Rechtswidrigkeit und Schuld. Daher umfasst sie auch höhere Gewalt oder das Verhalten Dritter.

Beispiele: Diebe fahren mit einem gestohlenen Pkw durch die Schaufensterscheibe eines Juweliergeschäfts, um sich Zugang zu den Juwelen zu verschaffen. Die Glasscherben, die auf Bürgersteig und Fahrbahn gefallen sind, gefährden Passanten und Fahrzeugverkehr. Der Geschäftsinhaber, der nicht Eigentümer des Grundstücks sein muss, kann zur Beseitigung der Scherben verpflichtet werden.

811 Eine **Ausnahme** von der Zustandsverantwortlichkeit ist nur beim Eigentümer anzunehmen, wenn der Inhaber der tatsächlichen Sachherrschaft diese ohne den Willen des Eigentümers der gefahrbegründenden Sache ausübt (s.o.).

Daher ist im vorigen **Beispiel** auch nicht der Eigentümer bzw. Halter des gestohlenen Kfz zustandsverantwortlich.

d. Verantwortlichkeit für herrenlose Sachen (Dereliktion)

812 Nach dem Wortlaut der allgemeinen polizei- und ordnungsrechtlichen Vorschriften über die Verantwortlichkeit setzt die Zustandsverantwortlichkeit des Eigentümers voraus, dass dieser **im Zeitpunkt der Gefahrenabwehrmaßnahme das Eigentum an der gefahrbringenden Sache innehat**. Veräußert also der Eigentümer die Sache (nach §§ 925, 929 BGB), geht die Zustandsverantwortlichkeit unstreitig auf den Erwerber über (siehe ausführlich Rn 896). Fraglich ist, ob das auch gilt, wenn jemand das Eigentum an der Sache aufgibt (sog. **Dereliktion**, §§ 928, 959 BGB) und die Sache möglicherweise in das Eigentum eines anderen übergeht (sog. Aneignung, §§ 928 II, 958 I BGB). Aus den zivilrechtlichen Vorschriften über die Dereliktion könnte der Schluss gezogen werden, dass auch diese die Zustandshaftung des früheren Eigentümers beendet. Dadurch kann aber u.U. eine unangemessene Risikoverteilung zwischen dem Alteigentümer und der Allgemeinheit bzw. dem Erwerber entstehen.[713] Allerdings ist die damit verbundene Problematik in solchen Ländern (in Anlehnung an § 5 III ME-

[711] Zu den beschränkt-dinglichen Rechten vgl. ausführlich *R. Schmidt*, SachenR II, 5. Aufl. 2011, Rn 11 ff.
[712] OLG Dresden LKV 2003, 582.
[713] Vgl. dazu OVG Münster NJW 2010, 1988 f.

PolG) überholt, die geregelt haben, dass eine Dereliktion nicht zur Beendigung der Zustandshaftung führt.

Beispiel: Raser R fährt nicht nur gerne schnell, sondern ist auch immer zu einem Scherz bereit. Nachdem er eines Tages einen Verkehrsunfall verursacht hat, bei dem sein Fahrzeug offenbar einen Totalschaden erlitt, erklärte er der eingetroffenen Polizei, die ihm mitteilte, dass er für die Abschleppkosten aufkommen müsse, kurzerhand, dass er das Eigentum an seinem Wagen bzw. an dem, was davon übrig geblieben war, aufgegeben habe und daher nicht mehr verantwortlich sei.

Dass R sich seiner Verantwortung nicht entheben kann, ist klar. Anderenfalls würde der Allgemeinheit die Last für sein Fehlverhalten aufgebürdet. Die meisten Polizeigesetze bestimmen daher, dass die Zustandsverantwortlichkeit nicht mit der Eigentumsaufgabe endet. R hat also die Abschleppkosten zu tragen. Daneben haftet er selbstverständlich als Verhaltensverantwortlicher.

7. Begrenzungen der Verantwortlichkeit

In der Rechtsprechung des BVerwG ist geklärt, dass die polizei- und ordnungsrechtli- 813
chen Vorschriften über die Zustandsverantwortlichkeit an die aus der tatsächlichen und rechtlichen Sachherrschaft des Grundeigentümers hergeleitete Rechtspflicht anknüpfen. Der Pflichtige habe dafür zu sorgen, dass von seiner Sache keine Störungen oder Gefahren für die öffentliche Sicherheit oder Ordnung ausgingen. Die Vorschriften über die Zustandshaftung stellten Inhalts- und Schrankenbestimmungen i.S.d. Art. 14 I S. 2 GG dar und seien verfassungsmäßig, weil sie Ausdruck der Sozialbindung des Eigentums in dem Sinn seien, dass Eigentum verpflichte (Art. 14 II GG), die von ihm ausgehenden Gefahren zu beseitigen.[714] Aufgrund der verschuldensunabhängigen Haftung des Störers kann seine unbegrenzte Heranziehung im Einzelfall aber unverhältnismäßig sein. So kann die Zustandshaftung eines Grundstückseigentümers für Gefahren, die auf **Naturereignissen** oder auf Fremdverschulden beruhen, gegen das Übermaßverbot verstoßen[715], denn die Sozialbindung kann wie jede (andere) Grundrechtsschranke ihrerseits nicht schrankenlos sein und wird insbesondere durch das Übermaßverbot begrenzt. Soweit also im Einzelfall die Opfergrenze überschritten wird, kann auch im objektivrechtlichen und verschuldensunabhängigen Polizeirecht eine Inanspruchnahme des Zustandsstörers ausgeschlossen sein. Auch das BVerwG räumt ein (ohne dies jedoch verbindlich zu entscheiden), dass die Grenze der Inanspruchnahme dort bestehe, wo der wertmäßige Umfang der Inanspruchnahme den Wert der Sache erreiche.[716]

Beispiel: K ist Eigentümer eines Hanggrundstücks. Als bereits einige Male Felsabgänge zu beobachten waren, trägt ihm die zuständige Behörde auf, Abfangzäune zu errichten.

Nach der Rechtsprechung des BVerwG konnte K rechtmäßig als Zustandsverantwortlicher in Anspruch genommen werden, da die wertmäßige Inanspruchnahme des K den Wert der Sache nicht überstieg.

Auch bei **Altlasten** muss die Verantwortlichkeit des Grundstückseigentümers auf 814
die von seinem Grundstück ausgehenden Gefahren beschränkt sein, da die Haftung an die Sachherrschaft und nicht an die Verursachung einer Gefahrenlage anknüpft.[717] Anderenfalls würden dem Eigentümer Risiken aufgebürdet, die auf Umständen beruhen, die losgelöst von der Sachherrschaft über das Grundstück sind und jenseits seiner Verantwortungssphäre liegen. Selbst eine finanzielle Belastung

---

[714] BVerwG NVwZ 1999, 231.
[715] Vgl. OVG Koblenz NJW 1998, 625 f.
[716] BVerwG NVwZ 1999, 231. Vgl. dazu auch BVerfGE 102, 1, 18 ff.
[717] VG Trier NJW 2001, 531 mit Bespr. von *Pützenbacher/Görgen*, NJW 2001, 490 ff.

des Zustandsverantwortlichen, die noch unterhalb des Verkehrswerts des Grundstücks liegt, kann demzufolge unzumutbar sein, wenn das zu sanierende Grundstück den wesentlichen Teil des Vermögens des Pflichtigen bildet und die Grundlage seiner privaten Lebensführung einschließlich seiner Familie darstellt. In einem solchen Fall wird die Grenze der zumutbaren Belastung u.U. bereits dann überschritten, wenn der Eigentümer eines Eigenheims das Grundstück unter Berücksichtigung seiner wirtschaftlichen Lage nicht mehr halten kann.[718]

8. Rechtsnachfolge in polizeiliche Pflichten

815 Eine in der Praxis sehr wichtige Problematik ist, ob auch der Rechtsnachfolger eines Polizeipflichtigen durch die Rechtsnachfolge polizeipflichtig wird, wenn und solange die Gefahr noch nicht beseitigt ist. Da die Rechtsnachfolge jedoch bei Rn 875 ff. behandelt wird, sei darauf verwiesen.

9. Mehrheit von Verantwortlichen (Störermehrheit)

a. Allgemeines

816 Es ist nicht nur möglich, dass eine Person gleichzeitig Verhaltens- und Zustandsverantwortlicher ist (sog. **Doppelstörer**), sondern auch, dass *mehrere* Personen für *einen* Gefahrenzustand verantwortlich sind: Die **eine Person ist Verhaltensstörer, die andere Zustandsstörer**. Des Weiteren ist denkbar, dass für **einen Gefahrenzustand mehrere Verhaltensstörer oder mehrere Zustandsstörer** verantwortlich sind. Fraglich ist, gegen wen die Polizei in diesen Fällen vorgehen kann oder muss. Teilweise wird die These vertreten, der Verhaltensstörer sei – dem allgemeinen Rechtsgefühl entsprechend – dem Zustandsverantwortlichen vorzuziehen.[719] Auch wird vertreten, die Polizei müsse primär den zeitlich letzten Verantwortlichen heranziehen.[720] Diese Vorstellungen entbehren jedoch jeglicher gesetzlichen und rechtsstaatlichen Grundlage. Sind mehrere Personen ordnungspflichtig, hat die Ordnungsbehörde nach **pflichtgemäßem Ermessen** zu entscheiden, wen sie zur Gefahrenabwehr heranzieht. Dieses Auswahlermessen wird ausschließlich von der **Effektivität der Gefahrenabwehr** und dem **Grundsatz des geringstmöglichen Eingriffs** geleitet. Danach hat die Behörde **grundsätzlich gegen *den* Verantwortlichen vorzugehen, der die Gefahrenlage am schnellsten und wirksamsten beseitigen kann.**[721] Erst wenn mehrere Verantwortliche gleichermaßen zur Auswahl stehen, sind beim Einschreiten Überlegungen zu den drei Elementen der Verhältnismäßigkeit anzustellen.[722]

Beispiele:

(1) E ist Eigentümer eines mehrere Wohnungen umfassenden Mietshauses in der Lüneburger Straße. Eine Wohnung hat er an M vermietet. Als die Ordnungsbehörde von Nachbarn erfährt, dass sich in der Wohnung des M Kakerlaken befänden, erlässt sie gegenüber E die Verfügung, das Ungeziefer zu bekämpfen.

---

[718] BVerfGE 102, 1, 18 ff. Vgl. auch *Schenke*, POR, Rn 272.

[719] VGH München BayVBl 1993, 147, 148; VGH Kassel NJW 1984, 1369.

[720] VGH Mannheim DVBl 1950, 475, 477.

[721] Vgl. bereits *R. Schmidt*, BesVerwR, 4. Aufl. 2000, S. 289; wie hier nun auch VGH Kassel NVwZ-RR 2004, 32; *Schenke*, POR, Rn 285.

[722] Wie hier VGH München NVwZ 2001, 458; *Gornig/Hokema*, JuS 2002, 21, 23 f.; *Götz*, POR, § 9 Rn 86 ff.; *Schenke*, POR, Rn 285; *Friauf*, POR, Rn 98; *Muckel*, BesVerwR, S. 6; anders *Knemeyer*, POR, Rn 339, der der Behörde keine Ermessensfreiheit hinsichtlich der Inanspruchnahme polizeipflichtiger Personen zugesteht, sondern die Störerauswahl ausschließlich als eine Frage des Übermaßverbots ansieht. Da sich aber auch die Ausübung pflichtgemäßen Ermessens stets am Übermaßverbot orientiert (sonst wäre das Ermessen schon nicht pflichtgemäß), ändert sich im Ergebnis freilich nichts.

Eine Gefahr für die öffentliche Sicherheit liegt vor, da von Kakerlaken Gesundheitsbeeinträchtigungen ausgehen können. Fraglich ist, ob sich die Behörde auch an den richtigen Adressaten gehalten hat. Grundsätzlich kann sie einzelne Störer jeweils für sich oder mehrere nebeneinander in Anspruch nehmen. Vorliegend ist neben E auch M als Inhaber der tatsächlichen Gewalt Zustandsverantwortlicher. Die Behörde konnte also grundsätzlich frei wählen, wen sie in Anspruch nahm. Mit Blick auf eine effektive Gefahrenabwehr hat die Behörde aber **primär gegen *den* Verantwortlichen vorzugehen, der die Gefahrenlage am schnellsten und wirksamsten beseitigen kann**. Erst wenn mehrere Störer gleichermaßen zur Auswahl stehen, sind beim Einschreiten Überlegungen zu den drei Elementen der Verhältnismäßigkeit anzustellen. Vorliegend könnte man sich auf den Standpunkt stellen, dass allein M als Inhaber der tatsächlichen Gewalt über die Wohnung die zügige Kakerlakenvernichtung durchführen könne. Allerdings kann nicht ausgeschlossen werden, dass sich die Kakerlaken bereits auf andere Wohnungen bzw. auf Boden- und Kellerräume ausgebreitet haben. Einzelverfügungen gegen Mieter sind daher im Vergleich zu einer Verfügung gegen den Vermieter wenig effektiv. Aus Gründen einer effektiven Gefahrenabwehr müsste daher vorrangig E in Anspruch genommen werden.

Einschränkend ist jedoch zu beachten, dass eine Polizeiverfügung dem Adressaten nur solche Pflichten auferlegen kann, die dieser aus tatsächlichen oder rechtlichen Gründen auch erfüllen kann. Eine tatsächliche oder rechtliche Unmöglichkeit des Verlangten macht die Ordnungsverfügung – wenn nicht schon rechtswidrig – zumindest vollstreckungsunfähig. Vorliegend müsste E zur Bekämpfung der Kakerlaken die Wohnung des M betreten. Dem könnte aber das Wohnungsgrundrecht (Art. 13 GG) auf Seiten des M entgegenstehen. Ein Recht zum Betreten der Wohnung ergibt sich zwar grundsätzlich aus § 541a BGB. Die dort genannten Voraussetzungen liegen aber nicht vor. Sollte sich M weigern, E den Zutritt zu gewähren, könnte dies zur rechtlichen Unmöglichkeit des Verlangten führen. Früher wurde vertreten, dass eine Weigerung des Dritten, die Gefahrenabwehrmaßnahme zu dulden, zu einer rechtlichen Unmöglichkeit des Verlangten und somit zur Rechtswidrigkeit der Verfügung führe. Etwas anderes könne sich nur dann ergeben, wenn dem Dritten gegenüber eine separate Duldungsverfügung erlassen werde.[723]

Dagegen geht die heute h.M. davon aus, dass das Fehlen einer an den Dritten gerichteten Duldungsverfügung nicht die Rechtswidrigkeit der Gefahrenabwehrverfügung zur Folge habe. Es ergebe sich lediglich ein Vollstreckungshindernis. Legt man diese Auffassung zugrunde, ist die gegenüber E erlassene Verfügung nicht wegen rechtlicher Unmöglichkeit rechtswidrig. Da sie auch im Übrigen rechtsfehlerfrei erging (insbesondere ist kein milderes Mittel zur Kakerlakenbekämpfung ersichtlich), muss E der Aufforderung nachkommen. M muss die entsprechende Maßnahme dulden.

(2) Das Hausgrundstück des A grenzt u.a. an die Horner Heerstraße. An der straßengeneigten Grenze hat A vor vielen Jahren zehn Eichen gepflanzt. Eines Nachts kommt der Lkw des B aufgrund eines Fahrfehlers von der Fahrbahn ab und rammt sechs von den Eichen. Diese ragen nun infolge des Unfalls über einen Teil der Straße. Die zuständige Ordnungsbehörde möchte wissen, von wem sie entsprechende Maßnahmen verlangen kann.

Hier besteht eine Unsicherheit darüber, ob die gerammten Eichen eine Gefahr für die öffentliche Sicherheit (hier: Sicherheit und Leichtigkeit des Straßenverkehrs) darstellen. Dies aufzuklären ist Aufgabe der Ordnungsbehörde. Hierzu kommen verschiedene Möglichkeiten in Betracht: So kann sie etwa selbst ein Sachverständigengutachten einholen, um die Standfestigkeit der Eichen beurteilen zu können. Sie kann aber auch einen der beiden potentiell Verantwortlichen A und B zu Gefahrerforschungsmaßnahmen heranziehen. Die Entscheidung, wer von den beiden vor-

[723] Vgl. dazu *Muckel*, BesVerwR, S. 7.

rangig heranzuziehen ist, ist eine Ermessensentscheidung, die durch den Grundsatz der effektiven Gefahrenabwehr prädeterminiert ist. Danach ist die Gefahrerforschung demjenigen aufzuerlegen, der sie am schnellsten und wirksamsten vornehmen kann. Vorliegend müsste B das Grundstück des A betreten, um entsprechende Maßnahmen durchzuführen. Das wiederum setzt das Einverständnis des A voraus. Sollte dieser sich weigern, müsste die Behörde eine separate Duldungsverfügung erlassen. Darüber hinaus ist eher anzunehmen, dass A die Vorgeschichte des Grundstücks besser kennt, insbesondere was die Bodenbeschaffenheit und damit die Standfestigkeit der Eichen betrifft. Dass A sich infolge des Verhaltens des B in einer „Opferrolle" befindet, hat dabei außer Betracht zu bleiben. A ist Eigentümer seines Grundstücks und kann gem. den Vorschriften über die Zustandsverantwortlichkeit in Anspruch genommen werden. Eventuelle Unbilligkeiten werden über den Innenausgleich bei Störermehrheit ausgeräumt.

(3) In Beispiel (2) ist B mittellos. Auch hier gilt, dass bei der Auswahl entscheidend auf den Grundsatz der Effektivität der Gefahrenabwehr abzustellen ist. Da aber die Inanspruchnahme eines mittellosen Verantwortlichen wenig Erfolg verspricht, wird die Behörde bei der Auswahl zwischen mehreren Störern i.d.R. den Leistungsfähigsten, vorliegend A, in Anspruch nehmen. Sollte die Maßnahme diesen über Gebühr belasten, ist an eine Begrenzung des wertmäßigen Umfangs der Inanspruchnahme zu denken.[724]

817 Wenn die o.g. These, wonach – dem allgemeinen Rechtsgefühl entsprechend – der Verhaltensstörer dem Zustandsverantwortlichen vorzuziehen sei, abgelehnt wurde, dann deshalb, weil sie in ihrer Allgemeinheit nicht haltbar ist. Das schließt jedoch nicht aus, dass aus Gründen der Einzelfallgerechtigkeit der Verhaltensstörer (insbesondere bei schuldhafter Herbeiführung der Gefahr) vorrangig herangezogen werden kann. Man stelle sich den Fall vor, dass ein Autofahrer schuldhaft einen Unfall mit einem ihm nicht gehörenden Auto verursacht, wodurch eine Gefahrenlage entsteht. Hier primär den Verhaltensstörer heranzuziehen begegnet keinen durchgreifenden Bedenken und ist insbesondere mit dem hier vertretenen Standpunkt vereinbar. Im Übrigen kann für eine ermessensfehlerfreie Auswahl zwischen Störern noch eine Reihe anderer Gesichtspunkte relevant werden. Dazu zählen etwa die durch den Störer zur Gefahrenbekämpfung zu erbringenden Aufwendungen, seine persönliche und sachliche Leistungsfähigkeit, seine zivilrechtliche Verfügungs- und Nutzungsbefugnis sowie ferner allgemein die Wirksamkeit der Gefahrenbekämpfung. Ist z.B. der Verhaltensstörer der Polizei nicht bekannt (etwa der flüchtige Fahrer, der zuvor einen Verkehrsunfall verursacht hat) oder kann sie diesen aus sonstigen tatsächlichen Gründen zur Gefahrenbeseitigung nicht heranziehen, ist es selbstverständlich ermessensfehlerfrei, den (bekannten) Zustandsstörer in Anspruch zu nehmen. Eine vorrangige Heranziehung des Zustandsstörers unter Effektivitätsgesichtspunkten kommt ferner in Betracht, wenn der Verhaltensstörer aus zivilrechtlichen Gründen nicht in der Lage ist, allein die Gefahr zu beseitigen.[725]

818 Schließlich ist die Konstellation der Störermehrheit erwähnenswert, in der verschiedene Personen als Störer für eine Inanspruchnahme in Betracht kommen und hierbei eine Person sowohl Zustandsstörer als auch Verhaltensstörer (also Doppelstörer) ist. Auch hier kann die Einzelfallgerechtigkeit zu einer Verengung des Ermessensspielraums beitragen mit der Folge, dass nur die Inanspruchnahme des Doppelstörers ermessensfehlerfrei ist.

---

[724] Bei Zustandsverantwortlichen besteht die wertmäßige Grenze der Inanspruchnahme bei Erreichen des Wertes der Sache. Vgl. dazu BVerfGE 102, 1, 18 ff. und *Müggenborg*, NVwZ 2001, 39 ff.

[725] *Schenke*, POR, Rn 286.

b. Rechtsfolgen einer fehlerhaften Störerauswahl

Ermessensfehler bei der Störerauswahl führen zur Rechtswidrigkeit der Maßnahme und begründen in Abhängigkeit vom Klägerbegehren einen Aufhebungs-, Vollzugsfolgenbeseitigungs- oder Feststellungsanspruch. Ein Ermessensfehler hinsichtlich der Störerauswahl liegt insbesondere vor, wenn die Polizei nicht berücksichtigt hat, dass durch sie mehrere Personen als Störer in Anspruch genommen werden konnten oder sie selbst mitverantwortlich ist. Bei Mitverantwortlichkeit des Trägers der Polizeibehörde kann die alleinige Heranziehung eines Störers zur Gefahrenbekämpfung unter dem Aspekt des dem § 254 BGB zu entnehmenden Rechtsgedankens ermessensfehlerhaft sein.[726] Das gilt jedoch nicht, wenn die alleinige Heranziehung des Störers das einzige Mittel darstellt, den Gefahrenzustand effektiv zu beseitigen. In diesem Fall bietet sich ein Ausgleich auf der Ebene des Schadensersatzes an. 819

Beispiel: Es ist Hochsommer; die Außentemperatur beträgt 34 Grad im Schatten, als die auf Streife befindliche Polizei auf einen in der Sonne abgestellten Pkw aufmerksam wird. In dem Wagen befindet sich ein Hund, der offensichtlich unter der Hitze leidet. Der Hund ist als Kampfhund erkennbar, liegt aber mit hechelnder Zunge apathisch auf dem Rücksitz. Fenster und Türen sind verschlossen, sodass es der Polizei zunächst nicht gelingt, den Hund zu befreien. Über eine Halterabfrage kann die Polizei die Telefonnummer des Halters in Erfahrung bringen, es gelingt ihr jedoch nicht, diesen zu erreichen. Daher entschließen sich die Beamten, ein Seitenfenster einzuschlagen und die Tür zu entriegeln. Unter vorsichtiger Ansprache versucht einer der Beamten, den Hund zu ergreifen. Dieser springt jedoch plötzlich hoch, stürzt sich auf den Beamten und verletzt diesen am Hals. Der Kollege beendet den Angriff, indem er das Tier mit einem gezielten Schuss aus der Dienstwaffe tötet.

Die Rechtsgrundlage für den Schusswaffengebrauch als besondere Form des unmittelbaren Zwangs ist den Polizeigesetzen zu entnehmen (vgl. etwa §§ 46 BremPolG, 60 HessSOG, 76 NdsSOG). Mildere Mittel, etwa Pfefferspray, Elektroimpulsgerät oder Schlagstockeinsatz, kamen aufgrund der gebotenen Eile wohl nicht in Betracht. Die Rechtmäßigkeit des Schusswaffengebrauchs setzt grds. aber auch voraus, dass der Halter des Hundes als Verantwortlicher i.S.d. Polizeirechts gilt. Bedenken daran knüpfen an den Umstand, dass grds. nur derjenige polizeirechtlich verantwortlich ist, der die Gefahrenschwelle überschreitet und damit die unmittelbare Ursache für den Eintritt der Gefahr setzt (siehe Rn 766). Dies waren letztlich die Beamten, weil nur durch das Öffnen des Wagens der Angriff möglich war. Auf der anderen Seite war eine Befreiung des Hundes geboten, weil auch der Tierschutz Bestandteil der öffentlichen Sicherheit ist. Dieser ist sogar in Art. 20 a GG niedergelegt. Das hätte jedoch nicht ausgeschlossen, das Ordnungsamt bzw. den städtischen Tierschutzverein zu informieren und fachkundiges Personal anzufordern, zumal der Hund für die Beamten als Kampfhund erkennbar war. Daher liegt eine Mitverursachung des Gefahrenzustands durch die Beamten vor. Ob die Polizeipflichtigkeit ausgeschlossen oder zumindest eingeschränkt ist, wenn die Gefahrenabwehrbehörde den Gefahrenzustand mitverursacht hat, ist – soweit ersichtlich – gerichtlich noch nicht entschieden. Nach der hier vertretenen Auffassung bietet sich folgende Lösung an: Auf der Primärebene war es nicht rechtsfehlerhaft, einzuschreiten. Dass die Polizei den Gefahrenzustand mitverursacht hat, hat ihr nicht das Recht genommen, den Gefahrenzustand zu beseitigen. Davon zu unterscheiden ist die Schadensersatzebene. Hier kann man mit guten Gründen eine Ausgleichspflicht annehmen, freilich gekürzt um das Maß der Mitverursachung.

Abschließend bleibt zu sagen, dass dem Zustandsstörer gegenüber regelmäßig eine Duldungsverfügung ergehen muss, wenn der Verhaltensstörer in Anspruch genommen wird (siehe dazu Beispiel 2 bei Rn 816). 820

---

[726] *Schenke*, POR, Rn 287.

c. Störerauswahl im Anwendungsbereich des BBodSchG

821 Im Bereich des Bundesbodenschutzrechts sind die Verantwortlichen in § 4 BBodSchG genannt. Gem. Abs. 2 dieser Vorschrift sind der Grundstückseigentümer und der Inhaber der tatsächlichen Gewalt (etwa der Mieter, Pächter oder der selbstständige Nießbraucher[727]) über ein Grundstück verpflichtet, Maßnahmen zur Abwehr der von ihrem Grundstück drohenden schädlichen Bodenveränderungen zu ergreifen. Wen von beiden die Gefahrenabwehrbehörde im konkreten Fall zur Gefahrenabwehr heranziehen muss, steht in ihrem Ermessen. Dabei hat sie sich an der Effektivität der Gefahrenabwehr und am Grundsatz der Verhältnismäßigkeit zu orientieren.[728]
Bezüglich der Sanierungspflicht steht der Behörde die Vorschrift des § 4 III BBodSchG zur Verfügung. Danach sind der Verursacher einer schädlichen Bodenveränderung oder Altlast sowie dessen Gesamtrechtsnachfolger, der Grundstückseigentümer und der Inhaber der tatsächlichen Gewalt über ein Grundstück verpflichtet, den Boden und Altlasten so zu sanieren, dass dauerhaft keine Gefahren, erhebliche Nachteile oder erhebliche Belästigungen für den Einzelnen oder die Allgemeinheit entstehen.[729]

d. Innenausgleich bei Störermehrheit

822 Da das Ermessen bei der Störerauswahl nur selten auf Null reduziert ist, kann die Gefahrenabwehrbehörde – ohne der gerichtlichen Verwerfung nach §§ 113 I S. 1, 114 VwGO ausgesetzt zu sein – von mehreren Verantwortlichen einen heranziehen. Das ändert aber nichts daran, dass die anderen Verantwortlichen (ebenfalls) rechtswidrig gehandelt haben. Daher stellt sich die Frage nach einem kostenrechtlichen Innenausgleich der Störer untereinander. Fehlt eine spezialgesetzliche Regelung wie etwa § 24 II BBodSchG (dazu sogleich), kommt wegen der polizeigesetzlichen Regelungslücke[730] eine **analoge Anwendung der §§ 426 ff., 254 BGB** in Betracht, soweit vertragliche oder deliktische Ansprüche nicht bestehen. Der BGH[731] hat eine polizeirechtliche Gesamtschuld bisher abgelehnt. Die Rechtsbeziehungen mehrerer Störer zu Polizei- und Ordnungsbehörden glichen nicht einem Gesamtschuldverhältnis, weil die Behörde nicht – wie der schuldrechtliche Gläubiger gegenüber seinen Schuldnern – nach Belieben einen Störer in Anspruch nehmen dürfe. Die Literatur nimmt dagegen durchaus eine analoge Anwendung des § 426 BGB an.[732]

823 Zu beachten ist, dass im Bereich des **Bodenschutzes** (insbesondere für **Altlasten**) seit dem Inkrafttreten des BBodSchG am 1.3.1999 nicht nur ein bundeseinheitliches Regelwerk zum Bodenschutz, sondern in Gestalt des **§ 24 II BBodSchG** auch eine bundeseinheitliche Normierung eines internen Störerausgleichsanspruchs besteht.[733] Die Vorschrift des § 24 II BBodSchG wirft aber einige Fragen auf. Zwar haben mehrere

---

[727] Vgl. dazu *Müggenborg*, NVwZ 2001, 39.
[728] Vgl. dazu *Buck*, NVwZ 2001, 51 f.
[729] Vgl. dazu – wie bereits erwähnt – insbesondere VG Trier NJW 2001, 531 mit Bespr. von *Pützenbacher/Görgen*, NJW 2001, 490 ff. sowie BVerwG NVwZ 2000, 1179, 1181; *Fluck*, NVwZ 2001, 9 ff.; *Frenz*, NVwZ 2001, 13 ff.
[730] Die polizeigesetzlichen Regelungen über die Gesamtschuld betreffen nur den Fall des Rückgriffs der Polizei auf den Verantwortlichen, vgl. z.B. § 61 II BremPolG sowie in weiteren ausdrücklich geregelten Fällen der Gesamtschuld, z.B. bei der Sicherstellung, der unmittelbaren Ausführung oder der Ersatzvornahme. Eine analoge Anwendung des § 24 II BBodSchG auf das allg. POR kommt ebenfalls nicht in Betracht, weil die analoge Anwendung einer spezialgesetzlichen Regelung auf ein allgemeines Gebiet stets unzulässig ist; es fehlt insoweit die vergleichbare Interessenlage, die eine Übertragung der Regelung auf den nicht geregelten Fall gebietet (zu den Voraussetzungen einer Analogie vgl. im Übrigen *R. Schmidt*, VerwProzR, Rn 434 ff.).
[731] BGH NJW 1981, 2457, 2458; BGHZ 98, 235, 239; 110, 313, 318; a.A. VGH München BayVBl 1993, 147, 148 und *Finkenauer*, NJW 1995, 432 ff.
[732] *Kohler-Gehrig*, NVwZ 1992, 1049, 1050 ff.; *Schoch*, JuS 1994, 1026, 1029; *Pohl*, NJW 1995, 1645, 1648; dem folgend *R. Schmidt*, BesVerwR, seit der 4. Aufl. 2000, S. 291; nunmehr auch *Schenke*, POR, Rn 289; *Gornig/Hokema*, JuS 2002, 21, 23.
[733] Vgl. dazu *Frenz*, NVwZ 2000, 647 f.; *Schönfeld*, NVwZ 2000, 648 ff.; *Frenz*, BBodSchG, 2000, § 24 Rn 22; *Vierhaus*, NJW 1998, 1262 ff.; *Schoeneck*, in: Sanden/Schoeneck, BBodSchG, 1998, § 24 Rn 29.

Verpflichtete unabhängig von ihrer Heranziehung durch die Behörden untereinander einen Ausgleichsanspruch, der Ausgleichsanspruch setzt aber nicht die gesamtschuldnerische Inanspruchnahme mehrerer, sondern nur die abstrakte gesamtschuldnerische Haftung als solche voraus. Von der Rechtsprechung noch nicht abschließend geklärt ist die Frage, ob der Ausgleichsanspruch (etwa eines in Anspruch genommenen Zustandsstörers) auch gegen einen Eigentümer geltend gemacht werden kann, der keinen Verursachungsbeitrag geleistet hat. Obwohl der Wortlaut dies zuließe, soll nach dem Willen des Gesetzgebers jedoch gewährleistet werden, dass der Grundstückseigentümer, der zur Sanierung herangezogen wird, den Verursacher (oder dessen Rechtsnachfolger) in Anspruch nehmen kann, nicht aber umgekehrt.[734] Folgt man dieser Intention, besteht die Ausgleichspflicht des § 24 II BBodSchG daher zwar grundsätzlich im Verhältnis des Eigentümers zu dem Verursacher und wohl auch zwischen mehreren Mitverursachern, nicht jedoch zwischen mehreren Eigentümern, die nur als Zustandsstörer sanierungspflichtig sind.[735]

Beispiel: Der Tanklastzug des A kommt infolge eines Bremsversagens von der Fahrbahn ab und kippt um. Aus dem leckgeschlagenen Tank fließt Kraftstoff auf das Grundstück des B und droht in das Grundwasser zu sickern. Die Behörde nimmt B in Anspruch, den Boden zu sanieren. Kann B von A einen Ausgleich verlangen?

Hier besteht sowohl eine Verhaltensverantwortlichkeit des A als auch eine Zustandsverantwortlichkeit des B. Vorliegend ist der Eigentümer B zur Sanierung herangezogen worden. Er hat daher auf jeden Fall einen Ausgleichsanspruch gegen den Verursacher A gem. § 24 II BBodSchG.[736]

Wie das Beispiel zeigt, sind auch im Bereich des Bodenschutzes bei einer Verantwortli- **824**
chenauswahl ausschließlich Prinzipien des Übermaßverbots maßgeblich. So kann es auch bei den **Altlastenfällen** *im konkreten Einzelfall* nur ermessensfehlerfrei sein, den Verhaltensverantwortlichen, nicht den Zustandsverantwortlichen, auszuwählen. Andererseits kann es ermessensfehlerhaft sein, wenn die Behörde den internen (zivilrechtlichen) Ausgleich zwischen den Verantwortlichen bei der Auswahl berücksichtigt, weil es im Gefahrenabwehrrecht *darauf* nicht ankommen kann. Auch wenn die Behörde bei der Verantwortlichenauswahl einen Verantwortlichen unberücksichtigt lässt, handelt sie ermessensfehlerhaft (Ermessensunterschreitung).

10. Ende der Polizeipflichtigkeit/Rechtsnachfolge

Unabhängig von der bei Rn 812 erörterten Dereliktion ist in der polizei- und ordnungs- **825**
behördlichen Praxis, aber auch im Studium, die Frage nach dem Ende der Polizeipflichtigkeit bzw. die Frage, unter welchen Voraussetzungen der Rechtsnachfolger eines Pflichtigen in dessen Pflichtenstellung einrücken muss, häufig anzutreffen. Da die Rechtsnachfolge bei Rn 875 ff. behandelt wird, sei darauf verwiesen.

[734] *Pützenbacher/Görgen*, NJW 2001, 490 ff.; *Vierhaus*, NJW 1998, 1262, 1267; *Kobes*, NVwZ 1998, 786, 796; *Knopp/Albrecht*, BB 1998, 1853, 1857.
[735] Vgl. VG Trier NJW 2001, 531 und *Pützenbacher/Görgen*, NJW 2001, 490, 491.
[736] Zum Ausgleichsanspruch zweier Eigentümer von benachbarten Grundstücken vgl. VG Trier NJW 2001, 531 mit Besprechung von *Pützenbacher/Görgen*, NJW 2001, 490 ff.

V. Inanspruchnahme Nichtverantwortlicher („polizeilicher Notstand")

1. Einführung in die Problematik

826 Liegen die Voraussetzungen der Inanspruchnahme einer Person oder mehrerer Personen als Störer (selbst als Zweckveranlasser) nicht vor, kommt nur noch die **Inanspruchnahme eines Nichtverantwortlichen innerhalb einer polizeilichen Notstandsmaßnahme** in Betracht. Gemäß den polizeigesetzlichen Bestimmungen[737] darf die Polizei Maßnahmen ausnahmsweise gegen Personen richten, die weder als Verhaltens- noch als Zustandsverantwortliche polizeipflichtig sind. Der polizeirechtliche Notstand gewinnt insbesondere bei Naturkatastrophen, Unfällen oder Versammlungen an Bedeutung.

Beispiele:

(1) Während einer Streifenfahrt im Januar wird die Polizei auf einen offensichtlich Volltrunkenen aufmerksam, der hilflos am Straßenrand liegt. Die Polizei veranlasst daher einen Passanten, ihr zu helfen, den Betrunkenen in ein nahe gelegenes Haus zu tragen. Den Hauseigentümer verpflichtet die Polizei, bis zum Eintreffen eines Krankenwagens Unterkunft zu gewähren.

(2) Bei einem Verkehrsunfall wird eine Person lebensgefährlich verletzt. Ein vorbeikommender Arzt, der sich auf dem Weg zu einem Hausbesuch befindet, wird von der Polizei angewiesen, den Verletzten in das nächste Krankenhaus zu bringen.

(3) Nach abendlichem Gewitterregen im Winter ist eine Talstraße unpassierbar geworden. Einige Passanten können ihre Fahrt nicht fortsetzen. Auch die Rückfahrt ist ausgeschlossen. Die Polizei verlangt daher von den Anwohnern, die betroffenen Passanten über Nacht einzuquartieren.

(4) Ein Bankräuber hat eine Geisel genommen und ist mit einem gestohlenen Kfz auf der Flucht. Die Polizei verursacht einen künstlichen Stau. Dadurch werden auch die anderen Autofahrer an der Weiterfahrt gehindert.[738]

827 In allen diesen Fällen ist klar, dass die in Anspruch Genommenen nicht verantwortlich sind für den jeweiligen Gefahrenzustand. Es ist aber auch klar, dass die Gefahren nur durch *sie* bzw. nur durch *ihre* Hilfe beseitigt werden kann. Daher bestimmen die Polizeigesetze, unter welchen Voraussetzungen eine Inanspruchnahme rechtmäßig ist. Während die soeben genannten Beispiele der Einführung dienten, dominieren in der Praxis und im Studium zwei Anwendungsfelder:

- Notstandseingriffe gegenüber friedlichen und gewaltlosen **Demonstranten** (bzw. **Versammlungsteilnehmern**) zur Vermeidung gewalttätiger Übergriffe von Gegendemonstranten[739] sowie
- Wohnraumbeschlagnahme zur Einweisung (potentiell) **Obdachloser**.[740]

828 Die Vorschriften über den polizeilichen Notstand zielen auf einen Interessenausgleich zwischen der Notwendigkeit der Gefahrenabwehr und der Nichtverantwortlichkeit des Dritten (des Nichtstörers). Dieser gesetzlich gefundene Kompromiss lässt aber nur

---

[737] Vgl. Bund: § 20 BundesPolG; BW: § 9 PolG; Bay: Art. 10 PAG und Art. 9 III LStVG; Berl: § 16 ASOG; Brand: § 7 PolG und § 18 OBG; Brem: § 7 PolG; Hamb: § 10 SOG; Hess: § 9 SOG; MeckVor: § 71 SOG; Nds: § 8 SOG; NRW: § 6 PolG und § 19 OBG; RhlPfl: § 7 POG; Saar: § 6 PolG; Sachs: § 7 PolG; SachsAnh: § 10 SOG; SchlHolst: § 220 LVwG; Thür: § 10 PAG und § 13 OBG.

[738] Zu den jeweiligen Lösungen vgl. Rn 844.

[739] Vgl. BVerfG NVwZ-RR 2010, 625; BVerfGE 126, 55 ff.; BVerfG NVwZ 1998, 834, 835 f.; *Tölle*, NVwZ 2001, 153, 155; *Kniesel*, NJW 2000, 2857, 2864.

[740] Vgl. BGHZ 131, 163; BGH DÖV 1996, 78; OVG Berlin JZ 1981, 392; VGH Mannheim NVwZ 1987, 1101 und DÖV 1990, 573; OVG Lüneburg NVwZ 1989, 15; VG Frankfurt a.M. NVwZ 1990, 498; OVG Münster NVwZ 1993, 202; VG Darmstadt DVBl 2002, 494; OVG Greifswald NJW 2010, 1096 f.; OVG Lüneburg NJW 2010, 1094, 1095.

ausnahmsweise zu, dass der Nichtstörer zur Gefahrenabwehr herangezogen wird. Die Regelungen zur Haftung des Nichtstörers sind daher **eng auszulegen**.[741] Dabei besteht eine umfassende Sicherung der Rechtsstellung des Notstandspflichtigen:

- Strenge Voraussetzungen der Inanspruchnahme
- Heranziehung im Umfang begrenzt
- Bei rechtswidriger bzw. rechtswidrig fortbestehender Inanspruchnahme besteht ein Folgenbeseitigungsanspruch (str.)
- Bei Schäden durch die Notstandsmaßnahme besteht ein Entschädigungsanspruch

2. Voraussetzungen

Die positiven Voraussetzungen sind in den polizeigesetzlichen Vorschriften über die Inanspruchnahme nicht verantwortlicher Personen festgelegt. Ein polizeilicher Notstand liegt danach vor, wenn *kumulativ* 829

- eine gegenwärtige erhebliche Gefahr abzuwehren ist,
- Maßnahmen durch Heranziehung des Störers nicht oder nicht rechtzeitig möglich sind oder keinen Erfolg versprechen (Vorrangigkeit der Heranziehung des Störers),
- die Polizei die Gefahr nicht oder nicht rechtzeitig selbst (durch die der Polizei zur Verfügung stehenden Mittel) oder durch Beauftragte abwehren kann
- und der Nichtstörer ohne erhebliche eigene Gefährdung und ohne Verletzung höherwertiger Pflichten in Anspruch genommen werden kann.[742]

Maßnahmen, die daraufhin ergriffen werden, dürfen nur aufrechterhalten werden, solange die Gefahrenabwehr nicht auf andere Weise möglich ist. Das folgt aus den Grundrechten, dem Grundsatz der Verhältnismäßigkeit sowie aus der zeitlichen Dimension des Übermaßverbots. Unter diesen engen Voraussetzungen ist die Polizei befugt, auch einen Nichtverantwortlichen - also ggf. den Inhaber des Gegenmittels - in Anspruch zu nehmen. Einem in Anspruch genommenen Nichtstörer ist jedoch eine Entschädigung zu leisten, wenn er durch die Inanspruchnahme einen Schaden erleidet und nicht von einem anderen Ersatz verlangen kann. 830

Hinweis für die Fallbearbeitung: Nimmt die Polizei einen Nichtverantwortlichen in Anspruch, werden in der Klausur regelmäßig Probleme der dritten Ebene polizeilichen Handelns (Schadensausgleich, Erstattung, Rückgriff) relevant. Der Einstieg in die Klausurbearbeitung kann dann in Abhängigkeit von der Fallfrage über den zu prüfenden Schadensausgleichsanspruch des als Nichtverantwortlichen in Anspruch Genommenen erfolgen. In diesem Fall ist inzident die Rechtmäßigkeit der Inanspruchnahme zu prüfen. Zum Inhalt der Entschädigungs- und Schadensersatzansprüche siehe Rn 1013 ff. 831

a. Gegenwärtige erhebliche Gefahr

Um einen Nichtverantwortlichen (Nichtstörer) in Anspruch nehmen zu können, muss zunächst eine gegenwärtige erhebliche Gefahr bestehen. *Gegenwärtig* ist die Gefahr, wenn eine Sachlage besteht, bei der die Einwirkung des schädigenden Ereignisses bereits begonnen hat oder bei der diese Einwirkung unmittelbar oder in allernächster Zeit mit an Sicherheit grenzender Wahrscheinlichkeit bevorsteht. Um eine *erhebliche* Gefahr handelt es sich, wenn ein **bedeutsames Rechtsgut** wie der Bestand des Staa- 832

[741] *Kniesel*, NJW 2000, 2857, 2864; *Jahn*, JuS 2001, 172, 177.
[742] Zu beachten ist jedoch stets, dass die Nichtverantwortlichenregelungen des allgemeinen Polizeirechts außerdem nur dann zur Anwendung kommen, wenn insoweit keine abweichenden, besonderen Bestimmungen getroffen sind (z.B. Standardmaßnahmen oder §§ 12a, 17a VersG).

tes, das Leben, die Gesundheit, die Freiheit oder ein nicht unwesentlicher Vermögenswert gefährdet sind.

b. Vorrangigkeit der Heranziehung des Störers

833 Des Weiteren setzt die Inanspruchnahme des Nichtverantwortlichen voraus, dass die Gefahrenabwehrmaßnahme gegen den Verantwortlichen a.) nicht oder nicht rechtzeitig möglich ist oder b.) keinen Erfolg verspricht.

aa. Unmöglichkeit der Gefahrenabwehr gegen den Störer

834 Die Unmöglichkeit, vorrangig gegen den Störer vorzugehen, hat sowohl in *tatsächlicher* als auch in *rechtlicher* Hinsicht vorzuliegen. Wegen *tatsächlicher* Unmöglichkeit kommt eine Gefahrenabwehrmaßnahme gegen den Nichtstörer in Betracht, wenn der Störer physisch-real nicht bzw. nicht rechtzeitig herangezogen werden kann. Sind also individualisierbare Störer vorhanden und besteht behördlicherseits die tatsächliche Möglichkeit des Einschreitens, sind diese Störer in Anspruch zu nehmen. Aus *Rechtsgründen* sind Gefahrenabwehrmaßnahmen gegenüber dem Störer insbesondere dann ausgeschlossen, wenn sie anderenfalls gegen den Verhältnismäßigkeitsgrundsatz (d.h. gegen das Übermaßverbot) verstießen.[743]

835 **Hinweis für Fallbearbeitung:** Im Rahmen der Überlegungen zur *rechtlichen* Unmöglichkeit aus Gründen des Übermaßverbots ist die denkbare Inanspruchnahme des Nichtstörers als milderes Mittel im Vergleich zur Heranziehung des an sich verantwortlichen Störers eine Frage des Interventionsminimums, also der Erforderlichkeit der Maßnahme, nicht aber der Verhältnismäßigkeit i.e.S. (Angemessenheit). Demgegenüber lässt die Prüfung der Verhältnismäßigkeit i.e.S. entsprechend den gesetzlichen Vorgaben nur noch die Beurteilung der Relation zwischen der erforderlichen Maßnahme (gegenüber dem Störer) und dem dadurch bewirkten Nachteil zu.

836 Im Fall einer **Gegendemonstration** (Rn 827) müssten die Gegendemonstranten (= Störer) also im Vergleich zu den Demonstranten (= Nichtstörer) in nicht erforderlicher Weise in ihren Rechtsgütern beeinträchtigt werden, damit ein Einschreiten gegen die Demonstranten rechtlich möglich wäre. Jedoch stellt sich die Frage nach der Vorrangigkeit der Inanspruchnahme der *Gegen*demonstranten nur dann, wenn nicht bereits die Demonstranten über die Figur des Zweckveranlassers (Rn 766 ff.) als Störer angesehen wurden.

837 Im Fall einer **Obdachloseneinweisung** (vgl. Rn 727), bei der es um die zwangsweise behördliche Einweisung (potentiell) Obdachloser geht, muss grundsätzlich zwischen freiwilliger (Art. 2 I GG) (= grundsätzlich keine Beeinträchtigung der öffentlichen Sicherheit) und unfreiwilliger Obdachlosigkeit (= Gefahr bzw. Störung der öffentlichen Sicherheit wegen der Gefährdung grundrechtlich geschützter Lebensgüter des Obdachlosen, Art. 2 II S. 1 GG, sowie der Verletzung der Menschenwürde, Art. 1 I GG) unterschieden werden. Liegen demnach eine Gefährdung für die grundrechtlich geschützten Rechtsgüter des Obdachlosen und damit die Tatbestandsvoraussetzungen für die Befugnisgeneralklausel[744] vor, hat die Behörde zur Abwehr der Gefahr ihr Ermessen fehlerfrei auszuüben: Störer ist der Obdachlose, Maßnahmen gegen ihn sind aber zwecklos. Fehlen öffentliche Unterbringungsmöglichkeiten, während private Haus- und Wohnungseigentümer noch über freien Wohnraum verfügen, stellt sich somit die Frage nach der Notstandspflicht. Eigentümer/Vermieter von Wohnraum dürfen aber grundsätzlich nicht als Nichtstörer in Anspruch genommen werden, wenn diese den Wohnraum entweder selbst nutzen (Arg. Selbstbestimmungsrecht des Art. 14 I S. 1 GG) oder zur anderweitigen Gebrauchsüberlassung vorsehen. Im letzteren Fall kann aber

[743] *Tölle*, NVwZ 2001, 153, 155; *Schenke*, POR, Rn 193.

[744] Zur Wiederholung wird darauf hingewiesen, dass auch subjektive Rechtsgüter vom Begriff der „öffentlichen Sicherheit“ der Befugnisgeneralklausel umfasst sind.

ausnahmsweise eine Inanspruchnahme trotz Nichtverantwortlichkeit in Betracht kommen, wenn die Behörde erfolglos alles sonst Mögliche und Zumutbare getan hat.

Eine besondere Ausprägung des Grundsatzes der Verhältnismäßigkeit ist die **zeitliche Begrenzung** der Inanspruchnahme eines Nichtstörers. Die meisten Polizeigesetze enthalten diesbezüglich keine Regelung. Sie formulieren lediglich lapidar: „solange die Abwehr der Gefahr nicht auf andere Weise möglich ist". Diese Formulierung ist überflüssig, weil es bereits dem allgemeinen und verfassungsrechtlich verankerten Verhältnismäßigkeitsgrundsatz entspricht, belastende Maßnahmen nur so lange aufrechtzuerhalten, wie dies zwingend erforderlich ist. Vorbildliche Regelungen enthalten indes etwa § 33 IV BWPolG (6 Monate) und § 27 III SachsAnhSOG (12 Monate). Wenn man bei einer Obdachloseneinweisung die Einweisungsverfügung jedoch bis zum Beginn des Frühjahrs befristet, wird dies auch ohne gesetzliche Regelung nicht zu beanstanden sein.[745] 838

bb. Erfolglosigkeit von Maßnahmen gegen Störer

Ist ein Vorgehen gegen den Störer also tatsächlich oder rechtlich unmöglich, kann gegen den Nichtstörer vorgegangen werden (s.o.). Aber auch wenn ein Vorgehen gegen den Störer tatsächlich oder rechtlich **nicht** unmöglich ist, kann eine Inanspruchnahme des Nichtstörers anstelle des Störers zulässig sein, wenn Maßnahmen gegen den Störer keinen Erfolg versprechen. Das wäre beispielsweise der Fall, wenn sich der Störer mit hoher Wahrscheinlichkeit weigern würde, den behördlichen Anordnungen Folge zu leisten.[746] 839

c. Vorrangigkeit behördeneigener Mittel

Zur Heranziehung des Nichtstörers müsste die Verwaltung weiterhin die Gefahr nicht oder nicht rechtzeitig selbst oder durch Beauftragte abwehren können (sog. Nachrangigkeit der Inanspruchnahme eines Nichtstörers). Dazu darf die Behörde trotz Einsatzes aller verfügbaren eigenen und im Wege der Amts- und Vollzugshilfe erreichbaren fremden Kräfte und Mittel nicht in der Lage sein, die Gefahr abzuwehren.[747] Das ist zunächst der Fall, wenn es der Behörde *objektiv* (also tatsächlich) *unmöglich* ist, die durch den Störer verursachten Gefahren durch den Einsatz eigener Mittel oder durch Beauftragte abzuwehren. Insbesondere kann eine haushaltsmäßig angespannte Lage nicht dazu führen, dass ein Einschreiten gegen den Störer abgelehnt wird und damit eine (kostengünstigere) Inanspruchnahme des Nichtstöres zur Gefahrbeseitigung folgt. Entsprechendes gilt für Personalmangel: Sollten Vollzugsbeamte in ausreichender Zahl, beispielsweise zur Sicherung einer Demonstration, nicht zur Verfügung stehen, müssen der Innenminister bzw. der Polizeipräsident notfalls Amts- oder Vollzugshilfe bei einem Nachbarland oder beim Bund (Bundespolizei) anfordern, Art. 35, 91 GG, § 9 III BundesPolG.[748] 840

Ist nach dem bisher Gesagten eine Gefahrenabwehr durch die Polizei oder durch Beauftragte *objektiv* möglich, dürfen Gefahrenabwehrmaßnahmen bei einer *rechtlichen* Betrachtungsweise allerdings nicht gegen das Übermaßverbot verstoßen. Würden sie gegen das Übermaßverbot verstoßen, wäre eine Inanspruchnahme des Nichtstörers trotz objektiver Möglichkeit der Gefahrenabwehr durch behördeneigene Mittel rechtlich unzulässig. Ein Verstoß gegen das Übermaßverbot würde beispielsweise vorliegen, wenn zwischen den Polizeikräften und den Störern schwere Eskalationen und damit 841

[745] Vgl. zur zeitlichen Grenze auch OVG Greifswald NJW 2010, 1096.
[746] *Schoch*, JuS 1995, 30, 33.
[747] *Tölle*, NVwZ 2001, 153, 155; *Jahn*, JuS 2001, 172, 177; *Schoch*, JuS 1995, 30, 34.
[748] So auch *Jahn*, JuS 2001, 172, 177.

unübersehbar große Personen- und Sachschäden, auch bei Unbeteiligten, zu befürchten wären, welche die Polizei unter Aufbietung aller verfügbaren Kräfte nicht verhindern könnte.[749]
Einschränkend muss aber beachtet werden, dass auch wenn die Heranziehung des Nichtstörers im Vergleich zum Einsatz behördeneigener Mittel zwar die mildere und damit verhältnismäßigere Maßnahme zur Vermeidung solcher Eskalationen ist, weiterhin bedacht werden muss, dass die Maßnahmen sich dadurch gegen die grundrechtlich (ggf. - wie bei Versammlungen in geschlossenen Räumen - vorbehaltlos) geschützte Rechtssphäre des Nichtstörers richten und so zum „Werkzeug" der (gewalttätigen) Störer würden.

842 Für den Anwendungsfall **Versammlungsverbot** müssen die Ordnungskräfte vielmehr bei einer abwägenden Betrachtung auch unter Aufgebot aller verfügbaren Kräfte außerstande sein, die *rechtmäßige* Demonstration (d.h. eine durch Art. 8 I GG geschützte Versammlung) und die Öffentlichkeit vor Personen- und Sachschäden zu schützen.[750] Auch wenn es sich um einen gefahrenabwehrrechtlichen Notstandseingriff handelt, muss dabei die Maxime gelten, dass auch politisch noch so unerwünschte, jedoch friedliche und legale Versammlungen geschützt werden müssen und die Polizei gegen störende, unfriedliche Gegenversammlungen bzw. -demonstrationen vorgehen muss. Unter Beachtung dieser Maxime müsste die Polizei sich dann der physischen Auseinandersetzung mit den Gegendemonstranten (den Störern) stellen, allerdings endet der Grundrechtsschutz für die Ausgangsversammlung dort, wo es zu schweren Konfrontationen mit unübersehbaren Folgen für Leib und Leben der Störer, Nichtstörer oder unbeteiligter Dritter kommt.[751]

843 Für den Anwendungsfall **Obdachloseneinweisung** bedeutet die Nachrangigkeit der Inanspruchnahme eines Nichtstörers, dass die Behörde sich zunächst um eine Unterbringung des Obdachlosen in einem öffentlichen Obdachlosenheim oder auf dem freien Markt (Wohnungsmiete, Hotel) bemühen muss, bevor sie zu dem Mittel greift, die Wohnung eines Dritten, insbesondere auch die des bisherigen Vermieters, durch Notstandseingriff zwangszubelegen.[752] Polizeirechtlich ist eine mittels Rechtszwangs angeordnete Inanspruchnahme der Unterkunft nicht als Beschlagnahme (Standardmaßnahme *Sicherstellung*) zu qualifizieren, da es bei der Standardmaßnahme Sicherstellung um die Begründung amtlichen Gewahrsams über die Sache geht (die Polizei will andere von der Einwirkungsmöglichkeit auf die Sache ausschließen).[753] In Ermangelung auch sonstiger Standardbefugnisse kann hier nur die **Befugnisgeneralklausel** taugliche Rechtsgrundlage sein, aufgrund derer eine entsprechende Einweisungsverfügung, die die Verpflichtung enthält, die Einweisung zu dulden, erlassen wird.[754]

d. Keine Inanspruchnahme des Nichtstörers bei dessen erheblicher eigener Gefährdung und bei Verletzung höherwertiger Pflichten

844 Schließlich darf ein Nichtstörer nur dann in Anspruch genommen werden, wenn dies ohne dessen erhebliche eigene Gefährdung und ohne Verletzung höherwertiger Pflichten geschieht. Ob eine erhebliche eigene Gefährdung zu erwarten ist, hängt davon ab, ob nach allgemeiner Erfahrung mit der Gefährdung von Leben oder Gesundheit der nicht verantwortlichen Person zu rechnen ist. Die entfernte Möglichkeit einer Gefährdung begründet kein Verbot der Inanspruchnahme. Die der nicht verantwortlichen

---

[749] *Götz*, POR, § 10 Rn 5 ff.
[750] *Kniesel*, NJW 2000, 2857, 2864.
[751] Vgl. auch *Jahn*, JuS 2001, 172, 177.
[752] Vgl. OVG Greifswald NJW 2010, 1096; *Erichsen/Biermann*, Jura 1998, 371, 377.
[753] Wie hier *Muckel*, BesVerwR, S. 120 f. und *Erichsen/Biermann*, JuS 1998, 371, 376. Demgegenüber für Sicherstellung (Beschlagnahme) *Schenke*, POR, Rn 322, *Götz*, POR, § 10 Rn 8.
[754] Vgl. auch OVG Greifswald NJW 2010, 1096.

Person obliegende Pflicht ist dann höherwertig, wenn durch Nichterfüllung der Pflicht ein höherwertiges Rechtsgut betroffen würde.

In den **Einführungsbeispielen** von Rn 826 gilt: In Beispiel (1) ist zwar der Volltrunkene verantwortlich, dieser kann jedoch nicht in Anspruch genommen werden; die Inanspruchnahme des Passanten und des Hauseigentümers ist gerechtfertigt. Nichts anderes gilt für Beispiel (2) hinsichtlich des Arztes. Auch in Beispiel (3) waren es ausschließlich die Anwohner, die den Gefahrenzustand beseitigen konnten. Fraglich ist indes, ob in Beispiel (4) die Autofahrer den künstlich herbeigeführten Stau dulden müssen. Nach zutreffender Ansicht des LG Bückburg ist ein von der Polizei auf der Autobahn zur Verfolgung von flüchtigen Straftätern herbeigeführter künstlicher Stau rechtswidrig, wenn davon auszugehen ist, dass Gesundheit oder Leben unbeteiligter Dritter erheblich gefährdet sind.[755]

Ein **Übungsfall** bzgl. der Inanspruchnahme eines Nichtstörers findet sich unter www.verlag-rolf-schmidt.de Rubrik Verlagsprogramm/Falllösungen.

3. Folgen einer Inanspruchnahme des Nichtstörers

Bestehen die Voraussetzungen der Notstandspflicht nicht mehr, müssen die Maßnahmen aufgehoben werden (s.o.). Für den Anwendungsfall **Versammlungsverbot** (bzw. -auflösung) hat dieses Postulat keine praktische Relevanz, weil es infolge Zeitablaufs keine aufzuhebende oder rückgängig zu machende Maßnahme gibt. Im Anwendungsfall **Obdachloseneinweisung** beispielsweise muss die Behörde dafür Sorge tragen, dass die Wohnung des Nichtstörers geräumt wird. Kommt die Behörde dem nicht nach, stellt sich die Frage nach dem Folgenbeseitigungsanspruch.[756] **845**

Des Weiteren stellt sich die Frage nach einem Anspruch des Nichtstörers gegen die Verwaltung auf einen angemessenen Ausgleich der durch die Notstandsmaßnahme erlittenen Schäden (dritte Ebene des polizeilichen Handelns).[757] In den Obdachlosenfällen ist beispielsweise eine Nutzungsentschädigung (Kaltmiete und Nebenkosten) zu gewähren. Die Verwaltung ihrerseits kann dann ggf. den Störer in Anspruch nehmen (Rückgriff). Als Anspruchsgrundlage dafür kommen eine spezialgesetzliche Vorschrift (z.B. § 61 BremPolG), ein Anspruch aus öffentlich-rechtlicher GoA (§§ 677 ff. BGB analog) oder der allgemeine öffentlich-rechtliche Erstattungsanspruch[758] in Betracht. **846**

---

[755] LG Bückeburg NJW 2005, 3014, 3015.
[756] Vgl. zu dieser Problematik die ausführliche Darstellung bei Rn 635.
[757] Siehe insbesondere die Ausführungen bei Rn 1013 ff. (Ausgleichs- und Schadensersatzansprüche).
[758] Vgl. ausführlich *R. Schmidt*, AllgVerwR, Rn 1321 ff.

D. Gefahrenabwehrrechtlicher Realakt

I. Abgrenzung zum Verwaltungsakt

847 Ein zur Gefahrenabwehr getroffener Verwaltungsrealakt liegt vor, wenn die Polizei- bzw. Ordnungsbehörde nicht durch Verfügung gegenüber dem Verantwortlichen vorgeht, sondern einen tatsächlichen Erfolg herbeiführt.

Beispiele von Gefahrenabwehrverfügungen: Maßnahmen auf der Basis der Befugnisgeneralklausel, aber auch Sicherstellungen und Wohnungsdurchsuchungen, da mit diesen Maßnahmen jedenfalls die Verpflichtung verbunden ist, der Betroffene habe die Maßnahme zu dulden.

Beispiele von Realakten: Heimliche Überwachungen des Telefons oder der Wohnung, da mit diesen Maßnahmen aufgrund der Heimlichkeit gerade nicht die Verpflichtung verbunden sein kann, der Betroffene habe die jeweilige Maßnahme zu dulden. Würde man hier dennoch einen Verwaltungsakt annehmen, scheiterte dessen Wirksamkeit an der Bekanntgabe, weil ein Verwaltungsakt zu seiner Wirksamkeit zumindest der Bekanntgabe bedarf (§§ 41 I, 43 I VwVfG).

Der Verwaltungsrealakt ist somit auf die Herbeiführung eines tatsächlichen Erfolgs gerichtet und unterscheidet sich rechtsdogmatisch von einem Verwaltungsakt dadurch, dass er nicht final auf einen rechtlichen, sondern auf einen tatsächlichen Erfolg gerichtet ist. Beim Verwaltungsrealakt fehlt es also am Tatbestandsmerkmal „zur Regelung".[759] Rechtsschutz gegen den Realakt können somit nicht die Anfechtungsklage, sondern nur die Feststellungsklage oder die allgemeine Leistungsklage sein.[760]

II. Rechtmäßigkeitsvoraussetzungen beim Verwaltungsrealakt

848 Solange Verwaltungsrealakte nicht in subjektive Rechte eingreifen, sind sie von den Aufgabenzuweisungsnormen und dem kompetenzgemäßen behördlichen Handeln gedeckt. Haben sie indes Eingriffsqualität, gelten ähnliche Voraussetzungen wie beim Verwaltungsakt: Es ist eine Befugnisnorm (= Rechtsgrundlage) erforderlich und es müssen die formellen und materiellen Rechtmäßigkeitsvoraussetzungen einschließlich fehlerfreier Ermessensausübung eingehalten werden. Als Befugnisnormen kommen ebenfalls Spezialgesetze, Standardmaßnahmen und die Generalklauseln in Betracht.

Problematisch ist es, wenn der der Gefahrenabwehr dienende Realakt von der Bundesregierung ausgeht. Denn der Bund hat für den Bereich der allgemeinen Gefahrenabwehr grundsätzlich weder die Gesetzgebungs- noch die Verwaltungskompetenz. Die Problematik betrifft insbesondere die regierungsamtliche Warnung vor bestimmten Produkten oder Organisationen.

---

[759] Vgl. ausführlich *R. Schmidt*, AllgVerwR, Rn 384 ff.
[760] Zu den Klagearten vgl. ausführlich *R. Schmidt*, VerwProzR.

III. Öffentliche Warnungen

Unter einer **öffentlichen (d.h. behördlichen) Warnung** versteht man Erklärungen von Behörden oder Regierungsorganen, die an die Bevölkerung gerichtet sind und diese vor bestimmten gewerblichen oder landwirtschaftlichen Produkten, aber auch vor bestimmten Institutionen warnen. 849-859

Beispiele: Warnung vor (Jugend-)Sekten oder anderen Glaubensgemeinschaften[761], Veröffentlichung von Arzneimitteltransparenzlisten[762], Veröffentlichung von Warentests durch Behörden[763], Empfehlung, in Karton verpackte Getränke zu meiden[764], Hinweis eines Landrats auf verunreinigtes Trinkwasser[765], Veröffentlichung einer Liste glykolhaltiger und damit gesundheitsschädlicher Weine[766], Warnung vor angeblich verdorbenen Teigwaren[767]

Da die öffentlichen Warnungen bei *R. Schmidt*, AllgVerwR, Rn 893 ff. dargestellt sind, wird insoweit auf die dortigen Ausführungen verwiesen.

---

[761] Vgl. BVerfGE 105, 279 ff.; BVerwGE 90, 112, 116; 82, 60, 76; BVerfG NJW 1989, 3269; OVG Hamburg NVwZ 1995, 498; VGH München NVwZ 1995, 793; OVG Münster NJW 1996, 2114; OVG Münster NJW 1996, 2115; BVerwG NVwZ 1994, 162, 163.
[762] BVerwGE 71, 183.
[763] BVerwG DVBl 1996, 807 (Warentests von Futtermitteln).
[764] VGH Kassel NVwZ 1995, 611.
[765] LG Göttingen NVwZ 1992, 98.
[766] BVerfGE 105, 252 ff.; BVerwGE 87, 37; OVG Münster NJW 1986, 2783; GewArch 1988, 11.
[767] OLG Stuttgart NJW 1990, 2690 („Birkel").

E. Rechtsverordnungen (Gefahrenabwehrverordnungen)

I. Rechtsnatur und Bedeutung

860 Die Polizeigesetze ermächtigen die Landespolizeibehörden und die Ortspolizeibehörden, innerhalb ihres Geschäftsbereichs für ihren Bezirk oder Teile ihres Bezirks Polizeiverordnungen zu erlassen.[768] Nach den (generalklauselartig formulierten) Ermächtigungsnormen der Polizeigesetze sind Polizeiverordnungen Gebote oder Verbote für eine unbestimmte Anzahl von Fällen für eine unbestimmte Anzahl von Personen. Es handelt sich somit um abstrakt-generelle Regelungen, was bedeutet, dass auch das allgemeine Polizei- und Ordnungsrecht die Rechtsform der **Rechtsverordnung** kennt.

Zu beachten ist, dass auch dem **Straßenverkehrsrecht** das Institut der Rechtsverordnung nicht fremd ist. So kann der Bundesverkehrsminister gem. § 6 StVG Rechtsverordnungen erlassen. Eine solche Rechtsverordnung stellt etwa die StVO dar.

861 Nach der Rechtsquellenlehre sind Rechtsverordnungen (nur-materielle) **Gesetze**, die von einem Exekutivorgan, d.h. von einer Regierung, von Ministern oder von Verwaltungsbehörden erlassen wurden.[769] Der Erlass einer Rechtsverordnung bietet sich immer dann an, wenn eine Vielzahl von Fällen geregelt werden soll und eine unbestimmte Zahl von Personen betroffen ist. Für die Rechtsverordnung ist daher typisch, dass sie einen abstrakt-generellen Inhalt hat.

862 Da aber der Erlass von Gesetzen eigentliche Aufgabe der Legislative ist, bedeutet die Befugnis der Exekutive zum Normenerlass eine **Durchbrechung des Gewaltenteilungsprinzips** (Art. 1 III, Art. 20 II S. 2 GG, Art. 20 III GG). Gleichwohl bestehen verfassungsrechtlich keine Bedenken, weil die Exekutive nicht kraft eigenen Rechts, sondern nur unter den Voraussetzungen des Art. 80 I S. 2 GG tätig werden darf. Nach dieser Verfassungsbestimmung müssen Inhalt, Zweck und Ausmaß der Ermächtigung in der Ermächtigungsnorm bestimmt sein (sog. dreifacher Delegationsfilter). Darüber hinaus sind in der Rechtsverordnung die Rechtsgrundlage, d.h. die Ermächtigungsnorm, sowie in der Ermächtigungsnorm der Verordnungsadressat anzugeben (sog. Zitierpflicht, Art. 80 I S. 1 u. 3 GG). Der dreifache Delegationsfilter und die Zitierpflicht gewährleisten, dass das Parlament alle wesentlichen Entscheidungen selbst trifft. Unterstrichen wird dieses Postulat durch die **Wesentlichkeitstheorie** des BVerfG: Danach ist der parlamentarische Gesetzgeber verpflichtet, in grundlegenden normativen Bereichen alle wesentlichen Regelungen selbst zu treffen und nicht über mehr oder minder globale Ermächtigungen an die Exekutive zu delegieren. Es muss **vorhersehbar** sein, „in welchen Fällen und mit welcher Tendenz von der Ermächtigung Gebrauch gemacht werden und welchen Inhalt die zu erlassende Rechtsverordnung haben kann".[770] Durch diese Vorgaben wird gewährleistet, dass das Parlament seine Aufgabe, zu der es berufen ist, nicht veräußert.

Exemplarisch sind die (ehemaligen) **Kampfhundeverordnungen** genannt, die in Ermangelung spezieller Ermächtigungsgrundlagen auf Grundlage der Verordnungsermächtigung des jeweiligen Polizeigesetzes ergingen, wegen Verstoßes gegen die Wesentlichkeitsrechtsprechung des BVerfG von den Gerichten jedoch zumeist für nichtig erklärt

---

[768] Vgl. BW: § 10 PolG; Bay: Art. 42 LStVG (keine generalklauselartige Ermächtigung, sondern ein Katalog an Spezialermächtigungen); Berl: § 55 ASOG; Brand: §§ 24 ff. OBG; Brem: §§ 48 ff. PolG; Hamb: § 1 II SOG; Hess: §§ 72 ff. SOG; MeckVor: § 17 SOG; Nds: § 55 SOG; NRW: §§ 25 ff. OBG; RhlPfl: § 43 POG; Saar: § 59 PolG; Sachs: § 9 PolG; SachsAnh: § 94 SOG; SchlHolst: § 175 LVwG; Thür: § 27 OBG.

[769] *R. Schmidt*, AllgVerwR, Rn 131.

[770] Vgl. nur BVerfGE 1, 13, 60; 47, 46, 79; 49, 89, 126; 58, 257, 268; 88, 103, 116; 110, 253, 255 f.; 112, 194, 200; BVerwG DVBl 2002, 479, 480; NVwZ 2002, 858; NVwZ 2003, 95, 96; VG Düsseldorf NVwZ 2002, 1269, 1271; OVG Berlin NVwZ-RR 2002, 720 (st. Rspr.). Vgl. auch *Reimer*, JuS 2004, 44, 45 f.

wurden. Die Landesgesetzgeber haben darauf reagiert und nunmehr durchweg sog. **Kampfhundegesetze** erlassen.

Zu beachten ist jedoch, dass sich Art. 80 I S. 2 GG nur auf Bundesrecht bezieht. Ermächtigt ein förmliches Landes(polizei)gesetz zum Erlass von Rechtsverordnungen, ist Art. 80 I GG nicht unmittelbar anwendbar, weil diese Norm systematisch keine Normativbestimmung für das Landesrecht darstellt. Die meisten Landesverfassungen enthalten jedoch keine Art. 80 GG entsprechende Vorschrift. Die Forderung der Bestimmung bezüglich des Inhalts, Zwecks und Ausmaßes ergibt sich in diesen Fällen aber aus dem Rechtsstaatsprinzip. Da Art. 80 I S. 2 GG eine Konkretisierung des Rechtsstaatsprinzips darstellt, gelten die Grundsätze der Gesetzmäßigkeit der Verwaltung und des Vorbehalts und Vorrangs des Gesetzes auch für die Landesgesetzgebung, und zwar entweder unmittelbar kraft des **Art. 20 III GG oder mindestens über Art. 28 I S. 1 GG** (Homogenitätsklausel).[771] Landesgesetze, die Landesbehörden zur Verordnungsgebung ermächtigen, müssen also Inhalt, Zweck und Ausmaß in gleicher Weise bestimmen wie ermächtigende Bundesparlamentsgesetze, auch wenn ein entsprechender Verfassungsgrundsatz in den Landesverfassungen nicht explizit aufgeführt ist. Die Ermächtigungsgrundlagen der Polizeigesetze werden diesem Erfordernis gerecht. **863**

Die **Bedeutung** der Polizeiverordnung ist in den letzten Jahren zurückgegangen, weil etliche **sondergesetzliche Regelungen** geschaffen wurden, die auch die jeweiligen gefahrenabwehrrechtlichen Aspekte abstrakt-generell erschöpfend behandeln. Solche Regelungen bestehen z.B. im Gewerbe-, Bau-, Immissionsschutz-, Kreislaufwirtschafts-, Hygieneschutz-, Wasser-, Straßen- und Wegerecht. Auch die Ermächtigungen nach den Landesbauordnungen oder nach § 18 GastG gehen dem Erlass einer Polizeiverordnung vor. Weiterhin ermächtigt z.B. Art. 297 EGStGB die Landesregierung, durch Verordnung die Prostitution in bestimmten Gebieten zu verbieten. Daher besteht kaum noch Raum für den Erlass einer Polizeiverordnung. Wo sie aber in Betracht kommt, steht sie wiederum in Konkurrenz zur Befugnis der Gemeinden, **Satzungen** zu erlassen.[772] In welchen Fällen eine Regelung durch Satzung oder Polizeiverordnung zu erfolgen hat, ist nicht immer einfach festzustellen. Ginge es der Selbstverwaltungskörperschaft in erster Linie um das Aufstellen von Benutzungs- und Verhaltensregeln statt um Gefahrenabwehr, wäre die Regelung durch Polizeiverordnung nicht zweckmäßig und würde im Übrigen auch nicht das Erfordernis der abstrakten Gefahr für die öffentliche Sicherheit erfüllen. **864**

Beispiel: Die Gemeinde erlässt auf der Grundlage eines Parlamentsgesetzes eine **Satzung über die öffentliche Ordnung**, die u.a. das **aggressive Betteln** auf öffentlichen Straßen der Gemeinde verbietet.[773]

In diesem Fall ist die Normierung des Verbots in Form einer Satzung zumindest vertretbar und damit rechtmäßig. Allerdings darf dieses Ergebnis nicht darüber hinwegtäuschen, dass ein Formenmissbrauch naheliegt. Denn die Gemeinde wäre gemäß dem Polizeigesetz (vgl. etwa §§ 65 I Nr. 2, 67 II, 50 II BremPolG, 74 HessSOG, 55 I Nr. 1 NdsSOG) auch zu einer Regelung der Materie in Form einer Polizeiverordnung zuständig gewesen, hätte dann aber die strengeren Verfahrens- und Formvorschriften des Polizeigesetzes beachten müssen. Zudem ist fraglich, ob es nicht doch primär um die Abwehr einer abstrakten Gefahr ging, nämlich um die Verhinderung künftiger Belästigungen der Allgemeinheit. Jedenfalls ist die Regelung des Bettelverbots in Form einer Polizeiverordnung nicht deshalb erforderlich, um bei einem Verstoß polizeirechtlich einschreiten zu

---

[771] So auch BVerwG NVwZ 2003, 95, 96.
[772] Zur Rechtsnatur von Satzungen vgl. *R. Schmidt*, AllgVerwR, Rn 859 ff.
[773] Vgl. auch VGH Mannheim NVwZ 1999, 560 zu einer Polizeiverordnung, die das Betteln auf öffentlichen Straßen und in öffentlichen Anlagen schlechthin untersagt.

können. Denn auch ein Verstoß gegen eine Satzungsbestimmung stellt einen Verstoß gegen die objektive Rechtsordnung als Teilbereich der öffentlichen Sicherheit dar und ermächtigt zum Einschreiten auf der Grundlage des Polizeigesetzes (Untersagungsverfügung gemäß der Befugnisgeneralklausel oder Platzverweis).

Hinweis für die Fallbearbeitung: Unter dem Aspekt der Erstellung von Rechtsgutachten kann eine Rechtsverordnung in zwei Konstellationen zu prüfen sein: Zum einen kann die isolierte Überprüfung angestrebt werden. Hier wird Rechtsschutz durch eine prinzipale Normenkontrolle gem. § 47 I Nr. 2 VwGO ermöglicht, soweit es sich um eine Landesrechtsverordnung handelt und dies landesrechtlich nach den Ausführungsgesetzen zur VwGO zugelassen ist (siehe Rn 873). Diese Form des Rechtsschutzes wird ausführlich bei *R. Schmidt*, VerwProzR, Rn 512 ff., besprochen. Zum anderen kann die Überprüfung im Rahmen eines auf der Grundlage einer ordnungs(sicherheits)behördlichen Verordnung erlassenen Verwaltungsakts erfolgen. In diesem Fall ist Klagegegenstand der Verwaltungsakt, bei dessen Prüfung inzident die Rechtmäßigkeitsprüfung der Verordnung erfolgt. Zur Rechtsverordnung im Allgemeinen und zur Stufenprüfung vgl. *R. Schmidt*, AllgVerwR, Rn 131 und 831 ff. Im Folgenden sollen lediglich gefahrenabwehrspezifische Besonderheiten aufgezeigt werden.

II. Ermächtigungsgrundlage

865 Als untergesetzliche Rechtsnorm bedarf die Rechtsverordnung einer wirksamen Ermächtigungsgrundlage in Form eines Parlamentsgesetzes, das Inhalt, Zweck und Ausmaß bestimmt (Bestimmtheitsgrundsatz, s.o.). Das ist bei den Ermächtigungsgrundlagen der Polizeigesetze der Fall.

III. Formelle Rechtmäßigkeit

866 Angaben zur sachlichen, örtlichen und instanziellen Zuständigkeit des Ermächtigungsadressaten (d.h. des Verordnungsgebers) sind den Polizeigesetzen zu entnehmen. Der Fachaufsichtsbehörde ist dabei ein Selbsteintrittsrecht eingeräumt. Zum Verfahren sei lediglich angemerkt, dass die Vertretungskörperschaften Mitwirkungsrechte bei der Verordnungsgebung haben. Ferner herrschen strenge Formerfordernisse.

IV. Materielle Rechtmäßigkeit

867 Eine Polizeiverordnung ist materiell rechtmäßig, wenn sie zunächst mit dem Normengefüge ihrer Ermächtigungsgrundlage vereinbar ist. Insbesondere sind die im Polizeigesetz enthaltenen inhaltlichen Grenzen zu beachten. Im Übrigen muss die Rechtsverordnung die an ein Parlamentsgesetz zu stellenden Rechtmäßigkeitsvoraussetzungen beachten. Insbesondere sind das EU-Recht[774], die **Grundrechte**, die **Verhältnismäßigkeit** und die **allgemeinen Verfassungsprinzipien** (wie z.B. der **Bestimmtheitsgrundsatz**) zu beachten. Aufgrund der Bestimmungen in den Polizeigesetzen ist auch und gerade die Abwehr einer **abstrakten Gefahr** legitim.[775]

868 Während unter „konkrete" Gefahr eine Sachlage verstanden wird, bei der im einzelnen Fall die hinreichende Wahrscheinlichkeit besteht, dass in absehbarer Zeit ein Schaden für eines der Schutzgüter der öffentlichen Sicherheit eintreten wird[776], genügt es für das Vorliegen einer abstrakten Gefahr, wenn eine allgemeine Sachlage oder ein allgemeines Verhalten

---

[774] Die Auffassung, Prüfungsmaßstab einer Rechtsverordnung sei allein das GG, nicht auch das EU-Recht (so *Reimer*, JuS 2004, 44; *Voßkuhle*, in: v. Mangoldt/Klein/Strack, GG, Art. 93 Rn 126), ist mit dem Grundsatz des Anwendungsvorrangs des EU-Rechts und der st. Rspr. des EuGH und des BVerfG unvereinbar.

[775] Vgl. dazu BVerwGE 116, 347, 351 f.; VGH Mannheim NVwZ-RR 2010, 55.

[776] Vgl. nur die Legaldefinition in § 2 Nr. 3a BremPolG, § 2 Nr. 1a NdsSOG, § 3 Nr. 3a SachsAnhSOG und § 54 Nr. 3a ThürOBG sowie oben Rn 659.

besteht, dass in absehbarer Zeit ein Schaden eintreten wird. Auf den Nachweis der Wahrscheinlichkeit des Schadenseintritts im Einzelfall kann dabei verzichtet werden.

Während bei der abstrakten Gefahr der maßgebliche Sachverhalt also nur gedacht und verallgemeinert ist (z.B. eine Polizeiverordnung verbietet jedermann das Betreten von Eisflächen, um Personen, insbesondere Kinder, vor dem Einbrechen in das eiskalte Wasser zu bewahren), ist bei der konkreten Gefahr diese Sachlage bereits im einzelnen Fall real eingetreten, d.h. in dem genannten Beispielsfall, dass eine bestimmte Person die brüchige Eisdecke eines Sees betreten hat oder dies beabsichtigt. In diesem Fall (und anderen vergleichbaren Fällen einer konkreten Gefahr) ist allein eine Untersagungsverfügung nach der Befugnisgeneralklausel oder ein Platzverweis das richtige Mittel der Gefahrenabwehr.

Ein Gefahrenverdacht, also eine unklare Diagnose des Sachverhalts bzw. eine unsichere Prognose des weiteren Geschehensablaufs, genügt für den Erlass einer Gefahrenverordnung nicht, da ja gerade unklar ist, ob überhaupt eine Gefahr gegeben ist. Es liegen lediglich Anhaltspunkte vor, die den Verdacht einer Gefahr begründen. Diese Anhaltspunkte genügen jedoch nicht, um bei verständiger Würdigung der Sachlage von einer wenigstens abstrakten Gefahr auszugehen.

Beispiel[777]: Der Polizeipräsident ordnet im Rahmen einer Polizeiverordnung ein örtlich und zeitlich begrenztes **Alkoholverbot** in der Innenstadt an. Im Einzelnen heißt es: „Im Geltungsbereich der Verordnung ist es während der Nachtzeit an den Wochenenden auf den öffentlich zugänglichen Flächen außerhalb konzessionierter Freisitzflächen verboten,

- alkoholische Getränke zu konsumieren,
- alkoholische Getränke jeglicher Art mit sich zu führen, wenn aufgrund der konkreten Umstände die Absicht erkennbar ist, diese im Geltungsbereich der Verordnung konsumieren zu wollen."

Der VGH Mannheim hat (im Rahmen einer verwaltungsgerichtlichen Normenkontrolle gem. § 47 I Nr. 2 VwGO) entschieden, dass es an einer hinreichenden (abstrakten) Gefahr für die öffentliche Sicherheit fehle. Es mangele an Anhaltspunkten dafür, dass der Konsum von Alkohol im Verbotsgebiet zur Verbotszeit regelmäßig und typischerweise Gewaltdelikte zur Folge habe. Zwar habe der Polizeipräsident seine Einschätzung der Situation mit statistischem Datenmaterial untermauern können (so seien etwa im Jahr 2008 60 % aller Delikte in der jetzigen Verbotszone unter Alkoholeinfluss begangen worden; auch sei seit Inkrafttreten der Verordnung ein Rückgang der Gewalttaten von bis zu 25 % zu verzeichnen). Diese empirische Grundlegung genüge jedoch nicht, um eine durch Alkoholgenuss hervorgerufene abstrakte Gefahr zu bejahen. Aufgrund der polizeilichen Studien seien zwar Ursachenzusammenhänge zwischen Alkoholkonsum und Gewaltdelikten nicht auszuschließen; sie begründeten jedoch allenfalls einen Gefahrenverdacht, nicht aber eine abstrakte Gefahr. Dass Alkoholgenuss generell zu Aggressivität führe, widerspreche schon der Lebenserfahrung.

Fehlt es also an einer abstrakten Gefahr, ist die Polizeiverordnung unwirksam, weil sie sich insoweit nicht an die Ermächtigung hält.

Im Übrigen liegt der Erlass einer Polizeiverordnung im behördlichen **Ermessen** (vgl. **869**
die Bestimmungen der Polizeigesetze: „dürfen"). Eine Pflicht zum Erlass einer Polizeiverordnung besteht nicht. Fordert die übergeordnete Stelle den Erlass einer Polizeiverordnung, kann sich die für den Erlass zuständige Stelle weigern, die nach Ansicht der übergeordneten Stelle erforderliche Polizeiverordnung zu erlassen. Für diesen Fall kommt jedoch das genannte Selbsteintrittsrecht zum Tragen.

---

[777] Vgl. VGH Mannheim NVwZ-RR 2010, 55. Vgl. ferner auch OLG Hamm NVwZ 2010, 1319 f.

870 Ebenso steht auch die Entscheidung, *welche* (abstrakten) Gefahren durch eine Polizeiverordnung abgewehrt werden sollen, im pflichtgemäßen Ermessen des Verordnungsgebers.

V. Die Rechtswidrigkeit der Polizeiverordnung und ihre Folgen

871 Liegt mindestens eine der o.g. Rechtmäßigkeitsvoraussetzungen nicht vor, ist die Polizeiverordnung rechtswidrig. Eine Heilung von formellen wie materiellen Fehlern kommt nur in Betracht, wenn entsprechende Heilungsvorschriften bestehen. Die zu § 28 I VwVfG entwickelten Grundsätze, dass eine unterlassene Anhörung durch die spätere Möglichkeit der Stellungnahme geheilt werden kann[778], sind nicht anwendbar, denn § 28 I VwVfG gilt nur in Verwaltungsverfahren nach § 9 VwVfG, nicht aber im Verfahren, das auf den Erlass einer Rechtsverordnung gerichtet ist. Heilungsvorschriften wie z.B. § 214 BauGB bestehen ebenfalls nicht, sodass damit im Ergebnis bei einer festgestellten Rechtswidrigkeit letztlich nur die Folge der **Nichtigkeit** der entsprechenden Polizeiverordnung angenommen werden kann.[779] Das folgt aus dem Rechtsstaatsprinzip, wonach nur solche Staatsakte verbindlich sind, die mit höherrangigem Recht und letztlich dem Demokratieprinzip vereinbar sind. Ist von einem Gericht die Rechtswidrigkeit einer Polizeiverordnung festgestellt worden, darf die Verwaltung sie nicht anwenden; der Bürger muss sie nicht beachten.

872 Eine Ausnahme von dem Grundsatz der Nichtigkeit macht das BVerfG in dem Fall, dass die Rechtsverordnung durch einen Verfahrensverstoß zustande gekommen ist, der völlig unbedeutend ist. Das Gericht hatte den Fall zu entscheiden, in dem es um eine Rechtsverordnung ging, die in einem verfassungswidrigen Umlaufverfahren beschlossen wurde. Durch die langjährige Staatspraxis, in der dieses Verfahren von niemandem beanstandet wurde, sei der Verfahrensfehler im Interesse der Rechtssicherheit und des Vertrauensschutzes unbeachtlich.[780] Diese Auffassung mag zwar kritisiert werden, hat aber zur Folge, dass mit ihr klargestellt wird, dass jedenfalls alle anderen formellen Fehler zur Nichtigkeit führen.

VI. Rechtsschutz gegen rechtswidrige Polizeiverordnungen

873 Hinsichtlich des prinzipalen Rechtsschutzes gegen Polizeiverordnungen gilt im Prinzip dasselbe wie für Bundesrechtsverordnungen.[781] Hier wie dort ist gegen solche Verordnungen, denen eine unmittelbare Wirkung zukommt, die zu ihrer Wirkung also keines weiteren Vollzugsakts bedürfen (sog. selbstvollziehende Verordnungen, auch „Self-executing-Verordnungen" genannt[782]), die **Individualverfassungsbeschwerde** (Art. 93 I Nr. 4a GG, §§ 13 Nr. 8a, 90 ff. BVerfGG) denkbar. Allerdings ist stets die bereits bei Rn 103 genannte vorrangige Möglichkeit der prinzipalen **verwaltungsgerichtlichen Normenkontrolle** gem. § 47 I Nr. 2 VwGO zu beachten.[783] Nach § 47 II S. 1 VwGO kann jeder mit der Behauptung, durch die Landesrechtsverordnung in seinen

---

[778] Vgl. *R. Schmidt*, AllgVerwR, Rn 549 ff.

[779] Wie hier *Bohl*, NVwZ 2001, 764, 765; *Aulehner*, JA 2001, 291 ff.

[780] BVerfGE 91, 148, 175 f. (Umlaufverfahren).

[781] Vgl. dazu ausführlich *R. Schmidt*, AllgVerwR, Rn 852 ff.

[782] Selbstvollziehende Gesetze stellen bspw. die Vorschriften des Straf- oder Ordnungswidrigkeitenrechts dar. Da hier dem Betroffenen nicht zugemutet werden kann, zunächst eine strafbare Handlung oder eine Ordnungswidrigkeit zu begehen, um dann anschließend im Straf- oder Bußgeldverfahren die Verfassungswidrigkeit der Norm geltend zu machen, ist die Möglichkeit der Verfassungsbeschwerde anerkannt (BVerfGE 81, 70, 82 f.). Als weiteres Beispiel für ein selbstvollziehendes Gesetz sei die Festlegung von Flugrouten nach § 27a II S. 1 LuftVO genannt.

[783] Die Normenkontrolle nach § 47 I Nr. 2 VwGO eingeführt haben: BW: § 4 AGVwGO, Bay: Art. 5 AGVwGO, Brand: § 4 I VwGG, Brem: Art. 7 AGVwGO, Hess: § 15 AGVwGO, MeckVor: § 13 AGGerStrG, Nds: § 7 AGVwGO, RhlPfl: in beschränktem Umfang (§ 4 AGVwGO), Saar: § 16 AGVwGO, Sachs: § 24 I SächsJG, Sachs-Anh: § 10 AGVwGO, SchlHolst: § 5 AGVwGO, Thür: § 4 AGVwGO. Keine Regelungen bezüglich einer verwaltungsgerichtlichen Normenkontrolle nach § 47 I Nr. 2 VwGO haben bislang Berlin, Hamburg und Nordrhein-Westfalen getroffen (hier kommt aber immer noch inzidenter Rechtsschutz in Betracht).

Rechten verletzt zu sein oder in absehbarer Zeit verletzt zu werden, beim Oberverwaltungsgericht seines Landes eine Normenkontrolle beantragen. Einschränkend gilt aber, dass die verwaltungsgerichtliche Normenkontrolle nur dann statthaft ist, wenn das Landesrecht dies bestimmt (sog. *landesrechtliches Ergänzungsrecht*, vgl. § 47 I Nr. 2 VwGO).

Selbstverständlich kann der Betroffene die Gültigkeit einer Polizeiverordnung von den Gerichten auch **inzident** überprüfen lassen, indem er sich gegen den ihn belastenden **Einzelakt** wendet, der aufgrund der Rechtsverordnung ergangen ist.[784] Als ein solcher inzidenter Rechtsschutz kommen die **Anfechtungsklage** gem. § 42 I Var. 1 VwGO und die **Feststellungsklage** gem. § 43 VwGO in Betracht. Sie sind jedenfalls immer dann in Betracht zu ziehen, wenn das Landesrecht die Prinzipalkontrolle gem. § 47 I Nr. 2 VwGO nicht zulässt. **874**

[784] Vgl. dazu BVerfG NVwZ 1998, 169 f.

F. Rechtsnachfolge in polizeirechtliche Pflichten

I. Einführung in die Problematik

875 Unabhängig von der bei Rn 812 erörterten Dereliktion ist in der polizei- und ordnungsbehördlichen Praxis, aber auch im Studium, die Frage nach dem Ende der Polizeipflichtigkeit bzw. die Frage, unter welchen Voraussetzungen der Rechtsnachfolger eines Pflichtigen in dessen Pflichtenstellung einrücken muss, häufig anzutreffen.

Beispiele:

(1) Unternehmer und Pächter P errichtet ohne die erforderliche Baugenehmigung auf dem Grundstück des Eigentümers E eine Lagerhalle. Die zuständige Behörde erlässt daraufhin gegenüber P eine Bauabrissverfügung. Nach Ablauf des Pachtverhältnisses wird N neuer Pächter. Muss N dem Gebot, das an P gerichtet war, nachkommen und den Bau abreißen?

(2) Die zuständige Behörde hatte gegenüber der Firmeninhaberin A verfügt, ein ohne Genehmigung errichtetes und auch nicht genehmigungsfähiges Gebäude zu beseitigen. Die von ihr dagegen eingelegten Rechtsbehelfe blieben erfolglos. Als die Verwaltung von A die Durchführung der Beseitigung fordert, überträgt diese das Baugrundstück auf ihren Ehemann B. Nach der Eigentumsübertragung verlangt die Behörde von B, der gerichtlich bestätigten Beseitigungsverfügung Folge zu leisten. Muss B dieser Aufforderung nachkommen?

876 Gesetzlich ist die Rechtsnachfolge nur vereinzelt geregelt. Solche gesetzlichen Regelungen bestehen etwa für das **Bundesbodenschutzrecht** (§ 4 III BBodSchG)[785] und einige behördliche Erlaubnisse wie die Baugenehmigung, die auch für und gegen den Rechtsnachfolger des Bauherrn gilt, oder die Bauabrissverfügung.[786] Im Übrigen finden sich kaum gesetzliche Regelungen. Das gilt insbesondere für die Rechtsnachfolge in abstrakte Polizeipflichten, d.h. in Polizeipflichten, die noch nicht durch Polizeiverfügung konkretisiert sind. Das praktische Bedürfnis der Rechtsnachfolge ist aber klar, denn würde man eine Rechtsnachfolge nicht zulassen und würde der Rechtsvorgänger nicht greifbar sein, hätte die Allgemeinheit die Last zu tragen. Entsprechendes gilt für die durch Verfügung konkretisierte Polizeipflicht. Hier kann der Weg vom Erlass einer behördlichen Verfügung bis zu ihrer Durchsetzung, insbesondere, wenn vor Gericht gestritten wird, mitunter sehr lang sein und lange Wege legt man bekanntermaßen nur ungern mehrmals zurück. Die Behörde würde also um die Früchte ihrer Bemühungen zur Herbeiführung rechtmäßiger Zustände gebracht, wenn es keine Rechtsnachfolge gäbe.

877 Die rechtlichen Voraussetzungen für eine Rechtsnachfolge sind sehr strittig, die vorgetragenen Argumente zum Teil nicht überzeugend.[787] Die überwiegende Rechtsprechung[788] entscheidet unabhängig von verfassungsrechtlichen Vorgaben und rechtsdogmatischen Anforderungen pragmatisch-ergebnisorientiert. Nach derzeitigem Stand der Diskussion müssen – soweit keine spezialgesetzlichen Regelungen existieren – drei Voraussetzungen für die Rechtsnachfolge erfüllt sein:

---

[785] Vgl. dazu aus jüngerer Zeit VGH Mannheim NVwZ-RR 2002, 16; VG Trier NJW 2001, 531 mit Bespr. von *Pützenbacher/Görgen*, NJW 2001, 490 ff.

[786] Vgl. BaWü: § 65 LBO; Bay: Art. 82 LBO; Berl: § 79 LBO; Brand: § 79 LBO; Brem: § 79 LBO; Hamb: § 76 LBO; Hess: § 72 LBO; MV: § 80 LBO; Nds: § 79 LBO; NRW: § 61 I S. 2 LBO; RhlPfl: § 81 LBO; Saar: § 88 LBO; Sachs: § 80 LBO; SachsAnh: § 84 LBO; SchlHolst: § 86 LBO; Thür: § 77 LBO.

[787] Vgl. dazu im Einzelnen *Nolte/Niestedt*, JuS 2000, 1071 ff.

[788] Vgl. nur VGH Mannheim NVwZ 2000, 1199 ff.; OVG Hamburg NVwZ-RR 1997, 11 f.; VGH Kassel (14. Senat), NVwZ 1998, 1315. Zur Nachfolgefähigkeit und zu den Voraussetzungen einer behördlichen Stilllegungsverfügung vgl. auch *Volkmann*, JuS 1999, 544, 545.

II. Voraussetzungen einer öffentlich-rechtlichen Rechtsnachfolge

1. Zivilrechtliche Rechtsnachfolge

Der Übergang verwaltungsrechtlicher Pflichten setzt zunächst eine zivilrechtliche Rechtsnachfolge voraus. Dies ist nicht nur im Rahmen der Universalsukzession (§ 1922 BGB der Fall (wobei sich die Haftung für die Verbindlichkeit aus § 1967 I BGB ergibt), sondern auch beim rechtsgeschäftlichen Erwerb mit vollzogener Übereignung und Übergabe (§§ 929 ff. bzw. §§ 873, 925 BGB) oder bei einer Abtretung nach § 398 BGB. **878**

2. Nachfolgefähigkeit der verwaltungsrechtlichen Pflicht

Des Weiteren muss die betreffende Pflicht übergangsfähig bzw. nachfolgefähig sein. Liegt eine *höchstpersönliche* Pflicht vor, ist das nicht der Fall. Höchstpersönlich ist eine Verpflichtung, wenn sie ihrer Zweckbestimmung nach nur für die Person des ursprünglich Verpflichteten gilt und sich in einer an diese gerichteten Verhaltensregelung erschöpft (z.B. Wehrpflicht, Schulpflicht).[789] Besteht eine Verfügung, deren Verpflichtung übergehen soll, muss diese also selbst objekt- oder zustandsbezogen sein. Ausschlaggebend ist insoweit die „Dinglichkeit" der Verfügung.[790] Dagegen wird die Nachfolgefähigkeit einer noch nicht durch Verwaltungsakt konkretisierten Zustandsverantwortlichkeit fast einhellig abgelehnt.[791] **879**

3. Nachfolgetatbestand (Rechtsgrundlage für den Übergang der Pflicht)

Wegen des im Bereich der Eingriffsverwaltung uneingeschränkt geltenden Grundsatzes vom Vorbehalt des Gesetzes bedarf es grundsätzlich einer Rechtsgrundlage für die Begründung der Pflichtenstellung des Rechtsnachfolgers. Zunächst ist daher nach einer ausdrücklichen gesetzlichen Regelung der Rechtsnachfolge zu suchen. Fehlt es an einer ausdrücklichen gesetzlichen Regelung wie bspw. § 4 III S. 1 BBodSchG, ist zu prüfen, inwieweit einzelne Vorschriften des öffentlichen Rechts, die eine Nachfolge in verwaltungsrechtliche Pflichten vorsehen, analogiefähig sind. So ist denkbar, z.B. Bestimmungen, nach denen eine Baugenehmigung (einschließlich ihrer Nebenbestimmungen) auch für und gegen den Rechtsnachfolger des Bauherrn wirkt (vgl. z.B. § 58 II BaWüLBO), auch für Baubeseitigungsanordnungen, Nutzungsuntersagungen oder Stilllegungsverfügungen heranzuziehen mit der Folge, dass die Rechtsnachfolger auch diesbezüglich in Anspruch genommen werden können.[792] Voraussetzung für eine analoge Anwendung ist aber neben der (regelmäßig zu bejahenden) planwidrigen Unvollständigkeit des Gesetzes die Vergleichbarkeit des geregelten mit dem nicht geregelten Fall. Wegen der Grundrechtsrelevanz (in den Bereichen des Baurechts und des Polizei- und Ordnungsrechts insb. wegen Art. 14 I S. 1 GG) sind allerdings hohe Anforderungen an die Vergleichbarkeit zu stellen, denn immerhin ist z.B. eine Baugenehmigung das genaue Gegenteil einer belastenden Verfügung wie bspw. eine Abriss- oder Stilllegungsverfügung. Daher erwägen andere statt einer analogen Anwendung der bauordnungsrechtlichen Normen eine entsprechende Anwendung des § 121 VwGO, der die Rechtskraft eines verwaltungsgerichtlichen Urteils auch auf den Rechtsnachfolger erstreckt.[793] Aber auch diese Annahme ist gewissen Bedenken ausgesetzt, da ein gerichtliches Urteil eine andere Qualität hat als eine – wenn auch bestandskräftig gewor- **880**

[789] Vgl. *Stadie*, DVBl 1990, 501, 504. Zum aktuellen Diskussionsstand vgl. auch *Nolte/Niestedt*, JuS 2000, 1071, 1072 f.; *Rau*, Jura 2000, 37, 38 f.
[790] *Volkmann*, JuS 1999, 544, 546. Zum Begriff der „Dinglichkeit" vgl. Rn 881 ff.
[791] *Muckel*, BesVerwR, S. 153; *Zacharias*, JA 2001, 720, 721 ff.
[792] So OVG Koblenz NVwZ 1985, 431.
[793] So insbesondere *Stadie*, DVBl 1990, 507, 508; *Nolte/Niestedt*, JuS 2000, 1071, 1072.

dene – behördliche Verfügung.[794] Daher verwundert es nicht, dass der VGH Kassel die Einzelrechtsnachfolge in eine selbstständige Beseitigungs- oder Stilllegungsverfügung verneint, weil es an einem Rechtsnachfolgetatbestand fehle.[795] Gleichwohl nehmen das BVerwG und mit ihm alle anderen Obergerichte zumindest für Stilllegungsverfügungen die Rechtsnachfolge an und begründen sie mit deren Sachbezogenheit oder „Dinglichkeit". Mit der zivilrechtlichen Übertragung der Rechtsposition gehe die behördliche Rechtsnachfolge gleichsam als „Annex" auf den neuen Berechtigten über.[796] Auch ein großer Teil der Literatur hat sich dem angeschlossen.[797] Da man aber offenbar die eigene Argumentation als nicht ganz zweifelsfrei ansieht, wird zumeist ergänzend noch der Hinweis auf das praktische Bedürfnis angeführt.[798] Mit dem Hinweis auf die „Dinglichkeit" wird also die Rechtsnachfolge nur behauptet, aber nicht begründet.[799]

881 Folgt man aber der h.M., ist noch der Begriff der „Dinglichkeit" klärungsbedürftig. Hinreichend sicher „dinglich" sind jedenfalls die von § 35 S. 2 Var. 2 VwVfG erfassten öffentlich-rechtlichen Eigenschaften einer Sache (**sachbezogene Allgemeinverfügung**).

Beispiele: straßenrechtliche Widmung (§ 2 I FStrG), Straßenumbenennung, Widmung eines gemeindlichen Grundstücks als Marktplatz

882 Fraglich ist, ob mit dieser Regelung auch Stilllegungs-, Nutzungsuntersagungs- oder Beseitigungsverfügungen vergleichbar sind. Regelmäßig tritt bei derartigen Verfügungen neben dem dinglichen auch ein personales Element in Erscheinung. Gleichwohl hebt der VGH Kassel hervor, dass das personenbezogene Element gegenüber der grundstücks- und anlagenbezogenen Begründung völlig untergeordnet und deshalb auch nicht geeignet sei, den dinglichen Charakter „auch nur andeutungsweise in Frage zu stellen"[800]. Werde die dingliche Belastung durch die zivilrechtliche Rechtsnachfolge fortgeführt, komme es nicht mehr darauf an, dass mit der Stilllegungsverfügung (ergänze: oder Nutzungsuntersagungs- bzw. Beseitigungsverfügung) nicht unbedingt der Zustand der Sache bestimmt werde, sondern vielmehr, dass von der Behörde ein von dem zivilrechtlichen Rechtsnachfolger ausgeübtes Verhalten für die Zukunft untersagt und folgerichtig das zur Durchsetzung unvertretbarer, also mit der Person des Pflichtigen verknüpfte Handlungen vorgesehene Zwangsmittel des Zwangsgeldes angedroht worden seien.[801]

III. Zusammenfassung und Bewertung

883 Die Rechtsnachfolge in öffentlich-rechtliche Pflichten ist nur vereinzelt gesetzlich geregelt. Das praktische Bedürfnis ist aber offensichtlich, denn es kann nicht sein, dass sich Unternehmen durch gesellschaftrechtliche Umwandlungen oder Umstrukturierungen ihrer Pflichten entledigen. Auch würde die Behörde jedes Mal um die Früchte der Herbeiführung gesetzmäßiger Zustände gebracht, ließe man eine Rechtsnachfolge nicht zu. Fehlt also ein gesetzlicher Übergangstatbestand, muss versucht werden, eine vergleichbare Vorschrift analog heranzuziehen. So wird vertreten, im Bauordnungs-

---

[794] *Volkmann*, JuS 1999, 544, 547.
[795] VGH Kassel (*4. Senat*) DVBl 1977, 255 mit zust. Anm. *Stober*, NJW 1977, 123 f.
[796] BVerwG NJW 1971, 1624; VGH Mannheim NJW 1977, 861; OVG Bremen NJW 1985, 2660; VGH München BayVBl 1981, 371; OVG Koblenz NVwZ 1985, 431 und jetzt auch VGH Mannheim (*14. Senat*) NVwZ 1998, 1315, 1316 sowie BVerwGE 125, 325 ff. (Grundsatzentscheidung).
[797] *Friauf*, POR, Rn 88; *Götz*, POR, § 9 Rn 79; *Breuer*, JuS 1986, 363, 364.
[798] Siehe nur BVerwG NJW 1971, 1624, 1625.
[799] *Volkmann*, JuS 1999, 544, 547; *Peine*, DVBl 1980, 947; ablehnend daher auch *Nolte/Niestedt*, JuS 2000, 1172, 1175 und *Gusy*, POR, Rn 286. Vgl. auch *Zacharias*, JA 2001, 720, 721 ff.
[800] VGH Kassel NVwZ 1998, 1315, 1316.
[801] VGH Kassel NVwZ 1998, 1315, 1316.

recht die Vorschriften über Bauordnungsverfügungen analog auch auf Stilllegungs- oder Nutzungsuntersagungsverfügungen anzuwenden. Andere erwägen statt einer analogen Anwendung der bauordnungsrechtlichen Normen eine entsprechende Anwendung des § 121 VwGO, der die Rechtskraft eines verwaltungsgerichtlichen Urteils auch auf den Rechtsnachfolger erstreckt. Folgt man diesen Auffassungen nicht, ist zu prüfen, ob der Nachfolgetatbestand nicht aus der „Dinglichkeit" der Verfügung herbeigeführt werden kann. Diesen Weg beschreitet die h.M.

Demzufolge sind für eine **Rechtsnachfolge** in öffentlich-rechtliche Pflichten somit **drei Voraussetzungen** zu erfüllen: **884**

- Es muss eine zivilrechtliche Gesamt- oder Einzelrechtsnachfolge bestehen.
- Die Pflicht muss übergangsfähig sein, d.h., es darf keine höchstpersönliche Pflicht vorliegen.
- Schließlich ist ein Rechtsnachfolgetatbestand erforderlich. Sind keine gesetzlichen Vorschriften einschlägig, ist zu prüfen, ob entweder andere Vorschriften analog angewendet werden können oder ob die Rechtsnachfolge über § 121 VwGO zu begründen ist. Geht man – wie die h.M. – diese Wege nicht, muss untersucht werden, ob der Übergangstatbestand nicht mit der „Dinglichkeit" der Verfügung begründet werden kann.

IV. Denkbare Fallgruppen

Zur Veranschaulichung der praktischen Bedeutung sollen die nachfolgend aufgezählten Fallgruppen dienen. Sie orientieren sich erstens danach, ob die Verantwortlichkeit lediglich abstrakt besteht oder bereits durch eine Verfügung konkretisiert wurde, zweitens, ob ein Fall der Zustands- oder Verhaltensverantwortlichkeit vorliegt, und drittens, ob eine zivilrechtliche Gesamt- oder Einzelrechtsnachfolge gegeben sind. Es ergeben sich acht denkbare Konstellationen[802]: **885 -901**

(1) Gesamtrechtsnachfolge in eine abstrakte Zustandsverantwortlichkeit
(2) Einzelrechtsnachfolge in eine abstrakte Zustandsverantwortlichkeit
(3) Gesamtrechtsnachfolge in eine abstrakte Verhaltensverantwortlichkeit
(4) Einzelrechtsnachfolge in eine abstrakte Verhaltensverantwortlichkeit
(5) Gesamtrechtsnachfolge in eine konkretisierte Zustandsverantwortlichkeit
(6) Einzelrechtsnachfolge in eine konkretisierte Zustandsverantwortlichkeit
(7) Gesamtrechtsnachfolge in eine konkretisierte Verhaltensverantwortlichkeit
(8) Einzelrechtsnachfolge in eine konkretisierte Verhaltensverantwortlichkeit

Da die Darstellung der einzelnen Fallgruppen dem Umfang des Buches sprengen würde, stehen sie auf der Internetseite des Verlags Rubrik Studienbücher/Falllösungen zum kostenlosen Herunterladen zur Verfügung.

[802] *Nolte/Niestedt*, JuS 2000, 1071, 1073; *Rau*, Jura 2000, 37, 38; *Muckel*, BesVerwR, S. 151 ff.

G. Verwaltungsvollstreckung

I. Form und Funktion der Verwaltungsvollstreckung

902 Generell geht es bei der Verwaltungsvollstreckung (auch Verwaltungszwang genannt) zum einen um die Vollstreckung wegen Geldforderungen und zum anderen um die zwangsweise Durchsetzung von Verwaltungsakten, die zur Vornahme einer Handlung, Duldung oder Unterlassung verpflichten (vgl. § 6 I VwVG). Zwangsmittel der zuletzt genannten Vollstreckungsart sind

- das Zwangsgeld und die Zwangshaft,
- die Ersatzvornahme
- und der unmittelbare Zwang.

Der Verwaltungszwang ist ein wichtiges Mittel zur Durchsetzung des materiellen Rechts. Denn wird eine Verfügung vom Adressaten nicht befolgt, würde die reale Geltung des Rechts in Frage gestellt, wenn die Verfügung nicht durchgesetzt werden könnte. Dabei darf die Verwaltungsbehörde den von ihr erlassenen Verwaltungsakt selbst durchsetzen (Grundsatz der **Selbstvollstreckung**). Sie braucht also nicht – wie die Parteien in einem Zivilrechtsstreit – einen gerichtlichen Vollstreckungstitel. Dieser ist vielmehr im Verwaltungsakt vorhanden. Man spricht insoweit von einem **Selbsttitulierungsrecht** der Verwaltung.[803] Voraussetzung ist lediglich die Befugnis, Verwaltungsakte zu erlassen.[804]

Die Verwaltungsvollstreckung hat mithin eine **dienende Funktion**. Sie zielt auf die Durchsetzung des materiellen Rechts ab und kann als „**Fortsetzung des Verwaltungsverfahrens**" bezeichnet werden. Dabei geht es nicht um Strafe oder Repression, sondern es handelt sich um eine Beugefunktion. Allgemein wird die Verwaltungsvollstreckung daher wie folgt definiert:

903 **Verwaltungsvollstreckung** ist die zwangsweise Durchsetzung verwaltungsrechtlicher Verfügungen durch die Verwaltung.

> **Beispiel:** B hat in der Nähe von Cuxhaven auf einer Sanddüne im bauplanungsrechtlichen Außenbereich (§ 35 BauGB) ein nicht genehmigtes (selbstverständlich auch nicht genehmigungsfähiges) Wochenendhäuschen errichtet. Als die Baubehörde davon erfährt, erlässt sie gegenüber B eine Abrissverfügung (= **vollstreckungsfähiger Grundverwaltungsakt**). B weigert sich jedoch, der Verfügung nachzukommen. Daraufhin droht die Behörde an, die Verfügung zwangsweise durchzusetzen, indem sie nach Ablauf einer bestimmten Frist ein Abrissunternehmen mit der Beseitigung beauftrage (= **Androhung** des Zwangsmittels). Als B auch die gesetzte Frist untätig verstreichen lässt, teilt ihm die Behörde mit, dass sie einen Abrissunternehmer mit der Beseitigung beauftragt habe (= **Festsetzung** des Zwangsmittels, sofern landesrechtlich vorgesehen). Zwei Tage später erscheint ein Bagger und reißt das Gebäude ab (= **Anwendung** des Zwangsmittels).

904 Das geschilderte Verfahren ist der Normalfall der Verwaltungsvollstreckung und wird als **gestrecktes Zwangsverfahren** bezeichnet. Regelmäßig wird es von den **Ordnungsbehörden** angewendet, aber auch von Beamten des **Polizeivollzugsdienstes**, die Gefahren vor Ort begegnen und nicht selten sofort handeln müssen, um gefahrenabwehrrechtlichen Verfügungen Geltung zu verschaffen. In solchen Fällen wäre das gestreckte Verfahren oftmals untunlich. Die Polizeigesetze und die Verwaltungsvollstreckungsgesetze haben daher die Möglichkeit der **unmittelbaren Ausführung**

---

[803] Zur Titelfunktion und zu anderen Funktionen des Verwaltungsakts vgl. *R. Schmidt*, AllgVerwR, Rn 346 ff.
[804] Zur Verwaltungsaktbefugnis vgl. *R. Schmidt*, AllgVerwR, Rn 590 ff.

bzw. des **Sofortvollzugs** geschaffen. Danach kann Zwang sofort angewendet werden, sei es ohne Androhung und (wo vorgesehen) ohne Festsetzung des Zwangsmittels oder sei es sogar ohne Grundverwaltungsakt.

Beispiel: K stellt seinen Wagen in der Innenstadt verkehrswidrig und verkehrsbehindernd ab und macht einen Stadtbummel. Die Polizei sieht sich veranlasst, den Wagen sofort abschleppen zu lassen, weil sich mittlerweile schon ein Verkehrsstau gebildet hat.

In diesem Fall gebietet es die Dringlichkeit, die Gefahr sofort zu beseitigen und das Wegfahrgebot, das bei Anwesenheit des Fahrers diesem gegenüber auszusprechen gewesen wäre, mit Mitteln des Zwangs unverzüglich durchzusetzen. Die Gesetze sehen diese Möglichkeit als unmittelbare Ausführung bzw. als Sofortvollzug ausdrücklich vor (vgl. Rn 953 ff./1025 ff.).

Die Verwaltungsvollstreckung zur Durchsetzung von *(vollzugs-)polizeilichen Verfügungen* unterscheidet sich nach der aktuellen Rechtsprechung des BVerfG[805] grundsätzlich nicht von derjenigen zur Durchsetzung von Verfügungen der *(Sonder-)Ordnungsbehörden* im Rahmen des *Allgemeinen Verwaltungs- und Ordnungsrechts*. Hier wie dort können **wirksame** (nicht notwendigerweise rechtmäßige) Verwaltungsakte Grundlage einer Vollstreckungsmaßnahme sein. **905**

Nach der genannten Rechtsprechung des BVerfG kommt es bei der Frage nach der Rechtmäßigkeit einer Vollstreckungsmaßnahme im gestreckten Verfahren somit nicht (mehr) auf die Rechtmäßigkeit der der Vollstreckungsmaßnahme zugrunde liegenden Grundverfügung an. Es besteht mithin **kein Rechtmäßigkeitszusammenhang zwischen der Primärmaßnahme und der Vollstreckungsmaßnahme**, oder anders ausgedrückt: die bloße Rechtswidrigkeit der Grundverfügung stellt kein Vollstreckungshindernis dar. Das folgt aus dem Umstand, dass auch ein rechtswidriger, aber nicht nichtiger Verwaltungsakt wirksam ist (vgl. §§ 43 II/III, 44 VwVfG). Daher kann es hinsichtlich der Vollstreckung nur auf die Wirksamkeit der Grundverfügung ankommen (vgl. § 6 I BundesVwVG). Die Verwaltung darf also grds. auch einen rechtswidrigen Verwaltungsakt vollstrecken, solange dieser nur wirksam ist.[806] Freilich eine andere Frage ist es, ob die Vollstreckung eines rechtswidrigen Verwaltungsakts im Ergebnis auch verhältnismäßig ist. Auch für den Rechtsschutz hat dieser Umstand Konsequenzen; vgl. dazu Rn 934. Zum Sofortvollzug vgl. Rn 952 ff. **906**

II. Rechtsgrundlagen für die Anwendung von Zwang

Im Gegensatz zur Realisierung *privatrechtlicher* Ansprüche, bei denen es eines gerichtlichen Verfahrens bedarf, um einen vollstreckbaren Titel zu erlangen, schafft sich die Polizei- oder Ordnungsbehörde mit dem Erlass einer Verfügung selbst einen Vollstreckungstitel, der mit eigenen behördlichen Vollzugsorganen (d.h. mit Beamten der Vollzugspolizei) durchgesetzt werden kann (**Grundsatz der Selbsttitulierung und Selbstvollstreckung**, s.o.). Der Vollzugspolizei, die ihre eigenen Verfügungen und die Verfügungen der Ordnungsbehörden durchsetzt, stehen verschiedene Zwangsmittel zur Verfügung, insbesondere unmittelbarer Zwang, d.h. körperliche Gewalt und Hilfsmittel der körperlichen Gewalt, zu denen auch Schusswaffen gehören. Daher leuchtet es ein, dass der Rechtsschutz des Betroffenen hier besondere Bedeutung erlangt. Zu fragen ist demnach zunächst nach einer Rechtsgrundlage. Die zu vollstreckende Verfügung allein dient noch nicht als hinreichende Rechtsgrundlage für die Anwendung von Verwaltungszwang. Dieser unterliegt ebenfalls dem **Vorbehalt des Gesetzes** und verlangt eine – von der Ermächtigung für den Erlass der zu vollziehen- **907**

---

[805] BVerfG NVwZ 1999, 290, 292. Vgl. auch OVG Hamburg NordÖR 2002, 469, 470.

[806] Etwas anderes gilt freilich dann, wenn die Behörde bei Anwendung einer Zwangsmaßnahme weiß, dass die Grundverfügung rechtswidrig ist. In einem Rechtsstaat darf nicht sehenden Auges Unrecht vollzogen werden (vgl. BVerwG NJW 1984, 2591, 2592). Vgl. dazu näher Rn 934.

den Verfügung streng zu trennende – besondere gesetzliche Grundlage. Daher sind sowohl das „Ob" als auch das „Wie" (das Vollstreckungsverfahren, d.h. die Durchführung der Zwangsmaßnahme) durch ein **Parlamentsgesetz** festzulegen.

- Auf **Bundesebene** stehen den Vollstreckungsbehörden des Bundes das VwVG, das UZwG und das UZwGBw zur Verfügung.[807]
- Auf **Landesebene** trifft man auf verschiedene Konstellationen: Grundsätzlich finden sich die Rechtsgrundlagen für den Zwang in den Verwaltungsvollstreckungsgesetzen (die für alle Ordnungsbehörden, d.h. für die Sonderordnungsbehörden, die allgemeinen Ordnungsbehörden und den Polizeivollzugsdienst des Landes gelten); sofern es um die Ausübung von (unmittelbarem) Zwang durch Beamte des Polizeivollzugsdienstes geht, finden sich in den Bundesländern entweder Vollregelungen in den Polizeigesetzen oder Regelungen, wonach ergänzend zu den Bestimmungen des Verwaltungsvollstreckungsgesetzes die Bestimmungen des Polizeigesetzes über die Art und Weise der Zwangsausübung gelten.

  Beispiele: In Nordrhein-Westfalen stehen den Vollzugsbehörden insbesondere die §§ 50 ff. PolG und §§ 1 ff., 55 ff. VwVG zur Verfügung. Auch in der *Freien Hansestadt Bremen* differenziert das Gefahrenabwehrrecht nach Zwangsmitteln und bestimmt, dass Zwangsgeld (sowie Zwangshaft) und Ersatzvornahme nach dem BremVwVG anzuwenden sind, während für die Art und Weise der Durchführung des unmittelbaren Zwangs durch den *Polizeivollzugsdienst* das Polizeigesetz gilt (§ 40 II BremPolG). Ähnliches gilt für Rheinland-Pfalz. Vollstreckt dort die Polizei eine Verfügung, gelten gem. § 57 POG die §§ 2-6 I und die §§ 10, 14-16, 61-67 und 83-85 des LVwVG. Lediglich der unmittelbare Zwang richtet sich nach §§ 57 II i.V.m. §§ 58-66 POG. Schleswig-Holstein hat die Vollstreckung für die Polizei und die Ordnungsbehörden einheitlich im Landesverwaltungsgesetz geregelt (§§ 228 ff. LVwG). Vgl. dazu insgesamt den Regelungsgehalt der Landesgesetze.[808]

III. Allgemeine Voraussetzungen der Vollstreckung

908 Nach dem Aussagegehalt des § 6 I BundesVwVG (die Landesgesetze sind i.d.R. inhaltsgleich, vgl. z.B. § 11 I BremVwVG) setzt die Vollstreckbarkeit der Grundverfügung (= Verwaltungsakt i.S.v. § 35 VwVfG) voraus, dass diese entweder (1) unanfechtbar ist, (2) ihr sofortiger Vollzug angeordnet ist *oder* (3) ein gegen sie eingelegter Rechtsbehelf kraft Gesetzes keine aufschiebende Wirkung entfaltet. Auf der anderen Seite darf sich der Verwaltungsakt noch nicht erledigt haben. Das ergibt sich aus der Regelung des § 43 II VwVfG, der besagt, dass der Verwaltungsakt u.a. so lange wirksam bleibt, bis er noch nicht erledigt ist. Daraus folgt: ein erledigter Verwaltungsakt ist nicht (mehr) wirksam. Die Wirksamkeit ist aber Vollstreckungsvoraussetzung (s.o.).

---

[807] Vgl. aber auch §§ 58 ff. AufenthG für die Abschiebung.

[808] Vgl. §§ 28 ff. MEPolG; Bund: §§ 6 ff. VwVG, §§ 1 ff. UZwG; BW: §§ 1 ff. VwVG; §§ 49 ff. PolG; Bay: Art. 53 ff. PAG; Berl: §§ 1 ff. UZwG; Brand: §§ 53 ff. PolG; Brem: §§ 40 ff. PolG; §§ 11 ff. VwVG; Hamb: §§ 17 ff. SOG; §§ 18 f., 27 f. VwVG; Hess: §§ 47 ff. SOG; MeckVor: §§ 79 ff. SOG; Nds: §§ 64 ff. SOG; NRW: §§ 50 ff. PolG; RhlPfl: §§ 61 ff. LVwVG; Saar: §§ 44 ff. PolG; Sachs: §§ 30 ff. PolG; §§ 1 ff. VwVG; SachsAnh: §§ 53 ff. SOG; SchlHolst: §§ 228 ff. LVwG; Thür: §§ 51 ff. PAG.

Alternative Voraussetzungen der Verwaltungsvollstreckung

Die Grundverfügung ist unanfechtbar	**Der sofortige Vollzug wurde angeordnet**	**Ein gegen die Grundverfügung eingelegter Rechtsbehelf entfaltet kraft Gesetzes keine aufschieb. Wirkung**
Unanfechtbar (also bestandskräftig) wird der Verwaltungsakt durch • Nichteinlegung eines Rechtsbehelfs (i.d.R. Widerspruch) innerhalb der gesetzlichen Frist (vgl. §§ 70 I, 74 I VwGO) oder durch • rechtskräftiges klageabweisendes Urteil.	Die Anordnung der sofortigen Vollziehung bestimmt sich nach § 80 II S. 1 Nr. 4 VwGO und setzt ein überwiegendes öffentliches Interesse oder ein überwiegendes Interesse eines Beteiligten voraus (vgl. ausführlich *R. Schmidt*, VerwProzR, Rn 918 ff.).	Ein solcher Fall liegt hauptsächlich vor • bei unaufschiebbaren Anordnungen und Maßnahmen von Polizeivollzugsbeamten (§ 80 II S. 1 Nr. 2 VwGO), • in anderen durch Bundesgesetz oder für Landesrecht durch Landesgesetz vorgesehenen Fällen (§ 80 II S. 1 Nr. 3 VwGO).

Hinweis für die Fallbearbeitung: Die Feststellung, ob eine Grundverfügung bestandskräftig ist oder ihr sofortiger Vollzug gem. § 80 II S. 1 Nr. 4 VwGO angeordnet wurde, bereitet in aller Regel keine größeren Schwierigkeiten. Solche können aber in der Feststellung bestehen, ob der gegen die Grundverfügung eingelegte Rechtsbehelf (Widerspruch oder Anfechtungsklage) aufschiebende Wirkung entfaltet oder ob die aufschiebende Wirkung kraft Gesetzes ausgeschlossen ist. Die aufschiebende Wirkung ist zum einen gem. § 80 II S. 1 Nr. 2 VwGO bei unaufschiebbaren Anordnungen und Maßnahmen von Polizeivollzugsbeamten und zum anderen gem. § 80 II S. 1 Nr. 3 VwGO in anderen durch Bundesgesetz oder für Landesrecht durch Landesgesetz vorgesehenen Fällen wie bspw. § 212a I BauGB, § 84 I AufenthG, § 54 IV BeamtStG, § 80 TierseuchenG, § 3 I WBO ausgeschlossen. Zu beachten ist schließlich, dass die aufschiebende Wirkung auch nicht gem. § 80 IV oder V VwGO wiederhergestellt worden sein darf.

Eine Vollstreckung *vor* Unanfechtbarkeit bzw. ohne Vorliegen der genannten Voraus- 909
setzungen ist nach Bundesrecht (§ 6 II BundesVwVG) und nach dem einschlägigen Landesrecht (z.B. § 11 II BremVwVG) u.a. möglich, wenn dies zur Verhinderung einer rechtswidrigen Tat (im Straßenverkehrsrecht primär § 49 StVO i.V.m. § 24 StVG i.V.m. § 1 OWiG) oder zur Abwendung einer drohenden Gefahr geboten erscheint. Zwar beziehen sich diese Vorschriften auf Verwaltungszwang, der ohne vorausgegangenen Verwaltungsakt angewendet wurde (**Sofortvollzug**). Wenn aber der Verwaltungszwang schon ohne vorausgehenden Verwaltungsakt zulässig ist, kann ein vorausgegangener Verwaltungsakt, auch wenn er noch nicht unanfechtbar geworden ist, der Vollstreckung nicht entgegenstehen (*argumentum a maiori ad minus* = Schluss von dem Stärkeren auf das Schwächere).[809]

Schließlich ist zu beachten, dass Vollstreckungsmaßnahmen den **Grundsatz der Ver- 910
hältnismäßigkeit** beachten müssen. Dies ist so selbstverständlich, dass die meisten Vorschriften über die Zwangsmaßnahmen nichts über Erforderlichkeit oder Angemes-

[809] VG Bremen NVwZ-RR 1998, 468.

senheit sagen. Lediglich der Aussage, dass der unmittelbare Zwang ausschließlich dann zulässig sei, wenn andere Zwangsmittel keinen Erfolg versprechen, ist ein direkter Hinweis auf den Grundsatz der Verhältnismäßigkeit zu entnehmen.

IV. Zwangsmittel

911 Die zulässigen Arten der Zwangsmittel sind gesetzlich abschließend aufgelistet (z.B. § 9 I BundesVwVG, § 13 I BremVwVG). Dazu zählen Zwangsgeld und Zwangshaft, Ersatzvornahme und unmittelbarer Zwang.[810]

1. Zwangsgeld und Zwangshaft

912 Zwangsgeld[811] kommt vornehmlich zur Durchsetzung *unvertretbarer* Handlungen (⇨ Handlungen, die nicht durch einen anderen vorgenommen werden können, § 11 I S. 1 BundesVwVG) bzw. bei der Verpflichtung zur Duldung oder Unterlassung einer Handlung in Betracht.

Beispiele: A lehnt es ab, der Behörde eine bestimmte Auskunft zu erteilen. B weigert sich, seinen Führerschein herauszugeben. C widersetzt sich dem behördlichen Gebot, eine bestimmte Impfung zu dulden. D missachtet die Anordnung der Behörde, die Gewerbeausübung einzustellen.

Hier kann die geforderte Handlung nur durch den Adressaten selbst vorgenommen werden.

Grundsätzlich steht dieses Zwangsmittel aber auch zur Erzwingung *vertretbarer* Handlungen zur Verfügung.[812]

913 Die Verhängung eines Zwangsgeldes ist keine Kriminal- oder Verwaltungsstrafe, sondern ein **Beugemittel zur Durchsetzung eines Verwaltungsakts** und hat die Funktion, den der getroffenen Verfügung entgegenstehenden Willen des Vollstreckungsschuldners zu beugen. Daher darf es auch wiederholt eingesetzt und auch neben einer Geldbuße verhängt werden. Seine Beitreibung unterbleibt, wenn der Betroffene dem Regelungsgehalt der Grundverfügung nachkommt. Das Zwangsgeld ist anzudrohen und in einer bestimmten Höhe auszusprechen. Die Höhe ist durch einen gesetzlichen Rahmen bestimmt (vgl. § 11 III BundesVwVG). Bleibt die Androhung fruchtlos, erfolgt die Festsetzung. Die Beitreibung geschieht nach den Bestimmungen über die Vollstreckung von Geldforderungen. Ist das Zwangsgeld uneinbringlich, darf Ersatzzwangshaft angeordnet werden (vgl. § 16 BundesVwVG). Sie ist kein eigenständiges Zwangsmittel, sondern dient der Fortsetzung des Zwangsgeldes und stellt somit ebenso wenig eine Strafe, sondern eine Beugehaft dar.

Hinweis für die Fallbearbeitung: Da das Zwangsmittel *Zwangsgeld* eine gewisse Zeit erfordert, kommt es regelmäßig nur bei aufschiebbaren Fällen, etwa bei der

---

[810] Während Bay (Art. 54 ff. PAG), Hess (§§ 48 ff. SOG), MeckVor (§§ 86 ff. SOG), Nds (§§ 65 ff. SOG), NRW (§§ 51 ff. POG), Saarl (§§ 45 ff. PolG), SchlHolst (§§ 235 ff. LVwG), SachsAnh (§§ 54 ff. SOG) und Thür (§§ 52 ff. PAG) in ihren Polizeigesetzen alle drei Zwangsmittel selbst regeln, normieren Brem (§§ 40 ff. PolG), BW (§§ 49 ff. PolG), Hamb (§§ 17 ff. SOG), RhlPfl (§ 57 II i.V.m. §§ 58 ff. POG) und Sachs (§§ 30 ff. PolG) nur den unmittelbaren Zwang. In einer *Polizeirechtsklausur* müssen also hier ergänzend die Verwaltungsvollstreckungsgesetze herangezogen werden.

[811] § 31 MEPolG; Bund: § 11 VwVG; BW: § 23 VwVG; Bay: Art. 56 PAG; Brand: § 20 VwVG; Brem: § 14 VwVG; Hamb: § 20 VwVG; Hess: § 50 SOG; MeckVor: § 88 SOG; Nds: § 67 SOG; NRW: § 53 PolG, § 60 VwVG; RhlPfl: § 64 LVwVG; Saar: § 47 PolG; SachsAnh: § 56 SOG; Sachs: § 22 VwVG; SchlHolst: § 237 LVwG; Thür: § 54 PAG, § 48 VwZVG.

[812] Einige Verwaltungsvollstreckungsgesetze wie § 11 I S. 2 BundesVwVG lassen bei vertretbaren Handlungen Zwangsgeld nur zu, wenn die Ersatzvornahme „untunlich" ist, und statuieren damit einen Vorrang der Ersatzvornahme. Diese Regelung ist, da sie Ausnahmecharakter hat, jedoch nicht verallgemeinerungsfähig.

zwangsweisen Schließung einer Gaststätte, in Betracht. Für den *vollzugspolizeilichen* Bereich ist es daher von geringerer Bedeutung.

2. Ersatzvornahme

Eine **Ersatzvornahme**[813] liegt vor, wenn eine dem Verantwortlichen obliegende, *vertretbare* Handlung von einem anderen, nicht notwendigerweise der Polizei selbst, auf Kosten des Verantwortlichen erbracht wird. **914**

Die Ersatzvornahme besteht im gestreckten Verfahren aus der Androhung, der Festsetzung[814] und der Anwendung des Zwangsmittels. Eine Ersatzvornahme kommt nicht bei Unterlassungen oder Duldungen in Betracht, diese sind nämlich unvertretbar und werden im Wege des Zwangsgeldes bzw. des unmittelbaren Zwangs durchgesetzt (zur Abgrenzung vgl. Rn 927). **915**

Da die Verpflichtung, eine vertretbare Handlung vorzunehmen, nur auf einer polizeilichen Anordnung – einer Primärmaßnahme – beruhen kann, lässt diese sich wiederum, soweit sie im Wege der Ersatzvornahme durchgesetzt werden kann, allein auf die **Befugnisgeneralklausel** stützen. Denn die Standardmaßnahmen verlangen eine unvertretbare Handlung. **Daraus folgt, dass es im Bereich der Standardmaßnahmen keine Ersatzvornahme geben kann**.

Beispiel: Ein Platzverweis kann nur von dem Adressaten selbst befolgt werden. Verlangt wird also eine unvertretbare Handlung. Kommt der Verpflichtete dieser Standardmaßnahme nicht nach, ist ein anderes Zwangsmittel als die Ersatzvornahme anzuwenden. Grundsätzlich kommt hier nur der unmittelbare Zwang in Betracht.

Führt die Behörde die vertretbare Handlung selbst durch, handelt es sich um eine *Selbstvornahme*. Wird ein anderer mit der Ausführung der Handlung beauftragt, spricht man regelmäßig, aber nicht notwendigerweise von einer *Fremdvornahme*.[815] **916**

Beispiel: Abbruch eines sog. Schwarzbaus durch einen von der Behörde beauftragten **privaten Bauunternehmer** bzw. **Abschleppen eines verkehrswidrig abgestellten Kfz** durch einen privaten Abschleppunternehmer jeweils auf der Grundlage eines privatrechtlichen Werkvertrags (§ 631 BGB)[816] mit der Vollzugsbehörde. Dadurch ist klargestellt, dass die Heranziehung Privater aufgrund zivilrechtlicher Verträge diese nicht zu Verwaltungshelfern macht, sondern dass diese selbstständig, aber als Beauftragte oder Bevollmächtigte der Vollzugsbehörde handeln. Daraus folgt aber auch, dass es sich *nicht* um eine zivilrechtliche Streitigkeit zwischen dem betroffenen Bürger und dem privaten Unternehmen handelt, sondern um eine öffentlich-rechtliche Streitigkeit (Verwaltungsrechtsweg) zwischen dem Bürger und der Vollzugsbehörde. Die jeweiligen Kosten (die von dem mit der Ersatzvornahme Beauftragten in Rechnung gestellten Kosten sowie die Verwaltungskosten selbst) werden anschließend durch Leistungsbescheid festgesetzt. Vgl. dazu den **Abschleppfall** bei *R. Schmidt*, Fälle zum POR, Fall 12.

---

[813] § 30 MEPolG; Bund: § 10 VwVG; BW: § 25 VwVG; Bay: Art. 55 PAG; Brand: § 55 PolG, § 19 VwVG; Brem: § 15 VwVG; Hamb: § 14 lit. a VwVG; Hess: § 49 SOG; MeckVor: § 89 SOG; Nds: § 66 SOG; NRW: § 52 PolG, § 59 VwVG; RhlPfl: § 63 VwVG; Saar: § 46 PolG; Sachs: § 24 VwVG; SachsAnh: § 55 SOG; SchlHolst: § 238 LVwG; Thür: § 53 PAG, § 50 VwZVG.

[814] Nicht in allen Landesverwaltungsvollstreckungsgesetzen sind sämtliche Zwangsmittel festzusetzen. So wird in der Freien Hansestadt Bremen lediglich das Zwangsgeld festgesetzt (§ 18 BremVwVG, dazu gleich).

[815] Bedient sich die Behörde zur Vornahme einer vertretbaren Handlung eines Dritten, so liegt deshalb noch nicht automatisch eine Fremdvornahme vor, weil die Geschäftsführung bei der Behörde bleiben kann. Bleibt die Behörde Herrin des Verfahrens, ist selbst bei Heranziehung eines Dritten von einer Selbstvornahme auszugehen.

[816] So zu Recht ausdrücklich *Maurer*, AllgVerwR, § 23 Rn 64; *Knemeyer*, POR, Rn 367; a.A. *Burmeister*, JuS 1989, 256 ff., der von einer öffentlich-rechtlichen Indienstnahme des Dritten durch zustimmungsbedürftigen Verwaltungsakt ausgeht.

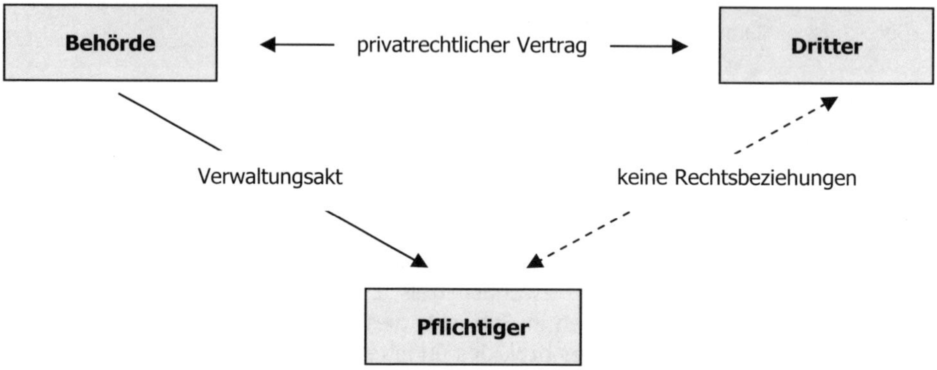

917 Dass sowohl Selbst- als auch Fremdvornahme auf Kosten des an sich Pflichtigen erfolgen, ist nur konsequent, denn wenn er selbst der Verfügung nachkäme, müsste er ebenfalls die Kosten tragen.

918 Im Gegensatz zu den meisten Landesgesetzen regelt § 10 BundesVwVG die Ersatzvornahme ausschließlich in der Form der *Fremdvornahme*. Führt eine (Bundes-) Behörde demnach eine Handlung selbst und mit eigenen Mitteln aus, muss diese *Selbstvornahme* juristisch als unmittelbarer Zwang qualifiziert werden, dessen Kosten (wiederum anders als in den meisten Ländergesetzen, vgl. nur § 19 III, IV BremVwVG) aber ebenso wie die der Ersatzvornahme gem. § 19 BundesVwVG zu erstatten sind.

Daraus wird deutlich, welche rechtspolitische Zielsetzung der Möglichkeit der Durchführung der Ersatzvornahme als Selbstvornahme in den Landesverwaltungsvollstreckungsgesetzen zukommt. Um die Kostenlast auf den betroffenen Bürger zu übertragen, hätte es anderenfalls einer dem § 19 I i.V.m. § 12 BundesVwVG entsprechenden landesrechtlichen Rechtsgrundlage bedurft.

3. Unmittelbarer Zwang

919 **Unmittelbarer Zwang**[817] ist die Einwirkung auf Personen oder Sachen durch körperliche Gewalt, ihre Hilfsmittel und durch Waffen.

920 Der Polizeivollzugsdienst kann die von ihm erlassenen Verfügungen mit Mitteln des unmittelbaren Zwangs durchsetzen. Die Ordnungsbehörden können dieses Zwangsmittel durch eigene Vollzugskräfte (z.B. Außendienstbeamte) oder – mittelbar – durch die Vollzugshilfe des Polizeivollzugsdienstes einsetzen. In den meisten Bundesländern wird der durch den *Polizeivollzugsdienst* angewendete unmittelbare Zwang durch die Polizeigesetze – wie in der Freien Hansestadt Bremen durch §§ 40 II i.V.m. 41-47 BremPolG und in Rheinland-Pfalz durch § 57 II i.V.m. §§ 58-66 POG – geregelt, sodass für die Art und Weise des unmittelbaren Zwangs durch den *Polizeivollzugsdienst* (und nur durch diesen!) die entsprechenden Vorschriften des VwVG nicht anwendbar sind (vgl. etwa § 40 II BremPolG; § 57 II RhlPflPOG).

921 **Abgrenzug Ersatzvornahme/unmitttelbarer Zwang**: Regelmäßig muss der unmittelbare Zwang von der Selbstvornahme als Unterfall der Ersatzvornahme abgegrenzt werden. Im Gegensatz zur Ersatzvornahme kommt das Zwangsmittel unmittel-

[817] §§ 33 ff. MEPolG; Bund: § 12 VwVG, § 2 UZwG; BW: § 26 VwVG; Bay: Art. 58 PAG; Berl: § 2 UZwG; Brand: § 58 PolG; Brem: § 16 VwVG, § 41 PolG; Hamb: § 18 SOG, § 14 lit. c VwVG; Hess: § 52 SOG; MeckVor: § 90 SOG; Nds: § 69 SOG; NRW: § 55 PolG, § 62 VwVG; RhlPfl: § 65 LVwVG; § 58 POG; Saar: § 49 PolG; Sachs: § 31 PolG; SachsAnh: § 58 SOG; SchlHolst: § 239 LVwG; Thür: § 56 PAG, § 51 VwZVG.

barer Zwang sowohl für *vertretbare* als auch für *unvertretbare* Handlungen in Betracht, aber auch für Duldungen oder Unterlassungen. Daher kann sich die Frage nach der Abgrenzung von unmittelbarem Zwang und Selbstvornahme als Unterfall der Ersatzvornahme nur bei vertretbaren Handlungen stellen. Geht es also um die Durchsetzung einer Duldungs- oder Unterlassungspflicht oder soll der Pflichtige zur Vornahme einer unvertretbaren Handlung angehalten werden (praktische Beispiele sind die Auflösung einer Demonstration durch den Einsatz von Wasserwerfern oder die Vereitelung der Flucht eines Bankräubers durch Schüsse in die Reifen des Fluchtautos), kann es sich bei dem Zwangsmittel nur um unmittelbaren Zwang handeln, da die Ersatzvornahme auf die Erzwingung vertretbarer Handlungen beschränkt ist. Im Übrigen ist der unmittelbare Zwang nach folgenden Kriterien von der Ersatzvornahme abzugrenzen:

- Die **Einwirkung auf die *Person*** des Pflichtigen ist immer **unmittelbarer Zwang**, denn die Einwirkung auf den Pflichtigen dient stets der Erzwingung höchstpersönlicher und damit unvertretbarer Handlungen, während die gewaltsame Einwirkung auf andere Personen keine Handlung ist, deren Vornahme dem Pflichtigen obliegen kann. 922

- Bei der **Einwirkung auf Sachen oder Tiere** ist folgendermaßen abzugrenzen: Eine Ersatzvornahme liegt vor, wenn das polizeiliche Handeln mit der dem Pflichtigen obliegenden Handlungspflicht identisch ist; ist das polizeiliche Handeln dagegen nicht mit der dem Pflichtigen obliegenden Handlungspflicht identisch, handelt es sich um unmittelbaren Zwang. 923

  Beispiel: Die Polizeibeamten A und B werden zu einer Wohnung gerufen, in der offenbar körperliche Misshandlungen stattfinden. Als niemand auf ihre Aufforderung, die Tür zu öffnen, reagiert und das Geschrei sich intensiviert, sehen sie keine andere Möglichkeit, als die Tür sofort einzutreten.
  Da diese Zwangseinwirkung nicht mit der dem Pflichtigen obliegenden Pflicht, einfach die Tür zu öffnen, identisch ist, liegt **unmittelbarer Zwang** vor.

  Hätten die Beamten, statt die Tür einzutreten, den Schlüsseldienst herbeigerufen, um sich von diesem die Tür ohne deren Beschädigung öffnen zu lassen, wäre diese Handlung identisch mit derjenigen gewesen, die dem Pflichtigen oblag; mithin hätte ein Fall der Fremdvornahme als Unterfall der **Ersatzvornahme** vorgelegen.

- Eine Ersatzvornahme kommt nicht bei **Unterlassungen** oder **Duldungen** in Betracht, diese sind nämlich unvertretbar und werden im Wege des Zwangsgeldes bzw. des **unmittelbaren Zwangs** durchgesetzt. 924

- Im Übrigen ist die Anwendung des unmittelbaren Zwangs nur dann in Betracht zu ziehen, wenn die anderen Zwangsmittel nicht erfolgreich oder untunlich sind (§ 12 VwVG, vgl. aber z.B. § 16 BremVwVG oder § 69 VI NdsSOG, bei denen zwar der unmittelbare Zwang nicht subsidiär zur Ersatzvornahme steht, aber im Rahmen der Verhältnismäßigkeit der Mittel und des Auswahlermessens der Ersatzvornahme nachstehen muss). Ein Konkurrenzverhältnis zwischen unmittelbarem Zwang und Ersatzvornahme besteht dann nicht, wenn es sich um eine *unvertretbare* Handlung handelt und somit die Ersatzvornahme *a priori* ausscheidet. 925

- Wie bereits gesagt, ist auf Bundesebene zu beachten, dass in § 10 BundesVwVG ausschließlich die Ersatzvornahme in Form der Fremdvornahme geregelt ist. Will die Behörde selbst vorgehen, kann sie dies nur im Rahmen des unmittelbaren Zwangs. Eine Abgrenzung ist dann nicht erforderlich und nicht möglich. 926

Bedeutung der Abgrenzung des unmittelbaren Zwangs zur Ersatzvornahme: 927
Die Abgrenzung zwischen Ersatzvornahme und unmittelbarem Zwang ist nicht nur im Hinblick auf den Grundsatz der Verhältnismäßigkeit wichtig (der unmittelbare Zwang ist nur als Ultima Ratio zulässig), sondern auch deshalb, weil das Polizei- und Verwal-

tungskostenrecht für Maßnahmen des unmittelbaren Zwangs nur vereinzelt[818] eine Erhebung von Gebühren und Auslagen für den erforderlichen Einsatz vorsieht, wohingegen bei einer Ersatzvornahme der Betroffene generell zur Übernahme der Kosten herangezogen werden kann.[819]

Als von der h.M. verwendete **Abgrenzungsformel** sollte man sich merken:

- Ist die Zwangseinwirkung mit der dem Pflichtigen obliegenden Pflicht identisch, liegt eine vertretbare Handlung und damit eine **Ersatzvornahme** vor.
- Ist die Zwangseinwirkung dagegen nicht mit der dem Pflichtigen obliegenden Pflicht identisch, liegt keine vertretbare Handlung und damit **unmittelbarer Zwang** vor.[820]

Freilich ist die h.M. in der Anwendung dieser Formel nicht ganz widerspruchsfrei. So soll im Abschleppen eines verbotswidrig (oder verkehrsbehindernd) abgestellten Kfz eine Ersatzvornahme liegen (vgl. Rn 1031). Betrachtet man aber die o.g. Definition der Ersatzvornahme, ist dies zweifelhaft. Denn mit einer Ersatzvornahme soll gerade nur das ausgeführt werden, was auch vom Pflichtigen verlangt werden kann. Es ist aber nicht ersichtlich, dass vom Pflichtigen (hier: Halter bzw. Fahrer des Kfz) die Verbringung und Verwahrung des Kfz verlangt werden könnte. Die Vorgehensweise der h.M. wird aber erklärlich, wenn man die o.g. Kostenseite betrachtet.

---

[818] Vgl. Bay: Art. 58 III PAG i.V.m. § 1 Nr. 6, 7 PolKV; BW: § 49 I PolG, § 31 III LVwVG i.V.m. §§ 7 f. VollstrKO.
[819] Siehe *Wernsmann*, JuS 2002, 582, 585 f. sowie Rn 997 ff.
[820] Vgl. bereits die 1. Auflage 1997 dieses Buches; ganz ähnlich nunmehr auch *Durner*, JA 2009, 911, 912.

V. Rechtmäßigkeit des Verwaltungszwangs im gestreckten Verfahren

1. Allgemeine Voraussetzungen

Das Verfahren des Verwaltungszwangs im Gefahrenabwehrrecht unterscheidet sich grundsätzlich nicht von dem des allgemeinen Verwaltungsvollstreckungsrechts. Den Grundtypus stellt das sog. gestreckte Verfahren dar, bei dem eine Vollstreckungsmaßnahme auf einem vorausgegangenen Verwaltungsakt beruht. Dessen zwangsweise Durchsetzung erfolgt in einem streng formalisierten mehrstufigen Verfahren und ist an folgende Voraussetzungen geknüpft, die **kumulativ** vorliegen müssen[821]: 928

- Rechtsgrundlage für den Zwang
- Formelle Rechtmäßigkeit der Zwangsmaßnahme
- Materielle Rechtmäßigkeit der Zwangsmaßnahme

a. Rechtsgrundlage der Vollstreckungsmaßnahme

Rechtsgrundlage ist die Vorschrift des VwVG über das gestreckte Vollstreckungsverfahren[822] i.V.m. der Vorschrift des konkreten Zwangsmittels. 929

b. Formelle Rechtmäßigkeit der Zwangsmaßnahme

In formeller Hinsicht müssen die **allgemeinen Zuständigkeits- und Verfahrensvorschriften** eingehalten werden: Wichtig ist vor allem die sachliche Zuständigkeit der Vollzugsbehörde: § 7 I BundesVwVG, § 12 BremVwVG, § 64 III NdsSOG. Danach ist für den Verwaltungszwang die Behörde zuständig, die den Grundverwaltungsakt erlassen hat.[823] Für die örtliche Zuständigkeit kann die Besonderheit auftreten, dass wenn sich im Laufe des Verwaltungsverfahrens die örtliche Zuständigkeit der Behörde ändert, die bisher zuständige Behörde mit Zustimmung der nunmehr zuständigen Behörde das Verwaltungsverfahren fortführen kann, wenn dies unter Wahrung der Interessen der Beteiligten der einfachen und zweckmäßigen Durchführung des Verfahrens dient (§ 3 III BundesVwVfG). Eine vorherige Anhörung ist wegen § 28 II Nr. 5 VwVfG entbehrlich. Als **besondere Verfahrensvorschriften** sind die **Androhung** des Zwangs (Rn 939) und (wenn erforderlich) die **Festsetzung** des Zwangsmittels (Rn 942) zu beachten. **Fehlt** die erforderliche Androhung, kann sich die Rechtmäßigkeit des Zwangs nur noch unter dem Aspekt des **Sofortvollzugs** ergeben (Rn 952 ff.). 930

c. Materielle Rechtmäßigkeit

aa. Allgemeine Vollstreckungsvoraussetzungen

Materiell müssen zunächst die vier **allgemeinen Vollstreckungsvoraussetzungen** erfüllt sein (vgl. z.B. § 6 I BundesVwVG, § 11 I BremVwVG, § 64 I NdsSOG): 931

(1) Materielle Vollstreckbarkeit des Grundverwaltungsakts: Der zu vollstreckende Verwaltungsakt muss einen vollstreckbaren Titel haben. Bei feststellenden und rechtsgestaltenden Verwaltungsakten ist das nicht der Fall; diese sind einer Vollstreckung weder fähig noch bedürftig. Vollstreckbar sind **Verfügungen**. Diese beinhalten Verbote und Gebote, sind also befehlende Verwaltungsakte. 932

---

[821] Die nachfolgende Darstellung ist eng an der Gesetzessystematik orientiert (vgl. auch das Aufbauschema bei Rn 937).

[822] Bund: § 6 I VwVG; BW: § 18 VwVG; Bay: Art. 53 I PAG; Berl: § 5 II VwVfG i.V.m. § 6 I BundesVwVG; Brand: § 53 I PolG, § 15 I VwVG; Brem: § 11 I VwVG; Hamb: § 14 VwVG; Hess: § 47 I SOG; MeckVor: § 80 I SOG; Nds: § 64 I SOG; NRW: § 50 I PolG, § 55 I VwVG; RhlPfl: § 61 I VwVG; § 58 POG; Saar: § 44 I PolG; Sachs: § 19 VwVG; SachsAnh: § 53 I SOG; SchlHolst: § 229 I LVwG; Thür: § 51 I PAG, § 53 I VwZVG

[823] Da im gestreckten Zwangsverfahren i.d.R. die zu vollstreckende Grundverfügung im Gutachten bereits geprüft wurde, kann hinsichtlich der Zuständigkeit in Bezug auf die Grundverfügung auf die vorhergehende Prüfung verwiesen werden.

933 (2) **Formelle Vollstreckbarkeit des Grundverwaltungsakts**: Die Grundverfügung muss – wie in der Einleitung bereits beschrieben – entweder (1.) **unanfechtbar** sein oder (2.) ihr sofortiger Vollzug muss angeordnet worden sein oder (3.) ein noch nicht rechtskräftig beschiedener Rechtsbehelf darf **keine aufschiebende Wirkung** haben.[824]

⇨ Zu (1.): *Unanfechtbar* sind *bestandskräftige* Verwaltungsakte, gleichgültig, ob sie durch Ablauf der Rechtsmittelfrist oder durch rechtskräftige gerichtliche Entscheidung bestandskräftig geworden sind.

⇨ Zu (2.): Der *sofortige Vollzug ist angeordnet*, wenn eine separate Verfügung ergeht oder zumindest eine separate Regelung besteht, in der explizit angeordnet wird, dass der Verwaltungsakt sofort zu vollziehen sei.

⇨ Zu (3.): Das *Nichtbestehen der aufschiebenden Wirkung* ergibt sich aus § 80 II VwGO, ist also dann anzunehmen, wenn der Rechtsbehelf gem. § 80 II S. 1 Nrn. 1-3 keine aufschiebende Wirkung hat oder eine behördliche Anordnung der sofortigen Vollziehung gem. Nr. 4 getroffen wurde[825].

Hinweis für die Fallbearbeitung: In der Regel ist die erste Variante nicht gegeben, weil es zumeist um die zwangsweise Durchsetzung von Verwaltungsakten geht, die noch nicht bestandskräftig geworden sind. Die zweite Variante wird zumeist dann vorliegen, wenn eine Sonderordnungsbehörde handelt und etwa eine gewerbe- oder gaststättenrechtliche Verfügung zu vollstrecken gedenkt. Die dritte Variante ist v.a. immer dann einschlägig, wenn der Polizeivollzugsdienst Zwang anwendet. Denn Rechtsbehelfe gegen Maßnahmen des Polizeivollzugsdienstes entfalten wegen § 80 II S. 1 Nr. 2 VwGO keine aufschiebende Wirkung.

934 (3) **Wirksamkeit der Grundverfügung**: Der Grundverwaltungsakt muss **wirksam** sein. Bei einem *nichtigen, zurückgenommenen, widerrufenen, anderweitig aufgehobenen*[826] oder *durch Zeitablauf oder auf andere Weise erledigten* Verwaltungsakt ist das nicht der Fall (vgl. §§ 43 II, III, 44 VwVfG). Daraus folgt, dass ein **rechtswidriger, aber wirksamer Verwaltungsakt Grundlage einer Vollstreckungsmaßnahme sein kann**.

Dieser Befund entspricht nicht nur dem Wortlaut der einschlägigen Gesetze, sondern auch der bereits genannten Rechtsprechung des BVerfG[827], wonach es bei der Frage nach der Rechtmäßigkeit einer Vollstreckungsmaßnahme somit nicht (mehr) auf die Rechtmäßigkeit der der Vollstreckungsmaßnahme zugrunde liegenden Grundverfügung ankommt. Die **bloße Rechtswidrigkeit der Grundverfügung stellt kein Vollstreckungshindernis dar.**[828] Das folgt aus dem Umstand, dass auch ein rechtswidriger Verwaltungsakt grds. wirksam ist (vgl. §§ 43 II/III, 44 VwVfG). Daher kann es hinsichtlich der Vollstreckung nur auf die Wirksamkeit der Grundverfügung ankommen (vgl. § 6 I BundesVwVG). Die Verwaltung darf grds. also auch einen rechtswidrigen Verwaltungsakt vollstrecken, solange dieser nur wirksam ist (etwas anderes gilt nur dann, wenn die Vollzugsbehörde die Rechtswidrigkeit kennt, denn es kann nicht sein, dass die Behörde sehenden Auges rechtswidrige Verwaltungsakte vollstreckt). Freilich eine andere Frage ist es, ob **das Vollstrecken eines rechtswidrigen Grundverwaltungsakts nicht unverhältnismäßig ist**. Denn auch und gerade die Verwaltungsvollstreckung hat im besonderen Maße den Grundsatz der Verhältnismäßigkeit zu beachten.

---

[824] Innerhalb dieses Prüfungspunkts brauchen die Voraussetzungen also *nicht* kumulativ vorzuliegen. Es genügt das Vorliegen *einer* Variante.

[825] Freilich ist die in Nr. 3 zuletzt genannte Variante ebenfalls von Nr. 2 umfasst.

[826] Insbesondere kommt die Aufhebung durch das Verwaltungsgericht gem. § 113 I S. 1 VwGO in Betracht.

[827] BVerfG NVwZ 1999, 290, 292; so auch OVG Münster NVwZ 2001, 231 und OVG Hamburg NordÖR 2002, 469, 470 f.

[828] Das ist die logische Schlussfolgerung aus BVerfG NVwZ 1999, 290, 292. I.E. wie hier *Schenke*, POR, Rn 540; *Muckel*, JA 2012, 272, 274 f.; a.A. *Jahn*, JA 2000, 79, 86, *Knemeyer*, POR, Rn 358 und *Götz*, POR, § 13 Rn 8.

Für den **Rechtsschutz** bedeutet dies, dass soweit der Kläger ausdrücklich nur die Zwangsmaßnahme (diese stellt nach der hier vertretenen Auffassung einen Verwaltungsakt dar) angreift, nicht auch die Rechtmäßigkeit der Primärverfügung geprüft zu werden braucht, sondern nur deren Wirksamkeit. Das kann zu dem Ergebnis führen, dass die fragliche Vollstreckungsmaßnahme recht*mäßig* ist, obwohl die ihr zugrunde liegende Primärmaßnahme rechts*widrig* ist bzw. war. Das ist aus rechtsstaatlicher Sicht grds. unproblematisch, da der Bürger ja gerade gegen einzelne Vollstreckungsmaßnahmen gerichtlich (ggf. nach § 80 V VwGO) vorgehen kann. Bedenken bestünden lediglich dann, wenn der Grundverwaltungsakt so kurzfristig vollstreckt würde, dass die zwischenzeitliche Anrufung des Gerichts im Verfahren nach § 80 V VwGO nicht in Betracht käme (irreversibler Vollzug vor Unanfechtbarkeit). Sofern sich die Primärmaßnahme also noch nicht erledigt hat (und somit noch wirksam ist), wird der Kläger daher regelmäßig versuchen, auch die Wirksamkeit der Grundverfügung zu beseitigen. Das kann er nur, indem er gleichzeitig Anfechtungsklage gegen die Grundverfügung erhebt. Kommt dann das Gericht zu dem Ergebnis, dass die Grundverfügung rechtswidrig ist, hebt es diese gem. § 113 I S. 1 VwGO auf, wodurch deren Wirksamkeit entfällt (§ 43 II VwVfG). Im Verfahren nach § 80 V VwGO ordnet es die aufschiebende Wirkung (des Widerspruchs bzw. der Anfechtungsklage) an. Damit entfällt gleichzeitig die Grundlage für die Vollstreckungsmaßnahme. In der Klausur muss also stets genau das Klagebegehren untersucht werden. Kommt der Kläger nur über die Aufhebung der (noch nicht erledigten) Grundverfügung bzw. über die Anordnung der aufschiebenden Wirkung zu seinem Ziel, wird anzunehmen sein, dass er auch eine Anfechtungsklage gegen die Grundverfügung erheben bzw. einen Antrag nach § 80 V VwGO stellen will. Ggf. muss der Richter über § 86 II VwGO eine Erweiterung des Klagegegenstands anregen. In diesem Fall wären in kumulativer Klagehäufung (§ 44 VwGO) sowohl die Grundverfügung als auch die Zwangsmaßnahme zu prüfen.

Beispiel: K parkt seinen Wagen in einer mit Zeichen 290 zu § 41 StVO gekennzeichneten großflächig angelegten Halteverbotszone, die den städtischen Flughafen umgibt, und fliegt in die Ferien. Nach der Rückkehr erfährt er, dass der Wagen abgeschleppt wurde. Hinsichtlich des Kostenbescheids macht K geltend, dass das Abschleppen rechtswidrig gewesen sei, weil für die großflächige Halteverbotszone keine Rechtfertigung bestehe.

Rechtsgrundlage für den Kostenbescheid ist die landesrechtliche Bestimmung über die Kostentragung einer Ersatzvornahme (das Abschleppen eines verkehrswidrig abgestellten Kfz stellt eine Ersatzvornahme dar, vgl. ausführlich den Übungsfall bei *R. Schmidt*, Fälle zum POR, Fall 12). Der Kostenbescheid ist jedoch nur dann rechtmäßig, wenn die ihm zugrunde liegende Ersatzvornahme rechtmäßig ist. Die Rechtsgrundlage einer Ersatzvornahme ist ebenfalls dem Landesvollstreckungsrecht zu entnehmen (vgl. etwa § 10 BundesVwVG, § 15 BremVwVG, § 66 NdsSOG, § 14 HambVwVG). In materieller Hinsicht setzt eine Ersatzvornahme im gestreckten Vollstreckungsverfahren insbesondere voraus, dass eine vollstreckbare Grundverfügung vorliegt. Vorliegend bestand eine solche, denn ein Verkehrszeichen stellt eine Allgemeinverfügung i.S.d. § 35 S. 2 VwVfG dar und ist materiell sofort vollstreckbar (vgl. auch hierzu ausführlich den Übungsfall bei *R. Schmidt*, Fälle zum POR, Fall 12). Da dieses Verkehrszeichen weder nichtig ist noch zwischenzeitlich aufgehoben wurde und sich auch nicht erledigt hat, ist es – unbeschadet der möglichen Rechtswidrigkeit – nach wie vor wirksam und taugliche Grundverfügung für die Ersatzvornahme *Abschleppen*. Allerdings setzt eine Zwangsmaßnahme im gestreckten Verfahren nach den Verwaltungsvollstreckungsgesetzen eine **Androhung** des Zwangsmittels voraus (vgl. etwa § 13 BundesVwVG, § 17 BremVwVG, § 18 II HambVwVG). Eine solche ist vorliegend aber nicht ergangen. Insbesondere kann eine Androhung nicht in dem dem Halteverbotsschild zugrunde liegenden Wegfahrgebot gesehen werden, da dieses Gebot ausschließlich Regelungsgegenstand des Grundverwaltungsakts ist. Sofern das Verwaltungsvollstreckungsgesetz keine Entbehrlichkeitsregelung bzgl. der Androhung enthält, war das Abschleppen im Rahmen des gestreckten

Vollstreckungsverfahrens rechtswidrig. Dies unterstellt, konnte die Abschleppmaßnahme nur im Rahmen eines **Sofortvollzugs** (vgl. etwa § 6 II BundesVwVG, Art. 29 II BayVwZVG, § 11 II BremVwVG, § 27 HambVwVG, § 64 II NdsSOG) rechtmäßig sein. Dem Sofortvollzug wiederum ist eigentümlich, dass gerade kein oder kein wirksamer Grundverwaltungsakt vorliegt, auf dessen Rechtmäßigkeit es hätte ankommen können. Abzustellen ist aufgrund der Formulierung in § 6 II BundesVwVG (und z.B. in Art. 29 II BayVwZVG, § 11 II BremVwVG, § 27 HambVwVG, § 64 II NdsSOG): „im Rahmen ihrer Befugnisse" auf einen hypothetischen Grundverwaltungsakt. Vgl. auch hierzu den Übungsfall bei *R. Schmidt*, Fälle zum POR, Fall 12.

Unbeschadet dieser Konstellation ist schließlich zu beachten, dass es auf die Rechtmäßigkeit der (hypothetischen) Grundverfügung erst recht (oder jedenfalls) nicht mehr ankommt, wenn die Grundverfügung bereits bestandskräftig geworden ist.

935 (4) **Fehlen von Vollstreckungshindernissen**: Privatrechtliche Hinderungsgründe (z.B. Eigentumsübertragung, Miteigentum, Vermietung) zur Ausführung der angeordneten Maßnahme machen den Grundverwaltungsakt nicht wegen rechtlicher Unmöglichkeit rechtswidrig. Es liegt aber ein Vollstreckungshindernis vor. Daher wird eine Duldungsverfügung gegen den Dritten erforderlich, wenn dieser der Vollstreckung nicht zustimmt.

Mögliche Klausurkonstellation: Mieter M bewohnt ein formell und materiell rechtswidrig errichtetes Haus, das aufgrund einer nicht beachteten Bauabrissverfügung (vgl. nur § 79 I BremLBO) nun im Wege des Verwaltungszwangs abgerissen werden soll. Dazu ergeht zunächst eine Beseitigungsanordnung gegenüber dem Eigentümer und Vermieter E verbunden mit der Androhung, dass bei deren Nichtbefolgung der Bau zwangsweise auf Kosten des E beseitigt werde (vgl. § 13 BundesVwVG, § 17 BremVwVG, § 18 II HambVwVG, § 70 NdsSOG). In diesem Fall ist E die Beseitigung des Baus (= Vollstreckung der Verfügung) so lange rechtlich unmöglich, wie M sich auf den Mietvertrag berufen kann. Eine solche vorübergehende Unmöglichkeit führt jedoch nicht zur Rechtswidrigkeit der Beseitigungsanordnung und Androhung, sondern verhindert lediglich, dass die Abrissverfügung im Wege des Verwaltungszwangs durchgesetzt werden kann, solange nicht der Mitberechtigte M einwilligt oder dessen Einwilligung durch eine separate, ihm gegenüber ergangene Duldungsverfügung ersetzt wird.[829]

bb. Tatbestandsvoraussetzungen des konkreten Zwangsmittels

935a Liegen die allgemeinen Vollstreckungsvoraussetzungen („generelle Zulässigkeit von Zwang") vor, sind des Weiteren die Tatbestandsvoraussetzungen des konkreten Zwangsmittels (Ersatzvornahme, unmittelbarer Zwang in Form des Schlagstock-, Schusswaffeneinsatzes etc.) zu prüfen.

cc. Ermessen und Verhältnismäßigkeit

936 Schließlich muss die Ausübung von Zwang ermessensfehlerfrei und verhältnismäßig sein. Im Rahmen der **pflichtgemäßen Ermessensausübung** (innerhalb derer die Verhältnismäßigkeit mitgeprüft werden kann bzw. muss[830]) müssen die rechtsfehlerfreie Auswahl eines zulässigen Zwangsmittels und dessen ordnungsgemäßer Einsatz überprüft werden. Nachdem die Behörde das „Ob" (Entschließungsermessen) bestimmt hat, muss sie innerhalb des Auswahlermessens eines der drei Zwangsmittel (s.o.) ausgewählt haben:

---

[829] So BVerwGE 40, 101, 103; a.A. *Maurer*, AllgVerwR, § 10 Rn 19, der von einer schwebenden Unwirksamkeit der Beseitigungsandrohung ausgeht.

[830] Zur Begründung dieser „verzahnten" Prüfung vgl. Rn 718 ff.

- Der **unmittelbare Zwang** kommt von vornherein nur als Ultima Ratio in Betracht (§ 12 BundesVwVG, bedingt § 16 BremVwVG). Daher reduziert sich die Auswahl zunächst regelmäßig auf Zwangsgeld und Ersatzvornahme.
- Bei *unvertretbaren* Pflichten (meist bei Duldung oder Unterlassung) steht die **Ersatzvornahme** von vornherein nicht zur Verfügung (vgl. Rn 927).
- Im Übrigen ist das **Übermaßverbot** zu beachten: Kommen mehrere Zwangsmittel in Betracht, muss die Behörde dasjenige auswählen, das den Pflichtigen und die Allgemeinheit voraussichtlich am wenigsten beeinträchtigt (vgl. etwa § 9 II 1 BundesVwVG, § 13 II 2 BremVwVG, § 15 I HambVwVG). Andererseits ist eine wirksame Gefahrenabwehr gefordert, die aber keinen Schaden erwarten lassen darf, der außer Verhältnis zum beabsichtigten Erfolg steht (§ 9 II 1 BundesVwVG, § 13 II 1 BremVwVG). Ferner dürfen Zwangsmittel wiederholt und so lange angewendet werden, bis die Verfügung befolgt wird oder sich auf andere Weise erledigt hat (§ 13 VI S. 1 BundesVwVG, § 19 V BremVwVG, § 15 II HambSOG, § 65 III NdsSOG). Schließlich kann das Problem zu diskutieren sein, dass ein rechtswidriger, aber dennoch wirksamer Grundverwaltungsakt zwar grundsätzlich vollzogen werden kann, der Vollzugsakt aber gerade wegen der Rechtswidrigkeit der Grundverfügung unverhältnismäßig sein könnte. Vgl. dazu den Übungsfall bei *R. Schmidt*, Fälle zum POR, Fall 7.
- Schließlich darf das mit dem Zwangsmittel verfolgte Ziel in seiner Wertigkeit nicht außer Verhältnis zur Intensität des Grundrechtseingriffs stehen (**Angemessenheit** bzw. Verhältnismäßigkeit i.e.S.).

  Beispiel: Überschreitet der Halter eines Pkw die zulässige Höchstparkzeit um etwa eine Stunde, ist es unverhältnismäßig, den Wagen abzuschleppen, wenn in unmittelbarer Nähe eine ausreichende Zahl an freien Parkplätzen zur Verfügung steht. Denn in diesem Fall besteht keine Verkehrsbehinderung, die z.B. von parkplatzsuchenden Verkehrsteilnehmern ausgeht.[831]

Insgesamt sollte der Zwang im gestreckten Verfahren nach folgendem Schema geprüft werden: 937

Prüfung der Rechtmäßigkeit des Verwaltungszwangs im gestreckten Verfahren

Ggf. Vorprüfung: Vorliegen einer wirksamen Grundverfügung

A. Rechtsgrundlage der Vollstreckungsmaßnahme

Rechtsgrundlage ist die Vorschrift des VwVG über das gestreckte Vollstreckungsverfahren (vgl. § 6 I BundesVwVG und die entsprechenden Landesgesetze) i.V.m. der Vorschrift des konkreten Zwangsmittels.

B. Formelle Rechtmäßigkeit der Zwangsmaßnahme

Die sachliche **Zuständigkeit** ergibt sich aus § 7 I BundesVwVG bzw. den entsprechenden Landesgesetzen. Als **Verfahrensvorschriften** sind die **Androhung** (Rn 939) und (wenn erforderlich) die **Festsetzung** (Rn 942) zu beachten. **Fehlt** die erforderliche Androhung, kann sich die Rechtmäßigkeit des Zwangs nur noch unter dem Aspekt des **Sofortvollzugs** ergeben (dazu Rn 952 ff.). Die vorherige **Anhörung** ist wegen § 28 II Nr. 5 VwVfG entbehrlich.

C. Materielle Rechtmäßigkeit

I. Es müssen die vier **allgemeinen Vollstreckungsvoraussetzungen** (vgl. § 6 I BundesVwVG und die entsprechenden Landesgesetze) vorliegen:

1. Materielle Vollstreckbarkeit: Der GrundVA muss einen vollstreckbaren Titel haben. Bei feststellenden und rechtsgestaltenden Verwaltungsakten ist das nicht

[831] OVG Hamburg NVwZ-RR 2009, 995 mit Bespr. v. *Waldhoff*, JuS 2010, 279.

der Fall; diese sind einer Vollstreckung weder fähig noch bedürftig. Vollstreckbar sind **Verfügungen**. Diese beinhalten Verbote und Gebote, sind also befehlende Verwaltungsakte.

2. **Formelle Vollstreckbarkeit**: Der GrundVA muss entweder (1.) **unanfechtbar** sein oder (2.) ihr sofortiger Vollzug muss angeordnet worden sein oder (3.) ein noch nicht rechtskräftig beschiedener Rechtsbehelf darf **keine aufschiebende Wirkung** haben.

   Zu (1.): *Unanfechtbar* sind *bestandskräftige* Verwaltungsakte, gleichgültig, ob sie durch Ablauf der Rechtsmittelfrist oder durch rechtskräftige gerichtliche Entscheidung bestandskräftig geworden sind.

   Zu (2.): Der *sofortige Vollzug ist angeordnet*, wenn eine separate Verfügung ergeht oder zumindest eine separate Regelung besteht, in der explizit angeordnet wird, dass der Verwaltungsakt sofort vollzogen werde.

   Zu (3.): Das *Nichtbestehen der aufschiebenden Wirkung* ergibt sich aus § 80 II VwGO, ist also dann anzunehmen, wenn der Rechtsbehelf gem. § 80 II S. 1 Nrn. 1-3 keine aufschiebende Wirkung hat oder eine behördliche Anordnung der sofortigen Vollziehung gem. Nr. 4 getroffen wurde.

3. **Wirksamkeit der Grundverfügung**: Der Grundverwaltungsakt muss **wirksam** sein. Bei einem *nichtigen, zurückgenommenen, widerrufenen, anderweitig aufgehobenen* oder *durch Zeitablauf oder auf andere Weise erledigten* Verwaltungsakt ist das nicht der Fall (vgl. §§ 43 II, III, 44 VwVfG). Daraus folgt, dass auch ein **rechtswidriger Verwaltungsakt Grundlage einer Vollstreckungsmaßnahme sein kann, solange er nur wirksam ist**. Etwas anderes gilt nur dann, wenn die Vollzugsbehörde die Rechtswidrigkeit kennt. Davon abgesehen erfolgt in der Fallbearbeitung an dieser Stelle i.d.R. lediglich ein Verweis auf die abgeschlossene Prüfung des Grundverwaltungsakts.

4. **Fehlen von Vollstreckungshindernissen**: Privatrechtliche Hinderungsgründe (z.B. Eigentumsübertragung, Miteigentum, Vermietung) hindern die Vollstreckbarkeit. Daher wird eine Duldungsverfügung gegen den Dritten erforderlich, wenn dieser der Vollstreckung nicht zustimmt.

II. Liegen die allgemeinen Vollstreckungsvoraussetzungen („generelle Zulässigkeit von Zwang") vor, sind des Weiteren die **Tatbestandsvoraussetzungen des konkreten Zwangsmittels** (Ersatzvornahme, unmittelbarer Zwang in Form des Schlagstock-, Schusswaffeneinsatzes etc.) zu prüfen.

III. Im Rahmen des **pflichtgemäßen Ermessens** stehen die rechtsfehlerfreie Auswahl eines **zulässigen Zwangsmittels** und dessen ordnungsgemäßer Einsatz im Mittelpunkt. Nachdem die Behörde das „Ob" (Entschließungsermessen) bestimmt hat, muss sie innerhalb des Auswahlermessens eines der bei Rn 911 ff. genannten Zwangsmittel (s.o.) rechtsfehlerfrei bestimmen. In diesem Zusammenhang ist das **Übermaßverbot** zu beachten: Kommen mehrere Zwangsmittel in Betracht, muss die Behörde dasjenige auswählen, das den Pflichtigen und die Allgemeinheit voraussichtlich am wenigsten beeinträchtigt (§ 9 II S. 1 BundesVwVG und die entsprechenden Landesgesetze). Andererseits ist eine wirksame Gefahrenabwehr gefordert, die aber keinen Schaden erwarten lassen darf, der außer Verhältnis zum beabsichtigten Erfolg steht (§ 9 II S. 1 BundesVwVG und die entsprechenden Landesgesetze). Ferner dürfen Zwangsmittel wiederholt und so lange angewendet werden, bis die Verfügung befolgt wird oder sich auf andere Weise erledigt hat (§ 13 VI S. 1 BundesVwVG und die entsprechenden Landesgesetze). Schließlich kann das Problem zu diskutieren sein, dass ein rechtswidriger, aber dennoch wirksamer Grundverwaltungsakt zwar grundsätzlich vollzogen werden kann, der Vollzugsakt aber gerade wegen der Rechtswidrigkeit der Grundverfügung unverhältnismäßig sein könnte.

2. Das Zwangsverfahren

In Ausformung des bislang Genannten ist zu erwähnen, dass im Anschluss an die Wahl des Zwangsmittels durch die Behörde dessen grundsätzliche **dreistufige** Ausgestaltung folgt: Androhung, Festsetzung, Anwendung. Das Verfahren ist lediglich einstufig, wenn wegen Gefahr im Verzug sofort gehandelt werden muss (sog. gekürztes Verfahren). Ferner bestimmen einige Vollstreckungsgesetze, dass die Festsetzung bei bestimmten Zwangsmitteln entfallen kann. 938

a. Androhung des Zwangsmittels

aa. Allgemeines: Zwangsmittel müssen grundsätzlich angedroht werden[832] (Prüfungspunkt: formelle Rechtmäßigkeit). Soweit es um die Androhung von Zwangsgeld geht, ist dies in einer bestimmten Höhe anzudrohen. Die Androhung hat den Zweck einer Warnfunktion, die dem Betroffenen zeigen soll, welche Zwangsmaßnahmen auf ihn zukommen können, und ihm die Möglichkeit einräumen soll, innerhalb einer bestimmten Frist der Verfügung nachzukommen.[833] Die Androhung ist daher ein Instrumentarium des Rechtsstaates. Da aber in manchen Situationen einfach keine Zeit bleibt, den anzuwendenden Zwang anzudrohen, ist die Androhung unter bestimmten, im Gesetz näher beschriebenen Voraussetzungen entbehrlich. Das betrifft insbesondere den Fall, dass unmittelbarer Zwang von der Vollzugspolizei angewendet werden muss. Dann ist eine Androhung entbehrlich, wenn die Umstände des Falls eine vorherige Androhung nicht zulassen, insbesondere, wenn die sofortige Anwendung des Zwangsmittels zur Abwehr einer gegenwärtigen Gefahr notwendig ist (vgl. nur § 44 I BremPolG oder § 70 I S. 3 NdsSOG). Bedarf es aber einer Androhung, *kann* sie zusammen mit dem zu vollziehenden Verwaltungsakt ergehen (unselbstständige Androhung, vgl. § 13 II BundesVwVG) und *soll* mit ihm zusammen ergehen, wenn dem Rechtsbehelf keine aufschiebende Wirkung zukommt. Im Übrigen kann sie separat ergehen (selbstständige Androhung). Die Androhung ist grundsätzlich **schriftlich**[834] (bzw. elektronisch, sofern die Voraussetzungen erfüllt sind) zu erteilen und **zuzustellen** (vgl. § 13 VII BundesVwVG, § 4 BundesVwZG)[835] und muss sich entweder auf *ein* bestimmtes Zwangsmittel (§ 13 III BundesVwVG) oder *bestimmte* Zwangsmittel (so die meisten Landesgesetze) beziehen. Bei der Androhung einer Ersatzvornahme sind zudem die voraussichtlich entstehenden Kosten, beim Zwangsgeld ist ein bestimmter Betrag anzugeben (§ 13 IV, V BundesVwVG). Die Androhung eines Zwangsgeldes „für jeden Fall der Zuwiderhandlung" ist dagegen nicht von der Ermächtigungsnorm gedeckt.[836] 939

Wegen der Wichtigkeit sei nochmals darauf hingewiesen, dass in Ländern des Einheitssystems bei der Ausübung von **unmittelbarem Zwang** durch den **Polizeivollzugsdienst** Art und Weise der Ausführung sich nicht nach dem VwVG, sondern nach dem PolG richten und sich daher auch die **Androhung** (und deren Entbehrlichkeit) ausschließlich nach dem 940

---

832 § 29 II MEPolG; Bund: § 13 I VwVG; BW: § 20 VwVG und § 52 II PolG; Bay: Art. 59, 64 PAG, Art. 36 VwVG; Berl: § 5 II VwVfG i.V.m. § 13 I BundesVwVG, § 10 UZwG; Brand: §§ 59, 64 PolG, §§ 23, 29 VwVG; Brem: § 17 VwVG, § 44 PolG; Hamb: § 22 SOG und § 18 II VwVG (als „Hinweis" bezeichnet); Hess: §§ 52, 58 SOG; MeckVor: §§ 87, 111 SOG; Nds: §§ 70, 74 SOG; NRW: §§ 56, 51 PolG, §§ 63, 69 VwVG; RhlPfl: § 66 VwVG, § 61 POG; Saar: §§ 50, 54 PolG; Sachs: § 20 VwVG, § 32 II PolG; SachsAnh: §§ 59, 63 SOG; SchlHolst: §§ 236, 259 LVwG; Thür: §§ 57, 62 PAG, § 46 VwZVG.

833 Vgl. *Werner*, JA 2000, 902, 904.

834 Wendet der Polizeivollzugsdienst Zwang an, bedarf es der Schriftform wiederum nicht (vgl. nur § 40 I Nr. 2 BremPolG).

835 Die Zustellung ist eine besondere Form der Bekanntgabe, die diese rechtlich sichern soll. In der Regel erfolgt die Zustellung per eingeschriebenen Brief. Dagegen erfüllt nach BVerwG NJW 2001, 458 das Einwurfeinschreiben der Post nicht die Anforderungen an die förmliche Zustellung nach dem VwZG.

836 BVerwG NVwZ 1998, 393, 394; zur formellen und materiellen Rechtmäßigkeit einer Androhung einer Ersatzvornahme vgl. auch OVG Weimar LKV 1998, 272.

PolG richten. Zum anderen ist das Schriftformerfordernis nicht zu beachten. Aber auch in den Ländern des Trennungssystems bestehen ähnliche Regelungen.

941 **bb.** Zur **Rechtsnatur** und zum **Rechtsschutz**: Der Androhung des Zwangsmittels, das der Durchsetzung eines Verwaltungsakts dient, der nicht auf eine Geldleistung, sondern auf ein sonstiges Handeln, Dulden oder Unterlassen gerichtet ist, wird ganz herrschend eine Regelungswirkung zugesprochen, mithin wird in ihr ein **Verwaltungsakt** angenommen.[837] Dies ergibt sich daraus, dass die Androhung eine konstitutive Rechtmäßigkeitsvoraussetzung für die Anwendung des Verwaltungszwangs im gestreckten Verfahren darstellt und damit eine für die Fortsetzung des Vollstreckungsverfahrens unerlässliche Regelung trifft. Die Androhung einer Vollstreckungsmaßnahme zur Durchsetzung eines Verwaltungsakts, der auf eine *Geldforderung* gerichtet ist, soll hingegen *kein* Verwaltungsakt sein.[838] Verwaltungsprozessual kann die Frage aber dahinstehen, weil gemäß § 18 I S. 1 BundesVwVG (der als allgemeiner Rechtsgedanke auch auf Landesebene zu beachten ist) gegen die *Androhung* die Rechtsmittel gegeben sind, die gegen den (Grund-)Verwaltungsakt zulässig sind.

b. Festsetzung des Zwangsmittels

942 **Allgemeines:** Die Notwendigkeit der Festsetzung eines *angedrohten* Zwangsmittels ist nur in einem Teil der Gesetze festgelegt: (so in § 14 S. 1 BundesVwVG). Die Landesvollstreckungsgesetze sehen die Festsetzung überwiegend nur beim *Zwangsgeld* vor. Ist die Festsetzung jedoch auch im Falle einer Ersatzvornahme gesetzlich vorgeschrieben, stellt sich die Frage, ob das Fehlen der Festsetzung zur Rechtswidrigkeit der Ersatzvornahme führt. Des Weiteren ist fraglich, ob jenseits der gesetzlichen Kostenregelung die Kosten einer rechtswidrigen Ersatzvornahme u.U. über die allgemeinen Rechtsinstitute der öffentlich-rechtlichen GoA und des öffentlich-rechtlichen Erstattungsanspruchs ersetzt werden können. Das BVerwG[839] hält am Erfordernis einer Festsetzung gem. § 14 S. 1 VwVfG für die Rechtmäßigkeit der Ersatzvornahme zwar grundsätzlich fest, meint aber, dass die Festsetzung im Einzelfall entbehrlich und damit trotz ihres Fehlens die Ersatzvornahme rechtmäßig sein. Dies sei der Fall, wenn die mit der Festsetzung verbundenen Zwecke auf andere Weise erreicht würden. Die Festsetzung habe für den Pflichtigen Schutzcharakter i.S. einer letztmaligen Warnung, aus der Sicht der Vollstreckungsbehörde mache sie den Weg für Zwangsmaßnahmen endgültig frei. Der Individualschutz und die Rechtssicherheit würden nicht beeinträchtigt, wenn der Pflichtige ernstlich und endgültig erkläre, er werde dem Grundverwaltungsakt nicht Folge leisten, denn hierin liege ein stillschweigender Verzicht auf die mit einer förmlichen Festsetzung verbundenen Schutzmöglichkeiten. Hinzuweisen sei auch auf §§ 28 III S. 2, 30 III WaStrG und die vergleichbare zivilrechtliche Frage des Verzugseintritts ohne vorherige Mahnung und Nachfristsetzung bei ernsthafter und endgültiger Erfüllungsverweigerung. Unter diesen Voraussetzungen ist die Ersatzvornahme trotz unterbliebener Festsetzung rechtmäßig.

943 Zur **Rechtsnatur** und zum **Rechtsschutz**: Die gesetzlich festgeschriebene Festsetzung eines Zwangsmittels ist ein **Verwaltungsakt**, weil sie eine Entscheidung über den Verstoß gegen ein Gebot oder Verbot trifft und somit einen Regelungscharakter aufweist.[840]

---

[837] BVerwG NVwZ 1998, 393; *Kopp/Schenke*, VwGO, Anh § 42 Rn 32; *Kopp/Ramsauer*, VwVfG, § 35 Rn 67; *Erichsen/Rauschenberg*, Jura 1998, 31, 38; *Schenke*, POR, Rn 546.
[838] *Kopp/Schenke*, VwGO, Anh § 42 Rn 32.
[839] BVerwG NVwZ 1997, 381, 382.
[840] BVerwGE 49, 169, 170; *Götz*, NVwZ 1998, 679, 688; *Knemeyer*, POR, Rn 364; *Kopp/Schenke*, VwGO, Anh § 42 Rn 32; *Kopp/Ramsauer*, VwVfG, § 35 Rn 67.

Von dem allgemeinen Grundsatz aus § 80 I VwGO ausgehend, würde dies bedeuten, dass Anfechtungswiderspruch und Anfechtungsklage gegen die Androhung oder die Festsetzung aufschiebende Wirkung hätten. Dies hätte zur Folge, dass vom Zeitpunkt ihrer Einlegung an alle weiteren Maßnahmen zur Vollstreckung des Verwaltungsakts unzulässig würden. Dadurch würde die Vollstreckungsmaßnahme ihrerseits suspendiert. Um dieses widersinnige Ergebnis zu vermeiden, ist die aufschiebende Wirkung in zahlreichen Fällen gemäß § 80 II S. 1 Nr. 3 VwGO gesetzlich ausgeschlossen (vgl. auch § 80 II S. 2 VwGO). Besteht ein solcher Ausschluss nicht, ist Raum für die Anordnung der sofortigen Vollziehung gemäß § 80 II S. 1 Nr. 4 VwGO. 944

c. Anwendung des Zwangsmittels

Bleiben Androhung und – sofern vorgesehen – die Festsetzung erfolglos, kommt es zur Anwendung des Zwangsmittels (§ 15 I BundesVwVG und die entsprechenden Landesgesetze). Die tatsächliche Ausführung der Zwangsmaßnahme darf grundsätzlich nur entsprechend der Androhung bzw. Festsetzung erfolgen. 945

Bezüglich der Anwendung eines Zwangsmittels (Ersatzvornahme, unmittelbarer Zwang) besteht überwiegend die Auffassung, dass es sich in Ermangelung einer Regelung *nicht* um einen Verwaltungsakt, sondern um einen **Realakt** handele.[841] Folgt man dieser Auffassung, wäre nach regelmäßig erfolgtem Vollzug („Erledigung") insofern ein in einer **allgemeinen Leistungsklage** eingebetteter Folgenbeseitigungsanspruch zu prüfen. Auch eine allgemeine Feststellungsklage käme in Betracht. Im einstweiligen Rechtsschutz wäre ein Antrag nach § 123 VwGO in Betracht zu ziehen. 946

Stellungnahme: Die Vertreter dieser Auffassung machen geltend, dass die Annahme, in der Anwendung des Zwangsmittels liege zugleich ein konkludenter Verwaltungsakt, der auf Duldung der Maßnahme gerichtet sei, lebensfremd und heute im Hinblick auf die Anerkennung der allgemeinen Leistungsklage (die ja gerade gegen Realakte statthaft ist) nicht mehr zur Sicherung des Rechtsschutzes Betroffener erforderlich sei.[842] Das ist insoweit nachvollziehbar. Bedenken an dieser Auffassung bestehen aber insoweit, als dieselben Vertreter bei den *Standardmaßnahmen* (trotz des in ihnen enthaltenen tatsächlichen Elements) von Verwaltungsakten ausgehen. Den Standardmaßnahmen komme eine Verwaltungsaktqualität zu, weil sie die Betroffenen verpflichteten, die tatsächliche Handlung zu dulden.[843] Das birgt einen Widerspruch in sich. Konsequent wäre es von den Vertretern der genannten Auffassung gewesen, auch den Standardmaßnahmen unter Verweis auf die allgemeine Leistungsklage die Verwaltungsaktqualität abzusprechen. 947

Nach der hier vertretenen Auffassung ist aufgrund der Vergleichbarkeit der Maßnahmen eine einheitliche Betrachtungsweise geboten. Da sowohl mit den Standardmaßnahmen als auch mit den Zwangsmaßnahmen zugleich das Gebot einhergeht, die tatsächliche Vornahmehandlung zu dulden, sollte hier wie dort von Verwaltungsakten ausgegangen werden.[844] Statthaft wären demzufolge die **Anfechtungsklage** bzw. die **Fortsetzungsfeststellungsklage** analog § 113 I S. 4 VwGO (ggf. i.V.m. dem Annexantrag gemäß § 113 I S. 2 VwGO). Im einstweiligen Rechtsschutz wäre der Eilantrag nach § 80 V VwGO in Betracht zu ziehen.

---

[841] *Kopp/Schenke*, VwGO, Anh § 42 Rn 33; *Kopp/Ramsauer*, VwVfG, § 35 Rn 67; *Erichsen/Rauschenberg*, Jura 1998, 31, 40; *Schoch*, JuS 1995, 307, 311; unklar, aber wohl ebenfalls von einem Realakt ausgehend *Knemeyer*, POR, Rn 364.
[842] So ausdrücklich *Kopp/Schenke*, VwGO, Anh § 42 Rn 33.
[843] So *Kopp/Schenke*, VwGO, Anh § 42 Rn 35.
[844] So auch BVerwGE 26, 161, 164 (Schwabinger Krawalle); *Hufen*, VerwProzR, § 14 Rn 23.

948 **Hinweis für die Fallbearbeitung:** Nimmt man mit der hier vertretenen Auffassung hinsichtlich der Zwangsmaßnahmen einen Verwaltungsakt an, stellt sich zwar die Frage, ob der Betroffene nicht gem. § 28 I VwVfG zuvor hätte angehört werden müssen. Es liegt aber ein Fall des § 28 II Nr. 5 VwVfG vor, sodass die Zwangsmaßnahme jedenfalls nicht wegen unterbliebener vorheriger Anhörung rechtswidrig ist.

949 Schwierig ist auch die Beurteilung der Rechtsnatur von Zwangsmitteln im **Sofortvollzug**. Vgl. dazu im Einzelnen die Ausführungen zur Rechtmäßigkeit des Verwaltungszwangs im gekürzten Verfahren bei Rn 952 ff.

950 **Zusammenfassung und Aufbauhinweise:**

(1) Greift der Rechtsschutzsuchende eine Zwangsmaßnahme im gestreckten Verwaltungsvollstreckungsverfahren an, muss der Klausurbearbeiter inzident prüfen, ob diese Zwangsmaßnahme auch angedroht und (soweit vorgesehen) festgesetzt wurde. In diesem Fall liegt aber nur eine Klage vor. Soll nach dem Klagebegehren jedoch jede einzelne Vollstreckungsmaßnahme geprüft werden, liegt ein Fall der kumulativen Klagehäufung (§ 44 VwGO) vor. Hier ist dann keine Schachtelprüfung vorzunehmen, sondern es sind zunächst die Androhung, dann (soweit erforderlich) die Festsetzung und schließlich das Zwangsmittel auf die jeweilige Rechtmäßigkeit hin zu untersuchen. Sollte sich das Fehlen oder die Rechtswidrigkeit von Androhung und (soweit erforderlich) Festsetzung herausstellen, ist auch die nachfolgende Anwendung des Zwangsmittels rechtswidrig. Etwas anderes gilt, wenn die Anwendung der Zwangsmaßnahme auch ohne vorherige Primärmaßnahme zulässig wäre (sog. gekürztes Verfahren, dazu sogleich). Dann entfiele auch die vorherige Androhung (und ggf. die Festsetzung), sodass sich die Rechtmäßigkeit der Zwangsmaßnahme nur nach deren eigentlichen Rechtmäßigkeitsvoraussetzungen (Bestehen einer Rechtsgrundlage für das Zwangsmittel, Einhaltung des Verhältnismäßigkeitsgrundsatzes) richtete.

(2) Da die Zwangsmaßnahme im gestreckten Verfahren nicht zur Voraussetzung hat, dass der (noch nicht bestandskräftige, aber sofort vollziehbare) Grundverwaltungsakt seinerseits rechtmäßig ist (dieser muss nur wirksam sein), kann es vorkommen, dass ein Verwaltungsakt trotz seiner Rechtswidrigkeit Grundlage einer Vollstreckung ist. Um dieses Ergebnis zu vermeiden, ist der Kläger gehalten, nicht nur die Zwangsmaßnahme, sondern auch die ihr zugrunde liegende Primärmaßnahme anzufechten. Das geschieht im Wege der kumulativen Klagehäufung gem. § 44 VwGO. Hier muss das Gericht dann auch die Primärmaßnahme überprüfen. Kommt es zu dem Ergebnis, dass diese rechtswidrig ist, hebt es diese auf (§ 113 I S. 1 VwGO). Mit der Aufhebung entfällt die Wirksamkeit (§ 43 II VwVfG), sodass es an einer vollstreckungsfähigen Grundverfügung fehlt. Die Zwangsmaßnahme ist schon deshalb rechtswidrig.

3. Abschlussfall

Sachverhalt:

951 Der nahezu mittellose A betreibt eine Diskothek (Konzession nach § 2 I GastG) und lässt dort den Handel mit Drogen zu. Nachdem ihn die Behörde mehrmals erfolglos aufgefordert hat, den Drogenhandel in seiner Diskothek zu unterbinden, entzieht sie ihm die Erlaubnis gem. §§ 15 II i.V.m. 4 I Nr. 1 GastG. Gleichwohl führt A seinen Diskothekenbetrieb weiter. Daraufhin erlässt die Behörde eine auf § 31 GastG i.V.m. § 15 II GewO gestützte Stilllegungsverfügung (Schließungsverfügung) und erklärt diese für sofort vollziehbar (vgl. § 80 II S. 1 Nr. 4 VwGO). Gleichzeitig droht sie für den Fall der Zuwiderhandlung die Versiegelung der Diskothek innerhalb einer Woche an. Als A auch der Schließungsverfügung nicht nachkommt, setzt die Behörde nach Ablauf der Woche unmittelbaren Zwang fest und versiegelt am nächsten Morgen die Diskothek. War die Versiegelung rechtmäßig?

Lösungsgesichtspunkte:

1. Als **Rechtsgrundlage** für die Versiegelung kommt die verwaltungsvollstreckungsrechtliche Vorschrift über den unmittelbaren Zwang in Betracht.

2. An der **Zuständigkeit** der handelnden Behörde bestehen keine Bedenken. Insbesondere ist *die* Behörde für den Verwaltungszwang zuständig, die den Grundverwaltungsakt erlassen hat (Grundsatz der Selbstvollstreckung). Sollte A nicht angehört worden sein, ist dies unschädlich, da die **Anhörung** – unabhängig von der Frage, ob eine Zwangsmaßnahme Verwaltungsaktcharakter hat – gem. § 28 II Nr. 5 VwVfG unterbleiben konnte.

3. Die Versiegelung müsste aber auch **materiell rechtmäßig** sein. Das ist zunächst der Fall, wenn die vier **allgemeinen Vollstreckungsvoraussetzungen** erfüllt sind.

a. Materielle Vollstreckbarkeit: Der zu vollstreckende Verwaltungsakt muss einen vollstreckbaren Titel haben. Das ist bei einer Schließungsverfügung unproblematisch der Fall.

b. Formelle Vollstreckbarkeit: Die Grundverfügung muss entweder **unanfechtbar** sein, der sofortige Vollzug muss angeordnet sein oder ein noch nicht rechtskräftig beschiedener Rechtsbehelf darf **keine aufschiebende Wirkung** haben. Vorliegend ist die Schließungsverfügung noch nicht bestandskräftig, also noch anfechtbar. Allerdings hätte ein gegen die Schließungsverfügung gerichteter Rechtsbehelf keine aufschiebende Wirkung, da die Behörde den sofortigen Vollzug angeordnet hat (§ 80 II Nr. 4 VwGO). Somit liegt die formelle Vollstreckbarkeit vor.

c. Wirksamkeit der Grundverfügung: Die Schließungsverfügung muss **wirksam** sein. Wirksam ist ein Verwaltungsakt, solange er nicht *nichtig* ist, nicht *zurückgenommen, widerrufen* oder *anderweitig aufgehoben* wurde oder sich *durch Zeitablauf oder auf andere Weise erledigt* hat (vgl. §§ 43 II, III, 44 VwVfG). Vorliegend sind diese Kriterien nicht erfüllt, sodass die Stilllegungsverfügung wirksam ist. Insbesondere kommt es nach der neuesten Rechtsprechung des BVerfG nicht auf die Rechtmäßigkeit eines noch nicht bestandskräftigen Verwaltungsakts an, sodass vorliegend die Rechtmäßigkeit der Stilllegungsverfügung nicht geprüft werden muss.

d. Fehlen von Vollstreckungshindernissen: Etwaige privatrechtliche Hinderungsgründe (z.B. Eigentumsübertragung, Miteigentum, Vermietung), die der Ausführung der angeordneten Maßnahme entgegenstehen könnten, sind nicht ersichtlich.

4. Des Weiteren müsste auch das **konkrete Vollstreckungsverfahren rechtmäßig** sein. Das ist zunächst der Fall, wenn die Behörde das richtige Zwangsmittel gewählt hat. Vorliegend hat sich die Behörde für die Versiegelung zur Durchsetzung der Schließungsverfügung entschieden. Diese zwangsweise Vollstreckung dieser Verfügung[845] könnte sowohl als unmittelbarer Zwang als auch als Ersatzvornahme zu werten sein. **Unmittelbarer Zwang** ist die Einwirkung auf Personen oder Sachen durch körperliche Gewalt, ihre Hilfsmittel und durch Waffen. Demgegenüber liegt eine **Ersatzvornahme** vor, wenn eine dem Verantwortlichen obliegende, *vertretbare* Handlung von einem anderen, nicht notwendigerweise der Polizei selbst, auf Kosten des Verantwortlichen erbracht wird. Die Vollzugsbehörde hat durch die Versiegelung der Diskothek keine vertretbare Handlung des A vorgenommen. Die Schließung bzw. Stilllegung der Diskothek ist vielmehr höchstpersönlicher Natur, mithin eine *unvertretbare* Handlung.[846] Für die Vollstreckung unvertretbarer Handlungen kommt eine Ersatzvornahme nicht in Betracht. Auch das Zwangsmittel Zwangsgeld kam aufgrund der Mittellosigkeit des A nicht in Betracht. Die Auswahl des Zwangsmittels unmittelbarer Zwang war somit nicht fehlerhaft. Dieser wurde auch ordnungsgemäß **angedroht** und **festgesetzt** (insbesondere kann die Androhung zusammen mit der Grundverfügung ergehen, vgl. z.B. § 13 II BundesVwVG).

---

[845] Verfehlt wäre es, auf die Versiegelung abzustellen, denn die Zwangsmaßnahme muss sich auf die zu vollstreckende Verfügung beziehen.

[846] Vgl. oben Rn 927 sowie *Werner*, JA 2000, 902, 904.

5. Schließlich durfte die Versiegelung nur dann ergehen, wenn die Behörde den **Grundsatz der Verhältnismäßigkeit** beachtet hat. Sicherlich ist die Versiegelung der Diskothek geeignet, die Schließungsverfügung abzusichern. Auch ist kein anderes Mittel ersichtlich, den gleichen Erfolg mit gleicher Sicherheit, aber mit weniger einschneidender Wirkung für A herbeizuführen. Insbesondere kommt nicht das Zwangsmittel Zwangsgeld in Betracht. Schließlich bestehen an der Angemessenheit keine Zweifel, da die Versiegelung nicht außer Verhältnis zu dem mit ihr angestrebten Erfolg – Schließung der Diskothek – steht.

Weiterführender Hinweis: Da es nach der Rechtsprechung des BVerfG nicht auf die Rechtmäßigkeit eines noch nicht bestandskräftigen, aber wirksamen Verwaltungsakts ankommt, musste vorliegend auch nicht die Rechtmäßigkeit der Stilllegungsverfügung geprüft werden. Die Versiegelung war dementsprechend nur rein vollstreckungsrechtlich zu prüfen. Der Kläger wird daher regelmäßig versuchen, die Wirksamkeit der Grundverfügung zu beseitigen. Das kann er nur, indem er gleichzeitig Anfechtungsklage erhebt bzw. einen Antrag nach § 80 V VwGO stellt. Kommt das Gericht hierbei zu dem Ergebnis, dass die Grundverfügung rechtswidrig ist, hebt es diese gem. § 113 I S. 1 VwGO auf, wodurch deren Wirksamkeit entfällt (§ 43 II VwVfG), bzw. ordnet die aufschiebende Wirkung an. In der Klausur muss also stets genau das Klagebegehren untersucht werden. Kommt der Kläger nur über die Aufhebung der Grundverfügung zu seinem Ziel, wird anzunehmen sein, dass er Anfechtungsklage gegen die Grundverfügung erheben will. In diesem Fall wären in kumulativer Klagehäufung (§ 44 VwGO) sowohl die Grundverfügung als auch die Zwangsmaßnahme zu prüfen.

VI. Rechtmäßigkeit des Verwaltungszwangs im gekürzten Verfahren

1. Sofortvollzug vs. unmittelbare Ausführung

952 Das mehrstufige Vollstreckungsverfahren ist bei akuten Gefahrsituationen untauglich. Vielfach erfordert die konkrete Situation, dass die Gefahrenabwehrbehörde – **ohne vorausgehende Verfügung** – sogleich tatsächlich einschreitet, um den Gefahrenzustand zu beseitigen.

Beispiele:

(1) Aus einem verunfallten Gefahrguttransportfahrzeug entweichen Chemikalien und drohen in das Grundwasser zu versickern.

(2) Jemand hat seinen Wagen in der Innenstadt verkehrswidrig und verkehrsbehindernd abgestellt und macht einen Stadtbummel.

(3) Jemand greift unvermittelt einen Polizeibeamten mit einem Messer an.

953 Das allgemeine Polizei- und Ordnungsrecht normiert je nach Bundesland **unmittelbare Ausführung** und/oder **Sofortvollzug.**[847] In § 11 II S. 2 BremVwVG wird ungenau von einer „unmittelbaren Anwendung" gesprochen, womit wohl aber der Sofortvollzug gemeint ist. Auch auf Bundesebene ist der Sofortvollzug vorgesehen (§ 6 II VwVG). Der Sache nach handelt es sich bei beiden Instituten um Vollzugs- oder Ausführungsmaßnahmen ohne einen vorangegangenen (Gebots-)Verwaltungsakt.

---

[847] Unmittelbare Ausführung *und* Sofortvollzug: Bund: § 19 BundesPolG, (§ 6 II BundesVwVG); Bay: Art. 9 PAG, (Art. 53 II PAG); Berl: § 15 ASOG, (§ 5 II VwVG i.V.m. § 6 II BundesVwVG); Hess: § 8 HessSOG, (§ 47 II SOG); MeckVor: § 70a, (§ 81 I SOG); RhlPfl: § 6 LVwVG; SachsAnh: § 9, (§ 53 II SOG); Thür: § 12 I OBG, § 9 I PAG, (§ 51 II PAG). Ausschließlich Sofortvollzug: Brand: (§ 53 II PolG); Brem: (§ 11 II S. 2 VwVG); Nds: (§ 64 II SOG); NRW: (§ 50 II PolG); Saarl: (§ 44 II PolG); SchlHolst: (§ 230 LVwG). Ausschließlich unmittelbare Ausführung: BW: § 8 I PolG; Hamb: § 7 I SOG; Sachs: § 6 I PolG. Im Bundespolizeirecht und in Berlin fällt die Selbstausführung durch die Polizei (im Unterschied zur Ausführung durch einen beauftragten Dritten) nur unter die unmittelbare Ausführung, nicht unter das Zwangsmittel der Ersatzvornahme. Im Übrigen ist zu beachten, dass der *sofortige Vollzug* oder *Sofortvollzug* nicht zu verwechseln ist mit der *Anordnung der sofortigen Vollziehung eines Verwaltungsakts* nach § 80 II Nr. 4 VwGO.

953a Der Unterschied zwischen den beiden Rechtsinstituten ist unklar, zumal ihr systematischer Standort in den Polizeigesetzen verschieden ist. Die unmittelbare Ausführung ist als eine Vollzugsmaßnahme eigener Art im Zusammenhang mit der Verantwortlichkeit geregelt, der sofortige Vollzug dagegen als Sonderform der Vollstreckung. Die Ausführungshandlung ist beim Sofortvollzug Anwendung eines Zwangsmittels, bei der unmittelbaren Ausführung schlicht die Anwendung einer Gefahrenabwehrmaßnahme, die sich inhaltlich (nicht terminologisch oder rechtlich) als Ersatzvornahme darstellt. Trotz dieses systematischen Unterschieds erfüllen beide Rechtsinstitute ihre Funktion aber in gleicher Weise und im Wesentlichen unter den gleichen Voraussetzungen[848], vgl. die beiden Aufbauschemata bei Rn 961 und 962.

953b Der entscheidende Unterschied zwischen den beiden Instituten besteht darin, dass es sich bei der unmittelbaren Ausführung der Sache nach um eine Ersatzvornahme handelt: Polizei und Ordnungsverwaltung führen zur Störungsbeseitigung das aus, was an sich der Verantwortliche auszuführen hätte. Deshalb ist die Maßnahme kongruent mit dem Zwangsmittel der Ersatzvornahme, das beim sofortigen Vollzug angewendet werden kann. Wie dieses umfasst sie auch die zur Ausführung erforderliche Einwirkung auf Sachen und Tiere (z.B. das Abschleppen eines Kfz, die Tötung des gefährlichen Hundes), ohne jedoch terminologisch ein Zwangsmittel zu sein.

953c Sieht das Landespolizeirecht sowohl die unmittelbare Ausführung als auch den Sofortvollzug vor (das betrifft Bayern, Berlin, Hessen, MeckVor, RhlPfl, SachsAnh und Thür) und kämen im Einzelfall beide Institute zur Anwendung, hat die unmittelbare Ausführung Anwendungsvorrang.[849] Das gilt insbesondere für den Fall, dass kein Adressat vor Ort ist, der die Gefahr abwehren könnte und daher die Polizei an seiner Stelle handelt. Verkürzt lässt sich daher sagen: In Bundesländern, in denen die unmittelbare Ausführung *und* der Sofortvollzug genannt sind, ist die unmittelbare Ausführung das richtige Mittel, wenn der Verantwortliche nicht oder nicht rechtzeitig erreicht werden kann. Dabei versteht die h.M. die Vorschriften über die unmittelbare Ausführung nicht als Rechtsgrundlagen, sondern verlangt eine hinzugedachte (hypothetische) formell und materiell rechtmäßige Grundverfügung, die sich auf eine „echte" Rechtsgrundlage stützt. Freilich fordert diese Konstruktion eine inzidente Prüfung der hypothetischen Grundverfügung, wie das auch beim Sofortvollzug der Fall ist (vgl. dort).

953d Bei denjenigen Landesrechten, die ausschließlich die unmittelbare Ausführung vorsehen (BW, Hamb, Sachs) ist von einem umfassenderen Konzept der unmittelbaren Ausführung auszugehen. Daher hat in diesen Landesrechten die unmittelbare Ausführung nur im Regelfall den Charakter einer Ersatzvornahme, in Ausnahmefällen also auch den Charakter eines unmittelbaren Zwangs. Einer hypothetischen Grundverfügung bedarf es wohl nicht.

953e Teilweise wird die Auffassung vertreten, die unmittelbare Ausführung habe die Rechtsnatur eines regelungsersetzenden Realakts.[850] Dem kann mit Blick auf die Gleichartigkeit mit dem Sofortvollzug nicht gefolgt werden, vgl. dazu Rn 959 f.

2. Rechtmäßigkeitsvoraussetzungen

954 Auch Zwangsmaßnahmen im Sofortvollzug müssen selbstverständlich die für sie geltenden formellen und materiellen Voraussetzungen erfüllen. Bei der **formellen**

---

[848] *Götz*, POR, § 12 Rn 14.

[849] VGH Kassel DVBl 1995, 370; *Knemeyer*, POR, Rn 343; *Götz*, POR, § 12 Rn 18.

[850] *Götz*, POR, § 12 Rn 20, der diese Auffassung zudem als „zutreffende h.M." bezeichnet, jedoch keinen Vertreter benennt.

Rechtmäßigkeit entfallen jedoch die Androhung und Festsetzung; was bleibt, ist die Zuständigkeit. Bei der **materiellen Rechtmäßigkeit** sind die besonderen Voraussetzungen der Rechtsgrundlage (vgl. § 6 II BundesVwVG und die entsprechenden Landesgesetze) zu beachten. Danach ist der Sofortvollzug auch ohne vorausgegangenen Verwaltungsakt möglich, wenn dies zur Verhinderung einer rechtswidrigen Tat (im Straßenverkehrsrecht primär § 49 StVO i.V.m. § 24 StVG i.V.m. § 1 OWiG) oder zur Abwendung einer drohenden Gefahr geboten erscheint und die Behörde im Rahmen ihrer gesetzlichen Befugnisse handelt. Selbstverständlich müssen darüber hinaus auf der Rechtsfolgeseite Ermessensfehlerfreiheit und Einhaltung des Verhältnismäßigkeitsgrundsatzes vorliegen.

Hinweis für die Fallbearbeitung: Sowohl in der Praxis als auch im Rahmen der Fallbearbeitung stellt sich in aller Regel die Frage nach der Rechtmäßigkeit des Sofortvollzugs zum einen immer dann, wenn die *Ordnungsbehörde* eine Vollstreckungsmaßnahme durchgeführt und dabei das dreistufige Verfahren nicht eingehalten hat. Zum anderen ist der Sofortvollzug immer dann in Betracht zu ziehen, wenn die *Vollzugspolizei* gehandelt hat. Denn aufgrund ihres eingeschränkten Zuständigkeitsbereichs (sie ist nur für unaufschiebbare Maßnahmen zuständig – Eilfallkompetenz) kommt sie für den Erlass von Maßnahmen des gestreckten Verfahrens weniger oft in Betracht. Siehe dazu den Abschlussfall sogleich bei Rn 991 und den Anwendungsfall „Abschleppen" bei *R. Schmidt*, Fälle zum POR, Fall 12.

955 Während die beiden Tatbestandsvoraussetzungen *Verhinderung einer rechtswidrigen Tat* und *zur Abwendung einer drohenden Gefahr geboten erscheint* i.d.R. durch einfache Sachverhaltssubsumtion festzustellen sind, bedarf es bei der Voraussetzung *Handeln im Rahmen ihrer gesetzlichen Befugnisse* einer Erklärung. Gemeint ist das Vorliegen einer **fiktiven (hypothetischen) Grundverfügung**.[851] Dem liegt folgende Überlegung zugrunde: Zwar kennzeichnet sich der Sofortvollzug dadurch, dass das Zwangsmittel ohne vorausgehenden Verwaltungsakt vollzogen wird, nicht entbehrlich ist jedoch ein (hypothetisches) Ge- oder Verbot, das (sofort) vollzogen werden soll. Würde man auf das Erfordernis eines hypothetischen Ge- oder Verbots verzichten, wäre die Anwendung des Zwangsmittels bezugslos. Man könnte die Frage: „Was wird vollzogen?" nicht beantworten. Da ein zu vollziehendes Ge- oder Verbot aber gerade nicht vorliegt, spricht man von einer fiktiven (hypothetischen) Grundverfügung. Diese muss – wie jeder andere Verwaltungsakt – formelle und materielle Voraussetzungen erfüllen, was in der Fallbearbeitung zu einer inzidenten Prüfung führt:

- Bei der **formellen Rechtmäßigkeit** sind Zuständigkeit, Verfahren und Form zu prüfen.
- Fraglich ist dagegen, ob die fiktive Grundverfügung **materiell rechtmäßig** sein muss oder ob (wie das beim Grundverwaltungsakt im Rahmen des gestreckten Verfahrens der Fall ist) die bloße **Rechtswirksamkeit** genügt. Teilweise wird bei der fiktiven Grundverfügung die volle Rechtmäßigkeit gefordert. Das ergebe sich aus der Formulierung der Gesetze, wonach die Vollstreckungsbehörde „im Rahmen ihrer gesetzlichen Befugnisse" handeln müsse.[852] Diese Auffassung ist nicht zwingend. Folgte man ihr, bedeutete dies, dass die Polizei jenseits ihrer Befugnisse handelte, wenn sie einen rechtswidrigen (aber wirksamen) Verwaltungsakt erließe. Gegen die genannte Auffassung spricht auch, dass sie die Bedeutung der Fehlerunabhängigkeit eines wirksamen Verwaltungsakts, die der Gesetzgeber mit der Regelung in § 43 II und III VwVfG zum Ausdruck gebracht hat, nicht hinreichend beachtet. Auf der anderen Seite muss jedoch berücksichtigt werden, dass die mit der Fehlerunabhängigkeit intendierte Rechtssicherheit im

---

[851] Vgl. bereits sämtliche Auflagen; nunmehr auch *Muckel/Ogorek*, JuS 2010, 57, 61.
[852] *Pieroth/Schlink/Kniesel*, POR, § 20 Rn 38.

Rahmen des Sofortvollzugs gerade nicht besteht, sodass es aus rechtsstaatlicher Sicht jedenfalls nicht nachteilig ist, die volle Rechtmäßigkeit des fiktiven Grundverwaltungsakts zu fordern.

Hinweis für die Fallbearbeitung: Freilich ist zu beachten, dass es auf diese Argumentation nicht ankommt, wenn nach entsprechender Prüfung des fiktiven Grundverwaltungsakts dessen volle Rechmäßigkeit festgestellt wird. 956
Davon unabhängig muss der Grundverwaltungsakt jedenfalls dann rechtmäßig (und nicht nur wirksam) sein, wenn es nicht nur um die Rechtmäßigkeit der Zwangsmaßnahme, sondern auch um die Rechtmäßigkeit eines **Kostenbescheids** geht, der gegenüber dem Pflichtigen erlassen wurde. Es wäre mit dem Demokratie- und Rechtsstaatsprinzip nicht vereinbar, wenn der Pflichtige, der die Vollstreckung eines rechtswidrigen Verwaltungsakts ggf. dulden muss, auch noch die Kosten tragen müsste. Daraus folgt: Je nach Auffassung besteht zwar ggf. **eine grundsätzliche Befolgungs- bzw. Duldungs-, keinesfalls aber eine Kostentragungspflicht bei der Vollstreckung rechtswidriger Verwaltungsakte**.

3. Schusswaffengebrauch durch den Polizeivollzugsdienst

Der Schusswaffenseinsatz stellt einen besonders schwerwiegenden Eingriff in Art. 2 II S. 1 GG dar. Rechtstechnisch ist er als **unmittelbarer Zwang** zur Durchsetzung einer Polizeiverfügung zu qualifizieren. Die **Voraussetzungen** sind den Rechtsgrundlagen zu entnehmen. Diese enthalten i.d.R. auch **Ermessens- bzw. Verhältnismäßigkeitsgesichtspunkte**. Im Übrigen gelten die allgemeinen Grundsätze. Vgl. dazu die zusammenhängenden Ausführungen bei Rn 977 ff. 957

4. Rechtsschutz gegen Zwangsmittel im Sofortvollzug

Für Streitigkeiten über die Rechtmäßigkeit von Maßnahmen der Verwaltungsvollstreckung ist gem. § 40 I S. 1 VwGO der Rechtsweg zu den Verwaltungsgerichten eröffnet. Die Klageart richtet sich gem. § 88 VwGO nach dem Klagebegehren. Ob gegen eine Maßnahme der Verwaltungsvollstreckung Anfechtungswiderspruch (§§ 68 ff. VwGO), Anfechtungsklage bzw. Fortsetzungsfeststellungsklage (§ 42 I Var. 1, §§ 74 ff., § 113 I S. 4 VwGO, ggf. analog) oder vorläufiger Rechtsschutz (§ 80 V VwGO) zulässig sind, hängt vom Zeitpunkt der Klageerhebung und von der Rechtsnatur der anzugreifenden Maßnahme ab, denn nur wenn ihr die Qualität eines Verwaltungsakts i.S.d. § 35 VwVfG zukommt, sind diese Rechtsbehelfe überhaupt einschlägig. Anderenfalls sind die allgemeine Leistungsklage oder die Feststellungsklage bzw. der Antrag nach § 123 VwGO statthaft. 958

Wie bereits im Rahmen des gestreckten Verfahrens dargestellt, besteht bezüglich der Anwendung eines Zwangsmittels (Ersatzvornahme, unmittelbarer Zwang) überwiegend die Auffassung, dass es sich um einen **Realakt** handele.[853] Unter Rechtsschutzgesichtspunkten sei die künstliche Konstruktion eines Verwaltungsakts lebensfremd und heute im Hinblick auf Art. 19 IV S. 1 GG i.V.m. § 40 I S. 1 VwGO nicht mehr zur Sicherung des Rechtsschutzes Betroffener erforderlich.

Folgt man dieser Auffassung, kommen die **allgemeine Leistungsklage** oder die **Feststellungsklage** in Betracht. Im einstweiligen Rechtsschutz wäre dann der Antrag nach § 123 VwGO statthaft.

[853] *Kopp/Schenke*, VwGO, Anh § 42 Rn 33; *Schenke*, VerwProzR, Rn 196; *Schoch*, JuS 1995, 215, 218; *Kugelmann*, DÖV 1997, 153, 155; offengelassen von *Werner*, JA 2000, 902, 907.

959 Isoliert betrachtet ist diese Auffassung nachvollziehbar. Wie beim gestreckten Vollstreckungsverfahren bestehen aber auch hier insoweit Bedenken, als dieselben Vertreter bei den Standardmaßnahmen (trotz des tatsächlichen Elements) von Verwaltungsakten ausgehen. Den Standardmaßnahmen komme eine Verwaltungsaktqualität zu, weil sie die Betroffenen verpflichteten, die tatsächliche Handlung zu dulden.[854] M.E. überzeugender wäre es gewesen, auch den Standardmaßnahmen unter Hinweis auf die allgemeine Leistungsklage die Verwaltungsaktqualität abzusprechen. Nach der hier vertretenen Auffassung ist aber aufgrund der Vergleichbarkeit der Maßnahmen eine einheitliche Betrachtungsweise geboten. Da sowohl mit den Standardmaßnahmen als auch mit den Zwangsmaßnahmen zugleich das Gebot einhergeht, die tatsächliche Vornahmehandlung zu dulden, sollte hier wie dort von Verwaltungsakten ausgegangen werden.[855] Statthaft wären demzufolge die **Anfechtungsklage** bzw. die **Fortsetzungsfeststellungsklage** analog § 113 I S. 4 VwGO (ggf. i.V.m. dem Annexantrag gemäß § 113 I S. 2 VwGO). Im einstweiligen Rechtsschutz wäre ein Eilantrag nach § 80 V VwGO statthaft.

960 Aus Rechtsschutzgesichtspunkten kann eine Entscheidung für die eine oder die andere Auffassung aufgrund der Regelung des § 18 II BundesVwVG (dem ein auch auf Landesebene gültiger allgemeiner Rechtsgrundsatz zu entnehmen ist[856]) aber dahinstehen. § 18 II BundesVwVG bestimmt nämlich, dass gegen Zwangsmittel, die ohne vorausgehenden Verwaltungsakt, also im Sofortvollzug, angewendet werden, *die* Rechtsmittel zulässig sind, die gegen Verwaltungsakte allgemein gegeben sind.[857] Zwangsmittel im Sofortvollzug müssen daher grundsätzlich mit **Anfechtungswiderspruch** oder **Anfechtungsklage** angegriffen werden.[858] Ist jedoch (wie regelmäßig) eine Erledigung i.S.d. § 113 I S. 4 VwGO eingetreten, ist die **Fortsetzungsfeststellungsklage** analog § 113 I S. 4 VwGO i.V.m. dem Annexantrag gemäß § 113 I S. 2 VwGO einschlägig. Ob es in einem solchen Verfahren der erfolglosen Durchführung eines Widerspruchsverfahrens bedarf, ist wiederum streitig, nach der hier vertretenen Meinung jedoch zu verneinen, vgl. dazu *R. Schmidt*, VerwProzR, Rn 455 f.

Wegen der Gleichartigkeit der unmittelbaren Ausführung mit dem Sofortvollzug gilt hinsichtlich der Rechtsnatur der unmittelbaren Ausführung und des diesbezüglichen Rechtsschutzes dasselbe wie beim Sofortvollzug.

Zur gutachtlichen Prüfung einer Zwangsmaßnahme im gekürzten Verfahren vgl. den Abschlussfall sogleich sowie den Abschleppfall bei Rn 1034. Doch zunächst sei das Prüfungsschema vorgestellt:

---

[854] So *Kopp/Schenke*, VwGO, Anh § 42 Rn 35.

[855] So auch BVerwGE 26, 161, 164 (Schwabinger Krawalle); *Hufen*, VerwProzR, § 14 Rn 23. A.A. *Kugelmann*, POR, 11. Kap. Rn 41 unter Verschweigerung der Gegenauffassung.

[856] Wie hier OVG Münster BRS 55 Nr. 207; *Götz*, POR, § 13 Rn 6.

[857] Anders *Pietzner*, VerwArch 84, 261, 284 f., dem zufolge § 18 II BundesVwVG nicht angewendet werden darf, da die Norm durch die erst später in Kraft getretene VwGO „außer Kraft gesetzt" worden sei. Zur Begründung führt er im Wesentlichen an, dass die VwGO abschließend die Sachentscheidungsvoraussetzungen regele. Die Anwendung des § 18 II BundesVwVG würde aber die Anfechtungsklage auf Akte ausdehnen, die keine Verwaltungsakte seien. Daher würde sie ein Vorverfahren erforderlich machen, wo nach der VwGO keines erforderlich wäre. Dies sei mit dem abschließenden Charakter der VwGO nicht zu vereinbaren. Diese Argumentation geht fehl. Denn sie übersieht, dass sich der angegriffene Akt regelmäßig vor Einlegung des Rechtsbehelfs erledigt hat und die h.M. für diesen Fall der Anfechtungsfortsetzungssituation ohnehin kein Vorverfahren fordert. Es ist also kein Vorverfahren erforderlich, wo die VwGO keines erfordert.

[858] Zu beachten ist jedoch, dass die mit diesen Rechtsmitteln grundsätzlich verbundene aufschiebende Wirkung in aller Regel gemäß § 80 II S. 1 Nr. 2, 3 oder 4 VwGO ausgeschlossen sein wird. Folgerichtig wäre dann ein Antrag gemäß § 80 V VwGO in Betracht zu ziehen. Da die Vollzugsmaßnahme im Zeitpunkt der Anfechtung allerdings regelmäßig bereits vollzogen worden ist, ist zugleich ein Annexantrag gemäß § 80 V S. 3 VwGO zu stellen. In der Begründetheit ist dann der allgemeine öffentlich-rechtliche Folgenbeseitigungsanspruch zu prüfen.

961

Rechtmäßigkeit des Verwaltungszwangs im gekürzten Verfahren (⇨ Sofortvollzug)

Im gekürzten Verwaltungsvollstreckungsverfahren beruht die Vollstreckungsmaßnahme auf einem lediglich fiktiven GrundVA. Dessen zwangsweise Durchsetzung setzt voraus:

A. Rechtsgrundlage der Vollstreckungsmaßnahme

Rechtsgrundlage ist die Vorschrift des VwVG über das gekürzte Vollstreckungsverfahren (z.B. § 6 II BundesVwVG und die entsprechenden Landesgesetze) i.V.m. der Vorschrift des konkreten Zwangsmittels.

B. Formelle Rechtmäßigkeit der Zwangsmaßnahme

Die sachliche **Zuständigkeit** ergibt sich aus § 7 I BundesVwVG und den entsprechenden Landesgesetzen i.V.m. den Zuständigkeitsvorschriften bzgl. des fiktiven GrundVA.

C. Materielle Rechtmäßigkeit der Zwangsmaßnahme

I. Vorliegen der allgemeinen **Vollstreckungsvoraussetzungen des Sofortvollzugs** (vgl. § 6 II BundesVwVG und die entsprechenden Landesgesetze)

Danach kann der Verwaltungszwang auch ohne Grundverfügung angewendet werden, wenn dies zur Verhinderung einer rechtswidrigen Tat, die einen Straf- oder Bußgeldtatbestand verwirklicht (vgl. § 11 I Nr. 5 StGB und z.B. § 49 StVO i.V.m. 24 StVG), oder zur Abwendung einer drohenden Gefahr geboten erscheint und die Behörde innerhalb ihrer gesetzlichen Befugnisse handelt. Im Einzelnen gilt: Während die beiden Tatbestandsvoraussetzungen *Verhinderung einer rechtswidrigen Tat* und *zur Abwendung einer drohenden Gefahr geboten erscheint* i.d.R. durch einfache Sachverhaltssubsumtion festzustellen sind, ist mit der Voraussetzung *Handeln im Rahmen ihrer gesetzlichen Befugnisse* gemeint, dass eine Vollstreckung nur auf der Grundlage einer **fiktiven (hypothetischen) Grundverfügung** erfolgen darf. Diese muss – wie jeder andere Verwaltungsakt – formelle und materielle Voraussetzungen erfüllen, was in der Fallbearbeitung zu einer inzidenten Prüfung führt:

1. Rechtsgrundlage für den Erlass der (hypothetischen) Grundverfügung

a. Spezialbefugnis im besonderen Gefahrenabwehrrecht (Rn 84 ff.) oder
b. Spezialbefugnis im Polizei- und Ordnungsrecht (Rn 115 ff.) oder
c. polizei- und ordnungsrechtliche Befugnisgeneralklausel (Rn 600 ff.) und
d. keine Subsidiarität des Gefahrenabwehrrechts (Rn 68 ff.)

2. Formelle Rechtmäßigkeit der (hypothetischen) Grundverfügung

a. **Zuständigkeit** der handelnden Behörde (Rn 607 ff.) und
b. ordnungsgemäßes **Verfahren** (Rn 618 ff.) und
c. Einhaltung der **Form**vorschriften (Rn 621 ff.)

3. Materielle Rechtmäßigkeit der (hypothetischen) Grundverfügung

Anders als beim gestreckten Verfahren, bei dem die Grundverfügung lediglich wirksam sein muss, muss sie im Rahmen des Sofortvollzugs materiell rechtmäßig sein (str.).

II. Fehlen von Vollstreckungshindernissen:

Privatrechtliche Hinderungsgründe (z.B. Eigentumsübertragung, Miteigentum, Vermietung) hindern die Vollstreckbarkeit. Daher wird eine Duldungsverfügung gegen den Dritten erforderlich, wenn dieser der Vollstreckung nicht zustimmt.

III. Tatbestandliche Voraussetzungen der konkreten Zwangsmaßnahme

Liegen die allgemeinen Vollstreckungsvoraussetzungen („generelle Zulässigkeit des Sofortvollzugs") vor, sind des Weiteren die **Tatbestandsvoraussetzungen des konkreten Zwangsmittels** (Ersatzvornahme, unmittelbarer Zwang in Form des Schlagstock-, Schusswaffeneinsatzes etc.) zu prüfen.

IV. Fehlerfreies Ermessen und Beachtung des Verhältnismäßigkeitsgrundsatzes

Insbesondere dürfen andere Zwangsmittel nicht in Betracht kommen, keinen Erfolg versprechen oder müssen unzweckmäßig sein. Schließlich muss das angewendete Zwangsmittel verhältnismäßig i.e.S. (= angemessen) sein (vgl. dazu Rn 936 a.E.).

962

Rechtmäßigkeit des Verwaltungszwangs im gekürzten Verfahren (⇨ unmittelbare Ausführung)

Bei der unmittelbaren Ausführung beruht die Maßnahme (unmittelbarer Zwang; Ersatzvornahme) schlicht auf dem Umstand, dass der Zweck der Maßnahme nicht durch die Inanspruchnahme des Verantwortlichen erreicht werden kann. In Ländern, die sowohl den Sofortvollzug als auch den unmittelbaren Zwang kennen, ist wie beim Sofortvollzug auch bei der unmittelbaren Ausführung ein fiktiver GrundVA zu fordern (str.).

A. Anwendbarkeit der unmittelbaren Ausführung

Die unmittelbare Ausführung erlaubt die Durchführung einer Maßnahme, wenn der Zweck der Maßnahme nicht oder nicht rechtzeitig durch die Inanspruchnahme des Verantwortlichen erreicht werden kann. Rechtsgrundlage ist dabei nach h.M. jedoch nicht die Vorschrift über die unmittelbare Ausführung, sondern die Vorschrift über das konkrete Zwangsmittel i.V.m. der Vorschrift über die unmittelbare Ausführung.

B. Formelle Rechtmäßigkeit der Zwangsmaßnahme

Die sachliche **Zuständigkeit** ergibt sich aus § 7 I BundesVwVG und den entsprechenden Landesgesetzen.

C. Materielle Rechtmäßigkeit der Zwangsmaßnahme

I. Vorliegen der allgemeinen **Vollstreckungsvoraussetzungen** (vgl. die entsprechenden Vorschriften der Landesgesetze)

Danach darf im Wege der unmittelbaren Ausführung eine Maßnahme getroffen werden, wenn auf andere Weise eine unmittelbar bevorstehende Gefahr für die öffentliche Sicherheit (oder Ordnung) nicht abgewehrt oder eine Störung nicht beseitigt werden kann.

Voraussetzung ist also, dass eine reguläre Vollstreckungsmaßnahme zu spät käme, dass sie – bei fehlender Handlungsfähigkeit des Pflichtigen – wirkungslos bliebe oder dass der Verursacher der Störung unbekannt bzw. nicht erreichbar ist.

Freilich darf in den Ländern, die sowohl den Sofortvollzug als auch die unmittelbare Ausführungen kennen, die unmittelbare Ausführung nur auf der Grundlage einer **fiktiven (hypothetischen) Grundverfügung** erfolgen (str.). Diese muss – wie jeder andere Verwaltungsakt – formelle und materielle Voraussetzungen erfüllen, was in der Fallbearbeitung zu einer inzidenten Prüfung führt:

1. Rechtsgrundlage für den Erlass der (hypothetischen) Grundverfügung

a. Spezialbefugnis im besonderen Gefahrenabwehrrecht (Rn 84 ff.) oder
b. Spezialbefugnis im Polizei- und Ordnungsrecht (Rn 115 ff.) oder
c. polizei- und ordnungsrechtliche Befugnisgeneralklausel (Rn 600 ff.) und
d. keine Subsidiarität des Gefahrenabwehrrechts (Rn 68 ff.)

2. Formelle Rechtmäßigkeit der (hypothetischen) Grundverfügung

a. **Zuständigkeit** der handelnden Behörde (Rn 607 ff.) und
b. ordnungsgemäßes **Verfahren** (Rn 618 ff.) und
c. Einhaltung der **Form**vorschriften (Rn 621 ff.)

3. Materielle Rechtmäßigkeit der (hypothetischen) Grundverfügung

Anders als beim gestreckten Verfahren, bei dem die Grundverfügung lediglich wirksam sein muss, muss sie im Rahmen der unmittelbaren Ausführung materiell rechtmäßig sein (str.).

II. **Fehlen von Vollstreckungshindernissen**:
wie beim Sofortvollzug

III. **Tatbestandliche Voraussetzungen der konkreten Zwangsmaßnahme**
Es müssen die **Tatbestandsvoraussetzungen des konkreten Zwangsmittels** (Ersatzvornahme, unmittelbarer Zwang) vorliegen.

IV. Fehlerfreies Ermessen und Beachtung des Verhältnismäßigkeitsgrundsatzes

Insbesondere dürfen andere Mittel der Gefahrenabwehr nicht in Betracht kommen, keinen Erfolg versprechen oder müssen unzweckmäßig sein. Schließlich muss das im Wege der unmittelbaren Ausführung angewendete Zwangsmittel verhältnismäßig i.e.S. (= angemessen) sein (vgl. dazu Rn 936 a.E.).

VII. Insbesondere: Unmittelbarer Zwang

1. Begriff und Bedeutung

Das in der Praxis und im Studium bedeutsamste Zwangsmittel ist der unmittelbare Zwang.[859] Die grundsätzlichen Voraussetzungen wurden bereits bei Rn 919 ff. aufgezeigt, sodass an dieser Stelle vertiefende Aspekte behandelt werden können. **963**

Die **Hilfsmittel** des unmittelbaren Zwangs sind in den Polizeigesetzen aufgezählt. Zu ihnen gehören z.B. das Wegführen am Arm, Wegtragen, Abdrängen, Wegschieben, Boxen, aber auch die Anwendung des sog. „Polizeigriffs" sowie Handschellen, technische Sperren, Wasserwerfer, Sprengmittel und Diensthunde. Zur körperlichen Einwirkung auf Sachen gehören z.B. das Einschlagen von Fenstern und das Eintreten von Türen. Darüber hinaus sind (freilich unter strengeren Voraussetzungen) **Waffen** zugelassen. **964**

Die Aufzählung der Hilfsmittel der körperlichen Gewalt in den Polizeigesetzen ist nicht abschließend. Das folgt aus der Formulierung „insbesondere". Die Bestimmungen nennen jedoch die wichtigsten Hilfsmittel der körperlichen Gewalt, mit denen die Polizeibehörden dienstlich ausgestattet sind. Einer besonderen Zulassung bedarf es – im Gegensatz zu den Waffen – nicht. In Anlehnung an die Ausführungsbestimmungen der Bundesländer kommen als **technische Sperren** zum Absperren von Straßen, Plätzen oder anderem Gelände z.B. Absperrgitter, Seile, Draht, Stacheldraht, sog. spanische Reiter sowie Nagelböden oder -bänder in Betracht. **Diensthunde** müssen für ihre Aufgaben abgerichtet sein. Sie dürfen nur von Personen eingesetzt werden, die hierfür besonders ausgebildet sind. **Dienstfahrzeuge** dürfen gegen Personen (Ansammlungen) eingesetzt werden, um Straßen, Plätze oder anderes Gelände zu räumen. Der Einsatz ist so durchzuführen, dass möglichst niemand verletzt wird. **Sprengmittel** sind zur Verwendung als Sprengstoffe i.S.v. § 1 II S. 1 Nr. 1 SprengstoffG bestimmte Materialien; sie dürfen gegen Personen nicht angewendet werden. Schläge mit **Schlagstöcken** sollen gegen Arme oder Beine gerichtet werden, um schwerwiegende Verletzungen zu vermeiden. **Reizstoffe** dürfen nur gebraucht werden, wenn der Einsatz körperlicher Gewalt oder anderer Hilfsmittel der körperlichen Gewalt keinen Erfolg verspricht und wenn durch den Gebrauch dieser Stoffe die Anwendung von Waffen vermieden werden kann. Gegen eine Menschenmenge dürfen Reizstoffe nur eingesetzt werden, wenn von ihr Gewalttaten ausgehen oder Gewalttaten unmittelbar bevorstehen. Die Beimischung in Wasserwerfern/Wasserarmaturen ist jedoch stets unzulässig. Ohnehin ist der in den polizeigesetzlichen Bestimmungen explizit genannte **Wasserwerfer** mit Blick auf die Menschenwürde problematisch. Dennoch hat das BVerfG entschieden, dass der Einsatz von Wasserwerfern – für sich genommen – nicht gegen die Menschenwürde verstoße. Auch sei es verfassungsrechtlich nicht geboten, den Wasserwerfereinsatz gesetzlich so genau zu bestimmen wie den Schusswaffeneinsatz.[860] **965**

---

[859] §§ 33 ff. MEPolG; Bund: § 12 VwVG, § 2 UZwG; BW: § 26 VwVG; Bay: Art. 58 PAG; Berl: § 2 UZwG, § 5 II VwVfG i.V.m. § 12 BundesVwVG; Brand: § 58 PolG, § 22 VwVG; Brem: §§ 40 f. PolG, § 16 VwVG; Hamb: § 17 ff. SOG, § 14 lit. c VwVG; Hess: § 52 SOG; MeckVor: § 90 SOG; Nds: § 69 SOG; NRW: § 55 PolG, § 62 VwVG; RhlPfl: § 65 LVwVG, §§ 57 ff. POG; Saar: § 49 PolG; Sachs: § 25 VwVG; SachsAnh: § 58 SOG; SchlHolst: § 239 LVwG; Thür: § 56 PAG, § 51 VwZVG.

[860] BVerfG NVwZ 1999, 290, 292.

966 Als **Waffen** können je nach Bundesland Schlagstock, Distanz-Impulsgerät (Taser), Reizstoffe (z.B. Tränengas in Form von CS und Capsaicin; Letzteres besser bekannt als „Pfefferspray"), Pistole, Revolver, Gewehr und Maschinenpistole zugelassen sein. Bei den in den betreffenden Vorschriften genannten **Schusswaffen** handelt es sich um sog. Waffen im technischen Sinn, die sich mittels objektiver, im WaffG i.V.m. den in dessen Anlage 1 definierten Kriterien bestimmen lassen. Vgl. dazu Rn 1058 sowie hinsichtlich der Grenzen des Schusswaffengebrauchs Rn 977 ff.

967 Wenn die Polizeigesetze von Gewehren und Maschinenpistolen sprechen, sind damit **Maschinengewehre zwingend ausgeschlossen**. Dasselbe gilt erst recht für **Handgranaten** etc. Derartige Waffen sind in Ermangelung einer landesrechtlichen Regelung der **Bundespolizei** vorbehalten (vgl. §§ 9 ff. UZwG), wenn diese nach den Bestimmungen des jeweiligen Landespolizeigesetzes in diesem Land eingesetzt wird. Nach Art. 35 II S. 1 GG kann ein Land zur Aufrechterhaltung oder Wiederherstellung der öffentlichen Sicherheit oder Ordnung in Fällen von besonderer Bedeutung Kräfte und Einrichtungen der Bundespolizei zur Unterstützung seiner Polizei anfordern, wenn die Polizei ohne diese Unterstützung eine Aufgabe nicht oder nur unter erheblichen Schwierigkeiten erfüllen könnte. Nach Art. 35 III GG kann die Bundesregierung Einheiten der Bundespolizei einsetzen, wenn eine Naturkatastrophe oder ein Unglücksfall das Gebiet mehr als eines Landes gefährden. Art. 91 I GG lässt die Anforderung von Kräften und Einrichtungen der Bundespolizei durch ein Land zur Abwehr einer drohenden Gefahr für den Bestand oder die freiheitliche demokratische Grundordnung des Bundes oder eines Landes zu.

968 Welches der in den Polizeigesetzen zugelassenen Mittel im Einzelfall angewendet werden darf, richtet sich einerseits nach dem Grundsatz der **Effektivität der Gefahrenabwehr**, andererseits aber auch nach dem **Grundsatz der Verhältnismäßigkeit**. Besondere Bedeutung kommt in diesem Zusammenhang dem in den novellierten Polizeigesetzen aufgenommenen **Distanz-Impulsgerät** mit der Bezeichnung „Advanced Taser"[861] zu. Funktionsweise, Wirkung und Risiken des Tasers sind ausführlich auf der Internetseite des Verlags Rubrik Falllösungen beschrieben.

969 Als besondere Ausprägung des **Folterverbots** und damit der Menschenwürde normieren die Polizeigesetze schließlich, dass unmittelbarer Zwang **zur Durchsetzung des Gebots, eine Erklärung abzugeben, unzulässig ist** (vgl. z.B. §§ 41 V BremPolG, 52 II HessSOG, 69 VII NdsSOG). Ob dieses absolute Folterverbot mit dem Sinn und Zweck von Folter, die darin bestehen, Inhaftierten den Willen zu brechen, diese gefügig zu machen und die eigene Macht zu demonstrieren, bei der Abwehr von Katastrophen, wie sie von terroristischen Anschlägen ausgehen können, vereinbar ist, lässt sich nicht ohne weiteres sagen.[862]

2. Androhung

970 Während in Ländern des Einheitssystems die Verwaltungsvollstreckungsgesetze i.d.R. (nur) allgemeine Vorschriften über die Androhung von Zwangsmitteln beinhalten, enthalten die dortigen Polizeigesetze Sonderregelungen über die Androhung der Anwendung des Zwangsmittels *unmittelbarer Zwang* durch *Polizeivollzugsbeamte*. Wendet also (1.) ein Beamter des Polizeivollzugsdienstes Zwang an und handelt es sich (2.) bei dem Zwangsmittel um unmittelbaren Zwang, richten sich die Voraussetzungen für die Androhung und deren Entbehrlichkeit ausschließlich nach den Bestimmungen der Polizeigesetze. Die Vorschriften der Verwaltungsvollstreckungsgesetze über die Androhung des Zwangs werden insoweit verdrängt. In den Ländern des Trennungssystems sind dagegen sämtliche Bestimmungen des Zwangs i.d.R. im Sicherheits- und Ordnungsgesetz (SOG) zusammengefasst.

---

[861] Von Tom A. Swift Electric Rifle.

[862] Vgl. dazu ausführlich nebst Beispielsfall *R. Schmidt*, Grundrechte, Rn 233; wie dort bereits seit der 6. Auflage 2004 vertreten nun auch vertreten von *Götz*, NJW 2005, 953, 956.

Die Vorschriften der Polizeigesetze sind auch dann anzuwenden, wenn Beamte des Polizeivollzugsdienstes nach anderen Rechtsvorschriften zur Anwendung unmittelbaren Zwangs befugt sind; insbesondere finden die Vorschriften auch bei der **Strafverfolgung** Anwendung.[863] 971

Der Androhung des unmittelbaren Zwangs wird ganz herrschend eine Regelungswirkung zugesprochen; mithin wird in ihr ein **Verwaltungsakt** gesehen.[864] Dies ergibt sich daraus, dass die Androhung eine konstitutive Rechtmäßigkeitsvoraussetzung für die Anwendung des Verwaltungszwangs im gestreckten Verfahren darstellt und damit eine für die Fortsetzung des Vollstreckungsverfahrens unerlässliche Regelung trifft. Folge der Einstufung als Verwaltungsakt ist, dass die Androhung zu ihrer Wirksamkeit dem Adressaten bekannt gegeben werden muss (§ 41 I, 43 I VwVfG). Zudem ist sie **zuzustellen**. Daran fehlt es regelmäßig bei den sog. Abschleppfällen, was eine besondere rechtlichte Problematik aufwirft (vgl. dazu Rn 1025 ff.). 972

Die Androhung darf nur erfolgen, wenn auch die Anwendung unmittelbaren Zwangs zulässig ist. Das folgt aus dem Konnexitätsprinzip, das zwischen der Androhung eines Zwangsmittels und dessen Anwendung besteht. Umgekehrt führt das Fehlen einer Androhung zur Rechtswidrigkeit der Anwendung des unmittelbaren Zwangs, falls nicht ausnahmsweise von der Androhung abgesehen werden kann. Von der Androhung abgesehen werden kann, wenn die Umstände sie nicht zulassen. Dies ist insbesondere der Fall, wenn die sofortige Anwendung unmittelbaren Zwangs zur Abwehr einer gegenwärtigen Gefahr notwendig ist, also Eilbedürftigkeit vorliegt (vgl. z.B. §§ 44 I S. 2 Halbs. 2 BremPolG, 53 I S. 2 Halbs. 2 HessSOG, 70 I S. 3 NdsSOG). 973

Als besondere Form der Androhung des Schusswaffengebrauchs ist der **Warnschuss** (steil in die Luft abzugebender Schuss, von dem nach menschlichem Ermessen niemand getroffen werden kann) zugelassen. Andere Formen des unmittelbaren Zwangs dürfen dagegen nicht mit einem Warnschuss angedroht werden. Ein Warnschuss darf nur abgegeben werden, wenn die Voraussetzungen für den Schusswaffengebrauch vorliegen (vgl. sogleich Rn 975 sowie den Beispielsfall bei Rn 991). Andererseits dürfen Schusswaffen nur dann ohne Androhung gebraucht werden, wenn dies zur Abwehr einer gegenwärtigen Gefahr für Leib oder Leben erforderlich ist. Die Androhung ist demgemäß nur in bestimmten Fällen der Gefahrenabwehr, nicht aber bei der Strafverfolgung, entbehrlich. Stets anzudrohen ist der Gebrauch von Schusswaffen gegen Personen in einer Menschenmenge. In diesem Fall ist die Androhung vor dem Schusswaffengebrauch sogar zu wiederholen. Daraus folgt zugleich, dass der Schusswaffengebrauch gegen eine Menschenmenge als solche unzulässig ist. 974

Zwischen Androhung und Anwendung des unmittelbaren Zwangs muss eine angemessene Zeitspanne liegen. Dies ergibt sich aus dem genannten Zweck der Androhung, der darauf gerichtet ist, der betroffenen Person Gelegenheit zu geben, sich so zu verhalten, dass von der Anwendung unmittelbaren Zwangs abgesehen werden kann. 975

Anders als die Androhung nach den Verwaltungsvollstreckungsgesetzen kann die Androhung nach den Polizeigesetzen auch **mündlich** ergehen. Das ergibt sich aus den entsprechenden Vorschriften der Polizeigesetze. Zulässig ist sogar die Androhung **auf andere Weise**, z.B. durch das Freimachen oder Zeigen des Schlagstocks. 976

---

[863] Vgl. dazu Rn 991 (Beispielsfall).

[864] BVerwG NVwZ 1998, 393; *Kopp/Schenke*, VwGO, Anh § 42 Rn 32; *Kopp/Ramsauer*, VwVfG, § 35 Rn 67; *Erichsen/Rauschenberg*, Jura 1998, 31, 38; *Schenke*, POR, Rn 546.

3. Anwendung des Zwangsmittels, insbesondere Schusswaffengebrauch

977 Die polizeigesetzlichen Bestimmungen über den Schusswaffengebrauch stellen keine eigenständigen Rechtsgrundlagen für den Schusswaffengebrauch dar (dies sind primär die § 6 BundesVwVG entsprechenden landesrechtlichen Vorschriften); vielmehr zeigen sie als besondere Bestimmungen und Ausprägungen des Verhältnismäßigkeitsgrundsatzes Rechtfertigungsgründe, aber auch Grenzen des Schusswaffengebrauchs auf. Unter dem zuletzt genannten Aspekt handelt es sich um rechtsstaatliche Begrenzungen der weiten Eingriffsbefugnis zur Anwendung unmittelbaren Zwangs.

978 Der Schusswaffengebrauch – also der Gebrauch von Pistole, Revolver, Gewehr und Maschinenpistole (zum Waffenbegriff vgl. Rn 1058) – darf nur **das letzte Mittel** („Ultima Ratio") bei der Anwendung des unmittelbaren Zwangs sein. Schusswaffen dürfen nur gebraucht werden, nachdem andere Maßnahmen des unmittelbaren Zwangs (körperliche Gewalt, Waffen, Hilfsmittel der körperlichen Gewalt einschließlich Reiz- und Betäubungsstoffe, Schlagstock) bereits erfolglos (d.h. ohne den erstrebten Zweck zu erreichen) angewendet worden sind oder ihre Anwendung von vornherein als erfolglos anzusehen ist. Maßgeblich sind die Umstände des Einzelfalls, wobei die objektivierte Ex-ante-Sicht des handelnden Polizeibeamten entscheidet. So ist der Schusswaffengebrauch gegen Personen unzulässig, wenn die Gefahr durch Schusswaffengebrauch gegen **Sachen** abgewehrt werden kann.

> **Beispiel:** Einem gestellten Bankräuber gelingt es mit einer Geisel, die er in seiner Gewalt hat, das Bankgebäude zu verlassen und sein Fluchtfahrzeug zu erreichen. Die verfolgenden Polizeibeamten geben zunächst einen Warnschuss ab, was den Täter jedoch unbeeindruckt lässt. Bevor die Beamten nunmehr versuchen, den Täter durch gezielten Schuss fluchtunfähig zu machen, gebietet es nicht nur der allgemeine Grundsatz der Verhältnismäßigkeit, sondern bereits die polizeigesetzliche Bestimmung über den Schusswaffengebrauch, zunächst zu versuchen, die Flucht mit dem Fahrzeug durch Schüsse in die Reifen zu verhindern (wobei gelegentlich vertreten wird, dass Schusswaffengebrauch gegen ein Fahrzeug, in dem sich Personen befinden, als Schusswaffengebrauch gegen Personen anzusehen sei).

979 Kommt Schusswaffengebrauch gegen Personen dennoch in Betracht, gilt wiederum der Grundsatz, dass Schusswaffen in erster Linie nur eingesetzt werden dürfen, um **angriffs- oder fluchtunfähig** zu machen. Diese Regelung stellt eine tatbestandliche Ausformung des Verhältnismäßigkeitsgrundsatzes dar. Sie schließt die Tötung als Zweck polizeilichen Schusswaffengebrauchs grundsätzlich (zur Ausnahme vgl. Rn 981) aus, lässt jedoch den Fall zu, dass eine betroffene Person abweichend von dem mit dem polizeilichen Schusswaffengebrauch verfolgten Ziel tödlich verletzt wird.

> **Beispiel:** Ein auf der Flucht befindlicher Geiselnehmer wird von einem Polizeibeamten verfolgt. Dieser zielt auf die Beine, trifft jedoch ein lebenswichtiges Organ des Flüchtigen, weil dieser zum Zeitpunkt der Schussabgabe – für den Beamten unvorhersehbar – seine Körperhaltung verändert. Hier ist der Schusswaffeneinsatz gerechtfertigt.

980 „**Fluchtunfähigkeit**" liegt vor, wenn die betroffene Person ihre Beine nicht mehr gebrauchen oder sich aus sonstigen Gründen nicht mehr fortbewegen kann. „**Angriffsunfähigkeit**" setzt mindestens die Unfähigkeit voraus, Arme und Beine zu gebrauchen.

Eine besondere Prägnanz besitzt der sog. **„finale Rettungsschuss"** (auch „finaler Todesschuss" genannt), da er den denkbar **schwersten Eingriff in die Grundrechte** eines Menschen darstellt. Virulent wird seine Problematik insbesondere im Zusammenhang mit **Geiselnahmen.** 981

> **Beispiel:** Der äußerst gewalttätig vorgehende Bankräuber O ist auf der Flucht und hat eine Geisel genommen, an deren Hals er seine Pistole hält. Da er bereits zuvor in der Bank einen Bankangestellten erschossen hat, hat er nichts zu verlieren. Der Einsatzleiter der Polizei E hat daher Grund zu der Annahme, dass sich die Geisel in Lebensgefahr befindet. Er erteilt dem Scharfschützen S die Freigabe, O mit einem gezielten Schuss zu töten. Dieser erschießt O.

Zwar ist der gezielte Todesschuss in den meisten[865], nicht aber in allen Polizeigesetzen ausdrücklich geregelt; vielmehr ist in solchen Bundesländern, die in ihren Polizeigesetzen den finalen Rettungsschuss nicht aufgenommen haben, vorgesehen, dass Schusswaffen gegen Personen nur gebraucht werden dürfen, um sie angriffs- oder fluchtunfähig zu machen.[866] Da aber ein „Angriffs- und Fluchtunfähigmachen" begriffslogisch voraussetzt, dass der Betroffene am Leben bleibt, schließen diese Vorschriften sowohl von ihrem Wortlaut her als auch nach ihrem Sinn und Zweck den Todesschuss aus. Eine gegenteilige Auslegung verstieße gegen den Vorbehalt des Gesetzes; zudem führte sie dazu, dass die betreffenden Vorschriften gegen den verfassungsrechtlich verankerten Bestimmtheitsgrundsatz verstießen und verfassungswidrig wären. Daher stellen die betreffenden Vorschriften selbst dann keine Rechtsgrundlage für den gezielten Todesschuss dar, wenn dieser die einzige Möglichkeit darstellt, eine Person „angriffs- oder fluchtunfähig" zu machen.[867] Der Schütze missachtet in diesem Fall den Vorbehalt des Gesetzes und handelt – aus öffentlich-rechtlicher Sicht – rechtswidrig. 982

> Fände der Sachverhalt des **Beispiels** von Rn 981 im Anwendungsbereich eines der Polizeigesetze statt, die den gezielten Todesschuss nicht geregelt haben, könnte sich S nicht auf eine polizeigesetzliche Befugnisnorm stützen. Der Todesschuss würde ohne Rechtsgrundlage erfolgen. Ob S bei einem Schuss wenigstens (straf- oder zivilrechtlich) gerechtfertigt wäre, soll im Folgenden untersucht werden.

Sofern keine spezialgesetzlichen Grundlagen bestehen, stellt sich die Frage, ob Polizeibeamte sich bei lebensverkürzenden Eingriffen in Bürgerrechte in *persönlicher Hinsicht* auf allgemeine Rechtfertigungsgründe wie **Notwehr** berufen können. Unstreitig ist zunächst, dass ein Polizeibeamter sich auf § 227 BGB, § 32 StGB (bzw. § 34 StGB) berufen kann, wenn *seine Person* angegriffen wird. Denn dann ist er höchstpersönlich betroffen und muss sich wie jeder andere Mensch auf die allgemeinen Notwehr- und Notstandsregeln berufen können. Fraglich ist hingegen, ob ihm § 227 BGB, § 32 StGB (bzw. § 34 StGB) zur Seite stehen, wenn er in Ausübung eines hoheitlichen Amtes Angriffe auf *andere* abwehrt (insbesondere also den finalen Rettungsschuss ausübt). Soweit keine ausdrückliche Regelung existiert, die die Begründung polizeilicher Befugnisse unter Rückgriff auf die zivil- und strafrechtlichen Vorschriften über Notwehr und Notstand ausschließt, geht die h.M. davon aus, dass auch ein im Dienst befindlicher Amtsträger (insb. ein Polizeibeamter) sich auf § 32 StGB berufen könne, wenn er zugunsten Dritter – auch mit gewollt tödlichem Ausgang – einschreite.[868] Aus strafrecht- 983

---

[865] § 41 II S. 2 ff. MEPolG; BW: § 54 II PolG; Bay: Art. 66 II S. 2 PAG; Brand: § 66 II S. 2 PolG; Brem: § 46 II PolG; Hamb: § 25 II S. 1 SOG; Hess: § 60 II S. 2 SOG; Nds: § 76 II S. 2 SOG; RhlPfl: § 63 II S. 3 POG; Saar: § 57 I S. 2 PolG; Sachs: § 34 II PolG; SachsAnh: § 65 II S. 2 SOG; Thür: § 64 II S. 2 PAG.

[866] Bund: § 12 II UzwG; Berl: § 9 II UZwG; MeckVor: § 109 I SOG; NRW: § 63 II PolG; SchlHolst: § 258 I LVwG.

[867] *Schenke*, POR, Rn 561; *Pieroth/Schlink/Kniesel*, POR, § 20 Rn 20.

[868] *Fischer*, StGB, vor § 32 Rn 6; Sch/Sch-*Lenckner/Perron*, StGB, § 32 Rn 42b; *Schenke*, POR, Rn 562.

licher Sicht ist diese Auffassung zustimmungswürdig. Denn ansonsten würde sich die Situation ergeben, dass sich zwar jeder Dritte auf Nothilfe berufen und daher schießen dürfte, nicht aber der gut ausgebildete Scharfschütze bei der Polizei. Zugunsten des Opferschutzes kann man daher den finalen Rettungsschuss als über § 32 StGB (Nothilfe) gerechtfertigt ansehen. Dieser Befund wird zumindest von der Europäischen Menschenrechtskonvention (Art. 2 II EMRK) zugelassen. Im Übrigen besäßen die Länder ohnehin keine Kompetenz, die insoweit einschlägigen Regelungen aus dem BGB und StGB außer Kraft zu setzen. Ob ein Polizeibeamter von dem ihm als Privatmann zustehenden Rechtfertigungsgrund Gebrauch macht, obliegt also prinzipiell seiner persönlichen Entscheidung. Eine Anweisung durch den Vorgesetzten, hiervon Gebrauch zu machen, ist ausgeschlossen.

Demzufolge ist S im **Beispiel** von Rn 981 zumindest *persönlich* zivil- und strafrechtlich gerechtfertigt.

984 Fehlt also eine spezialgesetzliche Rechtsgrundlage für den gezielten Todesschuss, lassen zwar Notwehr bzw. Nothilfe den Strafvorwurf aus § 212 StGB entfallen, dies führt aber noch nicht zwangsläufig zur *verfassungsrechtlichen* Rechtfertigung des Eingriffs in das Grundrecht aus Art. 2 II S. 1 GG. Vielmehr ist aufgrund der Intensität des Eingriffs und der Rechtssicherheit eine **ausdrückliche gesetzliche Ermächtigung** zu verlangen; § 32 StGB wird dem Gesetzesvorbehalt nicht gerecht (s.o.).

985 Aus diesem Grund, aber auch, um dem verfassungsrechtlichen Bestimmtheitsgrundsatz nachzukommen, haben die meisten Bundesländer den gezielten Todesschuss explizit geregelt (s.o., Rn 982). Des Weiteren erübrigt sich durch diese Vorschriften die o.g. Debatte, ob ein Rückgriff auf das allgemeine Notwehrrecht statthaft ist. Denn wie der Wortlaut der entsprechenden Bestimmungen eindeutig zu erkennen gibt, wurde der im StGB enthaltene Rechtfertigungsgrund Notwehr/Nothilfe gleichsam als Rechtsgrundlage in die (meisten) Polizeigesetze transferiert.

986 Gebraucht also ein Polizeivollzugsbeamter die Schusswaffe als das einzige Mittel, um einen rechtswidrigen Angriff mit gegenwärtiger Lebensgefahr oder gegenwärtiger Gefahr einer schwerwiegenden Verletzung der körperlichen Unversehrtheit von sich oder einem anderen abzuwehren, ist sein Handeln auch dann zulässig, wenn es unvermeidbar zum Tod des Angreifers führt[869]; insoweit wird das Grundrecht auf Leben (Art. 2 II S. 1 GG) eingeschränkt.[870]

Fände der Sachverhalt des **Beispiels** von Rn 981 in einem Bundesland statt, dessen Polizeigesetz den finalen Rettungsschuss explizit regelt, könnte sich S auf die entsprechende Bestimmung des Polizeigesetzes stützen. Der Todesschuss wäre zulässig, stünde aber – auch wenn E dem S nicht nur die Freigabe erteilt, sondern diesem auch eine diesbezügliche Anweisung gegeben hätte – im Ermessen des S.

987 Die Abgabe eines Schusses, der als letztes Mittel zur Beseitigung der Angriffsfähigkeit tödlich wirken soll, kommt nur bei der Gefahrenabwehr, nicht jedoch im Rahmen der Strafverfolgung in Betracht (zur Abgrenzung bei Gemengelagen vgl. Rn 565). Insbesondere erfassen die Polizeigesetze, die den Schusswaffeneinsatz im Rahmen der Strafverfolgung zulassen, nicht den *gezielten* Todesschuss.

---

[869] Eine Kollision dieser Regelung mit Art. 102 GG (Verbot der Todesstrafe) besteht nicht, da ein der Gefahrenabwehr dienender Todesschuss gerade keine Strafe darstellt.

[870] Um die Schwere des Grundrechtseingriffs noch einmal zu verdeutlichen, hat z.B. der Bremische Gesetzgeber Art. 2 II S. 1 GG nicht lediglich in § 9 BremPolG, sondern auch in § 46 II S. 2 BremPolG zitiert. Für die anderen Polizeigesetze, die den finalen Rettungsschuss geregelt haben, gilt Entsprechendes.

Beispiel: Ein auf der Flucht befindlicher Mörder wird von einem Polizeibeamten verfolgt. Dieser schießt auf den Betroffenen, um ihn zu töten.

Hier ist der Schusswaffeneinsatz mit dem Ziel der Tötung von keiner Vorschrift der Polizeigesetze gerechtfertigt.

Eine Einschränkung enthalten die meisten Polizeigesetze, wenn sie bestimmen, dass 988
der Schusswaffengebrauch **nicht angeordnet** werden kann und eine eventuelle Weisung somit nicht befolgt werden muss. Damit wird gleichzeitig deutlich, dass die Verantwortung für den finalen Rettungsschuss bei dem letztlich handelnden Beamten liegt.[871] Diese Verantwortung bedeutet jedoch nicht, dass der handelnde Beamte allein aus „Gewissensgründen" den finalen Rettungsschuss verweigern darf. Dieser stellt zwar den schwersten aller denkbaren staatlichen Eingriffe dar, in ihm konkretisiert sich aber zugleich die letztlich verfassungsrechtlich begründete Schutzpflicht des Staates gegenüber dem rechtswidrig in schwerster Weise angegriffenen, bedeutsamen Rechtsgut.

Die meisten Polizeigesetze verbieten den Schusswaffenseinsatz gegen Personen, die 989
dem äußeren Eindruck nach noch nicht **14 Jahre** alt sind, ausnahmslos. Eine derartige Regelung ist zwar grundsätzlich zu begrüßen, verkennt aber den Umstand, dass in der jüngeren Vergangenheit Schwerstkriminalität (insbesondere Gewalttaten) auch von Kindern begangen wurde, die diese Altersgrenze noch nicht erreicht hatten. Würde also bspw. ein 13-Jähriger auf eine andere Person schießen oder auf diese mit einem Messer einstechen, könnte die Polizei den Angriff nicht durch Schusswaffengebrauch (worunter in diesem Zusammenhang nicht der gezielte Todesschuss, sondern der „normale" Schusswaffeneinsatz, um angriffsunfähig zu machen, gemeint ist) abwehren. Unter Umständen wäre die Polizei somit daran gehindert, ein Tötungsdelikt zu verhindern, falls sich der Schusswaffengebrauch als das einzige Mittel der Gefahrenabwehr darstellte. Ob sich die Landesgesetzgeber dessen bewusst waren, als sie diese Regelungen eingeführt haben, mag bezweifelt werden. Jedenfalls sind die genannten Regelungen überholt. Einen Ausweg aus diesem Dilemma zeigt auch nicht § 32 StGB auf. Denn dadurch, dass die betreffenden Bestimmungen der Polizeigesetze ein ausdrückliches Schusswaffenverbot vorsehen, darf schon aus systematischen Gründen nicht auf § 32 StGB zurückgegriffen werden, um den Schusswaffeneinsatz öffentlich-rechtlich zu rechtfertigen. Diesbezüglich vorbildliche Regelungen enthalten §§ 60 III S. 2 HessSOG und 76 III S. 2 NdsSOG, die den Schusswaffengebrauch auch gegenüber Personen unter 14 Jahren erlauben, wenn er das einzige Mittel zur Abwehr einer gegenwärtigen Gefahr für Leib oder Leben darstellt. Denn in einem solchen Fall greift das besondere Schutzbedürfnis, das das Verbot des Schusswaffeneinsatzes gegen Kinder unter 14 Jahren ausmacht, nicht.

Schließlich bestimmen die Polizeigesetze, dass der Schusswaffengebrauch unzulässig 990
ist, wenn Unbeteiligte, insbesondere in einer Menschenmenge, mit hoher Wahrscheinlichkeit gefährdet würden. „Unbeteiligte" sind alle Personen, bei denen die Voraussetzungen für einen gegen sie gerichteten Schusswaffengebrauch nicht gegeben sind. Dies trifft nicht auf Mittäter und Teilnehmer der Tat, die den Schusswaffengebrauch erfordern, zu, sehr wohl aber z.B. auf Geiseln. Die Gefährdung muss mit hoher Wahrscheinlichkeit bestehen. Maßgeblich ist die objektivierte Einschätzung der handelnden Beamten. Werden Unbeteiligte gefährdet, ist der Schusswaffengebrauch unzulässig. Allerdings wird das Verbot, Unbeteiligte durch Schusswaffengebrauch zu gefährden, durch entsprechende Ausnahmebestimmungen relativiert. Danach ist der Schusswaf-

[871] Anders z.B. § 56 HessSOG und § 72 NdsSOG, wonach (auch) der gezielte Todesschuss wirksam angeordnet werden kann.

fengebrauch zulässig, auch wenn Unbeteiligte, insbesondere in einer Menschenmenge, mit hoher Wahrscheinlichkeit gefährdet würden. Voraussetzung ist aber, dass der Schusswaffengebrauch das einzige Mittel zur Abwehr einer gegenwärtigen Lebensgefahr ist und durch den Schusswaffengebrauch keine Lebensgefahr für Unbeteiligte entsteht. Der Begriff „Menschenmenge" sollte in Anlehnung an § 125 StGB verstanden werden. Sie liegt vor bei einer räumlich vereinigten, nicht notwendig ungezählten, aber doch so großen Personenmehrheit, dass die Zahl nicht sofort überschaubar ist und deshalb das Hinzukommen oder Weggehen Einzelner für den äußeren Eindruck unwesentlich sind.[872] Die Grenze wird bei ca. 15-20 Personen gesehen[873], jedoch sind stets die Umstände des Einzelfalls zu beachten.

4. Abschlussfall

991 Die Polizeivollzugsbeamten A und B werden bei einem Streifengang in einer verrufenen Gegend der Stadt auf einen dem Drogenmilieu zuzurechnenden Mann aufmerksam, der vorbeikommende Passanten anpöbelt und aggressiv anbettelt. Als die Beamten auf den Mann zugehen, um ihn von seinem Handeln abzubringen, zieht er unvermittelt ein Messer und greift A mit den Worten: „Ich schlitz dir den Arm auf!" an. Nachdem er den Arm des Beamten mit dem Messer nur äußerst knapp verfehlt hat und A erneut angreifen will, schlägt B dem Mann wortlos mit dem Schlagstock auf dessen Arm, sodass dieser den Angriff aufgibt und - das Messer noch in der Hand - die Flucht ergreift. Nach kurzer Besinnungszeit nehmen A und B die Verfolgung des Mannes auf. B merkt aber bald, dass sie keine Chance haben, den Mann noch einzuholen. Er ruft deshalb dem Mann nach: „Stehen bleiben!" und gibt aus seiner Dienstwaffe einen Warnschuss in die Luft ab. Der Mann kann dennoch entkommen.

Waren die Maßnahmen *Schlagstockeinsatz* und *Warnschuss* rechtmäßig?

Variante: Wie wäre bei der 1. Maßnahme (Schlagstockeinsatz) zu entscheiden, wenn B statt des Schlagstocks die Schusswaffe eingesetzt und den Angreifer in der Schulter getroffen hätte?

Die gutachterlich ausformulierte Lösung steht auf der Internetseite des Verlags (Rubrik Studienbücher/Falllösungen) zum kostenlosen Download zur Verfügung

[872] BGHSt 33, 306, 308; OLG Köln NStZ-RR 1997, 234; BGH NStZ 2002, 538.
[873] BGHSt 33, 306, 308. BGH NStZ 1994, 483 lässt u.U. auch 10 Personen ausreichen.

H. Kosten und Ersatzansprüche

I. Grundsätze der Kostentragung im Gefahrenabwehrbereich

Nachdem auf der ersten Ebene die Rechtmäßigkeit polizeilicher Primärmaßnahmen 992
und auf der zweiten Ebene die zwangsweise Durchsetzung derselben zu untersuchen war, sind nunmehr die Folgen polizeilichen Handelns Gegenstand der Bearbeitung. Es geht um die Frage, wer die Kosten der Maßnahme zu tragen hat oder Ersatz von einem anderen beanspruchen kann. Aus rechtsstaatlicher Sicht erlangt dabei die Regelung über den Schadensausgleich in Anspruch genommener Nichtverantwortlicher die größte Bedeutung.

1. Inpflichtnahme Privater für die Gefahrenabwehr

Hat der *Verantwortliche* (der Störer) die Gefahr mit eigenen Mitteln beseitigt, bleibt es 993
bei der Lastentragung durch ihn, da er selbst verantwortlich war. Der Polizei- und Ordnungspflichtige hat die Gefahr zu beseitigen und er hat die damit verbundenen Kosten zu tragen.[874] Beim *Nichtverantwortlichen* (dem Nichtstörer) hingegen, der aufgrund des polizeirechtlichen Notstandes zur Gefahrenabwehr in Anspruch genommen wurde, ist diese Kostentragung mangels Verantwortlichkeit nicht gerechtfertigt. Er kann für die ihm entstandenen Vermögensnachteile einen Schadensausgleich verlangen (z.B. § 56 I 1 BremPolG).[875]

2. Behördliche Gefahrenabwehr

Der Schutz der öffentlichen Sicherheit oder Ordnung erfolgt im öffentlichen Interesse. 994
Nehmen die Gefahrenabwehrbehörden die ihnen auferlegten Aufgaben wahr, sind die Kosten von dem jeweils zuständigen Hoheitsträger zu tragen. Kosten sind dabei alle unmittelbaren und mittelbaren personellen und sächlichen Ausgaben der Behörde. Im Verhältnis zwischen den Behörden gilt das Entstehungsprinzip: Der Träger jeder Behörde hat die Kosten der von dieser eingeleiteten und durchgeführten Gefahrenabwehrmaßnahme zu tragen. Eine Kostenerstattung zwischen verschiedenen Verwaltungsträgern findet grundsätzlich nicht statt (vgl. dazu bei Rn 1012).

3. Nachträgliche Korrektur der finanziellen Lastenzuordnung

Das Bedürfnis einer Korrektur der oben zugrunde gelegten Kostentragung ergibt sich 995
aus Wertungsdivergenzen zwischen der an einer raschen und wirksamen Gefahrenabwehr orientierten Eingriffsmaßnahme (*Ex-ante*-Sicht) und dem Bedürfnis nach einer sachgerechten Lastenzuordnung (*Ex-post*-Betrachtung). Daher kann unter bestimmten Voraussetzungen einem Verantwortlichen ein Entschädigungsanspruch zugebilligt werden. Umgekehrt können auch der Staat (und damit die Allgemeinheit) ein Interesse daran haben, die Kosten eines Einsatzes vom Gefahrverursacher erstattet zu verlangen. Wegen des Vorbehalts des Gesetzes (Art. 20 III GG) ist dies jedoch nicht ohne Gesetzesgrundlage möglich. Für Ansprüche des Staates auf Kostenersatz müssen bzw. mussten daher entsprechende gesetzliche Grundlagen geschaffen werden (z.B. bei einer Ersatzvornahme). Die Schaffung von Rechtsgrundlagen, die die Kostenfrage zulasten des Gefahrverursachers regeln, ist auch deshalb von Bedeutung, weil ohne Kostenlast der Verantwortliche oft keine Veranlassung sähe, der Aufforderung zur Störungsbeseitigung nachzukommen, wenn er im Fall der behördlichen Gefahrenabwehr

[874] Eine Ausnahme gilt nur dann, wenn der Störer über seine Verantwortlichkeit hinaus in Anspruch genommen wird. Dann gilt das zum Nichtstörer Gesagte entsprechend.

[875] Vgl. §§ 45-51 MEPolG; Bund: §§ 51-56 BundesPolG; BW: §§ 55-58 PolG; Bay: Art. 70-73 PAG, Art. 11 LStVG; Berl: §§ 59 ff. ASOG; Brand: §§ 38 ff. OBG i.V.m. § 70 PolG; Brem: §§ 56-62 PolG, Hamb: § 10 III-V SOG, Hess: §§ 64-70 SOG; MeckVor: §§ 72-77 SOG; Nds: §§ 80-86 SOG; NRW: §§ 39-43 OBG i.V.m. § 67 PolG; RhlPfl: §§ 68-74 POG; Saar: §§ 68-74 PolG; Sachs: §§ 52-58 PolG; SachsAnh: §§ 69-75 SOG; SchlHolst: §§ 221-226 LVwG; Thür: §§ 68-74 PAG i.V.m. § 52 OBG.

das Kostenrisiko nicht zu tragen hätte. Die Haftung für die Kosten stellt somit ein Surrogat für die dem Verantwortlichen obliegenden Kosten seiner eigenen Gefahrenabwehr dar. Es geht um den Ersatz von Kosten i.e.S., um Auslagen und Gebühren. Die einschlägigen Rechtsgebiete dazu sind neben dem Polizei- und Ordnungsrecht das Verwaltungsvollstreckungsrecht und das Gebühren- und Kostenrecht.

996 **Hinweis für die Fallbearbeitung:** Im Polizei- und Ordnungsrecht ist der Kostenersatz im Zusammenhang mit behördlichen Vollstreckungsmaßnahmen der wichtigste und zugleich gefahrenabwehrspezifische Anwendungsbereich. In der Fallbearbeitung geht es zumeist um die Rechtmäßigkeit eines Leistungsbescheids. Dieser dient erfahrungsgemäß als Aufhänger für die eigentliche Prüfung der Rechtmäßigkeit der zugrunde liegenden Gefahrenabwehrmaßnahme (z.B. das Abschleppen eines verbotswidrig geparkten Fahrzeugs). Das hat zum Hintergrund, dass nur die Rechtmäßigkeit der zugrunde liegenden Gefahrenabwehrmaßnahme zu einer Kostentragung seitens des vermeintlichen Störers führt. Vgl. dazu das unten aufgeführte Anwendungsbeispiel bei Rn 1034.

II. Kostenersatzansprüche der Verwaltung

1. Kostenersatz bei Vollstreckungsmaßnahmen und unmittelbaren behördlichen Gefahrbeseitigungen

997 Der Kostenersatz bei Ersatzvornahme, unmittelbarer Ausführung, Sicherstellung und Verwahrung ist eine außerhalb des Abgabenrechts begründete öffentlich-rechtliche Geldleistungspflicht eigener Art. Haben also die Polizei- bzw. Ordnungsbehörde (oder der von ihr Beauftragte) die an sich dem Polizeipflichtigen obliegende Gefahrbeseitigung vorgenommen, stellt sich die Frage, ob ihm die Kosten aufgebürdet werden können.

a. Ersatzansprüche der Verwaltung gegen den Verantwortlichen

998 Für die Ausführung der **Ersatzvornahme** (Fremd- und Selbstvornahme) werden von dem Betroffenen nach dem Polizeirecht der meisten Länder Kosten erhoben.[876] § 10 BundesVwVG hingegen regelt nur die Fremdvornahme, bei Selbstvornahme muss dann § 12 BundesVwVG (= unmittelbarer Zwang) beachtet werden. Ist die Selbstvornahme juristisch als unmittelbarer Zwang zu qualifizieren, kann dies die Konsequenz haben, dass die Gefahrenabwehrbehörde die Kosten selbst zu tragen hat. Auf Bundesebene ist jedoch § 19 I BundesVwVG zu beachten.

999 Die Höhe der Kosten bestimmt sich nach dem jeweils anwendbaren Verwaltungskostenrecht. Findet eine Fremdvornahme statt, sind die Kosten des beauftragten Unternehmens, die dieses der Verwaltung in Rechnung stellt, der Verwaltung von dem Pflichtigen zu erstatten.[877] In den praktisch bedeutsamen Abschleppfällen zählen zu den Kosten der Ersatzvornahme nur die unmittelbar mit dem Abschleppvorgang verbundenen Kosten (ohne Standgeld und Gutachterkosten). Die Verwahrungskosten können aber entsprechend §§ 688 ff. BGB und die Verwaltungsgebühren nach Maßgabe des einschlägigen Gebührenrechts gefordert werden.[878] In der Praxis wird dem Betroffenen bei Abholung des Wagens vom Betriebsgelände des Abschleppunternehmens

---

[876] Vgl. Bay: Art. 55 PAG, Brand: § 55 PolG; Hess: § 49 SOG, MeckVor: § 89 SOG, Nds: § 66 SOG, NRW: § 52 PolG, RhlPfl: § 63 LVwVG, Saar: § 46 PolG, SachsAnh: § 55 SOG, SchlHolst: § 238 I LVwG, Thür: § 53 I, II PAG. In anderen Bundesländern gelten die allgemeinen Vorschriften: BW: §§ 25, 31 VwVG, Berl: § 5 II VwVG i.V.m. § 10 BundesVwVG; Brem: §§ 15, 19 VwVG; Hamb: § 19 I VwVG. Spezialregelungen finden sich hinsichtlich der Kosten über die Sicherstellung von Sachen, vgl. z.B. § 24 III S. 1 MEPolG.

[877] Neben den allgemeinen Voraussetzungen gilt: ordnungsgemäß ausgesuchte Firma, keine erkennbaren groben Fehlgriffe in der Preiskalkulation, keine überflüssigen Maßnahmen durchgeführt.

[878] Vgl. zu den landesrechtlich maßgebenden Kostengesetzen bspw. das BremGVG (SaBremR 202-b-2).

von diesem der Kostenbescheid ausgehändigt, der sowohl die Kosten der Ersatzvornahme als auch die der öffentlich-rechtlichen Verwahrung und die Verwaltungsgebühren enthält. Es ist auch denkbar, dass die Kosten ohne Kostenbescheid schlicht zu zahlen sind. Im ersten Fall kommt als prozessualer Rechtsschutz die **Anfechtungsklage** bzw. die **Fortsetzungsfeststellungsklage** analog § 113 I S. 4 VwGO (jeweils ggf. verbunden mit einem Annexantrag gem. § 113 I S. 2 VwGO) in Betracht, im zweiten Fall ein in einer **allgemeinen Leistungsklage** eingebetteter **öffentlich-rechtlicher Erstattungsanspruch**. Vgl. dazu das Beispiel bei Rn 1034. (Abwandlung).

Bei der Vollstreckung von Gefahrenabwehrverfügungen durch **unmittelbaren Zwang** 1000
gilt der Grundsatz der **Kostenfreiheit** (beachte aber § 19 I BundesVwVG). Dies hat den Hintergrund, dass das Polizei- und Ordnungsrecht und das Verwaltungskostenrecht der meisten Länder eine Kostenerstattungsvorschrift hierfür nicht vorsehen. Nur in einigen Bundesländern ist gesetzlich normiert, dass Kosten des unmittelbaren Zwangs erhoben werden können.[879] In Ländern, die statt des Sofortvollzugs das Rechtsinstitut der unmittelbaren Ausführung einer Maßnahme kennen, ist die Kostenerhebung gesetzlich ermöglicht.

b. Allgemeine Rechtmäßigkeitsvoraussetzungen

Neben der landesrechtlichen Normierung der Kostenersatzansprüche der Verwaltung 1001
müssen aber auch hier die allgemeinen Rechtmäßigkeitsvoraussetzungen von Gefahrenabwehrverfügungen erfüllt sein. Dazu bedarf es zunächst einer Rechtsgrundlage, die in formeller und materieller Hinsicht unter den spezifischen Punkten des Polizeikostenrechts rechtsfehlerfrei angewendet werden muss:

aa. Rechtsgrundlage

Auch die **Kostenerhebung** ist Bestandteil der Eingriffsverwaltung und untersteht da- 1002
her uneingeschränkt dem Vorbehalt des Gesetzes. Die erforderliche Rechtsgrundlage für die Kostenanforderung ist in den entsprechenden Polizei- und Verwaltungsvollstreckungsgesetzen normiert, soweit sie Ersatzansprüche der Verwaltung gegen den Verantwortlichen vorsehen (§ 10 i.V.m. § 19 I BundesVwVG[880]). Zu beachten sind weiterhin die kostenrechtlichen Vorschriften des jeweiligen Landes in Bezug auf Höhe und Umfang des möglichen Anspruchs und spezialgesetzliche Kostenerstattungsvorschriften im besonderen Gefahrenabwehrrecht.[881]

bb. Anspruchsvoraussetzungen

Die Maßnahme der **Ersatzvornahme**, für deren Kosten Ersatz verlangt wird, muss 1003
formell und materiell **rechtmäßig** gewesen sein. Die formelle Rechtmäßigkeit bestimmt sich nach der Zuständigkeit der Vollzugsbehörde (vgl. z.B. § 4 BundesVwVG, § 12 BremVwVG). Die Anhörung ist aufgrund der Regelung des § 28 II Nr. 5 VwVfG entbehrlich. Die materielle Rechtmäßigkeit bestimmt sich zunächst nach den Tatbestandsvoraussetzungen der Ersatzvornahme (vgl. § 10 BundesVwVG und die entsprechenden Landesgesetze) i.V.m. den Tatbestandsvoraussetzungen der Zulässigkeit des Verwaltungszwangs (§ 6 BundesVwVG und die entsprechenden Landesgesetze). Zuletzt muss die Rechtsfolgeanordnung (§ 19 I BundesVwVG und die entsprechenden Landesgesetze) beachtet werden. Vgl. dazu das Anwendungsbeispiel bei Rn 1034.

---

[879] Vgl. §§ 7 f. BWVollstrKO (i.V.m. § 52 IV BWPolG i.V.m. § 31 III LVwVG), Art. 58 III BayPAG i.V.m. § 1 Nr. 6, 7 BayPolKV.

[880] Auf Landesebene vgl. bspw. § 15 i.V.m. § 19 III, IV BremVwVG.

[881] Bspw. die Kostenersatzpflicht im Feuerwehrgesetz des Landes nach Hilfeleistungen kommunaler Feuerwehren oder im Landeswassergesetz nach Maßnahmen der Gewässeraufsichtsbehörden, siehe weiter unten, III. 1. (Rn 1014 ff.).

1004 Nach ganz h.M. besteht für rechtswidrige Maßnahmen keine Kostenerstattungspflicht, auch nicht aus öffentlich-rechtlicher GoA oder aus öffentlich-rechtlichem Erstattungsanspruch, denn sonst könnte das abschließende Polizei- und Verwaltungskostenrecht umgangen werden.

1005 Zum Kostenersatz für die **unmittelbare Ausführung** rechnen z.B. die Auslagen, die der Behörde durch die Beauftragung eines Unternehmens (z.B. Abschleppunternehmer) erwachsen. Aber auch besonderer Personal- oder Sachaufwand gehören hierher. Im Einzelnen bestehen in den verschiedenen Polizei- und Verwaltungsvollstreckungsgesetzen allerdings erhebliche Unterschiede. Die Rechtsgrundlage für die Kostenerhebung ist den Polizeigesetzen bzw. den Verwaltungsvollstreckungsgesetzen zu entnehmen.[882]

1006 Kostenersatz ist auch bei **Sicherstellung** und **Verwahrung einer Sache** vorgesehen. Praktischer Anwendungsfall ist die bereits erwähnte „Sicherstellung" eines verkehrswidrig abgestellten Fahrzeugs. Da die Entfernung des Fahrzeugs vom Gefahrenort in den Verantwortungsbereich des Halters (je nachdem, ob er selbst gefahren ist oder nicht, Verhaltens- bzw. Zustandsverantwortlichkeit) fällt und die Behörde dieser Pflicht an seiner Stelle nachkommt, ist die „Sicherstellung" juristisch und damit auch kostenrechtlich als **Ersatzvornahme** zu qualifizieren.

1007 In Bundesländern, in denen die Gesetze eine unmittelbare Ausführung nicht kennen, handelt es sich um eine im **Sofortvollzug** vorgenommene Sicherstellung. Der Kostenersatzanspruch leitet sich aus der Ersatzvornahme ab.

cc. Kostenlast bei Anscheinsgefahr und Gefahrenverdacht

1008 Bei der **Anscheinsgefahr** hat sich zunehmend durchgesetzt, dass es auf der Sekundärebene des Polizeikostenrechts einer Beurteilung *ex post* bedarf. Da (im Nachhinein) objektiv keine Gefahrenlage bestand, wird aus rechtsstaatlichen Gründen - parallel zum Entschädigungsanspruch des Anscheinsstörers[883] - eine Haftungsbegrenzung gefordert. Im Ergebnis wird der Anscheinsstörer auf der Kostenebene also wie ein Nichtstörer behandelt.[884]

1009 Beim **Gefahrenverdacht** besteht auf der Primärebene eine unklare Sachlage. Dennoch ist bei hinreichender Wahrscheinlichkeit einer Gefahr ein sicherheitsbehördliches Einschreiten geboten, um zu ermitteln, ob letztlich eine Gefahrenlage vorliegt oder nicht. In diesem Fall setzt die Befugnisgeneralklausel die Behörde zu einem Gefahrerforschungseingriff in Stand. Der genaue Inhalt der Gefahrerforschungseingriffe ist aber umstritten (vgl. die Ausführungen bei Rn 683 und 780).
Dieser Streit setzt sich bei der Kostenlast fort: Nach h.M. sind Gefahrerforschungseingriffe von Amts wegen durchzuführende Sachverhaltsaufklärungsmaßnahmen gem. § 24 I VwVfG, sodass die Verwaltung selbst die Kosten tragen muss. Wird jemand, der im Falle einer Gefahr Verantwortlicher wäre, vorläufig in Anspruch genommen und stellt sich *ex post* heraus, dass er nicht verantwortlich ist, kann er als Nichtstörer Entschädigung verlangen. Darüber hinaus hat er einen Kostenersatzanspruch, falls er in Vorlage getreten ist. Für den Fall, dass tatsächlich eine Gefahrenlage vorgelegen hat

---

[882] Vgl. § 5a II MEPolG; Bund: § 19 II BundesPolG; BW: § 8 II PolG, Bay: Art. 9 II PAG; Berl: § 15 II, III ASOG; Brand: § 53 II i.V.m. § 55 PolG; Hamb: § 7 III SOG, Hess: § 8 II SOG, MeckVor: § 89 SOG, RhlPfl: § 6 II POG, Sachs: § 6 II PolG, SachsAnh: § 9 II SOG, SchlHolst: § 230 III i.V.m. §§ 238 I bzw. 239, 249 II LVwG, Thür: § 9 II PAG i.V.m. § 12 II OBG.
[883] Siehe bei Rn 1023 ff.
[884] *Schoch*, JuS 1995, 504, 507; *Schlink*, Jura 1999, 169 ff.; *Durner*, JA 2009, 911, 912.

(*Ex-post* Betrachtung), muss der Verursacher des Gefahrenverdachts die Kosten der Gefahrenabwehrbehörde tragen.

c. Auswahlermessen bei mehreren Kostenpflichtigen

Nach der Rechtsprechung steht bei einer Störermehrheit die Auswahl des Kostenpflich- **1010**
tigen (= Tertiärebene) im Ermessen der Behörde. Die Ermessensausübung hat sie vorrangig am Gebot der gerechten Lastenverteilung vorzunehmen. Gefahrennähe eines der Verantwortlichen sowie Verfahrensokonomie sind keine geeigneten Kriterien, die bei der Ermessensausübung Berücksichtigung finden dürfen.[885]

d. Geltendmachung des Ersatzanspruchs durch Leistungsbescheid

Aufgrund der sich aus den Regelungen über die Ersatzvornahme und der Zwangsbei- **1011**
treibung des Kostenbetrags ergebenden Verwaltungsaktbefugnis und der Titelfunktion des Verwaltungsakts ist die Behörde nicht auf den Klageweg angewiesen, sondern muss ihren Kostenersatzanspruch durch Leistungsbescheid festsetzen und diesen auch notfalls selbst vollstrecken (Grundsatz der Selbstvollstreckung der Verwaltung). Für eine Klage würde aus diesem Grunde regelmäßig schon das Rechtsschutzbedürfnis fehlen.[886] Der Vorbehalt des Gesetzes verlangt gerade auch hier eine Rechtsgrundlage in einem Parlamentsgesetz. Diesem Gesetzesvorbehalt werden - wie bereits dargestellt - die Polizei- und Verwaltungsvollstreckungsgesetze sowie die Gesetze über die Vollstreckung von Geldleistungen und die Gebühren- und Beitragsgesetze gerecht.

2. Kostenerstattung unter Verwaltungsträgern

Der Heranziehung zu den Kosten von Gefahrenabwehrmaßnahmen und Gefahrerfor- **1012**
schungsmaßnahmen steht nicht entgegen, dass der Herangezogene selbst Träger öffentlicher Aufgaben ist, soweit damit nicht in dessen hoheitliche Tätigkeit eingegriffen wird.[887] Solche Ersatzansprüche sind nicht im Wege der öffentlich-rechtlichen GoA zu realisieren, denn der handelnde und kostenbelastete Verwaltungsträger handelt aufgrund seiner „Eilkompetenz" und nicht „ohne Auftrag" und führt daher kein „fremdes Geschäft". Als Anspruchsgrundlage kommt dann mangels spezieller Ausgestaltung der allgemeine öffentlich-rechtliche Erstattungsanspruch in Betracht.

---

[885] VGH Mannheim NVwZ-RR 2012, 387.

[886] Anders ist es aber, wenn sich das Gericht ohnehin mit der Sache beschäftigen muss bzw. wird. In diesem Fall ist das Rechtsschutzbedürfnis gegeben. Beispiel: Der Schuldner erklärt von vornherein, dass er auf keinen Fall zahlen werde.

[887] OVG Schleswig NVwZ 2000, 1196.

III. Entschädigungs- und Schadensersatzansprüche des Adressaten

1013 Werden durch Eingriffe in Rechtsgüter Einzelner materielle oder immaterielle Schäden verursacht, stellt sich die Frage nach Entschädigungs- und Schadensersatzansprüchen. Die ausgleichspflichtigen Tatbestände bestehen primär nach Maßgabe der Spezialgesetze[888] und einschlägigen Regelungen der Polizeigesetze[889], die eine Reihe von Sonderregelungen zum Staatshaftungsrecht enthalten. Für die Frage nach den konkret in Betracht kommenden Ansprüchen muss zwischen rechtmäßigen und rechtswidrigen Maßnahmen einerseits und bei den rechtswidrigen Maßnahmen zwischen schuldhaftem und schuldlosem Verhalten andererseits differenziert werden. Der Inhalt des eventuellen Schadensausgleichs hängt maßgeblich davon ab, ob das verletzte Rechtsgut materieller oder immaterieller Natur ist.

1. Entschädigung bei rechtmäßigen Maßnahmen

1014 Grundsätzlich besitzt derjenige, der **rechtmäßig** als *Handlungs-* oder *Zustandsverantwortlicher* in Anspruch genommen wurde, **keinen Entschädigungsanspruch**. Denn durch die Gefahrenabwehrmaßnahme wird er lediglich „in die Schranken seines Rechts" verwiesen. Verfassungsrechtlich bildet die polizei- und ordnungsrechtliche Verantwortlichkeit eine entschädigungslos hinzunehmende Beschränkung von Freiheit und Eigentum (Art. 14 I S. 2 GG). Das Nichtbestehen von Entschädigungsansprüchen findet seine verfassungsrechtliche Rechtfertigung darin, dass das Polizei- und Ordnungsrecht Eingriffe gegen den Verantwortlichen nur innerhalb der Grenzen der Verhältnismäßigkeit zulässt. Beachten also Gefahrenabwehrmaßnahmen den Grundsatz der Verhältnismäßigkeit, besteht grundsätzlich kein Entschädigungsanspruch.

1015 Etwas anderes gilt nur dann, wenn der Gesetzgeber trotz rechtmäßiger Inanspruchnahme eines Störers bei diesem eine **besondere Härte** erblickt.

> **Beispiel:** Aufgrund eines BSE-Tests ist bei einem Schlachtrind **BSE** festgestellt worden. Die zuständige Veterinärbehörde ordnet daraufhin gem. §§ 18, 24 I TierseuchenG die sofortige Tötung des gesamten Rinderbestandes des betroffenen Hofes an.
>
> Hier hat der Halter grundsätzlich einen Entschädigungsanspruch gem. § 66 Nr. 1 und 2 TierseuchenG. Dieser entfällt aber, wenn eine der Voraussetzungen des § 69 TierseuchenG erfüllt ist. Das ist eine Sachverhaltsfrage. Vgl. dazu auch die durchaus austauschbare Konstellation der **Schweinepestfälle** bei Rn 1018 sowie die Fälle der Maul- und Klauenseuche.

1016 Ein angemessener Ausgleichsanspruch (Entschädigung) entsteht auch dann, wenn jemand durch eine rechtmäßige Maßnahme während des polizei- und ordnungsrechtlichen **Notstandes als Nichtverantwortlicher in Anspruch genommen wird** und dadurch einen Schaden erleidet (vgl. nur § 56 I S. 1 BremPolG). Der Grund für diese Entschädigungspflicht besteht darin, dass ein **Ausgleich für ein Sonderopfer** geschaffen werden soll, das dem Nichtverantwortlichen auferlegt wurde.

1017 Dem Nichtverantwortlichen haftungsrechtlich gleichgestellt ist der **unbeteiligte Dritte**, d.h. eine Person, die unbeabsichtigt und nicht zielgerichtet aus Anlass einer recht-

[888] Vgl. etwa §§ 56 ff. InfSchG (ehemals §§ 49 ff. BSeuchenG) oder §§ 66 ff. TierseuchenG.

[889] Vgl. §§ 45-51 MEPolG; Bund: §§ 51-56 BundesPolG; BW: §§ 55-58 PolG; Bay: Art. 70-73 PAG, Art. 11 LStVG; Berl: §§ 59-65 ASOG; Brand: §§ 38 ff. OBG i.V.m. § 70 PolG; Brem: §§ 56-62 PolG; Hamb: § 10 III-V SOG; Hess: §§ 64-70 SOG; MeckVor: §§ 72-77 SOG; Nds: §§ 80-86 SOG; NRW: §§ 39-43 OBG i.V.m. § 67 PolG; RhlPfl: §§ 68-74 POG; Saar: §§ 68-74 PolG; Sachs: §§ 52-58 PolG; SachsAnh: §§ 69-75 SOG; SchlHolst: §§ 221-226 LVwG; Thür: §§ 68-74 PAG i.V.m. § 52 OBG.

mäßigen Maßnahme geschädigt wird.[890] Das gilt auch gegenüber Personen, die mit Zustimmung der Gefahrenabwehrbehörde bei der Erfüllung ihrer Aufgaben freiwillig mitgewirkt oder Sachen zur Verfügung gestellt und dadurch einen Schaden erlitten haben (vgl. nur 56 II BremPolG). Da diese Personen im Interesse der Allgemeinheit gehandelt haben, müssen sie auch von der Allgemeinheit entschädigt werden. Wenn für diese Fälle eine Entschädigung – wie in den meisten Bundesländern – gesetzlich nicht ausdrücklich geregelt ist, ist die Regelung hinsichtlich des **Nichtverantwortlichen**[891] entsprechend heranzuziehen.[892] Entsprechendes gilt für die Fälle der **Anscheinsgefahr** und des **Gefahrenverdachts**, sofern der Zustand durch den Anspruchsteller nicht zurechenbar verursacht wurde (vgl. Rn 1023).

Art und Umfang der Entschädigung entsprechen den für Entschädigungsansprü- **1018**
che aus enteignendem Eingriff und aus Aufopferung allgemein geltenden Grundsätzen. Insoweit sei auf die Ausführungen bei *R. Schmidt*, AllgVerwR, Rn 1061 ff. (Recht der staatlichen Ersatzleistungen) verwiesen. Es lässt sich aber sagen, dass sich der Ausgleich primär auf Vermögensschäden bezieht, die dem Geschädigten durch Maßnahmen der Gefahrenabwehrbehörde entstanden sind.[893] Inwieweit auch **Nichtvermögensschäden,** also **immaterielle Schäden** (etwa Schmerzensgeld) vom Entschädigungsanspruch umfasst sind, ist den zum Teil sehr unterschiedlichen gesetzlichen Regelungen der Polizeigesetze zu entnehmen. Grundsätzlich werden aber Nachteile immaterieller Art nicht berücksichtigt, was dazu führt, dass Schmerzensgeld (§ 847 BGB) nicht erstattungsfähig ist. Nur ausnahmsweise werden nach den Polizeigesetzen bestimmte immaterielle Schäden ausgeglichen.[894] Es handelt sich um die Ausgleichspflicht im Fall der Verletzung des Körpers, der Gesundheit oder bei einer Freiheitsentziehung. Bei der **Bemessung des Ausgleichs** sind alle Umstände zu berücksichtigen, insbesondere Art und Vorhersehbarkeit des Schadens, Schutz des Geschädigten sowie Mitverschulden.
Zu beachten ist jedoch, dass ein Anspruch auf Entschädigung, der auf den allgemeinen polizeirechtlichen Vorschriften über den Schadensausgleich infolge einer rechtmäßigen Inanspruchnahme als Nichtstörer basiert, ausgeschlossen sein kann, wenn der Sachverhalt von einer spezialgesetzlichen Regelung abschließend erfasst ist.

Beispiel[895]: B ist Betreiber einer Schweinemast. In einem vergleichbaren Mastbetrieb des benachbarten Landkreises wurde Schweinepest[896] festgestellt. Aufgrund des Verdachts von Schweinepest auch im Betrieb des B erlässt die zuständige Veterinärbehörde mit Hinweis auf §§ 18, 24 I TierseuchenG eine Tötungsanordnung des gesamten Bestandes. Bei der anschließenden Untersuchung des Materials stellt sich allerdings heraus, dass bei B´s Tieren Schweinepest nicht vorgelegen hat. B erleidet infolge der Tötung seiner Tiere einen höheren Schaden, als die Haftungsgrenzen der §§ 66 ff. TierseuchenG vorsehen. Daher begehrt er Schadensersatz nach der landespolizeirechtlichen Vorschrift über die Entschädigung infolge der Inanspruchnahme als Nichtstörer.

Wegen der besonderen Seuchengefahr konnte die Behörde die Tötungsanordnung rechtmäßig auf §§ 18, 24 I TierseuchenG stützen. Diese, spezielles Gefahrenabwehr-

---

[890] Bay: Art. 70 II PAG; Berl: § 59 I Nr. 2 ASOG; MeckVor: § 73 SOG; SchlHolst: § 222 LVwG. Erstmalig wurde dieser Gedanke in §§ 74, 75 EinlPrALR (1794) geregelt. Vgl. auch OLG Dresden LKV 2003, 582.
[891] Vgl. BW: § 55 I PolG; Brand: § 38 Ia OBG i.V.m. § 70 PolG; Brem: § 56 I S. 1 PolG; Hamb: § 10 III SOG; Hess: § 64 I SOG; Nds: § 80 I S. 1 SOG; NRW: § 39 Ia OBG i.V.m. § 67 PolG; RhlPfl: § 68 I S. 1 POG; Saar: § 68 I S. 1 PolG; Sachs: § 52 I S. 1 PolG; SachsAnh: § 69 I S. 1 SOG; Thür: § 68 I PAG i.V.m. § 52 OBG.
[892] Vgl. LG Köln NVwZ 1992, 1125 ff.
[893] Entgangener Gewinn und mittelbare Schäden sind nicht ersatzfähig, vgl. *Schenke*, POR, Rn 348.
[894] Vgl. § 46 II MEPolG; Berl: § 60 II ASOG; Brem: § 57 I 2 PolG; Hess: § 65 II SOG; Nds: § 81 II SOG; RhlPfl: § 69 II POG; Saar: § 69 II PolG; SachsAnh: § 70 II SOG; Thür: § 69 II PAG; siehe dagegen ausdrücklich Brand: § 39 I 1 OBG.
[895] In Anlehnung an BGH NJW 1998, 544 ff.
[896] Der Fall würde sich genauso darstellen, wenn es um die Maul- und Klauenseuche ginge.

recht darstellende, Vorschrift setzt eine tatsächlich ausgebrochene Seuche nicht voraus. Vielmehr genügen auch der durch Tatsachen begründete Verdacht oder Anschein einer Gefahr.[897] Auch Tötungsanordnungen aufgrund einer bloßen „Anscheins-Seuchengefahr" sind daher rechtmäßig, wenn die übrigen Voraussetzungen für diese Maßnahme, insbesondere die pflichtgemäße Ermessensausübung und die Beachtung des Übermaßverbots, vorliegen. Die in diesem Rahmen in Betracht kommende Entschädigungsregelung der §§ 66 ff. TierseuchenG erfasst daher auch rechtmäßige Tötungsanordnungen, die gegen einen Anscheinsstörer ergangen sind. Fraglich ist allerdings, wie es sich auswirkt, dass die landespolizeirechtliche Vorschrift, auf die B seinen Anspruch stützt, eine derartige Begrenzung nicht vorsieht. Allein durch die Höhenbegrenzung der §§ 66 ff. TierseuchenG kann jedenfalls nicht ausgeschlossen werden, dem Nichtstörer und damit auch dem (nicht pflichtwidrig handelnden) Anscheinsstörer, der zur Bekämpfung einer Seuchengefahr nach den speziellen Vorschriften des TierseuchenG in Anspruch genommen worden ist, den weitergehenden landespolizeirechtlichen Schadensausgleich zu versagen. Bei einer vorzunehmenden Gesamtschau muss aber nicht nur der Nachteil, sondern auch der Vorteil der Entschädigungsregelung der §§ 66 ff. TierseuchenG beachtet werden, der darin besteht, dass eine Entschädigung auch bei tatsächlichem Vorliegen einer Seuche zu leisten ist. Gefahrenabwehrrechtlich wäre wegen der dann zu bejahenden Störereigenschaft des B keine Entschädigung denkbar. B würde kein Sonderopfer erbringen, sondern lediglich in die Schranken seines Rechts verwiesen. Dieser Vorteil der §§ 66 ff. TierseuchenG, der im Einzelfall für den betroffenen Betriebsinhaber existenzrettende Bedeutung haben kann, wiegt jedenfalls nicht leichter als auf der anderen Seite der Nachteil, dass der Betriebsinhaber bei irrtümlicher Inanspruchnahme eine möglicherweise unter dem Verkehrswert liegende Entschädigung erhält. Auf die landespolizeirechtliche Vorschrift über die Entschädigung von Nichtstörern lässt sich ein Anspruch des B daher nicht stützen.[898] Die Entschädigungsregelung der §§ 66 ff. TierseuchenG ist hier abschließend.

1019 **Anspruchsgegner** sind grundsätzlich die Anstellungskörperschaft oder - wenn gesetzlich abweichend - der Kostenträger. Der **Rechtsweg** für den Entschädigungsanspruch führt nach § 40 II S. 1 VwGO zu den ordentlichen Gerichten. Entsprechende Bestimmungen der Polizeigesetze haben insofern nicht nur lediglich deklaratorischen Charakter. Sie sind wegen Art. 31 GG sogar gegenstandslos, da die bundesrechtliche Bestimmung des § 40 II S. 1 VwGO die Frage regelt.

1020 Ist von der Verwaltung gegenüber dem Nichtverantwortlichen oder dem unbeteiligten Dritten eine Entschädigung geleistet worden, besteht ein **Rückgriffsanspruch** gegenüber dem Verantwortlichen.[899] Der Rückgriffsanspruch ist öffentlich-rechtlicher Natur, auch soweit einige Polizeigesetze auf die entsprechende Anwendung der Vorschriften des BGB über die GoA verweisen. Im Streitfall entscheiden die Verwaltungsgerichte (§ 40 I S. 1 VwGO).

---

[897] BGH NJW 1998, 544.

[898] Zu beachten ist jedoch, dass wenn es sich bei der Tötungsanordnung und der nachfolgenden Durchführung der Tötung um *rechtswidrige* Maßnahmen (etwa infolge mangelhafter Sachverhaltsaufklärung) gehandelt hätte, der Entschädigungsanspruch wegen rechtswidrigen polizeilichen Handelns - anders als der Entschädigungsanspruch des Nicht- oder Anscheinsverantwortlichen - nicht hinter der Entschädigungsregelung der §§ 66 ff. TierseuchenG zurückgetreten wäre. Diese stellt insoweit keine die allgemeinen polizeirechtlichen Vorschriften verdrängende Sonderregelung dar. Denn im Gegensatz zu den rechtmäßigen Eingriffen, bei denen dem Betroffenen eine gewisse Einschränkung der Entschädigung zugemutet werden kann, gibt es für eine rechtswidrige Maßnahme keinen Grund, ihm die volle Entschädigung nach den allgemeinen polizeirechtlichen Bestimmungen zu versagen (BGH NJW 1998, 544, 545). Darüber hinaus wäre ein Amtshaftungsanspruch gem. § 839 BGB i.V.m. Art. 34 GG in Betracht zu ziehen (siehe sogleich).

[899] Vgl. § 50 MEPolG, BW: § 57 PolG; Bay: Art. 72 PAG; Berl: § 64 ASOG; Brand: § 70 PolG i.V.m. § 41 II OBG; Brem: § 61 PolG; Hamb: § 10 IV SOG; Hess: § 69 I SOG; MeckVor: § 75 II SOG; Nds: § 85 SOG; NRW: § 42 II OBG; RhlPfl: § 73 POG; SchlHolst: § 224 II LVwG; Saar: § 73 PolG; Sachs: §§ 57 PolG; SachsAnh: § 74 SOG; Thür: § 73 PAG.

Abschlussfall zur Entschädigung bei rechtmäßigen Maßnahmen:

Sachverhalt[900]**:** Unbekannte stahlen in der Nacht den Pkw des E. Dieser zeigte den Diebstahl am nächsten Morgen bei der Polizei an. 1021
Am darauf folgenden Tag bemerkte die Polizei das Fahrzeug und versuchte, es anzuhalten. Der Fahrer konnte sich durch Flucht mit dem Fahrzeug auf einer Schnellstraße der Polizeikontrolle entziehen. Die Polizei hatte deshalb im weiteren Verlauf der Schnellstraße eine Straßensperre errichtet. Zu diesem Zweck war ein Polizeifahrzeug auf der Schnellstraße quer gestellt und die Beamten versuchten, das Fahrzeug durch Zeichen zum Halten zu bewegen. Der Fahrer fuhr auf den Polizeiobermeister P zu. Dieser konnte sich nur durch einen Sprung zur Seite in Sicherheit bringen. Dabei gab er aus seiner Dienstpistole Schüsse auf das Fahrzeug ab, konnte es aber nicht zum Halten bringen.
Später wurde das Fahrzeug an anderer Stelle verlassen vorgefunden. Die Untersuchung ergab, dass es durch die Schusseinwirkung beschädigt wurde. E verlangt nunmehr vom Land eine Entschädigung in Höhe von 1.540,- € für die Reparatur sowie 55,- € für einen Mietwagen während der Zeit des Nutzungsausfalls. In der Polizeiwache wurde E mehrfach bestätigt, dass in derartigen Fällen ein Schadensausgleich erfolge. Gleichwohl verweigert die zuständige Stelle die Zahlung der Entschädigung mit der Begründung, der Polizeieinsatz sei im überwiegenden Interesse des E selbst erfolgt.

E klagt nun vor dem Landgericht. Er trägt vor, der Schusswaffeneinsatz sei unverhältnismäßig und damit pflichtwidrig gewesen. Außerdem stelle sich die Behörde nun in Widerspruch zu ihren eigenen Erklärungen. Ist die Klage zulässig und begründet?

Die gutachtlich ausformulierte Lösung, deren Darstellung den Rahmen dieses Buches sprengen würde, steht auf der Internetseite des Verlags zum kostenlosen Download zur Verfügung.

2. Entschädigung bei rechtswidrigen Maßnahmen

Grundsätzlich sind durch hoheitliches Handeln Geschädigte auf das allgemeine Staatshaftungsrecht verwiesen. Für die *verschuldensunabhängige* Unrechtshaftung bedeutet dies, dass Entschädigungsansprüche nach Maßgabe des **enteignungsgleichen Eingriffs** und des **Aufopferungsanspruchs** bestehen. Bei rechtswidrigen und *verschuldeten* Schäden kommen zusätzlich Schadensersatzansprüche aus **Amtshaftung**, § 839 BGB i.V.m. Art. 34 GG in Betracht. 1022
Die Haftung für rechtswidrige Maßnahmen ist in den meisten Polizeigesetzen[901] vorrangig geregelt: Es besteht ein **verschuldensunabhängiger Schadensausgleich**, der wegen der weiten Auslegung des Begriffs der „Maßnahme"[902] eine Erleichterung gegenüber dem allgemeinen Staatshaftungsrechts darstellt. Fehlt allerdings eine landesrechtliche Regelung, muss auf das allgemeine Staatshaftungsrecht, insbesondere auf den enteignungsgleichen Eingriff, zurückgegriffen werden.[903]
Bei rechtswidrigen immateriellen Schäden (z.B. Körperschäden) kommt ein Aufopferungsanspruch in Betracht. Bei rechtswidrigen Vermögensschäden hingegen greift die Haftung aus enteignungsgleichem Eingriff. Siehe dazu im Einzelnen die Erläuterungen bei *R. Schmidt*, AllgVerwR bei Rn 1061 ff. (Recht der staatlichen Ersatzleistungen).

---

900 Nach OLG Dresden LKV 2003, 582 ff.
901 Bay: Art. 70 PAG; BW: § 55 PolG; Berl: § 59 II ASOG; Brand: § 38I lit. b OBG und § 70 PolG; Brem: § 56 I 2 PolG; Hess: § 64 I 2 SOG; Nds: § 80 I 2 SOG; NRW: § 39 I lit. b OBG; RhlPfl: § 68 I 2 PolG; Saar: 68 I 2 PolG; SachsAnh: § 69 I 2 SOG.
902 Unter einer Maßnahme im dargelegten Sinne versteht man eine Handlung, die unmittelbar in Rechte des Betroffenen eingreift, ohne dass es auf die Finalität ankommt.
903 Zu beachten ist aber, dass der Betroffene vorrangig versuchen muss, die Primärmaßnahme anzugreifen (sog. Vorrang des Primärrechtsschutzes). Versäumt er dieses, kann sein Anspruch gem. § 242 BGB analog ausgeschlossen sein (vgl. BGHZ 90, 17, 31 ff.).

3. Haftung bei Anscheinsgefahr und Gefahrenverdacht

1023 Bezüglich des Ausgleichs von Schäden, die beim Anscheinsstörer und beim Verursacher des Gefahrenverdachts aufgetreten sind, bestehen *keine* gesetzlichen Regelungen. Die Rechtsprechung differenziert im Ergebnis zwar zutreffend, rechtsdogmatisch aber wechselhaft:

- Auf der **Primärebene** dürften wegen der maßgeblichen *Ex-ante*-Sicht des Polizeibeamten sowohl Anscheinsstörer (zu Zwecken von Gefahrenabwehrmaßnahmen) als auch – bei hinreichender Wahrscheinlichkeit einer Gefahr – Verursacher des Gefahrenverdachts (zu Zwecken von Gefahrerforschungseingriffen) in Anspruch genommen werden.
- Auf der **Tertiärebene** (Entschädigungsrecht) sei die *Ex-post*-Betrachtung entscheidend, weil hier der Aspekt der effektiven Gefahrenabwehr irrelevant sei. Funktion der Tertiärebene sei der gerechte Schadensausgleich. Daher sei der Verursacher eines *Gefahrenverdachts* entschädigungsrechtlich dem Nichtstörer (ergänze: unter *analoger Anwendung* der polizeigesetzlichen Vorschriften wie bspw. § 56 I S. 1 BremPolG) gleichzustellen, wenn ihm kein vorwerfbares Verhalten nachzuweisen sei.[904]

1024 Das bedeutet Folgendes: Der Verursacher eines Gefahrenverdachts hat grundsätzlich einen Entschädigungsanspruch für die Inanspruchnahme, denn er ist nicht verantwortlich, wenn sich eine Gefahr als nicht gegeben herausstellt. Hat die Person aber den Verdacht der Gefahr verursacht oder liegt die Verursachung in ihrem Verantwortungsbereich oder dient der Eingriff wesentlich ihrem Schutz, sind dies alles Umstände, die im Rahmen der Entschädigung Berücksichtigung zu finden haben und je nach Gewichtung zum völligen Ausschluss des Anspruchs führen können. Entsprechendes gilt für den *Anscheinsstörer*. Auch dieser ist grundsätzlich zu entschädigen, wenn sich herausstellt, dass eine Gefahr in Wirklichkeit nicht bestanden hat.[905] Hat er die den Anschein begründenden Umstände zu verantworten, kann dies dagegen zum völligen **Ausschluss des Anspruchs** führen.[906]

Im **Beispiel** von Rn 683 ist fraglich, wer die genannten Kosten zu tragen hat. Wäre M Störer gewesen, hätte er die Kosten tragen müssen, da die Vorschriften über die Entschädigung den Störer nicht berücksichtigen (dieser wird ja durch die rechtmäßige Inanspruchnahme lediglich in seine ordnungsrechtlichen Grenzen verwiesen). M war jedoch nicht Störer, er wird im Rahmen der Gefahrenabwehr nur als solcher behandelt, um die Gefahrenabwehrmaßnahme nicht rechtswidrig werden zu lassen. Auf die Kostenlast kann dieser Gedanke aber nicht durchschlagen. Daher muss M auf der Ausgleichsebene wie ein Nichtstörer behandelt werden. Er hat daher grundsätzlich einen Entschädigungsanspruch analog der Vorschrift über die Entschädigung von Nichtstörern, der nur dann gemildert wird bzw. entfällt, wenn er teilweise oder ausschließlich den Zustand verursacht hat. Ob das angenommen werden kann, ist eine Wertungsfrage. Vorliegend ist zumindest eine Minderung des Entschädigungsanspruchs nicht ausgeschlossen.[907]

Gegenbeispiel: Angetrunkene Wohnungsinhaber machen sich einen Spaß daraus, eine gefährliche Situation vorzutäuschen, und rufen um Hilfe. Polizeibeamte treten die Tür ein und finden fröhliche Zecher vor.

In diesem Fall steht den Wohnungsinhabern selbstverständlich kein Entschädigungsanspruch zu, weil sie den Anschein einer Gefahr zu 100 % verschuldet haben.

---

904 Vgl. OVG Münster NVwZ 2001, 1314; LG Köln NJW 1998, 317, 318.
905 LG Köln NJW 1998, 317, 318.
906 Vgl. *Götz*, POR, § 14 Rn 1 ff.; *Muckel*, BesVerwR, S. 77-79.
907 Hätte ein Gefahrenverdacht vorgelegen, wäre ebenfalls eine analoge Anwendung der Entschädigungsvorschrift des § 56 in Betracht gekommen. Hätte die Polizei rechtswidrig und schuldhaft gehandelt, wäre auch ein Amtshaftungsanspruch (§ 839 I BGB, Art. 34 GG) zu prüfen gewesen.

I. Abschleppen verbotswidrig abgestellter Kfz

Verkehrszeichen werden als Verwaltungsakte in Form einer Allgemeinverfügung gem. § 35 S. 2 VwVfG qualifiziert (*R. Schmidt*, AllgVerwR, Rn 419/497).[908] In einem Halte- oder Parkverbotsschild sieht das BVerwG[909] zugleich das Gebot, das unerlaubt abgestellte Fahrzeug wegzufahren, und qualifiziert das Abschleppen als eine Maßnahme der Verwaltungsvollstreckung.[910] Auf dieser Basis ergibt sich: 1025

- Als **Grundverfügung** fungiert das im Halteverbot erblickte **Wegfahrgebot**.
- Dieses ist als Handlungsgebot **materiell vollstreckbar**.
- Die **formelle Vollstreckbarkeit** wird infolge des Wegfalls der aufschiebenden Wirkung analog § 80 II S. 1 Nr. 2 VwGO bejaht.
- Beim Zwangsmitteleinsatz handelt es sich nach richtiger Auffassung um eine **Ersatzvornahme** (zumeist in Form der Fremdvornahme).

Diese Vorgehensweise ist mit Blick auf die allgemeinen Verfahrensgrundsätze (Bekanntgabe eines Verwaltungsakts) und die Grundsätze der Verwaltungsvollstreckung (Vollstreckbarkeit der Grundverfügung, Androhung des Zwangs, Zuständigkeit für den Zwang) nicht ganz unbedenklich und bedarf der Erläuterung:

- Ein Verwaltungsakt, der Grundlage einer Vollstreckung sein soll, muss zumindest **wirksam** sein. Nach den allgemeinen Regeln wird ein Verwaltungsakt gegenüber dem Betroffenen in dem Zeitpunkt wirksam, in dem er ihm **bekannt gegeben** wird (§ 43 I VwVfG). Die Bekanntgabe beurteilt sich wiederum nach § 41 VwVfG. Die in § 41 III S. 1 VwVfG vorgesehene *öffentliche* Bekanntgabe, bei der es nur auf die abstrakte Kenntnisnahmemöglichkeit ankommt, greift bei Verkehrszeichen jedoch nicht, da Verkehrszeichen keine Einzelverwaltungsakte darstellen und im Übrigen auch keine Rechtsvorschrift existiert, die diese Form der Bekanntgabe zulassen könnte. Zwar kommt dann noch die Ausnahmevorschrift des § 41 III S. 2 VwVfG in Betracht, der zufolge eine öffentliche Bekanntgabe von Allgemeinverfügungen möglich ist, wenn eine individuelle Bekanntgabe untunlich ist, jedoch hat das BVerwG diese Frage ausdrücklich offengelassen. Es hat entschieden, dass die Bekanntgabe von Verkehrszeichen allein nach den bundesrechtlichen Vorschriften der Straßenverkehrsordnung **durch Aufstellen des Verkehrszeichens** erfolge.[911] Seien Verkehrszeichen so aufgestellt oder angebracht, dass sie ein durchschnittlicher Kraftfahrer bei Einhaltung der nach § 1 StVO erforderlichen Sorgfalt schon „mit einem raschen und beiläufigen Blick" erfassen könne, äußerten sie ihre Rechtswirkung gegenüber jedem von der Regelung betroffenen Verkehrsteilnehmer, gleichgültig, ob er das Verkehrszeichen tatsächlich wahrnehme oder nicht. Es komme allein auf die **theoretische Möglichkeit der Kenntnisnahme** an.[912] 1026

  Damit gelten Verkehrszeichen also allein durch ihr **Aufstellen** als **bekannt gegeben**. Von praktischer Bedeutung ist dies vor allem für diejenigen Personen, die z.B. Jahre nach der Aufstellung des Verkehrszeichens zum ersten Mal mit ihm konfrontiert werden (dazu sogleich), und für diejenigen, die als Halter eines Kfz eine Zustandsverantwortlichkeit trifft und die daher auch für den Fall, dass ihnen die Kenntnisnahme gar nicht möglich war, weil sie das Kfz gar nicht geführt hatten (Fahrer und Halter können ja per-

---

[908] Vgl. dazu auch BVerfG NJW 2009, 3642, 3643; BVerwGE 102, 316, 318 ff.; BVerwG NJW 2004, 698; NJW 2002, 2122 f.; VGH Mannheim JZ 2009, 738 f.; OVG Hamburg NJW 2001, 168, 169; NordÖR 2002, 469, 470. Dem sich anschließend *Brenner/Seifarth*, JuS 2009, 231, 233.

[909] Vgl. BVerwGE 102, 316 ff.; BVerwG NJW 2002, 2122 f.; OVG Hamburg NordÖR 2002, 469, 470; jeweils in Anlehnung an BVerwG NVwZ 1988, 623 (und im Anschluss an BVerwG NJW 1978, 656). Vgl. auch VGH Mannheim NJW 2007, 2058 f.

[910] Auf die für Hamburg geltende Sonderregelung des § 14 I S. 2 SOG (Sicherstellung verbotswidrig abgesteller Kfz) soll hier nicht weiter eingegangen werden.

[911] Vgl. insbesondere §§ 39, 45 IV StVO.

[912] BVerwGE 102, 316, 318 f.; bestätigt in NJW 2011, 246, 247; vgl. auch OVG Hamburg NordÖR 2002, 469, 470; VGH Kassel NJW 1999, 1651, 1652; VGH Mannheim JZ 2009, 738 f.; *Remmert*, NVwZ 2000, 642, 643.

sonenverschieden sein), gleichwohl als Adressaten und damit als Pflichtige für eine etwaige Verwaltungsvollstreckung angesehen werden.

Aufgrund ihrer Qualifikation als Allgemeinverfügungen und damit als Verwaltungsakte unterliegen Verkehrszeichen der Möglichkeit der **Anfechtung** mittels Widerspruchs und Anfechtungsklage (§§ 68 I S. 1 und 42 I Var. 1 VwGO). Gemäß § 70 I S. 1 VwGO **beginnt die Widerspruchsfrist** mit der Bekanntgabe. Bei Verkehrszeichen müsste man daher annehmen, dass die Widerspruchsfrist in konsequenter Fortführung der o.g. Rspr. des BVerwG **mit der Aufstellung** zu laufen beginne.[913] Wegen fehlender Rechtsbehelfsbelehrung würde jedenfalls nicht die Monatsfrist gem. §§ 70, 74 I VwGO, sondern grundsätzlich die **Jahresfrist** (vgl. § 58 II VwGO) gelten. Konsequenzen hat diese (folgerichtige) Auffassung für solche Verkehrsteilnehmer, die das Verkehrszeichen erst später als ein Jahr nach seiner Aufstellung zur Kenntnis nehmen können, z.B. weil sie zuvor die Straße zu keinem Zeitpunkt befahren hatten. Diese könnten das Verkehrsschild also nicht mehr anfechten, weil die – mangels Rechtsmittelbelehrung maßgebliche – Jahresfrist für den Widerspruch gegen das Verkehrsschild verstrichen ist.[914]

Aufgrund dieser (vermeintlichen) Rechtsschutzverkürzung war es nur eine Frage der Zeit, bis das BVerwG erneut angerufen werden würde. In seiner Entscheidung vom 23.9.2010[915] hat das Gericht zunächst noch einmal klargestellt, dass die Bekanntgabe eines Verkehrszeichens mit seiner Aufstellung erfolge. Sodann hat es festgestellt, dass mit diesem Zeitpunkt nicht notwendigerweise auch die Rechtsbehelfsfrist zu laufen beginne. Diese Frist werde vielmehr erst dann ausgelöst, wenn sich der betreffende Verkehrsteilnehmer erstmals der Regelung des Verkehrszeichens gegenübersehe. Jedes andere Verständnis geriete in Konflikt mit der Rechtsweggarantie des Art. 19 IV GG, die es verbiete, den Rechtsschutz in unzumutbarer, durch Sachgründe nicht mehr zu rechtfertigender Weise zu erschweren. Liefe die Anfechtungsfrist für jedermann schon mit dem Aufstellen des Verkehrsschilds, könne ein Verkehrsteilnehmer, der mehr als ein Jahr später erstmals mit dem Verkehrszeichen konfrontiert werde, keinen Rechtsschutz erlangen; denn bis zu diesem Zeitpunkt sei er an der Einlegung eines Rechtsbehelfs mangels individueller Betroffenheit (§ 42 II VwGO) gehindert, danach würde ihm der Ablauf der einjährigen Anfechtungsfrist entgegengehalten. Dieses Rechtsschutzdefizit werde auch durch die Möglichkeit, ein Wiederaufgreifen des Verfahrens zu beantragen, nicht in der verfassungsrechtlich gebotenen Weise ausgeglichen, dies schon wegen der besonderen Voraussetzungen, die § 51 VwVfG an einen solchen Rechtsbehelf stelle.[916] Schließlich sei zu beachten, dass die gem. § 58 II VwGO maßgebliche einjährige Rechtsbehelfsfrist nicht erneut zu laufen beginne, wenn sich derselbe Verkehrsteilnehmer demselben Verkehrszeichen ein weiteres Mal gegenübersehe. Der Inhalt des Verkehrszeichens, das dem Verkehrsteilnehmer bei seinem erstmaligen Herannahen bekannt gemacht wurde, gelte ihm gegenüber fort, solange seine Anordnung und Bekanntgabe aufrechterhalten blieben. Komme der Verkehrsteilnehmer erneut an diese Stelle, habe das Verkehrszeichen für ihn nur eine erinnernde Funktion.[917]

Stellungnahme: Diese Rspr. ist mit Blick auf den klaren Wortlaut des § 70 VwGO, wonach die Rechtsbehelfsfrist mit Bekanntgabe zu laufen beginnt, nicht ganz unproblematisch. Da das BVerwG aber zugunsten des Rechtsschutzsuchenden von der gesetzlichen Regelung abweicht, kann ihr im Ergebnis durchaus gefolgt werden. Damit lässt sich nun folgender gesicherter Befund aufstellen:

⇨ Die **Bekanntgabe** eines als Allgemeinverfügung zu qualifizierenden Verkehrszeichens erfolgt durch sein Aufstellen.

---

[913] So etwa VGH Mannheim JZ 2009, 738 f.
[914] VGH Mannheim JZ 2009, 738 f.; a.A. *Bitter/Goos*, JZ 2009, 740; *Beaucamp*, JA 2008, 612, 615.
[915] BVerwG NJW 2011, 246 ff.
[916] BVerwG NJW 2011, 246, 247.
[917] BVerwG NJW 2011, 246, 247.

- ⇨ Die Rechtsbehelfsfrist beträgt wegen fehlender Rechtsbehelfsbelehrung **ein Jahr** (§§ 70 II, 58 II VwGO)
- ⇨ Die Frist beginnt zu laufen, wenn sich der Straßenverkehrsteilnehmer **erstmalig mit der Regelung konfrontiert** sieht. Bei nochmaliger Konfrontation mit dem Verkehrsschild beginnt die Frist daher nicht erneut zu laufen.

Danach wird beispielsweise auch ein **nachträglich aufgestelltes Halteverbot** im Zeitpunkt der Aufstellung auch demjenigen gegenüber wirksam, der sein Fahrzeug zuvor erlaubtermaßen dort abgestellt hatte. Denn obwohl der Betroffene sich nicht persönlich vor Ort befunden hat, ist er nach Auffassung des BVerwG Verkehrsteilnehmer und somit Adressat der durch das Verkehrszeichen getroffenen Anordnung. Verkehrsteilnehmer sei nämlich nicht nur derjenige, der sich im Straßenverkehr bewege, sondern auch der Halter eines am Straßenrand geparkten Fahrzeugs, solange er - wie regelmäßig - Inhaber der tatsächlichen Gewalt über das Fahrzeug sei.[918] Sowohl die Bekanntgabe als auch der Beginn der Rechtsbehelfsfrist erfolgen somit regelmäßig in dem Zeitpunkt der Aufstellung des Verkehrszeichens. Zur prüfungsrelevanten Abschleppproblematik vgl. *R. Schmidt*, Fälle zum POR, Fall 12.

Die Wirksamkeit eines Verkehrsschildes **endet** spätestens, wenn ein entsprechender actus contrarius ergeht, wenn das Schild also aufgrund entsprechender Anordnung der zuständigen Straßenverkehrsbehörde **abgebaut** wird. Fraglich ist indes, ob die Wirksamkeit zumindest vorübergehend suspendiert werden muss, wenn das Verkehrsschild infolge von Umwelteinflüssen (durch Schneefall bedeckt oder durch Sturm um 90 oder 180 Grad gedreht), von Beschädigung oder anderen Umständen (unbefugte Beseitigung o.ä.) nicht erkennbar ist. Streng genommen besteht in diesen Fällen noch nicht einmal die von der Rspr. des BVerwG für ausreichend erachtete abstrakte Möglichkeit der Kenntnisnahme. Aber auch wenn man diese bejahte, dürfen dem Bürger keine rechtlichen Nachteile erwachsen. Die Fiktion der Bekanntgabe an sämtliche Verkehrsteilnehmer würde überzogen und wäre mit dem Rechtsstaatsprinzip nicht vereinbar, wenn man die Verkehrsteilnehmer auch für verpflichtet halten wollte, sich an Verkehrsschildern zu orientieren, die mit zumutbaren Mitteln nicht (mehr) wahrnehmbar sind.

- Die Bejahung der **formellen Vollstreckbarkeit** erfolgt in „etwas weitherziger Analogie"[919] zu § 80 II S. 1 Nr. 2 VwGO.[920] 1027

- Ferner ist die **Zuständigkeit für die Anwendung des Verwaltungszwangs** durch die Vollzugspolizei problematisch, da grundsätzlich die Straßenverkehrsbehörde gem. § 44 I StVO für das Aufstellen von Verkehrsschildern zuständig ist und Vollzugsbehörde an sich die Behörde ist, die den Verwaltungsakt erlassen hat (§ 7 I BundesVwVG[921]). Um das Problem zu umgehen, stellt die h.M. das Verkehrszeichen der Anordnung eines Polizeivollzugsbeamten gleich und kann daher die Zuständigkeit bejahen.[922] 1028

- Schließlich entstehen rechtliche Probleme in Bezug auf die **Androhung** (und ggf. Festsetzung) des Zwangsmittels, da diese naturgemäß regelmäßig nicht erfolgt. In der Rechtsprechung wird daher auch der **Sofortvollzug** in Form der Ersatzvornahme (vgl. §§ 10, 6 II BundesVwVG) bejaht. Vgl. dazu Rn 1031. 1029

- Bei einem **Verstoß gegen die StVO** selbst ist ein gestrecktes Verfahren nicht denkbar, weil ein als vollstreckbare Grundverfügung fungierendes Verkehrsschild nicht vorhanden 1030

---

[918] BVerwGE 102, 316, 319.
[919] *Klenke*, NRWVBl 1994, 288, 289.
[920] Vgl. *R. Schmidt*, VerwProzR, Rn 906 ff. Entsprechendes gilt für den Schwerbehindertenparkplatz, den markierten Fußgängerüberweg und für die abgelaufene oder nicht betätigte Parkuhr.
[921] Anhand der Nennung des § 7 I BundesVwVG können alle landesrechtlichen Vorschriften aufgefunden werden.
[922] Vgl. BVerfGE 102, 316, 319 ff.

ist. Hier ist von einer *unmittelbaren Ausführung* bzw. einem *Sofortvollzug* auszugehen.[923]

Beispiele:

(1) **Parken auf dem Radweg**, wenn ein entsprechendes Parkverbot sich nicht aus den Zeichen 237, 240 oder 241 gem. § 41 StVO ergibt. Das folgt unmittelbar aus dem Gebot des § 12 IV S. 1 StVO, zum Parken den rechten Seitenstreifen zu benutzen, anderenfalls an den rechten Fahrbahnrand heranzufahren. Hier ist die Abschleppmaßnahme regelmäßig verhältnismäßig, wenn die Radfahrer sonst gezwungen wären, entweder auf die Fahrbahn einer stark befahrenen Straße oder auf den angrenzenden Gehweg auszuweichen.[924]

(2) **Parken im Einmündungs- oder Kreuzungsbereich**, wenn ein entsprechendes Parkverbot sich nicht aus den Zeichen 283 oder 286 gem. § 41 StVO ergibt. Das folgt unmittelbar aus § 12 III Nr. 1 StVO (5 Meter Abstand).[925]

1031 ▪ **Abschleppmaßnahme als Sicherstellung, Ersatzvornahme oder unmittelbare Ausführung?** Aufgrund der oben, aber auch bei Rn 927 genannten Bedenken wird von einem Teil der Rspr. und Lit. das Abschleppen eines verbotswidrig geparkten Fahrzeugs auch nicht als Vollstreckungsmaßnahme, sondern als Sicherstellung i.S.d. POR (= Standardmaßnahme)[926] angesehen.[927] Eine Sicherstellung kann aber nur dann vorliegen, wenn die Polizei das Fahrzeug nicht nur an einen anderen Standort versetzt, um den Gefahrzustand zu beseitigen, sondern an einen eigens für diesen Zweck bereitgestellten Verwahrungsplatz bringen lässt, um ein amtliches Verwahrungsverhältnis zu begründen (die amtliche Ingewahrsamnahme ist nach den Vorschriften der Polizeigesetze über die Sicherstellung Voraussetzung einer Sicherstellung). Da es der Polizei i.d.R. aber lediglich darum gehen wird, das Kfz zu entfernen und nicht, amtlichen Gewahrsam zu begründen und den Halter, Fahrer oder Dritte von der Einwirkungsmöglichkeit auszuschließen, geht die h.M. daher (bei Missachtung eines Verkehrsschildes durch den Fahrer) von einer **Ersatzvornahme** aus.[928] Diese Maßnahme ergeht als Vollstreckungsmaßnahme des als vollstreckbare Grundverfügung fungierenden Verkehrszeichens. Da aber regelmäßig die Androhung des Zwangsmittels fehlt, scheint der Weg über den Sofortvollzug gangbar. In Bundesländern, in denen die unmittelbare Ausführung geregelt ist, ist diese indes vorrangig gegenüber dem Sofortvollzug. Dass auch diese Vorgehensweise gewissen Zweifeln unterworfen ist, wurde bereits dargelegt. Abhilfe kann nur der Gesetzgeber schaffen.[929]

Der Streit um die Rechtsnatur der Abschleppmaßnahme ist nicht nur akademischer Natur, sondern hat einen ganz konkreten Grund: In den meisten Bundesländern sind nämlich die **Kosten** der Gefahrenabwehr (wozu auch die Sicherstellung gehört) von der Körperschaft zu tragen, deren Aufgaben die handelnde Behörde übernommen hat (vgl. etwa § 83 I BremPolG). Dagegen sind die Kosten der Ersatzvornahme (und der unmittelbaren Ausführung) stets von dem Pflichtigen zu übernehmen. Vor diesem Hintergrund wird klar, warum beim Abschleppen überwiegend eine Ersatzvornahme (wegen der fehlenden Androhung: Sofortvollzug) bzw. eine unmittelbare Ausführung angenommen wird. Ob dies mit der gesetzlichen Systematik vereinbar ist, darf bezweifelt werden.

---

[923] Vgl. dazu BVerwG NJW 2002, 2122 f.; OVG Hamburg NJW 2001, 168, 169; OVG Münster NJW 2000, 602; VG Berlin NJW 2000, 603; OVG Koblenz NJW 1999, 3573; VGH Kassel NVwZ-RR 1999, 23, 24.

[924] Vgl. OVG Hamburg NJW 2001, 168, 169. Vgl. auch BVerwG NJW 2002, 2122 f. (Parken auf Bordsteinabsenkung).

[925] OVG Münster NJW 2001, 172.

[926] Vgl. Rn 569.

[927] Zu den Vertretern vgl. ebenfalls Rn 569.

[928] Zu den Vertretern vgl. abermals Rn 569. Von einer Sicherstellung ist etwa nur dann auszugehen, wenn es der Polizei darum geht, eine Eigentumssicherung (bspw. wenn der Wagen unverschlossen abgestellt wurde) vorzunehmen (vgl. dazu VGH München NJW 2001, 1960). In bestimmten Fällen ist dann aber die Sonderregelung des § 17 I StVZO zu beachten.

[929] Vorbildlich insoweit Hamburg, das in § 14 I SOG eine Sicherstellung gesetzlich angeordnet hat.

- Schließlich darf das mit dem Abschleppen verfolgte Ziel in seiner Wertigkeit nicht außer Verhältnis zur Intensität des Grundrechtseingriffs stehen (**Angemessenheit** bzw. Verhältnismäßigkeit i.e.S.). 1031a

  Beispiele: Überschreitet der Halter eines Pkw die zulässige Höchstparkzeit um etwa eine Stunde, ist es unverhältnismäßig, den Wagen abzuschleppen, wenn in unmittelbarer Nähe eine ausreichende Zahl an freien Parkplätzen zur Verfügung steht. Denn in diesem Fall besteht keine Verkehrsbehinderung, die z.B. von parkplatzsuchenden Verkehrsteilnehmern ausgeht.[930] Auch wenn die Polizei weiß, dass der Halter eines verbotswidrig abgestellen Kfz nur kurz zum gegenüber gelegenen Kindergarten gegangen ist, um sein Kind von dort abzuholen, ist es unverhältnismäßig, das Abschleppen anzuordnen. Die Unverhältnismäßigkeit ergibt sich daraus, dass durch das Abschleppen des Kfz die Störung bzw. Behinderung erkennbar nur um wenige Minuten oder überhaupt nicht verkürzt werden könnte.[931]

- Ist die Abschleppmaßnahme indes rechtmäßig, kann dann jedoch die **Kostentragung** problematisch sein. Nach dem Wortlaut der Vorschriften der Verwaltungsvollstreckungsgesetze erfolgt die Ersatzvornahme (bzw. die unmittelbare Ausführung) auf Kosten des Pflichtigen. Ein Ermessen besteht insoweit nicht. Die Kostenpflicht des Verantwortlichen kann nach der Rechtsprechung[932] aber unverhältnismäßig sein, wenn die durch das Abstellen des Fahrzeugs verursachte Störung für den Verantwortlichen unvorhersehbar war.[933] Es stehe den Fahrern und Haltern von Kfz nach der StVO grundsätzlich frei, ihre zum Straßenverkehr zugelassenen Fahrzeuge auf öffentlichen Straßen dort ohne zeitliche Begrenzung zu parken, wo dies nicht ausdrücklich untersagt sei.[934] Allerdings müsse ein Verkehrsteilnehmer in städtischen Bereichen damit rechnen, dass sich die Regelungen für den ruhenden Verkehr nach einer angemessenen Vorwarnzeit in der Weise änderten, dass das am Abstellort zunächst erlaubte Parken für die Zukunft verboten werde. Zur Wahrung des Grundsatzes der Verhältnismäßigkeit hält die Rechtsprechung teilweise eine Frist von **3 Tagen** zwischen dem Aufstellen des Halteverbotsschildes und dem Abschleppen für erforderlich aber auch für ausreichend.[935] Das OVG Münster[936] lässt sogar eine Frist von 48 Std. genügen. Das OVG Hamburg[937] fordert hingegen eine Frist von 3 Werktagen und zusätzlich einen Sonn- bzw. Feiertag. Ein solcher Zeitraum sei erforderlich, da gerade in Ballungsgebieten Arbeitnehmer ihr Fahrzeug häufig nur an den Wochenenden benutzten, an Werktagen hingegen oft auf Fahrgemeinschaften oder den ÖPNV zurückgriffen. Der VGH Kassel a.a.O. hält zwar wegen dieser genannten Gebrauchsgewohnheiten vieler Verkehrsteilnehmer eine Frist von 48 Stunden für zu knapp bemessen, einen zusätzlichen Sonn- und Feiertag zu fordern sei aber zu „kompliziert". Es sei durchaus zumutbar, sich wenigstens einmal unter der Woche über sein Fahrzeug und die für den Abstellort geltenden Verkehrsregelungen zu informieren. 1032

  Stellungnahme: Ein Verkehrsverstoß über die genannten Zeiträume hinaus führt nach der Rechtsprechung zu einer dem Verhältnismäßigkeitsprinzip entsprechenden Kostentragungspflicht des Verantwortlichen. Freilich verstößt diese Vorgehensweise gegen den Wortlaut der Vorschriften über die Kostenerhebung (vgl. nur § 19 III BremVwVG: „so *setzt* die Behörde fest"), wonach es sich um eine gebundene Verwaltungsentscheidung handelt. Deshalb kann man – mit dem OVG Münster[938] – auch anderer Meinung sein. 1033

[930] OVG Hamburg NVwZ-RR 2009, 995.
[931] OVG Hamburg NJW 2011, 3051 f.
[932] BVerwGE 102, 316, 319; VGH Mannheim NJW 2007, 2058, 2059; NJW 1991, 1698, 1699; VGH Kassel NJW 1997, 1023, 1024.
[933] Im Ergebnis wird der Betroffene somit auf der Primär- und Sekundärebene (Gefahrenabwehr, Verwaltungsvollstreckung) als Störer, auf der Tertiärebene (Kostentragung) u.U. als Nichtstörer behandelt.
[934] Insoweit deklaratorisch OLG Jena NZV 1995, 289; OLG Köln NZV 1993, 406.
[935] BVerwGE 102, 316, 320; VGH Kassel NJW 1997, 1023; VG Berlin DAR 2001, 234 f.; VGH Mannheim NJW 2007, 2058, 2059. Wird also am 4. Tag abgeschleppt, ist der Kostenbescheid insoweit nicht rechtswidrig.
[936] OVG Münster NVwZ-RR 1996, 59.
[937] OVG Hamburg DÖV 1995, 783, 784.
[938] OVG Münster NWVBl 1995, 475, 476 (zu § 11 II S. 1, 2 Nr. 7 NRWKostO).

Nach der hier vertretenen Auffassung bestehen *verfassungsrechtlich* dennoch keine Bedenken, da hier (*praeter legem*) zugunsten einer mit einem Ermessen verbundenen Zumutbarkeitsprüfung der Kostenlast vom Wortlaut abgewichen wird. Bei der Frage, welche Frist erforderlich ist, damit die Abschleppmaßnahme verhältnismäßig ist, bietet die Drei-Tages-Frist einen wesentlich höheren Grad an Rechtssicherheit als die Sonn- und Feiertagsregelung (wo beginnt ein Ballungsgebiet?; Zeitraum maximal eine Woche, wenn das Kfz bereits an einem Montag abgestellt wird.). Ob von einem Dauerparker aber in jedem Fall verlangt werden kann, dass er in regelmäßigen Abständen nach seinem Fahrzeug und/oder der am Abstellort geltenden Verkehrslage sieht bzw. sehen lässt und damit den Zugriff eines anderen auf seinen Wagen ermöglicht, bleibt fraglich. Auch umgekehrt sind Fälle denkbar, in denen die Drei-Tages-Frist zu lange erscheint, etwa wenn eine herannahende Baustelle frühzeitig erkennbar war oder bereits aufgestellte Halteverbotsschilder vorerst als noch nicht wirksam überklebt waren. Der Rechtssicherheit zwar abträglich, einer Einzelfallgerechtigkeit indes dienlich, wäre demgegenüber eine im jeweiligen Fall differenzierende Lösung. Ob die angefallenen Kosten ersetzt verlangt werden dürfen, würde danach von der Erkennbarkeit der Gefahrverursachung, im Wesentlichen aber auch von der Nähe und Schwere der Gefahr und der Bedeutung für die Allgemeinheit abhängen.

Befindet sich der im Rahmen des Sofortvollzugs bzw. der unmittelbaren Ausführung abgeschleppte Wagen im Gewahrsam des Abschleppunternehmers, stellt sich die Frage, ob dieser die Herausgabe des Fahrzeugs von der Bezahlung der Abschleppkosten abhängig machen machen, mithin, ob er ein **Zurückbehaltungsrecht** (analog § 273 BGB) hat. Ein Teil der Literatur bejaht diese Frage nur dann, wenn das Gesetz ein Zurückbehaltungsrecht vorsieht; im Übrigen verneint sie ein Zurückbehaltungsrecht.[939] Nach der Rechtsprechung der Verwaltungsgerichte besteht indes ein Zurückbehaltungsrecht. Der Betroffene könne die Herausgabe auch nicht im Wege einer einstweiligen Verfügung durch das zuständige Gericht erzwingen. Nach Auslösung des Wagens bleibe ihm immer noch die Möglichkeit, vor dem zuständigen Verwaltungsgericht die Rechtmäßigkeit der Abschleppaktion klären zu lassen und im Erfolgsfall die gezahlten Abschleppkosten zurückzuverlangen.[940] Der BGH hat über ein Zurückbehaltungsrecht bislang nur für den Fall entschieden (und bejaht), dass eine *Privatperson* einen Abschleppunternehmer beauftragt.[941] Nach der hier vertretenen Ansicht steht einer analogen Anwendung des § 273 BGB auf das öffentliche Recht der Grundsatz vom Vorbehalt des Gesetzes entgegen. Erforderlich ist daher eine gesetzliche Grundlage, die ein Zurückbehaltungsrecht normiert.

1034 Ein **Übungsfall** betreffend die Abschleppproblematik findet sich bei *R. Schmidt*, Fälle zum POR, Fall 12.

[939] *Schenke*, POR, Rn 725; dem sich anschließend *Kugelmann*, POR, 11. Kap. Rn 64.
[940] LG Magdeburg vom 10.08.2006 – 10 O 1543/06.
[941] BGH NZV 2012, 127 f.

Die im Folgenden dargestellte Synopse gibt einen Überblick über die wichtigsten Vorschriften der Polizeigesetze.

	BaWü	Bay	Berl	Brand	Brem	Hamb	Hess	MV
Befugnisgeneralklausel	3	11	17	10	10	3	11	13
Aufgaben der Polizei	1	2	1	1	1	3	1	2, 1
Platzverweis	27a	16	29	16	14	12a	31	52
Privatrechtsklausel	2	2	1	1	1	3	1	1
Sicherstellung	32	25	38	25	23	14	40	61
Vollzugshilfe	60	50-52	52-54	50-52	37-39	30-30b	44-46	7 II i.V.m. 82a-c
Entschädigung	55-58	70-73	59-65	70	56-52	10	64-70	72-77
Datenerhebung und Datenverarbeitung	19 ff.	30 ff.	18 f., 23 ff., 43 ff.	29 ff.	27 ff.	2 ff. PolDVG	13 ff.	26 ff.
Inanspruchnahme nicht verantwortlicher Personen	9	10	16	7	7	10	9	71
Datenerhebung bei öffentlichen Veranstaltungen	21	32	24	31	29	8 PolDVG	14	32
Selbsttätige Überwachung gefährdeter Objekte	21	32	24	31	29	8 PolDVG	14	32
Anordnungsbedürfnis einer Überwachung	22 VI	-	-	32 II, 34 II, 35 IV	30	-	16 V, 17 IV	-
Befragung und Auskunftspflicht	20, 35	12	18	11	13	3 PolDVG	12	28
Grundsätze der Datennutzung	37 ff.	37 ff.	42 ff.	37 ff.	36a ff.	14 ff. PolDVG	20 ff.	36 ff.
In Anspruch zu nehmende Personen (unmittelbare Ausführung)	6-9	7-10	13-16	5-7	5-8	7-10	6-9	68-71
Identitätsfeststellung	26	13	21	12	11	12	18	29
Prüfung von Berechtigungsscheinen	26 III	13 III	22	14	11 V	4 V PolDVG	18 VII	30

Erkennungsdienstliche Maßnahmen	36	14	23	13	11b	7 PolDVG	19	31
Längerfristige Observation	22 I PolDVG	33 I Nr.1	25 I	32	32	9 I PolG	15 I	33 I
Einsatz technischer Mittel zur Überwachung geschützter Räumlichkeiten	23	34	25 IV	33a	33 II	10 II PolDVG	15 IV	34b
Richterliche Anordnung der Datenerhebung	23 III	34 IV	25 V	33a IV	33 III	10 III PolDVG	15 V	34b V
Einsatz von Vertrauenspersonen	-	-	26	34	34	11 PolDVG	16	33
Einsatz von verdeckten Ermittlern	22	33	26	35	35	12 PolDVG	16	33
Polizeiliche Beobachtung	25	36	27	36	31	13 PolDVG	17	35
Datenabgleich	39	43	47	40	36h	22 PolDVG	25	43
Rasterfahndung	40	44	47	46	36i	23 PolDVG	26	44
Datenübermittlung	41 ff.	39 ff.	44 ff.	41 ff.	36c ff.	18 ff. PolDVG	21 ff.	39 ff.
Berichtigung/ Löschung/ Sperrung von Daten	46	45	48	47	36k	24 PolDVG	27	45

	Nds	NW	RhlPfl	Saarl	Sachs	SachsAnh	SchlHolst	Thür
Befugnisgeneral-klausel	11	8 PolG	9	8	3	13	174, 176	12 PAG
Aufgaben der Polizei	1	1 PolG	1	1	1	1	162	2 PAG
Platzverweis	17	34 PolG	13	12	21	36	201	18 PAG, 17 OBG
Privatrechtsklausel	1	1 PolG	1	1	2	1	162	2 PAG, 2 OBG
Sicherstellung	26	43 PolG	22	21	26	45	210	27 PAG
Vollzugshilfe	51-53	47-49 PolG	96-98	41-43	61-63	50-52	168 II i.V.m. 33 II, V, 34 II, 35 II	48-50 PAG, 3 II OBG
Entschädigung	80-86	67 PolG i.V.m. 39-43 OBG	68-74	68-74	52-58	69-75	221-226	68-74 PAG
Datenerhebung und Datenverar-beitung	30 ff.	9 ff. PolG	26 ff.	25 ff.	37 ff.	15 ff.	177 ff.	31 ff. PAG
Inanspruchnahme nicht verantwortli-cher Personen	8	6 PolG	7	6	7	10	220	10 PAG, 13 OBG
Datenerhebung bei öffentlichen Ver-anstaltungen	32	15 PolG	27	27	38	16	184	33 PAG
Selbsttätige Über-wachung gefähr-deter Objekte	32	15a PolG	27	27	38	16	184	33 PAG
Anordnungsbe-dürfnis einer Überwachung	-	16 II, 17 III, 18 III, 19 II, 20 IV PolG	28 V S.1 POG, § 27 II PolG	-	39 IV	-	-	-
Befragung und Auskunftspflicht	12	9 PolG	9a	11	18	14	180	13 PAG
Grundsätze der Datennutzung	38 ff.	22 ff. PolG	33 ff.	30 ff.	43 ff.	22 ff.	188 ff.	38 ff. PAG
In Anspruch zu nehmende Perso-nen (unmittelbare Ausführung)	6-9	4-6 PolG	4-7	4-6	4-7	7-10	217-220	7-10 PAG
Identitätsfeststel-lung	13	12 PolG	10	9	19	20	181	14 PAG
Prüfung v. Berech-tigungsscheinen	13 III	13 PolG	10 III	9 III	19 III	20 VII	182	15 PAG

Erkennungsdienstliche Maßnahmen	15	14 PolG	11	10	20	21	183	16 PAG
Längerfristige Observation	34	16 I PolG	28 II	28	36 II Nr.1 i.V.m. 39	17	185 I	34 I PAG
Einsatz technischer Mittel zur Überwachung geschützter Räumlichkeiten	35a	17 II, 18 II PolG	29	28a	40 I	17 IV	185 III	35 PAG
Richterliche Anordnung der Datenerhebung	35a IV	17 III, 18 III PolG	29 VII	28a III	39 IV S.2	17 V	186 I	35 IV PAG
Einsatz von Vertrauenspersonen	36	19 PolG	28	28	-	18	185	34 PAG
Einsatz von verdeckten Ermittlern	36a	20 PolG	28	28	39 i.V.m. 36 II Nr.3	18	-	34 PAG
Polizeiliche Beobachtung	37	21 PolG	32	29	42	19	187	37 PAG
Datenabgleich	45	25 PolG	37	36	46	30	195	43 PAG
Rasterfahndung	45a	31 PolG	38	37	47	31	195a	44 PAG
Datenübermittlung	40 ff.	27 ff. PolG	34 ff.	32 ff.	45	26 ff.	191 ff.	41 PAG
Berichtigung/ Löschung/ Sperrung von Daten	39a	32 PolG	39	38	19-21 SächsDSG i.V.m. 49 SächsPolG	32	196	45 PAG

Synopse der landesrechtlichen Vorschriften

	BaWü	Bay	Berl	Brand	Brem	Hamb	Hess	MV
Vorladung	27	15	20	15	12	11	30	50
Vorübergehender Platzverweis	27a	16	29	16	14	12a	31	52
Wohnungsverweisung	27a	-	29a	16a	14a	12b	31	52
Gewahrsam von Personen	28	17	30	17	15	13	32	55
Durchsuchung von Personen	29	21	34	21	19	15	36	53
Durchsuchung von Sachen	30	22	35	22	20	15a	37	57
Betreten und Durchsuchen von Wohnungen	31	23	36	23	21	16	38	59
Sicherstellung und Beschlagnahme	32 f.	25 f.	38 f.	25 f.	23 f.	14	40 f.	61 f.
Herausgabe sichergestellter Sachen	34	28	41	28	26	14	43	-
Behördliches Ermessen	3	5	12	4	4	3	5	14
Grundsatz der Verhältnismäßigkeit polizeilicher Maßnahmen	5	4	11	3	3	4	4	15
Ermächtigung zum Erlass von Polizeiverordnungen	10	42 LStVG	55	24 OBG	48	1	-	17
Polizeilicher Zwang	49 ff.	53 ff.	6 ff. VwVG	53 ff.	40 ff.	17 ff.	47 ff.	79 ff.
Zwangsgeld		56					50	88
Ersatzvornahme		55		55			49	89
Unmittelbare Ausführung	8	9	15			7	8	70a
Entschädigung	55 ff.	70 ff.	59 ff.	70	56 ff.	10	64 ff.	72 ff.
Rückgriffsanspruch	57	72	64	70	61	10	69	75

	Nds	NW	RhlPfl	Saarl	Sachs	SachsAnh	SchlHolst	Thür
Vorladung	16	10 PolG	12	11	18	35	199	17 PAG
Vorübergehender Platzverweis	17	34 PolG	13	12	21	36	201	18 PAG
Wohnungsverweisung	17	34a	13	12	21	36	201a	18 PAG
Gewahrsam von Personen	18	35	14	13	22	37	204	19 PAG
Durchsuchung von Personen	22	39	18	17	23	41	202	23 PAG
Durchsuchung von Sachen	23	40	19	18	24	42	206	24 PAG
Betreten und Durchsuchen von Wohnungen	24	41	20	19	25	43	208	25 PAG
Sicherstellung und Beschlagnahme	26 f.	43 f.	22 f.	21 f.	26 f.	45 f.	210 f.	27 f. PAG
Herausgabe sichergestellter Sachen	29	46	25	24	27	48	210	30 PAG
Behördliches Ermessen	5	3	3	3	3	6	174	5 PAG
Grundsatz der Verhältnismäßigkeit polizeilicher Maßnahmen	4	2	2	2	3	5	73	4 PAG
Ermächtigung zum Erlass von Polizeiverordnungen	55	25 OBG	43	59	9	94	175	27 OBG
Polizeilicher Zwang	64 ff.	50 ff.	57 ff.	44 ff.	30 ff.	53 ff.	228 ff.	51 ff.
Zwangsgeld	67	53		47		56	237	54
Ersatzvornahme	66	52		46		55	238	53
Unmittelbare Ausführung			6		6	9		9
Entschädigung	80 ff.	67 i.V.m. 39-43 OBG	68 ff.	68 ff.	52 ff.	69 ff.	221 ff.	68 ff.
Rückgriffsanspruch	85	42 OBG	73	73	57	74	224	73

4. Kapitel – Versammlungsrecht

A. Einführung

Wichtige spezialgesetzliche Rechtsgrundlagen für polizei- und ordnungsbehördliches Einschreiten entstammen dem auf Art. 74 I Nr. 3 GG a.F. gestützten Versammlungsgesetz (VersG)[942], welches i.d.R. immer dann Anwendung findet, wenn **Art. 8 I GG** berührt ist. Diese Verfassungsbestimmung gewährleistet allen Deutschen[943] das Recht, sich ohne Anmeldung oder Erlaubnis friedlich und ohne Waffen zu versammeln (**Versammlungsfreiheit**). Versammlungen unter freiem Himmel können allerdings gem. **Art. 8 II GG** durch Gesetz oder aufgrund eines Gesetzes beschränkt werden. Maßgebliches Gesetz i.S. dieses **Gesetzesvorbehalts** ist gerade das VersG, das mit seinen speziellen Rechtsgrundlagen dem allgemeinen Polizei- und Ordnungsrecht (im Folgenden: POR) vorgeht und dieses in seiner Anwendung grundsätzlich sperrt. Man spricht daher auch von einer **Polizeifestigkeit des Versammlungsrechts**. 1035

Zweck des VersG ist es, **versammlungstypische Gefahren** abzuwehren (daher wird das Versammlungsrecht auch als Teilbereich des **Besonderes Gefahrenabwehrrechts** bezeichnet); es soll aber auch einen **Ausgleich** i.S. einer praktischen Konkordanz schaffen zwischen dem Grundrechtsschutz aus Art. 8 I GG einerseits und den kollidierenden Verfassungsgütern Dritter (insbesondere Leben und körperliche Unversehrtheit) bzw. der Allgemeinheit andererseits. Die beschränkenden Regelungen des VersG sind in ihrem Anwendungsbereich daher grds. **abschließend** gegenüber dem allgemeinen Polizei- und Ordnungsrecht (POR). Sie entfalten grundsätzlich eine **Sperrwirkung** gegenüber dem POR (aber auch gegenüber dem Landesstraßenrecht). Maßnahmen auf der Grundlage des POR oder des Landesstraßenrechts können also erst dann getroffen werden, wenn die Versammlung insgesamt beendet (d.h. aufgelöst) wurde. Dasselbe gilt hinsichtlich einzelner Versammlungsteilnehmer, wenn diese ausgeschlossen (Teilauflösung der Versammlung oder Ausschluss Einzelner aus der Versammlung) worden sind.

Nach den allgemeinen Rechtsgrundsätzen kann eine Sperrwirkung jedoch nur so weit gehen, wie der Anwendungsbereich der Spezialregelung reicht. Das gilt auch für das VersG. Dieses ist ausweislich des Wortlauts des § 1 VersG nur für **öffentliche Versammlungen** anwendbar. Für nichtöffentliche Versammlungen kann es daher keine Sperrwirkung entfalten, sodass diesbezüglich auf das POR zurückgegriffen werden kann (str.), freilich unter Beachtung der Bedeutung des Versammlungsgrundrechts (verfassungskonforme Auslegung, vgl. Rn 1123 ff.). 1036

Des Weiteren ist zu beachten, dass das VersG für eine **im Gang befindliche Versammlung** nur die Auflösung der gesamten Versammlung oder den Ausschluss einzelner Versammlungsteilnehmer kennt (str.[944]). Minder intensive Maßnahmen, die das POR bereitstellt und die zur Gefahrenabwehr völlig ausreichen würden, kennt es nicht. Daher wird auch in diesem Zusammenhang diskutiert, dem VersG keine Sperrwirkung beizumessen und minder intensive Maßnahmen unter Rückgriff auf das POR zuzulassen (vgl. Rn 1106). 1037

---

[942] Zur am 1.9.2006 in Kraft getretenen Föderalismusreform, die u.a. zum Wegfall der Bundesgesetzgebungskompetenz für das Versammlungsrecht geführt hat, vgl. Fußn. 8 und 9.

[943] Zu den EU-Bürgern vgl. Rn 1068 sowie *R. Schmidt*, Grundrechte, Rn 48. Solchen Ausländern, die keine EU-Bürger sind, ist das Versammlungsrecht durch Art. 2 I GG und einfachgesetzlich durch § 1 I VersG eingeräumt, freilich nicht mit dem hohen Schutzniveau des Art. 8 I GG.

[944] Die hier vertretene Auffassung wird gestützt von BVerwGE 64, 55, 57 f.; *Schenke*, POR, Rn 379; *Meßmann*, JuS 2007, 524, 526; *Krüger/van der Schoot*, NordÖR 2007, 276, 278; *Butzer*, VerwArch 2002, 506, 533 f.; *Schnur*, VR 2000, 114, 115; *Schoch*, JuS 1994, 479, 482; *Kniesel*, in: Lisken/Denninger, Kap H Rn 561; a.A. *Tölle*, NVwZ 2001, 153, 156; *Kniesel/Poscher*, in: Lisken/Denninger, Kap J Rn 24 und 350; *Pieroth/Schlink/Kniesel*, POR, § 22 Rn 15: Auch Auflagen nach § 15 VersG möglich.

1038 Aber auch für das **Vorfeld der Versammlung** enthält das VersG kaum Rechtsgrundlagen. Es regelt weder deren Planung und Vorbereitung, die Werbung für sie und die Einladung zu ihr noch die Anreise, obwohl der Schutzbereich des Art. 8 I GG auch das Vorfeld der eigentlichen Versammlung erfasst. Daher wird auch diesbezüglich der Rückgriff auf das POR, aber auch auf das Straßen- und Straßenverkehrsrecht diskutiert (vgl. Rn 1102 f.).

1039 **Merke:** Liegt eine **Versammlung** vor und geht es um die **Abwehr versammlungstypischer Gefahren**, richtet sich im Anwendungsbereich des VersG die Zulässigkeit polizeilicher Maßnahmen grds. nach den Befugnisnormen des VersG, nicht nach denen des POR. Sind die Voraussetzungen der Befugnisnorm des VersG nicht erfüllt, ist die konkrete Maßnahme selbst dann rechtswidrig, wenn sie von einer Befugnisnorm des POR gedeckt ist. Lediglich in Fällen, in denen das VersG keine oder keine abschließende Regelungen enthält, ist ein Rückgriff auf das POR möglich. Das ist in folgenden Fällen anerkannt:

- Das VersG regelt gem. § 1 VersG nur **öffentliche** Versammlungen (wobei es nicht darauf ankommt, ob die Versammlungen in geschlossenen Räumen oder unter freiem Himmel stattfinden).[945] **Nichtöffentliche** Versammlungen (wobei es auch hier nicht darauf ankommt, ob die Versammlungen in geschlossenen Räumen oder unter freiem Himmel stattfinden) sind damit **nicht** vom Anwendungsbereich des VersG erfasst. Da aber auch nichtöffentliche Versammlungen vom Schutzbereich des Art. 8 I GG erfasst sind, wird vertreten, die Vorschriften des VersG so weit wie möglich analog heranzuziehen. Die Gegenauffassung unter Einschluss der Rspr. verneint die Möglichkeit der analogen Anwendung von Vorschriften des VersG und stützt Eingriffe auf die Befugnisnormen des POR (vgl. dazu näher Rn 1123 ff.).
- Auch für das **Vorfeld einer Versammlung** (Planung, Vorbereitung, Anreise) enthält das VersG nur wenige Rechtsgrundlagen, weil es aus systematischer Sicht von einer bestehenden Versammlung ausgeht und als „Vorfeldmaßnahmen" im Wesentlichen nur Verbote bzw. Auflagen vorsieht (vgl. §§ 5, 15 VersG). Sofern das VersG für das Vorfeld einer Versammlung also keine Regelungen enthält und daher auch keine Sperrwirkung entfalten kann, scheint der Rückgriff auf das POR – etwa bei Identitätsfeststellungen oder Durchsuchungen – möglich. Da das BVerfG aber den Grundrechtsschutz aus Art. 8 I GG auch auf den Vorfeldbereich einer Versammlung (insbesondere auf die Anreise) ausgedehnt hat (Rn 1102 f.), wird teilweise vertreten, die Vorschriften des VersG so weit wie möglich auf das Vorfeld einer Versammlung anzuwenden. Diese Ansicht verkennt aber, dass die extensive Anwendung von Rechtsgrundlagen mit dem Grundsatz vom Vorbehalt des Gesetzes und damit mit dem Rechtsstaatsprinzip kaum vereinbar ist. Dieses verlangt bei Grundrechtseingriffen eine gesetzliche Grundlage, die zudem hinreichend genau bestimmen muss, unter welchen Voraussetzungen Grundrechtseingriffe zulässig sind. Die Gegenauffassung unter Einschluss der Rspr. wendet daher nicht die Befugnisnormen des VersG, sondern diejenigen des POR an, legt sie jedoch im Lichte der Bedeutung der Versammlungsfreiheit, also verfassungskonform aus (vgl. zur Diskussion Rn 1103). In materiellrechtlicher Hinsicht sind auf das POR gestützte Maßnahmen demnach nur dann rechtmäßig, wenn sie dem Schutz von Rechtsgütern dienen, die bei einer Abwägung mit Art. 8 I GG den Vorrang genießen. Dazu gehören die Individualgüter Leib, Leben und Gesundheit von Menschen, aber auch die freiheitliche demokratische Grundordnung des GG. Formell-rechtlich ist mit Blick auf Art. 19 I S. 2 GG aber die in den Polizeigesetzen nicht vorhandene Zitierung des Art. 8 I GG problematisch. Die Rspr. ignoriert die nicht vorhandene Zitierung regelmäßig. Das Zitiergebot ist aber keine bloße Förmelei, sondern geltendes Verfassungsrecht. Die Literatur, die sich im Ergebnis der Rspr. anschließt, versucht daher teilweise, die fehlende Zitierung des Art. 8 I GG

[945] Zu den wenigen Ausnahmen vgl. Rn 1102 f.

als unschädlich zu betrachten. So soll das Zitiergebot nicht gelten, wenn die Vorfeldmaßnahmen lediglich der Sicherung der Durchführung der Versammlung dienen, bzw. weil es sich beim POR um vorkonstitutionelles Recht handele. Bewertung: Zwar überzeugt der Rückgriff auf das POR aus materiell-rechtlicher Sicht, nicht aber mit Blick auf das Zitiergebot. Denn die erforderliche Zitierung von Grundrechten, in die das Gesetz einzugreifen ermächtigt, soll den Gesetzgeber warnen, besinnen und ihn anhalten, sich die Bedeutung der Ermächtigung noch einmal vor Augen zu halten. Dieser Sinn und Zweck des Zitiergebots wird unterlaufen, wenn die Rspr. die fehlende Zitierung von Grundrechten nicht beanstandet. Rechtsstaatlich konsequent ist es daher ausschließlich, sich keiner der genannten „Rettungsversuche" anzuschließen und Vorfeldmaßnahmen für rechtswidrig zu erklären, wenn dem VersG keine ausdrückliche Rechtsgrundlage entnommen werden kann.

- **Während einer Versammlung** gilt, jedenfalls soweit die Bestimmungen des VersG anwendbar sind und den Sachverhalt abschließend regeln, der Grundsatz der Polizeifestigkeit einer Versammlung. Denn mit dem Erlass des VersG wollte der Gesetzgeber dem Gesetzesvorbehalt in Art. 8 II GG Konturen verleihen. Eingriffe in Art. 8 I GG sind demnach grundsätzlich nur auf der Grundlage des VersG möglich. Maßnahmen auf der Grundlage des POR können also erst dann getroffen werden, wenn die Versammlung beendet, d.h. aufgelöst wurde. Dies gilt auch für den einzelnen Versammlungsteilnehmer (Teilauflösung der Versammlung oder Ausschluss aus der Versammlung). Das schließt freilich nicht aus, die bei der Durchführung einer Versammlung auftretenden Störungen mit den Mitteln des POR zu unterbinden. Rechtstechnisch wird die in § 15 III VersG zulässige Maßnahme *Auflösung* durch eine mildere Maßnahme nach dem POR ersetzt (sog. Minusmaßnahme, vgl. Rn 1106, 1111).
- Erst **nach einer Auflösungs- oder Ausschlussverfügung**, die im Übrigen ihrerseits mit Art. 8 I GG vereinbar, hinreichend bestimmt sein und dem Versammlungsteilnehmer unmissverständlich mitteilen muss, dass gerade *er* mit dem Ausschluss gemeint ist, können Maßnahmen uneingeschränkt auf das POR (Platzverweis, Ingewahrsamnahme etc.) gestützt werden.[946] Dabei können Auflösungs- oder Ausschlussverfügungen nicht konkludent durch polizei- und ordnungsrechtliche Maßnahmen ergehen. Der Bestimmtheitsgrundsatz verbietet dies.

Besteht aber eine Versammlung und ist das VersG sachlich anwendbar, besteht nicht nur die o.g. Polizeifestigkeit des Versammlungsrechts, sondern die **Polizei** ist auch sachlich **zuständig** für Maßnahmen nach dem **VersG** (sofern in dem betreffenden Bundesland noch kein Landesversammlungsgesetz existiert). Zwar enthält das VersG keine Zuständigkeitsregelungen, wenn aber ein Bundesgesetz keine Zuständigkeitsregelungen enthält, greift die Länderkompetenz aus Art. 83 GG mit der Folge, dass sich die Zuständigkeit nach dem Landesrecht bestimmt. Mit Blick auf das VersG sind daher das jeweilige Ausführungsgesetz des Landes zum VersG oder die Zuständigkeitsverordnung des Landes zum VersG i.V.m. den Zuständigkeitsregelungen des POR zu beachten.[947] In der Regel sind sowohl Sonderordnungsbehörden als auch – ohne dass ein Eilfall vorliegen müsste – der Polizeivollzugsdienst sachlich zuständig.

Beispiel: Eine Gruppe von Castor-Gegnern demonstriert in der Nähe der Bahnstrecke **1040**
friedlich und ohne Waffen gegen einen erneuten Transport von Atommüll. Da der Einsatzleiter der Polizei gleichwohl einen gewaltsamen Verlauf und das Entstehen eines Verkehrschaos befürchtet, ordnet er an, die Gruppe „einzukesseln". Als sich nun auch noch der Castor-Transport verzögert, lässt er vorsichtshalber einige der Demonstranten auf die Polizeiwache verbringen.

[946] BVerfG NVwZ 2005, 80, 81; OVG Celle NVwZ-RR 2006, 254.
[947] Die Frage stellte sich dann nicht mehr, wenn ein Bundesland eigene Vorschriften erließe, die gem. Art. 125a I GG das bisherige VersG des Bundes ablösten.

Zur Einkesselung vgl. Rn 1107 ff. Das Verbringen auf die Polizeiwache stellt an sich eine Standardmaßnahme nach dem POR („Ingewahrsamnahme", vgl. Rn 449 ff.) dar. Unabhängig von dem Vorliegen der Voraussetzungen dieser Standardmaßnahme ist das POR aber nicht anwendbar, wenn das spezielle VersG einen Rückgriff auf das POR verbietet. Das ist der Fall, wenn eine Versammlung vorliegt, es um die Abwehr versammlungstypischer Gefahren geht, also von solchen, die im inneren Zusammenhang mit der Ausübung des Grundrechts aus Art. 8 I GG stehen, und das VersG den Sachverhalt abschließend regelt. Eine Versammlung lag vor (zur Definition siehe Rn 1041 ff.). Auch ging es um die Abwehr versammlungstypischer Gefahren. Für eine bestehende Versammlung füllt das VersG den Gesetzesvorbehalt des Art. 8 II GG auch abschließend aus. Daher war der Rückgriff auf das POR und damit die Anwendung der polizeigesetzlichen Standardmaßnahme Ingewahrsamnahme unzulässig.[948] Damit richtet sich die Zulässigkeit des Verbringens auf die Wache ausschließlich nach dem VersG. Da dieses Gesetz jedoch nur zu ganz bestimmten Maßnahmen wie Verbot, Auflösung und Beschränkungen ermächtigt, zudem enge Voraussetzungen an das Einschreiten knüpft (insbesondere hohe Gefahrenintensität) und vorliegend weder derartige Maßnahmen ergriffen wurden noch deren Voraussetzungen vorlagen, waren sowohl das Einkesseln als auch das Verbringen auf die Polizeiwache rechtswidrig. Die Rechtmäßigkeit dieser Maßnahmen wäre allenfalls dann gegeben gewesen, wenn die Versammlung zuvor aufgelöst (§ 15 III VersG) oder die betreffenden Teilnehmer von der Versammlung ausgeschlossen (§ 18 III VersG) worden wären. Denn durch die Auflösung der Versammlung bzw. den Ausschluss Einzelner wird für den betreffenden Personenkreis der Anwendungsbereich des VersG beendet mit der Folge, dass das VersG auch keine Sperrwirkung gegenüber dem POR mehr entfalten kann. Allerdings können Auflösungs- bzw. Ausschlussverfügungen nur dann die Sperrwirkung des VersG aufheben, wenn sie auch wirksam sind. Hierzu hat das BVerfG entschieden, dass Auflösungs- bzw. Ausschlussverfügungen wegen des mit ihnen verbundenen Eingriffs in Art. 8 I GG dem betroffenen Personenkreis ausdrücklich und unmissverständlich bekannt gegeben werden müssten. Insbesondere könne in der polizeigesetzlichen Maßnahme (etwa in der Ingewahrsamnahme oder in dem Platzverweis) nicht konkludent die Auflösung bzw. der Ausschluss gesehen werden. Der Bestimmtheitsgrundsatz verbiete dies. Schließlich müssten Auflösungs- bzw. Ausschlussverfügung auch in materieller Hinsicht dem Grundrechtsgehalt des Art. 8 I GG entsprechen[949], was vorliegend nicht der Fall war.

B. Begriff der Versammlung

1041 Damit überhaupt erst die Thematik Versammlungsrecht und die Frage nach der Sperrwirkung des VersG aufkommen können, muss der Begriff der **Versammlung** geklärt sein. Zunächst ist davon auszugehen, dass die Versammlungsbegriffe des Art. 8 I GG und des § 1 VersG identisch sind.[950] Da weder das Grundgesetz noch das Versammlungsgesetz diesen Begriff definieren, haben sich Rechtsprechung und Literatur seither darum bemüht, den Begriff zu bestimmen. Daher verwundert es nicht, dass unterschiedliche Auffassungen bestehen.

[948] Etwas anderes hätte dann gegolten, wenn die Polizei bspw. gegen störende Nichtteilnehmer oder gegen gewalttätige Teilnehmer vorgegangen wäre. Dann hätte die Ingewahrsamnahme auf Grundlage des allg. POR ergehen dürfen, da sich die betreffenden Personen nicht auf die Versammlungsfreiheit hätten berufen können. Gleiches hätte gegolten, wenn die Polizei die Versammlung zuvor rechtmäßig aufgelöst hätte (dazu sogleich).

[949] Vgl. BVerfG NVwZ 2005, 80, 81 und ausführlich unten Rn 1105, 1115 ff.

[950] BVerfG NJW 2001, 2459, 2460. Vgl. nun auch *Götz*, POR, § 17 Rn 14.

I. Gemeinsamer Zweck: Teilhabe an der öffentlichen Meinungsbildung

Wohl unstreitig ist, dass nicht jedes beliebige Zusammenkommen mehrerer Personen eine Versammlung i.S.d. Art. 8 I GG ausmachen kann. Vielmehr ist eine innere Verbindung in der Gestalt der **Verfolgung eines gemeinsamen Zwecks** erforderlich.[951] **1042**

Das Kriterium der gemeinsamen Zweckverfolgung ist notwendig, um die Versammlung von sog. **Ansammlungen**, denen keine gemeinsame Zweckverfolgung zugrundeliegt und die daher **nicht** dem Schutz des Art. 8 I GG unterfallen, abzugrenzen. Reine Ansammlungen sind etwa **Schaulustige oder Wartende nach einem Verkehrsunfall**, das **Publikum bei einem Konzert** sowie **nichtkommunikative (Konsum-)Veranstaltungen** wie **Rockkonzerte**, **Fußballspiele** etc. Hier verfolgen zwar alle (Zuschauer, Zuhörer, Fans) den gleichen, nicht aber einen gemeinsamen Zweck. Sogar das Zusammentreffen mehrerer Personen am **Informationsstand einer politischen Partei** soll nach Auffassung des BVerwG eine nicht von Art. 8 I GG geschützte Ansammlung sein. Der Annahme einer Versammlung stehe insbesondere der Umstand entgegen, dass der eigentliche Zweck nicht in der gemeinsamen Meinungsbildung und -äußerung liege, sondern allein darin, Vorbeigehenden ein einseitiges Informationsangebot zu unterbreiten, sodass allenfalls Art. 5 I GG einschlägig sei.[952] Diese Auffassung vermag nicht so richtig zu überzeugen, zumal das BVerfG auch sonst stets eine großzügige Interpretation der Schutzbereiche annimmt. Sofern man jedoch eine Versammlung verneint, ist zu beachten, dass die Veranstaltung zu einer Versammlung i.S.d. Art. 8 I GG werden kann, wenn sich die anfangs fehlende innere Verbindung einstellt. **1043**

Auch bei **kommerziell geprägten (Event-)Veranstaltungen** mag bezweifelt werden, ob die Teilnehmer einen gemeinsamen Zweck verfolgen. So ist eine „**Weihnachtsparade**" nicht als eine durch Art. 8 I GG geschützte Versammlung angesehen worden, weil nach den tatrichterlichen Feststellungen die einzelnen Teilnehmer im Wesentlichen ihre eigenen, überwiegend wirtschaftlichen Interessen verfolgten.[953] Auch bei sog. „gemischten Veranstaltungen" wie der „**Loveparade**" und der Gegenveranstaltung „**Fuckparade**" ist fraglich, ob sich bei ihnen überhaupt eine gemeinsame Zweckverfolgung bejahen lässt oder ob die Teilnehmer schlicht das Massenspektakel „konsumieren".[954] Siehe dazu Rn 1047 f.

Ungeachtet dieser Problematik gilt jedenfalls, dass eine körperliche Anwesenheit am Versammlungsort vorausgesetzt wird.[955] Daher genießen etwa **Internetuser** im (virtuellen) Chatroom **keinen** Schutz aus Art. 8 I GG.[956]

Ganz überwiegend wird darüber hinaus gefordert, dass die gemeinsame Zweckverfolgung in einer **gemeinsamen Meinungsbildung und -äußerung** liegen müsse.[957] Diese Auffassung stützt sich auf die Komplementärfunktion der Versammlungsfreiheit zu den (anderen) Kommunikationsgrundrechten, insbesondere zur Meinungsfreiheit. Eine noch engere Auffassung, der sich nun auch das BVerfG und das BVerwG ange- **1044**

---

[951] BVerfG NJW 2011, 1201, 1204; NJW 2007, 2167, 2168 ff.; NVwZ 2005, 80, 81; NJW 2001, 2459, 2460 f.; BVerfGE 104, 92, 101 ff.; BVerwG NVwZ 2007, 1431, 1432 f.; OVG Berlin NJW 2001, 1740; *Heckmann*, JuS 2001, 675, 680; *Kniesel*, NJW 2000, 2857; *Wiefelspütz*, DÖV 2001, 21, 22; *Tillmanns*, JA 2002, 277, 278 *Pieroth/Schlink*, Rn 794.

[952] BVerfG NJW 1977, 671; BVerwGE 56, 63, 67-69; BVerwG NVwZ 2007, 1434. Etwas anderes kann aber im Hinblick auf die Betreiber des Informationsstandes selbst gelten, vgl. dazu *Kniesel*, NJW 1996, 2606, 2611.

[953] Vgl. OVG Berlin NJW 2001, 1740.

[954] Den Versammlungscharakter beider Veranstaltungen verneinend BVerfG NJW 2001, 2459, 2460 (beides Kammerentscheidungen); bejahend hinsichtlich der Fuckparade BVerwG NVwZ 2007, 1431, 1432 f.

[955] BVerfG NJW 2001, 2459, 2460.

[956] *Kniesel*, NJW 2000, 2857, 2860.

[957] Vgl. BVerfG NVwZ 2004, 90, 91; BVerfGE 104, 92, 101 ff.; BVerwGE 56, 63, 69; OVG Berlin NJW 2001, 1740; VG Braunschweig NZV 2000, 142; VGH Mannheim NVwZ 1998, 761, 763; OVG Weimar NVwZ-RR 1998, 498; *Gröpl*, Jura 2002, 18, 20; *Kniesel/Poscher*, NJW 2004, 422, 423; *Tillmanns*, JA 2002, 277, 278; *Seidel*, DÖV 2002, 283, 284 f.; *Kunig*, in: v. Münch/Kunig, GG, Art. 8 Rn 14.

schlossen haben, verlangt, dass der gemeinsame Zweck in der Teilhabe an der **öffentlichen Meinungsbildung** bzw. **-kundgabe** liegen müsse.[958]

Das BVerfG führt dazu aus: Das Grundrecht der Versammlungsfreiheit erhält seine besondere verfassungsrechtliche Bedeutung in der freiheitlichen demokratischen Ordnung des Grundgesetzes wegen des Bezugs auf den Prozess der öffentlichen Meinungsbildung. Namentlich in Demokratien mit parlamentarischem Repräsentativsystem und geringen plebiszitären Mitwirkungsrechten hat die Freiheit kollektiver Meinungskundgabe die Bedeutung eines grundlegenden Funktionselements. Das Grundrecht gewährleistet insbesondere Minderheitenschutz und verschafft auch denen Möglichkeiten zur Äußerung in einer größeren Öffentlichkeit, denen der direkte Zugang zu den Medien versperrt ist."[959]

Und in seinem Urteil zum Verbot einer Versammlung im Frankfurter Flughafen führt das BVerfG aus: „Art. 8 I GG schützt die Freiheit, mit anderen Personen zum Zwecke einer gemeinschaftlichen, auf die Teilhabe an der öffentlichen Meinungsbildung gerichteten Erörterung oder Kundgebung örtlich zusammenzukommen. Als Freiheit zur kollektiven Meinungskundgabe ist die Versammlungsfreiheit für eine freiheitlich demokratische Staatsordnung konstituierend. In ihrer idealtypischen Ausformung sind Demonstrationen die gemeinsame körperliche Sichtbarmachung von Überzeugungen, bei der die Teilnehmer in der Gemeinschaft mit anderen eine Vergewisserung dieser Überzeugungen erfahren und andererseits nach außen – schon durch die bloße Anwesenheit, die Art des Auftretens und die Wahl des Ortes – im eigentlichen Sinne des Wortes Stellung nehmen und ihren Standpunkt bezeugen."[960]

1045 Zu weit ginge es jedoch, den Versammlungsbegriff auf die **Erörterung öffentlicher Angelegenheiten** (insb. auf politische Themen) zu beschränken. Eine derartige Auslegung wäre weder mit dem Wortlaut des Art. 8 I GG noch mit der systematischen Stellung des Versammlungsgrundrechts innerhalb der Kommunikationsgrundrechte vereinbar. Sofern die betreffende Veranstaltung aber die Erörterung politischer Themen zum Gegenstand hat, stellt sich das Problem nicht. Jedenfalls ist eine verbale Auseinandersetzung nicht erforderlich. Daher kann auch eine Zusammenkunft von Menschen, die durch ihre bloße Anwesenheit, die Art ihres Auftretens und des Umgangs miteinander Stellung nehmen und ihren Standpunkt bezeugen, eine Versammlung i.S.d. Art. 8 I GG sein.[961]

1046 Dementsprechend ist eine **Versammlung** i.S.d. Art. 8 GG eine örtliche Zusammenkunft mehrerer Personen zur gemeinschaftlichen Erörterung oder Kundgebung mit dem Ziel der Teilhabe an der öffentlichen Meinungsbildung.[962]

1047 Hinsichtlich der bereits genannten Paraden „**Loveparade**" und „**Fuckparade**" hat das BVerfG entschieden, dass es sich bei beiden Veranstaltungen überwiegend um Musik- und Tanzereignisse handele, bei denen die von Art. 8 I GG geschützten kommunikativen Zwecke nur eine untergeordnete Bedeutung spielten. Sie seien daher *keine* Versammlungen i.S.d. Art. 8 I GG.[963] Demgegenüber hat das BVerwG hinsichtlich der Fuckparade entschieden, dass deren Zweck darin bestehe, eine Gegenveranstaltung zur Loveparade zu bilden, und dass die Veranstalter nur deshalb dieselben darstellerischen Elemente nutzten, um auf die öffentliche Meinungsbildung einzuwirken. Daher charakterisiere das Gesamtgepräge der

[958] VGH Mannheim NVwZ 1998, 761, 763 und nun auch BVerfG NVwZ 2004, 90, 91 (Versammlungsverbot); BVerfGE 104, 92, 111 (Sitzblockade); BVerfG NJW 2001, 2459, 2460 f. („Loveparade" und „Fuckparade"), das gleichzeitig die Definition der Versammlung in Art. 8 I GG mit der *öffentlichen* Versammlung nach dem Versammlungsgesetz gleichsetzt. Vgl. auch BVerwG NVwZ 2007, 1431, 1432 f.; BVerwG NVwZ 2007, 1434 f.
[959] BVerfG NJW 2001, 2459, 2460 mit Bezugnahme auf BVerfGE 69, 315, 346 f.
[960] BVerfG NJW 2011, 1201, 1204 (Fraport) mit Bezugnahme auf BVerfGE 104, 92, 104; 111, 147, 154 f.; 69, 315, 344 f.
[961] BVerfG NVwZ 2011, 422, 423; *Muckel*, JA 2011, 555.
[962] BVerfG NVwZ 2011, 422, 423 (Versammlungsauflösung); NJW 2011, 1201, 1204 (Fraport).
[963] BVerfG NJW 2001, 2459, 2460 f. (beides jedoch nur Kammerentscheidungen).

Veranstaltung eine Versammlung i.S.d. Art. 8 I GG, zumal sich im Zweifel der Freiheitsgehalt der Grundrechte durchsetze.[964]

Sieht man also die „Fuckparade" als Versammlung i.S.d. Art. 8 I GG an, dürfte dies im Zweifel auch für eine „**Technoparade**" und eine „**Nacht-Tanz-Demo**" gelten[965]. Zu weit ginge es aber, eine „**Fete mit Musik**" als Versammlung anzusehen, auch wenn sie von einer politischen Partei veranstaltet wird und dabei auch ein „Infotisch" dieser Partei aufgestellt wird.[966] Auch eine **Massenparty** oder eine **Tanzveranstaltung einer Weltanschauungsgemeinschaft**, bei der nicht die Kundgabe einer Meinungsbildung, sondern Spaß im Mittelpunkt steht, ist keine Versammlung.[967] Gleiches dürfte hinsichtlich sog. **Facebook-Partys** und sog. **Flashmobs** (nicht aber **Smartmobs**) gelten.[968] Hinsichtlich der „**Chaostage**" und „**Skinheadkonzerte**"[969] bleibt abzuwarten, wie die Fachgerichte unter dem Einfluss der aktuellen Rspr. des BVerwG in Zukunft entscheiden werden. 1048

Hinweis: Die Unterscheidung, ob eine Veranstaltung eine Versammlung i.S.d. Art. 8 I GG oder eine kommerzielle Veranstaltung bzw. Vergnügungsveranstaltung ist, hat in der Praxis weit reichende Konsequenzen: 1049

- Eine Versammlung ist zulassungsfrei, wohingegen eine kommerzielle Veranstaltung bzw. Vergnügungsveranstaltung genehmigungspflichtig ist, wobei die Genehmigung (= Sondernutzungserlaubnis) nur erteilt wird, wenn die Belange des Straßenverkehrs und der Anlieger nicht unverhältnismäßig beeinträchtigt werden. Die Entscheidung über die Genehmigungserteilung steht im Ermessen der Behörde. Bei Flashmobs sollte eine Sondergenehmigungsbedürftigkeit indes nur dann angenommen werden, wenn die Veranstaltung geeignet ist, den öffentlichen Verkehrsraum in erheblichem Maße zu beanspruchen.
- Eine nicht genehmigte, aber genehmigungspflichtige kommerzielle Veranstaltung bzw. Vergnügungsveranstaltung kann (auf der Grundlage des Straßenrechts oder des Polizei- und Ordnungsrecht) untersagt werden; Verstöße gegen die Erlaubnispflicht stellen zudem eine Ordnungswidrigkeit (gem. § 113 OWiG) dar und können mit Bußgeld sanktioniert werden. Demgegenüber kann eine durch Art. 8 I GG geschützte Versammlung nur unter den strengen Voraussetzungen des § 15 VersG verboten bzw. aufgelöst werden, wobei der strenge Prüfungsmaßstab des Art. 8 I GG zu beachten ist.
- Die Benutzung der Straße durch eine von Art. 8 I GG geschützte Versammlung ist kostenfrei, wohingegen die Benutzung durch eine andere (sondererlaubnispflichtige) Veranstaltung kostenpflichtig (Sondernutzungsgebühren) ist.

---

[964] BVerwG NVwZ 2007, 1431, 1432 f.
[965] Vgl. VG Frankfurt a.M. NJW 2001, 1741.
[966] VG Braunschweig NZV 2000, 142.
[967] VGH München BayVBl 2009, 629 ff.
[968] Ein **Flashmob** (engl.: zu Deutsch etwa „Blitzmeute" oder „Blitzpöbel") zeichnet sich dadurch aus, dass an einem öffentlichen Ort eine Vielzahl von Personen spontan erscheint, eine gemeinsame, gewollt sinnfreie „Aktion" durchführt und sich anschließend wieder zerstreut. Die Koordination erfolgt im Vorfeld meist über das Internet, insbesondere mittels sozialer Netzwerke, Weblogs, Chatforen. Die Teilnehmer kennen sich i.d.R. nicht (näher). Die Bezeichnung „flash" soll dabei zweierlei ausdrücken: Zum einen geht es um die Spontanität der Aktion selbst, zum anderen aber auch darum, Unbeteiligte zu schockieren oder jedenfalls zu überraschen. Flashmobs sind Ausdruck eines Lebensgefühls, durch eine „verrückte Sache" für eine kurze Zeit aus der Anonymität herauszutreten und nach dem Ende des Flashmobs ebenso schnell und spurlos wieder in diese Anonymität zu verschwinden. In erster Linie sollen sie Spaß machen bzw. ein Spaß sein (*Neumann*, NVwZ 2011, 1171, 1172; *Höfling/Krohne*, JA 2012, 734, 736). Insoweit kann man dem Flashmob zwar dem gesellschaftlichen Bereich zuordnen, kaum jedoch die Teilhabe an der öffentlichen Meinungsbildung oder gar politische Wirkungen zusprechen. Aus diesem Grund unterfallen sie wohl nicht dem Versammlungsbegriff i.S.d. Art. 8 I GG. Bei einem **Smartmob** handelt es sich zwar auch um eine vergleichbare Organisationsform, im Unterschied zum Flashmob besteht hier aber eine Sinnhaftigkeit der Aktion. I.d.R. handelt es sich um eine Protestaktion, weshalb man durchaus von einer Versammlung i.S.d. Art. 8 I GG ausgehen kann.
[969] Vgl. dazu näher *Führing*, NVwZ 2001, 157 ff.; *Weber*, JA 2012, 293 ff.

1050 Diskussionsstoff liefert auch der Fall, dass ein Veranstalter Personen „**mietet**", damit diese für seine Zwecke demonstrieren.

Beispiel: Im Zuge der Beratungen hinsichtlich der Gesundheitsreform demonstrierten einige hundert Menschen vor dem Bundeskanzleramt, indem sie Arztkittel in den Wind hielten als Symbol für die „vielen Mediziner, die wegen der geplanten Gesundheitsreform ihren Job an den Nagel hängen werden". Im Nachhinein stellte sich heraus, dass die Demonstranten vom Veranstalter, der Jobbörse „Jacktiger", für 30 € bezahlt wurden, um die Veranstaltung durchzuführen.

Ob eine solche Veranstaltung den Schutz aus Art. 8 I GG beanspruchen kann, ist angesichts des Normzwecks (demokratisches Partizipationsrecht) zumindest dann fraglich, wenn es den „gemieteten" Personen weniger um Kundgabe ihrer Meinung, sondern primär oder ausschließlich um Erhalt eines Entgelts geht. Stellt man bei der Frage nach der Eröffnung des Schutzbereichs aus Art. 8 I GG auf das Gesamtgepräge der Veranstaltung ab, spricht der besondere Charakter des Grundrechts gegen das Vorliegen einer Versammlung i.S.d. Art. 8 I GG.[970]

1051 **Hinweis für die Fallbearbeitung:** Bei der Beantwortung der Frage, ob im konkreten Fall eine Versammlung i.S.d. Art. 8 I GG oder lediglich eine Ansammlung vorliegt, besteht zumindest für die Praxis eine gewisse Rechtssicherheit. Für die Fallbearbeitung ist wichtig, sich nicht von der formalen Bezeichnung der Veranstaltung beeinflussen zu lassen. Abzustellen ist allein auf den verfolgten Zweck. Liegt dieser in erster Linie in der gemeinschaftlichen Erörterung und Kundgebung mit dem Ziel der Teilhabe an der öffentlichen Meinungsbildung, schadet es nicht, wenn dies unter Einsatz von Musik und Tanz erfolgt. Denn im Zweifel setzt sich der Freiheitsgehalt der Grundrechte durch („in dubio pro libertate"). Lediglich rein (oder doch zumindest hauptsächlich) kommerziell ausgerichtete Veranstaltungen sowie auf Spaß und Unterhaltung ausgerichtete öffentliche Massenpartys müssen aus dem Schutzbereich herausgehalten werden. Dies hat zur Folge, dass eine Sondernutzungserlaubnis erforderlich wird, jedenfalls soweit die Veranstaltung auf öffentlichem Grund stattfindet. Eine Sondernutzungserlaubnis wird regelmäßig aber nur dann erteilt, wenn die Kosten der Abfallentsorgung übernommen werden. Soweit es aber um Parteitage, politische Diskussionsveranstaltungen, Demonstrationen oder Protestmärsche geht, kann der Streit um den Versammlungsbegriff dahinstehen, da diese Veranstaltungen allesamt unstreitig Versammlungen darstellen. Auch der in § 1 VersG genannte „Aufzug" ist eine sich fortbewegende Versammlung.

II. Mindestteilnehmerzahl

1052 Fraglich ist auch, ob für die Annahme einer Versammlung eine bestimmte **Teilnehmerzahl** erforderlich ist. Überwiegend werden zwei Personen als ausreichend erachtet.[971] Teilweise werden aber auch drei Personen gefordert.[972] Eine dritte Auffassung differenziert zwischen dem Begriff der Versammlung i.S.d. Art. 8 GG und dem des Versammlungsgesetzes, wonach für Art. 8 GG zwei Personen genügten, für das Versammlungsgesetz aber drei Personen erforderlich seien.[973] Nach der hier vertretenen Auffassung kann die Differenzierung bei der Benennung der Mindestteilnehmerzahl zwischen

---

[970] Vgl. näher *Bredt*, NVwZ 2007, 1358 ff.

[971] *Hermanns*, JA 2001, 79; *Kniesel*, NJW 2000, 2857; *Kahl*, JuS 2000, 1090, 1092; *Höfling*, in: Sachs, GG, Art. 8 Rn 9; *Kloepfer*, HdbStR VI, S. 747; *Jarass*, in: Jarass/Pieroth, GG, Art. 8 Rn 3; wohl auch *Kunig*, in: v. Münch/Kunig, GG, Art. 8 Rn 13.

[972] OLG Saarbrücken NStZ-RR 1999, 119; *Hoffmann-Riem*, in: Alternativkommentar, Art. 8 Rn 12; *Benda*, in: Bonner Kommentar, Art. 8 Rn 21; *Kannengießer*, in: Schmidt-Bleibtreu/Hofmann/Hopfauf, GG, Art. 8 Rn 3.

[973] *Herzog*, in: Maunz/Dürig, GG, Art. 8 Rn 47 f.; OLG Düsseldorf JR 1982, 299, 300. Diese Auffassung dürfte sich aber nach der Entscheidung des BVerfG zu den Paraden erledigt haben, da das Gericht dort die Begriffe der Versammlung einheitlich auslegt (vgl. auch BVerwG NVwZ 2007, 1434 f.).

Art. 8 I GG und dem VersG nicht überzeugen. Denn das VersG ist unmittelbarer Ausfluss aus Art. 8 I GG und muss deshalb denselben Wertungen unterliegen. Bei der Beantwortung der Frage, ob nun zwei oder drei Personen erforderlich sind, gilt es zu bedenken, dass Art. 8 GG die Freiheit des einzelnen Bürgers, seine Meinung gemeinsam mit anderen zu äußern, um damit seine politische Isolierung zu verhindern, schützen will. Daher scheint es angebracht, **zwei Personen** genügen zu lassen. Zudem folgt aus dem Wortlaut des Art. 8 GG „sich versammeln" nicht notwendigerweise, dass es sich dabei um drei oder mehr Personen handeln muss.[974]

Zusammenfassung: Um eine **Versammlung** annehmen zu können, muss nach allen Auffassungen wenigstens ein gemeinsamer Zweck verfolgt werden. Überwiegend wird zusätzlich gefordert, dass dieser in einer **gemeinsamen Meinungsbildung und -äußerung** liegen müsse. Eine noch engere Auffassung, der sich nun auch das BVerfG angeschlossen hat, verlangt, dass der gemeinsame Zweck in der Teilhabe an der **öffentlichen Meinungsbildung** bestehen müsse. Abzulehnen ist jedenfalls die Einschränkung des Versammlungsbegriffs auf die Erörterung **öffentlicher Angelegenheiten**. Die Frage kann jedoch regelmäßig offenbleiben, da es zumeist um Veranstaltungen oder Aufzüge geht, die alle Kriterien erfüllen. Was die Teilnehmerzahl betrifft, dürften im Hinblick auf den Schutzbereich des Art. 8 I GG **zwei Personen** genügen. 1053

III. Spontan- und Eilversammlungen

Planung und **Organisation** sind keine begriffsnotwendigen Elemente einer Versammlung. Daher fallen auch **Spontan- und Eilversammlungen** unter den Versammlungsbegriff (dazu näher Rn 1081 und 1082). Dass Versammlungen im Freien gem. § 14 VersG angemeldet werden müssen, ist in Anbetracht des Wortlauts des Art. 8 I GG, wo von „ohne Anmeldung" die Rede ist, für die Annahme einer Versammlung irrelevant. Freilich eine andere Frage ist es, ob eine nicht angemeldete Versammlung unter den Voraussetzungen des § 15 III VersG **aufgelöst** werden kann (vgl. dazu Rn 1115). 1054

Dadurch, dass auch Spontanversammlungen unter den Versammlungsbegriff fallen, ist es möglich, dass z.B. Teilnehmer der Loveparade den Schutz des Art. 8 I GG genießen, wenn sie sich plötzlich zu politischen Fragen äußern.

IV. Geschütztes Verhalten

Zum **geschützten Verhalten** zählt zunächst die Freiheit, an einer Versammlung teilzunehmen und sie zu verlassen, aber auch über Ort, Zeit, Art und Inhalt der Versammlung zu entscheiden (sog. Gestaltungsfreiheit).[975] 1055

Prüfungsrelevant ist insbesondere die **Wahl des Versammlungsortes**, weil dies die Frage aufwirft, ob Art. 8 I GG uneingeschränkt den Zugriff auf beliebige Flächen oder Räume gewährleistet. Man stelle sich vor, das Versammlungsgrundrecht würde freien Zugang zu Startbahnen von Flughäfen, (geheimen) Militäreinrichtungen oder zu Räumen der Verfassungsschutzämter oder des BND gewährleisten. Ein funktionierendes Gemeinwesen bzw. die Wahrnehmung bestimmter öffentlicher Aufgaben wären dann nicht möglich. Daher muss die Freiheit der Ortswahl ihre Grenze in kollidierenden Verfassungsgütern finden, was entweder zu einer Begrenzung des Schutzbereichs des 1056

---

[974] Vgl. bereits sämtliche Vorauflagen; wie hier nun auch VGH Mannheim VBlBW 2008, 60-62. Mit dem Wortlaut „sich versammeln" in Art. 8 I GG schwerlich vereinbar BVerfG NJW 1987, 3245, wonach eine Einzelmahnwache eine Versammlung darstellen soll.

[975] BVerfG NJW 2011, 1201, 1204 (Frankfurter Flughafen); BVerfGE 104, 92, 105 f. (Sitzblockade); 73, 206, 249 (Sitzblockade) – allesamt zurückgehend auf BVerfGE 69, 315, 343 (Brokdorf).

Art. 8 I GG (verfassungsimmanente Schutzbereichsbegrenzung[976]) führt oder aber im Rahmen der Prüfung der verfassungsrechtlichen Rechtfertigung die behördliche Verbotsverfügung (oder Auflage) rechtfertigt. Überwiegend ist man der Meinung, dass die rechtliche Verfügungsbefugnis über den Versammlungsort eine ungeschriebene Bedingung für die Ortswahl darstelle und Art. 8 I GG insoweit kein Benutzungsrecht einräume, das nicht schon nach allgemeinen Rechtsgrundsätzen bestehe.[977] Diese Sichtweise ist sehr bedenklich, da sie die Reichweite der Versammlungsfreiheit von vornherein in die allgemeine Rechtsordnung einbettet. Folgte man ihr, hätten es der einfache Gesetzgeber und die Verwaltung in der Hand, die Reichweite der Versammlungsfreiheit ggf. sogar durch Benutzungsordnungen oder Satzungen zu regeln. Richtigerweise wird man das Recht zur freien Ortswahl auf den gesamten **öffentlichen Raum** (insbesondere auf öffentliche Straßen und Plätze) erstrecken müssen.[978] Hierbei handelt es sich um einen (zulassungsfreien) Gemeingebrauch bzw. um die schlichte Ausübung des Versammlungsgrundrechts[979], keinesfalls aber um eine (zulassungspflichtige) Sondernutzung. Nähme man das Gegenteil an, führte dies dazu, dass eine an sich nicht genehmigungspflichtige Versammlung ggf. beantragt werden müsste, auch wenn bei der Genehmigung Art. 8 I GG das Ermessen der Behörde dahingehend reduzierte, dass faktisch ein Zulassungsanspruch bestünde, sofern nicht höherrangige Interessen berührt würden. Aber auch bei der schlichten Ausübung des Versammlungsgrundrechts gilt: Sind die o.g. oder vergleichbare andere Bereiche betroffen, ist zwar der Schutzbereich eröffnet, jedoch führen die gegenläufigen Verfassungsgüter zur Rechtfertigung des Eingriffs.

1056a Obwohl die Versammlungsfreiheit den Grundrechtsträgern gewährleistet, über den Ort der Veranstaltung frei zu bestimmen, verschafft sie ihnen damit kein Zutrittsrecht zu beliebigen Orten und zu beliebigen Zeiten. „Belagern" etwa Demonstranten tage- oder gar wochenlang das Wohnhaus eines ehemaligen (Sexual-)Straftäters und geben laute Beschimpfungen von sich, ist nachvollziehbar, dass damit auch schutzwürdige Belange des ehemaligen Strafgefangenen betroffen sind und dass für die Behörde die Möglichkeit bestehen muss, die Wahl des Versammlungsortes etwa durch eine versammlungsrechtliche Auflage zu beschränken. Denn auch ehemalige (Sexual-)Straftäter haben das (aus Art. 2 I GG i.V.m. 1 I GG) garantierte Recht, gerade in ihrem privaten Rückzugsbereich vor Schmähungen und Beleidigungen geschützt zu werden.[980]

1057 Schwieriger ist die Bestimmung der Reichweite der Wahl des Versammlungsortes, wenn es um Örtlichkeiten bzw. Flächen geht, die zwar im Eigentum einer Kapitalgesellschaft (AG oder GmbH) stehen, die Anteile dieser Gesellschaft aber ausschließlich oder überwiegend von einem Träger öffentlicher Gewalt gehalten werden (Beispiele: Flughafen AG oder Marktplatz GmbH, die von einem Land oder einer Gemeinde betrieben werden) und die daher als sog. gemischt-wirtschaftliche Unternehmen gelten. Das BVerfG hat diesbezüglich entschieden, dass die Versammlungsfreiheit die Durchführung von Versammlungen auch an Orten verbürge, wo ein **öffentliches Unternehmen** (bzw. ein gemischt-wirtschaftliches Unternehmen) einen allgemeinen **öffentlichen Verkehr** eröffnet hat. Wenn heute die Kommunikationsfunktion der öffentlichen Straßen zunehmend durch weitere Foren wie Einkaufszentren oder sonstige Begegnungsstätten ergänzt werde, könnten die Verkehrsflächen solcher Einrichtungen jedenfalls dann nicht von der Versammlungsfreiheit ausgenommen

---

[976] Vgl. dazu Rn 127.
[977] BGH NJW 2006, 1054, 1055 (Fraport AG); BVerwGE 91, 135, 138 f. (Bonner Hofgartenwiese), unter Bezugnahme auf *Herzog*, in: Maunz/Dürig, GG, Art. 8 Rn 78; vgl. auch *Hoffmann-Riem*, in: AK-GG, Art. 8 Rn 33; *Schulze-Fielitz*, in: Dreier, GG, Art. 8 Rn 35; *Geis*, in: Berliner Kommentar zum GG, Art. 8 Rn 34; *Herrmanns*, JA 2001, 79, 82; *Deger*, VBlBW 1995, 303, 304.
[978] So auch BVerfGE 73, 206, 249 (Sitzblockade).
[979] BVerfGE 73, 206, 249; VGH Kassel NJW 1988, 2125.
[980] OVG Magdeburg NJW 2012, 2535 f.

sein, wenn sie als Orte allgemeinen kommunikativen Verkehrs ausgestaltet seien und eine **unmittelbare Grundrechtsbindung** der betreffenden Einrichtung bzw. des Trägers der Einrichtung bestehe. Letzteres sei etwa der Fall, wenn der Staat die Mehrheitsanteile an der privatrechtlichen Organisation bzw. dem Privateigentum halte, wie das z.B. auf Bereiche des Frankfurter Flughafens zutreffe. So umfasse der Frankfurter Flughafen neben den flugspezifischen und abgegrenzten Bereichen wie dem Sicherheitsbereich und der Gepäckausgabe auch Orte, die zum Konsumieren, Flanieren und damit auch zum Kommunizieren ausgestaltet seien. Daher stelle er insoweit eine Stätte kommunikativen Verkehrs dar, und die Grundrechtsträger seien berechtigt, dort von ihrer Meinungsäußerungs- und Versammlungsfreiheit Gebrauch zu machen.[981]

In seinem soeben genannten Urteil zum Frankfurter Flughafen hat das BVerfG auch an- **1058**
gedeutet, dass eine Pflicht zur Duldung der Grundrechtsausübung selbst dann bestehen könne, wenn es sich bei dem Privaten nicht um ein sog. gemischt-wirtschaftliches Unternehmen handele, sondern um ein solches, bei dem der Staat keine Anteile halte oder nur über eine Minderheitsbeteiligung verfüge. Voraussetzung sei nur, dass ein öffentlicher (d.h. öffentlich zugänglicher) Kommunikationsraum eröffnet wurde und dass der private Betreiber im Wege der mittelbaren Drittwirkung der Grundrechte in Anspruch genommen werden könne.[982] Damit scheint das BVerfG den Weg zu bereiten, künftig auch Demonstrationen etwa in rein privat betriebenen Einkaufszentren zuzulassen, solange nur die betreffenden Verkehrsflächen dem allgemeinen Publikumsverkehr geöffnet sind. In diese Richtung geht auch § 21 S. 1 des Musterentwurfs eines Versammlungsgesetzes des Arbeitskreises Versammlungsrecht, wonach auf Verkehrsflächen von Grundstücken in Privateigentum, die dem allgemeinen Publikumsverkehr geöffnet sind, öffentliche Versammlungen auch ohne Zustimmung des Eigentümers durchgeführt werden können. Ob eine solche Beschränkung des Eigentumsrechts mit Art. 14 I S. 1 GG vereinbar ist, darf bezweifelt werden. Aufgrund der o.g. einschlägigen Äußerung des BVerfG wird sich diese Auffassung aber zumindest in der Praxis durchsetzen.

Fazit: Hinsichtlich der Wahl des Versammlungsortes lässt sich Folgendes feststellen: **1059**

- Auf **öffentlichen** Plätzen und Flächen (auch Straßen) besteht das Versammlungsrecht grundsätzlich. Ist das der Fall, handelt es sich um einen (zulassungs- und kostenfreien) Gemeingebrauch bzw. um die schlichte Ausübung des Versammlungsgrundrechts, nicht aber um eine (zulassungs- und gebührenpflichtige) Sondernutzung. Andere Bürger (insb. Verkehrsteilnehmer) und der Staat müssen Behinderungen grds. in Kauf nehmen. Lediglich, wenn die Wahrnehmung bestimmter öffentlicher Aufgaben unmöglich gemacht oder wesentlich erschwert wird, besteht der Grundrechtsschutz nicht. In diesen Fällen ist zwar der Schutzbereich eröffnet, jedoch führen die gegenläufigen Verfassungsgüter zur Rechtfertigung des Eingriffs.
- Von der freien Ortswahl grundsätzlich nicht umfasst sind im **Privateigentum** stehende Örtlichkeiten bzw. Flächen, weil die Versammlungsfreiheit Öffentlichkeitsbezug hat und auch ohne Verletzung von Privateigentum ausgeübt werden kann. Stellt der private Eigentümer die betreffende Örtlichkeit bzw. Fläche jedoch regelmäßig der Öffentlichkeit als Flanier- und Konsummeile bzw. zu Demonstrationszwecken zur Verfügung, kann ihn Art. 8 I GG über die Figur der **mittelbaren Drittwirkung** der Grundrechte zur Überlassung der Örtlichkeit bzw. Fläche verpflichten. Dasselbe gilt im Falle einer Monopolstellung, wenn keine überwiegenden Interessen entgegenstehen.
- Hinsichtlich Orte und Flächen, die zwar im Privateigentum einer juristischen Person des Privatrechts stehen, deren **Anteile** sich aber ausschließlich oder überwiegend im

[981] BVerfG NJW 2011, 1201, 1205. Vgl. auch *Sachs*, JuS 2011, 665 ff.; *Muckel*, JA 2011, 557 ff.; *Enders*, JZ 2011, 577 ff.; *Kramer*, JA 2011, 810 ff.

[982] BVerfG NJW 2011, 1201, 1205.

Eigentum der öffentlichen Hand befinden, besteht sogar eine **unmittelbare Grundrechtsbindung** der betreffenden Einrichtung bzw. des Trägers der Einrichtung. Das trifft z.B. auf Bereiche des Frankfurter Flughafens zu, die zum Konsumieren, Flanieren und damit auch zum Kommunizieren ausgestaltet sind. Dort sind die Grundrechtsträger berechtigt, von ihrer Meinungsäußerungs- und Versammlungsfreiheit Gebrauch zu machen.

1060 Zu der genannten Gestaltungsfreiheit gehören auch die Wahl der Form der Meinungsäußerung und damit das Verwenden von Fahnen und Trommeln. Sogar das Mitführen der Reichskriegsflagge ist erfasst. Eine andere Frage ist die Möglichkeit eines entsprechenden Verbots.[983] Geschützt sind auch vorbereitende Maßnahmen, insbesondere hat der Veranstalter in Ausübung der aus Art. 8 I GG fließenden Veranstalterfreiheit das Recht auf Darstellung seiner Intention in der Öffentlichkeit.

1061 Auch der ungehinderte **Zugang** zu einer bereits stattfindenden, bevorstehenden oder sich bildenden Versammlung bzw. Demonstration und das **Entfernen** bzw. die **Abreise** von einer Versammlung bzw. Demonstration fallen in den Schutzbereich des Art. 8 I GG. Ansonsten bestünde nämlich die Gefahr, dass das Grundrecht der Versammlungsfreiheit durch staatliche Maßnahmen vor oder nach der eigentlichen Zusammenkunft ausgehöhlt werden könnte.[984]

Typische Maßnahmen im **Vorfeld** von Versammlungen und Demonstrationen sind etwa **Personenkontrollen** (Identitätsfeststellungen, Durchsuchungen, Sicherstellungen von Sachen) an Zufahrtswegen sowie der sog. Rückführungsgewahrsam als Sonderfall des Verbringungsgewahrsams: Die betroffenen Personen werden angehalten und in Polizeibegleitung zum Ausgangsort zurückbeordert. Die besondere Problematik hierbei besteht darin, dass das VersG für derartige Maßnahmen keine Rechtsgrundlagen enthält[985], diese aber in Art. 8 I GG eingreifen. Hier wird der Rückgriff auf das POR diskutiert, vgl. Rn 1101 ff.

V. Begrenzung auf Friedlichkeit und Waffenlosigkeit

1062 Grundrechtlich geschützt werden nur **friedliche Versammlungen ohne Waffen**. Der Begriff der **„friedlichen Versammlung"** wird vom Grundgesetz nicht definiert. Von Rechtsprechung und Literatur wird er in Anlehnung an die Legaldefinition der §§ 5 Nr. 3, 13 I Nr. 2 VersG negativ bestimmt. Danach ist eine Versammlung unfriedlich, wenn ein „gewalttätiger und aufrührerischer Verlauf" angestrebt ist oder eintritt. Um eine **Gewalttätigkeit** annehmen zu können, muss eine aktive körperliche Einwirkung auf Personen oder Sachen stattfinden. Überwiegend wird verlangt, dass die körperliche Einwirkung aggressiv und von einiger Erheblichkeit ist.[986] Damit ist der Gewaltbegriff i.S.d. Art. 8 GG enger als derjenige, der im Strafrecht (§ 240 StGB) verwendet wird.

1063 So ist eine Versammlung als gewalttätig angesehen worden, bei der körperliche Handlungen von **einiger Gefährlichkeit** auftraten wie Gewaltausübung mittels gefährlicher Werkzeuge oder aggressive Ausschreitungen gegen Personen oder Sachen.[987] Eine Mindermeinung lässt demgegenüber für die Unfriedlichkeit bereits jede oder zumindest jede straf- und

---

[983] Vgl. dazu OVG Weimar NVwZ-RR 2000, 154 L.

[984] Vgl. VG Lüneburg NVwZ-RR 2005, 248 f. (Castor-Transport) und BVerfGE 84, 203, 209 (Republikaner) unter Berufung auf BVerfGE 69, 315, 349 (Brokdorf); *Höfling*, in: Sachs, GG, Art. 8 Rn 23; *Hermanns*, JA 2001, 79; *Hoffmann-Riem*, NVwZ 2002, 257, 259.

[985] Die §§ 5 und 15 VersG enthalten zwar Rechtsgrundlagen, die vor Beginn einer Versammlung bzw. Demonstration greifen, erlauben aber nur ein Vorgehen gegen die Veranstalter, nicht jedoch gegen einzelne Teilnehmer. Diese können demnach nur mittelbar, d.h. über entsprechende Maßnahmen gegen den Veranstalter (etwa durch Auflagen oder gar ein Versammlungsverbot) getroffen werden.

[986] BVerfG NVwZ 2005, 80 f.; BVerfGE 104, 92, 101 ff. (Sitzblockade).

[987] BVerfGE 73, 206, 248 f.; 87, 399, 406. Vgl. auch *Hoffmann-Riem*, NVwZ 2002, 257, 259.

ordnungswidrigkeitenrechtliche Rechtsverletzung genügen.[988] Demnach wäre eine Versammlung unfriedlich, wenn die Veranstalter gegen die **Anmeldepflicht** (§ 14 VersG) verstoßen haben, da ein solcher Verstoß eine Straftat darstellt (§ 26 Nr. 2 VersG). Nach der hier vertretenen Auffassung kann aber nicht jeder Rechtsverstoß die Versammlung gewalttätig machen, anderenfalls wäre der Gesetzesvorbehalt in Art. 8 II GG überflüssig.[989] Außerdem stünde sonst das Grundrecht zur Disposition des einfachen Gesetzgebers. So stellen auch **Verhinderungsblockaden**, also Blockaden von Verkehrswegen, sowie **Sitzblockaden**, bei denen sich die Teilnehmer auf passive Resistenz beschränken, keine unfriedlichen Versammlungen dar, selbst wenn dabei der Tatbestand der Nötigung verwirklicht wird.[990] Daran ändert sich auch nichts, wenn sich die Teilnehmer untereinander **anketten**. Ketten sich die Teilnehmer aber an Sachen an (z.B. an Zäunen, Toren, Schienen, stehenden Zügen etc.), muss die Friedlichkeit in Frage gestellt werden, weil der Grad der Behinderung ein anderer ist. Das BVerfG nimmt aber auch in diesem Fall keine Unfriedlichkeit an. Die Frage, ob eine Versammlung unfriedlich sei, dürfe nicht mit der Verwirklichung des (weiten) Gewaltbegriffs in § 240 StGB gleichgesetzt werden. Vielmehr müsse die Friedlichkeit rein verfassungsrechtlich bestimmt werden. Liege der Zweck der Blockade in der gemeinschaftlichen Erörterung und Kundgebung mit dem Ziel der Teilhabe an der öffentlichen Meinungsbildung, sei auch dann von einer Friedlichkeit i.S.v. Art. 8 I GG auszugehen, wenn sich die Versammlungsteilnehmer bspw. an das Haupttor eines befriedeten Geländes anketteten und die Zu- und Abfahrt versperrten. Denn in einem solchen Fall sei der erforderliche Grad an Gefährlichkeit noch nicht erreicht, um eine „Unfriedlichkeit" i.S.v. Art. 8 I GG annehmen zu können.[991] Freilich eine andere Frage ist es, ob die Versammlung gem. § 15 III VersG aufgelöst werden kannFreilich eine andere Frage ist es, die Versammlung gem. § 15 III VersG aufzulösen, vgl. dazu Rn 1115 ff.

Ob das Werfen mit (relativ) **weichen Gegenständen** (Eiern, Tomaten etc.) unfriedlich ist, muss bezweifelt werden. Eine Unfriedlichkeit sollte jedenfalls dann angenommen werden, wenn sich derartige Aktionen gegen Polizeibeamte richten und die Situation dadurch eskaliert. Dagegen sollte das **Werfen** mit **harten Gegenständen** (Bierflaschen, gefüllten Getränkedosen, Steinen etc.) sowie mit **Farbbeuteln** wegen der objektiven Gefährlichkeit stets eine Unfriedlichkeit begründen.

Verhalten sich nur **einige** Versammlungsteilnehmer unfriedlich, die anderen dagegen friedlich, ist nur den unfriedlichen Teilnehmern der Schutz des Art. 8 GG verwehrt.[992] Es ist also, dem Wortlaut des Art. 8 I GG i.V.m. §§ 18 III und 19 IV VersG entsprechend, auf den einzelnen Teilnehmer abzustellen, nicht auf die Versammlung insgesamt. Nur wenn ein Einschreiten gegen die einzelnen gewalttätigen Teilnehmer nicht möglich ist, keinen Erfolg verspricht oder sich die friedlich verhaltenden Versammlungsteilnehmer mit den Gewalttätigkeiten identifizieren, kann entsprechend dem Gesetzesvorbehalt des Art. 8 II GG und unter strenger Beachtung des Verhältnismäßigkeitsgrundsatzes gegen die ganze Versammlung vorgegangen werden (Verbot, Auflösung etc.).

Eine **Gegendemonstration** genießt ebenfalls den Schutz des Art. 8 GG, sofern sie friedlich ist. Bezweckt sie, die Versammlung zu stören, kann je nach Sachverhalt entweder bereits der Schutzbereich begrenzt oder jedenfalls aufgrund des Gesetzesvorbehalts des Art. 8 II GG eingeschritten werden (Verbot, Auflösung etc.).

Ein **aufrührerischer Verlauf** besteht oder wird angestrebt, wenn das Ziel der Versammlung in einem Umsturz des Staates liegt oder wenn aktiv Widerstand gegen rechtmäßig handelnde Vollstreckungsbeamte geleistet wird bzw. geleistet werden soll. **1064**

[988] So *Badura*, StaatsR, Kap. C Rn 64; *Kloepfer*, in: HdbStR VI, S. 755 f.
[989] Vgl. auch *Kahl*, JuS 2000, 1090, 1092 und nunmehr erfreulicherweise BVerfG NVwZ 2005, 80 f.
[990] BVerfG StraFo 2011, 180, 181; BVerfGE 104, 92, 101 ff.; 92, 1, 17 f.; 87, 399, 406; 73, 206, 249.
[991] BVerfGE 104, 92, 106. Diese Grundsätze bestätigend BVerfG NVwZ 2005, 80 f. Vgl. auch BVerfG StraFo 2011, 180, 181 f. und *Schmidt/Priebe*, StrafR BT I, 11. Aufl. 2012, Rn 798.
[992] BVerfGE 69, 315, 359 (Brokdorf); BVerfG NVwZ 2005, 80 f.; *Kannengießer*, in: Schmidt-Bleibtreu/Hofmann/Hopfauf, GG, Art. 8 Rn 4a; *Hermanns*, JA 2001, 79, 81.

1065 Mit **Waffen** sind zunächst Waffen im technischen Sinne gemeint. Darunter sind Waffen i.S.d. § 1 WaffG zu verstehen (z.B. Pistole, Dolch, Schlagring).[993] Der Zweck, zu dem sie mitgeführt werden, ist unerheblich. Überwiegend werden dem Waffenbegriff auch gefährliche Werkzeuge (i.S.d. § 224 StGB) wie Baseballschläger, Eisenketten oder chemische Kampfstoffe zugeordnet, sofern sie nicht nur zur Verletzung von Personen geeignet sind, sondern vor allem *zu diesem Zweck* mitgeführt werden.[994]

Beispiel: Fahnen, genauer gesagt Fahnenstangen, sind für sich genommen gefährliche Werkzeuge. Werden sie aber nicht zum Zweck des Einsatzes als Schlaginstrumente mitgeführt, ist die Versammlung zumindest diesbezüglich nicht unfriedlich.

1066 Keine Waffen sind jedenfalls reine Schutzgegenstände wie Schutzhelme, Gasmasken, Schutzbrillen etc.[995] Freilich eine andere Frage ist es, ob deren Mitführen ein Verbot nach § 17a I VersG rechtfertigen kann.

1067 Unfriedlich ist eine Versammlung schließlich auch dann, wenn eine Unfriedlichkeit *droht*, also unmittelbar bevorsteht. So ist der Aufruf zu verbrecherischen Handlungen ebenso wenig von Art. 8 I GG gedeckt wie die Behinderung einer Versammlung durch Gegendemonstrationen. Bei der Frage, ob eine Unfriedlichkeit droht, ist auf die sachgerechte Prognose der zuständigen Behörde abzustellen.[996]

VI. Persönlicher Schutzbereich

1068 In **persönlicher Hinsicht** ist der Schutz des Art. 8 I GG (nicht der des § 1 VersG!) auf **Deutsche** begrenzt. Der Begriff des Deutschen ist in Art. 116 GG legaldefiniert. **Nichtdeutsche** können sich demzufolge zwar auf das VersG, nicht aber auf das Grundrecht der Versammlungsfreiheit berufen. Für sie ist die Versammlungsfreiheit grundrechtlich lediglich über Art. 2 I GG geschützt, freilich nicht mit dem hohen Schutzniveau des Art. 8 I GG. Dies gilt zumindest im Hinblick auf Ausländer, die keine EU-Bürger sind. Ob **EU-Bürgern** ein intensiverer Schutz gewährt werden muss (etwa durch eine europarechtskonforme Auslegung des Art. 8 I GG oder durch eine Erhöhung des Schutzniveaus des Art. 2 I GG auf das des Art. 8 I GG), ist noch nicht entschieden. Vgl. dazu *R. Schmidt*, Grundrechte, Rn 48/63. Vom persönlichen Schutzbereich umfasst sind aber inländische juristische Personen des Privatrechts und sonstige inländische Personenmehrheiten[997] (Beispiel: politische Partei, die einen Parteitag abhält). Zur Problematik, inwieweit eine inländische juristische Person bzw. Personenmehrheit sich auf Deutschengrundrechte berufen kann, wenn sie von Ausländern beherrscht ist, vgl. *R. Schmidt*, Grundrechte, Rn 64. Die Versammlung selbst ist kein Grundrechtsträger.

---

[993] Zwar kann nach der Normenhierarchie ein einfaches Gesetz nicht die Reichweite einer Norm des Grundgesetzes bestimmen, jedoch kann man auch bei einer rein verfassungsrechtlichen Betrachtungsweise dessen Wertung heranziehen.

[994] *Kahl*, JuS 2000, 1090, 1091; *Herzog*, in: Maunz/Dürig, GG, Art. 8 Rn 66; *Pieroth/Schlink*, Grundrechte, Rn 696; *Jarass*, in: Jarass/Pieroth, GG, Art. 8 Rn 7. Anders *Kunig*, in: v. Münch/Kunig, GG, Art. 8 Rn 26, wonach gefährliche Werkzeuge i.S.v. § 224 StGB nicht zu den Waffen i.S.d. Art. 8 I GG zählen.

[995] *Hermanns*, JA 2001, 79, 81; *Kahl*, JuS 2000, 1090, 1091; *Herzog*, in: Maunz/Dürig, GG, Art. 8 Rn 68.

[996] *Jahn*, JuS 2001, 172, 174.

[997] BVerwG BayVBl 1999, 632, 633. Auch rechtsradikale Organisationen, die nicht verboten sind, können sich auf den Schutz der Art. 5 I, 8 I und 9 I GG berufen (vgl. Art. 21 II GG und dazu OVG Berlin NVwZ 2000, 1201 sowie *Jahn*, JuS 2001, 172, 174).

VII. Ergebnis zur Herleitung des Versammlungsbegriffs

Unter Zugrundelegung der bisherigen Ausführungen ergibt sich folgende Subsumtionsgrundlage:

Versammlungen sind ungehinderte friedliche Zusammenkünfte mehrerer Personen (nach h.M. genügen zwei) zwecks gemeinschaftlicher Erörterung und Kundgebung mit dem Ziel der Teilhabe an der öffentlichen Meinungsbildung. 1069

Diese Definition hat sich z.B. auch der niedersächsische Gesetzgeber zunutze gemacht, indem er in § 2 des niedersächsischen Versammlungsgesetzes den Begriff der Versammlung definiert: „Eine Versammlung im Sinne dieses Gesetzes ist eine ... Zusammenkunft von mindestens zwei Personen zur gemeinschaftlichen, auf die Teilhabe an der öffentlichen Meinungsbildung gerichteten Erörterung oder Kundgebung".

C. Beschränkungen der Versammlungsfreiheit

Beschränkungen der Versammlungsfreiheit liegen zunächst vor bei Maßnahmen, die das geschützte Verhalten regeln, z.B. **Anmeldungs- und Erlaubnispflichten**. Das geht schon aus der Formulierung des Art. 8 I GG „ohne Anmeldung oder Erlaubnis" hervor. Eindeutige Eingriffe sind auch **Auflagen**, **Verbote** und **Auflösungen** von Versammlungen sowie die sie bestätigenden Gerichtsentscheidungen. Auch die **Behinderung von Anfahrten** und **Personenkontrollen** beeinträchtigen das Grundrecht.[998] Das Grundrecht wird auch durch (andere) faktische Maßnahmen beeinträchtigt, wenn sie in ihrer Intensität imperativen Maßnahmen gleichstehen. So können **staatliche Überwachungsmaßnahmen** (etwa Dokumentation oder Videoüberwachung) dazu führen, dass die innere Entschlussfreiheit, an einer Versammlung teilzunehmen, beeinträchtigt wird. Ist daher eine Überwachungsmaßnahme geeignet, Versammlungsteilnehmer abzuschrecken oder bei ihnen den Entschluss auszulösen, lieber auf die Grundrechtsausübung zu verzichten, ist von einem Eingriff auszugehen.[999] Das BVerfG hat daher in seiner Brokdorf-Entscheidung einen Eingriff bei „exzessiven Observationen und Registrierungen" angenommen.[1000] Jüngere fachgerichtliche Entscheidungen nehmen einen Grundrechtseingriff auch dann an, wenn der Einsatz einer Kameraübertragung geeignet ist, bei den Versammlungsteilnehmern das Gefühl des Überwachtwerdens mit den damit verbundenen Unsicherheiten und Einschüchterungseffekten zu erzeugen.[1001] Auch die bloße Videobeobachtung einer Versammlung – ohne eine Speicherung der Aufnahmen (sog. **Kamera-Monitoring-Verfahren**) – ist demnach ein Eingriff in Art. 8 I GG.[1002] Denn wegen der heutigen technischen Möglichkeiten (Zoom) muss prinzipiell von der Erkennbarkeit einzelner Teilnehmer, daher von einem Personenbezug der Aufnahmen und somit von einem Grundrechtseingriff ausgegangen werden.[1003] Das gilt auch hinsichtlich des Einsatzes sog. **Video-Drohnen**[1004], unabhängig davon, ob eine Speicherung der Aufnahmen stattfindet, oder ob der Einsatz von den Betroffenen bemerkt wird.[1005] Des Weiteren ist die Erhebung von **Gebühren** im Zusammenhang mit der Erteilung von Auflagen (gem. § 15 I VersG) als Eingriff zu sehen.[1006] Schließlich sind **einschließende Begleitungen** von 1070

[998] BVerfGE 69, 315, 349 (Brokdorf); VG Lüneburg NVwZ-RR 2005, 248, 249 (Castor-Transport).
[999] BVerfGE 65, 1, 43 (Volkszählung).
[1000] BVerfGE 69, 315, 359 (Brokdorf).
[1001] OVG Münster DVBl 2011, 175 f. (das allerdings „bloße Übersichtsmaßnahmen bei Großdemonstrationen" zwar als Eingriff in das allgemeine Persönlichkeitsrecht, nicht aber in Art. 8 I GG wertet); VG Berlin NVwZ 2010, 1442.
[1002] BVerfGE 122, 342, 368 f. (Bayerisches Versammlungsgesetz); VG Berlin NVwZ 2010, 1442.
[1003] VG Berlin NVwZ 2010, 1442.
[1004] Hierbei handelt es sich um unbemannte Flugkörper, die mit Foto- oder Videotechnik ausgestattet sind.
[1005] Vgl. dazu ausführlich *Roggan*, NVwZ 2011, 590 ff.
[1006] Vgl. dazu *Greve/Quast*, NVwZ 2009, 500 ff.

Demonstrationen durch voll ausgerüstete Polizeibeamte (sog. „Wanderkessel"), die sich dadurch kennzeichnen, dass einzelne Versammlungsteilnehmer die Versammlung nicht verlassen bzw. dieser nicht beitreten können[1007], sowie Überflüge mit Bundeswehrkampfjets[1008] Grundrechtseingriffe.

1071 Eine **Beschränkung** der Versammlungsfreiheit liegt immer dann vor, wenn eine Versammlung **verboten** oder **aufgelöst** oder die Art und Weise ihrer Durchführung durch staatliche Maßnahmen **beschränkt** wird.

D. Rechtfertigung von Beschränkungen auf der Grundlage des VersG

1072 Liegt eine Versammlung vor, stellen die Vorschriften des **VersG** die wichtigsten Rechtsgrundlagen für Eingriffe in die Versammlungsfreiheit dar. Dabei entstehen – gerade wegen der Beschränkung des VersG auf Abwehr versammlungstypischer Gefahren – regelmäßig Abgrenzungsprobleme zu den Vorschriften des allgemeinen Polizei- und Ordnungsrechts. Folgende Bestimmungen sind relevant:

- **Art. 8 I GG:** Grundrecht auf Versammlungsfreiheit (allerdings ist Art. 8 I GG nur ein „Deutschengrundrecht")
- **§ 1 VersG:** Versammlungsrecht (keine Beschränkung auf Deutsche; hat aber auch nicht die Hochrangigkeit wie Art. 8 I GG)
- **§§ 2, 3 VersG:** Waffentragungs-, Störungs- und Uniformverbot
- **§ 5 VersG:** Verbot von öffentlichen Versammlungen in geschlossenen Räumen
- **§§ 12a, 19a VersG**[1009]**:** Bild- und Tonaufnahmen durch die Polizei[1010]
- **§ 13 VersG:** Auflösung von öffentlichen Versammlungen in geschlossenen Räumen
- **§ 14 I VersG:** Anmeldepflicht von öffentlichen Versammlungen unter freiem Himmel (spätestens 48 Stunden vor deren Bekanntgabe)
- **§ 15 I VersG:** Verbot von öffentlichen Versammlungen im Freien; Auflagen[1011]
- **§ 15 II VersG:** Verbot von öffentlichen Versammlungen im Freien, die an Gedenkstätten mit historisch herausragender überregionaler Bedeutung für die Opfer der nationalsozialistischen Gewalt- und Willkürherrschaft stattfinden sollen; Auflagen
- **§ 15 III, IV VersG:** Auflösung von öffentlichen Versammlungen im Freien, wenn eine der in § 15 III VersG oder in § 15 I oder II VersG genannten Voraussetzungen erfüllt ist. Relevant ist insbesondere die Auflösung einer nicht angemeldeten (vgl. § 14 I VersG) oder verbotenen (vgl. § 15 I und II VersG) Versammlung.
- **§ 18 III VersG** oder **§ 19 IV VersG** für den **Ausschluss** einzelner Teilnehmer von der Versammlung

1073 Bevor also zu den einzelnen Rechtsgrundlagen des Versammlungsgesetzes Stellung genommen werden kann, müssen die öffentliche Versammlung von der nichtöffentlichen und die Versammlung unter freiem Himmel von der in geschlossenen Räumen unterschieden werden. Denn die **Rechtfertigungsvoraussetzungen** für Beschrän-

---

[1007] OVG Bremen NVwZ 1990, 1188, 1189; OVG Hamburg NVwZ 1987, 829, 830. Vgl. auch *Kniesel*, NJW 1996, 2606 ff.; *Brenneisen/Martins*, Polizeiforum 2006, 56 ff.; *Krüger/van der Schoot*, NordÖR 2007, 276 ff. Ob bereits eine „offene" Begleitung (also eine Begleitung, die die Versammlung nicht einschließt und auch einzelne Personen durchlässt) eine Beschränkung der Versammlungsfreiheit darstellt, ist zweifelhaft; dies sollte aber zumindest dann bejaht werden, wenn (potentielle) Teilnehmer abgeschreckt werden, der Versammlung beizutreten.

[1008] Vgl. dazu BVerfG NJW 2007, 2172 sowie *Droege*, JuS 2008, 135, 137.

[1009] Zur Verfassungsmäßigkeit der §§ 12a, 19 VersG vgl. *Droege*, JuS 2008, 135, 137.

[1010] Das schließt die Anfertigung von (Luft-)Bildaufnahmen durch Einheiten der Bundeswehr aus. Auch ein Einsatz der Bundeswehr im Wege der Amtshilfe (Art. 35 I GG) ist ausgeschlossen, weil die Voraussetzungen des Art. 87a II GG nicht vorliegen (vgl. auch *Droege*, JuS 2008, 135, 139).

[1011] Vgl. dazu BVerfG NVwZ-RR 2010, 625 f.

kungen der Versammlungsfreiheit **weichen zum Teil sehr stark voneinander ab**, was die Examensrelevanz dieses Rechtsgebiets ausmacht:

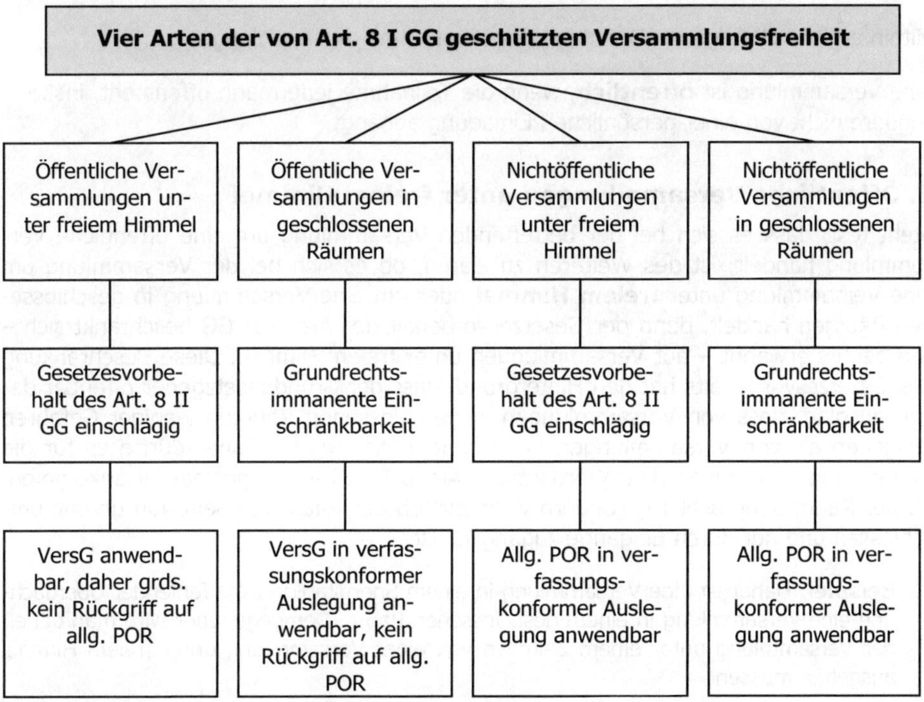

I. Öffentliche Versammlungen

Wie die obigen Ausführungen zeigen, schützt Art. 8 I GG sowohl *öffentliche* als auch *nichtöffentliche* Versammlungen. Das VersG ist demgegenüber gem. § 1 VersG lediglich auf *öffentliche* Versammlungen anwendbar. Nichtöffentliche Versammlungen können demnach genauso wie Veranstaltungen in geschlossenen Räumen (für die wiederum der Gesetzesvorbehalt des Art. 8 II GG nicht gilt) nur durch kollidierendes Verfassungsrecht eingeschränkt werden. Daher ist regelmäßig eine Abgrenzung erforderlich. Bei der Frage, ob im konkreten Fall die Versammlung öffentlich oder nichtöffentlich ist, kommt es jedenfalls nicht darauf an, ob die Versammlung auf öffentlichen Flächen oder auf einem Privatgrundstück stattfindet.[1012] Entscheidend ist allein, ob zu der Versammlung **jedermann Zugang hat**. Ist die Teilnahme nicht auf einen bestimmten Teilnehmerkreis begrenzt, liegt eine *öffentliche* Versammlung vor. Wird dagegen zur Teilnahme geladen und wünscht der Veranstalter über den Kreis der Geladenen hinaus keine weiteren Teilnehmer, ist von einer *nichtöffentlichen* Versammlung auszugehen.[1013] **1074**

> **Beispiele:** Mitgliederversammlungen von Verbänden, Gewerkschaften oder Parteien sind demnach *nichtöffentliche* Versammlungen. Gleiches gilt für einen Parteitag mit entsandten Delegierten und geladenen Gästen.[1014] Werden die Einladungen aber kopiert

---

1012 *Heckmann*, JuS 2001, 675, 678.

1013 Vgl. BVerwG NVwZ 1999, 991, 992; OVG Weimar DVBl 1998, 104, 105; *v. Coelln*, NVwZ 2001, 1234, 1235; *Jahn*, JuS 2001, 172, 175; *Führing*, NVwZ 2001, 157, 159; *Heckmann*, JuS 2001, 675, 678; *Hermanns*, JA 2001, 79, 81 f.

1014 BVerwG NVwZ 1999, 991, 992; OVG Weimar NVwZ-RR 1998, 498 f.; *Kniesel*, NJW 2000, 2857, 2862; *Jahn*, JuS 2001, 172, 174 f.

und frei weitergegeben und findet auch keine Zugangskontrolle durch den Veranstalter statt, ist von einer *öffentlichen* Versammlung auszugehen.[1015] Zu den *nichtöffentlichen* Versammlungen vgl. Rn 1123 ff.

Mithin ergibt sich folgende Definition der öffentlichen Versammlung:

1075 Eine Versammlung ist **öffentlich**, wenn die Teilnahme jedermann offensteht, insbesondere nicht von einer persönlichen Einladung abhängt.

1. Öffentliche Versammlungen unter freiem Himmel

1076 Steht fest, dass es sich bei der betreffenden Versammlung um eine öffentliche Versammlung handelt, ist des Weiteren zu klären, ob es sich bei der Versammlung um eine Versammlung unter **freiem Himmel** oder um eine Versammlung in geschlossenen Räumen handelt, denn der Gesetzesvorbehalt des Art. 8 II GG beschränkt sich – wie bereits erwähnt – auf Versammlungen unter freiem Himmel. Diese Beschränkung des Gesetzesvorbehalts hat den Hintergrund, dass der Grundgesetzgeber offenbar davon ausging, dass von Versammlungen in geschlossenen Räumen weniger Gefahren ausgehen als von Versammlungen unter freiem Himmel.[1016] Daher dürfte es für die Abgrenzung – entgegen dem Wortlaut des Art. 8 II GG – weniger darauf ankommen, ob der Raum überdacht ist, sondern vielmehr, ob der Raum zur Seite hin überall umschlossen und nur durch Eingänge zugänglich ist.

Beispiel: Daher ist eine Versammlung in einem Sportstadion trotz fehlender Überdachung eine Versammlung in einem geschlossenen Raum. Demgegenüber wird man bei einer Versammlung unter einem Zeltdach von einer Versammlung unter freiem Himmel ausgehen müssen.

a. Grundrechtsschutz unter dem Gesetzesvorbehalt des Art. 8 II GG

aa. Das Versammlungsgesetz als spezialgesetzliche Regelungsmaterie

1077 Gemäß dem Gesetzesvorbehalt des Art. 8 II GG können Versammlungen unter **freiem Himmel** durch oder aufgrund eines Gesetzes eingeschränkt werden. Aufgrund der Bedeutung der Versammlungsfreiheit und des Parlamentsvorbehalts ist jedenfalls für einen gezielten Eingriff in den Schutzbereich des Art. 8 I GG ein förmliches Gesetz zu fordern. Der Bundesgesetzgeber ist diesem Erfordernis vor allem durch den Erlass des **Versammlungsgesetzes** (VersG) nachgekommen, das er auf Art. 74 I Nr. 3 GG a.F. stützen konnte und welches gem. Art. 125a GG vorerst seine Gültigkeit behält (vgl. Rn 1035). Im Anwendungsbereich des VersG ist ein Rückgriff auf das allgemeine Polizei- und Ordnungsrecht (POR) grds. ausgeschlossen, denn als Spezialgesetz geht es diesem vor (sog. **Polizeifestigkeit des Versammlungsrechts**, siehe bereits Rn 1037 ff. und später Rn 1102 ff.). Gleichwohl kann es in bestimmten Fällen (etwa im Vorfeld einer Versammlung oder wenn mildere Maßnahmen getroffen werden sollen als die im VersG genannten) erforderlich sein, auf das POR zurückzugreifen. Die damit verbundenen Probleme sollen im Folgenden erläutert werden.
Nicht durch das VersG gesperrt wird die Befugnis der Polizei, im Rahmen der ihr obliegenden Aufgabe der **Strafverfolgung** (§ 163 I S. 1 StPO) gegen Versammlungsteilnehmer vorzugehen. So ist es z.B. möglich, Versammlungsteilnehmer gem. §§ 127, 164 StPO vorläufig festzunehmen, gem. § 163b StPO deren Identität festzustellen oder gem. § 102 StPO zu durchsuchen. Denn der lex-specialis-Grundsatz gilt nur innerhalb

[1015] OVG Weimar NVwZ-RR 1999, 499.
[1016] *Leibholz/v. Mangoldt*, Jahrbuch des öffentlichen Rechts der Gegenwart, Neue Folge Bd. 1, 1951, S. 114.

eines Rechtsgebiets (hier: des Gefahrenabwehrrechts), nicht zwischen verschiedenen Rechtsgebieten (hier: dem Gefahrenabwehrrecht und der Strafverfolgung).

bb. Anmeldepflicht nach § 14 I VersG; Spontan- und Eilversammlungen

§ 14 I VersG verpflichtet den Veranstalter bzw. Leiter einer öffentlichen Versammlung unter freiem Himmel, die Versammlung zumindest 48 Stunden vor ihrer Bekanntgabe (Ankündigung) **anzumelden**. Die Anmeldung ist kein Antrag auf Genehmigung der Versammlung, denn Versammlungen stehen wegen des klaren Wortlauts des Art. 8 I GG („Recht, ... ohne Anmeldung oder Erlaubnis...") nicht unter Genehmigungsvorbehalt. 1078

Die von Art. 8 I GG garantierte Genehmigungsfreiheit schlägt auf andere Gebiete, für die an sich eine Genehmigungspflicht besteht, durch mit der Folge, dass auch eine diesbezügliche Genehmigung nicht eingeholt werden muss. 1079

Beispiel: Soll eine Versammlung auf einer öffentlichen Straße stattfinden, die gemäß ihrer Widmung ausschließlich Verkehrszwecken dient, wäre aus straßenrechtlicher Sicht eine Sondernutzungserlaubnis erforderlich, weil die beabsichtigte Straßennutzung über den Widmungszweck hinausgeht. Auf der anderen Seite garantiert Art. 8 I GG, dass eine Versammlung keiner Anmeldepflicht unterliegt. Daher wird die straßenrechtliche Erlaubnispflicht von der versammlungsrechtlichen Zulassungsfreiheit überlagert. Die Wertung des Art. 8 I GG führt dazu, dass ein (zulassungsfreier) Gemeingebrauch bzw. eine schlichte Ausübung des Versammlungsgrundrechts, keinesfalls aber eine (zulassungspflichtige) Sondernutzung vorliegt.[1017] Nähme man das Gegenteil an, führte dies dazu, dass eine gem. Art. 8 I GG nicht genehmigungspflichtige Versammlung beantragt werden müsste, auch wenn bei der Genehmigung Art. 8 I GG das Ermessen der Behörde dahingehend reduzierte, dass faktisch ein Zulassungsanspruch bestünde, sofern nicht höherrangige Interessen berührt würden.

Bei Versammlungen in Fußgängerzonen greift die Genehmigungsfreiheit noch eindeutiger. Denn Fußgängerzonen dienen gemäß ihrer Widmung dem kommunikativen Gemeingebrauch, sodass nach den landesstraßenrechtlichen Vorschriften eine Genehmigungspflicht schon deshalb nicht besteht. Soll also eine Versammlung (eine Demonstration) in einer Fußgängerzone stattfinden, handelt es sich um einen zulassungsfreien Gemeingebrauch, sodass der Veranstalter bzw. Leiter keiner straßenrechtlichen Erlaubnis bedarf. Darauf, dass die Versammlung ohnehin wegen Art. 8 I GG zulassungsfrei wäre, kommt es nicht an.

Unbeschadet der beiden genannten Fallgruppen gilt aber, dass die Versammlungsteilnehmer kein Recht haben, sich schlechthin und uneingeschränkt über die Rechte anderer Verkehrsteilnehmer in jeder Situation hinwegzusetzen. Das „Vorrecht" ist im Sinne einer praktischen Konkordanz zwischen dem Grundrecht der Versammlungsfreiheit und den widerstreitenden Rechten anderer bzw. der Allgemeinheit beschränkt.[1018] Zu diesem Zwecke sind Auflagen bei der Streckenführung ein angemessenes Mittel (vgl. dazu Rn 1091 f.).

Die Anmeldepflicht ist eine Obliegenheit. Ihr Zweck ist es, im Interesse aller Beteiligten einen reibungslosen Ablauf der Versammlung zu gewährleisten[1019], was insbesondere unter Berücksichtigung der üblichen Straßenverkehrsverhältnisse letztlich unverzichtbar ist.[1020] Da – wie aufgezeigt – Art. 8 I GG jedoch ausdrücklich das Recht verleiht, 1080

1017 BVerfGE 73, 206, 249; VGH Kassel NJW 1988, 2125; a.A. *Schenke*, POR, Rn 383.
1018 BVerfG Die Polizei 2006, 105; OVG Bautzen SächsVBl 2002, 216; *Götz*, POR, § 17 Rn 11.
1019 BVerfGE 69, 315, 350; 85, 69, 74.
1020 *Hermanns*, JA 2001, 79, 82.

sich ohne Anmeldung oder Erlaubnis zu versammeln, ist § 14 I VersG verfassungsrechtlich bedenklich, jedenfalls in Bezug auf Spontan- und Eilversammlungen.

1081 **Spontanversammlungen** sind Versammlungen, die nicht geplant waren und bei denen keine Veranstalter vorhanden sind, sondern die sich „aus dem Augenblick heraus" entwickeln.[1021]

Beispiel: Wider Erwarten wird ein Angeklagter freigesprochen. Aus Protest gegen das Urteil versammeln sich spontan Zuschauer vor dem Gerichtsgebäude und demonstrieren gegen die Gerichtsentscheidung. Die Behörde sieht darin einen Verstoß gegen die Anmeldungspflicht nach **§ 14 I VersG** und löst die Versammlung gem. **§ 15 III VersG** auf.

Zwar lässt Art. 8 II GG Einschränkungen von öffentlichen Versammlungen unter freiem Himmel zu, allerdings bestünde ein klarer Bruch mit dem Wortlaut des Art. 8 I GG, der ausdrücklich das Recht verleiht, sich ohne Anmeldung oder Erlaubnis zu versammeln. Zudem bestünde in Fällen der vorliegenden Art, in denen es von vornherein praktisch unmöglich ist, den Anforderungen des § 14 VersG gerecht zu werden, die Gefahr einer Entwertung bzw. Aushöhlung des Art. 8 I GG, wollte man § 14 I VersG uneingeschränkt Geltung verleihen. Das BVerfG hat dies erkannt und nimmt seit seiner Brokdorf-Entscheidung **Spontanversammlungen** von der Anmeldepflicht aus, soweit der mit der Spontanversammlung verfolgte Zweck bei Einhaltung der Anmeldepflicht nicht erreicht werden könnte.[1022] Rechtstechnisch nimmt das BVerfG also eine verfassungskonforme Auslegung des § 14 VersG (und des § 15 III VersG) vor.

Im vorliegenden Fall wäre der Zweck der Demonstration vereitelt, wenn die Anmeldepflicht nach § 14 I VersG gelten würde. Daher können sich die Demonstranten auch ohne Anmeldung auf Art. 8 I GG berufen. § 14 I VersG ist – trotz des Gesetzesvorbehalts des Art. 8 II GG – nicht anwendbar. Auch § 15 III VersG ist verfassungskonform dahingehend auszulegen, dass eine Auflösung allein wegen nicht erfolgter Anmeldung ausscheidet. Denn würde man eine Auflösung zulassen, wäre der Zweck der Spontanversammlung in gleicher Weise gefährdet. Folgerichtig ist auch die Strafnorm des § 26 Nr. 2 VersG nicht anwendbar: Zum einen dürfte es bei einer Spontanversammlung kaum einen Veranstalter geben, der strafrechtlich zur Verantwortung gezogen werden könnte, und zum anderen würde man das soeben gefundene Ergebnis konterkarieren, sanktionierte man die nicht aufzulösende Spontanversammlung mit Mitteln des Strafrechts.

1082 **Eilversammlungen** sind Versammlungen, die im Unterschied zu Spontanversammlungen zwar geplant sind und Veranstalter haben, aber ohne Gefährdung des Versammlungszwecks nicht unter Einhaltung der Frist des § 14 VersG (48 Stunden) angemeldet werden können.

Beispiel[1023]**:** Die Einreise eines Staatsoberhaupts eines totalitären Staates wird erst 24 Stunden vorher bekannt gegeben.

Würde man strikt auf der Einhaltung der Anmeldungsfrist beharren, hätte dies zur Folge, dass Eilversammlungen von vornherein unzulässig wären. Im Unterschied zu den Spontanversammlungen ist bei den Eilversammlungen aber nicht die Anmeldung überhaupt, sondern lediglich die Fristwahrung unmöglich. Daher ist § 14 VersG bezüglich

---

[1021] Vgl. BVerfG NVwZ 2005, 80 f. Auch sog. Flashmobs, bei denen sich Menschen spontan über das Internet an einem bestimmten Ort verabreden, sind Spontanversammlungen, wenn die übrigen Voraussetzungen, die an eine Versammlung gestellt werden, erfüllt sind.
[1022] Vgl. BVerfGE 69, 315, 349 f.; 85, 69, 75; BVerfG NVwZ 2005, 80, 81. Für Verfassungsmäßigkeit des § 14 VersG auch *Kunig*, in: v. Münch/Kunig, GG, Art. 8 Rn 33; *Heckmann*, JuS 2001, 675, 681; für Verfassungswidrigkeit *Jarass*, in: Jarass/Pieroth, GG, Art. 8 Rn 17; *Höfling*, in: Sachs, GG, Art. 8 Rn 58.
[1023] Vgl. *Kahl*, JuS 2000, 1090, 1093.

Eilversammlungen zwar anwendbar, jedoch in verfassungskonformer Weise so auszulegen, dass Eilversammlungen anzumelden sind, sobald dies möglich ist. Das wird spätestens mit dem Beschluss, die Versammlung durchzuführen, der Fall sein.[1024]

Im vorliegenden Fall hat also eine Anmeldung gem. § 14 VersG zu erfolgen, und zwar mit dem Beschluss, die Versammlung durchzuführen.

Fazit: Der **Schutz des Art. 8 I GG** besteht auch dann, wenn eine Versammlung entgegen § 14 I VersG **nicht angemeldet** wurde. Denn die Eröffnung des Schutzbereichs kann nicht von einer erfolgten Anmeldung abhängen. Liegt eine Spontanversammlung vor, besteht regelmäßig auch keine Möglichkeit, die Versammlung gem. § 15 III GG allein wegen der nicht erfolgten Anmeldung aufzulösen. Aber auch wenn eine Versammlung nicht als Spontanversammlung zu bewerten und daher anzumelden ist, ist bei einem Verstoß gegen die Anmeldungspflicht der Schutzbereich des Art. 8 I GG eröffnet. Freilich eine andere Frage ist es, ob *in diesem Fall* eine Auflösung der Versammlung nach § 15 III VersG in Betracht kommt. Die Entscheidung steht zwar im Ermessen der Behörde (§ 15 III VersG: „kann"), wegen der Bedeutung des Grundrechts der Versammlungsfreiheit ist aber eine restriktive Handhabung erforderlich. I.d.R. ist daher von einer Auflösung abzusehen (verfassungskonforme Auslegung des § 15 III VersG). Sollte ausnahmsweise dennoch eine Auflösung rechtmäßig sein, hat dies zur Folge, dass die Versammlung nicht mehr besteht. Das VersG kann in diesem Fall keine Sperrwirkung gegenüber dem allgemeinen POR mehr entfalten, sodass Folgemaßnahmen (Platzverweis, Ingewahrsamnahme etc.) nach dem Polizeigesetz getroffen werden können. 1083

cc. Formelle Rechtmäßigkeit versammlungsrechtlicher Maßnahmen

Wegen Art. 83 GG richtet sich die **Zuständigkeit** für die Ausführung des VersG nach Landesrecht. Für die Erteilung von Verboten und Auflagen nach § 15 I VersG liegt die Zuständigkeit bspw. in Berlin und Hamburg beim Polizeipräsidenten, in Bremen beim Stadtamt, in Hamburg, Brandenburg und Niedersachsen bei den Polizeipräsidien, in Nordrhein-Westfalen bei den Kreispolizeibehörden und in Sachsen-Anhalt bei den Polizeidirektionen. Im Übrigen liegt die Zuständigkeit bei den Sonderordnungsbehörden („Versammlungsbehörden"), wie etwa in Bayern, Baden-Württemberg, Saarland und Sachsen. Im Hinblick auf die Vollzugsaufgaben der Polizei und deren Kapazitäten können die Versammlungsbehörden ihre Aufgaben nach pflichtgemäßem Ermessen nur in Abstimmung mit der Polizei sachgerecht erfüllen. Ist die Versammlung im Gang (oder befinden sich die Versammlungsteilnehmer auf der Anreise zum Versammlungsort), greift i.d.R. die Eilfallkompetenz der Vollzugspolizei oder es besteht eine originäre Zuständigkeit der Vollzugspolizei etwa nach §§ 12a, 13, 18 III oder 19 IV VersG. 1084

Typische Aufgaben der Vollzugspolizei sind der Schutz der Versammlung vor Störungen durch Dritte, die Sicherung der Durchführung der Versammlung durch Regelung des Verkehrs (was insb. bei sich fortbewegenden Demonstrationen sog. „Aufzügen" unerlässlich ist) sowie die Unterbindung und Sanktionierung von Straftaten und Ausschreitungen.

Mit der Anmeldung der Versammlung wird ein Verwaltungsverfahren (§§ 9 ff. VwVfG) eingeleitet. Trifft sodann die Versammlungsbehörde grundrechtsbeeinträchtigende Maßnahmen (etwa, indem sie gem. § 15 I VersG eine Auflage erteilt), muss sie in verfahrensrechtlicher Sicht insbesondere den Veranstalter zuvor gem. § 28 I VwVfG **anhören**. Das BVerfG verlangt eine grundrechtsfreundliche Anwendung vorhandener 1085

[1024] So die h.M., vgl. nur BVerfGE 85, 69, 75; *Kahl*, JuS 2000, 1090, 1093; *Hermanns*, JA 2001, 79, 83; a.A. BVerfGE 85, 69, 77 f. (abw. Meinung); *Höfling*, in: Sachs, GG, Art. 8 Rn 58 f.

Verfahrensvorschriften.[1025] Gemeint sind damit ein vertrauensvoller Informationsaustausch und eine vertrauensvolle Kooperation.[1026]

1086 Für die Polizei im Rahmen ihrer **Eilfallkompetenz** greift oft die Entbehrlichkeitsvorschrift des § 28 II Nr. 1 Var. 2 VwVfG.

dd. Materielle Rechtmäßigkeit versammlungsrechtlicher Maßnahmen

a.) Maßnahmen im Vorfeld einer Versammlung

aa.) Verbote und Auflagen nach § 15 I VersG

1087 Kommen (wie im Regelfall) die Befugnisnormen des VersG in Betracht, ist v.a. § 15 I VersG relevant.[1027] Diese Vorschrift ordnet auf ihrer Rechtsfolgeseite ein **Verbot** oder **Auflagen** an.

- Unter dem **Verbot** einer Versammlung gem. § 15 I VersG versteht man die Untersagung einer konkret geplanten Versammlung mit dem Ziel, ihre Durchführung zu verhindern. Das Verbot kann nur vor Beginn der Versammlung (also auch noch in der Sammelphase) ausgesprochen werden. Danach kann eine Versammlung nur noch (gem. § 15 II VersG) aufgelöst werden.
- Unter **Auflagen** i.S.d. § 15 I VersG sind keine Auflagen i.S.e. Nebenbestimmung zu einem Verwaltungsakt gemeint, da kein Grundverwaltungsakt existiert, der mit einer Nebenbestimmung versehen werden könnte. Bei den Auflagen i.S.d. § 15 I VersG handelt es sich vielmehr um eigenständige, in das Grundrecht der Versammlungsfreiheit eingreifende Verwaltungsakte. Treffender wäre es daher, statt den Begriff Auflage den Begriff **beschränkende Verfügung** zu verwenden. Auflagen in diesem Sinne sind etwa Verbote, Trommeln oder Fanfaren zum Einsatz zu bringen oder bestimmte Fahnen zu tragen (vgl. Rn 1109). Auch Beschränkungen der Ortswahl bzw. Vorgaben bei der Streckenführung eines Demonstrationszuges sind Auflagen i.S.d. § 15 I VersG. Das gilt auch für die Auflage, „dass die Teilnehmer der Versammlung vor Beginn der Veranstaltung polizeilich durchsucht werden".[1028]

1088 Tatbestandlich setzt § 15 I VersG eine **„unmittelbare Gefährdung der öffentlichen Sicherheit oder Ordnung"** voraus. Aufgrund der gleichlautenden Merkmale der entsprechenden Tatbestände aus dem POR und des gleichen Schutzzwecks (hier wie dort geht es um Gefahrenabwehr) könnte man annehmen, die Merkmale einheitlich auszulegen.[1029] Da es bei § 15 I VersG aber um eine Beschränkung der verfassungsrechtlich garantierten Versammlungsfreiheit geht, ist bei der Auslegung des § 15 I VersG stets die grundlegende Bedeutung des Art. 8 I GG (ggf. i.V.m. Art. 5 I GG) zu beachten. Das führt bei der Frage nach der **Verfassungsmäßigkeit eines Verbots** nach der vom BVerfG mehrfach bestätigten[1030] Kernaussage seines Brokdorf-Beschlusses dazu, dass

- das Erfordernis einer **„unmittelbaren Gefahr"** eine Gefahrenprognose voraussetzt, die auf konkreten und nachvollziehbaren Tatsachen (und nicht nur auf Verdachtsmomenten oder Vermutungen) beruht[1031], und dass die daraus resultierende Schadenswahrscheinlichkeit so hoch ist, dass ein späteres Einschreiten zur Abwehr der Gefahr nicht ausreicht,

---

[1025] BVerfGE 69, 315, 355.
[1026] *Pieroth/Schlink/Kniesel*, POR, § 21 Rn 12.
[1027] Vgl. dazu auch die bei Rn 1096 ff. geäußerte Kritik an der Novellierung des VersG.
[1028] Vgl. dazu BVerfG NVwZ-RR 2010, 625, 626 f.
[1029] Zu den Begriffen „Gefahr" und „öffentliche Sicherheit oder Ordnung" i.S.d. POR vgl. Rn 629 ff.
[1030] BVerfG NVwZ 2008, 671, 672; NJW 2010, 141, 142 f.
[1031] Bestätigt nochmals von BVerfG NVwZ-RR 2010, 625 und BVerfGE 126, 55 ff.

- ein Verbot (gleichgültig, ob wegen Verstoßes gegen die öffentliche Sicherheit oder Ordnung) der Versammlung nur unter strenger Beachtung des **Grundsatzes der Verhältnismäßigkeit** zulässig ist und daher erst dann in Betracht kommt, wenn mildere Mittel (z.B. Auflagenerteilung) nicht ausreichen bzw. ausgeschöpft sind,
- und dass ein Verbot schließlich nur zum **Schutz gleichwertiger anderer Rechtsgüter** möglich ist.[1032] Als gleichwertige andere Rechtsgüter sind jedenfalls **Leib und Leben von Personen** anerkannt, aber auch die **freiheitliche demokratische Grundordnung** des Grundgesetzes.[1033] Ob auch der Staat mit seinen Einrichtungen und Veranstaltungen, etwa das Ansehen der Bundesrepublik Deutschland im Ausland bzw. die reibungslose Durchführung eines internationalen Wirtschaftsgipfels (G8-Gipfel), gleichwertige Rechtsgüter darstellen, zu deren Gunsten großflächige Versammlungsverbote erlassen werden können, ist in Anbetracht der besonderen Bedeutung des Art. 8 I GG fraglich.[1034] Denn oftmals bietet Art. 8 I GG dem Bürger die einzige Möglichkeit, sich im Kollektiv erkennbar zu machen.

Beispiel[1035]: Gegner des G8-Gipfels planten für das Wochenende, an dem der Gipfel stattfinden soll, einen Sternmarsch, der in das Ortszentrum von Heiligendamm führen soll. Die zuständige Versammlungsbehörde wollte dies verhindern und verhängte im Wege einer Allgemeinverfügung ein großräumiges Versammlungsverbot. Danach sollten während der Gipfeltage nicht nur innerhalb der durch ein technisches Sperrwerk gesicherten Zone (200 m breite Pufferzone rund um den Tagungsort), sondern auch in einem größeren Umkreis keine Versammlungen stattfinden dürfen. Die Veranstalter waren der Auffassung, dass das Verbot ihr Grundrecht auf Versammlungsfreiheit verletze. **1089**

Das BVerfG hat zunächst seine im Brokdorf-Beschluss aufgestellten Grundsätze bestätigt und ausgeführt, dass Verbote und Auflösungen nur zum Schutz elementarer Rechts- bzw. Gemeinschaftsgüter, die im Einzelfall gegenüber der Versammlungsfreiheit vorrangig seien, in Betracht kämen, und dass die bloße Gefährdung der öffentlichen Ordnung, die Beeinträchtigung des Straßenverkehrs oder Unannehmlichkeiten für Dritte dagegen im Allgemeinen nicht ausreichten.

Sodann hat es ausgeführt, dass Art. 8 I GG auch das Interesse des Veranstalters schütze, auf einen Beachtungserfolg nach seinen Vorstellungen zu zielen, also gerade auch durch eine möglichst große Nähe zu einem symbolhaltigen Ort.

Dann jedoch hat das Gericht die Reichweite des Grundrechtsschutzes relativiert. Eine Verlagerung von Versammlungen in einen Bereich außerhalb der eigentlichen Sicht- und Hörweite, in dem der Staatsbesuch stattfände, berühre das Grundrecht aus Art. 8 I GG jedenfalls dann nicht, wenn der kommunikative Zweck der Versammlung, der sich an die Öffentlichkeit richte, nicht verfehlt und auch nicht erheblich beeinträchtigt werde. Außerdem bestehe ein überwiegendes öffentliches Interesse, Gefahren für das Ansehen der Bundesrepublik Deutschland und die verfassungsrechtlich geschützten Beziehungen des Bundes zu auswärtigen Staaten (Art. 32 I GG) abzuwehren.[1036]

Zwar reiche allein die Befürchtung, dass die an der Konferenz teilnehmenden Vertreter auswärtiger Staaten Demonstrationen und Kundgebungen als unfreundlichen Akt gegen ihre Staaten empfinden könnten, für die Annahme einer versammlungsrechtlich

---

[1032] BVerfGE 69, 315, 348 f. (Brokdorf); vgl. auch BVerfGE 87, 399, 407; 111, 147, 152 f.; BVerfG NJW 2007, 2167, 2168 ff.; NJW 2001, 2076, 2077; NJW 2000, 3051, 3052 f.; NJW 2000, 3053, 3054 f.; OVG Greifswald NordÖR 2007, 290, 292 f.; VG Schwerin v. 25.5.2007 – 1 B 243/07. Unvertretbar VG Karlsruhe (NJW 2005, 3658 f.), das ein Versammlungsverbot allein bei Verwirklichung des § 118 OWiG zulässt und Art. 8 I GG als Prüfungsmaßstab noch nicht einmal erwähnt.

[1033] Aus jüngerer Zeit vgl. etwa BVerwG JZ 2008, 1102, 1103 ff.

[1034] Vgl. dazu BVerfG NJW 2007, 2167, 2169, das diese Frage allerdings (wie in BVerfGE 69, 315, 352) bejaht.

[1035] In Anlehnung an BVerfG NJW 2007, 2167 ff.; vgl. auch BVerfG NVwZ-RR 2010, 625; BVerfGE 126, 55 ff.

[1036] Diese Formulierung war auch der dem Beschluss vorangegangenen Entscheidung des OVG Greifswald (NordÖR 2007, 290, 292 f.) zu entnehmen. Anders aber VG Schwerin v. 25.5.2007 – 1 B 243/07.

relevanten Gefahr nicht aus. Tragfähig sei allerdings das Ziel, den G8-Gipfel als staatliche Veranstaltung sowie Leib und Leben der Teilnehmer zu schützen.

Die erforderliche Gefahrenprognose habe sich darauf stützen lassen, dass bei den Ausschreitungen in Rostock am 2.6.2007 mehrere hundert Polizeibeamte verletzt worden seien. Zudem sei es zu erheblichen Sachbeschädigungen gekommen. Auch an den Tagen danach habe in Rostock eine sehr angespannte Situation bestanden, die nur aufgrund massiven Eingreifens der Ordnungskräfte und mit Hilfe eines Teils der friedlichen Demonstranten habe bewältigt werden können. Es habe daher nicht ausgeschlossen werden können, dass ein Teil der von der Behörde auf über 2.000 geschätzten im Raum Rostock anwesenden gewaltbereiten Personen sich an den von anderen als friedlich geplanten Versammlungen beteiligten und auch gegen den ausdrücklichen Willen der Veranstalter bereit gewesen seien, Gewalttätigkeiten gegen Personen und Sachen zu begehen. Angesichts der extrem großen Zahl dieser gewaltbereiten und sogar als militant einzustufenden Personen sei zu befürchten gewesen, dass es auch an den Tagen des Gipfeltreffens selbst zu gewalttätigen Ausschreitungen kommen werde. Daher sei das Verbot nicht unverhältnismäßig und damit rechtmäßig.

1090 Unbeschadet des Umstands, dass man das Versammlungsverbot im Rahmen des G8-Gipfels auch anders hätte beurteilen können, lässt sich generell sagen: Es genügt nicht, wenn ein Versammlungsverbot zur Erreichung seines Ziels allgemein geeignet, erforderlich und angemessen ist. Vielmehr muss eine praktische Konkordanz zwischen dem Grundrecht der Versammlungsfreiheit und den genannten widerstreitenden Verfassungsgütern hergestellt werden. Das gilt auch hinsichtlich eines Verbots im sog. **polizeilichen Notstand**[1037], mag die politische Gesinnung der Versammlungsteilnehmer auch noch so unerwünscht sein. Denn solange das BVerfG gem. Art. 21 II GG eine Partei nicht für verfassungswidrig erklärt hat, können sich die Versammlungsteilnehmer in gleichem Maße auf Art. 8 I GG berufen wie andere Personen.[1038]

1091 Bezüglich der **Verfassungsmäßigkeit von Auflagen** hat das BVerfG ähnlich entschieden, wobei es wegen der im Vergleich zu einem Verbot weniger schwer wiegenden Folgen, die mit Auflagen verbunden sind, an den Grundsatz der Verhältnismäßigkeit nicht ganz so strenge Maßstäbe stellt[1039]:

- Eine Auflage, die das Tragen von Uniformen und Uniformteilen ebenso untersagt wie das Tragen von Springerstiefeln i.V.m. dem Tragen von Bomberjacken und/oder einer militärischen Kopfbedeckung, ist rechtmäßig.
- Eine Auflage, die es untersagt, beim Umzug im Gleichschritt zu marschieren oder marschartige Formationen (Blöcke, Züge und Reihen) zu bilden, ist rechtmäßig.
- Eine Auflage, die bei einem Umzug Trommeln und, außer der Bundesflagge und den Fahnen der Bundesländer, das Mitführen von nicht mehr als 10 Fahnen erlaubt, ist rechtmäßig.
- Eine Auflage, dass die Teilnehmer einer Versammlung vor Beginn der Veranstaltung polizeilich ohne konkrete tatsächliche Anhaltspunkte für eine von der Versammlung selbst ausgehende Gefahr für die öffentliche Sicherheit durchsucht werden, ist rechtswidrig.[1040]
- Eine Auflage, die das Rufen von Parolen mit der Wortfolge „Nationaler Widerstand" wie z.B. „Hier marschiert der Nationale Widerstand" oder „Hier spaziert der Nationale Widerstand!" untersagt, ist rechtswidrig.

[1037] Vgl. VG Hamburg NJW 2001, 2115.
[1038] Vgl. BVerfG NJW 2001, 2076, 2077 (1. Mai-Demo 1).
[1039] Vgl. BVerfG NVwZ 2008, 671, 673 f.
[1040] Vgl. BVerfG NVwZ-RR 2010, 625, 626 f.

- Eine Auflage, die die Verwendung der o.g. Parolen in schriftlicher Form wie z.B. auf Flugblättern, Plakaten usw. untersagt, ist rechtswidrig.
- Gleiches gilt für eine Auflage, die es untersagt, in Versammlungsreden und Sprechchören sowie auf Transparenten Aussagen zur verbotenen „Freiheitlichen Arbeiterpartei Deutschlands (FAP)" zu machen bzw. die Bezeichnung „Nationaler Widerstand Hochsauerland" oder „Freie Nationalisten" zu verwenden.

Die Rechtswidrigkeit der drei zuletzt genannten Auflagen hat das BVerfG damit begründet, dass sie nicht die Art und Weise der Durchführung der Versammlung, sondern deren Inhalt beträfen. In diesem Fall sei die besondere Gewährleistung der Meinungsäußerungsfreiheit (Art. 5 I GG) zu berücksichtigen. Der Inhalt von Meinungsäußerungen, der im Rahmen des Art. 5 II GG nicht unterbunden werden dürfe, könne auch nicht zur Rechtfertigung von Maßnahmen herangezogen werden, die das Grundrecht der Versammlungsfreiheit beträfen.

Auch Veränderungen von **Ort und Zeit der Versammlung** bzw. von deren geplanter **Streckenführung** durch die Versammlungsbehörde stellen Auflagen dar. Derartige Auflagen sind zum Schutz der Versammlung oder zum Schutz von Rechtsgütern Dritter grds. zulässig.

Beispiel[1041]: Veranstalter V meldete bei der Behörde für die Zeit von Februar bis April wöchentlich wiederholte Demonstrationen vor den Wohnhäusern aus der Haft entlassener Sexualstraftäter an. Bereits zuvor hatten von V organisierte Gruppierungen in regelmäßigen Abständen vor den Wohnhäusern der ehemaligen Sexualstraftäter demonstriert und Foderungen nach einer „Todesstrafe für Sexualstraftäter", „wir kommen wieder, bis ihr geht" und „Kinder- und Frauenschänder raus aus A" lautstark verkündet sowie mit Trillerpfeifen untermauert. Die Behörde erließ ein Verbot, derartige Demonstrationen vor den Wohnhäusern durchzuführen.

Trotz der Hochwertigkeit der Versammlungsfreiheit dürfen Versammlungen (unter freiem Himmel) gem. Art 8 II GG auf gesetzlicher Grundlage eingeschränkt werden. Eine solche gesetzliche Grundlage stellt § 15 I VersG (Bund) dar. Diese Norm setzt auf Tatbestandsebene eine „unmittelbare Gefährdung der öffentlichen Sicherheit oder Ordnung" voraus. Da es aber um eine Beschränkung der verfassungsrechtlich garantierten hochrangigen Versammlungsfreiheit geht, ist bei der Auslegung des § 15 I VersG stets die grundlegende Bedeutung des Art. 8 I GG zu beachten. Das führt nach der Kernaussage des Brokdorf-Beschlusses des BVerfG (E 69, 315, 344 f.) dazu, dass ein Verbot nur zum Schutz gleichwertiger anderer Rechtsgüter unter strikter Wahrung des Grundsatzes der Verhältnismäßigkeit möglich ist. Als gleichwertige andere Rechtsgüter sind jedenfalls Leib und Leben von Personen anerkannt, aber auch die freiheitliche demokratische Grundordnung. Im vorliegenden Fall sind Rechtsgüter dieses Gewichts nicht betroffen. Allerdings wurde auch kein Totalverbot ausgesprochen, sondern lediglich die Wahl des Versammlungsortes eingeschränkt. Dies ist nach zutreffender Auffassung des OVG Magdeburg auch zugunsten anderer kollidierender Verfassungsgüter möglich. So sei das auch ehemaligen (Sexual-)Straftätern zustehende Recht aus Art. 2 I i.V.m. Art. 1 I GG (allgemeines Persönlichkeitsrecht), in ihrem privaten Rückzugsbereich Schmähungen und Beleidigungen sowie einem auf Vertreibung ausgerichteten psychischen Druck nicht ausgesetzt sein zu müssen, geeignet, die Versammlungsfreiheit trotz ihrer Hochwertigkeit einzuschränken.

Wenn aber die Veränderung von Ort und Zeit durch die Versammlungsbehörde der Versammlung ihren Zweck nimmt, kann die Auflage in ein Verbot umschlagen und damit strengeren Rechtmäßigkeitsvoraussetzungen unterworfen sein.[1042]

[1041] Nach OVG Magdeburg NJW 2012, 2535.

1092 **Fazit:**

- Die Gefährdung der öffentlichen Sicherheit oder Ordnung muss unmittelbar sein. Dies setzt eine **hohe Wahrscheinlichkeit** eines Schadens für die der Versammlungsfreiheit entgegenstehenden Rechtsgüter voraus.
- An die Gefahrenprognose dürfen keine allzu geringen Anforderungen gestellt werden. Es sind **konkrete und nachvollziehbare tatsächliche Anhaltspunkte** erforderlich (bloße Vermutungen reichen nicht).
- Eine unmittelbare Gefährdung der **öffentlichen Sicherheit** ist insb. dann zu bejahen, wenn Straftaten (z.B. gem. §§ 86a, 130 StGB) vom Veranstalter selbst begangen oder unterstützt werden oder auf andere Weise den Gesamtcharakter der Versammlung prägen.[1043]
- Eine unmittelbare Gefährdung der **öffentlichen Ordnung** infolge der Art und Weise der Durchführung einer Versammlung kann beispielsweise
  - ⇨ bei einem aggressiven und provokativen, die Bürger einschüchternden Verhalten der Versammlungsteilnehmer bestehen, durch das ein Klima der Gewaltdemonstration und potentieller Gewaltbereitschaft erzeugt wird.
  - ⇨ bestehen, wenn Rechtsextremisten einen Aufzug an einem speziell der Erinnerung an das Unrecht des Nationalsozialismus und den Holocaust dienenden Feiertag so durchführen, dass von seiner Art und Weise Provokationen ausgehen, die das sittliche Empfinden der Bürgerinnen und Bürger erheblich beeinträchtigen.
  - ⇨ Gleiches gilt, wenn ein Aufzug sich durch sein Gesamtgepräge mit den Riten und Symbolen der nationalsozialistischen Gewaltherrschaft identifiziert und durch Wachrufen der Schrecken des vergangenen totalitären und unmenschlichen Regimes andere Bürger einschüchtert.

1093 Um die gebotene Restriktion bei der Auslegung des § 15 I VersG zu unterstreichen, hat sich trotz der in dieser Vorschrift eindeutig angeordneten Rechtsfolge „Verbot" oder „Auflage" in der behördlichen und gerichtlichen Praxis in überzeugender Weise das sog. **Kooperationsmodell** durchgesetzt. Danach müssen die Behörden, bevor sie die Durchführung der Versammlung von bestimmten Auflagen abhängig machen oder gar ein Verbot verhängen, zunächst versuchen, durch eine **demonstrationsfreundliche Kooperation** mit den Versammlungsteilnehmern dem Grundrecht aus Art. 8 I GG maximale Geltung zu verschaffen.[1044] Ist jedoch bezüglich einer geplanten Versammlung bzw. Demonstration aufgrund von **konkreten Erfahrungswerten** und einer Prognose davon auszugehen, dass mit hinreichender Wahrscheinlichkeit von ihr Gefahren für Leib oder Leben ausgehen werden, bedarf es der einschränkenden Interpretation des § 15 VersG nicht.[1045] Auf Seiten der Veranstalter besteht dagegen von vornherein keine Rechtspflicht zur Kooperation. Insoweit spricht das BVerfG von „Obliegenheit". Das Fehlen einer Kooperationsbereitschaft auf Seiten der Veranstalter führt allerdings dazu, dass die Schwelle zum behördlichen Eingreifen wegen einer unmittelbaren Gefahr für die öffentliche Sicherheit herabgesetzt ist. Eingriffe in den Schutzbereich des Versammlungsgrundrechts sind hier also eher zu rechtfertigen als bei einer – wenn auch im Ergebnis gescheiterten – Kooperation.[1046]

[1042] *Pieroth/Schlink/Kniesel*, POR, § 21 Rn 27; *Schenke*, POR, Rn 373; *Gusy*, POR, Rn 426.
[1043] Aus jüngerer Zeit vgl. etwa BVerwG JZ 2008, 1102, 1103 ff.
[1044] Vgl. BVerfGE 69, 315, 350 ff. (Brokdorf); BVerfG NJW 2001, 2078, 2079 (1. Mai-Demo 2); NJW 2001, 2459, 2460 („Loveparade" und „Fuckparade"); BVerfG NVwZ 2002, 982; VG Schwerin v. 25.5.2007 – 1 B 243/07 (G 8 Gipfel).
[1045] Vgl. dazu BVerfG NJW 2000, 3051, 3053 (Vorläufiger verfassungsgerichtlicher Rechtsschutz bei Versammlungsverbot) mit Bespr. von *Sachs*, JuS 2001, 75 f.
[1046] Vgl. BVerfGE 69, 315, 357 (Brokdorf) und BVerfG NJW 2001, 2078, 2079 (1. Mai-Demo 2).

Hinweis für die Fallbearbeitung: Dem Grundsatz der Verhältnismäßigkeit folgend sind die möglichen Maßnahmen somit in folgender Reihenfolge in Betracht zu ziehen: Kooperation mit den Veranstaltern, Auflagen, Verbot.

Prüfungsschema für ein Versammlungsverbot[1047]

I. Rechtsgrundlage: § 15 I VersG

II. Formelle Rechtmäßigkeit

1. **Zuständigkeit** der handelnden Behörde (in Abhängigkeit vom Bundesland die Sonderordnungsbehörde, der Polizeipräsident o.a.)
2. Ordnungsgemäßes **Verfahren** (Einhaltung der allg. Verfahrensvorschriften, Rn 618, insb. die vorherige Anhörung des Veranstalters). Bei größeren Versammlungen gebietet es das Rechtsstaatsprinzip, das Verbot unter Setzung einer Frist anzukündigen und in der Frist Gelegenheit zur Erörterung zu geben.[1048]
3. Einhaltung von **Form**vorschriften (Formfreiheit, aber Schriftform üblich)

III. Materielle Rechtmäßigkeit

Tatbestandlich setzt § 15 I VersG eine **„unmittelbare Gefährdung der öffentlichen Sicherheit oder Ordnung“** voraus

- Unmittelbarkeit setzt eine **hohe Wahrscheinlichkeit** eines Schadens für die der Versammlungsfreiheit entgegenstehenden Rechtsgüter voraus. Dabei dürfen an die Gefahrenprognose keine allzu geringen Anforderungen gestellt werden. Es sind **konkrete und nachvollziehbare tatsächliche Anhaltspunkte** erforderlich (bloße Vermutungen reichen nicht).
- Eine unmittelbare Gefährdung der **öffentlichen Sicherheit** ist insb. dann zu bejahen, wenn Straftaten (z.B. gem. §§ 86a, 130 StGB[1049]) vom Veranstalter selbst begangen oder unterstützt werden oder auf andere Weise den Gesamtcharakter der Versammlung prägen.
- Eine unmittelbare Gefährdung der **öffentlichen Ordnung** infolge der Art und Weise der Durchführung einer Versammlung kann beispielsweise
  - ⇨ bei einem aggressiven und provokativen, die Bürger einschüchternden Verhalten der Versammlungsteilnehmer bestehen, durch das ein Klima der Gewaltdemonstration und potentieller Gewaltbereitschaft erzeugt wird.
  - ⇨ bestehen, wenn Rechtsextremisten einen Aufzug an einem speziell der Erinnerung an das Unrecht des Nationalsozialismus und den Holocaust dienenden Feiertag so durchführen, dass von seiner Art und Weise Provokationen ausgehen, die das sittliche Empfinden der Bürgerinnen und Bürger erheblich beeinträchtigen.
  - ⇨ Gleiches gilt, wenn ein Aufzug sich durch sein Gesamtgepräge mit den Riten und Symbolen der nationalsozialistischen Gewaltherrschaft identifiziert und durch Wachrufen der Schrecken des vergangenen totalitären und unmenschlichen Regimes andere Bürger einschüchtert.

Aufgrund der großen Bedeutung der Versammlungsfreiheit ist ein Verbot aber nur unter strenger Beachtung des **Grundsatzes der Verhältnismäßigkeit** zulässig. Zum einen kommt es daher nur in Betracht, wenn mildere Mittel (z.B. Auflagenerteilung, Kooperation mit den Veranstaltern) nicht ausreichen bzw. ausgeschöpft sind. Zum anderen ist ein Verbot nur zum **Schutz gleichwertiger anderer Rechtsgüter** möglich. Als gleichwertige andere Rechtsgüter sind jedenfalls **Leib und Leben von Personen** anerkannt, aber auch die **freiheitliche demokratische**

[1047] Die Prüfung einer Auflage wäre entsprechend abzuwandeln und es wären weniger strenge Anforderungen an die Rechtmäßigkeit zu stellen.
[1048] BVerfGE 69, 315, 362.
[1049] Vgl. dazu *R. Schmidt*, Grundrechte, Rn 511.

Grundordnung des GG. Ob auch der Staat mit seinen Einrichtungen und Veranstaltungen ein solches Rechtsgut darstellt, ist zweifelhaft.

1094 **Anwendungsfall:** Der Konkretisierung des bisher Gesagten soll ein Anwendungsfall dienen. Er ist der Entscheidung BVerfGE 111, 147 ff. nachgebildet. Bemerkenswert ist, dass das BVerfG das Schutzgut der „öffentlichen Ordnung" nicht nur zur Rechtfertigung von Auflagen heranzieht, sondern ganz allgemein von „Beschränkungen der Versammlungsfreiheit" spricht, die auf Grundlage der „öffentlichen Ordnung" gerechtfertigt sein könnten. Ob diese Rechtsprechung überzeugt, soll im Folgenden untersucht werden. Der Entscheidung lag folgender Sachverhalt zugrunde:

Der Landesverband Nordrhein-Westfalen der NPD (L) meldet beim Polizeipräsidium der Stadt S als der zuständigen Versammlungsbehörde die Durchführung eines Aufzugs durch die Stadt mit anschließender Abschlusskundgebung an. Die Versammlung ist unter das Motto „Stoppt den Synagogenbau. Spendet die 4 Mio. Euro dem Volk" gestellt. Der Polizeipräsident P verbietet die Versammlung mit der Begründung, dass die NPD, die sich bei ihren Versammlungen in der Vergangenheit stets zu einer Ideologie von Rassismus, Kollektivismus, Prinzip von Führung und Gehorsam bekannt habe, mit der Durchführung ihrer Veranstaltung den inneren Frieden und damit die öffentliche Ordnung i.S.v. § 15 VersG gefährde. Bei Durchführung der geplanten Veranstaltung sei zudem die öffentliche Sicherheit wegen Verstoßes gegen § 130 I Nrn. 1 und 2 StGB unmittelbar gefährdet. Zwar seien die Modalitäten des Aufzugs nicht zu beanstanden, da weder Fahnen, Trommeln oder Ähnliches mitgeführt würden, aber die zu erwartende Meinungskundgabe werde als Bekenntnis zum Nationalsozialismus geprägt sein und deshalb im Widerspruch zu den verfassungsrechtlichen Grundentscheidungen des GG stehen.

L ist der Auffassung, dass eine Meinungskundgabe nicht Verbotsgrund für eine Versammlung sein könne, solange sie nicht den Strafgesetzen zuwiderlaufe. P verweist demgegenüber darauf, dass die Meinungsfreiheit im VersG als allgemeines Gesetz Schranken finde, sodass die im VersG vorausgesetzte Gefahr für die öffentliche Sicherheit oder Ordnung das Versammlungsverbot rechtfertige. Ist das Versammlungsverbot rechtmäßig?[1050]

Lösungsgesichtspunkte:

Das Versammlungsverbot ist rechtmäßig, wenn sich die Behörde auf eine Rechtsgrundlage stützen kann und sie rechtsfehlerfrei angewendet hat. In Betracht kommt § 15 I VersG. Dies setzt zunächst eine Versammlung voraus, wobei die Versammlungsbegriffe des § 1 VersG und des Art. 8 I GG einheitlich zu verstehen sind.

I. Eingriff in den Schutzbereich des Art. 8 I GG

Durch das Versammlungsverbot könnte der Polizeipräsident in den Schutzbereich des Art. 8 I GG eingegriffen haben. Das genannte Grundrecht schützt die Versammlungsfreiheit. Versammlung ist die friedliche Zusammenkunft mehrerer Personen zwecks gemeinschaftlicher Erörterung und Kundgebung mit dem Ziel der Teilhabe an der öffentlichen Meinungsbildung. Bei einem friedlichen und waffenlosen Aufzug durch die Stadt mit anschließender Abschlusskundgebung ist das der Fall. Durch das Verbot ist auch in den Schutzbereich des Grundrechts eingegriffen worden.

II. Verfassungsrechtliche Rechtfertigung

Da das Verbot in die Versammlungsfreiheit eingreift, bedarf es einer Rechtsgrundlage. Eine solche könnte in **§ 15 I VersG** zu sehen sein, weil es sich um eine Versammlung unter freiem Himmel handelt und eine solche vom Gesetzesvorbehalt des Art. 8 II GG erfasst ist.

1. Formelle Rechtmäßigkeit

In formeller Hinsicht müssen bei der Verbotsverfügung Zuständigkeits-, Verfahrens- und Formvorschriften beachtet werden. Davon kann im vorliegenden Fall ausgegangen werden.

[1050] Zum prozessualen Aspekt der Entscheidung vgl. *R. Schmidt*, Staatsorganisationsrecht, Rn 751.

2. Materielle Rechtmäßigkeit

Materielle Voraussetzung ist, dass im Zeitpunkt des Erlasses der Verbotsverfügung der Behörde erkennbar ist, dass bei Durchführung der Versammlung die öffentliche Sicherheit oder Ordnung unmittelbar gefährdet sein wird (§ 15 I VersG).

a. Öffentliche Sicherheit

Die öffentliche Sicherheit i.S.v. § 15 I VersG umfasst – in Übereinstimmung mit den polizeigesetzlichen Bestimmungen – den Schutz des Staates, seiner Einrichtungen, der Individualgüter (subjektive Rechte) und der objektiven Rechtsordnung (also das geschriebene Recht). Ist also bei der Durchführung einer Versammlung mit einer Verletzung eines der genannten Rechtsgüter zu rechnen, könnte dies eine Einschränkung der Versammlungsfreiheit nach § 15 I VersG rechtfertigen.

Eine Gefährdung staatlicher Einrichtungen ist etwa anzunehmen, wenn die Funktion staatlicher Organe gestört wird - etwa durch eine Demonstration auf Verkehrsanlagen oder in öffentlichen Einrichtungen. Dies ist im vorliegenden Fall jedoch nicht anzunehmen. Auch liegt die Annahme einer Verletzung von Individualgütern fern.

Möglicherweise ist aber eine Verletzung der objektiven Rechtsordnung zu befürchten. Wird bei einer Versammlung eine verfassungsfeindliche Meinung kundgetan, ist dies unter dem Gesichtspunkt der öffentlichen Sicherheit jedoch noch kein ausreichender Gefährdungsgrund. Das gilt auch dann, wenn Verfassungsprinzipien widersprochen wird. Denn ihnen lässt sich nicht das gesetzliche Verbot entnehmen, eine gegenüber dem Grundgesetz kritische Haltung einzunehmen. Wird aber durch die Äußerungen der Tatbestand einer nach § 130 StGB strafbaren Volksverhetzung begangen, liegt ein Verstoß gegen ein Verbotsgesetz vor, der ein Versammlungsverbot rechtfertigen kann. Ob im vorliegenden Fall ein Verstoß gegen § 130 StGB angenommen werden kann, ist zweifelhaft. Zugunsten der NPD muss davon ausgegangen werden, dass sie nur gegen die Finanzierung einer Synagoge demonstrieren will. Damit bewegt sie sich unterhalb der Schwelle des § 130 StGB und stellt keine Gefahr für die öffentliche Sicherheit i.S.v. § 15 I VersG dar.

b. Öffentliche Ordnung

§ 15 I VersG stellt aber auch auf den Begriff der öffentlichen Ordnung ab. Darunter sind nach Ansicht des BVerfG solche ungeschriebenen Regeln zu verstehen, deren Befolgung nach den jeweils herrschenden und mit dem Wertgehalt des GG zu vereinbarenden sozialen und ethischen Anschauungen als unerlässliche Voraussetzung eines geordneten menschlichen Zusammenlebens innerhalb eines bestimmten Gebiets angesehen wird.[1051]

Da der Polizeipräsident in der zu erwartenden Meinungskundgabe eine nationalsozialistische Prägung und damit einen Widerspruch zu den verfassungsrechtlichen Leitentscheidungen des Grundgesetzes gesehen hat, hat er genau darin einen Verstoß gegen die öffentliche Ordnung angenommen, die ihn zum Erlass einer Verbotsverfügung ermächtige.

Fraglich ist jedoch, ob der Rechtsbegriff der „öffentlichen Ordnung" (jedenfalls im Hinblick auf ein Versammlungsverbot) nicht zu unbestimmt und daher verfassungswidrig ist.

⇨ Als Argument für die Annahme der Verfassungswidrigkeit wird vorgebracht, dass eine pauschale Verweisung auf ungeschriebene, unbestimmte gesellschaftliche Vorstellungen die demokratischen und rechtsstaatlichen Grenzen der Verwaltung überschreite. Nur das Parlament könne – mit der rechtsstaatlich notwendigen Bestimmtheit – den Kreis der schützenswerten Gemeinschaftsgüter verbindlich festlegen.[1052]

⇨ Die Gegenposition führt an, dass der Begriff der öffentlichen Ordnung in jahrzehntelanger Entwicklung durch Rechtsprechung und Lehre nach Inhalt, Zweck und Ausmaß hinreichend präzisiert, in seiner Bedeutung geklärt und im juristischen Sprachgebrauch verfestigt sei.[1053] Selbst das Grundgesetz setze den Schutz der öffentlichen Ordnung in Art.

[1051] BVerfGE 111, 147, 152 ff.

[1052] *Götz*, POR, § 5 Rn 9 ff.; *Pieroth/Schlink/Kniesel*, POR, § 8 Rn 48; *Hebeler*, JA 2002, 521 ff.; *Störmer*, DV 1997, 233 ff.

[1053] BVerfGE 54, 143, 144 ff. Vgl. auch BVerwGE 115, 189, 195 ff.

13 VII, 35 II GG voraus und verlange dabei erkennbar nicht, dass die Parlamente den Kreis der hiervon erfassten Güter abschließend festlegten. Schließlich könne es mit Blick auf das Demokratieprinzip nicht zu beanstanden sein, an die Vorstellungen der Mehrheit anzuknüpfen.[1054]

⇨ Daher ist das BVerfG der Auffassung, dass der Rückgriff auf diesen unbestimmten Rechtsbegriff erforderlich bleiben könne, allerdings sei durch verfassungskonforme Auslegung zu gewährleisten, dass es bei der Rechtsanwendung nicht zu unverhältnismäßigen Grundrechtseingriffen komme. So seien Beschränkungen der Versammlungsfreiheit, darunter auch zur Abwehr von Gefahren für die öffentliche Ordnung, verfassungsrechtlich unbedenklich, wenn sie ein aggressives oder provokatives, die Bürger einschüchterndes Verhalten der Versammlungsteilnehmer, durch das ein Klima der Gewaltdemonstration und potentieller Gewaltbereitschaft erzeugt werde, verhindern sollen.[1055] Die öffentliche Ordnung könne auch verletzt sein, wenn Rechtsextremisten einen Aufzug an einen speziell der Erinnerung an das Unrecht des Nationalsozialismus und des Holocaust dienenden Feiertag so durchführten, dass von seiner Art und Weise Provokationen ausgingen, die das sittliche Empfinden der Bürger erheblich beeinträchtigten. Gleiches gelte, wenn ein Aufzug sich durch sein Gesamtgepräge mit den Riten und Symbolen der nationalsozialistischen Gewaltherrschaft identifiziere und durch Wachrufen der Schrecken des nationalsozialistischen totalitären und unmenschlichen Regimes andere Bürger einschüchtere.[1056] In solchen Fällen sei unter Berücksichtigung des Grundsatzes der Verhältnismäßigkeit zu klären, durch welche Maßnahmen die Gefahr abgewehrt werden könne. Dafür kämen in erster Linie Auflagen in Betracht. Reichten sie zur Gefahrenabwehr nicht aus, könne die Versammlung verboten werden.[1057]

Ob die Auffassung des BVerfG Zustimmung verdient, kann im vorliegenden Fall dahinstehen, weil der Polizeipräsident die Verbotsverfügung nicht auf einen etwaigen Ordnungsverstoß wegen der Art und Weise der Durchführung der Versammlung gestützt hat, sondern allein auf die dabei zu erwartende Meinungsäußerung. Denn **wird eine Versammlung allein wegen einer Meinungsäußerung verboten**, ist nach Auffassung des BVerfG Maßstabsnorm **Art. 5 I GG**, der gem. Art. 5 II GG seine Schranken u.a. in den allgemeinen Gesetzen finde und deshalb bei der verfassungskonformen Auslegung des § 15 I VersG zusätzlich zu berücksichtigen sei.[1058] Dies habe seinen Grund darin, dass die in den Absätzen 2 von Art. 5 und Art. 8 GG enthaltenen Schranken auf die jeweiligen Schutzbereiche der betroffenen Grundrechtsnorm bezogen seien. Der Inhalt einer Meinungsäußerung, der im Rahmen des Art. 5 GG nicht unterbunden werden dürfe, könne daher auch nicht zur Rechtfertigung von Maßnahmen herangezogen werden, die das Grundrecht des Art. 8 I GG beschränkten.[1059]

§ 15 I VersG müsste demnach ein „allgemeines Gesetz" i.S.d. Art. 5 II GG darstellen. Das ist der Fall, da sich das VersG nicht gegen eine bestimmte Meinung richtet. Es dient vielmehr dazu, den Rahmen für die gemeinverträgliche Durchführung von Versammlungen zu bestimmen und den Schutz der Versammlung zu gewährleisten.

Ist § 15 I VersG also ein „allgemeines Gesetz" i.S.d. Art. 5 II GG, kommt er als Grundrechtsschranke der Meinungsäußerungsfreiheit des Art. 5 I GG in Betracht. Wegen der grundlegenden Bedeutung der Meinungsfreiheit in einer Demokratie fordert das BVerfG jedoch, dass das die Meinungsäußerungsfreiheit einschränkende Gesetz seinerseits im Lichte der grundlegenden Bedeutung der Meinungsäußerungsfreiheit angewendet werden, d.h. dem Schutz eines der Meinungsäußerungsfreiheit übergeordneten Rechtsguts dienen muss

---

[1054] *Muckel*, BesVerwR, S. 40 f.; *Schenke*, POR, Rn 65 f.; *Friauf*, POR, Rn 39 ff.; *Fechner*, JuS 2003, 734 ff.; *Schoch*, Jura 2003, 177, 180.
[1055] So explizit BVerfG NVwZ 2008, 671, 673.
[1056] BVerfGE 111, 147, 157. Wörtlich wiederholt in BVerfG NVwZ 2008, 671, 674.
[1057] BVerfGE 111, 147, 152 ff. unter Berufung auf BVerfG NJW 2001, 1409 als Beleg für die Richtigkeit seiner Auffassung. Vgl. auch BVerfG NVwZ 2006, 585, 586.
[1058] BVerfGE 111, 147, 152 ff.; BVerfG NVwZ 2006, 585, 586. Vgl. auch BVerwG JZ 2008, 1102, 1103 ff.
[1059] BVerfGE 111, 147, 152 ff.; BVerfG NVwZ 2006, 585, 586; BVerfG NVwZ 2008, 671, 674.

(sog. Wechselwirkungstheorie).[1060] Der Schutz der öffentlichen Ordnung allein rechtfertigt daher nicht eine Einschränkung der Meinungsäußerungsfreiheit. Erforderlich wäre vielmehr bspw. eine Verwirklichung des § 130 StGB. Daran fehlt es jedoch im vorliegenden Fall.

III. Ergebnis

Das Versammlungsverbot ist rechtswidrig.

Fazit: 1095

1. § 15 I VersG kommt als Grundrechtsschranke sowohl des Art. 8 I GG als auch des Art. 5 I GG in Betracht.

2. Wird die Versammlungsfreiheit allein wegen der bei ihrer Durchführung zu erwartenden Meinungsäußerung beschränkt, reicht ein Verstoß gegen die öffentliche Ordnung i.S.d. § 15 I VersG als Grundrechtsschranke des Art. 8 I GG nicht aus. Vielmehr ist in einem solchen Fall Art. 5 I GG Prüfungsmaßstab. Einschränkungen sind also nur auf Grundlage des Art. 5 II GG möglich, freilich unter Beachtung der Hochwertigkeit der Meinungsäußerungsfreiheit (Wechselwirkungstheorie). § 15 I VersG ist ein „allgemeines Gesetz" i.S.d. Art. 5 II GG, kommt also als Grundrechtsschranke in Betracht. § 15 I VersG ist aber verfassungskonform dahingehend auszulegen, dass sein Anwendungsbereich auf den Schutz höherwertiger Rechtsgüter als die in Art. 5 I GG genannten beschränkt ist. Fehlt es daran, lässt sich allein auf Grundlage des § 15 I VersG eine Versammlung nicht verbieten.

3. Aus den obigen Ausführungen dürfte schließlich klar geworden sein, dass das BVerfG in seiner Entscheidung nur von „Beeinträchtigungen" spricht, also nicht zwischen „Verboten" und „Auflagen" unterscheidet. Damit schafft das Gericht sich und der Verwaltungsgerichtsbarkeit den nötigen Freiraum, um in Zukunft über Versammlungsverbote zu entscheiden, die sich auf erwartete verfassungsfeindliche Meinungsäußerungen gestützt haben. Vgl. im Übrigen auch *R. Schmidt*, Fälle zum POR, Fall 1.

4. In **prüfungstechnischer** Sicht hat die Entscheidung verdeutlicht, dass in besonderen Fällen eine strikte Trennung der Grundrechte nicht möglich ist. So musste im vorliegenden Fall Art. 5 I GG inzident im Rahmen der Prüfung der Maßnahme am Maßstab des Art. 8 I GG geprüft werden.

5. Im Übrigen lässt die Entscheidung des BVerfG die bisherigen Grundsätze unberührt: Versammlungsverbote sind nur zum **Schutz gleich- oder höherwertiger anderer Rechtsgüter** (i.d.R. nur Leib und Leben sowie freiheitliche demokratische Grundordnung) und nur unter strikter Wahrung des **Grundsatzes der Verhältnismäßigkeit** möglich.

bb.) Flächenverbote und Auflagen nach § 15 II VersG

Am 1.4.2005 ist das Gesetz zur Änderung des VersG und des StGB in Kraft getreten, nachdem sich die Fraktionen des Deutschen Bundestages geeinigt hatten, das Versammlungsrecht zu verschärfen. Der Gesetzgeber meinte, die Möglichkeiten, gegen extremistisch ausgerichtete Versammlungen unter freiem Himmel schärfer vorzugehen, konkretisieren zu können. So enthält das Gesetz nunmehr „Klarstellungen" für Auflagen oder Verbote von extremistisch ausgerichteten Versammlungen. Insbesondere regelt der neu geschaffene § 15 II VersG (der bisherige § 15 II VersG a.F. wurde § 15 III VersG n.F.), dass Versammlungen verboten oder von bestimmten Auflagen abhängig gemacht werden können, wenn sie an einem Ort stattfinden (sollen), „der als Gedenkstätte von historisch herausragender, überregionaler Bedeutung an die Opfer der menschenunwürdigen Behandlung unter der nationalsozialistischen Gewalt- oder Willkürherrschaft erinnert ... und nach den zur Zeit des Erlasses der Verfügung konkret feststellbaren Umständen zu besorgen ist, dass durch die Versammlung die Würde der Opfer beeinträchtigt wird". Als einen solchen Ort legt § 15 II 1096

[1060] Vgl. dazu *R. Schmidt*, Grundrechte, Rn 508 f.

VersG das Denkmal für die ermordeten Juden Europas in Berlin fest. Andere Orte können durch Landesgesetz bestimmt werden.

1097 Dieses gesetzgeberische Vorpreschen ist nicht nur übereilt, sondern auch überflüssig. Denn bereits nach der bisherigen Gesetzeslage konnten Versammlungen und Aufmärsche verboten oder mit strengen Auflagen versehen werden, wenn eine Gefahr für die öffentliche Sicherheit oder Ordnung bestand. Zwar kann wegen der Hochwertigkeit des Versammlungsgrundrechts aus Art. 8 I GG ein Verbot nur zugunsten eines höherwertigen Schutzguts verhängt werden, nichts anderes gilt aber auch nach der Neufassung des VersG. Prüfungsmaßstab ist also nach wie vor Art. 8 I GG. § 15 II VersG n.F. ändert daran nichts. Es werden aber die Kriterien für ein Verbot aufgeweicht, was die Frage nach der Vereinbarkeit des Gesetzes mit Art. 8 I GG aufwirft.

1098 Flächenverbote sind aufgrund des verfassungsrechtlichen Übermaßverbots – auch in Bezug auf Bannmeilen oder befriedete Bezirke – nur insoweit zulässig, als es für die zu schützenden Einrichtungen oder Personen unumgänglich ist. Generelle Versammlungsverbote für Orte von herausragender nationaler und historischer Bedeutung – wie sie nach der Gesetzesnovelle möglich sind – beschränken die freie Ortswahl der Versammlungsteilnehmer und verkehren das verfassungsrechtlich vorgegebene Regel-/Ausnahmeverhältnis von Freiheit und Eingriff. Verfassungswidrig wäre es daher, ein bestimmtes Gebiet für Versammlungen völlig zu sperren, also faktisch weitere generelle „versammlungsfreie Zonen" zu schaffen.

1099 Geht es um rechtsextremistische Demonstrationen, die ja gerade zum Anlass der Gesetzesänderung genommen wurden, bspw. am Holocaust-Mahnmal in Berlin, können diese zwar den politisch gewollten Zweck – das Angedenken an die Judenverfolgung in Deutschland wachzuhalten – herabsetzen. Ob es dazu aber einer Gesetzesänderung bedurfte, ist zweifelhaft. Denn auch auf der Grundlage des bisherigen § 15 I VersG war ein zeitlich und örtlich begrenztes Demonstrationsverbot durchaus zu rechtfertigen. Für die Zulässigkeit eines auf die bisherige Gesetzeslage gestützten Flächenverbots spricht, dass in diesem besonderen Ausnahmefall Versammlungen nicht gerade an der Gedenkstätte gegen nationalsozialistisches Unrecht stattfinden müssen und dass die Würde des Ortes auf andere Weise nicht gewahrt werden kann als durch ein Versammlungsverbot. Zumindest verbleibt aber im Einzelfall beispielsweise angesichts der Zweckbestimmung des Holocaust-Mahnmals die Möglichkeit von strikten Auflagen oder eines Demonstrationsverbots für rechtsextremistische Veranstalter, wenn deutliche Hinweise dafür vorliegen, dass Ausschreitungen oder Sachbeschädigungen zu befürchten sind. Diesen zu begegnen lässt bereits die bisherige Gesetzeslage vollumfänglich zu.

1100 **Fazit:** Auf den ersten Blick scheint die Neuregelung in § 15 II VersG begrüßenswert, weil sie den Schutz des Denkmals der ermordeten Juden Europas und ähnlicher Gedenkstätten von einem Aspekt der öffentlichen Ordnung zu einem Aspekt der öffentlichen Sicherheit anhebt. In der Sache hilft die Gesetzesnovelle aber nicht weiter. Sie ist lediglich Ausdruck für ein übereiltes Vorgehen des Gesetzgebers. Denn ein Versammlungsverbot muss sich stets am Maßstab des Art. 8 I GG messen lassen. Daran ändert auch eine Neufassung des VersG nichts. War ein Versammlungsverbot nach der bisherigen Gesetzeslage verfassungswidrig, wird es dies auch nach der neuen Gesetzeslage sein, weil Maßstab nach wie vor Art. 8 I GG ist. Allein der verfassungsändernde Gesetzgeber und das BVerfG sind berufen, durch Verschärfung des Gesetzesvorbehalts in Art. 8 II GG und durch engere Interpretation der Versammlungsfreiheit dem Rechtsradikalismus Einhalt zu gebieten.[1061]

cc.) Sonstige Maßnahmen im Vorfeld der Versammlung

1101 Auch außerhalb von Verboten und Auflagen i.S.d. § 15 VersG kommen Maßnahmen im Vorfeld einer Versammlung in Betracht. Dazu gehören etwa **Gefährderansprachen**,

[1061] Jedoch geht das BVerfG ohne weiteres von der Verfassungsmäßigkeit des § 15 II VersG aus, vgl. BVerfG NVwZ 2005, 1055 ff. Vgl. auch *Schoch*, Jura 2006, 27 ff. Insgesamt zur Problematik vgl. die klausurmäßige Aufbereitung bei *R. Schmidt*, Fälle zum POR, Fall 2.

Meldeauflagen, **Kontrollen** (Identitätsfeststellungen), **Platzverweise**, **Ingewahrsamnahmen** und der **Rückführungsgewahrsam.**

- **Gefährderansprache/Meldeauflagen:** Die Begriffe der Gefährderansprache und Meldeauflage wurden bereits bei Rn 597a ff. erläutert. Geht es um die Verhinderung der Anreise von gewalttätigen Personen zu einer Versammlung, spricht oder schreibt die Polizei diese als Gefährder an oder verfügt Meldeauflagen. Insbesondere fordert sie die Betroffenen auf, nicht an einer Versammlung teilzunehmen[1062] und/oder verlangt von den Betroffenen, sich zu bestimmten Zeiten bei seiner heimischen Polizeidienststelle zu melden.[1063] Dabei stützt sich die Polizei (in Ermangelung einer speziellen Rechtsgrundlage) auf die polizeigesetzliche Befugnisgeneralklausel. Da die Befugnisgeneralklausel aber eine konkrete Gefahr voraussetzt, können beide Maßnahmen nur ergriffen werden, wenn konkret zu erwarten ist, dass der jeweilige Betroffene bei der Versammlung gewalttätig wird. Allein seine Zugehörigkeit zu gewalttätigen Kreisen oder eine gelegentliche, zurückliegende gewalttätige Handlung genügen nicht.[1064] Ist mit derartigen Maßnahmen ein Eingriff in das Grundrecht der Versammlungsfreiheit verbunden, stellt sich die Frage nach der Vereinbarkeit mit Art. 8 I GG sowie mit dem Zitiergebot des Art. 19 I S. 2 GG.

- **Kontrollen:** Das VersG verbietet in §§ 2 III S. 2, 17a I, II Nr. 2, 27, Waffen und Vermummungshilfsmittel bei der Anreise mitzuführen oder sonst zur Versammlung hinzuschaffen oder für die Versammlung bereitzuhalten. Damit verlegt es die Schwelle einer konkreten Gefahr für die öffentliche Sicherheit auf die Anreise vor. Um daher bei der späteren Versammlung einen gewalttätigen Verlauf zu verhindern, kontrolliert die Polizei auf der Anreise zum Versammlungsort befindliche Teilnehmer, um nach Waffen oder anderen gefährlichen Gegenständen zu suchen, die bei der Versammlung wahrscheinlich eingesetzt werden sollen.[1065] Aber auch ohne diese gesetzliche Vorverlagerung der konkreten Gefahr wäre ein präventivpolizeiliches Vorgehen möglich, weil eine konkrete Gefahr aufgrund der späteren Verwendungsabsicht in jedem Fall besteht. Zur Abwehr dieser Gefahr können Kontrollen mit Identitätsfeststellung, Durchsuchung und Sicherstellung gemäß den Bestimmungen des POR erforderlich werden. Dabei setzt das Erfordernis einer konkreten Gefahr voraus, dass zumindest ein bestimmter Verdacht gerade gegen die kontrollierte Person besteht. Für die Rechtmäßigkeit der Kontrolle gilt, dass Prüfungsmaßstab nicht Art. 8 I GG ist, sofern man bei der kontrollierten Person eine Unfriedlichkeit annimmt. Daher ist auch das Zitiergebot nicht zu beachten.

- **Kontrollstellen:** Besteht lediglich ein allgemeiner Verdacht gegen alle, die zu einer Versammlung anreisen, liegt eine abstrakte Gefahr vor. Für deren Abwehr lassen die Polizeigesetze die Einrichtung von Kontrollstellen zu. Hierbei ist aber zu beachten, dass Art. 8 I GG betroffen ist, wenn potentielle Versammlungsteilnehmer schikanös oder schleppend kontrolliert werden, sodass sie von der Teilnahme an der Versammlung abgeschreckt oder abgehalten werden.

- **Platzverweis/Ingewahrsamnahme/Rückführungsgewahrsam:** Schließlich kann die Polizei bei einer konkreten Gefahr auch einen Platzverweis, eine Ingewahrsamnahme oder einen Rückführungsgewahrsam, also die Rückführung von gewalttätigen Personen zu ihrem Heimatort, in Betracht ziehen.

1062 *Pieroth/Schlink/Kniesel*, POR, § 21 Rn 46; OVG Lüneburg NJW 2006, 391. Vgl. auch *Jötten/Tams*, JuS 2008, 436, 441.

1063 Auf die Frage, ob hier überhaupt eine Eilfallkompetenz vorliegt oder ob die Sonderordnungsbehörde zuständig ist, kann hier nicht weiter eingegangen werden.

1064 *Pieroth/Schlink/Kniesel*, POR, § 21 Rn 46; VGH Mannheim DÖV 2002, 218.

1065 Vgl. *Pieroth/Schlink/Kniesel*, POR, § 21 Rn 48; *Götz*, POR, § 17 Rn 18.

Da das VersG bezüglich der genannten Maßnahmen keine Regelungen enthält, stellt sich die Frage, ob derartige Maßnahmen auf das allgemeine Polizei- und Ordnungsrecht (POR) gestützt werden können.

1102 Zunächst ist festzuhalten, dass der Schutzbereich des Art. 8 I GG auch das Vorfeld von Versammlungen, namentlich den Zugang zu einer sich bildenden Versammlung, umfasst. Denn das Grundrecht schützt nicht nur diejenigen, die schon versammelt sind, sondern auch die Personen, die sich auf dem Weg zur Versammlung befinden. Zwar sind sie zu diesem Zeitpunkt noch nicht versammelt, aber sie versammeln sich.[1066] Gleiches ergibt sich aus dem Sinn und Zweck des Grundrechts. Der Schutz von Versammlungen liefe leer, wenn er nicht schon im Vorfeld bestünde. Anderenfalls ließen sich Versammlungen z.B. durch Behinderungen bei der Anfahrt, etwa durch bewusst verzögernde oder exzessiv umfangreiche Kontrollen, erschweren oder praktisch ganz unmöglich machen. Der grundrechtliche Schutz beginnt daher jedenfalls zu dem Zeitpunkt, in dem die Versammlungsteilnehmer die Reise zum Versammlungsort unmittelbar, d.h. ohne versammlungsunabhängige Zwischenstopps oder Umwege, antreten.[1067] Und eben wegen dieses vorgelagerten Grundrechtsschutzes bestehen Bedenken, das POR anzuwenden, weil dadurch die Wertungen des VersG unterlaufen werden könnten. Auf der anderen Seite enthält das VersG aber keine Rechtsgrundlagen hinsichtlich der o.g. Maßnahmen, was den Weg für die Anwendung des POR frei machen könnte. Dem hohen Schutzniveau des Art. 8 I GG könnte jedenfalls durch eine verfassungskonforme Auslegung Rechnung getragen werden. Allerdings ist damit noch nicht das Problem des Zitiergebots des Art. 19 I S. 2 GG gelöst. Denn anders als das VersG (§ 20 VersG) zitieren die Polizeigesetze der Länder Art. 8 I GG nicht als eingeschränktes Grundrecht.

1103 **Anwendungsfall:** In der norddeutschen Stadt B wurde ein Gentechnologiezentrum errichtet, in dem Präimplantationsdiagnostik und Klonversuche unternommen werden sollen. Die Menschenrechtsorganisation *pro human* e.V., deren Mitglieder für eine radikale Durchsetzung ihrer Auffassung bekannt und teilweise wegen Haus- und Landfriedensbruchs vorbestraft sind, plant eine Mahnwache vor dem Zufahrtstor und meldet diese gem. § 14 VersG an. Am Tag der Veranstaltung reisen u.a. die rheinland-pfälzischen Mitglieder der Organisation mit einem gemieteten Reisebus an. Der Polizeipräsident der Stadt B befürchtet erhebliche Störungen für die öffentliche Sicherheit und lässt an der Stadtgrenze eine Kontrollstelle einrichten. Auch die rheinland-pfälzischen Mitglieder der Organisation werden kontrolliert. Es werden deren Personalien aufgenommen; nach einer Durchsuchung der Personen und des Busses werden auch einige Plakate sichergestellt, deren Aufdrucke den Tatbestand der Beleidigung erfüllen. Nach den Maßnahmen können die Betroffenen ihren Weg zu der Mahnwache fortsetzen. Dennoch sind sie der Auffassung, dass die Maßnahmen rechtswidrig gewesen seien.

Lösungsgesichtspunkte:

Vorliegend sind verschiedene Maßnahmen ergangen. Zunächst wurde eine Razzia, also eine planmäßige Überprüfung der Identität eines größeren Personenkreises durchgeführt. Auch wurden Personen und Sachen durchsucht und dabei gefundene Gegenstände sichergestellt. In der Fallbearbeitung sind diese Maßnahmen einzeln und hintereinander zu prüfen. Lediglich aus Platzgründen wird vorliegend von dieser zwingenden Regel abgewichen.

I. Rechtsgrundlagen

Da derartige Maßnahmen in Grundrechte eingreifen, bedurfte die Polizei entsprechender Rechtsgrundlagen. Diese könnten sowohl im Versammlungsgesetz (VersG) als auch im allg. POR zu finden sein. Die Bestimmung der richtigen Rechtsgrundlage richtet sich danach, ob

[1066] *Dietel/Gintzel/Kniesel*, § 1 Rn 71.

eine Versammlung i.S.d. **Art. 8 I GG** vorlag, in die eingegriffen wurde. Sollte ein solcher Eingriff bejaht werden, sind grundsätzlich die Befugnisnormen des VersG abschließend.[1068]

1. Vorliegen einer Versammlung

Versammlungen sind ungehinderte friedliche Zusammenkünfte mehrerer Personen zwecks gemeinschaftlicher Erörterung und Kundgebung mit dem Ziel der Teilhabe an der öffentlichen Meinungsbildung.[1069]

Nach diesen Kriterien kann die Einstufung der Mahnwache als Versammlung ohne weiteres bejaht werden. Bei dem Thema, gegen das sich die Mahnwache wendet, handelt es sich sogar um eine Angelegenheit von öffentlichem Interesse. Dass es sich bei der Veranstaltung „nur" um eine Mahnwache handelt, bei der nicht die verbale Meinungskundgabe im Mittelpunkt steht, ändert an der Qualifikation als Versammlung nichts, weil sich der Schutz des Art. 8 I GG nicht nur auf Veranstaltungen beschränkt, auf denen argumentiert und gestritten wird, sondern „vielfältige Formen gemeinsamen Verhaltens bis hin zu nichtverbalen Ausdrucksformen" umfasst.[1070]

Die Versammlung ist auch öffentlich, da sich ohne weiteres auch andere als nur die Mitglieder der Organisation anschließen können.

2. Anwendbarkeit des VersG oder des POR im Vorfeld einer Versammlung?

Liegt demzufolge eine öffentliche Versammlung vor, sind bei Einschränkungen der Versammlungsfreiheit grundsätzlich die Befugnisnormen des VersG einschlägig und abschließend. Fraglich ist allerdings, wie es sich auswirkt, dass die zu untersuchenden Maßnahmen während der **Anreise** zum Versammlungsort ergingen.

Gängige Rspr. ist es, dass der Grundrechtsschutz des Art. 8 I GG auch das Vorfeld von Versammlungen, namentlich den Zugang zu einer sich bildenden Versammlung, umfasst.[1071] Ob damit aber auch die Anwendbarkeit der Befugnisnormen des VersG gegeben ist, erscheint in Anbetracht der Tatsache, dass eine Versammlung gerade noch nicht bestand, die meisten Befugnisnormen des VersG in systematischer Hinsicht aber von einer bereits bestehenden Versammlung ausgehen, fraglich.

Wären Rechtsverstöße während der Versammlung aufgetreten, hätte § 15 III VersG der Behörde die Befugnis erteilt, die Versammlung aufzulösen oder entsprechende „Minusmaßnahmen" zu treffen.[1072] Doch für das Vorfeld einer Versammlung existiert keine vergleichbare versammlungsgesetzliche Rechtsgrundlage. Zwar enthält das VersG auch für das Vorfeld von Versammlungen neben Verbot und Auflagen (§ 15 I VersG) das Verbot des Mitführens von Waffen auf dem Weg zur Versammlung (§ 2 III S. 2 VersG), die Anmeldepflicht (§ 14 VersG) und das Verbot des Mitführens von Vermummungsgegenständen (§ 17a II Nr. 2 VersG), jedoch ermächtigen diese Vorschriften zu keinen Maßnahmen, die bei Verstößen gegen diese Vorgaben zu ergreifen wären. Allein in § 17a IV VersG ist eine Rechtsgrundlage für die zuständige Behörde vorgesehen, zur Durchsetzung des Verbots gem. § 17a II Nr. 2 VersG Anordnungen zu treffen.

⇨ Dennoch wird **teilweise** vertreten, dass auch im Vorfeld einer Versammlung die Befugnisnormen des VersG so weit wie möglich anzuwenden und die Tatbestandsvoraussetzungen für alle präventiven Maßnahmen etwa den §§ 5, 13, 15, 18 oder 12a VersG zu entnehmen seien[1073], wodurch sich etwa eine Personenfeststellung oder Durchsuchung als mildere Maßnahmen, sog. „Minusmaßnahmen" zu diesen Normen darstellten und das Polizeigesetz nur für die Rechtsfolge gelte.

1067 BVerfGE 69, 315, 348 (Brokdorf); 84, 203, 209 (Versammlung der Republikaner); *Kniesel*, NJW 2000, 2857, 2862.

1068 So auch ausdrücklich BVerfG NVwZ 2005, 80.

1069 Vgl. zuletzt BVerfG NVwZ 2005, 80, unter Bezugnahme auf BVerfGE 104, 92, 104 (Sitzblockade).

1070 BVerfGE 83, 203, 209.

1071 BVerfGE 69, 315, 348 (Brokdorf); 84, 203, 209 (Versammlung der Republikaner); *Kniesel*, NJW 2000, 2857, 2862.

1072 Zu den „Minusmaßnahmen" vgl. Rn 1111.

1073 Vgl. *Dietel/Gintzel/Kniesel*, § 15 Rn 5.

⇨ Es ist aber auch möglich, eine räumlich/zeitliche Abgrenzung vorzunehmen, indem entweder auf den Wirkungsbereich oder auf den Zeitraum der eigentlichen Durchführung der Versammlung abgestellt wird. Eine solche Abgrenzung nimmt die **Rechtsprechung** vor.[1074] Außerhalb des stärksten Schutzes der Versammlungsfreiheit, nämlich außerhalb der Versammlung selbst, seien polizeiliche Eingriffe nicht ausschließlich am VersG zu messen, sondern ließen sich auch auf das allgemeine Polizei- und Ordnungsrecht stützen. Da sich aber der Grundrechtsschutz des Art. 8 I GG auch auf den Vorfeldbereich einer Versammlung erstrecke, müssten die Vorschriften des allgemeinen Polizei- und Ordnungsrechts im Lichte der Bedeutung der Versammlungsfreiheit, also verfassungskonform ausgelegt werden. Auf das allgemeine Polizei- und Ordnungsrecht gestützte Maßnahmen seien demnach rechtmäßig, wenn sie dem Schutz von Rechtsgütern dienten, die bei einer Abwägung mit Art. 8 I GG den Vorrang genössen. Dazu gehörten die Individualgüter Leib, Leben und Gesundheit von Menschen, aber auch die freiheitliche demokratische Ordnung des Grundgesetzes.

Stellungnahme: Die zuerst genannte Auffassung verkennt, dass Maßnahmen nach § 15 I, II VersG ein Vorgehen nur gegen den Veranstalter, nicht gegen die potentiellen Teilnehmer erlaubt, deren Versammlungsfreiheit durch die Vorfeldmaßnahmen eingeschränkt wird. Eine extensive Anwendung von Rechtsgrundlagen auf gesetzlich nicht geregelte Fälle ist mit dem Grundsatz vom Vorbehalt des Gesetzes und damit mit dem Rechtsstaatsprinzip nur schwer vereinbar. Art. 20 III GG verlangt bei Grundrechtseingriffen eine gesetzliche Grundlage, die hinreichend genau bestimmen muss, gegen wen und unter welchen Voraussetzungen Grundrechtseingriffe zulässig sind.[1075] Die Rspr., die eine extensive Anwendung der Vorschriften des VersG über deren Wortlaut hinaus ablehnt und folgerichtig auf das POR zurückgreift, scheint daher vorzugswürdig zu sein, zumal sie das POR im Lichte der Bedeutung der Versammlungsfreiheit, also verfassungskonform auslegt. Formell-rechtlich ist mit Blick auf Art. 19 I S. 2 GG dann aber die in den Polizeigesetzen nicht vorhandene Zitierung des Art. 8 I GG problematisch.[1076] Die Rspr. ignoriert die nicht vorhandene Zitierung regelmäßig.[1077] Das Zitiergebot ist aber keine bloße Förmelei, sondern geltendes Verfassungsrecht. Teilweise wird daher versucht, die fehlende Zitierung des Art. 8 I GG als unschädlich einzustufen. So soll das Zitiergebot nicht gelten, wenn Vorfeldmaßnahmen Art. 8 I GG nur faktisch-mittelbar beschränkten.[1078] Das sei etwa der Fall, wenn die Maßnahmen dem Schutz der Versammlung insgesamt dienten, beispielsweise deren Friedlichkeit.[1079] Auch wird versucht, die Anwendung des Zitiergebots mit dem Argument abzulehnen, dass die polizei- und ordnungsrechtlichen Befugnisnormen aller Bundesländer schon im Ordnungsrecht vor Inkrafttreten des Grundgesetzes 1949 enthalten waren, es sich also um vorkonstitutionelles Recht handele, für das das Zitiergebot von vornherein nicht gelte.

Derartige „Rettungsversuche" überzeugen nicht. Die grundsätzliche Verpflichtung zur Zitierung des betroffenen Grundrechts soll den Gesetzgeber darauf aufmerksam machen, dass er die Möglichkeit der Grundrechtsbeeinträchtigung geschaffen hat (Warn- und Besinnungsfunktion). Darüber hinaus hat das Zitiergebot eine Klarstellungsfunktion. Der

---

[1074] VG Lüneburg NVwZ-RR 2005, 248, 249 (Castor-Transport); VGH Mannheim NVwZ 1998, 761, 762 f.

[1075] Dies hat das BVerfG bei der sog. Onlinedurchsuchung von Computern klargestellt und eine analoge Anwendung des § 102 StPO ausdrücklich abgelehnt (vgl. BVerfG NJW 2007, 930 ff. – dazu oben 309a).

[1076] Das Zitiergebot ist auf die vorliegende Konstellation anwendbar, weil es nach h.M. für Grundrechte gilt, die „aufgrund ausdrücklicher Ermächtigung vom Gesetzgeber eingeschränkt werden dürfen" (so BVerfGE 83, 130, 154; ähnlich BVerfGE 64, 72, 79), also für Grundrechte mit Gesetzesvorbehalt. Darunter fallen gem. Art. 8 II GG gerade öffentliche Versammlungen unter freiem Himmel. Etwas anderes gilt für nichtöffentliche Versammlungen in geschlossenen Räumen, für die der Gesetzesvorbehalt nach h.M. nicht gilt und daher auch das Zitiergebot nicht beachtet werden muss (vgl. dazu Rn 1123 ff.).

[1077] Vgl. etwa VG Lüneburg NVwZ-RR 2005, 248 f. sowie *Jötten/Tams*, JuS 2008, 436, 440 und *Pieroth/Schlink*, Grundrechte, Rn 710 (bis zur 21. Auflage 2005). In der Fallbearbeitung wäre die Nichterwähnung des Zitiergebots aber ein schwerer methodischer Fehler. *Götz*, POR, § 17 Rn 18, will „unter Wahrung des Zitiergebots des § 20 VersG" die Befugnisnormen des POR anwenden. Das ist rechtskonstruktiv abzulehnen. Das einzuschränkende Grundrecht muss in dem Gesetz zitiert werden, dem die Rechtsgrundlage für den Eingriff entnommen wird.

[1078] *Deger*, NVwZ 1999, 265, 267; *Schenke*, POR, Rn 343.

[1079] VGH Mannheim DÖV 1990, 572; *Dietel/Gintzel/Kniesel*, § 15 Rn 5 f.

Gesetzesanwender (also die Verwaltung) soll wissen, in welche Grundrechte das Gesetz einzugreifen ermächtigt.[1080] Dieser Sinn und Zweck des Zitiergebots wird unterlaufen, wenn die Rspr. die fehlende Zitierung von Grundrechten nicht beanstandet. Rechtsstaatlich und methodisch korrekt ist es daher ausschließlich, sich keiner der genannten „Rettungsversuche" anzuschließen und Vorfeldmaßnahmen für rechtswidrig zu erklären, wenn – wie vorliegend – keine ausdrückliche Rechtsgrundlage dem VersG entnommen werden kann.

II. Ergebnis

Nach der hier vertretenen Auffassung waren die Feststellung der Identität, die Durchsuchung von Personen und Sachen sowie die Sicherstellung der gefundenen Sachen rechtswidrig.[1081]

III. Hinweis

Da seit dem 1.9.2006 die Gesetzgebungskompetenz für das Versammlungswesen auf die Länder übergegangen ist, sind diese nunmehr befugt, eigene Versammlungsgesetze zu erlassen oder aber entsprechende Regelungen in die Polizeigesetze (als Standardmaßnahmen) aufzunehmen. Dort, wo dies geschehen ist, ist Art. 8 I GG als eingeschränktes Grundrecht bezeichnet (vgl. z.B. Art. 23 BayVersG), sodass dort die vorstehende Problematik beseitigt wurde.

In Ländern, in denen aber noch keine Änderung der bisherigen Rechtslage eingetreten ist, bleibt es vorerst bei der Problematik (vgl. Art. 125a I GG).

1104 **Merke:** Im **Vorfeld einer Versammlung** scheint – sofern das VersG keine Rechtsgrundlagen enthält und daher auch keine Sperrwirkung entfalten kann – der Rückgriff auf das POR möglich. Da sich aber der Grundrechtsschutz des Art. 8 I GG auch auf den Vorfeldbereich einer Versammlung erstreckt, müssen die Vorschriften des POR im Lichte der Bedeutung der Versammlungsfreiheit, also verfassungskonform ausgelegt werden. Auf das POR gestützte Maßnahmen sind demnach nur dann (materiell) rechtmäßig, wenn sie dem Schutz von Rechtsgütern dienen, die bei einer Abwägung mit Art. 8 I GG den Vorrang genießen. Dazu gehören die Individualgüter Leib, Leben und Gesundheit von Menschen, aber auch die freiheitliche demokratische Grundordnung des GG. Mit Blick auf Art. 19 I S. 2 GG problematisch ist aber die fehlende Zitierung des Art. 8 I GG in den Polizeigesetzen der Länder. Nach der hier vertretenen Auffassung können daher die Befugnisnormen des POR nicht angewendet werden mit der Folge, dass Vorfeldmaßnahmen, für die das VersG keine ausdrücklichen Rechtsgrundlagen bereithält, rechtswidrig sind. Die Rspr., die das Problem der nicht vorhandenen Zitierung einfach ignoriert, kann daher nicht überzeugen. Ebenso wenig überzeugen können die teilweise vertretenen „Rettungsversuche", wonach die in den Polizeigesetzen (noch) nicht vorhandene Zitierung des Art. 8 I GG unschädlich sei, wenn die Vorfeldmaßnahmen lediglich der Sicherung der Durchführung der Versammlung dienten, bzw. es sich beim POR um vorkonstitutionelles Recht handele, für das das Zitiergebot von vornherein nicht gelte. Derartige „Rettungsversuche" sind vor dem Hintergrund des Art. 19 I S. 2 GG, der keine bloße Förmelei darstellt, nicht akzeptabel.

b.) Maßnahmen während der Versammlung

aa.) Auflösung der Versammlung und Ausschluss Einzelner

1105 Während der Versammlung entfaltet der Grundrechtsschutz aus Art. 8 I GG seine größte Wirkung. Daher sind versammlungsbeeinträchtigende Maßnahmen, zu denen die **Auflösung** (§ 15 III VersG) und der **Ausschluss** Einzelner (§§ 18 III, 19 IV VersG) gehören, nur unter sehr strengen Voraussetzungen möglich. Vgl. dazu Rn 1115

[1080] BVerfGE 64, 72, 79; 85, 386, 403 f.

[1081] Folgte man dennoch der h.M., kämen im vorliegenden Fall die Rechtsgrundlagen des Polizeigesetzes für die Identitätsfeststellung (Rn 207 ff.) und die Sicherstellung der Plakate (Rn 560 ff.) in Betracht (beide Maßnahmen wären sodann auch zu prüfen mit dem Ergebnis, dass beide rechtmäßig ergingen).

ff. Das versammlungsrechtliche Verbot, die Versammlung von außen zu stören oder zu sprengen (§§ 2 II, 21 VersG), kann die Polizei mit den Mitteln des allgemeinen Polizeirechts durchsetzen.[1082] Die beschränkenden Verfügungen („Auflagen") der Versammlungsbehörde kann sie mit Zwangsmitteln, insb. dem unmittelbaren Zwang, durchsetzen.

1106 Ein besonderes Problem bereitet die Beantwortung der Frage, ob die Polizei neben den o.g. Maßnahmen befugt ist, die bei Durchführung der Versammlung auftretenden Störungen mit den Mitteln des POR zu unterbinden. Die h.M. bejaht diese Frage. Diese im VersG nicht ausdrücklich geregelte Befugnis der Polizei werde aus ihrer weitergehenden Befugnis, Störungen mit der Maßnahme der Auflösung entgegenzutreten (§ 15 III Var. 4 VersG), abgeleitet. Wenn – unter den Voraussetzungen des § 15 III VersG – schon eine Auflösung möglich wäre, entspreche es dem Grundsatz der Verhältnismäßigkeit, weniger einschneidende Maßnahmen (sog. **Minusmaßnahmen**) zu ergreifen.[1083] Dabei verbleiben die Vertreter dieser Vorgehensweise hinsichtlich der Rechtsgrundlage im VersG, ersetzen jedoch die dort angegebene Rechtsfolge (Auflösung, Ausschluss) durch eine mildere, dem POR entnommene (Ingewahrsamnahme, Durchsuchung, Sicherstellung etc.). Vgl. dazu Rn 1111.

bb.) Insbesondere: einschließende Begleitung

1107 Nicht selten kommt es vor, dass die Polizei Demonstrationen begleitet. Eine Begleitung soll die friedliche Grundrechtsausübung der Versammlungsteilnehmer gewährleisten und für einen störungsfreien Ablauf sorgen. Die Störungen, die es dabei abzuwehren gilt, können der Versammlung durch Nichtteilnehmer drohen, bspw. Störungen durch gewaltbereite Gegendemonstranten oder allgemeine Verkehrsgefahren. In diesem Fall geht es um den Schutz der Versammlung vor Störungen von außen. Eine Begleitung kann aber auch durchgeführt werden, um bei einem unfriedlichen Verlauf der Versammlung gewalttätige Teilnehmer zu separieren, sie beweissicher festzunehmen und gem. § 18 III VersG von der weiteren Teilnahme an der Versammlung auszuschließen. In diesem Fall geht es um den Schutz der Versammlung vor Störungen von innen.

1108 Im Hinblick auf den Grad der Grundrechtsbeeinträchtigung muss zwischen der offenen und der einschließenden Begleitung unterschieden werden.

- Die **offene Polizeibegleitung** kennzeichnet sich dadurch, dass – auch aus Deeskalationsgründen – grds. keine direkte Seitenbegleitung der Demonstration erfolgt. Sollte gleichwohl wegen der Gefahrprognose aus polizeitaktischen Gründen eine seitliche Begleitung angebracht sein, ist der Abstand zwischen den Polizeibeamten noch so groß, dass es Personen ohne weiteres möglich ist, sich dem Aufzug anzuschließen oder ihn zu verlassen.[1084]
- Wird aber die Begleitung in Abhängigkeit von der Größe des Aufzugs und dem Inhalt der Gefahrprognose verdichtet sowie die Ausrüstung der Polizeibeamten aufgestockt, wandelt sich die offene Begleitung in eine **einschließende Begleitung**, die sich dadurch kennzeichnet, dass es den Teilnehmern der Demonstration aufgrund der engen Begleitung durch die Polizeibeamten nicht möglich ist, den Demonstrationszug zu verlassen und sich auch niemand mehr der Demonstration anschließen kann. Der Demonstrationszug ist bei der einschließenden Begleitung (wie bei der stationären Umschließung) vollständig umschlossen, Durchlassstellen gibt es nicht.[1085] Weiteres Kennzeichen

[1082] VGH Mannheim DÖV 1990, 572.
[1083] Für die Zulässigkeit sog. Minusmaßnahmen vgl. BVerwGE 64, 55, 58; *Götz*, POR, § 17 Rn 19; *Pieroth/Schlink/Kniesel*, POR, § 20 Rn 18; *Schenke*, POR, Rn 377 f.; *Schnur*, VR 2000, 114 ff.
[1084] *Brenneisen/Wilksen*, VersR, 3. Aufl. 2007, 406; *Krüger/van der Schoot*, NordÖR 2007, 276.
[1085] *Brenneisen/Wilksen*, Polizeiforum 2006, 56, 57; *Krüger/van der Schoot*, NordÖR 2007, 276.

der einschließenden Begleitung ist, dass die Marschroute des Zuges durch die Polizeieinsatzkräfte vorgegeben ist und dass die Demonstrationsteilnehmer gehindert sind, einen anderen Weg einzuschlagen. Schließlich ist auch die Kommunikation des Demonstrationszuges mit Außenstehenden weitgehend unterbunden.

Dass jedenfalls die *einschließende* Begleitung einen Grundrechtseingriff in Art. 8 I GG darstellt, wurde bereits bei Rn 1070 festgestellt. Fraglich ist allein die verfassungsrechtliche Rechtfertigung. § 15 VersG enthält auf seiner Rechtsfolgeseite lediglich ein Verbot, Auflagen und eine Auflösung. Die einschließende Begleitung könnte zunächst als Auflage qualifiziert werden. Unter **Auflagen** i.S.d. § 15 I VersG versteht man eigenständige, in das Grundrecht der Versammlungsfreiheit eingreifende Verwaltungsakte. Auflagen in diesem Sinne wären etwa Verbote, Trommeln oder Fanfaren zum Einsatz zu bringen oder bestimmte Fahnen zu tragen.[1086] Ob eine einschließende Begleitung eine Auflage i.S.d. § 15 VersG sein kann, ist fraglich. Dagegen spricht, dass der Begriff Auflage im Zusammenhang mit dem Begriff Verbot steht und dass ein Verbot gem. § 15 I, II VersG nur *vor Beginn* (und nicht während) der Versammlung ausgesprochen werden kann. Ein „Verbot" *während der Versammlung* ist juristisch als Auflösung (§ 15 III VersG) zu werten. Daraus folgt nach der hier vertretenen Auffassung, dass eine einschließende Begleitung keine Auflage i.S.d. § 15 VersG sein kann. 1109

Auch die Qualifizierung als **Auflösung** vermag nicht zu überzeugen, denn eine Auflösung ist die Beendigung einer bereits im Gang befindlichen Versammlung mit dem Ziel, die Gruppierung zu zerstreuen.[1087] Bei einer einschließenden Begleitung bzw. Einkesselung soll aber gerade das Gegenteil bewirkt werden. 1110

Schließlich ist danach zu fragen, ob eine einschließende Begleitung als sog. „**Minusmaßnahme**" rechtmäßig sein kann. Dazu müsste aber generell die Konstruktion „Minusmaßnahme" anzuerkennen sein. 1111

Die genannte Konstruktion wird deshalb in Erwägung gezogen, um die in § 15 VersG genannte Rechtsfolge Auflösung abzumildern, indem man zwar formal bei § 15 VersG und den dort genannten Voraussetzungen *Gefahr für die öffentliche Sicherheit oder Ordnung* verbleibt (und damit der Sperrwirkung des VersG gegenüber dem POR Rechnung trägt), jedoch statt der genannten Rechtsfolge *Auflösung* eine mildere Rechtsfolge (d.h. eine mildere Rechtsfolge aus dem POR) wählt.[1088] Diese Vorgehensweise scheint vor dem Hintergrund des Art. 8 I GG und dem Grundsatz der Verhältnismäßigkeit geradezu geboten. Es ist für die Betroffenen weniger einschneidend, wenn die Polizei trotz Vorliegens der Voraussetzungen *Gefahr für die öffentliche Sicherheit oder Ordnung* bspw. die Versammlung kurzzeitig unterbricht, einzelne Störer in Gewahrsam nimmt oder des Ortes verweist oder die Versammlungsteilnehmer einschließt, statt die Versammlung insgesamt aufzulösen. Zwar steht dem der eindeutige Wortlaut des § 15 VersG, der ausschließlich ein Verbot bzw. eine Auflösung, nicht aber andere (wenn auch mildere) Maßnahmen vorsieht, entgegen. Allerdings soll diese Vorschrift ja gerade verfassungskonform ausgelegt werden. Freilich stehen dieser Vorgehensweise das Bestimmtheitsgebot, das Gebot der Vorhersehbarkeit und das Gebot der Rechtsklarheit entgegen.[1089]

In Bezug auf die einschließende Begleitung kommt als mildere Maßnahme die polizeigesetzliche **Ingewahrsamnahme** in Betracht, die an die Stelle der in § 15 III VersG genannten „Auflösung" tritt. Versucht man jedoch, die einschließende Begleitung unter den Begriff Ingewahrsamnahme zu subsumieren, stellt man fest, dass dies nicht ohne weiteres möglich ist. Denn eine Ingewahrsamnahme ist nach herrschender Definition 1112

[1086] Vgl. dazu OVG Berlin NVwZ 2000, 1201, 1202.
[1087] BVerfG NVwZ 2005, 80, 81.
[1088] Sog. Ergänzungslehre, vgl. BVerwG NJW 1982, 1008; VGH Mannheim NVwZ 1989, 163.

die Hinderung einer Person, sich in jede Richtung bewegen zu können. Bei der einschließenden Begleitung wird aber die Bewegung zumindest in eine Richtung ermöglichst bzw. vorgegeben. Die Rechtsfolge Ingewahrsamnahme lässt sich als Minusmaßnahme zur Auflösung daher nur dann heranziehen, wenn man sie nicht als Hinderung, sich in alle Richtungen zu bewegen, versteht, sondern allgemeiner fasst und darunter jedwede Hinderung, sich frei zu bewegen, subsumiert. Dies wird – soweit ersichtlich – aber nicht vertreten.

1113 Versteht man den Begriff der Ingewahrsamnahme nicht derart weit, verbleibt als mögliche Rechtsgrundlage für die einschließende Begleitung nur noch § 15 III VersG mit der Rechtsfolge der polizeilichen **Befugnisgeneralklausel**.

1114 Allein das Vorliegen einer Rechtsgrundlage genügt jedoch noch nicht. Insbesondere müssen auch die tatbestandlichen Voraussetzungen (hier: **Gefahr für die öffentliche Sicherheit oder Ordnung**) sowie der **Grundsatz der Verhältnismäßigkeit** vor dem Hintergrund des hohen Schutzgutes des Art. 8 I GG beachtet werden. Sollte sich die einschließende Begleitung auf friedliche Demonstranten beziehen, ist zu bedenken, dass polizeirechtlich von einer Inanspruchnahme von Nichtstörern gesprochen werden muss. Maßnahmen sind nur unter sehr strengen Voraussetzungen möglich. So muss die Polizei vorrangig alle verfügbaren Kräfte gegen die Störer einsetzen. Aber auch im Übrigen ist zu beachten, dass eine einschließende Begleitung von friedlichen Demonstranten kaum verhältnismäßig sein wird. Denn sie unterdrückt die freie und ungehinderte Meinungsäußerung der Grundrechtsträger sowie die Möglichkeit zur Darstellung ihres Anliegens in der Öffentlichkeit. Außerdem ist mit der einschließenden Begleitung eine Stigmatisierung der Versammlungsteilnehmer in der Öffentlichkeit verbunden. Es besteht die Gefahr, dass eingeschlossene Demonstrationsteilnehmer von der Öffentlichkeit als gewalttätig angesehen werden, wodurch der wesentliche Zweck der Demonstration vereitelt oder sogar in sein Gegenteil verkehrt würde. Die einschließende Begleitung ist deshalb – jedenfalls, wenn sie zulasten friedlicher Demonstranten erfolgt – i.d.R. als unverhältnismäßiger Eingriff in die Demonstrationsfreiheit anzusehen. Werden die eingeschlossenen Versammlungsteilnehmer darüber hinaus daran gehindert, ihre Notdurft zu verrichten oder (bei hohen Temperaturen) Getränke zu besorgen, wird zudem eine Verletzung der Menschenwürde anzunehmen sein. Aus diesem Grund sind letztlich an die einschließende Begleitung rechtlich die gleichen Anforderungen wie an die stationäre Einkesselung zu stellen: Die Versammlung muss zunächst ausdrücklich aufgelöst werden, dann muss den Teilnehmern die Möglichkeit gegeben werden, sich zu entfernen. Erst in Anschluss daran ist eine – ggf. auch mobile – Einkesselung der Störer und unter den Voraussetzungen des polizeilichen Notstandes auch der Nichtstörer zulässig.[1090]

cc.) Polizeiliche Bild- und Tonaufnahmen

1114a Auch polizeiliche Bild- und Tonaufnahmen (etwa das Videographieren von Versammlungen zum Zwecke der Lenkung und Leitung des Polizeieinsatzes) greifen in das Grundrecht der Versammlungsfreiheit (und in das Grundrecht auf informationelle Selbstbestimmung) ein. Als Rechtsgrundlage kommt § 12a VersG in Betracht, der über § 19a VersG auch auf friedliche Versammlungen unter freiem Himmel anwendbar ist. Tatbestandlich ist allerdings erforderlich, dass tatsächliche Anhaltspunkte dafür bestehen, dass von den Versammlungsteilnehmern eine erhebliche Gefahr für die öffentliche Sicherheit oder Ordnung ausgeht. Sollte sich der Zweck des Videographierens

---

1089 Zur Kritik an den „Minusmaßnahmen" vgl. auch Rn 1103.
1090 *Krüger/van der Schoot*, NordÖR 2007, 276, 279.

lediglich auf die Lenkung und/oder Leitung des Polizeieinsatzes beziehen, ist dies mit der gesetzlichen Regelung nicht vereinbar.[1091]

c.) Maßnahmen nach Beendigung der Versammlung

Auch die Phase nach **Beendigung der öffentlichen Versammlung** kann mit Blick auf die Anwendbarkeit des allgemeinen Polizeirechts problematisch sein, weil das VersG hierzu kaum Regelungen enthält. Ausnahmen sind in §§ 12a und 13 II VersG enthalten. Aus § 13 II VersG (vgl. auch § 18 I VersG für Versammlungen unter freiem Himmel) ergibt sich eine Entfernungspflicht aller Teilnehmer nach einer Auflösung der Versammlung durch die Polizei. Ob damit aber der Weg frei ist für Anschlussmaßnahmen auf Grundlage des allgemeinen Polizei- und Ordnungsrechts, ist fraglich, weil Art. 8 I GG auch für die „Beendigungsphase" Nachwirkungen zeigt. Dennoch ist nach der hier vertretenen Auffassung die Anwendung der Befugnisnormen des POR zulässig, nachdem die Versammlung **aufgelöst** (§ 13 VersG) wurde. Gleiches gilt hinsichtlich einzelner Teilnehmer, wenn diese von der Versammlung gem. § 18 III VersG **ausgeschlossen** wurden. Denn mit der rechtsgestaltenden Wirkung, die eine Auflösungs- bzw. Ausschlussverfügung (= Verwaltungsakt) bewirkt, wird der Grundrechtsschutz des Art. 8 I GG beendet. Solche Personen können also unverzüglich nach den Polizeigesetzen z.B. in Gewahrsam genommen oder es kann ihnen ein (vollstreckbarer) Platzverweis erteilt werden, wenn im Übrigen die polizeirechtlichen Voraussetzungen (Gefahrenlage, Störereigenschaft, Verhältnismäßigkeit) vorliegen.[1092] 1115

Da die Auflösung (neben dem Verbot) der Versammlung und der Ausschluss Einzelner von der Versammlung jedoch den intensivsten Eingriff in das Grundrecht der Versammlungsfreiheit darstellen, erfordert es der Schutz des Art. 8 I GG, dass die Auflösungs- bzw. Ausschlussverfügung **eindeutig und unmissverständlich** formuliert ist und für die Betroffenen erkennbar zum Ausdruck bringt, dass die Versammlung aufgelöst bzw. für sie zu Ende ist. Selbstverständlich sind auch materiell-rechtlich hohe Rechtmäßigkeitshürden zu nehmen, um der Bedeutung des Art. 8 I GG Rechnung zu tragen.[1093] 1116

> **Merke:** Erst nach **expliziter Auflösung** der Versammlung bzw. nach **explizitem Ausschluss** einzelner Versammlungsteilnehmer von der Versammlung besteht die Sperrwirkung des VersG nicht mehr, sodass dem betroffenen Personenkreis gegenüber Folgemaßnahmen auf der Grundlage des POR erteilt werden können. Allerdings müssen die (Teil-)Auflösung bzw. der Ausschluss Einzelner von der Versammlung rechtmäßig sein, um die Sperrwirkung des VersG zu beenden und den Rückgriff auf das POR zu ermöglichen. Das ist der Fall, wenn sie dem strengen Prüfungsmaßstab des Art. 8 I GG entsprechen.[1094] 1117

d.) Zusammenfassung

Bei **versammlungsspezifischen** Gefahren, die im Zusammenhang mit **öffentlichen Versammlungen im Freien** stehen, sind die Voraussetzungen für das polizeiliche Einschreiten und dessen Umfang speziell und **abschließend** in den Befugnisnormen des **VersG** geregelt. Ein Rückgriff auf das **POR** ist grds. **unzulässig** (sog. 1118

[1091] Erfreulicherweise hat dies nunmehr VG Berlin NVwZ 2010, 1442 f. entschieden. Zutreffend auch *Roggan*, NVwZ 2010, 1402 ff.
[1092] Vgl. auch BVerfG NVwZ 2005, 80 f.; OLG Celle NVwZ-RR 2006, 254.
[1093] Vgl. auch hierzu BVerfG NVwZ 2005, 80 f., OLG Celle NVwZ-RR 2006, 254 und *Kment*, JA 2005, 492 f., der die Gesamtproblematik allerdings nicht erfasst.
[1094] Zur gutachterlichen Prüfung vgl. *R. Schmidt*, Fälle zum POR, Fall 4.

Polizeifestigkeit des Versammlungsrechts). **Ausnahmen** sind nur in folgenden Fällen anerkannt:

- Geht es im Rahmen einer **bestehenden** öffentlichen Versammlung unter freiem Himmel darum, Gefahren zu bekämpfen, die ihre Ursache *nicht* in der Versammlung haben, ist ein Rückgriff auf das POR möglich, auch wenn damit ein Eingriff in Art. 8 I GG verbunden ist. Denn in einem solchen Fall ist der Grundrechtseingriff in Art. 8 I GG lediglich eine Nebenfolge, nicht aber eigentlicher Zweck. In aller Regel haben die Gefahren aber die Ursache gerade in der Versammlung, sodass ein Rückgriff auf das allg. POR kaum möglich ist. Ist das der Fall und kann die polizeiliche Maßnahme nicht auf die Befugnisnormen des VersG gestützt werden, ist sie rechtswidrig (Polizeifestigkeit der Versammlung).
- Etwas anderes gilt, wenn die Versammlung **aufgelöst** bzw. teilaufgelöst wurde (vgl. § 15 III VersG). Denn mit der rechtsgestaltenden Wirkung der Auflösungsverfügung werden der Grundrechtsschutz des Art. 8 I GG und damit die Sperrwirkung des VersG beseitigt. Jedoch muss die Auflösungsverfügung materiell mit Art. 8 I GG vereinbar sein, um ihre konstitutive Wirkung zu entfalten. Sie muss zudem deutlich ausgesprochen werden und erkennen lassen, dass die Veranstaltung für die Betroffenen nunmehr zu Ende ist. Ist dies der Fall, sind Folgemaßnahmen (Platzverweise, Ingewahrsamnahmen etc.) auf der Grundlage des allg. POR möglich.
- Schließlich können einzelne Teilnehmer von der Versammlung **ausgeschlossen** werden (vgl. § 18 III VersG), wobei das zur Auflösung Gesagte auch hier gilt.
- Im **Vorfeld** von Versammlungen sind aus materiell-rechtlicher Sicht polizeiliche Maßnahmen (insb. Identitätsfeststellungen, Durchsuchungen, Sicherstellungen, Platzverweise und Ingewahrsamnahmen) auf der Grundlage des allg. POR zulässig, wenn die polizeigesetzlichen Eingriffsermächtigungen verfassungskonform ausgelegt werden, wenn also Eingriffe in Art. 8 I GG lediglich zugunsten von Leib, Leben oder Gesundheit von Menschen oder zugunsten der freiheitlichen demokratischen Grundordnung des Grundgesetzes erfolgen. Dem Rückgriff auf das allg. POR steht aber das Zitiergebot des Art. 19 I S. 2 GG entgegen. Folge ist, dass auf das allg. POR gestützte Maßnahmen rechtswidrig sind (a.A. die h.M., die entweder das Zitiergebot verschweigt oder nicht anwenden will).

b. Bannmeilen und befriedete Bezirke

1119 Zu den öffentlichen Versammlungen unter freiem Himmel zählen auch Versammlungen innerhalb der befriedeten Gebiete (= **Bannkreise**) der Gesetzgebungsorgane des Bundes oder der Länder sowie des BVerfG. Das Bannmeilengesetz (BannmG) vom 6.8.1955 sah ein grundsätzliches Verbot von Versammlungen innerhalb der Bannkreise vor. Versammlungen durften nur durch behördliche Ermessensentscheidung (§ 4 BannmG) ausnahmsweise erlaubt werden. Das behördliche Ermessen konnte aber in diesem Fall auf Null reduziert sein mit der Folge, dass nur eine einzige Entscheidung ermessensfehlerfrei war, die Zulassung der Versammlung, wenn diese dem Schutzbereich des BannmG nicht zuwiderlief. Durch das Gesetz zur Neuregelung des Schutzes von Verfassungsorganen des Bundes vom 11.8.1999 (BGBl I, S. 1818) hat der Deutsche Bundestag das BannmG aufgehoben und durch das **Gesetz über befriedete Bezirke für Verfassungsorgane** des Bundes (BefBezG[1095]) ersetzt.[1096] In § 3 I BefBezG ist dem Bürger nunmehr ein Rechtsanspruch auf Erteilung einer Ausnahmebewilligung vom abstrakten Verbot des § 16 I VersG eingeräumt worden (vgl. dazu § 16 II

[1095] Sartorius Nr. 434.

[1096] Vgl. aber die Regelung des Art. 7 II des Gesetzes zur Neuregelung des Schutzes von Verfassungsorganen des Bundes vom 11.8.1999, wonach die neue Regelung vorerst nur bis zum 30.6.2003 galt. Mit Gesetz v. 9.5.2003 hat der Bundestag beschlossen, dass das BefBezG unbefristet fortgilt.

VersG). Voraussetzung ist nur, dass keine Beeinträchtigung der Tätigkeit des Deutschen Bundestages und seiner Fraktionen, des Bundesrates und des BVerfG sowie ihrer Organe und Gremien und keine Behinderung des freien Zugangs zu ihren in dem befriedeten Bezirk gelegenen Gebäuden zu befürchten ist (vgl. § 3 I S. 1 BefBezG: „sind zuzulassen").[1097] Fraglich ist, unter welchen Umständen eine Beeinträchtigung der Tätigkeit der genannten Verfassungsorgane bzw. eine Behinderung des freien Zugangs vorliegt bzw. zu befürchten ist. Jedenfalls ist eine Beeinträchtigung gem. § 3 I S. 2 BefBezG regelmäßig nicht anzunehmen, wenn die Versammlung an einem Tag durchgeführt werden soll, an dem keine Sitzungen des Bundestages oder Bundesrates stattfinden.

Außerhalb dieser gesetzlichen Fallgruppe haben Rechtsprechung und Literatur bereits zur alten Rechtslage Fallgruppen entwickelt, bei denen eine Beeinträchtigung der Tätigkeit der betroffenen Verfassungsorgane nicht zu befürchten ist. So ist von einem Vorliegen einer Beeinträchtigung nicht auszugehen, wenn die konkret geplante Versammlung sich nicht gegen das geschützte Organ, sondern gegen andere Adressaten wendet, die ihren Sitz ebenfalls im Bannkreis haben.[1098]

Auch fehlt es an der erforderlichen Gefährdungslage, wenn sich die geplante Versammlung mit Themen befasst, die nicht im Kompetenzbereich des fraglichen Verfassungsorgans liegen. Soweit keine anderen Anhaltspunkte für eine Störereigenschaft der Versammlungsteilnehmer vorliegen, ist von einer Ungefährlichkeit der betroffenen Versammlung auszugehen.[1099] Jedenfalls besteht die Vermutung der Ungefährlichkeit einer Versammlung, wenn das Thema der Versammlung nicht zur selben Zeit parlamentarisch bzw. verfassungsrechtlich beraten wird.[1100]

Hinweis für die Fallbearbeitung: In der Fallbearbeitung sollten zwar die von Rechtsprechung und Literatur entwickelten Fallgruppen bei der Argumentation herangezogen werden. Entscheidend ist aber, dass sich der Bearbeiter mit dem Sinn und Zweck der Regelung auseinandersetzt. Ratio der Regelung ist die Abwehr von Gefahren für die Funktionsfähigkeit der in § 16 I VersG genannten Verfassungsorgane und die Entscheidungsfreiheit ihrer Mitglieder. Wegen der herausragenden Bedeutung des Art. 8 I GG kann aber nicht jede Gefahrenabwehr ein Versammlungsverbot rechtfertigen. Vielmehr muss ein Schutzgut in Gefahr sein, das im konkreten Fall das Grundrecht auf Versammlungsfreiheit überwiegt. Ob das der Fall ist, muss durch Abwägung der im Sachverhalt beschriebenen Schutzgüter erfolgen.[1101] 1120

2. Öffentliche Versammlungen in geschlossenen Räumen

Aufgrund der Beschränkung des Art. 8 II GG auf Versammlungen unter freiem Himmel 1121
kann es Versammlungen geben, die zwar vom Schutzbereich des Art. 8 I GG, nicht aber vom Gesetzesvorbehalt des Art. 8 II GG erfasst sind. Hierbei handelt es sich um Versammlungen in geschlossenen Räumen, die scheinbar **vorbehaltlos gewährt** sind. Aber auch bei sog. vorbehaltlos gewährten Grundrechten ist eine Einschränkungsmöglichkeit anerkannt, wenn die Einschränkung zum **Schutze eines kollidierenden Verfassungsguts** (etwa Gefahr für Leben und Gesundheit der Teilnehmer oder Dritter) zwingend geboten ist. Aufgrund des Grundsatzes vom Vorbehalt des Ge-

---

1097 Zur Kritik an dem neuen Gesetz vgl. *Schneider*, NJW 2000, 263 ff.; *Kniesel*, NJW 2000, 2857, 2866; *Werner*, NVwZ 2000, 369 ff.; kritisch zur Kritik *Wiefelspütz*, NVwZ 2000, 1016 ff. und DÖV 2001, 21, 23; vgl. auch ferner VGH Mannheim NVwZ 2000, 1435; *Soine/Mende*, DVBl 2000, 1500 und *Battis/Grigoleit*, NVwZ 2001, 121, 129.

1098 OVG Münster NWVBl 1994, 305, 309; *Ott/Wächtler/Heinhold*, VersG, § 16 Rn 2.

1099 *Breitbach*, in: Ridder/Breitbach/Rühl/Steinmeier, Versammlungsrecht, § 16 Rn 41.

1100 OVG Münster NWVBl 1994, 305, 309; *Breitbach*, in: Ridder/Breitbach/Rühl/Steinmeier, Versammlungsrecht, § 16 Rn 41.

1101 Vgl. dazu ausführlich *Werner*, NVwZ 2000, 369 ff.

setzes ist aber auch hier stets ein förmliches Gesetz zu fordern, das die Voraussetzungen eines Einschreitens regelt. Ein solches förmliches Gesetz ist das VersG. So stellen etwa die **§§ 5 und 13 VersG** eine zulässige Schrankenregelung dar, soweit sie sich auf Friedlichkeit und Waffenlosigkeit beziehen und die Einschränkung zum Schutze eines kollidierenden Verfassungsguts zwingend geboten ist. Vor diesem Hintergrund bestehen auch keine durchgreifenden Bedenken hinsichtlich der Anwendbarkeit des **§ 12a VersG** (insbesondere die Videoüberwachung) auf öffentliche Versammlungen in geschlossenen Räumen.[1102] Das gilt insbesondere dann, wenn die Voraussetzungen für ein Einschreiten nach **§ 13 VersG** vorliegen.[1103]

1122 **Anwendungsfall (Verfassungsmäßigkeit der §§ 13 u. 12a VersG)[1104]:** Die rechtsradikale Gruppierung „Nationales Deutschland" hat wieder einmal die Gaststätte „zum Dorfkrug" gemietet und die rechtsextremistische Szene zu einem geselligen Diskussionsabend mit anschließendem Festakt eingeladen. Erwartet werden ca. 100 Personen. Da bereits bei der letzten Veranstaltung Verstöße gegen §§ 86, 86a und 130 II StGB festgestellt wurden, entschließt sich der Einsatzleiter der Polizei, mit 20 Einsatzkräften die Gaststätte zu betreten und eine Razzia durchzuführen. Videoaufnahmen sollen das Geschehen dokumentieren. So geschieht es. Bei der Durchsuchung aller Anwesenden stellt die Polizei verschiedene rechtsextremistische Bücher und Zeitschriften sicher, die den Tatbeständen der §§ 86, 86 a und 130 II StGB unterfallen. Während daraufhin die Personalien aller „Gäste" aufgenommen werden, eskaliert die Situation, indem die Beamten von einigen Teilnehmern mit Bierflaschen beworfen werden.[1105] Daraufhin verfügt der Einsatzleiter die Auflösung der Veranstaltung.

Waren die Maßnahmen der Polizei rechtmäßig?

Lösungsgesichtspunkte:
Vorliegend sind verschiedene Maßnahmen ergangen. Zunächst wurde eine Razzia, also eine planmäßige Überprüfung der Identität eines größeren Personenkreises durchgeführt. Auch wurden Personen durchsucht und dabei gefundene Gegenstände sichergestellt. Des Weiteren fand eine Videoaufzeichnung statt. Schließlich wurde die Versammlung aufgelöst. In der Fallbearbeitung sind diese Maßnahmen einzeln und hintereinander zu prüfen. Lediglich aus Platzgründen wird vorliegend von dieser zwingenden Regel abgewichen.

A. Rechtmäßigkeit der Identitätsfeststellung, der Durchsuchung und der Sicherstellung

I. Rechtsgrundlagen
Da derartige Maßnahmen in Grundrechte eingreifen, bedurfte die Polizei entsprechender Rechtsgrundlagen. Diese könnten sowohl im Versammlungsgesetz (VersG) als auch im allgemeinen Polizei- und Ordnungsrecht zu finden sein. Welches dieser Regelungsgebiete einschlägig ist, richtet sich danach, ob eine Versammlung i.S.d. **Art. 8 I GG** vorlag. Sollte dies bejaht werden, sind grundsätzlich die Befugnisnormen des VersG abschließend.[1106]

II. Formelle Rechtmäßigkeit
Unterstellt, es lag eine Versammlung vor, müsste die Polizei für versammlungsspezifische Maßnahmen zuständig gewesen sein. Das VersG enthält keine Zuständigkeitsvorschriften, sodass die Grundregel des Art. 83 GG, wonach die Länder auch für die Ausführung der Bundesgesetze zuständig sind, zur Anwendung kam. Sollten in dem betreffenden Bundesland kein Ausführungsgesetz bzw. keine Zuständigkeitsverordnung existieren, war die Polizei nach den Zuständigkeitsvorschriften des Polizeigesetzes zuständig. Hinsichtlich des Verfahrens ist zwar an eine vorherige Anhörung gem. § 28 I VwVfG zu denken, allerdings greift

---

1102 Vgl. *Kniesel*, NJW 2000, 2857, 2865; *Guldi*, VR 1999, 180. Vgl. auch *Droege*, JuS 2008, 135, 137 f.
1103 VGH Mannheim NVwZ 1998, 761, 764.
1104 Angelehnt an VGH Mannheim NVwZ 1998, 761.
1105 In diesem Punkt unterscheidet sich der vorliegende Fall von VGH Mannheim a.a.O.
1106 So auch ausdrücklich BVerfG NVwZ 2005, 80.

der Ausnahmetatbestand des § 28 II Nr. 1 VwVfG. Formvorschriften waren nicht zu beachten (vgl. § 37 II VwVfG).

III. Materielle Rechtmäßigkeit

Die Maßnahmen waren materiell rechtmäßig, wenn sie sich auf rechtmäßige Befugnisnormen stützen lassen und diese rechtsfehlerfrei angewendet wurden. In Betracht kommen Befugnisnormen des VersG. Dies setzt eine Versammlung voraus.

Versammlungen sind ungehinderte friedliche Zusammenkünfte mehrerer Personen zwecks gemeinschaftlicher Erörterung und Kundgebung mit dem Ziel der Teilhabe an der öffentlichen Meinungsbildung.[1107]

Im vorliegenden Fall steht trotz des geplanten geselligen Ausklangs der Veranstaltung der politische Charakter eindeutig im Vordergrund, wodurch das Ziel der Teilhabe an der öffentlichen Meinungsbildung zu bejahen wäre. Allerdings könnte der Annahme einer Versammlung die Tatsache entgegenstehen, dass einige Teilnehmer die Beamten mit Bierflaschen beworfen haben. Denn grundrechtlich geschützt werden nur friedliche Versammlungen ohne Waffen. Der Begriff der „friedlichen Versammlung" wird von Rechtsprechung und Literatur in Anlehnung an die Legaldefinition der §§ 5 Nr. 3, 13 I Nr. 2 VersG negativ bestimmt. Danach ist eine Versammlung unfriedlich, wenn ein „gewalttätiger und aufrührerischer Verlauf" angestrebt ist oder eintritt. Um eine Gewalttätigkeit annehmen zu können, muss eine aktive körperliche Einwirkung des Täters auf Personen oder Sachen stattfinden. Überwiegend wird verlangt, dass die körperliche Einwirkung aggressiv und von einiger Erheblichkeit ist.[1108] Ob dies für den vorliegenden Fall angenommen werden kann, ist fraglich, immerhin gingen die Gewalttätigkeiten nur von einigen Teilnehmern aus. Verhalten sich nur einige Versammlungsteilnehmer unfriedlich, die anderen dagegen friedlich, ist nur den unfriedlichen Teilnehmern der Schutz des Art. 8 GG verwehrt.[1109] Lediglich, wenn ein Einschreiten gegen die einzelnen gewalttätigen Teilnehmer nicht möglich ist, keinen Erfolg verspricht oder sich die friedlich verhaltenden Versammlungsteilnehmer mit den Gewalttätigkeiten identifizieren, kann unter dem Gesetzesvorbehalt des Art. 8 II GG und unter Beachtung des Verhältnismäßigkeitsgrundsatzes gegen die ganze Versammlung vorgegangen (Verbot, Auflösung etc.) bzw. der Schutzbereich verneint werden.

Im vorliegenden Fall wäre ein Vorgehen der Polizei gegen die einzelnen gewalttätigen Teilnehmer möglich gewesen, sodass insgesamt von einer friedlichen Versammlung i.S.v. Art. 8 I GG ausgegangen werden muss.

Liegen also eine Versammlung und damit die Eröffnung des Schutzbereichs des Art. 8 I GG vor[1110], richtet sich die Zulässigkeit von Eingriffen grds. nach den Befugnisnormen des VersG. Da vorliegend der Teilnehmerkreis weder nach bestimmten Kriterien festgelegt noch nach solchen begrenzt war und die Versammlung im Übrigen in einer Gaststätte stattfand, handelte es sich um eine öffentliche Versammlung in geschlossenen Räumen. Das VersG ist somit grundsätzlich anwendbar (vgl. § 1 I VersG); Befugnisnormen sind in den §§ 5-13 VersG zu suchen. Einschlägig ist vorliegend § 13 VersG.

Allerdings bezieht sich der Gesetzesvorbehalt des Art. 8 II GG ausschließlich auf Versammlungen unter freiem Himmel. Versammlungen in geschlossenen Räumen sind danach vorbehaltlos gewährleistet, was dazu führt, dass ihnen (trotz des Wortlauts des § 1 I VersG) nur Einschränkungsmöglichkeiten aus der Verfassung selbst (d.h. bedrohte Grundrechte Dritter oder sonstige wichtige Rechtsgüter von Verfassungsrang) entgegengesetzt werden können (sog. **verfassungsimmanente Einschränkung**).[1111]

[1107] Vgl. zuletzt BVerfG NVwZ 2005, 80, unter Bezugnahme auf BVerfGE 104, 92, 104.

[1108] BVerfG NVwZ 2005, 80; BVerfGE 104, 92, 101 ff.

[1109] BVerfGE 69, 315, 359; *Kannengießer*, in: Schmidt-Bleibtreu/Hofmann/Hopfauf, GG, Art. 8 Rn 4a; *Hermanns*, JA 2001, 79, 81.

[1110] Insbesondere sind nach der Rspr. des BVerfG (NJW 2001, 2459, 2460) die Versammlungsbegriffe des Art. 8 I GG und des § 1 VersG identisch.

[1111] *Jarass/Pieroth*, GG, Art. 8 Rn 21; *Deger*, NVwZ 1999, 265, 266.

Da § 13 I S. 1 VersG die Auflösung einer Versammlung jedoch bereits dann zulässt, wenn die genannten hohen Schutzgüter noch nicht betroffen sind, stellt sich die Frage nach der Vereinbarkeit der Vorschrift mit Art. 8 I GG. Bevor jedoch die Verfassungswidrigkeit einer Norm festgestellt wird, ist zunächst zu prüfen, ob sie **verfassungskonform**, also dergestalt ausgelegt werden kann, dass eine Auflösung nur zum Schutz von Grundrechten Dritter oder sonstigen wichtigen Rechtsgütern von Verfassungsrang erfolgen darf. Demzufolge kommt eine auf § 13 I S. 1 VersG gestützte Auflösung der Versammlung etwa in Betracht, wenn von der Versammlung Gewalttätigkeiten ausgehen oder sie durch Verstöße gegen Strafvorschriften oder Aufruf zu Straftaten (§§ 86, 86a, 130 StGB) geprägt ist, wodurch eine Gefahr für die freiheitliche demokratische Grundordnung der Bundesrepublik Deutschland hervorgerufen wird. Darüber hinaus kann es die verfassungskonforme Auslegung gebieten, weniger einschneidende Maßnahmen (sog. „**Minusmaßnahmen**") zu treffen, als in der Befugnisnorm vorgesehen. So wäre es verfassungsrechtlich unbedenklich, bspw. die Versammlung kurzzeitig zu unterbrechen oder einzelne Störer des Ortes zu verweisen, statt die Versammlung insgesamt aufzulösen. Zwar steht dem der eindeutige Wortlaut des § 13 I S. 1 VersG, der ausschließlich die Auflösung, nicht aber mildere Maßnahmen vorsieht, entgegen, allerdings soll § 13 I S. 1 VersG ja gerade verfassungskonform ausgelegt werden, um die Verfassungswidrigkeit der Norm zu vermeiden.

Eine solche verfassungskonforme Auslegung ist aber nicht erforderlich (und auch nicht möglich), wenn die Befugnisnorm bereits ihrerseits eine Öffnungsklausel enthält, sie also Eingriffe auch unterhalb der Schwelle der Auflösung zulässt. Das ist bei § 13 I S. 2 VersG der Fall. Diese Befugnisnorm lässt Eingriffsmaßnahmen, die sich gegenüber der in § 13 I S. 1 VersG vorgesehenen als weniger einschneidend erweisen, ausdrücklich zu. Dazu zählt insbesondere die Unterbrechung der Versammlung. Auflösungsersetzende „Minusmaßnahmen" sind also ausdrücklich zulässig. Da damit aber lediglich die Rechtsfolge modifiziert wird, sind alle anstelle einer Auflösung getroffenen „Minusmaßnahmen" an den Voraussetzungen des § 13 I S. 1 Nrn. 2 bis 4 VersG zu messen.

- ⇨ Nach § 13 I S. 1 Nr. 2 VersG muss die Maßnahme der Abwehr eines gewalttätigen oder aufrührerischen Verlaufs der Versammlung oder von Gefahren für Leben und Gesundheit ihrer Teilnehmer dienen. Vorliegend lässt das Bewerfen der Beamten mit Bierflaschen die Versammlung zwar gewalttätig werden[1112], allerdings fanden die hier zu prüfenden Maßnahmen *vor* dem Gewalttätigwerden statt. § 13 I S. 1 Nr. 2 VersG ist daher tatbestandlich nicht einschlägig.
- ⇨ § 13 I S. 1 Nr. 3 VersG setzt voraus, dass die Maßnahme Personen gilt, die Waffen oder sonstige gefährliche Gegenstände (vgl. § 2 III VersG) mit sich führen. Bierflaschen wird man diese Eigenschaft wohl absprechen müssen (auch wenn man in ihnen „gefährliche Werkzeuge" i.S.v. § 224 I Nr. 2 Var. 2 StGB sieht).
- ⇨ Schließlich erlaubt § 13 I S. 1 Nr. 4 VersG Maßnahmen, wenn durch den Verlauf der Versammlung gegen Strafgesetze verstoßen oder in der Versammlung zu solchen Straftaten aufgefordert oder angereizt wird. Einschränkend wird jedoch gefordert, dass von der Versammlung infolge einer aggressiven Grundstimmung eine derartige stimulierende Wirkung ausgeht.[1113] Vorliegend wird man davon nicht ausgehen können.

Demzufolge können „Minusmaßnahmen" gegen eine Veranstaltung zwar grds. auf § 13 I S. 2 i.V.m. § 13 I S. 1 Nr. 2 VersG gestützt werden, ein gewalttätiger oder aufrührerischer Verlauf waren zum Zeitpunkt des Eingriffs aber noch nicht gegeben.

[1112] Der Leser könnte sich an dieser Stelle fragen, warum zunächst im Rahmen der Schutzbereichseröffnung von einer Friedlichkeit der Versammlung ausgegangen wurde und nunmehr die Unfriedlichkeit als Einschreitgrund herangezogen wird. Das ist kein Widerspruch, da es bei § 13 I S. 1 Nr. 2 VersG um das Unfriedlichwerden einer Versammlung geht.

[1113] *Dietel/Gintzel/Kniesel*, § 13 Rn 27.

IV. Ergebnis

Die tatbestandlichen Voraussetzungen des § 13 I S. 2 i.V.m. § 13 I S. 1 Nr. 2 VersG lagen damit nicht vor, sodass die im Rahmen der Razzia gegenüber den Versammlungsteilnehmern getroffenen Maßnahmen (Identitätsfeststellung, Durchsuchung, Sicherstellung) materiell rechtswidrig waren.

B. Rechtmäßigkeit der Auflösung

In formeller Hinsicht kann auf das zu A. Gesagte verwiesen werden. Die materielle Rechtmäßigkeit setzt wegen des Eingriffs in das Grundrecht der Versammlungsfreiheit eine Rechtsgrundlage voraus. Diese kann in § 13 I S. 1 Nr. 2 und 4 VersG gesehen werden.[1114] In materiellrechtlicher Hinsicht erfordert der Schutz der Versammlungsfreiheit, dass die Auflösungsverfügung, deren Nichtbeachtung nach § 26 Nr. 1 VersG strafbewehrt ist, eindeutig und unmissverständlich formuliert ist und für die Betroffenen erkennbar zum Ausdruck bringt, dass die Versammlung beendet ist.[1115] Im vorliegenden Fall kann unterstellt werden, dass der Einsatzleiter diese Vorgabe beachtet hat. Auch lag ein gewalttätiger oder aufrührerischer Verlauf – im Gegensatz zu den oben geprüften Maßnahmen – zum Zeitpunkt der Auflösung vor. Denn durch das Werfen mit Bierflaschen wurde der Tatbestand der gefährlichen Körperverletzung (§ 224 I Nr. 2 Var. 2, Nr. 4 und Nr. 5 StGB) verwirklicht, der von Amts wegen zu verfolgen ist. Ermessensfehler und Verstöße gegen den Verhältnismäßigkeitsgrundsatz sind nicht – auch nicht unter Beachtung der gebotenen verfassungskonformen Auslegung des § 13 I S. 1 VersG – ersichtlich (müsste in der Fallbearbeitung näher ausgeführt werden).

<u>Ergebnis:</u> Die Auflösungsverfügung war rechtmäßig.

C. Rechtmäßigkeit der Videoaufzeichnung

Auch bei dieser Maßnahme kann in formeller Hinsicht auf das zu A. Gesagte verwiesen werden. Die materielle Rechtmäßigkeit setzt wegen des Eingriffs in das Grundrecht auf informationelle Selbstbestimmung (Art. 2 I i.V.m. 1 I GG), aber auch in das Grundrecht der Versammlungsfreiheit[1116] eine Rechtsgrundlage voraus. Für Videoaufnahmen kommt § 12a VersG in Betracht. Für Versammlungen in geschlossenen Räumen wird allerdings dessen Verfassungsmäßigkeit angezweifelt, weil diese Versammlungen nicht unter den Gesetzesvorbehalt des Art. 8 II GG fallen. Außerdem ist uneinsichtig, warum der Gesetzgeber keine entsprechende Befugnisnorm für Versammlungen im Freien erlassen hat, gehen von solchen Versammlungen doch regelmäßig größere Gefahren aus. Es kommt aber eine mit § 13 VersG vergleichbare verfassungskonforme Auslegung, d.h. Einschränkung auf Friedlichkeit und Waffenlosigkeit, in Betracht. Die h.M.[1117] hält § 12a VersG daher dann für verfassungskonform, wenn er durch Auslegung auf die Fälle des (ebenfalls verfassungskonform ausgelegten) § 13 VersG reduziert wird. Das führt dazu, dass die Vorschrift bei Versammlungen in geschlossenen Räumen kaum anwendbar ist.[1118] Ist sie aber (wie im vorliegenden Fall) anwendbar, teilen Bild- und Tonaufnahmen das Schicksal der Maßnahmen, die sie dokumentieren. Sind also die Maßnahmen, die dokumentiert werden, rechtswidrig, ist auch die Videoaufzeichnung rechtswidrig. Sind die dokumentierten Maßnahmen indes rechtmäßig, richtet sich die Rechtmäßigkeit der Videoaufzeichnung zusätzlich am Maßstab des § 12a VersG. Vorliegend hätten also Anhaltspunkte die Annahme rechtfertigen müssen, dass von der Versammlung erhebliche Gefahren für die öffentliche Sicherheit oder Ordnung ausgehen. Freilich ist mit Blick auf die gebotene verfassungskonforme Auslegung ein strenger Maßstab anzulegen.[1119] Bejaht man eine erhebliche Gefahr für die öffentliche Sicherheit oder Ordnung wegen der zutreffenden Prognose in Bezug auf die Verwirklichung der Tatbestände

---

[1114] Hätte es sich um eine öffentliche Versammlung im Freien gehandelt, wäre § 15 II VersG einschlägig gewesen.

[1115] Klarstellend BVerfG NVwZ 2005, 80, 81.

[1116] Vgl. dazu *R. Schmidt*, Grundrechte, Rn 270 ff.

[1117] VGH Mannheim NVwZ 1998, 761, 762 f.; *Kniesel*, NJW 2000, 2857, 2865; *Dietel/Gintzel/Kniesel*, § 12a Rn 7.

[1118] *Deger*, NVwZ 1999, 265, 267.

[1119] Vgl. nunmehr auch VG Berlin NVwZ 2010, 1442 f. und *Roggan*, NVwZ 2010, 1402 ff.

der §§ 86, 86a und 130 II StGB sowie wegen der Gewalttätigkeiten in Form des Werfens von Bierflaschen, war die Videoaufzeichnung rechtmäßig.

Ergebnis: Danach ist die Videoaufzeichnung ebenfalls rechtmäßig.

Weiterführender Hinweis: Zum Zweck der *reinen Dokumentation* dürfen Videoaufnahmen schon im Ansatz nicht angefertigt werden. Denn eine derartige Maßnahme ist weder in § 12a noch in § 13 VersG vorgesehen und stellt einen rechtswidrigen Eingriff in die innere Versammlungsfreiheit dar. Außerdem ist uneinsichtig, warum der Gesetzgeber keine entsprechende Befugnisnorm für Versammlungen im Freien erlassen hat, gehen von solchen Versammlungen doch regelmäßig größere Gefahren aus (vgl. § 19a VersG).

II. Nichtöffentliche Versammlungen

1123 Wie bereits erläutert, ist das VersG seinem Wortlaut nach nur auf *öffentliche* Versammlungen anwendbar (§ 1 VersG).[1120] Daher ist fraglich, welche Eingriffsbefugnisse für *nichtöffentliche* Versammlungen in Frage kommen, ob also wegen der beschränkten Anwendbarkeit des VersG auf *öffentliche* Versammlungen die Anwendbarkeit des **allgemeinen Polizei- und Ordnungsrechts** (Standardmaßnahmen bzw. Befugnisgeneralklausel) auf *nichtöffentliche* Versammlungen bejaht werden kann oder ob die **Vorschriften des VersG analog** heranzuziehen sind.

1124 ▪ Gegen eine Anwendung der Vorschriften des allgemeinen Polizei- und Ordnungsrechts auf Gefahrenabwehrmaßnahmen im Rahmen *nichtöffentlicher* Versammlungen kann seit dem 1.9.2006 jedenfalls nicht mehr eine fehlende **Gesetzgebungskompetenz** der Länder für die Regelung des Versammlungswesens geltend gemacht werden. Denn im Rahmen der Föderalismusreform 2006 ist die Gesetzgebungskompetenz für die Regelung des Versammlungswesens auf die Länder übergegangen. Können die Länder also eigene Versammlungsgesetze erlassen, ist es nicht gesetzgebungskompetenzwidrig, wenn Vorschriften des allgemeinen Polizei- und Ordnungsrechts auf nichtöffentliche Versammlungen angewendet werden.

Demzufolge stehen dem allgemeinen Polizei- und Ordnungsrecht keine kompetenzrechtlichen Vorschriften entgegen.

1125 ▪ Allerdings haben die meisten Länder bislang noch nicht von ihrer Gesetzgebungskompetenz Gebrauch gemacht, sodass gem. Art. 125a I GG das VersG des Bundes gültig bleibt. Daher könnten auf Vorschriften des allgemeinen Polizeirechts gestützte Gefahrenabwehrmaßnahmen gegen Teilnehmer einer *nichtöffentlichen* Versammlung (insbesondere in *geschlossenen Räumen*) über die im VersG gegebenen Eingriffsbefugnisse hinausgehen und so einen **Wertungswiderspruch** darstellen, da die Generalklausel weniger stringente Eingriffs*voraussetzungen* normiert als bspw. die §§ 5 und 13 VersG. Um diesem (vermeintlichen) Wertungswiderspruch entgegenzutreten, werden daher zum Teil die §§ 5 und 13 VersG analog herangezogen mit dem Gedanken, dass diese Bestimmungen als Konkretisierung des Art. 8 I GG ausgewiesen seien.[1121] Es gäbe keinen sachlichen Grund, ausgerechnet *nichtöffentliche* Versammlungen, von denen der Allgemeinheit geringere Gefahren drohten als von öffentlichen, dem VersG zu entziehen und dem allgemeinen Polizei- und Ordnungsrecht mit seinen weit reichenden Eingriffsmöglichkeiten zu unterstellen.[1122]

Demzufolge steht dem allgemeinen Polizei- und Ordnungsrecht der abschließende Charakter der (analog anzuwendenden) Vorschriften des VersG entgegen.

[1120] Ausnahmen stellen §§ 3, 21, 23 und 28 VersG dar, deren Bestimmungen auch auf nichtöffentliche Versammlungen anwendbar sind.

[1121] So *Kniesel*, NJW 2000, 2857, 2865; *Alberts*, NVwZ 1992, 38, 40; *Rühl*, NVwZ 1988, 577, 581; *Ketteler*, DÖV 1990, 954, 956; *Krüger*, DÖV 1993, 658, 660. Vgl. nun auch *Pieroth/Schlink/Kniesel*, POR, § 20 Rn 15.

[1122] *Rühl*, a.a.O.

Stellungnahme: Eine analoge Anwendung der Befugnisnormen des VersG verstößt gegen den Grundsatz vom Vorbehalt des Gesetzes und damit gegen das Rechtsstaatsprinzip. Auch das BVerfG hat in seinem Urteil über die sog. „Onlinedurchsuchung" von Computern klargestellt, dass eine analoge Anwendung von Rechtsgrundlagen verfassungswidrig sei.[1123] Mit der h.M.[1124] ist daher das **allgemeine Polizei- und Ordnungsrecht** anzuwenden. Dennoch ist zu beachten, dass der Schutz des Art. 8 I GG fortbesteht, jetzt sogar in besonderem Maße, da der Gesetzesvorbehalt des Art. 8 II GG nicht greift und es sich damit um ein **vorbehaltlos gewährleistetes** Grundrecht handelt. Es ist also nur eine verfassungsimmanente Einschränkung möglich. Aus diesem Grund will eine weitere Auffassung[1125] auch nur dann Abwehrmaßnahmen auf das allgemeine Polizei- und Ordnungsrecht stützen, wenn beachtet wird, dass in diesen Fällen nur solche Maßnahmen getroffen werden, die dem Schutz der Grundrechte Dritter oder sonstiger Verfassungsgüter dienen, die bei einer Abwägung mit Art. 8 I GG den Vorrang genießen. Dem ist zuzustimmen. Die Grenzen derjenigen Grundrechte, die schrankenlos gewährt werden, können sich nur aus dem Grundgesetz selbst ergeben. Daher ist ein auf die polizeiliche Generalklausel gestützter Eingriff in eine *nichtöffentliche* Versammlung in einer **verfassungskonformen Konkretisierung des Versammlungsrechts** zulässig. 1126

Dieser inhaltlich überzeugenden Lösung könnte dann nur noch das **Zitiergebot** des Art. 19 I S. 2 GG entgegenstehen, das verlangt, dass das eingeschränkte Grundrecht im einschränkenden Gesetz genannt, sozusagen „zitiert" wird. Diese grundsätzliche Verpflichtung soll den Gesetzgeber darauf aufmerksam machen, dass er die Möglichkeit der Grundrechtsbeeinträchtigung geschaffen hat (**Warn- und Besinnungsfunktion**). Darüber hinaus hat das Zitiergebot eine **Klarstellungsfunktion**. Der Gesetzesanwender soll wissen, in welche Grundrechte das Gesetz einzugreifen ermächtigt.[1126] Die Zitierpflicht gilt nach h.M. aber nur für Gesetze, die „aufgrund ausdrücklicher Ermächtigung vom Gesetzgeber eingeschränkt werden dürfen"[1127] (also bei Grundrechten mit Gesetzesvorbehalten). Darunter fallen gem. Art. 8 II GG zwar öffentliche Versammlungen unter freiem Himmel (zu dieser Problematik vgl. den Anwendungsfall bei Rn 1103), nicht aber – wie im vorliegenden Fall – nichtöffentliche Versammlungen in geschlossenen Räumen. Daher verstößt der Rückgriff auf das POR auch nicht gegen das Zitiergebot. 1127

[1123] BVerfG NJW 2007, 930, 931 – dazu oben Rn 309a. Auf die Frage, ob die Voraussetzungen für eine Analogie (insbesondere die planwidrige Regelungslücke) vorliegen, kommt es also gar nicht erst an.

[1124] BVerwG NJW 1999, 991, 992; OVG Lüneburg NVwZ 1988, 638; VGH Mannheim NVwZ 1987, 237; OVG Münster NVwZ 1989, 885; VG Minden NVwZ 1988, 663; OVG Saarlouis E 13, 208, 211; *Kunig*, in: v. Münch/Kunig, GG, Art. 8 Rn 30; *Jahn*, JuS 2001, 172, 175; *Führing*, NVwZ 2001, 157, 160 f.; *v. Coelln*, NVwZ 2001, 1234, 1235 f.; *Rozek*, JuS 2002, 470, 476; *Schenke*, POR, Rn 343; *Gusy*, POR, Rn 419.

[1125] *Deger*, NVwZ 1999, 265, 268; *Schoch*, JuS 1994, 479, 481; *Rozek*, JuS 2002, 470, 476.

[1126] BVerfGE 64, 72, 79; 85, 386, 403 f.

[1127] BVerfGE 83, 130, 154; ähnlich BVerfGE 64, 72, 79.

Übersicht über die versammlungsrechtlichen Eingriffsbefugnisse

1128

	Öffentliche Versammlungen	**Nichtöffentliche Versammlungen**
Unter freiem Himmel	▪ Schutzbereich des Art. 8 I GG (+) ▪ Gesetzesvorbehalt des Art. 8 II GG (+) ▪ Daher VersG mit seinen Eingriffsgrundlagen, insb. **§§ 15, 19a, 12a VersG** anwendbar, sodass Rückgriff auf subsidiäres allg. POR (-), sog. Polizeifestigkeit des VersR	▪ Schutzbereich des Art. 8 I GG (+) ▪ Gesetzesvorbehalt des Art. 8 II GG (+) ▪ VersG ist allerdings auf *nichtöffentliche* Versammlungen grds. nicht anwendbar (§ 1 VersG), daher ist strittig, welche RGL einschlägig ist. Nach der hier vertretenen Auffassung ist das **allg. POR** in verfassungskonformer Konkretisierung des Versammlungsrechts anwendbar
In geschlossenen Räumen	▪ Schutzbereich des Art. 8 I GG (+) ▪ Gesetzesvorbehalt des Art. 8 II GG (-), da er nur Versammlungen *unter freiem Himmel* erfasst. Versammlungen in *geschlossenen Räumen* sind danach verfassungsrechtlich vorbehaltlos gewährleistet. ▪ Wegen der Möglichkeit der verfassungsimmanenten Einschränkbarkeit können **§§ 5, 13, 12a VersG** als Spezialvorschriften ggü dem allg. POR gleichwohl herangezogen werden, weil sie zumindest gem. § 1 VersG anwendbar sind, sodass Rückgriff auf subsidiäres allg. POR (-), sog. Polizeifestigkeit des VersR	▪ Schutzbereich des Art. 8 I GG (+) ▪ Gesetzesvorbehalt des Art. 8 II GG (-), da er nur Versammlungen *unter freiem Himmel* erfasst ▪ Gleichwohl Einschränkbarkeit gegeben (verfassungsimmanente Schranken). Wegen Art. 20 III ist aber eine gesetzliche Grundlage erforderlich. Nach der hier vertretenen Auffassung ist wegen § 1 VersG das VersG nicht anwendbar, sondern das **allg. POR** in verfassungskonformer Konkretisierung des Versammlungsrechts

Polizei und Ordnungsrecht 1 ff.